庆祝改革开放40周年专题研究

"庆祝改革开放40周年专题研究" 丛书
编委会

顾　　问：何毅亭

组　　长：陈　立

副 组 长：董小君　王小广

编委会成员：

张春晓　王君琦　刘晓春　徐晓明

课题组成员：

中共中央党校（国家行政学院）：

张占斌　王满传　王　文　王益民　孙晓莉　袁金辉

宋志红　李　明　李志明　黄　伟　徐晓明　蔡之兵

汪　彬　王学凯　郭贝贝　钟　颉

各省区市党校（行政学院）：

王民忠（北京行政学院）	魏四海（河北行政学院）	王联辉（山西行政学院）
张平江（内蒙古自治区行政学院）	邓泉国（辽宁行政学院）	刘曼抒（吉林省行政学院）
沙广华（黑龙江省行政学院）	沈　炜（上海行政学院）	桑学成（江苏省行政学院）
陆发桃（浙江行政学院）	吴良仁（安徽行政学院）	胡忠昭（福建行政学院）
曾志刚（江西行政学院）	王卫东（山东行政学院）	焦国栋（河南行政学院）
陶良虎（湖北省行政学院）	严　华（湖南行政学院）	杨汉卿（广东行政学院）
吴慕君（海南行政学院）	谢金峰（重庆行政学院）	李　新（四川行政学院）
袁惠民（贵州行政学院）	杨铭书（云南行政学院）	熊刚毅（西藏自治区行政学院）
刘进军（甘肃行政学院）	赵永祥（青海省行政学院）	蒋文龄（宁夏行政学院）
胡建华（广西行政学院）		

A Research on China's Regional Development
with 40th Anniversary of Reform and Opening-up

改革开放40周年
地区发展报告
（一）

中共中央党校（国家行政学院）课题组 著

人民出版社

前　言

一、研究背景

1978 年 12 月 18—22 日,党的十一届三中全会隆重召开,全会中心议题是讨论把全党工作重点转移到社会主义现代化建设上来。党的十一届三中全会拉开了我国改革开放的大幕。

早在新中国成立初期,特别是在社会主义改造基本完成以后,毛泽东同志就再三指示全党,要把工作中心转移到经济方面和技术革命方面。1956 年,毛泽东同志在《论十大关系》报告中提出的基本方针"就是要把国内外一切积极因素调动起来,为社会主义事业服务",这既是经济规律的客观反映,也是社会政治安定的重要保证。以毛泽东同志为核心的党的第一代中央领导集体带领全党和全国各族人民完成了新民主主义革命,进行了社会主义改造,确立了社会主义基本制度,成功实现了中国历史上最伟大最深刻的社会变革,为当代中国一切发展进步奠定了根本政治前提和制度基础,也为新的历史时期开创中国特色社会主义提供了宝贵经验、理论准备、物质基础。

20 世纪 70 年代末,以邓小平同志为核心的党的第二代中央领导集体带领全党和全国各族人民深刻总结我国社会主义建设正反两方面经验,借鉴世界社会主义历史经验,作出把党和国家工作中心转移到经济建设上来、实行改革开放的历史性决策,深刻揭示社会主义本质,确立社会主义初级阶段基本路线,明确提出走自己的路、建设中国特色社会主义,科学回答了建设中国特色社会主义的一系列基本问题,成功开创了中国特色社会主义。

20 世纪 80 年代末,国际局势风云变幻,我国改革开放和社会主义现代化建设的进程波澜壮阔。以江泽民同志为核心的党的第三代中央领导集体带领全党和全国各族人民坚持党的基本理论、基本路线,在国内外形势十分复杂、世界社会主义出现严重曲折的严峻考验面前捍卫了中国特色社会主义,依据新的实践确立了党的基本纲领、基本经验,确立了社会主义市场经济体制的改革目标和基本框架,确立了社会主义初级阶段的基本经济制度和分配制度,开创全面改革开放的新局面,推进党的建设新的伟大工程,成功把中国特色社会主义推向21世纪。

进入21世纪，我国进入全面建设小康社会、加快推进社会主义现代化新的发展阶段。党中央抓住重要战略机遇期，在全面建设小康社会进程中推进实践创新、理论创新、制度创新，强调坚持以人为本、全面协调可持续发展，提出构建社会主义和谐社会、加快生态文明建设，形成中国特色社会主义事业总体布局，着力保障和改善民生，促进社会公平正义，推动建设和谐世界，推进党的执政能力建设和先进性建设，成功在新的历史起点上坚持和发展了中国特色社会主义。

步入新时代，以习近平同志为核心的党中央不忘初心、牢记使命，明确坚持和发展中国特色社会主义，总任务是实现社会主义现代化和中华民族伟大复兴，在全面建成小康社会的基础上，分两步走在21世纪中叶建成富强民主文明和谐美丽的社会主义现代化强国；明确新时代我国社会主要矛盾是人民日益增长的美好生活需要和不平衡不充分发展之间的矛盾，必须坚持以人民为中心的发展思想，不断促进人的全面发展、全体人民共同富裕；明确中国特色社会主义事业总体布局是"五位一体"、战略布局是"四个全面"，强调坚定道路自信、理论自信、制度自信、文化自信；明确全面深化改革总目标是完善和发展中国特色社会主义制度、推进国家治理体系和治理能力现代化；明确全面推进依法治国总目标是建设中国特色社会主义法治体系、建设社会主义法治国家；明确党在新时代的强军目标是建设一支听党指挥、能打胜仗、作风优良的人民军队，把人民军队建设成为世界一流军队；明确中国特色大国外交要推动构建新型国际关系，推动构建人类命运共同体；明确中国特色社会主义最本质的特征是中国共产党领导，中国特色社会主义制度的最大优势是中国共产党领导，党是最高政治领导力量，提出新时代党的建设总要求，突出政治建设在党的建设中的重要地位。

40年来，从农村到城市，从试点到推广，从经济体制改革到全面深化改革，我国社会经济出现了翻天覆地的变化。为了全面把握中国社会经济的发展成就与目前存在的挑战，并提出应对之策，中共中央党校（国家行政学院）成立课题组，将"庆祝改革开放40周年"作为重大课题，组织党校（行政学院）全系统力量进行研究，得到全国28个省（自治区、直辖市）党校（行政学院）的大力支持与积极参与。

二、课题结构

本课题研究成果共两本著作，分别是《改革开放40周年中国社会经济发展研究》和《改革开放40周年地区发展报告》。课题的结构安排如下：

《改革开放40周年中国社会经济发展研究》分为总报告和专题报告。总报告主要包括两大部分：第一部分是40年来经济社会发展成就，分12大类指标，从国际对比与国内比较的视角,全面梳理分析中国经济社会发展的成就,具体包括经济实力、经济结构、宏观经济稳定、基础设施、基础自然资源、民生保障、扶贫脱贫、财政税收、金融实力、能源环境、就业收入以及科技实力等。第二部分是目前存在的挑战及对策,包括实施创新驱动、提高发展质量和效益,稳固实体经济、推动虚实经济的协调发展,统筹协调发展、加速缩小城乡区域间差距,补齐民生短板、实现基本公共服务均等化,防范金融风险、健全金融业安全防护体系,推进精准扶贫、按期保质打赢脱贫攻坚战,倡导绿色发展、保持生态环境可持续发展,厘清政府市场关系、发挥政府与市场双重作用,深化对外开放,维护国家经济运行的安全。专题报告,共 11 个专题,分别梳理各领域的改革历程,包括:经济体制改革、国家治理现代化、机构改革、行政体制改革、市场经济法制建设、公共服务均等化、社会保障体制改革、突发事件应急管理创新、乡村治理改革、土地制度改革以及信息化发展等。

《改革开放 40 周年地区发展报告》为地区报告,共 28 个省(自治区、直辖市)的党校(行政学院)参与编写,系统梳理各省(自治区、直辖市)改革开放 40 年来各地区社会经济发展成就、目前存在的问题以及应对之策。

三、几点说明

中共中央党校(国家行政学院)"庆祝改革开放 40 周年"课题组成立于 2018 年 1 月,课题组顾问为中共中央党校(国家行政学院)常务副校(院)长何毅亭,课题组组长为中共中央党校(国家行政学院)校(院)委委员陈立,课题组副组长为中共中央党校(国家行政学院)校(院)经济学教研部副主任董小君、王小广。课题组的分工如下:《改革开放 40 周年中国社会经济发展研究》上卷由董小君、王学凯、郭贝贝、徐晓明、蔡之兵、汪彬、钟颉完成;《改革开放 40 周年中国社会经济发展研究》下卷由张占斌、黄伟、王满传、宋志红、孙晓莉、李志明、李明、袁金辉、王文、王益民等及其团队完成;《改革开放 40 周年地区发展报告》由北京行政学院钟勇、河北行政学院赵印良、山西行政学院王联辉、内蒙古行政学院张学刚、辽宁行政学院孙庆国、吉林省行政学院关英菊、黑龙江省行政学院仇荀、上海行政学院沈炜、江苏省行政学院黄瑞玲、浙江行政学院袁涌波、安徽行政学院江观伙、福建行政学院何福平、江西行政学院郭金丰、山东行政学院司强、河南行政学院张廷银、湖北省行政学院王能应、湖南行政学院曹健华、广东行政学院蔡兵、广西行政学院邹思怡、海南行政学院毕普云、重庆行政学院伏虎、四川行政学院袁威、贵州行政学院刘旭友、云南行政学院欧黎明、西藏行政学院孙向军、甘肃行政学院刘进军、青海省行政学院王兰英、宁夏行政学院霍岩松等及其团队完成。

董小君负责课题框架设计与统筹工作,徐晓明、王学凯、郭贝贝负责统稿工作,由董小君定稿。人民出版社郑海燕主任在书稿编辑与出版过程中付出了大量的辛勤劳动，在此表示深深的感谢！

由于时间仓促，本书难免有疏忽之处，敬请读者批评指正！

中共中央党校（国家行政学院）课题组

目　录

北京市改革开放 40 周年
地区发展报告

北京行政学院课题组①

一、1978 年以来北京市经济社会发展成就

（一）生产力水平不断提升

1. 国内生产总值持续增长

从图 1-1 可以看出，改革开放以来，北京市 GDP 呈现逐年持续增长的趋势，从 1978 年的 108.8 亿元，增长到 2017 年的 28000.4 亿元，经济总量显著扩张。特别是 1994 年实行分税制改革之后，经济总量的增长态势显著增强。

（单位：亿元）

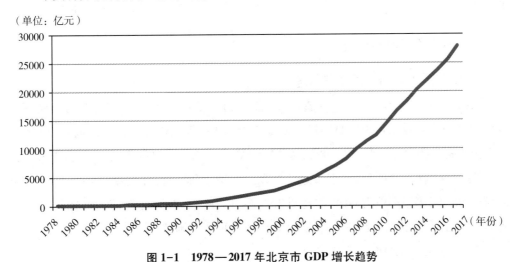

图 1-1 1978—2017 年北京市 GDP 增长趋势

资料来源：北京市统计局网站，www.bjstats.gov.cn。

---

① 课题组组长：钟勇；课题组成员：朱晓青、李诗洋；项目编号：NSAZT（WT）2018001。

2. 人均生产总值稳定持续增长

从图1-2可以看出,改革开放以来,北京市人均GDP也呈现逐年持续增长的趋势,从1978年的1257元/人,增长到2017年的129000元/人。特别是1998年之后,人均GDP增速显著提升。

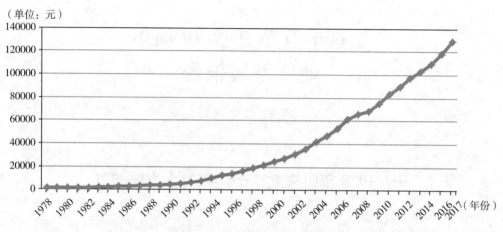

（单位：元）

图1-2 改革开放40年北京市人均GDP变化趋势图

3. GDP增长率呈现阶段性波动

从图1-3可以看出,改革开放以来,北京市无论是总体GDP增长率还是人均GDP增长率均呈现出上下波动的趋势,尤其是2008年之后,北京市总体经济增长率呈现逐年下降趋势,但是人均GDP增长率却呈现出上升趋势,且有超过总体GDP增长率的势头。这反映出近年来在劳动生产率增长的带动下,北京市经济发展质量也随之提高。

（二）经济结构不断优化

1. 三次产业结构经历重大调整

从图1-4可以看出,改革开放以来,北京市产业结构经历了艰难探索的过程。1978年之前是以重工业为核心的经济发展战略,1980年工业占比达到最高点;后来北京市按照完善和增强首都服务功能的要求,调整了经济发展战略,把第三产业作为经济发展的主导产业。1994年,北京市经济"二三一"的发展结构优化提升为"三二一"的格局;1995年,第三产业占GDP的比重首次超过50%。之后,北京市始终保持第三产业为主导的产业结构,且第三产业占GDP的比重位居全国首位。

2. 制造业占GDP比重逐年下降

因为三次产业结构的调整,北京市制造业占GDP的比重呈现持续下降趋势。从图1-5中可以看出,制造业占GDP的比重从1978年的64.5%一直下降到2017年的15.3%。

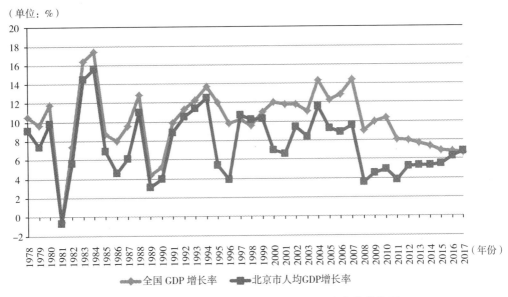

图 1-3　改革开放 40 年北京市 GDP 增长率变化趋势图

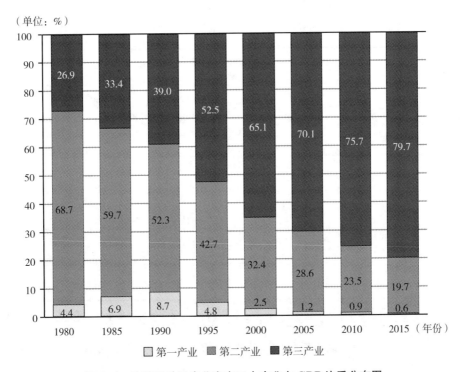

图 1-4　改革开放以来北京市三大产业占 GDP 比重分布图

3. 最终消费占 GDP 的比重稳中有升

从图 1-6 中可以看出,改革开放以来,北京市最终消费占 GDP 的比重一直在 50% 左右,上下小幅波动,基本呈现稳定态势。2008 年奥运会之后,该比例一直稳步小幅上升至 60%。尤其是 2014 年北京市在疏解、减量、整治、促提升、谋发展之后,消费驱动的

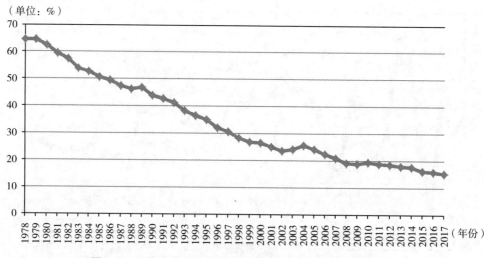

（单位：%）

图1-5　改革开放以来北京市制造业占GDP比重分布图

格局开始形成，最终消费占GDP的比重稳步上扬。

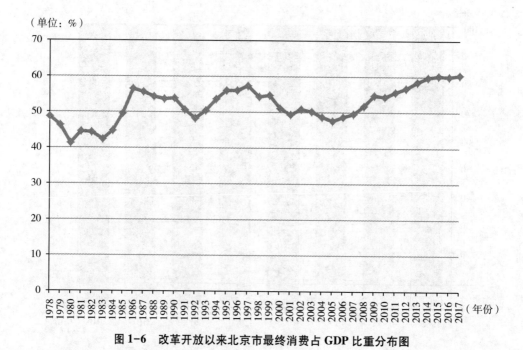

（单位：%）

图1-6　改革开放以来北京市最终消费占GDP比重分布图

4.第三产业推动下的快速城镇化进程

从图1-7中可以看出，改革开放以来，北京市的城镇化率呈现阶段性稳定上升并阶梯发展的特点，目前已经达到86.5%；与此同时，第一产业就业人员比例呈现逐年下降趋势，从1978年的28.3%下降到2017年的4%。这与北京市的三次产业结构调整有直接联系，表明推动北京市城镇化进程的主动力是第三产业，而不是工业。

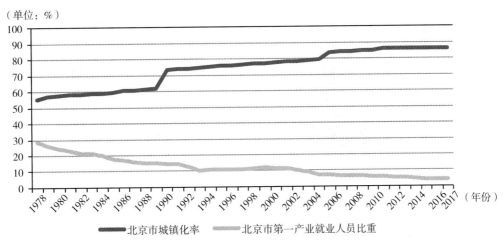

图 1-7　改革开放以来北京市城镇化率及第一产业就业人员比重变化趋势图

5. 单位 GDP 能耗逐步降低

从图 1-8 中可以看出,改革开放以来,北京市的单位 GDP 能耗(包括煤炭、石油、天然气等)呈现逐年下降趋势,这一方面归功于产业结构的调整,由以能耗较大的第二产业为主转变为以能耗相对较低的第三产业为主;另一方面也说明 2014 年之后,北京市疏解、减量、整治、促提升、谋发展取得明显成效。

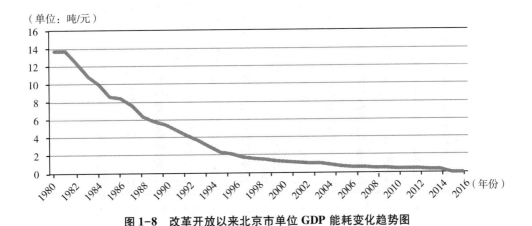

图 1-8　改革开放以来北京市单位 GDP 能耗变化趋势图

6. 能耗结构不断优化

从能源结构来看,近年来,北京市的能源结构也发生了较大调整。从图 1-9 中可以看出,污染较大的煤炭占比由 2009 年的 30%降至 2015 年的 10%,而同期天然气等清洁能源占比则由 15%提升到 32%。

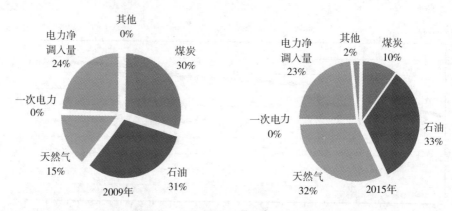

图1-9　北京市能源结构变化对比图

7.工业企业中国有控股与私营比例基本稳定

从经济所有制形式看,2004年以来,北京市的国有控股工业企业资产占比一直在80%上下浮动,私营工业企业资产占比则一直在8%—9%,且近十几年来变化不大,相对稳定(见图1-10)。

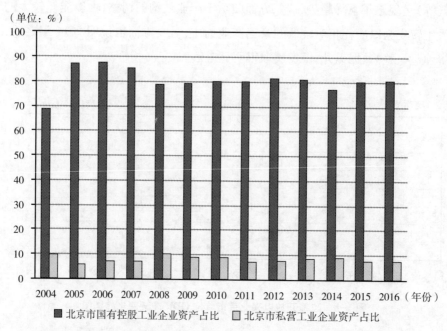

图1-10　2004—2016年北京市国有控股与私营工业企业资产占比图

(三)宏观经济稳定

1.通货膨胀率近年逐步稳定

从图1-11可以看出,1994—1996年,受全国范围的高通货膨胀率的整体影响,北京市的通货膨胀率曾达到 20% 以上,但以后逐年下降。1997 年东南亚金融危机爆发后,北京市的通货膨胀率基本维持在 5% 以下,个别年份(2002 年和 2009 年)甚至出现过负值,但 2013 年之后物价比较稳定。

图 1-11　1994—2017 年北京市通货膨胀率趋势图

2. 财政赤字占 GDP 的比重稳中略升

从图 1-12 可以看出,北京市的财政每年呈现略有赤字的状态,但比例都不高。1998 年以来基本维持在 3% 以下,只是 2014 年之后,随着政府民生改善工程的扩大,引发公共支出增加,赤字比例才略微上升,2016 年达到 5% 以上。

图 1-12　1998—2016 年北京市财政赤字占 GDP 比重趋势图

3. 地方政府债务占 GDP 比重大幅度下降

从图 1-13 可以看出,北京市地方政府债务占 GDP 的比重近五年出现拐点,由升变降。在国家审计并提出降低政府债务比重的要求之后,北京市政府采取有效措施,快速降低政府债务占 GDP 的比重,短短两年时间,由 2014 年的最高比例 34% 下降到 2016 年的 15.8%,降幅达到一半以上。

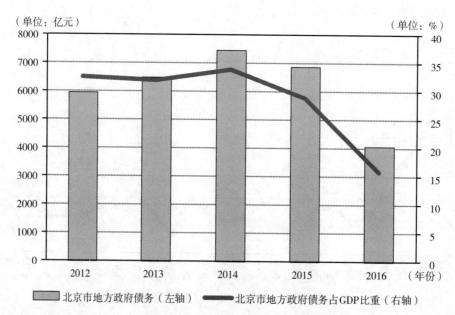

图 1-13　2012—2016 年北京市地方政府债务趋势图

资料来源:Wind 数据库。

4. 一般公共预算收入占 GDP 的比重稳步上升

从图 1-14 可以看出,北京市的一般公共预算收入占 GDP 的比重基本呈现梯度稳步上升特点,2015 年升至 20% 左右,目前基本稳定在这一水平。

图 1-14　1997—2017 年北京市一般公共预算收入占 GDP 比重趋势图

（四）基础设施建设成效显著

1. 人均年用电量逐年增加

从图1-15可以看出，改革开放以来，北京市的人均年用电量呈现逐年稳步上升的趋势，目前已经达到人均5000千瓦时。这说明在生产发展、人民生活水平提高的同时，北京供电基础设施建设也在逐年完善。

（单位：千瓦时/人）

图1-15　1979—2017年北京市改革开放以来人均年用电量趋势图

2. 公路网密度逐步加大

从图1-16可以看出，改革开放以来，北京市的公路网密度逐年加大，尤其是2004—2006年呈现突破性增长。原因是为了迎接2008年奥运会，北京市加大了城市基础设施建设，由于2004年之前的前期投入比较大，集中反映在2004—2006年的公路网密度呈井喷式增长，之后稳定发展，每年保持一定的增长。

3. 居民出行基础设施建设日益改善

从图1-17可以看出，改革开放以来，北京市的铁路网密度逐年加大，而航空公司的人均年飞行次数也逐年增加。其中，随着2002—2004年首都机场2号和3号航站楼的建成通航，2004年之后，人均年飞行次数出现了井喷式增长；而铁路网的建设方面，则是在北京南站建成通车之后，从2008年开始居民选择铁路出行的趋势呈明显直线上升，反映出近年来北京市在交通基础设施建设方面取得的显著成就。

（单位：公里/百平方公里）

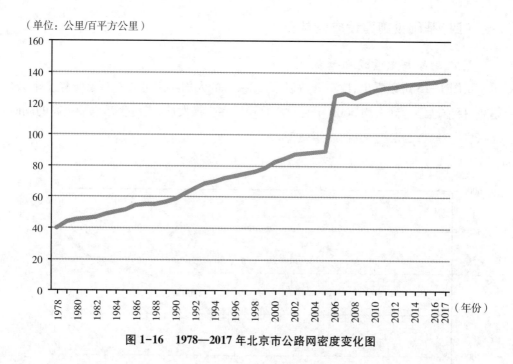

图1-16　1978—2017年北京市公路网密度变化图

（单位：公里/百平方公里；次）

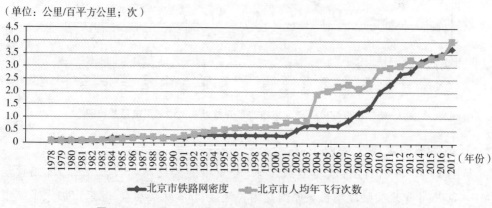

北京市铁路网密度　　北京市人均年飞行次数

图1-17　1978—2017年北京市铁路网密度和航空变化趋势图

4.互联网普及率逐年上升

从图1-18可以看出,2005年以来,北京市的互联网普及率逐年上升,从10%左右上升至2017年的25%。但在2014—2015年出现过短暂下降。

5.电话普及率先升后降

从图1-19可以看出,改革开放以来,北京市的电话普及率出现了先升后降的发展趋势。在2006年,电话普及率达到顶点,平均每百人拥有60部电话。但是之后,随着移动网络技术的发展,手机用户数量越来越多,电话普及率开始出现下降趋势,降为2017年的平均每百人拥有30部电话。

（单位：%）

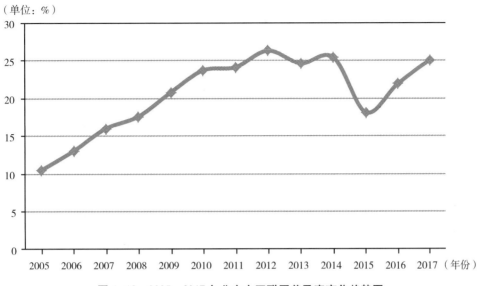

图 1-18   2005—2017 年北京市互联网普及率变化趋势图

（单位：部/百人）

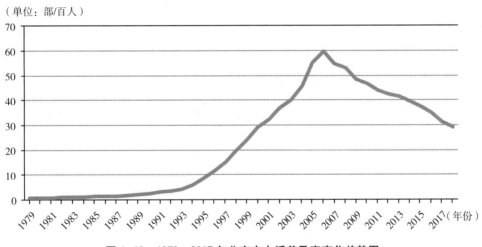

图 1-19   1979—2017 年北京市电话普及率变化趋势图

（五）基础自然资源有所保障

1.森林覆盖率稳步增长

从图 1-20 可以看出，改革开放以来，北京市的森林覆盖率呈现稳步上升的趋势，尤其 1988 年之后，森林覆盖率增速明显加快，说明北京市对于绿化和环境保护工作非常重视。

2.人均自然资源各有特点

从表 1-1 可以看出，北京市的人均水资源量一直比较稳定，自 2001 年以来，人均水

（单位：%）

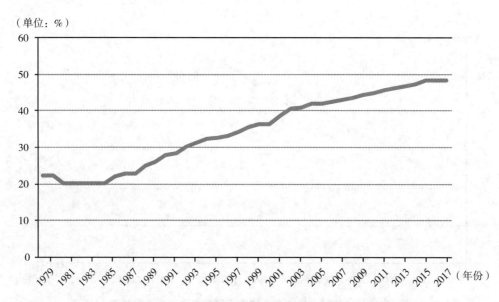

图 1-20　1979—2017 年北京市森林覆盖率变化趋势图

资源量最高值近 200 立方米,生活用水完全可以保障;但在 2014 年曾经历过水资源的
匮乏,治理之后又开始回升。人均能源储备也呈现出逐年上升的趋势。人均耕地面积
自 2009 年以来呈逐年减少趋势,这与北京市的城镇化进程步调一致。

表 1-1　2001—2017 年北京市人均自然资源数量

年　份	人均水资源量 （立方米）	人均耕地面积 （公顷/万人）	人均能源储备 （千克标准煤）
2001	139.7	—	—
2002	114.7	—	—
2003	127.8	—	—
2004	145.1	—	—
2005	153.1	—	—
2006	140.6	—	—
2007	145.3	—	—
2008	198.5	—	—
2009	120.3	122.1	—
2010	120.8	114.1	650.2
2011	134.7	110.0	663.2
2012	193.3	106.7	693.2
2013	118.6	104.6	687.5
2014	94.9	102.2	705.3

续表

年　份	人均水资源量 （立方米）	人均耕地面积 （公顷/万人）	人均能源储备 （千克标准煤）
2015	123.8	101.0	718.5
2016	161.4	—	—734.9
2017	154.3	—	—

资料来源：北京市统计局网站，www.bjstats.gov.cn。

（六）健康与基础教育条件优越

1.人口增长率阶段性波动较大

从图1-21可以看出，改革开放以来，北京市的人口增长率总体呈现先上升后下降的趋势，且表现出比较明显的阶段性特征。其中，受2003年"非典"的影响，当年人口增长率降到历史最低水平；但在2004年之后，北京市开始允许外地户籍人口在京购房、购车，导致人口持续上涨；自2014年北京市启动控制人口总量、疏解中心城区人口的政策措施之后，人口增长率又开始显著回落。

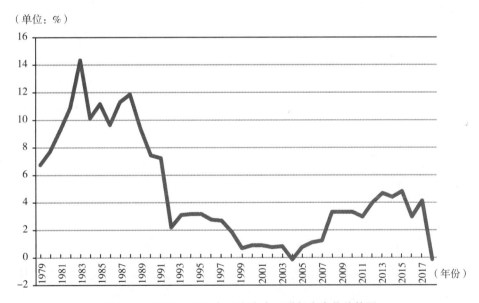

（单位：%）

图1-21　1979—2017年北京市人口增长率变化趋势图

2.医疗服务资源丰富

从图1-22可以看出，改革开放以来，无论从人均拥有的医师数量还是病床数量来说，北京市的人均医疗服务资源呈现稳步上升的趋势。其中，万人医师数在2003年受"非典"影响有所下降，但在2005年之后又开始飞速上涨。说明北京市的医疗服务资源无论在软件方面还是硬件方面，近年都有所提高。

（单位：人；张）

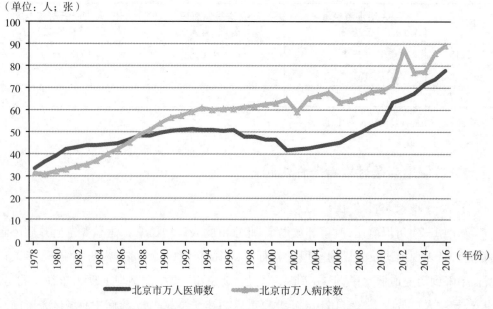

图 1-22　1978—2016 年北京市医疗服务变化趋势图

3. 基础教育资源有所下降

北京市作为新中国成立初期就明确的科教中心,教育资源非常丰厚。从图 1-23 和图 1-24 可以看出,改革开放以来,北京市人均拥有的教师数量比较充足,但 2005 年之后,呈现稳步下降的趋势;2010 年之后,随着北京市人才引进政策的实施,又有所回升。小学入学人数呈现阶段性变化,在"非典"之前,随着人口增长率下降,小学入学人数也开始减少;"非典"之后,随着启动引入外来人口政策和外地务工人员子女在京上学政策的落实,该数值开始急剧上升。

（七）高等教育覆盖面广

1. 高中以上学历普及率较高

从表 1-2 可以看出,在四次人口普查统计数据中,北京市的高中和大专及以上学历人口比重在逐年稳步增长,且大专及以上学历人口比重增长速度要高于高中及以上学历人口比重。

表 1-2　北京市近年高学历人口比重　（单位:%）

年　份	1982	1990	2000	2010
高中及以上学历人口比重	17.6	19.0	23.2	31.5
大专及以上学历人口比重	4.9	9.3	16.8	21.2

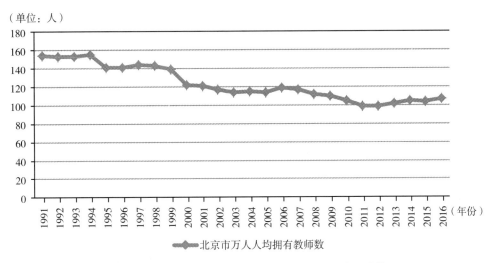

图 1-23 1991—2016 年北京市人均拥有教师数量变化趋势图

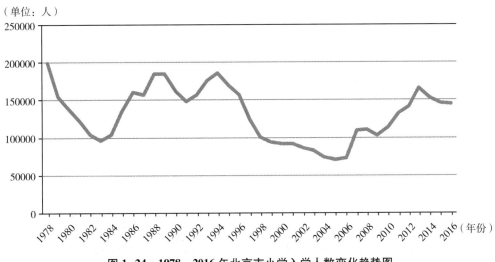

图 1-24 1978—2016 年北京市小学入学人数变化趋势图

2. 在校研究生人数稳中有升

从图 1-25 可以看出,北京市的万人在校研究生人数总体呈现稳中有升的趋势,这与北京市的高校资源丰富有直接关系。北京市已经成为全国高学历人才最为集聚的地区。

(八)财政

1. 财政收入占 GDP 的比重逐年上升

从图 1-26 可以看出,北京市的财政收入占 GDP 的比重呈现逐年上升的趋势,由

（单位：人）

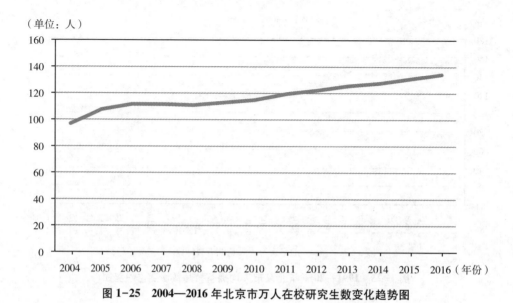

图1-25　2004—2016年北京市万人在校研究生数变化趋势图

1997年的不足10%增长到2017年的近20%。

（单位：%）

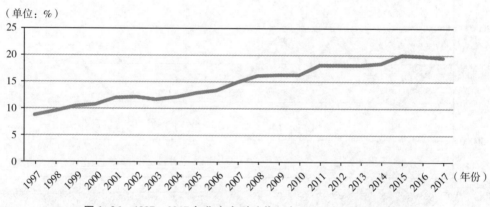

图1-26　1997—2017年北京市财政收入占GDP比重变化趋势图

2. 税收收入变动

从图1-27可以看出,改革开放以来,北京市的人均税收收入呈现稳步上升的趋势。税收收入占GDP的比重总体平稳,但也存在上下波动的情况,有两个拐点:一是1983年利改税之后,税收收入占GDP的比重大幅度上升;二是1994年分税制改革之前,税收收入占GDP的比重曾跌至谷底,之后又呈现逐年上升趋势。

（九）金融市场

1. 金融行业增加值占 GDP 的比重逐年上涨

从图1-28可以看出,北京市的金融行业增加值占GDP的比重呈现逐年上涨的趋

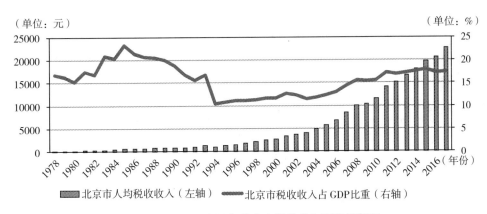

图 1-27 1978—2016 年北京市税收收入变化趋势图

势,且近 4 年来均维持在 15% 以上的比例,在所有产业中位居首位,甚至超过工业同类指标(2017 年工业增加值占 GDP 的比重为 15.3%)。金融行业已经成为北京市的第一支柱产业。

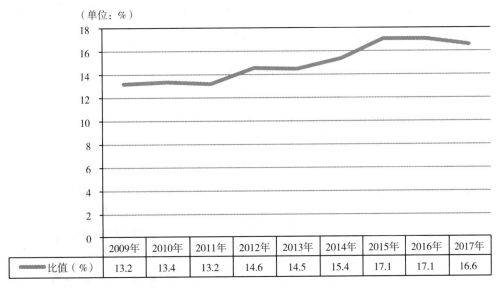

	2009年	2010年	2011年	2012年	2013年	2014年	2015年	2016年	2017年
比值(%)	13.2	13.4	13.2	14.6	14.5	15.4	17.1	17.1	16.6

图 1-28 2009—2017 年北京市金融行业增加值占 GDP 的比重变化趋势图

资料来源:北京市金融工作局网站,www.bjjrj.gov.cn。

2. 信贷余额占 GDP 的比重逐年上涨

从图 1-29 可以看出,改革开放以来,北京市的信贷余额占 GDP 比重基本呈现上涨的趋势。其中,在 2003 年达到峰值后开始回落,2008 年奥运会之后又呈现增长,且近几年来持续上涨。

3. 上市公司数量逐年增加

从图 1-30 可以看出,自中国有了证券交易所以来,北京市的上市公司数量逐年增

图 1-29　1978—2016 年北京市信贷余额占 GDP 的比重变化趋势图

加,尤其在 2009 年设立创业板之后,中关村的高新技术企业上市数量大幅增加,且持续增长,截至 2017 年年底,北京地区在两交所已经有 306 家上市公司。

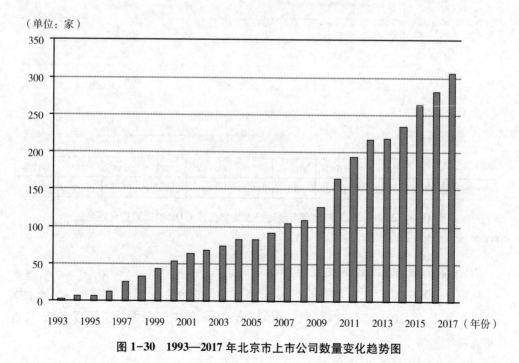

图 1-30　1993—2017 年北京市上市公司数量变化趋势图

4. 保险业保费收入占 GDP 的比重逐年上涨

从图 1-31 可以看出,自 1997 年保险业开始大规模发展以来,北京市保险业的保费收入占 GDP 的比重比较稳定,大部分时间维持在 5%—8% 的区间内,并经历了两个波峰和两个谷底的拐点。

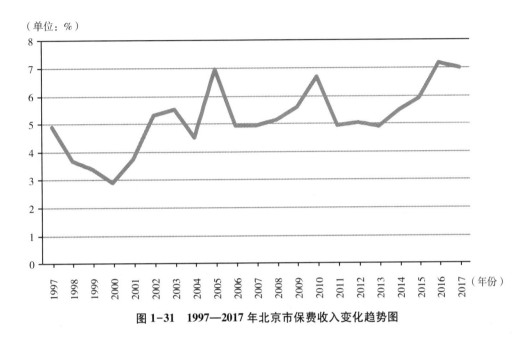

（单位：%）

图 1-31　1997—2017 年北京市保费收入变化趋势图

(十)环境与可持续发展

1. 空气污染治理颇见成效

从图 1-32 可以看出,自 2000 年以来,北京市的可吸入颗粒物浓度基本呈现逐年下降的趋势,工业固体废物的排放量也出现了大幅度降低的态势,尤其是 2008 年奥运会之后,出现了直线下降的拐点。另外,自 2014 年以来,北京市开展整治"散乱污"、实施煤改气、煤改电和大规模疏解低端高排放产业之后,固体颗粒物的治理效果更为明显。

2. 废水排放逐步得到控制

从图 1-33 可以看出,改革开放以来,北京市的万元 GDP 废水排放量基本呈现逐年下降的趋势。其中,1993 年出现谷底,因为当时北京市确立了第三产业为主的产业结构调整,工业废水排放量大幅度降低;但在此之后,又出现了反弹回升的情况,主要原因是服务业规模逐年扩大,相应地增加了废水排放量。

（单位：毫克/立方米；吨）

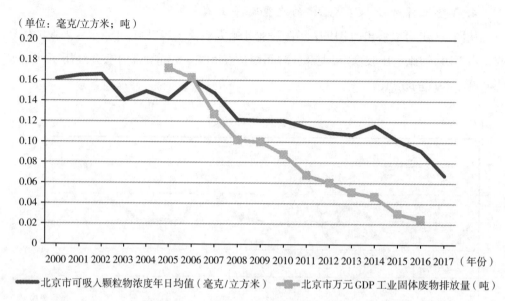

北京市可吸入颗粒物浓度年日均值（毫克/立方米）　北京市万元 GDP 工业固体废物排放量（吨）

图 1-32　2000—2017 年北京市可吸入颗粒物及工业固体废物排放量变化趋势图

（单位：立方米/日）

图 1-33　1978—2016 年北京市万元 GDP 废水排放量变化趋势图

（十一）就业与劳动力市场

1. 失业率总体水平较低

从图 1-34 可以看出，改革开放以来，北京市的失业率一直保持低水平，基本在 2% 以下，说明北京市的总体就业机会比较多，就业情况一直良好。

2. 适龄劳动人口比重基本稳定

从图 1-35 可以看出，自改革开放以来，北京市的适龄劳动人口比重相对稳定，基

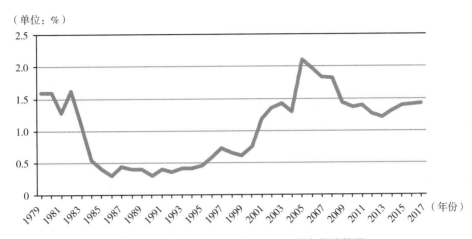

（单位：%）

图1-34　1979—2017年北京市失业率变化趋势图

本维持在50%—60%的区间内，除了人口增长较低的2000—2004年之外，其余年份的适龄劳动人口比重的波动不大。

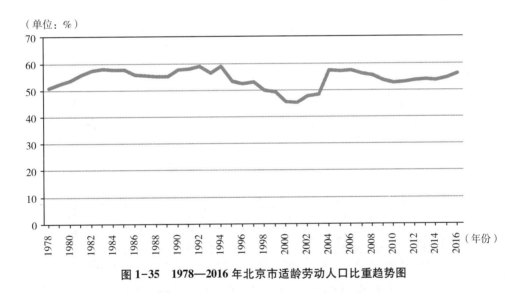

（单位：%）

图1-35　1978—2016年北京市适龄劳动人口比重趋势图

3. 工资水平稳步增长

从图1-36和图1-37可以看出，自改革开放以来，北京市的平均工资水平和最低工资水平都呈现出逐年稳步上涨的趋势，说明人均收入越来越高，改革开放的经济成果显著，市民有更多获得感。

（十二）知识经济与创新

1. R&D经费支出稳步增长

从图1-38可以看出，自1996年以来，北京市的R&D经费支出占GDP的比重逐年

（单位：元）

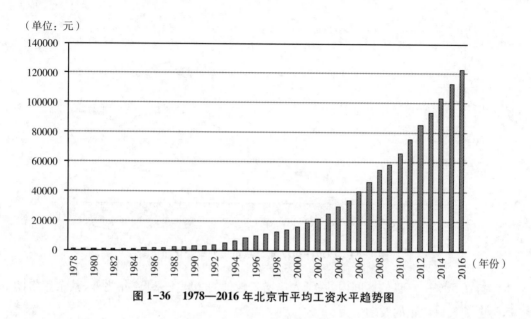

图1-36　1978—2016年北京市平均工资水平趋势图

（单位：元）

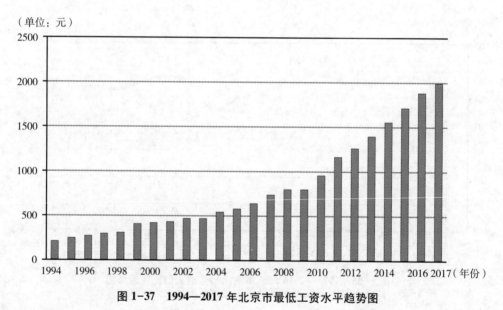

图1-37　1994—2017年北京市最低工资水平趋势图

增长，近年来的数值一直稳定在5%—6%的水平。究其根源，主要是中关村示范区的科技企业有坚持研发投入的创新精神。

2.高新技术企业从业人员数量稳中有升

从图1-39可以看出，自1991年以来，北京市的高新技术企业年末从业人员数量逐年增长，尤其是2009年中关村被批复为国家自主创新示范区之后，在创新驱动引领经济发展的政策指导下，高新技术企业从业人员数量增长加快；2014年北京市提出构建"高精尖"产业结构之后，相应指标再次增速、提升。

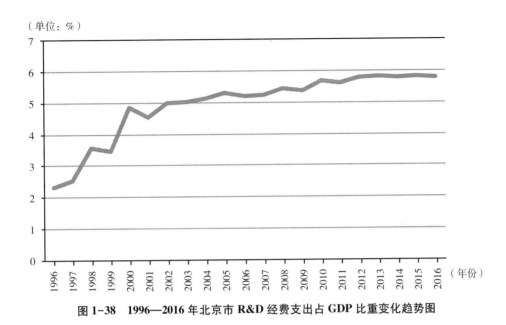

图1-38　1996—2016年北京市R&D经费支出占GDP比重变化趋势图

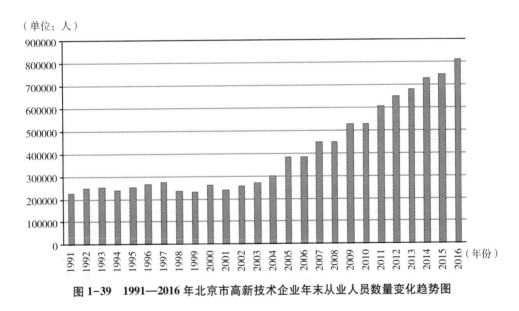

图1-39　1991—2016年北京市高新技术企业年末从业人员数量变化趋势图

3. 专利申请授权量

从图1-40可以看出,自1986年以来,北京市的万人平均专利申请授权量呈现逐年增长趋势。其中,2008年之前增长比较平缓,在2009年之后增长趋势陡然上升,2014年北京市提出构建"高精尖"产业结构之后,增长趋势再一次提升。说明北京市近年来自主创新的研发能力日益增强,取得了日新月异的进步。

4. 高新技术产业主营业务收入占GDP的比重稳步提升

从图1-41可以看出,自2008年以来,北京市的高新技术产业主营业务收入占

（单位：件）

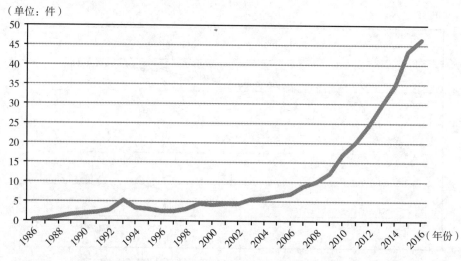

图1-40　1986—2016年北京市万人专利申请授权量变化趋势图

GDP的比重逐年稳步提升,创新驱动经济发展的引擎作用明显。

（单位：%）

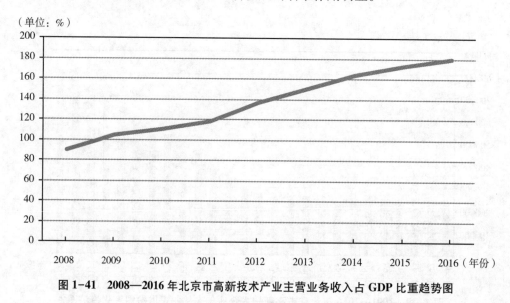

图1-41　2008—2016年北京市高新技术产业主营业务收入占GDP比重趋势图

二、北京市经济社会发展目前存在的问题

从北京市的历史数据看,改革开放40年来,北京市人民在党中央、国务院和市委、市政府的坚强领导下,牢固树立创新、协调、绿色、开放、共享的发展理念,围绕首都城市战略定位,适应新时代高质量发展的要求,大力推动减量发展、创新发展、京津冀协同发展和新两翼发展,扎实推进供给侧结构性改革和"高精尖"产业体系建设,加快建设国际一流的和谐宜居之都,经济社会保持平稳健康全面发展,交出了一份优秀的成绩单。

但与此同时,北京市的经济发展与人口、资源、环境之间的矛盾日益尖锐。自 2014 年以来,习近平总书记先后两次视察北京,明确指出北京的问题是人口过多,背后是功能过多,有必要动"外科手术",疏解非首都功能,明晰怎样建设首都的主旨。以此为指引,北京市启动了《北京市城市总体规划(2016—2035 年)》(以下简称《总规》)的编制,采取"政府组织、专家领衔、部门合作、公众参与、科学决策"的工作模式,以及划定底线、突出主旨、设定指标体系、以人为本、多规合一、城乡一体化等多项内容集合方式,在 2017 年完成了《总规》编制,并获中共中央和国务院的批复。尤其是《总规》针对如何破解"大城市病",改变产业结构"大而全"的突出问题,从城市总体规划的战略性、全局性和前瞻性的维度,努力探索综合配套解决方略。

与《总规》的要求相比,北京市的经济社会发展目前还存在以下亟待解决的问题。

(一)市民生活满意度不高

北京城市发展的最终目标是建成国际一流的和谐宜居之都,成为富强民主文明和谐美丽的社会主义现代化强国首都、更加具有全球影响力的大国首都、超大城市可持续发展的典范,建成以首都为核心、生态环境良好、经济文化发达、社会和谐稳定的世界级城市群。为实现这一目标,《总规》明确制定了 42 项评价指标体系(见表 1-3)。

表 1-3　北京市《总规》设定的 42 项评价指标体系表

分项		指标	2015 年	2020 年	2035 年
坚持创新发展,在提高发展质量和效益方面达到国际一流水平	1	全社会研究与试验发展经费支出占地区生产总值的比重(%)	6.01	稳定在 6 左右	
	2	基础研究经费占研究与试验发展经费比重(%)	13.8	15	18
	3	万人发明专利拥有量(件)	61.3	95	增加
	4	全社会劳动生产率(万元/人)	19.6	23	提高
坚持协调发展,在形成平衡发展结构方面达到国际一流水平	5	常住人口规模(万人)	2170.5	≤2300	2300
	6	城六区常住人口规模(万人)	1282.8	1085 左右	≤1085
	7	居民收入弹性系数	1.01	居民收入增长与经济增长同步	
	8	实名注册志愿者与常住人口比值	0.152	0.183	0.21
	9	城乡建设用地规模(平方公里)	2921	2860 左右	2760 左右
	10	平原地区开发强度(%)	46	≤45	44
	11	城乡职住用地比例	1:1.3	1:1.5 以上	1:2 以上

分 项		指 标	2015 年	2020 年	2035 年
坚持绿色发展,在改善生态环境方面达到国际一流水平	12	可吸入颗粒物(PM$_{2.5}$)年日均浓度(微克/立方米)	80.6	56 左右	大气环境质量得到根本改善
	13	基本农田保护面积(万亩)	—	150	—
	14	生态控制区面积占市域面积的比例(%)	—	73	75
	15	单位地区生产总值水耗降低(比 2015 年)(%)	—	15	>40
	16	单位地区生产总值能耗降低(比 2015 年)(%)	—	17	达到国家要求
	17	单位地区生产总值二氧化碳排放量降低(比 2015 年)(%)	—	20.5	达到国家要求
	18	城乡污水处理率(%)	87.9(城镇)	95	>99
	19	重要江河湖泊水功能区水质达标率(%)	57	77	>95
	20	建成区人均公园绿地面积(平方米)	16	16.5	17
	21	建成区公园绿地 500 米服务半径覆盖率(%)	67.2	85	95
	22	森林覆盖率(%)	41.6	44	45
坚持开放发展,在实现合作共赢方面达到国际一流水平	23	入境旅游人数(万人次)	420	500	增加
	24	大型国际会议个数(个)	95	115	125
	25	国际展览个数(个)	173	200	250
	26	外资研发机构数量(家)	532	600	800
	27	引进海外高层次人才来京创新创业人数(人)	759	1300	增加

续表

分 项		指 标	2015 年	2020 年	2035 年
坚持共享发展,在增进人民福祉方面达到国际一流水平	28	平均受教育年限(年)	12	12.5	13.5
	29	人均期望寿命(岁)	81.95	82.4	83.5
	30	千人医疗卫生机构床位数(张)	5.14	6.1	7 左右
	31	千人养老机构床位数(张)	5.7	7	9.5
	32	人均公共文化服务设施建筑面积(平方米)	0.14	0.36	0.45
	33	人均公共体育用地面积(平方米)	0.63	0.65	0.7
	34	一刻钟社区服务圈覆盖率(%)	80(城市社区)	基本实现城市社区全覆盖	基本实现城乡社区全覆盖
	35	集中建设区道路网密度(公里/平方公里)	3.4	8(新建地区)	8
	36	轨道交通里程(公里)	631	1000 左右	2500
	37	绿色出行比例(%)	70.7	>75	80
	38	人均水资源量(包括再生水量和南水北调等外调水量)(立方米)	176	185	220
	39	人均应急避难场所面积(平方米)	0.78	1.09	2.1
	40	社会安全指数 社会治安:十万人刑事案件判决生效犯罪率(人/10 万人)	109.2	108.7	106.5
	41	交通安全:万辆死亡率(人/万辆)	2.38(2016 年)	2.1	1.8
	42	重点食品安全检测抽检合格率(%)	98.42	98.5	99

资料来源:《北京城市总体规划(2016—2035 年)》,北京市人民政府 2017 年 9 月 29 日发布。

用表 1-3 的指标与北京市现有指标数据进行对比,可以发现存在以下问题。

1. 人口众多带来的诸多问题

根据《总规》的评价指标要求,到 2020 年,城六区的常住人口需要继续大幅度下降,目前人口众多带来的交通拥堵、住房紧张等问题仍没有得到很好的改善。

2. 环境污染治理未达到满意状态

根据《总规》的评价指标要求,到 2020 年,可吸入颗粒物浓度的年日均值要低于 56 微克/立方米,到 2035 年大气质量要达到良好;而 2015 年和 2016 年北京市的该指标数值分别为 73 微克/立方米和 58 微克/立方米,远未达到 35 微克/立方米的标准值。说明北京市目前对雾霾等空气污染的治理还未达到人民满意、百姓安居的水平。

3. 居民出行难问题仍然存在

根据《总规》的评价指标要求,到 2020 年,北京市区道路网密度要达到 8 公里/平方公里,而轨道交通里程要实现 1000 公里左右,与目前的数值差距很大,市内交通以及百姓出行难的问题尚未得到有效缓解。

4. 人均自然资源不够充沛

根据《总规》的评价指标要求,到 2020 年,人均水资源量要达到 185 立方米,到 2035 年要达到 220 立方米。2017 年北京市的人均水资源量只有 154 立方米,离这个目标还有差距。由于超大型城市人口过多,目前北京市居民的人均自然资源量水平较低,导致人民生活的满意度不高。

(二)产业结构需要继续调整

1. 产业定位存在一定缺陷

自 1980 年以来,北京市虽然努力调整产业结构,但舍不得"白菜帮",强调"优一产、强二产、大三产",实际上是什么产业都发展,导致城市中心区功能过度集聚,引发了"大城市病"。例如,城六区仅占全市 8.3% 的国土面积,但却集中了全市 60% 以上的人口、75% 的 GDP、88% 的三甲医院和几乎全部的优质教育资源,承接了全市一半以上的固定资产投资,创造了全市 70% 的国内生产总值。仅二环内 62 平方公里的老城区,就聚集了近 20 家大型三甲医院,同时还集中了 20 多个中央部委级单位、100 多个局级单位和北京市 200 多个委办局和直属事业单位,中心城区的资源环境和城市运行压力日益加大。

2. 尚未确立高端服务业的主导产业地位

2017 年,北京市的服务业占 GDP 的比例高达 80.6%,位居全国省级区域首位。但北京市的服务业以传统服务业和低端服务业为主,具备知识密集、资本密集、技术密集和产业带动力强的五大高端服务业,即金融业、信息服务业、科技服务业、商务服务业和文体娱乐业,尚未达到占 GDP 比例 50% 以上的主导产业水平。特别是北京市作为全国文化中心,文体娱乐业占 GDP 的比例仅为 2.1%,远未达到支柱产业的水平(见表1-4)。

表1-4　2015—2017 年北京市高端服务业占 GDP 比例情况表　　(单位:%)

项　　目	2015 年占 GDP 比例	2016 年占 GDP 比例	2017 年占 GDP 比例
金融业	17.1	17.1	16.6
信息服务业	10.3	10.8	11.3
科技服务业	7.9	8.4	10.2
商务服务业	7.7	7.4	7.0
文体娱乐业	2.3	2.3	2.1
合计	45.3	46.0	47.2

（三）"虹吸效应"导致京津冀发展不平衡

首都经济发展带来的"虹吸效应",导致京津冀发展不平衡,引发"大树底下不长草"的问题。京津冀现在发展落差很大,特别是河北城镇化率、主导产业结构和劳动生产率与北京相比差距更大。

2016年京津冀GDP为7.5万亿元,低于江苏7.6万亿元的水平,与广东8.0万亿元相比差距更大,占全国的比例仅为10.1%。特别是京津两地的GDP也仅分别为2.5万亿元和1.8万亿元,难以对河北的经济发展产生强力辐射作用,反倒形成"虹吸效应",制约了京津冀区域协同发展(见表1-5)。

表1-5 2016年京津冀常住人口和主要经济指标比较表

项　　目	北　京	天　津	河　北
人口(万人)	2173	1562	7470
城镇化率(%)	86.5	82.9	53.3
人均GDP(万元)	11.5	11.5	4.3
研发经费占GDP比例(%)	5.9	3.0	1.3
三次产业结构比	0.5：19.2：80.3	1.2：44.8：54.0	11.0：47.3：41.7
进出口贸易总额(亿美元)	2820	1027	466

资料来源:国家统计局网站,www.stats.gov.cn。

三、北京市进一步深化改革开放的政策建议

（一）有效疏解非首都功能,优化城市功能和空间布局

考虑到北京市作为首都的特殊性,牢牢把握好"都"与"城"的关系,以服务保障首都功能为根本要求。以更长远目标、更高目标切实谋划好首都未来发展的蓝图。以疏解非首都功能为"牛鼻子",坚决摒弃集聚资源促发展的传统做法,切实减重、减负、减量发展。以坚持疏解功能谋发展的新模式,优化城市功能、产业及其空间布局定位,提升治理能力和管理精细化水平,构建现代化经济体系。

1. 以产业外迁继续疏解人口

对于人口,下一步北京需要控增量、疏存量,发挥疏解对人口调控的带动作用,推动"人随产业走、人随功能走"。根据北京市产业结构调整的禁限目录,在将一批产业外迁的同时实现人随产业走,以这种方式疏解人口,以解决人口过多带来的众多问题。

2. 大力推动绿色技术创新，改善首都环境

借助中关村示范区自主创新的优势，大力推动污水废水处理、固体废物处理、大气治理、新能源等绿色技术创新的发展，开放环境污染治理市场，鼓励社会企业积极参与环境治理，给予桑德集团、神雾集团、鲁家山垃圾焚烧发电厂、北京嘉博文生物科技公司等企业为代表的绿色环保产业优惠政策，展开政企合作，并采取区域合作、联防联控的措施，共同打造北京地区的绿水青山。

3. 加大对市内交通基础设施的建设

今后，要继续加大对市内轨道交通和道路建设的投入。在当前地方政府举债受限制的情况下，要积极利用北京市的金融优势，与金融机构开展民生金融合作。借助其他融资手段继续推进交通基础设施建设。

4. 多管齐下解决资源不足

一方面，要继续开展疏解清退低端产业、治理开墙打洞、整治背街小巷的工作，制定时间表、路线图和任务清单，有效疏解中心城区人口和调控好人口总数；另一方面，要大力推动再生资源利用技术的进步，借助高新技术手段探索资源的再开发、再利用。特别是要科学配置资源要素，优化调整生产、生活、生态空间结构，保障首都居民的人均自然资源用量。

（二）优化产业结构，寻找新增长极

1. 确立只要"白菜心"的产业定位

根据北京市目前的经济社会发展特点，下一步的产业定位是在减量发展、舍"白菜帮"的基础上，充分发挥科技和人才优势，只要"白菜心"，着力打造"三城一区"，发展高端服务业、智能制造业、环保产业和高新产业，形成新的增长极。

在优化结构、高质量发展进程中，要加大就地淘汰高能耗、高水耗、高污染产业的力度。对劳动密集型、资源依赖型的一般制造业，以及在北京没有比较优势的高端产业的低端环节和制造环节，要搬迁转移、"腾笼换鸟""增白留绿"，加快产业转型升级的步伐。要按照构建"高精尖"经济结构的产业目录，落实好《总规》和用地禁限、鼓励目录，抓好高端产业功能区的建设，打造战略性新兴产业的策源地，促进文化创意产业健康发展，提升生活性服务业的品质，探索出一条减量发展、瘦身健体、提质增效的新路径。

2. 大力发展高端服务业

首都建设必须以21世纪的眼光，高点定位，着力打造高端服务业，使之尽快确立主导产业地位，带动其他产业优质高效发展，并形成辐射力和融合力。在融合发展方面，既要实现高端服务业内部各行业之间的融合发展，包括发展科技金融、科技商务、科技文化等，也要探索高端服务业与其他产业的融合发展，包括发展科技农业、"互联网+工

业"、电子商务、远程教育医疗等。

（三）发挥首都辐射作用，紧密对接京津冀协同发展

北京市要积极推动京津冀协同发展和环渤海合作发展，建立以首都为核心的世界级城市群，以城市副中心和雄安新区为新两翼，逐步发挥首都对周边的功能辐射作用。要紧密对接京津冀协同发展，以更广阔的空间谋划首都未来。

具体而言，一是要发挥中关村示范区的辐射作用。目前，中关村示范区与天津的滨海新区、宝坻、西青，与河北的雄安新区、石家庄、保定、廊坊、秦皇岛、张家口等地，已经开展了共建特色园区的工作。下一步，要进一步探索创新协同、利益共享机制，全力推进京津冀协同创新发展。二是要建立京津冀新的金融合作模式。北京市要在现有京津冀金融合作基础上，支持津冀企业在新三板市场和股权交易市场挂牌融资，推动在北京上市的公司将部分资金有序转移到周边地区。要探索京津冀合作建立政策性开发银行的可行方案。三是要强化京津冀开放型经济合作。例如，京津冀签署商务行动计划，借助"京交会""津洽会""廊洽会"等载体，共同培育具有国际影响力的品牌展会；发挥京津两市建设"中国服务外包示范城市""国家软件出口基地"优势，携手开拓境外服务外包市场；借助天津和雄安新区建立自贸区的优势，以及北京市服务业扩大对外开放综合试点的优势，共同打造外向型经济，并探索在渤海湾建立湾区自由港的可行办法。

2

河北省改革开放 40 周年
地区发展报告

河北行政学院课题组[①]

改革开放 40 年来,伴随历史的跨越,河北人民在省委、省政府的领导下,同心协力、艰苦奋斗,不断推进改革开放和现代化建设伟大事业,创造了前所未有的时代辉煌。40 年来,在保持宏观经济相对稳定的前提下,生产力水平不断提升、经济结构不断优化、财政收入稳步增长、金融市场不断完善,经济高质量发展的基础越发坚实;40 年来,基础设施建设日益完善、劳动力市场稳定发展、人民健康事业持续提高、高等教育发展迅速、科技创新水平不断进步,发展成果全民共享的态势逐渐形成;40 年来,在资源能源储备明显下降的前提下,环境可持续发展状况不断改善,人与自然和谐发展的理念一步步深入人心。

但是,时至今天,还有许多值得我们深刻反思的地方,我们应该清楚地看到:河北省同其他沿海省份的差距依然较大;过度依赖资源的发展模式带来的环境问题令人担忧;尚有相当一部分的贫困人口需要脱贫、区域发展不平衡问题突出;等等。对于全面建成小康社会,建设经济强省、美丽河北仍是任重道远,这既是压力,又是动力,加快步伐,奋起直追,是历史赋予河北的使命。

新时代,新使命,新征程。中国特色社会主义进入新时代,河北改革发展也站在了新的历史起点上。京津冀协同发展稳步推进、雄安新区建设规划全面实施、2022 年冬奥会越来越近,我们更应牢牢把握历史性窗口期和战略性机遇期,抢抓机遇,奋发作为,拼搏竞进,不辱使命,开启河北现代化建设新征程。

---

① 课题组组长:赵印良;课题组成员:李进英(副组长)、王会欣、陈胜开、张潇、王梅、鞠明明、赵经华、蒋清文、安岩、王捷;项目编号:NSAZT(WT)2018002。

一、1978年以来河北省经济社会发展成就

（一）生产力水平不断提升

反映生产力水平的指标主要有GDP、人均GDP、GDP增长率和人均GDP增长率等。

1. GDP持续快速增长

改革开放40年来，河北省GDP总量从1978年的183亿元提高到了2016年的31827亿元，实现了174倍的飞跃，河北经济发展水平明显提高。从图2-1可以看出，从1993年开始，河北省GDP进入明显的上升区间，尤其是在2001年之后，上升态势越发显著，这与我国的整体经济发展步调一致。

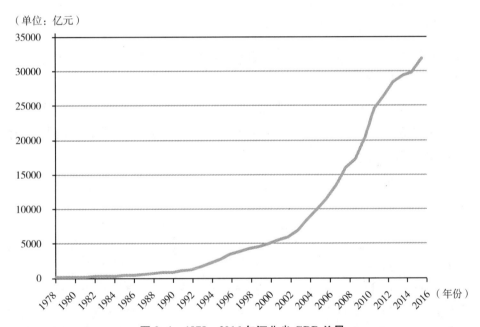

图 2-1 1978—2016年河北省GDP总量

资料来源：根据国家统计局数据绘制。

2. 人均GDP不断提高

40年来，河北人均GDP从1978年的364元增加到2016年的42866元，增长了117倍（见图2-2）。与河北省GDP总量相似，河北省人均GDP从1993年起有了较快增长，增势在2002年后更加明显。

3. GDP增长率从大起大落到快速增长，再到逐步回落

总体上看，河北省GDP增长率与国家趋势一致，即在1993年之前GDP增长率波

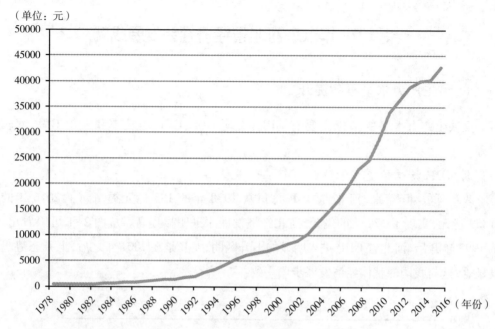

图 2-2　1978—2016 年河北省人均 GDP

资料来源:根据国家统计局数据绘制。

动幅度较大,1993 年达到 40 年来的峰值 17.7%后开始趋缓(见图 2-3)。2001 年之后,
GDP 增速基本在 10%上下波动,2010 年后连续 4 年经济增长速度呈递减趋势,回落到
7%左右。

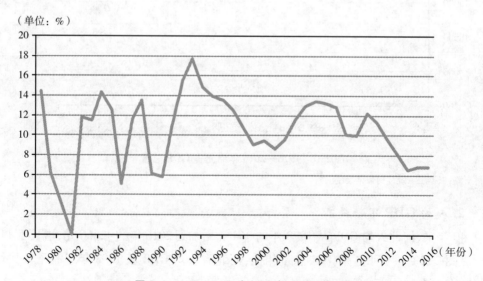

图 2-3　1978—2016 年河北省 GDP 增长率

资料来源:根据国家统计局数据计算所得绘制。

4.人均GDP增长率波动幅度逐步减小

从趋势上来看,河北省人均GDP增长率与GDP增长率基本一致,1998年前波动幅度较大,之后增长速度波动幅度相对减小(见图2-4)。

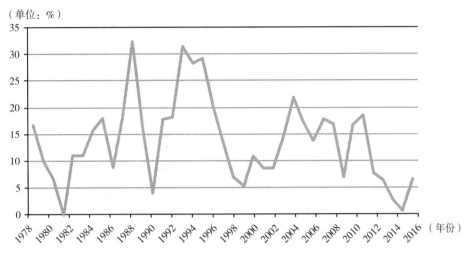

图2-4　1978—2016年河北省人均GDP增长率

资料来源:根据国家统计局数据计算所得绘制。

(二)经济结构不断优化

反映经济结构合理性的指标主要有三次产业占GDP比重、最终消费占GDP比重、单位GDP能源消耗量及结构和国有及私营工业企业资产总计占比等。

1.三次产业结构不断优化

河北省三次产业中,第一产业占GDP比重不断下降,由1978年的29%下降到2016年的10%。第二产业占GDP比重保持在50%上下小幅波动,呈现投资拉动经济增长的特征。第三产业占GDP比重总体呈上升趋势,由1978年的21%增长到2016年的42%,尤其是2014年后迅速上升,说明河北省三次产业结构调整效果显著(见图2-5)。

2.最终消费占GDP比重呈先升后降趋势

河北省最终消费占GDP比重在1978至1988年期间呈上升趋势,从1978年的51.0%上升到1988年的史上最高值61.9%,此后最终消费占比呈下降趋势,2011年达到史上最低值39.3%,之后开始呈现平缓上升趋势(见图2-6)。

3.城镇化率不断提高

40年来,河北省人口平稳增长,城镇化率持续提高。2015年城镇化率首次突破50%,达到51.33%。城市带动农村、城乡一体化发展格局初步形成。根据河北省"十三五"发展规划,到"十三五"末,河北省常住人口城镇化率达到60%左右,户籍人口城镇

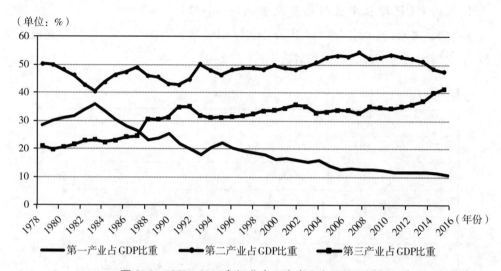

图 2-5　1978—2016 年河北省三次产业占 GDP 比重

资料来源:根据《河北经济年鉴 2017》数据绘制。

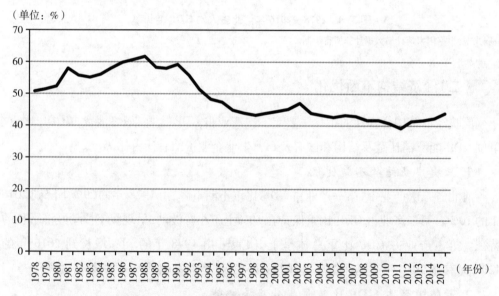

图 2-6　1978—2015 年河北省最终消费占 GDP 比重

资料来源:根据《河北经济年鉴 2017》数据绘制。

化率达到 45% 左右(见图 2-7)。

4. 第一产业就业人员占比逐年下降

河北省第一产业就业人员占比从 1978 年的 76.88% 下降到 2016 年的 32.68%。河北省第二、第三产业的发展使其成为吸纳农村剩余劳动力的主要渠道(见图 2-8)。

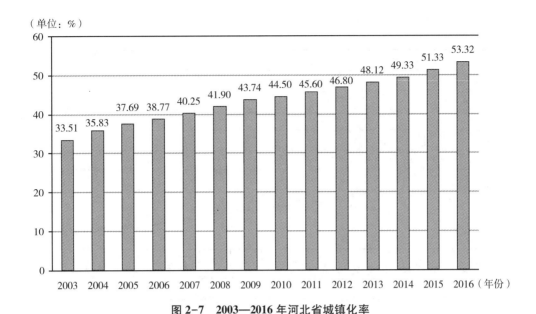

图 2-7　2003—2016 年河北省城镇化率

资料来源：根据《河北统计提要 2016》数据绘制。

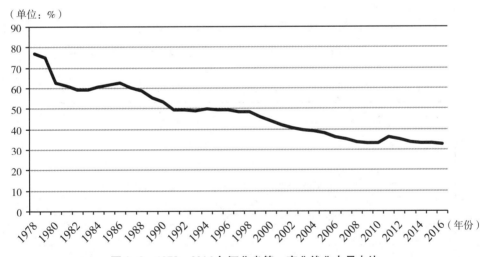

图 2-8　1978—2016 年河北省第一产业就业人员占比

资料来源：根据《河北经济年鉴 2017》数据绘制。

5. 单位 GDP 能源消费量逐年下降

单位 GDP 能源消费量用于说明经济发展过程中具体的能耗水平,该指标共分为四个细分指标。

（1）单位 GDP 煤炭消费量逐年下降

能源消费结构不断优化,单位 GDP 煤炭消费量呈现逐年下降的态势,其中 1990 年为 8.7858 吨/万元,2016 年下降为 0.8764 吨/万元,下降 90.02%（见图 2-9）。

（单位：吨/万元）

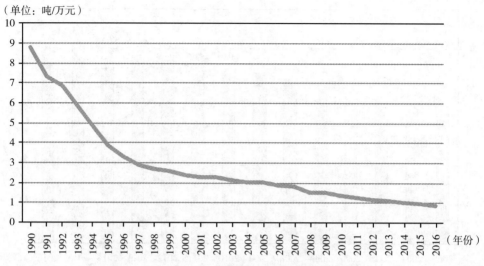

图 2-9　1990—2016 年河北省单位 GDP 煤炭消费量

资料来源：根据《新河北 60 年》《河北经济年鉴》(2010—2017)数据绘制。

（2）单位 GDP 石油消费量逐年下降

单位 GDP 石油消费量呈现逐步下降的态势，1995 年单位 GDP 石油消费量为 0.1749 吨/万元，2015 年下降为 0.0549 吨/万元，下降 68.61%（见图 2-10）。

（单位：吨/万元）

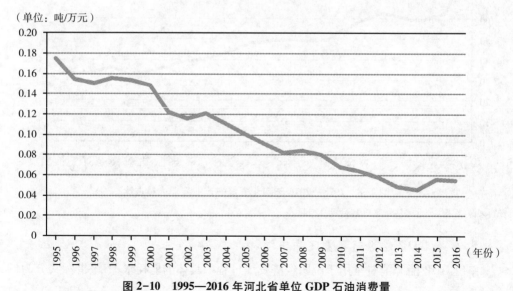

图 2-10　1995—2016 年河北省单位 GDP 石油消费量

资料来源：根据《新河北 60 年》《河北经济年鉴》(2010—2017)数据绘制。

（3）单位 GDP 天然气消费量呈"V 型"变化

近年来随着天然气的大面积推广，粗放使用的现象难以避免，使得天然气的使用效率随使用数量的上升而下降。如图 2-11 所示，单位 GDP 天然气消费量以 2006 年为界,呈现先下降后上升的"V型"态势,1995年单位GDP天然气消费量为24.1795立方米/万元,2006年最低下降至2.4504立方米/万元,下降89.87%。2016年单位GDP天然气消费量又上升为21.9673立方米/万元,相较2006年上涨7.96倍。

（单位：立方米/万元）

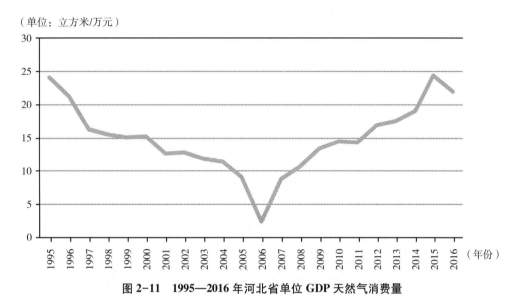

图2-11　1995—2016年河北省单位GDP天然气消费量

资料来源:根据《新河北60年》《河北经济年鉴》(2010—2017)数据绘制。

（4）单位GDP电力消费量逐年下降

单位GDP电力消费量逐年降低,1990年单位GDP电力消费量为3951.2233千瓦时/万元,2016年为1017.9215千瓦时/万元,下降74.24%(见图2-12)。

（单位：千瓦时/万元）

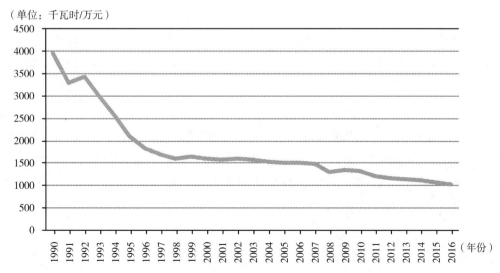

图2-12　1990—2016年河北省单位GDP电力消费量

资料来源:根据《新河北60年》《河北经济年鉴》(2010—2017)数据绘制。

6.能源消费结构不断优化

河北省能源消费结构不断优化。2010 年之前煤炭消费占总能源消费的比例一直维持在 90%左右,2010 年以后逐年下降,2016 年下降至 85.01%。天然气和电力消费呈现上升态势,特别是 2002 年之后天然气和电力消费占比逐年上升,2002 年天然气和电力消费占比仅为 0.7%和 0.03%,2016 年天然气和电力消费占比分别上升为 3.14%和 3.22%,河北省经济发展中清洁能源贡献度显著提升(见图 2-13)。

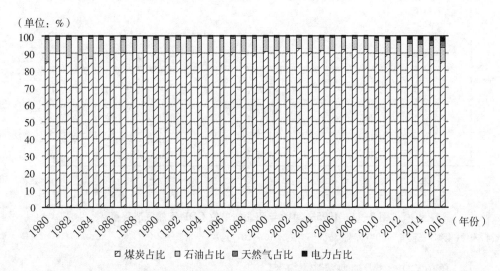

图 2-13 1980—2016 年河北省能源消费结构

资料来源:根据《河北经济年鉴 2017》数据绘制。

7.国有控股工业企业资产总计占比不断下降

河北省规模以上国有控股工业企业资产总计占比不断下降,从 2000 年的 85.75%下降到 2016 年的 47.86%。国企退出的市场份额已经由非公有制企业进行填补,从而形成不同市场主体之间的竞争,进一步激发了市场活力,从而带动河北省整体经济效益的提高(见图 2-14)。

8.私营工业企业资产总计占比不断提高

改革开放以来河北省私营经济得到了长足发展,民间投资快速增长,民营经济规模和水平都有了长足发展。规模以上工业企业中私营工业企业资产总计占比从 2000 年的 3.86%上升到 2016 年的 38.31%,增长了近 10 倍(见图 2-15)。民营企业正在逐渐成为河北省经济发展的生力军。

(三)宏观经济保持稳定

反映宏观经济运行状况的指标主要是通货膨胀率、财政盈余/赤字占 GDP 比重、地方政府债务占 GDP 比重和一般公共预算收入占 GDP 比重等。

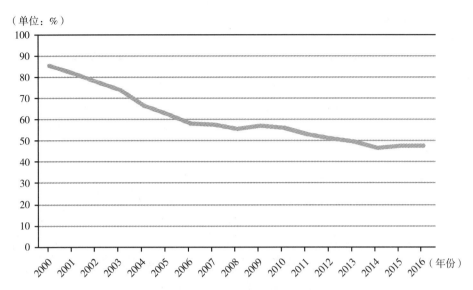

图 2-14　2000—2016 年河北省国有控股工业企业资产总计占比
资料来源:根据国家统计局官网数据整理绘制。

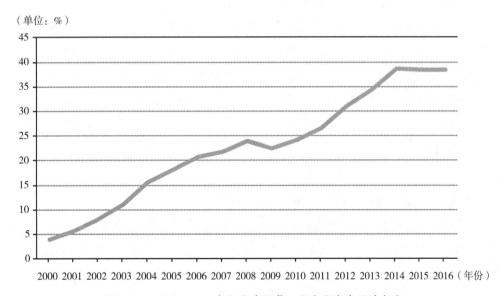

图 2-15　2000—2016 年河北省私营工业企业资产总计占比
资料来源:根据国家统计局官网数据整理绘制。

1. 居民消费价格波动趋稳

改革开放初期,河北省居民消费价格指数呈大起大落趋势,1991 年至 2000 年波动最为明显,1994 年高达 22.6%,而 1999 年的-1.9% 为 40 年来最低值(见图 2-16)。进入 21 世纪以来,河北省居民消费价格指数波动趋稳,2017 年河北省居民消费价格总水平上涨 1.7%,涨幅比 2016 年扩大了 0.2 个百分点,但已连续四年处于"2"以下,在较长的时间段内保持了温和上涨、低位运行态势。

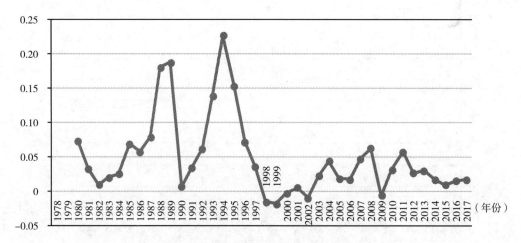

图 2-16　1978—2017 年河北省居民消费价格指数

资料来源：根据《河北经济年鉴 2017》、2017 年河北省财政决算表数据绘制。

2. 财政盈余/赤字占 GDP 比重明显缩小

1978 年至 1990 年，河北省财政盈余/赤字占 GDP 比重呈逐年下降趋势，从 6.92% 降至 -0.68%；1991 年至 2008 年，河北省财政盈余/赤字占 GDP 比重趋于稳定，基本保持财政收支平衡。2008 年以后，河北省经济结构调整、产业转型升级导致经济增速放缓，近年来化解过剩产能、治理环境污染、京津冀协同发展、精准扶贫等工作资金需要量大，河北省财政盈余/赤字占 GDP 的比重逐渐加大，2015 年以后，随着河北省经济面向好发展，河北省财政盈余/赤字占 GDP 的比重明显缩小，从 2015 年的 -5.26% 的规模缩小到 2017 年的 -4.25%（见图 2-17）。

3. 地方政府债务占 GDP 的比重有所回落

从图 2-18 中可以看出，河北省地方政府债务占 GDP 比重，从 2012 年 13.76% 增加到 2015 年的 19.75%，2016 年回落至 17.75%，全国排名第 19 位；债务率 199.64%，排名第 18 位。

4. 一般公共预算收入占 GDP 比重在分税制改革后逐年上升

1978 年到 1993 年，经过两轮"利改税"，河北省一般公共预算收入占 GDP 比重从 21.03% 下降到 8.53%，1994 年分税制改革后，中央财政收入比重提高，河北省一般公共预算收入占 GDP 比重从 1993 年的 8.53% 降至 1994 年的 4.35%。但随着经济结构不断优化，该指标逐年上升，从 1994 年的 4.35% 上升到 2017 年的 8.96%（见图 2-19）。2017 年河北省一般公共预算收入完成 3233.3 亿元，这是河北省一般公共预算收入首次突破 3000 亿元，同比增长 13.5%，为近五年来最高，扭转了收入逐年放缓的态势。

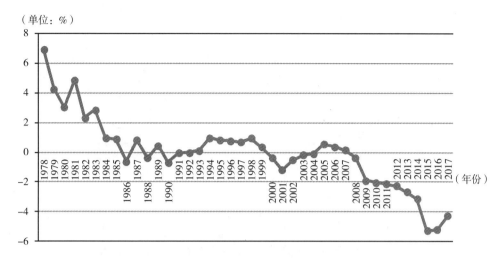

图 2-17　1978—2017 年河北省财政盈余/赤字占 GDP 比重

资料来源：根据《河北经济年鉴 2017》、2017 年河北省财政决算表数据计算结果绘制。

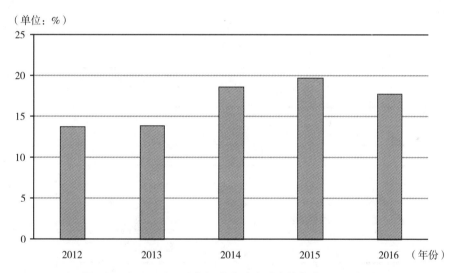

图 2-18　2012—2016 年河北省地方政府债务占 GDP 比重

资料来源：根据 Wind 数据库数据绘制。

（四）基础设施日趋完善

反映基础设施状况的指标主要是人均年用电量、公路及铁路网密度、（人均）民用航空客运量、互联网普及率和电话普及率等。

1. 人均年用电量逐年上升

从 2000 年起，河北省人均年用电量开始迅速增长，至 2005 年步入了 2000 千瓦时以上区间，至此之后 10 年翻了一番，进入 4000 千瓦时以上区间。在直线上升过程中，

（单位：%）

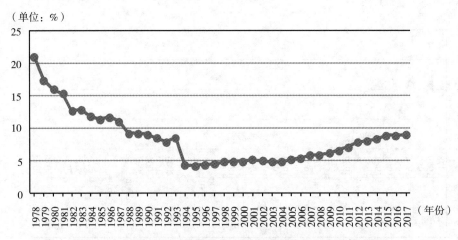

图 2-19　1978—2017 年河北省一般公共预算收入占 GDP 比重

资料来源：根据《河北经济年鉴 2017》、国家统计局官网数据绘制。

有一个特殊的点就是 2015 年的下滑，相较 2014 年 4488 千瓦时/人的峰值，下滑了近 5%（见图 2-20）。

（单位：千瓦时）

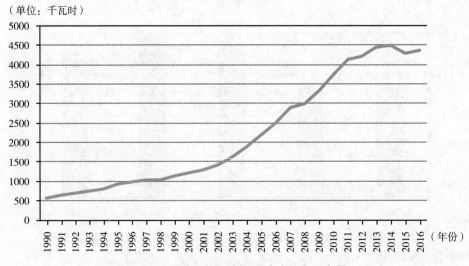

图 2-20　1990—2016 年河北省人均年用电量

资料来源：根据《河北经济年鉴》(1990—2017)数据绘制。

2. 公路网密度上升明显

40 年来，河北省公路建设稳步增长，尤其在 2005 年后上升态势明显加快。河北省 2005 年投入施工 16 条高速公路建设，全省高速公路突破了 2000 公里。截至 2016 年，高速公路总通车里程达到 6333 公里，居全国第二。公路网密度达到 99.79 公里/百平方公里（见图 2-21），远高于国家的平均数 48.759 公里/百平方公里。

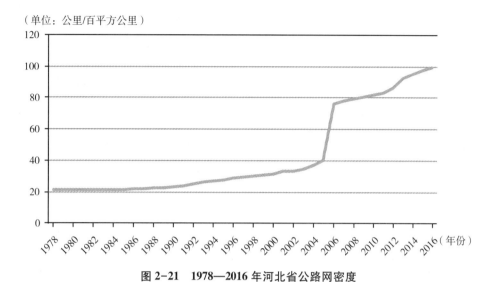

（单位：公里/百平方公里）

图 2-21　1978—2016 年河北省公路网密度

资料来源：根据《河北经济年鉴》(1978—2017)数据绘制。

3. 铁路网密度稳步提高

40 年来，河北省铁路建设平稳发展，并在 2008 年取得了突破性的发展，之后一直保持着较强的增长态势（见图 2-22）。

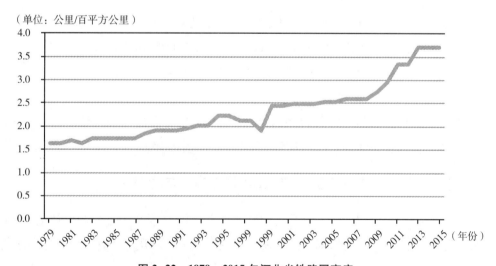

（单位：公里/百平方公里）

图 2-22　1979—2015 年河北省铁路网密度

资料来源：根据《河北经济年鉴》(1978—2017)数据绘制。

4. 人均民用航空客运量近年快速增长

河北省航空事业起步较晚，1986 年仅有三条线路通航。随着 1993 年石家庄正定机场投入使用，客运量逐年稳定增加，尤其是 2004 年后，河北机场管理集团正式运营，航空客运量有了显著增长，每年的客运量增长率都保持在 2 位数以上（见图 2-23）。

2016 年航空客运量达到 474.8 万人,同比增长 32.6%,人均年飞行次数达到 0.064 次/人。

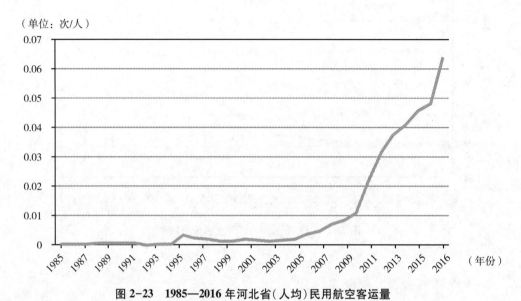

（单位：次/人）

图 2-23　1985—2016 年河北省（人均）民用航空客运量

资料来源:根据《河北经济年鉴》(1985—2016)数据绘制。

5.互联网普及率迅速提高

随着计算机与互联网的普及,河北省上网人数逐年提高,2007 年之后增长更加显著。2006 年互联网普及率不足 11%,但 10 年之后的 2016 年达到 53.3%(见图 2-24),网民人数接近 4000 万,基本全部是互联网宽带接入,拨号上网数量为 0。

6.电话普及率迅速提高

电话普及率指的是每百人拥有电话部数,包括固定电话数与移动电话数。自 2000 年以来,电话普及率迅速提高,2017 年电话普及率已到达 106.7 部/百人(见图 2-25)。

（五）资源能源储备不断下降,森林覆盖率逐年上升

改革开放以来,随着能源开发强度的不断加大,河北省基础自然资源整体呈现下降态势。可喜的是,由于近年来对生态资源的重视程度不断上升,基础自然资源的整体下降态势已得到遏制,生态资源环境容量不断扩大。

反映基础自然资源状况的指标主要是人均水资源量、人均耕地面积、森林覆盖率和人均能源储备及人均铁矿石储备等。

1.人均水资源量波动明显

2003 年以来,河北省人均水资源量受其他因素影响较为显著,总体波动明显。但河北省人均水资源量与全国人均水资源量相比差距明显,属于极度缺水省份。以 2016

（单位：%）

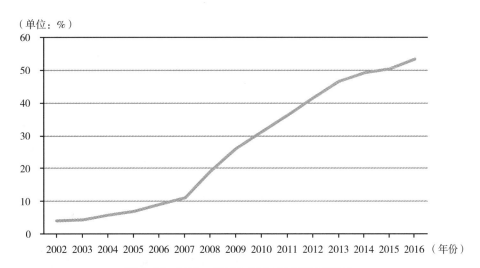

图2-24　2002—2016年河北省互联网普及率

资料来源：根据《河北经济年鉴》（2002—2017）数据绘制。

（单位：部/百人）

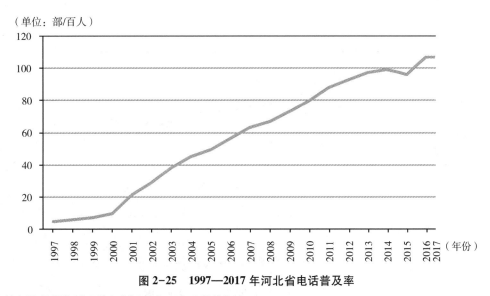

图2-25　1997—2017年河北省电话普及率

资料来源：根据《河北经济年鉴》（1997—2017）数据绘制。

年为例，全国人均水资源量为2354.92立方米/人，河北省仅为279.69立方米/人，仅约为全国平均水平的11.88%（见图2-26）。

2.人均耕地面积逐年下降

40年来，河北省人均耕地面积总体呈现下降态势，1978年人均耕地面积为0.1320公顷/人，2016年下降为0.0873公顷/人，总体下降33.86%（见图2-27）。自2002年以来，人均耕地面积基本稳定，变化幅度不大。

（单位：立方米/人）

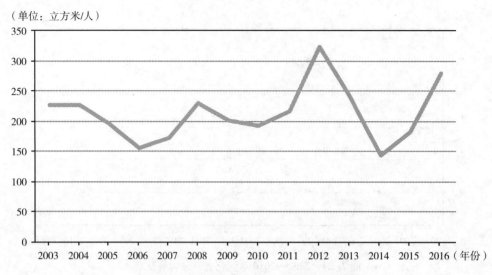

图 2-26　2003—2016 年河北省人均水资源量

资料来源：根据《新河北 60 年》《河北经济年鉴》(1998—2017) 数据绘制。

（单位：公顷/人）

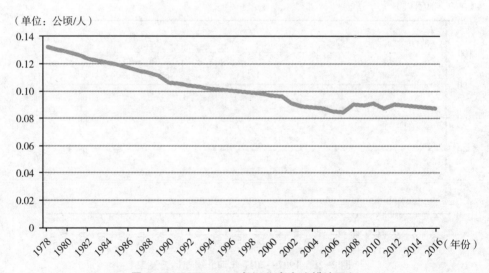

图 2-27　1978—2016 年河北省人均耕地面积

资料来源：根据《新河北 60 年》《河北经济年鉴》(2008—2017) 数据绘制。

3. 森林覆盖率逐年上升

河北省森林覆盖率整体呈现上升态势，国土绿化面积逐年上升。2003 年河北省森林覆盖为 18.08%，到 2016 年上升为 32%，上升幅度明显（见图 2-28）。

4. 人均能源储备渐趋平稳

随着资源能源开发强度的上升，人均能源储备呈现逐年下降态势，2003 年人均能源储备 131.41 吨/人，2016 年下降为 57.92 吨/人，下降 55.92%（见图 2-29）。

（单位：%）

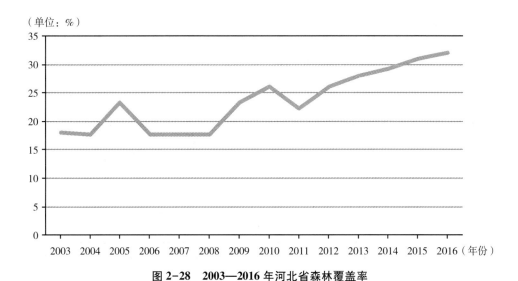

图 2-28　2003—2016 年河北省森林覆盖率

资料来源：根据《河北经济年鉴》(2003—2017)相关数据计算所得绘制。

（单位：吨/人）

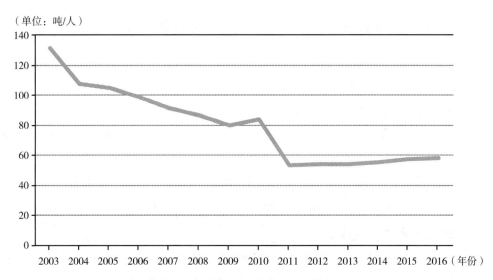

图 2-29　2003—2016 年河北省人均能源储备

资料来源：根据《河北经济年鉴》(2003—2017)相关数据计算所得绘制。

5.人均铁矿石储备逐年下降

随着资源能源开发强度的上升,人均铁矿石储备整体也呈现下降态势,2003年人均铁矿石储备 59.54 吨/人,2016 年下降为 35.60 吨/人,下降 40.21%(见图2-30)。

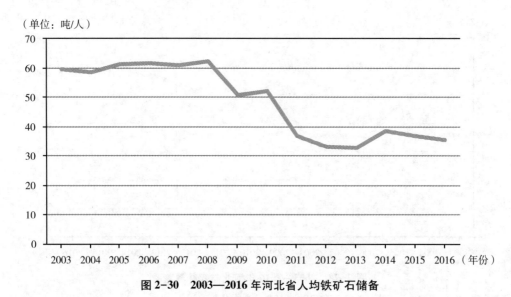

（单位：吨/人）

图 2-30　2003—2016 年河北省人均铁矿石储备

资料来源：根据《河北经济年鉴》(2003—2017)相关数据计算所得绘制。

（六）健康与基础教育事业持续、健康、协调发展

反映健康及基础教育状况的指标主要是人口自然增长率、预期寿命、万人医师数及万人病床数、万人专任教师数和小学入学率等。

1. 人口自然增长率下降趋势趋缓

河北省人口增长率从 1979 年到 1997 年迅速下降，其间出现两次大起大落，2000 年后基本保持平稳状态（见图 2-31）。2001 年为 40 年来最低点，这与我国 20 世纪 80 年代初期提出的计划生育政策有关。而 2014 年开始实施的单独二孩政策并没有带来明显的人口增加，还出现了小幅度的下降。

2. 预期寿命不断提升

从表 2-1 中可以看出，河北省平均预期寿命的变动过程显示出两大特征：一是近十年平均预期寿命提高速度加快，1981 年到 1989 年 9 年间提高 1.25 岁；1990 年到 2000 年，11 年间仅提高 0.83 岁；从 2000 年到 2010 年，11 年间提高 2.44 岁。二是女性平均预期寿命提高速度明显快于男性，男女平均预期寿命的差距进一步加大。2000 年到 2010 年，女性平均预期寿命提高了近 3 岁，远高于男性的 2.02 岁；男女平均预期寿命的差距，由 3.86 岁增加到了 4.79 岁，差距进一步加大。

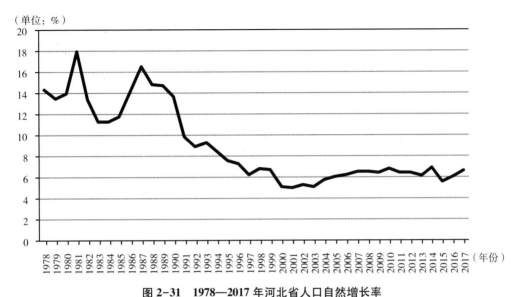

图 2-31　1978—2017 年河北省人口自然增长率

资料来源:根据《河北经济年鉴 2017》数据绘制。

表 2-1　河北省第三、四、五、六次全国人口普查平均预期寿命情况　（单位:岁）

年份 项目	1981	1989	2000	2010
男	69.14	70.01	70.68	72.70
女	71.88	73.60	74.54	77.49
合计	70.45	71.70	72.53	74.97

资料来源:根据《河北经济年鉴 2017》数据绘制。

3. 万人医师数大幅提升

从改革开放到 2006 年,万人医师数始终不足 15 人,但从 2006 年开始出现快速提升,到 2016 年达到了 23.75 人,并一直保持快速上升的趋势(见图 2-32)。这充分表明河北省的医疗健康事业实现大幅度的提升。

4. 万人病床数快速增长

从 1978 年到 2006 年万人病床数增长不明显。但是从 2006 年开始,万人病床数飞速增长,从 25.2 张/万人上升到 2016 年的 48.3 张/万人,几乎达到了 10 年前的两倍(见图 2-33)。

5. 万人专任教师数稳步增长

不论是小学教育还是中学教育,从 2000 年开始都保持在一个稳定的状态。但是中学万人专任教师数在 10 年间出现明显的下降趋势。从 2013 年开始,又都开始出现稳步回升的趋势(见图 2-34)。

（单位：人）

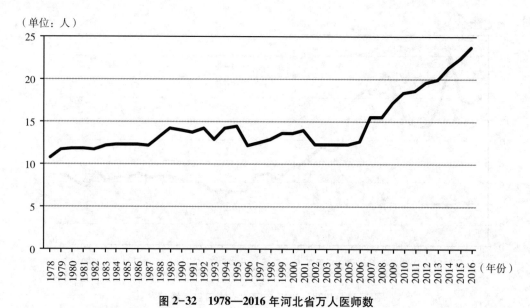

图 2-32 1978—2016 年河北省万人医师数

资料来源：根据《河北经济年鉴 2017》数据绘制。

（单位：张）

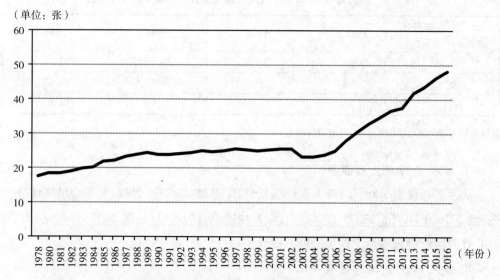

图 2-33 1978—2016 年河北省万人病床数

资料来源：根据《河北经济年鉴 2017》数据绘制。

6. 小学入学率保持平稳增长趋势

1995 年到 2015 年的 21 年间，小学入学率都呈现一个平稳的趋势。但从 2015 年到 2016 年急剧增长（见图 2-35）。这表明河北省的教育保障逐步增强，教育基础进一步夯实，各项教育事业健康发展。

（单位：人）

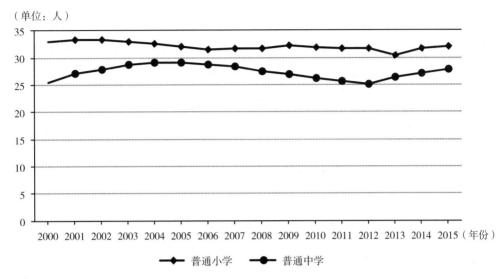

图 2-34　2000—2015 年河北省万人专任教师数

资料来源：根据《河北经济年鉴 2017》绘制。

（单位：%）

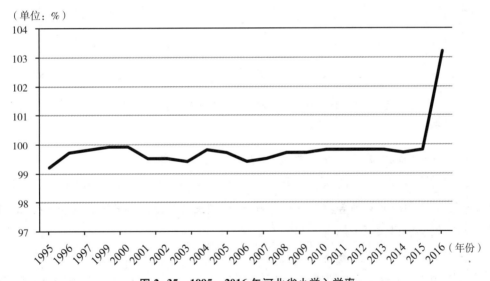

图 2-35　1995—2016 年河北省小学入学率

资料来源：根据《河北经济年鉴 2017》绘制。

（七）高等教育事业发展迅速

反映高等教育事业发展状况的指标主要是高中及以上学历人口比重、大专及以上学历人口比重及万人在校研究生数等。

1. 高中及以上学历人口比重整体呈不断增长态势

河北省高中及以上学历人口比重从 1982 年的 7.98% 增长到 2016 年的 26.16%（见图 2-36），河北省高中及以上人口比重整体呈不断增长趋势，说明国民受教育规模在不断扩大，受教育程度在不断提高，教育红利正在逐渐释放。

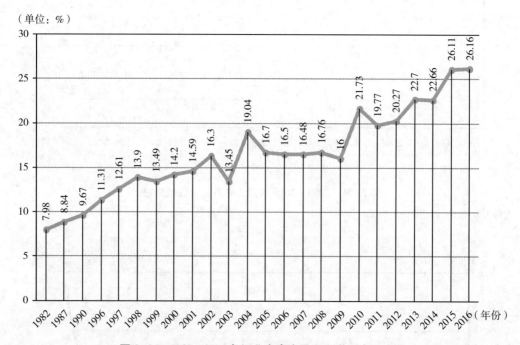

图 2-36　1982—2016 年河北省高中及以上学历人口比重

资料来源：根据《河北经济年鉴》（1982—2016）数据绘制。

2. 大专及以上学历人口比重整体呈不断增长态势

河北省大专及以上学历人口比重从 1982 年的 0.44% 增长到 2016 年的 10.01%（见图 2-37）。说明河北省高等教育事业发展较快，国民高等教育水平显著提高，为河北省实现高质量发展提供了更加有力的人才支撑。

3. 万人在校研究生数增长迅速

40 年来，河北省万人在校研究生数从 1978 年的 0.02 人增长到 2017 年 6.12 人，年平均增长速度达到 16.84%，其中，自 2001 年开始，增速明显加快（见图 2-38）。这说明河北省对高素质人才培养更加重视，高层次人才培养在加快发展。

（八）财政收入稳定增长，财政实力明显增强

反映财政收入状况的指标主要是财政收入占 GDP 比重、人均税收收入和税收收入占 GDP 比重等。

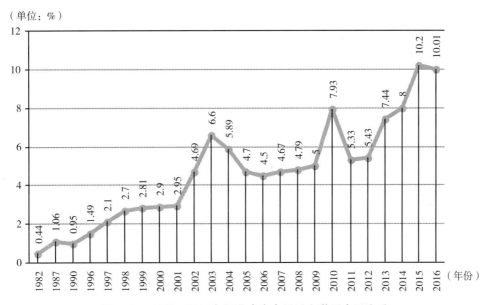

图 2-37 1982—2016 年河北省大专及以上学历人口比重

资料来源:根据《河北经济年鉴》(1982—2016)数据绘制。

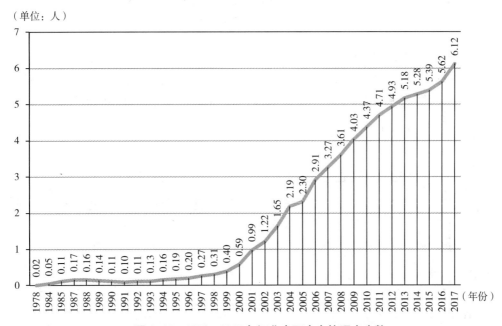

图 2-38 1978—2017 年河北省万人在校研究生数

资料来源:根据《河北经济年鉴》(1982—1994)、《河北省国民经济与社会发展统计公报(1995—2017)》数据绘制。

1. 财政收入占 GDP 的比重在分税制后稳步提高

从 1978 年到 1993 年,受两轮"利改税"的影响,河北省财政收入占 GDP 的比重由 24.64%降到了 8.53 %(见图 2-39)。1994 年实施分税制改革后,随着经济结构不断优化,地方财政实力显著增强。2005 年河北省财政收入超过 1000 亿元,2009 年、2011 年相继突破 2000 亿元和 3000 亿元大关,2017 年达到 5086.9 亿元,占 GDP 的比重也稳步从 1993 年的 8.53% 提高到 2017 年的 14.14%。

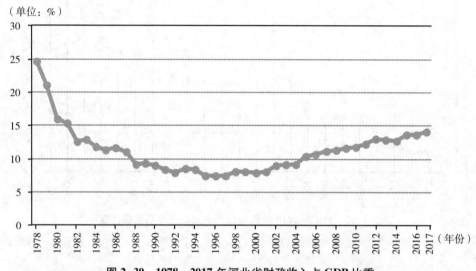

（单位：%）

图 2-39 1978—2017 年河北省财政收入占 GDP 比重

资料来源:根据《河北经济年鉴 2017》、2017 年河北省财政决算表数据绘制。

2. 人均税收收入快速增长

1978 年到 2002 年,河北省人均地方税收收入从 44.49 元上涨的 301.04 元,呈稳定小幅上涨趋势。2003 年以后,河北省人均地方税收收入快速增长,从 2003 年的人均377.4 元上升到 2017 年的人均 2924.39 元,增长了 6.8 倍(见图 2-40)。

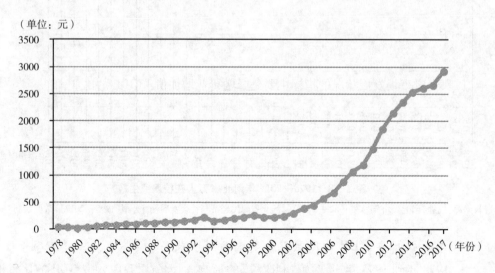

（单位：元）

图 2-40 1978—2017 年河北省人均税收收入

资料来源:根据国家统计局官网数据、2017 年河北省财政决算表计算绘制。

3. 税收收入占 GDP 比重持续稳定上升

1978 年至 1993 年,河北省地方税收收入占 GDP 比重除 1980 年外,均在 7.8%—13.3% 之间波动。1994 年的分税制改革,改变了中央与地方的财政分配格局,上移了财权,使地方税收收入占 GDP 的比重从 1993 年的 8.32% 直接降至 1994 年的 4.07%。由于分税制充分调动了地方的征税积极性,促进了税收收入的快速、持续增长(见图 2-41)。1994 年以后地方税收收入占 GDP 的比重呈持续稳定上升趋势,从 1994 年的 4.07% 上升至 2015 年 6.49 %;2016 年和 2017 年由于落实国家的减税政策,该指标稍有回落,2017 年为 6.11%。

图 2-41　1978—2017 年河北省税收收入占 GDP 比重

资料来源:根据国家统计局官网数据、2017 年河北省财政决算表计算绘制。

(九)金融市场不断完善

反映金融市场发展状况的指标主要是金融行业增加值占 GDP 的比重、信贷余额占 GDP 的比重、上市公司数量和保费收入占 GDP 的比重等。

1. 金融行业增加值占 GDP 的比重企稳回升

1995 年以来,河北省金融行业增加值占 GDP 的比重走势总体经历先减少后增加两个阶段。1995 年至 2005 年为第一阶段,河北金融行业增加值占 GDP 的比重从 5.8% 的最高点一路下滑至 2.1%,年均下滑约 0.4 个百分点。2005 年至 2016 年为第二阶段,随着国家逐步重视金融行业对经济发展的作用,金融业改革在全国各地区迅速推进,经济结构中金融行业的占比过小的局面开始扭转。金融行业增加值占 GDP 比重也开始从 2005 年的底部 2.1% 回升至 2016 年的 5.4%(见图 2-42)。

（单位：%）

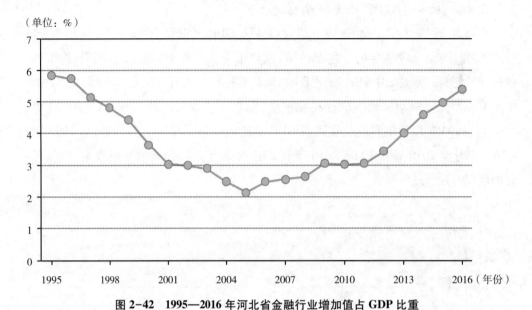

图 2-42　1995—2016 年河北省金融行业增加值占 GDP 比重

资料来源：根据《河北省经济年鉴 2016》数据绘制。

2. 信贷余额占 GDP 的比重持续上升

随着河北省银行业的不断完善，信贷余额占 GDP 的比重总体呈上升趋势，从 2008 年的 59.37% 上升至 2017 年的 127.34%（见图 2-43）。显示金融危机前占比增速较为平稳，危机后占比增速明显上升特征。

（单位：%）

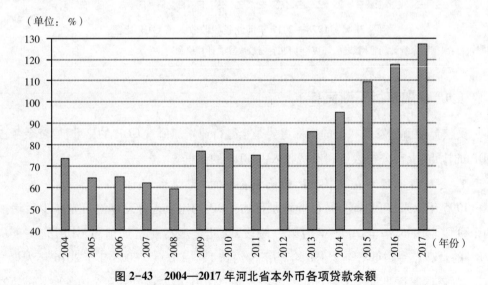

图 2-43　2004—2017 年河北省本外币各项贷款余额

资料来源：根据《中国人民银行》数据绘制。

3. 上市公司数量总体呈上升趋势

受金融危机影响,河北省上市公司数量从 2006 年的 47 家下降至 2009 年的 35 家。在国家政策的支持下,河北省上市公司数量总体呈现出稳步上行趋势,上市公司数量从 2009 年的 35 家跳升至 2010 年的 42 家,之后一直稳步增长至 2016 年的 52 家(见图 2-44)。河北省间接融资规模不断扩大。

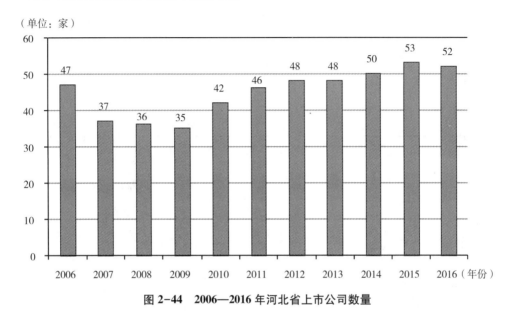

（单位：家）

图 2-44　2006—2016 年河北省上市公司数量

资料来源:根据《中国人民银行》数据绘制。

4. 保费收入占 GDP 比重不断上升

河北省保费收入占 GDP 的比值从 2006 年的 14.8% 增长至 2010 年的阶段性高点 25.5%,而后下滑至 2013 年的 19.83%,之后再快速回升至 2017 年的 36.4%(见图 2-45)。呈现出总体趋势上行,近期快速上升的特征。

（十）环境与可持续发展状况不断改善

近年来,河北省环境与可持续发展状况不断改善,总体能耗水平不断降低,大气、水及固体废物污染都得到有效遏制,天蓝地绿水清的河北正在不断形成。

反映环境与可持续发展状况的指标主要是年均 PM_{10} 浓度、单位 GDP 废水排水量、单位 GDP 一般工业固体废物产生量和单位 GDP 能耗等。

1. 空气质量状况不断改善

2013 年以来石家庄空气质量整体取得明显改善,2013 年石家庄年均 PM_{10} 浓度为 305 微克/立方米,2016 年已下降为 164 微克/立方米,下降幅度接近一半(见图 2-46)。

（单位：%）

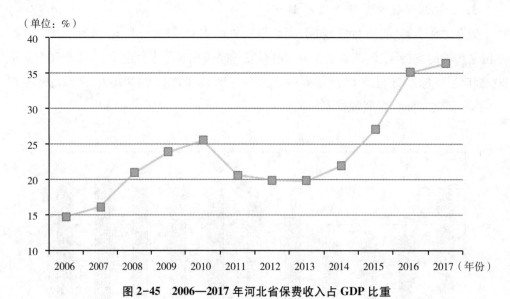

图 2-45　2006—2017 年河北省保费收入占 GDP 比重

资料来源：根据河北保监局数据绘制。

（单位：微克/立方米）

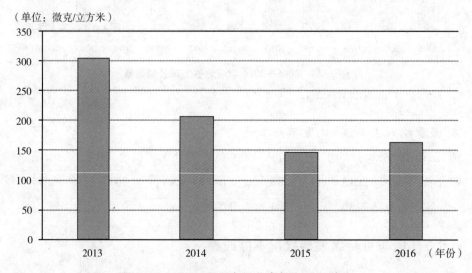

图 2-46　2013—2016 年河北省年均 PM_{10} 浓度

资料来源：根据《河北经济年鉴》(2014—2017)相关数据计算所得绘制。

2. 单位 GDP 废水排放量逐年下降

随着对生态环境重视程度的逐年上升，单位 GDP 废水排放量呈现逐年下降态势，1981 年单位 GDP 废水排放量为 611.05 吨/万元，2016 年下降为 9.01 吨/万元，分别下降 98.53%（见图 2-47）。成绩非常显著，减排效果十分明显。

3. 单位 GDP 一般工业固体废物产生量下降明显

随着对生态环境重视程度的逐年上升，单位 GDP 一般工业固体废物产生量也出现

（单位：吨/万元）

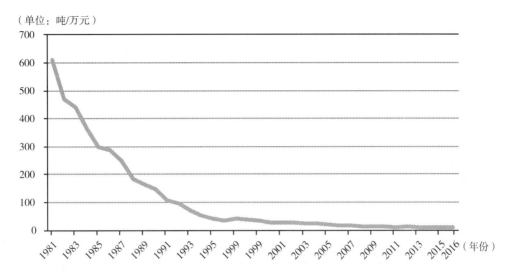

图 2-47 1981—2016 年河北省单位 GDP 废水排放量

资料来源：根据《新河北 60 年》《河北经济年鉴（2008—2016）》数据绘制。

逐年下降的态势,1981 年单位 GDP 一般工业固体废物产生量为 12.07 吨/万元,2016 年下降为 1.04 吨/万元,下降 91.42%,成绩显著（见图 2-48）。

（单位：吨/万元）

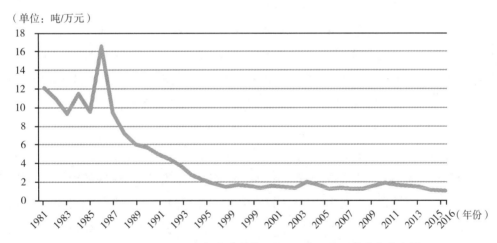

图 2-48 1981—2016 年河北省单位 GDP 一般工业固体废物产生量

资料来源：根据《新河北 60 年》《河北经济年鉴（2008—2016）》数据绘制。

4. 单位 GDP 能耗不断降低

2005 年以来,单位 GDP 能耗逐年降低,2005 年单位 GDP 能耗为 1.96 吨标准煤/万元,2016 年下降为 0.936 吨标准煤/万元,下降 52.24%（见图 2-49）。

（十一）就业与劳动力市场稳定发展

反映就业与劳动力市场发展状况的指标主要是失业率、适龄劳动人口比重、平均工

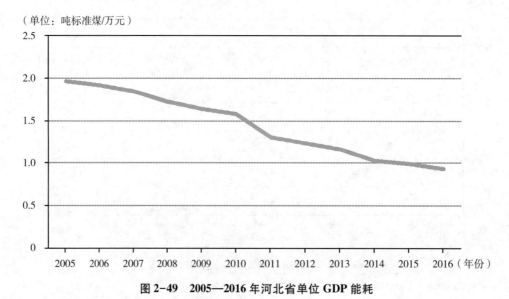

（单位：吨标准煤/万元）

图 2-49　2005—2016 年河北省单位 GDP 能耗

资料来源：根据《河北经济年鉴》(2005—2017)数据绘制。

资水平和最低工资水平等。

1. 失业率由波动较大逐渐趋于稳中有降

受国家经济领域改革政策的影响,河北省失业率从 1978 年的 6.7% 急剧下降至 1979 年的 2.1%,直至降到 1987 年的 0.5%,之后出现微涨(见图 2-50)。到 1992 年出现大幅增长,从 1991 年的 0.9% 增长至 1992 年的 2.5%,这与 1992 年邓小平南方谈话后改革深入推进,在国有企业推行"破三铁"改革措施,导致国有企业出现职工下岗潮密切相关。其后河北省失业率一直以先升后降的走势在 2%—4% 之间波动。

2. 适龄劳动人口比重稳中有降

1982—2008 年,河北省适龄劳动人口比重整体呈上升态势,保持了较长时间的人口红利期。适龄劳动人口在 2008 年达到峰值 75.2% 后,开始呈逐渐下降趋势,到 2017 年下降到 70.1%,10 年间下降了 5.1%(见图 2-51),说明河北省人口红利已开始呈逐渐下降趋势。

3. 平均工资逐年稳步增长

1978—2016 年,河北省平均工资逐年增长,年平均增长率为 12.34%,平均工资增长速度明显高于河北省国内生产总值的增速(见图 2-52)。

4. 最低工资水平整体呈增长态势

2004 年至 2017 年,河北省最低工资标准进行了 7 次调整,其中最低一档从 2004 年的 420 元增长到 2017 年的 1380 元,年平均增长率为 8.87%(见图 2-53)。整体来看,河北省最低工资标准呈增长态势,其中 2009—2012 年增幅最大,四年间从 540 元,增长到 1040 元。

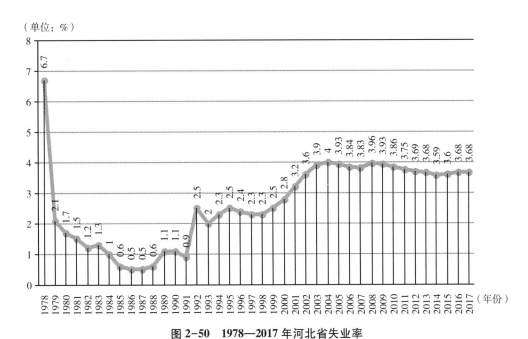

图 2-50 1978—2017 年河北省失业率

资料来源：根据《河北经济年鉴》(1978—2016)、《2017 年河北省国民经济和社会发展统计公报》数据绘制。

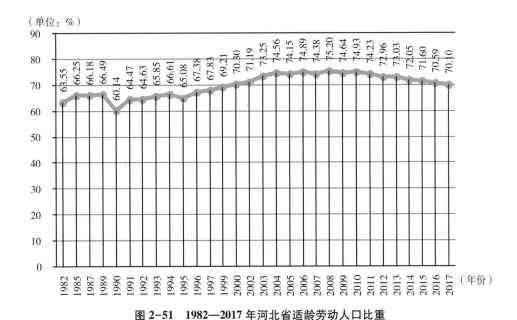

图 2-51 1982—2017 年河北省适龄劳动人口比重

资料来源：根据《河北省经济年鉴》(1982—2016)、《2017 年河北省国民经济和社会发展统计公报》数据绘制。

（十二）知识经济与创新不断进步

反映知识经济与创新发展状况的指标主要是 R&D 经费支出占 GDP 的比重、高新技术

（单位：元）

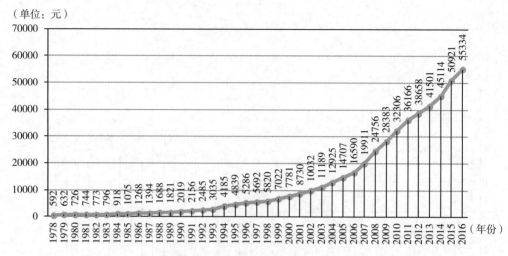

图 2-52　1978—2016 年河北省平均工资

资料来源：根据《河北经济年鉴》(1978—2016) 数据绘制。

（单位：元）

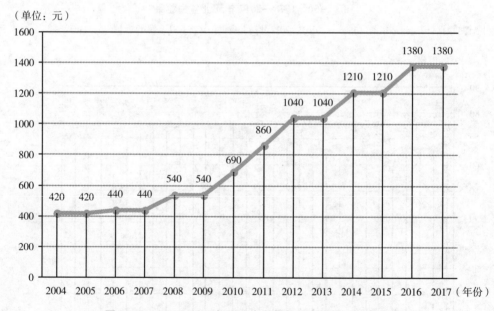

图 2-53　2004—2017 年河北省月最低工资标准：最低一档

资料来源：根据 Wind 数据库数据绘制。

企业年末从业人员数量、万人专利授权量和高新技术企业工业总产值占 GDP 的比重等。

1. R&D 经费支出占 GDP 的比重快速增长

总体来看，2000 年以后 R&D 经费支出占 GDP 的比重持续快速增长（见图 2-54）。2000 年为 11.6 亿元，2016 年达到 383.4 亿元，16 年间增长 33.1 倍，年均增长率为 24.4%。

（单位：%）

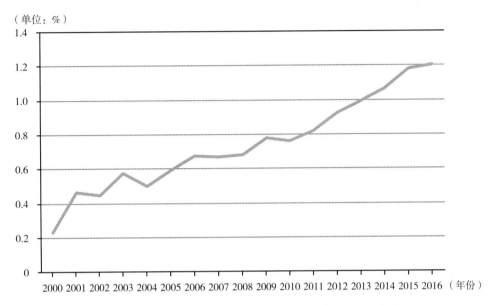

图 2-54　2000—2016 年河北省 R&D 经费支出占 GDP 比重

资料来源：根据历年《河北经济年鉴》整理、计算、绘制。

2. 高新技术企业年末从业人员数量持续增加

高新技术企业从业人员数量持续增长，从 2007 年的 22.5 万人增加到 2016 年的 64.6 万，增长了 1.87 倍，平均每年增长 12%（见图 2-55）。

（单位：人）

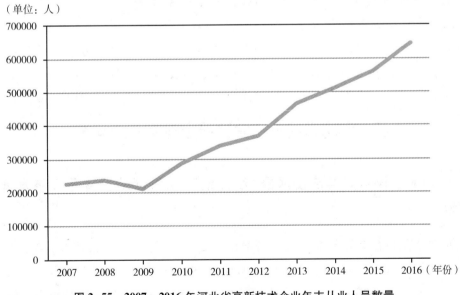

图 2-55　2007—2016 年河北省高新技术企业年末从业人员数量

资料来源：根据历年《河北经济年鉴》整理、计算、绘制。

3.万人专利授权量跨越式增长

2016 年万人专利授权量达到 4.26 件,与 1986 年的 0.01 件相比,增幅高达 425 倍(见图 2-56)。河北省万人专利授权量实现跨越式增长。

（单位：件）

图 2-56　1986—2016 年河北省万人专利申请授权量

资料来源:根据历年《河北经济年鉴》整理、计算、绘制。

4.高新技术企业工业总产值占 GDP 比重逐年上升

高新技术企业工业总产值占 GDP 比重呈逐年上升态势。从 2007 年的 8.4% 提高到 2016 年的 16.9%,提高了 8.5 个百分点(见图 2-57),相当于每年提高将近 1 个百分点。其中 2010 年和 2013 年两次出现跨越式增长,并保持在较高水平。

二、河北省经济社会发展目前存在的问题

(一)从全国看是经济发展的"小高地",从沿海地区看是经济发展的"盆地"

纵观改革开放 40 年来,河北省经济增长速度在 20 世纪 90 年代实现了较快增长,且一直领先于全国水平。GDP 总量从 1990 年的 896.33 亿元增加到 2002 年的 6122.53 亿元,年均增长率达到 12.5%,高出全国同期增长率 6.2 百分点;人均 GDP 从 1465 元增加到 9115 元,年均增长 10.6%,高出全国 1.2 个百分点。2002 年河北省 GDP 总量在全国 31 省(自治区、直辖市)中排名第 6 位,人均 GDP 排在第 11 位,可以说是名副其实

（单位：%）

图2-57 2007—2016年河北省高新技术企业工业总产值占GDP比重

资料来源：根据历年《河北经济年鉴》整理、计算、绘制。

的经济大省。党的十八大以来，产业结构调整步伐加快导致2016年河北省的GDP总量在全国31省（自治区、直辖市）中排名降至第8位，人均GDP排名也降至第19位。尽管如此，河北省仍然称得上是全国经济发展的"小高地"。

但是，与其他沿海省份相比，河北省沿海地区的发展并不理想，经济发展的滞后态势较为明显。1993—2016年，广东、浙江、江苏和山东四省GDP的年均增长率分别为14.7%、14.9%、15.2%、14.9%，而河北省GDP的年均增长率约比上述四省低1—2个百分点。2016年河北省GDP总量只相当于广东的39.4%、浙江的67.4%、江苏的41.1%、山东的46.8%（见图2-58）。2016年河北省沿海地区人均GDP为5.72万元，比天津（11.56万元）少5.84万元，在沿海11个省市中居倒数第三位，略高于广西和海南；外贸进口总额为1173.25亿元，外贸依存度仅为10.5%，在沿海11个省市中处于末位。在全国"黄金海岸带"中，是明显的"经济盆地"。

（二）经济发展方式粗放，资源环境问题严重

由于河北省的产业以能源、原材料和初级产品加工为主，且万元产值能耗、水耗和废物排放指标大多超过全国平均水平或世界平均水平，资源综合利用水平不高，环境污染比较严重。主要表现为资源开发强度较大、能耗及物耗较高、水资源短缺、水质污染、地下水超采、水土流失、空气污染和沙尘暴等问题。其中，整体性水环境恶化已成为河北省首要的环境问题。按照国际惯例，人均水资源量少于500立方米的地区为极度缺

（单位：亿）

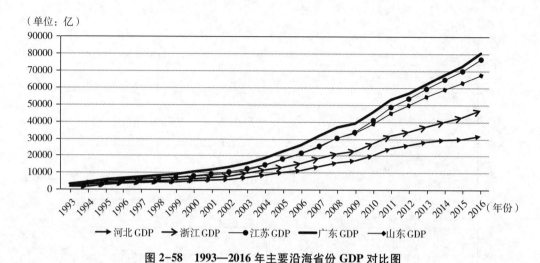

图2-58　1993—2016年主要沿海省份GDP对比图

资料来源：根据国家统计局数据绘制。

水区，而河北省人均水资源量仅为300多立方米，亩均水资源量200多立方米，人均和亩均水资源量仅相当于全国平均值的1/7，均低于全国水平和相邻省、区、市。境内河流普遍缺水，且地表水和地下水受到不同程度的污染，中南部地区已到了"有水皆干、有水皆污"的境地。据河北省水利等部门调查分析，全省年入河污水量约为17亿吨，其中COD（化学需氧量）含量60多万吨、氨氮含量约5万吨、挥发酚含量约1350吨。目前，河北省全年用水量为220亿立方米，而河北省全面极限供水能力仅为170亿立方米，不足部分大多依靠地下水维持。由于地下水超采，致使全省形成了近4万平方公里全国最大的地下水超采漏斗群，有些地方产生了含水层疏干、海水入侵、土壤沙化等一系列难以逆转的严重后果。山区水土流失面积近6万平方公里，每年流失土壤约2亿多吨，淤积了河道，降低了防洪标准，沙化了土地，恶化了生态环境。

（三）区域发展不平衡，局部贫困化问题突出

　　虽然河北省经济发展在总体上已处于工业化发展的中后期，但各地区之间的发展严重不平衡。而且经济结构上的同构化问题也比较突出。特别是在环京津地区还存在着大规模的贫困带。2005年，专家学者首次提出"环首都贫困带"概念，指出，在与北京接壤的张家口、承德、保定三市存在大量贫困村和贫困人口，曾引起社会广泛关注。据当时统计，河北省与京津接壤的6个设区（张家口、承德、保定、沧州、廊坊、唐山）市中，共有32个贫困县，占该地区县（区）总数的44%；贫困县面积达8.3万平方公里，占该地区总面积的63.3%；人口达1063万人，占该地区总人口数的29.2%。其中，共有贫困村3798个，贫困人口达272.6万人。像河北省这样在距离首都不到100公里的区域内

还存在着大面积贫困化地区的现象在世界上也是极为少见的。近年来,虽然河北省给予了该地区很多政策支持和更多关注,贫困状况也逐步得到缓解,但由于该地区普遍存在基础设施落后、生态环境脆弱、产业基础薄弱等客观原因,导致该地区的脱贫任务依然艰巨,充满挑战。截至2016年,河北省仍有310万农村人口尚未脱贫。

(四)科技实力较弱,创新驱动不足

一是投入少。河北省 R&D 经费支出占 GDP 比重长期在低位徘徊,2000 年为0.23%,全国为1%,差距较为明显。党的十八大以后,河北省科研投入增速加快,2016年达到1.26%,但与全国水平(2016 年全国 R&D 经费支出占 GDP 比重已达2.11%)比仍存在较大差距。与沿海其他省份相比差距更大,2016 年浙江省 R&D 经费支出占GDP 比重为 2.39%,江苏为 2.61%,山东为 2.34%。2016 年,河北省 R&D 经费支出383.4 亿元,而浙江为 1130.6 亿元,是河北的 2.95 倍;江苏为 2026.9 亿元,是河北的5.29 倍;山东为 1566.1 亿元,是河北的 4.08 倍(见图 2-59)。

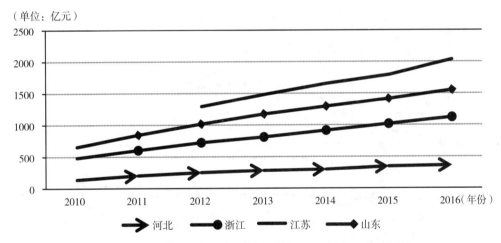

（单位：亿元）

图 2-59　2010—2016 年主要沿海省份 R&D 经费支出对比图

资料来源:根据历年《河北经济年鉴》整理、计算、绘制。

二是人才匮乏。2016 年河北省高新技术企业年末从业人员数达到 645937 人,是2007 年的 2.8 倍。但相对沿海其他省份,仍存在较大差距,浙江是河北的 3 倍,江苏是河北的 4.54 倍,山东是河北的 2.09 倍(见图 2-60)。

三是专利申请授权不足。从万人专利申请授权量上来看,2016 年河北省达到4.26,而浙江省为 45.1,是河北省的 10.59 倍;江苏省为 28.88,是河北省的 6.78 倍;山东省为 9.86,虽与另外两省比明显较低,但仍是河北的 2.31 倍(见图 2-61)。

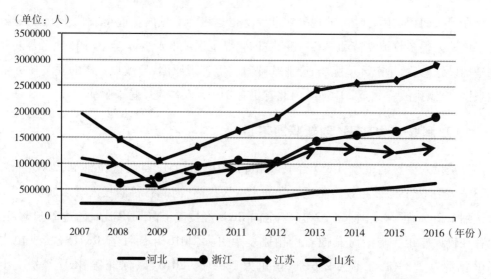

图 2-60　2007—2016 年主要沿海省份高新技术企业从业人员情况

资料来源:根据历年《河北经济年鉴》整理、计算、绘制。

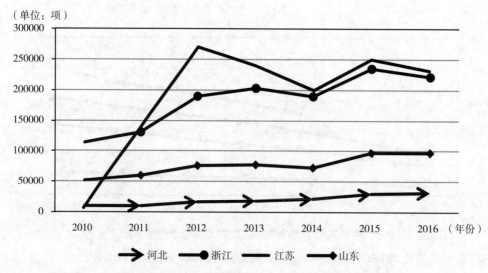

图 2-61　2010—2016 年主要沿海省份专利申请授权情况

资料来源:根据历年《河北经济年鉴》整理、计算、绘制。

三、河北省进一步深化改革开放的政策建议

改革开放 40 年来,河北省经济综合实力持续提升,各项社会事业取得了较大进步。然而,仍然存在沿海经济发展滞后、区域发展不平衡、生态环境质量较差、科技创新能力弱等诸多现实问题。如何在统筹安排下解决这些关乎河北人民切身利益的经济社会发展问题,是河北未来经济社会工作的重点。

(一)抢抓历史机遇,加快发展步伐

当前,河北省正面临前所未有的历史机遇。京津冀协同发展是习近平总书记亲自谋划和推动的重大国家战略,对于统筹推进"五位一体"总体布局,优化国家发展区域布局和社会生产力空间结构,全面实现小康社会和实现中华民族伟大复兴的中国梦,具有重大的现实意义和深远的历史意义,将为河北发展带来不可估量的发展势能。2017年,中共中央、国务院决定设立河北雄安新区,提出用世界眼光、国际标准、中国特色、高点定位,建设绿色生态宜居新城区、创新驱动引领区、协调发展示范区、开放发展先行区。建设河北雄安新区,是深入推进京津冀协同发展的又一重大战略部署,是千年大计、国家大事,优化调整京津冀城市布局和空间结构,集中疏解北京非首都功能,与北京城市副中心形成北京新的两翼,对于加快补齐区域发展短板,打造创新驱动新引擎,培育形成新的区域增长极,提升河北的产业层次、创新能力、公共服务水平,推动河北走出一条加快转型、绿色发展、跨越提升的新路具有重大而深远的意义。北京携手张家口承办冬奥会,将有利于加快张北地区发展,打造新的发展高地。这些重大机遇无疑将引领河北省经济社会发展进入一个全新的阶段,一定要紧紧抓住。

(二)着力补齐短板,推动沿海地区发展

着力补齐沿海经济发展短板,从全局的高度,以发展的眼光,精准发力、持续施策,进一步优化港口功能布局,推动港产城互动,做大做强临港经济。第一,应大力弘扬沿海文化,引导广大干部群众进一步解放思想、更新观念,牢固树立开放的沿海意识,率先发展的争先意识,抢抓机遇的竞争意识,勇于创新的改革意识,努力从重守轻变的内陆思维向敢冲敢闯、敢于争先的海洋思维转变,以开放、合作、共赢的心态,努力实现沿海经济发展的跨越提升。第二,要积极推进临港重化工业和先进制造业发展,全力推动装备制造业高端化、钢铁产业精品化、化工产业链条化发展;加快培育电子信息、生命健康、新能源和清洁能源、新材料、生物医药等战略性新兴产业,不断壮大现代物流、文化创意、旅游休闲、健康养老及金融服务、科技服务、电子商务、信息服务等服务业发展;大力发展海洋特色产业,不断完善海洋产业体系,壮大海洋产业规模,加快海洋产业崛起,全面推动沿海产业向中高端迈进,构筑沿海经济发展新支撑。第三,要以港口为中心,以城市和重要港区为枢纽,建设大宗货物运输通道、城际快速交通走廊、城乡便捷交通网络,形成港口与腹地衔接有序、高效便捷、相互配套的"东出西联"集疏运体系。打通港口与沿海地区直接腹地连接通道;打通与山西、陕西、新疆等中西部地区的综合运输大通道。第四,要继续打造对外开放高地。充分发挥沿海开发区优势,突出重点,集中力量和资源,提升开发区承载能力,做大、做强、做优重点开发区,打造对外开放高地。

比如积极用好曹妃甸综合保税区、石家庄综合保税区、廊坊出口加工区等已拥有的海关特殊监管区,提升区域开放水平。

(三)转变发展方式,实现绿色发展

一要大力推动生产方式的绿色化,改变以环境污染、资源浪费和生态退化为代价的传统生产模式,加快产业结构调整和优化升级,构建科技含量高、资源消耗低、环境污染小的绿色产业体系,努力实现整个生产过程的绿色化,不断提高经济绿色发展程度。要积极倡导和大力推行绿色消费,推广使用节能节水产品、节能家电、节能与新能源汽车和节能住宅等产品,发展城市绿色交通,推进生活垃圾分类收集处理,鼓励和引导公众在生活方式上加快向绿色消费转变,构建文明、节约、绿色、低碳的消费模式和生活方式。二要健全完善绿色发展的科学民主决策机制,依法严格遵守决策程序,坚持绿色标准,把好绿色关口,从产业发展、结构调整、项目投资等源头上控制资源环境问题的产生。实行最严格的耕地保护制度、水资源管理制度、环境保护制度和生态保护红线管理制度,建立健全生态保护责任追究制度、环境损害赔偿制度和环境损害责任终身追究制度,用制度红线守住绿色底线,用制度红利保障绿色发展行之久远。三要抓紧制定、修改和完善生态建设、环境保护、清洁生产与发展循环经济等方面的法律法规,增强立法的针对性、可操作性和有效性。要加强对绿色发展重大决策和相关法律法规实施情况的法律监督和工作监督,确保绿色发展的法律法规有效实施及重大决策部署贯彻落实。要加强对环境资源、生态建设的司法保护,依法惩治污染环境、破坏生态建设的犯罪行为。

(四)实施脱贫攻坚,加快区域协调发展

充分发挥市场机制作用,清除各种显性、隐性市场壁垒,促进生产要素跨区域自由有序流动,提高资源配置效率,加快建立全省统一开放、竞争有序的市场体系。紧紧抓住集中连片特殊困难地区这个重点,农村贫困人口脱贫这个短板,深入实施区域内的扶贫协作,重点攻克深度贫困地区脱贫任务,坚决打好精准脱贫攻坚战。一要利用生态资源、科技资源、文化资源,综合采取特色农业扶贫、文化扶贫、旅游扶贫、移民搬迁扶贫等多种模式,建成若干大面积生态脱贫片区。二要着力构建现代化交通网络系统和物流体系,加快建设内外通道和区域性枢纽,高起点高水平建设快速、便捷、高效、安全、大容量、低成本的互联互通综合立体交通网络,形成交通1小时圈和生活半小时圈,实现区域间基础设施通达程度比较均衡。要加快交通基础设施建设,构建现代综合交通体系和物流体系。三要支持产业跨区域转移和共建产业园区等合作平台,支持开展多层次、多形式、多领域的区域合作,形成鼓励创新的区域合作体制机制。在充分发挥区域优势

的基础上,加快承接京津产业转移,借助京津科技、人才优势,发展一批绿色、循环、低碳的现代农业,建设环首都现代农业科技示范区。同时,在环首都贫困地区,要全面实施山水林田湖草综合修复规划,集中抓一批生态涵养的标志性工程。并对生态涵养任务重的地区要实行分类考核,加大生态建设的权重。四要缩小基本公共服务差距,去除城乡区域间资源配置不均衡、硬件软件不协调、服务水平差异较大等短板,提高各地区群众服务可及性,实现城乡区域间基本公共服务均等化。

(五)加大科技投入,增强科技创新实力

科技创新投入是提高科技创新能力、提升核心竞争力的重要保障。要加快建立和完善以政府财政投入为引导,以企业投入为主体,以银行信贷和风险投资等金融资本为支撑,以民间投资为补充的多元化、多渠道、多层次的科技投入体系,建立健全适应发展社会主义市场经济要求的科技投入机制。第一,要整合科技投入和研发资源,加大各级财政对技术研发和科技产业的投入,以确保政府引导性资金的稳定增长,确保社会多元化资金投入的大幅度增长。第二,要建立适应科技创新需求的社会融资体系,确保企业主体性资金投入的持续增长。第三,政府要加快完善配套政策,建立健全科技、信息、金融等企业服务平台,积极推动创新要素向企业集聚,推动落实激励自主创新的政策,支持企业建设技术中心,培育创新型企业进一步加强科技创新基础设施建设,形成一批有特色的高新技术孵化基地,大力扶持科技型中小企业发展,成为科技创新的生力军。第四,要积极营造有利于科技创新的良好环境,引进科技创新团队和风险投资;支持企业与国家大院大所的合作,争取更多地在河北布点建设产学研创新平台、科技攻关和创业化基地,发挥示范带动作用。第五,要进一步制定和落实好政策措施,吸引更多的高端研发人才来河北创业,更多的风险投资来河北投资,更多的高新技术企业来河北落户。

数据来源:国家统计局网站、河北统计局网站。

山西省改革开放 40 周年
地区发展报告

山西行政学院课题组①

2018 年,我们站在新的历史起点,迎来改革开放 40 周年。40 年来,不断深化的改革开放,为山西经济社会发展注入了强大的动力和活力。山西经济社会发生了深刻的变化,取得了令人瞩目的成就。当然,在发展的过程中我们也走了一些弯路,付出了一定的代价。历史是开创未来的启示,因此,客观总结改革开放的伟大成就和经验教训,对在新的时代条件下继续把山西改革开放伟大事业推向前进,实现更高层次上的大发展和大跨越,有着十分重要的意义。

一、1978 年以来山西省经济社会发展成就

(一)经济实力不断增强

随着改革的深入,开放的推进,促进了国民经济的巨大发展。山西省地区生产总值由 1978 年的 88 亿元增至 2017 年的 14973.5 亿元(见图 3-1)。

2017 年山西全省生产总值在全国的位置靠后,全年增长 7%,增长率在全国排名第 21 位,自 2014 年以来首次步入合理区间,不仅超过全国 0.1 个百分点,比年初制定的 5.5%的目标更是高出 1.5 个百分点,GDP 增量超过 2012—2016 年增量总和(见图 3-2)。

人均 GDP 由 1978 年的 365 元增至 2017 年的 40557 元,年均增长 12.84%(见图 3-3)。

① 课题组组长:王联辉;课题组成员:田忠宝、王飞、刘兆征、肖莉、田光明、董沛文、任煦、付洁、宋晓蓉;项目编号:NSAZT(WT)2018003。

（单位：亿元）

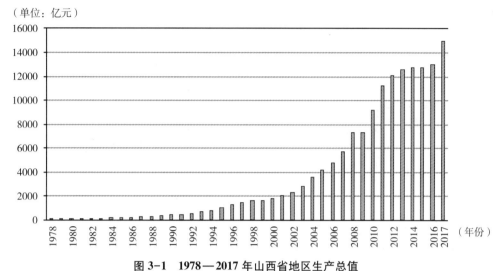

图 3-1　1978—2017 年山西省地区生产总值

资料来源：《中国统计年鉴》。

（单位：%）

图 3-2　1995—2017 年山西省 GDP 增长率

资料来源：《山西统计年鉴》《山西省国民经济和社会发展统计公报》。

（二）经济结构明显优化

产业结构升级是改革开放以来山西国民经济的重大突破。山西省三次产业比例由 1978 年的 20.7∶58.5∶20.8 演变为 2017 年的 5.21∶41.28∶53.52。随着改革开放的深入推进，山西省农业产业化步伐不断加快，工业的主体地位进一步巩固，第三产业发展稳步推进，第三产业所占比重已经超过一半（见图 3-4）。

山西省加大力度优化产业结构，巩固、拓展、改造和提升传统产业新型化，全力推进

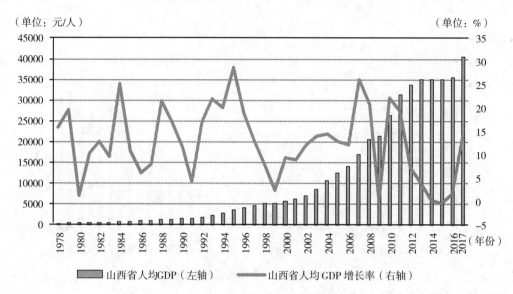

图 3-3　1978—2017 年山西省人均 GDP 情况

资料来源：《国家统计年鉴》《山西统计年鉴》。

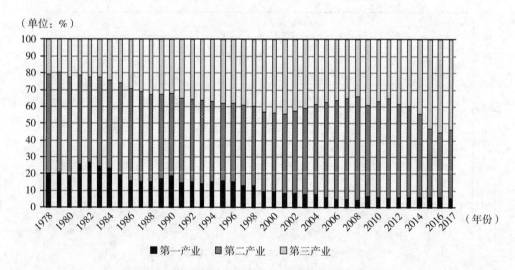

图 3-4　1978—2017 年山西省三次产业占 GDP 比重

资料来源：《山西统计年鉴》。

培育新的支柱产业，自 2015 年以来山西省第三产业占比超过 50%，一直稳固发展，实现经济的转型发展，以第三产业为经济发展的新支柱。

第一产业就业人员占比总体呈下降趋势，从 1978 年的 65.07% 下降至 2016 年的 35.14%，近五年占比稳定在 35% 左右（见图 3-5）。

20 世纪 90 年代，制造业所占比重呈下降趋势，21 世纪初，制造业占 GDP 比重又逐渐增加，到 2007 年制造业占比最高达到 24.47%，之后，制造业占 GDP 的比重逐年降

图 3-5　1978—2016 年山西省第一产业就业人员占比

资料来源:《山西统计年鉴》。

低,2017 年制造业占比为 10.83%(见图 3-6)。

图 3-6　1992—2016 年山西省制造业占 GDP 比重

资料来源:根据《山西统计年鉴》计算。

　　改革开放以来,山西省最终消费占 GDP 的比重平均为 53.68%,这一比例较为稳定,最高为 1992 年的 62.1%,最低为 2008 年的 42.9%,高低相差 19.2 个百分点,消费需求实际增长率波动较小(见图 3-7)。

　　消费需求的相对平稳性与其市场化程度高、政府干预少有很大关系。党的十八大以来,最终消费的比重持续增加,居民收入影响消费,需求升级促进消费,其背后实则是对消费领域供给侧结构性改革的进一步深化。

（单位：%）

图3-7 1978—2016年山西省最终消费占GDP比重

资料来源：根据《山西统计年鉴》计算。

山西省正在努力实现经济发展方式的根本性转变。山西省工业领域的改革开放正向纵深推进，坚定不移地走新型工业化发展道路，积极加快产业结构调整步伐，切实转变经济发展方式，建设山西省"新型能源和工业基地"。能源消费结构中，1978年煤炭、石油制品、电力的占比分别为65.5∶3.9∶19，开始使用天然气后，煤炭、石油制品、电力、天然气及其他能源的结构比例从1987年的62.8∶4.3∶20∶1.35发展到2016年的27.9∶7.44∶32.99∶18.28，煤炭消费占比大幅下降，从占比近三分之二下降到不足三分之一，年均下降2.76个百分点（见图3-8）。

（单位：%）

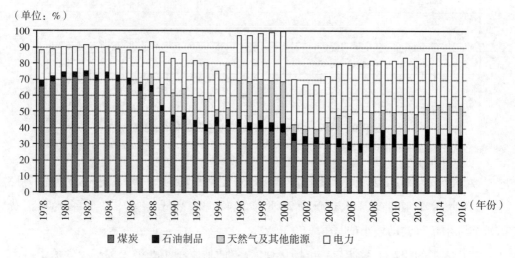

■ 煤炭　■ 石油制品　▨ 天然气及其他能源　□ 电力

图3-8 1978—2016年山西省能源消费结构

资料来源：根据《山西统计年鉴》计算。

单位 GDP 煤炭消费量从 1978 年的 44.88 吨/万元下降到 2016 年的 2.3 吨/万元,年均下降 7.52%(见图 3-9)。

（单位：吨/万元）

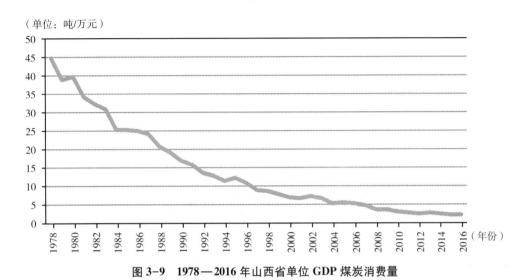

图 3-9　1978—2016 年山西省单位 GDP 煤炭消费量

资料来源:国家统计局。

石油制品、电力和天然气及其他能源消费占比均呈上升态势,其中单位 GDP 石油制品、电力消费量都呈下降趋势,天然气及其他能源占比上升迅速,年均增加 9.4%,单位 GDP 天然气消费量从 1990 年的 13.8 立方米/万元增长到 2015 年的 50.85 立方米/万元(见图 3-10)。

（单位：立方米/万元）

图 3-10　1990—2015 年山西省单位 GDP 天然气消费量

注:1992—1994 年数据缺失。

资料来源:国家统计局。

改革开放打破了过去国家单一投资的局面,出现了国有、集体、股份制、联营、三资等竞相发展的多元格局。1978 年,山西省工业经济类型只有国有和集体经济成分。改革开放以来,乡镇、村办企业异军突起,股份制企业、三资企业、私营企业从无到有,非国有、非公有经济迅猛发展。1999 年山西省国有控股工业企业资产总计占比 85.42%,2000 年私营工业企业资产总计占比 2.56%,到 2016 年,国有控股工业企业资产和私营工业企业资产总计占比分别为 65.83% 和 18.66%,私营工业企业资产总计占比较 2000 年上升 16.1 个百分点(见图 3-11)。

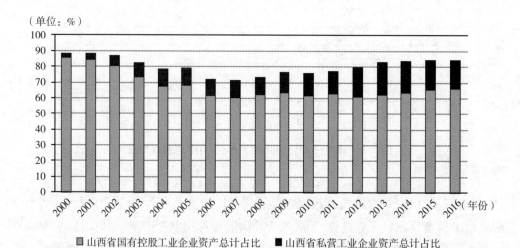

（单位：%）

■ 山西省国有控股工业企业资产总计占比　■ 山西省私营工业企业资产总计占比

图 3-11　2000—2016 年山西省国有控股工业企业及私营工业企业资产总计占比

资料来源:《山西统计年鉴》。

（三）宏观经济稳定发展

改革开放 40 年来,山西省通货膨胀率负值只出现过五次,分别是 1998 年的-1.4%、1999 年的-0.4%、2001 年的-0.2%、2002 年的-1.6% 以及 2009 年的-0.4%,其中 2002 年的-1.6% 是 40 年来最低值。20 世纪末期的通货膨胀率大起大落,5% 甚至 10% 以上的通货膨胀率出现多次,其间 1994 年通货膨胀率最高达到 25.2%。21 世纪以来通货膨胀率比较平稳,近十年最高值为 7.2%,最低值为-0.4%,2017 年山西省通货膨胀率仅为 1.1%,经济增长较为平稳(见图 3-12)。

改革开放以来,从 1978 年至 2003 年山西省一般公共预算总收入占 GDP 的比重呈下降趋势,其中 1994 年到 2003 年十年间山西省一般公共预算总收入占 GDP 的比重一直保持在 6%—7%,2004 年之后,山西省一般公共预算总收入占 GDP 的比重有所上升,"十二五"以来,山西省经济运行有所好转,结构趋优、效益提升。各级财政部门积极贯彻落实山西省委省政府出台的一系列稳增长政策措施,坚持依法征收、应收尽收,

（单位：%）

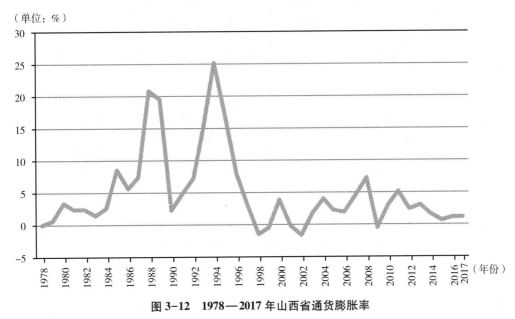

图 3-12　1978—2017 年山西省通货膨胀率

资料来源：国家统计局、《山西省国民经济和社会发展统计公报》。

不收过头税，努力挖掘增收潜力，财政收入保持在合理的增长区间。根据最新数据计算，2017 年山西省一般公共预算总收入占 GDP 的比重达到 12.47%（见图 3-13）。

（单位：%）

图 3-13　1978—2017 年山西省一般公共预算收入占 GDP 比重

资料来源：根据《山西统计年鉴》计算。

2010 年及 2012 年山西省地方政府债务占 GDP 比重均超过 25%，2016 年地方政府债务占 GDP 比重约为 17.55%，总体来说，地方政府债务风险可控（见表 3-1）。

表 3-1　2010—2016 年山西省地方政府债务占 GDP 比重　　　　（单位:%）

年　份	2010	2012	2014	2015	2016
比重	26.65	29.26	15.29	15.86	17.55

资料来源:Wind 数据库。

　　改革开放 40 年来,山西省只有 1980 年、1981 年和 1983 年三年实现财政盈余,三年财政盈余占 GDP 比重分别为 1.24%、1.83% 和 0.09%,其余年份山西省财政均为赤字。21 世纪以来,山西省财政赤字呈不断上升趋势,2016 年最高点财政赤字占 GDP 比重达到 14.34%,2017 年有所回落,为 12.62%(见图 3-14)。

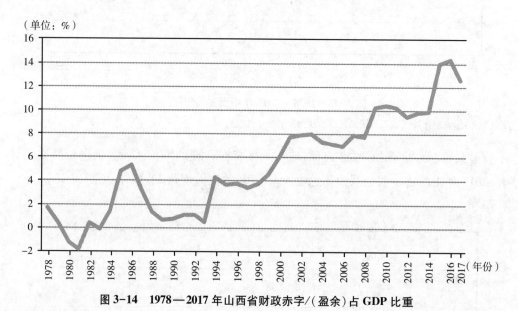

（单位：%）

图 3-14　1978—2017 年山西省财政赤字/（盈余）占 GDP 比重

资料来源:根据《山西统计年鉴》计算。

（四）基础设施持续推进

　　改革开放以来,人均年用电量总体呈不断增加的趋势,从 1978 年的 441.89 千瓦时/人增加到 2017 年的 5376.59 千瓦时/人,年均增加 6.62%,尤其是 21 世纪以来,我国电力工业快速发展,人均用电量快速增长,但其间有 4 年的人均年用电量有所减少,分别是 2008 年、2009 年、2014 年和 2015 年(见图 3-15)。

　　改革开放以来,山西交通运输业发展很快,通过需求拉动、技术进步和制度创新实现了跨越式发展,在基础设施规模、运输供给能力等方面取得了巨大成就。铁路、公路、民航建设取得了巨大成就,为山西省社会经济发展作出了突出的贡献。到 2016 年,山西省公路网密度达到 90.7 公里/百平方公里,年平均增长速度 4%;铁路网密度达到

（单位：千瓦时/人）

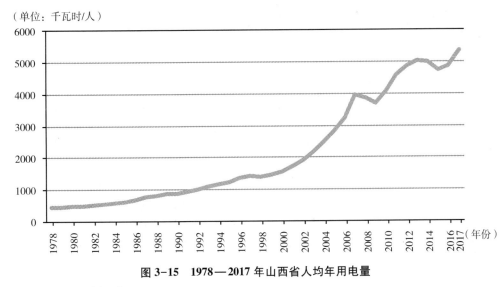

图 3-15　1978—2017 年山西省人均年用电量

资料来源：《山西统计年鉴》。

3.4 公里/百平方公里，年均增长速度 2.56%（见图 3-16）。

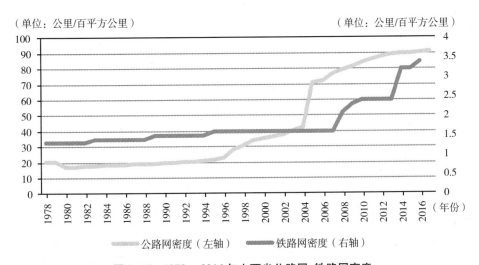

图 3-16　1978—2016 年山西省公路网、铁路网密度

资料来源：《山西统计年鉴》。

　　人均民用航空客运量从 1978 年的 0.000825 次/人迅速发展到 2017 年的 0.4277 次/人，年均增长 17.38%（见图 3-17）。

　　从有数据的 2009 年开始，短短 8 年内，山西省网民规模迅速增长，互联网普及率从 2009 年的 31.2% 增长到 2016 年的 55.5%（见图 3-18）。

　　山西省网民总数达 2035 万人，互联网普及率位居全国第 9 位。设施优势持续发力，加快构建高速、移动、安全、泛在的新一代信息基础设施，无线宽带网络覆盖城乡，宽

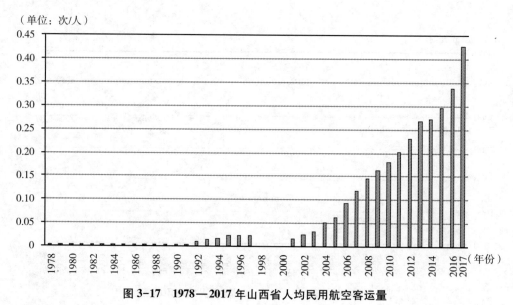

图 3-17　1978—2017 年山西省人均民用航空客运量

注：1998—2000 年数据缺失。

资料来源：国家统计局。

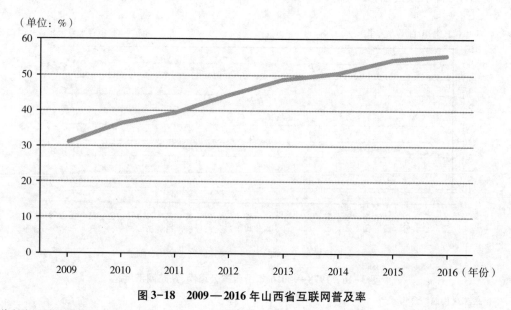

图 3-18　2009—2016 年山西省互联网普及率

资料来源：《山西统计年鉴》。

带网络设施水平、网络价值达到新高度。

　　电话用户规模成倍增长，2016 年，山西省电话普及率达到 100.75 部/百人，比 1978 年的 0.22 部/百人增长了 400 多倍，年均增长 17.5%。从 1978 年到 2014 年电话普及率一直逐年递增，近两年由于使用固定电话的人数减少，人均电话数量略有所减少（见图 3-19）。

（单位：部/百人）

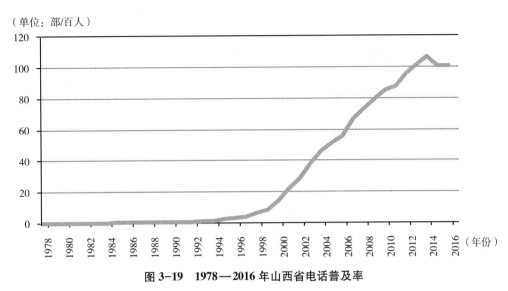

图 3-19 1978—2016 年山西省电话普及率

资料来源:《中国统计年鉴》。

（五）财政收入不断增加

40 年来,山西省财政收支规模大幅增长。1978 年,财政收入占 GDP 比重较高,达到 22.32%,此后财政收入占 GDP 比重持续下滑,到 1995 年,这一比重只有 11.84%,从 1996 年开始,随着财政总收入的持续增长,财政收入占 GDP 比重开始逐步回升,到 2015 年达到 18.8%,之后的 2016 年、2017 年财政收入占 GDP 比重略有下降(见图 3-20)。

（单位：%）

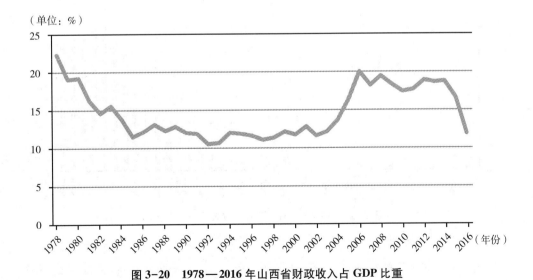

图 3-20 1978—2016 年山西省财政收入占 GDP 比重

资料来源:根据《山西统计年鉴》计算。

税收收入方面,山西省 1978 年税收收入占 GDP 比重为 11.58%,此后呈现小幅度波动,此后受"减税让利"的财政体制影响,到 1994 年出现大幅度下降,下降为 5.53%,之后呈现逐年增长趋势,到 2016 年增长到 9.33%(见图 3-21)。

（单位：%）

图 3-21 1978—2017 年山西省税收收入占 GDP 比重

资料来源:根据《山西统计年鉴》《山西省国民经济和社会发展统计公报》计算。

人均税收收入呈现稳定增长势头,从 1978 年的 4.21 元/人,增长到 2017 年的 377.38 元/人,增长了 87.6 倍(见图 3-22)。

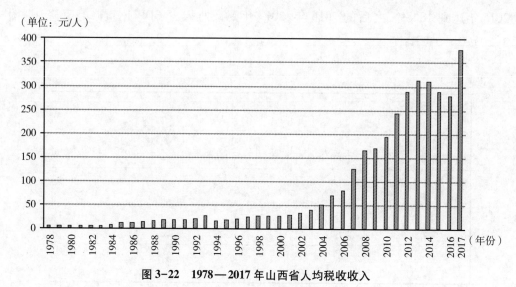

（单位：元/人）

图 3-22 1978—2017 年山西省人均税收收入

资料来源:根据《山西统计年鉴》《山西省国民经济和社会发展统计公报》计算。

2017 年山西省一般公共预算收入增长 19.9%。其中,税收收入增长 34.8%。山西省财政事业之所以能够取得如此快速的发展,一是国民经济实力的显著增强,财力基础雄厚;二是山西省经济效益的不断提升,企业所得税和上缴利润持续增长;三是在实施"分税制"财政体制改革后,税收征管的力度和征管水平大幅提高。

(六)金融市场稳步发展

党的十一届三中全会以来,随着经济体制改革的不断深入和社会各项事业的持续发展,山西省金融市场以大开放的姿态兼容并蓄,金融市场迎来了空前的大发展时期。金融行业增加值占 GDP 比重由 1978 年的 1.93% 上升到 2016 年的 9.25%,增加了 7.32 个百分点,山西省金融行业增加值占比远超过 5%(见图 3-23)。

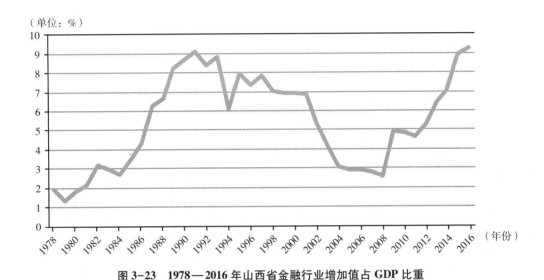

（单位：%）

图 3-23 1978—2016 年山西省金融行业增加值占 GDP 比重

资料来源:根据《山西统计年鉴》计算。

随着信贷规模的不断扩大,金融机构不断拓宽贷款范围,信贷规模持续性迈上新台阶,2016 年贷款余额占 GDP 比重为 1.56%,比 1980 年的 0.54% 增加了 1.02 个百分点(见图 3-24)。

山西省金融市场从 20 世纪 80 年代起步,经历了三十多年的发展,已经形成了一个层级清晰、分工合理的金融市场体系,债券、股票、保险等金融市场体系基本形成。一方面证券市场活跃,上市公司数量由 1993 年的 1 家发展到 2017 年的 38 家,增长了 37 倍(见图 3-25)。

另一方面,保险市场发展势头强劲,保费收入占 GDP 比重 2017 年为 5.5%,相比1993 年的 1.41%,增长了 4.09 个百分点(见图 3-26)。

(七)就业形势保持稳定

改革开放 40 年来,在从"计划经济"向"市场经济"转型的过程中,人的就业观念和

（单位：%）

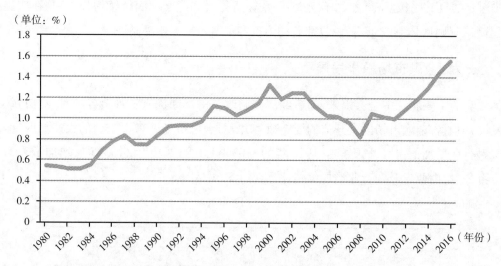

图 3-24　1980—2016 年山西省贷款余额占 GDP 比重

资料来源:根据《山西统计年鉴》计算。

（单位：家）

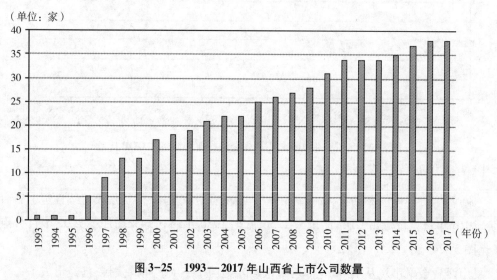

图 3-25　1993—2017 年山西省上市公司数量

资料来源:山西统计局。

就业方式发生了翻天覆地的变化,就业工作取得了跨越式进展。适龄人口比重呈现逐年上升态势,适龄劳动人口的增长一方面显示出山西省的劳动力充足,为山西省的经济发展提供了足够的人力资源储备;另一方面应注意到在今后的很长一段时间内,山西省的就业压力是很大的。2017 年适龄劳动人口比重达到 74.46%,相较 1982 年的61.65%,提升了 12.81 个百分点(见图 3-27)。

　　失业率得到了有效控制,在扩大就业的同时,政府采取多种措施加强失业调控。失业率的有效控制为创建和谐社会,推动经济社会稳定健康发展发挥了重要作用。失业

（单位：%）

图 3-26　1993—2017 年山西省保费收入占 GDP 比重

资料来源：根据《山西统计年鉴》《山西省国民经济和社会发展统计公报》计算。

（单位：%）

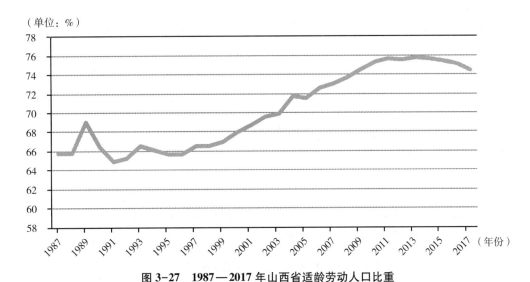

图 3-27　1987—2017 年山西省适龄劳动人口比重

资料来源：根据《山西统计年鉴》《山西省国民经济和社会发展统计公报》计算。

率 2017 年为 3.4%，近五年失业率一直控制在 3% 左右，失业率保持在一个较低的水平（见图 3-28）。

改革开放以来，随着山西省城乡经济的迅速发展，城乡人口分布日趋合理，人口城镇化水平平稳提高，城镇化率由 1978 年的 18.99% 提高到 2017 年的 57.34%，城镇化率提高了 38.35 个百分点，平均每年上升 2.87 个百分点（见图 3-29）。城镇化进程不断加快，也为劳动力就业提供了广阔的市场空间。

（单位：%）

图3-28　1980—2016年山西省失业率

资料来源:《山西统计年鉴》《山西省国民经济和社会发展统计公报》。

（单位：%）

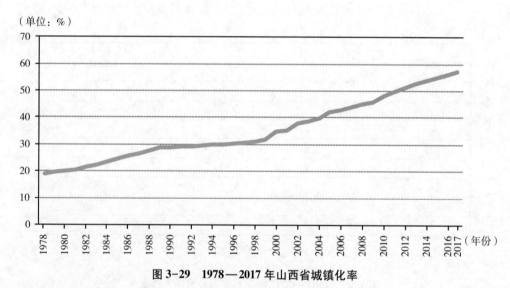

图3-29　1978—2017年山西省城镇化率

资料来源:《山西统计年鉴》。

（八）创新能力有效提升

改革开放40年来,随着山西省经济社会的全面发展,山西省大力实施科教兴晋战略,加大科技创新力度,全省的科技事业快速发展。山西省大力实施经济结构调整,也有效地促进了新兴产业扩张和传统产业技术改造升级,高技术产业成为山西省经济结构调整的重要手段和经济发展新的经济增长点。2016年,山西省研究与试验发展（R&D）经费支出占GDP比重为1.03%,比1999年的0.45%增加了0.58%,2013年山西省 R&D 经费支出占 GDP 比重最高,为 1.23%,之后三年所占比重略有下降(见图 3-30)。

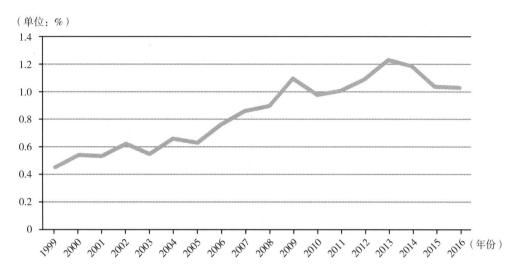

（单位：%）

图 3-30　1999—2016 年山西省 R&D 经费支出占 GDP 比重

资料来源:《全国科技经费投入统计公报》。

山西省高新技术企业年末从业人员数量从 2007 年 960288 人增长到 2016 年的 1933858 人,年均增长 8.09%,高新技术企业人才队伍进一步壮大(见图 3-31)。

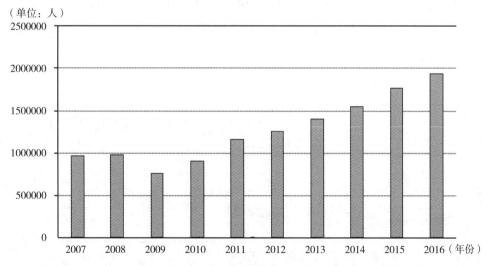

（单位：人）

图 3-31　2007—2016 年山西省高新技术企业年末从业人员数量

资料来源:Wind 数据库。

山西省万人专利申请授权量从 1987 年的 0.13 件增加到 2017 年的 3.06 件。"十一五"规划以来,专利申请授权量迅速增加,在 2016 年达到峰值,万人专利申请授权量

5.44件,2017年因为国家知识产权局自2016年开始启动实施专利质量提升工程,严格专利审查,导致全国专利申请授权量下降幅度较大(见图3-32)。

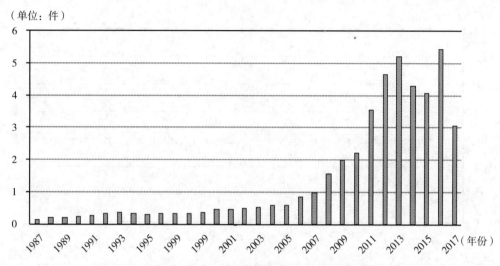

（单位：件）

图3-32　1987—2017年山西省万人专利申请授权量

资料来源:《山西统计年鉴》《山西省国民经济和社会发展统计公报》。

总体来说,山西省创新的土壤还需要进一步培育,加大对发明专利申请和授权的支持,鼓励企事业单位和广大科技人员开展自主技术创新。

山西省高新技术企业工业总产值占GDP比重从1995年的1.81%增长到2011年的2.83%,高新技术产业主营业务收入占GDP比重从1995年的1.61%增长到2015年的6.77%,年均增长7.45%(见图3-33)。

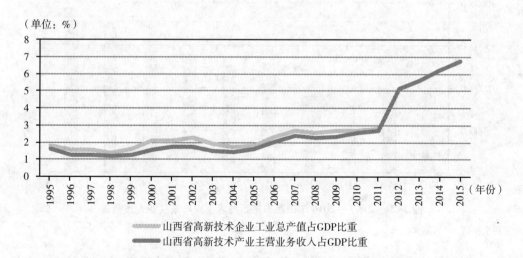

（单位：%）

山西省高新技术企业工业总产值占GDP比重
山西省高新技术产业主营业务收入占GDP比重

图3-33　1995—2015年山西省高新技术产业占GDP比重

资料来源:《中国高技术产业统计年鉴》。

山西省的产业转型初见成效,高新技术企业发展较为迅速,未来还需要通过实施创新驱动发展战略,推进以科技创新为核心的全面创新,打造创新活动活跃、创新资源集聚、创新机制灵活、创新体系完备、创新文化多元的良好创新环境和氛围。

(九)生态环境逐步好转

改革开放40年来,山西省在经济快速发展的同时,力推经济转型,高度重视生态环境的可持续发展,大力推进生态文明建设。山西省2016年人均水资源量为365.1立方米,相比2015年上升42个百分点,但对比1982年人均水资源量下降了34.4个百分点(见图3-34)。

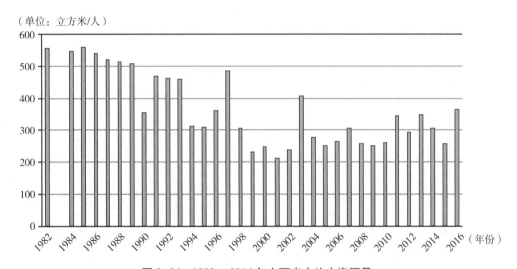

(单位:立方米/人)

图3-34　1982—2016年山西省人均水资源量

资料来源:《山西统计年鉴》。

2016年,山西省人均耕地面积为1.65亩,相比1978年下降了0.78亩,下降了32.1个百分点(见图3-35)。

在森林资源方面,植树造林政策得到有效落实,取得了显著的成效,山西省森林覆盖率由1978年的10.3%提高到2017年的20.5%(见图3-36)。

人均煤炭储量由2003年的3154.22吨/人,下降为2016年的2488.29吨/人,下降了21.11个百分点,可见人均能源储备整体呈下降趋势(见图3-37)。

人均铁矿石储备由2003年的19.19吨/人,提升为2016年的44.73吨/人,增加了1.3倍(见图3-38)。

山西省环境污染恶化趋势得到了有效遏制,对推动经济发展起到了重要推动作用。与此同时,环保事业得到了快速发展,形成了健全的环保体制,环保事业的良好发展为可持续发展提供了内在动力。随着产业结构的深入调整和环境污染治理力度的不断加

（单位：亩/人）

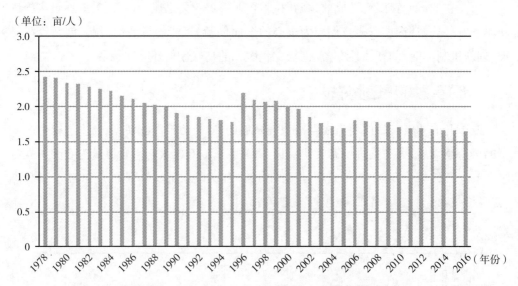

图 3-35　1978—2016 年山西省人均耕地面积

资料来源：《山西统计年鉴》。

（单位：%）

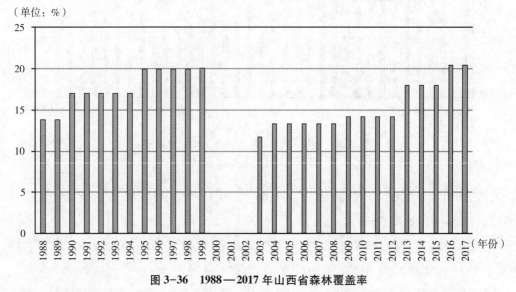

图 3-36　1988—2017 年山西省森林覆盖率

注：2000—2002 年数据暂缺。

资料来源：《山西统计年鉴》。

大，山西省通过技术改造和清洁生产等方式使得环境污染防治取得了重要进展。单位 GDP 废水排放量由 1985 年的 268.04 吨/万元下降为 2016 年的 10.67 吨/万元，下降了 96.02 个百分点（见图 3-39）。

单位 GDP 一般工业固体废物产生量 2016 年为 2.21 吨/万元，相比 1985 年的 10.33 吨/万元，下降了 78.61 个百分点（见图 3-40）。

（单位：吨/人）

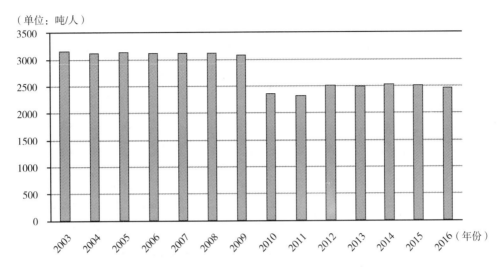

图 3-37　2003—2016 年山西省人均能源储备

资料来源：国家统计局。

（单位：吨/人）

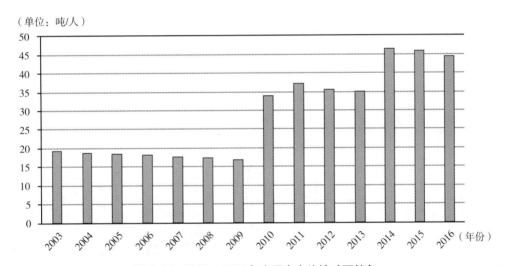

图 3-38　2003—2016 年山西省人均铁矿石储备

资料来源：国家统计局。

单位 GDP 能耗由 1978 年的 31.36 吨标准煤/万元下降为 2016 年的 1.49 吨标准煤/万元，下降了 95.25 个百分点（见图 3-41）。

通过以上数据不难看出，山西省在经济发展的同时大力发展环保事业，将生态环境保护放在了重要位置。例如山西省作为全国储量最大的优质无烟煤和煤层气生产基地，素有"煤铁之乡"的美誉，作为传统的能源型城市，近年来积极发展绿色工业，一方面国家级开发区引领产业绿色升级，另一方面发展基础设施助推产业转型。近年来相继被评为"国家园林城市""全国绿化模范城市""山西省环保模范城市"，2012 年更是

（单位：吨/万元）

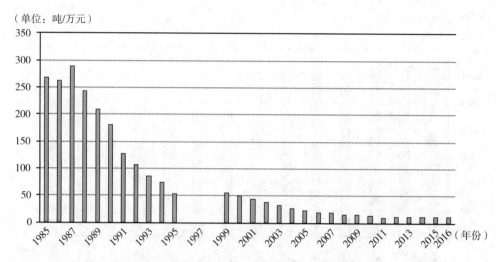

图 3-39　1985—2016 年山西省单位 GDP 废水排放量

注：1996—1998 年数据暂缺。

资料来源：根据《山西统计年鉴》《中国区域经济统计年鉴》数据计算。

（单位：吨/万元）

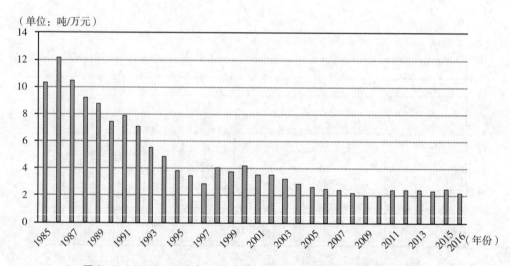

图 3-40　1985—2016 年山西省单位 GDP 一般工业固体废物产生量

资料来源：根据《中国统计年鉴》数据计算。

被联合国环境规划署评为"国际花园城市"，被全国确定为"全国低碳试点城市"。[①]

改革开放 40 年来，山西省的多项环保指标有明显的改善，但同时我们也必须清楚地认识到所面临的环境形势依然严峻，省会城市可吸入颗粒物浓度在 2003 年至 2012 年期间，呈现总体下降趋势，但从 2013 年开始出现大幅增加，由 2012 年的 80 微克/立方米增加到 2013 年的 157 微克/立方米，增长了近 1 倍，直至 2016 年省会城市可吸入颗粒物浓度仍高达 125 微克/立方米，近四年呈现出上升趋势，可见在大气环境污染防

---

① 李晓西：《绿色抉择：中国环保体制改革与绿色发展 40 年》，广东经济出版社 2017 年版，第 269 页。

（单位：吨标准煤/万元）

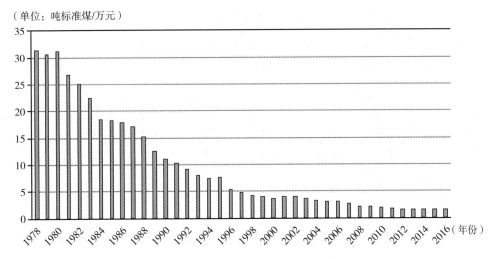

图3-41　1978—2016年山西省单位GDP能耗

资料来源：《中国统计年鉴》、国家统计局。

止层面仍需继续加强（见图3-42）。

（单位：微克/立方米）

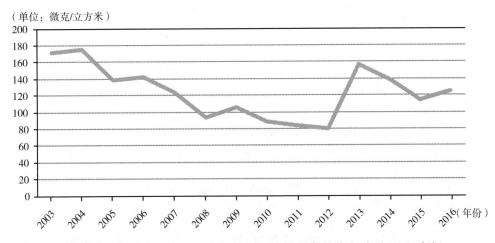

图3-42　2003—2016年山西省省会城市可吸入颗粒物浓度（年均PM$_{10}$浓度）

资料来源：《山西统计年鉴》《中国统计年鉴》。

（十）人民生活持续改善

习近平总书记指出："我们的人民热爱生活，期盼有更好的教育、更稳定的工作、更满意的收入、更可靠的社会保障、更高水平的医疗卫生服务、更舒适的居住条件、更优美的环境，期盼着孩子们能成长得更好、工作得更好、生活得更好……"①可见人民对于获

---

①　习近平：《人民对美好生活的向往，就是我们的奋斗目标》，新华网，2012年11月15日。

得良好医疗保障和教育的期盼。改革开放以来,山西省医疗教育事业得到了长足的发展。主要表现在医疗卫生服务取得发展,山西省人口平均预期寿命由1982年的67.63岁提高到2010年的74.92岁,预期寿命提高了7.29岁(见表3-2)。

表3-2　1982—2010年山西省人口平均预期寿命　　　　　　　(单位:岁)

年　份	1982	1990	2000	2006	2007	2008	2010
预期寿命	67.63	69.46	71.65	73.11	73.26	73.36	74.92

资料来源:《中国统计年鉴》。

各项医疗指标相较改革开放初期都有了大幅度的提升。平均每万人拥有医师数由1978年的14.51人增长到2016年的24.9人,增长了71.6个百分点(见图3-43)。

(单位:人)

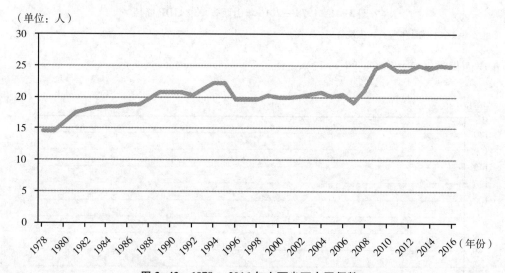

图3-43　1978—2016年山西省万人医师数

资料来源:《中国卫生和计划生育统计年鉴》。

平均每万人拥有病床数由1978年的27张增长到2016年的51.5张,增长了90.7个百分点(见图3-44)。

在基础教育方面,山西省不断深化教育体制改革,基础教育明显增强,2016年小学学龄儿童入学率达到99.9%(见图3-45)。

在教育事业投入方面的力度也在不断加大,着重投入教师队伍建设,2016年山西省万人专任教师数达到113.9人,相较1978年增加12.68人,增长了12.5个百分点(见图3-46)。

经济社会的快速发展是需要人才储备作为支撑的,山西省为确保"人才兴省"战略的顺利实施,加大了对高等教育的投入,高等教育发展迅速。高中及以上学历人口比重由1996年的12.25%上升到2015年的31.28%,大专及以上学历人口比重由1996年的

（单位：张）

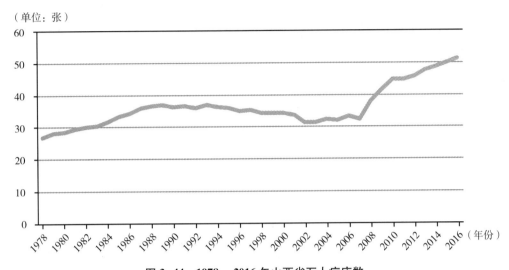

图3-44　1978—2016年山西省万人病床数

资料来源：《中国卫生和计划生育统计年鉴》。

（单位：%）

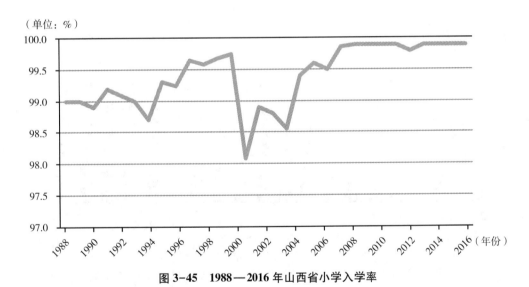

图3-45　1988—2016年山西省小学入学率

资料来源：《山西统计年鉴》。

2.79%上升到2015年的12.97%，增长幅度显著（见图3-47）。

　　山西省整体人口学历提升明显，为山西省经济建设奠定了良好的人员基础，同时在高学历人才建设方面也取得了成果，万人在校研究生数由1978年的0.06人增长到2016年的7.96人，增加了130.7倍（见图3-48）。

　　平均工资水平由1978年的632元提升到2016年的54975元，增加了87倍，人们的收入实现了大幅度的提升，生活水平得到明显提高（见图3-49）。

（单位：人）

图3-46　1978—2016年山西省万人专任教师数

资料来源：《山西统计年鉴》。

（单位：%）

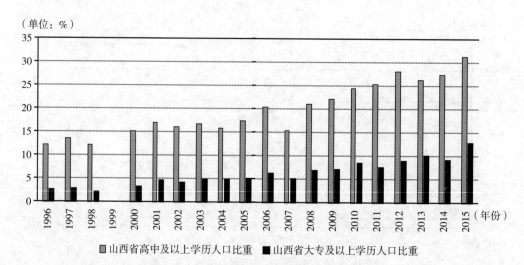

　　■ 山西省高中及以上学历人口比重　　■ 山西省大专及以上学历人口比重

图3-47　1996—2015年山西省高中及以上和大专及以上学历人口比重

注：1999年数据缺失。

资料来源：《中国人口和就业统计年鉴》。

　　最低工资水平的上涨，对保障和改善低收入劳动者基本生活至关重要，最低工资水平由1995年120元增长到2017年的1400元，增长了10.6倍（见图3-50）。

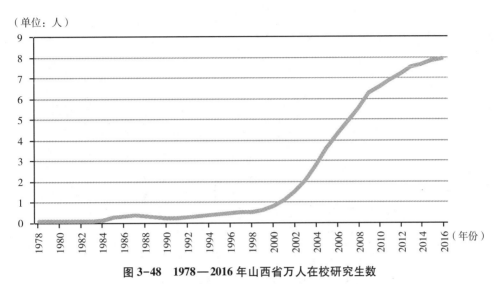

图 3-48　1978—2016 年山西省万人在校研究生数

资料来源:《山西统计年鉴》。

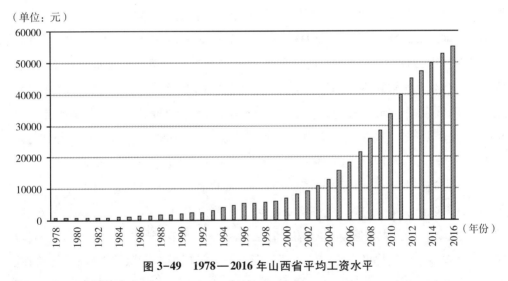

图 3-49　1978—2016 年山西省平均工资水平

资料来源:《山西统计年鉴》。

二、山西省经济社会发展目前存在的问题

(一)经济增长分析

1. 山西省经济发展历程

山西省经济发展先扬后抑,外延式增长不能支持经济持续发展,经济发展慢于其他

（单位：元）

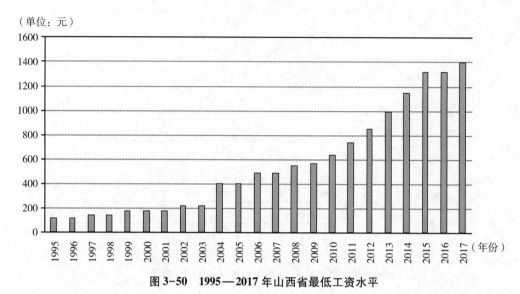

图3-50　1995—2017年山西省最低工资水平

资料来源：《山西统计年鉴》。

地区。在改革起步阶段，山西省制定并开始实施给山西省社会以重大深远影响的能源重化工基地发展战略。国务院专门成立了山西省能源基地办公室，推动山西省能源基地建设。后来，山西省委、省政府进一步把"煤炭能源基地"扩展为"能源重化工基地"。从20世纪80年代初开始，到90年代初邓小平发表南方谈话后结束，大约10年时间。这一时期，国家约十分之一的重点工程集中在山西，集中在重工业，特别是能源工业。与此同时，山西省自身也加大了对能源工业的投资力度，民间资金也大规模涌向能源工业，主要是煤炭工业，因此，这一时期山西的能源工业获得巨大发展。能源重化工基地发展战略实施十多年来，山西省的经济稳步发展，成就巨大。但与此同时，这一战略也留下了许多隐患。第一，这一战略本身对轻工业重视不够。第二，在实际的实施过程中，在"能源重化工"中又偏重于能源工业，特别是煤炭工业，导致单一经济结构逐步形成。这种单一经济结构极易受市场波动的影响。一旦市场对能源需求疲软，建筑在能源基础之上的山西省经济便会陷入泥沼，就像20世纪90年代中后期那样。第三，实行了"有水快流"的方针，导致小煤窑遍地开花，宝贵而有限的资源遭到严重破坏。第四，对环境的保护、治理重视不够。1992年邓小平同志南方谈话后，山西省的经济发展战略定为"三个基础""四个重点"发展战略，"三个基础"即农业基础、基础工业、基础设施，"四个重点"即挖煤、输电、引水、修路①。这一战略提出了产业结构调整的任务，但由于种种原因，在实际实施中进展不大，山西支柱产业单一的状况依然如故。最终导致

---

①　苗长青：《风雨兼程兴晋路——新中国成立以来山西经济发展战略演变的历史考察》，《党史文汇》2006年第2期。

20 世纪 80 年代末,全国煤炭市场一直低迷,需求不足之后,煤炭工业的不景气导致全省财政困难,到 90 年代中后期更是日趋加剧。山西省的 GDP 增速 1999 年排全国末位,在这种情况下,1999 年山西省委作出了对经济结构进行战略性调整的重大决策,但从 2000 年起,全国能源市场需求逐步旺盛,价格不断上扬,煤炭出现严重紧缺,电力供应也日趋紧张。在市场的有力拉动下,山西省的能源工业获得前所未有的发展,对GDP、财政收入的贡献十分巨大。山西省本来在调整经济结构,改变能源工业"一柱擎天"的单一经济结构,但是,由于市场作用,能源工业反而以更大规模、更快速度发展起来。这一时期,由于外部煤炭市场的繁荣,导致山西省经济呈现外延式增长,经济发展较好,但与此同时,山西省也放慢了内部转型发展的脚步,在其他省份改变政务环境的时期,持续依赖煤炭产业进行发展,导致山西省的经济发展依然以煤炭企业为支柱。在前些年经济相对较好的时候,政府并未把资金重点投放于公共服务改善和商业环境塑造上,而是将资金投放于基础设施建设上,结果城市过度建设,不但商业环境并未改善,要素集聚能力并未提升,反而由于资金链断裂,形成不少烂尾项目。其他经济发展薄弱,投资环境、人才吸引政策等都没有及时跟进。这一政策最终导致 2010 年山西省在外部煤炭市场不景气之后经济发展疲软,尤其在 2014 年山西省经济成"断崖式"下跌,2014 年之前山西省的经济发展在中部六省处于高位,GDP 增长率超过国家平均增速,2014 年,山西省GDP 同比增长 4.9%,较 2013 年的 8.9%出现"断崖式"下跌,在 31 个省(自治区、直辖市)排名倒数第一。2015 年,山西省经济增速为 3.1%,位列全国 31 个省(自治区、直辖市)倒数第二;2016 年,山西省经济增速为 4.5%,山西省经济持续低迷(见图 3-51)。

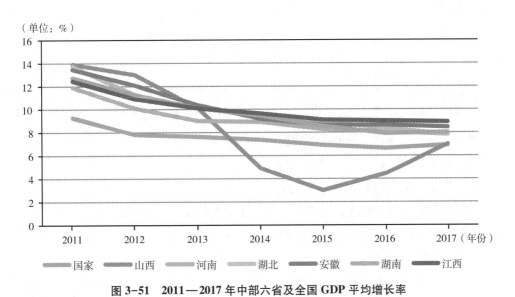

图 3-51 2011—2017 年中部六省及全国 GDP 平均增长率

资料来源:国家统计局。

2017 年,山西省地区生产总值 14973.5 亿元,较上年增加 1923.1 亿元,比前五年增量总和(1836.2 亿元)多 86.9 亿元。这是山西省经济继 2014 年遭遇"断崖式"下跌以来,首次高于全国平均增速。在 2017 年山西省地区生产总值中,服务业(第三产业)增加值增长 7.8%,快于第二产业 1.3 个百分点;服务业占山西省 GDP 比重达 53.5%,高于第二产业占比 12.2 个百分点;服务业对 GDP 增长的贡献率为 60.2%,高于第二产业 23 个百分点,继续保持经济增长的主动力作用。非煤产业成为工业增长的主动力。在山西省规模以上工业中,非煤产业增加值增长 9.7%,快于煤炭产业 6.1 个百分点,对工业增长的贡献率达 76.2%。在非煤产业中,装备制造业增加值增长 13.9%,其中汽车制造业增加值增长 95.7%,汽车产量增长 3.3 倍。而这一成绩是在自 2016 年开始退出煤炭、钢铁产能的基础上实现的。2016 年,山西省关闭煤矿 25 座,退出煤炭产能 2325 万吨,淘汰钢铁产能 82 万吨。2017 年山西省关闭煤矿 27 座,退出煤炭产能 2265 万吨,压减钢铁产能 325 万吨。尽管经济数据略有起色,但山西省经济发展依然任重道远。

2. 经济结构还不够合理

(1)所有制结构需要进一步优化

从所有制结构来看,山西省国有企业比重大,民营企业相对较少。从有数据的 2000 年至 2016 年,山西省国有控股工业企业资产总计占比始终保持在 60% 以上,私营工业企业资产总计占比最高不超过 21%。山西省国有企业占主导地位、计划经济思维严重、市场高度垄断、缺乏有效竞争。政府将资源一味地倾向国有企业,当地经济的好坏完全依赖于大型国企的赢利情况,而这些国有企业对市场变化的应变能力不足,创新改变的主观能动性也不足,在全球化推动下的市场竞争中很快便成为牺牲者,于是,地方经济也开始走向衰落。对于民营中小企业来说,政府没有创造出"要素集聚和良性竞争的环境",市场要素集聚能力较差,经济缺乏活力。

山西省在改革开放的过程中,民营资本的活力没有得到非常好的激发,其市场主体的地位没有得到很好的确立。山西省要真正明确市场地位,以更多的市场化操作来取代政府行为。只有完善的市场才能最大程度地激发所有市场行为主体的积极性,最大程度地完善资源的配置。

(2)产业结构需要进一步优化

从产业结构来看,山西省"一煤独大"。自改革开放以来,山西省缺乏完善的工业体系。改革开放初期山西省的煤炭产业增长迅速,后期乏力,高端制造业发展不快,第三产业相对低端,科技含量不足。

一是山西省的工业产业以煤炭和与煤炭相关工业为主。而原煤是在走下坡路的,而且随着大众环保意识的提升和新能源成本价格的大幅下跌,煤炭这种能源只会逐步收缩。这一点从山西省的终端能源消费结构也可以看出,从 1978 年至 2004 年,山西省的终端能源消费结构一直是煤炭占主导地位,2004年之后电力消费和煤炭一起占主要地位,但山西省电力来源又主要是煤炭发电,因此可以说,山西省的能源消费结构一直主要依靠煤炭,2014年之后能源转型,天然气煤气能源消费占比有所提升,但未超过20%。工业结构的不合理化就限制了其本身对外部的抗风险能力,也导致山西省不能形成足够巨大的产业集聚优势,使山西省始终以煤炭供应省的面目示人。

二是制造业水平全面落后。山西省的制造业发展水平一直落后于全国制造业发展水平。从1992年到2000年,山西省制造业呈下降趋势,2000年至2007年随着煤炭工业的重新繁荣,一些重型机械、煤机等装备制造业有所发展,但随着2007年后煤炭市场再度不景气,山西省制造业发展再次大幅下跌,2007年至2016年,山西省制造业占GDP的比重一直呈下降趋势,从2007年的24.47%下降到2016年的10.83%。诚然,现在经济不景气,中国很多制造行业又不具备技术优势,各省制造行业多少都有些困难,但山西省的制造业呈全面大幅下跌(见图3-52)。

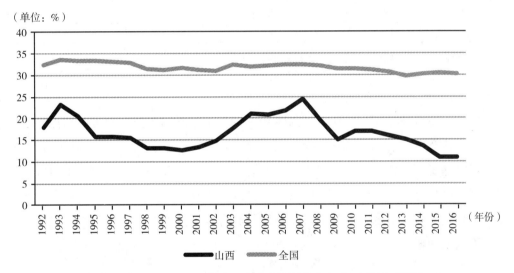

(单位:%)

图3-52 1992—2016年山西省和全国制造业占GDP比重对比图

资料来源:世界银行、国家统计局。

三是山西省的第三产业发育不完善。旅游业还不能和旅游发达地区相抗衡;而且山西省经济金融发展水平低,金融行业缺乏活力,资本的流通性较差,民营企业的融资仍然困难。对山西省的上市公司统计可以看出,山西省与煤炭高度相关的企业的上市数量占山西省全部上市公司数量的比重达到50%,相比全国其他省份,像山西省这样以某一产业为主的资本市场结构是极为少见的(见表3-3)。

表3-3 山西省上市公司统计

年份	上市公司				
1992	国新能源				
1993	阳煤化工				
1994	山西汾酒				
1996	山西焦化	通宝能源	振兴生化		
1997	漳泽电力	美锦能源	英洛华	山西三维	南风化工	当代东方
1998	太原重工	太钢不锈	兰花科创	永泰能源	五矿稀土
2000	西山煤电	煤气化	太化股份	ST山水	
2001	狮头股份				
2002	亚宝药业				
2003	山煤国际	盛和资源	阳泉煤业	安泰集团	
2004	晋西车轴				
2006	大同煤业	大秦铁路	潞安环能		
2010	山西证券	同德化工			
2011	振东制药	跨境通	仟源医药		
2015	东杰智能	永东股份			

资料来源：中国证券业监督管理委员会山西监督局。

3. 经济增长的周期波动特点

除了山西本身经济发展的自身原因,山西的经济发展同经济周期的波动也是密切相关的。1978年后,我国开始进入高速发展阶段,增长持续了三十多年,但显然,经济规律不可违背,长期积累的风险才开始逐步释放,我国经济增速开始放缓,山西省的经济发展同样如此。作为资源型经济,山西省的经济发展随着经济发展周期对资源的不同依赖程度发生着变化。山西省出现如此局面,有其必然性,它的资源性经济特点是与经济周期密切相关的。

(二)整体创新能力不够强

1. "双创"发展不太理想

(1)科技创新投入力度需要进一步加大

科技投入占国民生产总值的比重是衡量一国和地区技术创新能力的重要指标。由于高新技术产业是一类高投入、高风险、高效益的产业,世界各国在高新技术领域里的竞争首先表现在R&D经费投入上的竞争。按照一般规律,研发经费占GDP不到1%的国家是缺乏创新能力的;在1%—2%之间是有一定创新能力的;大于2%则表明创新能力比较强。山西省R&D经费投入逐年增长,但绝对量仍然很小,一直远远落后于国家平均水平,R&D经费支出占GDP比重一直低于1.5%(见图3-53)。与之相比,经济发达省份 R&D 经费投入则很大,是带动当地经济发展的重要因素,例如 2016 年广东省与江苏省 R&D 经费支出占 GDP 比重分别达到了 13% 和 12.9%。

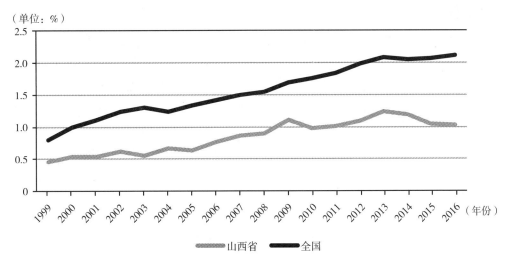

（单位：%）

图 3-53　1999—2016 年山西省和全国 R&D 经费支出占 GDP 比重对比图

资料来源:国家统计局。

（2）发明专利偏少

山西省发明专利少,有核心竞争力的发明专利更少。发明专利最能反映一国技术创新的能力。2017 年,山西省万人专利申请授权量为 3.06 件。同年,全国万人专利申请授权量为 3.23 件。而 2017 年中国每万人发明专利拥有量最高的是北京、上海和江苏,万人专利申请授权量分别为 94.5 件、41.5 件及 22.5 件。山西省的专利发明水平不仅低于全国平均水平,与发达省份更是相去甚远。

（3）高新技术及产业化步伐进展较慢

2015 年,山西省的高新技术企业只有 139 家,仅占全国总数的 0.47%,与其他中部六省相比,差距也很大（见图 3-54）。

2015 年山西省高新技术产业主营业务收入 864.7 亿元,高新技术产业主营业务收入占 GDP 比重仅为 6.77%,远低于全国 20.31% 的平均水平。科技创新不足导致生产方式粗放、结构单一,经济增长的质量和效益处于落后状况。与科技创新能力弱相对应的是,山西省创新人才的缺乏和一些干部群众创新意识、创新观念的严重滞后,也是制约山西省科技创新、全面创新的突出问题和巨大障碍。能否成功转变发展方式,能否成功推进产业升级,关键看能否真正发挥创新在发展中的第一动力作用。只有依靠创新打造发展新引擎,才能使山西省在科学发展的轨道上迈出平稳较快的步伐。

出现这种问题,很大程度上的原因是山西省创新环境政策基本上以概览性政策为主,专门针对经济发展或者税收优惠、金融扶持等政策较少,存在制定频率较低、政策类

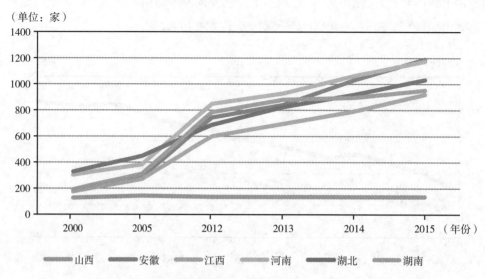

图 3-54　2000—2015 年中部六省高新技术产业企业数对比图

资料来源:《中国高技术产业统计年鉴》。

型单一、执行力度较小的问题,还存在创新氛围不浓、创业融资供给不足、创业孵化水平较低、创业服务体系不完善等问题。

2.高校品质提升速度较慢

山西省的科技研发和转换能力较差,山西省高校的科技创新资源获取能力并不十分理想。山西省万人在校研究生数 7.96 人,远低于全国平均的 14.32 人。整个山西省只有一个太原理工是"211"学校,现在是"双一流"学校之一。山西大学是我国成立最早的三所国立大学之一,另外两所是北洋大学堂(天津大学)和京师大学堂(北京大学),一百多年过去了,山西大学和另外两所大学相比差距不小。相比太原理工大学和山西大学,山西的其他高校发展更不均衡,如 2013 年山西大学拥有四个自然科学研究机构和五个社会科学研究机构,但在个别高校,一个科研机构都没有建立。此外,由于山西省高校学术交流活动受政府政策、地区经济、地理位置、配套环境等方面的影响,举办和出席国际学术会议次数较少,学术交流水平仍不足。山西省近几年虽十分注重加强国际合作,但在实际合作过程中也面临问题。如国际合作研究派遣的地区、高校、人数不均衡,优势资源集中在个别高校,致使享有的机会资源不均。这要求高校应进一步加强学术交流,特别是加强国际项目的合作,通过引进消化吸收再创新,使高校的知识创新能够更好地扩散到区域科技创新体系中。[1]

---

① 许慧:《基于灰色关联度评价法的山西高校科技创新能力研究》,《农业网络信息》2017 年第 10 期。

（三）生态环境问题突出

在过去的几十年中,山西省作为全国重要的能源工业基地,形成了以煤炭为主线,包含电力、钢铁、化工为支柱产业的局面。虽然这些产业会促进山西省经济的发展,但是反过来,也诱发了一系列区域性生态环境问题,如地震塌陷、裂缝、地表变形、水土流失等自然灾害;煤系地层以上各个含水岩组及水资源系统的改变和破坏,导致地表径流减少,地下水位下降,地下水资源枯竭。这种高污染、高消耗、高排放的产业结构既要求水资源充足供应,同时也会对水资源造成污染。我国的人均水资源量有 2300 立方米,山西省 2016 年人均水资源量仅为 365.1 立方米,而按照国际公认的标准,人均水资源量低于 3000 立方米为轻度缺水;人均水资源量低于 2000 立方米为中度缺水;人均水资源量低于 1000 立方米为严重缺水;人均水资源量低于 500 立方米为极度缺水。自 1989年之后,山西省一直处于极度缺水的情况。

山西省森林覆盖率自 2003 年以来一直在提高,2016 年达到 20.5%,但还低于全国21.93%的水平。房地产开发、游乐公园等一系列建设项目用地造成森林严重的破坏,特别是不合理的经济结构导致多年来煤矿大面积开采,再加上一些私挖乱采行为,降低了森林覆盖率。严重的森林破坏,一方面造成生物多样性的锐减,另一方面又造成环境的破坏。2014—2016 年来,太原的年均 PM_{10} 浓度分别为 138 微克/立方米、114 微克/立方米和 125 微克/立方米,均超过了国家标准。生态环境不佳,产业的转型升级、人才的引入和招商引资的进行都比较困难。山西省的生态环境仍然不容乐观,治理水平总体而言需要提升。

2018 年 2 月 27 日,根据中共山西省委办公厅、山西省人民政府办公厅印发的《山西省生态文明建设目标评价考核办法》要求,山西省统计局、山西省发展和改革委员会、山西省环境保护厅对 2016 年山西省各市生态文明建设进行了年度评价,联合发布了《2016 年全省生态文明建设年度评价结果公报》。生态文明指标体系包括资源利用、环境治理、环境质量、生态保护、绿色生活、公众满意程度等 6 个方面,共 50 项评价指标。其中,前 5 个方面的 49 项评价指标纳入生态文明指数的计算;公众满意程度调查结果进行单独评价与分析。山西省统计局公布 2016 年全省各市生态文明建设年度评价结果(见表 3-4 和表 3-5)。

表 3-4　2016 年山西省生态文明建设年度评价结果排序

地　区	生态文明指数	资源利用指数	环境治理指数	环境质量指数	生态保护指数
忻州市	1	2	4	3	5
晋城市	2	7	1	4	3

地 区	生态文明指数	资源利用指数	环境治理指数	环境质量指数	生态保护指数
大同市	3	1	3	9	6
太原市	4	3	5	8	9
朔州市	5	5	2	1	10
长治市	6	8	10	2	4
运城市	7	4	8	11	1
吕梁市	8	10	6	6	2
临汾市	9	6	7	10	7
阳泉市	10	9	9	7	11
晋中市	11	11	11	5	8

资料来源:山西省统计局。

表 3-5　2016 年山西省生态文明建设年度评价结果

地 区	生态文明指数	资源利用指数	环境治理指数	环境质量指数	生态保护指数
太原市	79.37	79.48	81.99	79.76	73.73
大同市	79.67	81.04	86.51	76.74	77.36
阳泉市	76.03	73.9	76.89	79.78	71.22
长治市	78.11	74.92	75.47	84.54	78.83
晋城市	80.03	75.01	88.53	83.17	79.77
朔州市	78.92	77.07	87.15	84.89	73.67
晋中市	74.98	71.18	74.13	82.79	74.1
运城市	77.79	77.45	79.28	70.69	82.97
忻州市	81.11	80.74	85.05	84.02	77.53
临汾市	76.31	77.07	79.55	73.75	75.4
吕梁市	76.64	71.49	81.6	79.82	81.56

资料来源:山西省统计局。

生态文明指数获得前三名的分别为忻州市、晋城市、大同市。生态文明指数排在末尾的是晋中市,对比山西省 11 个市区生态文明年度评价结果,生态文明指数第一名是忻州市,比最后一名晋中市高 6.13 分,资源利用指数第一名是大同市,比最后一名晋中市高 9.86 分,环境治理指数第一名是晋城市,比最后一名晋中市高 14.4 分,环境质量指数第一名是朔州市,比最后一名运城市高 14.2 分,生态保护指数第一名是运城市,比最后一名阳泉市高 11.75 分,从中不难看出山西省 11 市之间的生态环境保护工作差异明显,山西省内生态环境保护工作不同地区之间存在不平衡。

（四）民生事业有待进一步发展

改革开放40年来,山西省的民生事业取得了突破性发展,民生保障水平普遍提高。但我们同样需要清醒地认识到山西省的民生问题依旧需要突出,民生事业仍有待进一步发展,突出表现在教育发展过程中存在财政教育支出不足,本地区内教育发展不平衡以及医疗卫生资源总量不足、配置不均衡、整体利用率不高等问题。

1. 财政教育支出不足,本地区内存在教育发展不平衡问题

山西省十分重视教育事业发展,在"山西省十三五规划"中明确提出要提升教育水平,全面贯彻党的教育方针,实施教育优先发展战略,深化教育领域综合改革,加快实现教育现代化。要想实现"山西省十三五"规划目标,就必须要有财政支出的支撑,但是在教育事业的发展过程中,财政教育支出不足,本地区内教育发展存在不平衡问题。

（1）财政教育支出不足

近年来,山西省政府加大对教育的支持力度,逐年增加财政教育支出经费,加大对教育事业的拨款,教育支出规模在不断地壮大,但是仍然难以满足社会公众对教育的需求。从全国来看,对比东中西部其他省份(福建、广东、湖南、四川、甘肃),山西省财政教育支出相对较低(见表3-6)。

表3-6　2007—2016年六省财政教育支出总规模　　　（单位:亿元）

年　份	福　建	广　东	山　西	湖　南	四　川	甘　肃
2007	183.66	575.90	181.22	228.52	292.86	123.96
2008	233.29	703.32	234.97	311.26	369.28	182.93
2009	277.55	803.20	278.07	357.58	451.44	206.36
2010	327.77	921.48	328.58	403.10	540.65	228.23
2011	406.73	1227.87	423.34	540.83	684.66	284.33
2012	562.30	1501.22	558.03	807.58	993.20	367.92
2013	574.91	1744.59	542.44	809.45	1036.41	377.06
2014	634.60	1808.97	507.28	833.27	1056.91	401.26
2015	757.51	2040.65	602.85	928.54	1252.33	498.33
2016	789.11	2318.47	606.97	1032.37	1301.85	548.95

资料来源:中国统计年鉴。

从表3-6可以看到,东部财政教育支出总数远远高于中部和西部,广东省2016年财政教育支出2318.47亿元、山西省606.97亿元、甘肃省548.95亿元,广东省2016年财政教育支出是甘肃的4.22倍,是山西的3.82倍,东部地区的财政教育支出远高于中部地区和西部地区。财政教育支出由东向西呈梯级递减分布,财政教育支出投入最多

的区域是东部地区,教育水平也最高;财政教育支出投入较少的区域是中部和西部地区,而西部一些偏远地区连九年制义务教育都没有完全普及,教育发展水平相对落后,其经济发展水平相对较低且财政在教育方面的支出较小,这样就容易陷入"财政教育支出少→经济发展水平低→财政教育支出减少"的恶性循环。

2007—2016年山西省财政教育支出占 GDP 比重见图 3-55。随着时间的推移,山西省财政教育支出占 GDP 的比例呈稳步上升的趋势,到2016年达到了 4.68%,但山西省作为中部地区,其经济并不发达,2016年各省 GDP 总量排名,山西省排在第 24 位,在教育支出水平上与东部地区、西部地区还存在着较大的差距。具体地讲,财政教育支出总量低于东部地区,表现为支出总量不足;而从财政教育支出占 GDP 的比重上来看,山西省低于西部地区财政教育支出占 GDP 比例。国家财政性教育经费占国内生产总值4%的投入指标是世界衡量教育水平的基础线。2016年经济合作与发展组织(OECD)国家教育财政支出占 GDP 比重平均维持在 5%左右,山西省财政教育支出占 GDP 比重已实现我国在 20世纪制定的财政教育支出占 GDP 比重4%的指标,但距离世界平均水平还有一定的差距。

图 3-55　2007—2016 年山西省财政教育支出占 GDP 比重

资料来源:山西省统计局。

尽管现阶段山西省政府不断进行经济转型,但转型发展和推动经济增长都需要大量的高素质人才,人力资本是最宝贵的资源,而人才又是通过教育来培养的,教育是人力资本形成的最重要途径,因此要重视教育支出,把教育事业的发展放在重要位置,加大财政教育支出,增加人力资本存量。

(2)本地区内存在教育发展不平衡问题

从表 3-7 可以看到,太原市财政教育支出占的比重为 16.60%,对比山西 11 个地市来看比重很低。教育支出占财政支出的比重,晋中市为 18.58%、朔州市为 18.82%,两市相差不大;临汾市占 16.51%,占比最小。虽然吕梁市财政教育支出占的比重最高,为 21.73%,阳泉市次之,为 21.46%;但太原的教育水平要远远超过它们,是因为太原市经济相对于其他地级市经济较发达,财政收入较其他地市相对多,但财政支出中用于教育支出却十分有限,致使教育支出所占比例低一些,但太原市的教育事业发展水平却高于其他市;此外,太原市家庭收入较其他各市要高,在接受教育方面,家庭支出高于其他各市家庭教育支出,促使财政教育支出占财政支出的比例相对较低。

表 3-7 2016 年山西省各地市财政教育支出情况表 (单位:亿元;%)

地 区	一般公共预算支出	地区生产总值	教育支出	教育支出占财政支出的比例	教育支出占GDP的比例
太原市	424.01	2955.60	70.37	16.60	2.38
大同市	285.89	1025.80	54.24	18.97	5.29
阳泉市	95.73	622.86	20.54	21.46	3.30
长治市	234.34	1270.48	45.26	19.31	3.56
晋城市	172.81	1049.34	33.64	19.47	3.21
朔州市	127.66	918.06	24.02	18.82	2.62
晋中市	247.17	1091.10	45.93	18.58	4.21
运城市	287.84	1222.30	58.52	20.33	4.79
忻州市	247.55	716.14	44.47	17.96	6.21
临汾市	310.96	1205.18	51.33	16.51	4.26
吕梁市	275.85	995.31	59.94	21.73	6.02
全 省	2709.86	12966.2	508.22	18.75	3.92

资料来源:《2017 山西统计年鉴》。

从表 3-7 同时可以看到,教育支出占财政支出的比例最高是吕梁市,支出的比例为 21.73%,比太原市的比例高出 5.13%,可以看到经济相对落后的地区,财政教育支出占财政的比例反而越高。出现这种情况是因为落后地区的财政收入有限,财政用于教育的支出刚性较强,并且较低收入的家庭花费在教育方面的支出少,因而财政教育支出占财政的比例才会很高,而不是教育事业得到了真正的发展,因此不能仅看财政教育支出占财政支出比例的高低来单方面决定财政在教育方面的投入。

经济合作与发展组织的 35 个成员国的财政教育支出占财政支出的比例一般为 6.8%—18.4%,中国的比例为 15.4%,山西省财政教育支出占财政支出的比例为 18.75%,由此看出,山西省的比例整体数值高于我国平均水平,但这并不能表明山西省的教育发展已经达到全国较好水平,为此很有必要从教育发展的均衡性角度来衡量。2016 年山西省各市教育支出占 GDP 比例见图 3-56。

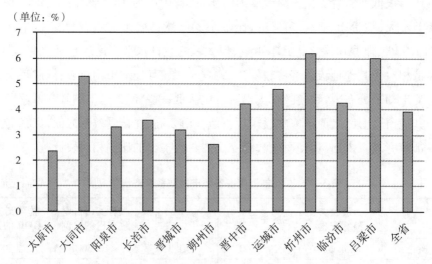

（单位：%）

图 3-56 2016 年山西省各市教育支出占 GDP 比例

资料来源：山西省统计局。

从图 3-56 可以看出，山西省各地市财政教育支出占 GDP 的比例大多维持在 3%—4% 之间，仅有大同市、忻州市和吕梁市的比例超过 5%。山西省的这一比例数据为 3.92%。这与中共中央、国务院已经出台的《国家中长期教育改革和发展规划纲要（2010—2020 年）》中提出国家财政性教育经费支出占 GDP 比例要达到 4%（这一指标也是国际上衡量教育水平的基础线）的要求还有一段距离。由此可见，山西省的财政教育支出水平仍然整体较低，同时各市之间的占比差距较大，最低的仅为 2.38%，最高的为 6.02%，相差 2.53 倍，可见山西省各市的教育发展差异较大，教育存在不平衡发展问题。

2. 医疗卫生资源总量不足、配置不均衡、整体利用率还不够高

截至 2016 年年末，山西省基层医疗服务机构为 40288 个，占医疗卫生机构数的比重达到 95.5%，山西省医疗资源的可及性得到显著提高。山西省医疗卫生机构床位数、执业（助理）医师人数均实现较快增长，医疗卫生资源增量水平不断提高。但在山西省城镇化不断推进、人口老龄化趋势加快、健康需求持续增加等背景下，现有医疗卫生资源存在总量不足、难以均衡供给和整体利用效率不高等问题。

（1）医疗卫生资源总量不足且配置不均衡

2016 年年末，山西省万人病床数为 51.5 张，低于全国 54 张的平均水平，医疗卫生资源总量相对不足。随着城镇化进程加快，人民群众日益增长的多层次、多样化医疗卫生服务需求与医疗卫生服务资源有限的供需矛盾变得更加突出。同时，山西省医疗卫生机构分布差异化明显，优质医疗资源主要集中在山西省经济发展较快、人口较密集的行政区域中，其他区域卫生机构覆盖相对不足。山西省有三级医院 59 所，其中三级甲等 43 所,18 所分布在省会太原市,占到总数的 41.86%,朔州市没有三甲医院,其他 9 市有至少一所三甲医院。

表 3-8　2014—2015 年山西省各市万人病床数　　　　(单位:张)

地　区	2014 年	2015 年
太原市	84.2	85.4
大同市	51.2	52.6
阳泉市	52.8	52.4
长治市	47.2	48.4
晋城市	43.7	46.4
朔州市	40.1	41.4
晋中市	42.9	43.9
运城市	50.9	52.1
忻州市	39.2	40.8
临汾市	43.0	42.8
吕梁市	29.2	29.3
全　省	48.6	50

资料来源:《山西省医疗卫生服务体系规划(2016—2020 年)》。

表 3-9　2014—2015 年山西省各市万人医师数　　　　(单位:人)

地　区	2014 年	2015 年
太原市	44.8	46.3
大同市	26.5	26.9
阳泉市	28.3	27.6
长治市	21.4	22.0
晋城市	25.0	23.2
朔州市	18.0	17.7
晋中市	21.1	20.4
运城市	22.8	21.4
忻州市	19.6	19.2
临汾市	22.3	23.5
吕梁市	17.0	17.4
全　省	25	24.9

资料来源:《山西省医疗卫生服务体系规划(2016—2020 年)》。

从表 3-8、表 3-9 中能清楚地看到,山西省的医疗卫生资源配置存在不均衡问题,各市之间的医疗卫生资源差异较大,2015 年省会太原市的万人病床数为 85.4 张,是吕梁市万人病床数的 2.91 倍;万人医师数 46.3 人,是吕梁市的 2.66 倍,可见山西省各市之间的医疗资源配置差异之大。山西省优质医疗卫生资源主要集中在城市、同蒲铁路沿线等经济相对发达和交通便利地区,太行、吕梁"两山"区域资源相对薄弱,每万人病床数、万人医师数低于山西平均水平。

（2）医疗卫生服务设施利用率不够高

医疗卫生服务设施利用率不高,低于中部及全国平均水平。2011—2016 年,山西省病床利用率情况一直处在较低水平,2016 年山西省病床使用率为 80.5%,低于中部病床使用率 9.7 个百分点,低于全国病床使用率 10.5 个百分点(见表 3-10)。

表 3-10　2011—2016 年各地区病床利用率情况　　　　　　（单位:%）

年　份	山　西	中　部	全　国
2011	78.2	90.3	92.0
2012	83.1	93.4	94.2
2013	83.9	93.1	93.5
2014	84.0	92.4	92.8
2015	79.8	89.6	90.4
2016	80.5	90.2	91.0

资料来源:《中国卫生统计年鉴》。

病床使用率低,直接造成医疗卫生资源的浪费和医疗服务设施利用率不高,各级医疗机构的功能定位未能有效落实,医疗卫生机构服务能力和水平不高,医疗卫生资源宏观与微观配置效率均有待进一步提高。

三、山西省进一步深化改革开放的政策建议

要扎实推进经济发展方式转变,履行好建设资源型经济转型综合配套改革试验区这一重大使命,山西省就必须要通过一系列切实可行的措施来推动经济转型发展,真正走出一条产业优、质量高、效益好、可持续的发展新路,打造内陆地区对外开放新高地,推动新发展理念在山西落地生根。

（一）深化供给侧结构性改革,产业带动吸引就业

山西省是典型的资源型经济省份,现有的粗放型发展模式已不足以支撑经济长期平稳较快发展,培育高新技术产业、转变经济发展方式已迫在眉睫。

1. 推动工业结构深度调整

山西省应当以另一种更符合现代市场要求的方式重新成为能源强省,不仅仅靠被

动输出资源获利,而是成为具有市场导向性的能源强省。稳住工业这个基本面,推动工业结构深度调整,重点在煤化工、新材料、新能源、生物医药、电子信息、节能环保等山西具有比较优势的产业领域,加快培育发展高新技术产业基地,促进产业集聚,扩大整体规模,不断延伸产业链条,形成具有山西特色的高新技术产业集群。突出供给侧结构性改革主题,把化解过剩产能作为突破口,把帮助企业降成本提效益作为着力点,把转型升级、扩大有效供给作为努力方向,着力化解煤炭、钢铁等过剩产能,全力推动煤炭行业脱困转型,抓好非煤主导产业平稳运行、提质增效,促进能源产业清洁低碳、安全高效发展,推动现代载能产业绿色发展,推动新兴制造业快速发展,特别要加快把电动汽车产业培育成山西省新兴支柱产业,积极发展"互联网+"等新兴业态。抓住国家这轮基建投资稳增长的东风,推动交通体系建设。向东,要发挥大秦线铁路动脉的作用,不只运煤,适当提高货运的比例,扩大山西到天津港的集装箱运载量。向西,对接陇海线,打通欧亚大陆的往来通道。要依托铁路形成高水平、标准化的物流产业聚集区。

2. 全方位支持服务业发展

山西省应加快发展养老、医疗、家政等生活服务业,突出发展文化旅游业。山西旅游资源丰富,风景壮美、古迹丰富,这是大多数地区难以相比的。近几年山西省逐步加大了对旅游产业的支持力度,《人说山西好风光》等节目的成功举办,已经积极扩大了山西省旅游产业的影响力,当前,我们应该抓住旅游发展的机遇期,努力把旅游产业做大、做强。山西省应该走大力发展生态旅游为主,传统旅游为辅的发展之路,一方面,生态旅游不用花费大量精力去做基础旅游建设,所需发展资金相对较少,同时还能促进农村生态资源优势向生态经济优势转变,强化旅游业对经济的支撑作用,改变山西省经济发展不平衡的现状。另一方面,山西省具有先天资源优势,有许多风景优美又具文化韵味的风景名胜区、自然保护区和森林公园,如五台山、恒山、绵山等,可以以这些山地为基础,开发出多种多样的生态旅游产品,如登山游、动植物考察游、探险游、生态考察游、生态度假游、宗教朝拜游等。黄河、汾河及其支流形成的水体景观,可开展探险漂流、观瀑布、源头考察等活动,大量的泉水和湖泊也具有极强的生态旅游开发价值,在泉水出露的地区,如难老泉、忻州温泉等,可开辟生态度假游、疗养游。独特的黄土地貌与淳朴的黄土文化相结合,形成特有的生态旅游产品,可开展黄土景观游。此外,山西省拥有形式多样的古城名村,如贾家庄、前郝村等社会主义新农村,大寨村、西沟村、皇城村等历史名村,晋商大院、平遥古城、黄土窑洞群落、太行山居等农业文明历史遗存的古文化名村,锡崖沟村等自然风光村,以及清徐葡峰山庄、太谷怡园酒庄等科技村,可以依托这些文化底蕴多样的各式村落大力发展乡村旅游。旅游要配套发展文化产业,用文化产业带动和吸引旅游。

3.促进民营资本发展

在考虑山西省经济发展未来的时候,必须时刻牢记其中部省份的特点。山西省可以帮助"煤老板"转型,实现本地化,对于眼下较高技术门槛的产业,政府可以采用以BOT模式(建设—经营—转让模式)创建试点企业吸收外来技术并进行政策引导,将会进一步促进相关资本、劳动力、技术等要素的持续流入,实现技术本地化。山西省在这新兴产业的发展上有巨大的优势,而这个机遇应当作为一个利好,为山西省的民营资本所用。

(二)提振山西省创新能力

以大数据发展为例,山西省的年平均气温维持在 7℃—8℃,昼夜温差大。根据美国的互联网公司将数据服务设备设置在冰岛的经验,常年低温且昼夜温差大的地区适合发展大数据中心。因为大数据中心要求机房气温恒低于 25℃,且昼夜温差大有助于节约制冷设备的多余电能,供其自然冷却。而且大数据中心只能依托山区的有利地形,放在国土腹地进行建设,而且交通要相对便捷。这样一轮筛选下来,全中国只有贵州省和山西省同时符合地处国土腹地,夏无酷暑,昼夜温差大,境内多山区这些发展国家级大数据产业所具备的所有硬性条件。而贵州省已经将大数据当作自身未来的支柱产业。山西省出台了六大政策与四项重点工程:全面统筹部署,构筑大数据发展新格局;强化网络支撑,夯实大数据发展新基石;推动开放共享,构建政务服务新机制;促进深度融合,培育经济社会升级转型新动能;强化创业创新,形成产业发展新支柱;防范安全风险,建立大数据安全新支撑。四项工程包括"云聚山西""云惠山西""云殖山西"和"云安山西"。到 2020 年,山西省力争布局建成一批技术先进、绿色环保的大数据中心,服务器规模达到 200 万台以上,能满足在政务云平台、工业云平台、各产业云平台以及数据存储、灾备、行业应用等方面的基础支撑需求。山西大数据产业生态基本形成,大数据产业和应用示范基地基本建成,大数据相关产业产值实现 1000 亿元以上。另外,山西省还出台了《山西省大数据发展规划(2017—2020 年)》。百度跟阳泉市政府签订了一揽子协议,包括建立阳泉云计算中心,智能物联网示范基地,将人工智能(AI)、大数据(Big Data)、云计算(Cloud Computing)ABC 三位一体,而且与此同时,百度云计算中心也在阳泉落成使用。

但山西省的技术创新能力仍旧偏弱,大数据处理仍然不能成规模,产业环节协作有待加强。同时骨干网络直通水平并不强,用户感知差,这阻碍了山西省的大数据进一步一体化。需要以建立大数据智库进行有效的研究转化,通过数据共享打破行业壁垒,实现大数据的商业化变现。

1. 强化税收优惠和金融扶持的激励作用

税收优惠和金融扶持是政府引导创新发展方向的主要形式,对企业开展自主创新活动起到了重要激励作用。应充分发挥金融部门和投资机构作为社会资金供应主体的作用,通过科技金融、信用担保风险投资等全面提高社会对科技投入的力度。加强税收优惠政策:一要扩大税收优惠范围,如研发设备加速折旧、设置职工教育经费、推行技术转让收入、企业购买相关设备折旧摊销政策等;二要加大优惠力度,将税收优惠与企业研发活动挂钩,保证税收优惠作用于企业研发活动,促进科研水平提高。加强金融扶持政策:一是山西省应该建立科技贷款优惠、风险投资、研发保险、信用担保等全方位、多渠道的金融服务体系,为企业科技创新活动提供融资渠道;二是制定山西省风险投资的地方性法规,加大风险投资支持力度,保护投资者权益,降低企业研发风险;三是山西省政府可以通过贴息资金、设置基金机制、联合大型企业、高校、研发机构等组建产业发展基金等多种有效手段,引导民间资本投向创新领域,激发山西省创新热情。

2. 加强科技财政支持力度

科技财政拨款是一地区进行技术创新的重要基础,也是衡量一地区科技创新实力的关键指标。因此,山西省政府必须通过制定和实施相关政策,为山西省科技创新活动的顺利开展提供充足的资金。进一步加大工作力度,加大财政科技投入的力度,确保财政科技投入的增幅明显高于财政经常性收入的年增长幅度。加大科技财政政策的执行力度,实施多样的财政支持手段,如设置省级专项资金、重大工程项目优惠政策、自主创新产品优惠政策、鼓励民间资金和外资进入科技企业市场等,建立全方位、多元化的科技财政支持体系,最大限度地激发山西省科技创新潜力。

3. 大力实施人才强省战略

全球科技与经济发展的历程说明,世界各国的竞争实质上是人才的竞争,而优秀的人才团队是重大项目成败的关键,也是国家增强核心竞争力的根本。我国改革开放以来的实践证明,经济发展较强的省份,都是人才集聚的区域。在整个创新链中,人才是推动科技创新发展的重要引擎,必须充分调动科技及人才创新积极性,为山西省科技创新事业作出积极贡献。

2017年下半年起,国内众多城市为吸引人口,接连出台一系列人才引进政策,降低落户门槛。从西安到郑州,从长沙到武汉,从南京到杭州,全国的人才大战硝烟四起。人才,被各个城市提到了前所未有的高度。山西省的整体创新能力不强,归根于人才缺乏,在全国各地纷纷出台政策进行"抢人大战"的关键时期,山西省也应该将人才引进放到足够重要的位置,出台相应政策引人入晋,引才入晋。山西省虽在"抢人大战"中有所行动,太原市出台《关于深化人才发展体制机制改革加快推进创新驱动转型升级的实施意见》,但对比西安、武汉、济南等城市的政策,存在力度不够、范围不够的问题。

太原市出台的实施意见中,引进人才偏重于学科专家以及世界、国内知名院校毕业生,对于普通类人才没有政策层面的支持,相较其他城市受众范围相对较小,而西安的人才引进政策面向个体更广,针对本科甚至专科毕业生,扩大留人范围,才能更好地留住人才。因此山西省在出台相关人才引进政策的时候,需要加大力度,扩大人才引进范围,在生活、工作等方面提供优惠政策,大力引进地区经济发展急需的人才;同时落实引进高层次人才的政策措施,用好用足"百人计划""三晋学者计划""科技创新团队建设"等人才引进政策,为各类人才服务山西创新发展提供舞台、创造条件。充分利用高校、院所、大型企业、高新技术企业和重点实验室、工程技术研究中心、博士后流动站、创业基地、产学研联盟等条件,通过实施创业创新型人才培养和引进工程、高新技术产业和战略性新兴产业领军人才培养和引进工程等,培养造就一批杰出科学家、工程技术专家等领军人才和一批青年高级专家,给予支持吸引优秀师资进来。加大创新型人才培养引进力度,实现创新人才集聚发展。高等院校应重新调整现有的专业设置,探索院校与企业联合培育高层次人才之路,把企业、高校和科研院所作为选才引才的主要依托。

4. 激发技术市场创新活力

要针对山西省不同区域的实际条件和发展水平,自主制定切合本区域经济发展的配套措施。积极引导和推动规模以上骨干企业,尤其是重点骨干企业通过与高等院校、科研院所的技术合作加大投入。逐步形成以财政投入为引导、企业投入为主体、银行贷款为支撑、社会集资和引进外资为补充的多元化科技投入体系。从创新体制机制、优化财税政策、搞活金融市场、扩大创业投资、发展创业服务、建设创业创新平台、激发创造活力、拓展城乡创业渠道等方面完善和落实相关政策措施,全面营造有利于人才集聚、创新创业的环境,形成良好的创新生态;要鼓励竞争,支持创新,发展众创、众包、众扶、众筹空间,鼓励社会资本利用闲置土地、厂房、楼宇等改造建设创客空间、众创空间、创业社区、创新工场、微型企业孵化园、科技孵化器、商贸企业集聚区等小微企业创业基地,让每个有创新意愿的人都有机会和空间,充分激发全社会创新智慧与创造活力。要以提高企业技术创新能力为核心,引导创新要素向企业集聚,培育企业科技创新能力,构建以企业为主体、市场为导向、产学研用相结合的技术创新体系,进一步巩固企业在创新中的主体地位。值得注意的是,整体技术创新的活跃程度,不能仅仅依靠规模以上工业企业或大中型企业的创新实践带动,而是充分提升占绝大多数的中小企业的科技创新积极性,才能带动山西省企业创新发展真正走向繁荣。①

山西省可以借鉴北京未来科技城、武汉光谷未来科技城的发展思路,根据国家批准山西省的综改试验区实施方案为基础,以太榆地区大学园区和现有的各类园区、科研院

---

① 郭孝芝:《山西省科技创新政策效果评估研究》,太原理工大学2015年硕士学位论文。

所的智力优势和现有的产业发展基础为背景,在依托和整合现有科技资源及优势,把"山西科技创新城"的建设规划在汇聚世界一流的科技园区经验和特色的基础上,以科技创新为驱动,以政策支持为导向,目标是将"山西科技创新城"打造成为山西创新驱动、转型跨越发展的制高点,资源经济转型的试验田,将山西科技创新城建成集科研主体、产业主体、城市建设主体于一体的产业高端、科技创新、生态良好、宜居宜业的科技新区。

(三)加快推进生态文明建设

2017 年习近平总书记视察山西时指出:"先天条件不足,是山西生态环境建设的难点。同时,由于发展方式粗放,留下了生态破坏、环境污染的累累伤痕,使山西生态建设任务更加艰巨。"①习近平总书记的讲话警示和指引山西省要坚定不移地扛起生态文明建设的历史责任,坚持绿色发展,建设美丽山西。

1. 转变发展观念

要扎实推进生态文明建设,牢记绿水青山就是金山银山,从转变发展观念开始建设生态文明,形成绿色发展、绿色消费的体制机制和社会氛围,大力学习和弘扬右玉精神,加快建设绿色山西。坚持绿色发展是发展观的一场深刻革命。要从转变经济发展方式、环境污染综合治理、自然生态保护修复、资源节约集约利用、完善生态文明制度体系等方面采取超常举措,全方位、全地域、全过程开展生态环境保护。

2. 推进"两山七河"生态修复治理

坚持山水林田湖草系统治理,实施太行山、吕梁山生态保护修复工程,完成 450 万亩营造林、525 万亩水土流失治理、195 万亩退耕还林任务。全面推进"七河"生态修复治理,重点抓好汾河治理,"控污、增湿、清淤、绿岸、调水"五策并举,早日让母亲河"水量丰起来、水质好起来、风光美起来"。全面落实河长制、湖长制,"一河一湖一策"推进全流域生态修复与保护。加快黄河古贤水利枢纽前期工作。完成大水网后续扫尾工程,推进小水网工程建设,改进水利工程运行调度,保证河道生态基流。加强自然保护区建设和管理。推进采煤沉陷区综合治理和矿区生态修复治理。

3. 下大力气治理环境污染

深化大气污染防治行动,严格控制散烧燃煤污染,积极稳妥推进清洁取暖工程。加大道路交通污染治理力度。对重点污染行业开展大气污染物特别排放限值改造,深入开展秋冬季大气污染综合治理攻坚,强化区域联防联控联治,推动细颗粒物浓度持续下

---

① 《扎实推进生态文明建设——四论认真落实习总书记视察山西指示精神,进一步把山西的事情办好》,《山西日报》2018 年 11 月 7 日。

降。开展清水行动,推进"五水同治",全面实施175个水环境治理重点工程,开展"控源头、保清流"专项行动,全面排查入河排污口,落实治污主体责任,加快城镇污水处理厂和配套管网建设,尽快消除太原市等主要城市建成区黑臭水体。推进净土行动,实施农用地土壤环境分类管理,加强城乡垃圾分类处置,建设垃圾焚烧发电厂。

4.加快完善生态文明体制机制

在确保环境质量稳定达标的前提下,在山西省域内科学合理地配置环境容量。健全自然资源资产产权制度,开展自然资源资产负债表编制工作。研究建立市场化、多元化生态补偿机制。统筹推进环保信用评价、信息强制性披露、环境污染第三方治理、生态环境损害赔偿制度改革等工作。继续抓好省级环保督察,逐步推行市级环保督察。探索在禁止开发区域建立国家公园体制。政府要转变政府职能,实施生态政治政策,用制度为生态文明建设保驾护航。包括:制定和出台专门的生态政策,明确各级政府和负责人的生态责任,签订生态责任状,制定生态任务目标,严格责任考核机制,并且上升到法律高度出台相应的法律法规,对破坏生态并造成严重后果的追究法律责任,甚至绳之以法。同时,建立健全山西的基层民主制度,充分发挥人民群众在基层政治和生态文明建设中的积极作用。[1]

(四)提高和改善民生水平

要在抓好脱贫攻坚这个第一民生工程的同时,统筹做好就业、收入分配、教育、社会保障、医疗卫生、住房、食品安全、生产安全、公共治安等各项民生的保障和改善工作,确保人民安居乐业、社会安定有序。着力建设一批宜居宜业、持续发展、富有山西特色的现代化城市。坚持规划先行,提高规划的科学性、前瞻性和权威性。坚持建设为基,坚持地上与地下并重,完善城市交通、路网布局和基础设施。坚持管理为要,着力解决交通拥堵、雾霾天气等各类"城市病",加快智慧城市建设。坚持民生为本,大力发展城市服务业。

基本公共服务则是公共服务中最为核心、最为根本的部分,是政府回应社会基本公共需求而提供的产品和服务,关乎公民基本的生存权与基础性的发展权。归还民生欠账,首先就要从基本公共服务这一块入手,特别是从教育、医疗等"软肋"入手。

1.加大教育支出

落实教育优先发展战略,加快山西省教育现代化进程,促进劳动者素质全面提高,推进山西转型跨越发展,特制定《山西省中长期教育改革和发展规划纲要(2010—2020年)》。为达到预期目标,政府必须承担教育发展的责任,在财政支出中优先考虑教育

---

① 管海霞:《生态社会主义及其对山西生态文明建设的启示研究》,太原理工大学2016年硕士学位论文。

事业的支出。各地区根据自身经济发展状况,将财政收入超收部分更多地用于教育支出,在有限的财力中确保教育支出的优先增长,确保教育支出的稳定增长。各级政府应按照教育法律法规规定,年初预算和预算执行中的超收收入分配都要体现法定增长要求,保证预算内教育经费拨款增长明显高于财政经常性收入的增长速度,保证教师工资、学生人均教育经费和学生人均公用经费逐步增长。

借鉴西方发达国家的教育发展,可以看到非政府的主体起到的重大积极作用,一些发展中国家也在不断调整教育产业政策,允许社会力量办学,充分调动那些对经济增长贡献较大的大企业与高校合作,联合培养急需紧缺的高层次人才推动教育事业的发展。目前山西省的教育支出的主体比较单一,山西省政府应该积极倡导教育支出主体多元化。在政府办学的同时,鼓励具备条件的非政府合格主体如企业、社会团体及公民投资办学。①

2. 优化医疗卫生资源配置

应注重在医疗卫生资源配置上调结构、补短板,在医疗卫生资源利用上建制度、促效率,在医疗卫生资源规模上建中心、提能力,利用制度和政策推动医疗卫生资源优化配置并向基层下沉。进一步强化县中心医院建设,在边远贫困等医疗卫生服务缺乏和可及性差的地区,通过加大对乡镇、卫生院和村卫生室的投入,进一步提高农村卫生资源拥有量。此外,还要注意预防与医疗的协调,充分发挥疾病控制、卫生监督、妇幼保健等机构的社会功能,协调大、中、小医院和综合医院与专科医院的发展,从根本上扭转"重治轻防"的局面。以居民实际医疗服务需求为依据,以合理配置利用医疗卫生资源及公平地向全体公民提供较高质量的基本医疗服务为目的,将各级各类、不同隶属关系、不同所有制形式的医疗机构统一规划设置和布局,避免医疗卫生资源配置的重叠或遗漏。在合理区域内,统筹建设跨地区的相对优质的医疗卫生资源,促进共建共享。协调处理好社会事业软硬件建设,根据需求动态管理公立医疗机构的医技人才和大型设备,逐步解决资源配置的结构性矛盾,提高效率,增强活力。在山西省医学类院校实施面向基层卫生人才培养的医学教育改革,建立农村基层卫生人才的定点培养基地,以农村基层卫生需求为导向,科学调控招生规模,采取合同定向、减免学费、教育贷款优先等各项优惠政策,加强农村基层医疗卫生后备人才的规模培养。② 此外,对于医疗卫生资源的配置,在强化公立医院满足基本医疗卫生服务的功能,应鼓励民办医院承担更多高端、优质的医疗服务,促进民办和公办医院平等运行。在保障公平的基础上,满足人们多样化、多层次的医疗卫生需求。

---

① 李琳:《山西省财政教育支出对经济增长影响的研究》,山西财经大学2013年硕士学位论文。
② 赵旭丽:《山西省医疗卫生资源配置现状及优化建议》,《经济师》2016年第7期。

内蒙古自治区改革开放 40 周年地区发展报告

内蒙古自治区行政学院课题组①

改革开放 40 年,内蒙古自治区逐步走上了经济发展、民族团结、文化繁荣、边疆安宁、生态文明、各族人民幸福生活的发展道路。同时,在决胜全面建成小康社会、开启建设现代化内蒙古自治区新征程中也面临不少困难和挑战。新时代,内蒙古自治区要以习近平新时代中国特色社会主义思想为指导,全面贯彻落实党的十九大精神,进一步全面深化改革开放,把祖国北部边疆这道风景线打造得更加亮丽。

一、1978 年以来内蒙古自治区经济社会发展成就

1978 年以来,在党中央的坚强领导下,在自治区党委、政府的团结带领下,内蒙古自治区经济社会发展取得了巨大成就,发生了历史性变革。

(一)综合经济实力实现历史性跨越

1. 经济总量不断迈上新台阶

党的十一届三中全会以来,内蒙古自治区逐渐把全区工作重点转移到以经济建设为中心上来,通过改革开放不断解放和发展社会生产力,经济总量不断迈上新台阶。1978—2017 年,内蒙古自治区地区生产总值年均增长 11.85%,比全国平均水平高 2.26 个百分点。地区生产总值由 1978 年的 58.04 亿元快速增加到 2017 年的 16103.2 亿元,40 年间增长了 277.5 倍(见图 4-1)。人均 GDP 由 1978 年的不到 350 元快速增加

---

① 课题组组长:张学刚;课题组成员:郭启光、董晓萍、李丽、孙百灵、海琴、道仁那希;项目编号:NSAZT(WT)2018004。

到 2017 年的 63786 元,40 年间增长了 181 倍(见图 4-2)①。

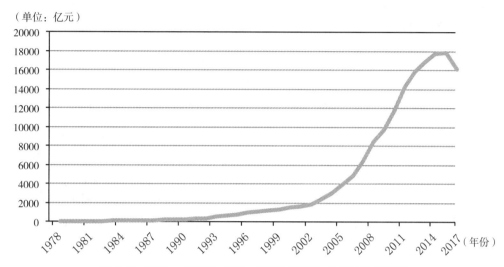

（单位：亿元）

图 4-1　1978—2017 年内蒙古自治区地区生产总值变化情况

资料来源:内蒙古自治区统计局:《内蒙古统计年鉴》(2017),中国统计出版社 2017 年版,第 77—78 页;内蒙古自治区统计局:《内蒙古自治区 2017 年国民经济和社会发展统计公报》,http://www.nmg.gov.cn/art/2018/9/28/art_1662_231684.html,2018 年 3 月 25 日。

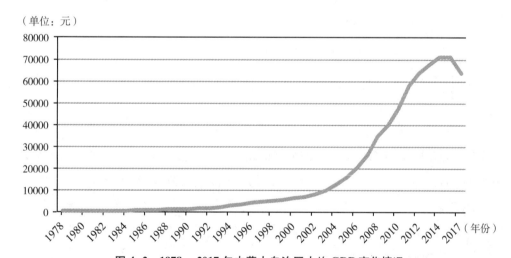

（单位：元）

图 4-2　1978—2017 年内蒙古自治区人均 GDP 变化情况

资料来源:内蒙古自治区统计局:《内蒙古统计年鉴》(2017),中国统计出版社 2017 年版,第 77—78 页;内蒙古自治区统计局:《内蒙古自治区 2017 年国民经济和社会发展统计公报》,http://www.nmg.gov.cn/art/2018/9/28/art_1662_231684.html,2018 年 3 月 25 日。

---

①　根据内蒙古自治区统计局:《内蒙古亮丽 70 年》,中国统计出版社 2017 年版,第 5 页;《国家和内蒙古自治区 2017 年国民经济和社会发展统计公报》相关数据整理。

2. 农牧业经济取得历史性成就

1978年,内蒙古自治区第一产业增加值仅为18.96亿元,1990年增加到112.57亿元,2010年增加到1095.28亿元,2017年增加到1647.2亿元,比1978年增长了85.9倍(见图4-3)。①

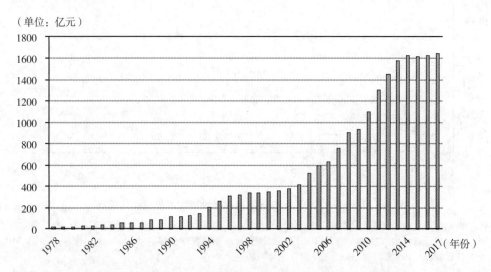

（单位：亿元）

图4-3　1978—2017年内蒙古自治区第一产业增加值变化情况

资料来源：内蒙古自治区统计局：《内蒙古统计年鉴》(2017),中国统计出版社2017年版,第77—78页；内蒙古自治区统计局：《内蒙古自治区2017年国民经济和社会发展统计公报》,http://www.nmg.gov.cn/art/2018/9/28/art_1662_231684.html,2018年3月25日。

主要粮食产量大幅提高,已经由1978年的499万吨增加到2017年的2768.4万吨(见图4-4),2017年内蒙古自治区人均粮食产量达到1.09吨/人,粮食总产量在全国31个省(自治区、直辖市)中排在第10位②。

牲畜总头数不断扩大,畜产品产量不断增长。牲畜总头数由1978年的4162.3万头(只)增加到2017年的12614.8万头(只),牲畜总头数2017年比1978年增长了2.03倍(见图4-5)。牛肉和羊肉产量由1979年的3.0万吨和6.28万吨增加到2017年的59.5万吨和104.1万吨,分别比1979年增长了18.8倍和15.6倍。

3. 工业经济不断发展壮大

1978年,内蒙古自治区工业增加值仅为21.84亿元,2017年达到5109亿元,40年

---

① 内蒙古自治区统计局：《内蒙古统计年鉴》(2017),中国统计出版社2017年版,第77—78页；内蒙古自治区统计局：《内蒙古自治区2017年国民经济和社会发展统计公报》,http://www.nmg.gov.cn/art/2018/9/28/art_1662_231684.html,2018年3月25日。

② 根据内蒙古自治区统计局：《内蒙古亮丽70年》,中国统计出版社2017年版,第5页；《国家和内蒙古自治区2017年国民经济和社会发展统计公报》相关数据整理。

（单位：万吨）

图 4-4　1978—2017 年内蒙古自治区主要粮食产量变化情况

资料来源：内蒙古自治区统计局：《内蒙古统计年鉴》(2017)，中国统计出版社 2017 年版，第 288 页；内蒙古自治区
统计局：《内蒙古自治区 2017 年国民经济和社会发展统计公报》，http://www.nmg.gov.cn/art/2018/9/
28/art_1662_231684.html，2018 年 3 月 25 日。

（单位：万头/只）

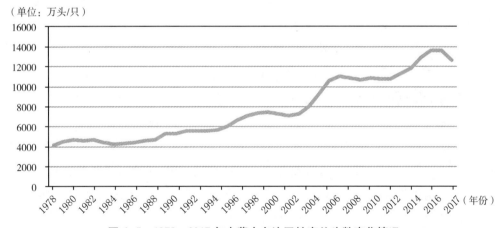

图 4-5　1978—2017 年内蒙古自治区牲畜总头数变化情况

资料来源：内蒙古自治区统计局：《内蒙古亮丽 70 年》，中国统计出版社 2017 年版，第 210 页；内蒙古自治区统计
局：《内蒙古自治区 2017 年国民经济和社会发展统计公报》，http://www.nmg.gov.cn/art/2018/9/art_
1662_231684.html，2018 年 3 月 25 日。

间增长了 232.9 倍①（见图 4-6）。2017 年，内蒙古自治区规模以上工业企业实现主营
业务收入比上年增长 13.7%；实现利润增长 1.2 倍，规模以上工业企业产品销售率

①　内蒙古自治区统计局：《内蒙古统计年鉴》(2017)，中国统计出版社 2017 年版，第 77—78 页；内蒙古
自治区统计局：《内蒙古自治区 2017 年国民经济和社会发展统计公报》，http://www.nmg.gov.cn/art/2018/
9/28/art_1662_231684.html，2018 年 3 月 25 日。

98.2%,产成品库存额增长 8.8%。

（单位：亿元）

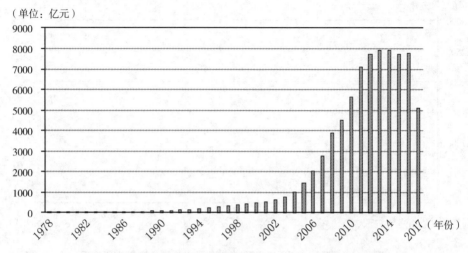

图 4-6　1978—2017 年内蒙古自治区工业增加值变化情况

资料来源：内蒙古自治区统计局：《内蒙古亮丽 70 年》,中国统计出版社 2017 年版,第 128 页；内蒙古自治区统计局：《内蒙古自治区 2017 年国民经济和社会发展统计公报》,http://www.nmg.gov.cn/art/2018/9/28/art_1662_231684.html,2018 年 3 月 25 日。

优势工业产品产量大幅度增长,产品质量不断提高。原煤产量由 1978 年的 2194 万吨增加到 2017 年的 90597.3 万吨(见图 4-7),增长了 40.3 倍,2017 年内蒙古自治区原煤产量占全国总原煤产量的比重达到 25.7%。发电量由 1978 年的 37.78 亿千瓦时增加到 2017 年的 4435.9 亿千瓦时,增长了 116.4 倍,2017 年内蒙古自治区发电量占全国总发电量的比重达到 6.8%。乳制品产量由 1986 年的 1.58 万吨增加到 2017 年的 263.4 万吨,增长了 165.7 倍。目前,内蒙古自治区获得中国驰名商标 74 件,鄂尔多斯、鹿王、伊利、蒙牛、伊泰等著名品牌已享誉国内外。[①] 工业企业蓬勃发展,竞争力不断提高。1978 年,内蒙古自治区工业企业 7272 家,到 2016 年全区各类经济成分的规模以上工业企业总数达 4344 家,其中大中型企业达到 760 家。截止到 2017 年年底,内蒙古自治区上市公司 25 家。

4. 服务业发展水平不断提高

1978 年,内蒙古自治区第三产业增加值仅为 12.71 亿元,2017 年第三产业增加值增加到 8047.4 亿元,比 1978 年增长了 632.2 倍,年均增长 13.8%(见图 4-8)。

第三产业吸纳就业能力不断提高。第三产业从业人员数由 1978 年的 94.3 万人增加到 2016 年的 649.8 万人；第三产业就业人员比重由 1978 年的 14.4%上升到 2016 年的 44.1%。新兴产业快速成长,传统产业加速转型。1978 年,内蒙古自治区邮政局所只有 857 处,2016 年增加到 1547 处,是改革开放初期的 1.8 倍。1988 年,内蒙古自治

---

① 内蒙古自治区统计局：《内蒙古亮丽 70 年》,中国统计出版社 2017 年版,第 6 页。

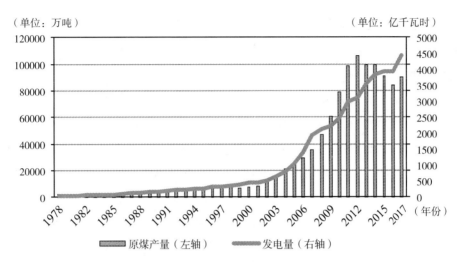

图 4-7 1978—2017 年内蒙古自治区原煤产量和发电量变化情况

资料来源:内蒙古自治区统计局:《内蒙古亮丽 70 年》,中国统计出版社 2017 年版,第 224 页;内蒙古自治区统计局:《内蒙古自治区 2017 年国民经济和社会发展统计公报》,http://www.nmg.gov.cn/art/2018/9/28/art_1662_231684.html,2018 年 3 月 25 日。

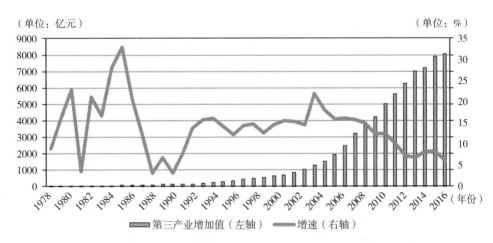

图 4-8 1978—2016 年内蒙古自治区第三产业增加值和增速变化情况

资料来源:内蒙古自治区统计局:《内蒙古统计年鉴》(2017),中国统计出版社 2017 年版,第 77、81 页;内蒙古自治区统计局:《内蒙古自治区 2017 年国民经济和社会发展统计公报》,http://www.nmg.gov.cn/art/2018/9/28/art_1662_231684.html,2018 年 3 月 25 日。

区特快专递业务量只有 1 万件,2016 年达到 8471 万件,成为推动邮政业务发展的主要力量。2017 年,内蒙古自治区金融机构人民币存款余额达到 22952.8 亿元,金融机构人民币贷款余额达到 21456 亿元,分别比 1978 年增长了 1393.6 倍和 532 倍。① 2016

---

① 《内蒙古自治区 2017 年国民经济和社会发展统计公报》,http://gov.nmgnews.com.cn/system/2018/03/28/012472726.shtml,2018 年 3 月 28 日。

年,内蒙古自治区接待国内外游客 9805.3 万人次,是 2007 年的 3.2 倍,是 1991 年的 67.1 倍;2016 年,内蒙古自治区接待入境游客 177.9 万人次,入境游创汇 11.4 亿美元,是 2007 年的 2.1 倍,是 1991 年的 93.4 倍①。

5. 财政收入和社会融资规模大幅增长

2017 年一般公共财政预算收入 1703.4 亿元,比改革开放初期的 1978 年增长了 246 倍,年均增长 15.2%(见表 4-1)。分旗县看,2017 年内蒙古自治区 103 个旗县(市区)一般公共预算收入均超过亿元。其中,一般公共预算收入超 60 亿元的旗县 2 个,超 20 亿元的旗县 7 个,超 10 亿元的旗县 30 个。1978 年,内蒙古自治区人均税收收入仅为 33.3 元,2017 年内蒙古自治区人均税收收入快速上升到 5070.4 元,2017 年比 1978 年增长了 151.3 倍(见图 4-9)。截止到 2017 年 12 月,内蒙古自治区各类人民币存款余额达到 22952.8 亿元,各类人民币贷款余额达到 21456.03 亿元,分别是 1978 年的 1393.6 倍和 532 倍,金融行业对地方经济发展的贡献率不断提高。②

表 4-1　1978—2017 年内蒙古自治区一般公共预算收入及增速情况

(单位:亿元;%)

年　份	一般公共预算收入	收入增长速度
1978	6.91	135.8
1979	4.56	-34.0
1980	4.13	-9.4
1981	4.16	0.7
1982	5.18	24.5
1983	6.99	34.9
1984	8.46	21.0
1985	13.18	55.8
1986	16.02	21.6
1987	19.43	21.3
1988	24.2	24.2
1989	28.67	18.8
1990	32.98	15.0
1991	39.4	19.5
1992	39.08	-0.8
1993	56.12	43.6
1994	36.3	-35.3

---

① 内蒙古自治区统计局:《内蒙古亮丽 70 年》,中国统计出版社 2017 年版,第 33 页。
② 根据《内蒙古亮丽 70 年》及中国人民银行呼和浩特市中心支行官方网站中数据计算。

年　份	一般公共预算收入	收入增长速度
1995	43.7	20.4
1996	57.26	31.0
1997	73.18	27.8
1998	77.67	6.1
1999	86.57	11.5
2000	95.03	9.7
2001	99.43	4.6
2002	112.85	13.5
2003	138.72	22.9
2004	196.76	41.8
2005	277.46	41.0
2006	343.38	23.8
2007	492.36	43.4
2008	650.68	32.8
2009	850.86	30.8
2010	1069.98	25.8
2011	1356.67	26.8
2012	1552.75	14.5
2013	1720.98	10.8
2014	1843.67	7.1
2015	1964.48	6.6
2016	2016.43	2.6
2017	1703.4	−15.5

资料来源:根据《内蒙古统计年鉴》(2017)及《内蒙古自治区 2017 年国民经济和社会发展统计公报》相关数据绘制。

(二)经济结构发生重大变革

1. 社会消费品零售总额不断增加,投资建设硕果累累

40 年间,随着城乡居民收入水平不断提高,内蒙古自治区消费结构不断升级,消费品市场规模不断扩大。1978 年,内蒙古自治区社会消费品零售总额 36.83 亿元,2017 年达到 7160.2 亿元,增长了 193.4 倍(见图 4-10)。

40 年间,内蒙古自治区扎实推进项目建设,积极调整投资结构,推动有效投资持续增长,固定资产投资规模不断迈上新水平。全社会固定资产投资总额由 1985 年的52.42 亿元快速增加到 2017 年的 14404.6 亿元,增长了 273.8 倍(见图 4-11)。

（单位：元）

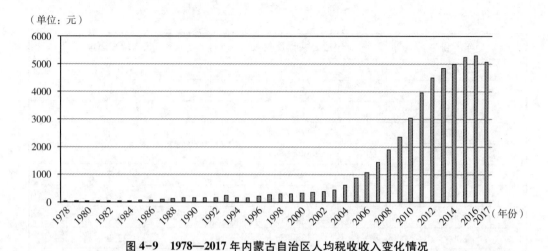

图 4-9　1978—2017 年内蒙古自治区人均税收收入变化情况

资料来源：内蒙古自治区统计局：《内蒙古亮丽 70 年》，中国统计出版社 2017 年版，第 170 页；内蒙古自治区统计局：
　　《内蒙古自治区 2017 年国民经济和社会发展统计公报》，http://www.nmg.gov.cn/art/2018/9/28/art_1662_
　　231684.html，2018 年 3 月 25 日。

（单位：元）

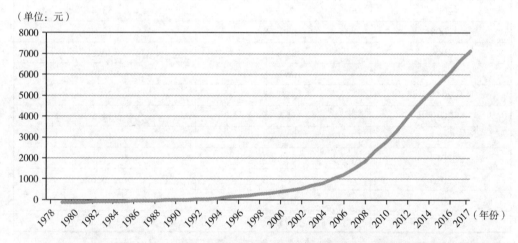

图 4-10　1978—2017 年内蒙古自治区社会消费品零售总额变化情况

资料来源：内蒙古自治区统计局：《内蒙古亮丽 70 年》，中国统计出版社 2017 年版，第 259 页；内蒙古自治区统计
　　局：《内蒙古自治区 2017 年国民经济和社会发展统计公报》，http://www.nmg.gov.cn/art/2018/9/28/art_
　　1662_231684.html，2018 年 3 月 25 日。

　　1985—2016 年间，内蒙古自治区第一产业投资总额由 4.85 亿元增加到 774.76
亿元，年均增长 17.8%；第二产业投资总额由 25.69 亿元增加到 6489.51 亿元，年均
增长 19.5%；第三产业投资总额从 33.05 亿元增加到 7073.17 亿元，年均增长
18.9%。内蒙古自治区全社会固定资产投资结构由 1985 年的 7.6∶40.4∶52.0 演
变 2016 年的 5.4∶45.3∶49.3①。

---

　　①　根据《内蒙古统计年鉴》(2000—2017)相关数据整理，中国统计出版社。

（单位：亿元）

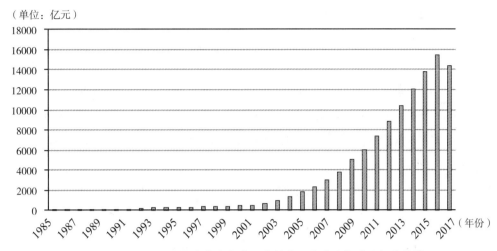

图 4-11　1985—2017 年内蒙古自治区全社会固定资产投资总额变化情况

资料来源：内蒙古自治区统计局：《内蒙古亮丽 70 年》，中国统计出版社 2017 年版，第 158 页；内蒙古自治区统计局：《内蒙古自治区 2017 年国民经济和社会发展统计公报》，http://www.nmg.gov.cn/art/2018/9/28/art_1662_231684.html，2018 年 3 月 25 日。

2. 产业结构不断优化升级

改革开放 40 年，内蒙古自治区从重视调整农轻重比例关系到大力促进三次产业协调发展，产业结构优化升级成效卓著。三次产业的产值结构由 1978 年的 32.7：45.4：21.9 演进到 2017 年的 10.2：39.8：50.0，服务业对地区生产总值增长的贡献率不断上升，2017 年达到 74.9%。三次产业就业结构不断优化，第一产业就业比重由 1978 年的 67.1% 下降到 2016 年的 40.1%。内蒙古自治区的产业结构实现了从传统农牧业大区到工业化强区的转变，实现了由偏重工业发展到三次产业协调发展的转变（见图 4-12）。

（单位：%）

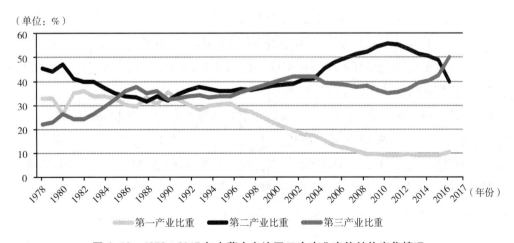

第一产业比重　　第二产业比重　　第三产业比重

图 4-12　1978—2017 年内蒙古自治区三次产业产值结构变化情况

资料来源：内蒙古自治区统计局：《内蒙古统计年鉴》（2017），中国统计出版社 2017 年版，第 79 页；内蒙古自治区统计局：《内蒙古自治区 2017 年国民经济和社会发展统计公报》，http://www.nmg.gov.cn/art/2018/9/28/art_1662_231684.html，2018 年 3 月 25 日。

3. 城乡区域协调发展水平不断提升

城镇化水平不断提高。2017年,内蒙古自治区人口城镇化率达到62%(见图4-13),高于全国平均水平3.48个百分点,比1978年提高了40.2个百分点,年均提高1个百分点左右。城镇人口由1978年的397.5万人增加到2017年的1568.2万人,乡村人口由1978年的1425.9万人减少到2017年的960.4万人。城镇综合服务功能不断提升,城市公共交通年底营运车辆数由1978年的425辆增加到2016年的7542辆。

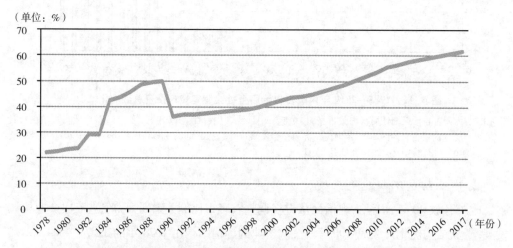

(单位:%)

图4-13 1978—2017年内蒙古自治区常住人口城镇化率变化情况

资料来源:内蒙古自治区统计局:《内蒙古亮丽70年》,中国统计出版社2017年版,第146页;内蒙古自治区统计局:《内蒙古自治区2017年国民经济和社会发展统计公报》,http://www.nmg.gov.cn/art/2018/9/28/art_1662_231684.html,2018年3月25日。

社会主义新农村新牧区建设加快推进。从20世纪80年代的"引种入牧,引牧入农"到"三农三牧"的全面改革,内蒙古自治区始终走在全国前列,农村牧区面貌焕然一新。2015年,内蒙古自治区农村自来水普及率78.4%,比2000年提高了47.6个百分点;农村卫生厕所普及率62.6%,比2000年提高了32.8个百分点;农村用电量72.26亿千瓦时,是2000年的3.4倍。①

区域发展的协调不断增强。呼包鄂城市群集聚辐射带动作用不断增强,2016年三市经济总量达到11459.15亿元,占全区经济总量的比重达到53.8%。2016年,西部七盟市的地区生产总值14227.95亿元,一般公共预算收入1235.08亿元。2016年,东部五盟市的地区生产总值7071.49亿元,一般公共预算收入481.35亿元。2016年,内蒙古自治区县域生产总值1.21万亿元,其中80个旗县市的生产总值均超过10亿元。②

---

① 内蒙古自治区统计局:《内蒙古亮丽70年》,中国统计出版社2017年版,第235页。
② 内蒙古自治区统计局:《内蒙古亮丽70年》,中国统计出版社2017年版,第67—105页。

4. 能源生产结构和消费结构不断改善

能源生产结构方面,煤炭和石油的比重呈不断下降趋势,分别由 2005 年的 95.86% 和 1.1% 下降为 2016 年的 89.21% 和 0.47%。清洁能源比重呈上升趋势,天然气的比重由 2005 年的 2.69% 上升到 2016 年的 6.86%;水电、核电和其他能源的比重由 2005 年的 0.36% 上升到 2016 年的 3.45%。能源消费结构方面,煤炭和石油的消费比重下降较快,分别由 2005 年的 90.44% 和 8.6% 下降到 2016 年的 82.36% 和 6.48%。清洁能源消费比重出现较大幅度上升,比如水电、核电和其他能源消费由 2005 年的 0.17% 上升到 2016 年的 9.35%,提高了 9.2 个百分点左右(见表 4-2)。

表 4-2　2005—2016 年内蒙古自治区能源生产结构和消费结构情况　（单位:%）

年份	能源生产结构				能源消费结构			
	煤炭	石油	天然气	水电、核电和其他能源	煤炭	石油	天然气	水电、核电和其他能源
2005	95.86	1.10	2.69	0.36	90.44	8.60	0.78	0.17
2006	95.33	1.10	3.17	0.40	89.67	8.64	1.49	0.20
2007	94.71	0.89	3.51	0.88	88.79	8.35	2.40	0.46
2008	94.52	0.75	4.00	0.74	88.09	8.99	2.47	0.44
2009	92.87	0.67	4.84	1.62	86.36	9.10	3.37	1.17
2010	92.35	0.53	5.42	1.70	86.60	8.96	3.02	1.42
2011	92.50	0.49	5.55	1.47	87.08	9.15	2.34	1.43
2012	92.44	0.44	5.38	1.73	87.59	8.36	2.30	1.75
2013	91.25	0.47	6.15	2.14	81.44	8.19	3.30	7.07
2014	91.04	0.46	6.21	2.29	81.73	7.48	3.27	7.52
2015	89.81	0.45	6.88	2.86	82.92	6.50	2.09	8.49
2016	89.21	0.47	6.86	3.45	82.36	6.48	1.81	9.35

资料来源:内蒙古自治区统计局:《内蒙古亮丽 70 年》,中国统计出版社 2017 年版,第 231—232 页。

5. 多种所有制经济实现共同发展

改革开放前,内蒙古自治区全民所有制经济和集体所有制经济占绝对优势。1978 年,全民所有制工业企业数量占 27.6%,集体所有制工业企业数量占 72.4%。改革开放后,内蒙古自治区经济实现了从单一公有制经济向多种所有制经济共同发展的历史性转变。比如,国有控股工业企业资产占工业企业总资产的比重由 2000 年的 91.99% 下降到 2016 年的 70.15%(见图 4-14);私营工业企业资产占工业企业总资产的比重由 2000 年的 2.35% 上升到 2016 年的 17.59%。① 近年来,内蒙古自治区公有制经济的影

---

① 根据《内蒙古统计年鉴》(2001—2017)相关数据整理,中国统计出版社。

响力和控制力不断提升,非公有制经济的活力和创造力不断增强。同时,内蒙古自治区混合所有制经济也实现了较快发展。2016年,内蒙古自治区对重点监管国有企业实施混合所有制改革的项目达到20多个①。

（单位：%）

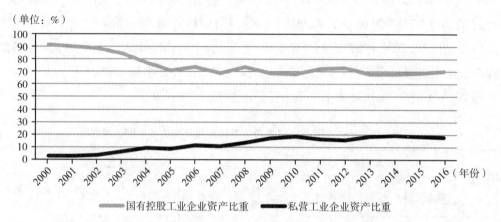

图4-14 2000—2016年内蒙古自治区国有控股工业企业和私营工业企业资产在工业企业总资产中比重情况

资料来源:内蒙古自治区统计局:《内蒙古亮丽70年》,中国统计出版社2017年版,第221—222页;内蒙古自治区统计局:《内蒙古自治区2017年国民经济和社会发展统计公报》,http://www.nmg.gov.cn/art/2018/9/28/art_1662_231684.html,2018年3月25日。

6. 金融体系不断健全和完善

改革开放以来,特别是20世纪90年代以来,内蒙古自治区金融行业增加值占GDP比重不断上升,已经由1993年的3.28%上升到2016年的5.23%(见图4-15)。直接融资规模不断增加,上市公司数量由1995年的1家增加到2017年的25家。截至2016年年末,内蒙古自治区参与全国银行间同业拆借市场成员51家,银行间债券市场机构成员34家,新三板挂牌公司累计达到61家,内蒙古自治区股权交易中心挂牌企业累计达到1453户。私募股权投资基金达15支,私募基金管理公司达43家,私募基金管理规模达27亿元。②

信贷余额占GDP比重由1978年的69.49%提高到2017年的133.2%(见图4-16);各级保险分支机构达到2462家,保费收入占GDP比重由2000年的0.16%上升到2017年的3.5%。金融组织体系不断健全,目前内蒙古自治区已经初步建立起由各类银行、证券、期货、保险、信托、融资租赁、财务公司、资产管理公司等机构共同发展的多元化、多层次、覆盖全区的金融组织体系。

---

① 《内蒙积极推行混合所有制,深化国企改革》,正北方网,http://www.northnews.cn/2017/0103/2351811.shtml,2017年1月3日。
② 内蒙古自治区统计局:《内蒙古亮丽70年》,中国统计出版社2017年版,第28页。

（单位：%）

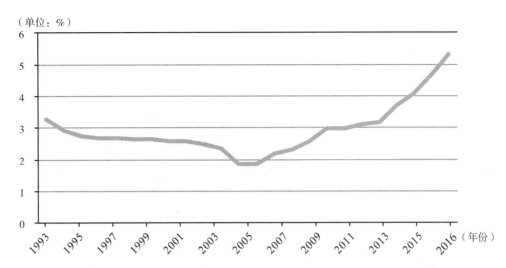

图 4-15　1993—2016 年内蒙古自治区金融行业增加值占 GDP 比重变化情况

资料来源：中国人民银行：《区域金融运行报告》(2014—2017)，http://www.pbc.gov.cn/zhengcehuobisi/25207/
125227/125960/126049/index.html；中国人民银行呼和浩特中心支行：《内蒙古金融统计数据》(1993—
2014)，http://huhehaote.pbc.gov.cn/huhehaote/129786/23920/index5.html。

（单位：%）

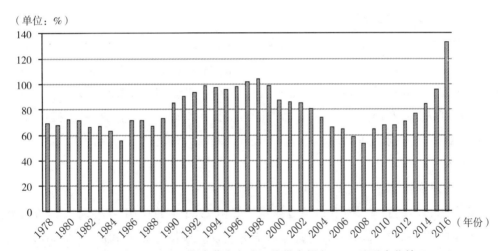

图 4-16　1978—2016 年内蒙古自治区信贷余额占 GDP 比重变化情况

资料来源：内蒙古自治区统计局：《内蒙古亮丽 70 年》，中国统计出版社 2017 年版，第 180 页；内蒙古自治区统计
局：《内蒙古自治区 2017 年国民经济和社会发展统计公报》，http://www.nmg.gov.cn/art/2018/9/28/art_
1662_231684.html，2018 年 3 月 25 日。

（三）创新驱动发展能力不断提升

1. 研发经费投入强度不断提高

内蒙古自治区研发经费投入已经由 2009 年的 52.1 亿元快速增加到 2016 年的
147.5 亿元，R&D 经费支出占 GDP 比重由 2000 年的不足 0.2% 较快增加到 2016 年的
0.79%（见图 4-17），增加幅度明显，投入强度创历史新高。

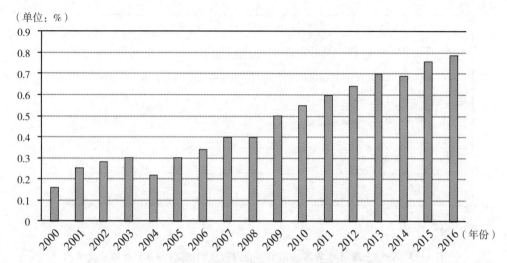

（单位：%）

图 4-17　2000—2016 年内蒙古自治区 R&D 经费投入强度变化情况

资料来源：内蒙古自治区统计局：《内蒙古亮丽 70 年》，中国统计出版社 2017 年版，第 169、227 页；内蒙古自治区统计局：《内蒙统计年鉴》（2001—2017），中国统计出版社。

2. 研发能力不断增强

2016 年，内蒙古自治区 571 个有 R&D 活动的机构中，科研机构 98 个、高等院校 114 所、企业 311 个、其他单位 48 个。2016 年，内蒙古自治区从事科技活动的人员共 97263 人，比 2010 年增加 28226 人，年均增长 5.9%。2016 年，内蒙古自治区共有 R&D 人员 54641 人，比 2010 年增加 21768 人，年均增长 8.8%。其中，企业、科研机构、高等院校 R&D 人员分别达到 40845 人、3851 人和 7440 人，年均增长分别为 12.6%、7.6% 和 2.1%[1]。

3. 智力成果不断丰富

内蒙古自治区的万人专利申请授权量已经由 1986 年的 0.01 件增加到 2017 年的 2.42 件（见图 4-18）。2016 年，内蒙古自治区共发表科技论文 20207 篇，比 2010 年增加 7157 篇，年均增长 7.6%。2017 年，内蒙古自治区共取得重大科技成果 533 项，其中，基础理论成果 110 项，应用技术成果 421 项，软科学成果 2 项。[2]

4. 战略新兴产业发展较为迅速

内蒙古自治区高新技术企业工业总产值占 GDP 的比重已经由 2008 年的 4.21% 较快提升至 2016 年的 7.98%，增加了 3.77 个百分点。与此同时，高新技术企业年末从业人员数由 2008 年的 59893 人增加至 2016 年的 131943 人，增长了 1.2 倍，年均增长 15%（见图 4-19）。2016 年，内蒙古自治区战略性新兴产业规模以上工业户数达到 614

---

① 内蒙古自治区统计局：《内蒙古亮丽 70 年》，中国统计出版社 2017 年版，第 36—37 页。

② 内蒙古自治区统计局：《内蒙古亮丽 70 年》，中国统计出版社 2017 年版，第 37 页。

（单位：件）

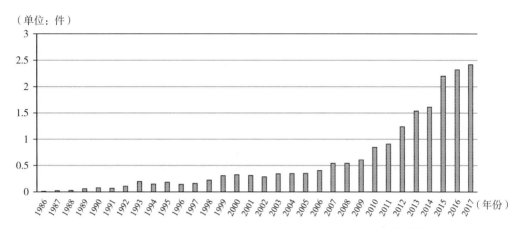

图 4-18　1986—2017 年内蒙古自治区万人专利申请授权量变化情况

资料来源：内蒙古自治区统计局：《内蒙古亮丽 70 年》，中国统计出版社 2017 年版，第 278 页；内蒙古自治区统计
　　　　　局：《内蒙古自治区 2017 年国民经济和社会发展统计公报》，http://www.nmg.gov.cn/art/2018/9/28/art_
　　　　　1662_231684.html，2018 年 3 月 25 日。

户，新材料、生物科技、蒙中医药、新能源等产业正在成为推动全区经济增长的新动能。
2016 年，内蒙古自治区新材料占规模以上工业战略性新兴产业比重达到 27.0%、生物
技术达到 23.2%、新能源达到 20.4%。

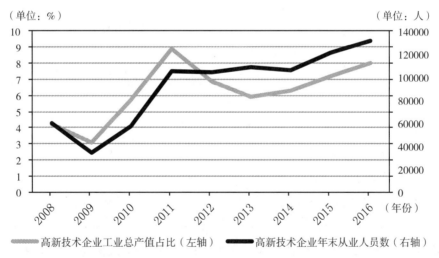

图 4-19　2008—2016 年内蒙古自治区高新技术企业工业产值占比与年末人员数变化情况

资料来源：根据《内蒙古亮丽 70 年》、内蒙古人民政府官方网站及相关网站数据绘制。

（四）人民群众获得感、幸福感不断增强

1. 就业规模不断扩大，城镇失业率不断下降

2017 年，内蒙古自治区全社会就业人员达到 1500.14 万人，就业人员数是 1978 年
的 2.3 倍。内蒙古自治区的城镇失业率已经由 1979 年的 15.01% 下降到 2017 年的

3.63%,"十二五"以来一直维持在4%以下的低水平状态(见图4-20)。

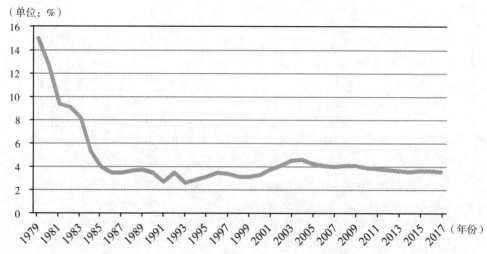

（单位：%）

图4-20　1979—2017年内蒙古自治区城镇失业率变化情况

资料来源:内蒙古自治区统计局:《内蒙古亮丽70年》,中国统计出版社2017年版,第154页;内蒙古自治区统计局:《内蒙古自治区2017年国民经济和社会发展统计公报》,http://www.nmg.gov.cn/art/2018/9/28/art_1662_231684.html,2018年3月25日。

2. 城乡居民生活水平显著提高

2016年,内蒙古自治区在岗职工年平均工资水平61994元,比1978年增加了61282元,增长了86.1倍(见图4-21)。最低工资水平由2004年的384元增长到2017年的1460元,增长了2.8倍①。2017年,内蒙古自治区城镇常住居民人均可支配收入35670元,常住居民人均生活消费支出23638元,恩格尔系数为27.4%;农村牧区常住居民人均可支配收入12584元,人均生活消费支出12184元,恩格尔系数为27.8%②,城乡居民生活水平进入总体比较富裕的阶段。

3. 医疗卫生事业快速发展

内蒙古自治区医疗卫生机构由1978年的4000个增加到2017年的24217个,40年间增加了20217个;卫生技术人员由1978年的59277人增加到2017年的180401人,40年间增长了2.04倍。万人医师数和万人病床数较快增加,分别从1978年的15人和24.23张增加到2017年的27.8人和59.5张(见图4-22)。"小药箱"及配套基层医疗体系基本建成,覆盖60万人口,被评为全国十大最具影响力的医改举措。人均预期寿命由2010年的69.87岁提高到2015年的75.8岁,平均每年提高1.2岁;婴儿死亡率

---

① 根据内蒙古自治区人力资源和社会保障厅官方网站相关数据整理。

② 《内蒙古自治区2017年国民经济和社会发展统计公报》,http://gov.nmgnews.com.cn/system/2018/03/28/012472726.shtml,2018年3月28日。

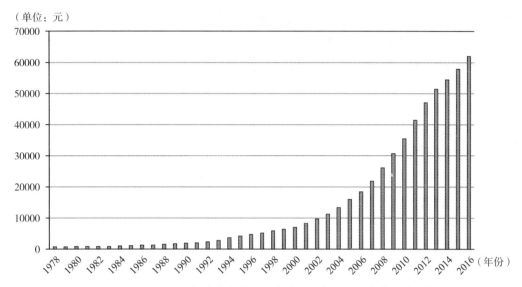

图 4-21 1978—2016 年内蒙古自治区在岗职工年平均工资水平变化情况

资料来源:内蒙古自治区统计局:《内蒙古亮丽 70 年》,中国统计出版社 2017 年版,第 156 页。

下降至 5.3‰,孕产妇死亡率下降至 18.27 人/10 万人①。目前,内蒙古自治区基本医疗保险城乡居民覆盖率达到 98% 以上,大病保险覆盖城乡所有参保居民,基本公共卫生均等化水平大幅提高。

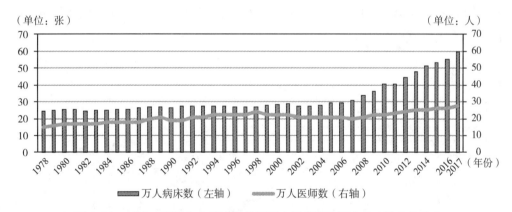

图 4-22 1978—2017 年内蒙古自治区万人医师数和万人病床数变化情况

资料来源:内蒙古自治区统计局:《内蒙古亮丽 70 年》,中国统计出版社 2017 年版,第 284—285 页;内蒙古自治区统计局:《内蒙古自治区 2017 年国民经济和社会发展统计公报》,http://www.nmg.gov.cn/art/2018/9/28/art_1662_231684.html,2018 年 3 月 25 日。

4. 教育事业蓬勃发展

2016 年,内蒙古自治区共有小学 1730 所,招收学生 22.8 万人,小学入学率达到

---

① 内蒙古自治区统计局:《内蒙古亮丽 70 年》,中国统计出版社 2017 年版,第 48 页。

100%,率先对蒙语授课学生实行从幼儿园到高中的免费教育,蒙古族聚居地区已基本普及学前蒙汉"双语"教育。内蒙古自治区高中及以上学历人口比重由 1990 年的 11.6%上升到 2016 年的 35.3%(见图 4-23)。

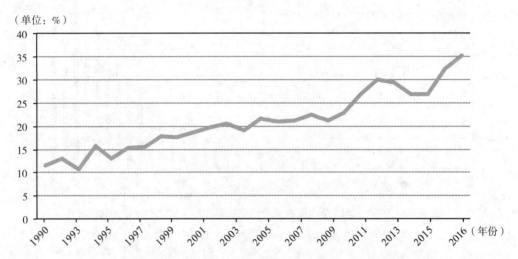

（单位：%）

图 4-23 1990—2016 年内蒙古自治区高中及以上学历人口比重变化情况

资料来源:国家统计局人口和就业统计司:《中国人口和就业统计年鉴》(1989—2017),中国统计出版社。

1978 年,内蒙古自治区普通高等学校仅有 9 所,2016 年增加到 53 所,大专及以上学历人口比重由 1987 年的 4.2%增加到 2016 年的 18.3%,万人在校研究生数由 2000 年的 0.65 人增加到 2016 年的 7.54 人(见图 4-24)。

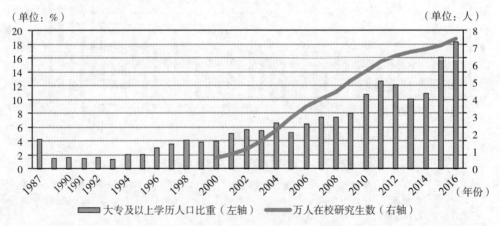

（单位：%） （单位：人）

■ 大专及以上学历人口比重（左轴） —— 万人在校研究生数（右轴）

图 4-24 1987—2016 年内蒙古自治区大专及以上学历人口比重和万人在校研究生数变化情况

资料来源:国家统计局人口和就业统计司:《中国人口和就业统计年鉴》(1988—2017),中国统计出版社。

民族教育得到优先发展。截止到 2017 年年底,内蒙古自治区普通高等学校少数民族在校学生 11.7 万人,少数民族在校学生中蒙古族学生 10.1 万人,少数民族在校研究生 5580 人,少数民族在校研究生中蒙古族研究生 4907 人;普通高中少数民族在校学生 13.2

万人,少数民族在校学生中蒙古族学生 11.9 万人;初中少数民族在校学生 17.8 万人,少数民族在校学生中蒙古族学生 15.8 万人。① 在办好学校的同时,内蒙古城乡教师队伍不断壮大,教师的政治素质和业务能力不断提高。截止到 2016 年年末,内蒙古自治区各级各类学校教职工 378367 人②,各级各类教师达到 232271 人,万人教师数为 92.2 人。

5. 城乡社会保障水平不断提高

2016 年,内蒙古自治区城镇职工基本养老保险参保人数 655 万人,城镇职工基本医疗参保人数 488.3 万人,失业保险参保人数 241.1 万人,工伤保险参保人数 303.1 万人,生育保险参保人数 305.2 万人,分别为 2000 年的 2.8、2.2、1.1、13.6 和 11.5 倍。截止到 2017 年年末,内蒙古自治区参加城镇职工基本养老保险人数 694.3 万人,参加城乡居民社会养老保险人数 743.4 万人,参加失业保险职工人数 247.1 万人,领取失业保险金人数 5.3 万人,下降 18.3%,参加基本养老保险的离退休人员 226.6 万人,参加基本医疗保险人数 2161.5 万人,参加基本医疗保险的职工人数 495.1 万人,养老金社会化发放率 100%。③

（五）生态环境保护建设取得可喜成绩

1. 生态环境状况明显好转

森林覆盖率和草原植被盖度实现"双提高"。2017 年,内蒙古自治区森林面积达到 2487.9 万公顷,森林覆盖率达 21.03%。2017 年,内蒙古自治区可利用草原面积达到 10.2 亿亩,草原平均植被盖度达到 44%,较 2010 年提高 7 个百分点。荒漠化和沙化土地实现"双减少"。2012—2016 年,内蒙古自治区累计完成防沙治沙面积 7100 多万亩,完成水土流失综合治理面积 4807 万亩,全区荒漠化土地减少 625 万亩,沙化土地减少 515 万亩,减少面积居全国首位。④

2. 环境质量明显改善

2017 年,内蒙古自治区确定的自然保护区 182 个,其中国家级自然保护区 29 个,自治区级自然保护区 60 个;自然保护区面积达到 1267.7 万公顷,其中国家级自然保护区面积 426.2 万公顷。⑤ 可吸入颗粒物浓度(年均 PM_{10} 浓度)呈逐年下降趋势,已经由 2013 年的 146 微克/立方米下降为 2017 年的 98 微克/立方米。2016 年,内蒙古自治区

---

① 《内蒙古自治区 2017 年国民经济和社会发展统计公报》,http://gov.nmgnews.com.cn/system/2018/03/28/012472726.shtml,2018 年 3 月 28 日。

② 《2016 年内蒙古自治区教育事业统计简报》,内蒙古教育厅官网,http://www.nmgov.edu.cn/zfxxgk/zdgk/jytj/。

③ 《内蒙古自治区 2017 年国民经济和社会发展统计公报》,http://gov.nmgnews.com.cn/system/2018/03/28/012472726.shtml,2018 年 3 月 28 日。

④ 根据内蒙古自治区统计局:《内蒙古亮丽 70 年》,中国统计出版社 2017 年版,第 40 页。

⑤ 《内蒙古自治区 2017 年国民经济和社会发展统计公报》,http://gov.nmgnews.com.cn/system/2018/03/28/012472726.shtml,2018 年 3 月 28 日。

12 个盟市平均达标天数 314 天,优良天数比例达到 86%,同比提高 5.1 个百分点。2017 年全区大气环境质量继续稳中见好。2008—2012 年内蒙古自治区每年平均沙尘暴日数为 1.6 天,2013—2017 年下降到每年 0.5 天。① 主要污染物排放量不断下降。比如,单位 GDP 废水排放量由 2000 年的 30.01 吨/万元下降为 2016 年的 5.62 吨/万元,单位 GDP 一般工业固体废物产生量由 1.54 吨/万元下降为 2016 年的 1.33 吨/万元(见图 4-25)。2016 年,内蒙古自治区二氧化硫、氨氮排放总量分别为 118.04 万吨和 4.55 万吨,分别比 2005 年下降 18.9% 和 8.9%。②

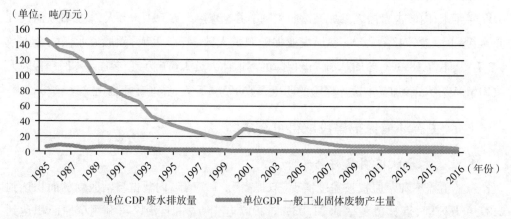

（单位：吨/万元）

图 4-25　1985—2016 年内蒙古自治区单位 GDP 废水排放量和
单位 GDP 一般工业固体废物产生量变化情况

资料来源:内蒙古自治区统计局:《内蒙古亮丽 70 年》,中国统计出版社 2017 年版,第 128、234 页;内蒙古自治区统计局:《内蒙古自治区 2017 年国民经济和社会发展统计公报》,http://www.nmg.gov.cn/art/2018/9/28/art_1662_231684.html,2018 年 3 月 25 日。

3. 节能降耗快速推进

内蒙古自治区单位 GDP 能耗已经由 1985 年的 11.42 吨标准煤/万元大幅下降到 2017 年的 1.02 吨标准煤/万元(见图 4-26)。

从能源类别消费量看,内蒙古自治区单位 GDP 煤炭消费量已经由 2000 年的 3.84 吨/万元下降至 2016 年的 2.02 吨/万元;单位 GDP 原油消费量也由 2000 年的 0.08 吨/万元下降至 2016 年的 0.02 吨/万元(见图 4-27)。内蒙古自治区单位 GDP 天然气消费量和电力消费量呈现"先上升、后下降"的趋势,2016 年分别达到 24.86 立方米/万元和 1437.01 千瓦时/万元(见图 4-28)。

---

① 内蒙古自治区统计局:《内蒙古亮丽 70 年》,中国统计出版社 2017 年版,第 40 页。
② 《内蒙古自治区 2017 年国民经济和社会发展统计公报》,http://gov.nmgnews.com.cn/system/2018/03/28/012472726.shtml,2018 年 3 月 28 日。

（单位：吨标准煤/万元）

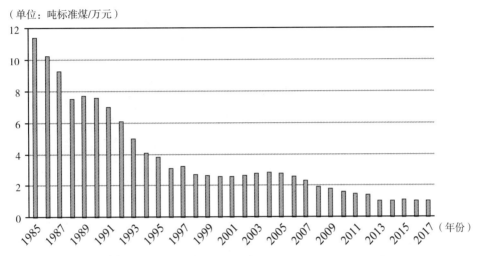

图 4-26　1985—2017 年内蒙古自治区单位 GDP 能耗变化情况

资料来源：内蒙古自治区统计局：《内蒙古亮丽 70 年》，中国统计出版社 2017 年版，第 232 页；内蒙古自治区统计局：《内蒙古自治区 2017 年国民经济和社会发展统计公报》，http://www.nmg.gov.cn/art/2018/9/28/art_1662_231684.html，2018 年 3 月 25 日。

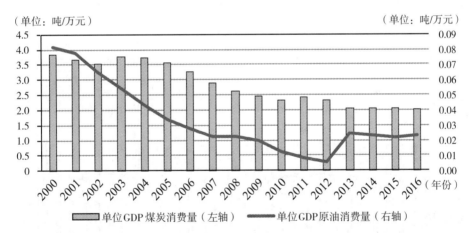

图 4-27　2000—2016 年内蒙古自治区单位 GDP 煤炭消费量和单位 GDP 原油消费量变化情况

资料来源：内蒙古自治区统计局：《内蒙古统计年鉴》（2001—2004），中国统计出版社。内蒙古自治区统计局：《内蒙古亮丽 70 年》，中国统计出版社 2017 年版，第 128、232 页。

（六）发展的保障能力大幅度提升

1. 人均主要自然资源拥有量不断提高

内蒙古自治区人均耕地面积已经由 1978 年的 4.38 亩增加到 2016 年的 5.51 亩①；

---

① 内蒙古自治区统计局：《内蒙古亮丽 70 年》，中国统计出版社 2017 年版，第 118—119 页。

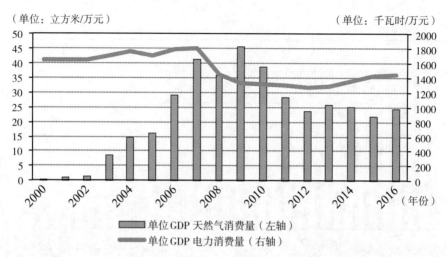

图 4-28　2000—2016 年内蒙古自治区单位 GDP 天然气消费量和单位 GDP 电力消费量变化情况

资料来源:内蒙古自治区统计局:《内蒙古统计年鉴》(2001—2004),中国统计出版社;内蒙古自治区统计局:《内蒙古亮丽 70 年》,中国统计出版社 2017 年版,第 128、232 页。

人均煤炭储量由 2000 年的 9506.75 吨快速增加到 2016 年的 16561.79 吨;人均铁矿石储备量由 2000 年的 85.58 吨增加到 2016 年的 167.02 吨(见图 4-29)。

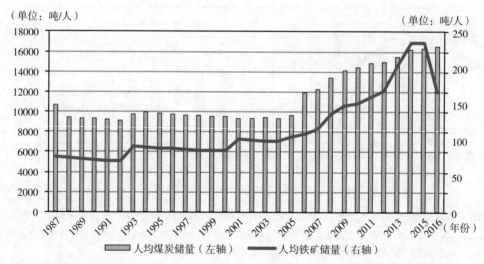

图 4-29　1987—2016 年内蒙古自治区人均煤炭储量和人均铁矿储量变化情况

资料来源:内蒙古自治区统计局:《内蒙古统计年鉴》(1988—2017),中国统计出版社。

2. 基础设施建设取得巨大成就

改革开放以来,内蒙古自治区投入大量资金用于基础设施建设,全区交通运输、信息传输、城市公共设施、水利等事业日新月异。内蒙古自治区铁路营运里程由 1981 年的 4379 公里快速增加到 2016 年的 12164 公里,比 1981 年增长了 1.8 倍;公路线路里程由 1981 年的

35856 公里快速增加到 2016 年的 196961 公里,比 1981 年增长了 4.5 倍(见图 4-30)①。

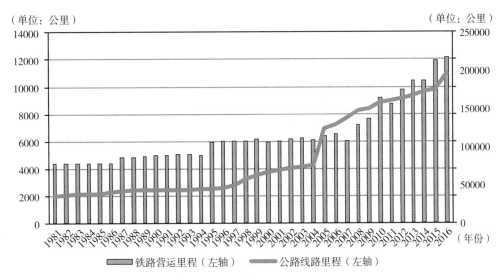

图 4-30 1981—2016 年内蒙古自治区铁路营运里程和公路线路里程变化情况

资料来源:内蒙古自治区统计局:《内蒙古亮丽 70 年》,中国统计出版社 2017 年版,第 247 页。

内蒙古自治区人均年生活用电量由 1978 年的 26.4 千瓦时增加到 2016 年的 526.4 千瓦时(见图 4-31);公路网密度由 1978 年的 3.17 公里/百平方公里增加到 2016 年的 16.58 公里/百平方公里;铁路网密度由 1979 年的 0.37 公里/百平方公里增加到 2016

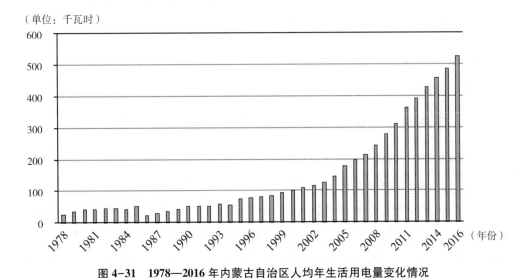

图 4-31 1978—2016 年内蒙古自治区人均年生活用电量变化情况

资料来源:内蒙古自治区统计局:《内蒙古亮丽 70 年》,中国统计出版社 2017 年版,第 235 页。

---

① 内蒙古自治区统计局:《内蒙古亮丽 70 年》,中国统计出版社 2017 年版,第 247 页。

年的 1.04 公里/百平方公里;民用航空客运量由 1980 年的 4 万人快速增加到 2016 年的 1188.1 万人(见图 4-32);互联网普及率由 2002 年的 1.43% 快速增加到 2016 年的 52.02%,增长了 35.4 倍。

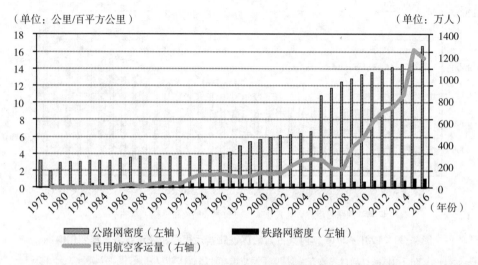

图 4-32　1978—2016 年内蒙古自治区公路网密度、铁路网密度和民用航空客运量变化情况

资料来源:内蒙古自治区统计局:《内蒙古亮丽 70 年》,中国统计出版社 2017 年版,第 248 页。

二、内蒙古自治区经济社会发展目前存在的问题

在总结成绩的同时,我们也清醒看到,内蒙古自治区欠发达的最大区情实际还没有发生根本改变,新时代在决胜全面建成小康社会、开启建设现代化内蒙古自治区新征程中还面临不少困难和挑战。

(一)区域发展格局中经济实力排名在下降

1978—2010 年,内蒙古自治区在我国区域发展格局中的经济地位不断上升。1978 年,内蒙古自治区经济总量在全国 31 个省(自治区、直辖市)中排第 25 位。进入 21 世纪,内蒙古自治区经济发展开始进入快车道,2000—2010 年 GDP 年平均增速达到 16.8%,2010 年经济总量在全国 31 个省(自治区、直辖市)中排第 15 位,经济总量排名比 1978 年上升了 10 位。但是,从 2011 年开始内蒙古自治区经济总量排名开始快速下降,2017 年在全国 31 个省(自治区、直辖市)中排名下降到了第 21 位。从西部 12 省(自治区、直辖市)看,内蒙古自治区经济总量排名也由 2010 年的第 2 位下降到 2017 年的第 6 位。[1]

---

[1]　根据国家统计局官方网站和各省(自治区、直辖市)历年统计公报数据计算整理。

（二）城乡区域间主要经济社会指标的绝对差距比较大

城乡间主要经济社会指标的绝对差距比较大。比如，城乡居民收入的绝对差距由2000年的3019元快速扩大到2017年的23086元，相差7.65倍，超过全国2.71倍的平均水平。地区间主要经济社会指标的绝对差距也比较大。比如，人均GDP最高的盟市与其他大多数盟市人均GDP的绝对差距由2000年的不到1万元，快速扩大到2017年的10万元以上。人均一般公共预算收入最高的盟市与其他大多数盟市人均一般公共预算收入的绝对差距由2000年的不到800元，快速扩大到2017年的1万元以上。职工年平均工资最高的盟市与其他大多数盟市职工年平均工资的绝对差距由2000年的最多不到4500元快速扩大到2017年的2万元以上。[①]

（三）发展阶段转换中的核心要素支撑能力明显不足

人口基数小、年龄结构不合理，老龄化社会正在加快到来。2016年年底，内蒙古自治区总人口2520万人，在全国31个省（自治区、直辖市）中仅排在第23位。2017年，内蒙古自治区人口出生率和人口自然增长率分别比全国平均水平低2.96个和1.59个百分点，在全国属于低人口出生率和低人口自然增长率的省份（见图4-33）。2016年，

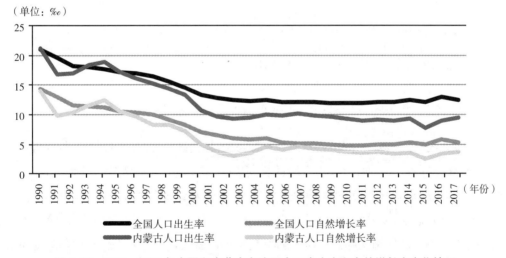

（单位：‰）

图 4-33　1990—2017 年全国和内蒙古自治区人口出生率和自然增长率变化情况

资料来源：国家统计局人口和就业统计司：《中国人口和就业统计年鉴》（2017）；国家统计局：《中华人民共和国2017年经济和社会发展统计公报》；内蒙古自治区统计局：《内蒙古自治区2017年经济和社会发展统计公报》，中国统计出版社2017年版，第8页。

① 根据《内蒙古统计年鉴》（2001—2017），中国统计出版社；2017年内蒙古自治区国民经济和社会发展统计公报及各盟市统计局官方网站相关数据整理。

内蒙古自治区 65 岁以上人口占总人口比重达到 9.4%,老年人抚养比为 12.14%,均排在全国 31 个省(自治区、直辖市)的第 23 位。①

研发经费投入少、科技管理体制改革较为滞后,区域创新能力明显不足。2016 年,内蒙古自治区 R&D 经费投入 147.5 亿元,R&D 经费投入强度为 0.79%,在全国 31 个省(自治区、直辖市)中分别排在第 20 位和第 25 位。根据《中国区域创新能力评价报告》(2017)显示,2016 年内蒙古自治区区域综合创新能力得分 18.22 分,在全国 31 个省(自治区、直辖市)中排在第 28 位,比 2015 年下降了 7 位。②

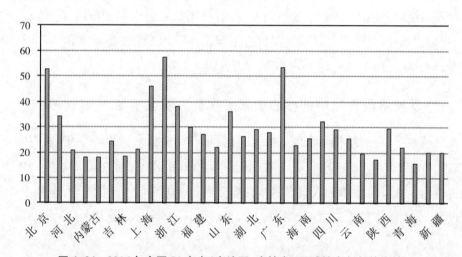

图 4-34　2016 年全国 31 个省(自治区、直辖市)区域综合创新能力情况

资料来源:中国科技发展战略研究小组、中国科学院大学中国创新创业管理研究中心:《中国区域创新能力评价报告》(2016),科学技术文献出版社 2016 年版,第 8 页。

(四)空间区位优势与实际对外开放水平不太相称

受多方面因素影响和制约,到目前为止,内蒙古自治区潜在的沿边开发开放优势还没有充分发挥出来。一方面,内蒙古自治区长期以来属于典型的贸易"逆差"地区,净出口常年为负数,净出口已经由 2000 年的−84.7 亿元扩大到 2017 年的−272.9 亿元(见图4-35),这既反映了内蒙古自治区总体欠发达的区情特点,也反映出内蒙古自治区产业国际竞争力不强的区情实际。③ 另一方面,近年来内蒙古自治区对外依存度与其他主要省(自治区、直辖市)的差距在不断拉大。2017 年,内蒙古自治区外贸进出口总额 942.4

① 国家统计局人口和就业统计司:《中国人口和就业统计年鉴》(2017),中国统计出版社 2017 年版,第 5 页。

② 《中国区域创新能力评价报告》(2017),http://tech.southcn.com/t/2017−11/27/content_179148564.htm,2017 年 11 月 27 日。

③ 根据《内蒙古统计年鉴》(2017)和《内蒙古自治区 2017 年国民经济和社会发展统计公报》相关数据整理。

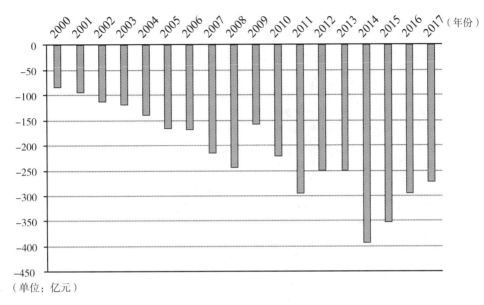

（单位：亿元）

图 4-35 2000—2017 年内蒙古自治区贸易"逆差"变化情况

资料来源：内蒙古自治区统计局：《内蒙古亮丽 70 年》，中国统计出版社 2017 年版，第 261 页；内蒙古自治区统计局：《内蒙古自治区 2017 年国民经济和社会发展统计公报》，http://www.nmg.gov.cn/art/2018/9/28/art_1662_231684.html，2018 年 3 月 25 日。

亿元，对外依存度为 5.9，在全国 31 个省（自治区、直辖市）中仅排在第 25 位和第 27 位①。

（五）新旧动能转换中工业经济结构性矛盾比较突出

工业经济低端化现象比较明显。工业总产值中采矿业比重不断上升，由 2000 年的 14% 左右快速上升到 2016 年的 27.5%，制造业比重由 2000 年的 72% 快速下降到 2016 年 60.5%（见图 4-36）。②

工业销售产值中制造业比重不仅远低于全国平均水平，在全国 31 个省（自治区、直辖市）中明显偏低。2016 年，内蒙古自治区制造业销售产值占工业销售产值的比重仅为 58.8%，比全国平均水平低 31.6 个百分点，在全国 31 个省（自治区、直辖市）中制造业销售产值比重仅排在第 30 位（见图 4-37）。③

（六）推进绿色发展任重而道远

按照《2016 年生态文明建设年度评价结果公报》，2016 年内蒙古自治区绿色发展

---

① 根据各省（自治区、直辖市）2017 年国民经济和社会发展统计公报及相关省份统计局官方网站相关数据整理。

② 根据《内蒙古统计年鉴》（2001—2017），中国统计出版社，相关数据整理。

③ 国家统计局工业司：《中国工业统计年鉴》（2017），中国统计出版社 2017 年版，第 252—257 页。

（单位：%）

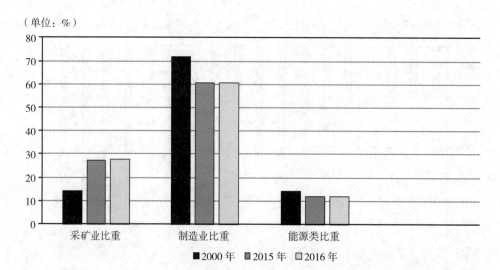

图4-36 2000、2015、2016年内蒙古自治区工业经济内部结构变化情况

资料来源：内蒙古自治区统计局：《内蒙古统计年鉴》（2001）、《内蒙古统计年鉴》（2016）、《内蒙古统计年鉴》（2017），中国统计出版社。

（单位：%）

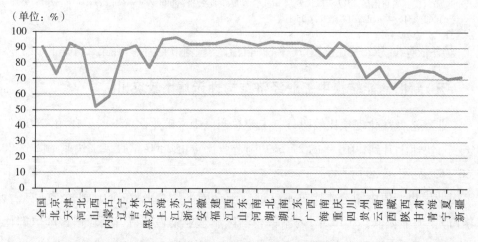

图4-37 2016年全国及31个省（自治区、直辖市）制造业销售产值占工业销售产值比重情况

资料来源：中华人民共和国统计局工业统计司：《中国工业统计年鉴》（2017），中国统计出版社2017年版，第366页。

指数为77.9，在全国31个省（自治区、直辖市）中排第24位（见表4-3）。从分项指数看，内蒙古自治区的资源利用指数、增长质量指数和环境质量指数在全国31个省（自治区、直辖市）分别排第28位、第23位和第19位[1]，都比较靠后，这说明内蒙古自治区推进绿色发展最大的障碍是经济结构问题，是经济发展方式还没有发生根本性的转变。

---

① 《2016年生态文明建设年度评价结果公报》，http://www.stats.gov.cn/tjsj/zxfb/201712/t20171226_1566827.html，2017年12月26日。

表4-3　2016年生态文明建设年度评价结果排序

地　区	绿色发展指数	资源利用指数	环境治理指数	环境质量指数	生态保护指数	增长质量指数	绿色生活指数	公众满意程度
北　京	1	21	1	28	19	1	1	30
福　建	2	1	14	3	5	11	9	4
浙　江	3	5	4	12	16	3	5	9
上　海	4	9	3	24	28	2	2	23
重　庆	5	11	15	9	1	7	20	5
海　南	6	14	20	1	14	16	15	3
湖　北	7	4	7	13	17	13	17	20
湖　南	8	16	11	10	9	8	25	7
江　苏	9	2	8	21	31	4	3	17
云　南	10	7	25	5	2	25	28	14
吉　林	11	3	21	17	8	20	11	19
广　西	12	8	28	4	12	29	22	15
广　东	13	10	18	15	27	6	6	24
四　川	14	12	22	16	3	14	27	8
江　西	15	20	24	11	6	15	14	13
甘　肃	16	6	23	8	25	24	23	11
贵　州	17	26	19	7	7	19	26	2
山　东	18	23	5	23	26	10	8	16
安　徽	19	19	9	20	22	9	23	21
河　北	20	18	2	30	13	25	19	31
黑龙江	21	25	25	14	11	18	12	25
河　南	22	15	12	26	24	17	10	26
陕　西	23	22	17	22	23	12	21	18
内蒙古	24	28	16	19	15	23	13	22
青　海	25	24	30	6	21	30	30	6
山　西	26	29	13	29	20	21	4	27
辽　宁	27	30	10	18	18	28	29	28
天　津	28	12	6	31	30	5	7	29
宁　夏	29	17	27	27	29	22	16	10
西　藏	30	31	31	2	4	27	31	1
新　疆	31	27	29	25	10	31	18	12

资料来源:国家统计局、国家发展和改革委员会、环境保护部、中央组织部:《2016年生态文明建设年度评价结果公报》,http://www.gov/cn/xinwen/2017-12/26/content_5250387.htm,2017年12月26日。

（七）防范化解政府债务风险的任务十分紧迫

2017 年，内蒙古自治区地区生产总值增长 4%；一般公共预算收入增长 14.6%，政府债务风险总体可控。但是，从中央和自治区的要求看，有效防范化解政府债务风险还面临以下突出难题：一是规模性风险较大。截止到 2016 年年底，内蒙古自治区政府债务余额为 5677.4 亿元，居全国 31 个省（自治区、直辖市）第 11 位。从核心指标看，政府债务率为 121.7%，超过 100% 的警戒线，居全国第 3 位。① 二是结构性风险比较突出。比如，截止到 2016 年年底，内蒙古自治区除两个盟市外，其余 10 个盟市的债务率都在 80%—250%，都超过国际公认的 70%—100% 的合理区间，负债总规模达到 5000 亿元以上。② 各地区在显性债务规模较大的情况下，隐性债务规模还存在底数不清的问题，这既给有效防范化解工作带来困难，也进一步增加了守住不发生重大风险底线的难度。三是效率性风险较为明显。比如，2000 年以来内蒙古自治区资本形成总额占 GDP 比重不断攀升，同时资本产出率已经由 2000 年的 27.5% 快速上升到 2016 年的 83.2%，投资效率在较快下降③。

三、内蒙古自治区进一步深化改革开放的政策建议

新时代，内蒙古自治区要以习近平新时代中国特色社会主义思想为指导，全面贯彻落实党的十九大精神和 2018 年全国"两会"期间习近平总书记在内蒙古自治区代表团的重要讲话精神，坚定践行新发展理念，以高质量发展为根本要求，着力解决发展不平衡不充分问题，加快形成优势突出、结构合理、创新驱动、区域协调、城乡一体的发展新格局。

（一）全力打好"三大攻坚战"，跨越妨碍高质量发展的非常规性关口

1. 全力打好防范化解政府债务风险攻坚战

一是坚定践行新发展理念，牢固树立科学的发展观和正确的政绩观。牢固树立以人民为中心的发展思想，制定并完善以新发展理念为核心和以高质量发展为根本要求的考核评价体系，同时持之以恒地加强作风建设，增强能干事、干成事的真本领。二是坚持科学决策，切实摸清显性特别是隐性债务的底数。进一步加强对隐性债务的统计和预测，对各类政府隐性债务进行分类处理、区别对待，建立完善的隐性债务处置方案，规范运作、逐步化解；通过编制地方政府资产负债表及债务使用情况表，掌握政府的资

---

① 《挤水分后，内蒙债务率飙至 137%》，http://www.sohu.com/a/215569854_715755，2018 年 1 月 9 日。
② 《挤水分后，内蒙债务率飙至 137%》，http://www.sohu.com/a/215569854_715755，2018 年 1 月 9 日。
③ 内蒙古自治区统计局：《内蒙古统计年鉴》，中国统计出版社 2017 年版，第 139 页。

产负债全貌,提高政策措施的可行性和精准性;深化政府投融资体制改革和财税体制改革,厘清政府和地方融资平台、国有企业的投融资边界,下决心解决各级政府预算软约束问题。三是坚持问题导向,切实做好化解存量工作。明确自治区不救助原则,做到"谁家的孩子谁抱",坚决打消地方政府认为上级政府会"买单"的"幻觉",坚决打消金融机构认为政府会"兜底"的"幻觉";加快建立市场化、法治化的债务违约处置机制,依法实现债权人、债务人共担风险,及时有效防止违约风险扩散蔓延;从实际出发,分类审慎处置,继续整改违法担保,纠正政府投资基金、PPP、政府购买服务中的不规范行为,鼓励地方政府合法合规增信,防范存量债务资金链断裂风险。四是坚持依法依规治理,切实做好顶层设计工作。深化分税制财政体制改革,增强防范化解政府债务风险的能力;大力推动融资平台向市场化转型;建立健全监督问责机制,建立健全长效管理机制,加快政府债务相关立法工作,强化法律保障。

2. 全力打好精准脱贫攻坚战

一是明确"两个关键"。内蒙古自治区打好精准脱贫攻坚战,关键是打好深度贫困地区脱贫攻坚战,关键是攻克贫困人口集中的乡(苏木)村(嘎查)。二是聚焦"五大重点"。采取更加有力的举措、更加精细的工作,瞄准贫困人口集中的乡(苏木)村(嘎查),重点解决好产业发展、务工就业、基础设施、公共服务、医疗保障等问题,特别是完善大病兜底保障机制,解决好因病致贫问题。三是建立"一个机制",做好"一个结合"。既要解决好眼下问题,更要形成可持续的长效机制。因此,要把脱贫攻坚同实施乡村振兴战略有机结合起来,推动乡村牧区产业兴旺、生态宜居、乡风文明、治理有效、生活富裕,把广大农牧民的生活家园全面建设好。四是开展"专项治理"。认真开展扶贫领域腐败和作风问题专项治理,加强扶贫资金管理,对挪用、贪污扶贫款项的行为严惩不贷。[①]

3. 全力打好污染防治攻坚战

统筹山水林田湖草综合治理,精心组织实施京津风沙源治理、"三北"防护林建设、天然林保护、退耕还林、退牧还草、水土保持等重点工程,实施好草畜平衡、禁牧休牧等制度,加快呼伦湖、乌梁素海、岱海等水生态综合治理,加强荒漠化治理和湿地保护,加强大气、水、土壤污染防治,在祖国北疆构筑起万里绿色长城。

(二)以建设创新型内蒙古自治区为引领,构建推动高质量发展的现代动力体系

1. 推动创新政策全面落地

深化科技、经济、政府治理等领域改革,最大限度地释放创新活力;加强各类创新政

---

① 习近平:《扎实推动经济高质量发展扎实推进脱贫攻坚》,中国经济网,http://www.ce.cn/xwzx/gnsz/szyw/201803/05/t20180305_28351313.shtml,2018 年 3 月 5 日。

策的衔接配套,让广大科研人员享受更多的"获得感";构建涵盖科研院所、高校、企业、中介机构等各类创新主体,覆盖从基础研究、技术开发、技术转移到产业化等创新链各个环节的产业、财税、金融、人才、知识产权保护以及科技成果转移转化政策体系,改善现有的创新要素获取与利用机制,降低创新创业的隐形门槛和各类制度性交易成本,形成激发创造力和注重开放性、激励性的体制机制。

2. 推动各类创新要素加快集聚

积极开展与国内外知名高校和科研院所的合作与交流,共建研究院、实验室,集聚国内外高端人才、资金、技术和信息等创新资源,培育壮大新型研发组织;加强产学研合作,构建多种形式覆盖完整创新链、以市场需求为导向的产业技术创新联盟,形成创新的吸附效应、聚合效应、规模效应和品牌效应;引导科研院所、高校、企业等创新主体与市场创新要素深度融合,加快创新成果溢出,支撑服务全区经济社会发展;加强各类创新资源的开放共享,促进创新资源优化配置和高效利用。

3. 推动创新成果加快转化

推动高校和科研院所、企业科技成果转移转化,建设科技成果中试与产业化载体,形成以企业技术创新需求为导向、以市场化交易平台为载体、以专业化服务机构为支撑的科技成果转移转化新格局;实施产业技术创新重大工程或行动,强化政策、研发平台、项目、人才、园区、产业化的一体化部署,加快突破应用一批产业关键核心技术,建立健全以企业为主体、市场为导向、产学研相结合的现代产业技术创新体系,持续发展壮大本地特色优势产业,形成具有全国和国际竞争力的产业。

4. 推动创新创业型企业加快培育

把发展科技型中小企业作为科技创新与经济社会发展对接融合的重要抓手,推动企业成为技术创新决策、投入、研发和成果推广应用的主体;推动科技型中小微企业与高校、科研院所开展产学研合作,培育具有较强竞争力的创新型领军企业和一批小而强、小而专、小而精的科技型中小企业;发展具有较强竞争力的创新型产业集群,加快形成创新型经济格局。

5. 推动创新载体加快建设

加强科技创新基础能力建设,将自主创新示范区、高新技术产业开发区作为建设创新型内蒙古自治区的核心载体和重要平台,加快经济技术开发区、技术创新中心、国家重点实验室、国家工程(技术)研究中心建设与发展,打造创新示范引领新高地。

6. 强化创新人才激励

实施重大人才工程,创新人才培养、使用和引进模式,完善创新型人才流动和服务保障模式。发挥政府、市场、专业组织、用人单位等多元评价主体作用,以创新业绩和实际贡献为导向,加快建立科学化、社会化、市场化的人才分类评价制度。完善科研人员收入分配政策,依法赋予创新领军人才更大人财物支配权、技术路线决定权,实行以增加知识价值为导向的激励机制。

7. 推动区域创新协同

建立协同创新体系,加强重点实验室、工程研究中心等科技创新基地的统筹协调,完善公共科技资源共建共享机制。紧密对接国家自主创新示范区和全面创新改革试验区的创新资源,共建知识产权服务平台和技术交易市场。强化知识产权基础能力建设,加大知识产权投入,提高知识产权创造、保护、运用水平。

(三)以"多元发展、多极支撑"为目标,构建推动高质量发展的现代产业体系

1. 围绕深化供给侧结构性改革,在"破""立""降"上多下功夫

一是大力破除无效供给,坚持用市场化、法治化手段化解过剩产能,处置"僵尸企业",积极开展产能置换,严格执行质量、环保、能耗、安全等法规标准,倒逼落后产能加快退出。二是深化要素市场改革,大力培育发展新动能,加快建立资源要素从低效领域向优质高效领域流动机制。三是全面落实减税清费政策,多措并举降低企业用能、用地、用工等要素成本以及融资、物流、制度性交易成本。[①]

2. 围绕"优化存量、做优增量",加快产业结构转型升级

一是依托内蒙古自治区资源优势和现有产业基础,用高新技术和现代适用技术大力推动能源、冶金、化工、建材、装备制造、农畜产品加工等传统优势产业改造升级,调优存量、扩大总量,进一步发挥好传统产业的基础支撑作用。二是大力培育发展新能源、新材料、节能环保、高端装备、大数据云计算、生物科技、蒙中医药等战略性新兴产业,加快发展先进制造业,在智能制造、智能电网、电子商务、石墨烯、军民融合等领域培育更多新的产业增长点,推动互联网、大数据、人工智能和实体经济深度融合,全力打造一批新兴产业集群。三是聚焦高端消费、创新引领、绿色低碳、共享经济、现代供应链、人力资本服务等热点领域,加快发展大旅游、大文化、大物流、大数据、大健康产业,推动生产性服务业向专业化和价值链高端延伸,推动生活性服务业向精细化和高品质转变。[②]

3. 围绕激发各类市场主体活力,全面深化经济体制改革

一是推动国有企业完善现代企业制度,健全公司法人治理结构,大力发展混合所有制经济,增强国有企业创新力和竞争力。改革国有资本授权经营体制,以国有资本投

① 《中国共产党内蒙古自治区第十届委员会第五次全体会议公报》,人民网,http://nm.people.cn/n2/2018/0104/c196689-31105489.html,2018 年 1 月 4 日。

② 《中国共产党内蒙古自治区第十届委员会第五次全体会议公报》,人民网,http://nm.people.cn/n2/2018/0104/c196689-31105489.html,2018 年 1 月 4 日。

资、运营公司为平台,加快国有经济布局优化和结构调整,进一步提高国有经济控制力和影响力。二是大力发展民营经济,强化产权激励,全面实施市场准入负面清单制度,破除信贷、上市、税收、创新、招投标、人才等方面的歧视性限制和各种隐性障碍。三是以完善产权制度和要素市场化配置为重点,在垄断行业、产权保护、财税金融、社会保障等领域,继续推动重大改革项目。推进电力、天然气等领域综合改革,促进投资主体多元化。进一步调整完善产业政策,全面清理保护落后产能的优惠补贴政策,加大对新技术、新产品、新业态、新商业模式支持力度,支持资源型地区转型发展。四是高度重视企业家队伍建设。全面贯彻《中共中央国务院关于营造企业家健康成长环境弘扬优秀企业家精神更好发挥企业家作用的意见》,依法保护企业家财产权、创新权益、自主经营权,营造企业家健康成长环境。五是积极构建亲清新型政商关系,更好发挥各类市场主体的积极性、主动性和创造性。深化"放管服"改革,坚决破除各种"玻璃门""弹簧门""旋转门",切实解决好门好进、脸好看、事还难办问题,解决重承诺、轻落实问题,把内蒙古自治区打造成为名副其实的投资洼地。①

(四)以优化资源要素配置和生产力布局为牵引,构建推动高质量发展的现代空间体系

1. 推进以人为核心的新型城镇化

一是深化户籍制度改革,充分发挥新型城镇化试点示范引领作用,完善转移人口保障政策,加快农村牧区转移人口市民化。二是加快构建"一核多中心、一带多轴线"的城镇体系布局,加快城镇基础设施建设,推动产城融合发展,提高城镇综合承载能力。三是加快建设人文、绿色和智慧城镇建设。

2. 大力实施乡村振兴战略

坚持农牧业和农村牧区优先发展原则,按照产业兴旺、生态宜居、乡风文明、治理有效、生活富裕的总要求,加快健全完善城乡融合发展体制机制,推进农牧业供给侧结构性改革,大力发展现代农牧业,建设美丽宜居乡村。一是加强农牧业基础设施建设,加快发展现代农牧业,推进农牧业科技创新,促进一、二、三产业融合发展,大力实施质量兴农兴牧战略,深化农牧业供给侧结构性改革。二是统筹推进农村牧区生态治理,完善生态补偿机制,大力整治农村牧区人居环境,着力推进乡村绿色发展。三是传承发展、提升农村牧区优秀传统文化,推进农村牧区公共文化建设,开展移风易俗专项行动,提高乡村文明程度。四是加强农村牧区基层党组织建设,深化村民自治实践,推进法治乡

---

① 《中国共产党内蒙古自治区第十届委员会第五次全体会议公报》,人民网,http://nm.people.com.cn/n2/2018/0104/c196689-31105489.html,2018 年 1 月 4 日。

村建设,提高乡村德治水平,抓好平安乡村建设,创新完善乡村治理体系。五是巩固完善农村牧区基本经营制度,深入推进农村牧区土地制度改革,统筹推进农村牧区集体产权制度等各项改革,全面落实农牧业支持保护制度,完善龙头企业与农牧民利益联结机制,推进乡村振兴体制机制创新。①

3. 深入推进区域协调发展

发挥各地比较优势,从更高层次、更广空间促进资源优化配置,塑造要素有序自由流动、主体功能约束有效、基本公共服务均等、资源环境可承载的区域协调发展新格局。一是按照国家《呼包鄂榆城市群发展规划》总体部署,充分发挥比较优势,彰显区域和民族特色,大力实施呼包鄂协同发展战略,建设面向蒙俄、服务全国、开放包容、城市协同、城乡融合、绿色发展的中西部地区重要城市群。② 二是充分发挥内蒙古自治区沿黄地区资源条件、基础设施、产业基础优势,坚持生态优先、绿色发展,打造沿黄生态廊道,建设沿黄生态经济带,发展成为带动西部盟市、联动蒙晋陕宁的区域经济增长极。三是加强东部盟市区域性中心城市建设,抓住国家新一轮东北振兴重要战略机遇,全方位融入东北地区发展,促进东部盟市跨越式发展,补齐内蒙古自治区区域发展短板。四是进一步完善发展规划,整合资源和力量,引进高端产业和项目,促进内蒙古自治区和林格尔新区加快成长、快速崛起。五是实施县域经济振兴战略,把县域经济作为统筹城乡发展的重要节点,发挥县域联结城乡、贯通三产的枢纽作用,切实抓好产业发展、民生改善、基础设施建设和生态环境保护,不断壮大县域经济规模和实力。③ 六是完善少数民族聚居地区发展政策,大力支持少数民族聚居地区加快发展。

(五)以提升发展保障能力为要求,构建推动高质量发展的现代综合基础设施网络体系

1. 建设现代综合交通运输网络体系

依托主要机场、铁路和公路客货站场推进综合枢纽建设,促进客运枢纽与城市地面公共交通设施、干线铁路、城际铁路、干线公路、机场等相衔接,货运枢纽布局与产业园区、物流园区相衔接,提升综合交通运输枢纽一体化水平,满足客货"零换乘""无缝隙"运输需求。

---

① 《内蒙古自治区党委自治区人民政府关于实施乡村振兴战略的意见》,内蒙古自治区人民政府网,http://www.nmg.gov.cn/fabu/xwdt/nmg/201802/t20180216_661464.html,2018 年 2 月 13 日。

② 《国家发展改革委关于印发呼包鄂榆城市群发展规划的通知》,中华人民共和国中央人民政府网,http://www.gov.cn/xinwen/2018-03/07/content_5271788.htm,2018 年 3 月 7 日。

③ 《中国共产党内蒙古自治区第十届委员会第五次全体会议公报》,人民网,http://nm.people.com.cn/n2/2018/0104/c196689-31105489.html,2018 年 1 月 4 日。

2. 加强能源基础设施建设

围绕国家大气污染防治行动计划和"保障首都、服务华北、面向全国"的战略定位与市场定位,加快建设蒙西、蒙东至华北、华中(华东)地区的外送电通道和油气管网,全力打造"立体、高效、安全、便捷"的清洁能源外输通道布局。按照"适度超前"原则,深化区内电网、管网体制改革,积极探索实施配售电改革专项试点,推进投资主体多元化,构建合理、安全、智能、协调的现代电网和油气管网。

3. 提升水资源安全保障能力

坚持"节水优先、空间均衡、系统治理、两手发力"的新时期治水思路,集中力量建设一批关系全局、具有较强辐射带动作用的重大水利工程,大力开展农田水利基本建设,巩固提升农村牧区饮水安全工程,着力提高水旱灾害综合防御能力,提供坚实的水利保障。

4. 建设现代信息网络共享体系

顺应信息化和互联网发展趋势,大力推进信息基础设施建设,为促进新型工业化、信息化、城镇化和农牧业现代化同步发展,打造大众创业、万众创新和增加公共产品、公共服务"双引擎"提供有力支撑。

(六)以深度融入"一带一路"建设为核心,构建推动高质量发展的全面开放新格局

实施更加积极主动的开放战略,完善对外开放战略布局,构建开放型经济新体制,拓展开放型经济新空间,建成我国向北开放的重要桥头堡和充满活力的沿边经济带。一是推进基础设施互联互通,深化经贸合作,加强人文交流,完善对外开放空间布局,深度融入国家"一带一路"建设战略。二是加强开放平台载体建设,大力发展陆港经济、空港经济,培育壮大通信、保险、金融、动漫、蒙古语出版、影视、服务外包等新兴服务贸易行业,大力发展跨境电子商务,积极发展新型贸易方式,提高对俄罗斯、蒙古国的开放合作水平。[①] 三是完善投资体制机制,改革外商投资审批和产业指导管理方式,实行准入前国民待遇加负面清单的管理制度,营造良好营商环境。四是积极融入京津冀协同发展,加快推进与周边地区合作,扩大与东部发达地区合作,深化国内区域合作。

(七)以做实做细民生工作为重点,体现高质量发展的根本目的

坚持以人民为中心的发展思想,着力解决人民群众关心的切身利益问题,真正把好

---

① 《中国共产党内蒙古自治区第十届委员会第五次全体会议公报》,人民网,http://nm.people.cn/n2/2018/0104/c196689-31105489.html,2018 年 1 月 4 日。

事办实、实事办好,让广大人民群众有更多获得感、幸福感和安全感。一是教育上要着力解决中小学生课外负担重、择校热、大班额、乱办班、乱补课等突出问题。二是就业上要重点解决高校毕业生、农牧民工、困难人员就业创业问题。三是医疗上要重点提高服务能力和质量,解决好群众看得上病、看得了病、看得起病问题。四是城市管理上要切实解决交通拥堵、交通安全以及停车难、停车乱等问题。五是公共安全上要加快解决企业主体责任不落实、安全隐患较多、监管体制机制不健全等问题。此外,保障和改善民生,一定要坚持尽力而为、量力而行的方针,不能好高骛远、寅吃卯粮,坚决反对民粹主义和福利主义。

辽宁省改革开放 40 周年地区发展报告

辽宁行政学院课题组①

一、1978 年以来辽宁省经济社会发展成就

（一）生产力水平不断提升

1. 辽宁省国民经济总体实力明显增强

自 1978 年以来，辽宁省的国内生产总值（GDP）有了突破性的增长，从 1978 年的 229.2 亿元，增长到 2017 年的 23942 亿元，实际 GDP 的年平均增长率超过 9%（见图 5-1、图 5-2）。

图 5-1　1978—2017 年辽宁省 GDP 总值

资料来源：根据《辽宁统计年鉴》、国家统计局数据整理绘制。

自 2003 年中央提出实施东北等老工业基地全面振兴战略以来，辽宁省国民经济综

---

① 课题组组长：孙庆国；课题组成员：王菲、战晓华、赫荣平、戈秀萍、刘海波、关博、李菲；项目编号：NSAZT（WT）2018005。

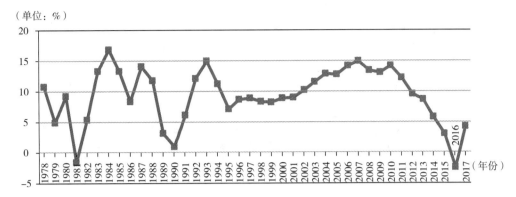

图5-2　1978—2017年辽宁省GDP增长率

资料来源：根据《辽宁统计年鉴》、国家统计局数据整理绘制。

合实力明显增强，"十一五"期间（2006—2010年）辽宁省全地区GDP增长率接近14%。2007年全省GDP突破万亿元（11023.5亿元），辽宁省经济总量进入全国"万亿俱乐部"。

2. 人均GDP发展水平明显高于全国水平

辽宁省人均GDP随着辽宁省经济总量的增长而提高，人均GDP与人均GDP增长速度均高于全国平均水平。在"九五"期间，辽宁人均GDP及人均GDP增长速度均开始超过全国平均水平，一直持续到"十一五""十二五"时期（见图5-3、图5-4）。

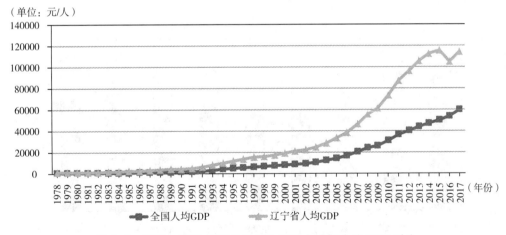

图5-3　1978—2017年辽宁省人均GDP与全国人均GDP对比

资料来源：根据《辽宁统计年鉴》、国家统计局数据整理绘制。

（二）经济结构不断优化

40年来，在持续推进改革开放的进程中，辽宁省经济结构不断优化，三次产业结

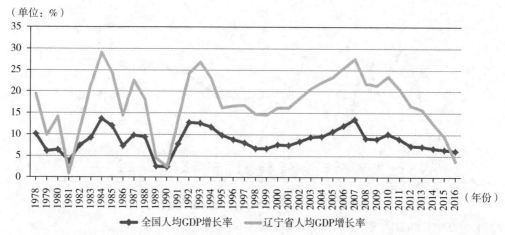

图 5-4　1978—2016 年辽宁省人均 GDP 增长率与全国人均 GDP 增长率对比

资料来源：根据《辽宁统计年鉴》、国家统计局数据整理绘制。

构、单位 GDP 能耗、城镇化率等指标变化明显。

1. 三次产业占比逐步优化

辽宁省经济一、二、三产业占 GDP 比重，1978 年分别为 14.1%、71.1%、14.8%，2017 年分别为 9.1%、39.3%、51.6%。其中，第三产业占 GDP 比重 2015 年首次超过第二产业，2016 年首次超过 50%，对经济增长的贡献超过第一产业和第二产业的总和，2017 年为 51.6%，与 1978 年相比提高了 36.8 个百分点（见图 5-5）。

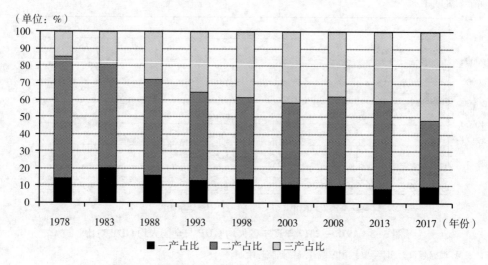

图 5-5　1978—2017 年辽宁省三次产业占 GDP 比重

资料来源：国家统计局网站。

2. 城镇化程度远超全国平均水平

辽宁省城镇化率1978年为39.75%,1988年超过50%,2017年为67.49%,远超全国58.5%的平均城镇化水平(见图5-6)。

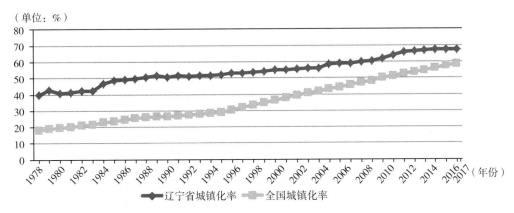

（单位：%）

图5-6　1978—2017年辽宁省及全国城镇化率

资料来源:1978—2004年数据来源于前瞻数据库,2005—2017年数据来源于国家统计局网站。

3. 第一产业就业人员占比逐渐降低

随着城市化进程的不断推进和产业结构的不断优化,辽宁省第一产业就业人员占比逐渐下降。1978年,辽宁省第一产业就业人员占比为47.4%,2016年为30.7%,下降了16.7个百分点(见图5-7)。

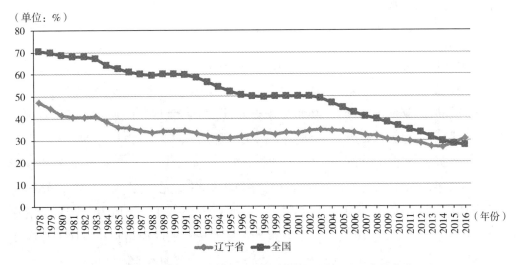

（单位：%）

图5-7　1978—2016年辽宁省和全国第一产业就业人员占比

资料来源:《2017年辽宁省统计年鉴》、国家统计局、前瞻数据库。

4. 能源消费结构逐渐优化

辽宁省的能源消费结构也逐渐优化,40年间,辽宁省煤炭占能源消耗总量一度达

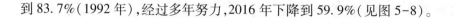

到 83.7%(1992 年),经过多年努力,2016 年下降到 59.9%(见图 5-8)。

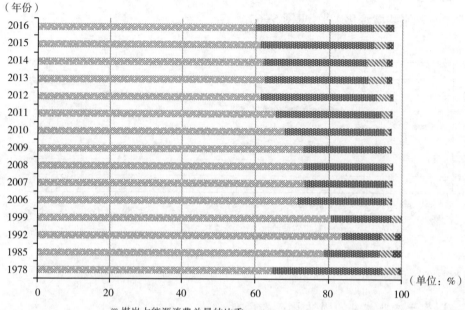

图 5-8　1978—2016 年辽宁省能源消费结构

资料来源:《2017 年辽宁省统计年鉴》。

5. 资产所有者结构不断优化

辽宁省是计划经济大省,国有资本比重大。但是,经过不断改革,辽宁省在国有企业资产和私营企业资产双双增长的前提下,资产结构在不断优化。2000 年,辽宁省国有及国有控股工业企业总资产为 6082.61 亿元,占比为 82.66%;2016 年,辽宁省国有及国有控股工业企业总资产为 18588.12 亿元,增长了 2.06 倍,占比为 56.84%,下降25.82 个百分点,如图 5-9 所示。与此同时,私营工业企业资产不断增加,占比也逐渐加大,2000 年,辽宁省私营工业企业资产总计为 245.58 亿元,占比为 3.34%;2013 年,辽宁省私营工业企业资产总计为 9873 亿元,增长了 39.2 倍,占比为 28.37%,增加25.03 个百分点,如图 5-10 所示。国有资产与私营资产的同向增长与占比的反向变化,反映了辽宁省市场主体多元化和活力大大增强,辽宁省的市场化程度大大提高。

（三）发展质量较高,宏观经济运行稳定

1. 通货膨胀率多年在低位运行

自 1985 年以来辽宁省的居民消费价格指数(CPI)一直维持与经济增长相匹配的

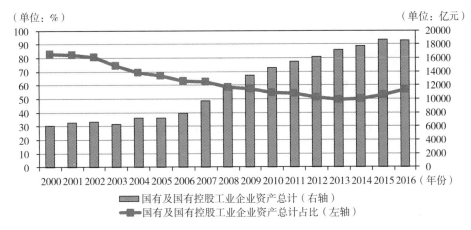

图 5-9 2000—2016 年辽宁省国有及国有控股工业企业资产总计及占比

资料来源:国家统计局网站。

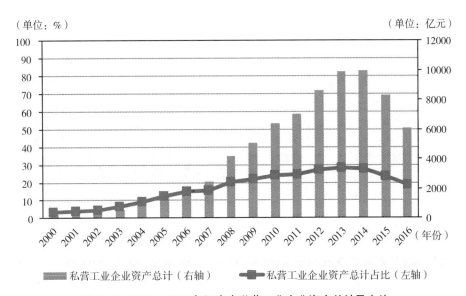

图 5-10 2000—2016 年辽宁省私营工业企业资产总计及占比

资料来源:国家统计局网站。

良好变化态势,年平均涨幅为 5.5%,基本与全国整体水平持平,反映出辽宁省经济基本处于稳定发展态势(见图 5-11)。

2. 一般公共预算收入增幅较大

40 年来,辽宁省一般公共预算收入绝对值增加比较快,从 1980 年的 86.9 亿元增加到 2017 年的 2390.2 亿元,增幅高达 26 倍多,如图 5-12 所示。

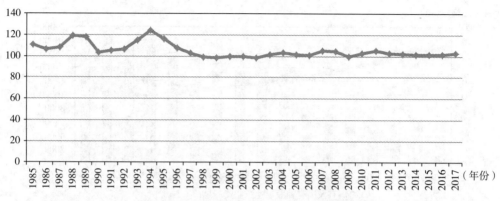

图 5-11　1985—2017 年辽宁省 CPI 指数

资料来源:根据《辽宁统计年鉴》、国家统计局数据整理绘制。

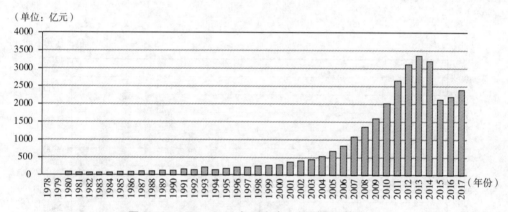

图 5-12　1978—2017 年辽宁省一般公共预算收入

资料来源:根据《辽宁统计年鉴》、国家统计局数据整理绘制。

(四)基础设施逐步完善

改革开放以来,辽宁省对交通等基础设施实施优先发展战略,不断加大投入,促进基础设施快速发展,有力地支撑了国民经济发展和人民生活水平提高,为老工业基地振兴奠定了坚实的基础。1988 年,辽宁省在全国率先开始建设"神州第一路"沈阳至大连高速公路,结束了中国大陆没有高速公路的历史,开创了中国大陆高速公路的新纪元。

1.人均年用电量逐年上升

1997 年以来,随着辽宁省经济的发展,辽宁省人均年用电量也逐年上升,1997 年辽宁省人均年用电量为 1744.9 千瓦时,2016 年为 4922.3 千瓦时,增长了 1.8 倍(见图 5-13)。对此,基础设施建设提供了有力保障。

2.公路网密度持续增加

1978 年以来,辽宁省公路里程大幅增加,公路网密度持续提高,辽宁省公路运输能

（单位：千瓦时）

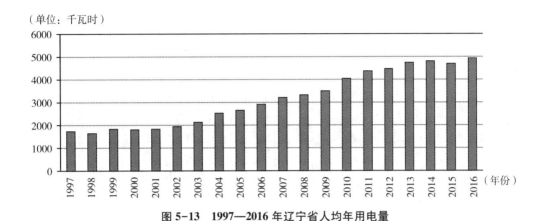

图 5-13　1997—2016 年辽宁省人均年用电量

资料来源：根据《辽宁统计年鉴》数据整理绘制。

力显著提升。仅 2006 年，辽宁省公路里程从 53521 公里，一举提升至 97191 公里，2017 年公路总里程达到 12.3 万公里，其中高速公路 4212 公里；1978 年，辽宁省每百平方公里有 20.8 公里公路，2017 年每百平方公里有 82 公里公路，公路网密度增加到原来的近 4 倍（见图 5-14）。

（单位：公里/百平方公里）

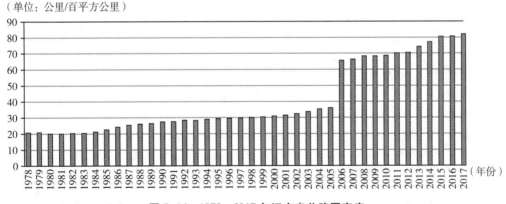

图 5-14　1978—2017 年辽宁省公路网密度

资料来源：根据《辽宁统计年鉴》数据整理绘制。

3.铁路网密度很高

改革开放以来，辽宁省铁路营运里程和铁路网密度一直名列全国各省、自治区、直辖市前列，截至 2017 年年底，辽宁省铁路营运里程已达 5543 公里，较 1978 年增加 2000 多公里。2014 年辽宁省铁路网密度排在天津、北京、上海之后，位列全国第四位（见表 5-1）。2017 年，辽宁省铁路网密度为 3.74 公里/百平方公里（见图 5-15）。

（单位：公里/百平方公里）

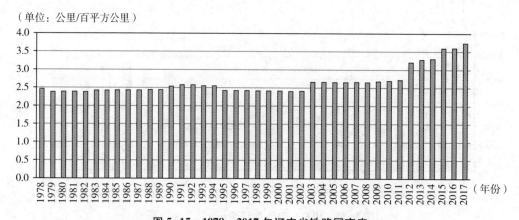

图 5-15　1978—2017 年辽宁省铁路网密度

资料来源：根据《辽宁统计年鉴》数据整理绘制。

表 5-1　各省（自治区、直辖市）铁路网密度表

排序	地　区	2014 年营运里程 （公里）	区域面积 （万平方公里）	铁路网密度 （公里/万平方公里）	密度 分级
1	天　津	970.93	1.13	859.2	
2	北　京	1284.75	1.68	764.7	非常高
3	上　海	465.01	0.63	738.1	
4	辽　宁	5129.57	14.59	351.6	
5	河　北	6252.77	18.77	333.1	
6	山　东	5028.92	15.38	327.0	很高
7	山　西	4979.52	15.63	318.6	
8	河　南	5199.76	16.70	311.4	
9	江　苏	2677.95	10.26	261.0	
10	安　徽	3548.44	13.97	254.0	较高
11	吉　林	4520.49	18.74	241.2	

续表

排序	地 区	2014 年营运里程 （公里）	区域面积 （万平方公里）	铁路网密度 （公里/万平方公里）	密度 分级
12	浙 江	2347.16	10.20	230.1	一般
13	福 建	2759.13	12.13	227.5	
14	广 东	4026.98	18.00	223.7	
15	江 西	3702.27	16.70	221.7	
16	陕 西	4524.12	20.56	220.0	
17	湖 北	4059.31	18.59	218.4	
18	重 庆	1781.24	8.23	216.4	
19	湖 南	4550.47	21.18	214.8	
20	海 南	693.73	3.40	204.0	
21	广 西	4741.53	23.60	200.9	
22	宁 夏	1289.47	6.64	194.2	
23	贵 州	2373.10	17.60	134.8	较低
24	黑龙江	6019.33	45.48	132.4	
25	内蒙古	10226.01	118.30	86.4	很低
26	四 川	3976.01	48.14	82.6	
27	云 南	2915.91	38.33	76.1	
28	甘 肃	3403.44	45.44	74.9	
29	新 疆	5462.83	166.00	32.9	非常低
30	青 海	2124.60	72.23	29.4	
31	西 藏	786.35	122.80	6.4	极低

注：台湾、香港、澳门地区未纳入统计。

资料来源：《中国轨道交通行业发展报告（2017）》。

4.（人均）民用航空客运量逐年提升

自 1985 年以来，辽宁省（人均）民用航空客运量一直逐年提升，2017 年（人均）民用航空客运量是 1985 年的 36 倍（见图 5-17）。

5. 互联网普及率逐年提高

如图 5-17 所示，截至 2018 年 3 月，辽宁省移动 4G 人口覆盖率已经达到 94%，行政村及以上区域已经实现了 100% 覆盖。辽宁省作为工业大省，在转型发展的过程中，互联网与实体经济深度融合是经济结构调整和转型升级的关键。沈阳市作为国家确定的中国移动在 12 个城市进行第二阶段 "5G 规模组网建设及应用示范工程" 试点城市，

（单位：次/人）

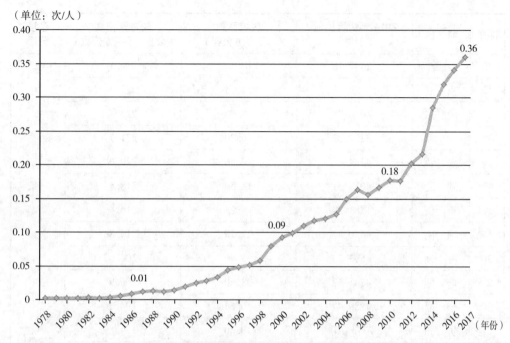

图 5-16　1978—2017 年辽宁省（人均）民用航空客运量

资料来源：根据《辽宁统计年鉴》数据整理绘制。

正加快 5G 基础试验网建设①。

（单位：%）

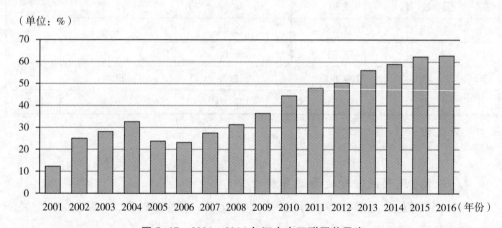

图 5-17　2001—2016 年辽宁省互联网普及率

资料来源：根据《辽宁统计年鉴》、国家统计局数据整理绘制。

---

① 辽宁省交通厅综合规划处：《辽宁省交通运输建设"十三五"规划》，辽宁省交通运输厅官网，http://www.ncom.gov.cn/zc/jtgh/201704/t20170424-2878898.html，2017 年 4 月 24 日。

6. 电话普及率增长迅速

2003 年,辽宁省电话普及率[1]为 54. 7 部/百人,2017 年增长到 126. 7 部/百人,其中移动电话普及率已达 108. 9 部/百人,远超国内移动电话 102. 5 部/百人的普及率(2017年首次破百)。[2] 辽宁省 2012 年移动电话普及率就达百部以上(100. 9 部/百人)(见图5-18)。同时,手机上网已成为辽宁人主要上网模式,2017 年,手机上网用户为 3808. 2万户,增加 13. 3%。[3]

(单位:部/百人)

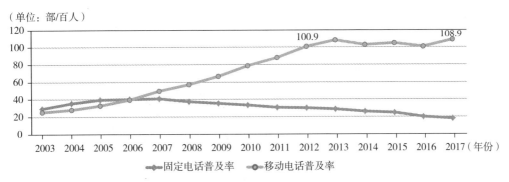

图 5-18　2003—2017 年辽宁省电话普及率

资料来源:根据《辽宁统计年鉴》数据整理绘制。

(五)基础自然资源保护得力,储备较丰富

1. 耕地保护效果突出,人均耕地面积稳中有升

自改革开放以来,由于实施严格的耕地保护制度,辽宁省人均耕地面积相对稳定。2015 年,按照《辽宁省土地利用总体规划(2006—2020 年)调整方案》要求,人均耕地面积出现上涨趋势,2017 年,辽宁省耕地面积 499. 95 万公顷,人均耕地面积 0. 11 公顷,与 2004 年相比,人均增加 0. 012 公顷(见图 5-19)。

2. 森林覆盖率持续走高

辽宁省通过大力开展造林绿化和强化森林资源管护,2009 年森林覆盖率达到38. 20%,比 2004 年提高了 5. 2 个百分点,并一直保持到现在,远超全国 12% 左右的平均森林覆盖率水平(见图 5-21)。辽宁省林业主管部门表示,到 2020 年,全省森林覆盖

---

① 电话普及率＝固定电话普及率+移动电话普及率。

② 工业和信息化部运行监测协调局:《2017 年通信业统计公报》,http://www.miit.gov.cn/newweb/n1146312/n1146904/n1648372/c6048643/content/html。

③ 辽宁省统计局:《2015 — 2017 年辽宁省国民经济和社会发展统计公报》,辽宁统计信息网,http://www.ln.stats.gov.cn/。

（单位：公顷）

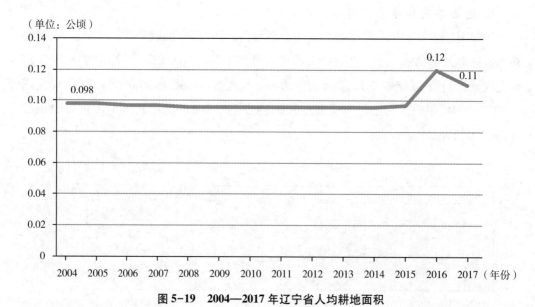

图5-19　2004—2017年辽宁省人均耕地面积

资料来源：《2017年辽宁省统计年鉴》、辽宁省国土资源厅。

率达到42%。①。

（单位：%）

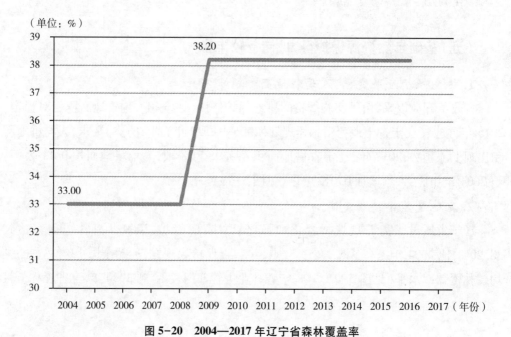

图5-20　2004—2017年辽宁省森林覆盖率

资料来源：国家统计局网站。

① http://www.isenlin.cn/sf_976CEC68EAB34DB9B79CA463319C5BBB_209_liaoninglinye.html。

3. 铁矿石储备丰富

辽宁省境内共发现各类矿产资源110多种,辽宁省是全国铁矿石集中产地之一,产地70处,保有储量109.48亿吨,铁矿石保有储量在全国居首位。[①] 2003年,辽宁省人均铁矿石储量为144.95吨,2016年为116.4吨,仍维持较高水平(见图5-21)。

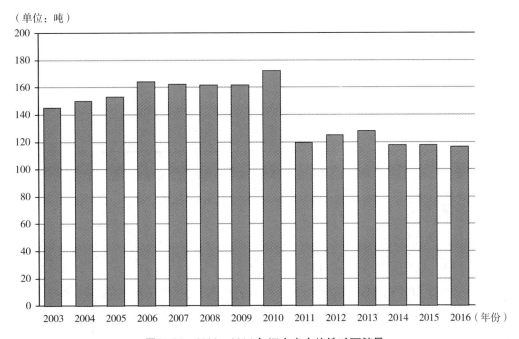

（单位:吨）

图5-21　2003—2016年辽宁省人均铁矿石储量

资料来源:国家统计局网站。

(六)基本公共服务水平稳步提高

1. 基础教育扎实推进

(1)小学入学率稳定增长

一直以来,辽宁省坚决贯彻党中央、国务院各项义务教育改革发展重大政策措施,切实保障适龄儿童少年接受义务教育的权利。坚决实施义务教育经费保障机制改革,全面免除农村义务教育阶段学生学杂费,免费提供教科书并对家庭经济困难的寄宿学生提供生活补助,有力地保障了适龄儿童平等的受教育权利。目前,普惠性学前教育覆盖率达到68%,实施15年免费特殊教育。普遍建立了学生资助体系,为家庭经济困难学生提供生活补助并不断提高补助标准,保障了不让一个学生因贫困而失学。辽宁省小学入学率自1978年的94.4%上升至2017年的100.5%,一直保持着稳定增长状态(见图5-22)。

---

① 《矿业界》2015年10月13日。

（单位：%）

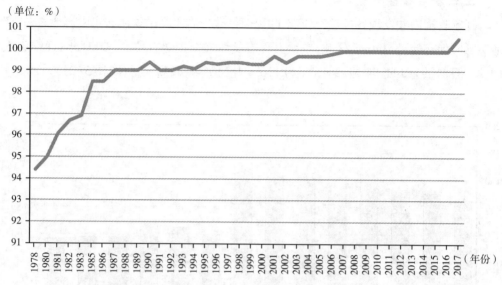

图 5-22　1978—2017 年辽宁省小学入学率

注：1979、1984 年数据未查询到。

资料来源：《辽宁统计年鉴》。

（2）万人专任教师数保持相对稳定

1979 年,辽宁省在全国率先对中等教育进行调整,大力发展中等职业技术教育,万人专任教师数上扬。之后,专任教师数量开始下降,2008 年达到最低点,最近几年呈上浮趋势,2016 年稳定增长到 89.5 万人,如图 5-23 所示。

（单位：人）

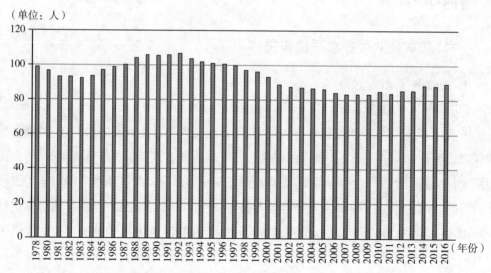

图 5-23　1978—2016 年辽宁省万人专任教师数

资料来源：《辽宁统计年鉴》。

2. 卫生事业稳步发展

改革开放以来,辽宁省积极发展医疗卫生事业,基本形成了一个门类齐全、多层次、多渠道、多形式的遍及城乡的医疗卫生服务体系,造就了一支医德高尚、医术高超、结构合理的医疗保健队伍,辽宁省城乡医疗卫生状况不断改善,人民健康水平明显提高。2000年,万人床位数达到45.58张,2016年达到64.96张,与2000年相比,增长了0.43倍。万人医师数从1980年开始,呈逐年上涨的趋势。2001年,万人医师数为25人,2017年达到27人(见图5-24、图5-25)。

(单位:张)

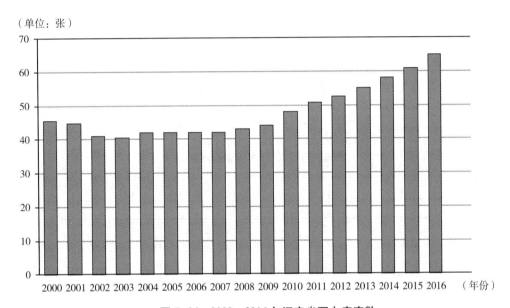

图5-24 2000—2016年辽宁省万人病床数

资料来源:国家统计局网站。

3. 人口预期寿命稳步延长

辽宁省人口预期寿命在近30年的发展中以每10年约3岁的增幅稳步延长,2010年为76.38岁,高于同期世界平均水平5.7岁,高于同期全国平均水平1.55岁。在与经济规模相匹配的地区公共教育、医疗保健、生态环境保护政策支撑下,辽宁省将保持人口预期寿命向好发展趋势,将会顺利达到"健康中国2020"战略确定的77岁预期寿命目标(见图5-27)。

(七)高等教育快速发展

高考制度的恢复,使辽宁省高等教育步入了规范化的轨道。40年来,为适应改革开放和经济建设对专门人才的需求,辽宁省在改革中不断加大对高等教育的调整,采取多种形式扩大办学规模,改革招生与分配办法,促进了高等教育的快速发展,已形成了

（单位：人）

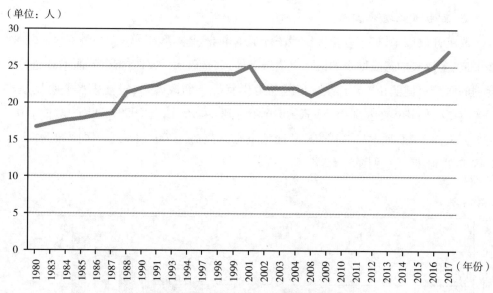

图 5-25　1980—2017 年辽宁省万人医师数

注：1981、1982、1989、1992、1995、1996、2000、2005、2006、2007 年数据未查询到。
资料来源：1994 年以前数据由省卫计委提供，1997 年以后源自国家统计局网站。

（单位：岁）

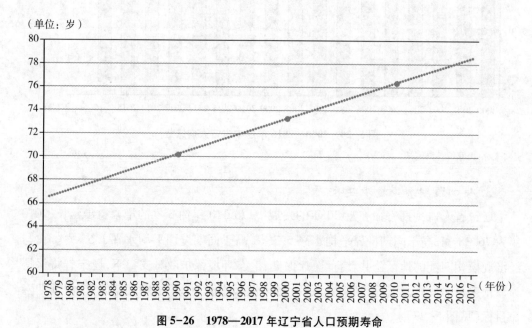

图 5-26　1978—2017 年辽宁省人口预期寿命

资料来源：国家统计局网站。

拥有综合、理工、农业、医药、师范、语文、财经、政法、体育、艺术、民族、高职等科类院校的完整体系，在人才培养、科学研究、为经济和社会发展服务等方面显示出较强的实力。实现了从精英式教育向初步大众化教育阶段的转变，4 所高校启动建设世界一流大学和一流学科，为国家培养和输送了大批高素质的合格人才。

1. 高中及以上学历人口比重持续走高

改革开放以来,辽宁省高中及以上学历人口比重由 1990 年的 13.53% 上升到 2015 年的 31.38%,从 2005 年起增幅以每五年 4—5 个百分点的速度快速增长,实现了高等教育高中及以上学历人口的大范围的普及(见图 5-27)。

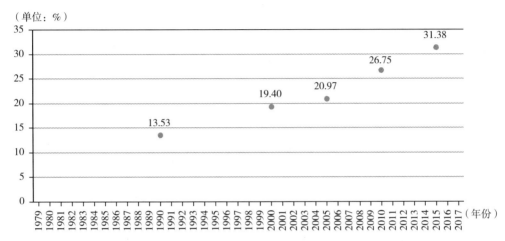

图 5-27　1979—2017 年辽宁省高中及以上学历人口比重

资料来源:辽宁省统计局网站。

2. 大专及以上学历人口比重增速加快

改革开放以来,辽宁省大专及以上学历人口比重由 1990 年的 2.6% 上升到 2015 年的 16.31%,实现了从个位数到两位数的增长。从 2010 年到 2015 年这 6 年间,大专及以上学历人口比重增长了 4.35 个百分点,是增速最快的 5 年(见图 5-28)。

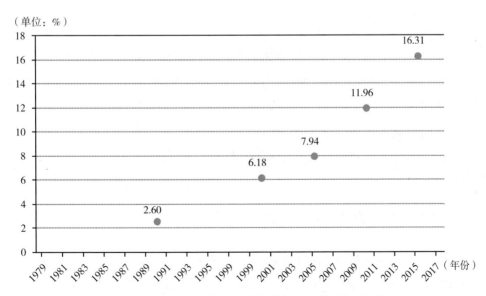

图 5-28　1979—2017 年辽宁省大专及以上学历人口比重

资料来源:辽宁省统计局网站。

3. 万人在校研究生数突飞猛进

1978 年,辽宁省共有 7 所高等院校开始恢复招收研究生,万人在校研究生数只有 0.089 人,2000 年以来,万人在校研究生数逐年上涨,至 2017 年,万人在校研究生数已达到 24.61 人,比 1978 年增长了 275.5 倍(见图 5-29)。

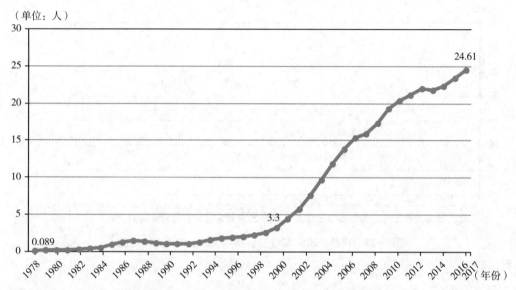

图 5-29 1978—2017 年辽宁省万人在校研究生数

资料来源:《辽宁统计年鉴》。

(八)财政实力提升明显

1. 财政收入水平大幅增长

40 年来,辽宁省地区财政收入(即公共财政预算收入)大幅提升,1978 年约为 92.6 亿元,2017 年约为 2390.2 亿元,年均增长 9.9%,增长了 24.8 倍,有力地支持了地区经济发展,保障和改善了民生水平(见图 5-30)。

2. 人均税收收入水平大幅提升

1978 年,辽宁省人均税收收入约为 120.8 元,2017 年约为 4147.5 元,增长了 33.3 倍(见图 5-31)。

(九)金融市场比较活跃

1. 金融行业增加值占 GDP 的比重稳步提高

1995 年,辽宁省金融行业增加值占 GDP 的比重约为 5.8%,2017 年约为 8.2%,提高了 2.4 个百分点,年均增加约 0.1 个百分点,但党的十八大以来上升幅度较大

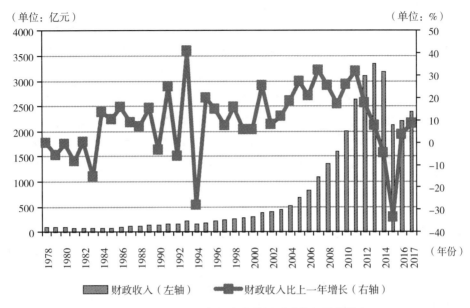

图 5-30　1978—2017 年辽宁省地区财政收入及增长率

资料来源:《辽宁统计年鉴》、辽宁统计信息网。

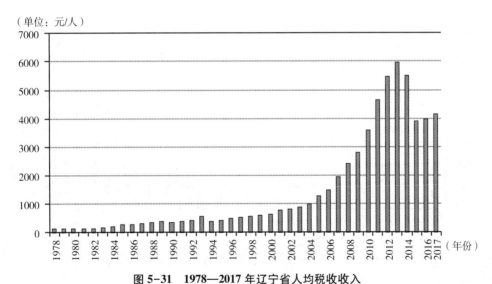

图 5-31　1978—2017 年辽宁省人均税收收入

资料来源:《辽宁统计年鉴》、辽宁统计信息网。

(见图 5-32)。

2. 贷款余额大幅提升

辽宁省地区信贷余额,由 1978 年的 134.6 亿元,跃升到 2017 年的 41278.7 亿元,40 年增长了 305.7 倍,有力地推动了本地区经济社会发展(见图 5-34)。

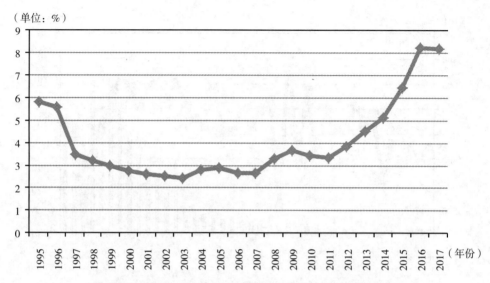

图 5-32 1995—2017 年辽宁省金融行业增加值占 GDP 比重

资料来源:《辽宁统计年鉴》、2017 年数据由省金融办提供。

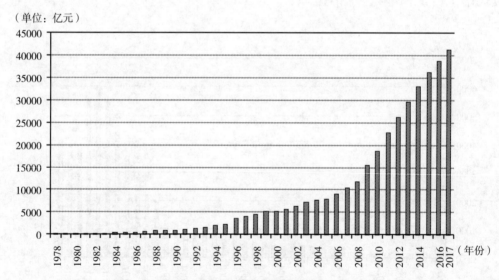

图 5-33 1978—2017 年辽宁省贷款余额占 GDP 比重

资料来源:《辽宁统计年鉴》、辽宁统计信息网。

3. 保费收入持续增长

1999 年,辽宁省保费收入占 GDP 比重为 0.7%,2017 年为 5.3%,19 年提高了 4.6 个百分点。2014 年以来,保费收入占 GDP 比重增长较快,年均增长超过 0.9 个百分点(见图 5-34)。

（单位：%）

图 5-34　1999—2017 年辽宁省保费收入占 GDP 比重

资料来源：辽宁统计信息网。

（十）生态环境保护成效明显

辽宁省重视生态环境保护工作，持续推进"碧水工程""蓝天工程""青山工程""净土工程""农村生态环境保护工程"和"节能减排工程"，近年来，生态环境改善明显。2017 年，辽宁全省 $PM_{2.5}$ 平均浓度下降四成，全省达标天数比例平均为 88%，同比上升 23.4%。[1]

1.省会城市（沈阳市）可吸入颗粒浓度呈明显下降趋势

沈阳市年平均可吸入颗粒浓度（PM_{10}）呈逐年下降趋势，由 2013 年的 129，下降到 2017 年的 88，下降幅度为 31.8%（见图 5-35）。

2.单位 GDP 废水排放量下降显著

1980 年，辽宁省每万元 GDP 废水排放量约为 831 吨，2017 年约为 9.9 吨，降幅达 98.8%（见图 5-36）。

3.单位 GDP 一般固体废物产生量下降显著

1980—2017 年，辽宁省单位 GDP 一般固体废物产生量下降幅度很大，1980 年每万元 GDP 一般固体废物产生量为 24.7 吨，2017 年为 1.3 吨，降幅达 94.7%（见图 5-37）。

---

①　《美丽辽宁——建设生态文明　增进民生福祉》，辽宁省环境保护厅，http://www.lnepb.gov.cn/xxgk/zwdt/bsyw/201801/t20180109_103665.html。

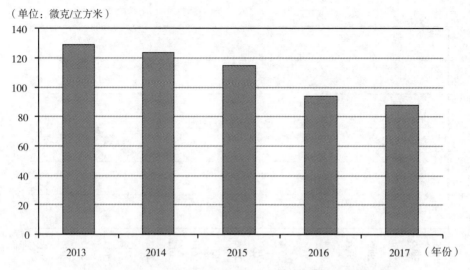

图 5-35　2013—2017 年沈阳市可吸入颗粒浓度 PM$_{10}$ 变化情况

资料来源:沈阳市环境保护局网站。

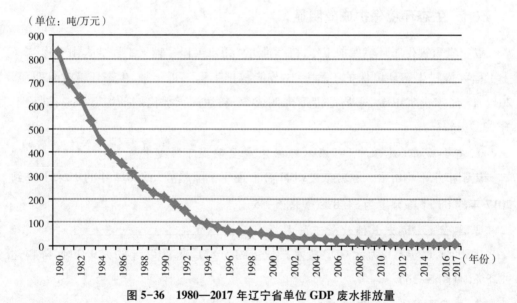

图 5-36　1980—2017 年辽宁省单位 GDP 废水排放量

资料来源:《辽宁统计年鉴》。

4. 单位 GDP 能耗下降显著

40 年来,辽宁省单位 GDP 能耗显著下降,1978 年每万元 GDP 能耗约为 23 吨,2016 年为 0.9 吨,降幅达 96.1%(见图 5-38)。

（单位：吨/万元）

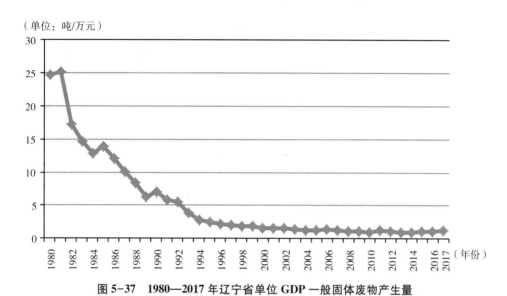

图5-37　1980—2017年辽宁省单位GDP一般固体废物产生量

资料来源：《辽宁统计年鉴》、2017年数据由省环保厅提供。

（单位：吨/万元）

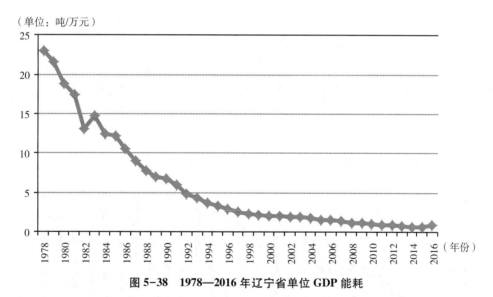

图5-38　1978—2016年辽宁省单位GDP能耗

资料来源：《辽宁统计年鉴》。

（十一）就业与劳动力市场稳定

1. 失业率得到有效控制

2000年以前,辽宁省失业率在4%以下,就业形势保持长期稳定。2001年以后,由于推行城镇社会保障体系改革试点,失业率有所增加。随着下岗人员再就业问题的妥善解决,失业率又逐年下降,2017 年下降到 3.8%(见图 5-39)。

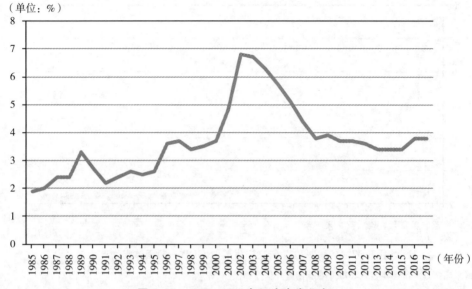

图 5-39　1985—2017 年辽宁省失业率

资料来源:《辽宁统计年鉴》。

2. 适龄劳动人口比重有所增加

1990 年,辽宁省适龄劳动人口比重为 71.10%,2010 年适龄劳动人口比重为 78.27%,达到峰值,随后缓慢滑落至 2016 年的 76.10%,高于全国适龄劳动人口比重平均值(72.50%,中国统计局网)3.6 个百分点(见图 5-40)。

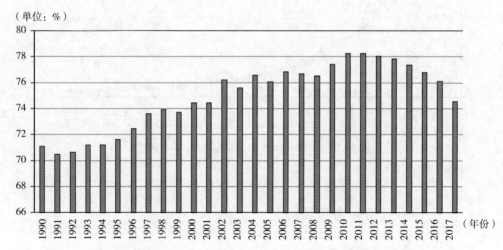

图 5-40　1990—2017 年辽宁省适龄劳动人口比重

资料来源:国家统计局网站。

（十二）科技研发活动频繁，知识经济较快增长

高新技术从业人员数量和专利申请授权量的增加，反映出辽宁省创新潜力大，高新技术产业工业总产值占 GDP 比重的增加，反映出辽宁省知识经济增长较快。

1. 高新技术企业年末从业人员数持续攀升

2007 年，辽宁省高新技术企业年末从业人员有 112865 人，2016 年有 481710 人，发生井喷式增长，提高了 3.3 倍（见图 5-41）。

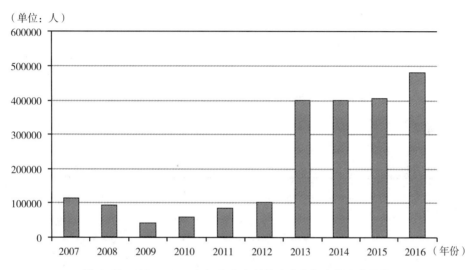

（单位：人）

图 5-41　2007—2016 年辽宁省高新技术企业年末从业人员数

资料来源：Wind 数据库。

2. 万人专利申请授权量增长迅速

2000 年，辽宁省万人专利申请授权量约为 1.2 件，2017 年约为 6.1 件，提高了 4.1 倍（见图 5-42）。

3. 高新技术产业工业总产值占 GDP 比重大幅提升

2007—2016 年，辽宁省高新技术产业工业总产值占 GDP 的比重总体呈上升趋势，2007 年为 5.8%，2016 年为 18%，提高了 12.2 个百分点（见图 5-43）。

二、辽宁省经济社会发展目前存在的问题

（一）经济发展排位不断下滑

改革开放以来，与自身相比，尽管辽宁省发展取得了不小成绩，但与其他省（自治

（单位：件）

图5-42　2000—2017年辽宁省万人专利申请授权量

资料来源：《辽宁统计年鉴》、辽宁统计信息网。

（单位：%）

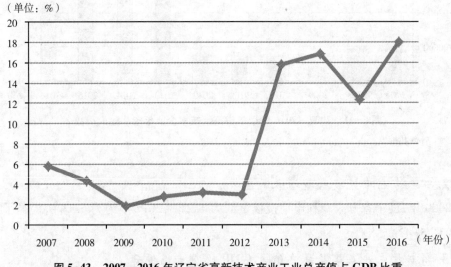

图5-43　2007—2016年辽宁省高新技术产业工业总产值占GDP比重

资料来源：Wind数据库。

区、直辖市）特别是东部发达省份相比，还存在着总量偏小、增速偏慢、活力不足等问题。1978年，辽宁省经济总量在全国排名第三位，40年间，辽宁省经济总量排位逐渐下滑，2017年下滑到第14位；增速排位相对靠后，特别是2014年以来出现断崖式下滑，2016年还出现了负增长（见图5-1、图5-4），2008—2017年10年间增速排名随之下降到第31位（见表5-2）。

表 5-2　1978—2017 年辽宁省 GDP 总量及增速在全国位次表

年　份	GDP 总量（亿元）	全国排名	排名变化	增长倍数	增速排名
1978	229.2	3			
1988	881.0	4	↓1	3.84	19
1998	3881.7	7	↓3	4.41	28
2008	13461.0	8	↓1	3.47	26
2017	23942.0	14	↓6	1.78	31

资料来源：国家统计局网站。

（二）经济结构有待进一步优化

1. 民营经济发展不足

与改革开放初期相比,辽宁省私营企业发展有了长足进步。但是,自 2013 年以来,国有及国有控股工业企业总资产及其占比逐渐增加,私营工业企业总资产及其占比逐渐减小(2016 年资产不及国企的三分之一,占比仅为 18.54%),而且国有及国有控股工业企业总资产占比一直超过 50%(2016 年为 56.84%)(见图 5-9、图 5-10)。这说明辽宁省的民营经济发展不够,市场还不够活。

2. 能源结构需进一步调整

40 年来,尽管辽宁省的能源结构在逐步调整,但煤炭生产和消费占比均超过全省能源生产和消费结构的一半以上。2016 年,煤炭生产占比降至 1978 年以来的最低值,但仍占到当年全省能源生产总量的 58.4%。[①] 而煤炭消费结构占比还高于生产占比,2016 年煤炭消费占比 59.9%(1978 年以来首次低于 60%)。

（三）经济发展质量不够好

通过财政盈余/赤字占 GDP 比重、政府债务占 GDP 比重、一般公共预算收入占 GDP 比重、贷款余额占 GDP 比重和上市公司数量几个指标的数据分析发现,辽宁省的经济发展质量还不够好。

1. 财政赤字占 GDP 的比重较高

自 1994 年开始,辽宁省政府财政赤字占 GDP 的比重逐年增加,2017 年达到 10.17%,远远超过 3% 的风险警戒线(见图 5-44)。

2. 政府债务偏高,占 GDP 的比重偏大

辽宁省近年来着力化解政府债务,债务总额呈下降趋势,但债务余额相对较高,占

---

① 《2017 年辽宁省统计年鉴》。

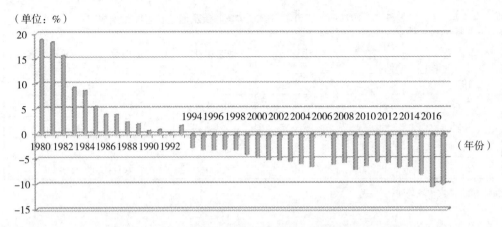

图 5-44　1980—2016 年辽宁省财政盈余/赤字占 GDP 比重

资料来源:根据《辽宁统计年鉴》、国家统计局数据整理绘制。

GDP 比重偏大,2017 年达到 35.32%,依然存在债务风险(见图 5-45)。

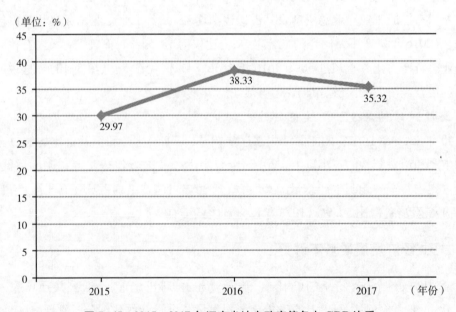

图 5-45　2015—2017 年辽宁省地方政府债务占 GDP 比重

资料来源:辽宁省财政局。

3. 一般公共预算收入占 GDP 比重较低

改革开放以来,辽宁省一般公共预算收入占 GDP 比重逐步降低,2015 年以来低于 10%,2017 年为 9.98%,低于全国 13% 的平均水平(见图 5-46)。

4. 贷款余额占 GDP 的比重太高

2008 年以来,辽宁省贷款余额占 GDP 的比重始终在高位运行,2017 年达到 172.4%,经济风险系数较高(见图 5-47)。

（单位：%）

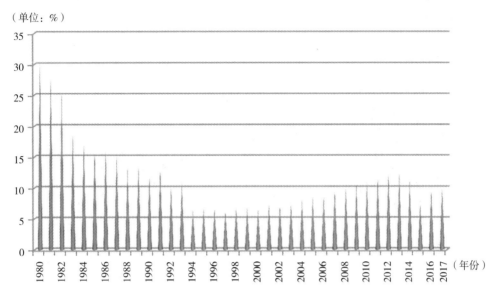

图 5-46　1980—2017 年辽宁省一般公共预算收入占 GDP 的比重

资料来源：根据《辽宁统计年鉴》、国家统计局数据整理绘制。

（单位：%）

图 5-47　1978—2017 年辽宁省贷款余额占 GDP 比重

资料来源：《辽宁统计年鉴》、辽宁统计信息网。

5. 上市公司数量偏少，企业直接融资能力不强

辽宁省境内上市公司数量由 1999 年的 52 家发展到 2017 年的 76 家（见图 5-48），与发达省（自治区、直辖市）相比相对较少（见表 5-3），而且近几年增加数量有限，企业从市场直接融资的能力不强，只能间接融资，变相推高了贷款余额。

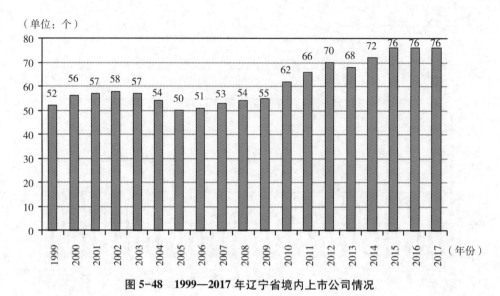

图 5-48　1999—2017 年辽宁省境内上市公司情况

资料来源:辽宁统计信息网。

表 5-3　各省(自治区、直辖市)A 股上市公司数量对比表(截至 2017 年年底)

广　东	浙　江	江　苏	北　京	上　海	山　东	福　建	四　川	安　徽	湖　南	湖　北
568	414	381	306	275	194	131	115	102	101	96
河　南	辽　宁	河　北	新　疆	天　津	重　庆	陕　西	吉　林	江　西	山　西	广　西
78	74	55	53	49	49	47	42	39	38	36
黑龙江	云　南	甘　肃	海　南	贵　州	内蒙古	西　藏	宁　夏	青　海		
36	34	33	30	27	25	15	13	12		

(四)科技投入不足,影响地区持续创新

辽宁省研发(R&D)经费投入强度不大,"十一五""十二五"时期都没有完成规划确定的目标("十一五"规划确定的 R&D 经费占 GDP 比重目标为 2.0%,实际仅为 1.6%,"十二五"规划确定的 R&D 经费占 GDP 比重目标为 2.2%,实际仅为 1.3%),R&D 经费占 GDP 比重在低位运行,必将影响科研人员的培养和引进,影响本地区经济和社会持续创新发展(见图 5-49)。

(五)人力资源状况不容乐观

辽宁省人口老龄化问题比较突出,2017 年,辽宁省 60 岁以上人口占总人口比已达到 22%(全国平均水平为 17.3%),2016 年辽宁省人口抚养比为 1.64%(全国平均为 2.8%)。不仅如此,辽宁省人口还多年处于低增长状态,甚至出现负增长现象(见图 5-50)。

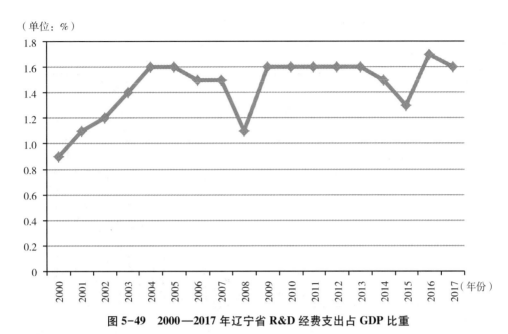

图5-49　2000—2017年辽宁省R&D经费支出占GDP比重

资料来源:《辽宁统计年鉴》、辽宁统计信息网。

图5-50　1978—2016年辽宁省人口增长率变化情况

资料来源:辽宁统计年鉴。

　　另外,辽宁省的工资水平不高也不利于吸引和留住人力资源。虽然辽宁省城镇单位在岗职工平均工资水平已经从1978年的668元增长到2016年的57148元,但是对比同期北京的122749元,相当于北京水平的46.56%,对比同期上海的120503元,相当于上海水平的47.42%,位列全国31个省(自治区、直辖市)中的第27位,反映出辽宁省在平均工资水平领域的差距(见图5-51)。

（单位：元）

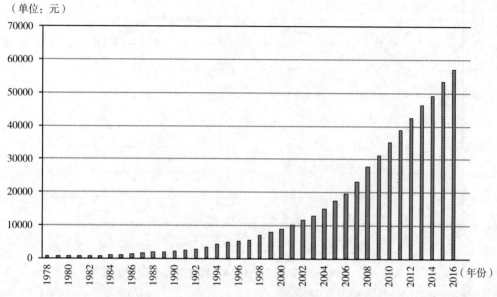

图 5-51　1978—2016 年辽宁省在职职工平均工资水平

资料来源：国家统计局网站。

辽宁省最低工资水平从 1995 年的 150 元增长到 2017 年的 1020 元,23 年间增长了 5.8 倍。但是从全国来看,辽宁省的最低工资水平非常低,仅从 2017 年全国的数据分析,辽宁省位居倒数第二位,仅超过了广西(1000 元),与最高的上海(2300 元)相比,差了 1280 元,仅占其 44%(见图 5-52)。

（单位：元）

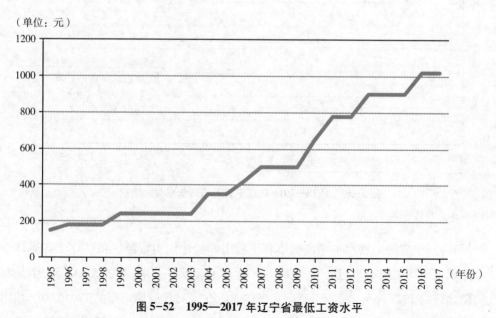

图 5-52　1995—2017 年辽宁省最低工资水平

资料来源：Wind 数据库。

（六）财政收入质量不高

一方面，辽宁省财政收入占 GDP 的比重较低，1994 年达到最低值，约占 6.2%，近年来一直在 10% 左右徘徊，远低于全国 20.8% 的比重，如图 5-53 所示。

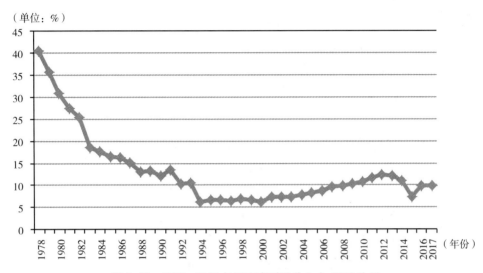

图 5-53　1978—2017 年辽宁省财政收入占 GDP 比重

资料来源：《辽宁统计年鉴》、辽宁统计信息网。

另一方面，税收收入占财政收入比重较低，自 2004 年以来，税收收入占财政收入的比重一直在 75%—79% 区间运行，远远低于 90% 以上的合理水平（见图 5-54）。

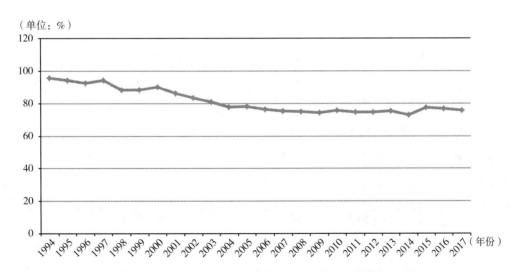

图 5-54　1994—2017 年辽宁省税收收入占财政收入的比重

资料来源：《辽宁统计年鉴》、辽宁统计信息网。

三、辽宁省进一步深化改革开放的政策建议

(一)着眼于净化政治环境、优化营商环境、美化生态环境,深化改革,激发活力

从深层次看,正如习近平总书记指出的,东北问题"归根结底仍然是体制机制问题,是产业结构、经济结构问题";解决这些困难和问题归根结底还要靠全面深化改革。[1] 自改革开放以来,辽宁省发展速度在全国排位一直下滑,其根本原因是计划经济影响太深,市场活力不足,没有融入市场经济大潮之中;近年出现的断崖式下滑,还因为政治环境被"污染"的叠加影响。另外,招商引资的传统路径依赖,不仅不适应新时代高质量发展的要求,也使生态环境频遭破坏。

通过深化改革,净化政治环境、优化营商环境、美化生态环境,一是在中央指导下建立符合辽宁省实际的、从严管理与"容错纠错"兼容的法规制度,既精准修复政治生态,又防止因净化政治生态错失调动积极性的时机,有效激发各级干部创新创业活力。二是积极发挥"后发"优势,争取中央支持,制定"高标准、高起点"的深化"放管服"改革政策,有效激发市场活力和社会创新力。三是抓紧制定新的各类人才教育培训计划,加强新思想、新理论、新方法、新技能培训,推动各级干部和群众尽快摒弃旧的发展方式、思维定式和路径依赖。

(二)咬定青山不放松,坚定不移落实新发展理念和"四个着力""三个推进"

立足当前,扎实贯彻"三年攻坚计划";着眼长远,强化"多规合一"制定战略规划,有序推进"一带五基地"和"五大区域发展战略"。目前,一是尽快制定支持实施军民融合战略的地方促进政策,充分发挥辽宁省企业的比较优势。二是积极争取中央出台统一政策,帮助辽宁省解决历史遗留共性问题(如厂办大集体和"三供一业"问题),在"卸包袱"的同时,制定"增动力"的国有企业"混改"政策。三是大力优化民营经济发展的政策环境。

(三)充分发挥东北亚、环渤海、东北华北"路桥"的综合区位优势,深化对内对外开放,以高水平开放推动高质量发展,以全面开放引领全面振兴

辽宁省应在落实好参与"一带一路"建设、京津冀协同发展和长江经济带发展战

---

[1] 2015年7月17日,习近平总书记在长春座谈会上的讲话。

略,深入推进辽宁自贸试验区制度创新,深化与江苏、北京、上海对口合作各方面政策的基础上,瞄准东北亚形势缓和的大势,抓住中朝、中韩、中日、中俄合作的新机遇,找准载体、搭建平台,扩大开放。

(四)完善培养引进人才政策,提高符合政策的生育水平,努力扩大人力资源供给,为全面振兴提供人才保障

一是出台政策,推广沈阳市"引老乡回家乡、引校友回沈阳、引战友回驻地"的"三引三回"的行之有效的人才引进做法,主动出击,热情引才;二是坚持不求所有、但求所用原则,制定并实施柔性引进人才政策;三是落实责任制,加大研发(R&D)投入强度,落实提高科研项目经费中的人员费用比例政策;四是制定激励政策,有效落实国家二孩政策,鼓励符合条件的年轻人生育二孩。

(五)坚持底线思维,有效预防和化解政府债务风险和企业养老金风险

一是以深化党和国家机构改革为契机,严格控制机关行政和全额拨款事业单位编制,从入口关把严财政支出;二是深入推进事业单位改革,将企业类事业单位全部转企,既解放社会生产力,又减轻财政负担,还化解了政府债务;三是建议中央抓紧推进并早日实现养老金全国统筹,不仅尽早化解养老金缺口问题,而且有效满足人民日益增长的对公平正义的需要。

(六)推进金融市场健康发展,实现金融与实体经济的有机结合,助力辽宁振兴发展

一是制定大力培育本地公司上市的优惠政策,通过靠前、定向、全方位提供服务,促进更多本地公司上市,提高企业从市场直接融资能力;二是积极争取在沈阳市或大连市建立跨境贸易人民币结算东北区域中心;三是优化促进创新创业的激励政策,唤醒存在银行里的大量"沉睡"资金(2016年年末,辽宁省人均存款余额为5.82万元,排在北京、上海、浙江之后的第四位)。

(七)内修外扶,及时"止损",保证辽宁省人民和全国一道如期全面建成小康社会

当前,辽宁省正处在滚石上山、爬坡过坎的关键时期,面临逆水行舟、不进则退和标兵渐远、追兵迫近的严峻形势,肩负全面建成小康社会的战略任务,需要自身进行体制重构、生态重建、形象重塑,更需要自身勇往直前、顽强拼搏、奋斗攀登,也需要中央加大支持力度,在人才、政策、项目上予以倾斜,给予与西部地区相同的优惠政策。

（八）坚持问题导向和需求导向，加强水资源管理和公路网建设，为辽宁省振兴发展提供基础保障

辽宁省人均水资源不足 1000 立方米，相当于全国人均的 1/3 左右，属严重缺水省份。为此，应通过完善充分利用现有水源、开发新技术节流开源、推广山区小流域综合治理、推行河长制等相关政策，优化和提高水环境能力和水资源供给能力。

辽宁省的优质高速公路、铁路运营里程在全国领先，但公路网密度较低，2016 年，每百平方公里有 80.65 公里公路，仅为全国平均密度的一半。① 因此，辽宁省应调整公路建设重点，修建更多乡村（屯）公路，推动基本公共服务均等化，推进实施乡村振兴战略。

说明：本文数据均来源于国家统计局网站(http://data.stats.gov.cn)，辽宁统计局网站即辽宁统计信息网(http://www.ln.stats.gov.cn)，辽宁统计年鉴(辽宁省统计局/国家统计局辽宁调查总队编，中国统计出版社)。部分由辽宁各厅局相关部门提供的 2017 年数据为各厅局相关部门初步统计结果，最终数据还以 2018 年辽宁统计年鉴为准。

---

① 资料来源：根据《辽宁统计年鉴》、国家统计局数据整理绘制。

6

吉林省改革开放 40 周年
地区发展报告

吉林省行政学院课题组①

一、1978 年以来吉林省经济社会发展成就

吉林省是国家老工业基地,改革开放初期,由于存在体制问题和结构制约,曾长期深陷"东北现象"困境。自 2003 年国家实行东北老工业基地振兴战略以来,吉林省经济发展步伐明显加快,老工业基地不断焕发出新的生机与活力,经济社会发展取得重大成就。

(一)经济总量不断提升

1. 地区生产总值跃上新台阶

改革开放 40 年来,吉林省地区生产总值从 1978 年的 81.98 亿元增加到 2017 年的 15288.9 亿元,跨越了百亿、千亿和万亿三个历史性大台阶。党的十八大以来的五年,尽管在经济新常态下遇到严重的经济下行压力,但经济发展稳中向好,地区生产总值从 2012 年的 11939.2 亿元增加到 2017 年的 15288.9 亿元,越过 4 个千亿元台阶,为全面建成小康社会奠定了坚实的物质基础(见图 6-1)。

40 年来,吉林省地区生产总值年均增长 10.5%,高于国家同期年均增长率(9.6%)0.9 个百分点,特别是在 2003 年至 2012 年东北老工业基地第一轮振兴发展中,经济增速明显加快,年均增长 13.5%,不仅明显高于同期国家年均增速(10.5%),而且也高于同期东北三省的平均经济增速(12.8%)。2006 年和 2007 年,吉林省连续两年全国增速排名第二位,2008 年全国排名第三位(见图 6-2)。

① 课题组组长:关英菊;课题组成员:王雪雁、苏向坤、金艳荣、闫西安、杜凤英、徐寅生、高芸、李刚、李春雷;项目编号:NSAZT(WT)2018006。

（单位：亿元）

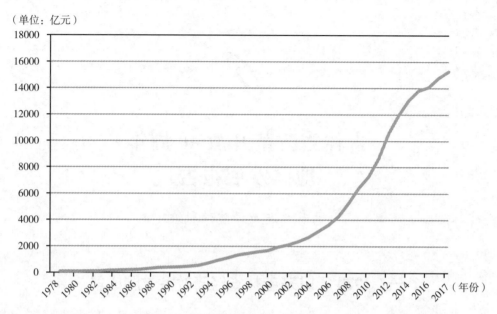

图 6-1　1978—2017 年吉林省地区生产总值

资料来源：吉林统计信息网，http://tjj.jl.gov.cn/。以下图表数据凡注明此网站者，均来自同一网站，不再一一写网址。

（单位：%）

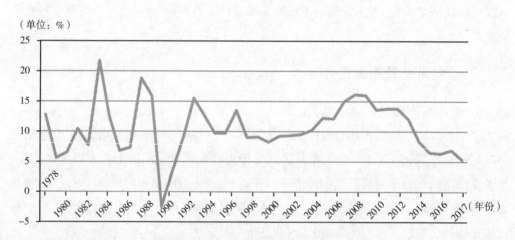

图 6-2　1978—2017 年吉林省 GDP 增长率

资料来源：吉林省统计局网站。

2. 人均地区生产总值持续攀升

吉林省人均 GDP 从 1978 年的 381 元增加到 2017 年的 56102 元（折合 8311 美元），增长了近 146 倍（见图 6-3）。人均 GDP 年均增长 9.6%，高于同期国家人均 GDP 年均增速（8.56%）1.04 个百分点。在东北老工业基地振兴十年（2003—2012 年）中，吉林省人均 GDP 增长较快，年均达到 13.2%，高于国家同期（9.97%）3.23 个百分点，快于辽宁省和黑龙江省，后二者分别为 11.3% 和 11.2%（见图 6-4）。

（单位：元）

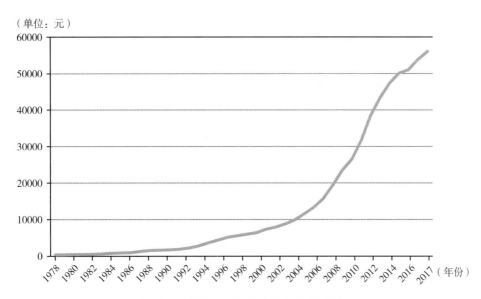

图 6-3 1978—2017 年吉林省人均 GDP

资料来源：吉林省统计局网站。

（单位：%）

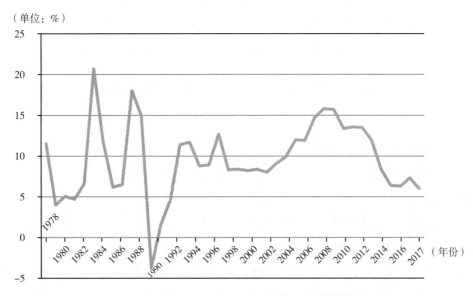

图 6-4 1978—2017 年吉林省人均 GDP 增长率

资料来源：吉林省统计局网站。

（二）经济结构不断优化

1. 产业结构调整取得明显成效

三次产业结构由 1978 年的 29.3∶52.4∶18.3 逐步转变为 2017 年的 9.3∶

45.9：44.8。改革开放 40 年来,吉林省第一产业占比降低了 20 个百分点,第二产业占比降低了 6.5 个百分点,第三产业占比显著提升了 26.5 个百分点,初步形成了第二产业和第三产业并驾齐驱的产业格局。特别是党的十八大以来的五年,三次产业调整进程加快,由 2012 年年底的 11.8：53.4：34.8 调整到 2017 年的 9.3：45.9：44.8,服务业攻坚深入推进,占比提高了 10 个百分点,对经济增长的贡献率大幅提升(见图 6-5)。

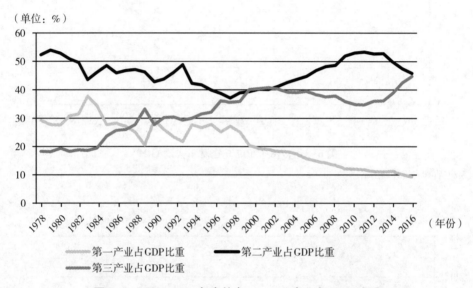

（单位：%）

第一产业占 GDP 比重　　第二产业占 GDP 比重
第三产业占 GDP 比重

图 6-5　1978—2016 年吉林省一、二、三产业占 GDP 比重

资料来源:吉林省统计局网站。

2.所有制结构有较大改善

改革开放以来,吉林省国有控股工业企业资产总计占比不断降低,从 2000 年的 88.4% 下降到 2016 年的 66.5%。同时,私营工业企业资产总计占比不断提高,从 2000 年的 1.3% 提高到 2016 年的 19.3%(见图 6-6)。

3.单位 GDP 能耗逐年降低

单位 GDP 能耗从 1978 年的 0.00203 吨标准煤/元下降至 2017 年的 0.00005 吨标准煤/元,表明吉林省正在由高耗能的传统生产方式向低耗能的科学发展方式转变(见图 6-7)。

4.城镇化率不断提高

1978 年,吉林省城镇化率为 30.7%,到 2017 年,吉林省城镇常住人口为 1539.42 万人,占总人口比重(常住人口城镇化率)为 56.65%,比上年末提高 0.68 个百分点(见图 6-8)。

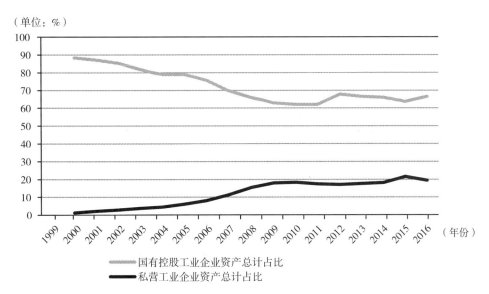

（单位：%）

国有控股工业企业资产总计占比
私营工业企业资产总计占比

图6-6 1999—2016年吉林省国有控股工业企业资产总计占比、私营工业企业资产总计占比

资料来源：吉林省统计局网站。

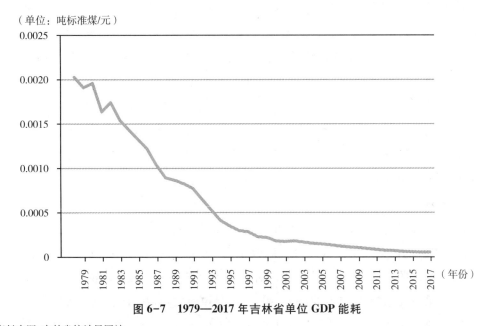

（单位：吨标准煤/元）

图6-7 1979—2017年吉林省单位GDP能耗

资料来源：吉林省统计局网站。

（三）经济运行稳中向好

1. 物价水平总体稳定

吉林省物价水平的变化，可以分为两个阶段来分析：第一阶段是1978年至1998

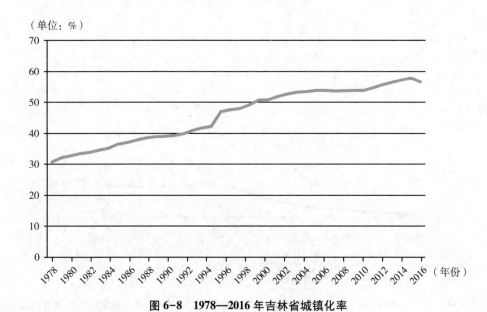

图6-8　1978—2016年吉林省城镇化率

资料来源:吉林省统计局网站。

年,为物价上涨与剧烈波动的阶段。这21年间,居民消费价格指数(CPI)总体呈上涨态势,尤其是1989年至1998年这10年,中国经济经历了价格闯关、投资热潮、东南亚金融危机,吉林省经济也随之波动,物价水平呈现极不稳定状态:1994年CPI高达20.6%,1998年降至-0.8%。第二阶段为2000年以来,物价水平逐渐趋于稳定,CPI涨幅维持在5%以下。尤其是党的十八大以来,在以习近平同志为核心的党中央领导下,全国经济发展实现了稳中有进。在这样的大背景下,吉林省CPI同比增幅从2012年至2017年分别是2.5%、2.9%、2.0%、1.7%、1.6%、1.6%,年均涨幅2.05%,呈现比较稳定的状态(见图6-9)。

2. 财政收入稳中有升

表现在两个方面:一是财政收入占GDP比重比较稳定。分税制改革之前,财政收入占经济增长的比重波动较大。分税制改革之后,更多的财权集中到中央,一段时间内,吉林省财政收入占GDP比重出现大幅下降,但伴随着经济改革走向成熟,财政收入占GDP比重也开始趋向稳定(见图6-10)。二是税收收入占财政收入比重稳定。通常来讲,若一地区税收收入占财政收入比重在60%以上,则表示该地区财政收入和经济发展比较稳定。2005年以来,吉林省税收收入占财政收入比例保持在68%—74%,2017年达到70.53%(见图6-11)。

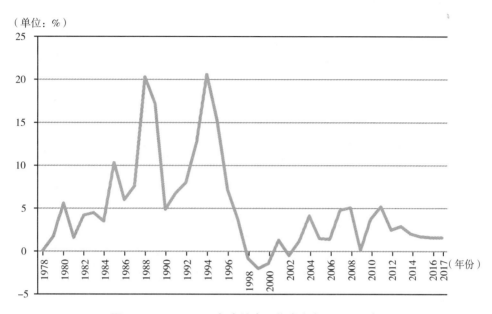

图 6-9　1978—2017 年吉林省通货膨胀率（以 CPI 计）

资料来源：吉林省统计局网站。

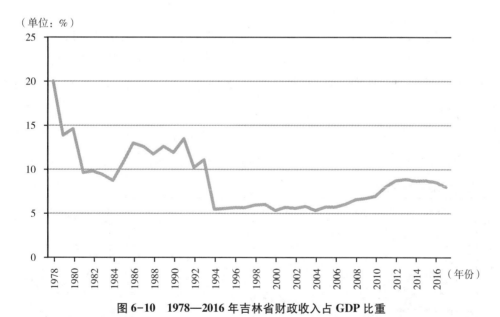

图 6-10　1978—2016 年吉林省财政收入占 GDP 比重

资料来源：吉林省统计局网站。

（单位：%）

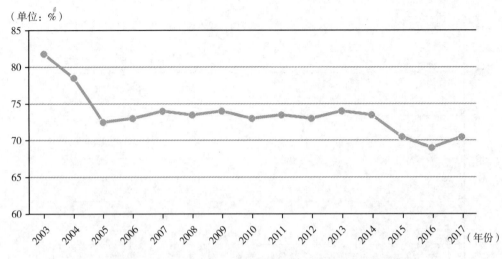

图 6-11　2003—2017 年吉林省税收收入占财政收入的比重

资料来源：吉林省统计局网站。

（四）基础设施建设成效显著

1. 覆盖全省的交通运输网络基本形成

2013 年至 2017 年公路基础设施建设累计完成投资 1239 亿元，公路总里程达到 10.4 万公里，其中高速公路通车里程达到 3119 公里，全省 80% 的县市通了高速公路。实施了农村公路"村村通"工程，新建改建农村公路 1.45 万公里，建制村通畅率达到了 100%。公路网密度从 1978 年的 12.7 公里/百平方公里，发展到 2017 年的 55.44 公里/百平方公里，增加了 3.4 倍（见图 6-12）；铁路网密度从 1978 年的 1.98 公里/百平方公里增加到 2017 年的 2.6 公里/百平方公里，增加了 31%（见图 6-13）；（人均）民用

（单位：公里/百平方公里）

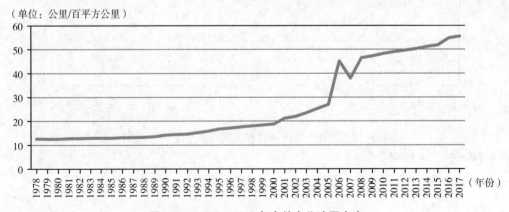

图 6-12　1978—2017 年吉林省公路网密度

资料来源：吉林省统计局网站。

航空客运量从1978年的0.004人次发展到2017年的0.257人/次,增长了63倍(见图6-14)。吉林省目前已经形成以长春龙嘉国际机场为主,延吉、长白山、通化、白城、松原机场为辅的"一主多辅"机场格局,初步建成了以长春龙嘉国际机场为核心,辐射全国主要城市,同时布局东北亚,连接东南亚和俄罗斯一些地区的国际国内航线网络。

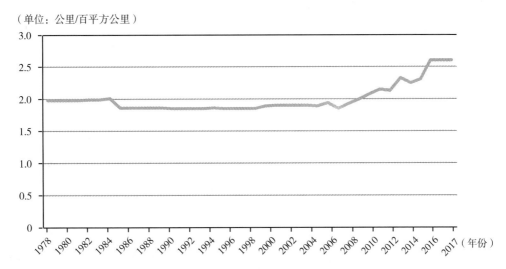

（单位：公里/百平方公里）

图6-13　1978—2017年吉林省铁路网密度

资料来源:吉林省统计局网站。

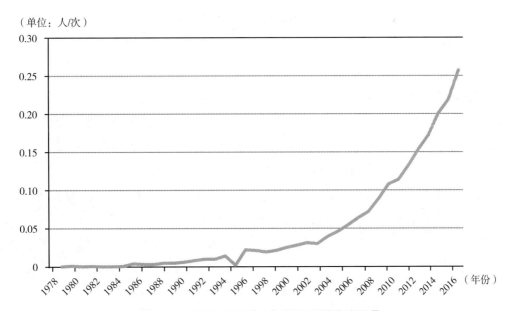

（单位：人/次）

图6-14　1978—2016年(人均)民用航空客运量

资料来源:吉林省统计局网站。

2. 人均年用电量增速较快

一个地区的生产生活水平和用电量之间存在强烈的正相关关系。2005年用电总量3782271千瓦时,人均用电量为1416.9千瓦时/人;2010年用电总量达到5769749千瓦时,人均用电量为2118.27千瓦时/人;2016年用电总量6676273千瓦时,人均用电量为2523.63千瓦时/人(见图6-15)。

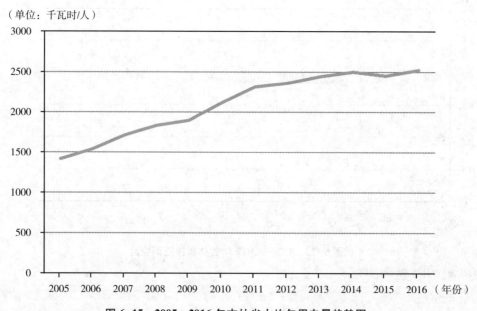

（单位：千瓦时/人）

图6-15　2005—2016年吉林省人均年用电量趋势图

资料来源:吉林省统计局网站。

3. 电话普及率显著增长

电话包括固话和移动电话。1978年,吉林省的电话普及率是0.2%,到1996年上升为5.3%,到2017年跃升为123.2%(见图6-16)。2017年,固定电话用户497.57万户,普及率为18.2部/百人;移动电话用户2868.80万户,普及率为105.0部/百人。

4. 数字化建设取得明显成效

2002—2016年,吉林省互联网上网人数急剧增加,仅仅15年就从118万人增加到1402万人,增加了11倍,互联网普及率也从4.6%增加到53.2%(见图6-17)。截至2017年年底,互联网宽带接入用户501.49万户,移动互联网用户2349.58万户,其中手机上网用户2195.01万户。移动互联网接入流量6.54亿兆,比上年增长83.7%。以互联网为代表的数字技术正在加速与经济社会各领域深度融合,成为促进消费升级、经济社会转型、构建竞争新优势的重要推动力。互联网的普及助推电子商务产业快速增长,不仅惠及城市,也已逐步覆盖到乡村。截至2016年年底,吉林省已有13个地区被列入国家智慧城市试点,全省"互联网+政务服务"体系初步建成,政务微博、政务微信在

图 6-16　2006—2017 年吉林省电话普及率

资料来源：吉林省统计局网站。

2016 年得到了大力发展，为智慧政务、智慧民生、智慧城市建设打下了坚实基础。

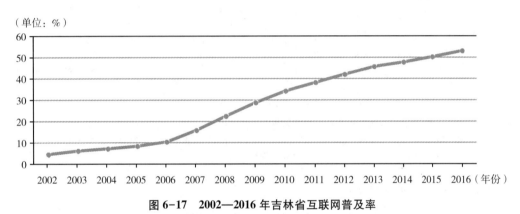

图 6-17　2002—2016 年吉林省互联网普及率

资料来源：国家统计局网站，http://www.stats.gov.cn/，以下图表数据凡注明此网站者，均来自同一网址，不再一一注明。

（五）自然资源基础较好

1. 黑土地资源得天独厚

吉林省素有"黑土地之乡"的美誉，地处东北黑土地的核心区域。黑土地土壤肥沃，耕作条件优越，是农业振兴发展的重要基础。2016 年，吉林省耕地总面积为 620.11 万公顷，较 1978 年（405.08 万公顷）增加了 53%。人均耕地面积为 0.234 公顷，较 1978 年（0.188 公顷）增加了 24%（见图 6-18）。与全国平均水平相比，吉林省人均耕地面积为全国人均耕地面积（0.0976 公顷①）的 2.4 倍。2015 年 3 月 9 日，习近平总书记参加

① 此人均耕地面积计算方法为：全国耕地总面积/年末总人口。据国家统计局网站显示：截至 2016 年年末，全国耕地面积为 13495.66 万公顷，当年年底人口为 138271 万人。

全国"两会"吉林代表团审议时,详细询问了黑土地保护情况。7月16日至18日,习近平总书记在吉林省视察时作出重要指示:黑土地土质肥沃,是吉林农业发展得天独厚的条件。要开展黑土地保护行动,切实把黑土地保护好、利用好。

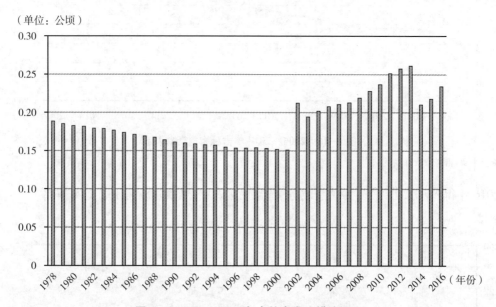

（单位：公顷）

图 6-18　1978—2016 年吉林省人均耕地面积

资料来源:1978 年至 2013 年吉林省耕地总面积、年末总人口、2014 年至 2016 年机耕面积数据来自吉林省统计局网站。2014 至 2016 年吉林省耕地总面积计算方法:机耕面积/机耕面积占耕地面积的百分比。1978 年至2016 年人均耕地面积计算方法:耕地总面积/年末总人口。

2. 森林覆盖率稳步提高

吉林省森林资源丰富,在社会经济发展中具有重要战略地位。2016 年,吉林省森林覆盖率由 1984 年的 35.9% 提升到 44.1%,远超全国平均水平(21.6%)(见图6-19)。2016 年,吉林省林业用地面积 856.19 万公顷,森林面积 763.87 万公顷,人工林面积 160.56 万公顷,活立木总蓄积量 9.65 亿立方米,木材产量居全国第二位。

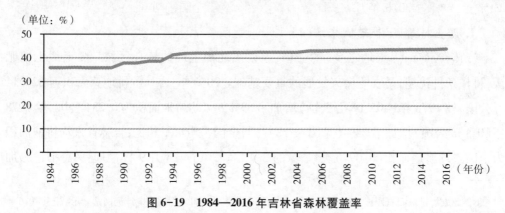

（单位：%）

图 6-19　1984—2016 年吉林省森林覆盖率

资料来源:吉林省统计局网站。

3. 矿产资源比较丰富

吉林省地处东北地区腹地,纵跨古亚洲和滨太平洋成矿域,成矿条件较好,矿产种类较为齐全,已发现矿产158种,有查明资源含量的矿产115种,矿泉水、油页岩、硅藻土等矿产资源储量处于全国前列。

(六)人民生命健康水平不断提高

1. 平均预期寿命大幅提高

1990年吉林省平均预期寿命为67.95岁,2000年达到73.10岁,2010年达到76.18岁,呈逐年上升趋势。与同期全国平均预期寿命相比,吉林省平均预期寿命由1990年低于全国平均预期寿命0.6岁,到2010年高于全国平均预期寿命1.35岁,百姓健康工程收效显著(见表6-1)。

表6-1　全国及东北三省平均预期寿命对照表　　　　(单位:岁)

地　　区	第四次人口普查 (1990年)	第五次人口普查 (2000年)	第六次人口普查 (2010年)
全　　国	68.55	71.40	74.83
吉林省	67.95	73.10	76.18
辽宁省	70.22	73.34	76.38
黑龙江省	66.97	72.37	75.98

资料来源:国家统计局网站。

2. 医疗卫生条件明显改善

纵向来看,吉林省万人病床数由1978年的29.2张增加到55.3张;万人医生数由1978年的14.1人增加到2016年的25.5人,年均增长速度分别为2.2%和2.0%。横向来看,吉林省2016年万人病床数为55.3张,高于全国平均水平(53.7张);万人医生数为25.5人,高于全国平均水平(23.1人)(见图6-20)。

(七)教育水平显著提升

1. 基础教育不断加强

义务教育完成情况良好,1978—2016年各年学龄儿童平均入学率保持在99%以上(见图6-21)。小学师生比从1978年的1:44发展到2016年的1:13;万人专任教师数由1978年的421.4人增加到2016年的847.24人,增加了一倍以上(见图6-22)。

（单位：张；人）

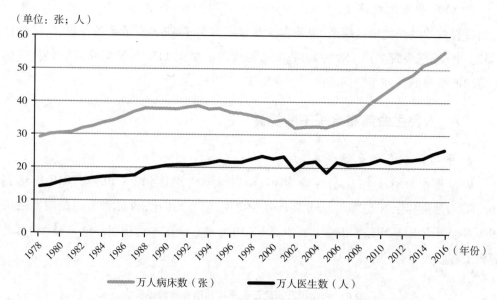

图6-20 1978—2016年吉林省万人病床数和万人医师数

资料来源：吉林省统计局网站。

（单位：%）

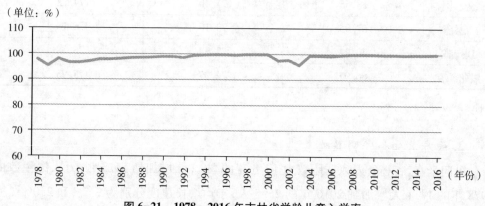

图6-21 1978—2016年吉林省学龄儿童入学率

资料来源：吉林省统计局网站。

2.高等教育水平稳步提升

高中在校生人数从1978年的3万人增长到2016年的64.23万人。根据全国第四、五、六次人口普查结果，全省常住人口中，具有高中（含中专）学历程度的人数历次分别是309.9万人、411.26万人和463.17万人，呈稳步增长态势，占总人口的比重从1990年的12.7%上升到2010年的17%（见图6-23）；具有大学（含大专）及以上学历程度的人数历次分别是53.12万人、134.38万人和271.61万人，占总人口的比重从1990年的2.18%上升到2010年的9.97%（见图6-24）；万人在校研究生数从1983年的0.6人上升到2017年的23.4人，是1983年的近40倍（见图6-25）。

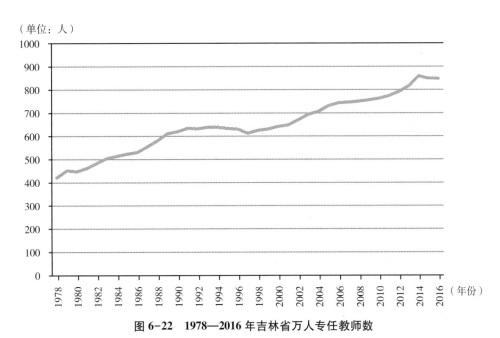

图 6-22 1978—2016 年吉林省万人专任教师数

资料来源:吉林省统计局网站。

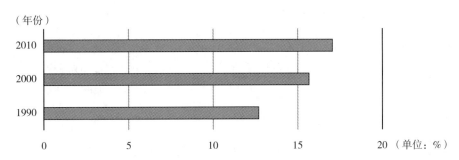

图 6-23 1990—2010 年吉林省高中(含中专)学历人口比重

资料来源:全国第四、五、六次人口普查报告。

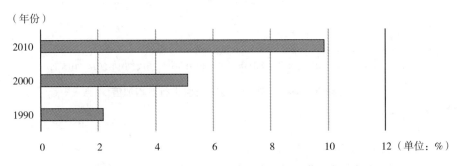

图 6-24 1990—2010 年吉林省大专及以上学历人口比重

资料来源:全国第四、五、六次人口普查报告。

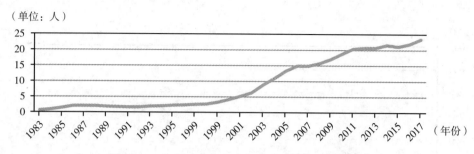

（单位：人）

图 6-25　1983—2017 年吉林省万人在校研究生数

资料来源：吉林省统计局网站。

（八）金融行业发展势头良好

1. 金融行业对经济增长的贡献率逐年提高

吉林省金融业增加值增长较快，2016 年为 659.55 亿元，是 2001 年（79.5 亿元）的 8 倍多（见图 6-26）。金融行业增加值占 GDP 比重呈增长态势，由 2001 年的 3.7% 提高到 2016 年的 4.5%（见图 6-27）。

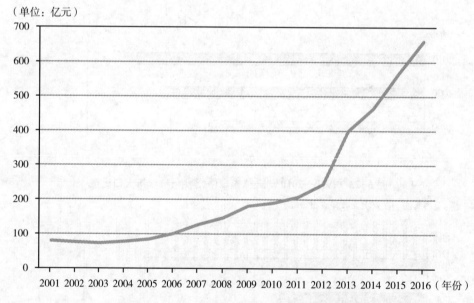

（单位：亿元）

图 6-26　2001—2016 年吉林省金融行业增加值

资料来源：吉林省统计局网站。

2. 银行业资本规模日益扩大

截至 2017 年年末，吉林省境内金融机构本外币存款余额达到 21696.87 亿元，是 1978 年（24.94 亿元）的 870 倍，年平均增长率高达 18%。吉林省的贷款余额为 18010.34 亿元，是 1978 年（61.16 亿元）的 294 倍，年平均增长率高达 15%。贷款余额

（单位：%）

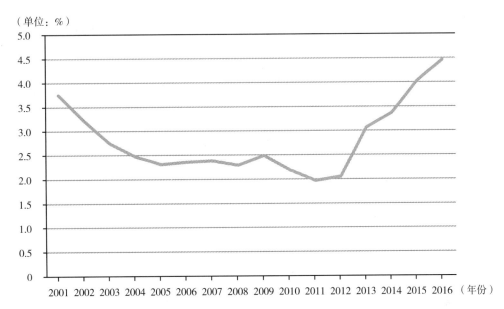

图 6-27　2001—2016 年吉林省金融行业增加值占 GDP 比重

资料来源：吉林省统计局网站。

占 GDP 比重也逐年提高，1978 年贷款余额占 GDP 比重为 75%，2017 年比重提高到 118%，这表明贷款对于吉林省经济发展的支持力度在不断加大（见图 6-28）。

（单位：%）

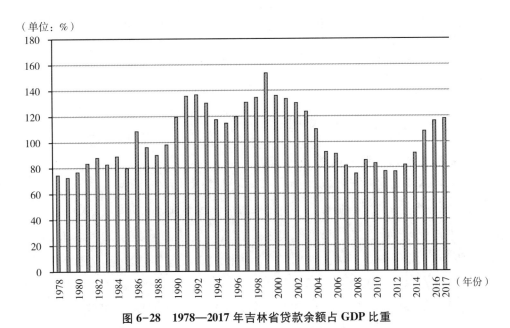

图 6-28　1978—2017 年吉林省贷款余额占 GDP 比重

资料来源：吉林省统计局网站。

3. 保险业发展态势良好

截至 2017 年年末,吉林省保险业保费收入为 641.63 亿元,是 1994 年的 93 倍,年平均增长率高达 21%;保费收入占 GDP 的比重由 1994 年的 0.7% 上升至 2017 年的 4.2%(见图 6-29)。同时,保险业对公共服务和民生领域的支持保障功能也逐步增强,截至 2016 年年末,吉林省共有法人保险公司 3 家,省级保险分公司 34 家,共为城市建设、交通设施和民生领域多项重大项目提供风险保障 336 亿元。

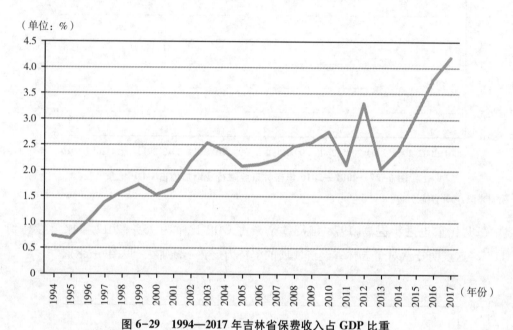

(单位: %)

图 6-29　1994—2017 年吉林省保费收入占 GDP 比重

资料来源:吉林省统计局网站。

(九)绿色发展能力不断增强

1. 空气质量状况明显改善

2004 年,长春市可吸入颗粒物浓度(年均 PM_{10} 浓度)为 98 微克/立方米,2013 年为 131 微克/立方米,空气污染非常严重。此后政府高度重视大气污染防治工作,将大气污染治理作为全省重点工作和民生实事进行系统安排部署。自 2015 年起,长春市 PM_{10} 浓度持续下降,2017 年降至 78 微克/立方米,空气质量明显改善(见图 6-30)。

2. 节能减排成效显著

单位 GDP 能耗逐年降低,从 1978 年的 0.00203 吨标准煤/元下降至 2017 年的 0.00005 吨标准煤/元,下降了近 40 倍。工业废水排放量先升后降,峰值出现在 2012 年,为 44842 万吨,2013 年以后下降趋势非常明显,尤其是 2016 年由上一年的 38771.79 万吨骤减到 19237.55 万吨,减排幅度高达 50%(见图 6-31)。万元 GDP 废水

（单位：微克/立方米）

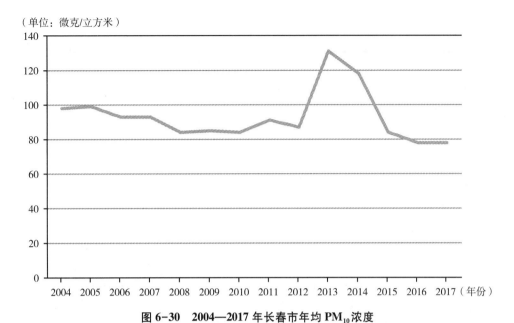

图 6-30　2004—2017 年长春市年均 PM₁₀浓度

资料来源：吉林省环保厅。

（单位：万吨）

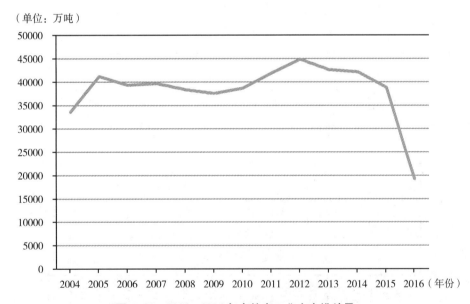

图 6-31　2004—2016 年吉林省工业废水排放量

资料来源：吉林省环保厅。

排放量从 2004 年的 11.35 吨/万元下降到 2016 年的 1.29 吨/万元,减少 88.6%（见图 6-32）。一般工业固体废物产生量虽然随着经济发展由 1990 年的 1716 万吨上升到 2016 年的 4006 万吨（见图 6-33）,但万元 GDP 一般工业固体废物产生量却逐年降低,由 1990 年的 4.04 吨/万元下降到 2016 年的 0.27 吨/万元,下降幅度非常明显（见图 6-34）。

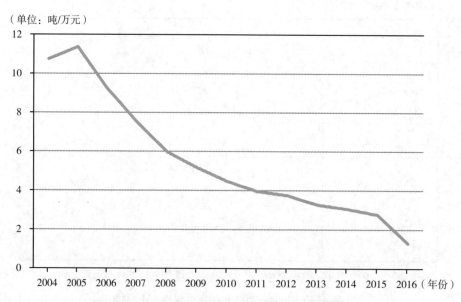

（单位：吨/万元）

图6-32 2004—2016年吉林省万元GDP废水排放量

资料来源：工业废水排放量数据来自吉林省环保厅，GDP数据来自吉林省统计局网站。

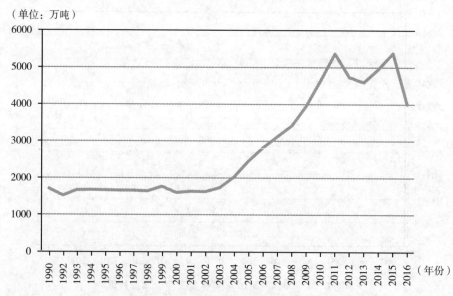

（单位：万吨）

图6-33 1990—2016年吉林省一般工业固体废物产生量

资料来源：吉林省环保厅。

（十）就业人数稳定增长，就业结构不断改善

1. 就业人数稳定增长，失业率基本稳定

1978年，吉林省就业总人数为645.38万人，到2016年增长到1501.73万人，40年

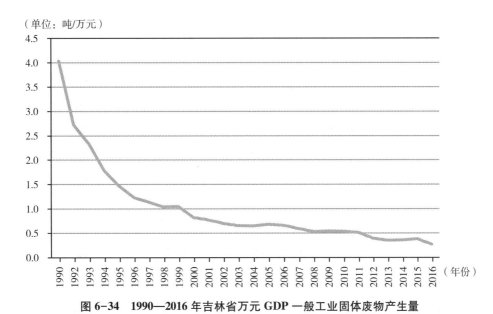

（单位：吨/万元）

图 6-34　1990—2016 年吉林省万元 GDP 一般工业固体废物产生量

资料来源：一般工业固体废物产生量数据来自吉林省环保厅，GDP 数据来自吉林省统计局网站。

间就业人数增长了 856.35 万人。2000 年以来，城镇登记失业率基本稳定在 3.2%—4.3%。

2. 就业结构不断改善

从三次产业就业结构来看，第一产业就业人员总体呈下降趋势，由 2002 年的 587.3 万人减少到 2016 年的 508 万人，减少了 79.3 万人；第二产业就业人员数呈不断上升趋势，由 2002 年的 219.0 万人增长到 2016 年的 325.7 万人，增加了 106.7 万人；第三产业就业人员逐年上升，人数由 2002 年的 380.3 万人增长到 2016 年的 668.0 万人，增加了 287.7 万人（见图 6-35）。第一产业就业人员占全部就业人口的比例也逐年降低，1978 年第一产业就业人员占比 49.3%，占到全部就业人口的近一半，到 2016 年下降到 33.8%。第二产业和第三产业就业人口占全部就业人口的比例逐渐升高，其中第三产业升高的速度明显大于第二产业，从 1978 年的 18.95% 上升到 2016 年的 44.48%。可见，第一产业就业人口正在逐步向第二、三产业转移，从 2014 年开始，第三产业就业人口超过第一产业和第二产业，成为吸纳就业人员最多的产业。

（十一）知识经济迅速发展，创新能力显著提升

知识经济与创新能力建设是一个系统性工程，包含知识创造、知识获取、企业创新、创新环境与创新绩效等多方面的内容。根据《中国区域创新评价报告 2016 — 2017》中的综合科技创新水平指数，吉林省 2012 年创新综合指数为 46.25，到 2016 年上升到

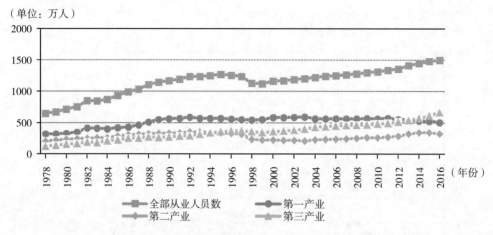

（单位：万人）

图 6-35　1978—2016 年吉林省三次产业从业人员数

资料来源：吉林省统计局网站。

50.29，表明吉林省知识经济发展与创新能力呈现不断上升趋势。

1."双创"战略政策支持体系不断健全

2016 年以来，吉林省出台了《吉林省人民政府关于推进大众创业万众创新若干政策措施的实施意见》《吉林省人民政府办公厅关于发展众创空间推进大众创新创业的实施意见》等 40 余份相关政策性文件，主要着力解决"双创"当中的创业环境、支持创业的财税政策、金融服务、扩大创业投资、营造创业创新社会氛围等方面存在的问题，为"双创"活动的开展提供了有力的政策支持。

2."双创"平台不断完善

目前，吉林省共建成各类"双创"平台 752 个。其中，国家部门认定 48 个，省有关部门认定 704 个。各类省级以上"双创"平台孵化场地面积超过 1500 万平方米，在孵企业 11000 多家，毕业企业 5200 家，在孵企业从业人员达到 20 万人。在大学生创业方面，出台了创新人才培养机制、实施弹性学制、放宽学生修业年限等多项举措。

3.研发经费投入力度不断加大

为了进一步提升知识创造能力，吉林省持续加大研发投入强度。1999 年，吉林省 R&D 经费投入总量为 8.06 亿元，到 2016 年已经达到 139.67 亿元，18 年间增长了 16 倍。R&D 经费占 GDP 的比重逐年增加。投入强度已经由 1999 年的 0.48% 上升到 2016 年的 0.95%（见图 6-36）。

4.研发人员数量质量均显著提升

2016 年，吉林省共有研发人员 80935 人，其中具有博士学位的人员有 12663 人，具有硕士学位的人员有 19039 人，具有学士学位的人员有 17448 人，分别占到全部研发人员总数的 15.6%、23.7%、21.6%。与 2010 年相比，研发人员比 2010 年增加了 15555 人，其中，

（单位：亿元）

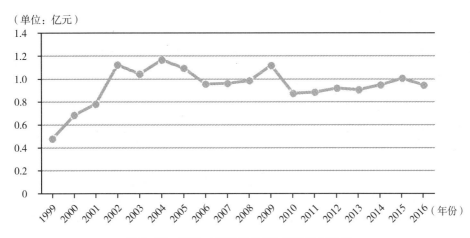

图6-36　1999—2016年R&D经费投入强度

资料来源：国家统计局、国家科技部：《中国科技统计年鉴2016》。

具有博士学位人员的比例比2010年上升了4.9个百分点，人员素质显著提升。

5. 知识经济产出水平持续增长

从1995—2016年，吉林省技术市场交易额显著提升，由1995年的2.12亿元，上升到2016年的116.41亿元，22年间增长了54倍。尤其是2010年以后，吉林省技术市场交易额显著增长，2016年更突破百亿元大关（见图6-37）。2016年吉林省每万人技术输出的成交额达到92.80万元，高技术产业增加值为681亿元，占工业增加值比重为14.2%，居全国第12位。万人专利申请授权数量从1986年的82件上升为2016年的9995件，31年间上涨了121倍（见图6-38）。

（单位：亿元）

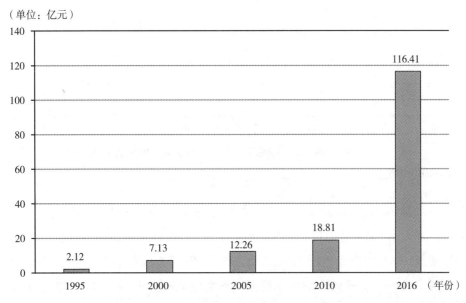

图6-37　1995—2016年吉林省技术市场交易额

资料来源：《中国高技术产业统计年鉴2016》。

（单位：件）

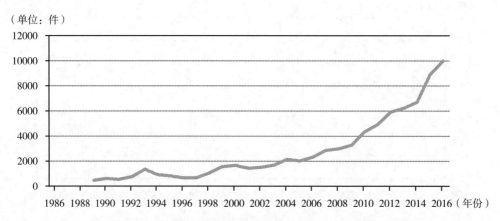

图6-38　1986—2016年吉林省万人专利申请授权量

资料来源：《中国区域统计年鉴2016》《中国科技统计年鉴2016》。

6.高新技术企业发展能力显著增强

1995—2016年,吉林省高新技术企业工业总产值由45.12亿元增长至2320.57亿元,增长了近50倍。2008年前后受国际金融危机影响,增速下降,2011年以后增长速度明显加快,高新技术企业工业总产值占GDP的比重保持在12.64%—18.09%(见图6-39)。高新技术企业年末从业人员数量也显著增加,由1995年的125027人增加到

（单位：%）

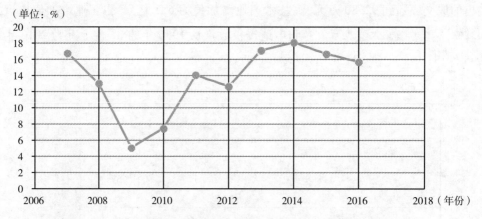

图6-39　2006—2018年吉林省高新技术企业工业总产值占GDP比重

资料来源：Wind数据库。

2016年的152216人,增加了27189人,平均每年增加1300人左右(见图6-40)。高新技术企业发展也带来对外出口能力的增加。1998年,吉林省高新技术企业出口交货值2.61亿元,到2015年已经达到24.8亿元。自1998—2007年,吉林省高新技术企业出口交货值一直处于上升趋势,2008年受到国际金融危机的影响,出口交货值出现了一定程度的下降,但是随着吉林省加大对高新技术产业发展的支持及产业结构优化调整,

出口交货值自 2009 年又呈现出不断上升的趋势,说明吉林省高新技术企业发展能力不断增强(见图 6-41)。

（单位：人）

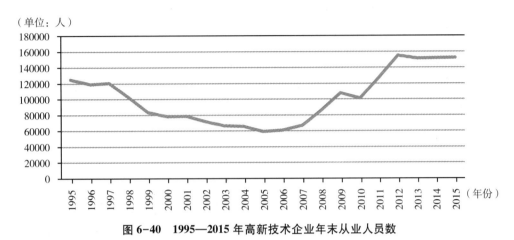

图 6-40 1995—2015 年高新技术企业年末从业人员数

资料来源:《中国高技术产业统计年鉴 2016》。

（单位：亿元）

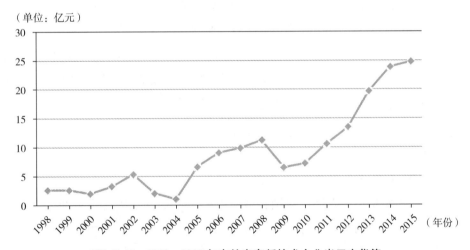

图 6-41 1998—2015 年吉林省高新技术企业出口交货值

资料来源:《中国高技术产业统计年鉴》。

二、吉林省经济社会发展目前存在的问题

党的十九大提出新时代中国社会的主要矛盾已经转化为人民日益增长的美好生活需要和不平衡不充分的发展之间的矛盾。吉林省新一轮振兴发展仍然面临严峻考验。

(一)经济发展不充分的问题还比较突出

1. 经济总量还有较大提升空间

从改革开放 40 年纵向看,吉林省经济总量显著提高。但放眼全国进行横向比较,吉林省依然是经济总量小省,在全国占比不高、排位靠后,经济相对欠发达。40 年来,吉林省经济总量占全国的比重基本在 2%左右,占比不仅没有重大突破,反而出现下降趋势。1978 年吉林省经济总量占全国的比重为 2.26%,2003 年为 2.15%,2017 年为 1.85%。2003 年以来,在全国的排位也出现下降趋势,2003 年为第 18 位,2017 年下降到第 23 位。

2. 经济增长压力加大

2013 年经济发展进入新常态以来,吉林省经济陷入"新东北现象"中,经济增速也明显放缓,2013 年至 2017 年的五年间,经济增速分别为 8.3%、6.5%、6.5%、6.9%、5.3%,在全国的排名分别为第 26 位、第 27 位、第 28 位、第 25 位、第 27 位(见图 6-2)。

3. 经济发展水平与发达省区尚存在较大差距

1978 年吉林省经济总量是广东省的 44.1%,两省经济总量差距为 103.87 亿元;2003 年国家提出振兴东北战略时,吉林省经济总量仅为广东省的 16.8%,两省经济总量差距为 13182.56 亿元;2017 年吉林省经济总量是广东省的 17.0%,两省经济总量差距为 74590.29 亿元。缩小与发达省份差距的任务十分艰巨。

(二)经济结构不平衡问题仍未得到有效解决

1. 产业结构不平衡现象较为突出

三次产业结构和工业内部产业结构双重"一柱擎天"[①]现象一直存在。这种双重"一柱擎天"的特征使吉林省的经济增长很大程度上要看工业的"脸色",而工业增长在很大程度上要看重化工业的"脸色"。这种偏重于资源型、传统型、重化型的单一产业体系,导致经济发展腾挪空间不足,经济风险极大。

一方面,三次产业结构不合理,工业"一柱擎天"(见图 6-5)。2017 年,我国三次产业的比例为 7.9∶40.5∶51.6,吉林省为 9.3∶45.9∶44.8,第二产业占比高于全国 5.4 个百分点。第三产业规模小,比重偏低,2017 年服务业占 GDP 比重低于全国平均水平 6.8 个百分点。当前全国经济已进入第二、第三产业"双轮驱动"的新时期,第三产业的作用和贡献不断增强,而吉林省由于第三产业占比低,经济发展主要靠工业驱动,当工

---

① 2015 年 3 月 9 日,习近平在"两会"上参加全国人大吉林代表团审议时强调,东北老工业基地的振兴发展,不能再唱"工业一柱擎天,结构单一"的"二人转",要做好加减乘除。

业遇到困境时,第三产业难以发挥有效支撑作用。

另一方面,工业内部结构不合理,高耗能的重化工业"一柱擎天"。2017年吉林省轻重工业比例为32∶68,重工业过重,轻工业过轻。2017年,吉林省六大高耗能行业增加值比2016年增长4.6%,占规模以上工业增加值的比重为22.9%,其比重远高于上海、江苏、广东、江苏等发达省(市);高技术制造业增加值增长仅0.2%,占规模以上工业增加值的比重仅为6.0%;装备制造业增加值下降0.1%,占规模以上工业增加值的比重为10.6%,远低于上述省(市)。

2. 能源消费结构不合理现象依然存在

煤炭消费比重过大,历年平均消费在70%左右。1989年以前,石油消费是仅次于煤炭的第二大能源消费,平均占20%左右。1990年以后,随着电力消费的迅速增加,石油消费退居第三。但随着汽车消费需求的不断扩张,石油及其制品(包括原油、成品油、液化石油气等)消费有所回升,2017年仍然占18%。虽然天然气等清洁能源消费量保持一定上升趋势,但总体占比依然很低,2017年只有3.8%(见图6-42)①。

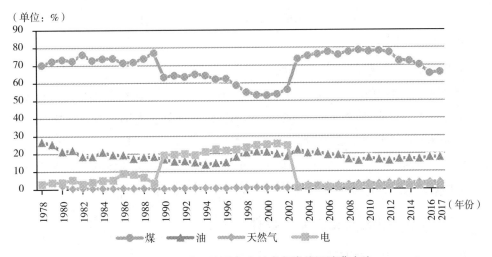

图6-42 1978—2017年吉林省各类能源消费占比

资料来源:吉林省统计局网站。

3. 最终消费对经济增长拉动不足

1978年,吉林省最终消费占GDP比重为70.6%,1980年达到77.99%后出现下降趋势,2003年下降为60%,2016年下降为37.7%,较国家层面的53.6%低15.9个百分点,同期资本形成占GDP比重高达68.7%。可见,吉林省经济增长依然主要依赖于投资,消费对经济增长的贡献率严重不足,经济增长的外向性也明显不足,是典型的投资

---

① 由于电力消耗的统计口径在2003年发生变化,故趋势图上电力消费趋势出现陡落现象。

拉动型经济增长模式（见图6-43）。

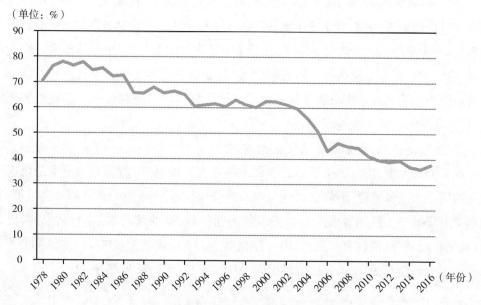

图 6-43　1978—2016 年吉林省最终消费占比

资料来源：吉林省统计局网站。

4. 民营经济发展成为突出短板

吉林省民营经济发展与全国平均水平差距较大，与发达地区差距更大。民营企业规模普遍不大，大型民营企业凤毛麟角。2017 年吉林省进入中国民企 500 强的企业只有修正集团和欧亚卖场 2 家，而浙江省有 120 家、江苏省有 82 家、广东省有 60 家、山东省有 57 家。总量小、知名大企业少、缺少领军企业，加之层次低、管理粗放、生产经营模式比较低端、创新能力不强、竞争力弱，是吉林省民营经济发展的普遍性特征。

（三）宏观经济运行效益亟待提升

1. 财政收入增长缓慢

税收是财政收入的主要来源。分税制改革之后，由于地方政府在税收分配中比例较低，加之实施了其他一些旨在降低宏观税赋的改革措施，导致税基和税率都有所下降，财政收入增长缓慢，其占 GDP 的比重一直在 10% 以下，平均值为 6.59%。2016 年，吉林省一般公共预算地方级财政收入 1263.8 亿元，比上年增加 34.5 亿元，增长 2.8%。公共预算地方级财政收入和增速均居全国第 25 位。①

2. 财政赤字率逐年上升

吉林省在 1978 年财政盈余 0.06 亿元，此后，盈余转为赤字，且财政赤字逐年增加，

---

① 参见吉林省县域网，http://www.jlxy.gov.cn/news.aspx？id＝133971。

从1979年的5.23亿元增加到2017年的2514.9亿元,财政赤字率达到16.51%(见图6-44)。与赤字率上升相对应,财政自给率(一般预算收入占预算支出的比重)这一指标整体上呈现下降趋势(见图6-45)。

(单位:%)

图6-44 1979—2017年吉林省财政赤字率

资料来源:《吉林省统计年鉴》(1978—2016)、《吉林省国民经济和社会发展统计公报》(2017)。

(单位:%)

图6-45 1978—2016年吉林省财政自给率

资料来源:吉林省统计局网站。

3. 地方政府债务规模不断增大

1994年分税制改革后,地方税收下降,在财权向中央倾斜的同时,事权并没有做相应的调整,导致长时间的地方财权与事权不匹配,地方财政赤字逐渐扩大。从2003年开始,国家实行振兴东北老工业基地战略,吉林经济进入新一轮快速增长周期,经济增长对财政支出提出刚性需求,政府债务规模增速显著加快,对上级财政转移支付依存度也相应较高。2016年,吉林省地方政府债务(包括一般和专项债务)规模达到2896.08亿元,占GDP的比重为19.6%。

4. 区域经济发展具有明显的不平衡性

在吉林省9个市(州)中,长春、吉林、延边州等地的优势比较明显,而其他地区则相对较弱。2016年,长春市、吉林市、延边州地方级财政收入分别为388.2亿元、135.5亿元、91.5亿元,占地方级财政总收入的比例分别为41.95%、14.64%、9.89%,而同样辽源市地方级财政收入只有24.21亿元,占比仅为2.62%(见图6-46)。

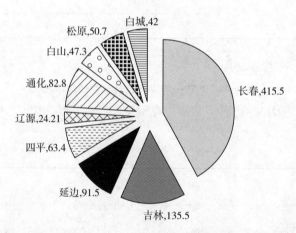

图6-46　2016年吉林省各市(州)地方级财政收入(单位:亿元)

资料来源:《吉林省统计年鉴》。

(四)基础设施建设水平有待提升

1. 交通基础设施有效供给相对不足

交通网代表着经济发展的指标和百姓出行的便利程度。目前吉林省交通运输基础设施发展面临着加快补齐短板与推进高质量发展的双重压力。以2016年为例,公路网密度不到广东省的1/2(见图6-47),远低于辽宁和贵州两省;铁路网密度约为辽宁省的72%(见图6-48),低于广东省;人均民用航空客运量仅为广东省的1/5,不及辽宁、黑龙江、贵州三省,在五省中排在最后(见图6-49);电话普及率低于广东省38.79个百分点,不及辽宁省(见图6-50);互联网普及率落后于广东省20.8个百分点,不及辽宁省(见图 6-51)。

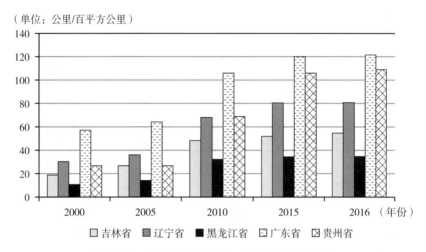

（单位：公里/百平方公里）

图 6-47 2000—2016 年五省公路网密度统计图

资料来源：吉林省统计局网站、辽宁省统计局网站、黑龙江省统计局网站、广东省统计局网站、贵州省统计局网站。

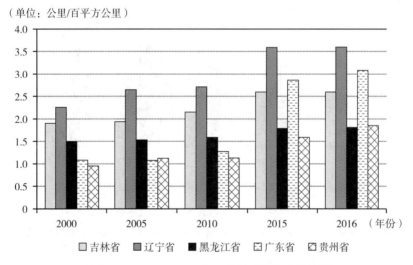

（单位：公里/百平方公里）

图 6-48 2000—2016 年五省铁路网密度统计图

资料来源：吉林省统计局网站、辽宁省统计局网站、黑龙江省统计局网站、广东省统计局网站、贵州省统计局网站。

2. 基础设施建设智能化水平有待提高

目前吉林省农村和山区的互联网没有完全普及，或者接收效果不佳，严重制约了电子商务的发展，特别是互联网与旅客、客运车辆的结合方面还不够紧密，交通运行的智能感知和智能化调控水平、载人工具的智能化和人车路的互相协同、交通系统的全局优化控制，以及智能运输与高效便捷物流等方面都远远落后于国内发达省份。

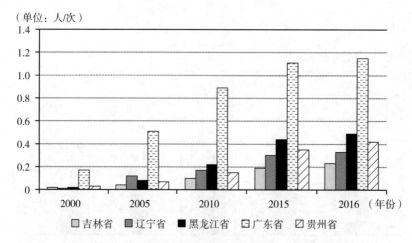

图6-49 2000—2016年五省人均民用航空客运量统计图

资料来源:吉林省统计局网站、辽宁省统计局网站、黑龙江省统计局网站、广东省统计局网站、贵州省统计局网站。

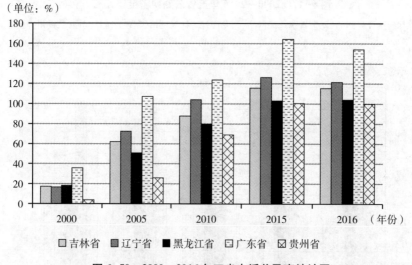

图6-50 2000—2016年五省电话普及率统计图

资料来源:吉林省统计局网站、辽宁省统计局网站、黑龙江省统计局网站、广东省统计局网站、贵州省统计局网站。

(五)自然资源对经济发展的约束趋紧

1.水资源总量小、分布不均衡

2016年,吉林省水资源总量为488.8亿立方米,约为全国水资源总量的1.5%,人均水资源量为1847.67立方米,低于全国平均水平(见图6-52)。吉林省水资源分布不均匀,由东部长白山区向西部平原区递减。松花江、嫩江以及鸭、图两江等流域缺乏控制性地表水供水工程,地表水资源有效利用程度和供水保障程度均偏低。此外,水污染问题也使水资源质量下降难以有效利用。

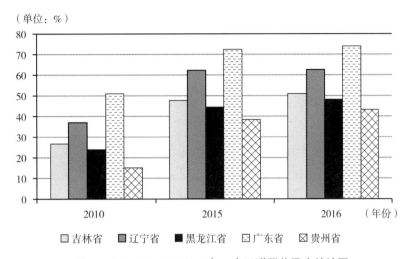

图 6-51　2000、2015、2016 年五省互联网普及率统计图

资料来源:吉林省统计局网站、辽宁省统计局网站、黑龙江省统计局网站、广东省统计局网站、贵州省统计局网站。

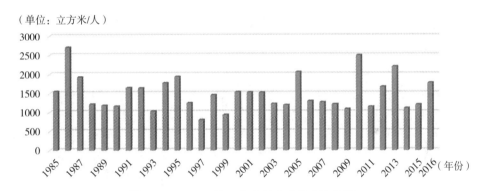

图 6-52　1985—2016 年吉林省人均水资源量

资料来源:1985年至2003年水资源总量和年末总人口来自吉林省统计局网站;2004年至2016年人均水资源量来自国家统计局网站。

2. 黑土地质量存在不断下降趋势

近年来,由于大规模的项目建设和过度开发,以及化肥农药大量施用取代了深松、轮作、培肥等传统耕种习惯,植被受到破坏,土壤有机质含量下降,黑土层加速流失、变薄,长此以往将对农业发展造成不利影响。

3. 煤炭、铁矿资源比较贫乏

1984—2016年,人均煤炭储量呈逐年下降趋势,不能满足本地经济社会发展需要(见图6-53);人均铁矿石储量近年因为新发现矿产地而有一定提高,但仍然不能达到自给,缺口很大(见图6-54)。此外,矿产资源开发结构不够合理,资源浪费较为严重,矿产资源综合利用效率有待提高。

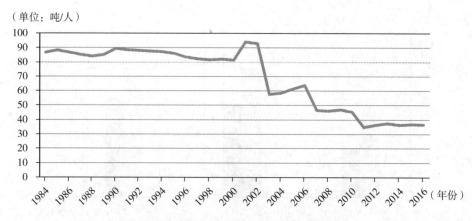

图6-53 1984—2016年吉林省人均煤炭储备

资料来源:2002年及以前数据来源于吉林省统计局网站,2003年至2016年数据来源于国家统计局网站,二者数据
统计口径存在不一致。

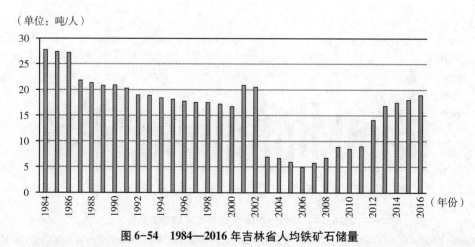

图6-54 1984—2016年吉林省人均铁矿石储量

资料来源:2002年及以前数据来源于《吉林省统计年鉴》,2003年至2016年数据来源于国家统计局网站,二者数据
统计口径存在不一致。

(六)老龄化社会对医疗卫生事业提出新要求

1. 人口增长率总体呈下降趋势

从1978—2017年,吉林省的人口增长率在波动中呈总体下降趋势,由13.87‰下降到1.02‰,2016年为负值,2017年有所回升,但依然远低于全国平均水平(5.32‰)(见图6-55)。

2. 人口老龄化问题日益凸显

受低人口出生率、人口预期寿命延长的影响,近年来吉林省面临着严重的人口老龄化问题,劳动力供给不足严重影响经济社会发展中的人力资本投入。虽然国家在生育

（单位：‰）

图6-55　1978—2017年吉林省人口增长率

资料来源：国家统计局网站。

政策上进行了不断调整，但政策效益短时间内难以充分显现。

3. 医疗卫生事业有待进一步发展

医疗卫生领域存在的问题主要表现在：医疗资源总量不足（包括医疗卫生领域的人才、物资和机构等）、布局结构不合理、优质医疗资源缺乏、医护人员素质能力不高等。万人病床数和万人医师数与发达地区比还有很大差别，与世界高收入国家平均水平相比，差距则更大。吉林省卫生资源明显地集中于大中城市，乡村医疗资源严重不足，城乡差距较大。现有医疗卫生条件难以满足人们日益增长的医疗卫生服务需求。

（七）教育改革亟待推进

1. 基础教育中"择校热""大班额"问题比较突出

城市中的中小学"择校热""大班额"的问题比较突出，尤其是升学率较高的所谓名校更是人满为患。农村的中小学生源不断减少，一些小规模学校不得不停办或者同其他同样规模的学校合并。各地区的师资配备不均衡，学科结构不合理。

2. 高等教育水平有待提高

本科教育的人才培养针对性不强，缺乏职业素质培养和就业指导培训。研究生教育存在体系不够完善、学术教育与专业教育失衡、缺少切实有效的质量监管环节，呈现出"进口紧、出口松"的状态。

(八)金融行业发展水平相对较低

1. 金融行业对经济发展的贡献率较低

2016 年,吉林省金融行业增加值为 659.55 亿元,仅占全国金融行业增加值的 1.06%。金融行业增加值占 GDP 的比重为 4.5%,而同期这个数据广东省为 7.6%、辽宁省为 8.2%、黑龙江省为 5.9%,最高的为上海和北京,分别达到 16.9% 和 16.6%。《中国经济周刊》对 2016 年全国 31 个省(自治区、直辖市)金融行业对 GDP 拉动率进行的一项研究显示:除山东、吉林和湖南 3 省份外,其余 28 个省(自治区、直辖市)的金融行业增加值占比均超过 5%,成为各省经济发展名副其实的支柱产业。

2. 金融机构缺位、结构不平衡

不仅缺乏全国性或区域性的金融机构和金融市场,而且还缺乏地区独立法人中小金融机构和非金融机构;除银行业发展规模较大、发展速度较快之外,证券业、保险业、其他金融机构的发展规模、发展水平都很有限;银行业自身发展结构也不均衡,由于分支机构在资金、业务、信息方面完全受纵向管理约束,银行、证券、保险之间、银行同业之间,甚至同一银行各分支行之间缺乏信息沟通和相互合作,无法形成有效的信息扩散效应和优势互补合力。

3. 资本市场发展相对滞后

一是上市公司数量偏少。截至 2017 年 8 月 11 日,吉林省的上市公司有 42 家,仅占全国 1.26%。广东省、浙江省、江苏省、北京市、上海市、山东省、福建省、四川省、安徽省的上市公司数量均超百家。

二是上市公司后备资源相对匮乏。截至 2017 年 8 月 10 日,剔除中止审查企业额,正常排队审核 IPO 企业 590 家。其中,广东省 IPO 正常排队企业数量最多,共计 104 家,排名第一;浙江省 IPO 正常排队企业为 96 家,排名第二;江苏省 IPO 正常排队企业数量共计 87 家,排名第三。而吉林省 IPO 正常排队企业只有 1 家。

三是上市公司市值低、筹集资金额度不足。截至 2017 年年底,吉林省上市公司市值 4156 亿元,而广东省上市公司市值达到 104964 亿元,辽宁省上市公司市值也达到 8333 亿元。究其原因,吉林省上市公司在 IPO、政策资源利用、产业结构调整、公司治理等方面都存在制约其发展的突出问题。

4. 金融产品和服务创新能力有待提升

在现代金融技术和工具创新的能力及动力方面,现行的远期、期权、认股权证、可转债等新型金融工具尚未得到充分发展,对新业务和中间业务的研究开发水平远远落后于东部经济发达地区。私募股权投资基金、风险投资基金等有待拓展,金融领域的整体创新能力不足。

（九）环境污染形势十分严峻

2016年,按生态环境状况指数(EI值)评价,吉林省9个市(州)中,生态环境状况等级为"优"的只有一个(延边州),生态环境状况等级为"良"的有4个,尚有4个城市的生态环境状况等级为"一般",占比达44.4%。[①]

1. 水环境污染问题较为突出

2016年,吉林省41条江河、85个国控监测断面中,Ⅱ类水质监测断面29个,占34.1%;Ⅲ类水质监测断面28个,占32.9%;Ⅳ类水质监测断面9个,占10.6%;Ⅴ类水质监测断面4个,占4.7%;劣Ⅴ类水质监测断面15个,占17.6%(见图6-56)。辽河水系的9个监测断面中,Ⅴ类水质和劣Ⅴ类水质占比为77.8%。

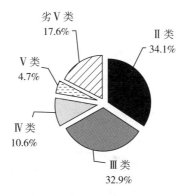

图6-56　2016年吉林省四大水系水质类别比例图

资料来源:《吉林省2016年环境状况公报》。

2. 工业固体废物污染问题不容忽视

2011—2016年,吉林省一般工业固体废物产生量总计29496.63万吨,由于综合利用能力低,这些工业废弃物露天无序堆放,运输过程中车辆遮盖、密封不严,造成扬尘污染,降低城市空气质量。

3. 生活垃圾污染问题突出

吉林省55座城市生活垃圾处理场有48座渗滤液处理设施不完善,共积存渗滤液118万立方米,污染隐患突出。长春市城市生活垃圾处理中心2010年建成投运以来,每天大约产生垃圾渗滤液1000立方米,由于处理能力长期不足,积存总量已多达40万立方米,异味弥漫,污染严重,群众投诉不断。[②]

---

① 数据来自《吉林省2016年环境状况公报》。
② 数据来自中华人民共和国生态环境部网站:中央第一环境保护督察组向吉林省反馈督察情况。

(十)就业与劳动力市场压力较大

1.工资水平较低留不住人才

吉林省平均工资水平与全国平均工资水平差距逐年拉大(见图 6-57)。"在劳动力市场中,高端人才呈'净流出'状态,孔雀东南飞。如何扭转这种局面,使吉林群贤纷至,高端人才留得住、过得好、干得成是个迫切需要解决的问题。"①吉林省 1995 年开始实行最低工资保障制度,当时最低工资标准为 150 元/月,到 2017 年第 13 次调整最低工资标准,达到了 1480 元/月。与国内其他先进地区相比较,尚有一定差距。

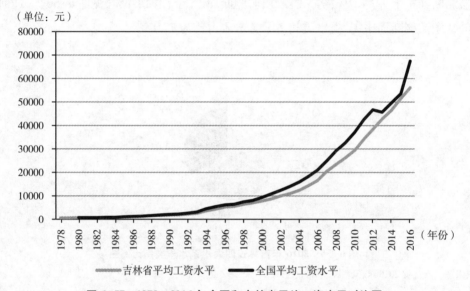

图 6-57　1978—2016 年全国和吉林省平均工资水平对比图

资料来源:国家统计局网站。

2.大学毕业生本地就业率偏低

受地区经济发展水平影响,吉林省岗位层次、薪资水平均较低,达不到毕业生预期,出现毕业生有业不就等现象。"吉林大学毕业生中,本地学生去外地就业的持续多于本地就业,当地就业远远低于当地生源占比。"②加上本地区新兴产业发展迟缓,传统行业仍占据主导位置,导致企业发展活力不足,人才需求量不高,吸纳人才容量小。各地区经济发展的不均衡导致大学生就业地区选择的不平衡。留在吉林省就业的毕业生中绝大多数集中选择在省会长春市就业,造成省会城市部分岗位竞争压力大,而其他地区就业岗位却无人问津的尴尬局面。

---

①　根据主体班学员访谈记录整理。
②　根据主体班学员访谈记录整理。

3. 适龄劳动人口总体呈下降趋势

2002 年吉林省适龄劳动人口为 2041.10 万人,占总人口比重为 77.04%;2012 年适龄劳动人口为 2161.74 万人,占总人口比重为 80.02%,比 2002 年上涨了 2.98%;2017 年适龄劳动人口为 2022.58 万人,占总人口比重为 74.43%,比 2012 年下降了 5.59%。

(十一)知识经济发展不充分,创新能力相对不足

1. 企业科技创新产出能力有待提升

2016 年,辽宁省万人国内专利申请授权量为 25104 件,黑龙江省为 18046 件,吉林省仅为 9995 件,差距十分明显。与广东省(259032 件)、江苏省(231033 件)、浙江省(221456 件)等发达省份相比,差距更大。

2. 企业在创新中的主体地位有待进一步加强

企业科技支出强度较低。2015 年,吉林省企业全部 R&D 内部经费支出的总额仅为 88.10 亿元,排名全国第 24 位。

3. 产学研合作水平有待进一步提升

一是高等院校存在着重视基础研究和应用研究、轻视成果转化的倾向。2015 年,吉林省高等院校 R&D 内部经费支出在全国排名为第 18 位,其中基础研究、应用研究和实验发展经费支出的比重分别为 42.59%、50.97% 和 6.48%,表明吉林省高等学校特别重视基础研究与应用研究,对科研成果转化的实验发展缺乏应有的重视。

二是企业对与高等院校的合作缺乏应有的重视。2015 年,吉林省高等院校 R&D 经费来源中,企业支出仅为 14.81%,而全国企业支出比重平均为 30.19%,辽宁省达到 43.84%,黑龙江省达到 41.84%(见表 6-2)。这表明吉林省企业向高等院校投资在总量上明显偏低,这说明企业与高等院校之间的合作程度比较松散。

表 6-2 **2015 年吉林省及全国部分省份高等学校 R&D 内部经费支出**(单位:亿元)

	按支出结构				按来源结构			
	总额	基础研究	应用研究	实验发展	政府支出	企业支出	国外资金	其他
全国平均	998.59	391.03	516.31	91.25	637.26	301.49	5.24	59.59
辽　宁	46.56	16.22	25.99	4.34	23.10	20.41	0.10	2.95
吉　林	22.68	9.66	11.56	1.46	18.58	3.36	0.11	0.63
黑龙江	40.94	13.41	25.90	1.62	23.18	17.13	0.04	0.63
江　苏	91.38	37.83	43.37	10.19	51.79	33.98	0.31	5.30
浙　江	56.14	23.39	30.40	2.36	34.08	18.89	0.23	2.94

资料来源:《中国科技统计年鉴 2016》。

4. 技术转移能力有待加强

2015 年，吉林省技术市场交易额为 54.52 亿元，排名全国第 27 位，相当于北京市（1147.52 亿元）的 4.7%，相当于江苏省（1016.34 亿元）的 5.3%，相当于辽宁省（237.21 亿元）的 23%，比黑龙江省低 37.72 亿元。技术市场交易额按照技术输出地域分，2015 年，吉林省输出技术交易额为 26.47 亿元，排名全国第 24 位，这与吉林省作为科教大省的地位极不相符。

三、吉林省进一步深化改革开放的政策建议

解决吉林省一切问题的关键在发展。习近平总书记 2015 年视察吉林省时指出："要适应和把握我国经济发展进入新常态的趋势性特征，保持战略定力，增强发展自信，坚持变中求新、变中求进、变中突破，走出一条质量更高、效益更好、结构更优、优势充分释放的发展新路。"①贯彻落实习近平总书记走出振兴发展新路战略思想，必须践行崇尚创新、注重协调、倡导绿色、厚植开放、推进共享的新发展理念；必须把产业转型升级作为主攻方向，全面落实《中国制造 2025 吉林实施纲要》，着力增强实体经济实力；必须坚定不移深化供给侧结构性改革，通过增加制度供给进一步理顺政府与市场的关系，充分发挥市场在资源配置中的决定性作用；必须立足充分发挥和释放吉林省优势，不断聚合、释放传统优势和新生优势，重塑产业竞争力、区域竞争力。

（一）实施产业结构转型升级"四大工程"

一是实施支柱产业振兴工程，推进汽车、石化、农产品加工业三大支柱产业振兴，促进"老三样"产业"有中生新"；

二是实施优势产业发展工程，将医药健康产业、装备制造业、建筑业和旅游业培育成新的支柱产业，抢占未来发展制高点；

三是实施新兴产业培育工程，积极培育电子信息、新能源、新材料、节能环保四大战略性新兴产业，促进"新四样"产业"无中生有"；

四是实施服务业提升工程，推动生产性服务业向专业化和价值链高端延伸，推动生活性服务业向高品质和便利化转变，做大做强旅游、文化、家政服务、医疗服务、养老健康等产业。

（二）完善各项消费促进政策，发挥消费对经济发展的牵引作用

一是完善消费促进政策，大力培育品质消费、服务消费、绿色消费等热点；

---

① 《吉林日报》2018 年 8 月 6 日。

二是稳步提升消费能力,完善机关企事业单位职工工资正常增长等机制,推进国企、公立医院薪酬制度改革,合理调整社会保障各项待遇水平;

三是推动旅游、文化、体育、健康、养老"五大幸福产业"市场化试点工作;

四是开展优化消费市场环境专项行动,全面实施"放心消费在吉林"创建活动,严厉打击制售假冒伪劣商品等违法行为。

(三)深入推进国有企业改革,补齐民营经济发展短板

1. 准确界定国有企业功能定位,加快国有资产战略性重组

围绕国家和地区发展战略,优化国有资本投资方向和领域,更多投向前瞻性、战略性产业、科技创新、公共服务、生态环保、国家安全等重点领域;推进混合所有制改革,探索实行职工持股,推动国有企业股权多元化;积极争取国家政策支持,妥善处理和解决厂办大集体、企业办社会、社保资金缺口等问题。

2. 全面实施市场准入负面清单制度,放宽民间投资市场准入

支持公共服务平台建设,加大对中小企业公共服务机构的支持力度,扶持孵化基地、创客空间等基础设施建设。

3. 改善投资营商环境,建立"亲""清"新型政商关系

为各类企业和多种所有制主体营造一个公平竞争、共同发展、法治化的营商环境。实施企业家素质提升工程,加强吉商队伍建设,增强吉商品牌知名度和影响力。

(四)大力推进基础设施建设,不断满足人民美好生活需要

1. 促进基础设施提质增效

采用政府与社会资本合作(PPP)模式提升基础设施建设融资水平;建设以省会长春市为中心、辐射周边城市的高铁网络;以"向东加密、向西联通、向南延伸、向北拓展"的思路开发国际航线;加大通信系统改造升级,降低偏远地区通信成本,让网络走进每个乡村。

2. 实行基础设施建设信息化提升工程

运用"互联网+"发展农村电子商务,加强农村偏远山区与内地的互联互通;加快实施一批重大科技攻关项目,加快云计算、大数据、人工智能等信息技术与基础设施建设及服务全面融合。

3. 加强基础设施建设地方立法

建立健全品质工程建设法律规范体系,加强工程质量全程管控和严格监管,规范建设市场秩序,着力打造安全耐用、优质可靠、经得起历史检验的精品工程。

（五）千方百计留住绿水青山黑土地

1. 加强水资源合理利用和保护

进一步做好水利项目前期研究工作,优化吉林省各流域和区域水资源开发利用程度;在全社会大力推进节水战略,尤其是加强农田节水配套建设及节水技术普及,通过培训提升农民节水意识;制定城乡水资源节约指标,并将其纳入法律法规体系,做到依法治水;加快建设污水处理设施并充分利用,促进污水的循环使用,提高水资源利用效率。

2. 加强森林资源养护与开发管理

深化林业产权制度改革,推进森林、林业用地和林木使用权的合理流转;大力发展速生丰产林基地,并按照基础产业进行管理;充分运用好抚育间伐政策;依法治林,加大林业执法力度。

3. 坚决贯彻落实《吉林省黑土地保护条例》[①]

严格落实《吉林省黑土地保护条例》所提出的保护范围、分区分类保护机制及法律责任体系,保护我们赖以生存的黑土地。

4. 合理高效利用能源、矿产资源

调整资源开发利用结构,积极推动矿山企业整改联合,走规模化、集约化生产之路,最大限度地提高资源综合利用率;推进矿山企业积极引进新技术、新工艺、新设备,降低销售中初级矿产品比例,延长矿业产业链;加强各级矿政管理部门对矿产资源开发利用方案和环境保护方案严格审查监督;实施矿产资源国际化战略,充分利用地缘优势,加强同周边、近邻国家的合作,实现国内外资源互补,创造条件参与周边地区矿产资源的勘查开发。

（六）完善各项社会保障制度,使幼有所育、老有所养、病有所医

1. 完善各项生育保障制度,促进人口出生率提升

完善生育保险制度,提升生育津贴;采用减税手段来鼓励企业支持延长生育假期和哺乳假期,为职场女性制定弹性工作制度;适度推行男性产假、父亲育儿假,为生育后的职场女性减负。

2. 制定婴幼儿照护和婴幼儿早期教育相关政策

加大政府对公立幼儿园的投入,不能将其完全推向市场;加强公立幼儿园师资培训,通过提升服务质量提升其竞争力;加强对私立幼儿园的入园价格调控和监管。

3. 鼓励养老服务方式创新发展

将实施健康老龄化战略纳入吉林省国民经济和社会发展长期规划;建立以家庭养

---

① 《吉林省黑土地保护条例》是 2018 年 3 月 30 日吉林省第十三届人民代表大会常务委员会第二次会议通过的全国第一部与保护黑土地有关的法律法规。

老为基础、以社区养老服务为辅助、以公共福利设施养老为补充、以社会保险制度为保障的养老体系。

4.完善农村医疗保障体系,大力推广家庭医生制度

加强以全科医生为重点的基层医疗卫生队伍建设,改革乡村医生服务模式和激励机制,落实乡村医生培训政策,健全乡村医生社会福利保障。

(七)深化教育体制改革,保障人民受教育的权利

1.优化基础教育资源配备,解决"择校热""大班额"问题

继续强化"抬底部、补短板"原则,改善农村办学条件。对于中心城区的教育资源,从规划建设、教师交流、学区划分等方面多措并举,着力解决"城区挤"的问题。推进实施教师轮岗制度,促进义务教育学校校长和教师之间、城乡之间、校际之间交流轮岗,提高基础教育均衡发展水平。

2.提升高等教育质量,培养高端科技人才

全面实施普通高等学校学业水平考试和综合素质评价。增强专业设置与社会需求的契合度,提升教育的针对性;增强课堂学习与实践锻炼的契合度,发挥学生学习的主动性;加强大学生职业素质的培养和就业指导,鼓励学生自主创业;构建研究生教育质量评价指标体系,培养高端科技人才。

(八)深化财税体制改革,提升政府财政收入

1.结合优化产业结构,培植新型财源

持续深化国有企业改革的同时,通过推动制造业转型升级,巩固和提高工业主体税源。大力发展物流、金融等生产性服务业和旅游、公交、园林等生活性现代服务业。

2.通过强化税收管理提高财政收入

改进和强化税收征管手段;严格执行税收减免政策,做好到期税收优惠政策的清理;坚持取消越权制定的税收政策,保证税款及时足额均衡入库,做到应收尽收。

3.提高地方政府债务透明度

坚持公开与透明,让百姓了解政府工作,监督财政运行,保证合理支出。利用微博、微信公众号等形式,定期向社会公开债务发行情况及使用情况,接受群众监督。

(九)深化金融改革,防控金融风险

1.促进金融结构调整,完善金融体系建设

一是继续加大非地方金融主体的引进力度,并对其发展予以配合和引导;二是促进建立多元化、多层次的金融市场体系,大力引入社会资本;三是鼓励民间资本投资入股

金融机构和参与金融机构重组改造。

2. 畅通融资渠道,促进金融与实体经济共生发展

重视证券、期货等直接融资市场的建设,充分发挥和利用中小企业板,利用现代产权交易市场,以及玉米、猪肉等农畜产品资源优势发展期货市场,形成多渠道融资;加快培育上市企业后备资源,加大 IPO 力度;加强拟上市企业培育,帮助企业解决上市过程中遇到的实际困难。

3. 创新金融产品,提高金融服务效率

加大对民生工程、"三农"工程、节能减排、科技创新、技术改造和兼并重组、区域协调发展的贷款支持;依托政务大厅,探索开展设立物权抵押登记服务中心,集中办理土地、房屋、农机具、林权、动产等抵质押手续,适当简化程序,提高金融服务便利化程度;积极搭建融资服务平台,收集重大项目、重点企业和中小企业的融资需求信息,开展多种形式的银企对接活动,提高融资效率。

4. 着力改善融资环境,积极发展股权基金

扩大政府引导基金规模,整合现有基金资源,发挥杠杆作用,撬动更多的民间资本进入吉林省资本市场;推进设立各类产业基金、中小企业发展基金和天使基金;重点支持制造业重大项目、小巨人企业等,推动制造业发展。

(十)紧扣中央环保督查通报指出的问题,打赢污染防治攻坚战

1. 实行差别化政策激励企业节能减排

降低全行业单位能耗,给予低碳经济、行业和企业以优惠扶持。实行精准财政支持,将财政扶持支出到关键行业或企业,最终有目的、有重点、有先后地实现全行业覆盖。

2. 建立环保督查体制机制

借鉴中央环保督查组督察地方的经验,建立常态化监督体制机制,对各县(市)党委和政府及其重点企业开展环境保护督察;各级环保部门对重点企业派驻环保监察组,对驻在企业实行环保监督,协助驻在企业抓好环境保护法规政策的落实,会同有关部门对企业进行环保教育,督促驻在企业研究制定节能减排方案措施。

3. 强化环境监管执法力度

发挥环境监管执法机构作用,严厉打击环境违法行为,建立常态化巡查制度。强化按日计罚、限产限排、停产整治、查封扣押、行政拘留等行政强制手段。对涉嫌环境污染犯罪的,及时移送公安机关依法追究刑事责任。对典型案件及其处罚措施要及时公示,对环境违法行为形成威慑。

（十一）促进经济与就业协同发展

1.通过改变产业结构促进劳动力就业

在工业化和产业结构调整过程中,注意劳动密集型、资本密集型和技术密集型产业的协调发展和合理布局;积极培育非公有制企业,为吸收大量剩余劳动力创造环境;大力发展服务业,充分发挥服务业对劳动力就业的促进作用。

2.加快构建以"双创"为导向的新经济

深入实施创新驱动发展战略,将新一代信息技术、高端设备、新材料、新能源、节能环保、数字创意等战略性新兴产业作为重点支持发展的产业,推动新技术、新产品、新业态、新模式发展,拓展产业发展新空间,创造创业就业新领域。

3.营造更加宽松的就业政策环境

加快完善相关配套制度,完善风险控制、信用体系、就业创业、劳动用工和社会保险等相关制度;探索和创新适合新经济发展的监管方式,消除新经济发展的制度性障碍;积极改革户籍制度、劳动力用工制度,解决农村土地流转难题,为农村剩余劳动力自由流动创造条件。

（十二）发展知识经济,推进科技创新

1.深化科研体制改革,建立以市场为导向的科研管理体制

一是改革科研成果转化管理体制,将企业所需与科研机构相关联,坚持市场导向、利益共享、风险均摊的原则,支持以技术入股,或一次或分期转化等多种方式,着力解决科研成果转化难题;二是改革现行的科研项目管理制度,建立企业主导和科研机构辅助为主的科研申报制度,形成一般应用成果的企业化研究导向,由此实现企业与科研机构的协同创新;三是推动建立产学研技术创新战略联盟,引导创新资源向企业集聚,提升产业核心竞争力。

2.建立支持知识经济与创新的资金支持体系

整合已有的各种类型科技创新专项资金,以政府资金为主导建立引导基金,撬动金融资本、引导金融资本、创投资金、社会资本积极投向科技创新,形成多元化科技投融资体系。通过财政资金和金融资本合作的方式,鼓励和引导银行、证券、保险、担保、投资等金融机构推进多品种科技金融服务,扩大对科技型企业的资金投放,降低企业融资成本和门槛。

3.加快培育与完善技术市场交易体系

以吉林省科技交易平台为基础和主导,逐渐形成科技成果线上竞拍与线下交流为主的科技成果转化模式。完善促进科技成果转化的激励机制,建立并扩大省科技成果

转化引导基金规模,用于支持科技成果转化产业化。

4.建立完善的知识产权保护制度

提高知识产权获取效率和质量,加快推进知识产权强省建设;建立并完善知识产权维权援助和信用体系;培育知识产权密集型产业,推进知识产权强企建设;深入实施知识产权产业化推进计划;发展知识产权服务业,推进知识产权与金融相结合,推动知识产权交易中心和知识产权服务业集聚区建设。

7

黑龙江省改革开放 40 周年
地区发展报告

黑龙江省行政学院课题组[①]

　　2018 年,中国的改革开放进入第 40 个年头。40 年来,中国从计划经济到市场经济,从贫穷落后到民富国强,从跟跑追赶到并跑超越,中国速度、中国智慧、中国方略在人类发展史册上添画了浓墨重彩的一笔。黑龙江省被称为"共和国长子",一直不负使命,以勇往直前的魄力、责无旁贷的担当,为国家发展贡献了自己的力量。但同时,在市场经济体制下,黑龙江省也暴露出对传统路径过度依赖、思想还不够解放等诸多问题。在党的十九大的东风下,在新时代的号角中,黑龙江省要勇于面对自身缺欠,科学审视产生根源,智慧谋求未来发展途径,为实现中国梦蓄力前进。本课题组正是以此为目的,数据采集、实地调研了黑龙江省改革开放 40 年来的情况,围绕经济社会发展的成就、问题、对策展开了探索研究。

一、1978 年以来黑龙江省经济社会发展成就

　　改革开放以来,黑龙江省坚持中国特色社会主义思想,贯彻落实党和国家的决策部署,深化改革,抢抓机遇,以开放的姿态推动黑龙江省经济社会发展。40 年来,地区经济实力持续增强,人民生活水平大幅提升,区域发展环境不断优化,经济社会发展成果显著。

(一)生产力水平不断提升

　　反映生产力水平的指标主要包括 GDP、人均 GDP、GDP 增长率和人均 GDP 增长率等。

---

① 课题组组长:仇荀;课题组成员:郑瑛琨、赵丹;项目编号:NSAZT(WT)2018007。

1.国内生产总值(GDP)逐年上升

如图 7-1 所示,黑龙江省地区生产总值在 1978 年只有 174.8 亿元,经过十几年的调整适应准备,20 世纪 90 年代初开始,市场经济开始深化,改革意识不断增强,国有企业改制开始启动,地区生产总值开始了大角度坡式增长。1994 年 GDP 达到 1604.9 亿元,2010 年首次过万,达到 10368.6 亿元,至 2017 年年底,黑龙江省地区生产总值达到 16199.9 亿元,与 1978 年相比,增长了 93 倍。

(单位:亿元)

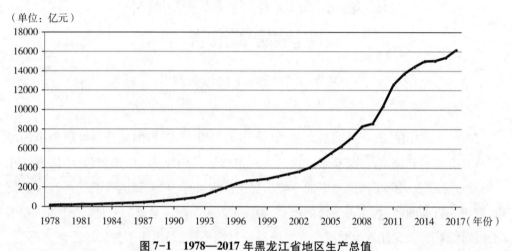

图 7-1　1978—2017 年黑龙江省地区生产总值

资料来源:国家统计局网站,如果不做特殊说明,均来自同一出处。

2.人均 GDP 稳步增长

如图 7-2 所示,黑龙江省人均 GDP 稳步增长。1978 年人均 GDP 仅为 564 元,生产力水平较低下,20 世纪 90 年代初开始增长幅度加大,2003 年首次过万,达到 10638 元,2013 年达到 32819 元,至 2017 年年底已达到 42286 元,相比 1978 年,增长了 75 倍。

(单位:元)

图 7-2　1978—2017 年黑龙江省人均 GDP

资料来源:国家统计局网站。

3. GDP 增长率波浪上升

如图 7-3 所示,GDP 增长率波动比较明显,1978 年为 11.1%,1979 年为 3%。1993—2013 年间,始终在 7%—13% 波动,其中 2002—2012 年,一直是两位数增长,涨幅比较大,经济发展速度加快。2013 年以后,受三期叠加期影响,以及黑龙江省能源经济所限,一度不振,在较为艰难的环境下,黑龙江省努力探索新径,2017 年 GDP 增长率达到 6.4%,创出四年来最好成绩。

（单位：%）

图 7-3　1978—2017 年黑龙江省 GDP 增长率

资料来源:国家统计局网站。

4. 人均 GDP 增长率波动上升

如图 7-4 所示,与 GDP 增长率相呼应,人均 GDP 增长率波动明显。1978 年为

（单位：%）

图 7-4　1978—2017 年黑龙江省人均 GDP 增长率

资料来源:国家统计局网站。

9.2%,1979 年为 1.4%。1993—2013 年始终处于 7%—12%,其中 2002—2012 年,一直是两位数值增长,增长较快。受内外部环境影响,2013 年人均 GDP 年开始下滑,2017 年稍有回升,达到 6.7%,为近四年来最好成绩。

(二)经济结构不断优化

反映经济结构的指标主要包括产业结构、三产就业人员结构、能源生产和消费结构、国有控股企业和私营企业资产占比,以及最终消费占 GDP 比重、城镇化率等。

1. 三次产业占 GDP 比重逐步合理

如图 7-5 所示,图中颜色由浅至深分别代表一产、二产、三产。黑龙江省在改革开放初期,是以工业经济拉动为主,农业和服务业占比较低。1978 年三次产业占 GDP 比重是 23.5∶61∶15.5,呈现出"二一三"型的产业结构,这种结构一直持续到 1984 年,当年的比重是 27∶55∶18。1985 年以后,改革开放的步伐加大,市场逐步打开,服务业兴起,一产和三产的占比出现"势均力敌"的态势,例如 1985 年、1986 年、1987 年的比重分别为 21.7∶57.8∶20.5、23.1∶53∶23.9 和 20∶57.5∶22.5。1988 年以后,改革力度更加强劲,市场经济体制不断深化,第三产业进一步发展,占比越来越大,三产开始超越一产,逐渐呈现"二三一"型的产业结构,例如 1991 年、1992 年的比重分别为 18∶50.3∶31.7 和 17.4∶51.4∶21.2。直到 2013 年,从三次产业占比为 17.1∶40.5∶42.4 开始,第三产业彻底超越第二产业形成"三二一"型的产业格局。并且 2013 年以后,这种比例关系越来越明晰,2017 年达到 18.3∶26.5∶55.2,从图 7-5 中第三产业的走势也可看出,第三产业逐年走高。产业结构没有绝对的优劣之分,只要能够促进本地

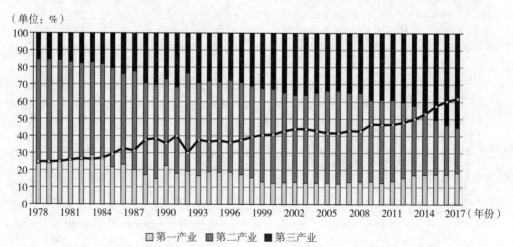

(单位:%)

图 7-5　1978—2017 年黑龙江省三次产业占 GDP 比重

资料来源:国家统计局网站。

发展就是好的结构,就黑龙江省目前情况看,产业结构虽然存在一些问题,但是第三产业在 GDP 中占比高是公认的比较合理的结构。

2. 最终消费占 GDP 比重逐年增加

如图 7-6 所示,从现有数据看,1993 年至今,最终消费比始终在 50%—60% 以上,1993 年为 63.68%,2000 年为 50.1%,2016 年为 62.3%,这里的最终消费不包括购房支出和购买理财产品的支出。最终消费占 GDP 比重国际平均水平为 60% 左右,说明黑龙江省居民消费已进入消费需求持续增长、消费结构加快升级、消费拉动经济作用增强的阶段。但是发达国家平均比重为 80% 左右,所以黑龙江省还要继续深化供给侧结构性改革,为消费提供更高质量的支撑。

（单位：%）

图 7-6　1993—2015 年黑龙江省最终消费占 GDP 比重

资料来源:国家统计局网站。

3. 城镇化率不断提高

如图 7-7 所示,2005 年黑龙江省城镇化率就达到 50% 以上,2017 年达到 59.4%。城镇化是农村传统自然经济转化为城市社会化大生产的过程,是拉动一个地区经济增长的重要推动力量。从现有掌握的数据看,黑龙江省的城镇化进程为当地经济发展提供了有力支持,为黑龙江省人民生活水平提高打了前战。

4. 第一产业就业人员占比趋于合理

如图 7-8 所示,1978 年第一产业就业人员占比为 52.6%,超过半数以上,到 2016 年占比为 36.6%,减少 16%。三次产业就业人员结构由 1978 年的 52.6：29.2：18.2,调整为 2016 年的 36.6：17.8：45.6,第一产业就业人口逐渐下降,并向第三产业转移,黑龙江省产业结构在不断优化升级。同时参考第一产业占 GDP 比重情况,1978 年为 23.5%,2016 年为 17.4%,下降 6.1%,大大小于就业人口减少比例,说明人口贡献率在加大。

（单位：%）

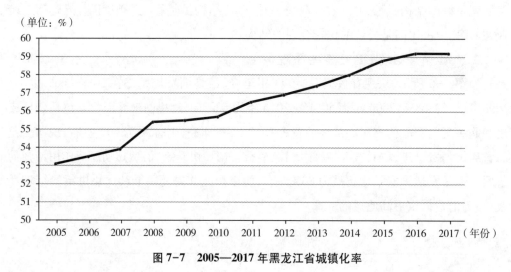

图 7-7　2005—2017 年黑龙江省城镇化率

资料来源：国家统计局网站。

（单位：%）

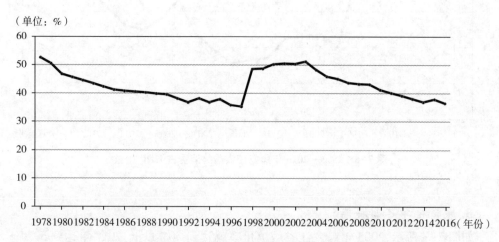

图 7-8　1978—2016 年黑龙江省第一产业就业人员占比

资料来源：国家统计局网站。

5. 单位 GDP 煤炭、石油、天然气、电力消费量逐年下降

如图 7-9、图 7-10、图 7-11、图 7-12 所示，经过多年动能转化的努力，黑龙江省以能源拉动经济增长的模式在改变，单位 GDP 能源消耗量逐年递减。每万元 GDP 煤炭消费量由 1995 年的 3.1 吨，降到 2010 年的 1.2 吨，2016 年降至 0.9 吨，降幅 71%。每万元 GDP 石油消费量由 1995 年的 0.6 吨，降到 2010 年的 0.2 吨，2016 年降至 0.14 吨，降幅 77%。每万元 GDP 天然气消费量由 1995 年的 130 立方米，降到 2010 年的 29 立方米，2016 年降至 25 立方米，降幅 81%。每万元 GDP 电力消费量由 1995 年的 2055 千瓦时，降到 2010 年的 720 千瓦时，2016 年降至 580 千瓦时，降幅 72%。黑龙江省的能源消费依赖度大幅度降低,可持续发展模式在不断探索中。

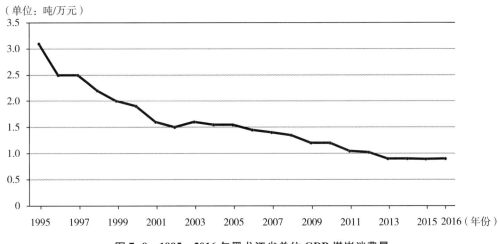

（单位：吨/万元）

图 7-9　1995—2016 年黑龙江省单位 GDP 煤炭消费量

资料来源：国家统计局网站。

（单位：吨/万元）

图 7-10　1995—2016 年黑龙江省单位 GDP 石油消费量

资料来源：国家统计局网站。

6.能源生产结构不断优化

如图 7-13 所示,图中不同标示分别代表原煤、原油、天然气、水电、风电比重。2005 年原煤、原油、天然气、水电、风电的生产结构为 50.6∶46.7∶2.31∶0.36∶0.03;2010 年为 52∶43.1∶3∶0.7∶1.2;2016 年为 41.35∶50.4∶4.88∶0.69∶2.68。可以看出,以原煤、原油、天然气、水电、风电构成的能源生产结构中,水电、风电占比逐年加大,原煤、原油占比逐年缩小,虽然总体比例没有大改变,但是趋势向好。以原煤和风电为例,占比率分别下降 18.2% 和上升 88%,体现出更加绿色的清洁能源生产偏好,能源

（单位：立方米/万元）

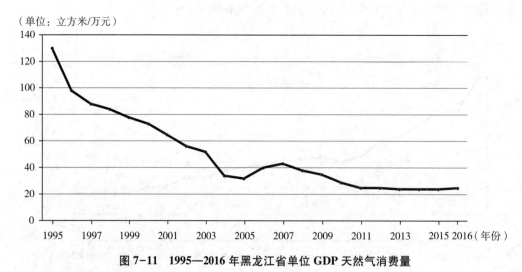

图7-11　1995—2016年黑龙江省单位GDP天然气消费量

资料来源：国家统计局网站。

（单位：千瓦时/万元）

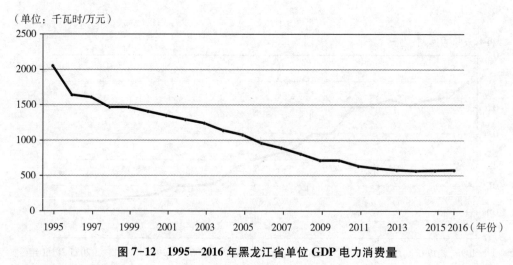

图7-12　1995—2016年黑龙江省单位GDP电力消费量

资料来源：国家统计局网站。

生产结构不断优化。

7. 国有控股工业企业资产总计占比逐年减少

黑龙江省受计划经济影响深厚，市场经济渗透慢，活力不足，很大部分原因是国有企业占比大，一定程度地阻碍了市场经济发展。在意识到问题存在以后，黑龙江省国有企业的改革步伐始终没有停止。如图7-14所示，国有控股工业企业资产总计占比下降趋势明显，2000年总计占比达到92.6%，2007年降至79%，截至2016年已经降至73.2%，下降19.4%，黑龙江省的产权结构在不断优化。

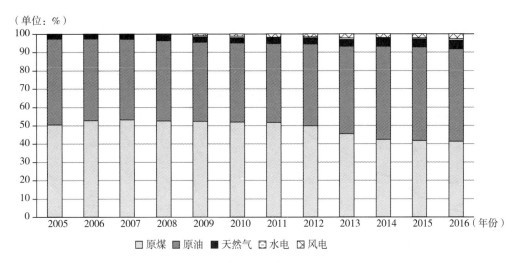

图7-13 2005—2016年黑龙江省能源生产结构比重

资料来源:国家统计局网站。

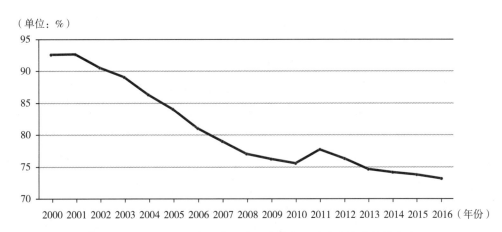

图7-14 2000—2016年黑龙江省国有控股工业企业资产总计占比

资料来源:国家统计局网站。

8. 私营工业企业资产总计占比逐年增加

如图7-15所示,与国有控股工业企业资产相对应的私营工业企业资产总计占比呈现出增长态势。2000年总计占比为1.2%,2007年升至9.1%,截至2016年已达13.4%,增长12.2%。私营工业企业数量和质量代表着一个地区的市场活力,黑龙江省在向好发展。

(三)宏观经济较稳定

反映宏观经济的指标主要包括通货膨胀率、财政盈余/赤字占GDP比重、地方政府债务占GDP比重,以及地方财政一般预算收入占GDP比重等。

（单位：%）

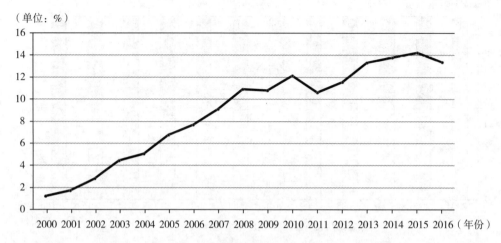

图 7-15　2000—2016 年黑龙江省私营工业企业资产总计占比

资料来源：国家统计局网站。

1. 通货膨胀率逐步平稳

课题组以居民消费价格指数，即 CPI（上年=100）来衡量通货膨胀率。如图 7-16 所示，1978 年的数值为 100.5，从 1990 年到 1994 年有个快速增长阶段，由 1990 年的 105.7 涨至 1994 年的 121.9，升幅 15.3%。这是因为国家"六五"计划期间固定资产投资规模过大，货币发行过多，以及"七五"计划期间国家价格闯关受挫，导致"七五"计划后期出现严重的通货膨胀，一直持续到"八五"计划时期，成为当时经济的不稳定因素。黑龙江省受国家整体影响，也出现通货膨胀状况。国家针对此情况实行紧缩货币等手段，控制了通货膨胀的继续，到 1996 年实现经济"软着陆"，之后宏观调控基本配合经济增长，CPI 没有出现过大起伏。黑龙江省也同样，CPI 数值 1998 年为 100.4，2008 年为 105.6，2016 年为 101.5，基本保持平稳。

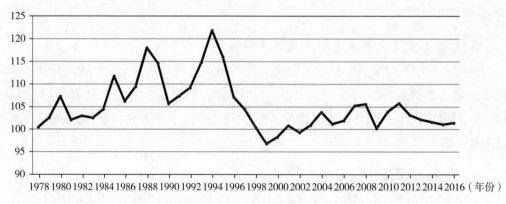

图 7-16　1978—2016 年黑龙江省 CPI（上年=100）

资料来源：国家统计局网站。

2. 财政盈余/赤字占 GDP 比重稳中有降

如图 7-17 所示,从理论上讲,财政收入与支出保持平衡是财政的最佳状态。但是现实中,政府需要大量的财富解决问题,会出现赤字情况,一定的赤字可以拉动经济增长。黑龙江省自 1979 年以后,一直为财政赤字状态,1980 年财政赤字占 GDP 比重为 3.94%,以后逐年增长,2010 年为 14.44%,2017 年达到 20.97%。一部分体现了黑龙江省政府对公共服务的投入状况,也展现了投资拉动经济的效果。另外,财政赤字也体现了保障民生的力度,以 2017 年为例,全省财政用于民生的支出为 3996.1 亿元,是当年财政收入的 3.2 倍,占当年财政支出的 86%。

（单位：%）

图 7-17　1978—2017 年黑龙江省财政盈余/赤字占 GDP 比重

资料来源:国家统计局网站。

3. 地方政府债务占 GDP 比重控制良好

如图 7-18 所示,地方政府债务一般用于基础建设、公益性服务等,具有一定的积极意义。黑龙江省地方政府债务占 GDP 比重,2012 年为 13.40%,2013 年为 14.13%,2015 年为 20.98%,2016 年达到 41.74%。除 2016 年超出全国平均水平以外,其余有数据记载的年份都没有达到全国平均值,并且 2016 年比重也低于欧盟警戒标准,控制良好。

4. 地方财政一般预算收入占 GDP 比重较稳定

如图 7-19 所示,1978 年地方财政一般预算收入占 GDP 比重为 36.18%,1980 年以后总体波动不大,比较稳定,2017 年比重为 7.6%。

（四）基础设施建设不断完善

反映基础设施建设的指标主要包括人均年用电量、公路网密度、铁路网密度、民用航空客运量、互联网普及率和电话普及率等。

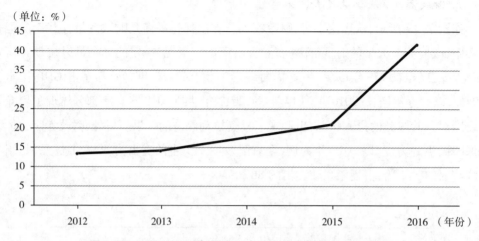

图 7-18　2012—2016 年黑龙江省地方政府债务占 GDP 比重

资料来源：国家统计局网站。

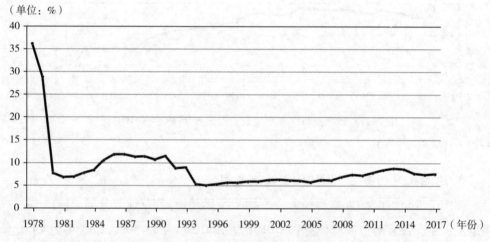

图 7-19　1978—2017 年黑龙江省地方财政一般预算收入占 GDP 比重

资料来源：国家统计局网站。

1. 人均年用电量逐年增加

如图 7-20 所示，改革开放以后，电网设施建设速度加快，电力覆盖面不断扩大，包括一些偏远地区都有顾及，大大提高了人民群众的生活质量。以人均用电量来看，1995年人均年用电量为 1106 千瓦时，年居民生活用电量人均达到 145.65 亿千瓦时，每年稳步提升，2016 年已达到 2360 亿千瓦时。

2. 公路网密度逐年加大

如图 7-21 所示，黑龙江省地域辽阔，地处祖国最北端，不仅与国内其他省份距离较远，省内地区之间也间隔较大。40 年来，省内公路建设力度不断加大，公路网密度不

（单位：千瓦时/人）

图7-20 1995—2016年黑龙江省人均年用电量

资料来源：国家统计局网站。

断攀升。1978年公路网密度仅为9.3公里/百平方公里，1988年上升到10.4公里/百平方公里，1998年达到11公里/百平方公里。之后的近二十年，飞速发展到2015年的30.61公里/百平方公里，增长21.3%，为黑龙江省经济发展和人民群众出行更便利，提供了基础保障。

（单位：公里/百平方公里）

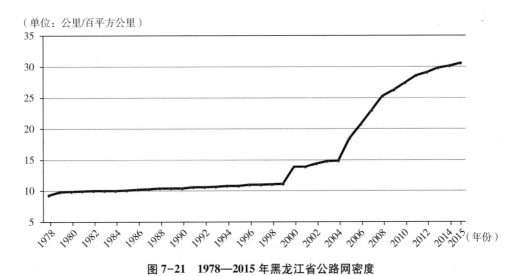

图7-21 1978—2015年黑龙江省公路网密度

资料来源：国家统计局网站。

3. 铁路网密度不断加大

如图7-22所示，黑龙江省铁路建设比较早，建国之前就有布局，改革开放之初的1978年为1.1公里/百平方公里，之后一直处于小幅攀升状态，1998年为1.22公里/百平方公里，2008年为1.28公里/百平方公里，2014年达到1.37公里/百平方公里，为能源运输、居民出行提供了方便条件。

（单位：公里/百平方公里）

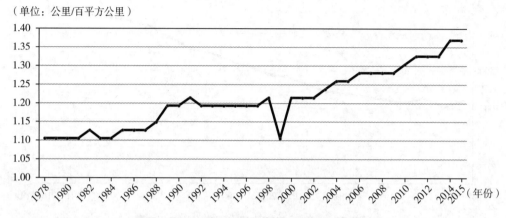

图7-22 1978—2015年黑龙江省铁路网密度

资料来源：国家统计局网站。

4.民用航空客运量逐年加大

如图7-23所示，黑龙江省民用航空在2000年以前发展较为缓慢，1978年民用航空客运量为3万人，1988年为21万人。从2001年开始，速度猛增，2001年为81万人，2015年已达到1682万人。较1978年相比，增加561倍，为黑龙江省的开放交流、便民利民提供了有益保障。

（单位：万人）

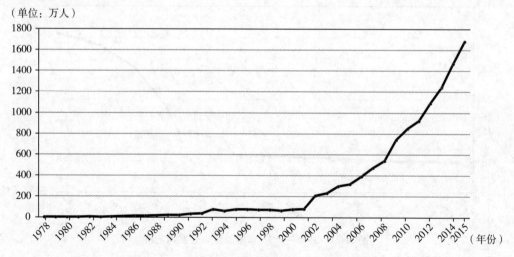

图7-23 1978—2015年黑龙江省民用航空客运量

资料来源：国家统计局网站。

5.互联网普及率不断上升

如图7-24所示，互联网技术属于当代新科技，改革开放之初还没有民用普及，虽然起步较晚，但是发展速度极快。2003年在黑龙江省的普及率为5.9%，2016年已经达

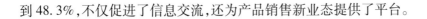

到48.3%,不仅促进了信息交流,还为产品销售新业态提供了平台。

（单位：%）

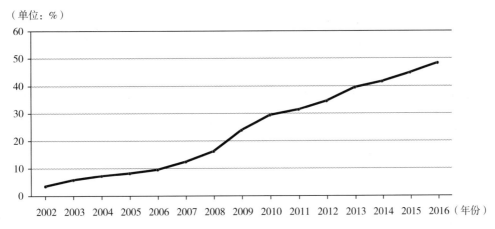

图7-24 2002—2016年黑龙江省互联网普及率

资料来源:Wind 数据库。

6. 电话普及率不断攀升

如图7-25所示,电话已经成为人们生活中不可或缺的通信工具,改革开放以来,通信事业发展迅速,2010年固定电话普及率就已经达到每百人75.42部,2016年达到每百人103.79部。从移动电话普及率来看,增长速度也极快,2003年每百人仅拥有22.25部,2016年已经达到每百人拥有90.69部。

（单位：部/百人）

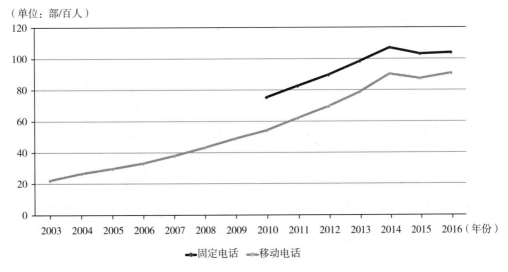

固定电话 移动电话

图7-25 2003—2016年黑龙江省电话普及率

注:没有2010年的固定电话数据。

资料来源:Wind 数据库。

（五）基础自然资源丰富

反映基础自然资源的主要指标包括人均水资源量、人均耕地面积、森林覆盖率,以及煤炭、铁矿石的人均储备情况等。

1. 人均水资源量较充沛

如图7-26所示,黑龙江省人均水资源量较为充沛,近二十年来总体呈上扬状态,超过全国平均水平。2004年为人均1708.51立方米,2013年达到最高值为人均3702.13立方米,2016年为人均2217.05立方米。

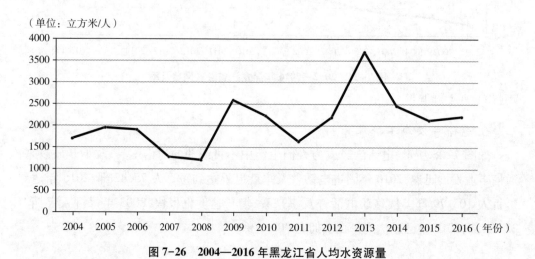

（单位:立方米/人）

图7-26　2004—2016年黑龙江省人均水资源量

资料来源:国家统计局网站。

2. 人均耕地面积不断增加

如图7-27所示,黑龙江省是农业大省,担负着国家粮食安全的重任,耕地面积是前提保障。1987年黑龙江省人均耕地面积为3.4亩,以后逐年增加,到2016年达到6.3亩/人,增幅85%,前后变化较大的原因,也与耕地总面积统计差距有关。

3. 森林覆盖率加大

黑龙江省森林覆盖面积较大,但是新中国成立以后,为了支援国家发展建设,大量采伐,森林面积急剧减少。1985年国家出台《中共中央　国务院关于保护森林发展林业若干问题的决定》,对保护森林、发展林业作出系列安排,20世纪90年代以后,计划采伐、禁止采伐、保护森林的措施不断推行,黑龙江省森林覆盖率逐年增加。如图7-28所示,2004年覆盖率为39.5%,2016年已经到达43.2%。2014年开始,黑龙江省森林工业总局对国有林区进行天然林全面停止商业性采伐试点,预计今后黑龙江省森林覆盖率将继续扩大,进一步加大黑龙江省生态优势。

（单位：亩/人）

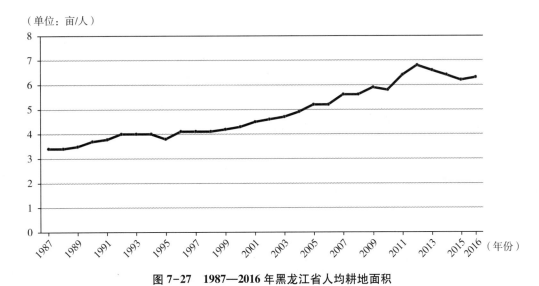

图 7-27　1987—2016 年黑龙江省人均耕地面积

资料来源：国家统计局网站。

（单位：%）

图 7-28　2004—2016 年黑龙江省森林覆盖率

资料来源：国家统计局网站。

4. 人均煤炭储量较丰富

如图 7-29 所示，黑龙江省人均煤炭储量比较丰富，2003 年人均储量为 251.32 吨，由于不断开采，储量有所下降，2011 年为人均 161.06 吨。2011 年以后，能源工业不断减产，尤其是去库存的推动，煤炭开采量减少，人均煤炭储量保持平稳，2012 年人均煤炭储量 160.77 吨，2016 年为人均 163.93 吨。

5. 人均铁矿石储量较丰富

如图 7-30 所示，黑龙江省人均铁矿石储量比较丰富，总量处于全国第 12 位。2003 年人均铁矿石储量 1.39 吨，2008 年以后，由于国家宏观调控刺激政策的作用，对钢铁

（单位：吨/人）

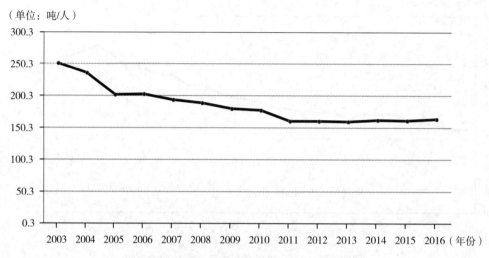

图7-29　2003—2016年黑龙江省人均煤炭储量

资料来源：《黑龙江统计年鉴》、国家统计局网站。

的需求猛增，人均占有量有所下降，2016年为0.89吨。

（单位：吨/人）

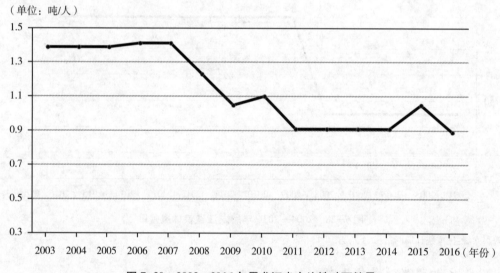

图7-30　2003—2016年黑龙江省人均铁矿石储量

资料来源：《黑龙江统计年鉴》、国家统计局网站。

（六）健康与基础教育情况良好

反映健康与基础教育情况的指标主要包括人口自然增长率、预期寿命、万人医师数、万人病床数、万人专任教师数、小学入学率等。

1. 人口自然增长率有所下降

如图7-31所示,根据现有数据,黑龙江省人口增长总体呈现下滑状态,2001年为2.99%,2010年为2.32%,2014年为0.91%,从2015年开始出现负增长,增长比率为-0.6%,2017年有所缓解,为-0.41%。其中原因,与执行国家计划生育人口政策有关。黑龙江省由于国有企业比重大,人员管理效率较高,以及地方观念原因,计划生育政策执行情况良好。另外,也与人口流失有关。黑龙江省气候寒冷、区位较偏、经济发展欠缺活力,人口流失较严重。

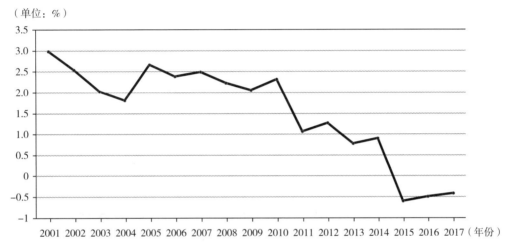

（单位：%）

图7-31 2001—2017年黑龙江省人口自然增长率

资料来源:黑龙江统计局网站。

2. 预期寿命不断延长

如图7-32所示,黑龙江省人口平均预期寿命不断延长,2000年为72.37岁,2010年延长到75.98岁,十年增加5%,人口寿命的延长得益于先进的医疗保障和良好的社会发展环境。

3. 万人医师数不断增加

如图7-33所示,改革开放以来,黑龙江省万人医师数保持平稳增长。1978年为15人,2016年达到22人,医疗保障条件向好。

4. 万人病床数不断增加

如图7-34所示,黑龙江省万人病床数不断增加,一直处于攀升状态,2007年为35.4张,2015年已达到57.92张。

5. 万人专任教师数不断增加

如图7-35所示,黑龙江省教育资源平均占有量在增长,万人专任教师数由1978年的0.84人,到2016年的4.68人,教师规模不断扩大,教育基础向好。

（单位：岁）

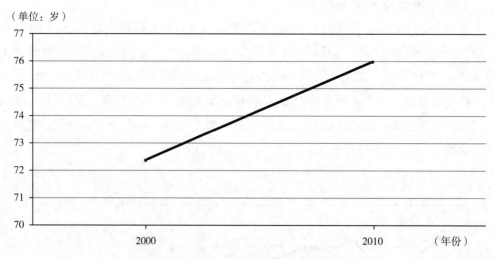

图7-32　2000—2010年黑龙江省预期寿命

资料来源：国家统计局网站。

（单位：人）

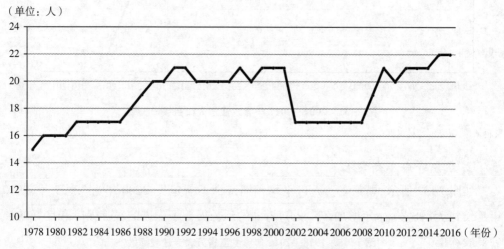

图7-33　1978—2016年黑龙江省万人医师数

资料来源：国家统计局网站。

6. 小学入学率稳步增长

如图7-36所示，小学入学情况喜人，入学率接近100%。2012年为99.12%,2017年已达到99.96%。

（七）高等教育水平不断提高

反映高等教育水平的指标主要包括高中及以上学历人口比重、大专及以上学历人口比重、万人在校研究生数等。

（单位：张）

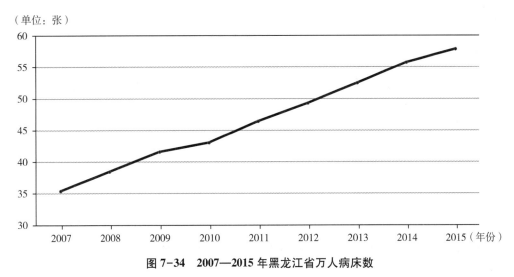

图7-34　2007—2015年黑龙江省万人病床数

资料来源：国家统计局网站。

（单位：人）

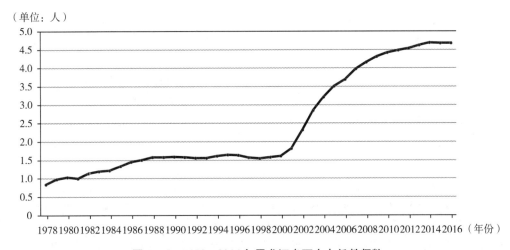

图7-35　1978—2016年黑龙江省万人专任教师数

资料来源：国家统计局网站。

1. 高中及以上学历人口比重逐年增加

如图7-37所示，高中及以上学历人口逐年增加，2002年为14.01%，2013年达到近年来最高点16.82%，呈现整体上扬势头。

2. 大专及以上学历人口比重稳步增长

如图7-38所示，黑龙江省大专及以上学历人口比重呈现不断攀升趋势。2002年为4.63%，2011年达到8.99%，2014年已达到11.84%，较高学历人口逐年增加，人力资源水平在逐步提升。

（单位：%）

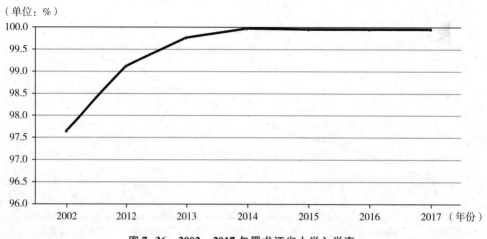

图7-36　2002—2017年黑龙江省小学入学率

资料来源：Wind 数据库。

（单位：%）

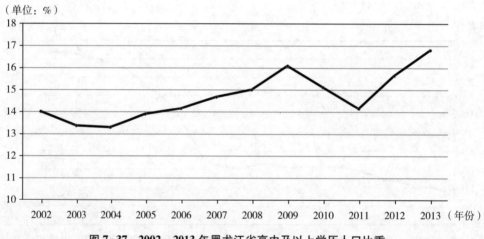

图7-37　2002—2013年黑龙江省高中及以上学历人口比重

资料来源：国家统计局网站。

3. 万人在校研究生数不断攀升

如图7-39所示，万人在校研究生数不断攀升，2000年为2.89人，2010年达到14.21人，截至2017年已经达到17.89人。高学历人群比重在加大。

（八）财政运行状况良好

反映财政运行状况的指标主要包括财政收入占 GDP 比重、人均税收收入、税收收入占 GDP 比重等。

1. 财政收入占 GDP 比重降中有升

如图7-40所示，黑龙江省财政收入占 GDP 比重有升有降，总体为降中有升。1980

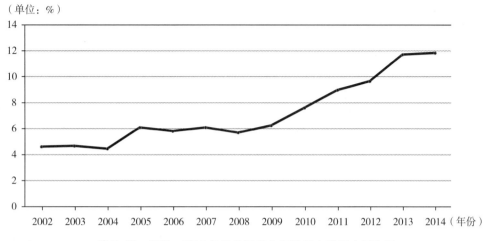

图7-38 2002—2014年黑龙江省大专及以上学历人口比重

资料来源:国家统计局网站。

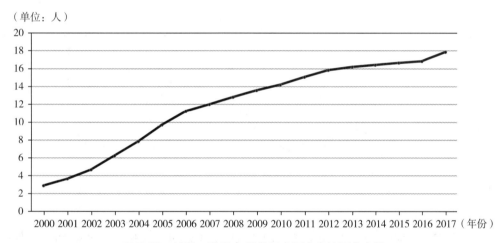

图7-39 2000—2017年黑龙江省万人在校研究生数

资料来源:Wind数据库。

年为7.72%,2014年达到8.67%,2015年和2016年由于油煤粮木传统产业持续集中负向拉动等多方面原因,财政收入占GDP比重有所下降,分别为7.72%和7.46%,2017年有回升,达到7.6%。

2. 人均税收收入稳步增长

如图7-41所示,2003年人均税收收入仅为528.07元,2008年突破千元达到人均1098.59元,2017年达到人均2373.78元,整体来看增长稳定。

3. 税收收入占GDP比重逐年加大

如图7-42所示,税收收入占GDP比重逐年加大,由1997年的4.5%,上升到2014

（单位：%）

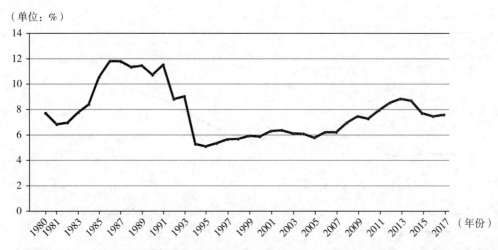

图7-40　1980—2017年黑龙江省财政收入占GDP比重

资料来源：国家统计局网站。

（单位：元/人）

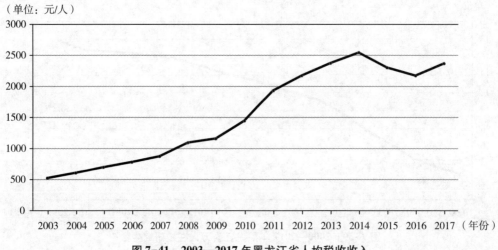

图7-41　2003—2017年黑龙江省人均税收收入

资料来源：国家统计局网站。

年的6.5%，表明省内纳税企业增多，或者整体利润增加，是经济向好的表现。2015年、2016年两年由于不断推进供给侧结构性改革，严格执行"三去一降一补"，持续推动能源工业减产，税收占比有所下降，分别为5.84%和5.38%，但从长远看，这是黑龙江省高质量发展的前提，2017年已有所回升，为5.6%。

（九）金融市场逐渐繁荣

反映金融市场情况的指标主要包括金融行业增加值占GDP比重、信贷余额占GDP比重、保费收入占GDP比重等。

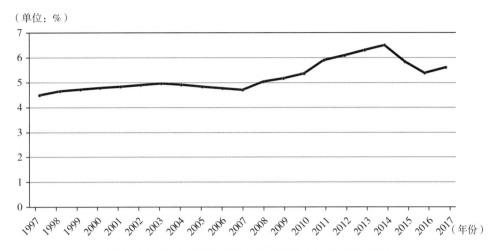

（单位：%）

图 7-42　1997—2017 年黑龙江省税收收入占 GDP 比重

资料来源：国家统计局网站。

1. 金融行业增加值占 GDP 比重不断加大

如图 7-43 所示，黑龙江省金融行业增加值占 GDP 比重不断加大，尤其 2005 年以后，由 0.6%增加到 6.1%，金融市场逐渐繁荣。金融行业本质上归属于现代服务业，黑龙江省服务业虽然占 GDP 比重在逐年增加，但是注重质量的意识没有松懈，始终推动金融服务业在合理范围内发展。

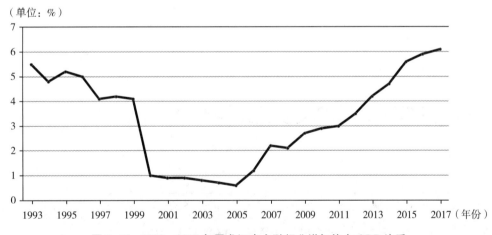

（单位：%）

图 7-43　1993—2017 年黑龙江省金融行业增加值占 GDP 比重

资料来源：国家统计局网站。

2. 信贷余额占 GDP 比重有所增加

如图 7-44 所示，黑龙江省信贷余额占 GDP 比重有所增加，2017 年达到 120.2%。表明一方面黑龙江省金融工具使用较活跃，投资力度在加大，刺激经济快速发展。另一方面也要注意防控金融风险，关注信贷资金使用质量，尤其是投放到国有企业的资金，要注意监控使用效率,防范风险发生。

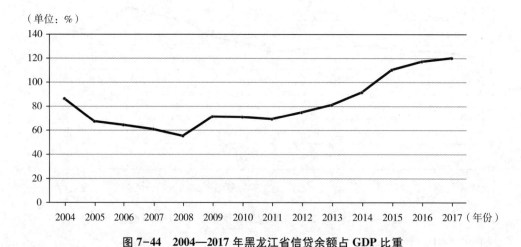

图 7-44　2004—2017 年黑龙江省信贷余额占 GDP 比重

资料来源:Wind 数据库。

3. 保费收入占 GDP 比重逐步加大

如图 7-45 所示,黑龙江省保费收入占 GDP 比重逐步加大,由 2007 年的 2.2%增至 2017 年的 5.7%。保险业在国民经济中的地位在提高,保险深度在加大,为现代服务业增加值贡献了力量。

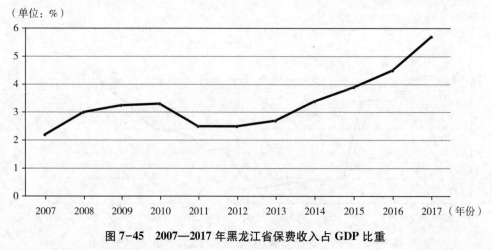

图 7-45　2007—2017 年黑龙江省保费收入占 GDP 比重

资料来源:Wind 数据库。

(十)城市环境不断改善

反映城市环境的指标主要包括空气质量、废水排放量、一般工业固体废物产生量、单位 GDP 能耗等。

1. 省会城市可吸入颗粒物浓度不断下降

黑龙江省气候寒冷,冬季需要采暖,采暖主要燃料为煤炭,煤炭燃烧会排放出 PM_{10} 等可吸入颗粒物,因此,省会哈尔滨的空气质量呈现出非常明显的季节性变化。图 7-46 为全国 74 城市的空气质量排名,从图中可看到,每年 10 月份供暖期开始,到第二年 4 月供暖尾期,空气质量排名降低,基本都在 60 位以后,过了采暖期,空气质量排名明显提升。再看 PM_{10} 指数,如图 7-47 所示,每年 10 月至第二年 4 月,PM_{10} 指数明显高于其他月份。因此,哈尔滨的空气质量与冬季供暖直接相关。另外还有一个重要原因,就是焚烧秸秆。每年秋收以后,为了下一年的播种,农民需要对秸秆进行处理,但是由于技术与成本的原因,焚烧是最方便快捷的手段。焚烧秸秆期与供暖期重合以后,更加剧了哈尔滨冬季空气质量的恶劣程度。

近两年,通过严格控制焚烧秸秆、改造小煤炉等措施,哈尔滨冬季空气质量明显好转。如图 7-46 所示,2017 年供暖期排名与历年相比,位次有波动,但总体为提升状态。如图 7-47 所示,2017 年的 PM_{10} 指数也远远好于 2015 年,空气治理效果明显。

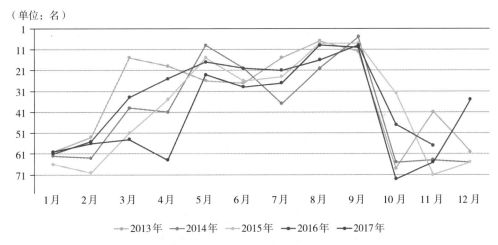

（单位：名）

图 7-46　2013—2017 年哈尔滨市在全国 74 个城市中的空气质量排名

资料来源:中华人民共和国生态环境部网站。

2. 单位 GDP 废水排放量逐年减少

如图 7-48 所示,根据所掌握数据,黑龙江省单位 GDP 废水排放量逐年减少。2004 年每万元 GDP 废水排放量为 24.1 吨,2016 年下降至 9 吨,下降幅度 62.7%。经济增长过程中,废水排放量在减少,城市环境在改善,环保力度在加大。

3. 单位 GDP 一般工业固体废物产生量逐年下降

如图 7-49 所示,黑龙江省单位 GDP 一般工业固体废物产生量逐年下降,2000 年每万元 GDP 产生一般工业固体废物 0.85 吨,2009 年为 0.61 吨,2015 年降至 0.5 吨,

（单位：毫克/立方米）

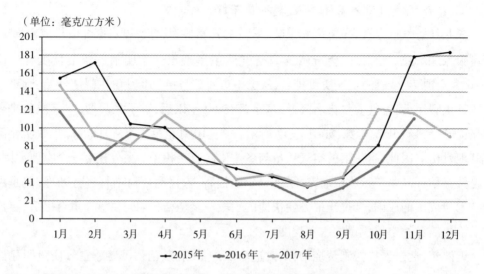

图 7-47　2015—2017 年哈尔滨市 PM₁₀ 指数

资料来源：中华人民共和国生态环境部网站。

（单位：吨/万元）

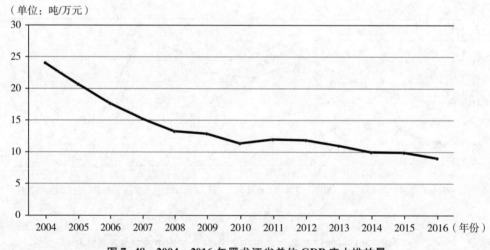

图 7-48　2004—2016 年黑龙江省单位 GDP 废水排放量

资料来源：国家统计局网站。

工业能源利用效率不断提高。

4. 单位 GDP 能耗不断下降

　　如图 7-50 所示，黑龙江省单位 GDP 能耗不断下降。2005 年，每元 GDP 消耗 0.00015 吨标准煤，2010 年每元 GDP 消耗 0.00012 吨标准煤，到 2016 年降为每元 GDP 消耗 0.00009 吨标准煤。黑龙江省能源利用效率在提高，经济增长的能源依存度在不断下降，人民生活环境在改善。

（单位：万吨）

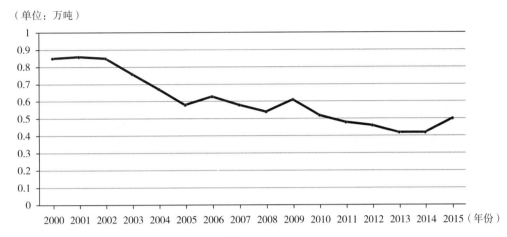

图 7-49 2000—2015 年黑龙江省单位 GDP 一般工业固体废物产生量

资料来源：Wind 数据库。

（单位：吨/元）

图 7-50 2005—2016 年黑龙江省单位 GDP 能耗

资料来源：国家统计局网站。

（十一）就业与工资水平不断提高

反映就业与工资水平的指标主要包括失业率、适龄劳动人口比重、就业人员平均工资、最低工资水平等。

1. 失业率整体下降

如图 7-51 所示,黑龙江省 1978 年和 1979 年的失业率高达到 7.4% 和 8%,之后迅速下降到 1983 年的 1.4%。进入 20 世纪 90 年代以后,由于长期的劳动力供过于求,失业率有所增高。21 世纪初,在政府政策帮扶下,以及市场经济不断搞活,失业率保持稳定,始终在 4%—5%,2017 年为 4.2%。

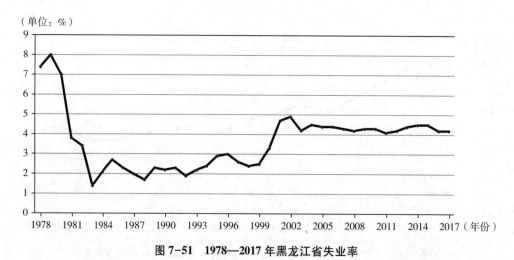

（单位：%）

图7-51　1978—2017年黑龙江省失业率

资料来源：国家统计局网站。

2. 适龄劳动人口比重较大

如图7-52所示，黑龙江省的适龄劳动人口比重较大，劳动力年龄质量较高，比较有活力。2011—2017年比重分别为：80.3%、79%、79.1%、79%、78.6%、78%、77.3%。虽然2014年比重有所降低，但也在70%以上。适龄劳动人口比重的下降与中国人口整体老龄化趋势有关。

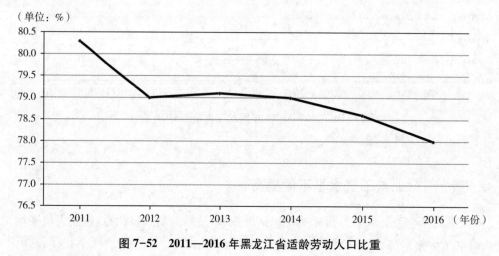

（单位：%）

图7-52　2011—2016年黑龙江省适龄劳动人口比重

资料来源：国家统计局网站。

3. 平均工资水平逐步提高

如图7-53、图7-54所示，无论是从城镇单位就业人员平均工资看，还是从城镇单位在岗职工平均工资来看，都呈现出不断上涨的趋势。由于数据信息采集所限，城镇单位在岗职工平均工资数据较全，可以看到，从20世纪90年代初市场经济加大深化力度以后,平均工资水平急剧上升,1978 年为 721 元,2016 年为 55299 元,增长了 75.7 倍。城镇单位就业人员平均工资,也从 2006 的 15894 元,增长到 2016 年的 52435 元,增长了 2.3 倍。

（单位：元）

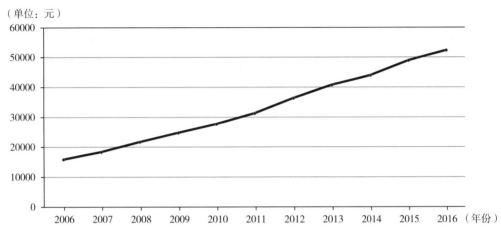

图 7-53　2006—2016 年黑龙江省城镇单位就业人员平均工资

资料来源:国家统计局网站。

（单位：元）

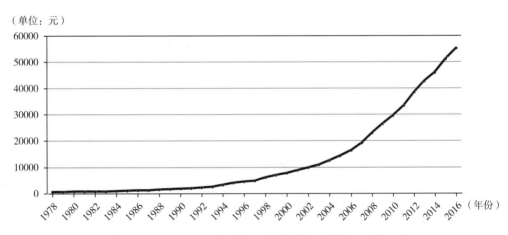

图 7-54　1978—2016 年黑龙江省城镇单位在岗职工平均工资

资料来源:国家统计局网站。

4. 最低工资水平稳步提高

如图 7-55 所示,黑龙江省的最低工资水平逐年上涨,2003 年为 237 元,2017 年已经达到 1270 元,增加 4 倍多。

（十二）知识经济发展与创新成果不断增加

反映知识经济发展与创新成果的指标主要包括 R&D 经费支出情况、高新技术企业

（单位：元）

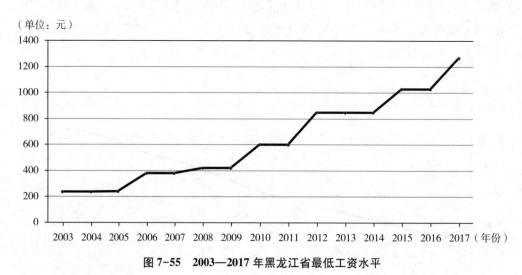

图 7-55 2003—2017 年黑龙江省最低工资水平

资料来源：国家统计局网站。

产值和人员数量情况，以及万人专利申请授权量情况等。

1. R&D 经费支出占 GDP 比重逐步加大

如图 7-56 所示，随着黑龙江省转换发展动能意识的提高，对知识经济和创新越来越重视，并且也付诸实践。从 R&D 经费支出占 GDP 比重来看，呈现逐年增加的态势。1996 年占比为 0.2%，2006 年达到 0.92%，2016 年已经达到 0.99%。

（单位：%）

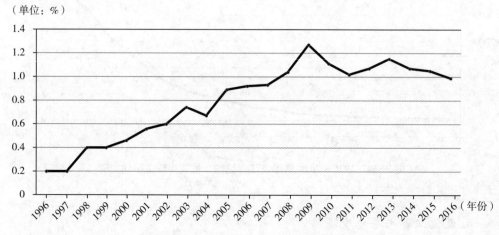

图 7-56 1996—2016 年黑龙江省 R&D 经费支出占 GDP 比重

资料来源：黑龙江省科技厅网站。

2. 高新技术企业年末从业人员数不断增多

高新技术企业是转化动能的前沿阵地，产品附加值高，对经济贡献度强，其年末从业人员数可以反映出企业规模的大小。如图 7-57 所示，黑龙江省高新技术企业年末从业人员数不断增多,2007 年年末从业人员数为 191002 人,2016 年已达到 236393 人,增加了 23.8%。

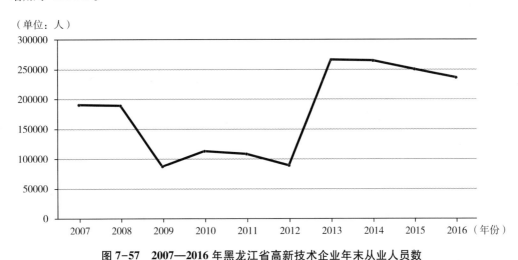

（单位：人）

图 7-57 2007—2016 年黑龙江省高新技术企业年末从业人员数

资料来源：Wind 数据库。

3. 万人专利申请授权量逐步增多

随着创新意识不断增强,黑龙江省的创新培育力度也在加大,万人专利申请件数不断增多,授权量也在逐年增加。如图 7-58 所示,1996 年,万人专利申请授权量仅为 0.3 件,2017 年已经达到 4.8 件,增加了 15 倍。

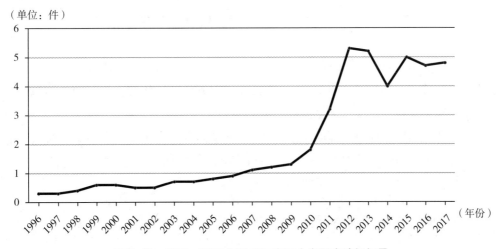

（单位：件）

图 7-58 1996—2017 年黑龙江省万人专利申请授权量

资料来源：黑龙江省科技厅网站。

4. 高新技术企业工业总产值占 GDP 比重阶段性增长

如图 7-59 所示,黑龙江省由于旧有动能驱动乏力,对高新技术产业扶植力度逐渐加大,尤其是 2007 年和 2008 年,高新技术企业工业总产值占 GDP 比重分别达到

14.3%和14.9%,2009年有所下降,2013年又回升到13.8%,2016年达到10.8%。

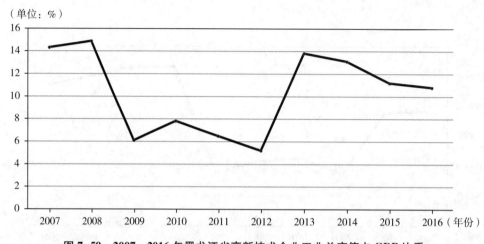

（单位：%）

图7-59　2007—2016年黑龙江省高新技术企业工业总产值占GDP比重

资料来源：Wind数据库。

以上对生产力水平、经济结构、宏观经济、基础设施、基础自然资源、健康与基础教育、高等教育、财政运行、金融市场、城市环境、就业与工资水平、知识经济发展与创新成果等各项指标的描述分析,充分体现出坚决执行改革开放政策给黑龙江省经济发展带来的重大改变和人民生活质量的巨大改善。

二、黑龙江省经济社会发展目前存在的问题

改革开放至今,黑龙江省经济社会发展取得了可喜的成就,但发展中也存在急需解决的问题。党的十九大报告指出,我国社会主要矛盾已经转化为人民日益增长的美好生活需要和不平衡不充分发展之间的矛盾。黑龙江省发展不平衡包括地区内部的发展不平衡和地区以外横向对比下的不平衡,发展不平衡的主要根源正是发展不充分。黑龙江省发展不充分主要体现在结构性矛盾依旧突出、人力资源流失严重、创新研发实力不足等几方面。

（一）地区内部发展不平衡

1. 区域发展差异较大

黑龙江省内部区域之间发展差异较大,这里考虑三个指标,即地区经济总量、地区人均经济总量和公共财政收入。课题组根据黑龙江省行政区域的划分,并且考虑综合地理位置因素,将全省划分为南部、东部、北部三大区域。其中,南部包括哈尔滨、齐齐哈尔、大庆、牡丹江、绥化、绥芬河;东部包括佳木斯、鸡西、鹤岗、双鸭山、七台河、抚远;

北部包括伊春、黑河、大兴安岭。通过对比发现,黑龙江省内部区域经济发展存在不平衡,发展差异大的情况。

(1)区域经济总量对比。通过对比发现,黑龙江省的三个区域存在极为明显的发展不平衡状况。以 2016 年的地区经济总量为例,从表 7-1 可见,南部区域生产总值为 12721.3 亿元,占三地总额的 79.9%;东部和北部生产总值分别为 2332.2 亿元和 865.8 亿元,分别占三地总额的 14.7% 和 5.4%,东部和北部两区域的总和还不及南部的三分之一。

表 7-1　2016 年黑龙江省份地区生产总值

地区		地区生产总值(亿元)	合计(亿元)	占比(%)
南部	哈尔滨	6101.6	12721.3	79.9
	齐齐哈尔	1325.3		
	大庆	2610		
	牡丹江	1231.2		
	绥化	1316.3		
	绥芬河	136.9		
东部	佳木斯	845	2332.2	14.7
	鸡西	518.4		
	鹤岗	264.1		
	双鸭山	437.4		
	七台河	216.6		
	抚远	50.7		
北部	伊春	251.2	865.8	5.4
	黑河	470.8		
	大兴安岭	143.8		

资料来源:黑龙江省统计局:《黑龙江统计年鉴 2017》,中国统计出版社 2017 年版,第 86 页。

(2)区域人均经济总量对比。仍以 2016 年为例,从表 7-2 可见,南部区域人均生产总值为 389626 元,占三地总额的 59.1%;东部和北部区域人均生产总值分别为 189204 元和 80652 元,分别占三地总额的 28.7% 和 12.2%。可以看出,黑龙江省南部区域的经济发展与东部和北部相比,差异巨大,以绝对的优势超过其他两个区域。

表7-2　2016年黑龙江省份地区人均生产总值

地　区		地区人均生产总值（元）	合计（元）	占比（%）
南　部	哈尔滨	63445	389626	59.1
	齐齐哈尔	25690		
	大　庆	94690		
	牡丹江	46997		
	绥　化	24109		
	绥芬河	134695		
东　部	佳木斯	36878	189204	28.7
	鸡　西	28637		
	鹤　岗	25244		
	双鸭山	29959		
	七台河	25600		
	抚　远	42886		
北　部	伊　春	21043	80652	12.2
	黑　河	28473		
	大兴安岭	31136		

资料来源：黑龙江省统计局：《黑龙江统计年鉴2017》，中国统计出版社2017年版，第86页。

（3）区域公共财政收入对比。如表7-3所示，2016年黑龙江省南部区域公共财政收入为7111704万元，占三地总财政收入的79.3%；东部区域为1334404万元，占三地总财政收入的14.9%；北部区域为520102万元，占三地总财政收入的5.8%。南部区域依然以明显的优势超越东部和北部，表现出明显的地区内发展不平衡。

表7-3　2016年黑龙江省份地区公共财政收入

地　区		地区公共财政收入（万元）	合计（万元）	占比（%）
南　部	哈尔滨	3762384	7111704	79.3
	齐齐哈尔	763519		
	大　庆	1302463		
	牡丹江	680098		
	绥　化	557798		
	绥芬河	45442		

续表

地 区		地区公共财政收入(万元)	合计(万元)	占比(%)
东 部	佳木斯	398361	1334404	14.9
	鸡 西	363372		
	鹤 岗	188701		
	双鸭山	208670		
	七台河	154606		
	抚 远	20694		
北 部	伊 春	140451	520102	5.8
	黑 河	303182		
	大兴安岭	76469		

资料来源:黑龙江省统计局:《黑龙江统计年鉴2017》,中国统计出版社2017年版,第134页。

2. 城乡发展差距明显

(1)生活水平对比。城乡之间生活水平的对比,表现最为明显的就是人均可支配收入的不同。2015年,黑龙江省城镇居民人均可支配收入为24203元,农村居民人均可支配收入为11095元,相差13108元。2017年,城镇居民人均可支配收入为27446元,农村居民人均可支配收入为12665元,相差14781元。并且全省农村贫困人口截至2017年年末还有29.6万人,这也加大了城乡平均收入差距。课题组对黑龙江省一些农村地区进行了走访,很多农民都表达出对提高收入的诉求。

(2)教育条件对比。首先,农村学生住校和通勤条件不佳。黑龙江省农村中小学为集中就学,几个乡屯学生集中到一个学校,有的学生上学距离较远,每天通勤不方便,只能住校。走访中,这样的学生家长表示很无奈,有的孩子小,一周回来一次,在家庭关怀方面有缺失,不能保证每天面对面的沟通交流,不利于孩子情绪的排解。而且,家长表示学校的伙食条件一般,怕孩子不爱吃或者营养补充不够。而通勤的学生面临的则是通勤费和交通不安全问题。通勤费每个学生每月要三百多元,有的家庭为了节省交通费,选择进行改造了的送子车,7座车常常坐十多个学生,甚至更多,给学生人身安全带来极大隐患。当地交警表示,经常在公路上看到这样的改装车,为了学生安全,只能前后警车保护将学生送至学校后,再进行违法处罚。而相对比之下城市的学生要好许多,家校距离较近,不需要住校,通勤条件也较好,选择方式多。

其次,农村学校教学水平不高。一些学校的教师由于没有机会参加培训,知识陈旧老化,已经不能跟上知识更新的步伐,严重影响教学质量。另外,由于编制问题,一些学历层次高、知识掌握多、教学理念新的年轻教师没有机会进入乡村学校,也影响了教师梯队建设和知识结构的更新速度。而城市学校,尤其是大城市学校的教学水平要好得多,教师的知识保有量、学校的教学规划都要优于乡村。

(3)文化娱乐生活对比。农村的文化设施、文化场所、文化娱乐项目与城市相比有较大差距。走访中90%以上的农村居民一年看不上一场电影。还有农场职工表示"有钱没地方花",除了吃住行没有别的消费项目。城市里常见的博物馆、电影院、城市综合体,农村没有,而且因为距离远、交通不够便利等原因,农村居民好多年也不会来一次。而城市居民则不同,文化娱乐生活丰富多彩,娱乐场所众多,娱乐项目选择更为多元。

(4)生态和食品环境对比。这里主要是指空气质量和食品安全,城市的生态和食品环境某种程度上比农村要差。城市居民觉得最大的不平衡是对生存环境不够满意。拿哈尔滨来说,每年初冬开始,由于供暖、焚烧秸秆、工业和汽车废气排放等原因,雾霾严重,对人民身体健康造成危害。还有对食品安全的诉求,走访中的很多城市居民表示,"总感觉对食品安全不放心,尤其不知道给孩子吃什么能更安全"。

3. 个别群体收入差异显著

首先,早期个体创业者的收入远高于依靠工资收入的人员。一位政府公务人员说,他早期"下海"的同学开豪车,住别墅,自己与其收入差异巨大。其次,资产富裕者与非富裕者的下一代生活质量差异大。一位年轻人表示,凭自己的收入根本买不起房,而父母是高收入阶层的同学毕业就在优质地段购买了房产。再次,一些单位之间的养老金差距较大。一位农场退休职工表示,农场退休职工工资一般为每月两千多元,而有的单位职工退休金可达七千多元。

因此,从黑龙江省内部来看,存在着发展不平衡的问题。

(二)地区外部对比发展不平衡

1. 经济总量对比

三期叠加期以后,黑龙江省作为能源工业大省开始显露弊端,受经济形势影响大,经济发展受到严重挑战。经济总量在下滑,与发达省份经济总量的差距逐渐拉大。如表7-4所示,课题组选取了几个典型省份,包括经济比较发达的江苏、浙江、广东、山东,和同为东北地区的辽宁省,对6个省份从2014年到2017年的经济总量进行了比较。四年的数据都显示出黑龙江省经济总量明显落后,辽宁省四年的GDP总量分别是黑龙江省的1.9倍、1.9倍、1.4倍和1.5倍。与四个经济发达省份相比差距就更大,例如广东省,4年来的GDP分别是黑龙江省的4.5倍、4.8倍、5.2倍和5.5倍。而且从全国排名来看,黑龙江省也很靠后,四年的排名分别是20位、23位、21位和21位。

表 7-4 2014—2017 年黑龙江省与典型省份间 GDP 总量比较

	2014 年	2015 年	2016 年	2017 年
黑龙江 GDP(亿元)	15039.4	15083.7	15386.1	16199.9
辽宁 GDP(亿元)	28626.6	28743.4	22037.9	23942
江苏 GDP(亿元)	65088.3	70116.4	76086.2	85900.9
浙江 GDP(亿元)	40153.5	42886	46485	51768.3
广东 GDP(亿元)	67792.2	72812.6	79512.1	89879.2
山东 GDP(亿元)	59426.6	63002.3	67008.2	72678.2
辽宁是黑龙江的倍数	1.9	1.9	1.4	1.5
江苏是黑龙江的倍数	4.3	4.6	5	5.3
浙江是黑龙江的倍数	2.7	2.8	3	3.2
广东是黑龙江的倍数	4.5	4.8	5.2	5.5
山东是黑龙江的倍数	4	4.2	4.4	4.5
黑龙江省排名	20	23	21	21

资料来源:国家统计局网站。

2. 经济增速对比

如图 7-60,柱状图为 2017 年几省的 GDP 总量,曲线图为几省的 GDP 增速。江苏省 GDP 增速为 7.2%、浙江省为 7.8%、广东省为 7.5%、山东省为 7.5%,黑龙江省为 6.4%,全国排名 26 位,差距明显。再与全国平均水平相比,也少 0.5%,与增速较快的贵州、云南等地相比,速度相差更大。另外,只从自身角度看,2014 年至 2016 年 GDP 增速为 5.6%、5.7%、6.1%,排名分别为 30 位、29 位和 29 位,排名也非常靠后。

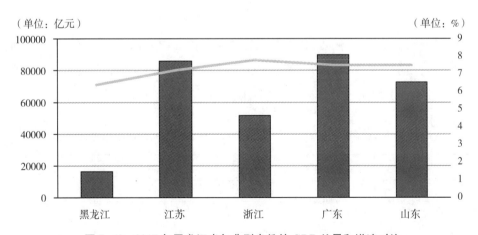

图 7-60 2017 年黑龙江省与典型省份的 GDP 总量和增速对比

资料来源:各省统计公报。

3. 人均 GDP 对比

如图 7-61 所示,从人均 GDP 来看,2017 年黑龙江省人均 GDP 为 42286 元,而全国人均 GDP 为 59660 元,相差 17374 元。江苏省为 107189 元、浙江省为 92057 元、广东省为 81089 元、山东省为 72851 元,相比之下均高于黑龙江省很多。

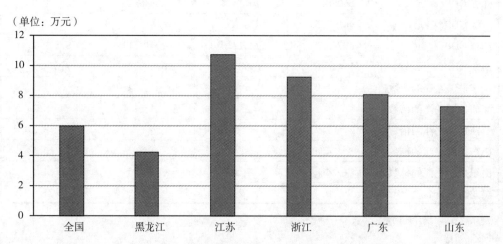

（单位：万元）

图 7-61　2017 年黑龙江省与典型省份的人均 GDP 对比

资料来源：各省统计公报。

4. 财政收入对比

如表 7-5 所示,将黑龙江省财政收入分别与辽宁、江苏、浙江、广东、山东等典型省份作比较,也可看出落后许多。2014 年至 2017 年,几个省份的财政收入分别是黑龙江的 1 倍到 9.1 倍,排名都在 24 位以后。以 2017 年为例,黑龙江省 2017 年财政收入为 1243 亿元,辽宁省为 2390 亿元,是黑龙江省的 1.9 倍;江苏省为 8171 亿元,是黑龙江省的 6.6 倍;浙江省为 5903 亿元,是黑龙江省的 4.7 倍;广东省为 11315 亿元,是黑龙江省的 9.1 倍;山东省为 6099 亿元,是黑龙江省的 4.9 倍。总的来看,黑龙江省财政收入无论是与发达省份相比,还是与同是东北的辽宁省相比,差距都不小。

表 7-5　2014—2017 年黑龙江省与典型省份间公共财政收入对比

	2014 年	2015 年	2016 年	2017 年
黑龙江（亿元）	1301	1165.2	1148.4	1243
辽宁（亿元）	3190.7	2738.5	2199.3	2390
江苏（亿元）	7233.1	8028.6	8121.2	8171
浙江（亿元）	4121.2	4810	5301.8	5903
广东（亿元）	8060.1	9364.8	10346.7	11315
山东（亿元）	5026.7	5529.3	5860	6099

续表

	2014 年	2015 年	2016 年	2017 年
辽宁是黑龙江的倍数	2.5	2.4	1.9	1.9
江苏是黑龙江的倍数	5.6	6.9	7.1	6.6
浙江是黑龙江的倍数	3.2	4.1	4.6	4.7
广东是黑龙江的倍数	6.2	8	9	9.1
山东是黑龙江的倍数	3.9	4.7	5.1	4.9
黑龙江省排名	24	26	29	25

资料来源:国家统计局网站。

5. 人均可支配收入对比

从人均可支配收入来看,黑龙江省无论是与全国相比,还是与所选取的几个典型省份相比,均低于所选取的数值。如表7-6所示,2017年黑龙江省人均可支配收入为21205.8元,全国平均水平为25974元,黑龙江省与之差值4768.2元;辽宁省为27835.4元,黑龙江省与之差值6629.6元;江苏省为35024.1元,黑龙江省与之差值13818.3元;浙江省为42045.7元,黑龙江省与之差值20839.9元;广东省为33003.3元,黑龙江省与之差值11797.5元;山东省为26929.9元,黑龙江省与之差值5724.1元。

表7-6　2017 年黑龙江省与全国及典型省份间人均可支配收入对比

	黑龙江	全 国	辽 宁	江 苏	浙 江	广 东	山 东
人均可支配收入(元)	21205.8	25974	27835.4	35024.1	42045.7	33003.3	26929.9
差　值		4768.2	6629.6	13818.3	20839.9	11797.5	5724.1

资料来源:国家统计局网站。

因此,从外部的横向对比来看,黑龙江省与全国,以及其他大多省份相比,都存在发展不平衡的问题。

(三)结构性矛盾依旧突出

1. 产业结构性矛盾的表现

(1)存在整体层面上的产业结构性矛盾。产业结构并没有绝对的优劣之分,只要适合并能促进当地经济发展就属合理,但国际经验显示,产业结构会有个大致比例体现出产业升级状况。一般发达国家产业结构为3:27:70,我国2017年三次产业结构为7.9:40.5:51.6,黑龙江省2017年产业结构为18.3:26.5:55.2。对比之下,黑龙江省产业结构也是呈现"三二一"型结构,并且服务业已经超过全国平均水平,体现出向好趋势。但是没有强大第二产业的支撑，第三产业容易"虚化"而不持久，而作为老工业基地的黑龙江省，第二产业恰在明显下滑。2017 年全省工业增加值 3686.1 元，比 2016 年增长 2.1%，而全国平均值为 6.4%；全省规模以上工业企业实现利润 244 亿元，比 2016 年下降 40%。工业退步是目前整体层面上最大的产业结构性矛盾。

（2）存在个体层面上的产业结构性矛盾。首先，农业内部结构不优，农业三产融合不够。例如，黑龙江省农产品主要以原粮为主，附加值高的加工业链条短，价值链、增收链、利益链都显不足。农业是比较收益相对低的产业，以就业人员数量为例，2016 年黑龙江省第一产业就业人员占比为 36.6%，而 2016 年第一产业占 GDP 比重为 17.4%，第一产业贡献率为 15.1%，因此，黑龙江省农业应注重质量的提升。其次，工业内部产业类别偏"资"偏"重"，结构性矛盾凸显。长期以来，在黑龙江省工业内部，资源开采业和重化工业一直占比 70% 以上。在当前经济增速放缓，投资力度减小的经济背景下，黑龙江省装备制造业、煤炭、石油等支柱性产业遭受的冲击较大，而其他工业部门还不足够壮大，替补性不强，不能扭转重工业、资源性产业因需求层次提升带来的经济滑落态势。工业内部结构失衡，是工业 GDP 比重下滑的主要原因。

2. 产权结构性矛盾的表现

（1）外部产权结构不合理。黑龙江省外部产权结构性矛盾主要体现为国有经济偏重、民营经济不强。当前，黑龙江央企占全省规模以上工业比重的 60% 以上。由于新中国成立初国家战略布局的原因，黑龙江省担负的主要任务是接受国家调配，保障国计民生。市场经济起步以后，国有经济体制欠缺活力，改革势在必行，但是，传统路径依赖的惯性思维改变缓慢，并且国有经济体量庞大，改革成效并非一朝一夕可见。民营经济在这块国有经济的"地盘"中，成长环境不佳，很多民营企业要依赖，甚至是攀附国有经济生存与发展。全国工商联发布的"2017 年中国民营企业 500 强"中，如图 7-62 所示，黑龙江省仅有 2 家上榜，与最强的浙江省相差 60 倍。因此，黑龙江省民营经济弱小，没有发挥出与国企"争利"、形成竞争氛围的互促双赢功能，政策倾斜、营商环境都亟待改善。

（2）内部产权结构未理顺。黑龙江省国有企业改革一直未停止，改革的方向是混合所有制经济模式，目的是既要激发国有企业的竞争活力，又要保证公有经济的主体地位和国有经济的主导作用，改变国有经济一家独大的内部产权结构状况。而目前来看，整体上还没有形成厘清资产联合后的良好产权利益分配格局，没有达到优化重组的预期目标。

3. 产品结构性矛盾的表现

（1）农业上游产品多，下游产品少。黑龙江是产粮大省，原粮提供量巨大，而粮食受国际粮食市场影响，以及民生保障的功能，原粮价格不会太高，只能向附加值大的下游产品要效益。而黑龙江省粮食深加工业发展还不够强，还没有形成向上游产品要质

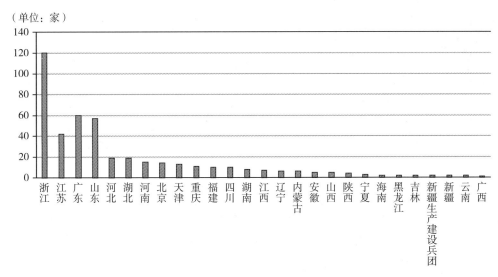

图 7-62　2017 年中国民营企业 500 强各省(自治区、直辖市)数量

资料来源:中华全国工商业联合会网站。

量,向下游产品要精细的格局,这样的产品结构影响着创利效率。

(2)工业低端产品多,高端产品少。一方面,黑龙江省的工业产品"原字号""初字号"居多,并且是偏重工业、高污染,产品价值多处于产业链低端,附加值低,造成产品利润不高的局面。另一方面,黑龙江省工业的高端产品大多在军工企业,但是黑龙江省"军民融合"深度广度还不够,军工科技的溢出效应还没有惠及民用领域,因此有高端工业产品,却还没有现身市场。

(四)人力资源流失严重

1. 劳动力供给匮乏

(1)数量在减少。劳动力是经济发展的重要要素和主要推动力量。目前黑龙江省人口自然增长缓慢,人口增长率一直在下降,如图 7-63 所示,人口增长趋势为下行趋势,近三年甚至出现负增长,2017 年人口自然增长率为-0.41%,年末常住人口比 2016年减少 10.5 万人。15—64 岁适龄人口比重如图 7-64 所示,总体比重形势虽然较好,但是下降趋势明显,2011 年占比为 80.3%,2016 年已经降为 77.3%。

(2)质量不够高。黑龙江省人口整体受教育水平偏低,截至 2016 年,小学文化程度人口占 21.8%,初中文化程度人口占 42.3%,高中文化程度人口占 15.6%,大专及以上人口只占 13%。中低教育程度者(小学和初高中)占 79.7%,占绝大多数,整体受教育程度不高。

2. 人才流失严重

由于气候环境寒冷、地理区位偏远、工资福利待遇较发达省份低、经济发展环境不

（单位：%）

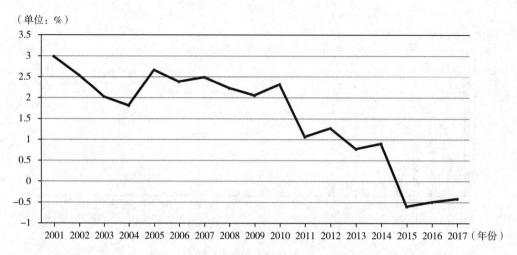

图7-63　2001—2017年黑龙江省人口增长率

资料来源：国家统计局网站。

（单位：%）

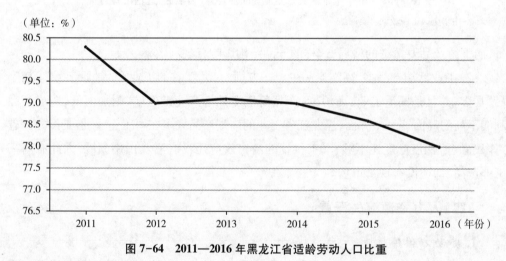

图7-64　2011—2016年黑龙江省适龄劳动人口比重

资料来源：国家统计局网站。

够优质,黑龙江省人才流失严重。(1)科技研发人员在减少。目前,黑龙江省经济亟待转型,对科技研发人才的需求迫切度不言而喻,而科技研发人员数量却在下降,以2016年为例,黑龙江省科技研发人员5.5万人,比2015年减少了3.5%。

(2)专业技术人员在减少。黑龙江省是老工业基地,储备了大量技术人才,有着雄厚的技术人才基础,而从2000年开始,地方国有企事业单位的五大类专业技术人员数量却在不断下降,2000年的数量为737890人,到2016年,已经降为621962人,减少15.7%。

总体来看,黑龙江的整体劳动力以及专业人才供给趋势向下,制约着经济的发展潜力。

（五）研发创新实力不足

1. 研发活动不够多

以2016年为例，全省有研发活动的企业数量为666个，比2015年有所增加，但与全国平均水平相比还少4.4%。规模以上工业企业中开展研发活动的企业占比13%，而全国平均水平为23%。可以看出，大多数企业并没有重视研发活动，企业创收依旧是传统路径，高附加值产品开发意识还不够。

2. 研发创新投入与能力不足

2016年，黑龙江省全省研发经费支出152.5亿元，占GDP的0.99%，而全国平均值为2.11%，还未达到全国平均值的50%。截至2016年年末，全省研发人员5.5万人，仅占全国总研发人员的1.4%。这两组数据显示出黑龙江省研发创新投入力度还不够大。另外，研发能力也显不足。企业的研发能力可以从基础研究和应用研究看出，它们代表着科研原创性。以黑龙江省规模以上工业企业为例，2016年全省规模以上工业企业没有基础研究支出，应用研究支出为1.9亿元，仅占研究支出的2.1%，所占比重明显太低。

3. 平台建设力度下滑

2016年全省研发机构为226个，占全国总数的6.2%，比2015年有所下降。再以工业为例，全省规模以上工业企业有研发机构207个，比2015年下降16.2%；机构人员21712人，下降8.8%，其中博士404人，下降1.2%；机构拥有仪器设备40.8亿元，下降10.8%。大中型企业有研发机构103个，比2015年下降17.6%；机构人员19123人，下降9.9%，其中博士360人，增长3.4%；机构拥有仪器设备35.8亿元，下降11.2%。小微型企业有科技机构104个，比2015年下降14.8%；机构人员2589人，下降0.1%，其中博士44人，下降27.9%；机构拥有仪器设备5亿元，下降9.1%。由此可见，全省企业研发基础平台建设力度在缩小[①]。

4. 研发产出水平降低

以工业为例，2016年，全省规模以上工业企业研发项目3068项，比上年减少12项，下降0.4%；研发项目经费80.1亿元，比2015年减少0.2亿元，下降0.2%。2016年，全省规模以上工业企业新产品开发项目2677项，比2015年减少83项，下降3%；新产品开发经费69.6亿元，比2015年减少2.6亿元，下降3.6%。新产品销售收入50.3亿元，比2015年减少0.8亿元，下降1.6%[②]。

---

① 杨卓：《成效·问题·建议——2016年黑龙江省工业企业研发情况分析》，《统计与咨询》2017年第6期。
② 杨卓：《成效·问题·建议——2016年黑龙江省工业企业研发情况分析》，《统计与咨询》2017年第6期。

三、黑龙江省进一步深化改革开放的政策建议

面对经济发展存在的不平衡不充分状况,黑龙江省要全面深入贯彻党的十九大精神和习近平总书记对黑龙江省的重要讲话精神,继续深化改革,积极面对困难,顶住下行压力,扭转不利局面。在优势领域找漏洞,引领发展;在劣势领域找差距,赶超发展,最后形成平衡充分发展的良性态势。课题组以此为原则,探索性提出相关对策措施和政策建议。

(一)实施乡村振兴战略,淬炼农业排头兵

黑龙江省区域内发展最大的不平衡是城乡发展不平衡,黑龙江是农业大省,粮食总产量达到全国的1/10,是国家粮食安全的压舱石,但是还没有发展为农业强省,这也正是城乡发展不平衡的主要原因。党的十九大提出乡村振兴战略,黑龙江省要提升站位、长远谋划,在高质量高效益发展方面下功夫,进而提升乡村整体发展水平,成为名副其实的农业排头兵。具体建议从以下几方面着手:

1.优化结构,质量兴农

黑龙江省的农产品一定要走"高精珍"路线,改变重量不重质的传统产业结构。一是优化种植结构。政府要引导农民敢于突破、科学决策,废弃无效供给。继续调减第四、五积温带非优势区玉米,调减低温冷凉、井水灌溉、米质口感相对较差、主要依靠粮库收购地区的水稻,增加鲜食玉米、蔬菜、杂粮杂豆等特色作物生产。二是制定高标准指标体系。避免认知不统一带来的标准不统一,加强"三品一标"的认证和管理。指标要做到精细,执行要做到严格,真正实现产品以高质量亮相市场。三是注重农产品精深加工。黑龙江省农产品加工业滞后,目前农产品加工业产值和农业总产值比是 1:1,全国比例为 2.2:1,明显落后于全国平均水平。要打破原材料单一供给局面,就要延长产业链,借助区域资源优势,发展农业加工产业集群,形成规模效应。

2.把关源头,绿色兴农

以绿色制胜已经成为全国很多地区的共识,尤其是同属东北地区的吉林、辽宁,由于地理位置临近,资源环境相似,在绿色农产品发展上存在同质竞争的情况。黑龙江省除了要守住绿色、宣传绿色、深耕绿色以外,更要从源头上发扬自身差异化的优势,而目前最大差异化优势就是非转基因大豆产业。转基因的利害在民间甚至于学界都存在争议,黑龙江省作为世界公认的非转基因大豆主产区,要利用好窗口期,破解大豆产业困局。

一要建立国家层面的"零转基因种植区"。建议国家以立法形式在黑龙江省建立

非转基因大豆保护区,禁止转基因大豆进入黑龙江省种植和加工领域,树立黑龙江省非转基因大豆主要产区的形象。在保护区内加大对大豆的农业保险支持力度,完善农产品期货市场,让农民规避大豆价格波动的市场风险,实现与企业有效对接。

二要加快非转基因品牌建设。黑龙江省大豆产业集中度不高,品牌分散。因此,建议选择基础好、可塑性强的企业,给予帮助,扩大规模,开展品牌合作,提高影响力。严厉打击各种"黑加工点"和盗用名优品牌等行为,为产业发展提供良好的"生态环境"。

三要加强非转基因宣传。建议政府给予广告支持,加大对非转基因大豆基地的宣传,并从政府的角度加大对消费者的科普力度,使消费者对"转基因""非转基因"有较为全面的认识,让消费者有充分的知情权和选择权。

3. 保护黑土,生态兴农

寒地黑土是黑龙江省粮食高产优产的最优势要素,然而近年来黑土地全面呈现"亚健康"状态。以黑龙江省绥化市的海伦为例,当地黑土有机含量已从30年前的5.8%降为现在的4%、土壤容重由每立方厘米0.79克增加到1.27克、总孔隙度由67.9%降到52.5%。黑土恢复十分缓慢,某种意义上来讲,比空气治理还要困难,黑土层几百年才形成一厘米。黑土是农业可持续发展、农民实现美好生活愿望的重要保障,保护黑土,刻不容缓。

一是建议将"黑土保护"上升为国家战略。2017年《东北黑土地保护规划纲要》虽已出台,但课题组认为力度还要加大,黑土保护的即时效益不明显,政府和农户短期内见不到收益,黑土质量下降的负效应对目前的产粮影响还不大,导致保护黑土的动力不足,如果能从国家战略层面重视,方可实现连锁保护的积极性。

二是加大黑土保护新技术的研发投入。目前保护黑土的一些新技术新模式已经开始试点应用,但远远不足以满足黑土保护的需求。生物肥料、深度施肥技术、低温快速腐熟技术亟待研发,并付诸推广实践。

三是增加黑土保护补贴投入。黑土保护除了见效缓慢以外,更重要的原因就是成本高。黑土保护要求秸秆还田,可以增加土壤有机质0.14个百分点,但是需要将秸秆粉碎并深埋到30厘米以下,否则不腐烂将影响下一年的耕种。然而符合要求的农机具要20多万,并且其他地区的使用率极低,对农民来说成本太高,不如焚烧秸秆"省钱省事",但是焚烧秸秆却带来极大的生态环境负外部效应,黑龙江省初冬的雾霾主要原因之一就是焚烧秸秆的结果。黑土保护还要求土壤深松翻,也是高成本投入,虽然国家的深耕补贴费已由每亩补贴5元上升到10元,但深松翻的实际成本要50元到70元,仍需要农民自掏腰包补差80%以上。所以建议国家在秸秆还田、机械购置补贴上加大支持力度。

4. 开发特色,旅游兴农

黑龙江省发展乡村旅游、农业休闲游是促进农民就业增收的有效途径,是建设美丽乡村的有效手段,是促进城乡融合的有效载体,是传承农耕文明的有效举措。基于区位特点,少于三天的小量长假,黑龙江省居民远于500公里的出游在时间空间质量上都是不经济的选择,所以大部分会在省内休闲游。省外游客多注重体验东北民俗民风。因而黑龙江省开发农业休闲游必须抓住特色,突出不可替代性。

一是发扬地域文化优势。加大力度传承与农业休闲游密切相关的特色文化:北方民俗文化,包括二人转、拉场戏等地域戏曲;黏豆包、杀猪菜等地域饮食文化;少数民俗文化,包括蒙古族、满族、朝鲜族、回族、达斡尔族、赫哲族、锡伯族、鄂伦春族、鄂温克族等,形成的敖包祭祀、昆米勒节、驯鹿等多元文化内容;北大荒文化,包扩军旅文化、知青文化、闯关东文化等。尤其还有抗联文化,黑龙江省的抗联遗址90%以上地处农村地区,建议黑龙江省及国家加大开发和宣传力度,不仅弘扬红色历史,也使其成为发展休闲农业的有利补充资源。

二是避免项目雷同建设。目前黑龙江省休闲农业规划主体大多是县级政府,以及农民自发式建设,缺少整体布局和长远规划,导致项目之间缺乏特色,千篇一律,同质化严重,内耗式竞争。因此,政府要牵头协调,发挥自身特点,细分市场,打造品牌形象定位。

三是加强东北区域协同。东北地区虽然在休闲农业类型等方面具有一定的趋同性,但是也具有一定的互补性。从整体上看,东北地区农业资源和旅游资源相对比较丰富,黑龙江省、吉林省、辽宁省、内蒙古自治区应该加强协同,联合构建"大东北休闲农业产业联盟",合理设计,突出不同特色、不同风格,形成精品线路互补、优势错位发展的格局。组织休闲农业项目参加各自举办的相关展会,加强联合营销。加强省际交通、环境保护等休闲农业发展的基础建设,携手推动休闲农业发展壮大。

(二)补齐民营经济短板,加快破解发展瓶颈

民营经济偏弱是制约黑龙江省充分发展的主要因素之一,无论是自身结构比较,还是与发达省份相比,都存在不优不强的问题。必须支持引导民营经济发展,补齐短板,探寻破解瓶颈之策,形成符合本地区特点的民营经济发展新模式。建议从以下几方面着手:

1. 制定《黑龙江省优化营商环境条例》

黑龙江省民营经济发展最大阻碍,就是营商环境欠佳,必须加紧出台相关条例,以省级立法的形式保护民营企业的合法权益。

一是建议《黑龙江省优化营商环境条例》中列明责任条款。详细规定各级行政部

门应该履行的优化营商环境职责,包括广受诟病的胡乱承诺、随意变更、新官不理旧账等政策不连续问题、故意刁难企业的吃拿卡要问题作出规定。对重大项目的巡访服务、跟踪服务制定细则,树立各级行政部门的服务意识。对水电气等公共服务项目、行政部门的审批事项、行政执法部门的执法检查都要列出计划,规定时限,并向社会公布。总之,《黑龙江省优化营商环境条例》要细化,流程要翔实,内容要全面,各级行政部门要严格履行,营造开放包容、互利合作、诚实守信、重商爱商、亲商富商的营商环境。

二是建议《黑龙江省优化营商环境条例》中制定出违反惩治办法。对弄虚作假、拒不执行、履行不力等情况,依据后果产生轻重规定出责任主体和处罚措施,包括引咎辞职、责令辞职、降职、免职、辞退等处理方式。树立《黑龙江省优化营商环境条例》的严肃性,起到不想违、不敢违、不能违的警示作用。

2. 大力弘扬优秀企业家精神

一个地区即使有了保护市场主体合法权益的法制环境、公平竞争的市场环境、鼓励创业的社会环境,企业的发展最后还是要落到人的身上,人力是最大资源,是可以创造资源的资源。黑龙江省民营经济发展必须要弘扬企业家精神。

一是尊重爱护企业家。课题组在走访调研中发现,民营企业家更需要的是精神上的被尊重,尤其是被政府部门的尊重与关爱,并且提出在南方发达省市这方面做得比较好,企业家能强烈感受到来自政府的理解、宽容、积极提供服务的氛围。黑龙江省要转变观念,构建"亲""清"型政商关系,与企业家公私分明的同时,畅通企业家诉求表达渠道,倾听企业家呼声,回应企业家关切,帮助企业解决实际困难,树立服务意识。

二是关注培育企业家。注重从长远谋划培育优秀企业家新生代,以及对在任企业家的再培养。鼓励后备英才传承老一代企业家的优良品德,成为政治上有定力、业务上有能力、文化上有实力、责任上有魄力的"四有"新人。创立创新教育体系,由政府牵头,联合高校、科研院所等有资质的教育机构,联合打造优秀企业家教育平台,设置内容丰富、侧重实践的教学课程,为企业家进步提供智力支持。

三是宣传有为企业家。将那些爱国敬业守纪律,为黑龙江发展创佳绩谋利益的企业家宣传出去,营造积极向上、鼓励创新创业的社会氛围,也把优秀企业家的创业经验、卓越的精神品质传递给有思想、有意向、有干劲的未来优秀来者,让黑龙江的创业精神活起来。

3. 进一步加大金融支持力度

黑龙江省的民营经济总体来说基础差、总量低、规模小,金融环境不佳,资本市场融资能力不强,已经成为民营企业,尤其是中小民营企业的发展瓶颈,这就需要政府和企业行动起来,优化民营企业的金融发展环境。

一是积极打造资本市场融资平台。首先,要倡导多方利益主体共建融资服务平台。

政府、企业和银行等金融机构都应清晰各自的定位,发挥平台中的应有职能。中国人民银行也要在融资服务平台上常态化地评估融资企业信用,提高融资服务水平。其次,发展行业性融资综合服务网络平台。这种平台可以突破地域限制,融资服务更广泛,并且业务综合性强,融资服务、信息咨询、融资担保和融资咨询都可进行,政府应大力提倡,从而发挥集聚效应。再次,政府要强化监管和行业自律。在平台外部建立监管体系,严格审批制度和担保程序。另外,行业协会也要发挥作用,形成良性有序的融资平台生态。

二是强大民营企业自身融资能力。首先,提升企业直接融资能力,尤其是具有发展前景、潜在效益佳的企业,鼓励其上市。其次,强化企业的诚信建设。这是企业顺利融资的前提保障,建议企业建立信用档案,让企业的信用成为融资的有效担保。最后,要加强与大型企业的合作关系。拓宽融资渠道和资金来源,把握自身经营特点,创造合作机遇,为企业发展谋求更大市场。

三是创建有利于民营经济发展的信贷管理机制。由于民营企业体量信用等原因,地方金融机构的信贷政策比较严格,要金融支持民营经济发展必须实行"批量化、模式化、简单化"的服务模式,提高放款效率、优化审批流程,让资质条件符合的企业感受到方便快捷。此外,要差别对待不同情况的企业,针对特点和经济运行环境,因地制宜地建立评级制度,最大限度地发挥金融服务作用。

(三)借力"军民融合",带动军地工业发展

黑龙江省工业经济下滑严重,最主要的原因就是油煤粮木传统产业的负向拉动,而可替代的新兴产业正向拉动还未形成。工业新兴产业要体现高科技高质量特性,目前黑龙江省工业提升高科技容量的最佳途径之一就是向军工要科技、要质量。军工产品具有天然的高科技属性,最先进的技术往往产生或者首先应用于军工领域,是技术进步的领头羊。同时军工产品技术更迭速度快,一些在军用领域过时的技术成果,解密之后可以转为民用产品,推向民用市场。另外,军工科技具有溢出效应,在追求顶级军工技术的过程中,会有部分顺带研发产品出现,这部分产品往往军用效用不高,而在民用市场中却前景广阔。

黑龙江省是国防科技工业重要省份,拥有中央直属 军工企事业单位 13 家,取得军品科研生产许可证的民口配套单位 41 户,产业相对集中的园区两处。在党的十九大报告中指出,坚定实施"军民融合发展战略""形成军民融合深度发展格局"的背景下,黑龙江省要抓住机遇,落实军民融合发展战略,带动相关产业发展。建议从如下几方面着手:

1. 制定军民融合"十三五"规划

构建军民融合深度发展格局就要区域统筹规划、军民一体布局,从顶层设计上就要

整体谋篇、各方兼顾。地方党委和政府要抓住机遇,用军民融合发展的思想与理念指导军地企融合建设。党的十九大报告明确提出:"坚持党对一切工作的领导。"军民融合发展不应局限于部门对口推动,还要加强本级党委双向推动。确保国防建设和地方经济建设同步规划、同步计议、同步建设,防止因"军地分割"而导致的重复建设、重叠研发,彻底走向寓军于民、亦军亦民模式。具体设计上,要尽快出台黑龙江省军民融合发展"十三五"规划,对军民融合目标、部署、任务、保障、组织实施等进行详细要求,解决"不会融""无力融""碎片融"问题。

2. 打造军民市场对接平台

军地企业长期存在需求不同步、标准不一致、采购体制不兼容的问题,导致民用需求拉力不足和军队需求表达不清。黑龙江省这方面要精心设计军民市场对接机制,推进信息、资源、技术、人才等全面融合与共享。在搭建平台上,军方要公开信息资源和军队需求;地方企业要展示优势技术和供给能力,实现信息双向充分交流,构建有实效意义的市场交易平台。对关键产品和人才,要进行相应政策扶持,以市场需求为风向标,打破军地系统制度隔离障碍,实现军地系统供需对接、人才对接、技术对接、信息对接,让双方资源优势互补互利。

3. 组建军民融合联盟

军民融合若想发力,应将黑龙江省优势产业联合绑定,形成"1+1>2"的合力。黑龙江省的舰船动力、航空动力及传动系统、武装直升机、通用飞机、精准打击弹药系统、高效毁伤及特种弹药系统、电子传感件、卫星应用、钛合金产品等科研生产能力,保持着同行业龙头地位。无论是涉军还是涉民的装备制造业,大都具有高资本或高科技属性,黑龙江省可充分发挥优势,组建军民融合联盟,比如股份制集团。联盟包括军工企业,如哈飞集团、七〇三所;地方研发能力强的科研院校,如哈工大、哈工程;地方金融企业,如龙江银行,以及地方优质国企、民企。联盟要以市场需求为导向,以"专业化、特色化、差异化"为宗旨,量身定制,个性化服务,面向国内市场的同时,也利用"一带一路"机遇参与国际市场竞争。交易方式多元化,分期付款、融资租赁都可尝试,目的就是利用地方军民融合优势抢占军品民品市场。

4. 拓宽融合发展的政策渠道

一是建议国家在生产力布局上重点考虑黑龙江省,在"军品科研生产能力结构调整"中,充分考虑黑龙江省的产业基础、科研实力和现实困难等因素,在国家国防科技工业重点布局中,特别是整机研发生产方面,给黑龙江省多压重担,重点支持。二是建议国家在哈尔滨设立"国家军民融合创新示范区",发挥其在军民融合产业布局相对集中的优势。三是建议国家在黑龙江省协同创新和科技成果转化政策上,对相关企业参与军工业发展给予宽松政策支持。

（四）设计实施人才战略，解决主力缺位之急

习近平总书记在2016年视察黑龙江时曾指出"三偏"问题，其中"一偏"就是创新人才偏少，这是黑龙江转换发展动能的关键。实际情况也确实是省内人才总量偏小、高精尖人才稀缺、实用技能型人才后备力量不足。国家发展改革委根据第五、第六次人口普查结果分析，2000年至2010年，东北流出人口一百多万，而且多为高层次的人才。最近一年，全国很多省市，包括南方经济发达地区，都开启"抢人大战"，引才竞争日趋激烈。北京建立优秀人才"绿色通道"，实施包括落户在内的十九条新规；广东省出台了很多全国首创的人才政策；石家庄、南京、西安、长沙等地均出台引人新政，相比之下黑龙江缺少比较优势，面对这种情况，建议从以下几方面着手：

1. 吸引人才，以"情"留人

在薪酬待遇、福利政策都处于劣势的情况下，要以"情"留人。很多人才并不是唯利独大，可能更重乡情、友情、师情，针对不同情况，要采用不同方式邀请与挽留。

一是对于他乡创业成功人士，邀请返乡续写辉煌。黑龙江省多年来为全国输出了大量人才，故土难离，尤其对于一些本领域已有所成就人士，马斯洛需求层次已升级，薪酬待遇已经不是首选，更加舒适的环境，以及反哺情怀，促使其能够返回家乡续写事业，为家乡发展贡献力量。建议对原籍为黑龙江的技术人才加大政策倾斜力度，这里的政策不一定是资金政策，可能是人文关怀上、事业平台上的支持。

二是对于黑龙江省在研科技人士，精准政策挽留。黑龙江省高校、科研院所众多，正在学习，以及正在搞科技研发的人才很多，几年的地域停留，以及对导师的追随，挽留成功的可能性加大。针对这样的人才，要精准政策，调查需求，细化条件，除了挽留的待遇，也要制定最低工作时限和科研成果。

三是对于其他有意于黑龙江工作的人才，区别政策留才。还有一些对北大荒、黑土地有特殊情怀的人才，就要区别情况，不同政策对待，具体可以针对人才需求申报、审批。建议国家大力加强对黑龙江各领域的宣传介绍。

2. 吸引人才，以"利"留人

薪酬待遇、工资福利，包括工作环境是衡量人才价值的重要标尺，对于急需的真正的人才一定将待遇支持到位。

一是薪酬到位，形式可多样化。月薪、年薪、研发项目销售提成、研发项目一次性奖励、在研项目分阶段奖励等，形式可以灵活，最主要是实打实地提高科研人员的收入水平。

二是保障并优化生活环境，了却后顾之忧。对于高精尖人才，住房可以实物配置，也可以提供安家费，工作满两年或研发项目完成阶段性成果后，给予更多补贴；解决配

偶的实际困难,如不能安排工作可以按月领取补助;子女择校可以不受限制,可帮助支付民办校学费;生活服务也要配备周全,例如,可以聘雇家庭服务人员,计时工、保姆等,提高高精尖人才的"归属感""获得感"。

三是要提供优良的工作环境,科研设备配置先进,研发条件符合研发人才要求。工作模式可以多样化,不拘泥于人企同地。很多科研素养达到一定标准的人才,家庭安置已基本成型,尤其是生活在自然气候环境优于黑龙江的城市,并不愿意离开,针对这种情况可以实行"人企异地"的工作模式,变"安家费"为"科研费",购置实验设备或租用实验室。总之,是要多角度、全方位、拿出十足诚意来招贤纳士。

3. 吸引人才,以"计"留人

这里的"计"是指黑龙江省在财政负担重,不能以极佳的待遇吸引到人才的情况下,政府应制定的策略。目前最重要的策略就是"集中兵力各个击破",以黑龙江省现有财政状况,全方位引贤纳士还不现实,只能集中一些重点领域重金优策地引进人才,例如一些新兴智能领域的领军人才,要面见邀约,制定全方位政策扶持和服务跟进,调动所有相关部门重点督办,引进来并扶持成长,转化为重点产业,形成增长极和发展动力,而后才能"筑巢引凤,以点带面"。

(五)完善国有资产监管体制,深化国有企业改革

改革开放40年来,改革成绩斐然,但黑龙江国有经济偏重、市场化程度不高、发展活力不足、历史包袱沉重,改革还在路上,就进一步完善国资监管体制,深化国有企业改革提出以下建议:

1. 围绕提升市场化程度,以管资本为主完善国资监管体制

一是构建集中统一国资监管体制。坚持政企分开、政资分开,实现经营性国有资产集中统一监管,通盘考虑驻省央企、省属企业、市属企业三个层级国有资产的整合重组。政企脱钩和事业单位改制后的企业以及新组建的国企应统一纳入国资监管体系。

二是推进国有资本投资运营公司试点。国有资本投资公司试点应侧重于发展产业,以投资实业拥有国有股权,以资产经营和管理实现国有资本保值增值,在政府授权经营范围内对所出资企业履行出资人监管职责;国有资本运营公司试点应侧重于资本运营,运营对象为持有的国有资本(股本),运作范围主要在资本市场,以运作股权、产权改善国有资本的分布结构和质量,推动国有资本在流转中实现保值增值。

2. 围绕增强活力,积极推进以混合所有为主要方向的改革

建议在指导原则上,坚持"一放大、两增强",即放大国有资本功能,增强国有企业活力、竞争力,增强国有经济的控制力和影响力。在推进实施中,凡是有意愿且适合混合所有的竞争类集团公司,可随时启动混合所有制改革。同时,由各集团推进子公司的

混合所有制改革。在员工持股上,建议在已实现混合所有制的企业本着谨慎稳妥的原则实施,员工持股的每股单价,需进入产权交易市场公开竞价确定。

3.围绕增强竞争力,进一步建立和完善现代企业制度

建议重点抓好三方面工作。一是不断完善公司法人治理结构。目前按《企业法》注册的国有企业要尽快按《公司法》进行注册。推进国有独资公司规范的董事会建设,探索引进外部董事,完善董事监事激励考核制度。逐步将国资委行使出资人的权利授予公司董事会,依法落实董事会业绩考核、薪酬管理和经理层选聘等职权。二是逐步建立市场化的选人用人和管理机制。坚持把党管干部和董事会依法选聘经营管理者、经营管理者依法行使用人权有机结合,具备条件的企业可探索选聘职业经理人。三是深化劳动用工制度改革。进一步精简管理层冗员和企业富余人员,切实转换企业经营机制。

(六)厚置自然资源优势,培育冰雪产业新领域

黑龙江省第三产业已占到本省 GDP 一半以上,发展势头良好,但是依然发展空间巨大,尤其是具备地方特色的冰雪产业,习近平总书记在视察黑龙江时指出"黑龙江的冰天雪地也是金山银山"。黑龙江省要结合本省实际,坚持新发展理念,发挥优势,大力培育冰雪产业新领域,建议从以下几方面着手[①]:

1.大力推动"冰雪工业"产业,打造工业发展新亮点

黑龙江省冬季较为寒冷,人们在生产生活当中所需物品有一定的特殊性。针对这种特殊需求发展相应的加工业,即"冰雪工业"。黑龙江省可以大力发展抗寒生活用品、冰雪体育运动用品、抗寒防滑交通用品、冰雪旅游用品、冰雪物流用品、防寒建筑材料用品、冬季能源利用产品等,形成经济增长点。如果加大创新开发力度,延伸"冰雪工业"产业链,构建起"冰雪工业"产业集群,将为黑龙江省工业发展增添一个新亮点。

2.着力支持"冰雪体育"产业,搭建体育发展新平台

北京冬奥会申办成功以后、平昌冬奥会中国健儿的表现,激发了民众参与"冰雪体育"的热情,这为黑龙江省发挥要素禀赋优势提供了重要契机。黑龙江省在大力吸引消费者积极参加"冰雪体育"健身休闲的同时,也应积极吸引发达地区到黑龙江省建设冰雪体育训练基地、承办国内外冰雪竞技体育赛事和冰雪趣味体育赛事,开展冰雪体育学术交流等。

3.培育发展"冰雪医药"产业,发掘医药发展新潜能

针对黑龙江省的冬季气候条件,可以发展"冰雪医药"产业。如传统的中医理论认

---

① 姜国忠:《将黑龙江省冰天雪地转化成金山银山的产业途径的建议》,《决策咨询》2016 年第 23 期。

为"夏病冬治",即夏天出的毛病在冬天医治,多适合于夏重冬轻的慢性衰减性疾病,黑龙江省可以开辟这一领域,比如冬季温泉洗浴、雪按摩理疗等。此外还应积极发展越冬中草药材的种植。由于黑龙江省冬季寒冷,环境洁净度较高,药材病菌少,营养成分积累高,因而中草药质量好,这为发展中草药产业提供了有利条件。

4. 因时开发"冰雪物流"产业,培育发展物流新业态

黑龙江省冬季有两三个月时间的室外温度达到零下二三十摄氏度,室外相当于天然大冰柜。利用这样一段时间,开发冷链物流,运输低温偏好产品,可以大大降低仓储费用和冷链物流成本,提高产品竞争力。

(七)加强对俄罗斯合作,形成对外开放新格局

黑龙江省是对俄罗斯经贸大省,近五年,黑龙江省对俄合作已经从相邻地区合作延伸到俄罗斯中部地区和欧洲地区。在与俄罗斯的18个经贸合作区中有5个享受俄罗斯远东跨越式发展区的优惠政策。对俄罗斯贸易总额比上一个五年增长17.8%,对俄罗斯备案投资是上一个五年的4.7倍。但是,对俄罗斯合作的优势还没有发挥到位,应进一步加强合作,形成对外开放新格局,建议从以下几方面进行:

1. 建设对俄罗斯跨境合作平台

建议国家支持黑龙江省建设中俄相邻省地的跨境合作平台,实现技术、金融、产业融合发展。目前条件较成熟的是与俄罗斯阿穆尔州的合作平台。阿穆尔州与黑龙江省黑河市现已有中俄电力、石油、天然气合作通道,可以依托阿穆尔沿岸超前发展区和黑河公路大桥,设立"阿穆尔中俄跨境能源合作示范园区"。利用阿穆尔河畔共青城的飞机制造技术,设立"共青城科技孵化园"。

2. 设立黑龙江省自由贸易区

黑龙江省是"中蒙俄经济走廊"重要节点,中俄贸易的1/4是通过黑龙江与俄罗斯接壤的口岸实现。目前黑龙江省企业累计在俄罗斯获得采伐权1200万公顷,农业开发面积720亩,设立矿产资源投资企业24个。因此,黑龙江省与俄罗斯经济贸易合作基础较好,具备创建自由贸易区的独特优势,建议国家考虑在省内某一城市设立自由贸易区。如果选址在黑河市,还能缓解包括黑河在内的北部地区发展不平衡问题。

3. 提升对俄罗斯农业投资合作

黑龙江省是保证国家粮食安全的农业大省,对俄罗斯农业合作成果也不错,但目前在实际运行中仍存在一些问题,例如,俄罗斯对农机具过境费偏高、俄罗斯单方违约合同等。建议国家支持黑龙江省探索对俄罗斯农业投资合作新方式,如股份合作式,改变中方在俄罗斯开发仅为独立经营的模式,将资本、劳动力折算为股份,实现共赢,形成良

好的合作氛围。另外,改变对俄罗斯农业投资合作以开发荒地为主的单一形式,加强农产品加工方面的合作,延长农业产业链,提高农产品附加值。

　　说明:本研究中的数据来源,来自国家统计局、黑龙江省统计局、国家生态环境部、黑龙江省科技厅网站,网址不一一列明。

上海市改革开放 40 周年
地区发展报告

上海行政学院课题组[①]

一、1978 年以来上海市经济社会发展成就

改革开放以来,上海市经济社会发展取得了巨大成就,主要表现为:生产力快速发展,综合经济实力达到较高水平;经济结构趋于优化,经济发展水平逐步提高;宏观经济保持稳定,宏观调控能力增强;基础设施不断完善,为发展创造良好条件;合理保护利用自然资源,资源短缺瓶颈有所缓解;社会事业蓬勃发展,促进民生持续改善;高等教育飞速发展,高素质劳动力供给持续增长;财政实力趋于增强,经济税源状况优良;金融行业发展成效显著,金融市场体系日益完善;节能减排成效较明显,绿色低碳发展导向较突出;劳动者就业较为稳定,劳动报酬稳步上升;创新投入增长较快,创新产出能力逐渐提升。

(一)生产力水平

改革开放 40 年来,上海市国内生产总值快速增长,1992 年突破千亿元大关,2006年突破万亿元大关,当前经济总量可观。进入 21 世纪后,上海市经济增长变得更加平稳,波动性减少,表明经济增长的稳定性趋于提高。在经历了连续 16 年 10% 以上的高速增长后,自 2008 年起,上海市 GDP 增速有所下降,但近几年仍保持着 7% 左右的中高速增长。

上海市人均 GDP 也保持了较快的增长,1993 年超过了 1 万元,2015 年超过了 10万元,目前已逼近 2 万美元的发达经济体标准,这表明上海市经济发展水平在持续提

---

① 课题组组长:沈炜;课题组成员:郭庆松(副组长)、潘文轩、张锋、赵文聘、邹磊、于健宁;项目编号:NSAZT(WT)2018008。

高。由于改革开放以来上海市的人口规模扩张较快,使得人均 GDP 增速平均而言要比 GDP 增速低 2 个百分点左右。不过,近几年随着常住人口数量趋于稳定,人均 GDP 增速和 GDP 增速的差距显著缩小。

(二)经济结构

改革开放以来,上海第一产业和第二产业的 GDP 占比逐渐下降,第三产业占比逐渐上升,到 2016 年,第三产业占比已接近70%,说明上海市经济结构日趋服务化。上海市就业结构表现出与 GDP 结构类似的变化趋势,第一产业就业人员占比逐步下降,近几年已不到 4%。上海市消费水平较高,最终消费率一直保持在50%以上,高于国内平均水平,消费对拉动上海经济增长的贡献度较大。上海市城镇化起步较快,目前城镇化率已接近90%,城镇化发展达到了较高水平。

进入 21 世纪以来,上海市国有控股工业企业资产总计占比总体上趋于下降,私营工业企业资产占比明显提高,这在一定程度上反映出所有制结构的优化。

上海市能源消费结构的变化也较明显。煤炭消费占比逐渐下降,而原油和天然气消费占比则逐渐上升。此外,单位 GDP 的煤炭、原油、电力消费量也趋于下降。上述变化表明上海市能源消费呈现出往低碳化、绿色化方向转变的趋势。

(三)宏观经济稳定

改革开放初期,上海市物价的波动性较大。进入 20 世纪 90 年代中期后,随着宏观调控能力的增强,物价波动性明显减弱,除两次金融危机期间外,CPI 总体而言比较稳定,为上海市经济社会发展创造了较好的宏观经济环境。

以 1994 年分税制改革为转折点,上海市财政由盈余状态转为赤字状态。不过,上海市财政赤字占 GDP 比重一直低于 3% 的国际警戒线,地方政府债务占 GDP 比重近年来也基本上控制在 25% 水平以下,财政风险总体可控。自分税制改革以来,上海市一般公共预算收入占 GDP 的比重逐年提高,到 2016 年达到 22.73%,地方财政实力较为雄厚。总体而言,上海市财政健康状况良好,为推动经济社会发展提供了较好的财力支撑。

(四)基础设施

改革开放以来,上海市电力基础设施发展较快,人均年用电量增长了 5 倍多,从 1978 年的 1100 千瓦时/人上升到 2016 年超过 6000 千瓦时/人。交通网络的密度也获得了显著提高,40 年来,公路网密度增长了 5.5 倍,铁路网密度增长了约 1 倍。交通基础设施的完善为提高上海市交通通达程度、增强上海市经济集聚能力和辐射能力作出了重要贡献。上海市的通信基础设施发展也较快,电话普及率从 1996 年 23 部/百人上升到 2016 年 160 部/百人;此外,随着互联网的发展,互联网普及率从 2004 年的 37% 上升到 2016 年的 74%,成为知识经济的重要推动力量。

(五)基础自然资源

由于自然条件原因,上海市基础自然资源总体而言比较短缺。上海市的人均水资源量表现出较明显的波动性,近几年,人均水资源量有所上升,水资源紧张状况有改善迹象。上海市森林覆盖率相比其他省(自治区、直辖市)处于较低水平,但近年来有了一定程度的上升。人均水资源量和森林覆盖率的提高,很大程度上归功于上海市注重自然资源的保护与节约利用,并在这方面采取了一系列有效举措。

(六)健康与基础教育

改革开放 40 年来,上海市的医疗卫生条件不断改善,人民的预期寿命稳步上升。2016 年,上海市的预期寿命为 83.18 岁,不仅在全国省(自治区、直辖市)中名列第一位,而且达到了发达国家水平,这表明上海市居民健康水平在全国的领先地位。上海市的基础教育水平较高,小学入学率长期以来保持在近 100% 的水平,体现了基础教育的全覆盖。

(七)高等教育

根据改革开放以后的四次人口普查数据,上海市高中及以上学历的人口比重呈现出稳步提高的态势,大专及以上学历的人口比重也表现出快速增长势头。上海市在校研究生数量也在持续增长,万人在校研究生数从 20 世纪末不足 20 人上升到 2016 年的 60 人,1999—2006 年间的增长幅度尤为明显。以上三项数据,揭示了上海市高等教育取得的瞩目成就。高等教育的发展,适应了上海市经济社会快速发展的需要,为上海市各行各业的发展输送了高层次人才,为上海市建设“五个中心”奠定了较坚实的人力资源基础。

(八)财政

以 1994 年分税制改革为分界点,上海市财政收入占 GDP 比重总体上呈现出先降后升的变化趋势。税收收入占 GDP 比重的变化趋势,大体上接近于财政收入占 GDP 比重的变动态势。改革开放以来,上海市人均税收收入增长较快,这表明税收具有良好的收入弹性,并在一定程度上反映出优质的经济税源状况。

(九)金融市场

改革开放以来,上海市的金融行业发展和金融市场建设取得了显著的进展。金融行业增加值占 GDP 比重长期领先于其他城市,尤其是 2003 年以后,该比重快速上升,从 7.74% 提高至 2016 年的 16.92%。上海市的信贷规模也呈现出较快增长态势,信贷余额占 GDP 比重总体上趋于上升。上海市的上市公司数量于 1996 年和 2011 年分别突破 100 家和 200 家,目前已达到 234 家,在全国名列前茅。上海市的保费收入占 GDP 比重,由改革开放初期的不足 0.1%,逐步提高到 2016 年的 5.48%,这反映了上海市保险业的快速发展与经济主体对保险需求的不断增长。

(十)环境与可持续发展

上海市比较注重经济社会发展的可持续性,努力降低能源消耗、减少环境污染。可吸入颗粒物浓度、单位 GDP 废水排水量、单位 GDP 一般工业固体废物产生量、单位 GDP 能耗四大指标值,总体上均呈现出逐年下降的趋势。其中,单位 GDP 废水排水量与单位 GDP 一般工业固体废物产生量的降幅尤为显著,表明上海市在减少污染排放上取得了较大成效。这是上海市坚持绿色低碳发展理念、强调经济与生态协调发展的结果,也是上海市促进经济转型发展的成绩之一。

(十一)就业与劳动力市场

1978 年以来,上海市的平均年工资水平保持了年均近 13% 的增长率,略高于人均 GDP 增长率,表明了劳动者较好地分享了经济发展的成果。上海市的最低月均工资水平增长也较快,到 2016 年达到了 2190 元/月,对保障低收入劳动者报酬水平发挥了积极作用。

上海市的适龄劳动人口比重在 2012 年达到峰值,之后受人口老龄化与二孩政策放开的影响呈下降趋势,但仍保持在 75% 以上的比重。上海市失业率水平一直处于相对较低的水平,自进入 21 世纪后稳定在 4%—5% 以内,且近年来有下降趋势,这表明上海市创造就业机会的能力较强、就业政策的实施效果良好。

(十二)知识经济与创新

上海市长期以来较为重视研发投入,R&D 经费支出占 GDP 比重自改革开放以来总体上呈现出稳步提高趋势,至 2016 年达到了 3.72%,远高于全国平均水平。上海市高新技术企业年末从业人员增长较快,近十年来年均增速超过 8%,表明高新技术企业的人力资源储备变得日益雄厚。

在创新投入持续增长的同时,上海市的创新产出表现也令人瞩目。从专利指标来看,上海市万人专利申请授权量自 20 世纪 80 年代以来持续增长,从 1990 年不足 1 件,提高到 2000 年的 2.5 件,并在 2010 年跃升到 20 件以上。2016 年,上海市万人专利申请授权量为 26.54 件,在全国处于领先水平,表明上海市具有较强的科技创新能力。

二、上海市经济社会发展目前存在的问题

综观上海市经济社会发展中存在的主要问题,突出表现为:经济发展能级和发展质量有待进一步提升,转方式、调结构的任务依然较为繁重;科技创新活力和能力仍显不足,打造全球科技创新中心存在短板;社会发展与治理方面有一些薄弱环节,特大城市管理面临诸多挑战;生态环境问题依然较严峻,对整体发展制约较明显;开放发展新格局尚未充分形成,与标国际标准仍有一定差距。

(一)经济发展能级和质量有待提升

经过改革开放 40 年的发展,上海市的综合经济实力已基本达到国际大都市水平,但在经济结构、经济效率、经济能级等方面仍存在一些不足之处,转方式、调结构的任务依然繁重,尤其是经济发展质量需进一步提高。

1. 产业转型面临较多瓶颈,动能接续出现一些断裂

近年来,上海市持续推进产业转型升级,但在部分地区,新老产业接续和新旧动能转化过程中出现了一定程度的断层断档现象。传统产业增长动力减弱的同时,新兴产业动力未及时跟上。例如,课题组在调研中发现,奉贤生物科技园区从 2015 年就开始产业转型升级,但缺乏详细的长期规划,在淘汰转移一批企业之后,未能及时引入新的企业,造成土地等资源浪费闲置。

上海市的工业增长速度在最近几年下滑较多,传统制造业经营面临较大困难。至于服务业,虽然总体上增长较快,但其中的结构性矛盾依然较突出。一些高端现代服务业的发展较为缓慢,生产性服务业比重仍低于全球国际大都市平均水平,养老、医疗健康等部分生活性服务业的有效供给不足。不少服务业企业的服务半径局限在上海市本市范围,对长三角和全国的辐射力偏弱,具有国际服务功能的服务业企业显得更少。

2. 全球经济竞争优势不够显著,对比顶级世界城市仍有差距

上海市的经济竞争力在全球城市中排名第 14 位(表 8-1),处于上游水平,但在国内尚落后于深圳和香港,且相比纽约等顶尖城市差距较大。在经济效率、经济影响力和控制力等方面,上海市仍有较大的提升空间。

表 8-1　全球城市经济竞争力排名

城　市	竞争力指数	排　名	城　市	竞争力指数	排　名
纽　约	1.0000	1	圣何塞	0.9158	8
洛杉矶	0.9992	2	慕尼黑	0.9053	9
新加坡	0.9708	3	达拉斯	0.9026	10
伦　敦	0.9578	4	休斯敦	0.9000	11
旧金山	0.9408	5	中国香港	0.8873	12
中国深圳	0.9337	6	首　尔	0.8478	13
东　京	0.9205	7	中国上海	0.8367	14

资料来源:中国社会科学院、联合国人居署:《全球城市竞争力报告(2017—2018)》,社会科学文献出版社 2018 年版,第 132 页。

在经济效率方面,尽管上海市领先于中国大陆地区城市,但对标顶级国际经济中心城市仍存在不同程度的差距。从人均 GDP 来看,上海市仅为纽约的 1/5;就地均 GDP 而言,上海市仅为东京市的 1/10;至于全员劳动生产率,上海市也仅为香港的 1/3、纽约的 1/7[1]。

在全球经济影响力和控制力上,上海市就某些方面来看也缺乏优势。当前,上海市有 8 家世界 500 强企业总部,在数量上居于全球城市第 7 位,但仍远少于北京(56 家)、东京(38 家)、巴黎(17 家)和纽约(16 家)[2]。此外,上海市还缺少具有全球影响力、竞争力的企业家和产业行业标准。上海市在全球价值链中所处的地位同样不容乐观。总体上考察,上海市大多数企业仍位于"微笑曲线"的中部和底部,创造的附加值相对较少,制约了产业国际竞争力的提升。

3. 部分实体经济成本偏高,营商环境尚存薄弱环节

近年来,上海市实体经济成本不断趋高,在一定程度上削弱了产业竞争力。例如,因土地供求关系紧张加剧,推动了土地价格高企。2012 年以来,上海市工业用地价格持续上升,同比增幅保持在 10% 以上[3]。上海市的综合融资成本在国际大都市中也处于高位,超过了伦敦、纽约、新加坡和中国北京[4]。实体经济成本偏高,既有经济发展阶段方面的客观原因,也与体制机制不健全、政策不完善等因素有关。

上海市营商环境综合指数虽在国内名列前茅,但仍存在一些薄弱环节,对标国际先进城市尚有较大差距。其中,比较突出的问题是行政审批效率仍相对偏低,政府审批环

---

① 丁国杰:《上海建设现代化国际大都市"短板"问题研究》,《科学发展》2017 年第 5 期。
② 根据 2017 年《财富》世界 500 强排行榜统计。
③ 根据中国指数研究院中国房地产大数据信息平台相关数据计算。
④ 王晓宇:《上海降低创新创业成本研究》,《科学发展》2016 年第 11 期。

节多、时间长的现象还有不少。例如,上海市的社会投资项目,要经过多达15个职能部门的审批;办理施工许可证,涉及23个审批环节,平均耗时279天①。

4. 经济风险有新表现,局部隐患不容忽视

最近几年,上海市经济运行中出现了一些企业"脱实向虚"的现象,这些企业过度依靠出租房产设备为生,或转投于房地产业、金融行业获得高额回报,虚拟经济扩张在一定程度上挤压了实体经济发展空间,并增加了经济运行风险。

当前,上海市实体经济的杠杆率并不高,但金融市场高杠杆风险不容忽视。特别是随着互联网金融的快速发展,融资风险隐患明显增多。据网贷之家数据显示,截至2018年3月,上海市有问题的P2P网贷平台数量已达到446家之多。

(二)科技创新活力和能力仍显不足

上海市科技创新水平在全国处于前列,但自主创新能力和创新活力仍显不足,就全球科技创新中心形成的条件而言,上海市尚不完全具备,在某些方面还存在短板。

1. 企业在创新中的主体作用表现得不太明显

相比深圳市、北京市,上海市企业在技术创新、商业模式创新等方面的活跃度相对较低。从研发经费投入的主体结构来看,2016年研发经费来源于企业的比例,上海市仅为60%,低于76%的全国平均水平,而深圳则高达94%。② 上海市创新型企业所占比重也不高,上海市市科学学研究所所长骆大进认为,"上海在创新方面最大的短板是缺乏创新型、领军型的企业。北京中关村有很多知名创新型企业,深圳也有一大批创新型企业,许多人说上海市错过了互联网时代,也是说上海缺乏BATJ这样的龙头企业"。③ 尽管上海市也有聚力传媒、巨人网络等创新型企业,但能级同百度、联想相比明显偏弱。

2. 科技成果结构尚需优化、质量有待提升

上海市科技成果的数量较多,但结构不尽合理。一是发明专利在专利中的占比偏低。发明专利的创新价值,要高于实用新型专利和外观设计专利。2016年,上海市发明专利占全部专利申请授权量的比重为31.3%,低于北京9.1个百分点,这表明上海市的创新含金量还不是很高。④ 二是基础研究成果比重偏低。2016年,基础理论成果占全部科技成果的比例仅为12.1%。⑤ 其主要原因在于上海市科技进步长期以来更偏重于技术引进和技术应用,而在基础科研上相对来说较为薄弱。

---

① 世界银行:《2018年营商环境报告:改革以创造就业》。
② 根据《上海统计年鉴2017》《北京统计年鉴2017》《深圳统计年鉴2017》相关数据计算。
③ 骆大进:《上海建设具有全球影响力的科技创新中心的实践与思考》,《科技中国》2017年第11期。
④ 根据《中国统计年鉴2017》相关数据计算。
⑤ 根据《上海统计年鉴2017》相关数据计算。

上海市科技成果的领先优势也不是很明显,甚至出现一些滑坡。上海市科技成果中达到国际国内领先和先进水平的比重,在1985年为86.5%,但进入21世纪后总体上趋于下降;在2010年以后下滑趋势更明显,到了2016年已降至49.6%(见图8-1)。可见,提高上海市科技成果质量水平、保持科技领先优势任重道远。

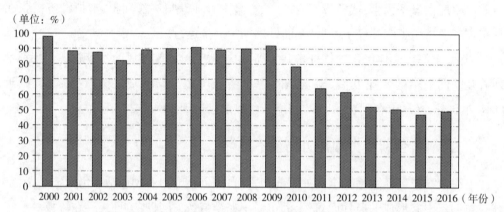

(单位:%)

图8-1　2000—2016年上海市科技成果中达到国际国内领先和先进水平的比重

资料来源:根据《上海统计年鉴2017》相关数据计算。

3. 高端人才与高端创新机构等高层次创新资源不足

上海市的高端创新人才较为短缺。上海市是国内人才高地之一,拥有众多各类人才,但对标全球科创中心城市和国际大都市,各行业的高端人才依然较为短缺。例如,根据汤森路透集团发布的全球高被引科学家名单,上海市入围的科学家人次仅占全球的0.66%;再如,与德国慕尼黑相比,上海市先进制造业人才的平均从业年限(7.5年)远低于慕尼黑(10.4年),博士学历人才比重更是仅为慕尼黑的1/3。[1]

上海市具有全球影响力和竞争力的创新机构也相对较少。全球著名实验室和科研中心,上海市只有1家,而东京有53家;全球50大风投公司总部,没有一家将总部设在上海市,而纽约拥有其中的12家。[2]

(三)社会发展与治理方面存在较多薄弱环节

上海市长期以来比较重视社会与经济协调发展,然而,由于社会发展形势变化、超大城市管理面临一些特殊困难、传统社会体制惯性等原因,上海市在社会发展与治理方面依然存在一些薄弱之处。

1. 住房的结构性矛盾较突出

上海市住房供应的户型结构不尽合理,中小户型特别是小户型占比偏低,与需求结

---

① 上海市徐汇区委组织部、领英中国智库:《上海市科创中心人才报告》,2016年。
② 民建上海市委:《以"一主多支撑"体系助推卓越全球城市建设》,《联合时报》2018年2月27日。

构出现一定错位;住房租赁市场发展不充分,住房供给中租赁住房占比过低,公租房供不应求矛盾日益加剧,适合中低收入人群租住的蓝领公寓也较为短缺。

上海市房价收入比在全球主要大都市中处于较高水平,国际货币基金组织发布的全球房价观察报告显示,2016 年上海市房价收入比为 30.91,位居全球第六位,这导致居民购房经济负担较重。一些中等收入市民既缺少购买商品房的足够经济实力,又达不到享受保障性住房的条件,处于两难境地。

郊区大居配套设施存在一定程度的短缺问题。例如,在闵行区浦江镇大型保障房基地,大量原本规划的配套设施,在居民入住多年后仍杂草一片,居民反映买菜等基本生活需求难以满足。①

2. 养老服务体系发展相对滞后

随着上海市老龄化加快、"四二一"人口结构家庭增多,加上年轻人工作压力较大,家庭养老护理功能趋于减弱。然而,社区居家养老项目及从业人员相对较少,难以满足老龄人口增加带来的社区居家养老需求;至于机构养老服务,发展也较缓慢,养老产业对民间资本的吸引力不足。另外,政府部门提供的养老公共服务的精细化水平较低,对此,上海市人大代表黄山明表示,"当前全市社区老年人日间服务中心服务能力普遍不高,主要是提供看书读报、棋牌电视等一些休闲娱乐服务,部分中心提供助餐服务,更像是升级版的老年活动室,而最应突出的老年照护、托养服务却几乎是空白"。②

3. 公共服务城乡差距依然偏大

在义务教育方面,上海市中心城区小学的年均生均公用经费是郊区的 1.6 倍,最高的黄浦区是最低的奉贤区的 3.3 倍;③在医疗卫生方面,中心城区拥有床位数占全市总量的近 70%,三甲医院高度集中在中心城区;在公共文化方面,郊区人均拥有公共文化设施面积与市区相差 30%。④ 此外,城郊接合部和远郊区各类公共服务的覆盖半径普遍相对过大,造成郊区基本公共服务在可及性上明显落后于市区。

4. 城市精细化科学化管理能力仍需加强

在城市交通方面,常发性拥堵区域交通拥堵现象仍需加大整治力度;中心城区和近郊区仍存在少量断头路,容易导致城市交通"肠梗阻"。在城市安全方面,大量地下空间、众多超高层建筑存在诸多消防隐患,暴雨期间市区短暂"看海"窘境仍有发生。某

---

① 《申城大居为何普遍配套滞后? 信访督查揭示背后原因》,上海市信访办网,http://xfb.sh.gov.cn/xfb/xwzx/n18/u1ai562.html。

② 《代表疾呼:养老服务更需精细化》,东方网,http://xinwen.eastday.com/a/180127160704482.html? xx=1&recommendtype=e,2018 年 1 月 27 日。

③ 《上海供给侧结构性改革应着重"降成本"、"补短板"》,第一财经网,http://www.yicai.com/news/5230275.html,2017 年 2 月 21 日。

④ 丁国杰:《上海建设现代化国际大都市"短板"问题研究》,《科学发展》2017 年第 5 期。

些领域(如违章整治等)的管理工作仍较多依赖于运动式执法,短期效果较好但是否反弹有待观察。不同职能部门在城市管理协作中存在一些"信息孤岛"现象。

5. 社会治理结构不尽合理

与形成共建共治共享的社会治理格局这一目标相对照,当前上海市的社会治理结构仍不尽合理。主要表现在社会治理基本上还是以政府为单一主体,政府仍承担着大量可以由市场和社会承担的事务。社会组织与公民等其他主体的参与程度不高、提供社会服务的能力偏弱。

(四)生态环境领域短板较为明显

近年来,上海市在生态环境工作上取得了不少成效,但生态环境依然是影响城市整体发展的突出短板之一。产业和人口高度聚集、一次能源高强度消耗,使得各种污染物排放量处于高位,环境质量与市民日益增长的需求和国家、国际标准相对照仍有一定差距。

1. 复合型大气污染问题仍较突出

当前,上海市的 $PM_{2.5}$ 和 NO_2 尚未达到国家环境空气质量年均二级标准;臭氧浓度2016年不降反升,臭氧污染趋于加剧。[1] 世界卫生组织发布的2016年全球空气污染数据库显示,与国外大都市相比,上海市大气污染程度较高[2],仍需进一步改善。

2. 水环境质量总体形势较严峻

上海市中心城区及周边区域、郊区中小河道水质普遍较差;经整治后的部分河道,黑臭现象仍时有反复。2016年,全市劣 V 类水占比高达 34.0%[3]。近年来上海市实施了不少海洋工程,如深水航道工程、海洋装备基地建设等,造成了近海与海岸带生态系统的退化,使水体污染加剧。

3. 生活垃圾处理能力缺口大

根据相关要求,上海市生活垃圾处理能力应于2015年达到3.34万吨/日,但截至2016年,实际处理能力仅为2.4万吨/日,缺口较大[4],导致垃圾非法倾倒事件时有发生。另外,垃圾渗滤液污染问题也较为突出。例如,嘉定安亭生活垃圾处理厂无渗滤液处理设施,每天大量渗滤液长期超标排入污水管道;宝山顾村垃圾堆场和闵行朱家泾垃

---

① 上海市环境保护局:《2016年上海市环境状况公报》。
② 详见 WHO Global Urban Ambient Air Pollution Database。
③ 上海市环境保护局:《2016年上海市环境状况公报》。
④ 《环保督察组:上海生活垃圾处理能力缺口较大》,新华网,http://www.xinhuanet.com/politics/2017-04/12/c_1120797807.htm,2017年4月12日。

坂堆场停运十多年,渗滤液流入场外雨水沟或直排河道①。

4. 部分区域环境安全风险凸显

上海市部分地区的发展缺乏科学规划,产业、生活、生态功能混杂,一些环境高风险产业基地和大型污染物处理厂与城镇、大学园区、旅游区、生态功能区交错分布,给环境安全带来较大负面影响。如高桥石化区曾发生多起环境事故,给周边居民正常生活造成威胁②;松江工业区大部分处于黄浦江上游,给水源地安全带来一定隐患。

(五)开放发展新格局尚未充分形成

上海市对外开放历史较长、水平总体较高,是全国最为开放的城市之一。但是,由于目前对外开放已经进入新阶段,面临全球发展新形势、新挑战、新机遇,上海市现行对外开放模式尚不能充分适应构建新型开放格局的需要。

1. 开放水平对标国际标准有不小差距

上海市在对外开放方面走在全国前列,但如果对标国际开放度的最高标准,仍有不小差距。以上海市自贸试验区扩大开放为例来说,同国际最高标准相比照,在贸易便利化、投资开放度、政策透明度、监管标准化等诸多环节上,均有进一步改善的较大空间。例如,相比发达国家自贸区,上海市自贸试验区的国际贸易"单一窗口"平台覆盖面仍较为有限,上线运作业务较少,系统功能不够完善,难以一次办理所有贸易业务事项,通关成本依然显得较高;再如,按照高标准国际规则,对跨境消费一般不予限制,对跨境服务提供的限制也较少,但跨境消费和服务提供均尚未纳入现行自贸试验区负面清单中。

2. 开放的适应性和创新性仍显不足

目前投资、贸易、金融、海关等方面的许多制度和政策决定权都在中央政府,上海市的自主决策权相对有限,这就在一定程度上束缚了上海市在对外开放方面的创新步伐。例如,随着"互联网+贸易"新业态的出现,跨境电商迅猛发展,但在货物统计口径、退税报关政策、口岸管理、集成管理创新等相应的软硬件方面相对滞后,制约了新兴生产力的发展。③

3. 部分领域的国际影响力偏弱

在跨国科技合作、对外文化交流、全球规则制定等一些涉外领域,上海市的国际影响力仍显得较弱。例如,在国际文化交流上,上海市缺乏具有全球引领性的文化创造力,高端文化资源和国际文化活动相对较少,对外国的文化辐射力也有待提高。

---

① 《中央环保督察组揭上海垃圾跨省倾倒根源》,人民网,http://politics.people.com.cn/n1/2017/0413/c1001-29208050.html,2017年4月13日。

② 《上海高桥石化搬迁5年未果 企业或成土地一级开发商?》,《21世纪经济报道》2016年6月7日。

③ 沈开艳:《上海经济发展报告(2018)》,社会科学文献出版社2018年版,第36页。

三、上海市进一步深化改革开放的政策建议

今后一个阶段,上海市要围绕建成国际经济、金融、贸易、航运、科创五大中心和社会主义现代化国际大都市的战略定位,进一步深化改革开放,其基本路径为:调整优化经济结构、提升经济发展质量;激发创新创业活力、增强自主创新能力;弥补社会发展短板、提高大都市管理能力;推进生态环境治理,打造绿色大都市;创新开放发展方式,形成对外开放新优势。

(一)调整优化经济结构、提升经济发展质量

1.打造具有国际水准的高质量产业供给体系

(1)重振上海市制造业。推动传统制造业设施装备的信息化、智能化改造,提升传统制造业的数字化、智能化、柔性化水平。促进汽车产业向智能网联汽车和新能源汽车升级,钢铁石化产业向新材料领域延伸产业链,船舶产业向高端船舶和海洋工程装备产业升级。紧密结合科创中心建设,以引领性强、带动性大、成长性好的战略性新兴产业重大项目为依托,加快培育新一代信息技术、智能制造装备、生物医药等若干世界级先进制造业集群。

(2)打响上海市服务品牌。推动生产性服务业往专业化、高端化方向拓展,带动生活型服务业向高品质、精细化方向提升。进一步优化服务业结构,重点发展研发服务业、信息服务业、专业服务业等生产性服务业以及养老、健康医疗等生活性服务业,加快商贸业和房地产业转型升级,强化金融业对实体经济的支撑。继续扩大服务业对外开放,集聚吸引国际高端服务业企业,引导静安国家级服务业综合改革试点区和黄浦、徐汇、长宁等服务业创新示范区先行先试,逐步形成一批本土高端服务业龙头企业和产业集群。

(3)积极培育"四新"经济。顺应产业跨界融合趋势,大力培育平台经济、分享经济、体验经济等适应互联网时代特点的新产业、新业态、新模式。重点聚焦产业链的拓展和对接,整合优势资源推动产业集成化发展。

(4)全面加强质量和品牌建设。进一步对标国际标准,完善技术、节能、环保、安全等方面的质量标准,推广先进质量管理技术和方法。在企业中深入开展质量提升行动,大力弘扬工匠精神,推动企业实施先进标准、锻造自主品牌。建立健全品牌评估、交易和流通体系,建设品牌经济发展的要素市场。

2.优化城市功能布局,提高大都市城乡一体化发展水平

(1)推进重点地区功能建设。虹桥商务区应致力于促进高端商务、会展和交通融

合发展,临港地区要以打造智能制造示范区、战略性新兴产业示范区为目标,国际旅游度假区要加强与周边地区协同并有序推进后续开发建设。

(2)加快传统工业地区的转型。推动桃浦地区加快向现代化城区转型;加强吴淞地区的滨水生态环境建设,以邮轮经济为依托打造滨江城区;高桥地区要利用好区位优势,积极承接自贸试验区、国际航运中心的重大项目,促进产业转型发展。

(3)发展都市农业,建设国际大都市美丽乡村。大力发展高附加值的现代都市农业,完善提质导向的农业政策,打造上海市特色农产品品牌。鼓励发展乡村旅游、休闲、创意产业,加快农村一二三产业融合。因地制宜推进特色小镇建设,进一步优化村庄规划布局。加大对属于纯农地区的金山枫泾、青浦练塘等48个乡镇的支持力度。以世界级生态岛为目标,加快崇明三岛生态建设。

3. 持续改善营商环境,打造具有国际竞争力的一流营商环境

(1)以高效市场为目标进一步转变政府职能。要继续深化行政审批制度改革,重点解决市场准入、施工许可、跨境贸易等领域审批环节多、时间跨度长的问题。积极推动事中事后监管的标准化工作,对监管的适用标准作出统一规定,并适时纳入地方人大立法。政府各职能部门要强化主动服务意识,当好服务企业的"店小二",做到有求必应、无事不扰。

(2)多措并举继续降低实体经济成本。对于税费成本,要以营改增和增值税税率下调为契机,进一步加大清费减税力度;研究精简归并"五险一金",对部分经营困难的企业可临时下浮社保缴费比例。对于融资成本,可从整顿金融服务收费、拓宽融资渠道两方面入手来降低。要加快清理不合理的服务收费项目,清理不必要的资金"通道"和"过桥"环节收费;在风险可控的前提下积极鼓励私募股权和创投基金发展,扩大政府天使投资引导基金规模,提高直接融资比重。对于物流成本,要提高物流行业信息化水平,使物流企业向集约化、协同化方向发展,改善物流效率;优化物流园区、口岸、港口码头、公铁水运的进出口流程,推广复制上海自贸试验区通关模式,缩短通关时间。

(二)激发创新创业活力、增强自主创新能力

1. 增强企业在科技创新中的主体作用

(1)降低企业创新创业成本。科委等有关部门可设计"上海创新创业指南手册",为创新创业人才和企业提供本市科技园区、创业园区、众创空间、产业孵化基地、创新型企业名录、科创政策等方面的信息,降低创业创新中的信息搜寻成本;通过简政放权、降低进入壁垒、简化行政审批,大幅削减创新创业的制度性交易成本。

(2)构建更有针对性的科技创新企业培育成长体系。对于具有创新潜力的小微科

创企业,用好"科技创新券"等财政补贴方式,通过研发空间、测试场地、商业落地平台等资源的整合,有效扶持其开展创新活动;对于高成长型的科技企业,可运用专项资金支持、重大成果奖励等手段鼓励和引导其建立具有国际影响力的自主技术创新体系,提高企业利用国外研发资源的能力,支持有条件企业建立全球研发合作网络,强化全球创新资源的配置能力和集聚能力。

(3)完善激励企业创新的体制机制。研究鼓励天使投资等创新创业的普惠型税收政策,探索通过投贷联动等新型金融服务模式解决创新企业融资难问题;建立健全企业科技创新的风险分担机制,通过财税扶持政策、金融工具创新等途径合理分散企业创新的风险;实行严格的知识产权保护,保障企业对自主创新成果的合法权益。

2. 提升科技创新功能型平台功能

大力支持战略性、前沿性、基础性的共性技术平台建设,围绕信息共享、科技成果转移、科技金融、检测认证、科技咨询等服务环节的需求,构建一批专业化、市场化的创新服务功能型平台。以平台为中心,构建带动上海市研发和服务发展的网络体系。平台建成后,形成配套的发展计划,完善相关评估体系,根据评估结果形成长效支撑机制,保障相关平台稳定发展,形成要素配置合理、高效运行的枢纽型组织。

3. 加强创新资源整合与创新活动协同

(1)以科技创新重要承载区为载体,推动创新资源整合。大力推进张江国家自主创新示范区、紫竹国家高新技术产业开发区、漕河泾科技服务示范区、杨浦国家创新型试点城区的建设,将上述园区打造成为上海集聚创新主体、汇聚创新要素、试点创新政策、转化科技成果的核心区域,充分发挥其对全市科创的引领功能与辐射作用。

(2)加强上海市各区以及上海市与周边地区在创新上的协同联动。在发挥各区比较优势的基础上,建立健全上海市各区之间的科创联动机制,促进创新资源的流动与共享;推进长三角地区的协同创新,重点加强上海市与苏浙皖在重大科技研发、技术转移链接、产业项目对接方面的合作,优化长三角城市群科创分工协作体系。

4. 促进科技创新成果的产业转化

(1)大力发展科技服务业与科技服务中介机构,减少科技成果转化过程中的"堵点"和"痛点"。引导高校和社会机构对科技成果中介行业加大建设力度,规范行业准则,吸引更多的社会资本进入,促进科技成果中介机构发展。完善科技成果市场转化的产业链建设,包括科技成果信息共享服务、技术市场服务、法律中介服务、金融市场服务、征信市场服务等,积极发挥科技服务中介作用,为科技成果在沪转化和本地成果走出去提供服务。

(2)完善科技成果转化的激励机制。探索建立符合科技成果转化规律的市场评价定价机制,允许通过协议定价、技术市场挂牌交易、拍卖等市场化定价方式确定科技成果价格,收益分配向发明人和转移转化人员倾斜。

(三)弥补社会发展短板、提高大都市管理能力

1.重点解决好住房和养老两大突出民生问题

(1)鼓励发展住房租赁业务和租赁市场,加快建立租购并举的住房制度。研究制定金融、财税、公共服务等相关配套政策,建立住房租赁服务平台,支持和培育一批规模化、专业化住房租赁企业和代理经租企业加快发展,支持租赁住房项目建设和后续运营。政府可探索购买适合作为公租房或改造后能符合公租房条件的商品住房,然后转为向低收入住房困难市民出租。

(2)完善"五位一体"社会养老服务体系。大力建设服务供给、社会保障、政策支撑、需求评估、行业监管有机结合的社会养老服务体系;在全市全面开展长期护理保险试点,为符合条件的长期护理保险参保老年人提供居家照护服务;建立健全重残养护和养老服务资源的共享机制。

2.继续完善城乡基本公共服务体系

探索实施基本公共服务清单制度,完善各领域公共服务标准和管理规范,进而推动社会事业发展。在教育方面,加强托幼机构尤其是0—3岁托幼机构安全规范管理,着力促进学前教育有序发展,促进基础教育优质均衡发展,将党建引领模式经验复制到高校内涵式发展中。在医疗卫生方面,应强化健康预防管理,深入探索医保支付制度改革路径,推进现代医院管理制度建设。在公共文化服务方面,要重点推进4500个居村综合文化活动室标准化建设,在此基础上努力实现公共文化服务配送居村全覆盖。此外,还要以服务半径和服务人口为基本依据,调整优化各类基本公共服务资源在城乡间的配置,提高农村公共服务可及性程度。

3.提高城市精细化智能化管理能力

要针对上海市超大城市的特点,着力提高城市管理的精细化、智能化水平。首先,要加快建设城市基础数据库和综合管理信息平台,促进数字资源的部门间共享,推动城市运行实时感知、智能管理。其次,应注重提高信息的标准化水平。充分发挥标准化引领作用,加快城市综合管理标准体系建设,提升信息可采集度和采集信息的统一性,进而提升城市管理效率和管理精准性。再次,需加强关键信息基础设施保护,在全面加强城市安全风险分级管控的基础上,强化网络信息安全,提高网络信息安全保障能力。最后,要全面推广智慧应用,加强大数据、云计算、人工智能等新技术在城市交通、公共安全、市场监管等领域的深度运用。

（四）推进生态环境治理，打造绿色大都市

1. 加强规划与环境项目的环评

从决策源头预防环境污染，加强规划环评与项目环评联动，切实发挥规划和项目环评预防环境污染和生态破坏的作用。加强规划环评与项目环评环节，严格遵守环境信息公开制度和公众参与制度，保障与环境利益相关者的知情权、参与权和表达权，避免环境安全风险以及环境邻避事件的发生。

2. 完善与创新环境治理的体制机制

（1）建立健全职责清晰、分工合理的环境保护责任体系。制定市、区、街道（镇）三级政府的环境保护责任清单，探索建立环境保护重点领域分级责任机制，分解落实重点领域、重点行业和各区污染减排指标任务，实施生态环境损害责任终身追究制度。

（2）实施最严格的环境执法。推进环境监察标准化建设和环境监督网格化建设，构建市、区、街道（镇）的三级环境监督网络，加大重点领域监督执法力度，强化联合联动综合执法，坚持专项执法与"双随机"执法检查并举，继续推进行政执法和刑事司法相衔接，落实环境生态损害赔偿制度。

（3）探索环境治理的市场化、社会化机制。充分发挥市场机制作用，鼓励支持污染第三方治理，探索排污权交易、绿色信贷、绿色债券等机制，完善生态补偿制度。探索运用PPP模式建设垃圾资源化处置项目。充分借助上海国际金融中心和全球科创中心资源优势，发挥绿色金融和环境科技在上海生态治理中的关键作用。

3. 加快生态环境监测网络建设

建立以$PM_{2.5}$、臭氧为重点的监测网络，完成长三角区域空气质量预测预报系统建设。构建以省界来水、水源地和区级断面为主的上海市地表水环境预警监测与评估体系，建成覆盖全市各类功能区的声环境自动监测网络，完善辐射应急及在线监测网络，逐步建立天地一体化的生态遥感监测系统，加强环境应急监测能力建设。

4. 加强环境的跨区域协同治理

积极实施长江经济带生态环境大治理、大保护，推动长三角大气污染联防联控机制建设，建立长三角区域水污染防治协作体系，配合完成长三角地区战略环评，完善区域环评会商机制，加强环境科技、人才多边或双边交流，积极履行国际环境公约。

（五）创新开放发展方式，形成对外开放新优势

1. 提升国际金融、贸易和航运中心的竞争力

（1）提升国际金融中心的竞争力。要充分利用上海市自贸试验区金融改革红利，进一步提高人民币资本项目可兑换程度，扩大人民币在全球范围内的交易和流通，促进

人民币资金跨境双向流动,探索开展人民币衍生品业务和大宗商品服务创新,在此基础上推动上海市成为全球人民币基准价格形成中心、资产定价中心和支付清算中心;吸引更多具有国际影响力的金融机构和国际金融组织入驻上海市,拓宽境外投资者参与境内市场的途径,提高上海市金融市场的开放度;鼓励发展新型金融市场和金融新业态,丰富上海市金融市场的产品和工具。

(2)提升国际贸易中心的竞争力。要大力发展货物贸易的追加服务,如物流分拨、国际运输、运输保险、高端售后维修、法律咨询等,提升上海市在全球贸易价值链中的地位;积极扶持电子商务、离岸贸易、供应链管理等新型贸易业态,加快形成参与全球贸易竞争的新优势;推动大宗商品交易中心建设,增强上海市在全球大宗商品贸易中的定价权,近期可在洋山港区重点推进石油、钢铁、有色金属的大宗商品交易中心建设。

(3)提升国际航运中心的竞争力。要继续推进洋山深水港区、外高桥港区建设,保持集装箱吞吐量的全球领先优势;着力发展江海联运、海铁联运和水水中转;进一步扩大上海市航空枢纽航线网络的覆盖面和通达性,增强机场客货运集疏运能力;促进现代航运服务业发展,重点放在航运保险、船舶飞机融资租赁、航运经纪等行业上。

另外,还要根据提升国际金融、贸易、航运中心能级的需要,深化制度改革、优化软环境。如健全对跨行业、跨境、新型金融风险的监测与防范制度,尤其是互联网金融风险和短期资本流动风险;探索试点支持离岸业务的税收政策;加快国际船舶登记制度改革等。

2. 提高"引进来"与"走出去"的质量

(1)实施更有针对性的"引进来"措施。在利用外资方面,要深入研究跨国公司全球布局新特点,以提升能级和拓展功能为重点,推动总部经济向更高水平发展;着力改善营商环境,降低外资企业在生产经营中面临的制度性成本。

(2)推动全方位、高水平"走出去"。在对外投资方面,需提升张江、漕河泾、紫竹、临港等品牌园区的对外开放和"走出去"的能力,加强同沿线国家和节点城市的高新技术产业园区的双向交流,适时设立若干中外共建的产业园区。通过政府购买公共服务的方式,培育或引进一批熟悉国际市场规则的专业化服务机构,为企业"走出去"提供市场调研、投资咨询、融资便利、法律服务、知识产权保护、项目管理、风险防控等各种支持。

3. 更好发挥"一带一路"倡议的桥头堡作用

一是充分发挥上港、中远、中国外运等港口航运企业的主体作用,深化与各重要港口城市在航线、信息、贸易、金融等方面的互联互通,巩固上海市在全球港口航运版图中的优势地位。二是在充分梳理兄弟省市参与"一带一路"倡议和"走出去"真实需求的基础上,以长三角省份和对口支援地区为重点,发起建立共同开拓"一带一路"市场的省(市)际合作机制与平台。三是对在沪跨国公司进行深入调研,梳理其母国和全球(中国以外)业务布局与上海市企业"走出去"的契合点,搭建对话平台,挖掘合作潜力。四是设立专门面向跨国公司和本土企业联合申报的"一带一路"倡议专项资金,鼓励和引导中外企业优势互补,共同开发"一带一路"倡议沿线第三方市场。

江苏省改革开放 40 周年
地区发展报告

江苏省行政学院课题组①

一、1978 年以来江苏省经济社会发展成就

改革开放 40 年来,江苏省作为东部沿海发达省份,先后经历了"资源红利期""模仿红利期""创新红利期",从兴办乡镇企业到自费创办开发区、发展开放型经济,再到实施创新驱动发展核心战略,发展跨上一个又一个台阶。

(一)经济保持快速增长,综合实力显著增强

改革开放以来,江苏省社会主义现代化建设取得了骄人的成就,经济增长持续稳定,社会发展欣欣向荣。江苏省总体国内生产总值由 1978 年的 249.2 亿元跃升为 2017 年的 85900.9 亿元,按可比价格计算,年平均增幅达到 11.4%,长期高速增长使得江苏省多年来始终为仅次于广东省的中国第二经济大省。伴随着经济总量提升的是人均 GDP 的节节攀升。改革开放伊始,全省人均 GDP 仅为 430 元人民币,但是,随着改革开放红利的充分释放,2017 年人均 GDP 已然突破十万元大关,达到 107189 元人民币。其间,按当年汇率折算,江苏将到 2000 年实现人均 GDP 在 1980 年基础上翻两番的目标整整提前了 7 年完成。而现今,按世界银行公布的划分标准,江苏人均收入已经跨入中上等收入国家行列,江苏省居民人均可支配收入达 35024 元。40 年来江苏省地方财力显著增强。2017 年江苏省人均税收收入为 8076 元,与 1978 年的人均 62 元相比,扩张了 130 余倍。作为财政收入的主要组成部分,税收收入大幅提升,直接推动了地方财政状况的改善,江苏省地方政府债务水平占 GDP 的比重基本保持在 17% 以内,政府债务

① 课题组组长:黄瑞玲;课题组成员:谈镇、吴宏、余飞、薛莉、杨志琴、梁曙霞;项目编号:NSAZT(WT)2018009。

风险处于较低水平。价格水平稳定性增强。虽然在20世纪80年代中期到20世纪90年代中期由于经济过热、货币超发、结构失衡以及价格双轨制等原因，江苏省通货膨胀率始终居高不下，甚至一度达到23.2%，但自1997年回归合理范围之后，20年来一直徘徊在较低水平，近几年保持在3%以内。此外，财政收支余额占GDP的比重也呈现出稳健收敛的特征。1978—1993年，江苏省政府注重财政收入的"留成"，政府年度财政收支长期处于盈余状态，但财政盈余占GDP的比重连年下降，自1994年以来一直处于略低于零的、存在少许财政赤字的水平①。

（二）经济结构不断调整，发展方式转变成效显著

以乡镇企业的星火燎原为起点，以大规模建设工业园区为平台，以积极承接国际资本转移为路径，江苏省走上了一条新型工业化道路，成长为我国先进制造业的重要基地。尤其是党的十八大以来，新发展理念和供给侧结构性改革战略的推广和落实，进一步加速了产业结构的优化调整，以先进制造业为支撑、现代服务业为主导的双轮驱动的现代化产业体系逐渐成形。产业结构方面。全省GDP中第一二三次产业增加值比重由1978年的27.6∶52.6∶19.8调整为2017年的4.7∶45∶50.3。2015年，第三产业增加值占GDP比重全面超越第一和第二产业，实现了产业结构由"二一三"到"三二一"型的重大转变。就业结构方面，三次产业就业结构系数从1978年的69.7∶19.6∶10.7优化为2017年的16.8∶42.9∶40.3，就业结构更加合理，就业水平日趋高端。图9-1显示了江苏改革开放40年第一二三产业增加值及就业人数比例的变化。行业及企业组织结构方面。高新技术产业发展日新月异，2006年突破万亿元大关后，2017年全年总产值达到67863.74亿元，总额占规模以上工业总产值比重达42.7%。其中，电子计算机及办公设备、电子及通信设备、智能装备、新材料、生物医药、仪器仪表、新能源以及航空航天等产业逐渐成为引领经济高质量发展的主导力量。与此同时，经济的市场化程度日益深化。2000年，国有控股工业企业资产占社会各类型企业总资产比重高达60%，这一比重在2016年仅有20.8%。与之相对应的是，私营工业企业资产占社会各类型企业总资产的比重从2000年的5.04%猛增为2016年的37.7%。能源消费结构方面。煤炭和石油这两种化石燃料占能源消费的比重下降，煤炭和石油消费占能源总消费的比重分别由1985年的77.6%、17.7%下降到2016年的63.4%、13.7%。以电力和天然气为主的清洁能源的重要性日益凸显，在2016年，其消费比重分别上升至2.9%、6.9%。

---

① 宋林飞、吴先满：《江苏改革开放30年》，中央文献出版社2009年版，第4页。

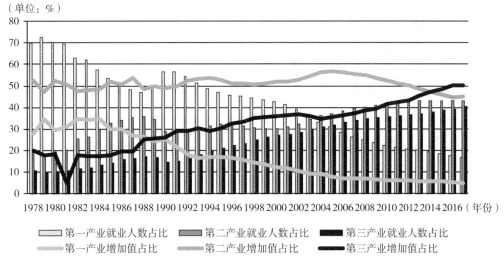

图 9-1　1978—2016 年江苏省第一二三次产业增加值及就业人数比例
资料来源:1979—2018 年《江苏统计年鉴》。

(三)全面小康社会建设成果斐然,富民步伐稳步加快

改革开放 40 年来,江苏省励精图治,逐步实现了从贫困到温饱再到总体小康的历史性的跨越,并正向率先高水平全面建成小康社会这一更加宏伟的目标迈进。1987 年江苏省实现人均 GDP 比 1980 年翻一番,这标志着江苏省已摆脱贫困进入温饱阶段。1994 年,以国家统计局制定的包含 16 项指标的全面小康社会监测指标体系来测算,江苏省基本实现小康,但是这仍是不全面不充分的小康。2013 年,江苏省构建了内涵更为科学丰富、标准更为严苛的,包含经济发展、人民生活、社会发展、民主法治以及生态环境五大类 36 项指标的全面小康社会评价指标体系。根据这一评价体系测算,江苏省全面小康社会实现程度由 2013 年的 91%跃升至 2016 年的 98%,达标指标个数由 2013 年的 17 个增加到 2016 年的 28 个,指标达标率达到 78%。截至 2016 年年末,五大细分类型中,经济发展类全面小康社会实现程度为 99.6%,人民生活类 92.8%,社会发展类 98.7%,民主法治类仅仅达标,生态环境类 99.96%。城乡人民生活水平显著提高。2017 年,全省居民人均可支配收入达到 35024 元,其中农村居民人均可支配收入为 19158 元,是 1978 年 155 元的 123.6 倍,年均增速超过 13%。全社会居民消费层次明显改善。全省居民人均生活消费支出 23469 元,最终消费占 GDP 的比重达 54.9%,比 1978 年提高了 2.5 个百分点,与居民生活息息相关的衣食住行及教育、医疗、旅游等消费额均有较大幅度的上扬。城镇及农村恩格尔系数分别由 1978 年的 55.1%、62.3%下降至 2017 年的 27.5%、28.9%。城镇和农村人均住房使用面积也分别从 1978 年的 5.7

平方米、9.7 平方米上升为 40.6 平方米、57.3 平方米。城乡居民生活逐步向发展型、享受型方向平稳过渡。

(四)体制机制创新全面推进,发展活力持续增强

改革开放以来,江苏省大力创新制度供给,用"改革卷"答"发展题",各项改革措施陆续展开。借鉴世界银行标准,进一步聚焦企业创业发展中遇到的突出问题,将纳税、获得电力、获得信贷、跨境贸易等指标纳入评价,不断优化营商环境。立足江苏省情实际,在 2016 年对 20 个县(市、区)开展试评价的基础上,将营商环境评价扩展到江苏省 13 个设区市 96 个县(市、区),重点目标是"3550":企业 3 个工作日内注册开业、5 个工作日内获得不动产权证、50 个工作日内取得建设项目施工许可证。到 2017 年年底,江苏省开办企业只需 2.13 天,办理不动产权证只需 2.46 天,办理施工许可证只需 29.63 天,营商环境得到了显著改善。民营经济蓬勃发展,以公有制为主体、多种所有制经济共同发展的局面得以进一步巩固。金融在经济社会发展中的支撑作用日益强化。截至 2017 年年底,江苏省拥有 380 家境内上市公司,总市值超过 4 万亿元,其中制造业企业 285 家,占比 75%,高出全国平均水平 11.51 个百分点。江苏省金融机构人民币贷款余额突破十万亿元大关,2017 年达到 102113.3 亿元,而在 1978 年这一数据仅为 60.72 亿元。保险市场中保费收入占 GDP 的比重也从 1985 年的 0.38% 增长到 2017 年的 4.02%。

(五)对外开放步伐加快,开放型经济迅猛发展

改革开放 40 年来,江苏省逐渐形成了全方位、宽领域、多层次、有重点的对外开放格局。对外贸易的规模不断扩大。1978 年,江苏省外贸进出口总额仅有 4.27 亿美元,排名全国第六。此后在 2003 年、2005 年和 2007 年,江苏省分别跨过了 1000 亿美元、2000 亿美元和 3000 亿美元的大关,成为仅次于广东的我国第二外贸大省。1978—2017 年,外贸进出口保持了年均 31.2% 的高速增长,2017 年达到 40022.1 亿元。贸易结构不断优化。从贸易方式看,2017 年江苏省一般贸易进出口总额 19249 亿元,占进出口总额比重达 48.1%,高于加工贸易 6.9 个百分点。从出口产品看,机电、高新技术产品成为外贸出口的领头羊。从贸易伙伴国看,改革开放伊始,与江苏省具有贸易往来的国家或地区不足 30 个,而如今已然形成了以欧盟、美国、日本、中国香港、韩国以及东盟等国家或地区为主要市场,以周边国家和广大亚非拉国家为新兴市场的覆盖全球 220 多个国家或地区的密集贸易网。利用外资的质量和水平不断提高。从改革开放初期的几乎为零到连续多年位居全国第一,江苏省以其丰富的人力资本、稳健的市场环境以及便利的政策实惠,吸引了大量外资的涌入。截至 2017 年,江苏省累计实际利用外

商直接投资达到了 3999.8 亿美元,外资企业数量近 60000 家。外商投资结构呈现出从一般性加工业向装备制造业以及高新技术产业等资本及技术密集型产业集聚的态势。"走出去"的步伐加快。2016 年江苏省对外承包工程、对外劳务合作合同金额分别为 72.87 亿美元和 4.53 亿美元,与 1985 年的 0.026 亿美元、0.27 亿美元相比有了巨大的提升。境外投资金额从 2003 年的 2.13 亿美元快速增长至 2017 年的 927.1 亿美元①。中哈物流合作基地、中阿产能合作示范园、柬埔寨西哈努克港经济特区等,都是江苏省全面积极参与"一带一路"倡议的辉煌成果。

(六)基础设施建设日新月异,城乡面貌焕然一新

1978—2017 年,江苏省累计完成固定资产投资 411583.44 亿元,年均增幅为 22.1%,建成了一批投资规模大、技术含量高、带动作用大的基础设施项目。电力装机总容量 2017 年达到 11457.11 万千瓦时,且核电、风能发电等清洁能源发电方式正稳步推进。公路运营总里程从 1978 年的 1.77 万公里增长到 2017 年的 15.8 万公里,其中高速公路营运里程达到 4692 公里。铁路营运总里程从 1978 年的 732 公里增长为 2017 年的 2770.9 公里,扩大了近 4 倍。民用航空方面,1993 年客运流量仅为人均每年 0.001 次,而到 2017 年,已经趋于人均每年 0.146 次。表 9-1 显示了江苏省部分年份基础设施建设发展情况。互联网普及程度加速提升,2005 年江苏省互联网普及率仅为 10.6%,但到 2010 年已然迈入了 42.8% 大关,截至 2017 年这一数字为 61.1%。电话机日益成为居民的生活必需品,1985 年平均每百人才拥有一部电话,但是在通信高度发达的今天,每人拥有一两部电话已变得稀松平常。城乡建设展现新风貌,人居环境显著改善。2017 年,江苏省城镇化水平达 68.8%,比 1978 年提高了 51.1 个百分点。2003 年,江苏省会南京可吸入颗粒物 PM_{10} 浓度为 120,而在 2017 年下降至 76。1980 年江苏省单位 GDP 废水排放量和单位 GDP 一般工业固体废物产生量分别高达 61.6 千克/元、5.74 吨/万元,2017 年分别大幅下降到 0.21 千克/元、0.14 吨/万元。单位 GDP 能耗由 1985 年的 6.33 吨/万元锐减至 2017 年的 0.39 吨/万元。具体地,2017 年年末,单位 GDP 煤炭、石油、天然气以及电力等能源的消费量分别降至 0.37 吨/万元、0.046 吨/万元、21.9 立方米/万元和 676 千瓦时/万元。绿色江苏建设成果显著。2017 年年末,江苏省森林覆盖率为 15.8%,比 1978 年提高了 12.5 个百分点。目前已设立自然保护区 31 个,自然湿地保护率达到了 48.2%,建成了 45 个国家生态市(县、区)、16 个国家生态园林城市、21 个国家生态工业园区以及 5 个国家生态文明建设示范市(县)。

---

① 瞿淦:《江苏省对外直接投资现状与对策研究》,《中国管理信息化》2016 年第 22 期。

表 9-1　部分年份江苏省基础设施建设发展状况

	1978 年	2005 年	2010 年	2015 年	2016 年	2017 年
公路运营里程(万公里)	1.77	8.27	15.03	15.9	15.7	15.8
铁路运营里程(公里)	732	1599	1908	2679.2	2721.9	2770.9
电力装机总容量(万千瓦时)	—	4270	6458	9529	10148	11457.11
人均民用航空客运量(次/人)	—	0.029	0.06	0.111	0.128	0.146
互联网普及率(%)	—	10.6	42.8	55.5	56.6	61.1
电话普及率(部/百人)	—	75.05	109	128.5	124.2	128.5

数据来源:《新中国五十年统计资料汇编》及《江苏统计年鉴》。

(七)经济社会统筹发展,社会事业全面进步

教育作为立省之本得以优先发展。小学基础教育层面,1978—2017 年,江苏省小学入学率始终保持在 96% 以上,并自 2012 年以来顺利实现小学教育人口 100% 全覆盖。高等教育层面,江苏省普通高等学校数量由 35 所增加至 142 所,招生人数从 3.41 万人增加至 53.4 万人,2017 年年末在校学生人数达到了 176.8 万人。居民文化素质水平明显提高。江苏省高中及以上学历人口比重由 1990 年的 10.16% 上升至 2017 年的 33.61%,大专及以上学历人口比重从 1990 年的 2.39% 上升为 2017 年的 15.7%,每万人口中拥有研究生人数从 1990 年的 0.99 人提升到了 2017 年的 22.04 人。医疗卫生事业加速发展。2017 年年末江苏省共有各类卫生机构 32200 家,每万人拥有医师数和病床数达到 26 人和 57.9 张,分别比 1978 年增加了 165% 和 174%。全面建成前期疾病预防控制、后期突发公共卫生事件医疗救治体系。文化事业和产业繁荣发展。2017 年年末,江苏省共有各类文化馆、艺术馆 113 个,公共图书馆和博物馆分别达到 114 个和 317 个,有线电视用户 1997.7 万户,广播及电视实现综合人口全覆盖,居民公共文化服务体系日趋完备。2016 年江苏省文化产业增加值为 3488 亿元,占 GDP 的比重达到 4.53%。各艺术门类竞相发展,文艺创作百花争艳。广播电视、新闻出版、哲学社会科学事业硕果累累。体育强省计划稳步实施。截至 2017 年,江苏体育健儿在世界重大比赛中获冠军 39 项,获金、银、铜牌分别达到 180、113、153 人次。表 9-2 显示了部分年份江苏省社会事业发展的状况。

表 9-2　部分年份江苏省社会事业发展状况

主要指标	1990 年	2000 年	2010 年	2015 年	2016 年	2017 年
万人医师数(名/万人)	14.7	15.6	16.4	23.7	25.6	26
万人病床数(张/万人)	24.3	23.6	31.5	48.3	51.9	57.9

续表

主要指标	1990 年	2000 年	2010 年	2015 年	2016 年	2017 年
社会保险主要险种覆盖率（％）	—	—	95	95	97	97
万人专任教师数	526	478	650	671	667	664
小学入学率（％）	99.9	99.8	99.9	100	100	100
高中及以上学历人口比重	10.16	17	26.97	34.52	33.34	33.61
大专及以上学历人口比重	2.39	3.92	10.81	16.4	15.3	15.7
万人在校研究生数	0.99	3.13	15.78	19.43	20.13	22.04
卫生机构数	12366	12813	30961	31925	32135	32200
每万人口床位数	24.3	23.6	31.5	48.3	51.9	57.9
每万人口拥有医生数	14.7	15.6	16.4	23.7	25.6	26
研发经费支出	9.5	73.1	857.95	1801.2	2026.9	2260.06
专利申请授权量	1455	6432	138382	250290	231033	227000
广播及电视综合覆盖率（％）	89.5	99.6	99.9	100	100	100

数据来源：《江苏统计年鉴》《2017 年江苏省国民经济与社会发展统计公报》以及《新中国五十年统计资料汇编》。

二、江苏省经济社会发展目前存在的问题

尽管江苏省在经济社会建设中取得了辉煌的成就，体量很大、产业密集、城镇密集、人口密集，但是，仍面临发展不平衡不充分的突出问题，与人民群众日益增长的美好生活需要仍有一定差距，在区域协调、生态环境、公共服务、脱贫攻坚和自主创新等方面存在短板弱项。

（一）区域发展的不平衡性

突出表现在南北区域差距过大，缩小区域差距难度很大。从整体趋势上看，苏南、苏中、苏北地区无论是在 GDP 总量上还是人均水平都呈现出稳步上升的态势，然而从区域内部结构来考察，苏北与苏南、苏中地区始终存在不小的差距。从财政收入看，2017 年，苏南五市的财政收入仍然比苏中、苏北地区的总和还多 77.9%。从出口来看，苏南地区始终是江苏省对外贸易的中坚力量，出口额占江苏省省外贸出口总额的比重一直高于 80%，而苏中和苏北的外贸发展则较为缓慢。从利用外资情况看，2017 年，苏南五市实际利用外商直接投资金额为 153.90 亿美元，苏中和苏北地区分别为 50.77 亿美元和 46.69 亿美元，虽然整体上都展现出上升势头，但是苏中和苏北与苏南绝对量上的差距正逐渐拉大。从教育资源看，除中国矿业大学落户苏北的徐州外，江苏省 15 所

双一流高校中的其他14所全部聚集于苏南地区,77所普通本科高校中有57所位于苏南地区。2017年,苏南地区普通高等学校在校学生数为137.32万人,无论在整体质量还是绝对数量上都显著高于苏中的23.72万人和苏北的33.41万人。表9-3显示了部分年份江苏省三大区域主要经济指标及占全省比重的状况。

表9-3 2016—2017年江苏省三大区域主要经济指标及占全省比重

	2016 年			2017 年		
	苏 南	苏 中	苏 北	苏 南	苏 中	苏 北
年末常住人口(万人)	3333.60	1643.92	3021.08	3347.52	1646.51	3035.27
占全省比重(%)	41.6	20.6	37.8	41.7	20.5	37.8
国内生产总值(亿元)	44795.83	15319.36	18160.20	50175.20	17544.10	20268.77
占全省比重(%)	57.2	19.6	23.2	57.0	19.9	23.1
财政收入(亿元)	4520.94	1256.66	1696.30	4913.16	1246.30	1507.69
占全省比重(%)	60.5	16.8	22.7	64.1	16.2	19.7
全社会固定资产投资(亿元)	22454.26	11256.51	15660.09	23548.52	12258.76	17192.93
占全省比重(%)	45.5	22.8	31.7	44.5	23.1	32.4
出口额(亿美元)	2642.56	369.45	182.39	3010.18	410.22	212.58
占全省比重(%)	82.7	11.6	5.7	82.9	11.3	5.8
实际利用外资额(亿美元)	167.46	49.36	43.74	153.90	50.77	46.69
占全省比重(%)	64.3	18.9	16.8	61.2	20.2	18.6
金融机构存贷款余额(亿元)	145117.01	32756.74	35565.18	155976.85	38945.50	37133.80
占全省比重(%)	68	15.3	16.7	67.2	16.8	16.0
普通高校在校学生数(万人)	135.22	22.71	32.78	137.32	23.72	33.41
占全省比重(%)	70.9	11.9	17.2	70.6	12.2	17.2

资料来源:2017年和2018年《江苏统计年鉴》。

(二)生态环境的不协调性

绿水青山就是金山银山。生态环境质量承载力不高是江苏高水平全面建成小康社会的突出短板,经济发展水平与生态环境保护水平不协调,与人民群众日益增长的美好环境需求不协调。江苏省以占全国1%的国土面积,承载了全国6%的人口,创造了超过全国10%的经济总量,环境承载能力已经达到或接近上限,环境污染重、生态受损大,优美生态环境需要成为人民美好生活需要的突出短板。2017年,江苏省水资源总量为392.9亿立方米,居全国第18位,森林面积156万公顷,居全国各省区之末位。同时,江苏省在绿色、低碳和循环发展方面的表现与其他省份相比仍有差距,能源消费总量高于广东省和浙江省,废水排放总量仅次于广东省位居全国第二位。近年来,江苏省坚持绿色发展理念,生态文明建设和环境保护的不少工作走在全国前列,生态环境质量持续改善。但产业结构重、开发强度大、排放总量高的局面尚未得到根本改变,环境质量与群众的热切期盼相比还有较大差距,仍是经济社会可持续发展最紧的约束、实现全面建成小康社会最短的短板。部分环境质量指标低于全国平均水平且改善幅度趋缓、生态系统退化、环境风险突出、环境矛盾多发。2017 年,江苏省共发生 7 次重污染天气过程,环境空气质量按日评价达标率为 68.0%,13 个设区市环境空气质量均未达二级标准要求。地表水环境质量总体处于轻度污染,列入国家考核的 104 个断面中,Ⅲ类、Ⅳ—Ⅴ类和劣Ⅴ类分别占 71.2%、27.8% 和 1.0%。总体来说,江苏省经济发达地区经济发展快,开发程度高,生态空间小,留白空间小,资源环境面临严峻挑战;经济欠发达地区经济发展慢,开放强度低,有的甚至小于 20%,生态经济空间较大,机遇和挑战并存,但是,生态环境转化为经济优势仍需一定的过程。确保实现生态环境质量的根本性好转,努力把生态优势转化为产业优势、富民优势是江苏省未来实现经济社会可持续发展的重要保障。

(三)公共服务的不完善性

人民日益增长的对基本公共服务的多样化需求与公共服务供给之间不协调不匹配、制度性交易成本依然过大、公共服务在精准扶贫和生态保护中的作用并未完全凸显以及国内外的社会变革给传统的管理带来了巨大的挑战等是当前江苏省公共服务领域存在的四大短板,而基本公共服务的供需两端不匹配是矛盾的主要方面[①]。基本公共服务供需两端不匹配的矛盾主要体现在两个方面。一方面,住房保障、医疗卫生、义务教育和生态保护等局部缺口较大。百姓看病难、上学难、养老难等焦点问题难以得到有效破解,尤其是老百姓对教育、医疗、社保、就业等有许多新需求难以得到有效满足。对食品药品安全、交通拥堵、环境污染严重等突出问题难以得到有效解决。在解决残疾人困难、因病致贫返贫方面,还有许多盲点难以得到有效弥补。养老服务方面,在老龄人口急剧增加的形势下,养老服务产品总量供给不足、质量层次不高、个性化产品短缺的问题短期内依然难以解决。另一方面,基本公共服务标准化建设还存在缺乏整体推进、面窄点少、标准碎片化、缺乏科学性等问题,具体表现在公共服务供给均等化的程度较低,公共服务供给的总体不足与局部浪费现象并存,城乡和区域间公共服务的供给质量和覆盖面差距明显等方面。

---

① 唐云云:《政府基本公共服务要补四短板》,http://www.chinanews.com/gn/2018/01 - 14/8423506.shtml。

（四）脱贫攻坚的不牢固性

江苏全省已基本解决绝对贫困问题，扶贫工作已经进入"缓解相对贫困，促进共同富裕"新的历史阶段。站在新的起点上，江苏省既要与全国一样坚持实施精准扶贫方略，更肩负着率先在解决相对贫困问题上为全国探索新路子、创造新经验的重要使命。江苏省脱贫攻坚的重点难点仍在苏北一些经济薄弱县区。2017年，江苏省人均收入仍未达到省定贫困标准上限6000元的约有50万农户，总计近200万人，且主要集中于苏中和苏北地区，省级贫困县16个在苏北。经济薄弱地区一般都是党建薄弱区域，组织建设软弱松散，整个区域难以形成应有的凝聚力。因而在精准扶贫领域中，难以体现党员干部的模范带头和战斗堡垒作用，县（区）、乡镇以及农村三级扶贫目标存在差异，从而在这些地区绩效考核制度不完善的情况下，严重制约精准扶贫工作的推进，影响精准扶贫的成效[①]。此外，脱贫攻坚领域也是贪污腐败滋生的温床。因基层监督缺位、基层干部法制意识不强、居民缺乏维权意识以及晋升机制不合理等导致少数干部铤而走险，以权谋私，挪用扶贫资金，扶贫不力的现象时有发生，防微杜渐、拒腐防变工作刻不容缓。2020年江苏省实现全部脱贫形势严峻，脱贫攻坚战面临考验。因病返贫现象较为突出，精准识别、精准施策和精准兜底等方面仍存在一定困难，稳定脱贫和长效脱贫渠道仍显匮乏，如何构建起扶贫资金精准"滴灌"、扶贫对象精准识别、扶贫责任精准定位、扶贫过程精准监管、扶贫绩效精准评估良性循环的长效机制是精准扶贫工作的重中之重，更关乎着全面小康社会能否如期实现。

（五）自主创新的不充分性

江苏省创新驱动虽然取得长足进展，但关键核心技术匮乏、产学研机制不畅、创新的引领性作用发挥不够、原创性成果不足、创新标志性平台缺乏以及创新的开放性和包容性不够等问题仍然较为突出。江苏省是全国首个创新型省份建设试点省，是我国仅次于北京市和上海市的第三大高教资源集聚地，拥有得天独厚的创新基础。2017年，普通高等学校毕业生数为55.6万人，其中本科生和研究生占比56.3%；江苏省拥有科研技术人员122万人，其中包括100名两院院士，还拥有168个已建国家和省级重点实验室以及294个科技服务平台，研发经费占GDP比重为2.7%，仅次于作为我国创新高地的北京市、深圳市和上海市的5%、4.13%、3.8%，位居全国前列。江苏省专利申请量、授权量分别达51.4万件、22.7万件，连续多年位居全国第一位。但是，江苏省并没有充分激活丰富的科教资源、有效转化实验室沉淀的科技成果、强力虹吸世界高端创新

---

① 杜贵阳、张爱民：《推进江苏精准扶贫同基层党建深度融合》，《唯实》2017年第7期。

要素,因而现今江苏省未能培植出一批自主创新能力强、规模与品牌蜚声世界、引领产业跨越发展的创新型企业①。全国2017年由平台型企业投资或孵化产生的独角兽企业共有77家,阿里、腾讯等明星创新企业已然形成了集衣、食、住、行、娱乐及体育为一体的产业生态体系。相较而言,江苏省既无优势互联网巨头,又无兢兢业业、专注孵化的平台型企业,同时金融市场资本还存在偏好成熟企业的现象,致使广大富有前景的初创企业融资无门、胎死腹中。这些都成为江苏省创新能力提升的重要桎梏。此外,江苏省关键核心技术受制于人的局面尚难根本转变,孵化新产业、引领我国未来发展新方向的技术与资源储备仍有较大缺口,总体产业体系仍嵌套于全球价值链的中低端,科技创新存在"有高原、无高峰"的现象,基础性研究与产业发展之间的通道还有待进一步打通。

三、江苏省进一步深化改革开放的政策建议

加快转向高质量发展是时代的要求、发展的必须,也是江苏省作为东部沿海省份必须扛起的重大责任、建设"强富美高"新江苏省的紧迫任务。针对江苏省经济社会发展中存在的上述不平衡、不充分现象,迫切要求江苏省增强优势,补齐短板,拓展空间,着力推进改革开放、区域协调、生态文明、公共服务、脱贫攻坚以及科技创新等举措,加快跨越由高速度增长向高质量发展的江苏拐点,力争使江苏省高质量发展走在全国前列。

(一)深化改革扩大开放,为高质量发展增添动力

改革开放是一场深刻革命。过去40年江苏省经济发展是在改革开放条件下取得的,未来江苏省经济实现高质量发展走在全国前列也必须用好改革开放这关键一招。要以改革开放40周年为契机,高举改革旗帜,坚定改革方向,把握改革目标,遵循党的十九大精神和新发展理念的指引,大胆试、大胆闯、自主改,力争部分重点领域改革先行突破、走在全国前列。在科技体制改革上实现新突破。创新是发展的"新引擎",改革是创新的"点火系"。多年来,江苏省一直存在着科技成果向现实生产力转化不力、不顺、不畅的痼疾,症结就在于科技创新链条存在体制机制关卡,创新和转化各个环节衔接不够紧密。解决这个问题,必须以改革驱动创新,释放各类主体参与创新的动力活力,强化科技同经济对接、创新成果同产业对接、创新项目同现实生产力对接、研发人员创新劳动同其利益收入对接,最大限度激发科技第一生产力、创新第一动力的巨大潜能。在"放管服"改革上取得新成效。投资环境就像空气,空气清新才能吸引更多投

---

① 熊爱花:《培育具有核心竞争力的创新型企业》,《群众》2018年第7期。

资。过去江苏省吸引投资主要靠优惠政策,现在更多要靠优化投资环境。要瞄准审批事项最少、办事效率最高、创业创新活力最强"三个最"目标,更加彻底地"放"、更加有效地"管"、更加精准地"服",着力营造稳定、公平、透明、可预期的营商环境。赋予市县更多自主权,放大"不见面审批"的改革亮点效应,深入推进网上办、集中批、联合审、区域评、代办制、不见面,赢得改革先机,取得发展主动权。在高水平开放体制改革上迈出新步伐。改革为开放创造体制基础和内在条件,开放为改革提供经验借鉴和活力源泉,开放在某种程度上也是改革。要寓改革于开放之中,充分发挥江苏"一带一路"倡议交汇点的作用,全力做好扩大向东开放和引领向西开放的文章,促进江苏省更好地融入世界经济大循环。

(二)加强统筹规划布局,着力推进区域协调发展

推进区域协调发展,着力增强发展的整体性协调性。要根据各地不同的基础条件、资源禀赋,明确各自的功能定位,确定不同的路径选择,改变过去那种相互之间抢项目、争资源的状况,让承担不同功能的区域做自己最适合、最擅长的事,做最能彰显自身特色和优势的事,在江苏省范围内形成一个开放融合、协同发展的大生态系统。实施"1+3"重点功能区战略,包括沿江八市在内的扬子江城市群,作为江苏省经济发展的主要发动机;包括淮安、宿迁2个设区市和里下河地区5个县(市)的江淮生态经济区,重在展现生态价值、生态优势和生态竞争力;由沿海三市组成的沿海经济带,是江苏省最大的潜在增长极;徐州建设目标是成为淮海经济区的中心城市,拓展江苏省发展的纵深。推动"1+3"重点功能区的建设,必须在四方面齐头并进,全面展开。首先,在空间干预性政策方面,亟待加紧研究并出台相匹配的差异化的劳动、投资、土地及财税政策,加快敲定各功能区产业培植与投资的负面清单;加快建立旨在平衡各功能区间利益关系的稀缺资源和重要农产品的价格形成与补偿机制;加快推进形成"多规合一"、各类规划协调统一的空间规划体系。其次,在基础设施连通性方面,着力推动无锡、常州、泰州、盐城、扬州等市城际铁路、北沿江高铁和过江隧道建设,形成网格化的立体交通体系,使其成为中心城市与中小城镇紧密联系的纽带;全力提升内河港口和航运功能,作为苏北农副产品与苏南生产物资互通有无的重要通路。再次,在公共服务均衡性方面,须加紧完善旨在对生态经济区经济社会建设与运转进行补助的一般性财政转移支付制度,同时鼓励扬子江城市群中有条件的城市通过资金支持、对口援助等方式支持苏北生态经济区的基本公共服务的发展,加强各功能区间公共服务制度的高效衔接,实现基本公共服务在全省范围内自由流转。最后,针对不同的主体功能区实行差别化的干部政绩考核制度。对于工业产业聚集和创新经济为主体的功能区,在政绩考核时应增加对经济发展质量、GDP和财税贡献的关注程度,督促其实现发展的质量合一;而对于生态

经济功能区,在政绩考核时,须淡化GDP的重要性,凸显经济发展质量和生态文明建设及引领富民增收等的核心地位,使领导干部的工作重心摆在正确的位置和方向①。

(三)严守生态环境底线,全面推开生态文明建设

生态兴则经济兴,生态衰则经济衰。良好的生态环境是最公平的公共产品、最普惠的民生福祉。生态文明建设,要以绿色发展、循环发展、低碳发展为思想指引,促进生态环境质量持续改善,更加注重用制度来保护生态环境,全面推行排污权有偿使用和交易制度,加大生态补偿力度,落实绿色金融政策,提升生态保护水平、环境经济政策调控水平、环境执法监管水平,坚决打赢蓝天碧水保卫战。必须积极顺应人民群众对良好生态环境的热切期盼,一招不让地推进"两减六治三提升"专项行动("263"专项行动),久久为功打好三大污染防治攻坚战,坚决守住生态环境底线,促进全省环境质量尽快明显好转。抓供给侧结构性改革的契机,以减少煤炭消费总量和减少落后化工产能为重点,全面落实"四个一批"专项行动,依法严厉治理和打击高污染、高能耗、高风险的"三高"化工企业,调整长期以来形成的煤炭型能源结构、重化型产业结构,从源头上为生态环境减负。针对当前生态文明建设问题最突出、与群众生活联系最紧密、百姓反映最强烈的六方面问题,重点治理太湖水环境、生活垃圾、黑臭水体、畜禽养殖污染、挥发性有机物污染和环境隐患②。着力提升生态保护水平、环境经济政策调控水平、环境监管执法水平,强化排污者责任,健全严惩重罚制度,研究建立市场化、多元化生态补偿机制,促使企业环境行为的外部性内部化,为生态文明建设提供坚实保障。引导社会各界资本,重点培育一批专业化生态保护和修复的企业。积极培育和发展碳交易市场和排污权市场,致力于倒逼污染企业的整改加"绿"。针对居民生活污染的问题,通过创新消费金融机制、完善绿色信贷制度和构筑社会信用支持体系三管齐下,使得绿色产业和产品层出不穷,优质绿色客户被精确甄选,促使绿色生活方式内化为全民的自觉行动。

(四)坚持公平普惠原则,实现公共服务供给均等化

增加公共服务供给是坚持共享发展、促进社会公平正义、增进人民福祉的重要途径,也是城乡建设高质量的根本保障。公共服务满足需求了,群众就可以减少在教育、卫生、社保、养老等方面的开支,生活就会更有质量、预期也将更加稳定。一方面,竭力增加基本公共服务的有效供给。加大在卫生、教育、体育、医疗、公共交通等有关人民幸福的事业方面的投入力度;加快实现基本养老保险、基本医疗保险的全覆盖,合理解决

---

① 陈雯、孙伟:《"1+3"功能区战略助推区域协调发展》,《新华日报》2017年8月16日。
② 吴正隆:《江苏省政府工作报告》,《新华日报》2018年2月5日。

人民群众"看病难,看病贵"的问题;加强社会保障体系建设,全面建成覆盖全民、城乡统筹、权责清晰、保障适度、可持续的多层次社会保障体系;加快建立多主体供应、多渠道保障、租购并举的住房制度;深入推进"精准扶贫、精准脱贫"的全民奔小康工程,确保全面小康建设无死角、全覆盖。另一方面,推进基本公共服务标准化。基本公共服务是由政府主导、保障全体公民生存和发展基本需要、与经济社会发展水平相适应的公共服务,是公共服务中最基础、最核心的部分,是最基本的民生需求,也是政府公共服务职能的"底线"。享有基本公共服务是公民的基本权利,保障人人享有基本公共服务是政府的重要职责。围绕人民最关心最直接最现实的利益问题,江苏省晒出基本公共服务清单,明确公共服务中最基础、最核心的服务项目,让群众知晓其作为公共产品消费者的基本权利,推动政府公共服务责任落实。并在此基础上,进一步提出基层基本公共服务功能配置标准,让老百姓清楚地知道自己身边有哪些基本公共服务项目,每个项目能提供什么样的服务功能,让各级政府明确基层基本公共服务配什么、谁来配、在哪配。要以标准化推动均等化、提高普惠性,使资源跟着需求走、服务跟着居民走,配置标准按"人"而不是按"地"来考虑,功能设施真正为人所用而不是做样子、成摆设,全面提升基本公共服务质量、效益和群众满意度。我们要坚持人人尽责、人人享有,坚守底线、突出重点、完善制度、引导预期,既尽力而为,又量力而行,在完善公共服务体系、扩大公共服务供给、提高公共服务水平上一件事情接着一件事情办,一年接着一年干,用群众基本公共服务开支上的"减",换取其收入含金量上的"增",实现城乡居民"隐性财富"的不断增加。

(五)有序凝聚各方力量,坚决打赢脱贫攻坚战

消除贫困、改善民生、实现共同富裕,是社会主义的本质要求。站在新的起点上,江苏省既要与全国一样坚持实施精准扶贫方略,更肩负着率先在解决相对贫困问题上为全国探索新路子、创造新经验的重要使命。坚决打赢脱贫攻坚战,必须推进新一轮扶贫开发。江苏省第十三次党代会提出,确保人均年收入6000元以下的农村低收入人口脱贫,是高水平全面建成小康社会的一场硬仗,必须高度重视并全力做好新一轮扶贫开发工作。按照标准再提高、重点再聚焦、内涵再丰富、底线再织牢的总体思路,以江苏省乡村人口6%左右的低收入人口、6%左右的经济薄弱村、苏北6个重点片区和黄桥、茅山革命老区为主要帮扶对象,全面落实精准扶贫精准脱贫基本方略,实施脱贫致富奔小康工程。力争到2020年,低收入人口全部实现脱贫致富奔小康目标,经济薄弱村发展水平有效提升,重点片区生产生活条件明显改善,重点帮扶县(区)分批全部退出,为决胜高水平全面小康、建设"强富美高"新江苏打下坚实基础。凝聚自我发展与外部支持合力。打赢脱贫攻坚战,主战场在苏北。面对脱贫攻坚的新形势新要求,苏北地区各级党

委政府积极落实履行脱贫攻坚主体责任,自觉把脱贫攻坚作为"两聚一高"的硬任务摆在突出位置,党政一把手亲自挂帅,动员广大干部群众迎难而上,努力增强内生动力,着力补齐全面小康短板。江苏省级机关、大专院校、科研院所、苏南发达县(市、区)、部、省属企业等"五方挂钩"帮扶后方单位,派人出资送项目,发挥各自特长和资源优势,倾力支持经济薄弱地区发展。苏北地区低收入人口和经济薄弱村相对较多的丰县、睢宁县、灌云县、灌南县、淮安区、淮阴区、涟水县、响水县、滨海县、沭阳县、泗阳县、泗洪县等12 县(区)作为江苏省重点帮扶县(区),派驻省委帮扶工作队实行驻村定点帮扶。打好脱贫致富奔小康的攻坚战。必须看到,扶贫也存在边际效应递减规律,越到后来剩下的"骨头"越难"啃"。要创新内生动力培育机制,通过鼓励和支持开展集体产权制度改革、选强调整村级两委领导班子和带头人、选树表彰先进典型、开展人力资源开发培训、鼓励农村创业创新、加大扶贫小额贷款政策性力度等,扶志、扶智与强化条件支撑相结合,多途径激发脱贫致富内生动力,增强经济薄弱地区"造血"功能。出台解决因病致贫、因病返贫的政策措施。建立长效脱贫、稳定脱贫机制。完善"早干多支持"的政策设计,让习惯等钱要物、躺倒不干的贫困户站起来、干起来。实行农村最低生活保障兜底脱贫,对无法依靠产业扶持和就业帮助脱贫的低收入农户实行政策性保障兜底,确保小康路上一个不少、一户不落。

(六)营造创新良好生态,加快建设"一中心一基地"

科技创新只有与市场需求相结合,才能真正转化为生产力。着力发展实体经济。江苏省制造业规模近 16 万亿元,在全国 40 个工业大类中,有 18 个行业产值占全国的10%以上。聚力创新引领高质量发展,重点在制造业,难点在制造业,出路也在制造业。我们要紧扣高质量发展,面向科技前沿、面向经济主战场、面向重大需求,把产业科技创新作为主攻方向,聚焦"一中心""一基地"建设,构建结构合理、先进管用、开放兼容、自主可控、具有国际竞争力的现代产业技术体系,以科技创新推动产业加快迈向中高端。提高企业创新能力。企业是科技和经济紧密结合的重要力量,应该成为技术创新决策、研发投入、科研组织、成果转化的主体。要建立以企业为主体、市场为导向、产学研深度融合的技术创新体系,加强对中小企业创新的支持,促进科技成果转化。健全技术创新的市场导向机制和政府引导机制,加强产学研协同创新,引导各类创新要素向企业集聚,增强企业创新能力,加快科技成果转化和产业化,使创新转化为实实在在的产业活动,培育新的增长点,促进经济提质增效升级。用好人才第一资源。创新驱动实质上是人才驱动。江苏省发展最突出的优势、最可依赖的支撑,就是科教人才。要把创新驱动发展作为核心战略,把科教与人才强省作为基础战略,牢固确立"创新发展人才优先"的理念,突出重点,抓好人才培养、引进、使用三大环节,着力把科教人才的优势转化为创新发展的优势。畅通金融血脉作用。科技创新始于技术、成于资本。创新创业企业早期往往是轻资产型,具有高风险、高投入的特点,这使得大量社会资本不愿意投资。只有形成比较完备的资本投资机制以及相配套的中介服务体系,才有可能加速科技成果向现实生产转化,推动科技创新创业企业从无到有、从小到大。要围绕产业链部署创新链、围绕创新链完善资金链,健全科技创新投入机制,利用市场化机制筛选项目、投资新兴产业和科技企业,让人才、技术与资本的结合更加紧密,推动江苏创新驱动发展战略真正落实落地。

$$10$$

浙江省改革开放 40 周年
地区发展报告

浙江行政学院课题组①

改革开放 40 年来,浙江省依靠人民群众的智慧、活力和首创精神,不断解放思想,坚持改革开放,大力推进创业创新,实现了从资源小省向经济大省的历史性跨越,经济社会发展的许多方面走在全国前列,成为我国经济发展最快、开放程度最高、人均收入水平最高、社会和谐稳定、生态环境最美、体制机制最活的省份之一,成为中国区域经济发展的重要代表之一。尤为突出的是,最近十多年来,浙江省委、省政府坚持以"八八战略"为总纲,一任接着一任干、一张蓝图绘到底,自觉践行发展新理念,率先进行转型升级的有效探索,在"五位一体"总体布局的各项事业中取得重大成就,生动展现了中国特色社会主义道路的实践样本。

一、1978 年以来浙江省经济社会发展成就

(一)生产力水平不断提高

1. 国内生产总值不断跨越新的台阶

1978 年,浙江省的 GDP 总量只有 124 亿元,是一个较为落后的省份。从 1978 年的 124 亿元起步,浙江省国内生产总值分别在 2004 年、2008 年超过一万亿元、两万亿元,此后每三年突破一个整数关口,2017 年达到 51768 亿元,稳居全国第 4 位,是名副其实的经济大省(见图 10-1)。

2. 人均国内生产总值快速增长

1978 年,浙江省人均 GDP 为 331 元,在全国排在第 16 位。改革开放以来,浙江省

---

① 课题组组长:袁涌波;课题组成员:夏勇、胡赛、潘家栋;项目编号:NSAZT(WT)2018010。

（单位：亿元）

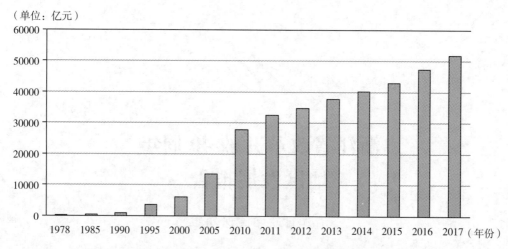

图 10-1　1978—2017 年浙江省国内生产总值增长情况

资料来源：浙江省统计局网站。

人均 GDP 快速增长，2010 年突破 5 万元，此后每两年突破一个整数关口，2012 年突破 6 万元，2014 年突破 7 万元，2017 年达到 92057 元（按年平均汇率折算为 13634 美元），目前在全国排在第 5 位（见图 10-2）。

（单位：元）

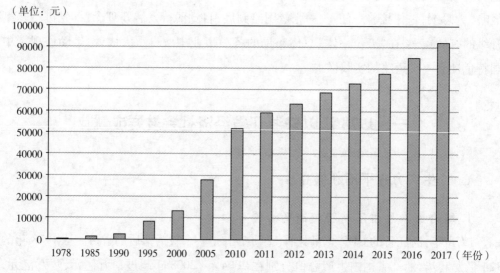

图 10-2　1978—2017 年浙江省人均 GDP 增长情况

资料来源：浙江省统计局网站。

3. GDP 增长率逐渐放缓

改革开放以来，浙江省 GDP 进入快速增长通道。但自 2008 年国际金融危机之后，浙江省的 GDP 增长率明显放缓，最近这些年稳定在 7%—8% 左右（见图 10-3）。总体来看，1979—2016 年间，浙江省 GDP 年均增长率达到 12.2%，在全国居于前列。

（单位：%）

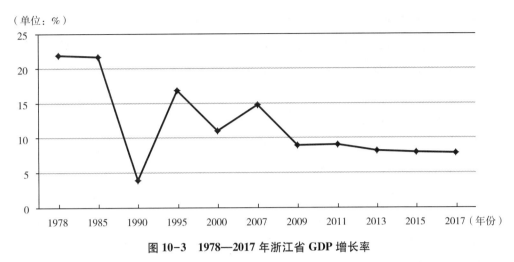

图 10-3　1978—2017 年浙江省 GDP 增长率

资料来源：浙江省统计局网站。

4. 人均 GDP 增长率波动较大，总体呈放缓趋势

改革开放以来，浙江省的人均 GDP 增长非常迅速，1979—2016 年间年平均增长达 11%，是全国人均 GDP 增速最快的地区之一。浙江省人均 GDP 增长率与 GDP 增长率变化轨迹基本一致，总体上增速略低于后者。2008 年国际金融危机以来，浙江省人均 GDP 增速明显放缓，2012—2016 年间年平均增长率为 7.4%（见图 10-4）。

（单位：%）

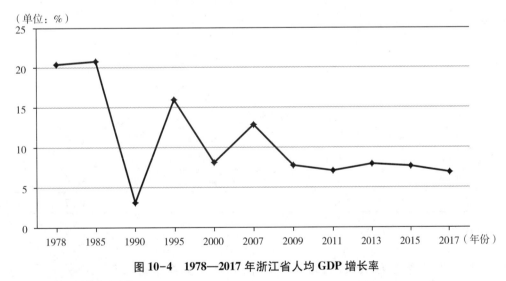

图 10-4　1978—2017 年浙江省人均 GDP 增长率

资料来源：浙江省统计局网站。

（二）经济结构不断优化

1. 三次产业占比逐步优化

1978 年，浙江省的三次产业结构比重为 38.1：43.3：18.7（见表 10-1）。改革开

放以来,浙江省的产业结构经历了比较大的变化。从长期的变动趋势来看,三次产业之间的比例关系有了明显的改善,产业结构正向高级化合理化方向演变。第一产业在GDP中的比重呈现持续稳步下降的态势,同时内部结构逐步得到改善;第二产业的比重经历了不断波动的过程,但长期稳定保持在40%—50%,工业内部结构得到升级。第三产业在国民经济中的比重处于不断上升的过程之中,增加值比重由1978年的18.7%大幅上升至2017年的52.7%。浙江省的三次产业结构由20世纪70年代末的"一二三",转变为20世纪80年代中期的"二一三",而后进一步提升为"二三一",2014年首次形成"三二一"产业结构特征,其变动情况符合配第—克拉克定理揭示的产业演进规律。2017年,浙江省第三产业对GDP增长的贡献率为57.0%。按目前的发展趋势看,未来浙江省第一产业和第二产业在国民经济中的比重还将继续缓慢下降,第三产业的比重将继续提升,形成一个以服务业为主导的产业结构。

表10-1 1978—2017年浙江省三次产业结构变动情况 （单位:%)

年　份	第一产业	第二产业	第三产业
1978	38.1	43.3	18.7
1979	42.8	40.6	16.6
1980	35.9	46.7	17.4
1985	28.9	46.3	24.8
1990	24.9	45.1	30.0
1995	15.5	52.1	32.4
2000	10.3	53.3	36.4
2005	6.7	53.4	39.9
2010	4.9	51.1	44.0
2012	4.8	48.9	46.3
2014	4.4	47.7	47.9
2016	4.2	44.8	51.0
2017	3.9	43.4	52.7

资料来源:浙江省统计局网站。

2. 最终消费占 GDP 的比重略有上升,但低于全国平均水平

生产决定消费,消费对生产有重要的反作用。目前,发达国家最终消费占GDP的比重达到80%,而全球最终消费占GDP的比重平均也达到78%左右。2017年,我国最终消费支出达到43.5万亿元,占国内生产总值的比重达到53.6%,这是自2012年以来,我国最终消费支出连续六年占GDP比重超过50%。1997年以来,浙江省最终消费占GDP的比重显著偏低,2012年来略有上升,但也仅达到47%—48%左右,仍不到

50%（见图10-5），约低于全国平均水平6个百分点。这也与浙江省是传统外贸出口大省，出口对GDP的拉动作用较大有关。

（单位：%）

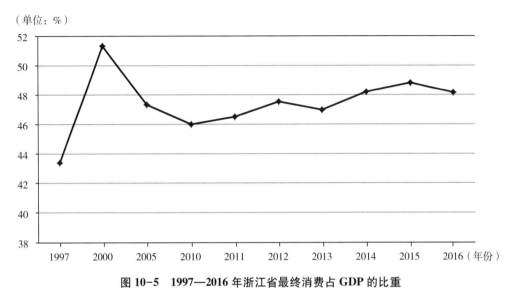

图10-5 1997—2016年浙江省最终消费占GDP的比重

资料来源：国家统计局网站。

3. 城镇化率快速提升，约比全国高10个百分点

改革开放以来，浙江省以农村工业化为动力大力推进城镇化，城镇化率稳步快速上升（见图10-6）。2006年，浙江省在全国率先提出并实施新型城市化战略，坚持走大中小城市和小城镇协调发展城市化道路。改革开放以来，浙江省城镇化率由12.91%上

（单位：%）

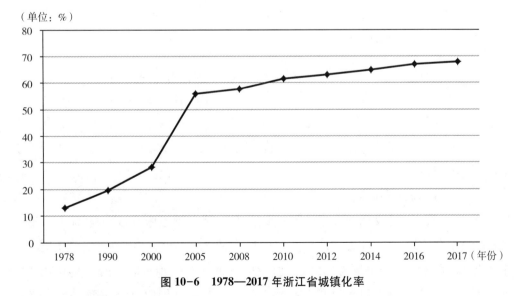

图10-6 1978—2017年浙江省城镇化率

资料来源：根据浙江省统计局网站数据计算而得。

升至 2017 年的 68%,增长了 4.3 倍。目前,浙江省的城镇化率约比全国高 10 个百分点,杭州、宁波、温州、金华—义乌四大都市圈雏形初显,浙江省经济空间布局逐渐从以县域经济为重点转变为以城市经济和都市圈经济为重点。

4. 第一产业就业人员比重稳步下降

改革开放以来,浙江省大力推进工业化和城市化,三次产业得到不断调整和优化:从 20 世纪 70 年代末的"一二三",转变为目前的"三二一",就业结构也随着发生显著变化,第一产业就业人员比重快速稳步下降,从 1978 年的 72.4% 下降到 2016 年的 12.4%,大量的农村人口转移到城镇第二产业和第三产业就业(见图 10-7)。

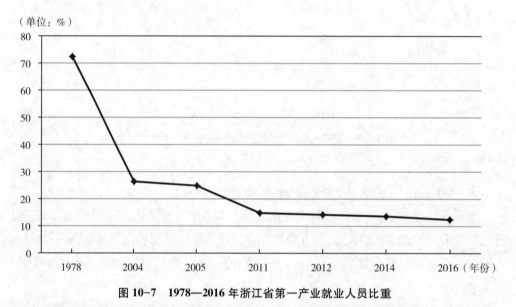

图 10-7 1978—2016 年浙江省第一产业就业人员比重

资料来源:根据浙江省统计局网站数据计算而得。

5. 单位 GDP 煤炭、电力消费量下降明显,石油消费量上升较快

改革开放以来,随着经济社会快速发展,浙江省能源消费总量快速增长。由于浙江省较早开始注重生态文明建设和节能减排工作,近二十多年来单位 GDP 的能耗显著降低,尤其是作为能源消耗主体的煤炭在单位 GDP 能耗中明显下降,在全国处于领先水平(见图 10-8)。

6. 能源结构逐步优化

近年来,随着生态文明建设步伐的加快,绿色发展各项措施有效实施,能源供给侧结构性改革持续推进,浙江省能源生产结构和效率持续优化。2017 年,全年规模以上工业企业一次能源生产总量为 2156 万吨标准煤。电力生产稳步增长,清洁能源快速发展。其中,太阳能发电和风力发电等清洁能源快速发展,分别比 2016 年增长 64.3% 和 9.8%。预计"十三五"时期,浙江省煤炭消费总量保持稳定并略有下降,至 2020 年控制

（单位：千瓦时/元；吨/元）

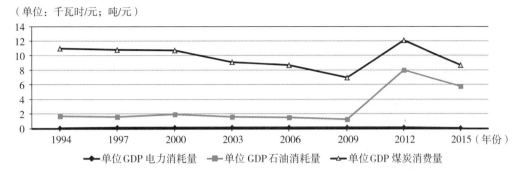

图 10-8　1994—2015 年浙江省单位 GDP 煤炭、石油、电力消耗情况

资料来源：国家统计局网站。

在 1.35 亿吨以内，年均增长约-0.4%，约占浙江省能源消费总量的 42.8%；石油及制品消费总量稳中有升，至 2020 年约为 3117 万吨，年均增长 1.0%，约占浙江省能源消费总量的 20.1%；天然气消费总量快速提升，至 2020 年达到 160 亿立方米左右，年均增长 15.5%，约占浙江省能源消费总量的 10%，与全国水平基本相当。

7. 国有控股工业企业资产总计占比先降后升

改革开放以来，浙江省率先推进市场化改革，积极推进国有企业股份制和混合所有制改革，浙江省国有控股工业企业资产总计占比快速下降。浙江省是我国唯一一个混合所有制改革的试点省份，目前浙江省属国有企业产权多元化比例已达到 74.5%，领先于全国大多数省份。2008 年国际金融危机以来，随着国家稳增长政策的出台，地方政府也加大了国有资本的投资力度。因此近年来，浙江省国有控股工业企业资产总计占比呈现出缓慢上升趋势（见图 10-9）。数据显示，浙江省国有企业仅仅占全国国有企业数量的 2%，处于全国最低水平，但资产总额、利润总额等"硬指标"却居全国前列，并呈现布局与结构合理、增量活跃等特点。

8. 私营工业企业资产总计占比先升后降

改革开放以来，浙江省率先发展个体、私营、股份合作制、股份制、混合所有制等经济形式，率先对集体经济和国有经济进行市场化改革，探索生产要素参与分配的实现形式等，为我国社会主义市场经济的建立和完善提供了有益的经验。40 年来，民营经济成为浙江省经济的最大特色和优势，是浙江省从资源小省到经济强省华丽转身的最大动力和依靠。2000 年以来，私营工业企业资产总计占比快速上升，在 2012 年前后达到最高点。2012 年以来，随着国际国内环境的变化，民营企业规模小、技术水平低、管理家族化、经营粗放式和多元化的弊端日益凸显，面临的转型升级压力不断加大，私营工业企业资产总计占比呈现缓慢下降趋势（见图 10-10）。这表明，浙江民营企业的发展确实面临一些困难和问题。

（单位：%）

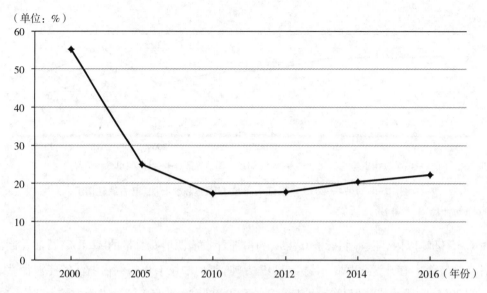

图 10-9　2000—2016 年浙江省国有控股工业企业资产总计占比变动情况

资料来源：国家统计局网站。

（单位：%）

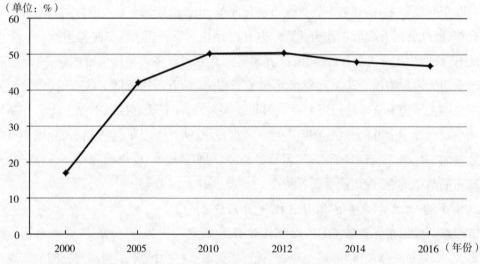

图 10-10　2000—2016 年浙江省私有控股工业企业资产总计占比变动情况

资料来源：国家统计局网站。

（三）宏观经济稳定

1. 通货膨胀率呈现周期性波动

改革开放以来，国家有计划、有步骤地对价格体系和物价管理体制进行改革，市场逐渐成为社会资源配置的基础，社会主义市场经济体制逐步确立。40 年来，浙江省市场价格高低起伏的波动和全国一样,呈现出周期性变化,这与经济体制转轨、经济政策调整和宏观经济环境的变化密切相关。2008 年金融危机以来,浙江省的通货膨胀率大约稳定在 2%(见图 10-11)。

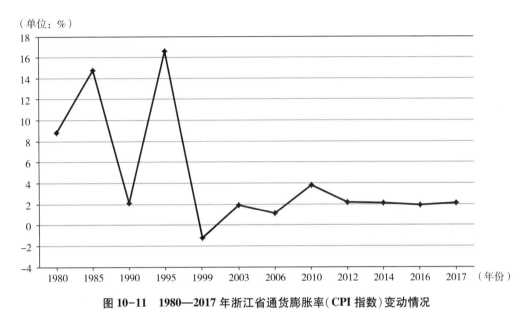

图 10-11　1980—2017 年浙江省通货膨胀率(CPI 指数)变动情况

资料来源:1980—2016 年数据来自国家统计局网站,2017 年数据来自《2017 年浙江省国民经济和社会发展统计公报》。

2. 财政赤字占 GDP 比重略有上升

改革开放以来,浙江省经济社会快速发展,财政收入也增长迅猛。1994 年我国实现分税制改革,将税收划为中央税、地方税和共享税三种。此后中央政府的财政收入快速上升,而地方政府的财政收入则快速下降(近年来维持在 50% 左右)。1994 年之后中央财政持续盈余,地方财政持续赤字。对浙江省而言,1994 年也是浙江省财政从盈余转为赤字的一个分水岭(见图 10-12)。

3. 地方政府债务占 GDP 比重总体保持稳定

1994 年分税制改革以来,地方政府的财权与事权严重不对等。由于财权高度集中在中央,为解决收支平衡问题,地方政府不得不严重依赖土地财政。财权与事权不一致引发的另一后果就是地方债务逐渐积累。2016 年,浙江省一般债务余额为 4813.63 亿元,专项债务余额为 3576.27 亿元,两者合计规模为 8389.9 亿元,债务规模较高(居全国第 6 位)但浙江省较强的综合财力为债务偿还提供了保障,尤其是浙江省的城市自身造血能力较强。

总体来看,浙江省地方政府债务管理早、机制全、规模总体适度、风险总体可控。2015 年以来,浙江省财政部门转变过去"谈债色变"的片面理解和认识,提出了"防风

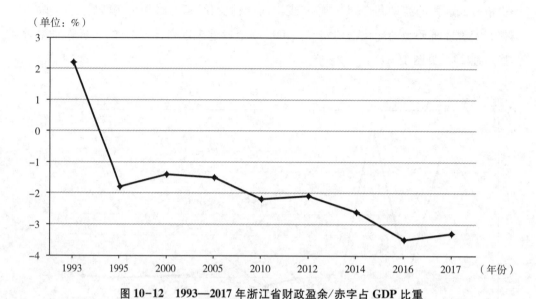

（单位：%）

图 10-12　1993—2017 年浙江省财政盈余/赤字占 GDP 比重

资料来源：根据国家统计局网站数据计算而得。

险、促发展"并举的地方政府债务管理新理念，明确"防风险"是地方政府债务管理的最低要求，"促发展"是地方政府债务管理的最高要求，两者不可偏废。"防促并举"成为浙江省的地方政府债务管理新理念。2016 年，浙江省政府下发了《关于进一步加强地方政府性债务管理的实施意见》，进一步明确了浙江省地方政府债务管理的方向、目标、任务和要求，这是浙江省自 2005 年在全国率先以省政府名义下发加强地方政府性债务管理的办法后又一制度创新。

4. 一般公共预算收入占 GDP 比重稳中有升

改革开放以来，浙江省经济社会快速发展，生产总值增长和财政收入也增长迅猛。从 1993 年起浙江省一般公共预算收入占 GDP 比重快速下降，此后从 20 世纪 90 年代中后期开始，该比重开始缓慢提高。近年来，浙江省各级财政部门积极贯彻落实省委、省政府出台的一系列稳增长政策措施，坚持依法征收、应收尽收，不收过头税，努力挖掘增收潜力，财政收入保持在合理的增长区间。2017 年，浙江省一般公共预算收入占 GDP 比重达到 11.2%（见图 10-13）。

（四）基础设施不断改善

1. 人均年用电量逐年提高

改革开放以来，浙江省电力事业取得长足发展，人均装机容量和用电量快速增长。截至 2016 年年底，浙江省电网总装机 8330 万千瓦，其中煤电装机容量 4628 万千瓦，水、核、风、光、气等清洁能源电力装机容量 3496 万千瓦。浙江省 2016 年人均装机容量

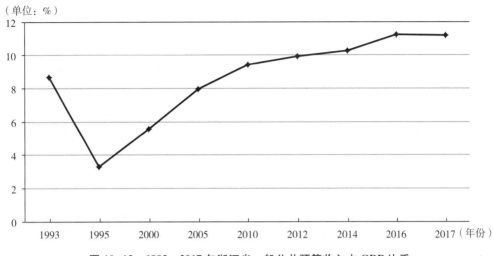

图 10-13 1993—2017 年浙江省一般公共预算收入占 GDP 比重

资料来源：国家统计局网站。

1.5 千瓦,人均年用电量 5019 千瓦时,接近中等发达国家水平,但与世界主要发达国家仍有较大差距(见图 10-14)。

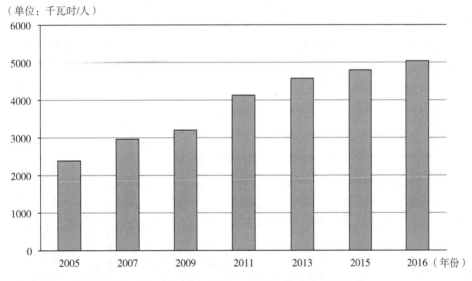

图 10-14 2005—2016 年浙江省人均年用电量增长情况

资料来源：根据国家统计局网站数据计算整理而得。

2. 公路网密度提升较快

改革开放以来,为满足经济快速发展的需要,浙江省加快建设公路基础设施,尤其是近十多年来浙江省公路网密度提高较快,公路建设取得显著的成绩(见图 10-15)。但与经济社会发展及人民群众对公路交通的需求相比,公路建设仍然滞后。

（单位：公里/百平方公里）

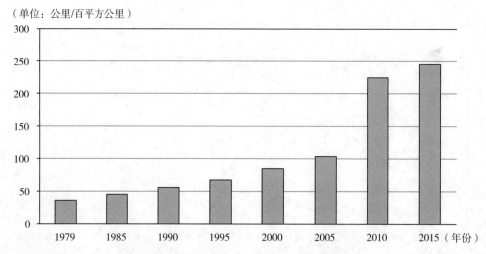

图 10-15 1979—2015 年浙江省公路网密度增长情况

资料来源：笔者根据国家统计局网站数据计算整理而得。

3. 铁路网密度有所提升

改革开放后特别是 21 世纪以来，伴随经济的快速发展和国家大力推进高速铁路建设的契机，浙江省铁路进入了一个快速发展时期（见图 10-16），逐渐形成了覆盖浙江省的铁路运输网络，除传统的浙赣线、沪杭线等铁路线外，相继建成杭深、宁杭、杭甬、沪杭、杭长等一批高速铁路，铁路网密度提升较快。但与国内一些先进地区相比，浙江省的铁路建设仍然有较大差距。

（单位：公里/百平方公里）

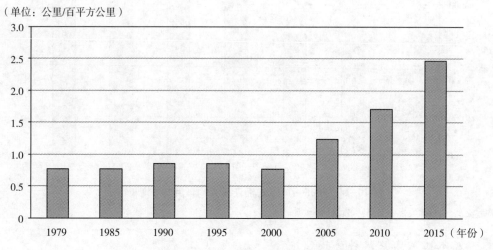

图 10-16 1979—2015 年浙江省铁路网密度增长情况

资料来源：根据国家统计局网站数据计算整理而得。

4.互联网普及率大幅上升

进入 21 世纪以来,随着经济社会的发展和居民收入水平的提高,浙江省居民家庭互联网普及率大幅提升,每百户居民家庭拥有的电脑数量从 2002 年的 30.7 台增长到 2012 年的 154.2 台,即每户家庭平均约有 1.5 台电脑(见图 10-17)。

(单位:台/每百户家庭)

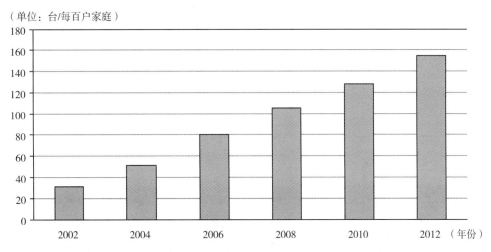

图 10-17　2002—2012 年浙江省每百户家庭拥有电脑数

资料来源:国家统计局网站。

5.电话普及率不断提高

改革开放以来尤其是进入 21 世纪以来,随着居民收入水平的提高和电信事业的快速发展,浙江省居民家庭电话拥有率不断提高,每百户居民家庭拥有的固定电话和移动电话从 2002 年的 317.5 台增长到 2012 的 576.3 台,尤其是移动电话的拥有率在全国稳居前列(见图 10-18)。

(单位:部/每百户家庭)

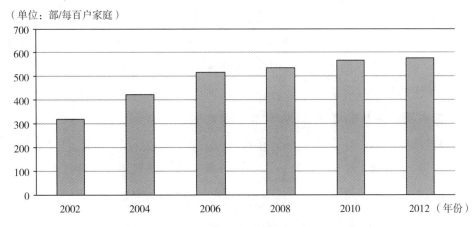

图 10-18　2002—2012 年浙江省电话普及率增长情况

资料来源:国家统计局网站,数据中包括固定电话和移动电话。

（五）基础自然资源

1. 人均水资源量较低

浙江省地处亚热带季风气候区,降水充沛,年均降水量为1600毫米左右,是中国降水较丰富的地区之一。虽然总量丰富,但人均占有量较低,浙江省人均水资源量不足1800立方米(受降雨量影响年际之间变动较大)(见图10-19),比全国人均水平低8%左右,为世界人均水平的1/4左右,属国际公认的中度缺水地区。

（单位：立方米/人）

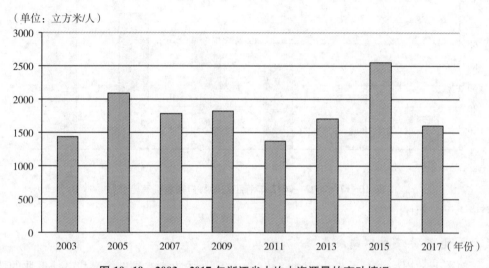

图10-19　2003—2017年浙江省人均水资源量的变动情况

资料来源:2003—2016年数据来自国家统计局网站,2017年数据来自浙江省统计局网站。

2. 人均耕地面积下降明显,与全国平均水平差距较大

浙江省是我国陆域面积最小的省份之一,加上"七山二水一分田"的地形地貌和密集的人口分布,使得浙江省成为我国人均耕地面积最小的省份之一。1999年浙江省的人均耕地面积为0.72亩,到2009年下降到0.56亩,到2017年进一步下降到0.54亩①,仅为全国人均水平的36%。人均耕地面积的不足对未来浙江经济社会可持续发展是一个很大的制约因素。

3. 森林覆盖率稳中有升,在全国居于领先位置

森林是陆地上最大的碳储库,减少森林损毁、增加森林资源是应对气候变化的有效途径。森林覆盖率是反映一个国家(或地区)森林资源和林地占有实际水平的重要指标。浙江省地处中国东南沿海,省内"七山二水一分田",丘陵山地在省内占据绝对面

---

① 1999年和2009年数据引自国家统计局网站,2017年数据引自《2017年浙江国民经济和社会发展统计公报》。

积,地处亚热带季风气候,适宜森林生长,加上浙江省坚持走"绿水青山就是金山银山"的现代林业发展道路,使得浙江省森林覆盖率稳中有升(见图10-20),是我国森林覆盖率最高的省份之一。

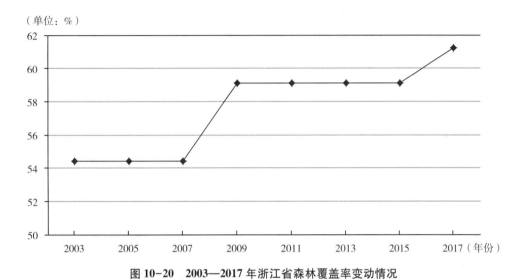

（单位：%）

图 10-20　2003—2017 年浙江省森林覆盖率变动情况

资料来源:国家统计局网站。

4.人均能源储备与全国平均水平差距较大

改革开放以来,浙江省经济高速增长,但是经济增长是以能源的高消耗为代价的。能源需求大幅度增长,常规能源资源短缺已经成为浙江省经济发展中的主要问题之一。浙江省是煤、油、气等能源资源小省,但却是能源消耗大省,95%以上的化石能源依赖省外调入,能源问题一直是制约浙江省经济社会发展的瓶颈。2003 年以来,浙江省人均煤炭储量从 1.03 吨下降到 2016 年的 0.77 吨。随着近年来铁矿石进口量的大幅增加,浙江省的人均铁矿石储量有所上升,但离全国的平均水平差距仍然较大(见图10-21)。

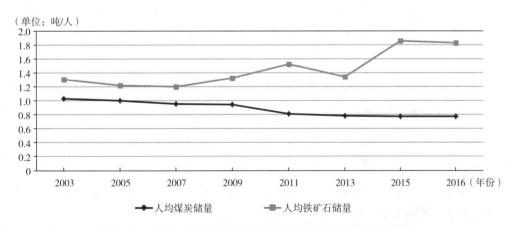

（单位：吨/人）

◆── 人均煤炭储量　　■── 人均铁矿石储量

图 10-21　2003—2016 年浙江省人均煤炭和铁矿石储量变动情况

资料来源:根据国家统计局网站计算整理而得。

5. 人均铁矿石储备严重偏低

2008 年,我国铁矿石基础储量约为 223.64 亿吨,人均铁矿石基础储量约为 17.2 吨;同期,世界铁矿石基础储量约为 3700 亿吨,人均铁矿石基础储量约为 61.7 吨。我国基础储量仅占世界的 6.04%。浙江省的人均铁矿石储备水平更是低下,近年来略有增长,但仅维持在 1 吨/人左右的水平(见图 10-22)。

(单位:吨/人)

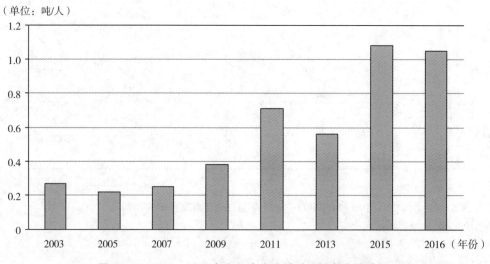

图 10-22 2003—2016 年浙江省人均铁矿石储备变动情况

资料来源:根据国家统计局网站计算整理而得。

(六)健康与基础教育

1. 人口增长率先降后升,但仍处在低位水平

改革开放以来,浙江省人口自然增长率持续下降,妇女总和生育率已经保持在更替水平以下,人口再生产类型已经实现了由高出生、低死亡、高增长的过渡型逐渐向低出生、低死亡、低增长的现代型转变。近年来,随着新政策的实施,人口自然增长率有所提高(见图 10-23)。2017 年,浙江省常住人口为 5657 万,人口自然增长率为 6.36‰。人口老龄化进程的加快给浙江省经济社会可持续发展带来了较大挑战。

2. 预期寿命大幅提高

改革开放以来,随着生活水平的显著提高、医疗卫生条件的极大改善,浙江省人民身体素质明显增强,人口预期寿命大幅提高。根据全国第五次人口普查数据,2000 年浙江省平均预期寿命为 74.70 岁,其中男性为 72.50 岁,女性为 77.21 岁。根据全国第六次人口普查数据,2010 年浙江省平均预期寿命 77.73 岁,其中男性为 75.58 岁,女性为 80.21 岁。根据年度统计公报的数据,2015 年全省人均期望寿命达到 78.22 岁,在

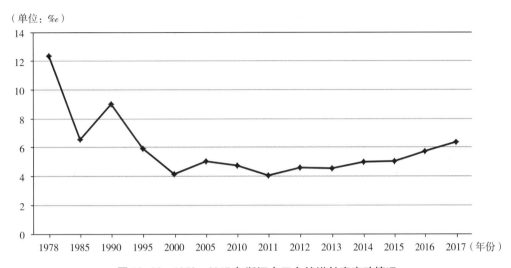

（单位：‰）

图10-23　1978—2017年浙江人口自然增长率变动情况

资料来源：根据浙江省统计局数据计算整理而得。

全国居于前列。

3.万人医师数增长较快

改革开放以来，浙江省不断改革完善医生薪酬制度、拓展医生职业发展前景、加大医生职称晋升倾斜力度，卫生事业得到了快速发展，每万人医师数量增长较快，从1997年的16名提升到2016年的30名，20年间翻了近一番（见表10-2）。

表10-2　1997—2016年浙江省万人医师数增长情况

年　份	1997	2002	2008	2011	2013	2014	2015	2016
万人医师数（名）	16	17	22	26	29	26	29	30

资料来源：国家统计局网站。

4.万人病床数上升较快

改革开放以来尤其是近十年来，浙江省医疗设施和条件得到较快改善，医疗资源显著增加，每万人口医院床位数由2008年的34.32张增长到2017年的55.51张，十年间增长了近62%（见表10-3）。

表10-3　2008—2017年浙江省万人病床数增长情况

年　份	2008	2010	2012	2013	2014	2015	2016	2017
万人病床数（张）	34.32	38.80	38.94	41.84	44.62	49.20	51.86	55.51

资料来源：2008—2016年数据来自国家统计局网站，2017年数据由作者根据浙江省统计公报数据计算而得。

5.小学入学率接近100%

改革开放以来,浙江省不断深化教育改革,加快教育发展,全面推进素质教育,高标准普及九年义务教育。2005年以来,小学入学率始终保持在99.99%(见表10-4)。2017年,浙江省共有小学3286所,比2016年增加了17所。小学学龄儿童入学率和巩固率分别为99.99%、100%。

表 10-4   1978—2016 年浙江省小学入学率变动情况

年 份	1978	1985	1990	2000	2005	2010	2015	2016
小学入学率(%)	97.60	98.10	99.30	99.93	99.99	99.99	99.99	99.99

资料来源:浙江省统计局网站。

(七)高等教育

1.高中及以上学历人口比重显著提高

浙江省自古有耕读传家、重教兴学的传统。改革开放以来,浙江省坚持把教育摆在优先发展的战略地位,加强普通高中建设,扩大高中段教育办学规模,推进中学布局调整,开展标准化学校建设,促进基础教育高中段延伸,大大提高了基础教育总体水平,高中及以上学历人口比重显著提高。1990年第四次浙江省人口普查登记的数据显示,具有高中及以上文化程度的人数占全省总人口的比重仅为8.18%。2000年,这一比重提高到13.95%,2010年继续提高到22.89%。

2.大专及以上学历人口比重有较大提高

改革开放以来,浙江省委、省政府相继实施“科教兴省”“教育强省”战略,大力推进高等教育事业发展,并积极鼓励社会力量办学,高等教育事业发展取得显著的成绩。自1999年起,浙江省开始集中力量建设高教园区,到2007年浙江省相继建成了下沙、滨江、小和山、宁波、温州和浙大紫金港六大高教园区,浙江省高校面貌焕然一新。大专及以上文化程度的人口占总人口的比重显著上升。1990年第四次浙江省人口普查登记的数据显示,具有大专及以上文化程度的人数为484950人,占浙江省总人口的比重仅为1.17%。2000年,这一比重提高到3.19%,2010年继续提高到9.33%。但从总体上看,浙江省高等教育的发展仍然大大滞后于经济社会发展①,是制约浙江省发展的一大短板。

3.万人在校研究生数量稳步增长

20世纪90年代中后期以来,浙江省紧紧把握全国高校“扩招”的历史性机遇,大胆

---

① 譬如,浙江省“211”高校只有浙江大学1所,与北京市、上海市、江苏省等先进地区的差距非常大。

改革创新,大力推动研究生教育跨越式发展,取得可喜的成绩,每万人在校研究生数量从1988年的1.35人增长到2016年的13.69人(见表10-5)。但总体而言,研究生教育依然是浙江省高等教育体系中最薄弱的环节,也是今后提高高等教育质量和服务社会能力的焦点所在。

表10-5　1998—2016年浙江省在校研究生数

年　份	1998	2000	2005	2010	2012	2014	2015	2016
在校研究生数(人)	5991	9895	25637	47991	54369	60511	63528	67232
户籍总人口(万人)	4446.8	4501.2	4602.1	4747.9	4799.3	4859.2	4873.3	4910.9
万人在校研究生数(人)	1.35	2.2	5.57	10.11	11.33	12.45	13.04	13.69

资料来源:根据浙江省统计局数据计算整理而得。

(八)财政

1.财政收入占GDP比重先降后升

财政收入占GDP的比重是衡量一个国家(地区)经济运行质量的重要指标,在一定程度上反映了在GDP分配中,国家(或地方)所得占的比重。该指标能粗略反映一个地区的经济发展质量和GDP的真实性。改革开放以来,浙江省立足自身力量,率先改革、敢为人先,务实创新、艰苦创业,经济社会发展取得了辉煌的发展成就,经济综合实力和可持续发展能力显著增强,财政收入也快速增长,财政收入占GDP的比重先降后升,在1994年分税制改革前后处于一个低点,此后这一比重不断上升,到2017年达到19.9%(见图10-24)。这一变化轨迹与全国基本一致。进入21世纪以来,浙江省财政收入占GDP比重的上升一定程度上也反映了浙江省的经济运行质量稳步得到提高。

2.人均税收收入增长较快

人均税收收入是反映一个地区经济发展质量和活力的重要指标。20世纪90年代中后期以来,浙江省人均地方税收收入增加较快,从1997年的434元增长到2016年的8122元,位于全国前列(见图10-25)。

3.税收收入占GDP比重稳步提高

20世纪90年代中后期以来,浙江地方税收收入占GDP比重稳步提高,从1997年的4.1%提高到2016年的9.6%,20年间增长了一倍多(见图10-26)。这一方面反映

（单位：%）

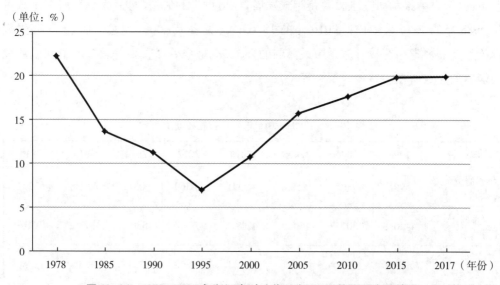

图10-24　1978—2017年浙江省财政收入占GDP的比重变动情况

资料来源：浙江省统计局网站。

（单位：元/人）

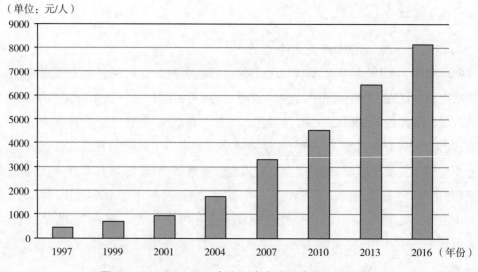

图10-25　1997—2016年浙江省人均税收收入增长情况

资料来源：根据浙江省统计局网站数据计算整理而得。

浙江省建立了持续稳定增长的税收收入机制,另一方面也说明浙江省经济发展的质量与效益较高。

（单位：%）

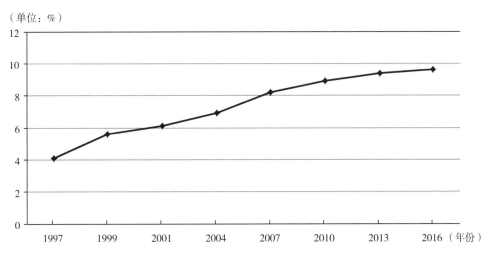

图 10-26　1997—2016 年浙江地方税收收入占 GDP 比重变化情况

资料来源：根据浙江省统计局网站数据计算整理而得。

（九）金融市场

1. 金融行业增加值占 GDP 比重略低于全国平均水平

2006 年以前，我国金融行业所占比重约为 5% 左右。国际金融危机后，整个金融行业产能快速扩大，金融行业增加值占 GDP 比重快速提高（2011 年达 8.4%）。21 世纪以来，浙江省金融行业增加值增长速度较快，但目前浙江省金融行业增加值占 GDP 的比重仍低于全国平均水平（见图 10-27），与北京市、上海市等先进地区相比差距则更大。

（单位：%）

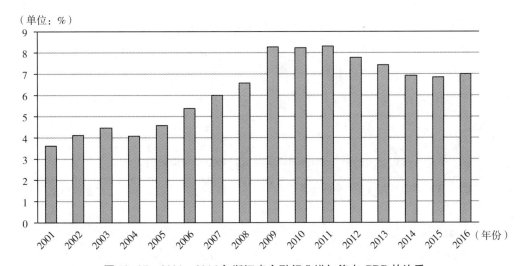

图 10-27　2001—2016 年浙江省金融行业增加值占 GDP 的比重

资料来源：浙江省统计局网站。

2. 信贷余额占 GDP 比重先升后降

信贷余额占 GDP 的比重是反映一个地区金融活力的重要指标。长期以来,浙江省经济发展主要依靠以银行信贷为主的间接融资,银行贷款占社会融资规模的 70% 以上,浙江省曾被称为全国资金洼地。当经济发展进入新常态后,以银行信贷为主的融资结构面临着诸多挑战,其中最突出的就是信用风险不断上升,贷款增速逐年下降。信贷余额占 GDP 的比重从 2012 年的 1.61% 下降到 2016 年的 1.45%(见图 10-28)。

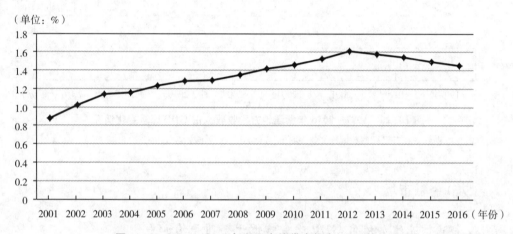

（单位：%）

图 10-28　2001—2016 年浙江省信贷余额占 GDP 的比重

资料来源:浙江省统计局网站。

3. 上市公司快速增加,数量居于全国前列

上市公司数量是反映一个地区企业实力、融资能力、经济活力的重要指标。20 世纪 90 年代初以来,浙江省狠抓企业上市工作,注重培育科技含量高、竞争能力强、具有发展潜力的创新型企业,着力构建信息经济、高端装备制造、文化创意、金融服务、旅游休闲等万亿产业集群,涌现出了阿里巴巴、海康威视、广厦集团等一大批知名的上市企业。截至 2017 年,浙江省共有 415 家 A 股上市公司(每年上市公司数量见表 10-6),在全国排列第 2 位(仅次于广东)。目前,浙江省 IPO 在审企业有 69 家,排名也居于全国第 2 位。其中,杭州市拥有境内上市公司总量已达 127 家,位列全国第 4 位,省会城市第 1 位。

表 10-6　1993—2017 年浙江历年上市企业数量　　　　　　　（单位:家）

年　份	上市企业数量	年　份	上市企业数量
1993	7	2006	9
1994	6	2007	20
1996	8	2008	11

年　份	上市企业数量	年　份	上市企业数量
1997	13	2009	11
1998	5	2010	45
1999	10	2011	39
2000	11	2012	19
2001	2	2013	1
2002	5	2014	17
2003	8	2015	33
2004	17	2016	28
2005	3	2017	87

资料来源:万德数据库。

4. 保费收入占 GDP 比重稳步上升

保费收入占 GDP 的比重是反映一个国家(地区)保险深度和保险业在国民经济中的地位的重要指标。目前,我国保费收入占 GDP 的比例约为 2.5%。进入 21 世纪以来,浙江省充分尊重市场规律,大力发展保险业,保费收入占 GDP 的比重开始稳步上升,从 2000 年的 1.8% 上升到 2016 年的 3.2%(见图 10-29),17 年间翻了近一番。但浙江省保险业发展仍滞后于经济社会发展,保险深度与发达国家(约为 8%)的水平仍有很大差距。

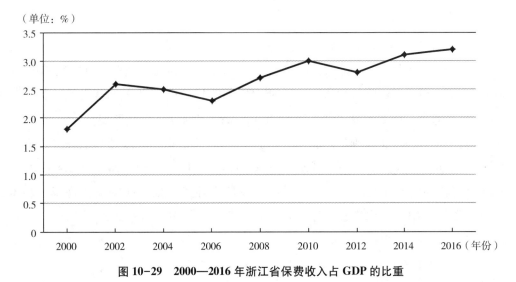

（单位：%）

图 10-29　2000—2016 年浙江省保费收入占 GDP 的比重

资料来源:根据浙江省统计局网站数据计算整理而得。

（十）环境与可持续发展

1.省会城市可吸入颗粒物浓度（年均 PM$_{10}$ 浓度）基本稳定

近年来,浙江省省会杭州市通过大力实施美丽杭州、生态文明先行示范区建设"三年行动计划",扎实推进国家生态文明先行示范区建设,空气质量基本稳定,根据环保部的数据,2014 年到 2017 年间,杭州市区的 PM$_{10}$ 浓度基本保持在 120—130 微克/立方米（见表 10-7）,在全国省会城市中居于中等偏后的位置,空气质量较差。根据杭州市国民经济和社会发展统计公报的数据,杭州市区 PM$_{2.5}$ 年平均浓度从 2013 年的 69.9 微克/立方米,下降到 2017 年的 44.6 微克/立方米（见表 10-8）。虽然 PM$_{2.5}$ 有所降低,但与人民群众对美好生活的向往还有较大差距。

表 10-7 2014—2017 年杭州市年度 PM$_{10}$ 变化情况

年 份	2014	2015	2016	2017
PM$_{10}$ 浓度（微克/立方米）	122	133	123	118

资料来源：环保部网站。

表 10-8 2013—2017 年杭州市年度 PM$_{2.5}$ 变化情况

年 份	2013	2014	2015	2016	2017
PM$_{2.5}$ 浓度（微克/立方米）	69.9	64.6	57.0	48.8	44.6

资料来源：历年《杭州市国民经济和社会发展统计公报》。

2.单位 GDP 废水排放量下降显著

浙江省是我国经济发展非常活跃迅速的地区之一,经济总量从改革开放初的第 12 位跃居到第 4 位。在经济持续高速发展的同时,废水排放也迅速增长,水环境的恶化一度成为浙江省最突出的环境问题。近十多年来,浙江省加快了经济转型升级的步伐,坚决淘汰低小散和一大批高排放高能耗的传统产业,并始终把节能减排和生态文明建设放在突出的位置,单位 GDP 废水排放量在 21 世纪初期到达一个峰值后,开始显著下降,大体符合环境库兹涅茨曲线揭示的经济发展与环境污染之间的变化规律。2016 年,浙江省单位 GDP 废水排放量为 9.12 吨/元,仅为世纪之交的三分之一强,在全国处于较为领先的水平（见图 10-30）。

3.单位 GDP 一般工业固体废物产生量明显下降

进入 21 世纪以来,浙江省持续加大工作力度,固体废物生产量开始缓慢下降,单位 GDP 一般工业固体废物产生量则下降非常明显,从 2000 年的 230 千克/元下降到 2016 年的 95 千克/元（见图 10-31）。尽管浙江省工业废弃物产生量不断下降,污染防治水

（单位：吨/元）

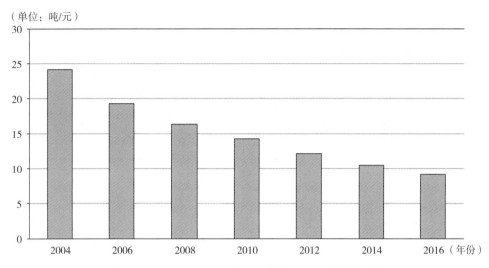

图 10-30　2004—2016 年浙江省单位 GDP 废水排放量

资料来源：根据国家统计局网站数据计算整理而得。

平逐年提高。但是,固体废物违法倾倒、擅自填埋的事件仍时有发生,严重威胁着事发地周边的生态环境安全,群众反响较为强烈。

（单位：千克/元）

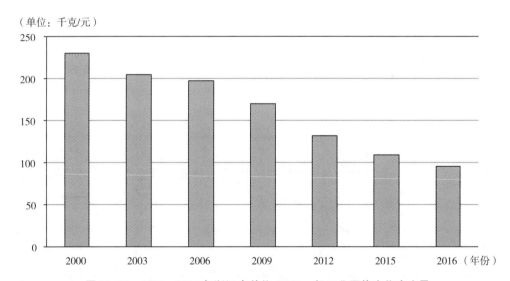

图 10-31　2000—2016 年浙江省单位 GDP 一般工业固体废物产生量

资料来源：根据浙江省统计局网站数据计算整理而得。

4. 单位 GDP 能耗显著下降

作为能源消费大省,2016 年浙江省能源消费总量 20276 万吨标准煤,比 2015 年增长 3.4%。但浙江省单位 GDP 能耗近十多年来快速稳步下降,从 2005 的 0.9 吨标准煤/万元下降到 2016 年的 0.44 吨标准煤/万元(见表 10-9),每年都完成国家下达的节能降耗目标。以现代服务业、信息产业和高端装备制造等为代表的"绿色"产业发展迅速,有效提升了全社会能源利用率。从横向比较来看,浙江省万元 GDP 能耗水平在全国各省、自治区和直辖市中仅次于北京市和广东省,排名稳居第 3 位。

表 10-9　2005—2016 年浙江省单位 GDP 能耗情况

年　份	2005	2006	2007	2008	2009	2011	2015	2016
单位 GDP 能耗（吨标准煤/万元）	0.90	0.86	0.83	0.78	0.74	0.59	0.47	0.44

资料来源:国家统计局网站。

(十一)就业与劳动力市场

1. 失业率长期保持在较低水平

1978 年年底,浙江省就业人员为 1795 万人,城镇登记失业率达到 7.2%,就业成为严重的社会问题(见图 10-32)。改革开放以来,浙江省大力发展个体私营经济,率先推进市场化改革,大量的农村劳动力向非农产业转移,城镇就业比重不断提高。随着产业结构和经济结构的调整,特别是 20 世纪 80 年代乡镇集体经济改革、国有企业改革的深化,以及城镇个私经济的发展,城镇登记失业率长期保持在较低水平,居全国先进水平。

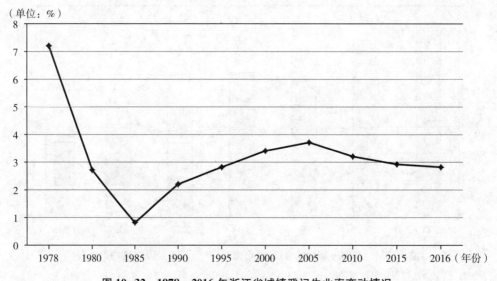

图 10-32　1978—2016 年浙江省城镇登记失业率变动情况

资料来源:浙江省统计局网站。

2. 适龄劳动人口比重缓慢下降

进入 21 世纪以来,随着人口出生率的下降和老龄化的加重,浙江省的适龄劳动人口比重(15—64 岁人口数占总人口的比重)在 2012 年左右达到一个峰值后,开始缓慢下降(见图10-33)。预计"十三五"期间,浙江省劳动年龄人口将持续减少,适龄劳动年龄人口比重也将继续缓慢下降,因此经济转型升级更为紧迫。

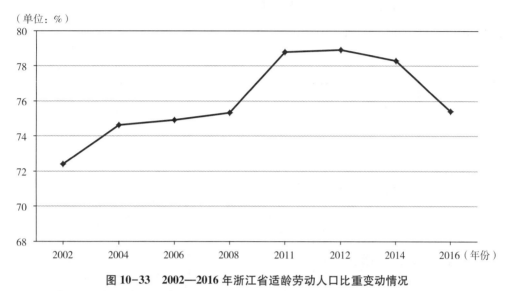

图10-33　2002—2016年浙江省适龄劳动人口比重变动情况

资料来源:笔者根据国家统计局网站数据计算整理而得。

3. 平均工资水平稳定增长

改革开放以来尤其是进入21世纪以来,浙江省城乡居民平均工资稳定增长,城镇单位在岗职工平均工资从1997年的8056元增长到2016年的74644元,浙江省城镇居民人均可支配收入和农村居民纯收入连续多年居全国省(区)第1位(见图10-34)。虽然平均工资水平和收入水平在全国居于前列,但增幅放缓,而且行业间的职工工资收入水平差距较大。

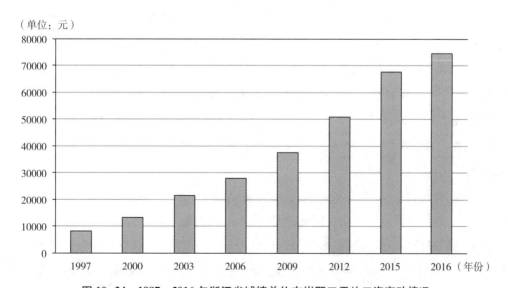

图10-34　1997—2016年浙江省城镇单位在岗职工平均工资变动情况

资料来源:国家统计局网站。

4. 月最低工资水平增长较快

浙江省从1994年开始设立月最低工资标准,当年的月最低工资仅为200元。此后根据经济社会发展水平、居民生活水平和用人单位承受能力等实际情况进行了多次调整,到2017年上升到1500元(见图10-35)。

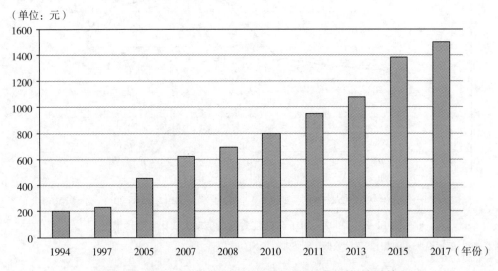

图10-35　1994—2017年浙江省月最低工资(最低档)变动情况

资料来源:浙江省统计局网站。

(十二)知识经济与创新

1. R&D经费支出占GDP比重上升较快,但仍然明显偏低

R&D经费支出占GDP比重是衡量一个国家(地区)创新能力和可持续发展能力的重要指标。2016年我国研发经费支出占国内生产总值之比为2.11%,与发达国家3%左右的平均水平仍有很大差距。20世纪90年代初以来,浙江省大力鼓励科技创新,不断激发企业开展研发活动的积极性,R&D经费支出占GDP比重不断上升,从1990年的0.23%上升到2016年的2.39%(见图10-36)。目前,浙江省的R&D经费支出占GDP比重约高出全国平均水平0.3个百分点,但与北京市、上海市、广东省、江苏省等先进地区相比,仍然明显偏低。

2. 高新技术企业年末从业人员数明显偏少

目前,浙江省产业层次明显偏低,高新技术产业占比不高,高新技术企业年末从业人员数量明显偏少。统计数据显示,截至2014年年底,浙江省共有有效高新技术企业5773家,企业数量是2008年的3.2倍,地域分布遍及浙江省,其中杭州市最多,有1778家。浙江省高新技术企业实有从业人员161.7万人,是2008年的1.92倍。尽管近年

（单位：%）

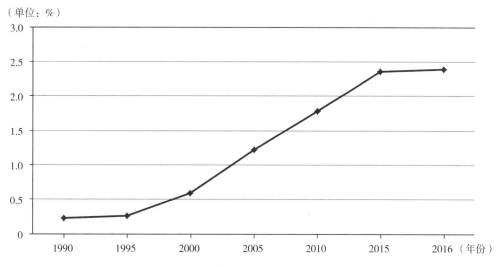

图 10-36 1990—2016 年浙江省 R&D 经费支出占 GDP 比重

资料来源：根据浙江省统计局网站数据计算整理而得。

来浙江省高新技术企业数量和高新技术从业人员数量有了较快增长，但与国内广东省、江苏省等高新技术产业发展的第一方阵差距较大。

3. 万人专利申请授权量快速增长，但科技转化能力仍然不足

改革开放以来，浙江省知识产权工作顶层设计不断加强，专利创造和运用能力不断提升，专利保护工作进一步突出。尤其是进入 21 世纪以来，越来越多的企业对于知识产权的日益重视，浙江省专利申请量和授权量均快速增长，万人专利申请授权量从 1995 年的 0.49 上升到 2016 年的 39.61（见表 10-10）。在 2017 年全省发明专利申请授权量百强企业中，智能制造、信息通信、仪器仪表、医疗设备、环保、新材料等制造业企业占多数。目前，浙江省知识产权综合发展指数和专利综合实力均居全国第 4 位。尽管专利申请授权量有了较大增长，但浙江省的科技转化能力仍然不足。

表 10-10 1995—2016 年浙江专利申请授权量增长情况 （单位：项；万人）

年　份	1995	2000	2005	2009	2011	2013	2015	2016
授权量合计	2131	7495	19056	79945	130190	202350	234983	221456
总人口	4370	4501	4602	5276	5463	5498	5539	5590
万人专利申请授权量	0.49	1.67	4.14	15.15	23.83	36.8	42.42	39.61

资料来源：根据浙江省省统计局数据计算整理而得。

4. 高新技术产业增加值占 GDP 比重明显偏低

目前，浙江省经济仍然以传统产业为主体，高新技术产业占比不高，高新技术产业增加值占 GDP 的比重明显偏低。2015 年,浙江省高新技术产业主营业务收入仅相当于广东的 1/4、江苏的 1/3。2016 年,浙江省高新技术产业增加值为 5310 亿元,占 GDP 的比重仅为 11.9%(见图 10-37)。高新技术产业的总体发展水平与浙江在全国的经济地位明显不匹配。

(单位:%)

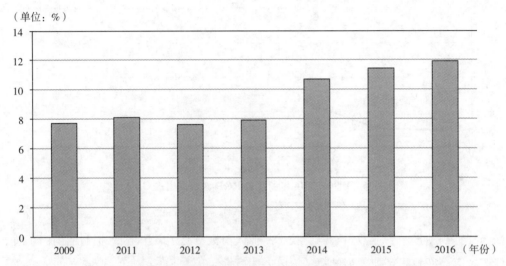

图 10-37　2009—2016 年浙江高新技术产业增加值占 GDP 的比重

资料来源:笔者根据浙江历年统计公报数据计算整理而得。

二、浙江省经济社会发展目前存在的问题

党的十九大提出,中国特色社会主义新时代下的主要矛盾已经转化为"人民日益增长的美好生活需要和不平衡不充分的发展之间的矛盾",解决好这对主要矛盾,将是我国未来一段时期的重要任务。对浙江省而言,目前经济社会发展存在的深层次矛盾和问题有以下四个方面。

(一)经济增长过多依赖低端产业,高新技术产业发展相对滞后

近年来,浙江省打出转型升级组合拳,不断推动发展迈向增长中高速、质量中高端的轨道。但发展质量和效益不够高的问题依然存在。经济增长过多依赖低端产业。过多依赖低端产业使得浙江省的劳动生产率偏低。规模以上工业全员劳动生产率相当于全国平均值的 71.8%,这与浙江经济大省的地位是不相称的。与兄弟省份江苏相比,浙江省产业转型升级的速度也相对比较慢。2000 年江苏省和浙江省一样,工业中比重最大的行业都是纺织印染产业。到 2016 年,江苏省纺织印染产业降到第 9 位,但浙江省的纺织印染产业仍高居第 2 位。

浙江省经济增长过多依赖低成本劳动力。以 2015 年为例,2015 年省外流入浙江省的人口总数 1000 多万人,占全部常住人口的 20% 以上,其中初中及以下人口比重合计为 85.6%。先进制造业中,大专及以上人口比重为 9.8%,比全国平均水平低 6.8 个百分点。传统制造业中,大专及以上人口比重为 4.3%,比全国平均水平低 2.4 个百分点。

过多依赖低端产业的另一方面,是浙江省的高新技术产业发展较为滞后。与上海市、北京市、广东省、江苏省等先进省(市)相比,浙江省的高新技术产业存在以下四个问题:首先,产业总量差距明显。浙江省产业规模小、单位产值低、带动影响弱。其次,结构层次差距明显,浙江省劳动生产率低、主营收入比重小、高技术产业比重不高。再次,产出效益差距明显,浙江产业增加值率和行业效益指标均显著偏低。最后,发展平台差距明显。浙江省高新园区、产业基地和孵化器等关键支撑较弱。2015 年浙江省高技术产业利润总额为广东省、江苏省的 1/6,出口交货值约为广东省、江苏省的 1/10。

(二)科技创新与人才对经济发展的支撑和引领作用不够,与先进地区差距较大

产业转型升级缓慢的背后是技术和人才的支撑不够,浙江省创新驱动发展的能力和动力不足,科技创新成为制约浙江省经济社会发展的主要因素。在科技投入上,如前所述,尽管近年来浙江省的 R&D 经济支出占 GDP 的比重不断上升,从 1990 年的 0.23% 上升到 2016 年的 2.39%。从全国来看,这一比重仅位于中等偏上的水平,与深圳市、上海市、北京市等先进地区相比,差距非常大。

科技创新的不足带来技术水平的落后。尽管浙江省也涌现出了阿里巴巴、海康威市、江丰电子等一批高新技术企业,但省内多数高新技术产品还难以满足新兴消费、现代制造的需求,面临"高端产业价值链低端化"问题。浙江省低端产业依然过多,创新能力较为乏力,在高新技术产业领域与江苏省、广东省、山东省第一方阵差距颇大。与发达国家相比,浙江省的劳动生产率仅为美国的 1/5、日本的 1/4。

人才更是制约着浙江省经济社会的可持续发展。以高等教育为例,浙江省是高等教育的弱省,高等教育满足不了经济社会发展对人才的大量需求,满足不了产业转型升级对人才的需求。如前所述,浙江省高中及以上学历人口比重、大专及以上学历人口比重、万人在校研究生数等指标虽然近年来有了较大提高,但仅位于全国的中等水平,与北京市、上海市、江苏省、陕西省等先进地区相比差距非常大。高水平的科研机构也严重缺少。浙江省研发机构数量少,且基本没有在全国具有较高知名度的科研机构,难以满足浙江省产业向技术密集大规模转型的需求。因此,接下去浙江省只有不遗余力地推进高等教育的发展,大力引进高水平的科研机构,加大推进人才的培养力度,才能促

进经济社会的转型升级和可持续发展。

（三）交通基础设施建设滞后于经济社会发展，不平衡问题较为突出

目前，浙江省的交通基础设施建设明显滞后，成为制约经济社会发展的一大短板。这主要反映在交通基础设施建设的战略性基础性先导性作用发挥不够、高等级公路和高铁建设相对滞后、综合交通运输体系不健全、组合效率不够高等问题上。

如前所述，近十多年来，浙江省公路网和铁路网密度提高较快，公路和铁路等基础设施建设取得显著的成绩。浙江省公路网密度从1979年的35.6公里/百平方公里增长到2015年的245.4公里/百平方公里，浙江省铁路网密度从1979年的0.76公里/百平方公里提升到2015年的2.46公里/百平方公里。但浙江省的交通基础设施建设仍不能满足经济社会发展的需求。公路建设仍然滞后，与江苏省、山东省等先进地区相比，浙江省的公路网密度仍不高，高等级的高速公路仍然相对滞后，仍有个别县（市、区）还没有通高速公路。随着汽车保有量的剧增，浙江省高速公路上堵车的情况时常发生，大大提高了物流成本和居民的出行成本。铁路建设也相对滞后，与辽宁省、广东省、湖北省等省份相比，浙江省不仅铁路网密度不高，而且高铁里程数明显偏低。一些边远地区、海岛地区还没有通高铁，给当地居民的出行和经济社会发展带来较大影响。

此外，浙江省的综合交通运输体系不健全、组合效率不高，与上海市、北京市、广东省等先进地区相比，浙江省缺乏高能级的综合交通运输中心，而且机场、高铁、城市轨道交通之间缺乏有效衔接，组合效率较为低下。总之，与广大人民群众对公共交通的需求相比，与浙江省经济社会快速发展的需求相比，浙江省的交通基础建设仍然滞后。

（四）经济社会发展与资源环境的矛盾较为突出，资源环境约束不断加剧

浙江省"七山二水一分田"，人多地少，是一个典型的资源小省。改革开放以来，浙江省在地域小省、资源小省、环境容量小省的条件下发展成为经济大省。然而，经济的高增长付出的代价是极为昂贵的。到"十二五"末期，浙江省经济增长过多依赖资源环境消耗等问题尚未根本改变。

如前所述，近年来，通过大力实施节能减排和推进生态文明建设，目前浙江省一些主要废弃物的排放和能耗都明显下降了：单位GDP废水排放量从2004年的24.15吨/元下降到2016年的9.12吨/元；单位GDP一般工业固体废弃物产生量从2000年的230千克/元下降到2016年的95千克/元；单位GDP能耗从2005的0.90吨标准煤/万元下降到2016年的0.44吨标准煤/万元。这些指标虽处于全国先进水平，但仍大大高于发达国家标准。2014年，浙江省规模以上工业单位用地增加值不到90万

元/亩,而 20 世纪 60 年代日本亩均工业增加值为 180 万元。目前,浙江省单位 GDP 的 SO_2 排放量约是美国的 5 倍、德国的 10 倍、日本的 30 倍。

从人均基础自然资源拥有量来看,浙江省在很多指标上也大大低于全国平均水平。譬如,浙江省虽然水资源总量丰富,但人均占有量较低,全省人均水资源量不足 1800 立方米,比全国人均水平低 8% 左右,属中度缺水地区。浙江省的人均耕地面积从 1999 年的 0.72 亩下降到 2017 年的 0.54 亩,仅为全国人均水平的 36%。人均煤炭储量从 2003 年的 1.03 吨下降到 2016 年的 0.77 吨。人均铁矿石储备则仅为全国的约 1/17。人均基础自然资源拥有量的不足对未来浙江省经济社会可持续发展提出了很大的挑战。

总之,目前广大人民群众最基本的需求——能够呼吸到新鲜的空气,能够喝到干净的水,能够吃上放心的食物,现在还没有得到完全满足。因此,接下去浙江省只有加快转变经济发展方式,坚定不移地走"绿色青山就是金山银山"的发展道路,正确处理好经济发展与资源环境之间的矛盾,才能改变目前这种资源环境约束不断加剧的局面,才能让广大人民群众望得见山、看得见水、记得住乡愁。

三、浙江省进一步深化改革开放的政策建议

习近平总书记赋予了浙江省"干在实处永无止境,走在前列要谋新篇,勇立潮头方显担当"的新使命和新要求。站在新的历史方位,全面落实习近平总书记赋予浙江省的新使命与新要求,浙江省应牢固树立以人民为中心的发展理念,进一步深化改革开放,努力在新一轮发展中赢得新优势。

(一)加快转型升级,打造有浙江省特色的现代化产业体系

在高质量发展上要走在前列,浙江省必须把转型升级牢牢抓在手上,加快"腾笼换鸟""凤凰涅槃"。

首先,要加快传统产业改造提升步伐:通过不断集聚和培育高级要素,转变传统优势产业的经济增长方式;通过发展龙头骨干企业,增强传统优势产业自主研发和品牌建设能力;通过创新块状经济内的产业组织,提升传统优势产业的集群核心竞争力。

其次,要深入实施创新驱动战略,做大做强信息、环保、健康、旅游、时尚、金融、高端装备制造、文化等八大万亿元产业,建成一批具有国际竞争力的大产业基地。要瞄准科技创新前沿,打造数据强省、云上浙江,在人工智能、柔性电子、量子通信、集成电路、数字创意、增材制造、生物医药、新材料、清洁能源等领域培育一批引领浙江省未来的重量级产业,抢占产业发展的制高点。

最后,要坚持先进制造业和现代服务业双轮驱动,着力打造现代服务业新引擎。促

进生产性服务业向专业化和价值链高端提升,推进生活性服务业向便利化精细化品质化提升,发展平台经济、分享经济、体验经济、创意经济等新业态。要进一步深化电力、石油、交通运输等价格改革,帮助解决企业生产成本高、物流成本高等问题;通过金融改革,引导更多资金注入实体经济,降低企业生产成本。

(二)大力推进科技创新,建设创新型省份

科技创新是创新驱动发展的核心,是转型升级的"发动机"。浙江省要高水平全面建成小康社会和高水平推进社会主义现代化,科技创新是需要补齐的第一短板。要把科技创新作为第一工程来抓,对标深圳市,加快完善创新生态系统,增加科技研发有效投入,整合创新资源,紧紧扭住科技成果转化这一关键,全力推进创新大平台、大项目、大团队、大环境建设,推动科技成果向产业转化的实质性飞跃,2020年全面建成创新型省份。

要大力建设创新大平台。强化杭州市、宁波市的创新极核功能,加快杭州城西科创大走廊建设,把它建成带动和引领浙江全省实施创新驱动的大平台,加快把杭州市建成国家自主创新示范区。优化创新政策和环境,充分调动企业家创新的积极性主动性,培育一支创新型企业家队伍。要深化国际科技合作交流,搭建国际化创新平台,更好利用国际国内两个市场两种资源。围绕增强创新功能,大力引进国内外大院名校共建创新载体,积极争取国家重大科技项目、国家实验室落户浙江省。建立境外创新投资和技术消化吸收创新激励制度,鼓励民营企业投资国际创新平台、设立海外研发中心,带动省内基地的技术升级。

推进科技创新,关键在于人才。要继续深化人才发展体制机制改革,实施人才生态优化工程,打造人才生态最优省。加快建立科学化、社会化、市场化的人才评价体系,改革高校人才培养使用模式,打通科研人才双向流动机制,发挥现有人才作用。建立更便捷、更有针对性、更具吸引力的人才引进制度,大力引进高端创新人才,使浙江省成为国内国际高端人才的集聚高地。

(三)树立"大交通"理念,全力推进交通基础设施建设

交通是经济社会发展的"先行官"。目前浙江省的交通基础设施建设发挥战略性基础性先导性作用还不够,综合交通运输体系还不健全、组合效率还不高,是经济社会可持续发展的一大瓶颈。要按照大交通思路,深化交通体制改革,推进综合交通规划一张图、建设一盘棋、管理一体化,突出抓好交通路网加密提标提效、综合交通互联互通,提升运输服务竞争力,基本建成高水平综合交通基础设施网络和运输服务体系。

要强化大交通理念。以大交通理念做好交通规划,强化公铁水空多种交通设施、运

输方式之间以及与其他规划的统筹衔接。进一步创新综合交通统筹管理、科学管理、协调发展体制机制,加快整合交通运输领域职责,逐步实行大交通管理模式,统筹安排各种交通基础设施的建设时序和线位资源等。

要不断创新交通基础设施投融资体制。健全社会化、市场化、多元化的交通基础设施投融资模式,推进投融资平台转型提升。结合省属国企改革和事业单位改革,加大资源整合力度,做强做大省级交通投融资平台,积极谋划可上市和让民间资本进入的对接平台,建立综合交通建设市场化投融资机制,降低融资成本。

(四)实施高等教育强省战略,加快建设人才强省

当今世界的竞争,说到底是人才竞争,人才越来越成为推动经济社会发展的战略性资源。尽管近年来浙江省人才培养和引进力度不断加大,但浙江省在人力资源特别是高素质人才方面与先进地区之间仍有很大差距。浙江省要统筹各类人才队伍建设,突出创新型科技人才、企业家和工匠等紧缺人才,紧紧抓住引进人才、培育人才、用好人才关键环节,舍得下本钱,放得开手脚,谋划实施一批重大人才举措,让各类人才充分集聚,让智慧才华充分施展,进一步形成聚天下英才共建浙江省、发展浙江省的生动局面。

高等教育是制约浙江省创新发展的突出短板,必须下大决心全面实施高等教育强省战略,瞄准双一流目标实施好重点高校建设计划和产教融合发展工程,增加省重点建设高校和学科的数量、加大资金支持力度,扎实推进应用型本科和重点高职院校建设,支持浙江大学、中国美术学院追赶世界一流水平,支持重点高校的一批学科达到国内一流、争创世界一流,大力引进国内外著名高校在浙江省办学,力争5年内引进20所左右著名高校在浙江省开展合作办学,推动高等教育实现跨越式发展。同时,提升中职教育质量,发展高职教育,实施产教融合发展工程。深化教育领域综合改革和高考招生制度改革,支持和规范社会力量兴办教育。总之,要发挥好高校在创新驱动中的重要支撑作用。

(五)大力推进生态文明建设,照着"绿水青山就是金山银山"的路子走下去

改善生态环境就是发展生产力、增进民生福祉。生态治理是持久战,污染问题容易反弹。虽然近十多年来,浙江省委、省政府以"八八战略"为总纲,以治水为突破口不断倒逼产业转型升级,生态环境保护和治理取得了明显的成效,但与浙江省经济社会可持续发展和人民群众对美好生活的向往差距还较大。

未来,浙江省要继续坚定不移走"绿水青山就是金山银山"之路,按照"绝不把违法建筑、污泥浊水和脏乱差环境带入全面小康社会"的目标要求,制定实施"811"美丽浙

江建设行动,建立长效机制,加大环境执法和司法保障力度,精准推进环境治理,到2020年确保建成生态省。为此,要全方位推进环境综合治理和生态保护。实施"碧水蓝天"工程,以治水、治气为重点,统筹抓好治土、治固废等环境治理工作。要深入推进"三改一拆",加快拆后土地利用。深入推进"五水共治",到2020年全面消除设区市建成区黑臭水体和劣Ⅴ类水质断面,基本实现县以上城市污水全收集全处理全达标和农村生活污水处理设施全覆盖。实施土壤污染防治行动计划,抓好农田土壤污染治理,切实防控污染场地环境风险,确保耕地土壤环境质量保持稳定。要努力改善空气质量,打好大气污染防治攻坚战。通过以上这些举措,促进生态环境面貌实现根本性改观。

要大力建设具有诗画江南韵味的美丽城乡。按照把省域建成大景区的理念和目标,高标准建设美丽城市,深入开展小城镇环境综合整治,深化美丽乡村建设,推行城乡生活垃圾分类化、减量化、资源化、无害化处理,落实农村生活污水治理设施长效运维管护机制,使全省城乡面貌实现大变样。实施"大花园"建设行动纲要,使山水与城乡融为一体、自然与文化相得益彰。大力发展省域旅游,积极培育旅游风情小镇,推进万村景区化建设,提升发展乡村旅游、民宿经济,全面建成"诗画浙江"中国最佳旅游目的地。

要不断深化生态文明体制改革。落实中央关于生态环境监管体制改革部署,设立国有自然资源资产管理和自然生态监管机构,完善生态环境管理制度,坚持和深化河长制,推进"湾(滩)长制"国家试点。深化环境监测改革,提高污染排放标准,强化排污者责任,健全环保信用评价、信息强制性披露、严惩重罚等制度,打造环保执法最严省份。发挥市场优势,推进资源要素市场化配置改革,在全国率先建立市场化、多元化生态补偿机制。

(六)深化"最多跑一次"改革,再创浙江省发展体制机制新优势

经济体制改革的中心环节是如何正确处理政府与市场的关系问题。2017年以来浙江省重点推进的"最多跑一次"改革,是政府自身改革的再推进再深化,是推进供给侧结构性改革、"放管服"改革、优化发展环境的重大举措。"最多跑一次"改革表面上看只是减少群众和企业办事的次数,实质上是倒逼各级各部门减权、放权、治权,从服务、政策、制度、环境多方面优化政府供给,集中力量把该管的事管好、该服务的服务到位,是"放管服"改革的浙江"升级版",是供给侧结构性改革的有效制度供给。

"最多跑一次"改革是处理好政府与市场关系的一个载体和抓手。近几年来,浙江省按照"放管服"改革的要求,充分运用"互联网+政务服务",大力开展行政审批制度改革和"四张清单一张网"建设,累计取消和下放了1300多项行政审批事项,厘清了政府和市场、社会的边界,做到"法无授权不可为""法定职责必须为",各级政府办事效率明

显提升,发展环境明显改善,市场主体活力明显增强,市场对资源配置的决定性作用开始逐步显现。"最多跑一次","跑"出政府办事效率的加速度,使人民群众得到了满满的获得感。

下一步,要坚持放管结合、放管并重,以"最多跑一次"的实际成效,倒逼各级各部门减权放权治权和优化服务,做到服务零距离、监管不扰民,更多依靠网络让群众"不跑腿",加快打造"审批事项最少、办事效率最高、政务环境最优、群众和企业获得感最强"的省份,真正让市场对资源配置起决定性作用。

11

安徽省改革开放 40 周年
地区发展报告

安徽行政学院课题组[①]

党的十九大报告指出:"只有改革开放才能发展中国、发展社会主义、发展马克思主义。"历史经验证明,改革开放是建设和发展中国特色社会主义的基本经验和历史必由之路,是马克思主义中国化的具体实践。新时代安徽省牢固坚持以习近平新时代中国特色社会主义思想为指导,全面深入学习贯彻习近平总书记视察安徽省"加强改革创新,努力闯出新路"重要讲话精神要求,大力弘扬"小岗精神",立足历史新起点,接力探索、接续奋斗,以改革增动力激活力,以创新促发展助转型,争当击楫中流的改革先锋,努力唱好国家级改革试点重头戏,进一步打响新时代安徽省改革创新品牌,为全国改革创新发展提供安徽省经验。

一、1978 年以来安徽省经济社会发展成就

(一)安徽省 40 年改革开放成绩单

1. GDP 持续稳步增长

从图 11-1 可以看出,安徽省 GDP 的总量在不断增长,改革开放后,安徽省委、省政府抓住改革的契机,GDP 总量从 1978 年的 113.97 亿元上升到 2017 年 27518.7 亿元,增长了 240.5 倍,1978 年与 2017 年在全国排名均为第 13 位。特别是 1992 年党的十三大后,我国经济建设以建立社会主义市场经济为目标,安徽省也抓住这次改革契机,及时推出各项改革措施,经济建设持续稳定增长。安徽省在 2009 年的 GDP 为 10052.9

① 课题组组长:江观伏;课题组成员:许跃辉、朱良全、陈星博、杨木庆、于晓飞;项目编号:NSAZT(WT)2018011。

（单位：亿元）

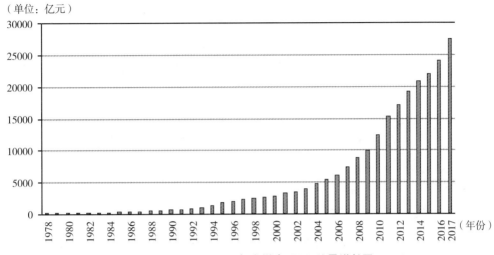

图 11-1　1978—2017 年安徽省 GDP 总量增长图

资料来源:安徽省统计局网站,如果不做特殊说明,均来自同一出处。

亿元,首次跨入全国 GDP 超万亿俱乐部,在 2014 年 GDP 为 20848.8 亿元,成为跨入两万亿元的省份,从一万亿到两万亿,期间仅仅经历了 5 年时间。

同时从图 11-2 可以看出,安徽省自 1998 年起,不断调整经济结构,增长率趋向健康平稳发展,防止经济的大起大落,虽然增长率下降,但是经济的总量仍旧在增长。安徽省自 2015 年开始,省政府制定出加快调整结构转型方式促升级的行动计划,促进产业结构优化,质量效益提升,经济总量扩大,人均指标前移的目标,从数量型向质量型增长转变。

（单位：%）

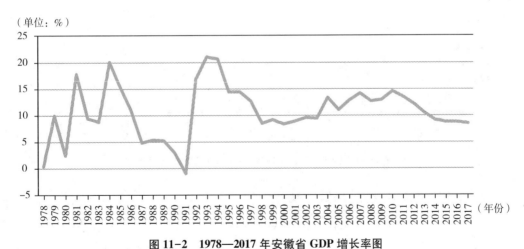

图 11-2　1978—2017 年安徽省 GDP 增长率图

2. 人均 GDP 近二十年内增速加快

从图 11-3、图 11-4 可以看出,安徽省的人均 GDP 由 1978 年的 244 元上升到 2017 年的 44206 元,增长了 180.2 倍。特别是最近 20 年,增长的曲线向上趋势十分明显,说明最近 20 年随着安徽省国民生产总值的增长,人均生产总值也随之增长。

（单位：元）

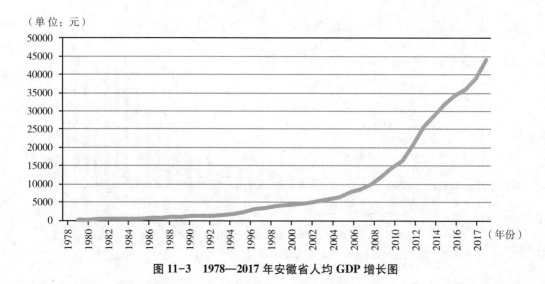

图 11-3　1978—2017 年安徽省人均 GDP 增长图

（单位：%）

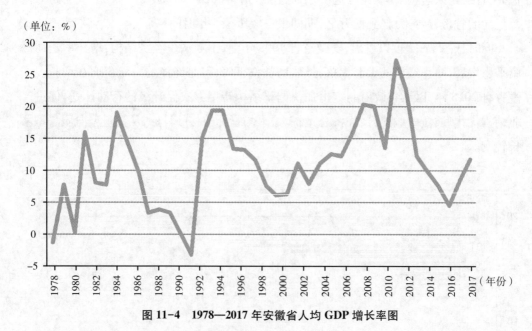

图 11-4　1978—2017 年安徽省人均 GDP 增长率图

3. 三次产业逐步优化,渐趋合理

从图 11-5 可以看出,安徽省第一、第二、第三产业占的占比由 1979 年的 47.18%、35.55%、17.27% 转变为 2017 年的 9.49%、49.01%、41.05%。第一产业即农业的比重在持续下降,第二产业比重在上升,第三产业的比重也在上升,说明安徽省逐步由传统的农业大省向工业大省转变,第三产业在整个经济结构中的比重不断上升,第三产业比重上升是经济结构走向成熟的标志。特别是最近 5 年,安徽省工业增加值从 2012 年的

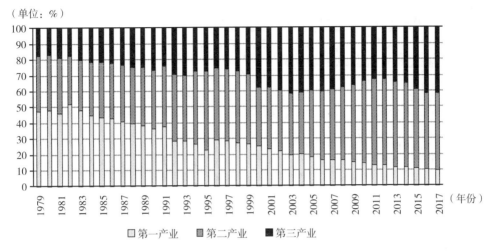

（单位：%）

图 11-5 1979—2017 年安徽省三次产业占 GDP 的比例

8025.8 亿元上升到 2017 年的 11514.8 亿元,对全省经济增长贡献率持续超过 40%,其中规模以上工业主营业务收入在 2017 年达到 4.34 万亿元,总量居全国第 9 位,规模以上工业增加值年均增长 10.2%,居全国第 5 位,中部省份第 2 位,规模以上工业实现利润 2285 亿元,居全国第 12 位。

4. 迈向工业强省,税收增长明显

从图 11-6 分析,安徽省的人均税收收入的数据在不断增长,由 1978 年的 29 元上升为 2016 年的 2997.95 元。安徽省人均税收收入在 2009 年为 1026.46 元,跨入千元大关,到 2016 年则达到近 3000 元,7 年增长了近 2 倍,反映出随着安徽省第二和第三产业 GDP 的比重上升,安徽省的税源基数显著增长,带来人均税收收入的增长。

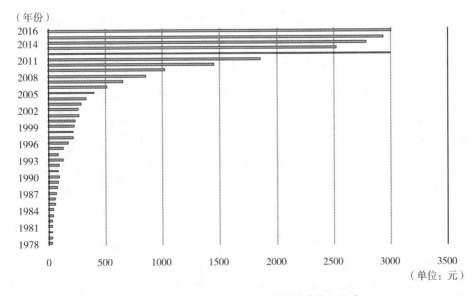

图 11-6 1978—2016 年安徽省人均税收收入图表

（二）安徽省 40 年来重大改革创新实践

1. 安徽农业农村改革创新实践

（1）"小岗村"改革成为中国改革开放新起点。1980 年 5 月 31 日，邓小平同志在一次讲话中肯定了小岗村的"大包干"；2016 年 4 月 25 日，习近平同志肯定小岗村是中国农村改革的标志。小岗村从 1978 年 100 多人的生产队发展成为全国十大名村，现管辖 23 个村民组，有 4173 名村民；2017 年村集体收入达到 820 万元，村民的人均可支配收入也从 1978 年的 22 元增长到 2017 年的 18106 元。

改革开放前，我国经济采取的城乡二元体制，农村以集体经济为主，农民缺乏生产积极性。地处黄淮平原的小岗村，属于安徽省滁州市凤阳县管辖，1978 年 12 月，当时"文化大革命"刚刚结束，全党各项工作仍然受"两个凡是"的影响，我国农村生产分配方式仍然沿袭"大锅饭"的模式，农民的生产积极性严重受挫。18 户农民自发订立分田到户的契约，采取方式是"保证国家的，留足集体的，剩下全是自己的"。包产到户的方式可以调动每个家庭的生产积极性，体现多劳多得，少劳少得，不劳不得的生产规律，适应了当时农村相对落后的生产方式，解决了当时最为迫切的农民温饱问题。一场席卷全国的农村改革自此展开，到 1982 年，全国 92% 的社队都实行了家庭联产承包责任制，从 1982 年到 1985 年中共中央连发五个一号文件，稳定家庭联产承包责任制（即大包干），而产生出家庭联产承包责任制的小岗村也被称为中国农村改革的发源地。小岗村的改革也成为中国农村改革的一面旗帜。

小岗村在改革开放 40 年中，随着农村生产力的变革，不断与时俱进。曾经担任小岗村书记的省财政厅下派干部沈浩同志，针对一家一户的分散生产不适应当时农村生产关系的发展，也不利于农村剩余劳动力转移的实际情况，采取对小岗村村民进行有组织的土地规模流转，采取土地入股的形式，使农民得到双重的利益，第一重利益就是通过土地流转出来的租金，成为村民的土地流转的租金收入，第二重利益就是作为一种股份，使村民取得村办企业合作社当中的收益，这是小岗村第二次的改革。

土地由集体到包产到户，采取家庭联产承包责任制，再到土地规模流转，土地的流转使农民成为产业化的工人，再到土地的入股，来增加集体资产的收入和分配，表面上是土地的分分合合，但深刻反映了我国农村改革 40 年的巨大变化，生产力的进步必然带来生产关系的变化，生产效率的提高，有利于农村经济的发展，促进乡村振兴战略的开展。让从土地中解放出来的农民从事工业和第三产业，促进了我国城镇化水平的提高。

小岗村的改革把生产力的主体——人，与最基本的生产资料——土地相结合，实行统分结合的双层经营体制，调动了农民的积极性；废除了人民公社制度，农民获得了生产经营自主权、土地承包经营权、产品处置权、民主决策权；培育了农村市场经济，让农户成为独立的经营主体,解放和发展了生产力。

安徽省是农业大省,省委、省政府在改革开放 40 年中一直把农业作为全省的重要工作来抓。从图 11-7 可以看出,随着生产力的发展,大量农村人口走向城镇,城镇化率从 1978 年的 10.6% 上升到 2017 年的 53.5%;同时由于农村劳动生产率的提升,土地规模流转,第一产业的人口占比不断下降,第一产业就业人员占比由 1978 年的 81.69% 下降为 2017 年的 31.14%。

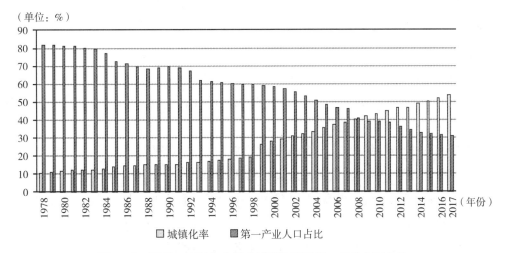

（单位：%）

■ 城镇化率　■ 第一产业人口占比

图 11-7　1978—2017 年安徽省城镇化率及第一产业人口占比

据安徽省统计局最新的统计公报,安徽省在 2017 年的农村各项事业均取得了很大的发展,第一产业 1363.3 万人,安徽省农民工总量 1918.1 万人,其中外出农民工 1415.4 万人,乡村消费品零售额 2183.2 亿元,全年农村常住居民人均可支配收入 12758 元,人均消费支出 11106 元,农村常住居民恩格尔系数为 33.5%,农村常住居民人均住房建筑面积 50.7 平方米,参加新型农村合作医疗的农业人口 4653.7 万人,参合率为 103.07%。155.5 万人享受农村居民最低生活保障,农村五保供养 39.8 万人。

（2）安徽省率先全国推行农村税费改革。安徽省是传统的农业大省,全省 6200 万人口中,80% 人口是农民,在全国都具有代表性,2000 年到 2001 年国家在安徽省进行农村税费改革的试点,主要内容是"三个取消、一个逐步取消和一项改革",即取消屠宰税、乡镇统筹款、教育集资等专门面向农民征收的行政事业收费和政府性基金;用三年时间逐步减少直至取消统一规定的劳动积累工和义务工;调整农业特产税政策,规定农业税税率上限为 7% 等。通过税费改革,安徽省在 2000 年取消了面向农民的集资、收费等 50 多种税费项目,安徽省总税费减少了 16.9 亿元,农民人均负担由 109.4 元减少到 75.5 元,减幅达到 31%。2005 年开始,农民不再承担农业税及村提留、乡（镇）统筹等税费负担,安徽省减轻农民政策性负担 54.5 亿元,农民人均减负 109.4 元,亩均减负

93.8元。同时安徽省自2002年开始率先进行粮食补贴改革的试点,直接打卡发放到农户的粮食补贴、良种补贴、农机补贴、农资综合补贴等27项补贴中,截至2009年年底,发放资金达135.8亿元,整个支农资金总额达676亿元。税费改革的试点在安徽省取得了成功,安徽省的经验被推广到全国,这次改革通过正税清费,按照减轻、规范、稳定的原则,减免直至取消农业税,核心是国民收入分配的改革,实质是对政府和农民群众经济利益的规范和调整。

按照我国先富带动后富,城乡共同发展的战略,工业的发展,综合国力的提高,反哺农业成为可能。起源于安徽省的农村税费改革无疑是家庭联产承包责任制之后农村的又一次革命,伴随着种粮补贴等各项惠农补贴,极大减轻了农民的负担,有效遏制了农村的"三乱",提高了农民的收入。

通过这次农村税费改革的契机,促进了农村基层民主的建设,改善了干群关系。在税费改革的基础上,从2005年开始,安徽省进行了以促进农村上层建筑改革为核心的农村综合改革,推进乡镇机构、农村义务教育体制、县乡财税管理体制的改革,减少了580个乡镇,14747个村和乡镇党政内设机构9700个,事业单位11800个,同时精简行政和事业单位人员,减轻了财政的负担,进一步理顺了政府和农民的关系,建立了农村基层工作的新机制,实现农村由治标向治本的转变,实现了"以农养政"向"以城促乡,以工促农"的转变,政府也由管理型政府向服务型政府的转变。

(3)安徽省率先推行农村"三变改革"。安徽省农村的"三变改革",即"资产变资源,资金变股金,农民变股东"让农村的资产进一步盘活起来。"资产变资源"就是将农村的土地、林地、水域等在经过核实、确权登记、资产评估的基础上,通过一定形式入股农民合作社、家庭农场、农业产业化龙头企业等农村经营主体,取得股份权利;"资金变股金"就是将各级政府部门投入到农业农村发展的财政资金,在符合资金使用要求的前提下,进行资金整合,量化到集体和农户,通过合同入股的方式,投入到经营单位,按入股比例分红;"农民变股东"就是把农民的土地承包经营权、集体资产股权及自有的农机具等生产要素,折价评估入股到经营主体,按投入股份比例分红。

安徽省委、省政府部署了全省的"三变改革"后,各地市积极贯彻落实。如安徽省宣城旌德县路西村,依靠其独特的自然资源优势,大力发展旅游业,以明确产权为核心,通过股份加合作的方式成立了集体经济组织,登记设立村级母公司,同时对集体资产开展资产清查、成员界定、股权量化等方式对集团资产进行运营。对资产效益低的集体老茶园,采取公开招标的方式发包租赁,对于集体土地,采取返祖倒包的方式,从农户手中将土地流转出来,然后再打包给专业合作社,由合作社进行土地的再利用,实现了土地的集约化、规模化经营。将农村的集体资金转变为农村集体和农民持有的资本金,通过投资入股,与其他投资者合作,出资成立旌德县曙明旅游发展有限公司,开展旅游服务。

将各级财政投入的534万元项目资金形成的资产纳入村级母公司,实现"资金变股金",创建3A级景区,真正把"绿水青山"变成老百姓的"金山银山"。"三变改革"优化了集体经济的模式,盘活了集体资产,带动了农村经济的新的变革。

随着社会生产力的迅速发展,土地集约经营可以更大限度地发挥规模经济的优势,解放农村的社会生产力,使之向其他产业转移。土地的规模流转需要制度创新,因此农村土地的"所有权、承包权、经营权"三权分置成为可能。要坚持农村土地集体所有权是农村改革的一条底线,在保护农户承包权的前提下,派生出土地经营权,集体所有权是根本,农户承包权是基础,土地经营权是关键。不仅土地,对于农村的宅基地和农民房屋也要进行"三权分置"的改革,落实宅基地集体所有权,保障宅基地农户资格权和农民房屋财产权,适度放活宅基地和农民房屋使用权。农村土地和房屋"三权分置"改革的目的是盘活农村的资产,使之可以抵押,可以流转,同时适当可以退出,激发了农村的生产活力。

根据最新的安徽省第三次全国农业普查结果显示,全省农业生产经营向规模化和专业化方向发展,新型农业经营主体数量大幅增加,机耕、机播、机收比重提高,农业机械化水平不断提升,农田水利设施不断完善,设施农业数量增长迅速。2016年年底,安徽省规模农业经营户12.6万户;农业经营单位10.3万个,比2006年增长539%。农业经营单位数量增加的主要原因是农民合作社数量大幅度增加。2016年年底,全省以农业生产经营或服务为主的农民合作社数量达4.6万个,占农业经营单位的44.4%。从事农业生产活动的家庭农场有1.7万个,以农业生产经营或服务为主的农业产业化龙头企业有4838个。

2."傻子瓜子"掀起安徽省民营经济改革新浪潮

安徽省地处江淮,自然资源丰富,是传统的农业大省,可以因地制宜地利用农业特产发展特色经济。勤劳善良的安徽人民,不断走出家门,去外面的世界学习先进的经验,越来越多的安徽人回乡创业,开创新的一方天地。从改革开放的历程来看,原本可以解决大量剩余劳动力就业、为国家创造大量税收,丰富人民的物质生活,有利于国家和社会发展的民营企业,在改革的探索中不断经历波折,发展道路极为曲折,这可以从瓜子——这一日常生活休闲食品的兴衰中窥见一端。生活在芜湖的年广九,在改革开放之初的1980年注册了"傻子瓜子"商标,因其物美价廉,瓜子销量遍及全国,因需要大量的工人而雇工超过百人,引起对于改革的争议,"雇工超过八人"就算剥削,社会主义怎么能存在剥削呢?年广九也因此经历了牢狱之灾,企业经营也受到影响。关键时刻,改革开放的总设计师邓小平同志,一直关注着远在芜湖的"傻子瓜子"的经营情况,他对"傻子瓜子""放一放,看一看"的表态,使"傻子瓜子"虽历经坎坷,但是最终重获新生。在"傻子瓜子"的带动下,合肥的"小刘瓜子""大漠瓜子""真心瓜子"等炒货企业不断涌现。合肥的"恰恰瓜子",勇于利用资本市场,发挥资本市场融资的优势,在深圳证券交易所上市,企业品牌也成为全国瓜子行业的领先品牌,安徽省合肥市获得中国炒货之都的称号。

乡镇经济发展的另一个例子是滁州天长市的建制镇秦栏镇,其位于安徽省最东部,东邻"历史文化名城"扬州仅30公里,南距"六朝古都"南京100公里。在改革开放初期,秦栏人学习了广东省、上海市等地的先进经验,回到家乡,创办企业,从家庭手工业开始完成了资本的原始积累,形成了"家家无闲人、天天能见钱、个个办企业、人人当老板"的"秦栏现象"。秦栏镇主产的高压包、遥控器等电子产品,市场占有率稳居全国乃至全世界前列,"高压包包揽天下,遥控器遥控东西""秦栏制造"扬名海内外。秦栏镇被授予"安徽省产业集群专业镇""安徽省新型工业化产业示范基地""安徽省电子产品出口创汇基地"等一大批殊荣。

与安徽省天长市秦栏镇相类似的还有安徽省无为县的高沟镇。无为县以前素有"保姆之乡"的称号,高沟镇的农民在改革开放后专门从事电缆的生产,使这个人口不足6万人的贫瘠小镇,近几年成长为拥有电缆加工及配套企业268家、电缆产业年产值超500亿元的产业集群镇,实现了产业化的成功突围。先后被国家和安徽省确定为"国家火炬计划无为特种电缆产业基地""安徽省民营科技园""产业集群专业镇""安徽省高沟经济开发区"等。

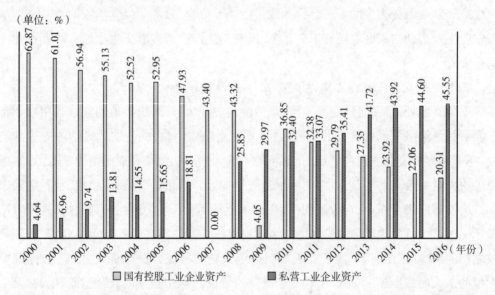

图11-8　2000—2016年安徽省国有控股工业企业资产、私营工业企业资产占总资产的比例

注:缺2007年私营工业企业资产数值。

图11-8显示安徽省私营工业企业资产占总资产的比例在不断上升,安徽省的私营企业充满生机和活力。同时国有控股工业企业资产占总资产的比例在不断降低,显

示安徽省对国资的发展采取有进有出,让国有企业在关系国计民生的领域更好发挥作用。2017 年,安徽省民营经济实现增加值 1.59 万亿元,增长 9.3%。比安徽省 GDP 增速快 0.8 个百分点,占安徽省 GDP 的比重为 57.8%,对安徽省经济增长的贡献率达55.1%。截至 2017 年年底,安徽省私营企业 91.6 万户,增长 24.9%;实有注册资金总额 5.8 万亿元,增长 45.6%;2017 年,安徽省民营企业缴纳税收 2672.2 亿元,同比增长24%,占安徽省税收的 68%,比 2016 年同期提高了 3.8 个百分点;安徽省私营企业新登记雇工 69.9 万人,增长 35.3%;新增境内上市民营企业 7 家(欧普康视、集友股份、泰禾光电、常青机械、中环环保、众源新材、志邦橱柜)。安徽省民营上市公司累计已达 55家,占全省上市公司(102 家)的 54%。

3. 发挥中部桥头堡、长三角腹地区位优势,推动区域改革开放

安徽省地处中部地区的桥头堡地位,长江从中流过,史称八百里皖江。皖江沿岸分布着安庆、池州、铜陵、芜湖、马鞍山五个地级市,为了开发皖江,安徽省建立了皖江城市带承接产业转移示范区;为了促进皖北经济的发展,提出振兴皖北的战略,采取安徽省南部地区与北部地区结对子,如合肥市在阜阳设立阜阳合肥现代产业园区,马鞍山市在宿州设立宿州马鞍山现代产业园区等,通过引进先进的管理经验促进皖北的发展;在安徽省中部则以合芜蚌国家自主创新示范区的建设为契机,结合国家重大发展战略和区域布局,深化简政放权、放管结合、优化服务,打造科技体制和创新政策先行区,高端人才与"双创"结合的重要平台、新产业新业态集聚带;在安徽南部,则利用丰富的自然资源,大力开展旅游业,依托两山一湖(黄山、九华山、太平湖),打造皖南国际旅游示范区;利用大别山区革命老区的特点,提出振兴大别山的战略,开展红色旅游,打造红色旅游示范区。

安徽省在新一轮的改革开放大潮中,贯彻中部崛起的国家战略,联合中部六省,取长补短,发挥各自资源优势,共同促进经济的发展。同时,作为长三角重要的省份,提出东向发展的战略,依托长三角经济带,融入东部。成为连接东西部地区,贯通长江经济带的重要省份。

最近五年,对外开放发展实力显著提高,安徽省货物贸易进出口累计实现 2406 亿美元,年均增长 6.4%,高于全国平均水平 5.4 个百分点。2017 年,安徽省外贸进出口总量实现了历史性突破,一举超过 500 亿美元,达到了 536.4 亿美元,同比增长 20.8%,总量和增幅均居中部省份第 2 位。服务贸易累计实现 317 亿美元,年均增长 23.3%。吸收外商直接投资累计 673 亿美元,年均增长 13%。对外投资累计 43 亿美元,对外承包工程累计完成营业额 154 亿美元。开放型经济结构逐步优化,外贸新业态新模式加快发展,跨境电商贸易额年均增长 30%以上;全省高新技术产品出口比重从 6.2%提高到 24.7%;累计已有 80 家境外世界 500 强在皖设立企业 152 家;战略性新兴产业利用

外资比重从 17.4% 提高到 20.8%,服务业利用外资比重从 28.2% 提高到 36.3%;各类开放平台和主体加快成长,新增国家级经济开发区 5 家,新获批建设 3 家综合保税区、4 家保税物流中心(B 型)、11 个进境指定口岸、中国(合肥)跨境电商综合试验区。2017 年,全省外贸备案登记企业达到 2.8 万家,实绩企业超过 7000 家,其中,过亿美元企业达到 68 家,过 10 亿美元企业 6 家。

4. 借力合肥国家创新中心、国家"合芜蚌"创新试验区,推进安徽科技创新

创新是一个国家发展的动力,特别是科技创新可以带动各个产业的发展,安徽省不乏科技创新的土壤和氛围,全球第一台 VCD 就诞生于省会合肥市,美菱冰箱、荣事达洗衣机、芳草牙膏等一批本土品牌传遍全国。改革开放以来,安徽省注重从要素驱动转向创新驱动。把量子信息科学国家实验室创建作为科技创新"一号工程",加快推进合肥综合性国家科学中心、合肥滨湖科学城、合芜蚌国家自主创新示范区、全面创新改革试验省"四个一"创新主平台建设,区域创新能力连续 6 年居全国第一方阵。突出建设"一室一中心",首批组建 10 个新时代安徽省实验室和 10 个新时代安徽省技术创新中心,作为国家创新基地"预备队"、省级创新基地"先锋队"。

作为全国四大科教基地之一的合肥市,在 21 世纪前期,提出大工业、大发展的战略后,迅速吸引美的、格力、海尔等全国制造业巨头来安徽设立工厂,合肥迅速成为全国制造业基地,有中国制造业之都的美誉。作为安徽省第一大城市,合肥市各项综合实力遥遥领先于其他地市,在新一轮的长江三角洲经济带规划上,成为长三角西翼的副中心城市。2017 年 1 月,安徽省合肥市正式获批建设综合性国家科学中心,成为继上海之后国家批准建设的第二个综合性国家科学中心。合肥在继成为制造业之都后进行产业的进一步转型,依托中国科学技术大学、中科院合肥分院、中国科大先进技术研究院等科研机构的技术优势,开展科技成果的转化。同时清华大学、北京航空航天大学等知名院校纷纷在合肥设立教学科研研究机构,助推合肥的科教事业发展。合肥综合性国家科学中心主要聚焦信息、能源、健康、环境四大领域,将代表国家参与全球科技竞争与合作,对提升区域创新能力、培育发展新动能具有重要意义。

研发经费占一个国家 GDP 的比重可以反映一个国家的科技实力和综合国力,从图 11-9 中可以看出,随着经济的发展,安徽省越来越重视科技发展对经济增长的影响,研发经费逐年上升。在过去的 5 年,安徽省大力构建以企业技术中心为核心的技术创新体系,逐步形成以企业为主体的技术创新机制,5 年新增企业技术中心 688 家,省企业技术中心 1244 家,实现产品销售收入和利润总额,分别占规模以上工业企业产品销售收入、利润总额的 41% 和 40%,新产品销售收入贡献率超过 80%,国家企业技术中心达到 69 家,数量稳居全国前列。

在过去的 2017 年,全省上下深入实施创新驱动发展战略,扎实推进合芜蚌自主创

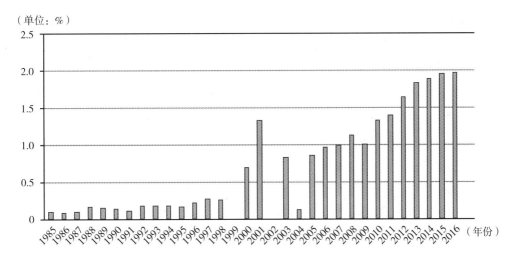

图 11-9　1985—2016 年安徽省 R&D 经费支出占 GDP 的比重

注：1999 年和 2002 年数据缺失。

新示范区建设，合肥综合性国家科学中心获批建设。全省创新能力和创新水平持续提升，重要科研成果接连涌现，区域创新竞争力稳居全国前列。科技创新水平提升，全省有各类专业技术人员 228.4 万人，全年用于研究与试验发展（R&D）的经费支出有 542 亿元，相当于全省生产总值的 1.97%；全年登记科技成果 377 项，授权专利 58213 件；输出技术合同成交额 249.6 亿元；吸纳技术合同成交额 270.7 亿元；战略性新兴产业发展加快，规模以上工业中，战略性新兴产业产值增长 21.4%，比 2016 年加快了 5 个百分点，产值占比由 2016 年的 23.3% 提高到 24.7%。

二、安徽省经济社会发展目前存在的问题

（一）安徽省"三农"和民营企业改革问题

1. 安徽省"三农"改革发展问题

40 年来，安徽省农业农村改革取得了巨大成就，农业增效、农民增收、农村发展水平进一步提升，但是"三农"改革仍然存在一些突出问题和发展短板。

（1）思想认识有待于进一步提升。小岗村"大包干"改革开创了中国现代化改革之先河，但是小岗村"先行"未能"先富"，小岗村综合实力还不够强，发展质量还不够高，发展水平与中东部地区村级组织比较还较低。这与当地人民群众思想认识有一定关系。比如，早在 2006 年"大包干"带头人之间在小岗村如何进一步发展问题上再次产生意见分歧。严宏昌认为小岗村要富裕，必须走工业化发展道路，而严俊昌则强调必须

搞规模化农业。

(2)农村"三变改革"举措需要进一步完善。2016年9月以来,安徽省在宿州市埇桥区等11个县区进行试点农村资源变资产、资金变股金、农民变股东的"三变改革"中出现了一些发展问题。"资金变股金"缺乏制度支撑,如安徽省首批"三变改革"试点村来安县半塔镇罗庄村在清产核资过程中,清理的集体经营性资产共折股140460股。但在实际操作中,该股份只是固定资产,在折股量化到户的操作上无法变现为股份。"资源变资产"过程中风险防控机制不健全。11个承担试点任务的县(区)只有2个县(区)利用财政资金设立风险补偿金用于防范经营主体可能出现的自然风险、市场风险和社会风险(金寨县设立1000万元"三变改革"试点融资担保风险补偿金;宿州市埇桥区设立2000万元农村土地经营权抵押贷款风险补偿金)。

(3)"农民和市场问题"破解仍然任重而道远。安徽省是农业大省,也是我国农业农村改革发展的典型省份之一,历经农村"大包干"改革—农村税费改革—农村"三变改革",皆为安徽省在全国首创之举,这为我国解决农民与集体关系,农民与政府关系,以及农民与土地关系探索出一条符合国情促进"三农"改革发展道路。但是,农民与市场关系至今仍然不能得到有效解决,市场在资源配置中决定性作用还不能有效发挥,如农业增产不增收,农民卖粮难现象仍没有实质性的改变。再有政府农业"资源错配"问题突出,"谁种田、谁补助、谁受益"机制不能很好地发挥,如政府实施农户种粮和农资补贴"平均摊",一些有地农民不种田也能领取补贴,真正种粮大户却不能领取补贴,农业补贴效益不明显。

2. 安徽民营企业改革发展问题

(1)民营经济总量和企业规模与发达省份仍有差距。以规模以上服务业企业为例,安徽省符合国家规模以上划分标准的调查企业2623家,占全国2.8%,营业收入占全国的2.1%;但营业收入过百亿元企业仅1家,过十亿元仅31家,缺乏龙头性大型企业。在这些规模以上企业中,私营企业1110家,占42.3%;实现营业收入265.9亿元,占13%;实现利润仅16.2亿元,占5.7%。入围中国民营企业500强名单的数量少。2017年,全国工商联发布的中国民营企业500强中,安徽省入围仅5家,在长三角区域中排名倒数第一(见图11-10)。

(2)民营经济仍处于产业低层次、低起点阶段。融资难,资金短缺成为制约民营企业发展的瓶颈,民营企业普遍面临资金短缺问题,且企业规模越小,资金融通越困难。以安徽和同为长三角经济带的邻近身份江苏省相比较,民营企业差距巨大。

(3)缺乏有效的人力资源规划,留不住人才。2016年度安徽省人力资源市场上私营企业、其他企业两类需求占比分别上升1.6个和1.54个百分点。2017年民营机构人力资源市场监测显示,进场招聘单位数为34086家,需求人数为763033人,求职人数为531769人。

（单位：家）

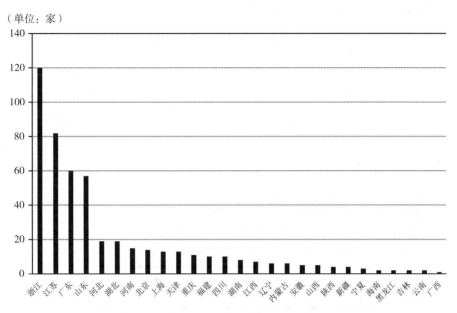

图 11-10 2017 年中国民企 500 强各省上榜企业数量排名

资料来源：全国工商联与山东省政府联合举办的 2017 年中国民营经济 500 强发布会暨民营经济发展峰会。

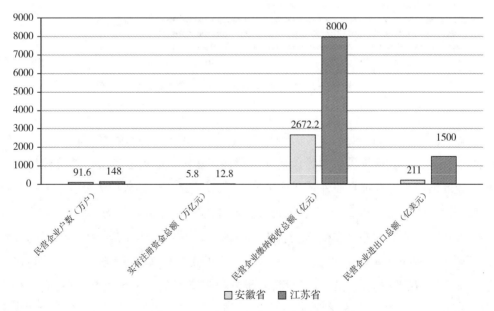

□ 安徽省 ■ 江苏省

图 11-11 2017 年民营企业比较

资料来源：人民网、光明网。

（二）安徽省"三化"发展问题

1. 安徽省城镇化发展问题

目前安徽省城镇化在推进经济发展过程中还存在着一些不容忽视的问题。主要体现在：

（1）城镇化整体水平及质量低，空间布局不均衡。2017 年中国城镇化率为 58.52%，而安徽省城镇化率为 53.5%。安徽省城镇化整体水平不高，大部分地市还达不到全国平均水平（见图 11-12）。

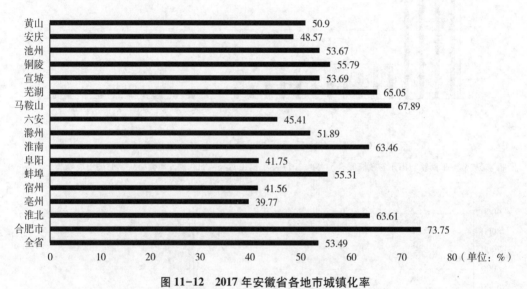

图 11-12　2017 年安徽省各地市城镇化率

资料来源：公开资料，智研咨询整理。

（2）城镇体系建设不完善，中心城镇实力较弱。2016 年安徽省城市辐射力排名较前的均位于皖中地区，排名前四的合肥市、芜湖市、马鞍山市和铜陵市均是皖江城市带城市；皖北城市群除蚌埠靠前外其余均排名中后；皖南地区整体辐射力最弱，如黄山市、宣城市分别为第 14 位和第 16 位。从城市群来看，皖北城市群辐射力总体处于中下游，第 8—11 名均在皖北城市群内；合肥都市圈除六安外，整体处于前列，排名前三的合肥市、芜湖市、马鞍山市均在都市圈内。皖江城市带城市总体辐射力较强，但区域间差异较大，如合肥、芜湖、马鞍山、铜陵、滁州、池州分别为第 1、2、3、4、6、7 名，而安庆市和宣城市分别居第 13 名和第 16 名（见图 11-13）。

（3）城市综合经济实力不强，竞争力较弱。从综合经济竞争力来看，2016 年安徽省城市平均综合经济竞争力均值为 0.071，排在第 20 位，相比 2015 年进步两位，总体处于全国各省（区、市）的中下游水平。从各城市情况来看，2016 年综合经济竞争力在前 100 名的有合肥和芜湖两个城市，2017 年仅合肥市一个城市排名 29 位。中部地区湖南

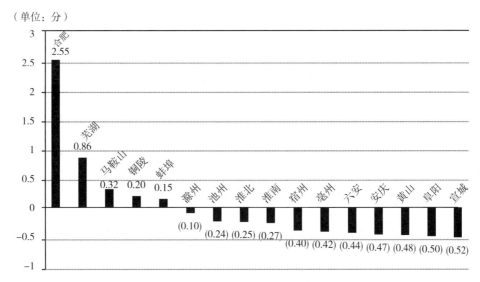

（单位：分）

图11-13　2016年安徽省各地市城市辐射力得分

资料来源：公开资料，智研咨询整理。

省长沙排名第13位，6个城市上榜，长三角江苏省和浙江省别有16个和8个城市上榜。

2. 安徽省工业化发展问题

目前安徽省处于工业化初期向工业化中期过渡的阶段，从总体上看，工业化进程还落后于全国平均水平，与沿海发达城市相比，差距较大。尤其是产业结构层次低，产业关联度低，集约化程度低，经营粗放。从2017年度全国各省（自治区、直辖市）工业总产值排行榜来看，排名第一的江苏省2017年工业产值154899.9亿元，占全国比重13.30%。排名第五的浙江省2017年工业产值67081亿元，占全国比重5.76%。而安徽省排名第九，2017年工业产值43408.1亿元，占全国比重3.73%（见表11-1）。

表11-1　2017年全国各省规模以上工业产值排名

省　区	2017年规模以上工业产值（亿元）	2016年规模以上工业产值（亿元）	同比增速（%）	2017年规模以上利润（亿元）	利润率（%）
江苏省	154899.9	157789.5	−1.80	10359.7	6.70
山东省	142660.2	150034.9	−4.90	8327.6	5.80
广东省	135598.7	127363.1	6.50	8986.0	6.60
河南省	80605.7	79195.7	1.80	5272.4	6.50
浙江省	67081.0	65307.6	2.70	4569.8	6.80
河北省	51900.5	46729.4	11.10	3118.7	6.00

续表

省　区	2017 年规模以上工业产值（亿元）	2016 年规模以上工业产值（亿元）	同比增速（%）	2017 年规模以上利润（亿元）	利润率（%）
福建省	48004.3	42124.1	14.00	3208.6	6.70
湖北省	43531.2	45169.9	−3.60	2470.6	5.70
安徽省	43408.1	41645.9	4.20	2285.3	5.30
四川省	42423.4	40639.3	4.40	2610.6	6.20
湖南省	39463.9	37686.5	4.70	1930.9	4.90
上海市	37426.8	33844.3	10.60	3210.9	8.60
江西省	35585.1	35518.7	0.20	2475.7	7.00
广西壮族自治区	24170.3	21978.4	10.00	1559.3	6.50
吉林省	23162.3	23268.3	−0.50	1129.2	4.90
辽宁省	22480.2	23802.0	−5.60	1001.4	4.50
陕西省	22375.0	19776.8	13.10	2185.7	9.80
重庆市	21333.2	22947.6	−7.00	1498.4	7.00
北京市	20354.9	19413.6	4.80	1992.5	9.80
山西省	17725.3	13957	27.00	1024.5	5.80
天津市	17019.6	27835.8	−38.90	1096.0	6.40
内蒙古自治区	13638.2	19797.9	−31.10	1409.1	10.30
云南省	12058.0	10342	16.60	772	6.40
贵州省	11085.7	10654.9	4.00	873.1	7.90
黑龙江省	10158.7	11166.5	−9.00	474.7	4.70
新疆维吾尔自治区	9768.8	8222.3	18.80	736.8	7.50
甘肃省	8487.6	7711.5	10.10	246.9	2.90
宁夏回族自治区	4083.6	3636.1	12.30	152.1	3.70
青海省	2094.8	2227.1	−5.90	73.2	3.50
海南省	1831.5	1660.3	10.30	110.4	6.00
西藏自治区	207.3	170.7	21.40	25.2	12.20

资料来源:国家统计局。

3. 安徽省农业现代化发展问题

(1)农民收入缓慢增长,与全国平均水平仍有差距。安徽省农业现代化的很多指标均低于全国平均水平,农业效益低下,与发达省份差距拉大,农民收入落后全国平均水平。"十二五"以来,农民收入增速不断下行,2011—2017 年分别增长 17.9%、14.9%、13.1%、12.0%、9.1%、8.3%、8.9%,2016 年降速趋缓,2017 年增速比 2016 年上升 0.6 个百分点。2017 年安徽省农村居民人均可支配收入相当于全国平均水平95.0%,且 2017 年安徽省农村居民收入水平与全国农村居民平均水平相比,差额同比扩大 31 元。从全国范围看,21 个省(区、市)2016 年和 2017 年农民收入低于全国平均水平。从绝对差距扩大额看,安徽省居 21 个省(区、市)第 17 位。

(2)安徽省农村居民工资性收入较低。从 2017 年安徽省农村居民人均收入与全国绝对差额看,除转移净收入高于全国平均水平 289 元外,其余三类收入均低于全国平均水平。其中,人均工资性收入比全国低 874 元,财产净收入低 84 元,经营净收入低 2元。从工资性收入增速看,2016 年和 2017 年安徽省农村居民工资性收入分别增长7.7%和 7.8%,分别比全国平均水平低 1.7 个和 1.5 个百分点,致使安徽省农民工资性收入与全国平均水平差距扩大。

(3)农业发展结构性矛盾突出。安徽省作为农业大省和粮食大省,长期以来为国家粮食安全作出重大贡献,但是农业综合生产效益仍然较低,2017 年全省农业劳动生产率为 1.92 万元/人,为全国平均水平的 89%;农产品加工业仍然是短板,2017 年全省农产品加工业与农林牧渔业总产值比为 2.06:1,比全国平均水平低 0.12,提高粮食生产综合效益和调整农业结构任务仍然艰巨。

(4)农业资源环境硬约束加剧。工业"三废"和城市生活垃圾等污染向农业农村扩散,耕地数量减少质量下降,水资源日趋紧张。全省人均耕地 1.27 亩,仅相当于全国平均水平的 86.4%,人均淡水资源 974.5 立方米,仅相当于全国平均水平的 47.3%。农业投入品过量使用、农业面源污染问题日益严重,农产品安全风险增多,农业资源利用率低,推动绿色发展和可持续发展十分迫切。

(三)安徽省开放发展问题

安徽省作为长三角新成员,在经济实力、产业结构、城镇化水平等方面均远远落后于江浙沪。安徽省打造内陆开放新高地初显成效,但与华东先进省市相比,安徽省地处内陆,开放不足是明显短板,对外贸易规模小、结构单一、产业支撑力不强等问题较为突出。

1. 安徽省融入长三角过程中遇到的挑战

改革开放以来,安徽省的经济基础比较薄弱,经济总量偏小,与长三角经济落差巨大。长三角 26 城经济总量差距极大,2017 年 GDP 排行榜,第一名上海市的经济总量超过 3 万亿,而最后一名安徽省池州市只有 654 亿,相差近 50 倍。江浙皖三省总体来看,江苏省表现最好,最差的镇江市在 26 城中排名第 16 位,整体实力雄厚且发展均衡。浙江省其次,最差的舟山市排名第23位,不过舟山市经济并不弱,因为人口较少的原因才排名靠后。安徽省整体实力最弱,除了合肥市和芜湖市排名尚可,其余城市都在榜单后半段。

(1)产业结构需优化升级。上海市的产业结构为"三二一",第三产业比重较高,已进入信息化阶段。江苏省、浙江省和安徽省的产业结构为"二三一",不过,近些年江浙两省第二产业的比重不断下降,第三产业比重不断上升,且在2015年第三产业比重首次超过第二产业,这表明江浙两省处于工业化向信息化转变的阶段。而安徽省的第二产业比重较高,最近几年均超过50%,且第二和第三产业的差距较大,表明安徽省还处于工业化阶段,产业结构需优化升级。

(2)城镇化水平相对较低。从城镇化率看,有10个省份的城镇化率超过全国的平均水平,北京以城镇化率87.6%排全国第一,在省份的城镇化率排名中广东省以城镇化率69.2%排名第一,紧跟其后的是江苏省和辽宁省,而安徽省的城镇化发展滞后,一直处于较低水平,2017年城镇化率53.5%,甚至低于全国的平均水平。

(3)中部各省抢滩产业传承,同质化竞争相对激烈,区位优势与劣势并存。例如,在安徽省提出东向发展推行皖江战略,建设"马芜铜"经济圈融入长三角地区的同时,湖北省提出了建设武汉城市经济圈,湖南省提出了重点打造"一点一线",河南省提出了的中原城市群集,江西省提出了"昌九工业走廊"沿大京九纵向布局。由于中部六省发展的背景十分相似,区域经济利益的冲突比较多,不少地区的战略构想出于争抢投资的需要竞相压低地价,盲目扩建开发区。且安徽省处于东部地区、长三角腹地,中部地区的桥头堡地位,一定程度上安徽省的区位优势成为区位劣势,受"虹吸效应"影响,大量优质要素流向东部地区,安徽省与全国,特别是长三角地区发展差距扩大了。

2.安徽省对外开放中遇到的挑战

(1)安徽省对外开放总体规模还较小。2017年安徽全省外贸进出口总量为3267亿元,其中出口1886.4亿元,进口1380.6亿元。而江苏省实现外贸进出口40022.1亿元,占我国进出口总值的14.4%。其中,出口24607.2亿元,进口15414.9亿元。与江苏省相比,安徽省的对外贸易还有很长的路要走。

(2)对外开放结构不够优化(见表11-2)。从产业结构上看,首先第一产业占比偏高,2017年全年生产总值27518.7亿元,第一产业增加值2611.7亿元,增长4%;第二产业增加值13486.6亿元,增长8.6%;第三产业增加值11420.4亿元,增长9.7%(见表11-2)。三次产业结构由2016年的10.5∶48.4∶41.1调整为9.5∶49∶41.5。其次,第二产业发展模式过于粗放,第二产业主要集中于资源产业,缺乏科学的开发理念,缺少高新技术的支持,生产要素利用效率较低。最后,第三产业发展较为滞后。安徽省的经济增长主要还是依靠固定资产投资,未能形成稳定的正相关关系。

表 11-2　2017 年安徽省生产总值及增速

指　标	绝对数（亿元）	比 2016 年增长（%）
地区生产总值	27518.7	8.5
其中:第一产业	2611.7	4.0
第二产业	13486.6	8.6
第三产业	11420.4	9.7
其中:农林牧渔业	2749.1	4.2
工业	11514.8	8.9
建筑业	1993.4	6.8
批发和零售业	1910.5	5.8
交通运输、仓储和邮政业	875.4	4.3
住宿和餐饮业	500.6	7.1
金融业	1663.6	10.9
房地产业	1350.5	4.7
其他营利性服务业	2511.0	18.2
其他非营利性服务业	2449.9	8.7

资料来源:安徽省统计局;《安徽省 2017 年国民经济和社会发展统计公报》。

(四)安徽省创新发展问题

安徽省科技创新发展存在的问题主要是:创新能力不够,创新人才不多,创新资金不足。

1.合芜蚌示范区创新发展问题

合芜蚌国家自主创新示范区对比中关村等设立较早的国家自主创新示范区,还存在一些不足之处。

(1)整体创新能力不足。"合芜蚌"试验区拥有一批具有特色的自主创新企业,如奇瑞汽车、江淮汽车、合力叉车、星马汽车等,但是这些自主创新企业不但数量少,而且创新成果的差别较大。在这些自主创新企业中,自主创新主体分布不均,只有 0.6% 的企业专利申请数量过百。跟那些大型高新技术企业相比,中小企业的研发能力明显不足。科技创新成果转化率不高,创新能力不够。目前"合芜蚌"试验区的科技成果转化率为 20%—30%,真正实现产业化的成果不足 10%,而上海市、北京市等试验区的成果转化率为 50%—60%,产业化率也达到 20%—30%。

(2)产学研合作机制还不健全。高校、科研院所的科研成果产品化、市场化不足。另外,公共服务平台功能还较薄弱,有影响力的科技中介机构数量少、规模小。

(3)创新型人才缺乏。现阶段合芜蚌国家自主创新示范区中研发人员数量不断增加,但仍低于我国 16 个国家自主创新示范区的研发人员数量的平均值,比中关村国家自主创新示范区研发人员少了 8 万人。

2. 合肥综合性国家科学中心创新发展问题

(1)科技人才相对不足。高端科技创新人才和企业管理人才相对缺乏,科技创新环境有待进一步改善。以国家"千人计划"人才为例,东湖高新区 230 人,张江高新区 85 人,合肥高新区仅 18 人,差距较为明显。

(2)合肥创新资金投入不足。合肥地方性金融机构相对南京数量少,总量规模小。江浙地区民间金融发展起步早,民间资本实力雄厚,地方性金融机构发展较快,这些都对起步阶段的创新创业人才及其企业具有重要的支持作用。

2017 年江苏省专利申请量、授权量分别达 51.4 万件、22.7 万件,全年共签订各类技术合同 3.7 万项,技术合同成交额达 872.9 亿元。安徽省从事科技活动人员 122 万人,全社会研究与试验发展(R&D)活动经费占地区生产总值比重达 2.7%左右。已建国家级高新技术特色产业基地 162 个。而安徽省受理申请专利 17.6 万件,授权专利 5.8 万件。全年技术合同成交额 520.3 亿元。从事研发活动人员 22 万人。全年用于研究与试验发展(R&D)经费支出相当于全省生产总值的 1.97%。有省级高新技术产业开发区 20 个,其中国家级 5 个。

三、安徽省进一步深化改革开放的政策建议

进一步深化改革开放,安徽省必须坚持刀刃向内、敢于自我革命,坚持破字当头、迎难而上,更加注重改革开放的系统性、整体性、协同性。结合安徽实际,拟提出以下政策建议。

(一)改革:加快形成更高层次的改革开放新格局

1. 持续加大供给侧结构性改革力度

(1)继续实施去产能、去库存的同时,重点回应企业反映集中的融资难、成本高等问题,出台降低实体经济成本、增强融资能力的政策举措,为实体经济排忧解难,帮助企业降本增效、降压减负,让各类市场主体有实实在在的获得感。

(2)要继续加大招商引资力度,加强重大项目谋划推进,保障重点项目用地需求,实施好现代基础设施体系"1+9"规划等。

(3)加快构建现代化经济体系,发挥投资对优化供给结构的关键性作用,在发展电子商务、家政养老、流通体系建设、拓展对外贸易等方面提出系列支持政策,创造新的消费需求,切实增强消费的基础作用。

2. 以实施乡村振兴战略作为新时代"三农"工作的总抓手和新旗帜,加快实现由农业大省向农业强省转变

(1)继续弘扬敢为人先的"小岗精神",大力推进乡村振兴战略。小岗村要奋力走在乡村振兴前列,进一步擦亮改革名片。坚持以处理好农民和土地的关系为主线,着力在创新农业经营机制上下功夫,扎实推进落实农业部等六部委联合印发的《关于促进农业产业化联合体发展的指导意见》,大力发展农业产业化联合体,实现产业、要素、利益三者紧密联结,推动了一二三产业融合发展,不断为农村发展提供新的动力,为构建现代农业经营体系奠定坚实基础。创新承包地"三权分置"有效实现形式,加快完成确权数据脱密工作,全面建成县级土地承包经营权信息管理应用平台,推动确权成果在农业补贴、抵押担保、土地流转、农业保险、征地补偿等方面的应用,释放土地权能。大力发展农村电子商务。积极输出"互联网+大包干"模式,计划招引30个以上县到小岗村建设展示馆,打造全国名优农产品线上线下融合的集散中心。结合美丽乡村建设、宅基地确权和住房使用权确权,组织农民盘活闲置房屋资产,以农民住房使用权入股,采取"旅游公司+农户"方式,发展"红色旅游+休闲农业",增加小岗村农民家庭财产性、经营性和工资性收入。

(2)在充分论证、稳步开展的基础上积极推进、加快推进承包地"三权分置"和农村"三变改革",在全面完成农村土地承包经营权确权登记颁证的基础上,用好并不断放大确权成果效用,特别是以农村土地改革为"牛鼻子",加快实施乡村振兴战略,与新型农业产业体系建设结合起来,推动农村经济发展。同时,加快推动公共资源向基层延伸、向农村覆盖、向边远地区和生活困难群众倾斜,让农民获得更多的财产性收入,不断增强农民群众获得感幸福感。

(3)加快推进新型城镇化试点省建设。抓住加快推进城乡统筹、一体化发展这一本质,通过深化户籍制度改革试点,处理好农村"人""地"资源要素配置关系,促进城乡要素优化配置,建立健全城乡融合发展体制机制和政策体系,加快推广PPP模式,不断提升公共服务供给水平,使农民享受到与市民一样的医疗、养老、教育等基本公共服务。

(4)深化医药卫生体制综合改革。继续在分级诊疗、全科医生培养、现代医院管理等领域加大改革力度,加快形成覆盖城乡居民的基本医疗卫生制度,通过深化改革调动医疗、医药行业的供给积极性,减轻广大人民群众看病负担。

(5)深化国资国企改革。充分发挥国企党组织领导核心和政治核心作用,以管资本为主加强国资监管,优化国有资本布局。对市场竞争较为充分领域的国企,应积极推进整体上市和兼并重组,加快推进国有控股混合所有制企业员工持股、职业经理人制度等试点,做强做优做大国有企业。

(6)改革政府管理方式,激发各类市场主体活力。按照中央和安徽省委经济工作会议精神,深化"放管服"改革,深入实施市场准入负面清单制度,持续推进简政放权,减少行政审批事项,增加政府服务供给,进一步完善权责清单、涉企收费清单,实施全方位公共服务和全口径中介服务清单,统筹推进"多证合一""证照分离",全面落实"照后减证"、推进一网通办、实现不见面审批等。

(二)发展:以建设现代化"五大发展"美好安徽省行动计划为总抓手

1. 以建设现代化"五大发展"美好安徽省行动计划为总抓手,体现高质量发展要求

(1)支持创新驱动发展、培育发展新动能,深化供给侧结构性改革、提高经济质量和效益,发展实体经济、筑牢现代化经济体系基础,切实发挥高质量发展这个新时代"指挥棒"的指引和促进作用。

(2)扩大有效投入、补齐发展短板。打好三大攻坚战,坚定实施七大战略,跨越现阶段特有关口等方面,提出系列政策举措,有力推动安徽加快建设创新型省份、城乡区域协同联动新体系、生态文明建设安徽样板、双向互动内外联动的内陆开放新高地、人民幸福社会和谐的美好家园。

2. 立足安徽省实际,推动产业高质量发展

(1)聚焦产业链核心环节,重点引进战略性新兴产业和现代服务业领域产业,重点谋划一批产业类、创新类、基础设施类、生态环保类和改善民生类项目,不断完善项目库,梯次推进项目建设,推动主导产业、新兴产业、现代服务业更上层次、更大发展。

(2)加快皖南国际文化旅游示范区建设。以深入推进"五个一批"行动计划为抓手,加快建设一批旅游特色精品景区,打造一批旅游精品线路,发展一批特色旅游商品,构建一批旅游新业态,培育一批旅游领军企业。

(3)激发科研人员创新创业积极性,放宽科技人员兼职或离岗创业限制,提高科技成果转化收益用于奖励科研人员和团队的比例,加大高层次人才引进力度。

3. 营造高效透明、公平竞争、亲商安商的市场环境

(1)着力加强市场规则制定与完善,按照"四督四保"要求,营造公平正义的市场环境。

(2)加强公共资源配置领域政府信息公开,坚持以公开为常态、不公开为例外,推进公共资源配置决策、执行、管理、服务、结果全过程公开,引入第三方评估机制,定期检查,让公共资源配置在阳光下运行,提高公共资源使用效益。

(3)加强对各种所有制法人产权保护,加快打造"四最"营商环境,稳定企业预期,有效释放市场主体发展活力,进一步优化营商环境,构建新型"亲""清"政商关系,让市场主体真正"活起来"。

（三）开放：加快建设更高水平内陆开放新高地

1. 对内开放

（1）全面参与长江经济带建设。落实习近平总书记"长江经济带开发要科学绿色可持续"的要求，推进长江经济带联动发展，向东着力加快长三角一体化进程，向西主动加强与中部城市群沟通协作，携手把长江经济带建成生态更优美、交通更顺畅、经济更协调、市场更统一、机制更科学的黄金经济带。

（2）强化长三角成员意识、整体意识，大力参与实施长江经济带建设三年行动计划，推动与沿江沿海口岸合作，加快体制机制、基础设施等方面的对接联通，实施航道畅通、枢纽畅通、江海联通、关检直通四大工程，加快铁路、航运等交通枢纽工程建设，完善人员、资本、技术流动的交通网络，努力成为推动东中西三大区域联动发展、资源配置的新节点。

（3）合力推动长三角城市群建设发展，进一步深化长三角一体化机制，以打造具有全球影响力的世界级城市群为目标，着力加强皖江城市带建设，进一步凸显安徽"左右逢源"的区位优势。

（4）合肥市、芜湖市、马鞍山市、铜陵市、安庆市、滁州市、池州市、宣城市各级人民政府要切实加强对《长江三角洲城市群发展规划安徽实施方案》实施的组织领导，深化简政放权、放管结合、优化服务改革，健全协作机制，明确责任分工，制定具体实施方案，落实各项任务措施，努力打造新发展理念的先行示范区。

（5）加快打造合肥都市圈。以合肥市为中心，进一步扩容升级合肥经济圈，增加芜湖市、马鞍山市，完善都市圈协调推进机制，建设合肥都市圈，推动圈内城市合作构建高水平、多功能、国际化的对外开放平台，加强与全球知名企业和城市的联系与合作，形成与国际投资、贸易及要素流动通行规则相衔接的制度体系，建设具有较强影响力的国际化都市圈，形成区域增长新引擎。

（6）加快淮河生态经济带建设。打造淮河流域诸城市间互联互通大通道，培育淮安市、蚌埠市、信阳市三大增长极，打造沿淮铁路、沿淮高速公路、一条黄金水道、沿淮高铁和机场群等沿淮通道，推进重点生态廊道建设，提升生态环境承载能力；同时，加快成立相关联合办公工作机构，加强政策研究，根据淮河流域实际，建立项目库，增强区域中心城市之间人员、货物、信息的高效流动，引领流域内落后地区的经济发展，促使淮河流域参与全国乃至全球的竞争与产业分工。

2. 对外开放

（1）打造更高质量开放型经济新体系。高起点引进高水平外资和技术，积极采取投资参股、技术合作等模式，吸引外资向新型显示、集成电路、智能语音、新能源汽车、机器人、高端装备、生物医药和高端医疗器械等新兴产业领域集聚。

（2）加快开发区发展创新升级，积极引导外资进入安徽省大旅游、大物流、大健康等现代服务业发展，提升利用外资技术溢出和产业升级效应，推动外贸、外资、外经齐头并进；大力发展总部经济，加强引导跨国公司在安徽省设立地区总部、研发中心、采购中心、财务管理中心和营运基地等。

（3）加快复制推广上海等自贸区改革试点经验，积极创建中国（安徽）自由贸易试验区，主动跟进融入自由贸易港建设，加强口岸和海关特殊监管区域建设，打造更高能级的开放型经济新平台。

（4）积极参与"一带一路"建设，加快拓展国际市场。加强与"一带一路"沿线国家和地区的开放合作，围绕"一带一路"沿线国家和地区，重点发展对"一带一路"沿线国家以及非洲、拉美等新兴市场的投资合作，推进对外投资和国际产能合作、智造合作、装备合作。

（5）培育一批跨国经营能力强、资本技术硬的龙头企业，支持有实力的跨国经营骨干企业建设境外经贸合作园区，提升在全球产业链、价值链中的地位，构建面向全球的贸易、投融资、生产、服务网络，在更高水平、更高层次上参与国内外分工合作，实现互利共赢。打造平台，健全机制，官民并举，密切安徽省与国际友好城市、省州的友好往来，拓展国际合作范围，擦亮"优质安徽"品牌，打造"开放安徽"形象。

（6）进一步减少市场准入限制，优化外商投资环境。强化安徽省促进外资增长22条、招商引资10条等政策的落实督查检查，全面落实外商投资准入前国民待遇加负面清单管理制度，创新通关和检验检疫监管模式，加快建设国际贸易"单一窗口"，从减少市场准入限制，落实财税支持政策、完善开发区综合投资环境、优化营商环境等方面鼓励引导外资进入安徽省，支持各地在法定权限内制定出台招商引资优惠政策，形成投资贸易自由化便利化新体制，全面优化对外开放的制度环境和管理机制，便利人才出入境，营造法治化、国际化、便利化的外商投资环境，着力打造宜居宜业、亲商稳商的发展环境和良好氛围。

（7）推动徽文化走向世界。加快发展以徽文化为主题的文化产业，为徽文化"走出去"提供产品支撑。在新的经济环境背景下，对文房四宝、徽州三雕、徽派剪纸等传统徽州工艺产品进行再次开发；开展多样化文化活动，为徽文化"走出去"搭建广阔平台，增强徽文化的海外影响力；探索、应用信息数字技术，为徽文化"走出去"提供技术支撑。

（四）创新：不断增强创新动力

1. 用好、用足、用活科技创新"新十条"

（1）突破一批关键核心技术，瞄准重大创新平台，大力建设科技研发创新平台、产业协同创新平台、科技成果转化平台,完成从科学研究、实验开发到推广应用的"三级跳"。

(2)围绕建设具有重要影响力的世界一流高科技园区总体目标,大力施行"科技创新"与"体制机制创新"双轮驱动,确定"2020年基本建成综合性国家科学中心、2025年基本建成世界一流高科技园区、2035年迈入全球高科技园区前列"三步走战略。

(3)全力构建涵盖"源头创新—技术开发—成果转化—新兴产业"的全链条式创新体系。要以产业需求为目标,做好各类服务,强化创新要素协同集成,构建充满活力的技术创新支撑体系、全链条跟进的创新平台支撑体系、全生命周期的创新金融支撑体系、全要素服务的创新政策支撑体系。

2. 加快推动合肥综合性国家科学中心建设

(1)加强原创性科研成果的研发,推动建设共性技术研发圈,形成全国创新创业人才高地,基本形成创新型现代产业体系,初步形成合肥综合性国家科学中心制度体系,进一步完善技术和产业、平台和企业、资本和金融、制度和政策四大创新体系,加快合肥综合性国家科学中心和全球产业创新中心建设,推动战略性新兴产业发展,打造创新发展新高地。

(2)以建设合肥综合性国家科学中心为契机,会同中国科学院积极创建国家量子信息实验室并将其作为科技创新的"一号工程"。

(3)以合肥高新区为平台,立足"科学中心核心区、新兴产业引领区、创新改革示范区、国际新城先行区"四大定位,实施"创新尖峰攀登、未来产业领跑、领军企业跃升、开放融通拥抱、改革突破护航"五大行动计划,践行新发展理念,实现高质量发展,为建设现代化经济体系提供重要支撑。

3. 加快推进合芜蚌自主创新综合配套改革试验区建设

(1)进一步提高产业核心竞争力。加大对试验区创新型产业相关核心技术、重大装备研发项目或重大引进技术、装备的消化吸收再创新项目的资助。

(2)对试验区创新型产业中具有自主知识产权、有望形成爆发性增长的新兴产业和规模巨大的支柱产业的重大项目,实行一事一议、特事特办。

(3)免征试验区内高新技术企业、创新型企业各项行政性收费;对新创办的科技型企业,实行零收费;创新型企业所缴纳企业所得税新增部分的省、市留成部分,实行3年内全额奖励企业。

4. 进一步完善创新机制,激发创新动力

(1)放宽科技人员兼职或离岗创业限制,激发科研人员创新创业积极性,提高科技成果转化收益用于奖励科研人员和团队的比例。

(2)加大高层次人才引进力度,大力引进国际资本、技术和人才团队参与安徽省新型研发机构建设,促进科技研发和产业化。

(3)打造具有国际优势的产业服务环境、国际品质的生活服务环境、遵循国际惯例的政务服务环境,让各类主体在安徽省创新愉快、创业愉快。

(4)牢固树立人才是第一资源的思想,培育人才优势,突出"高精尖缺"导向,推出有竞争的人才政策,健全人才管理、培养和评价激励机制,打造人才引进"绿色通道",培育一批具有国际视野的涉外人才,为安徽省开放型经济发展提供强有力的智力支撑。

改革开放是决定当代中国命运的关键一招,是中国的第二次革命。40年前的安徽省小岗村,以不到100米的海拔标记了中国改革开放的精神高地,以按下18枚鲜红手印的生死契,释放出了中国改革开放的初始动力。40年来,安徽省勇于变革创新,坚持开放共赢,通过实施一系列改革开放新举措,充分激发了安徽省的发展活力和社会创造力。进入新时代的安徽省,正在按照习近平总书记"扎实推进改革开放"的指示要求,以纪念改革开放40周年为契机,大力弘扬"大包干"精神,加快形成更高层次的改革开放新格局,一锤接着一锤敲,一任连着一任干,朝着努力建成向习近平总书记绝对看齐、让党中央绝对放心的现代化五大发展美好安徽省的宏伟目标不懈努力,奋力谱写新时代中国特色社会主义的安徽省篇章!

12

福建省改革开放 40 周年
地区发展报告

福建行政学院课题组[①]

改革开放以来,福建省经济、政治、社会、文化、生态文明建设发生了历史性变革,尤其是党的十八大以来,习近平总书记多次亲临福建省考察,擘画了福建省发展的新蓝图,作出了建设"机制活、产业优、百姓富、生态美"的新福建省和"四个切实"等一系列重要指示,福建省委、省政府带领全省广大干部群众,坚持以习近平新时代中国特色社会主义思想为指导,准确定位福建省在全国发展大局中的地位和作用,按照"再上新台阶、建设新福建"的决策部署,积极贯彻落实国家赋予福建省的建设 21 世纪海上丝绸之路核心区、国家生态文明试验区、中国(福建)自由贸易试验区、平潭综合实验区、福州新区、福厦泉国家自主创新示范区等重大改革与发展战略和政策,进一步推动经济社会发展取得重大进展。

一、1978 年以来福建省经济社会发展成就

(一)生产力水平不断提升

1978—2017 年,福建全省生产总值从 66.37 亿元到突破 3 万亿元,39 年增长 486 倍,年均增长率为 17.2%;人均地区生产总值从 273 元到突破 8 万元,39 年增长 304 倍,年均增长率达 15.8%。特别是党的十八大以来,福建省地区生产总值从 2012 年的 19701.18 亿元增加到 2017 年的 3.23 万亿元,5 年增长 63.9%;地区生产总值排名进入全国前十,2017 年福建省经济发展稳中有升,地区生产总值增长 8.1%,排全国第 7 位;人均地区生产总值从 2012 年的 5.28 万元增加到 2017 年的 8.30 万元,2016 年排名上

---

① 课题组组长:何福平;课题组成员:俞建雄;项目编号:NSAZT(WT)2018012。

升至全国第6位,并继续保持稳定(见图12-1)。

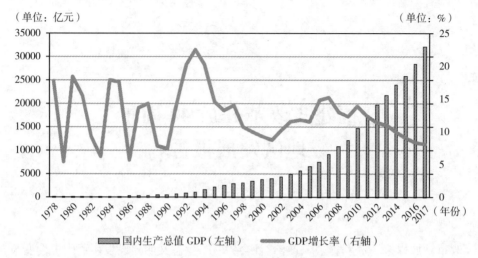

图12-1 1978—2017年福建省GDP总量及增长

资料来源:1978—2016年历年福建统计年鉴、2017年《福建省国民经济和社会发展统计公报》。

(二)经济结构不断优化

1. 三次产业结构不断优化

改革开放以来,福建省三次产业结构从1978年的36.1:42.5:21.5调整到2017年7.6:48.8:43.6(见图12-2),经济增长从主要由一二产业带动转为主要由二三产业带动,第二产业特别是工业增长成为福建经济快速增长的主要动力之一,第一产业就业人员的比重由1978年的75.1%减少至2016年的22.0%。

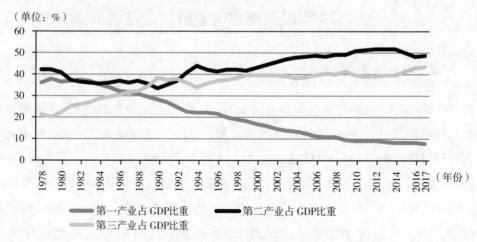

图12-2 1978—2017年福建省三次产业占GDP比例变化

资料来源:1978—2016年历年福建统计年鉴、2017年《福建省国民经济和社会发展统计公报》。

2. 国有经济与非公经济竞相发展

福建省国有经济占全省经济比重的变化大致可分为三阶段:第一阶段,1999—2006年,国有经济比重呈明显下降趋势,但仍居主体地位,该阶段国有控股工业企业资产总计占比从49.4%下降到28.1%。第二阶段,2006—2012年,国有经济比重逐渐稳定。该阶段国有控股工业企业资产稳定在26%上下。第三阶段,2013年以来,国有企业做强做优做大,国有经济比重有所回升。至2016年,国有控股工业企业资产占比上升到30.1%(见图12-3)。

福建省是民营经济发达地区,进入2000年后,民营经济发展迅猛,截至2016年年底,福建省私营企业和个体工商户数达267万户;民营经济总量占福建省GDP的比重为67.3%,对福建省GDP增长的贡献率为73.2%;民营经济提供福建省60%的税收,覆盖85%的就业人群。2000—2016年,私营工业企业资产总计占比从2.9%提高到25.6%。

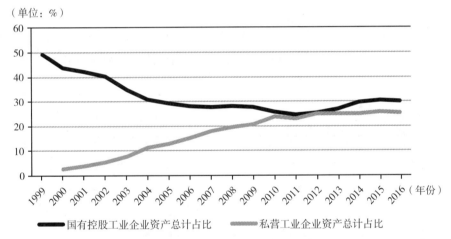

图12-3　1999—2016年福建省国有控股工业企业资产总计、私营工业企业资产总计占比变化

资料来源:《福建统计年鉴》(1999—2016年)。

3. 经济增长内生动力不断增强

消费对经济发展的基础性作用在增强。党的十八大以来,国内经济发展的新动能迅速壮大,经济增长实现由主要依靠投资、出口拉动转向依靠消费、投资、出口协同拉动。福建省经济很长一段时间也是主要依靠投资拉动,为保持经济较快增长,一直维持较高的投资率水平,使得消费率下降较快,最终消费占GDP比重由1978年的79.9%降到2013年的38%。党的十八大以来,福建省积极转变发展方式,投资率逐步趋缓,消费率开始有回升趋势,2016年福建省最终消费支出占GDP比重超过40%,居民消费已进入消费需求持续增长、消费结构加快升级、消费拉动经济作用明显增强的重要阶段(见图12-4)。

（单位：%）

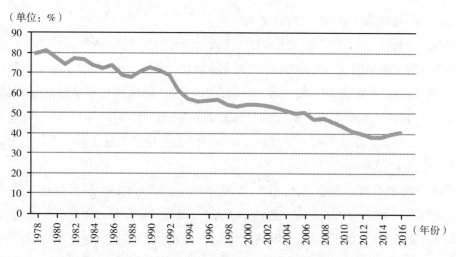

图 12-4　1978—2016 年福建省最终消费占 GDP 比重变化

资料来源：根据《福建统计年鉴》(1978—2016 年)绘制。

4. 城镇化水平大幅提升

按常住人口统计，福建省城镇化率 1978 年仅为 13.7%，2006 年首次超过 50%，达到 50.4%；2017 年进一步上升至 64.8%，比 2017 年全国的 58.52% 高出 6.28 个百分点（见图 12-5）。

（单位：%）

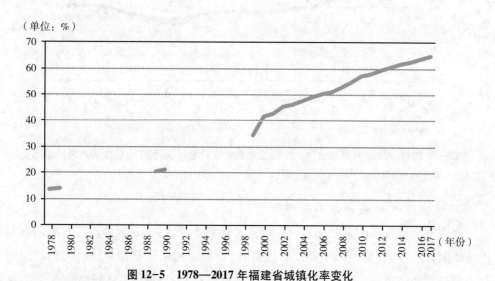

图 12-5　1978—2017 年福建省城镇化率变化

注：个别年份数据查核不到。

资料来源：1978—2016 年历年《福建统计年鉴》、2017 年《福建省国民经济和社会发展统计公报》。

5. 能源结构由煤炭为主向多元化转变

长期以来，福建省一次能源消费中，化石能源尤其是煤炭占据主导地位，煤炭和石油占比在 80% 左右。党的十八大以来，福建省能源结构正由煤炭为主向多元化转变，能源发展动力正由传统能源增长向新能源增长转变。煤炭消费比重从 2012 年的 55.6% 降至 2016 年的 43.6%,下降 12 个百分点;清洁能源(天然气、电力)消费比重从 2012 年的 19.4% 上升至 2016 年的 32.7%,提高 13.3 个百分点(见图 12-6)。节能降耗成绩显著,单位 GDP 煤炭(吨标准煤/万元)由 1978 年的 6.60 降至 2016 年的 0.2;单位 GDP 石油(吨标准煤/万元)从最初的 1.34 降至 0.1;单位 GDP 电力消费量(吨标准煤/万元)从最初的 2.43 降至 0.12。

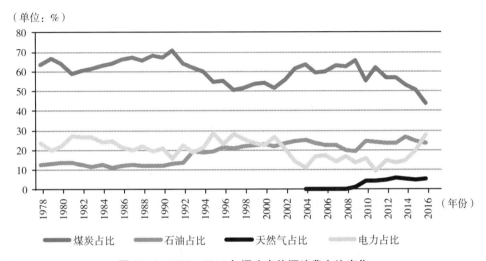

图 12-6   1978—2016 年福建省能源消费占比变化

资料来源:1978—2016 年历年福建统计年鉴。

(三)宏观经济稳定

1.物价总体稳定

改革开放以来,福建省物价总体稳定,波动同全国物价波动周期相同,经历了三次涨幅较大的时期,分别是 1985 年(111.3%)、1988 年(126.5%)和 1994 年(125.3%)(见图 12-7)。

2.地方财力显著增强

改革开放以来,福建省经济与财政税收同步增长,大多数年份财政收入增速略高于 GDP 增速,税收弹性系数基本保持在 1.1 上下小幅波动。1978—1994 年,财政收支平衡略有盈余;1995 年至 2009 年盈余占 GDP 比重一直比较稳定,平均在 2.5% 左右;2010 年以来,盈余占 GDP 比重上涨比较明显,2012 年突破 4%,2015 年突破 5%,2017 年达 5.92%,创改革开放以来最高值(见图 12-8)。

改革开放以来,福建省一般公共预算收入占 GDP 比重呈现三个阶段性趋势。一是 1978—1997 年呈下降趋势,从 1978 年的 22.80%,降至 1997 年的 5.67%,为改革开放

（单位：%）

图12-7 1978—2017年福建省通货膨胀率

资料来源：1978—2016年历年福建统计年鉴、2017年《福建省国民经济和社会发展统计公报》。

（单位：%）

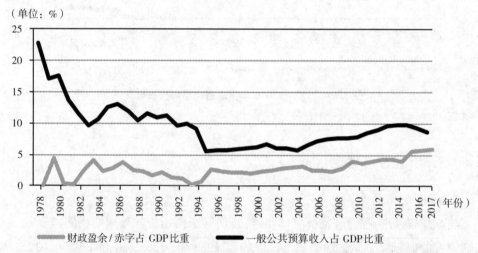

财政盈余/赤字占GDP比重 ———— 一般公共预算收入占GDP比重

图12-8 1978—2017年福建省财政盈余/赤字、一般公共预算收入占GDP比重

资料来源：1978—2016年历年福建统计年鉴、2017年《福建省国民经济和社会发展统计公报》。

40年来最低；二是1998—2014年平稳增长，从5.95%增至9.82%，年均增长2.99%；三是2015—2017年呈下降趋势。受经济下行和政策性减收产生的滞后影响，福建一般公共预算收入占GDP比重从2015年的9.79%降至2017年的8.70%（见图12-8）。

3. 地方政府债务规模可控

福建省地方政府债务占GDP比重，由于数据的可得性，只有2015年（18.46%）、2016年（17.41%）、2017年（16.93%）三个年度数据，福建省地方政府债务规模可控，占比逐年下降。

（四）基础设施建设成效显著

1. 交通基础设施全面改善

福建省素有"闽道更比蜀道难"之说。改革开放 40 年来,福建省基础设施建设突飞猛进,运输网络四通八达。铁路营业里程由 1978 年的 1006.03 公里增至 2017 年的 3187.1 公里,铁路网密度从 0.83 提高至 2.63;公路通车里程 108011.61 公里,其中海西高速公路网通车里程 5227.75 公里;(人均)民用航空客运量由 1978 年的 0.0005 人次增至 2017 年的 0.6679 人次,年均增长 20.85%。

2. 信息通信基础网络迅速发展

1978 年福建省电话用户总数 6.81 万(部),移动电话用户为 0。截至 2017 年年底,福建省电话用户总数 5072 万户,其中,固定电话用户 777 万户、移动电话用户 4295 万户(4G 电话用户 3115 万户,较 2016 年净增 548 万户)。福建省电话普及率为 131%,其中,固定电话普及率 20.1%,移动电话普及率 110.9%。福建省互联网用户 4882 万户,其中,固定宽带用户 1374 万户,固定宽带家庭普及率 90.1%;移动互联网用户 3508 万户,移动宽带用户普及率为 90.2%。福建省互联网用户普及率 126%(见图 12-9)。

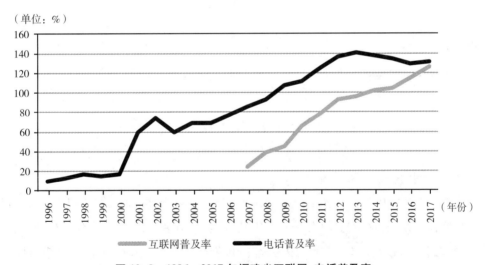

（单位：%）

图 12-9　1996—2017 年福建省互联网、电话普及率

资料来源:1978—2016 年历年福建统计年鉴、2017 年《福建省国民经济和社会发展统计公报》。

（五）基础自然资源科学利用

1. 水资源总量丰富

基于 2004—2016 年共 13 年的数据来看,福建省人均水资源量 3404 立方米/人,最高年份是 2016 年,福建省平均降水量 2503.3 毫米,折合水量 3100.27 亿立方米,比常年平均值偏多 49.2%,属丰水年。2016 年福建省水资源总量 2109.04 亿立方米。其中,地表水资源量 2107.14 亿立方米,地下水资源量 450.69 亿立方米,地下水和地表水不重复量 1.90 亿立方米。当年产水系数 0.68,产水模数 170.29 万立方米/平方公里。

最低年份是 2004 年,当年福建省水资源总量 712.23 亿立方米。其中地表水资源量 710.99 亿立方米,地下水资源量 234.98 亿立方米。地下水和地表水不重复量 1.24 亿立方米。由于 2003 年特大干旱致使福建省流域蓄水量明显减少。2004 年福建省平均降水量 1374.7 毫米,折合水量 1702.53 亿立方米,属偏枯水年。当年降水补充了流域蓄水量,相对减少了产生的河川径流量。2004 年产水系数仅为 0.42,产水模数 57.50 万立方米/平方公里(见图 12-10)。

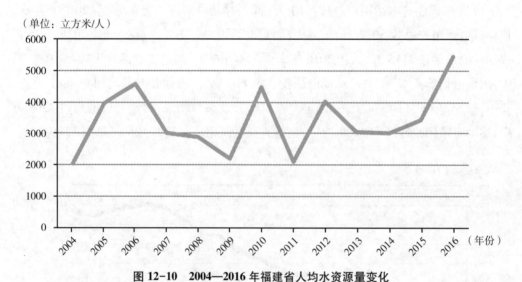

图 12-10　2004—2016 年福建省人均水资源量变化

资料来源:根据《福建统计年鉴》(2004—2016 年)绘制。

2. 人均耕地面积稳中有升

福建素有"八山一水一分田"之称,山地丘陵占全省土地面积 80%以上。福建省耕地类型比较复杂,有水田与旱田之分,水田又有洋地、山垄田和山排田之分,旱地有坡耕地、梯地之分。耕地大部分以水田为主,占 80.8%,旱地仅占 19.2%,且主要是种植粮食作物和大田经济作物。福建省耕地面积变化幅度较大,一是 1978—2005 年,福建省耕地面积连年下降,1978 年福建省耕地面积 1297.33 千公顷,人均耕地 0.79 亩,截至 2005 年年末,福建省耕地面积 1129.02 千公顷,人均耕地面积仅有 0.48 亩,比 2005 年全国平均水平低 0.75 亩,属全国人均耕地最少省份之一。二是 2005—2015 年,人均耕地面积稳中略有回升,恢复到 2015 年的 0.52 亩(见图 12-11)。

3. 森林覆盖率稳居全国首位

改革开放以来,福建省十分重视生态保护,强化绿色导向,水、大气、生态环境保持

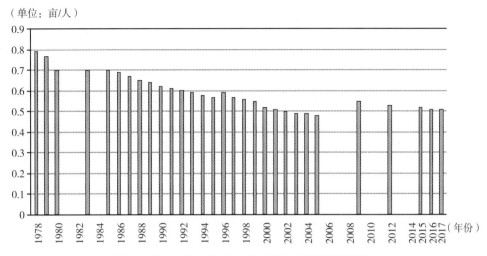

（单位：亩/人）

图 12-11　1978—2017 年福建省人均耕地面积变化

注：个别年份数据查核不到。

资料来源：根据《福建统计年鉴》（1978—2015 年）绘制。

全优，绿色生态已成为福建一张靓丽名片。福建省森林覆盖率连续 38 年居全国第一，40 年来森林覆盖率年均增长 2.82%，从 39.50% 上升至 2017 年 65.95%。2017 年全国森林覆盖率 21.66%，福建省是全国的 3.04 倍。福建省共有国家湿地公园 8 处。永泰县、海沧区、泰宁县、德化县、长汀县等 5 个县（区）获得第一批国家生态文明建设示范县（区）称号。截至 2017 年年底，厦门市、泉州市获得国家生态市命名；福州市通过国家生态市考核验收；漳州市、三明市获得省级生态市命名；64 个县（市、区）获得省级以上生态县（市、区）命名，其中 32 个县获得国家级生态县命名；519 个乡镇（街道）获得国家级生态乡镇（街道）命名。共建立自然保护区 93 个，其中国家级 17 个、省级 22 个，自然保护区总面积 45.5 万公顷。

4. 煤炭、铁矿石储量稀少

福建省煤炭、铁矿石资源相对稀少，且勘探程度较低，经济可采储量较少，后备储量紧张。人均煤炭储量（吨/人）、人均铁矿石储备（吨/人）低且有下降趋势，人均煤炭储量（吨/人）从 2003 年的 12.62 吨降至 2016 年的 10.27 吨，全国煤炭资源人均占有量约为 234.4 吨，福建省人均煤炭储量（吨/人）远低于全国平均水平。人均铁矿石储备（吨/人）从 2003 年的 12.62 吨降至 2016 年的 7.92 吨。

（六）健康与基础教育事业全面发展

1. 人口平稳增长

近 40 年来，福建省人口再生产实现了现代型转变，人口自然增长速度得到有效控制,人口素质大幅提高,人口分布与经济发展更加协调,并在现阶段形成有利于经济发展的人口红利期。1978 年,福建省常住人口 2446 万人,人口出生率 25.4‰、死亡率 6.3‰、自然增长率 19.0‰;2016 年,福建省常住人口 3874 万人,与 1978 年的 2446 万人相比,38 年共增加 1428 万人,增长 58.38%;平均每年增加 35.7 万人,增长 1.15‰。改革开放前期,每年人口增量比较大、增速比较快,如"六五""七五"时期,每年平均增加的人口分别为 50 万人和 54 万人,平均增速在 1.9‰左右。1991 年后人口增长速度开始明显下降,并且妇女总和生育率开始低于更替水平,人口发展由扩张型转变为紧缩型,"八五""九五"时期人口年平均增长速度分别降至 1.3‰和 0.9‰,年平均增加人口减至 40 万人和 35 万人。进入 21 世纪,人口继续保持低速增长格局,每年增长速度在 1‰以下,2006—2010 年,人口年平均增长速度仅为 0.62‰,年平均净增人口减至 22.4 万人(见表 12-1、见图 12-12)。

表 12-1　改革开放各时期福建省人口增长情况

时　　期	年平均增加人口(万人)	年平均增长速度(‰)
1978—2017 年	35.7	1.15
1978—1980 年	37	1.48
六五(1981—1985 年)	50	1.91
七五(1986—1990 年)	54	1.86
八五(1991—1995 年)	40	1.28
九五(1996—2000 年)	35	0.90
十五(2001—2005 年)	25	0.64
十一五(2006—2010 年)	22.4	0.62
2011—2017 年	23.5	0.63

资料来源:根据《福建统计年鉴》(1978—2016 年)、2017 年《福建省国民经济和社会发展统计公报》编制。

此外,平均每年省际净迁入人口约 2 万人左右。人口自然增长仍是影响福建省人口变动的主要因素。目前,福建省人口处于再生产类型转变后的初期阶段,出生率仍高于死亡率,人口总量还将继续增加。另一方面,20 世纪 80 年代末逐渐出生的人口陆续进入婚育年龄,表现在出生率的变动上,人口自然增长率在 2007 年探底至 6.2‰,随后逐渐回升,随着二孩政策的落地,人口自然增长率 2016 年升至 8.3‰,未来 10 年,福建省人口出生率将呈温和上升趋势。但由于经济社会发展、城市化水平提高以及生育旺盛期妇女婚育年龄上移,本周期人口出生率波动振幅将减小,人口变动趋于平稳。

2. 预期寿命不断提高

改革开放以来,福建省居民家庭收入和生活水平快速提高,人口平均预期寿命逐年延长。2016 年福建省人口平均预期寿命已达 77.22 岁,比 1982 年、1990 年、2000 年分

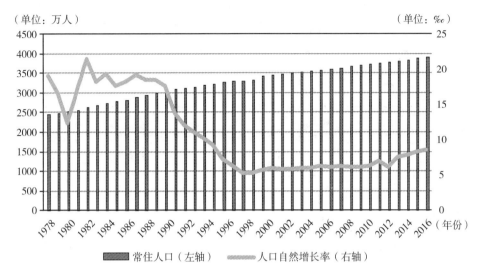

图 12-12　1978—2016 年福建省人口总数及自然增长率

资料来源：根据《福建统计年鉴》（1978—2016 年）绘制。

别增加了 5.2 岁、5.6 岁和 4.4 岁。与 1990 年的 68.6 岁相比，27 年间增加 8.62 岁，平均每年提高 0.32 岁。

3. 教育卫生事业蓬勃发展

万人专任教师数从 1978 年的 83 个增至 2016 年的 118.5 个，年均增长 0.9%。万人医师人数从 1978 年的 9 个增至 2016 年的 21 个，年均增长 2.3%；万人病床数从 1978 年的 21 张增至 2016 年的 46 张，年均增长 2.1%。

（七）高等教育发展迅速

随着"科教兴省"战略的实施，各级政府对高等教育的投入逐年增加，高等教育普及程度不断提高，福建省人口的文化素质大幅提升。大专及以上学历人口比重，从 1982 年的 0.6% 增至 2017 年的 11.3%，年均增长 8.6%；万人在校研究生数从 1978 年的 0.04 人增至 2017 年的 12.17 人，39 年增长 303.25 倍，年均增长 16.21%（见图 12-13）。

（八）财政实力不断增强

改革开放以来，福建省财政收入持续增长，全省财政收入（一般预算收入）从 1978 年的 15.13 亿元增至 2017 年的 4603.85 亿元，39 年增长 303 倍，年均增幅达 16.0%；人均税收收入从 1978 年的 36.30 元增至 2017 年的 6210 元，年均增幅达 13.9%。财政收入结构不断优化，税收收入占 GDP 的比重从 22.8% 降至 14.3%（见图 12-14）。

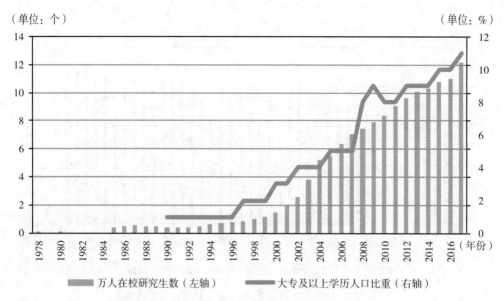

图 12-13　1978—2017 年福建省高等教育发展情况

资料来源:根据《福建统计年鉴》(1978—2016 年)、2017 年《福建省国民经济和社会发展统计公报》绘制。

图 12-14　1978—2017 年福建省高等教育发展情况

资料来源:根据《福建统计年鉴》(1978—2016 年)、2017 年《福建省国民经济和社会发展统计公报》绘制。

(九)多层次金融市场体系形成

金融行业增加值从 1978 年的 3.01 亿元增至 2016 年的 1866.17 亿元,38 年增长 620 倍,年均增长 18.44%,金融行业增加值占 GDP 比重从 1978 年的 4.54% 增至 2016 年的 6.54%;信贷余额从 1990 年的 381.93 亿元增至 2016 年的 36356.06 亿元,26 年增长 95 倍,年均增长 19.15%;信贷余额占 GDP 比重从 1990 年的 73.13% 增至 2016 年的 127.48%,年均增长 2.16%。1992 年福建第一家公司上市,至 2017 年年底福建共有 131 家公司在国内上市,平均每年 5.24 家公司上市;福建保费收入占 GDP 比重从 1996

年的 1.02% 上升至 2017 年的 3.33%(见图 12-15)。

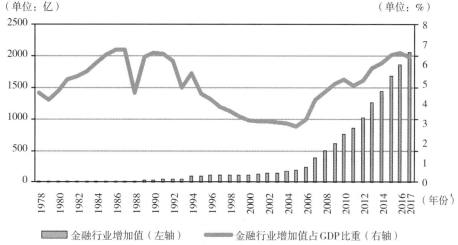

图 12-15 **1978—2017 年福建省金融行业增加值及占 GDP 的比重**

资料来源:根据《福建统计年鉴》(1978—2016 年)、2017 年《福建省国民经济和社会发展统计公报》绘制。

(十)环境质量不断改善

福建省省会城市可吸入颗粒物浓度(年均 PM_{10} 浓度)微克/立方米,福州市 2015 年 56;2016 年 50;2017 年 51,远低于同期纳入国家考核范围的省会城市 PM 值。

福建省单位 GDP 废水排放量从 1995 年的 50.12 吨/万元降至 2016 年 41.12 吨/万元,单位 GDP 一般工业固体废物产生量从 1995 年的 0.347 吨/万元降至 2016 年 0.156 吨/万元。

(十一)就业质量不断提升

人口结构趋于合理,适龄劳动人口比重从 2002 年的 71.31% 上升至 2017 年的 74.33%。平均工资水平从 1978 年的 566 元/年上升至 2016 年的 6.31 万元/年,38 年增长 110.48 倍,年均增长 13.21%;最低工资水平(月)从 1998 年的 190 元增至 2017 年的 1280 元,平均每年增加 57 元(见图 12-16)。

(十二)创新促进经济发展

福建省 R&D 经费支出占 GDP 比重从 1991 年的 1.06% 增至 2016 年的 1.59%,2017 年继续提升至 1.61%。截至 2016 年年底高新技术企业年末从业人员数 59.84 万人,万人专利授权量从 1985 年的 0.00036 件上升至 2016 年 17.331 件,年均增长 32.81%,高新技术产业主营业务收入从 2001 年的 881.70 亿元上升至 1.40 万亿元,年

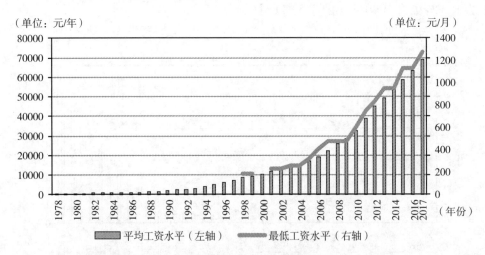

（单位：元/年）　　　　　　　　　　　　　　　　　　（单位：元/月）

图 12-16　1978—2017 年福建省平均工资与最低工资水平变化

资料来源：根据《福建统计年鉴》（1978—2016 年）、2017 年《福建省国民经济和社会发展统计公报》绘制。

均增长 21.9%，高新技术产业主营业务收入占 GDP 比重从 2001 年的 21.7% 上升至 2016 年的 54.0%（见图 12-17）。

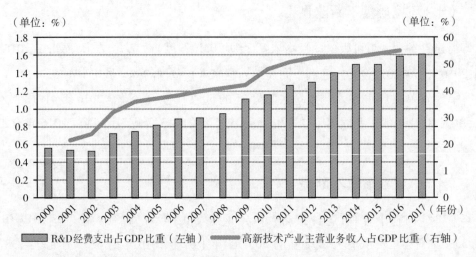

（单位：%）　　　　　　　　　　　　　　　　　　　（单位：%）

图 12-17　2000—2017 年福建省 R&D 经费支出、高新技术产业主营业务收入与 GDP 之比变化

资料来源：根据《福建统计年鉴》（1978—2016 年）、2017 年《福建省国民经济和社会发展统计公报》绘制。

二、福建省经济社会发展目前存在的问题

（一）产业结构、就业结构仍需优化升级

改革开放以来，福建省产业结构不断优化升级，总体上呈现一二产占比下降，三产

占比上升的格局,2017年福建省三次产业占比为7.6∶48.8∶43.6。国际发达地区生产总值中第一产业所占比重一般在8%左右,第二产业一般在32%左右,且以高端制造业为主,第三产业所占比重在70%左右。福建省与发达地区相比,第二产业占比仍较高,制造业大而不强,虽然有几个千亿的产业集群,但是主导产业、传统优势产业龙头企业较少,新技术研发能力、科技成果转化能力较弱,整体上处于全球产业链的中低端,高端产品有效供给不足。服务业占比偏低,知识密集型的现代服务业占比更低。这样的产业结构反映福建省产业竞争力不够强,技术含量还较低,创新能力仍不足,也反映福建省在国内外分工中还处于相对不利地位。与产业结构相对应的是就业结构,尽管改革开放以来福建省的就业结构不断优化,一产就业占比明显下降,从1978年的75.1%下降至2015年的23.2%,三产就业比重明显上升,占比为45.6%,但与相对发达地区平均超过50%的比例相比,福建省就业结构水平还有待进一步优化。

(二)发展不平衡不充分问题依然突出

改革开放以来,福建省经济总量和经济增长速度长期处于中上游水平,但是,区域经济发展不平衡问题依然突出,城乡之间、区域之间、社会阶层之间的差距较大,具体表现为:一是区域发展不平衡。2017年福建省内GDP排第一的泉州市7548.01亿元,末尾南平市1626.1亿元,前者是后者的4.64倍;省内人均GDP第一的是厦门市108502元,末尾南平市(设区市)60671元,前者是后者的1.77倍(见图12-18)。二是城乡发展不平衡。福建省城市化程度虽然高于全国平均水平,2017年福建省城市化率为64.8%,全国城镇化率58.52%,但较发达省市70%的水平,福建省城市化程度还有提升空间。城乡居民收入差距仍然较大,城乡基础设施和公共服务的差距仍很明显。2017年福建省城镇居民人均可支配收入39001元,农村居民人均可支配收入16335元,城镇是农村居民的2.38倍,城镇居民人均消费支出是农村居民的2.1倍。三是经济与社会发展不平衡。看病难、择校难、养老难等问题,仍然是人民群众的操心事、烦心事。四是经济与生态发展不平衡。人民群众对美好环境和生态产品的需要日益增长,与生态环境总体不佳的矛盾仍很突出。

(三)经济总量与发达省份相比还存在较大差距

2017年广东省经济总量为89879.23亿元,持续位居全国第一,江苏省、山东省、浙江省、河南省、四川省、湖北省、河北省、湖南省分别位居第二、第三、第四、第五、第六、第七、第八、第九,福建省经济规模小,以32298亿元列第十位,经济总量还不及广东省、江苏省、山东省的一半,紧邻福建后面的几个省也仅落后几千亿元的规模。从名义经济总量增速来看,2017年实际增速最高为贵州,增速为10.2%;福建省增速8%,还有提速空

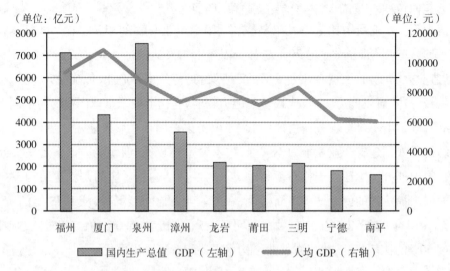

（单位：亿元）　　　　　　　　　　　　　　　　　　　（单位：元）

图 12-18　2017 年福建省内各地市 GDP、人均 GDP

资料来源：根据 2017 年福建省内各地市统计年鉴绘制。

间。从地方公共财政收入总额来看,广东 2016 年一般公共财政预算收入规模突破 1 万亿元,继续稳居第一;福建以 2654 亿元排名第 14 位,与发达省市差距较大。

（四）资源环境约束逐步加剧

福建省生态总体优良,但存在一些隐忧,资源环境约束逐步加剧。一是河流水质中Ⅰ—Ⅱ类水比例在下降,Ⅲ类水的比例在上升;陆源污染特别是面源污染问题还未得到根本解决;城市空气质量平均达标天数比例有所下降。二是福建省经济发展正处于转型期,随着石化、电力、冶金等领域不断发展,能源供需矛盾愈加突显,2017 年煤炭、石油的能源消费占比分别为 43.6%、23.7%,以煤炭、石油为主的能源消费方式有待进一步改善。三是虽然福建省森林覆盖率多年居于全国首位,但森林生态功能有所减弱,水土流失比较严重,2016 年年底福建省水土流失面积 10858.47 平方公里、占土地面积8.87%。四是生态农业的规模化、产业化、绿色程度还比较低,新增重化工业项目的污染隐患仍然存在。

（五）创新能力、人才支撑不强

根据 2017 年 8 月科技部发布的《中国区域科技创新能力监测报告 2016—2017》和《中国区域科技创新评价报告 2016—2017》,全国综合科技创新水平平均 67.57,福建省居平均线下,位列第二梯队,还不属于创新驱动省份。江苏省、广东省、浙江省等已迈入创新驱动省份。与先进省份相比,福建省还存在较大差距,特别是与当前高质量发展的要求相比,福建省面临创新能力的新挑战。

一是社会创新投入总体不足。2017年全年研究与试验发展(R&D)经费支出占福建省生产总值的1.61%,比全国2.12%的水平低0.51个百分点,与浙江省(2.43%)、江苏省(2.7%)、广东省(2.65%)相比差距较大。福建省规模以上工业企业中新产品开发投入强度为0.77%,低于全国0.91%、浙江省1.39%、江苏省1.24%、广东省1.41%(见图12-19)。

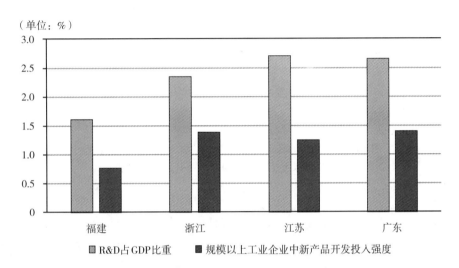

（单位：%）

■ R&D占GDP比重　　■ 规模以上工业企业中新产品开发投入强度

图12-19　2017年福建、浙江、江苏、广东 R&D 占 GDP 比重、
规模以上工业企业中新产品开发投入强度

资料来源:根据2017年福建、浙江、江苏、广东省国民经济和社会发展统计公报绘制。

二是科研机构和高等院校创新能力不强。2016年福建省科研机构、高等院校 R&D 经费投入占全社会 R&D 经费投入的比重分别为4.1%和6.0%,低于14.4%和6.8%的全国水平。

三是创新平台不多且较单一。福建省共有重点实验室、工程技术研究中心、科技企业孵化器875个,但国家级平台的数量明显少于发达省份。如福建省有10个国家重点实验室,浙江省、江苏省、广东省分别有13、32、26个;福建省有7个国家级工程技术研究中心,浙江省、江苏省、广东省分别有14、29、23个。类型较为单一,大部分是研发平台,其他类型平台相对较少,尤其缺乏能够提供技术咨询、交易、金融服务的平台。平台运行机制不够完善,企业建设平台的动力不足,多数平台分属不同部门主管,缺乏统一的部门组织协调,平台协同创新和开放共享机制尚未建立,公共服务能力不强。

四是创新人才数量不足。2015年福建省规模以上工业企业每万人从业人员研发人员数为79人,浙江省、江苏省、广东省分别为157、207、166人;人才质量有待进一步提高,2015年福建省18.5万名研发人员中,硕士毕业生占8%,博士毕业生占3.8%,分别比全国平均水平低 5.1 个百分点和 2.1 个百分点(见图 12-20)。

（单位：人）

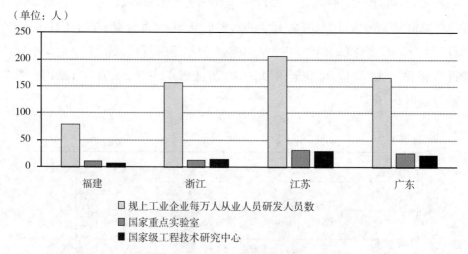

图 12-20　2016 年福建、浙江、江苏、广东 R&D 占 GDP 比重、
规模以上工业企业中新产品开发投入强度

资料来源：根据 2016 年福建、浙江、江苏、广东省统计年鉴绘制。

五是创新质量整体有待提高。2016 年福建省拥有有效发明专利 27057 件,远低于浙江省、江苏省、广东省的 92503、141114、111878 件;占有效专利比重为 10.34%,比全国和东部分别低 7.2、6.4 个百分点。产品创新相对薄弱,2016 年全省规模以上工业企业实现新产品销售收入 4052.66 亿元,占主营业务收入的 9.5%,比全国和东部水平分别低 3.6 个、6.3 个百分点;比江苏省、浙江省、广东省分别低 7.1 个、16.2 个、8.1 个百分点。技术市场交易活跃度不够,2016 年福建省技术市场合同交易额为 105.71 亿元,占全国的 0.55%,低于江苏省、广东省等省份。

(六)营商环境还需进一步提升

改革开放以来,福建省体制机制改革和政府职能转变为中长期发展存在的深层次问题找到一条新路,有效激发了市场活力和社会创造力,但与高质量的发展要求还有很大差距,有利于落实创新、协调、绿色、开放、共享的制度环境还未全面形成,具体表现在以下几个方面:一是体制机制改革不充分。例如市场在资源配置中发挥决定性作用方面还面临一些体制机制约束,区域监管体系、产品质量、食品安全、福建自贸区体制机制创新等方面存在明显制度缺口。二是简政放权改革不够彻底。例如保留的行政审批事项仍偏多,"含金量"高的审批事项下放不够。一些部门把非行政许可审批事项更换"马甲",改成"内部管理""内部备案"等,仍行审批之实,办事要件多、证明多、手续繁,有些政务服务程序不清、标准不明等。三是营商环境不够优化。在开办企业、注册财产、获得信贷、投资者保护、跨境贸易、合同执行、办理破产等方面,一些部门和机构服务能力相对较弱,缺乏应有保障机制与政策安排,营商环境有短板,导致所提供的各种优惠政策难以有效发挥作用。

三、福建省进一步深化改革开放的政策建议

今天的福建省站在新的历史方位,以习近平新时代中国特色社会主义思想为指引,坚定不移贯彻新发展理念,统筹推进"五位一体"总体布局,协调推进"四个全面"战略布局,紧紧围绕习近平总书记亲自擘画的建设"机制活、产业优、百姓富、生态美"新福建的宏伟蓝图,深入践行习近平总书记对福建工作的重要指示,坚持以供给侧结构性改革为主线,推动新型工业化、信息化、城镇化、农业现代化同步发展,实现更高质量的发展。

(一)以更大勇气更大力度全面深化改革

用好用足中央赋予福建的先行先试政策,坚定不移地将改革进行到底,在重要领域和关键环节改革上取得更多实质性成效。一是坚持改革顶层设计,发挥政策引导作用。以21世纪海上丝绸之路核心区、福州新区和福厦泉国家自主创新示范区、国家生态文明试验区等国家级重大改革试点落地为突破口,继续推进平潭"一岛两窗三区",建议把平潭提升为"自由贸易岛",加快对台先行先试步伐。二是激发各类市场主体活力。严格保护合法财产权益,平等对待对各类所有制企业,建立企业家参与涉企政策制定机制,更好地激发和保护企业家精神,大力扶持实体经济做大做强。完善中小微企业服务体系,推动"个转企""小升规",促进企业上规模。三是深化财税体制改革。培植壮大财源,提升财政收入质量。进一步推进预决算公开。健全以使用绩效为导向的财政资金配置机制,强化预算绩效管理,加强专项资金整合,提高资金使用效益。合理划分财政事权和支出责任,完善财政转移支付体系。深化投融资体制改革,完善政府与社会资本合作模式,加快推进政府性股权投资基金市场化运作。四是深化金融改革开放,优化金融资源配置,推动地方法人金融机构做优做强,提高直接融资比重,拓展保险保障功能,建立省级普惠金融、绿色金融、科技金融体系,提升金融服务实体经济能力,加强与海丝沿线国家的金融合作,在货币、金融业态扩大开放、联合监管等方面先行先试。

(二)不断提高供给体系质量,完善现代产业体系

一是做好在"破""立""降"上下功夫。力破无效供给,坚持用市场化、法治化手段化解过剩产能,健全"僵尸企业"出清、重整机制,盘活低效资产。加快形成生产要素从

低质低效领域向优质高效领域流动的机制,努力降低实体经济成本,全面落实涉企收费目录清单制度,严查乱收费行为,降低制度性交易成本和用能、物流成本。

二是做强做大主导产业。深入实施质量强省战略,开展质量提升行动和对标达标专项行动,大力弘扬工匠精神,推进质量创新。电子信息突出"增芯强屏",大力突破芯片设计、整机模组一体化设计等关键技术,加快建设新型显示、高端集成电路等重大项目。机械装备突出智能创新,支持首台(套)重大技术装备创新应用,发展高档数控机床、工业机器人、智能化专用设备,提升海工装备、工程机械、电工电器等优势产业。石油化工重点依托"两基地一专区",以炼化一体化项目为龙头,延伸中下游产业链,提升产品附加值。

三是培育壮大新兴经济。建议完善信息基础设施网络建设,加快推进人工智能、移动支付等新技术新模式的大规模拓展应用,发展大数据产业,以举办首届"数字中国"建设峰会为契机,加快"数字福建"建设,推动互联网、物联网、大数据、人工智能和实体经济深度融合,做大做强数字经济。大力培育"独角兽",以宁德时代IPO为契机,推动新能源汽车全产业链发展,加快高端制造装备、节能环保、生物医药、新材料等战略性新产业突破发展,战略性新兴产业增加值争取年增长8.6%以上,科学布局福州新区产业体系,突出高端高新,重点打造东南沿海重要现代产业基地。

四是大力提高现代服务业规模和质量。促进互联网、大数据、云计算与服务业融合发展,建设一批服务业示范区,促进现代服务业集聚发展。福州市、厦门市利用现有基础条件,加快软件信息、科技服务等专业化高端化发展,发展研发设计、信息服务、会展服务和人力资源服务等服务外包,推动服务业模式创新、业态创新,创建中国软件名城。发展利用多层次资本市场,完善地方金融体系,支持中小银行、金融控股公司等做优做强,加快建设金融强省。利用福建省的生态优势,提升旅游基础配套设施和服务质量,推进全域生态旅游和"红色旅游"跨越发展,做强"清新福建"品牌。降低社会投资准入门槛,支持社会资本进入医疗、养老、教育等领域,扩大健康、养老、文化、体育等社会服务有效供给,提升服务品质,满足多层次、多样化消费需求。

(三)着力区域协调发展,增强全省发展均衡性

1.优化区域发展格局

以城市群经济带为主体,推动构建大中小城市和小城镇协调发展的城镇格局。福建省沿海以福州、厦漳泉两大都市区,推进福莆宁和平潭一体化,拉开城市框架,拓展承载空间,促进产城融合,提升两大都市区引领带动能力,增强辐射带动和综合服务能力。加大力度支持南平、三明、龙岩地区发展,着力突破跨区域重大基础设施互联互通。高标准规划闽西、闽北生态保护区,坚持生态优先和绿色发展,发挥区域财政转移支付作

用,筑牢福建生态屏障。深化山海协作,完善挂钩帮扶机制,支持福建沿海与内地发挥资源禀赋优势,发展壮大各具福建特色的县域经济。

2. 提高城镇化质量

以中心城市为核心、周边中小城市为支撑,推进大中小城市网络化建设,提高中小城市公共服务能力,增强对农业转移人口的吸引力和承载力。落实"多规合一",强化城乡规划的引领和约束作用,提升城市规划水平和建设质量,对标国际一流都市,促进福州、厦门城市核心区功能完善和品质提升;加快南平、三明、龙岩现代化城市建设步伐,以"三旧"改造为抓手推进城市更新,加强对城市历史风貌和公共绿地空间等的规划和管控,推动地方立法加强历史建筑、特色街区保护修缮,加快城中村、老旧小区改造和背街小巷环境整治。加大闲置土地、批而未供用地处置力度。推进智慧城市、海绵城市建设,完善慢行系统,加快治理交通拥堵、内涝等"城市病",不断提高城市宜居水平。

3. 补齐基础设施短板

加大福建省内地欠发达地区的基础设施投资建设力度,充分发挥基础设施对区域协调发展的支撑作用,建立欠发达重点基础设施项目库建设,创新基础设施项目投融资机制,深入推动政府和社会资本合作,吸引更多社会资本投入福建省欠发达地区重大基础设施建设。福建省高标准铁路建设相比发达省份还有很大差距,特别是福建西、北部地区,因此加快推进三明、南平、龙岩等铁路建设,完善福建省高铁网络布局,对于带动福建省西部、北部地区的经济发展具有十分重要的意义。与此同时尽可能完善福建机场群建设,加快推进莆田、龙岩、宁德、漳州通用机场建设,全力推进福州机场二期扩建工程,提升厦门世界级机场功能定位,把福建省打造成东南亚交通综合枢纽。

4. 大力实施乡村振兴战略

一是全面推进农业现代化。落实粮食安全省长责任制,加强粮食生产、流通、储备、调控,确保粮食安全。引导福建省优势特色产业集聚发展,支持主产区农产品就地加工,新建设一批高标准蔬果加工基地和产后商品化处理中心,加快构建冷链物流体系。加快农村一二三产业融合发展,培育农村电商发展,探索、推广"互联网+现代农业"、休闲农业等新业态,做强做优福建省七大优势特色产业,树立"清新福建·绿色农业"品牌。

二是推动实现农村现代化。加大农村公共基础设施建设投入,进一步提升农村供水供电、通信网络、防灾减灾等基础设施,落实"四好农村路"建设,每年力争新建和改造提升一批农村公路,建设村级服务站、港湾式停靠站等乡村公共服务实施。以特色小镇、美丽乡村、田园综合体等项目带动乡村经济发展,实现农村现代化。

三是推动农民现代化。人才兴,乡村兴。鼓励和支持各类农村人才投身乡村振兴大战役中,继续深入实施下派村支书制度,建议由政府全额资助培育新型职业农民和新型经营主体,提升农民的职业技能,完善农民教育培训体系,拓宽农民转移就业渠道,切实提高农民收入。

(四)深化实践探索,打造生态文明建设的"福建样板"

一是根据主体功能区规划和生态功能区分,尽快划定福建省生态保护红线,强化对自然名胜、森林、水源、海域、湿地等重点生态功能区的保护。加强重点区域的造林绿化、生态公益林保护建设和重点生态区位林分补植修复,提升森林质量,构建生态安全屏障。根据环境承载能力,健全资源开发管控和有序退出机制。二是发挥"清新福建"的生态优势,建议尽快推出用能权交易、环境工程退税、生态认证和生态标签等生态产品。三是建立多元化生态补偿机制,逐步扩大补偿范围,合理提高补偿标准,对重点生态功能区的县(市)区增加20%—40%的转移支付。四是加大绿色信贷中的财政贴息比例,鼓励金融机构开展绿色债券、绿色股权融资等服务,建立绿色金融体系,统一建设1—2个全国性的碳排放、排污权、水权交易中心,完善交易登记注册系统、交易平台和监管体系,真正形成价格生成中心。五是整合环保、林业、国土、海洋、渔业等执法力量,建议建立"生态警察"队伍,强化福建法院生态审判力量。

(五)以科技创新提高发展质量

一是着力构建科技创新平台。以福厦泉国家自主创新示范区先行先试,推进产业、创新、资金、政策四链融合,推进创新平台企业化运作,鼓励高校、科研院所与企业合作建立企业化运作的应用型科研机构,建议构建民办产业创新公共服务平台。出台福建省科技成果转移转化条例和行动方案,组建国有企业为主的产业技术研究院、产业创新综合体,打造国家级技术创新中心。

二是加大科技成果转化。建议提升"6·18"、国家技术转移海峡中心等平台功能,促进产业智慧化、智慧产业化。尽快落实科技型中小企业研发费用税前加计扣除,企业研发经费投入分段补助和项目转让落地过程的惠企政策,多举措推进科技成果转化。

三是着力营造良好人才生态。推进海外引智基地和海外人才离岸创新创业基地建设,探索设立福建省人才科技资本综合开发运营公司,建立高层次人才政策集散中心、"一站式"服务窗口。鼓励人才向山区、革命老区和基层一线流动。营造浓厚的创新创业氛围,让各类人才的创造活力竞相迸发。

(六)推进"一带一路"核心区建设,深化闽台合作交流

高站位推进海丝核心区建设,加强与"一带一路"沿线国家以及其他省份之间的协调配合,构筑福建面向全球的开放格局。一是将"一带一路"倡议与福建自贸试验区建

设深入对接,在"一带一路"倡议中深化闽台交流合作,充分发挥政策叠加效应,推动与"一带一路"沿线国家经贸发展规划相互兼容、相互促进,探索区域经济合作新架构,建设海上丝绸之路经贸伙伴关系和自由贸易网络。二是开展新一轮闽籍侨情资源普查,更新重点侨团、重点侨领数据,建立常态化联系沟通机制,借助华侨人脉关系与所在国家开展合,做好"一带一路"倡议潜在合作国家、合作产业、合作对象的梳理和对接,尽快启动福建省中外合作产业园创建工作,打造产业作新平台。三是建议创立海丝核心区合作国际联盟,开展科技交流、共建联合实验室、技术转移等项目合作,探索"抱团出海""闽台携手"等模式,在区位条件优越、劳动力丰富、基础设施良好、政局稳定的国家和地区,建设境外经贸合作园区。四是引入国际自由港成功经验,继续优化营商环境,实行企业投资项目承诺制,创新"一关三检"智能管理,建立企业设立、运营、退出的全周期、高效机制,促进贸易投资便利化向自由化方向迈进。五是加大离岸金融业务创新,探索建立稳定、可持续、风险可控的金融保障体系,建设面向东南亚的两岸区域性金融服务中心,建设多元化融资体系和多层次资本市场。六是深化厦门与金门、福州与马祖之间的经贸合作,尽快完善台胞在闽创业、就业、生活等国民待遇的相关政策,争取单方面身份证(台胞证)出入境和特别关税政策,推进"厦金""榕马"经济协作区规划与建设,探索两岸跨境自贸试验区和融合发展。

春风拂福建,扬帆再起航。福建省将更加紧密团结在以习近平同志为核心的党中央周围,高举习近平新时代中国特色社会主义思想伟大旗帜,认真贯彻落实党的十九大精神和习近平总书记对福建省工作的重要指示批示精神,不忘初心、牢记使命,凝心聚力、艰苦奋斗,努力把福建省建设成为向世界展示习近平新时代中国特色社会主义思想的重要"窗口",努力在全面建成小康社会、加快建设社会主义现代化新征程上走在前列,为实现中华民族伟大复兴的中国梦作出更大贡献!

13

江西省改革开放 40 周年
地区发展报告

江西行政学院课题组①

一、1978 年以来江西省经济社会发展成就

（一）生产力水平不断提高

1978 年 12 月，党的十一届三中全会的胜利召开，拉开了我国改革开放的序幕，开启了经济社会发展的历史新时期。40 年来，面对国内外环境的复杂变化和重大风险挑战，在党中央、国务院的坚强领导下，历届江西省委、省政府团结带领全省人民锐意改革，克难奋进，改革开放铸就了新的辉煌，经济社会发展谱写了新的篇章。改革开放以来的 40 年，是江西省国民经济蓬勃发展、经济总量连上新台阶的 40 年，是综合省力不断提高、收入水平实现跨越的 40 年。

1. 江西省经济保持快速增长

1979—2017 年，江西生产总值平均增速保持在两位数，平均增长 10.38%，这一速度不仅高于全国平均水平 1 个百分点，更远远高于同期世界年均增长 2.8% 的速度。从图 13-1 可以看出江西省 GDP 增幅在 21 世纪之前波动较大，21 世纪之后周期性变化放缓，总体趋于平稳。1978—1988 年平均增长率为 10.14%，1988—1998 年平均增长率为 9.58%，1998—2008 年平均增长率为 10.9%，2008—2016 年平均增长率为 11.3%，表明江西省近十年的国民生产总值呈现出高速增长，增速居于中部六省乃至全国前列。

2. 经济总量连上新台阶，GDP 已突破 2 万亿元

如图 13-2 所示，江西省地区生产总值由 1978 年的 87 亿元跃升至 2017 年的 20818.5

---

① 课题组组长:郭金丰;课题组成员:张文君、尤鑫、刘加夫、孙志杰、李维、罗天;项目编号:NSAZT（WT)2018013。

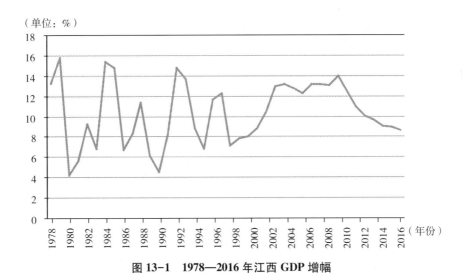

（单位：%）

图 13-1　1978—2016 年江西 GDP 增幅

资料来源：《江西统计年鉴 2017》及《江西省 2017 年国民经济和社会发展统计公报》。

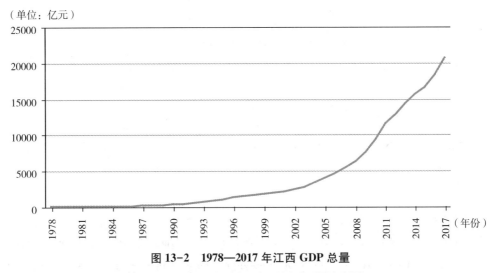

（单位：亿元）

图 13-2　1978—2017 年江西 GDP 总量

资料来源：《江西统计年鉴 2017》及《江西省 2017 年国民经济和社会发展统计公报》。

亿元,首次突破 2 万亿元大关。其中从 1978 年的 87 亿元上升到 1989 年的 1013 亿元(突破千亿大关)用了 11 年时间,从 1989 年上升到 2007 年的 5500. 25 亿元用了 18 年时间,从 2007 年上升到 2011 年的 11702. 82 亿元(突破 1 万亿元大关)用了 4 年时间,从 2011 年上升到 2017 年的 20818. 5 亿元(突破 2 万亿元大关),也只用了 6 年时间。2017 年江西省生产总值在全国 31 个省(自治区、直辖市)中居第 16 位,比 2016 年前进一位。

3. 人均 GDP 不断提高,成功实现从低收入向上中等收入水平的跨越

如图 13-3 所示,1978 年江西省人均 GDP 仅有 276 元,平均每天不到 1 元人民币,2017 年人均 GDP 达到 45187 元,比 1978 年增长了 163 倍,平均每年增长 10%。其中增幅最高的年份为1994年,高达29.5%。超过20%增幅的年份有四个:2004年22.2%、2008年25.9%、2010年22.6%、2011年23.0%。按美元计算2017年达到7145美元,按照世界银行的划分标准,已实现由低收入水平跃升至上中等收入国家水平的行列。

（单位：元）

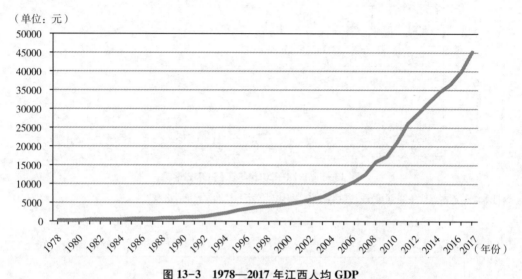

图13-3　1978—2017年江西人均GDP

资料来源:《江西统计年鉴2017》及《江西省2017年国民经济和社会发展统计公报》。

（二）经济结构日益优化

在过去的40年里,江西省经济结构不断优化升级、质量效益持续提升,集中表现为产业结构日趋合理、产业功能逐步加强、经济绿色化显著增强、城镇化快速推进、民营经济快速发展等五个方面。

1. 产业结构日趋合理

具体而言,在改革开放最初10年里,江西省仍为传统农业大省,二三产业占比较低,进入20世纪90年代后,二三产业快速发展,目前三产结构趋于合理。例如,1978年第一产业、第二产业、第三产业增加值GDP占比各为41.6%、38.0%和20.4%。1990年三产比例为41.0∶31.2∶27.8,2000年三产比例为24.2∶35.0∶40.8,2017年三产比例为9.4∶47.9∶42.7,产业结构均略优于同期全国平均水平。

2. 产业功能逐步加强

制造业增加值和最终消费GDP占比稳步上升,经济转型升级和国内消费能力同步加强。改革开放初期,江西省制造业整体较弱,1978年制造业增加值GDP占比仅为26.6%。直到20世纪90年代末期,这种状况未能明显改善,1999年制造业占比仅为27.2%。进入21世纪后,制造业快速发展,制造业增加值GDP占比从2005年的35.9%一直上升至2015年的41.4%,经济转型升级加速。改革开放打破江西省仅依赖固定资产投资和国外出口发展经济的格局,国内消费占比呈不断上升趋势。前两项指标 GDP 占比 1978 年为 65.4%,2000 年下降为 64.1%,2015 年为 50.0%。

3. 经济绿色化显著增强

万元 GDP 能耗持续下降,能源消费结构多元化,江西省经济发展逐步绿色化。江西省万元 GDP 煤炭消费量从 1985 年的 9 吨/万元,下降为 2000 年的 0.8 吨/万元,2010 年进一步下降为 0.5 吨/万元,2017 年为 0.45 吨/万元。万元 GDP 石油消费量也有类似下降趋势,表明江西省单位能源消耗得到显著降低,能源消费效率得到有效提高。改革开放 40 年来,江西省能源消费结构逐步由单一的煤炭发展到煤炭、石油、天然气、电力等多元能源格局。在 20 世纪 90 年代之前,煤炭能源占比高达 95%,之后开始逐步下降,2000 年煤炭能源占比减少了 20 多个百分点,为 70.5%;2015 年继续下降,为 66.8%。与此同时,天然气、电力等清洁能源消费量开始上升。2006 年天然气能源消费占比为 0.2%,2015 年上升为 2.7%,约增加了 2.5 个百分点。

4. 城镇化快速推进,农民市民化进程有效推进

随着江西农业从业人口的持续下降,农民逐步市民化,城镇化步伐稳步推进。改革开放初期,江西省为农业大省,农业从业人员占比约为 80%,城镇化率为 16.75%。之后农业人口占比快速下降,城镇化率稳步提升,2000 年农业从业人口占比下降为 46.6%,城镇化率为 27.7%。进入 21 世纪后,城镇化率开始加速,2010 年农业从业人口占比下降至 35.6%,城镇化率上升为 44.1%。2017 年江西省城镇化率为 54.6%,农业从业人口占比约为 25%。

5. 民营经济快速发展,经济主体多元化格局逐渐形成

直至 20 世纪 90 年代,江西省经济主要以国有控股经济为主。以工业企业为例,民营控股的工业企业资产占全部工业企业资产的比例仅为 0.41%。国有企业一股独大、民营企业发展凋敝的现象在进入 21 世纪后仍然存在,2000 年国有企业控股的工业企业资产占比约为 88.9%,而民营企业控股的仅为 1.5%。最近十年里该现象有所缓解,民营企业发展迅猛,到 2015 年国企指标下降为 30.1%,而同期民企上升为 29.0%。

(三)宏观经济稳定性

1. 通货膨胀率趋于稳定

20 世纪末期江西省的通货膨胀率大起大落,5% 甚至 10% 以上的通货膨胀率出现很多次,在 1994 年达到最高值 23.9%,但 1997—2001 年出现负值。从 21 世纪开始,通货膨胀率趋于平稳,只有 2009 年出现过一次负值,近 20 年最高值为 6.1%,最低值为 -0.9%。

2. 财政盈余/赤字占 GDP 比重较为稳定

40 年来,财政盈余/赤字占 GDP 比重总体而言一直呈现稳定状态,起伏不大,1979—1981 年急剧下降,出现低值;1994—1996 年出现历史新低,基本保持在百分之零点几的比重,但 1996 年之后又开始稳步上升;2010 年所占比重达到高峰,随后也一直保持平稳。

3. 一般公共预算收入在 GDP 所占比重先降后升

从 1978 年开始一直不断降低,到 1994 年为一个分界线,1994 年出现最低值,所占比重 5.2%。从 1994 年开始,比重又慢慢增加,2010 年开始增加的幅度加大,到 2015 年达到最高值,占比 12.86%,近几年占比有所减少。

(四)基础设施不断完善

改革开放 40 年来,江西省统筹推进区域协调发展,大力加强基础设施建设,城乡面貌发生根本性变化。告别了没有高铁、没有地铁的历史,铁路营运里程突破 4000 公里,其中高铁里程 913 公里,高速公路通车里程达 6000 公里,打通 28 个省际高速公路通道,基本实现县县通高速、村村通动力电。

1. 人均年用电量不断提升

人均年用电量由 1990 年的 337.8 千瓦时/人,提高到 2016 年的 2575.1 千瓦时/人,增加了 6.6 倍。人均年用电量增长较快,且增长平稳。2016 年,城乡居民生活用电量 210.09 亿千瓦时,增长 13.9%,高于全国平均用电量 5.1 个百分点,比 2015 年提高 4.8 个百分点。其中,城镇居民生活用电量 112.13 亿千瓦时,增长 14.0%,乡村居民生活用电量 97.96 亿千瓦时,增长 13.8%。

2. 基础设施建设加快

路网密度增加,信息化水平显著提升,数字鸿沟缩小,基础设施建设能力再上新台阶。公路网密度由 1998 年的 22 公里/百平方公里到 2016 年达 97 公里/百平方公里,增加 3.4 倍;铁路网密度由 1998 年的 1.2 公里/百平方公里到 2016 年达 2.4 公里/百平方公里,增加 1 倍。人均年飞行次数由 1998 年的 0.02 提高到 2016 年的 0.23;南昌昌北国际机场旅客年吞吐量突破 1000 万人次,组建了江西航空公司,填补了江西省没有本土航空公司的空白。江西省公路交通管理局和航空企业经营不断深化改革,激励和约束机制不断加强,提高了公路和民航客运的运行效率。

3. 互联网普及率不断提升

互联网普及率由 2005 年的 3.2% 增加到 2016 年的 44.6%,提高了 41.4 个百分点;电话普及率由 1999 年的 22.8 部/百人增加到 2016 年的 79.7 部/百人,增加 2.5 倍。通过互联网的普及降低了信息的传播成本,降低了城乡的数字鸿沟,深刻改变人民生活方式。随着经济的快速发展,网民对各项网络应用的使用程度更为深入。移动商务类应用在移动支付的拉动下,正历经跨越式发展,在各项互联网网络应用中地位愈发重要。

(五)基础自然资源丰富

改革开放40年来,江西省生态环境稳步提升,生态优势进一步巩固,环境质量持续优化。空气质量优良率达83.9%,人均水资源持续增加,地表水质断面达标81%,森林覆盖率稳定在63.1%,居全国前列;人均铁矿石储备保持基本稳定,人均能源储备有所下降,能源利用率大幅提升。

1. 耕地保护良好

1990—2015年,江西省耕地变化数据及区域耕地动态变化的时空特征呈现出先减少后增加的趋势;不同时期江西省所辖各市耕地利用动态度波动较大,与耕地的征用与新耕地的开发存在直接关系。人均耕地先下降后增加。1990年为1.21亩/人,2000年为1.08亩/人,到2009年下降为0.96亩/人。这个时期,江西省人口数量大增,在生产条件没有大幅度提高的条件下,耕地被大量占用,人均耕地面积有所减少。2009年后随着新耕地的开发和农业技术的广泛使用,人均耕地面积逐渐增加,2016年人均耕地面积为1.01亩/人。

2. 人均水资源量保持平稳增加

江西省位于长江流域中下游南岸,江西省多年平均降水量1638毫米,多年平均水资源总量1565亿立方米。江西省境内河流、湖泊众多,赣江、抚河、信江、修河和饶河为江西省五大河流;全省97.7%的面积属于流域面积,水资源比较丰富。总体而言,江西省人均水资源量高于全国平均水平,随着水资源的开发和基础水利实施的兴建,用水量逐年增加,人均水资源量保持平稳增加,如1999年人均水资源量4410.12立方米/人,到2016年人均水资源量为4850.62立方米/人。除枯水期人均水资源量会降低,如2004年人均水资源量仅为2415.35立方米/人,2011年为2312立方米/人;丰水期人均水资源量会增加,如2001年为4696.96立方米/人,2010年为5140.0立方米/人;其他各年份人均水资源量滑动平均值基本保持稳定。

3. 森林覆盖率不断提高

江西省坚持绿色竞争优势,森林覆盖率不断提高。江西省森林覆盖率1983年为34.7%,到1988年森林覆盖率提高至36.8%,1991年森林覆盖率达到40.9%。从可以查到连续年份有确切数据记录的年份显示,江西省从1996年之后开始逐年增加;1996年森林覆盖率为55.2%,到2015年森林覆盖率达到63.1%,全省增加了近8%的覆盖面积。1996年到2016年期间,其中,2004—2009年森林覆盖率基本稳定在

60.15%,2010—2015年森林覆盖率增加并持续保持在63.1%。江西省持续实施森林质量提升工程,仅2016年完成造林面积208万亩,森林抚育560万亩,改造低产低效林150万亩。

4. 人均能源储备有所下降,人均铁矿石储备保持基本不变

随着经济的快速发展,能源消耗不断增加,人均能源储备不断下降。江西省人均能源储备由2007年的19.2吨/人下降到2016年的7.3吨/人,下降幅度较大,其中以2010年的15.2吨/人到2011年的9.5吨/人下降幅度最大,其他年份降幅均较缓慢。人均铁矿石储备由2007年的4.4吨/人下降到2016年的3.1吨/人,下降幅度较小,年平均稳定在3.6吨/人。

(六)健康与基础教育事业蓬勃发展

改革开放40年来,人民群众的健康水平显著提高,城乡医疗卫生条件有了很大的改善,医疗卫生业绩斐然。

1. 人口增长率持续下降

人口增长率由1978年的19.62‰下降到2000年的9.5‰,2015年进一步下降到7‰。

2. 预期寿命不断延长

改革开放前,江西省男女平均预期寿命维持在61—64岁。改革开放后,随着人民生活水平的提高和医疗卫生条件的改善,人口平均预期寿命逐步延长,1982年江西省人口平均预期寿命增至66岁,1990年平均预期寿命增至67.85岁,2000年平均预期寿命增至70.65岁,2015年江西省人口平均预期寿命进一步延长到75.9岁,达到中等发达国家水平。

3. 万人医师数和病床数持续增长

1978年,江西省每万人拥有医生9.25人,2015年江西省每万人拥有医生增至16.9人,比1978年增长83%;医院、卫生院床位数1978年江西省每万人拥有22.9张,到2015年江西省每万人拥有43.5张,增长90%。

4. 万人专任教师数和小学入学率持续增长

基础教育中的专任教师由1978年江西省每万人拥有28.8人发展到2015年每万人拥有158.7人,比1978年增长451%。小学入学率由1978年的94.15%增长到2015年的99.92%。2007年江西省率先将基础教育阶段免除学杂费、教科书费的范围由农村扩大到城市,对进城就读的农民工子女实行与城市居民子女同等对待。同时,全方位、多渠道地加强基础教育教师的培养培训,对农村中小学基础设施进行改造,基本解决了农村中小学课桌椅、厕所和饮用水等困难问题。

（七）高等教育规模质量不断提升

1. 高中及以上学历人口比重大幅提升

改革开放40年来,江西省高等教育事业欣欣向荣,由弱变强。多年来,江西省致力于建立健全以九年义务教育为基础,高中教育、高等教育、职业教育和成人教育共同发展的现代国民教育体系,国民素质不断提高。高中阶段免费教育已在全省多地开花结果,德兴市、湖口县、芦溪县等市县先后全面推行高中学生免学费制度。高中及以上学历人口比重由1982年的5.51%增至2016年的16.33%。

2. 大专及以上学历人口比重稳步提升

大专学历人口比重由1982年的0.48%发展到2016年的9.3%。近年来,江西省大中专院校每年向国家和社会输送毕业生36万多人,获得国家技术发明奖一等奖、国家科技进步奖二等奖以及省级"三大奖"等一大批科技奖项。在文化传承、社会服务、国际交流与合作等方面取得了很好的成果。

3. 万人在校研究生数量持续增加

从1978年开始,江西省有两所高等院校招收了17名研究生,每万人在校研究生人数从1980年的0.02人,发展到2015年的6.34人。1993年,江西大学与江西工业大学合并组建南昌大学,率先进入国家"211工程",成为江西省第一所国家重点支持建设的综合性大学和第一所博士学位授予单位。

（八）财税实力不断夯实

财政政策是政府实施宏观调控的重要工具之一。财政政策主要通过税收、补贴、赤字、国债、收入分配和转移支付等手段对经济运行进行调节,是政府进行反经济周期调节、熨平经济波动的重要工具,也是财政有效履行配置资源、公平分配和稳定经济等职能的主要手段。40年来江西财政收入的变化,既是改革开放40周年的成就,也是江西宏观经济调控的结果。

40年来,江西省财政收入稳步增长。1979—2017年,江西省一般性财政收入平均增速保持在两位数,平均增长12.11%。从40年跨度的大区间来看,财政收入总体呈现平稳向上增长。

1. 1978—1988年,江西省财政收入有较大的波动

其中1979年与1982年两年的地方财政收入出现了负增长,分别为-3.8%和-6.4%,而出现负增长的宏观大背景在于1978—1982年之间的全国范围内的国民经济下滑,在这10年间平均增长10.8%。

2.1989—1998 年,江西省财政收入进入了高速增长期

这一期间平均增长 12.79%,比上一个 10 年多了 2 个百分点。从数据上来看,1994—1995 年有较大的波动,1994 年的财政增幅为-24.9%;1995 年的财政增幅又回到 30.1%。而这一波动的背景在于 1994 年在全国范围内开启的分税制改革。

3.1999—2008 年,江西省财政收入增幅趋于稳定

这一期间再无出现负增长的情况,年平均增长率为 17.77%,最高增幅出现在 2007 年达到 27.6%,最低增幅出现在 2000 年仅为 6.1%。而这一时期的财政政策,也从 1998 年以来的积极财政政策,转为 2004 年开始的稳健财政政策。

4.2009—2017 年,江西省财政收入进一步高速发展

这一期间平均增长率为 19.6%,虽然由于统计口径在 2016 年发生一定的调整,导致 2016 年财政收入的统计数据出现了-0.7%的回落,但 2009—2017 年仍然为改革开放以来平均值最高的时间区间。表明江西省近十年的财政收入呈现出高速增长,增速居于中部六省乃至全国前列。

从财政收入的总量来看,江西省地方财政收入从 1978 年的 12.22 亿元,到 2017 年的 2246.9 亿元,增长了 182 倍。总量连上新台阶,到 2017 年地方财政收入突破 2 千亿元。从发展沿革上来看,江西省地方财政收入由 1978 年的 12.22 亿元上升到 1999 年突破百亿大关的 105.14 亿元用了 21 年时间,而从 1999 年的百亿上升到 2011 年的 1053.4 亿元,用了 12 年时间,从 2011 年的一千亿级财政,到 2015 年翻一番实现了两千亿元的财政,达到 2165.5 亿元,只用了 4 年时间。

(九)金融市场不断活跃

1.金融行业增加值占 GDP 比重不断提升

从 1978 年改革开放政策实施以来到 1988 年,金融行业增加值占比断断续续增加,1988—1994 年间保持一个平稳态势,其中 1989 年达到占比最高值 6.87%。从 1994 年开始到 2006 年占比不断减少,到 2006 年占比为 1.64%,2006 年到现在金融行业增加值占比开始重新不断攀升。

2.贷款余额占 GDP 比重有小幅度的增减,但是总体呈增长趋势

1978—1986 年贷款余额占 GDP 比重以较小幅度增长,说明从 1978 年开始,银行等金融机构的间接融资发挥越来越重要的作用。1986—2003 年占比基本保持平稳态势,有小幅度的增减但是总体呈增长趋势,于 2003 年达到峰值(占比 9.06%)。2003—2008 年占比有小幅度的下降,但 2008 年之后到现在所占比重逐年增加。

3.上市公司数量总体呈增加态势

江西省上市公司数量大体从 2005 年开始才有较为规范的统计,从 2005 年和 2006

年的 24 家上市公司到现在的将近 40 家可以看到金融行业成长的过程,虽然经济发展速度有待提升,但总体呈增加态势。

4. 保费收入占 GDP 比重总体占比呈现稳定状态

江西省保险行业从 2006 年才有规范数据统计,保费收入占 GDP 比重到现在占比基本为 2%—3%,近几年有超过 3%,但增加幅度较小,总体占比呈现稳定状态。

(十)环境与可持续发展良好

1. 省会城市可吸入颗粒物浓度(年均 PM_{10} 浓度)稳步回落

江西省的省会城市南昌市从 2001 年开始布点监测 PM_{10},2003 年形成了比较完备的监测点。2001 年南昌市的 PM_{10} 为 110 微克/立方米,2004—2012 年间,PM_{10} 值总体而言表现出稳中有降态势,2013 年急剧上升为 116 微克/立方米,经过大力治理,2014 年 PM_{10} 回落至 85 微克/立方米,之后稳步回落至 2017 年的 76 微克/立方米。

2. 单位 GDP 废水排放量持续下降

全省的单位 GDP 废水排放量自 1990 年以来总体稳步下降,体现了江西省经济结构的优化、产业结构的升级。1990 年单位 GDP 废水排放量为 179.93 吨/万元,1995 年迅速下降到 57.18 吨/万元,2001 年继续下降到 19.08 吨/万元,2009 年进入到个位数为 8.24 吨/万元,2016 年为 4.66 吨/万元。

3. 单位 GDP 一般工业固体废物产生量表现出比较稳定的下降趋势

江西省单位 GDP 一般工业固体废物产生量自 1990 年以来表现出比较稳定的下降趋势,除了 2000 年、2002 年、2003 年略有回升之外,其他年份都是逐年递减。1990 年单位 GDP 一般工业固体废物产生量为 7.46 吨/万元,2004 年下降为 1.89 吨/万元,2011 年仅为 0.97 吨/万元,2016 年为 0.69 吨/万元。

4. 江西省单位 GDP 能耗指标稳步下降

1990 年为 4.04 吨标准煤/万元,1996 年下降到 1.53 吨标准煤/万元,2007 年继续下降到 0.92 吨标准煤/万元,2016 年为 0.48 吨标准煤/万元。

(十一)就业与劳动力市场欣欣向荣

1. 失业率总体稳定

改革开放以来,江西省就业不断扩大,就业水平和质量提高较快,主要表现为失业率近年来稳定在 3.5% 左右,总体上就业比较充分。2017 年年末全社会就业人数达 2645.6 万人,城镇登记失业率为 3.34%,比 1978 年下降了 4 个百分点。这种成就是在就业人口包括农业转移人口不断增多、就业压力不断累积的条件下实现的。一方面得益于经济总量扩大,对就业的吸纳能力提高,另一方面自主创业型就业人数不断增加,也在一定程度上缓解了全社会对正规就业岗位的需求。

2. 适龄劳动人口所占比重呈现"倒 U 型"变动趋势

适龄劳动人口所占比重在 2013 年达到最高值,为 71.3%。结合人口增长情况看,在 1998 年江西省适龄劳动人口为 2760.8 万人,2013 年增加到 3223.96 万人,15 年间增加了 463.16 万人。这就为江西省经济发展在 2000 年以后提供了巨大的人口红利。

3. 平均工资和最低工资水平不断提高

从劳动力市场的收入情况看,随着经济发展,江西省平均工资水平不断提高,从 1978 年的 552 元增加到 2016 年的 57470 元,增长了 103.11 倍,这其中部分是通货膨胀因素。为了消除物价水平的影响,根据居民消费价格指数对指标进行平减后,以 1983 年不变价衡量,2016 年的实际平均工资是 1983 年的 14.19 倍。应该看到,这种实际工资的增长速度也是惊人的,三十多年来年平均增速 8.37%,即每 9.6 年居民实际工资可以翻一番。从最低工资水平看,2004 年的标准是月最低工资 270 元,之后经过六次上涨,到 2015 年已上涨到 1180 元,增幅与同期平均工资水平上涨幅度基本持平。

(十二)知识经济与创新充满活力

1. 研发投入大幅增加

从研发强度看,2004 年江西 R&D 经费支出占 GDP 的比重为 0.43%,到了 2016 年提高到 0.97%,十多年间增加了 0.54 个百分点。而从高新技术企业规模看,2007 年从业人员数为 14.48 万人,到了 2016 年增加到 47.9 万人,增长了 2.31 倍。截至 2016 年年底,江西省共有 1432 家高新技术企业,比 2007 年增加了 1099 家,创造的工业总产值 2016 年达到 5472.71 亿元。

2. 高新技术创新增多

从高新技术产业对经济增长的贡献看,江西省高新技术企业工业总产值占 GDP 比重从 2007 年的 14.8% 提高到 2016 年的 29.58%,增加了将近 15 个百分点。可以看出,江西省高新技术企业所代表的新兴产业和业态扩张迅速,特别是有上千家企业能够通过国家高新技术企业认证,本身就体现了江西省创新驱动发展战略实施的成效。

3. 研发产出成效显著

从创新活动产出看,2016 年江西省每万人专利申请授权量为 6.85 件,1987 年这一指标仅为 0.03 件,特别是 2012 年党的十八大以后增加非常迅速,表明通过加大研发投入、大力引进人才、推动产学研一体化等使得江西经济的创新活力大大提高,正在接近实现 2020 年"迈入创新型省份行列"的目标。

二、江西省经济社会发展目前存在的问题

（一）江西省生产力水平面临的问题

在过去的40年间，江西省的经济社会发展取得了很大的成就，但是依然存在不少问题，其中最为突出的问题就是江西省的经济总量偏小。

比之于东部沿海地区，江西省的经济体量劣势明显：2014年才突破15000亿元大关，2017年才突破20000亿元大关。粤苏鲁浙在2006年就已经突破15000亿元大关，冀辽闽在2010年前也都成功跨越，甚至人口较少的京津沪三大直辖市，也早于江西省实现这一目标。即便前述部分省市因种种原因陷入了发展瓶颈，其经济发展水平也不是江西省能在短时间内超越的。比之于中部其他五省，人口相对庞大的鄂、豫、皖、湘均在3年前突破20000亿元大关，江西仅因为人口因素略高于山西。比之于东北地区（除辽宁），江西省与黑龙江省、吉林省二省基本在伯仲之间。比之于西部地区，四川、陕西、内蒙古明显强于江西省，广西壮族自治区、重庆市基本与江西处于同一水平，其余经济体量明显小于江西。

（二）江西省经济结构方面的问题

江西省经济结构主要面临三大问题，传统农业大省的严重路径依赖，绿色产业未能有效开发，国企一股独大等。首先，与邻近省份湖南省相比较，江西省依旧为传统农业大省。以2016年为例，粮食作物单产江西省为6025千克/公顷，同期湖南省为6073千克/公顷。如果比较经济作物如烟草类差距则更为明显，前者1980千克/公顷，后者为2179千克/公顷。此外，比较产值也能得出类似结论。其次，绿色产业未能有效开发，江西省为生态资源大省，旅游资源异常丰富，然而却未能有效开发。对比庐山和黄山，近十年来，前者年度游客接待量约为后者的1/10，旅游产值前者约为后者的1/20。进一步开发绿色资源，将是江西省调整经济结构的重点。最后，江西省国企一支独大，民企未能有效发展。尽管最近十年里该现象有所缓解，民营企业发展迅猛，但是国企独大的局面未能有效改善，这也是江西省城镇化发展较慢的关键因素。

（三）江西省宏观经济稳定的制约因素

宏观经济稳定有四个前提：充分就业、物价稳定、经济增长和国际收支平衡。不考虑就业因素，虽然江西省在通货膨胀率、财政盈余占GDP比重、公共预算收入占比上总体呈现平稳发展趋势，但经济如何实现适度增长、如何将通货膨胀率的涨跌幅度控制在

一个合理范围内仍然需要努力。

江西省通货膨胀涨跌幅度太大,通货膨胀率一般跟 CPI 指数相关,通货膨胀增长幅度在 5% 以内可判定为物价稳定,比如 2008 年通货膨胀率为 6.1%,而 2009 年为负值,通货膨胀率的大幅波动不利于人们形成稳定的预期,对于人们的日常生活造成一定的负面影响。

此外,财政赤字占比一直在增加,说明江西省地方财政收入有限,江西财政支出的很大部分来自中央转移支付。因此,对于作为欠发达地区的江西来说,如何有效发展地方经济,培植稳定的财政收入来源是亟待解决的问题。

(四)江西省在基础设施建设中面临的问题

一是尽管不断加强基础设施建设,但是江西省城乡基础设施水平仍然是与东部地区差距的重要体现;城市和乡村基础设施水平差距还比较大,尤其是村庄居民居住环境质量普遍不高。对于近几年来的基础设施建设,更加需要对基础设施建设水平及问题有清醒的认识和判断,从而切实改善人居环境水平和资金配置效率。

二是城市郊区基础设施还相对滞后,优化市郊基础设施布局对于城乡一体化具有重要促进作用。

(五)江西省自然资源环境所面临的问题

"绿水青山就是金山银山",但目前"绿水青山就是金山银山"还没能转化或发挥"绿色"对于经济社会的促进作用,经济效益还没有充分体现,可持续发展中人与自然和谐共生的"绿水青山"的丰富内涵还没有充分体现。

(六)江西省健康与基础教育事业所面临的问题

江西省取得巨大成绩,我们还应当看到存在的问题。健康方面:人们"因病致贫、因病返贫"的问题比较突出,城乡医疗资源及卫生费用不平衡,基层特别是农村医疗卫生力量薄弱,药品支付结构不合理,医疗服务体系中重公立医疗机构轻民营医疗机构、重医疗轻预防、康复、养老及健康管理等。基础教育方面:教育资源分配不均、教育不公平现象仍然存在;一些农村学校不论是硬件设施还是师资力量都很落后;应试化教育缺乏创造力,教师素质有待提高;教师的配置不均衡,艺术教师在农村学校还十分匮乏;特别是音乐、美术教师队伍,在学校配置还达不到要求。

(七)江西省高等教育建设所面临的问题

虽然江西省高等教育事业取得了长足发展,但与经济社会发展要求和人民群众需求相比,与国内发达省市相比,仍然存在不小差距,高中阶段教育还存在普及不够、优质资源不多,政策缺少灵活性、制度缺少保障,经费投入不足、大班额难于化解等问题;大学阶段教育还存在高层次人才培养能力不足,产教融合、校企合作有待深化,教师队伍结构和素质有待进一步优化和提升等问题。

(八)江西省财税工作面临的问题

1. 经济结构不合理,税收基数较小

一是产业结构对税收收入的影响。江西省GDP总量上在增加,获得的税收收入非常低。产业结构不合理是主要的原因之一。江西省的税收收入主要来自第二和第三产业,但是直接税源的二三产业增加值占国内生产总值的比重偏低。二是行业结构对税收收入的影响。通过对税收收入与31个工业行业之间的分析,江西省烟草加工业、电力蒸汽热水生产和供应业、黑色金属冶炼及压延加工业、有色金属冶炼及压延加工业对税收收入增长的贡献率较大。但是在江西对税收收入贡献率最大的几大行业中,与中部地区的其他省份的该行业相比差距还很大。

2. 企业经济效益较低,影响了税收收入的增量

江西省规模以上工业企业总产值利润率约为4%,该指标只有全国平均水平的36%;主营业务收入利润率只有4%,该指标只有全国平均水平的35%。企业的经济效益明显低下。所以,江西省的税收收入增长模式属于传统的规模扩张型,经济效益的推动作用还不明显。

3. 税收政策与税收征管对税收收入的影响

税收收入快速增长不仅仅是由于经济增长拉动的,税收计划的刚性以及征管水平的不断提高是最为关键的因素。江西省处于经济高速发展时期,2002年之后实行扩张性财政政策,使得每年的税收计划不断增加。税收计划完成得如何与税收政策及税收征管有密切的关系,也直接影响当地的税收收入总额。从分析来看,拉动江西省税收收入增长速度的其他因素占的比重比较大(27%),非经济因素的影响仍低于全国的水平(39%)。所以有必要调整有利于增加税源的税收政策,加强税收征管以保证税收的及时准确入库。

(九)江西省金融市场问题分析

虽然近年来江西省金融行业不断发展,但是从上市公司数量、保费收入、行业增加值占比等方面仍然可以看出增长幅度较小,表现为以下方面:

1. 金融企业的数量和老百姓的财富不断增加,但高质量的金融服务能力相对落后

由于高质量的对私金融服务能力不足,大量的个人财富通过加杠杆的方式更多地

流向了房地产、P2P 等行业,存在"脱实向虚"的现象。金融服务于实体经济的能力亟待加强。

2. 多层次金融机构体系发育不足,直接融资发展滞后

江西省在主板的上市公司数量不及合肥一个市多。金融市场结构不平衡,江西省内实体经济更多的是依靠间接融资获得资金支持,因此省内企业的融资能力受国家宏观调控政策影响较大,进而影响了企业的可持续发展能力。

3. 大众对保险行业的认可度不够高

居民的保险意识和保险知识还比较缺乏,缺少利用保险规避和转嫁风险的知识和能力。

(十)环境与可持续发展建设中面临的问题

尽管江西省的"三废"排放出现逐年递减的态势,但是经济发展与环境保护的矛盾仍然比较突出,环保压力很大。表现为以下几个方面:

1. 地方不少领导干部对环保工作认识不够

危机感、紧迫感不强,存在盲目乐观情绪。比如 2016 年上半年,南昌、宜春、九江、鹰潭、吉安、新余、赣州等 7 个地市 PM_{10} 或 $PM_{2.5}$ 浓度同比不降反升,部分河流湖库断面主要污染物浓度也呈现上升趋势。2012—2014 年,竟有县级政府多次用财政资金为 36 家企业代缴排污费 1147 万元。

2. 工业治理的投资项目没有积极运转

甚至少数项目完全是空转,造成污染治理项目没有真正发挥实效。某些企业偷排偷放等突出环境问题长期得不到解决,群众反映强烈。

(十一)江西省就业与劳动力市场建设中的问题

从就业与劳动力市场看,江西省在一定时期内仍可以通过利用"人口红利"保持经济中高速增长,这也是江西省在 2020 年全面建成小康社会的重要人力资源保障。当然,正如改革开放总设计师邓小平同志所指出的:"发展起来以后的问题不比不发展时少。"[1]这里我们通过横向与全国及中部其他省份的发展水平对比,分析江西省就业与劳动力市场发展存在的问题(见表 13-1)。

---

① 中共中央文献研究室编:《邓小平年谱(1975—1997)》(下),中央文献出版社 2004 年版,第 1364 页。

表 13-1 2016 年江西省就业与劳动市场发展情况横向对比研究

	失业率（%）	适龄劳动人口比重（%）	平均工资水平（元）	最低工资水平（元）
全 国	4.02	72.51	68993	—
山 西	3.50	75.95	54975	1320
安 徽	3.20	71.00	61289	1150
江 西	3.40	69.18	57470	1180
河 南	3.00	69.14	50028	1300
湖 北	2.40	72.94	61113	1100
湖 南	4.20	69.91	60160	1030

资料来源：国家统计局网站"国家数据"。

从城镇登记失业率情况看，江西省就业情况总体好于全国平均水平，在中部六省中排名中游。中部六省中最低的是湖北，仅为 2.4%，这可能是因为近几年湖北省无论是经济增速还是固定资产投资在中部六省都排在前两位。从适龄劳动人口比重看，江西排在后两位，仅仅略高于河南省，比全国平均水平要低 3.33 个百分点。从平均工资水平看，总体上中部六省居民工资收入均低于全国平均水平，江西仅相当于全国平均水平的83.3%。从最低工资水平看，江西处于中游水平，与安徽省、湖北省等邻省一样均处在1100—1200 元的档次，总体上是与江西省的经济发展水平相适应的，当然也有一定的调高空间。值得注意的是，江西省调整最低工资标准应当与全社会劳动生产率和全社会收入水平的提高基本协调，警惕过高最低工资标准带给企业经营和就业市场的压力。

（十二）江西省知识经济与创新面临的问题

从知识经济与创新活动看，江西省创新活动比较活跃，大大提升了创新研发能力和企业创新对经济增长的贡献度，这也为江西在 2020 年全面建成小康社会提供了重要技术创新保障。习近平总书记在党的十九大报告中指出，"创新是引领发展的第一动力，是建设现代化经济体系的战略支撑。"这里我们通过横向与全国及中部其他省份的发展水平对比，分析江西在创新发展上存在的问题（见表 13-2）。

从横向对比看，在研发投入上江西省排在中部六省第 5 位，R&D 经费支出占 GDP的比重比全国平均水平低了 0.5 个百分点，与邻省的安徽省相比更是差距较大。在研发产出上，江西省排在中部六省第 3 位，每万人专利申请授权量高于河南、湖南和山西，但与全国平均水平及人均专利申请授权量排名全国前列的省份相比，差距非常明显[1]。

---

[1] 在该项指标上，江西比全国平均水平低了 4.93 件，而最高的北京每万人专利申请授权数为 46.29件，其次分别是浙江 39.62 件、江苏 28.88 件、上海 26.54 件、天津 25.44 件、广东 23.55 件。

在高新技术企业发展上,江西省高新技术企业从业人员数排在中部六省第5位,还不到湖北的一半;从高新技术产业对经济增长的贡献看,江西相对较好,但落后于安徽省、湖北省这两个创新能力强、高等院校聚集的省份。

表 13-2　2016 年江西省知识经济与创新发展情况横向对比研究

	R&D 经费支出占 GDP 的比重（%）	高新技术企业年末从业人员数（万人）	每万人专利申请授权量（件）	高新技术企业工业总产值占 GDP 比重（%）
全　国	1.47	2360.67	11.78	28.53
山　西	0.75	29.38	2.73	14.70
安　徽	1.52	83.15	9.84	38.62
江　西	0.97	47.90	6.85	29.58
河　南	1.01	62.15	5.16	11.28
湖　北	1.37	99.12	7.11	32.74
湖　南	1.25	75.17	4.99	30.82

资料来源:国家统计局网站"国家数据"。

三、江西省进一步深化改革开放的政策建议

（一）继续"进位赶超",做大江西经济总量

针对江西省 GDP 总量较小的问题,解决的方案就是从江西省的 GDP 增速上面下功夫,意图实现"进位赶超"。江西省地区生产总值能在较长的一段时间内保持高于全国平均增速 1—2 个百分点的水准,相比于中西部省份,江西省的地区生产总值增长速度不能算突出,因为前者中相当一部分的经济体量比江西省还要小,保持较高增长速度并非难事。需要注意的是,自 2008 年金融危机以后,几乎所有东部沿海地区的生产总值增长速度都下降了许多,江西省也是在这一年开始经济增长迅速发力,此后数年地区生产总值增速均超出全国平均水平 3—4 个百分点。不仅是江西省,除山西省、黑龙江省、吉林省 2012 年以来在承受产业转型之痛外,其余非东部沿海地区均保持了较高的增长速度。可以预见,在今后相当长的一段时间内,上述省份仍将因承接东部产业转移而保持较高经济增长速度,江西省必定是其中之一,因此,可以借助经济增速这一势能,做好积极承接产业转移,继续"进位赶超",不断做大经济总量。

(二)补短板,优化江西省经济结构

1. 补齐二三产业短板

持续发展第二产业,特别是战略性新兴产业,以大飞机制造、生物产业、精密仪器加工等为代表;同时,壮大江西省服务业,特别是休闲、养生等生态旅游产业。从而使得农业增加值 GDP 占比、农业从业人口占比等不断下降,进而在优化经济机构的同时推进城镇化。

2. 发展绿色生态产业

尽管江西省环境污染较少、生态资源丰富,但是生态产业却发展较为停滞。发展包括改造传统落后产业,推进污染型企业转型升级,以及发展以大数据、智能制造等为核心的新型绿色生态产业将是江西省未来发展的重点。

3. 加速发展民营经济和推进国有企业改革

国有控股经济仍旧是江西省经济结构中的重要组成部分,但是这部分国有经济整体效率较低、市场竞争能力较差,造成整个江西省经济发展滞后。加速国有企业改革,如打破市场垄断、消除政府财政补贴和对"僵尸企业"实施破产机制等,不仅有利于江西省民营经济的发展,而且能够释放出被低效率国有企业占用的宝贵社会资源,将极大推动江西省经济社会发展。

(三)保持江西宏观经济稳定

一是加大对收入分配政策的调整,保障低收入居民的生活水平,增加居民的实际收入,完善社会保障体系,进一步强化对价格的管制改革。

二是提高政府财政资金的使用效率,编制完整统一的公共支出预算,预算安排要从满足社会的共同需要出发,把政府全部支出都纳入公共预算以便社会公众和立法机构进行监督。

三是完善预算管理体制,编制部门预算,实现省政府预算资金的统一管理和调度,可以使得预算安排支出内容更为详尽、责任更加明确,有利于预算的执行。

四是建全政府采购制度,确保政府的预算资金的统一使用,有利于降低采购成本,提高预算资金健全的使用效益。

(四)继续加强基础设施建设

江西省基础设施的建设水平已经取得了较大的成绩,尤其是在交通道路方面。但是在文化设施、信息技术基础设施、地下管道整体规划如污水排放等方面的建设仍明显滞后。这些问题直接影响了居民的生活质量和生活环境,无法满足日益增长的文化生

活需求。

1. 基础设施建设要体现整体性和前瞻性

基础设施的整体性和前瞻性要体现江西省数字信息服务产业发展和绿色生态服务功能区的发挥,加快基础设施建设对江西省绿色发展辐射带动的溢出效应。

2. 加快城郊结合带基础设施建设

尤其是要加强城市发展新区的基础设施建设。城市发展新区承载着发展核心区和功能拓展区外移的产业和人口,由于距离城市核心区较近,生活成本又较低,城郊发展新区将是未来相当长时期内城市外移人口和流动人口集中的区域,环境设施、文化设施建设规划要超前。

3. 加快健全完善农村基础设施管理

尽快统筹规划基础设施及管理体制,高水平科学管理,最大限度满足农村居民居住生活及环境需求。

(五)推进江西生态文明建设

彰显"绿水青山就是金山银山"的生态效益与经济效益。加强与国内外高校科研院所的合作,推进江西省生态文明建设,推动江西省生态文明绿色科学研究领域发生历史性变革,成为全球生态文明建设的重要参与者、贡献者、引领者。加快传统产业改造提升,大力发展节能环保产业,增强新旧动能持续转换动力,推动江西省经济由高速增长向高质量发展迈进。抓住以绿色发展为基础的"新经济"发展机遇,发挥绿色产业对区域经济的引领带动作用。

(六)推进医疗健康服务和基础教育均衡发展

医疗健康服务方面。我们要进一步深化医疗体制改革,全力为人民群众提供全方位全周期的医疗健康服务。一是加快建立以大病统筹为主的新型农村合作医疗制度,解决农民"因病致贫、因病返贫"问题。二是进一步完善社区卫生服务体系,使健康医疗服务网络覆盖率达100%。三是着力解决医疗资源分布不均衡,推进医师多点执业、自由执业,以此调动医生积极性,为患者提供可信任多层次的医疗服务。

基础教育均衡发展方面。一是优化布局结构,提升均衡水平,提高建设标准、改善办学条件,全面推进城乡基础教育一体化、基础教育均衡发展。二是破除行政归属,建立基础教育办学管理统一、资源分配合理、多校协同发展的区域性总校。三是创新办学体制机制,加强校际合作,加大优质教育资源辐射力度,整体提升基础教育优质均衡水平和教育质量。

(七)构建开放的高等教育发展新格局

进一步加快江西省高等教育事业发展,高中阶段教育应加强科学规划、进一步优化城乡学校布局,强化部门联动、优先保障教育建设用地需求,精准投入、推进标准化和信息化建设,健全学生资助制度,使绝大多数城乡新增劳动力接受高中阶段教育,加强系统的师资培训、优化综合素质评价办法等;大学阶段教育应重塑大学人文精神、实现大学准确定位,优化高教资源配置、明晰高教发展目标,调整优化专业结构、抓好教师队伍建设,构建质量保障体系、提升高校核心竞争力,大力开展创业教育、强化高教投入等,形成更有活力、更具效率、更加开放的高等教育发展新格局。

(八)以提高企业效益为基础增加地方财政收入

1.优化经济结构

要提高江西省的税收收入,首先要解决江西省"农业不优、工业不强、三产不新"的问题。农业方面,要以优化品种、提高质量、增进效益为中心,提高优质高效农产品的比重,特别是特色农产品的比重,积极探索农业产业化的新形式、新路子。工业方面,在维持现有支柱产业的基础上,要加快发展电子信息、生物工程与制药等高新技术产业。服务业方面,积极引进外来要素、经营观念和经营模式,发展具有江西省特色的现代服务业,下大力气培育发展金融、保险、证券、信息、咨询、旅游、会展、社会中介、交通运输仓储及邮政业、信息传输、计算机服务业等高层次服务业。

2.提高企业经济效益

企业经济效益的改善可以促使税收收入大幅度增长。高投入—高产出—低效益,是江西省企业难以走出的循环圈,要解决速度不低、效益不高的问题,需要调整经济发展的思路,推动经济增长由"速度型"向"效益型"转变。树立效益优先的观念,努力把经济工作的着力点转移到高经济效益上来。加快传统产业的技术改造和技术创新,巩固企业市场的核心竞争力。从降低成本提高服务入手,扩大品牌效益,开拓和增强市场竞争能力,实现市场效益。政府可以有选择地、有意识地扶持科技含量高、经济效益好的骨干企业和名优特产品,提高支柱产业对税收收入的贡献水平。

3.适当调整税收政策,加强税收征管

与全国相比,江西省的宏观税负不高,只有全国宏观税负的50%,税源还有挖掘的潜力,这不仅需要纳税人纳税意识的提高,更重要的是从税收政策和税收征管等方面下功夫。在税收政策方面,可调整影响税收收入的地方政策,促进税收收入的政策性增长。在税收征管方面,要严格税源管理、严格减免税管理、建立信用制度并强化执法力度。开展税源调查,以减少漏征漏管户。

（九）大力繁荣金融市场

一是加强对金融机构的市场监管，建立完备的金融监管体系和制度。

二是促进金融体系的多元化，拓宽融资渠道，建立多元化的投融资体系。加大对中小金融企业发展的扶持力度，加快培育直接融资市场，推动更多的企业赴主板上市，促进金融市场的改革和监管部门职能的转变。

三是推动各级政府、企事业单位利用保险管理经济发展和社会运行中的风险，引导广大社会公众利用保险满足教育、医疗、养老等各方面的需要，使保险机构这支市场主体的力量充分发挥作用，减轻政府和社会各方面的负担。

（十）以体制改革保障环境与可持续发展

一是加快推进省以下环保机构监测监察执法体制改革，全面启动垂直管理改革工作。强化省级环境质量监测事权。结合实际，适时适度下移重点污染源监督性监测和监管重心，加快排污许可制实施步伐。建议推行不定期在江西省重点区域开展环保督察。

二是继续实施省内昌九区域和九江与湖北黄冈、萍乡与湖南株洲、赣州与福建龙岩等省际大气污染联防联控。

（十一）政策支持引领协同创新

1. 设立政府产业基金推动产学研合作对接

当前江西省正在加快"中医药强省"建设，在调研中我们发现江西省内高校有许多中医药基础研发成果，但主要卖给省外医药民营企业，导致江西省企业原创药在销售产品中的比重非常低，结果就是企业整体销售收入高，但销售利润低。因此需要设立江西中医药产学研合作基金，推动江西省企业对省内中医药研发产出成果的转化，以此加快江西中医药产业集群发展。

2. 落实生育政策，吸引外省人力资源流入

从江西省现有产假政策等方面看，与其他省份相比较为优惠，有力地推动了育龄妇女生育。下一步应针对生育政策服务需求，细化服务项目，特别是针对农民工要提供周到细致、到户到人的服务。同时，参照武汉、南京等地吸引人才的举措，在购房补贴、落户服务、编制管理、职称评聘等方面积极参与人才竞争，避免人才成为江西省进一步改革开放的短板。

14

山东省改革开放 40 周年
地区发展报告

山东行政学院课题组①

一、1978 年以来山东省经济社会发展成就

改革开放 40 年来,山东省伴随经济增长和城镇化率提高,一方面,人们的物质生活、教育、医疗保障水平等得到全面提升;另一方面,山东省基础设施得到大幅度改善,经济增长质量优化提高,经济结构更趋合理。山东经济快速增长主要得益于,改革开放潜能的极大释放、中国加入世界贸易组织(WTO)、科技日新月异、知识不断创新、市场经济的发展健全以及山东区域经济格局不断优化调整。

(一)生产力水平

1. 经济总量(GDP)

1978 年,按当年价计算的山东省地区生产总值仅为 225.45 亿元,2017 年统计的地区生产总值达 72678.20 亿元(当年价),名义增长达 321.37 倍。

2. GDP 增速

从经济增速来看,整体上呈现波浪型增长特点,1991—2011 年 GDP 增长率保持在两位数以上(10%—20%),2012 年以后,经济增长率下降为个位数,且呈现平稳下降态势。经济增长较快的时间突出集中在两个时段,一个是在 1987—1995 年,这一时期山东省名义 GDP 年最高增速出现在 1994 年达到 38%,这实际上也和 20 世纪 90 年代全国宏观经济大背景相一致,也就是 1992 年邓小平同志南方谈话以后推动的新一轮改革热潮,各地都采取了扩张性政策刺激经济增长,由此也出现了改革开放后的高增长和高通货膨胀。另一个快速增长的时段出现在 2000 年以后,基本保持在年均两位数的

① 课题组组长:司强;课题组成员:孙秀亭、景建军、刘泽、董德利;项目编号:NSAZT(WT)2018014。

增速。

3. 人均 GDP 增速

改革开放以来,人民生活水平不断提高,人均 GDP 显著增长。从 1978 年到 2017 年,山东省人均 GDP 从 316 元人民币增加到 72851 元(均为当年价),40 年间,名义增长 230 倍,全省人均 GDP 与 GDP 名义增长趋势和速度大致保持同步,但 40 年来的累积增幅略低于 GDP 累积增幅(见图 14-1)。

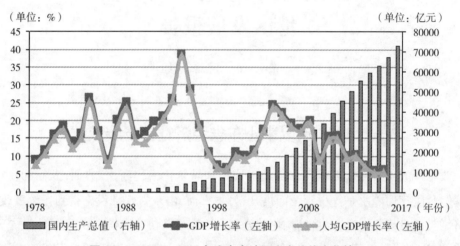

图 14-1　1978—2017 年山东省地区生产总值变化情况

(二)经济结构

1. 三次产业结构

山东省是传统农业大省和工业制造业大省,但第三产业在改革开放之初并不发达。40 年来,在三次产业整体规模不断扩大的同时,第一产业占比明显下降,第二、第三产业占比在波动中呈上升趋势。从具体演变过程看,可以把山东省产业结构演变为两个阶段。

第一阶段(1978—1989 年):三次产业呈现"二一三"格局,产业结构从 1978 年的 33.3∶52.9∶13.8 演变为 1989 年的 27.8∶44.8∶27.4,第一产业比重从 33.3%降至 27.6%,降幅为 5.7 个百分点。第二产业比重从 52.9%降至 44.8%,降幅为 8.1 个百分点。第三产业则从 13.8%上升至 27.4%,增幅为 13.6 个百分点。从图 14-2 可以看出,在这一阶段,第一产业比重降幅较小,下降速度较慢,年均下降 0.52 个百分点,第二产业比重仍占主导地位,第三产业发展迅速,增幅最大,年均增长 1.24 个百分点。从具体演变过程看,第一产业和第二产业表现出波动性,其主要原因是,改革开放初期,农村家庭联产承包责任制的实施,致使农村生产力得到极大解放,农业经济得到快速发展,第三产业则表现为平稳增长趋势。

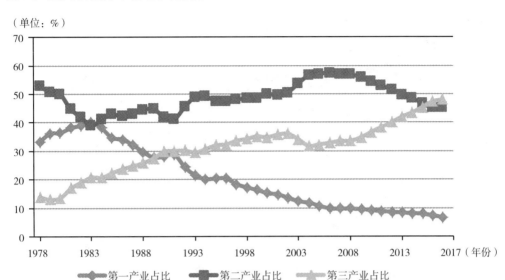

（单位：%）

图14-2　1978—2017年山东省三次产业结构变动情况

第二阶段（1990—2016年）：三次产业结构呈现"二三一"格局，产业结构从28.1：42.1：29.8调整到7.3：45.4：47.3。第一产业持续下降，从1990年的28.1%下降到2013年的7.3%，降幅为20.8个百分点，且开始下降速度较快，2006年以后下降速度变得平缓，基本维持在一个较低的水平。

改革开放以来，山东省产业结构不断优化，整个演变过程符合产业结构高级化演变规律，第一产业比重下降迅速，且已经下降到较低的水平，从长远发展看，第一产业比重还将继续下降，但下降速度会放缓，第二、第三产业在经济增长中占主导地位，且第三产业增长潜力巨大。工业制造业作为第二产业中最重要的部分，其整体变动趋势与第二产业基本保持一致。

2.最终消费占比

从经济增长的动力结构来看，最终消费在GDP中的占比出现先下降后攀升的趋势，表明山东省经济增长的动力结构逐渐得到优化，长期依靠大规模投资拉动经济增长的趋势得到遏制，尤其2010年以后依靠消费拉动经济增长的趋势越发明显（见图14-3）。

3.城镇化率与劳动力就业

经济增长的成果必然反映到地域空间和城市化进程上来。40年来，山东省城镇化水平不断提高，城镇化质量不断发展。1978年山东省城镇化率为8.76%，2016年城镇化率增长到59.02%，超过全国城镇化率平均水平（57.4%），年均增长1.28个百分点。在城镇化水平快速提高的同时，山东省城镇化质量稳步发展，城镇居民收入不断提高，

（单位：%）

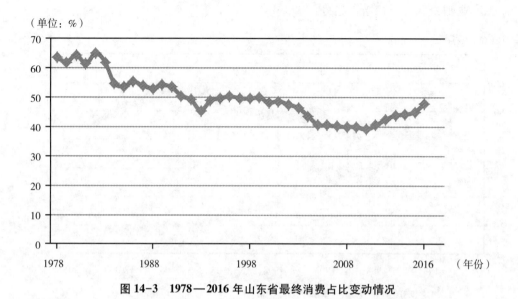

图14-3　1978—2016年山东省最终消费占比变动情况

城镇公共服务日趋完善。与此对应,伴随产业结构不断演化升级,第一产业就业人员不断向第二、第三产业转移,第一产业就业人员比重从1978年的79.2%下降到2016年的29.1%,年均下降1.28个百分点,这表明山东省第二、第三产业就业吸纳能力正在不断增强(见图14-4)。

（单位：%）

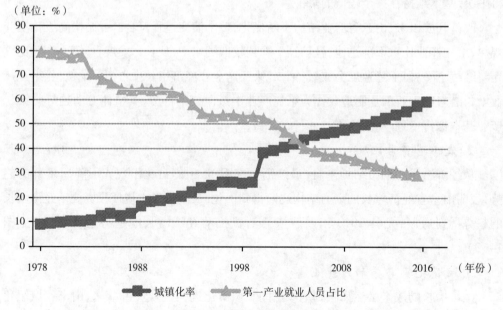

——▪—— 城镇化率　——▲—— 第一产业就业人员占比

图14-4　1978—2016年山东省城镇化率与第一产业就业人员占比

4. 能源结构

山东省能源结构长期以煤炭为主。1978年,在一次能源产出结构中,煤炭和石油占比非常接近,几乎是各占一半,煤炭 49.62%,石油 47.13%。到 20 世纪 80 年代,煤炭占比逐渐下降,石油产出占比上升并超过煤炭占比。进入 20 世纪 90 年代,煤炭占比再次一路上扬,石油占比持续下降,到 1994 年煤炭占比再次超过石油占比。然而,天然气在一次能源产出占比中始终很低,1978 年尚能占到 3.23%,此后一直下降。近年来,山东省的能源结构仍然以煤炭为主,占绝对优势,石油占比次之,未来能源清洁化的压力较大(见图 14-5)。

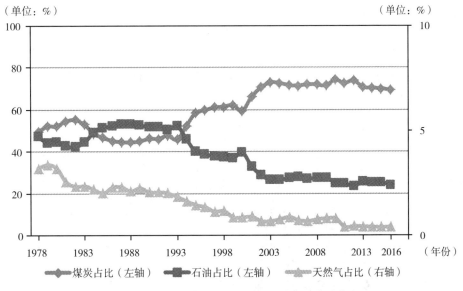

图 14-5　1978—2016 年山东省能源结构变动情况

5. 工业企业构成

伴随市场化程度加深以及国有企业混合所有制改革进程加快,山东省国有控股工业企业资产占比近年来持续下降,该数值最低点出现在 2014 年(20.31%),而私营工业企业资产占比自 2004 年首次超过国有控股工业企业资产占比之后持续上升,2014 年最高达到 69.55%。2015 年以后,国有控股工业企业资产占比出现回升,私营工业企业资产占比出现下降。尽管有国进民退的趋势,但总的来看,全省仍然是私营工业企业资产占比较高(见图 14-6)。

(三)宏观经济稳定

1. 通货膨胀率

改革开放以来,山东省通货膨胀率呈现阶段性特征,1978—1984 年和 1997—2016年消费价格指数(CPI)较为平稳,宏观经济整体上稳定;1985—1996 年 CPI 增幅较大,表明这一时期宏观经济形势波动特征明显。进入 2000 年以后,山东省通货膨胀率基本

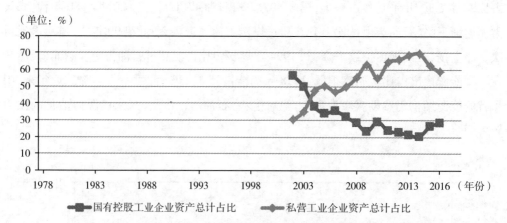

图14-6　1978—2016年山东省国有与私营工业企业资产占比变动情况

注：未查找到2002年之前的数据。

稳定在5%以下（见图14-7）。

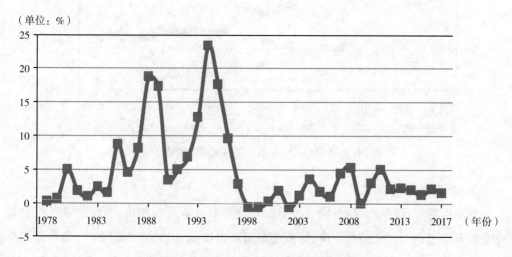

图14-7　1978—2017年山东省通货膨胀情况

山东省通货膨胀率较高的时段出现在20世纪80年代末和90年代中期，CPI均达到两位数（1988年为18.7%，1989年为17.3%，1994年为23.4%，1995年为17.6%），属于较为严重的通货膨胀，这与当时全国宏观经济的大背景相一致。实际上，从1984年到1988年是中国经济加速发展的5年，其间中国国内生产总值年均增长12.1%，经济快速增长的同时也出现了经济运行过热、经济结构失衡、经济秩序混乱、通货膨胀加剧等问题。究其原因，主要有以下几个方面：一是需求拉动的通货膨胀，在当时新旧并存的二元体制下，出现投资膨胀、消费需求膨胀。二是成本推动的通货膨胀。自1979年开始的农村生产关系调整所产生的制度红利和效益潜能到80年代中后期已基本释放，农业生产进入长期边际报酬递减阶段，为了增加农业投入，保证农业基本稳定，国家首先提高了粮食等农产品价格,由此以农产品为原料的轻工业产品成本增加,价格上升,最终推动了物价的全面上升。而中国刚性安置就业的实际,也增加了企业的生产成本。三是价格双轨制的存在,在某种程度上扰乱了市场秩序,成为通货膨胀的推手。

2. 一般公共预算收入及财政盈余/赤字

伴随计划经济向市场经济的转型,行政事业性收费不断得到规范和清理。山东省一般公共预算收入占 GDP 的比重,1978—1995 年呈现下降趋势,且下降速度较快,由改革开放之初的 28.44%(1978 年)下降到最低 3.5%(1994 年)。20 世纪 90 年代中期以后,伴随财税体制改革和政府财政管理水平提高,该指标又逐渐上升,基本稳定在10%以下(见图 14-8)。

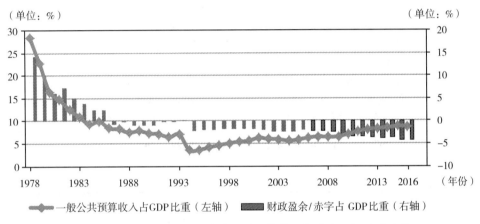

图 14-8　1978—2016 年山东省公共预算收入及财政盈余/赤字占比

本报告中的财政盈余/赤字数据由一般公共预算收入和一般公共预算支出计算得出。可以看出,20 世纪 80 年代中期之前,山东省基本上是处于财政盈余状态,但财政盈余数额逐年下降,此后出现财政赤字并逐年增加。这主要是因为进入 80 年代后期尤其 90 年代以后,尽管一般公共预算收入占 GDP 比重不断上升,但由于地方政府发展经济的压力增大和相互竞争加剧,大多都采取积极的财政政策带动当地经济发展,从而扩大了一般公共预算支出和财政赤字。

(四)基础设施

改革开放以来,山东省基础设施建设变化很大。公路网密度由 1978 年的 21.69 公里/百平方公里上升到 2016 年的 168.28 公里/百平方公里,尤其在 2006 年伴随全省"村村通"工程的落实,山东省公路网密度出现跃升。铁路通车里程则由 1978 年的1385 公里上升到 2016 年的 4882 公里,数值翻了 2.52 倍。铁路网密度则稳步提高,由1978 年的 0.88 公里/百平方公里上升到 2016 年的 3.09 公里/百平方公里。近年来,伴随人们生活水平提高,人们对交通出行的时间要求和舒适度要求相应提高,人均年乘航空出行次数明显能感受到增加。根据已有数据,可看出电话和互联网普及率在 2000 年以后提高迅速,尤其互联网普及率,到 2015 年已经达到 52.25%,普及率较高。但伴随移动电话数量增加,固定电话数量在 2005 年达到高峰以后反而出现明显下降(见图 14-9、图 14-10)。

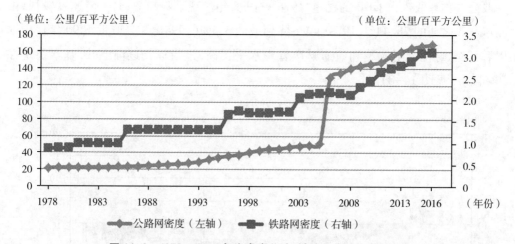

图 14-9 1978—2016 年山东省公路、铁路网密度变化情况

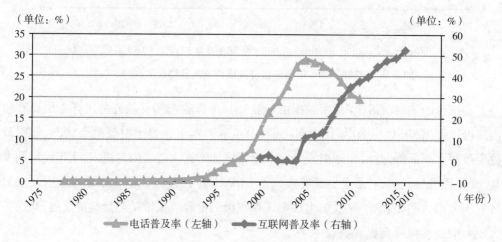

图 14-10 1975—2016 年山东省电话及互联网普及率

(五)自然资源

山东省是人口大省,尽管各类自然资源总量富集,但人均资源量逐年下降,尤其人均耕地由 1978 年的 0.102 公顷/人下降到 2016 年的 0.077 公顷/人,人地关系紧张;人均水资源量由 2003 年的 536.65 立方米/人下降到 2016 年的 221.50 立方米/人,水资源也逐渐趋紧(见图 14-11)。

（单位：公顷/人）　　　　　　　　　　　　　　　　　　（单位：立方米/人）

图 14-11　1978—2016 年山东省人均资源变化

（六）健康与基础教育

1. 人口增长

人口增长率在不同时期表现出不同特征，主要与当时实施的人口政策有关。第一阶段：1978—1990 年，人口增长率基本保持在 1% 以上，计划生育政策逐渐趋紧趋严。第二阶段：1991—2015 年，人口增长率在 0.5% 左右，计划生育政策在城市和农村都得到较好执行。第三阶段：从 2016 年开始，受全面放开二孩政策影响，人口增长率出现短期回升。实际上，改革开放之初，山东省贯彻落实计划生育政策比较严厉，全省人口增长率缓慢增长并稍有波动，但由于农村重男轻女思想严重，以及在部分地区执行的是宽松计划生育政策，即头胎是女孩家庭允许隔 7—8 年后再生育二孩。1990 年，二孩生育高峰与自然生育率出现叠加，当年人口增长率达到最高（4.08%），此后很长一段时期内山东省人口处在低于 1.5% 的速度低速增长。从人口普查情况来看，山东省人口预期寿命由 1982 年的 62.9 岁上升到 2010 年的 76.5 岁，30 年间，山东省人均预期寿命增加了 13.6 岁（见图 14-12）。

2. 医疗健康与教育

随着经济发展，山东省医疗健康水平和教育水平得到大幅度提升，万人医师数（人）和万人病床数（张）都呈现上升趋势。万人医师数由 1978 年的 7.96 人上升到 2016 年的 24.43 人，翻了 3.09 倍；万人病床数由 1978 年的 16.76 张上升到 2016 年的 54.59 张，增长 2.26 倍。除了政策因素外，可以看出由于基础医疗水平的提高，相对应的是人口增长比较平稳（见图 14-13）。

受数据所限，对专任教师和小学入学率只能看到部分变化，但基本也可以反映出变化趋势。山东省专任教师数量增长明显，由 1978 年的每万人 91.77 人增加到 2013 年

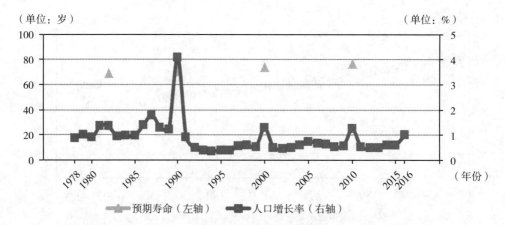

图 14-12　1978—2016 年山东省预期寿命及人口增长率变动情况

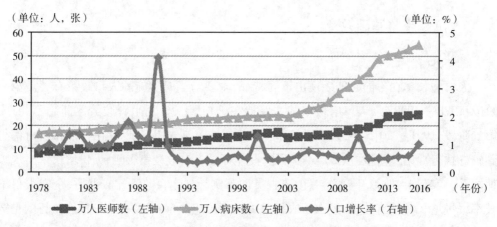

图 14-13　1978—2016 年山东省人口与健康情况

的 97.05 人,变化不是很大。而小学入学率受法定义务教育政策影响,到 1995 年以后山东省该指标就达到 99% 以上,学龄儿童均保持了较高的入学率(见图 14-14)。

(七)高等教育

改革开放后,山东省高等教育发展迅速,人才资源成为经济发展的重要支撑,知识创新效果明显。万人在校研究生数从 1998 年的 0.65 人增加到 2016 年的 8.25 人,增加了 11.7 倍,年均增长 0.42 人(见图 14-15)。

(八)财政金融

1. 税收收入

山东省税收收入占 GDP 的比重先下降后上升,1994 年达到最低,目前税收收入占

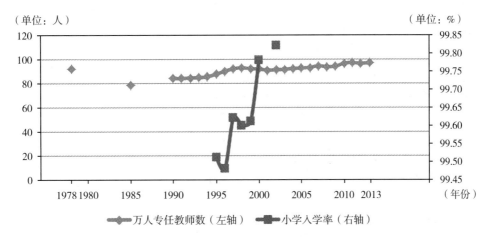

图 14-14　1978—2013 年山东省万人专任教师数与小学入学率

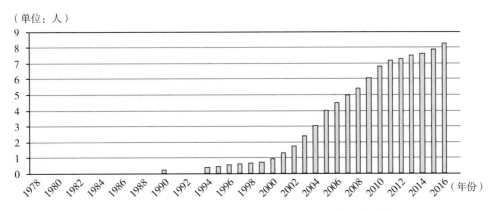

图 14-15　1978—2016 年山东省万人在校研究生人数变动情况

GDP 比重基本保持在 6%—7%。这主要与国家财税体制改革以及中央与地方分灶吃饭有关。1978 年之前,我国实行"大一统"的财政体制和统收统支的国有企业财务制度,主要是为了适应当时的生产力发展水平和特殊的国际国内形势。但随着经济社会发展,这种体制"集中过多,统得过死"的缺陷暴露出来。党的十一届三中全会以后至1992 年,为适应经济体制转轨的需要,以对地方和企业放权、让利、搞活为主线,形成了两个包干体制:一是企业承包制,国家与企业的分配关系改革;二是财政包干制,中央与地方的分配关系改革。对地方放权让利的财政包干制,扩大了地方权力,增加了地方财力,激励了地方发展经济的热情,但是因为地方减免税政策自主权过大,加上企业承包制的负面作用,导致财政收入占国内生产总值的比重逐年下降。

2. 人均税收收入

从人均税收数量来看,山东省人均税收数量呈稳步增长态势,从 1978 年的人均45.74 元增加到 2016 年的 4235.19 元。1978—2000 年间增长较为缓慢,人均税收收入年均增长 32.6 元,2000—2016 年间增速较快,人均税收收入年均增长 194.7 元(见图14-16)。

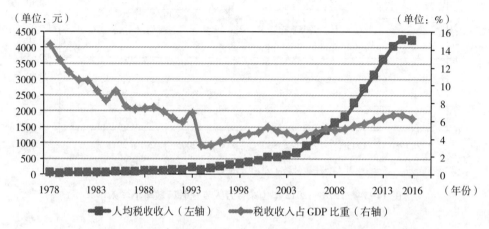

图 14-16　1978—2016 年山东省税收收入变动情况

3. 金融市场

从金融市场来看,山东省信贷余额占 GDP 的比重呈波动上升趋势,从改革开放之初的 59.31%增加到 2016 年的 92.12%。表明山东省信贷规模不断扩大,经济活动市场化、金融化程度提高,经济主体整体上日趋活跃。但从金融行业自身来看,到2016 年全省金融行业增加值占 GDP 比重仅为 5.02%,保费收入占 GDP 的比重仅为3.44%,表明山东省金融行业并不很发达,尤其是保费收入占比从 20 世纪 90 年代起步时的 1.2%到 2016 年仅增加到 3.44%,近 20 年间保险等非银行金融机构发展非常缓慢(见图 14-17)。

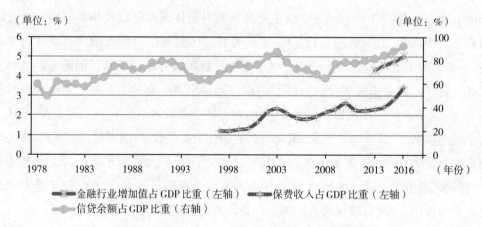

图 14-17　1978—2016 年山东省金融市场变动情况

（九）环境与可持续发展

伴随环保意识的增强以及工业企业整体技术水平的提高,山东省单位 GDP 废水排放量和固体废物的产生量都呈下降趋势,目前已处于较低水平。具体又可分为两个阶段,快速下降阶段(1978—1995 年)和平稳下降阶段(1996—2016 年)。在数值上,单位 GDP 废水排放量已经由 1981 年的 302.36 万吨/亿元下降到 2016 年的 7.58 万吨/亿元,而单位 GDP 一般工业固体废物产生量则由 1981 年的 7.28 万吨/亿元下降到 2016 年的 0.34 万吨/亿元(见图 14-18)。

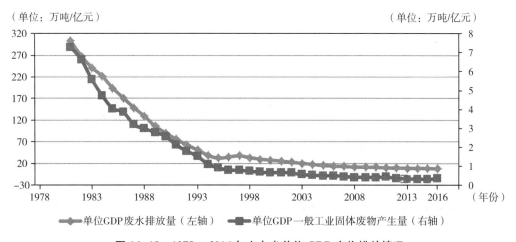

图 14-18　1978—2016 年山东省单位 GDP 废物排放情况

（十）就业与劳动力市场

40 年来,山东省的平均工资呈缓慢增长趋势,进入 21 世纪后平均工资增长相对变快。1978 年,年平均工资仅为 566 元,到 2016 年,年平均工资为 63562 元,增长 111.30 倍(见图 14-19)。

（十一）知识经济与创新

从知识经济与创新发展的角度来看,山东省从投入到专利技术和高新技术产业收入占比均明显偏低。在这个意义上看,山东省未来创新发展的潜力可能不足。2002 年 R&D 经费支出占 GDP 比重为 0.86%,到 2016 年尚不足 2.3%。万人专利申请授权数量较低,1998 年以后出现一定程度的增长,但到 2016 年该数值也仅为 9.86 项/万人。与此相对应,山东省高新技术产业主营业务收入占 GDP 的比重一直低于 20%(见图 14-20、图 14-21)。

（单位：元）

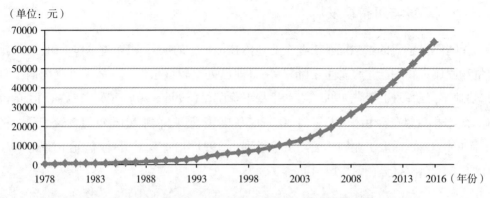

图 14-19　1978—2016 年山东省平均工资水平变动情况

（单位：项/万人）

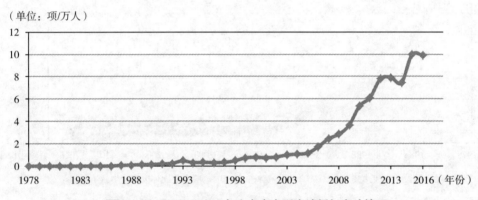

图 14-20　1978—2016 年山东省专利申请授权变动情况

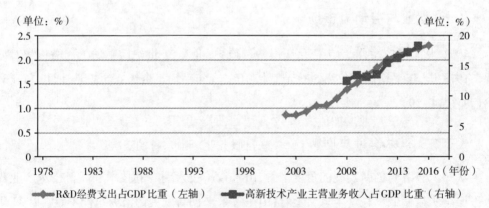

图 14-21　1978—2016 年山东省研发支出及高新技术产业收入占比情况

二、山东省经济社会发展的主要特点及目前存在的问题

(一)山东省经济社会发展的主要特点

1. 经济大省和人口大省

山东省是我国经济大省。改革开放以来 GDP 总量一直稳居全国前三,2017 年地区生产总值迈上 7 万亿元台阶,达到 72678.2 亿元,位列粤苏之后,占全国 GDP 总量的 8.8%。2017 年,山东省固定资产投资 54236 亿元,居全国首位;社会消费品零售总额 33649 亿元,居全国第二位;一般财政公共预算收入 6098.5 亿元,居全国第四位。山东省是人口大省,2017 年年底常住人口规模首次破亿,达 1.000583 亿人,仅次于广东位居全国第二,占全国总人口的 7.2%。2017 年人均 GDP 达到 72851 元,按年均汇率折算为 10790 美元,连续三年进入万元俱乐部。庞大的经济体量和人口规模是山东经济社会发展的重要特征之一。

2. 产业体系完备、实体经济优势突出

山东省的国民经济体系尤其是产业体系健全完备,实体经济优势突出。山东省是农业大省,农产品品种全、数量大。2017 年,实现农业增加值 2802.3 亿元,居全国第一位;粮食产量连续 6 年稳定在 900 亿斤以上,居全国第三位;棉花、油料、果菜茶、肉蛋奶等主要农产品供给充足,蔬菜、水果、水产品、肉类产量居全国第一位;农产品出口连续 19 年领跑全国,占全国农产品出口的 1/4。山东省是工业大省,产业门类齐全,在国家重点统计的 41 个工业大类、197 个种类中均有分布;重点行业优势突出,轻工、化工、机械、冶金、纺织、电子信息行业主营业务收入均超过万亿元;110 种重点产品产量居全国前三位、46 种居第一位;2016 年山东省规模以上工业实现利润占全国比重达 12.56%,居全国第二位。第三产业快速发展,现代服务业占整个国民经济的比重持续提升。2017 年山东省第三产业增加值为 3.49 万亿元,居全国第三位,第三产业对经济增长的贡献率达到 56.4%,新增就业中有 70%来自服务业。山东省的三次产业结构 2016 年首次实现由"二三一"到"三二一"的转变,2017 年三次产业构成为 6.7∶45.3∶48.0,三次产业发展更加协调,结构更加优化。

3. 区位条件优越、自然资源丰富

山东省拥有良好的区位优势和丰富的自然资源。一是独特的地理位置。山东省位于黄河下游,濒临黄渤海,在中国"黄金海岸地带"的环渤海经济区内,背靠广阔内陆腹地,南连长江三角洲经济区,东与日、韩等亚太经济圈内的国家和地区相连或隔海相望。二是良好的地形和气候条件。暖温带季风气候,在 15 万平方公里的陆地面积中,有

1/3 的黄河冲积平原、1/3 的低山丘陵、1/3 的山间及山前平原,有河流有湖泊,非常有利于农林牧渔业全面发展。三是丰富的海洋资源。山东省拥有 3300 多公里的海岸线,占全国海岸线总长度的 1/6,拥有众多优良港口,其中青岛港是世界级港口,拥有与陆地面积相当的海域面积,渤海湾石油储量丰富。绵长的海岸线和广袤的海域为发展海洋渔业、海洋运输、海洋能源、海洋化工、海洋科技、对外贸易和旅游事业等提供了优越的条件。四是种类繁多、储量丰富的地下矿藏。山东省已发现的各类矿产 128 种,占全国已发现矿产种类的 78%。在已探明储量的 74 种矿产中,有 30 多种储量居全国前 10位,有 24 种居全国前三位,其中黄金、石膏、自然硫储量居全国第一位。山东还是全国重要的能源基地之一,山东省原油产量占全国 1/3,兖滕矿区是全国十大煤炭基地之一,山东省电网是全国六大电网中唯一的省独立电网。丰富的矿产资源和能源资源有力促进了山东省重工业、基础能源和原材料等产业的发展。五是丰富的旅游资源。山东省旅游资源丰富,人文和自然旅游资源独具特色,是"礼仪之邦、圣人之乡",是中国文化的源头和中华民族的重要发祥地之一,文物古迹众多。

(二)山东省经济社会发展存在的问题

改革开放以来,山东省经济社会发展取得了长足的进步,但"大而不强"的特征十分突出,发展的不平衡和不充分是当前山东面临的主要问题。发展不平衡不充分体现在多个方面,其中经济发展的不平衡不充分是最根本的。发展不充分主要表现在:一是生产力发展不充分;二是创新不充分;三是改革不充分;四是开放发展不充分。发展不平衡主要表现在:一是经济结构不平衡;二是经济社会发展与资源环境承载力不平衡;三是区域发展不平衡。发展"不充分"是发展"不平衡"产生的客观基础,发展"不平衡"又反过来加剧了发展"不充分"。

1. 生产力发展不充分

生产力发展不充分,在山东省主要表现在三个方面:一是有效供给不充分。经过 40 年的改革开放,山东省的生产力水平得到大幅提升,已告别贫困、跨越温饱、即将实现全面小康。但与发达国家和发达省份相比、与人民日益增长的"美好生活需要"相比,山东的生产力水平还有不小的距离,如高质量的商品、现代化的服务、洁净的空气和水、舒适便利快捷的出行等等。二是潜力释放不充分。山东省 2017 年 GDP 总量虽然在全国排在第三,但比广东省少了 1.72 万亿元,比江苏省少了 1.32 万亿元;2017 年人均 GDP 则在全国排在了第 9 位,分别比江苏省、浙江省和广东省少 34338 元、19206 元和 8238 元。三是经济发展的质量和效益不高。长期以来,发展方式粗放,增长主要靠投资拉动,产业结构重化,产业层次偏低,企业赢利能力不足。同时,投资主体主要以央企和国企为主,在做大产值的同时,老百姓的收入却并没有与之同步。2017 年,山东人均一般公共预算收入6098.5元,分别比广东省、江苏省和浙江省低4036元、4082元和4163元;城镇居民人均可支配收入为36789元,分别比广东省、江苏省和浙江省少4177元、6824元和14463元;农村居民人均可支配收入为15118元,分别比广东省、江苏省和浙江省少661元、4040元和9838元。因此,山东省提升生产力发展水平还有很大空间,迫切需要通过新旧动能转换,走出依靠土地资本低价劳动力以及环境的传统生产力运行模式,走上依靠创新和高素质人力资本等新生产要素组合的新型生产力运行模式。

2.创新不充分

在科技革命面前"无问西东",谁抢占了科技高地,谁就能在激烈竞争中脱颖而出。在这方面,山东省优势明显短板也很突出。山东省是国家工程中心布局最多的省份,国家级创新平台数量在全国也名列前茅,但企业的创新活力不足。顶天立地的"国"字号平台多,但中小企业创新活动少,是山东省创新面临的重要省情。2017年,山东高新技术企业6801家,只有广东的21.4%、江苏的51.2%和浙江的59.3%;PCT(《专利合作条约》)国际专利申请量山东省1700件,只有广东省申请量的6.3%和江苏省的37%;每万人口有效发明专利拥有量山东7.57件,而广东省、江苏省、浙江省分别为18.96件、22.5件和19.67件;山东省的研发投入占GDP的比重也都低于广东省、江苏省和浙江省。这些数据说明山东省科技创新不充分的问题十分突出。创新不充分直接导致高新技术产业产出水平低,2017年,山东省高新技术产业产值占规模以上工业产值的比重仅为35%,而江苏则是42.7%。山东省现有"两院"院士不到广东、江苏的一半,"高精尖"人才、专业人才不足,已成为制约山东省创新发展的一个突出短板。为此,山东省修订了《山东省促进科技成果转化条例》(2018年1月1日起施行),目的在于加强科技成果向现实生产力转化的法律保障,强化对科研人才的激励和多渠道资金的投入机制。

3.改革不充分

改革进入深水区后,改革不充分突出表现在思想观念和体制机制两方面。一是思想观念不解放,尤其是领导干部的思想观念。山东省干部既有"政治觉悟高、吃苦耐劳、踏实肯干"的优秀品质,也存在"思想解放不够、观念变革不深、敢领风气之先的魄力不足"等问题。南方一些省的干部遇到新矛盾新问题"向前看",用创新思维寻找解决办法;而山东省干部则习惯于"向后看",看有没有成规惯例可循、有没有现成经验可用。南方一些省的干部市场观念和包容性比较强,对企业和群众"法无禁止即可为";山东省的一些干部倾向于"法无授权不可为","法无授权不可为"本是用来约束政府行为的,反过来成为一些政府官员约束市场主体的武器。思想观念的保守限制了市场主体的创新活力,也限制了山东省的发展。二是制度创新不充分,市场在资源配置中发挥决定性作用还面临一些体制机制约束。近年来,山东省把深化"放管服"改革作为全面深化改革的"先手棋",持续推进政府职能转变,改革取得了明显的成效。如,随着商事制度改革的深化,一大批中小微企业由无到有、由小到大、由弱到强,山东省市场主体总量由 2013 年商事制度改革前的 412.6 万户,增加到 2017 年的 806.8 万户,增长 95.5%。但改革仍然存在不少短板,如,浙江省 2016 年 12 月提出"最多跑一次"目标,仅用一年多时间就基本实现了,山东省为什么做不到? 究其原因,还是改革不细不深不彻底,没有真动一些部门的奶酪,没有真正摆脱体制机制的掣肘。所以,山东省仍需要进一步解放思想,进一步深化体制机制改革,包括深化"放管服"改革、运行机制改革、民营经济改革、财税体制改革、金融体制改革、机构和行政体制改革等。

4. 开放发展不充分

山东省作为沿海经济大省,具有对外开放的区位优势,对外开放起步早、发展快,青岛和烟台是我国最早开放的 14 个城市中的两个。改革开放以来尤其是加入世贸组织以来,山东省的对外开放成绩显著,但与沿海其他省份相比,总体上看开放发展不够充分。只从外贸来看,2001—2017 年,山东省外贸进出口以年均 15.4% 的高速度增长,2017 年全省进出口总额达 17823.9 亿元,创五年来新高。但相对于山东省的经济规模和区位优势,山东省的对外开放程度明显偏低。一是占全国的份额低。2017 年山东省进出口总额占全国的比重只有 6.41%,远低于 2017 年 GDP 在全国 8.8% 的占比。二是外贸依存度低。山东省的外贸依存度长期低于全国平均水平,更远低于广东省和江苏省。2017 年,山东外贸依存度为 24.52%,分别比广东省、江苏省和全国平均水平低 51.3 个、22.1 个和 8.2 个百分点。在我国经济全面深度融入全球价值链分工的背景下,山东省的外贸依存度与山东作为沿海经济大省、制造业大省的地位很不相符。究其原因,一是开放意识不强;二是产业层次低,产业链条短,出口产品仍以资源类、劳动密集型产品为主,高新技术产品出口比重低,参与全球价值链分工和抢占全球产业发展制高点的能力不足。

5. 经济结构不平衡

经济结构不平衡主要表现在产业结构和所有制结构两个方面。一是产业结构不平衡。山东省的产业结构从 2016 年开始发生了历史性的转变,由"二三一"变为"三二一",2017 年三次产业构成为 6.7∶45.3∶48.0,但第三产业弱的局面并没有改变,第三产业占 GDP 的比重低于苏浙粤三省,甚至低于全国的平均水平。从行业构成看,山东省传统产业、重化工业占比过高,存在"两个 70%"现象,即传统产业占工业比重约 70%,重化工业占传统产业比重约 70%。主营业务收入排前列的轻工、化工、机械、纺织、冶金多为资源型产业,能源原材料产业占 40% 以上。全国互联网企业百强山东只有 2 家,排名都在 60 名以后。在我国经济发展进入新常态的大背景下,山东原有的竞争优势逐渐弱化,但以新动能为支撑的新优势尚未确立,新旧动能转换处于胶着状态,产业结构处在急剧变化的动态调整中。二是所有制结构不平衡,突出表现在民营经济发展活力不足。党的十八大以来,特别是商事制度改革以来,山东民营经济得到了突飞猛进的发展。山东省民营经济市场主体总量由2013年的397.4万户增加到2017年的790.7万户。但与广东省和江苏省相比,山东省民营市场主体仍不够活跃,从每万人创办企业数量来看,2017年山东省是227户,而广东省、江苏省、浙江省分别为382户、362户和351户,分别比山东省多155户、135户和124户;民营经济总量占比偏低,2017年山东民营经济增加值占地区生产总值的比重为50.8%,分别比江苏省、广东省低4.6个和3个百分点。民营经济发展的市场环境、"资金、土地、人才"等要素保障都有待于进一步强化。

6. 经济社会发展与资源环境承载力不平衡

山东省经济增长与资源环境之间的不平衡表现在两个方面。一是经济社会发展与资源供给的不平衡。山东省人均水资源占有量334立方米,仅为全国人均占有量的14.9%(不足1/6),在全国各省(区、市)中倒数第三;人均土地面积0.16公顷,为全国人均土地的22.66%。随着工业化和城镇化的推进,以及人口逐年增加,资源约束的天花板日渐逼近,尤其是人地矛盾尤为突出。二是经济社会发展与生态发展的不平衡,生态保护滞后于经济建设,大气、水、土壤污染挑战十分严峻。山东省能耗总量、主要污染物排放总量均居全国前列,能源消耗占全国的9%,其中煤炭消费量占全国的10.6%,二氧化硫、氮氧化物、化学需氧量排放总量全国第一。从1993年开始,山东省就在全国率先提出并实施"抓大放小"的战略,依靠丰富的石油、煤炭、铁矿石等矿产资源,集中优势资源培育发展大型企业。化工、建材、钢铁、有色、采矿等重工业、基础能源和原材料产业在山东占有很大的比重,而这些工业大都是高耗能、高污染工业,这些工业的发展往往伴随着对能源、环境的过度消耗和破坏,发展缺乏可持续性。环境的承载力已接近极限。

7. 区域发展不平衡

区域不平衡主要表现在东中西发展不平衡、城市与农村发展不平衡。山东省17个地市经济社会发展水平从东到西依次下降,东中西发展不平衡的问题长期存在。从人均GDP和人均财政收入来看,2000—2016年间17地市人均GDP的变异系数和人均财政收入的变异系数一直处在高位(见图14-22),基本在50%—60%之间波动,从图14-22可以看出,近两年地区差异有抬头之势;2016年,人均GDP最高的前3个市的平均水平是最低的3个市的平均水平的3.7倍,人均财政收入最高的前3个市的平均水平是最低的3个市的平均水平的3.9倍。同时,城乡发展不平衡的现象一直存在,2000—2017年间城镇居民人均可支配收入与农村居民人均可支配收入之比处在2.4—3.0之间(见图14-23),2009年以后城乡差距逐渐缩小;其中,城镇居民人均收入的差异大于农村居民人均收入的差异,2016年,城镇居民人均可支配收入最高的前3

个市的平均水平是最低的 3 个市的平均水平的 1.88 倍,农村居民人均可支配收入最高的前 3 个市的平均水平是最低的 3 个市的平均水平的 1.55 倍。

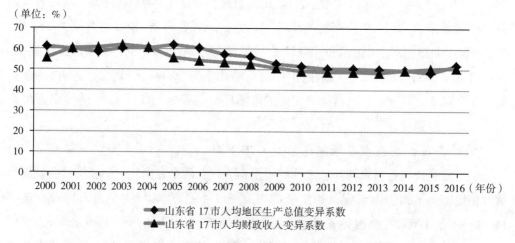

(单位:%)

图 14-22　2000—2016 年山东省 17 市人均地区生产总值和人均财政收入的变异系数

图例:
● 山东省 17 市人均地区生产总值变异系数
▲ 山东省 17 市人均财政收入变异系数

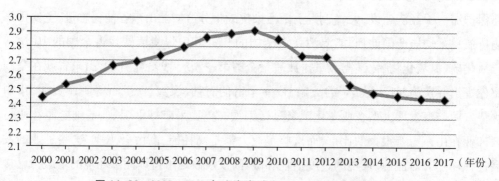

图 14-23　2000—2017 年山东省城乡居民人均可支配收入之比

三、山东省进一步深化改革开放的政策建议

(一)加快实施新旧动能转换重大工程,推动经济高质量发展

紧紧抓住新旧动能转换综合试验区建设重大战略机遇,培育壮大新兴产业,改造提升传统产业,化解落后产能,打造现代产业新体系,全面提升经济发展质量和竞争力。

1. 以"四化"促"四新"实现"四提"

按照"三核"引领、多点突破、融合互动的新旧动能转换总体布局,推进新技术、新产业、新业态、新模式,促进产业智慧化、智慧产业化、跨界融合化、品牌高端化,实现传统产业提质效、新兴产业提规模、跨界融合提潜能、品牌高端提价值。统筹区域协调发展、统筹城乡一体发展、统筹陆海联动发展、统筹节能减排降耗降碳,打造精简高效的政务生态、富有活力的创新创业生态、彰显魅力的自然生态、诚信法制的社会生态,实现创新发展持续发展领先发展,推进山东由大到强、走在前列。

2. 做优做强做大"十强"产业

从山东省实际出发推进新旧动能转换,构建布局结构优、规模体量大、延伸配套性好、支撑带动力强的现代产业集群,既盘活旧动能,又在以新经济为代表的新动能上面实现新突破。

一是推动新一代信息技术、高端装备、新能源新材料、智慧海洋、医养健康等五大新兴产业快成长、上规模,加快培育核心企业,打造行业龙头企业,推进集中集群发展,加快培育衍生一大批引发产业体系重大变革的高新产业,实现高新产业的颠覆式、爆发式增长。

二是提升改造绿色化工、现代高效农业、文化创意、精品旅游、现代金融等五个传统产业,统筹推进钢铁、石化等产业优化结构,向高端化、集群化、基地化、绿色化发展。提高龙头骨干企业纵向延伸、横向联合的能力,形成更具竞争优势的特色产业集群。

3. 推动科技创新,全面提升自主创新能力

一是大力促进科技研发和成果转化。统筹用好山东半岛国家自主创新示范区、黄河三角洲农业高新技术产业示范区等国家战略,发挥创新平台载体优势,组织重大科研项目研发攻坚,增加原创性科技成果供给,大力促进创新成果转化。

二是重点支持企业科技创新。引导各类创新要素向企业集聚,让企业成为创新决策、研发投入、科研攻关、成果转化的主体。加快完善以市场为导向、企业为主体、"政产学研金服用"相结合的技术创新体系。加大财政投入和税收减免政策扶持力度,减轻企业负担,提高金融机构支持企业创新的服务水平,进一步增强企业创新动力、活力和实力。

三是积极引进和用好高端人才。实行更加积极有效的政策,优化人才发展环境,吸引国内外顶尖人才来山东工作和创业,同时注重发挥本地高端人才的引领作用。加快企业家队伍建议,为企业家创造更好成长环境。

(二)提升政务服务效能,营造良好的营商环境

加快服务型政府、智慧政府建设,提升政务服务效能,打造审批事项少、办事效率高、服务质量优的一流的营商环境。

1. 加快"放管服"改革

全面推进政府权责清单制度实施,对现行地方性法规、行政规章、部门规定等进行全面清理,加快推进立改废释,积极厘清职权边界,依法厘清、削减和下放行政权。创新

加强监管体系和监管职能,利用互联网、大数据等新技术加强监管创新。转变政府职能,减少政府对市场进行干预和过多的行政审批,降低市场主体的市场运行的行政成本,促进市场主体的活力和创新能力。

2. 加强政务服务信息化平台建设

按照信息集成、数据共享、平台统一、标准一致的原则,建设技术先进、有利民生、便捷群众、提升效率、保证质量、阳光透明的政务服务信息平台,打造便民、利民、惠民的政务服务体系,保证企业和公众获得政府高效、规范、便捷、满意的服务。

(三)优化空间和资源布局,促进区域协调发展

统筹优化山东省区域发展格局,坚持东部提升、中部崛起、西部跨越,依托新旧动能转换重大工程,发挥"三核"引领作用,纵深推进"两区一圈一带"建设,大力实施乡村振兴战略。

1. 实施"三核"引领,多点突破,融合互动

依托新旧动能转换综合试验区建设,充分发挥"三核"即济南、青岛、烟台的综合优势,率先突破,辐射带动全省区域协调发展。其他14市将依托域内省级以上园区,坚持优势互补、错位发展,围绕布局未来产业、壮大新兴产业、改造传统产业,打造具有核心竞争力的区域经济增长点,培育壮大特色经济和优势产业集群。

2. 继续推进"两区一圈一带"建设

借鉴长三角区域分工与合作模式,积极推动"蓝黄两区"走出去,融入环渤海经济圈,加强与天津滨海新区、辽宁沿海经济带的互动与合作,拓宽"蓝黄两区"的发展空间。强化省会辐射引领,支持济南建设区域性经济、金融、物流和科技创新中心,借鉴陕西"西咸一体化"和湖南"长株潭一体化"模式,推动济南、莱芜一体化发展。强化融合意识,推进济南与周边的泰安、淄博、莱芜、德州、聊城、滨州等市基础设施、产业、环境保护、教育卫生、通信和网络一体化,推动省会城市群经济圈加快发展。借鉴江苏"南北挂钩共建苏北开发区"模式,鼓励部分发达地市与后进地市挂钩共建,通过东西共建、公派干部、援建园区等方式,加大力度扶持促进德滨聊菏等相对落后地区,实现地市间联动发展、一体发展。加强与中原经济区交流合作,支持德州打造京津冀协同发展示范区,把西部经济隆起带建设成邻边经济新高地。

3. 打造乡村振兴的齐鲁样板

坚持高标准谋划、高质量推进、高层次发展,做到高点定标,突出各地特色,健康有序推进实施乡村振兴战略。加强涉农资金整合,充分发挥财政资金的引导和杠杆作用,撬动金融和社会资本更多地投向乡村振兴;解决好资源分散问题,真正把资源优势转化为发展优势;着力解决好基础设施薄弱问题,推动各类基础设施向农村延伸。通过积极

探索,形成一批可复制、可推广的乡村振兴路径模式,打造乡村振兴的齐鲁样板。

(四)促进外向型经济发展,打造整体竞争新优势

加快完善法治化、国际化、便利化的开放环境,通过深度融入"一带一路"建设,推动山东省企业参与国际竞争。创新区域开放合作模式,塑造开放型经济发展新优势,形成陆海内外联动、东西双向互济的全面开放新格局。

1. 推进国际产能合作

重点推动化工、有色、建材、轻工纺织等优势产能对外投资合作,加强全球产业布局,把产能压力转化为合作优势。推动国际合作园区建设,深化境外地方经济合作,促进产业集聚、壮大产业规模。

2. 引入更多境外战略投资

规划推出一批好的制造业企业,有针对性地引入境外优质战略合作伙伴,提高核心竞争力。研究制定总部经济扶持政策,加快形成总部经济发展与产业集群发展联动互促的格局。

3. 构建开放型海洋产业体系

抓住全球海洋产业快速发展的时机,加大陆海内外联动力度,提升海洋产业合作水平,全力打造东亚海洋合作平台。鼓励有条件的企业境外建设一批海洋特色产业基地和海外综合性远洋渔业基地,带动优势产业"走出去",尽快抢占海洋产业制高点。

(五)保障和改善民生,加强和创新社会治理

以人民日益增长的美好生活需要为着力点,抓住人民最关心最直接最现实的利益问题,加大民生投入,增加基本公共服务供给,让改革发展成果更多更公平惠及全省人民,增强群众的获得感、幸福感、安全感。

1. 打赢脱贫攻坚战

加大精准脱贫力度,深入推进产业、教育、健康、生态扶贫,通过发展产业、改善教育、提供平台等方式,补齐基础设施和公共服务短板,激发脱贫内生动力。根据贫困地区的区位特点、资源禀赋等,规划发展旅游观光、高效农业、特色种植、特色林果等绿色环保产业和特色园区。通过建设扶贫车间、扶贫大棚、淘宝村等手段,吸纳贫困人口就业,增加收入,实现精准脱贫。

2. 提高教育质量

优先发展教育事业,均衡发展城乡义务教育,完成"全面改薄"任务,建立消除城镇普通中小学"大班额"长效机制,缓解教育资源的拥挤状况,更好地实施素质教育。在解决教育方面"乡村弱"和"城市挤"方面持续发力,不断改善办学和办园条件,让孩子

享受优质均衡的教育资源。

3. 提高就业质量，加强社会保障体系建设

加快各种创业扶持政策的出台和落地，实施就业优先战略和积极就业政策，支持高校毕业生就业创业。继续实施全民参保计划，提高养老、医疗等社会保障水平，完善社会保障体系。全面实施职工大病保险制度，推行职工长期护理保险制度，开展居民长期护理保险试点。提高城乡低保标准，做好特困人员救助供养工作。

借助医养结合示范省建设，建立起完善的医养结合政策体系、标准规范、管理制度和专业化人才培养制度，建成以居家为基础、社区为依托、机构为补充、医养相结合的服务体系，实现老年人健康养老管理服务全面覆盖。

（六）推进金融改革创新，增强服务实体经济能力

1. 引导金融服务实体经济

深化金融改革，鼓励金融创新，重点解决金融供给不足问题，引导金融回归服务实体经济本源，促进经济和金融良性循环、健康发展。创新股权投资基金政策，鼓励企业通过股权融资、债券融资、资产证券化等方式开展直接融资，推动新兴产业跨越发展。拓宽中小微企业和"三农"融资渠道，增强金融服务保障地方经济社会发展的能力和水平。

2. 促进银行信贷支持经济发展

通过金融机构考核、政府资金存放与银行投放挂钩等多种方式，引导银行机构进一步扩大对新旧动能转换重大项目、优势产业集群、小微企业、扶贫攻坚和"三农"等经济发展重点领域和薄弱环节的信贷投放，促进贷款规模保持合理增长水平，不断加强金融服务，支持经济社会发展。

3. 着力培育和发展资本市场

推动更多企业在主板、创业板和新三板上市。大力发展齐鲁股权交易市场和蓝海股权交易市场等资本市场，扶持初创企业和成长期的企业股权融资。发展天使投资、PE（私募股权投资）、VC（风险投资）等补充创业资金链的金融支持短板，实现产业链、创新链、资金链与价值链的融合。

（七）大力发展民营经济，激发市场和创新主体活力

1. 为民营经济创造公平竞争条件

在继续深化国企改革的同时，加大民营经济改革发展力度，从体制机制上创造公平竞争的条件，破除市场准入种种限制。为民营企业发展搞好服务、创造环境，关心民营企业家成长，积极构建"亲""清"新型政商关系。

2. 规范和促进民营企业发展

引导民营企业加快建立现代企业制度,进一步激发民营经济发展活力,推动规模以上企业完成规范化公司制改制并实现部分企业上市,用改革的办法化解债务链、担保圈等难题,维护其合法权益。建立中小微科技企业风险分担与风险补偿的基金,撬动更多的银行资金贷给中小微企业,进而带动更多社会资本跟进,加大中小企业金融支持力度,催生创新创业热潮,孵化一批"小而美"的科技小巨人。

(八)强化创新进取意识,重塑新时代山东精神

山东省经济出现颓势,创新不足、产业结构、环境制约等因素是表层原因,理念意识、文化氛围、体制等因素才是深层原因。联系中国特色社会主义进入新时代的大背景,联系经济发展进入新常态的大逻辑,联系社会主要矛盾的新变化,坚决破除不合时宜的思想观念,推动新时代思想再解放,树立和强化积极进取、敢于争先、勇于创新的意识,重塑新时代山东精神。

1. 推动干部职工思想解放

首先,推动各级领导干部尤其是主要领导干部自我思想解放,摒弃"官本位"意识,发扬彻底的自我革命精神,勇于打破自己身上的"紧箍咒",努力做思想再解放的带头人。

其次,着重推动广大干部职工从守旧守成和机械的政策依赖中解放出来,强化改革创新、敢为人先意识,不因循守旧、不墨守成规,努力做到创新领先谋发展,主动作为求发展。

2. 重塑新时代山东形象

在山东省范围内进行一次深入的文化反思,就新时代山东应树立什么样的精神意识开展全民大讨论,破除长期以来安于现状的思想、薄弱的创业精神、顽固的"官本位"意识和落后的酒文化观念,创新传承和发扬齐鲁文化,在社会主义核心价值观指引下重塑新时代山东精神。在保持和发扬鲁文化中"重伦理"和"重传统"的基础上,突出齐文化中"尚功利"的市场意识和"求革新"的创新倾向,激发全民干事创业动力。

3. 塑造包容宽松的改革创新氛围

建立健全容错免责机制,防止出现"领头羊"变成"替罪羊",对在先行先试或无明确限制的探索性试验中出现的失误错误,给予足够的包容和适当的免责,保护先行者的改革热情,激发创新者的创新激情,塑造包容宽松的改革创新氛围。

注:本研究报告所用数据主要来源于山东省历年统计年鉴和山东省统计局网站。

15

河南省改革开放 40 周年
地区发展报告

河南行政学院课题组①

一、1978 年以来河南省经济社会发展成就

河南省地处中原,沃野千里,四季分明,地理位置得天独厚,公路铁路和空中运输四通八达。改革开放 40 年来,经济稳步增长,基础建设逐步增强,城镇化率不断提升,人民生活持续改善,社会和谐稳定。最突出的经济社会发展成就可以概括为以下几个方面。

(一)经济稳步增长,稳居全国第五位

据统计(见图 15-1),1978 年,河南省经济总量只有 162.92 亿元,到 2017 年年底,

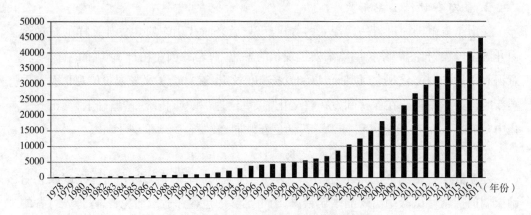

图 15-1 1978—2017 年河南省 GDP 总量

资料来源:1978—2016 年的数据根据《河南统计年鉴(2017)》整理,2017 年的数据根据 2017 年河南省经济和社会发展统计公报整理。以下图表数据除另有注明外,均同此来源。

---

① 课题组组长:张廷银;课题组成员:贺卫华、赵早、刘国顺、李智永;项目编号:NSAZT(WT)2018015。

达到44988.16亿元。按当年价格计算,2017年比1978年增加了275倍多。是全国第五经济大省。在中部六省份中,2017年河南省GDP总量比居第二名的湖北省高出8465.21亿元,差距比2016年扩大658.8亿元,稳居龙头地位。

从增长率(见图15-2)看,从20世纪80年代开始,河南省制定了"经济发展速度高于全国平均水平"的速度战略,实际发展过程中也达到了这一战略要求。1979—2017年间的多数年份经济增长速度都在9%—15%和20%—25%两个区间。1993—1995年间增长速度高达30%以上。2011年之后,随着国际环境的变化和我国经济发展进入新常态,河南省经济增长速度放缓,在5.91%—8.81%。

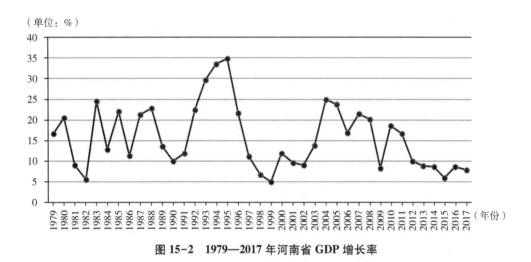

图15-2 1979—2017年河南省GDP增长率

(二)经济结构不断优化,三次产业比重趋于合理

从产业结构变化情况(见图15-3)看出,河南省的三次产业结构经历了"二一三"到"二三一"的转变。1978年河南省三次产业比重为39.8:42.3:17.56,到2017年9.6:47.7:42.7。在这一变化中,第一产业所占比重持续稳步下降。第二产业所占比重总体上有所下降,但在20世纪80年代末有所上升,1992—1994年有较大幅度回升;2010年以后出现平稳下降态势。第三产业所占比重呈上升趋势。需要说明的是,1978年时的"二一三"结构中,第一产业占比接近40%,"二"仅比"一"高出2.5个百分点。到2017年,"二三一"结构中呈下降趋势的第二产业仅比上升趋势的第三产业高出5个百分点。这就是说,这一趋势继续延续下去的话,要不了几年,河南省的产业结构就会演变为更为合理的"三二一"结构。

单位GDP能耗大幅度降低。1978—1995年,每万元GDP的标准能耗由20.58吨大幅度下降到2.17吨,之后,到2016年,这一数据进一步下降到0.57吨,经济效益明显提升(见图15-4)。

（单位：%）

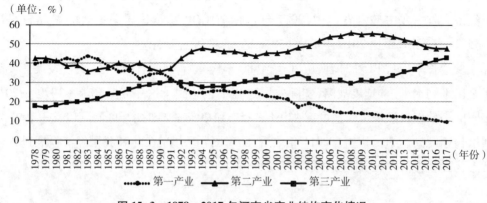

图 15-3　1978—2017 年河南省产业结构变化情况

（单位：标准煤；吨/万元）

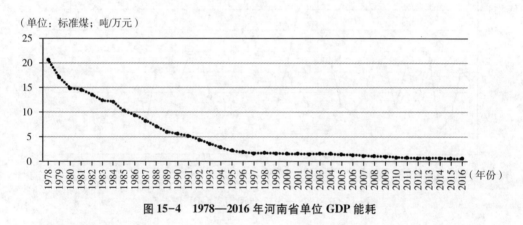

图 15-4　1978—2016 年河南省单位 GDP 能耗

城镇化速度明显加快。1978—1995 年，河南省城镇化速度提高较慢。1996 年以后，城镇化速度明显加快，从 1996 年的 18.9% 提高到 2017 年年底的 50.16%，平均每年提高 1.5 个百分点。河南省常住人口超过总人口的一半，这是河南省经济社会发展中的重大转变（见图 15-5）。

（三）基础建设飞速发展，公路铁路网密度大幅度提高

改革开放尤其是进入 21 世纪以后，河南省公路铁路建设迅速发展，尤其是高速公路通车里程居于全国第一位。2006 年，河南省每百平方公里公路网达到 141.53 公里，到 2016 年年底，这一数字进一步提高到 160.14 公里。铁路网的发展则是河南省基础设施建设的另一亮点。每百平方公里铁路网密度由 2003 年的 2.4 公里提高到 2017 年的 3.28 公里（见图 15-6、图 15-7）。

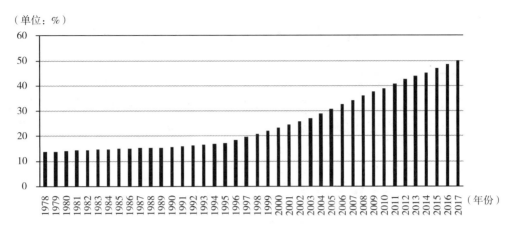

图 15-5　1978—2017 年河南省城镇化率

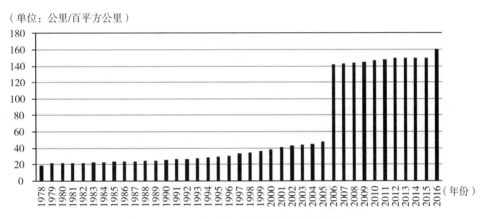

图 15-6　1978—2016 年河南省公路网密度

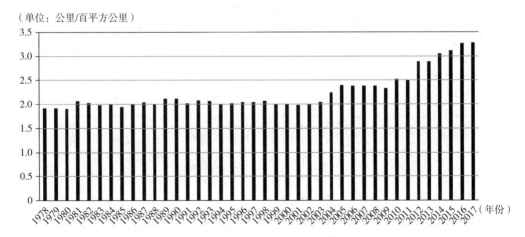

图 15-7　1978—2017 年河南省铁路网密度

二、河南省经济社会发展目前存在的问题

改革开放 40 年,特别是党的十八大以来的近五年,河南省经济社会运行环境逐步得到改善,进一步发展面临着不少有利的条件,但不平衡不充分发展的问题日益突出,结构性的问题、深层次的矛盾也逐渐凸显,在新的发展阶段推动经济转向高质量发展的任务依然艰巨。

(一)消费增长缓慢,经济增长过多依靠投资拉动

改革开放以来,河南省认真扎实推进"稳增长、调结构、促改革"等各项政策,三大需求增速相对稳定。但相对于投资增速来看,消费需求增长缓慢,并低于投资的增长。从最终消费占 GDP 的比重来看,从改革开放初期的 65.72% 到 2016 年反而降到了51.34%,河南省消费增长缓慢,其对经济增长的拉动力显然不足。其中,2017 年河南省消费品零售总额为 19666.77 亿元,增长 11.6%,扣除价格因素,实际增长仅为10.2%,比 2016 年的同期回落了 0.3 个百分点,居全国第 8 位,中部六省第 3 位。相比之下,同期河南省全社会固定资产投资总额为 43890.4 亿元,进入 4 万亿队列,位居全国第三位。总的来看,消费增长缓慢、经济增长过多依靠投资拉动的特征依然明显(见图 15-8)。

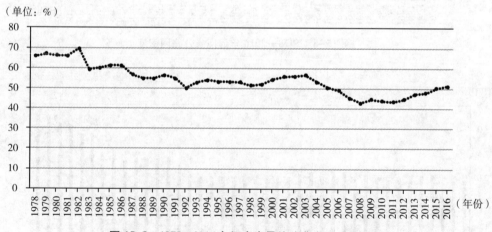

(单位:%)

图 15-8　1978—2016 年河南省最终消费占 GDP 比重

具体来看,河南省消费增长缓慢突出地表现在三个方面,一是传统业态增速相对缓慢。河南省城乡消费市场近几年均有所回落,其中,2017 年城镇市场零售额比 2016 年同期回落 0.3 个百分点,乡村零售额同比回落 0.2 个百分点。包括百货店、专业店、专卖店等在内的传统店铺零售限上零售额同比增长 10.9%,低于河南省限上零售额 0.3

个百分点。批发业的销售额减速更为明显,2017年同比增长为13.6%,比2016一年回落0.5个百分点。二是汽车类消费品的增速去年明显下滑。一直以来汽车类零售额占河南省限上商品零售额30%以上,但2017年比2015年回落6.4个百分点,成为下拉河南省消费增长速度的主要原因。三是网络购物的发展分流了大量购买力。伴随网络购物和移动支付的发展,实体零售业受到的冲击越来越明显,据统计局公布的数据显示,2017年,河南省全省网上零售额增速保持在50%以上,买卖比为1.63∶1,存在购买力通过互联网外流的现象。

在消费增长缓慢的背景下,由于资源型经济的比重依然较高,河南省经济转型的压力就显得格外突出。打好"三大攻坚战",未来中国生态建设方面的任务很艰巨,淘汰高污染、高耗能、高排放、低效益的政策将日益收紧,河南省原先的优势产业如钢铁、水泥、造纸、有色金属等,将受到较大冲击。再加之河南省新兴产业和高技术产业规模相对较小,发展水平相对较低,还不足以弥补传统产业下滑的缺口,新旧增长动力尚未完成转换。此时,依然依靠投资来拉动经济的增长变得更为困难,河南省经济下行的压力依然加大。

(二)存贷差额大,居民投资意愿低

从存贷差额来看,河南省居民投资意愿低,经济增长活力不足。改革开放40年,河南省贷款余额占GDP比重略有上升,从1978年的61.38%上升到2017年的92.79%;而存款余额占GDP比重却从改革开放初期的28.05%增长到131.30%,超过了100%,存贷差额越来越大。存得多、贷得少,表明居民的投资意愿不高。这一方面说明了我国社会保障体系还有待进一步完善,以解决居民的后顾之忧。另一方面也说明我国现有的投资渠道狭窄导致居民的投资意识不强。通常一个家庭的资金可以运用到股票、债权、房地产等各种金融产品及其衍生品市场上,但各种金融市场的健康发展要以金融体系的改革和创新为先导,当前我国金融体系创新的步伐依然缓慢,银行业的发展落后于经济发展,导致银行业不能对市场信号作出灵敏的反应,居民的投资渠道仍主要是银行储蓄、国债和股票,在股市低迷、楼市徘徊的情况下,居民的投资显得无所适从。此外,长期以来整个社会没有形成一种投资的理念和氛围,居民对资金时间效用的概念淡薄,由于储蓄和国债风险低,居民手边的余钱只想到了存在银行或购买国债,其他投资意愿并不高(见图15-9)。

(三)民生投入不足,劳动力素质提高不明显

近几年河南省在民生发展上的短板依然明显,严重制约着劳动力综合素质的提高。从居民收入来看,总体水平依然较低。2011—2016年河南省居民人均可支配收入扣除

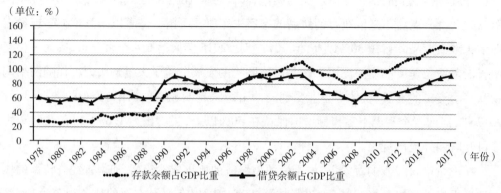

（单位：%）

图 15-9　1978—2017 年河南省金融机构信贷余额占 GDP 比重

掉价格因素之后,低于 GDP 增速 0.7 个百分点,而同期全国不仅实现了居民收入与 GDP 同步增长的目标,居民收入的平均增速还高于 GDP 增速 0.7 个百分点。此外纵观河南省劳动者报酬占 GDP 的比重变化,可以看到,2000 年两者之比为 49.5%,2007 年却下降到 40.9%,为近年来最低点,之后虽然略有提升,但发展趋势缓慢,2016 年仅比 2010 年提高了 1.2 个百分点。从这两组数据可以看出,河南省居民收入水平偏低且增长缓慢。较低的居民收入水平不仅影响了全社会消费水平的提高,而且严重抑制了居民自我素质提高的意愿和能力。此外,从全社会的教育投入来看,多渠道筹措教育经费的体制机制还未形成,"钱从哪来,人往哪去,质量怎么保,学校怎么办"等教育发展难题仍未有效解决。从万人专任教师指标来看,从 1978 年的 144.47 人仅减少到 136.75 人,低于全国平均水平。从教育经费的投入来看,2016 年河南省国家财政性教育经费投入 1492.24 亿元,占 GDP 的比重为 3.69%,比全国平均水平低了 0.53 个百分点,与《中国教育改革和发展纲要》要求的 4%,仍有一定距离。不仅如此,河南省文盲人口多,2016 年文盲人口占 15 岁及以上人口的比重为 5.65%,比全国平均水平高了 0.37 个百分点。特别是作为劳动力供给主体的农民工队伍文化程度普遍偏低,90% 为初中以下文化程度,较低的受教育水平使他们在人力资源市场上始终处于劣势。而且,由于各种综合因素的影响,河南省引进和留住人才的难度也比较大,形成了高端人才缺乏与人力资源市场"招工难"并存的局面,导致劳动力整体素质不高,高技能、高水平、行业领军人才极度缺乏。

(四)政府债务不断增加,财政风险大

长期以来,河南省财政资金链条紧绷的局面并未有实质性的缓解,从 1978 年财政盈余占 GDP 的比重为 4% 左右,到了 2017 年,转为财政赤字占 GDP 的 11% 左右(见图 15-10)。特别是在当前的投融资体制改革中,地方政府投融资平台的政府融

资功能被剥离,政府从金融机构获得资金的能力被削弱,客观上也导致了政府可支配财力的下降。在这一背景下,伴随着新型城镇化步伐的加速,基础设施的融资需求将会进一步扩容,政府债务压力与风险也会随之加大。2016年河南省地方财政总收入4706.96亿元,比2015年增长5.6%。河南省一般公共预算收入完成3153.5亿元,比2015年增长8%;一般公共预算支出完成7453.7亿元,为调整预算的97.9%,增长9.3%。发行政府债券1903.9亿元,筹措基本建设资金207.8亿元。其中,河南省财政民生支出5785.2亿元,占财政支出比重达77.6%。支持推进脱贫攻坚的资金需求,省级筹措专项扶贫资金41亿元,增长37%。53个贫困县全年统筹整合各级各类财政涉农资金131亿元,为脱贫攻坚提供了有力保障。因此,截至2016年年末,河南省政府债务余额为5524.9亿元,居全国各省市第十二位。近几年,河南省债务率不断提升,2016年提高为73.1%,居全国各省市第十八位。尽管河南省地方债务率低于全国平均值,总体风险可控,但近几年出现的这种不断增加的趋势,导致财政风险加大。此外,从区域分布来看,河南省政府债务规模相对集中,局部和区域性债务风险较高。截至2016年年底,省会郑州政府债务余额为1921.7亿元,约占全省债务余额的35%。其他地市政府债务规模相对较小,在200亿元左右,其中漯河债务规模最小,不足百亿。

（单位：%）

图 15-10　1978—2017 年河南省财政盈余/赤字占 GDP 比重

（五）研发投入增长慢,创新驱动乏力

从研发经费投入来看,研发经费占GDP的比重从2000年的0.56%增长到2016年的1.25%,增长缓慢,其中2016年1.25%的比重仅相当于全国平均水平的58.7%,占

比依然偏低。从研发经费支出的增长率来看,最高比值出现在 2006 年和 2009 年,增速超过 40%,但大多数年份如 2016 年仅为 15% 左右。此外,整体上来看,河南省工业企业技术改造投资意识不强,技术改造投资占工业投资比重低于全国近 30 个百分点,导致适应市场需求的高质量、高附加值的产品不多。特别是本土企业技术创新能力和产业链衔接能力较弱,自主技术和知名品牌缺乏,引进先进技术的难度和成本较高,企业整体的创新驱动能力还不够强。此外,从人力资本的投资来看,2016 年河南省普通本专科在校学生数占全国的 7.0%,招生数占全国的 7.3%,与河南省的人口比重相比(2016 年河南省常住人口占全国的 14.5%)差距较大。而且河南省还面临着高技术专业人才引进难、高技能工人招工难等问题,人力资源的供给依然紧张。研发经费和人才的约束导致河南省科技创新能力不足,2016 年河南省技术市场成交额为 58.71 亿元,年均仅增长 6.6%,增速在中部六省居末位,与周边省份技术爆发式增长的态势形成鲜明对比。

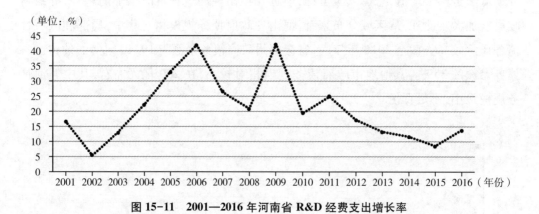

图 15-11　2001—2016 年河南省 R&D 经费支出增长率

三、河南省进一步深化改革开放的政策建议

(一)重视消费的基础性作用,提高消费对经济增长的贡献率

消费既是社会再生产的目的,也是经济增长的动力。就拉动经济增长的“三驾马车”来看,投资和出口的稳定性都远远低于消费。因而是经济增长最可靠的动力。针对近年来河南省最终消费占 GDP 比重相对下降的现状,建议采取措施促进居民消费的扩大和升级,提高消费对河南省经济增长的贡献率。一是增加有效供给,释放居民消费潜能。在社会主义矛盾转化为人民日益增长的美好生活需要同不平衡不充分的发展之间的矛盾以后,应把增加高端供给和有效供给作为解决社会主要矛盾的立足点。支持和鼓励企业把服务消费、信息消费、时尚消费、品质消费、绿色消费等重点领域作为主攻

方向,切实增加有效供给,满足日益兴起的新消费需求,进而形成经济发展的新动力。[①]同时,调整产业政策,提供产业政策的有效性,如通过商业用水、用电、用气价格改革,改善商业发展环境,降低商贸企业的运营成本,推动财政扶持从单一的"产业推动型"向"产业推动—消费拉动型"转换,充分发挥消费在拉动产业发展中的作用。二是把握消费特征,增强群体消费能力。应针对不同消费能力的群体,制定不同的消费促进方案。对中等收入群体而言,通过落实带薪休假制度,增加休闲消费时间刺激消费;对低收入群体而言,主要是采取切实可行的政策提高他们的就业能力和收入预期,加大对这部分人群的就业培训,提高他们的收入水平;对高收入群体来说,要增加高档消费品和消费服务供给、优化消费环境,提高这部分人群的消费意愿;对农民而言,主要是通过破解农村消费的制约障碍,搞活农村商品流通网络,促进农民减负增收,创新农地流转制度和农村住房资产盘活制度,推动农村消费升级。

(二)扩大重点民生领域投入,提高劳动力素质和能力

贯彻落实"以人民为中心"的发展理念,把保障和改善民生作为各级政府工作的出发点和落脚点,不断加大重点民生领域的投入力度,持续推进民生领域改革,以提高劳动力素质和能力为着力点,完善相关政策体系。一是加大投入力度,提高居民就业能力。就业是民生之根本,要不断完善政策措施、健全服务体系,提高居民就业能力。一方面,要进一步加大职业培训基地、就业服务设施供给的投入力度,完善促进就业的"硬件"设施。另一方面,要提高公益性就业岗位补贴,扩大创业企业小额贷款担保、贴息规模等,创造良好的就业"软环境"。二是完善增加居民收入的体制机制。2017 年河南省居民人均可支配收入 20170.03 元,低于全国平均水平(25974.00 元),在全国各省区排 24 位,中部六省倒数第一(见表 15-1、表 15-2)。

表 15-1 2017 年中部六省居民收入排行榜

排 名	地 区	居民收入(元)
1	湖 北	23757.17
2	湖 南	23102.71
3	江 西	22553.24
4	安 徽	21863.30
5	山 西	20420.01
6	河 南	20170.03

资料来源:2017 年各省国民经济和社会发展统计公报。

---

① 周旭霞:《杭州应全面提高消费对经济增长的贡献率》,《杭州》2017 年第 9 期。

表 15-2　2017 年各省份居民收入排行榜

排　名	地　区	居民收入（元）
一	全　国	25974.00
1	上　海	58987.96
2	北　京	57230.00
3	浙　江	42045.69
4	天　津	37022.33
5	江　苏	35024.09
6	广　东	33003.29
7	福　建	30047.75
8	辽　宁	28835.44
9	山　东	26929.94
10	内蒙古	26212.23
11	重　庆	24152.99
12	湖　北	23757.17
13	湖　南	23102.71
14	江　西	22553.24
15	海　南	22553.00
16	安　徽	21863.30
17	河　北	21484.13
18	吉　林	21368.32
19	黑龙江	21205.79
20	陕　西	20635.21
21	四　川	20579.82
22	宁　夏	20561.66
23	山　西	20420.01
24	河　南	20170.03
25	新　疆	19975.70
26	广　西	19904.76
27	青　海	19001.02
28	云　南	18348.34
29	贵　州	16703.65
30	甘　肃	16011.00
31	西　藏	15457.80

资料来源：2017 年各省国民经济和社会发展统计公报。

针对这种状况,各级政府应把提高居民收入放在重要位置,完善增加居民收入的体制机制。课题组建议:一是完善收入增长机制,根据GDP增长速度加强企业分类收入指导和社会平均工资及调整福利待遇标准,不断提高在职职工工资和离退休人员养老金待遇。二是增加优抚对象抚恤补助标准、提高城乡低保人员最低保障标准和农村五保户供养标准。三是提高社会保障水平。社会保障是社会稳定的安全阀,一方面提高城乡居民医疗保险财政补贴标准,扩大受益范围。另一方面提高困难老人居家养老财政补贴标准,增加养老机构床位、老年日间照料中心建设补贴、建设社区托老所等设施;同时,增加保障房建设资金投入,增加保障房供给,消除居民后顾之忧。四是增加社会事业投入。要通过增加教育支出预算,增加学位供给,降低居民教育支出份额,尤其是要增加农村教育投入力度,促进教育公平和教育质量提高。不断完善社会文化基础设施供给,加快建设公共电子阅览室、卫星广播电视等文化惠民工程。

(三)严控政府债务,降低财政风险

近年来,河南省在化解产量债务、控制增量债务方面取得了一定成绩,但就总体政府债务规模而言,截至2017年年底,河南省依然处于全国中上水平。在防范和化解重大风险成为攻坚战的背景下,河南省财政依然面临较大风险。政府应从债务的增量和存量两个方面着手,解决债务问题。一是分类处理政府存量债务。对具有一定收益的项目,建议采用PPP模式化解。利用PPP模式化解地方政府债务要解决好三个问题:①选择好项目。从理论上来说,很多项目,包括市政建设、土地收储、保障性住房、公共文化设施等规模大、经营周期长且易于收费的准公益性项目,都可以采用PPP模式,但实践过程中,必须根据政府的财政收入状况、存量债务规模、债务压力综合权衡选择项目。根据国内外经验,一般将具有明确受益者并实施收费的项目,如地铁、高铁项目等多采取PPP模式。因此,河南省应尽可能采取PPP模式化解这部分债务。②严格筛选私人部门。对参与PPP项目的私人部门资质进行严格审查。为了规避私人部门自身财务危机给地方政府带来损失,可以要求私人部门缴纳一定量的保证金。在项目初始阶段,双方可一起对项目的规划、设计以及建设实施进行分析和研究,在此过程中各自发挥自己的优势,如私人部门可以发挥其经验丰富的优势,提高项目建设的整体效率,而地方政府则应扮演好项目发起者、建设者以及监督者的责任,实现双赢。③规范合同内容。PPP的最大优势在于它的合作性。这就要求政府和私人部门都要严守契约精神,遵守合同约定。其前提是严格合同管理以及相关法律法规,明确说明定价、风险、税收优惠、利益分割等相关事项。对完全公益性且政府负有偿还义务的债务,可以通过债务置换来缓解偿债压力。其目的在于:延长债务期限,缓解政府近期偿债压力;

降低债务利息,将原来的高利息债务转换成低利息债务,减轻政府整体的债务压力。①对于银行贷款形成,债务可通过与银行谈判的方式予以解决。二是严格控制政府增量债务。从经济增长的动力看,河南省经济增长更多依靠投资拉动。由于河南省属于欠发达省份,财政资金有限,投资更多依靠融资,就容易形成政府新增债务。对于新增政府债务要严格控制。①严格控制政府支出。按照《新预算法》规定,政府融资得到的资金,只能用于基础建设等资本性支出,而不能用于政府部门日常支出。同时,在谋划基础设施建设项目时,要以对方财力为依据,既要尽力而为,更要量力而行,杜绝面子工程和形象工程。提高发现地方政府债务融资时,尽可能将所筹集资金投向具有收益保障的项目,以降低债务违约风险。②加强融资监管。当前河南省正在加快推进百城建设提质工程,各试点县都成立了一个或多个融资平台,部分项目采取PPP模式运行。省级财政部门要加强对地方融资及PPP模式的监管,对PPP项目的适用性、物有所值评估、财政承受能力评估及其规范运行进行严格监督,建立风险预警系统和财政风险警示机制,坚决把政府债务风险控制在安全范围内。同时,将地方政府隐性债务显性化,让政府负债规模、债务结构公开化、透明化,及时向社会通报政府负债情况,接受社会监督,从而对政府负债行为形成有效监督和约束,最大限度地降低财政风险。

(四)完善创新体制机制,以创新引领高质量发展

党的十九大报告指出,创新是引领发展的第一动力,是建设现代化经济体系的战略支撑。近年来,尽管河南省经济社会发展取得了巨大的成就,但由于激励创新的体制机制还不十分完善,创新能力不强(见表15-3),创新对经济发展的贡献率相对较低。2014年习近平总书记为河南省经济社会发展问诊把脉,指出河南省要打好"四张牌",其中就包括"以构建自主创新体系为主导,推动创新驱动发展"牌。因此,河南省要不断完善激励创新的体制机制,增强自主创新能力,通过创新驱动,实现经济由高增长阶段向高质量阶段转变。首先是加大研发投入力度。河南省各级政府都要加大研发预算投入强度,建立健全研发投入保障机制,确保政府研发投入绝对规模有效增加。同时,还要不断提高政府研发投入占财政支出的比重。另一方面,要鼓励和支持企业研发行为,认真落实国家关于企业研发投入抵扣和研发设备购买抵扣政策,提高企业研发投入积极性。其次是加快创新型研发平台的构建。积极融入国家实验室建设布局,争创国家级创新平台。整合各类创新资源,培育建设国家重点实验室或军民共建国家重点实验室。争取国家技术创新中心、国家协同创新中心、国家工程研究中心等国家级重大创

---

① 刘亭亭:《我国地方政府债务现状、影响及化解路径》,《齐齐哈尔大学学报(哲学社会科学版)》2015年第12期。

新平台载体及其分支机构在河南省布局;持续推进大中型工业企业省级研发机构全覆盖工程,打造重大科技基础研究平台;鼓励各类主体建设众创空间、科技企业孵化器、大学科技园、双创基地等各类创新创业孵化平台,鼓励骨干龙头企业、科研院所、新型研发机构建设专业化众创空间;建立健全各类创新平台创新激励机制和分配机制,加强产学研合作,依托河南省科研设施和仪器共享服务平台,实现国家和省、市"三网"无缝对接,提升大型科研仪器使用效能。再次是加强创新型技能型人才引进和培养。积极培育推荐"中原千人计划"和"中原百人计划"人选。推动各类人才工程项目与各类科研计划、基地建设相衔接,更大力度实施河南省高层次科技人才引进工程;围绕重点领域重点学科,与国内外知名高等院校、大院大所进行合作,支持国内外知名大学、科研院所等在河南省设立或共建分支机构、技术转移中心或新型研发机构;启动实施中原产业创新领军人才工程,支持各类企业、园区、产业基地等引进培育具有较好产业化开发潜力和市场前景领军人才团队;强化青年人才战略储备。在省自然科学基金中增设中原杰出青年科学基金项目,鼓励引进国家"千人计划"青年项目入选者、"万人计划"青年拔尖人才、国家优秀青年科学基金获得者、"长江学者奖励计划"青年学者、"百千万人才工程"国家级人选等青年英才,拓宽柔性引才渠道和方式,加大院士工作站等柔性引才力度。

表 15-3　2012 年和 2016 年中部六省区域科技创新能力全国排名

地　区	2012 年	2016 年
湖　北	10	9
湖　南	13	13
安　徽	21	15
河　南	16	16
江　西	25	19
山　西	20	21

资料来源:根据《中国科技年鉴》(2017)数据整理。

(五)营造良好营商环境,提高居民投资意愿

加快转变政府职能,坚持简政放权、放管结合、优化服务"三管齐下",深化行政审批、商事制度等改革,让群众和企业少跑腿、好办事、不添堵,构建"亲""清"新型政商关系。建议健全主要由市场决定价格的机制,完善公共资源交易平台,加快形成统一开放、竞争有序的市场体系,依法保护各种所有制经济产权和合法权益,保证其公开公平公正参与市场竞争,使市场在资源配置中起决定性作用和更好发挥政府作用。创新投

资便利化制度,降低投资准入门槛,建立投资准入负面清单管理模式,实行以备案制为主的投资管理方式。创新政府管理方式,提升事中事后监管水平,营造市场化、法治化营商环境。

庆祝改革开放40周年专题研究

"庆祝改革开放40周年专题研究"丛书
编委会

顾　　问：何毅亭

组　　长：陈　立

副 组 长：董小君　王小广

编委会成员：

张春晓　王君琦　刘晓春　徐晓明

课题组成员：

中共中央党校（国家行政学院）：

张占斌　王满传　王　文　王益民　孙晓莉　袁金辉

宋志红　李　明　李志明　黄　伟　徐晓明　蔡之兵

汪　彬　王学凯　郭贝贝　钟　颉

各省区市党校（行政学院）：

王民忠（北京行政学院）　　　　魏四海（河北行政学院）　　　王联辉（山西行政学院）

张平江（内蒙古自治区行政学院）　邓泉国（辽宁行政学院）　　　刘曼抒（吉林省行政学院）

沙广华（黑龙江省行政学院）　　沈　炜（上海行政学院）　　　桑学成（江苏省行政学院）

陆发桃（浙江行政学院）　　　　吴良仁（安徽行政学院）　　　胡忠昭（福建行政学院）

曾志刚（江西行政学院）　　　　王卫东（山东行政学院）　　　焦国栋（河南行政学院）

陶良虎（湖北省行政学院）　　　严　华（湖南行政学院）　　　杨汉卿（广东行政学院）

吴慕君（海南行政学院）　　　　谢金峰（重庆行政学院）　　　李　新（四川行政学院）

袁惠民（贵州行政学院）　　　　杨铭书（云南行政学院）　　　熊刚毅（西藏自治区行政学院）

刘进军（甘肃行政学院）　　　　赵永祥（青海省行政学院）　　蒋文龄（宁夏行政学院）

胡建华（广西行政学院）

A Research on China's Regional Development
with 40th Anniversary of Reform and Opening-up

改革开放40周年
地区发展报告
（二）

中共中央党校（国家行政学院）课题组 著

人民出版社

目　录

16

湖北省改革开放 40 周年
地区发展报告

湖北省行政学院课题组①

一、1978 年以来湖北省经济社会发展成就

（一）生产力水平

1. 地区生产总值（GDP）

2017 年,湖北省全省完成生产总值 36522.95 亿元,同比增长 13.1%。2016 年,湖北省完成生产总值 32297.91 亿元,同比增长 9.3 %。从 1978 年的 151.00 亿元,到 1992 年实现 1 千亿元飞跃,即使在 2008 年全球金融危机期间,也依然稳步增长,超过了 1 万亿元,到 2017 年突破 3.6 万亿元大关,湖北省地区生产总值在改革开放的 40 年期间,实现了步步高升（见表 16-1、图 16-1）。

表 16-1　1978—2017 年湖北省地区生产总值（GDP）　　（单位:亿元）

年　份	湖北省地区生产总值	年　份	湖北省地区生产总值
1978	151.00	1998	3114.02
1979	188.46	1999	3229.29
1980	199.38	2000	3545.39
1981	219.75	2001	3880.53
1982	241.55	2002	4212.82
1983	262.58	2003	4757.45
1984	328.22	2004	5633.24
1985	396.26	2005	6590.19

---

① 课题组组长:王能应;课题组成员:叶翔凤、王刚、周龙洁;项目编号:NSAZT(WT)2018016。

续表

年　份	湖北省地区生产总值	年　份	湖北省地区生产总值
1986	442.04	2006	7617.47
1987	517.77	2007	9333.40
1988	626.52	2008	11328.92
1989	717.08	2009	12961.10
1990	824.38	2010	15967.61
1991	913.38	2011	19632.26
1992	1088.39	2012	22250.45
1993	1325.83	2013	24791.83
1994	1700.92	2014	27379.22
1995	2109.38	2015	29550.19
1996	2499.77	2016	32297.91
1997	2856.47	2017	36522.95

注:按当年价格计算。
资料来源:湖北省统计局、国家统计局湖北调查总队:《1995 湖北统计年鉴》《2016 湖北统计年鉴》《2017 湖北统计年鉴》,中国统计出版社;湖北省统计局、国家统计局湖北调查总队:《2017 年湖北省国民经济和社会发展统计公报》。

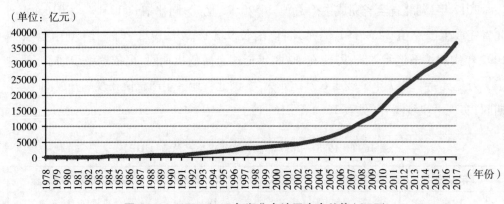

图 16-1　1978—2017 年湖北省地区生产总值(GDP)

资料来源:湖北省统计局、国家统计局湖北调查总队:《1995 湖北统计年鉴》《2016 湖北统计年鉴》《2017 湖北统计年鉴》,中国统计出版社;湖北省统计局、国家统计局湖北调查总队:《2017 年湖北省国民经济和社会发展统计公报》。

2. 人均地区生产总值

2017 年,湖北省实现人均地区生产总值 62238.23 元,约为 1978 年的 187 倍。2016 年,湖北省实现人均地区生产总值 55038.40 元,约为 1978 年的 166 倍。从 1978 年的百元,到 1987 年的千元,再到 2005 年的万元,这 28 年间,人均地区生产总值高速增长。从 2005 年的 11554.00 元,到 2017 年的 62238.23 元,湖北省人均地区生产总值增长了

4.39 倍。纵观改革开放 40 年,湖北省人均地区生产总值实现了质的飞跃(见表 16-2、图 16-2)。

表 16-2　1978—2017 年湖北省人均地区生产总值　　　　　(单位:元)

年　份	人均地区生产总值	年　份	人均地区生产总值
1978	332.03	1998	5287.03
1979	409.00	1999	5452.46
1980	427.98	2000	6293.41
1981	466.00	2001	6866.99
1982	506.33	2002	7436.58
1983	543.27	2003	8378.01
1984	670.97	2004	9897.64
1985	800.69	2005	11554.00
1986	881.61	2006	13360.00
1987	1018.42	2007	16386.00
1988	1215.93	2008	19858.00
1989	1373.22	2009	22677.00
1990	1541.17	2010	27906.00
1991	1668.03	2011	34197.27
1992	1962.45	2012	38572.33
1993	2360.53	2013	42825.76
1994	2991.33	2014	47144.60
1995	3671.41	2015	50653.85
1996	4310.98	2016	55038.40
1997	4883.80	2017	62238.23

注:按当年价格计算。
资料来源:湖北省统计局、国家统计局湖北调查总队:《1995 湖北统计年鉴》《2016 湖北统计年鉴》《2017 湖北统计年鉴》,中国统计出版社;湖北省统计局、国家统计局湖北调查总队:《2017 年湖北省国民经济和社会发展统计公报》。

3. GDP 增长率

2017 年湖北省的 GDP 增长率比 2016 年下降了 0.3%,2016 年湖北省的 GDP 增长率比 2015 年增长了 8.1%,比 2010 年增长了 80.1%,比 2000 年增长了 461.5%,比 1990 年增长了 1476.8%,比 1978 年增长了 4558.9%。从 1979 年到 2016 年,湖北省 GDP 实现年平均增长 10.6%,2008 年全球金融危机之后,2011—2016 年湖北省 GDP 实现年平均增长 10.3%(见表 16-3)。

（单位：元）

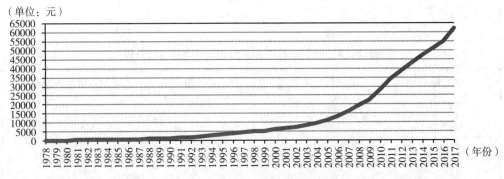

图 16-2　1978—2017 年湖北省人均地区生产总值

资料来源：湖北省统计局、国家统计局湖北调查总队：《1995 湖北统计年鉴》《2016 湖北统计年鉴》《2017 湖北统计年鉴》，中国统计出版社；湖北省统计局、国家统计局湖北调查总队：《2017 年湖北省国民经济和社会发展统计公报》。

表 16-3　1978—2017 年湖北省 GDP 增长率 　　　　　　　　　（单位：%）

2016 年比下列各年增长						年平均增长率			
1978	1990	2000	2010	2015	2017	1979—2016	1991—2016	2001—2016	2011—2016
4558.9	1476.8	461.5	80.1	8.1	0.3	10.6	11.2	11.4	10.3

资料来源：湖北省统计局、国家统计局湖北调查总队：《2017 湖北统计年鉴》，中国统计出版社。湖北省统计局、国家统计局湖北调查总队：《2017 年湖北省国民经济和社会发展统计公报》。

4. 人均 GDP 增长率

2017 年，湖北省人均 GDP 指数为 113.1，比 2016 年增长 5.2%。2016 年，湖北省人均 GDP 指数为 107.5，比 2015 年增长-0.83%。从 1978 年开始，湖北省人均 GDP 增长率始终保持着较快增长趋势，人民生活水平显著提高（见表 16-4、图 16-3）。

表 16-4　1978—2017 年湖北省人均 GDP 增长率

年　份	人均 GDP 指数	人均 GDP 增长率（%）
1978	112.2	12.2
1980	105.1	5.1
1985	114.8	4.8
1986	104.1	4.1
1987	106.9	6.9
1988	106.4	6.4
1989	103.1	3.1
1990	102.5	2.5
1991	104.2	4.2

续表

年　　份	人均 GDP 指数	人均 GDP 增长率(%)
1992	112.6	12.6
1993	111.6	11.6
1994	112.3	12.3
1995	112.0	12.0
1996	110.5	10.5
1997	110.9	10.9
1998	107.9	7.9
1999	107.2	7.2
2000	114.2	14.2
2001	108.5	8.5
2002	108.9	8.9
2003	109.5	9.5
2004	111.0	11.0
2005	111.8	11.8
2006	113.2	13.2
2007	114.7	14.7
2008	113.2	13.2
2009	113.3	13.3
2010	114.7	14.7
2011	113.5	13.5
2012	110.7	10.7
2013	109.7	9.7
2014	109.3	9.3
2015	108.4	8.4
2016	107.5	7.5
2017	113.1	13.1

注:人均 GDP 指数按可比价计算,上年 = 100(In comparable price,preceding year = 100)。

资料来源:湖北省统计局、国家统计局湖北调查总队:《2017 湖北统计年鉴》,中国统计出版社;湖北省统计局、国家统计局湖北调查总队:《2017 年湖北省国民经济和社会发展统计公报》。

(二)经济结构

1. 三次产业占 GDP 比重

2017 年,湖北省第一产业完成增加值 3759.69 亿元,同比增长 3.6%;第二产业完成增加值 16259.86 亿元,同比增长 7.1%;第三产业完成增加值 16503.40 亿元,同比增

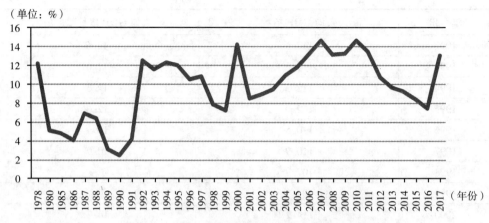

（单位：%）

图 16-3　1978—2017 年湖北省人均 GDP 增长率

资料来源：湖北省统计局、国家统计局湖北调查总队：《2017 湖北统计年鉴》，中国统计出版社；湖北省统计局、国家统计局湖北调查总队：《2017 年湖北省国民经济和社会发展统计公报》。

长 9.5%。三次产业结构调整为 10.3：44.5：45.2。2016 年，湖北省第一产业完成增加值 3499.3 亿元，增长 3.9%；第二产业完成增加值 14375.13 亿元，增长 7.8%；第三产业完成增加值 14423.48 亿元，增长 9.5%。三次产业结构由 2015 年的 11.2：45.7：43.1 调整为 11.3：44.5：44.2。改革开放 40 年间，三次产业结构从 1978 年的 40.5：42.2：17.3 到 2017 年的 10.3：44.5：45.2，产业结构不断优化，第一产业和第二产业占 GDP 比重逐年下降，第三产业占 GDP 比重逐年提高（见表 16-5）。

表 16-5　1978—2017 年湖北省三次产业占 GDP 比重　　　　（单位：%）

年　份	第一产业	第二产业	第三产业
1978	40.5	42.2	17.3
1980	35.7	46.0	18.3
1981	39.5	42.3	18.2
1982	42.1	39.3	18.6
1983	40.1	40.6	19.3
1984	38.5	41.6	19.9
1985	36.5	44.0	19.5
1986	37.0	42.5	20.5
1987	35.5	43.4	21.1
1988	34.3	43.3	22.4
1989	33.3	41.9	24.8
1990	35.1	38.0	26.9
1991	30.6	39.4	30.0

续表

年　份	第一产业	第二产业	第三产业
1992	27.8	40.9	31.3
1993	24.3	44.1	31.6
1994	26.7	43.2	30.1
1995	25.9	43.1	31.0
1996	24.1	45.3	30.6
1997	22.2	46.6	31.2
1998	20.2	47.3	32.5
1999	17.0	48.9	34.1
2000	15.5	49.7	34.9
2001	14.9	49.6	35.5
2002	14.2	49.2	36.6
2003	14.8	47.8	37.4
2004	16.2	47.4	36.4
2005	16.6	43.1	40.3
2006	15.0	44.4	40.6
2007	14.9	43.0	42.1
2008	15.7	43.8	40.5
2009	13.8	46.6	39.6
2010	13.4	48.7	37.9
2011	13.1	50.0	36.9
2012	12.8	50.3	36.9
2013	12.2	47.6	40.2
2014	11.6	46.9	41.5
2015	11.2	45.7	43.1
2016	11.3	44.5	44.2
2017	10.3	44.5	45.2

资料来源:湖北省统计局、国家统计局湖北调查总队:《2003湖北统计年鉴》《2004湖北统计年鉴》《2005湖北统计年鉴》《2008湖北统计年鉴》《2010湖北统计年鉴》《2011湖北统计年鉴》《2012湖北统计年鉴》《2013湖北统计年鉴》《2015湖北统计年鉴》《2016湖北统计年鉴》《2017湖北统计年鉴》,中国统计出版社;湖北省统计局、国家统计局湖北调查总队:《2017年湖北省国民经济和社会发展统计公报》。

2.最终消费指数、最终消费占GDP比重

与1978年相比,2016年湖北省的最终消费占GDP比重下降了8.5%。2008年全球金融危机过后,湖北省的最终消费占GDP比重逐步下降,到2015年才开始上升(见表16-6)。

表 16-6　1978—2016 年湖北省最终消费指数、最终消费占 GDP 比重

年　份	最终消费指数 （按可比价格计算，1978＝100）	年　份	最终消费占 GDP 比重 （％）
1981	141.1	1999	707.7
1982	163.8	2000	758.7
1983	183.1	2001	849.7
1984	213.4	2002	956.8
1985	235.0	2003	1063.0
1986	273.6	1978	54.0
1987	286.6	2000	54.0
1988	301.2	2005	55.9
1989	209.1	2008	50.2
1990	320.4	2009	47.8
1991	341.9	2010	45.7
1992	372.2	2011	44.3
1993	399.0	2012	44.1
1994	446.5	2013	43.9
1995	491.6	2014	43.7
1996	560.4	2015	44.2
1997	586.2	2016	45.5
1998	668.9		

资料来源：湖北省统计局、国家统计局湖北调查总队：《2003 湖北统计年鉴》《2004 湖北统计年鉴》《2005 湖北统计年鉴》《2008 湖北统计年鉴》《2010 湖北统计年鉴》《2011 湖北统计年鉴》《2012 湖北统计年鉴》《2013 湖北统计年鉴》《2015 湖北统计年鉴》《2016 湖北统计年鉴》《2017 湖北统计年鉴》，中国统计出版社。

3. 城镇化率

2017 年，湖北省的城镇化率达到 59.3%，较 2016 年增加 1.2%。2016 年，湖北省的城镇化率达到 58.1%，比 2015 年增加 1.2%。从 1978 年的 14.6%，到 2011 年突破 50%，湖北省的城镇化进程不断加快。从 2011 年的 51.8%，到 2016 年的 58.1%，再到 2017 年的 59.3%，随着我国四个现代化建设的同步推进，湖北省的新型城镇化脚步也在加快（见表 16-7、图 16-4）。

表 16-7 1978—2017 年湖北省城镇化率 （单位:%）

年 份	城镇化率	年 份	城镇化率	年 份	城镇化率	年 份	城镇化率
1978	14.6	2007	44.3	2011	51.8	2015	56.9
2000	40.2	2008	45.2	2012	53.5	2016	58.1
2005	43.2	2009	46.0	2013	54.5	2017	59.3
2006	43.8	2010	49.7	2014	55.7		

资料来源:湖北省统计局、国家统计局湖北调查总队:《2003湖北统计年鉴》《2004湖北统计年鉴》《2005湖北统计年鉴》《2008湖北统计年鉴》《2010湖北统计年鉴》《2011湖北统计年鉴》《2012湖北统计年鉴》《2013湖北统计年鉴》《2015湖北统计年鉴》《2016湖北统计年鉴》《2017湖北统计年鉴》,中国统计出版社;湖北省统计局、国家统计局湖北调查总队:《2017年湖北省国民经济和社会发展统计公报》。

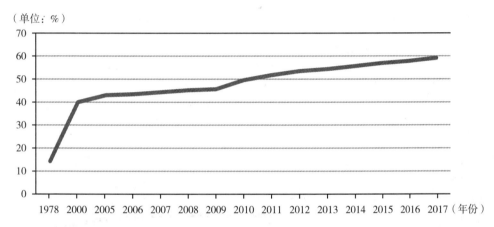

（单位：%）

图 16-4 1978—2017 年湖北省城镇化率

资料来源:湖北省统计局、国家统计局湖北调查总队:《2003湖北统计年鉴》《2004湖北统计年鉴》《2005湖北统计年鉴》《2008湖北统计年鉴》《2010湖北统计年鉴》《2011湖北统计年鉴》《2012湖北统计年鉴》《2013湖北统计年鉴》《2015湖北统计年鉴》《2016湖北统计年鉴》《2017湖北统计年鉴》,中国统计出版社;《2017年湖北省国民经济和社会发展统计公报》。

4. 第一产业就业人员占比

2016 年湖北省第一产业就业人员占比为 36.8%,与 1978 年相比,其占比有所下降。从 1978 年的 77.0% 到 2016 年的 36.8%,湖北省第一产业就业人员占比整体上呈下降趋势。第一产业的就业人数减少,说明产业结构不断优化,产业结构调整进程加快（见表 16-8、图 16-5）。

表 16-8 1978—2016 年湖北省第一产业就业人员占比 （单位:%）

年 份	第一产业就业人员占比	年 份	第一产业就业人员占比	年 份	第一产业就业人员占比
1978	77.0	1997	50.2	2007	47.3
1980	73.2	1998	48.4	2008	47.4

续表

年 份	第一产业就业人员占比	年 份	第一产业就业人员占比	年 份	第一产业就业人员占比
1985	61.8	1999	48.0	2009	47.0
1990	61.2	2000	48.0	2010	46.4
1991	61.5	2001	48.0	2011	45.7
1992	59.9	2002	48.0	2012	44.5
1993	57.6	2003	47.8	2013	42.8
1994	55.1	2004	47.7	2014	40.3
1995	52.5	2005	47.7	2015	38.4
1996	51.2	2006	47.6	2016	36.8

资料来源:湖北省统计局、国家统计局湖北调查总队:《2003 湖北统计年鉴》《2004 湖北统计年鉴》《2005 湖北统计年鉴》《2008 湖北统计年鉴》《2010 湖北统计年鉴》《2011 湖北统计年鉴》《2012 湖北统计年鉴》《2013 湖北统计年鉴》《2015 湖北统计年鉴》《2016 湖北统计年鉴》《2017 湖北统计年鉴》,中国统计出版社。

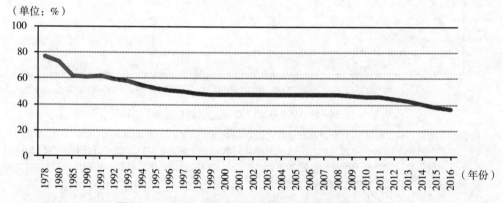

（单位：%）

图 16-5　1978—2016 年湖北省第一产业就业人员占比

资料来源:湖北省统计局、国家统计局湖北调查总队:《2003 湖北统计年鉴》《2004 湖北统计年鉴》《2005 湖北统计年鉴》《2008 湖北统计年鉴》《2010 湖北统计年鉴》《2011 湖北统计年鉴》《2012 湖北统计年鉴》《2013 湖北统计年鉴》《2015 湖北统计年鉴》《2016 湖北统计年鉴》《2017 湖北统计年鉴》,中国统计出版社。

5. 单位 GDP 煤炭、石油、天然气、电力消费量

从 1980 年到 2016 年,煤炭、石油、天然气、电力等能源消耗与日俱增,与此同时,GDP 也在快速增长,但总体而言,单位 GDP 煤炭、石油、天然气、电力消费量是呈稳定趋势的(见表 16-9)。

表 16-9 1980—2016 年湖北省单位 GDP 煤炭、石油、天然气、电力消费量

年　份	煤炭、石油、天然气、电力消费量（万吨）	GDP（万元）	单位 GDP 能源消费量（吨/元）
1980	2010.66	1993800	0.001
1981	2191.62	2197500	0.001
1982	2388.87	2415500	0.001
1983	2562.62	2625800	0.001
1984	2755.83	3282200	0.001
1985	3094.20	3962600	0.001
1986	3291.47	4420400	0.001
1987	3590.36	5177700	0.001
1988	3870.12	6265200	0.001
1989	4039.63	7170800	0.001
1990	4002.39	8243800	0.001
1991	4162.53	9133800	0.001
1992	4472.41	10883900	0.001
1993	4344.26	13258300	0.001
1994	4762.86	17009200	0.001
1995	5107.35	21093800	0.001
1996	5406.96	24997700	0.001
1997	5622.20	28564700	0.001
1998	5581.87	31140200	0.001
1999	5703.52	32292900	0.001
2000	5023.67	35453900	0.001
2001	5951.03	38805300	0.001
2002	5727.43	42128200	0.001
2003	5923.43	47574500	0.001
2004	7111.78	56332400	0.001
2005	9105.67	65901900	0.001
2006	9810.86	76174700	0.001
2007	9849.85	93334000	0.001
2008	9831.64	113289200	0.001
2009	10312.48	129611000	0.001
2010	11308.94	159676100	0.001
2011	12328.80	196322600	0.001
2012	12083.97	222504500	0.001
2013	13310.45	247918300	0.001

续表

年 份	煤炭、石油、天然气、 电力消费量(万吨)	GDP (万元)	单位 GDP 能源消费量 (吨/元)
2014	13766.37	273792200	0.001
2015	13827.77	295501900	0.001
2016	13954.63	322979100	0.001

资料来源:湖北省统计局、国家统计局湖北调查总队:《2003 湖北统计年鉴》《2004 湖北统计年鉴》《2005 湖北统计年鉴》《2008 湖北统计年鉴》《2010 湖北统计年鉴》《2011 湖北统计年鉴》《2012 湖北统计年鉴》《2013 湖北统计年鉴》《2015 湖北统计年鉴》《2016 湖北统计年鉴》《2017 湖北统计年鉴》,中国统计出版社。

6. 能源结构

从 1980 年到 2016 年,能源消耗量不断增加,对煤炭的消耗也从高度依赖到逐步减小,而对石油的消耗则在逐渐增加。能源结构调整是经济转型的缩影,是发展低碳经济的一个重要标志(见表 16-10)。

表 16-10 1980—2016 年湖北省能源结构

年 份	能源消费量合计 (万吨)	煤炭占比 (%)	石油占比 (%)
1980	2010.66	89.88	10.12
1981	2191.62	89.26	10.74
1982	2388.87	83.28	16.72
1983	2562.62	85.55	14.45
1984	2755.83	86.49	13.51
1985	3094.20	86.98	13.02
1986	3291.47	88.63	11.37
1987	3590.36	91.62	8.38
1988	3870.12	90.63	9.37
1989	4039.63	87.78	12.22
1990	4002.39	87.56	12.44
1991	4162.53	91.03	8.97
1992	4472.41	88.00	12.00
1993	4344.26	98.98	1.02
1994	4762.86	98.70	1.30
1995	5107.35	97.90	2.10
1996	5406.96	99.89	0.11
1997	5622.20	99.61	0.39
1998	5581.87	89.59	10.41
1999	5703.52	98.20	1.80
2000	5023.67	57.06	42.94

年　份	能源消费量合计 （万吨）	煤炭占比 （%）	石油占比 （%）
2001	5951.03	50.24	49.76
2002	5727.43	62.56	37.44
2003	5923.43	64.81	35.19
2004	7111.78	66.45	33.55
2005	9105.67	72.80	27.20
2006	9810.86	70.61	29.39
2007	9849.85	66.49	33.51
2008	9831.64	64.51	35.49
2009	10312.48	64.80	35.20
2010	11308.94	63.77	36.23
2011	12328.80	65.51	34.49
2012	12083.97	63.51	36.49
2013	13310.45	62.13	37.87
2014	13766.37	58.00	42.00
2015	13827.77	55.86	44.14
2016	13954.63	53.27	46.73

资料来源:湖北省统计局、国家统计局湖北调查总队:《2003湖北统计年鉴》《2004湖北统计年鉴》《2005湖北统计年鉴》《2008湖北统计年鉴》《2010湖北统计年鉴》《2011湖北统计年鉴》《2012湖北统计年鉴》《2013湖北统计年鉴》《2015湖北统计年鉴》《2016湖北统计年鉴》《2017湖北统计年鉴》,中国统计出版社。

7.国有控股工业企业资产总计占比

从1993年的77.38%到2016年的45.07%,湖北省的国有控股工业企业资产总计占比呈现逐年下降趋势。国有控股工业企业资产总计占比减少,对于深化国有企业改革,盘活企业资产有着巨大的推动作用,也对于建立社会主义市场经济体制,促进经济持续快速健康发展有着重要意义(见表16-11、图11-6)。

表16-11　1993—2016年湖北省国有控股工业企业资产总计占比

年　份	国有控股工业企业 资产总计（亿元）	工业企业资产总计 （亿元）	国有控股工业企业资产 总计占比（%）
1993	1510.41	1951.82	77.38
1994	1888.63	2545.34	74.20
1995	2186.30	3085.91	70.85
1996	2408.29	3631.99	66.31
1997	2552.76	4141.44	61.64
1998	2600.39	4362.34	59.61
1999	3839.40	4614.21	83.21

续表

年 份	国有控股工业企业资产总计（亿元）	工业企业资产总计（亿元）	国有控股工业企业资产总计占比（%）
2000	3983.45	4776.01	83.41
2001	4059.45	4954.09	81.94
2002	4158.06	5254.12	79.14
2003	5438.98	6843.02	79.48
2004	5382.99	7438.59	72.37
2005	6035.77	8683.39	69.51
2006	4163.71	9694.56	42.95
2007	5202.52	12107.24	42.97
2008	9774.35	15431.43	63.34
2009	12399.78	19221.02	64.51
2010	12074.62	20894.32	57.79
2011	13150.40	23145.78	56.82
2012	13141.50	26877.66	48.89
2013	14835.46	30633.98	48.43
2014	14805.00	32904.84	44.99
2015	15743.77	35399.12	44.48
2016	17098.93	37942.33	45.07

资料来源：湖北省统计局、国家统计局湖北调查总队：《2003 湖北统计年鉴》《2004 湖北统计年鉴》《2005 湖北统计年鉴》《2008 湖北统计年鉴》《2010 湖北统计年鉴》《2011 湖北统计年鉴》《2012 湖北统计年鉴》《2013 湖北统计年鉴》《2015 湖北统计年鉴》《2016 湖北统计年鉴》《2017 湖北统计年鉴》，中国统计出版社。

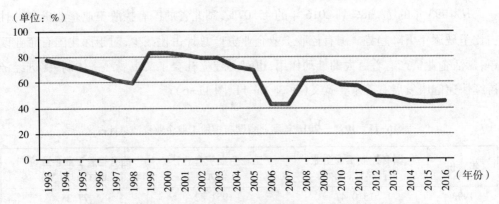

图 16-6　1993—2016 年湖北省国有控股工业企业资产总计占比

资料来源：湖北省统计局、国家统计局湖北调查总队：《2003 湖北统计年鉴》《2004 湖北统计年鉴》《2005 湖北统计年鉴》《2008 湖北统计年鉴》《2010 湖北统计年鉴》《2011 湖北统计年鉴》《2012 湖北统计年鉴》《2013 湖北统计年鉴》《2015 湖北统计年鉴》《2016 湖北统计年鉴》《2017 湖北统计年鉴》，中国统计出版社。

8.私营工业企业资产总计占比

从 2006 年的 8.22%到 2016 年的 18.70%,湖北省的私营工业企业资产总计占比逐年上升。私营工业企业是社会主义市场经济的重要组成部分,其资产规模不断扩大,是市场经济不断完善的重要标志。国有控股工业企业资产总计占比减少,私营工业企业资产总计占比增加,企业组织形式正在发生质的转变,更加符合市场主流发展的要求(见表 16-12、图 16-7)。

表 16-12　2006—2016 年湖北省私营工业企业资产总计占比

年　份	私营工业企业资产总计 (亿元)	工业企业资产总计 (亿元)	私营工业企业资产总计 占比(%)
2006	797.22	9694.56	8.22
2007	1123.12	12107.24	9.28
2008	1503.18	15431.43	9.74
2009	2111.94	19221.02	10.99
2010	3256.38	20894.32	15.59
2011	2875.11	23145.78	12.42
2012	3812.56	26877.66	14.18
2013	10903.12	30633.98	35.59
2014	12579.55	32904.84	38.23
2015	6989.18	35399.12	19.74
2016	7094.11	37942.33	18.70

资料来源:湖北省统计局、国家统计局湖北调查总队:《2003 湖北统计年鉴》《2004 湖北统计年鉴》《2005 湖北统计年鉴》《2008 湖北统计年鉴》《2010 湖北统计年鉴》《2011 湖北统计年鉴》《2012 湖北统计年鉴》《2013 湖北统计年鉴》《2015 湖北统计年鉴》《2016 湖北统计年鉴》《2017 湖北统计年鉴》,中国统计出版社。

(单位:%)

图 16-7　2006—2016 年湖北省私营工业企业资产总计占比

资料来源:湖北省统计局、国家统计局湖北调查总队:《2003 湖北统计年鉴》《2004 湖北统计年鉴》《2005 湖北统计年鉴》《2008 湖北统计年鉴》《2010 湖北统计年鉴》《2011 湖北统计年鉴》《2012 湖北统计年鉴》《2013 湖北统计年鉴》《2015 湖北统计年鉴》《2016 湖北统计年鉴》《2017 湖北统计年鉴》,中国统计出版社。

(三)宏观经济运行

1. 居民消费价格总指数

2017 年湖北省居民消费价格同比上涨 1.5%。其中,农村同比上涨 1.2%,城市同比上涨 1.7%。2016 年,湖北省居民消费价格同比上涨 2.2%。其中,农村同比上涨 2.2%,城市同比上涨 2.1%。从 1980 年到 2004 年,湖北省居民消费价格呈大幅上涨趋势。从 2005 年到 2017 年,居民消费价格总体上呈下降趋势(见表 16-13)。

表 16-13　1980—2017 年湖北省居民消费价格总指数

年　份	居民消费价格总指数 (以 1978 年 = 100)	年　份	居民消费价格总指数 (以上年价格为 100)
1980	115.2	2001	545.1
1981	130.2	2002	616.5
1982	149.6	2003	676.3
1983	163.4	2004	730.4
1984	185.2	2005	102.9
1985	203.6	2006	101.6
1990	250.6	2007	104.8
1991	257.0	2008	106.3
1992	270.1	2009	99.6
1993	281.4	2010	102.9
1994	314.7	2011	105.8
1995	344.4	2012	102.9
1996	388.8	2013	102.8
1997	406.3	2014	102.0
1998	450.2	2015	101.5
1999	464.6	2016	102.2
2000	491.5	2017	101.5

资料来源:湖北省统计局、国家统计局湖北调查总队:《2003 湖北统计年鉴》《2004 湖北统计年鉴》《2005 湖北统计年鉴》《2008 湖北统计年鉴》《2010 湖北统计年鉴》《2011 湖北统计年鉴》《2012 湖北统计年鉴》《2013 湖北统计年鉴》《2015 湖北统计年鉴》《2016 湖北统计年鉴》《2017 湖北统计年鉴》,中国统计出版社;湖北省统计局、国家统计局湖北调查总队:《2017 年湖北省国民经济和社会发展统计公报》。

2. 财政盈余/赤字占 GDP 比重

从 1978 年到 1998 年,湖北省总体上处于财政盈余,从 1999 年到 2016 年,处于财政赤字状态。总体上,财政赤字占 GDP 比重是在合理区间(见表 16-14)。

表 16-14　1978—2016 年湖北省财政盈余/赤字占 GDP 比重

年　份	财政盈余/赤字（亿元）	地区生产总值（亿元）	财政盈余占 GDP 比重（%）
1978	1. 40	151. 00	0. 93
1980	7. 48	199. 38	3. 75
1985	6. 66	396. 26	1. 68
1990	−6. 97	824. 38	−0. 85
1993	0. 49	1325. 83	0. 04
1994	12. 44	1700. 92	0. 73
1995	18. 14	2109. 38	0. 86
1996	19. 24	2499. 77	0. 77
1997	22. 65	2856. 47	0. 79
1998	4. 32	3114. 02	0. 14
1999	−21. 55	3229. 29	−0. 67
2000	−24. 79	3545. 39	−0. 70
2001	−110. 25	3880. 53	−2. 84
2002	−75. 89	4212. 82	−1. 80
2003	−56. 54	4757. 45	−1. 19
2004	−56. 64	5633. 24	−1. 01
2005	−51. 11	6590. 19	−0. 78
2006	−145. 83	7617. 47	−1. 91
2007	−158. 8	9333. 40	−1. 70
2008	−311. 53	11328. 92	−2. 75
2009	−549. 37	12961. 10	−4. 24
2010	−582. 46	15967. 61	−3. 65
2011	−574. 93	19632. 26	−2. 93
2012	−644. 16	22250. 45	−2. 90
2013	−804. 76	24668. 49	−3. 26
2014	−838. 15	27379. 22	−3. 06
2015	−1427. 84	29550. 19	−4. 83
2016	−1448. 98	32297. 91	−4. 49

资料来源：湖北省统计局、国家统计局湖北调查总队：《2016 湖北统计年鉴》《2017 湖北统计年鉴》，中国统计出版社。

3. 一般公共预算收入占 GDP 比重

2017 年，湖北省一般公共预算收入 3248.44 亿元，增长 8.4%。2016 年，一般公共预算收入 3102.06 亿元，增长 7.3%。从 1980 年到 2017 年，一般公共预算收入占 GDP 比重总体上呈下降趋势（见表 16-15）。

表16-15 1980—2017年湖北省一般公共预算收入占GDP比重

年　份	地方一般公共预算收入 （亿元）	地区生产总值 （亿元）	一般公共预算收入占GDP 比重（%）
1980	26.53	199.38	13.31
1985	43.50	396.26	10.98
1986	58.04	442.04	13.13
1987	60.98	517.77	11.78
1988	68.66	626.52	10.96
1989	79.07	717.08	11.03
1990	84.82	824.38	10.29
1991	95.09	913.38	10.41
1992	94.14	1088.39	8.65
1993	115.07	1325.83	8.68
1994	77.46	1700.92	4.55
1995	99.69	2109.38	4.73
1996	124.51	2499.77	4.98
1997	139.89	2856.47	4.90
1998	168.95	3114.02	5.43
1999	194.44	3229.29	6.02
2000	214.35	3545.39	6.05
2001	231.94	3880.53	5.98
2002	243.44	4212.82	5.78
2003	259.76	4757.45	5.46
2004	310.45	5633.24	5.51
2005	375.52	6590.19	5.70
2006	476.08	7617.47	6.25
2007	590.36	9333.40	6.33
2008	710.85	11328.92	6.27
2009	814.87	12961.10	6.29
2010	1011.23	15967.61	6.33
2011	1526.91	19632.26	7.78
2012	1823.05	22250.45	8.19
2013	2191.22	24668.49	8.88
2014	2566.90	27379.22	9.38
2015	3005.53	29550.19	10.17
2016	3102.06	32297.91	9.60
2017	3248.44	36522.95	8.89

资料来源:湖北省统计局、国家统计局湖北调查总队:《2017湖北统计年鉴》,中国统计出版社;湖北省统计局、国家统计局湖北调查总队:《2017年湖北省国民经济和社会发展统计公报》。

(四)基础设施建设

1.人均年用电量

2016 年,湖北省人均年用电量是 2005 年的 1.98 倍,比 2015 年增长 12.27%。湖北省人均年用电量从 2005 年到 2016 年整体上呈上升趋势(见表 16-16)。

表 16-16 2005—2016 年湖北省人均年用电量

年 份	生活用电量(万千瓦时)	湖北省人口(万人)	人均年用电量(千瓦时/人)
2005	1540000	5710	269.70
2006	1340000	6050	221.49
2007	1410000	5699	247.41
2008	1605700	5711	281.16
2009	1790300	5720	312.99
2010	1945200	5724	339.83
2011	2110400	5758	366.52
2012	2454700	5779	424.76
2013	2714500	5799	468.10
2014	2620000	5816	450.48
2015	2790000	5852	476.76
2016	3150000	5885	535.26

资料来源:湖北省统计局、国家统计局湖北调查总队:《2008 湖北统计年鉴》《2010 湖北统计年鉴》《2011 湖北统计年鉴》《2012 湖北统计年鉴》《2013 湖北统计年鉴》《2015 湖北统计年鉴》《2016 湖北统计年鉴》《2017 湖北统计年鉴》,中国统计出版社。

2.公路网密度

湖北省公路网密度从 1978 年到 2017 年整体上呈现上涨趋势,2017 年的公路网密度是 1978 年的 5.92 倍。从 1978 年的不到 30 的公路网密度,到 2000 年公路网密度超过 30,到 2008 年公路网密度超越 100,到 2016 年公路网密度接近 140,再到 2017 年公路网密度超过 140,湖北省的公路网大面积展开(见表 16-17、图 16-8)。

表 16-17 1978—2017 年湖北省公路网密度

年 份	公路网里程(公里)	地区面积(百平方公里)	公路网密度(公里/百平方公里)
1978	45508	1859	24.48
1980	44586	1859	23.98
1985	45186	1859	24.31
1990	47511	1859	25.56

年　份	公路网里程 （公里）	地区面积 （百平方公里）	公路网密度 （公里/百平方公里）
1991	47661	1859	25.64
1992	47892	1859	25.76
1993	48008	1859	25.82
1994	48319	1859	25.99
1995	48728	1859	26.21
1996	49757	1859	26.77
1997	50779	1859	27.32
1998	52989	1859	28.50
1999	55389	1859	29.80
2000	57850	1859	31.12
2001	85757	1859	46.13
2002	86098	1859	46.31
2003	87813	1859	47.24
2004	89673	1859	48.24
2005	91131	1859	49.02
2006	181791	1859	97.79
2007	183780	1859	98.86
2008	188366	1859	101.33
2009	197196	1859	106.08
2010	206212	1859	110.93
2011	212746	1859	114.44
2012	218151	1859	117.35
2013	226912	1859	122.06
2014	236932	1859	127.45
2015	252980	1859	136.08
2016	260179	1859	139.96
2017	269484.03	1859	144.96

资料来源:湖北省统计局、国家统计局湖北调查总队:《2003湖北统计年鉴》《2004湖北统计年鉴》《2005湖北统计年鉴》《2008湖北统计年鉴》《2010湖北统计年鉴》《2011湖北统计年鉴》《2012湖北统计年鉴》《2013湖北统计年鉴》《2015湖北统计年鉴》《2016湖北统计年鉴》《2017湖北统计年鉴》,中国统计出版社;湖北省统计局、国家统计局湖北调查总队:《2017年湖北省国民经济和社会发展统计公报》。

3.铁路网密度

湖北省的铁路网密度从1978年到2016年整体上呈现上涨趋势,2016年的铁路网密度是1978年的2.69倍。从1978年的铁路网密度不到1,到1993年铁路网密度超过

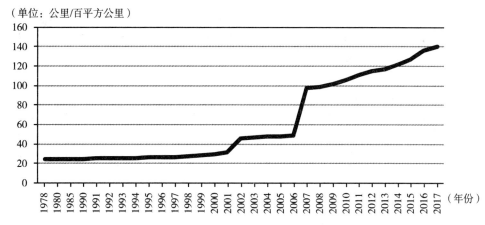

（单位：公里/百平方公里）

图 16-8 1978—2017 年湖北省公路网密度

资料来源：湖北省统计局、国家统计局湖北调查总队：《2003 湖北统计年鉴》《2004 湖北统计年鉴》《2005 湖北统计年鉴》《2008 湖北统计年鉴》《2010 湖北统计年鉴》《2011 湖北统计年鉴》《2012 湖北统计年鉴》《2013 湖北统计年鉴》《2015 湖北统计年鉴》《2016 湖北统计年鉴》《2017 湖北统计年鉴》，中国统计出版社；湖北省统计局、国家统计调查总队：《2017 年湖北省国民经济和社会发展统计公报》。

1，再到2013年铁路网密度超过2，湖北省的铁路网大面积铺开（见表16-18、图16-9）。

表 16-18 1978—2016 年湖北省铁路网密度

年　份	铁路网里程 （公里）	地区面积 （百平方公里）	铁路网密度 （公里/百平方公里）
1978	1548	1859	0.83
1980	1474	1859	0.79
1985	1623	1859	0.87
1990	1634	1859	0.88
1991	1605	1859	0.86
1992	1705	1859	0.92
1993	1941	1859	1.04
1994	1978	1859	1.06
1995	1940	1859	1.04
1996	2105	1859	1.13
1997	2101	1859	1.13
1998	2112	1859	1.14
1999	2205	1859	1.19
2000	2225	1859	1.20
2001	2025	1859	1.09
2002	2025	1859	1.09
2003	2024	1859	1.09

年　份	铁路网里程 （公里）	地区面积 （百平方公里）	铁路网密度 （公里/百平方公里）
2004	2166	1859	1.17
2005	2758	1859	1.48
2006	2759	1859	1.48
2007	2102.8	1859	1.13
2008	2826	1859	1.52
2009	3662	1859	1.97
2010	3032	1859	1.63
2011	3340	1859	1.80
2012	3463	1859	1.86
2013	4794	1859	2.58
2014	4059	1859	2.18
2015	4062	1859	2.19
2016	4140	1859	2.23

资料来源:湖北省统计局、国家统计局湖北调查总队:《2003 湖北统计年鉴》《2004 湖北统计年鉴》《2005 湖北统计年鉴》《2008 湖北统计年鉴》《2010 湖北统计年鉴》《2011 湖北统计年鉴》《2012 湖北统计年鉴》《2013 湖北统计年鉴》《2015 湖北统计年鉴》《2016 湖北统计年鉴》《2017 湖北统计年鉴》,中国统计出版社。

（单位: 公里/百平方公里 ）

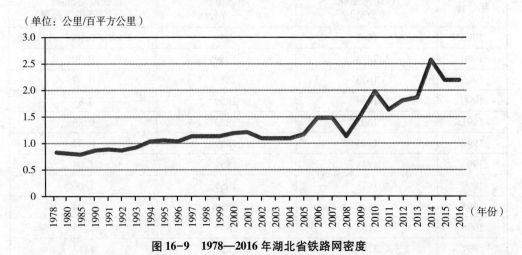

图 16-9　1978—2016 年湖北省铁路网密度

资料来源:湖北省统计局、国家统计局湖北调查总队:《2003 湖北统计年鉴》《2004 湖北统计年鉴》《2005 湖北统计年鉴》《2008 湖北统计年鉴》《2010 湖北统计年鉴》《2011 湖北统计年鉴》《2012 湖北统计年鉴》《2013 湖北统计年鉴》《2015 湖北统计年鉴》《2016 湖北统计年鉴》《2017 湖北统计年鉴》,中国统计出版社。

4. 民用航空客运量

湖北省的民用航空客运量从 1978 年的 4.2 万人到 1992 年的 120 万人,扩大了近 30 倍。从 1992 年的 120 万人再到 2014 年超过 1000 万人,湖北省的民用航空客运量快速增长。到2016年,湖北省的民用航空客运量已经达到1164.73万人(见表16-19、图16-10)。

表16-19　1978—2016年湖北省民用航空客运量

年　份	民用航空客运量 (万人)	年　份	民用航空客运量 (万人)	年　份	民用航空客运量 (万人)
1978	4.20	1997	154.08	2007	712.70
1980	7.26	1998	144.00	2008	774.00
1985	14.22	1999	139.14	2009	705.00
1990	12.93	2000	261.00	2010	885.40
1991	33.62	2001	279.00	2011	914.52
1992	120.00	2002	308.00	2012	933.50
1993	106.00	2003	334.42	2013	936.73
1994	120.00	2004	446.11	2014	1031.30
1995	150.00	2005	494.00	2015	1082.13
1996	168.00	2006	549.00	2016	1164.73

资料来源:湖北省统计局、国家统计局湖北调查总队:《2017湖北统计年鉴》,中国统计出版社。

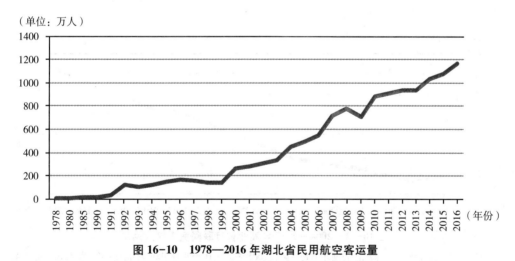

图16-10　1978—2016年湖北省民用航空客运量

资料来源:湖北省统计局、国家统计局湖北调查总队:《2017湖北统计年鉴》,中国统计出版社。

5.互联网宽带接入用户

从2004年的180万户到2017年的1242.92万户,14年间,湖北省互联网宽带接入用户增长了5.91倍,年平均增长率为42.21%。湖北省互联网宽带接入用户呈直线上涨趋势(见表16-20、图16-11)。

表 16-20　2004—2017 年湖北省互联网宽带接入用户

年　份	互联网宽带接入用户（万户）
2004	180.00
2005	128.00
2006	182.00
2007	269.00
2008	286.40
2009	361.30
2010	459.40
2011	592.30
2012	708.00
2013	813.30
2014	869.70
2015	983.50
2016	1131.88
2017	1242.92

资料来源:湖北省统计局、国家统计局湖北调查总队:《2005 湖北统计年鉴》《2008 湖北统计年鉴》《2010 湖北统计年鉴》《2011 湖北统计年鉴》《2012 湖北统计年鉴》《2013 湖北统计年鉴》《2015 湖北统计年鉴》《2016 湖北统计年鉴》《2017 湖北统计年鉴》,中国统计出版社;《2017 年湖北省国民经济和社会发展统计公报》。

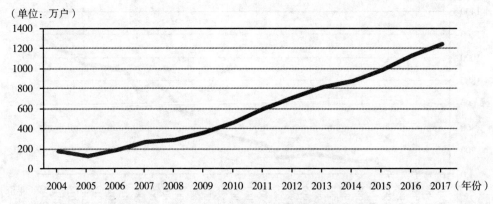

（单位：万户）

图 16-11　2004—2017 年湖北省互联网宽带接入用户

资料来源:湖北省统计局、国家统计局湖北调查总队:《2005 湖北统计年鉴》《2008 湖北统计年鉴》《2010 湖北统计年鉴》《2011 湖北统计年鉴》《2012 湖北统计年鉴》《2013 湖北统计年鉴》《2015 湖北统计年鉴》《2016 湖北统计年鉴》《2017 湖北统计年鉴》,中国统计出版社;湖北省统计局、国家统计局湖北调查总队:《2017 年湖北省国民经济和社会发展统计公报》。

6. 电话普及率

从 1985 年每百人拥有 0.54 部电话到 2001 年每百人拥有 17.8 部电话,湖北省电话普及率增长了 32 倍。从 2001 年每百人拥有 17.8 部电话到 2017 年每百人拥有 95.78 部电话,湖北省的电话普及率又增长了 4.38 倍(见表 16-21、图 16-12)。

表 16-21 1985—2017 年湖北省电话普及率

年 份	电话普及率（部/百人）	年 份	电话普及率（部/百人）
1985	0.5	2004	36.7
1990	0.9	2005	43.9
1991	0.91	2006	52.7
1992	1.1	2007	58.7
1993	1.5	2008	65.1
1994	1.8	2009	74
1995	4.0	2010	78.3
1996	5.8	2011	86.9
1997	6.6	2012	96.2
1998	7	2013	93.1
1999	8.4	2014	94.8
2000	10.12	2015	94.4
2001	17.8	2016	92
2002	22.6	2017	95.8
2003	29.5		

资料来源：湖北省统计局、国家统计局湖北调查总队：《2003 湖北统计年鉴》《2004 湖北统计年鉴》《2005 湖北统计年鉴》《2008 湖北统计年鉴》《2010 湖北统计年鉴》《2011 湖北统计年鉴》《2012 湖北统计年鉴》《2013 湖北统计年鉴》《2015 湖北统计年鉴》《2016 湖北统计年鉴》《2017 湖北统计年鉴》，中国统计出版社；湖北省统计局、国家统计局湖北调查总队：《2017 年湖北省国民经济和社会发展统计公报》。

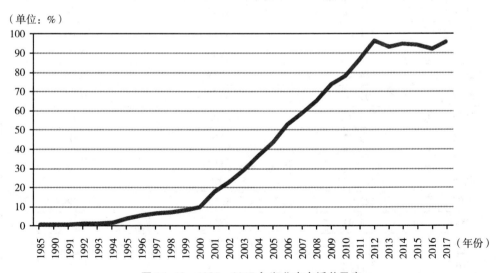

（单位：%）

图 16-12 1985—2017 年湖北省电话普及率

资料来源：湖北省统计局、国家统计局湖北调查总队：《2003 湖北统计年鉴》《2004 湖北统计年鉴》《2005 湖北统计年鉴》《2008 湖北统计年鉴》《2010 湖北统计年鉴》《2011 湖北统计年鉴》《2012 湖北统计年鉴》《2013 湖北统计年鉴》《2015 湖北统计年鉴》《2016 湖北统计年鉴》《2017 湖北统计年鉴》，中国统计出版社；湖北省统计局、国家统计局湖北调查总队：《2017 年湖北省国民经济和社会发展统计公报》。

（五）基础自然资源

人均耕地面积[①]

从 1980 年湖北省人均耕地面积 0.08 公顷到 1985 年的 0.07 公顷,湖北省人均耕地面积有所下降。从 1990 年到 2000 年,湖北省人均耕地面积呈现出稳定趋势。从 2001 年到 2016 年,湖北省人均耕地面积也整体上保持着稳定,波动不大(见表16-22)。

表 16-22　1980—2016 年湖北省人均耕地面积

年　份	耕地面积(万公顷)	湖北省人口(万人)	人均耕地面积(公顷/人)
1980	373.85	4684	0.08
1985	358.46	4980	0.07
1990	347.68	5439	0.06
1991	345.85	5512	0.06
1992	342.16	5579	0.06
1993	339.27	5653	0.06
1994	337.56	5718	0.06
1995	335.80	5772	0.06
1996	334.93	5825	0.06
1997	334.25	5872	0.06
1998	332.72	5907	0.06
1999	331.04	5938	0.06
2000	328.30	5960	0.06
2001	324.29	5975	0.05
2002	309.40	5988	0.05
2003	303.35	6002	0.05
2004	309.13	6016	0.05
2005	316.12	5710	0.06
2006	320.17	6050	0.05
2007	322.66	5699	0.06
2008	328.93	5711	0.06
2009	330.84	5720	0.06
2010	332.39	5724	0.06
2011	336.19	5758	0.06

---

① 统计年鉴里没有其他指标,此处仅列人均耕地面积。

续表

年　份	耕地面积(万公顷)	湖北省人口(万人)	人均耕地面积(公顷/人)
2012	339.01	5779	0.06
2013	340.99	5799	0.06
2014	342.05	5816	0.06
2015	343.62	5852	0.06
2016	344.43	5885	0.06

资料来源:湖北省统计局、国家统计局湖北调查总队:《2006湖北统计年鉴》《2008湖北统计年鉴》《2010湖北统计年鉴》《2011湖北统计年鉴》《2012湖北统计年鉴》《2013湖北统计年鉴》《2015湖北统计年鉴》《2016湖北统计年鉴》《2017湖北统计年鉴》,中国统计出版社。

(六)健康与基础教育

1.人口增长率

2016年,湖北省人口比1978年增长28.6%,比1990年增长8.2%,比2000年降低1.1%,比2010年增长2.8%,比2015年增长0.6%。与此同时,1979—2016年湖北省人口年平均增长率为0.7%,1991—2016年湖北省人口年平均增长率为0.3%,2001—2016年湖北省人口年平均增长率为-0.1%,呈负增长。2011—2016年湖北省人口年平均增长率为0.5%(见表16-23)。

表16-23　1978—2016年湖北省人口增长率　　　　　(单位:%)

2016年比下列各年增长					年平均增长率			
1978	1990	2000	2010	2015	1979—2016	1991—2016	2001—2016	2011—2016
28.6	8.2	-1.1	2.8	0.6	0.7	0.3	-0.1	0.5

资料来源:湖北省统计局、国家统计局湖北调查总队:《2017湖北统计年鉴》,中国统计出版社。

2.万人医生数

从1980年每万人拥有医生0.135人到2016年每万人拥有医生0.242人,总体上保持着增长趋势。改革开放40年来,湖北省医疗保障越来越完善(见表16-24、图16-13)。

表16-24　1980—2016年湖北省万人医生数　　　　　(单位:人)

年　份	每万人口医生数	年　份	每万人口医生数
1980	0.135	2003	0.145
1985	0.147	2004	0.149
1990	0.162	2005	0.149

续表

年　份	每万人口医生数	年　份	每万人口医生数
1991	0.162	2006	0.149
1992	0.164	2007	0.152
1993	0.164	2008	0.151
1994	0.166	2009	0.159
1995	0.168	2010	0.162
1996	0.167	2011	0.166
1997	0.170	2012	0.189
1998	0.171	2013	0.190
1999	0.174	2014	0.217
2000	0.174	2015	0.232
2001	0.172	2016	0.242
2002	0.143		

资料来源:湖北省统计局、国家统计局湖北调查总队:《2017 湖北统计年鉴》,中国统计出版社。

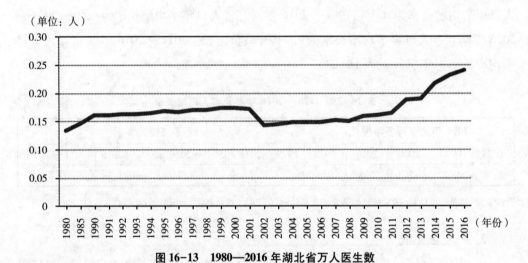

（单位：人）

图 16-13　1980—2016 年湖北省万人医生数

资料来源:湖北省统计局、国家统计局湖北调查总队:《2017 湖北统计年鉴》,中国统计出版社。

3. 万人病床数

1980 年湖北省每万人口卫生机构病床数是 0.240 张,2016 年湖北省每万人口卫生机构病床数是 0.614 张,与1980 年相比,增长了 155.83%。改革开放 40 年,湖北省医疗服务越来越好(见表 16-25、图 16-14)。

表 16-25　1980—2016 年湖北省万人病床数　　　　　　（单位:张）

年　份	每万人口卫生机构病床数	年　份	每万人口卫生机构病床数
1980	0.240	2003	0.226
1985	0.234	2004	0.229
1990	0.245	2005	0.231
1991	0.247	2006	0.235
1992	0.244	2007	0.248
1993	0.241	2008	0.275
1994	0.236	2009	0.282
1995	0.229	2010	0.326
1996	0.224	2011	0.363
1997	0.224	2012	0.438
1998	0.221	2013	0.497
1999	0.207	2014	0.547
2000	0.218	2015	0.587
2001	0.218	2016	0.614
2002	0.212		

资料来源:湖北省统计局、国家统计局湖北调查总队:《2017 湖北统计年鉴》,中国统计出版社。

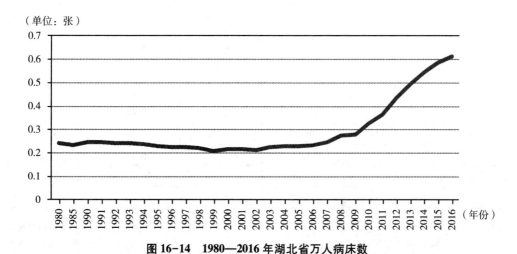

图 16-14　1980—2016 年湖北省万人病床数

资料来源:湖北省统计局、国家统计局湖北调查总队:《2017 湖北统计年鉴》,中国统计出版社。

4. 各级各类学校每个专任教师负担的学生数

1990 年普通高等学校、中等职业学校、普通中学、小学、幼儿园每个专任教师负担的学生数量比为 5.3∶10.1∶13.7∶21.1∶25.8,到 2016 年普通高等学校、中等职业学校、普通中学、小学、幼儿园每个专任教师负担的学生数量比调整为 15.63∶18.18∶

11.55：17.13：21.79,整体来看,随着受教育人数的增长,湖北省各级各类学校每个专任教师负担的学生数都有所增加(见表16-26)。

表16-26　1990—2016年湖北省各级各类学校每个专任教师负担的学生数

(单位:人)

年　份	普通高等学校	中等职业学校	普通中学	小学	幼儿园
1990	5.30	10.10	13.70	21.10	25.80
1995	7.20	17.50	14.40	22.00	30.70
1996	7.40	19.30	14.90	22.60	29.30
1997	7.62	20.98	15.64	25.37	30.38
1998	8.04	21.79	16.17	25.31	28.54
1999	9.26	21.33	16.62	25.06	26.10
2000	11.41	17.92	17.68	24.28	24.31
2001	13.53	15.82	18.54	24.32	35.53
2002	15.37	18.86	19.33	23.60	33.89
2003	16.15	17.98	19.73	22.58	33.56
2004	15.11	21.36	19.67	21.42	30.62
2005	15.86	25.21	19.13	19.90	29.70
2006	15.30	29.77	18.49	18.69	29.90
2007	15.35	31.89	17.66	18.07	29.45
2008	15.29	33.80	16.82	17.92	29.95
2009	15.70	35.74	15.77	12.09	18.13
2010	17.37	31.74	15.00	18.64	29.05
2011	16.98	27.51	14.22	20.46	30.71
2012	17.18	21.03	12.49	17.04	27.58
2013	17.35	18.23	12.04	16.70	25.52
2014	17.14	17.01	11.37	16.12	24.41
2015	15.73	17.76	11.30	16.78	23.64
2016	15.63	18.18	11.55	17.13	21.79

资料来源:湖北省统计局、国家统计局湖北调查总队:《2003湖北统计年鉴》《2004湖北统计年鉴》《2005湖北统计年鉴》《2008湖北统计年鉴》《2010湖北统计年鉴》《2011湖北统计年鉴》《2012湖北统计年鉴》《2013湖北统计年鉴》《2015湖北统计年鉴》《2016湖北统计年鉴》《2017湖北统计年鉴》,中国统计出版社。

5. 小学入学率

1978年,湖北省小学学龄儿童入学率就已经达到96.9%,随着改革开放的深入,湖北省小学学龄儿童入学率不断增长,到2016年达到了100%,保证了所有小学学龄儿童都能正常接受义务教育(见表16-27、图16-15)。

表 16-27　1978—2016 年湖北省小学入学率　　　　　　　　(单位:%)

年　份	小学学龄儿童入学率	年　份	小学学龄儿童入学率
1978	96.9	2002	99.6
1980	97.0	2003	99.7
1985	98.5	2004	99.7
1990	99.0	2005	99.7
1991	98.7	2006	99.5
1992	98.6	2007	99.8
1993	98.7	2008	99.9
1994	99.1	2009	99.7
1995	99.2	2010	99.96
1996	99.5	2011	99.96
1997	99.6	2012	99.97
1998	99.5	2013	99.98
1999	99.5	2014	99.99
2000	99.5	2015	99.99
2001	99.5	2016	100.00

资料来源:湖北省统计局、国家统计局湖北调查总队:《2017 湖北统计年鉴》,中国统计出版社。

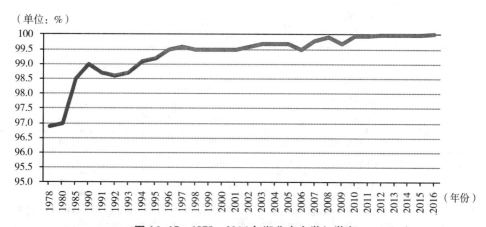

图 16-15　1978—2016 年湖北省小学入学率

资料来源:湖北省统计局、国家统计局湖北调查总队:《2017 湖北统计年鉴》,中国统计出版社。

(七)高等教育

1. 高中及以上学历人口比重

1990 年湖北省高中及以上学历人口比重为 0.37%,2016 年湖北省高中及以上学历人口比重则上升为 1.32%。从 1990 年到 2016 年,湖北省的高中及以上学历人口比重整体上呈上升趋势(见表16-28、图16-16)。

表16-28 1990—2016年湖北省高中及以上学历人口比重

年 份	总人口 （人）	高中及以上学历人口 （人）	高中及以上学历人口 比重（%）
1990	54393000	199359	0.37
1994	57188000	186687	0.33
1995	57271000	192768	0.34
1996	57763000	217620	0.38
1997	58388000	259383	0.44
1998	58906000	300334	0.51
1999	59425000	318366	0.54
2000	59360000	343338	0.58
2001	59566000	353236	0.59
2002	59782000	391302	0.65
2003	60005000	500795	0.83
2004	60013000	570823	0.95
2005	59841000	700776	1.17
2006	60383000	841910	1.39
2007	60849000	939559	1.54
2008	61108000	1066356	1.75
2009	61419000	1085932	1.77
2010	61760000	1101628	1.78
2011	61641000	1099755	1.78
2012	61654000	1038132	1.68
2013	61706000	952979	1.54
2014	61623000	887564	1.44
2015	61389000	831274	1.35
2016	61568000	810648	1.32

资料来源:湖北省统计局、国家统计局湖北调查总队:《2003湖北统计年鉴》《2004湖北统计年鉴》《2005湖北统计年鉴》《2008湖北统计年鉴》《2010湖北统计年鉴》《2011湖北统计年鉴》《2012湖北统计年鉴》《2013湖北统计年鉴》《2015湖北统计年鉴》《2016湖北统计年鉴》《2017湖北统计年鉴》,中国统计出版社。

2.大专及以上学历人口比重

湖北省大专及以上学历人口比重在1990年为0.14%,从1990年到2011年,湖北省大专及以上学历人口比重整体上呈上升趋势。从2012年到2016年,湖北省大专及以上学历人口比重有所下降(见表16-29、图16-17)。

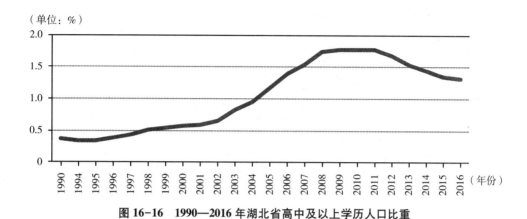

图 16-16　1990—2016 年湖北省高中及以上学历人口比重

资料来源:湖北省统计局、国家统计局湖北调查总队:《2003 湖北统计年鉴》《2004 湖北统计年鉴》《2005 湖北统计年鉴》《2008 湖北统计年鉴》《2010 湖北统计年鉴》《2011 湖北统计年鉴》《2012 湖北统计年鉴》《2013 湖北统计年鉴》《2015 湖北统计年鉴》《2016 湖北统计年鉴》《2017 湖北统计年鉴》,中国统计出版社。

表 16-29　1990—2016 年湖北省大专及以上学历人口比重

年　份	总人口 (人)	大专及以上学历人口 (人)	大专及以上学历人口 比重(%)
1990	54393000	76527	0.14
1994	57188000	86064	0.15
1995	57271000	93920	0.16
1996	57763000	118688	0.21
1997	58388000	144112	0.25
1998	58906000	159906	0.27
1999	59425000	171693	0.29
2000	59360000	177525	0.30
2001	59566000	162565	0.27
2002	59782000	153497	0.26
2003	60005000	228054	0.38
2004	60013000	247933	0.41
2005	59841000	317356	0.53
2006	60383000	431189	0.71
2007	60849000	496466	0.82
2008	61108000	616680	1.01
2009	61419000	636015	1.04
2010	61760000	667079	1.08
2011	61641000	670692	1.09
2012	61654000	625897	1.02

续表

年 份	总人口 （人）	大专及以上学历人口 （人）	大专及以上学历人口 比重（%）
2013	61706000	561768	0.91
2014	61623000	538079	0.87
2015	61389000	514356	0.84
2016	61568000	504979	0.82

资料来源：湖北省统计局、国家统计局湖北调查总队：《2003 湖北统计年鉴》《2004 湖北统计年鉴》《2005 湖北统计年鉴》《2008 湖北统计年鉴》《2010 湖北统计年鉴》《2011 湖北统计年鉴》《2012 湖北统计年鉴》《2013 湖北统计年鉴》《2015 湖北统计年鉴》《2016 湖北统计年鉴》《2017 湖北统计年鉴》，中国统计出版社。

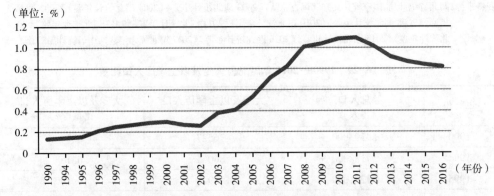

（单位：%）

图 16-17　1990—2016 年湖北省大专及以上学历人口比重

资料来源：湖北省统计局、国家统计局湖北调查总队：《2003 湖北统计年鉴》《2004 湖北统计年鉴》《2005 湖北统计年鉴》《2008 湖北统计年鉴》《2010 湖北统计年鉴》《2011 湖北统计年鉴》《2012 湖北统计年鉴》《2013 湖北统计年鉴》《2015 湖北统计年鉴》《2016 湖北统计年鉴》《2017 湖北统计年鉴》，中国统计出版社。

3. 万人在校研究生数

湖北省万人在校研究生数从 1980 年的 0.14 万人到 2017 年的 13.60 万人，增长了 96.14 倍。从 1980 年不到 1 万人，到 1995 年超过 1 万人，到 2013 年超过 11 万人，再到 2017 年超过 13 万人，湖北省在校研究生数增长迅速（见表 16-30、图 16-18）。

表 16-30　1980—2017 年湖北省万人在校研究生数　　　　　（单位：人）

年 份	万人在校研究生数	年 份	万人在校研究生数
1980	0.14	2003	5.10
1985	0.58	2004	6.47
1990	0.64	2005	7.13
1991	0.62	2006	7.37
1992	0.66	2007	7.54
1993	0.78	2008	8.04

续表

年　份	万人在校研究生数	年　份	万人在校研究生数
1994	0.98	2009	8.84
1995	1.11	2010	10.08
1996	1.22	2011	10.49
1997	1.36	2012	10.85
1998	1.57	2013	11.27
1999	1.90	2014	11.43
2000	2.37	2015	11.71
2001	3.01	2016	11.97
2002	3.85	2017	13.60

资料来源:湖北省统计局、国家统计局湖北调查总队:《2003湖北统计年鉴》《2004湖北统计年鉴》《2005湖北统计年鉴》《2008湖北统计年鉴》《2010湖北统计年鉴》《2011湖北统计年鉴》《2012湖北统计年鉴》《2013湖北统计年鉴》《2015湖北统计年鉴》《2016湖北统计年鉴》《2017湖北统计年鉴》《2017年湖北省国民经济和社会发展统计公报》,中国统计出版社。

（单位:万人）

图16-18　1980—2017年湖北省万人在校研究生数

资料来源:湖北省统计局、国家统计局湖北调查总队:《2003湖北统计年鉴》《2004湖北统计年鉴》《2005湖北统计年鉴》《2008湖北统计年鉴》《2010湖北统计年鉴》《2011湖北统计年鉴》《2012湖北统计年鉴》《2013湖北统计年鉴》《2015湖北统计年鉴》《2016湖北统计年鉴》《2017湖北统计年鉴》,中国统计出版社;湖北省统计局、国家统计局湖北调查总队:《2017年湖北省国民经济和社会发展统计公报》。

（八）财政

1. 财政收入占GDP比重

湖北省财政收入占GDP比重从1978年的20.78%到1990年的9.44%,有所下降。从1993年的8.68%到2017年的14.90%,湖北省财政收入占GDP比重整体上不断增加。2017年的财政收入占GDP比重比1993年增长了6.22%(见表16-31、图16-19)。

表 16-31　1978—2017 年湖北省财政收入占 GDP 比重

年　份	财政总收入 （亿元）	GDP （亿元）	财政收入占 GDP 比重 （%）
1978	31.38	151.00	20.78
1980	34.01	199.38	17.06
1985	50.26	396.26	12.68
1990	77.85	824.38	9.44
1993	115.07	1325.83	8.68
1994	149.64	1700.92	8.80
1995	180.57	2109.38	8.56
1996	216.68	2499.77	8.67
1997	246.35	2856.47	8.62
1998	284.44	3114.02	9.13
1999	314.91	3229.29	9.75
2000	343.98	3545.39	9.70
2001	374.15	3880.53	9.64
2002	435.50	4212.82	10.34
2003	483.90	4757.45	10.17
2004	589.65	5633.24	10.47
2005	727.61	6590.19	11.04
2006	901.17	7617.47	11.83
2007	1115.47	9333.40	11.95
2008	1338.75	11328.92	11.82
2009	1541.55	12961.10	11.89
2010	1918.94	15967.61	12.02
2011	2639.81	19632.26	13.45
2012	3115.63	22250.45	14.00
2013	3566.89	24791.83	14.39
2014	4096.00	27379.22	14.96
2015	4705.00	29550.19	15.92
2016	4974.00	32297.91	15.40
2017	5441.42	36522.95	14.90

资料来源：湖北省统计局、国家统计局湖北调查总队：《2016 湖北统计年鉴》《2017 湖北统计年鉴》，中国统计出版社；湖北省统计局、国家统计局湖北调查总队：《2017 年湖北省国民经济和社会发展统计公报》。

2. 人均税收收入

从 1980 年的人均税收收入 72.61 元到 2016 年的人均税收收入 5271.13 元，湖北省人均税收收入大幅度增长。从 1980 年每人不到 100 元的税收收入，到 2006 年每人

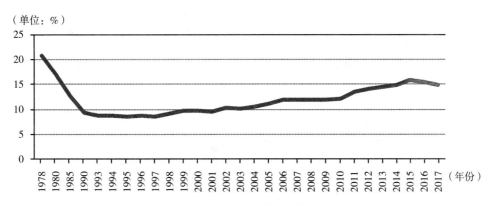

图 16-19　1978—2017 年湖北省财政收入占 GDP 比重

资料来源:湖北省统计局、国家统计局湖北调查总队:《2016 湖北统计年鉴》《2017 湖北统计年鉴》,中国统计出版
　　　　社;湖北省统计局、国家统计局湖北调查总队:《2017 年湖北省国民经济和社会发展统计公报》。

786.91 元的税收收入,再到 2016 年每人 5271.13 元的税收收入,三十多年间,湖北省人均税收收入步步高升(见表 16-32、图 16-20)。

表 16-32　1980—2016 年湖北省人均税收收入

年　份	税收收入 （万元）	湖北省人口 （万人）	人均税收收入 （元/人）
1980	340100	4684	72.61
1985	502600	4980	100.92
1990	778500	5439	143.13
1993	1150700	5653	203.56
1994	774600	5718	135.47
1995	996900	5772	172.71
1996	1245100	5825	213.75
1997	1398900	5872	238.23
1998	1689500	5907	286.02
1999	1944400	5938	327.45
2000	2143500	5960	359.65
2001	2319400	5975	388.18
2002	2434400	5988	406.55
2003	2597600	6002	432.79
2004	3104500	6016	516.04
2005	3755200	5710	657.65
2006	4760800	6050	786.91
2007	5903600	5699	1035.90

续表

年　份	税收收入 （万元）	湖北省人口 （万人）	人均税收收入 （元/人）
2008	7108500	5711	1244.70
2009	8148700	5720	1424.60
2010	10112300	5724	1766.65
2011	15269100	5758	2651.81
2012	18230500	5779	3154.61
2013	21912200	5799	3778.62
2014	25669000	5816	4413.51
2015	30055300	5852	5135.90
2016	31020600	5885	5271.13

资料来源：湖北省统计局、国家统计局湖北调查总队：《2006 湖北统计年鉴》《2008 湖北统计年鉴》《2010 湖北统计
年鉴》《2011 湖北统计年鉴》《2012 湖北统计年鉴》《2013 湖北统计年鉴》《2015 湖北统计年鉴》《2016 湖
北统计年鉴》《2017 湖北统计年鉴》，中国统计出版社。

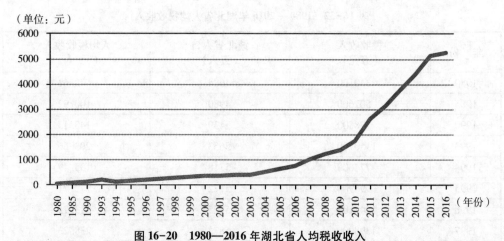

图 16-20　1980—2016 年湖北省人均税收收入

资料来源：湖北省统计局、国家统计局湖北调查总队：《2006 湖北统计年鉴》《2008 湖北统计年鉴》《2010 湖北统计
年鉴》《2011 湖北统计年鉴》《2012 湖北统计年鉴》《2013 湖北统计年鉴》《2015 湖北统计年鉴》《2016 湖
北统计年鉴》《2017 湖北统计年鉴》，中国统计出版社。

3. 税收收入占 GDP 比重

湖北省税收收入占 GDP 比重从 1978 年的 20.78%到 1997 年的 4.90%，其税收收入占 GDP 比重有所下降。从 1998 年的 5.43%到 2000 年的 6.05%，其税收收入占 GDP 比重有所增加。从 2001 年 5.98%到 2005 年的 5.70%，其税收收入占 GDP 比重总体有所下降。从 2006 年的 6.25%到 2016 年的 9.60%，其税收收入占 GDP 比重整体上有所增加（见表 16-33、图 16-21）。

表 16-33　1978—2016 年湖北省税收收入占 GDP 比重

年　份	税收收入 （亿元）	GDP （亿元）	税收收入占 GDP 比重 （%）
1978	31.38	151.00	20.78
1980	34.01	199.38	17.06
1985	50.26	396.26	12.68
1990	77.85	824.38	9.44
1993	115.07	1325.83	8.68
1994	77.46	1700.92	4.53
1995	99.69	2109.38	4.98
1996	124.51	2499.77	4.98
1997	139.89	2856.47	4.90
1998	168.95	3114.02	5.43
1999	194.44	3229.29	6.02
2000	214.35	3545.39	6.05
2001	231.94	3880.53	5.98
2002	243.44	4212.82	5.78
2003	259.76	4757.45	5.46
2004	310.45	5633.24	5.51
2005	375.52	6590.19	5.70
2006	476.08	7617.47	6.25
2007	590.36	9333.40	6.33
2008	710.85	11328.92	6.27
2009	814.87	12961.10	6.29
2010	1011.23	15967.61	6.33
2011	1526.91	19632.26	7.78
2012	1823.05	22250.45	8.19
2013	2191.22	24791.83	8.84
2014	2566.90	27379.22	9.38
2015	3005.53	29550.19	10.17
2016	3102.06	32297.91	9.60

资料来源：湖北省统计局、国家统计局湖北调查总队：《2016 湖北统计年鉴》《2017 湖北统计年鉴》，中国统计出版社。

（九）金融市场

保费收入占 GDP 比重

1990—2017 年，随着湖北省 GDP 的增长，其保费收入占 GDP 比重也在增加（见表 16-34、图 16-22）。

（单位：%）

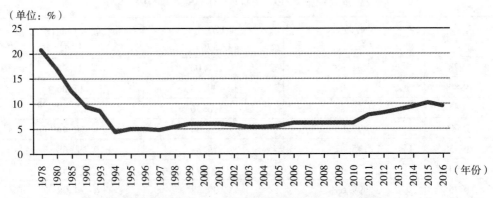

图 16-21　1978—2016 年湖北省税收收入占 GDP 比重

资料来源：湖北省统计局、国家统计局湖北调查总队：《2016 湖北统计年鉴》《2017 湖北统计年鉴》，中国统计出版社。

表 16-34　1990—2017 年湖北省保费收入占 GDP 比重

年　份	保费收入 （亿元）	GDP （亿元）	保费收入占 GDP 比重 （%）
1990	6.19	824.38	0.75
1995	15.60	2109.38	0.74
2000	60.53	3545.39	1.71
2001	70.12	3880.53	1.81
2002	75.32	3943.46	1.91
2003	110.18	5454.46	2.02
2004	122.54	5633.24	2.18
2005	145.07	6590.19	2.20
2006	160.80	7617.47	2.11
2007	193.73	9333.40	2.08
2008	317.15	11328.92	2.80
2009	372.42	12961.10	2.87
2010	454.88	15967.61	2.85
2011	501.82	19632.26	2.56
2012	533.31	22250.45	2.40
2013	587.40	24791.83	2.37
2014	700.23	27379.22	2.56
2015	843.63	29550.19	2.85
2016	1051.00	32297.91	3.25
2017	1346.77	36522.95	3.69

资料来源：湖北省统计局、国家统计局湖北调查总队：《2003 湖北统计年鉴》《2004 湖北统计年鉴》《2005 湖北统计
　　　　年鉴》《2008 湖北统计年鉴》《2010 湖北统计年鉴》《2011 湖北统计年鉴》《2012 湖北统计年鉴》《2013 湖
　　　　北统计年鉴》《2015 湖北统计年鉴》《2016 湖北统计年鉴》《2017 湖北统计年鉴》，中国统计出版社；湖北
　　　　省统计局、国家统计局湖北调查总队：《2017 年湖北省国民经济和社会发展统计公报》。

（单位：%）

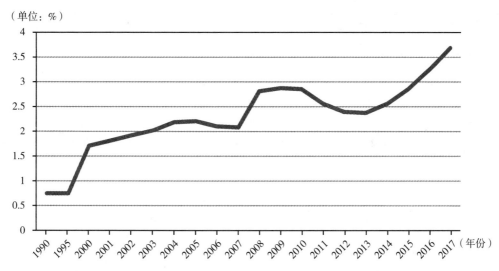

图 16-22　1990—2017 年湖北省保费收入占 GDP 比重

资料来源：湖北省统计局、国家统计局湖北调查总队：《2003 湖北统计年鉴》《2004 湖北统计年鉴》《2005 湖北统计年鉴》《2008 湖北统计年鉴》《2010 湖北统计年鉴》《2011 湖北统计年鉴》《2012 湖北统计年鉴》《2013 湖北统计年鉴》《2015 湖北统计年鉴》《2016 湖北统计年鉴》《2017 湖北统计年鉴》，中国统计出版社；湖北省统计局、国家统计局湖北调查总队：《2017 年湖北省国民经济和社会发展统计公报》。

（十）环境与可持续发展

1. 单位 GDP 废水排放量

从 1990 年单位 GDP 废水排放量的 0.03 吨/元，到 1995 年单位 GDP 废水排放量的 0.01 吨/元，湖北省单位 GDP 废水排放量有所减少。从 1995 年到 2016 年，湖北省单位 GDP 废水排放量保持着稳定趋势，基本保持在 0.01 吨/元（见表 16-35）。

表 16-35　1990—2016 年湖北省单位 GDP 废水排放量

年　份	废水排放量（亿吨）	GDP（亿元）	单位 GDP 废水排放量（吨/元）
1990	25.97	824.38	0.03
1995	30.06	2109.38	0.01
2000	23.31	3545.39	0.01
2001	22.30	3880.53	0.01
2002	23.23	4212.82	0.01
2003	23.06	4757.45	0.01
2004	23.26	5633.24	0.01
2005	23.74	6590.19	0.01
2006	23.97	7617.47	0.01
2007	24.60	9333.40	0.01

年　份	废水排放量 （亿吨）	GDP （亿元）	单位 GDP 废水排放量 （吨/元）
2008	25.89	11328.92	0.01
2009	26.58	12961.10	0.01
2010	27.08	15967.61	0.01
2011	29.31	19632.26	0.01
2012	29.02	22250.45	0.01
2013	29.41	24791.83	0.01
2014	30.17	27379.22	0.01
2015	31.38	29550.19	0.01
2016	27.48	32297.91	0.01

资料来源:湖北省统计局、国家统计局湖北调查总队:《2003 湖北统计年鉴》《2004 湖北统计年鉴》《2005 湖北统计年鉴》《2008 湖北统计年鉴》《2010 湖北统计年鉴》《2011 湖北统计年鉴》《2012 湖北统计年鉴》《2013 湖北统计年鉴》《2015 湖北统计年鉴》《2016 湖北统计年鉴》《2017 湖北统计年鉴》,中国统计出版社。

2. 单位 GDP 一般工业固体废物产生量

从 1990 年到 2016 年,湖北省单位 GDP 一般工业固体废物产生量不断减少。从 1990 年的 0.21 千克/元到 2016 年的 0.02 千克/元,湖北的单位 GDP 一般工业固体废物产生量减少了 90.48%,这意味着一般工业固体废物产生量大大减少,环境保护取得成效(见表 16-36、图 16-23)。

表 16-36　1990—2016 年湖北省单位 GDP 一般工业固体废物产生量

年　份	工业固体废物产生量 （亿千克）	GDP （亿元）	单位 GDP 工业固体废物 产生量（千克/元）
1990	179.9	824.38	0.21
1995	206.3	2109.38	0.10
2000	281.8	3545.39	0.08
2001	269.4	3880.53	0.07
2002	297.7	4212.82	0.07
2003	311.2	4757.45	0.07
2004	326.6	5633.24	0.06
2005	369.2	6590.19	0.06
2006	431.5	7617.47	0.06
2007	468.3	9333.40	0.05
2008	501.4	11328.92	0.04
2009	556.1	12961.10	0.04
2010	681.3	15967.61	0.04
2011	759.6	19632.26	0.04

续表

年　份	工业固体废物产生量 （亿千克）	GDP （亿元）	单位GDP工业固体废物 产生量（千克/元）
2012	761.1	22250.45	0.03
2013	818.1	24791.83	0.03
2014	800.6	27379.22	0.03
2015	775.0	29550.19	0.03
2016	710.9	32297.91	0.02

资料来源：湖北省统计局、国家统计局湖北调查总队：《2003湖北统计年鉴》《2004湖北统计年鉴》《2005湖北统计年鉴》《2008湖北统计年鉴》《2010湖北统计年鉴》《2011湖北统计年鉴》《2012湖北统计年鉴》《2013湖北统计年鉴》《2015湖北统计年鉴》《2016湖北统计年鉴》《2017湖北统计年鉴》，中国统计出版社。

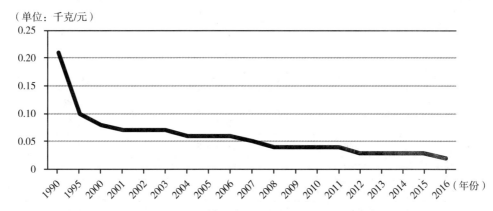

（单位：千克/元）

图16-23　1990—2016年湖北省单位GDP一般工业固体废物产生量

资料来源：湖北省统计局、国家统计局湖北调查总队：《2003湖北统计年鉴》《2004湖北统计年鉴》《2005湖北统计年鉴》《2008湖北统计年鉴》《2010湖北统计年鉴》《2011湖北统计年鉴》《2012湖北统计年鉴》《2013湖北统计年鉴》《2015湖北统计年鉴》《2016湖北统计年鉴》《2017湖北统计年鉴》，中国统计出版社。

3. 单位GDP能耗

2016年湖北省单位GDP能源消费量为0.04千克/元，与1980年相比，降低了96.04%。从1980年的1.01千克/元到2008年的0.09千克/元，湖北省单位GDP能源消费量不断减少。2008年全球金融危机之后，湖北省单位GDP能源消费量又从0.08千克/元降到了2016年的0.04千克/元（见表16-37、图16-24）。

表16-37　1980—2016年湖北省单位GDP能耗

年　份	能源消费量 （万千克）	GDP （万元）	单位GDP能源消费量 （千克/元）
1980	2010660	1993800	1.01
1981	2191620	2197500	1.00

年 份	能源消费量 （万千克）	GDP （万元）	单位 GDP 能源消费量 （千克/元）
1982	2388870	2415500	0.99
1983	2562620	2625800	0.98
1984	2755830	3282200	0.84
1985	3094200	3962600	0.78
1986	3291470	4420400	0.74
1987	3590360	5177700	0.69
1988	3870120	6265200	0.62
1989	4039630	7170800	0.56
1990	4002390	8243800	0.49
1991	4162530	9133800	0.46
1992	4472410	10883900	0.41
1993	4344260	13258300	0.33
1994	4762860	17009200	0.28
1995	5107350	21093800	0.24
1996	5406960	24997700	0.22
1997	5622200	28564700	0.20
1998	5581870	31140200	0.18
1999	5703520	32292900	0.18
2000	5023670	35453900	0.14
2001	5951030	38805300	0.15
2002	5727430	42128200	0.14
2003	5923430	47574500	0.12
2004	7111780	56332400	0.13
2005	9105670	65901900	0.14
2006	9810860	76174700	0.13
2007	9849850	93334000	0.11
2008	9831640	113289200	0.09
2009	10312480	129611000	0.08
2010	11308940	159676100	0.07
2011	12328800	196322600	0.06
2012	12083970	222504500	0.05
2013	13310450	247918300	0.05

续表

年　份	能源消费量 （万千克）	GDP （万元）	单位 GDP 能源消费量 （千克/元）
2014	13766370	273792200	0.05
2015	13827770	295501900	0.05
2016	13954630	322979100	0.04

资料来源：湖北省统计局、国家统计局湖北调查总队：《2003 湖北统计年鉴》《2004 湖北统计年鉴》《2005 湖北统计年鉴》《2008 湖北统计年鉴》《2010 湖北统计年鉴》《2011 湖北统计年鉴》《2012 湖北统计年鉴》《2013 湖北统计年鉴》《2015 湖北统计年鉴》《2016 湖北统计年鉴》《2017 湖北统计年鉴》，中国统计出版社。

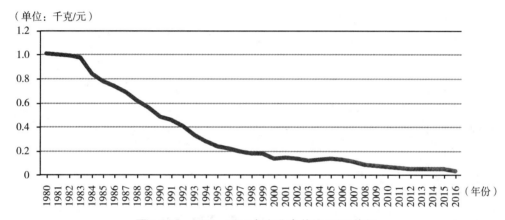

图 16-24　1980—2016 年湖北省单位 GDP 能耗

资料来源：湖北省统计局、国家统计局湖北调查总队：《2003 湖北统计年鉴》《2004 湖北统计年鉴》《2005 湖北统计年鉴》《2008 湖北统计年鉴》《2010 湖北统计年鉴》《2011 湖北统计年鉴》《2012 湖北统计年鉴》《2013 湖北统计年鉴》《2015 湖北统计年鉴》《2016 湖北统计年鉴》《2017 湖北统计年鉴》，中国统计出版社。

（十一）就业与劳动力市场

1. 城镇登记失业率

与 1978 年相比，2016 年湖北省城镇登记失业率降低了 1.78%。从 1978 年的 4.19% 到 2016 年的 2.41%，湖北省城镇登记失业率总体上呈下降趋势。2008 年全球金融危机之后，湖北省城镇登记失业率除了 2009 年略有上升，从 2010 年到 2016 年不断下降（见表 16-38、图 16-25）。

表 16-38　1978—2016 年湖北省城镇登记失业率　　　　　　　（单位:%）

年　份	城镇登记失业率	年　份	城镇登记失业率
1978	4.19	2003	4.30
1980	2.97	2004	4.20

续表

年　份	城镇登记失业率	年　份	城镇登记失业率
1990	1.72	2005	4.33
1991	1.88	2006	4.22
1992	2.17	2007	4.21
1993	2.20	2008	4.20
1994	2.90	2009	4.21
1995	3.10	2010	4.18
1996	3.50	2011	4.10
1997	3.50	2012	3.83
1998	3.30	2013	3.49
1999	3.30	2014	3.10
2000	3.50	2015	2.64
2001	4.00	2016	2.41
2002	4.30		

资料来源:湖北省统计局、国家统计局湖北调查总队:《2017 湖北统计年鉴》,中国统计出版社。

（单位: %）

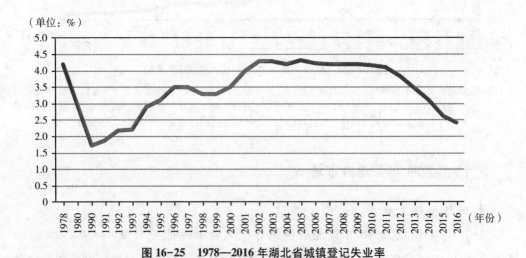

图 16-25　1978—2016 年湖北省城镇登记失业率

资料来源:湖北省统计局、国家统计局湖北调查总队:《2017 湖北统计年鉴》,中国统计出版社。

2. 平均工资水平

2016 年湖北省年平均工资水平为 51415 元,比 1978 年增长 87.49 倍。从 1978 年不到 1000 元的工资水平到 2008 年接近 20000 元的工资水平,再到 2016 年 50000 多元的工资水平,湖北省年平均工资水平大幅度上涨(见表 16-39、图 16-26)。

表16-39　1978—2016年湖北省平均工资水平　　　（单位:元）

年　份	平均货币工资	年　份	平均货币工资
1978	581	2003	10692
1980	719	2004	11855
1990	1903	2005	13330
1992	2370	2006	15172
1993	2933	2007	17397
1994	4050	2008	19597
1995	4685	2009	23709
1996	5099	2010	28092
1997	5401	2011	32050
1998	6436	2012	35179
1999	6991	2013	38720
2000	7565	2014	43217
2001	8619	2015	47320
2002	9611	2016	51415

资料来源:湖北省统计局、国家统计局湖北调查总队:《2017湖北统计年鉴》,中国统计出版社。

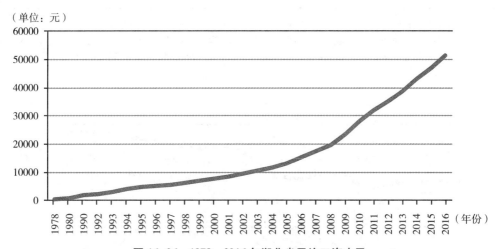

图16-26　1978—2016年湖北省平均工资水平

资料来源:湖北省统计局、国家统计局湖北调查总队:《2017湖北统计年鉴》,中国统计出版社。

(十二)知识经济与创新

1. R&D经费支出占GDP比重

从2001年开始,湖北省R&D经费随着GDP的增长也在不断增长,其R&D经费支出占GDP比重整体上是呈上涨趋势(见表16-40、图16-27)。

表16-40　2001—2016年湖北省R&D经费支出占GDP比重

年　　份	R&D经费支出 （亿元）	GDP （亿元）	R&D经费支出占GDP 比重（%）
2001	45.6565	3880.53	1.18
2002	47.8834	4212.82	1.14
2003	54.8173	4757.45	1.15
2004	56.7558	5633.24	1.01
2005	84.1514	6590.19	1.28
2006	94.7512	7617.47	1.24
2007	112.4990	9333.40	1.21
2008	149.0636	11328.92	1.32
2009	213.4490	12961.10	1.65
2010	263.7885	15967.61	1.65
2011	323.0128	19632.26	1.65
2012	384.5239	22250.45	1.73
2013	446.2690	24791.83	1.80
2014	510.8973	27379.22	1.87
2015	561.7415	29550.19	1.90
2016	600.0422	32297.91	1.86

资料来源:湖北省统计局、国家统计局湖北调查总队:《2003湖北统计年鉴》《2004湖北统计年鉴》《2005湖北统计
　　年鉴》《2008湖北统计年鉴》《2010湖北统计年鉴》《2011湖北统计年鉴》《2012湖北统计年鉴》《2013湖
　　北统计年鉴》《2015湖北统计年鉴》《2016湖北统计年鉴》《2017湖北统计年鉴》,中国统计出版社。

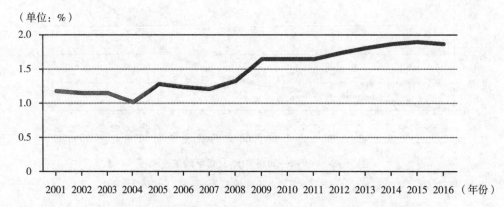

（单位：%）

图16-27　2001—2016年湖北省R&D经费支出占GDP比重

资料来源:湖北省统计局、国家统计局湖北调查总队:《2003湖北统计年鉴》《2004湖北统计年鉴》《2005湖北统计
　　年鉴》《2008湖北统计年鉴》《2010湖北统计年鉴》《2011湖北统计年鉴》《2012湖北统计年鉴》《2013湖
　　北统计年鉴》《2015湖北统计年鉴》《2016湖北统计年鉴》《2017湖北统计年鉴》,中国统计出版社。

2. 专利申请授权量

1990 年湖北省专利申请授权量只有 721 项,2016 年却有 41822 项,增长了 57 倍。从 1990 年不足 1000 项到 2009 年超过 10000 项,再到 2016 年超越 40000 项,湖北省专利申请授权量大幅度增加(见表 16-41、图 16-28)。

表 16-41 　1990—2016 年湖北省专利申请授权量 　　　　　(单位:项)

年　份	专利申请授权量	年　份	专利申请授权量
1990	721	2005	3860
1994	1051	2006	4734
1995	1017	2007	6616
1996	998	2008	8374
1997	1041	2009	11357
1998	1266	2010	17362
1999	2228	2011	19035
2000	2198	2012	24475
2001	2204	2013	28760
2002	2209	2014	28290
2003	2862	2015	38781
2004	3280	2016	41822

资料来源:湖北省统计局、国家统计局湖北调查总队:《2003 湖北统计年鉴》《2004 湖北统计年鉴》《2005 湖北统计年鉴》《2008 湖北统计年鉴》《2010 湖北统计年鉴》《2011 湖北统计年鉴》《2012 湖北统计年鉴》《2013 湖北统计年鉴》《2015 湖北统计年鉴》《2016 湖北统计年鉴》《2017 湖北统计年鉴》,中国统计出版社。

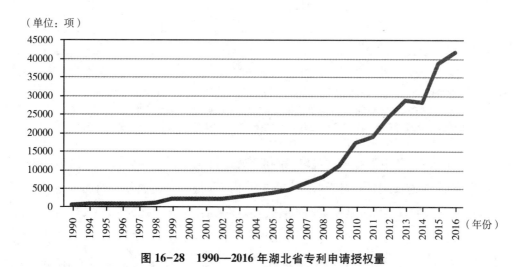

图 16-28 　1990—2016 年湖北省专利申请授权量

资料来源:湖北省统计局、国家统计局湖北调查总队:《2003 湖北统计年鉴》《2004 湖北统计年鉴》《2005 湖北统计年鉴》《2008 湖北统计年鉴》《2010 湖北统计年鉴》《2011 湖北统计年鉴》《2012 湖北统计年鉴》《2013 湖北统计年鉴》《2015 湖北统计年鉴》《2016 湖北统计年鉴》《2017 湖北统计年鉴》,中国统计出版社。

3. 高新技术产业增加值占 GDP 比重

从 2000 年到 2016 年,湖北省高新技术产业增加值占 GDP 比重不断增长。从 2000 年的 6.70%,到 2009 年超过 10%,再到 2016 年超越 17%,湖北省高新技术产业增加值占 GDP 比重增长迅速(见表 16-42、图 16-29)。

表 16-42 2000—2016 年湖北省高新技术产业增加值占 GDP 比重

年　份	高新技术产业增加值 (亿元)	GDP (亿元)	高新技术产业增加值 占 GDP 比重(%)
2000	237.50	3545.39	6.70
2001	277.80	3880.53	7.16
2002	316.60	4212.82	7.52
2003	376.70	4757.45	7.92
2004	431.80	5633.24	7.67
2005	533.20	6590.19	8.09
2006	685.70	7617.47	9.00
2007	873.50	9333.40	9.36
2008	1108.13	11328.92	9.78
2009	1331.00	12961.10	10.27
2010	1705.29	15967.61	10.68
2011	2326.00	19632.26	11.85
2012	2960.40	22250.45	13.30
2013	3604.96	24791.83	14.54
2014	4451.16	27379.22	16.26
2015	5028.94	29550.19	17.02
2016	5574.54	32297.91	17.26

资料来源:湖北省统计局、国家统计局湖北调查总队:《2003 湖北统计年鉴》《2004 湖北统计年鉴》《2005 湖北统计年鉴》《2008 湖北统计年鉴》《2010 湖北统计年鉴》《2011 湖北统计年鉴》《2012 湖北统计年鉴》《2013 湖北统计年鉴》《2015 湖北统计年鉴》《2016 湖北统计年鉴》《2017 湖北统计年鉴》,中国统计出版社。

总之,自 1998 年亚洲金融危机以来,湖北省经济总量、产业结构调整、区域协调发展、民生保障、生态文明、体制机制创新等各方面都取得了突出成效。湖北省地区生产总值由"九五"期末的 4276.3 亿元到"十二五"期末的 2.96 万亿元,翻了近六番,位次上升到全国第 8 位,人均生产总值突破 8000 美元。三次产业结构由"九五"期末的 15.5∶49.7∶34.8 调整到"十二五"期末的 11.2∶45.7∶43.1,先进制造业、高新技术产业、现代服务业发展提速提质,六大高耗能行业增加值比重明显下降。"一元多层次"战略得到有效落实,"十二五"期末,湖北省常住人口城镇化率达到 56.6%,年均提

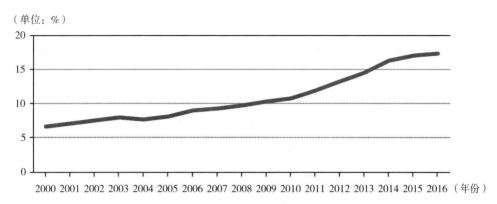

图 16-29　2000—2016 年湖北省高新技术产业增加值占 GDP 比重

资料来源:湖北省统计局、国家统计局湖北调查总队:《2003 湖北统计年鉴》《2004 湖北统计年鉴》《2005 湖北统计年鉴》《2008 湖北统计年鉴》《2010 湖北统计年鉴》《2011 湖北统计年鉴》《2012 湖北统计年鉴》《2013 湖北统计年鉴》《2015 湖北统计年鉴》《2016 湖北统计年鉴》《2017 湖北统计年鉴》,中国统计出版社。

高 1.38 个百分点。农民人均纯收入由"九五"期末的 2268.5 元提高到"十二五"期末的 11900 元;城镇居民人均可支配收入由"九五"期末的 5524.5 元提高到"十二五"期末的 27000 元。单位生产总值能源消耗累计降低程度由"十一五"期间的 20% 左右提高到"十二五"期间的 22% 左右。武汉农村综合产权交易所关于农村综合产权流转交易中的"交易—鉴证—抵押"模式成为我国农村产权改革实施"三权分置"的重要实践依据。与此同时,湖北省经济发展中存在的问题也不容忽视。一是经济结构高级化程度不高、体制机制创新力度不大等历史性问题仍然存在。二是随着经济增长方式由粗放型向集约型转变,面临的资源环境压力逐年增大。三是经济新常态下,之前的一些隐性不足逐渐显性化,从而产生新的问题。①

二、湖北省经济社会发展的主要特点及目前存在的问题

(一)湖北省经济社会发展的主要特点

1.农业资源供给总量大

湖北省是农业大省,历史上就有"千湖之省、鱼米之乡"的美称,新中国成立以来一直是全国重要的商品粮、棉、油、猪生产基地和最大的淡水产品生产基地。湖北省兼有山地、丘陵、平原、江河、湖泊,有"七山一水二分田"的地貌特征。耕地资源和淡水资源

---

① 资料来源:湖北省统计局、国家统计局湖北调查总队:《2003 湖北统计年鉴》《2004 湖北统计年鉴》《2005 湖北统计年鉴》《2008 湖北统计年鉴》《2010 湖北统计年鉴》《2011 湖北统计年鉴》《2012 湖北统计年鉴》《2013 湖北统计年鉴》《2015 湖北统计年鉴》《2016 湖北统计年鉴》《2017 湖北统计年鉴》,中国统计出版社。

在全国都有极大优势。

2. 区位优势得天独厚

湖北省地处我国中部腹心地带,具有承东启西,接南纳北的枢纽特点。以省会城市武汉为中心,北距京津,南距广州、港澳,西距重庆,东距西安,均在1200公里左右,是全国东西、南北交通的重要枢纽,素有"九省通衢"之称,自古就是万商云集之地。湖北省交通四通八达,快速便捷,京广、京九、焦柳铁路大动脉纵贯南北,汉渝铁路横跨东西,铁路网使省内大中城市连接全国所有重要城市。长江黄金水道贯通全省1038公里,通江达海,使湖北省与沿江省市和沿海城市紧密相连。通过省境的8条国道和京珠、沪蓉、银武、随岳高速公路,使湖北成为全国公路网的重要节点。

3. 科教优势明显

湖北省最大的优势是科教资源优势,整体科教实力全国第三,大专院校和科研院所密集湖北。武汉大学、华中理工大学、华中农业大学、中科院水生生物研究所、中南财经政法大学、武汉工业学院、中科院油科所、湖北省农科院、武汉粮油科学研究院等都集聚武汉。其中,国家工程中心、重点实验室21个,国家级农产品检测中心9个,省级和市州级农业科研单位17个。有一大批著名、资深、优秀的教授、专家,在粮棉油及畜牧水产育种、生物工程、粮油加工、粮油机械制造、粮油质量检测、粮食经济、企业管理等方面拥有雄厚的科研实力,并取得一大批国家、省部级奖励的科研成果。这是湖北省发展农业产业化强有力的智力支撑。

4. 发展基础比较好

据国家统计局、中国粮食行业协会统计,湖北省粮油加工在全国占有重要位置,大米加工量居全国第2位,油菜籽加工量居全国第3位,面粉加工量居全国第6位。粮油机械制造业的技术水平和经营规模居全国前列,特别是部分碾米、油脂机械达到国际先进水平,占领了国内主要市场,并出口到国外,湖北省已形成以大米、面粉、油脂、粮机为支柱的粮油加工业体系。对于湖北产粮大省而言,发展粮食产业,提高粮食生产效益至关重要。

(二)湖北省经济社会发展存在的问题

1. 产业结构高级化程度不高,经济动能转换难度大

一是产业结构不够合理。2015年,我国第三产业增加值比重为50.5%,湖北省为43.1%,落后于全国总体水平。与广东省和浙江省相比,湖北省在第二产业比重下降趋势与以上两省接近的情况下,第三产业占比增速与以上两省仍有较大差距。二是产业结构高级化进程较慢。2015年,湖北省产业结构层次系数为2.32,比2000年提高0.12;同年,广东省产业结构层次系数为2.46,比2000年提高0.17;浙江省产业结构层

次系数为2.45,比2000年提高0.20。[①] 从产业结构高级化程度发展速度来看,湖北省产业高级化速度明显滞后于广东省和浙江省。三是产业转型升级过程中市场机制作用有限。一方面,市场主体数量相对我国沿海发达地区差距较大。截至2014年,湖北省登记注册的法人单位中,企业法人数为429642个,只有广东省的39%、浙江省的40%。另一方面,小微企业数量少、规模小、吸纳就业能力差。根据第三次经济普查的数据显示,湖北省小微企业法人数量为29.24万个,只有广东省的34%、浙江省的36%;资产总规模4.3万亿元,只有广东省的36%、浙江省的31%;吸纳就业人数530.24万人,只有广东省的31%、浙江省的40%。[②] 四是产业转型升级过程中还存在一些"老大难"问题。首先,去产能压力将逐年增加。以钢铁行业为例,如果按照全国平均2.2%的降速来计算,湖北省"十三五"期间粗钢去产能约321万吨,达不到中央要求的压减产能363万—545万吨水平。其次,房地产去库存区域差异加大。去库存地区分化明显,大城市、中心城市楼市成交情况较好,但仍有27个市县消化周期超过24个月,其中大部分为县城。最后,企业成本居高不下。近年来,不断攀升的企业成本给企业运营带来了巨大压力。五是经济动能转换难度较大。虽然近年来高新技术产业、战略性新兴产业和电子商务增速迅猛,但总量偏小、比重偏低,不足以弥补传统产业的回落,工业尤其是传统重化工业及价值链低端制造业支撑经济增长态势依旧。此外,国有企业贡献大于民营经济,内需不足,出口拉动经济增长程度有限,人口外流导致人力资本存量不足和劳动力供给不足,经济动能由传统的投资、要素驱动向创新驱动转换的过程更困难,不确定性因素更多。

2. 资源枯竭与环境恶化加速,绿色发展整体水平不高

一是资源枯竭加速。新中国成立以来,湖北省部分地区依托矿产等自然资源优势,逐步形成了资源主导型的产业结构格局。随着对自然资源的持续开采,矿产等部分自然资源已濒临枯竭,由此造成的传统产业带动经济增长乏力、自然生态环境状况恶化的问题不断凸显。黄石市、大冶市、潜江市、钟祥市和松滋市分三批先后被国家纳入资源枯竭型城市转型试点名单。资源枯竭型城市目前面临资源型主导产业衰退而替代产业发展不足的困境,影响了本地区经济和社会的持续发展。二是环境恶化加速。"三高"产业污染重,转型升级面临巨大环保成本,长江沿线重化工业布局密集,地质灾害、土地污染、空气及水污染等问题逐渐凸显。以空气污染为例,2015年全省17个重点城市空气质量均未达到二级标准,空气优良天数比例为66.6%,其中,达到优的天数比例为11.4%,达到良的天数比例为55.2%;二氧化硫(SO_2)、二氧化氮(NO_2)和可吸入颗粒物

---

① 资料来源:国家统计局工业司:《中国工业经济统计年鉴2016》,中国统计出版社。
② 资料来源:国家统计局工业司:《中国工业经济统计年鉴2016》,中国统计出版社。

（PM$_{10}$）三项污染物年均浓度与 2014 年相比分别下降 35.7%、15.2% 和 3.9%①。三是绿色发展整体水平不高。2015 年，全产业中绿色相关产业在地区生产总值中的占比为 50% 左右，与中部其他省份及全国平均水平相比仍有明显差距，在中部地区，反映绿色发展的 8 项指标中，湖北省位居第 2 的指标有 3 个，位居第 3 的指标有 2 个，位居第 4 的指标有 2 个，位居第 5 的指标有 1 个，仅有 2 个指标高于全国平均水平。②

3. 开放型经济发展不够，外贸结构失衡

一是外贸规模与湖北省经济总体在全国的排位不匹配。2015 年，湖北省外贸进出口总额为 446.1 亿美元，在全国位次呈现出逐步下滑的趋势，从 2010 年的第 12 位下滑到 2015 年的第 15 位，在中部六省的位次由第 1 位下滑至第 2 位。二是外贸结构失衡。首先，出口商品种类单一。湖北省出口商品中劳动密集型产品仍占较大比重。其次，贸易方式结构失衡。2015 年，湖北省以一般贸易方式进出口 1895 亿元，占湖北省外贸总值的 66.8%，加工贸易进出口 810.6 亿元，仅占 20.57%。再次，区域内外贸发展极不平衡。改革开放以来，湖北省外贸的增长主要依靠武汉、黄石和宜昌等少数几个城市，其他地区发展落后，其中武汉在外贸中一直占主导地位。最后，外贸主体结构失衡。湖北省国有企业在进出口总额中占主导地位，虽然近年来国有企业外贸所占份额不断下降，从 2010 年的 45% 下降到 2015 年的 40%，但是国有企业在进出口中依旧占主导地位。③

4. 生产效率不高，产业融合的联动升级困难重重

一是生产效率不高。湖北省制造业部门和服务业部门劳动生产率"双低"，资本效率、土地节约集约利用效率、创新效率不高，直接导致了企业成本不断升高，虽然湖北省在企业减负、减少行政审批上走在全国前列，但近年来企业运营成本仍不断上升，2015 年全省规模以上工业企业主营业务成本增长 4.8%，主营业务成本占营业收入比重达 85.5%，挤占了企业的赢利空间，制约了企业持续健康发展。④ 二是基于制造业与服务业融合的产业联动升级困难重重。一方面，制造业对生产性服务业的拉力不足。制造业对投入过度依赖的粗放型增长方式尚未发生根本性转变，制造业发展对生产性服务业的需求层次较低，因而参与国内外市场竞争的生产技术与品牌较为不足。另一方面，生产性服务业对制造业转型升级的动力不够。当前的物流、研发、设计等服务质量相对较低，产业间的协作与配套体系不健全，导致了生产性服务业为制造业转型升级提供全面解决方案的能力较弱。此外，湖北省新兴产业没有形成明显优势，特别是大数据、物联网、云计算、新型航空航天、新能源、虚拟现实等尚处于发展的起步阶段，较大规模的

---

① 资料来源：国家统计局工业司：《2016 湖北统计年鉴》，中国统计出版社。
② 资料来源：《2015 湖北省环境质量状况报告》。
③ 资料来源：《2016 湖北统计年鉴》。
④ 资料来源：《2016 湖北统计年鉴》。

新工业产业屈指可数。

5.体制机制改革创新不足,产业转型升级的外部环境不够优化

一是"双创"支持政策实施效果一般,存在政策"玻璃门"现象,创新创业需进一步清障搭台。二是科技成果转化支持政策碎片化、"点射"现象明显,尚未造成"以点破面"的系统性突破,难以形成有效的产业支撑。三是农村产权制度改革未能"破冰",农民集体产权制度缺陷凸显,尚未激发以"还权释能"为核心的改革活力,制约现代农业发展。四是户籍制度改革整体推进缓慢,城乡居民仍存在地域限制,依附户籍制度的社会福利功能尚未完全剥离,严重制约劳动力、土地等资源的优化配置。

(三)湖北省经济社会发展存在短板的原因

1.创新投入不足导致创新驱动支撑经济动能转换能力不强

从研发投入的数据上看,2002年湖北R&D经费支出仅为47.9亿元,2007年增长到112.5亿元,2014年突破500亿元达到510.9亿元,在此三年中工业企业R&D经费支出占比分别只有34.4%、46.7%、42.5%,明显低于全国平均水平且没有呈现出长期增长趋势,以2014年为例,全国工业企业的R&D经费支出占总支出的比重为71.1%,比湖北省(42.5%)高67.3%。此外,2014年湖北省开展研发活动的企业数占规模以上工业的比重仅为12.2%,远低于发达地区平均水平。同时,从与研发支出占GDP比重看,2002年、2007年、2014年和2015年湖北省R&D经费支出占GDP的比重分别是1.1%、1.2%、1.9%、1.9%,虽然在不断缓慢上升,但仍低于全国平均水平及发达地区水平。实际上,由于湖北省研究型院所的集聚,湖北省的科研部门投入在全国存在相对优势,而研发投入总量落后的主要原因就是工业企业部门的投入不够,并且由于研发主体中科研机构和大专院校多、企业少,导致研发成果省内转化率较低,大多被沿海省份转化。[①]

2.主导产业绿色发展技术水平不高和社会绿色消费意识淡漠制约绿色发展水平

一是湖北省内对绿色技术开发与引进的整体规划缺乏,不能有效促进绿色发展技术的产出与转化,从而导致企业特别是中小企业的节能环保技术在全国的位置靠后。二是从绿色发展的需求角度看,受收入水平、消费观念、二元结构等因素影响,消费选择的价格导向仍比较突出,对绿色产品的认可度普遍偏低。这种消费结构及其特点折射出社会价值观的现状,短期内很难发生根本性转变,普及绿色消费理念、倡导绿色消费

---

①　资料来源:《2003湖北统计年鉴》《2004湖北统计年鉴》《2005湖北统计年鉴》《2008湖北统计年鉴》《2010湖北统计年鉴》《2011湖北统计年鉴》《2012湖北统计年鉴》《2013湖北统计年鉴》《2015湖北统计年鉴》《2016湖北统计年鉴》《2017湖北统计年鉴》,中国统计出版社。

方式、推广绿色产品还需要下大力气。社会绿色发展尚未达成共识。

3.开放意识不强和主导产业外向度不高制约开放型经济发展

一是思想认识不到位。由于受内陆思维局限，湖北省企业缺乏全球竞争意识，还没有站在"建成支点、走在前列"的高度充分认识湖北省发展开放型经济的必要性和紧迫性，在区域竞争中对发展开放型经济重视不够，主动性不强。二是产业结构不合理。其主要表现在：湖北省传统优势产业外向度低，规模以上工业外向度还不到5%；加工贸易、服务贸易占全省外贸进出口比重较低；新增市场制度中外向型企业所占比重也较低。三是开放环境有待优化。制度性障碍有待破除，配套服务体系有待优化，为开放型经济服务的资金、人才、信息、中介等要素系统不健全。四是市场活力不足导致生产效率不高。据测算，2016年湖北省市场活力的总体水平在全国各省、自治区、直辖市中排名第14位，虽然已经超过了全国及中部地区的平均水平，但与沿海省份相比仍然有较大的提升空间。从非国有经济的发展水平看，湖北省在全国的排名为第11位，高于全国及中部地区的平均水平，但与山东、江苏、河南等省份相比还有明显差距，进一步鼓励非国有经济的发展，为市场注入更多活力，才能更好地发挥市场在资源配置中的决定性作用。

三、湖北省进一步深化改革开放的政策建议

（一）打牢创新驱动、绿色发展、开放经济、要素效率四大基桩

我们要统一思想，充分认识当前湖北省经济发展短板的本质。一是要打牢创新驱动基桩。打牢创新驱动基桩，就是要率先主动融入工业4.0时代，对接中国制造2025，要加强创新的产业关联度，围绕第一轮发展所形成的产业基础，驱动关键产业实现"从模仿到创新"，通过密集的知识投入，进行消化吸收直至形成自主创新能力，在创新的"国际坐标系"中占有一席之地，形成强大的"湖北智造"。要从供给侧引领社会投资、大众消费，要顺势而为，引导社会投资关注薄弱环节、重点领域和前沿产业，充分挖掘、释放消费潜力，加快供给侧结构性改革，进一步推动消费升级，以新消费引领新供给，以新供给创造新需求。二是要打牢绿色发展基桩。打牢绿色发展基桩，必须更新理念。绿色是财富，绿色是增长，绿色是民生。绿色不等于绿化，绿色发展体现的是生产、生活、生态之间的一种协调、健康、可持续的现代化新路径。必须践行"低碳升级+循环改造+绿色替代"的产业发展路径，加大传统产业绿色升级改造。要尽快转变思想，落实长江大保护战略，加快传统产业绿色改造升级，优化长江沿岸工业布局，提升节能减排水平，深化"资源节约型、环境友好型"社会发展，显著提高全社会绿色发展共识。三是

要打牢开放经济基桩。打牢开放经济基桩,就是要加快融入长江经济带、"一带一路"倡议,充分利用武汉作为国家中心城市的战略优势,发挥武汉的中部地区核心枢纽作用,推进湖北省自贸区建设,加强与东盟等次区域经济合作,不断提升国际化水平,提高经济开放度,拓展对外开放的新平台,打造内陆开放高地,提升湖北省产业国际竞争力,实现内外贸协调发展。四是要打牢要素效率基桩。打牢要素效率基桩,就是要更好发挥市场在资源配置中的决定性作用,通过进一步激发市场活力,针对资本效率、土地节约集约利用效率、创新效率不高的问题,盘活过剩产能沉淀的劳动力、资本、土地等生产要素,在"互联网+""平台经济""共享经济"新业态、新模式不断涌现的新形势下,实现国际国内要素的流通,让资本、劳动等生产要素从低效率部门转移到高效率部门,从粗放型产业转移到战略性新兴产业,促进要素合理有序流动。

(二)拥抱新经济,构建适应服务经济时代的产业新体系

一是通过以"互联网+"、大数据、云计算等为主要内涵的新经济改造传统服务业,实现传统服务业向现代服务业转型升级。二是通过现代服务业与第一、二产业融合发展,实现第一、二产业转型升级。要从直接发展工业、制造业转变为率先发展服务业,选取服务业作为产业转型升级突破口,以支持服务业转型升级为抓手,通过提升服务业工资水平,引导劳动力向服务业流动,倒逼制造业对接工业4.0和中国制造2025,对接中国服务业2025战略,大力支持"大众创业、万众创新"和小微企业发展,实现服务业与制造业联动升级。

(三)推进大通道、大平台、大通关建设,形成开放型经济发展后发优势

湖北省要以自贸区建设为契机,一是加快对外开放通道建设。以江海直达、铁路直达、空港联运为目标,在降低运输成本、组织回程货物、缩短运输时间、提高贸易便利化水平上下更大功夫,建设连接"一带一路"大通道,努力把湖北省地处内陆地区交通枢纽的优势转化为开放优势。二是加快推进大平台建设。通过建设中国(湖北)内陆自由贸易试验区,突出沿江开放和创新驱动两个特色,打造具有国际水准的对外开放高端平台。整合优化海关特殊监管区和保税物流中心,推动具备条件的沿江地区申建综合保税区和保税物流中心,推进加工贸易向海关特殊监管区集中,促进区内产业向高端和新兴领域发展。三是深入推动大通关建设。推动湖北口岸与沿海、沿边口岸的通关协作,实现口岸管理相关部门信息互换、监管互认、执法互助,扩大"属地申报、口岸验收"等改革试点。按照"一个门户、一次认证、一站式服务"的要求,加快电子口岸发展,全力推进口岸查验部门、港口、机场与企业之间的数据共享和快速通关,努力打造以降低物流成本和节省通关时间为目标的通关环境。

（四）在实践经济社会发展与生态环境保护双赢的发展模式上探索"湖北方案"

湖北省要在深刻把握绿色发展的基础上，一是落实"坚持生态优先、绿色发展""共抓大保护、不搞大开发"的战略定位，牢固树立"绿色决定生死"的理念，为实现经济绿色发展打牢思想基础。切实按照中央决策部署，对产业发展、城镇发展、长江岸线开发等进行对表规划，以生态保护为前提，坚持开发与保护并重，贯彻绿色发展理念。二是加大绿色消费行为引导力度。借鉴发达国家经验，将绿色标识作为制订政府采购产品目录和指南的基础依据，分行业、分产品编制发布政府绿色采购标准和清单，带动消费者树立绿色消费的信心。三是建立责任追究制度。不断完善湖北长江生态保护的制度体系，以开展自然资源资产负债表编制试点和领导干部自然资源资产离任审计试点为契机，落实各级领导干部抓生态保护、走经济绿色发展之路。切实将生态文明作为政绩考核的"绿色标尺"，建立健全绿色 GDP 核算与考核体系，加大绿色发展考核权重，实行主体功能定位差别化考核，实行领导干部生态环境保护"一票否决制"和环境损害追责问责制。四是加强政策体系建设。积极探索绿色投融资政策体系，在绿色化生产、资源性产品价格上发力，建立统计、跟踪和评价的封闭运行机制。创新政策优惠激励措施，做好与现有"低碳发展""节能减排""循环经济"等已有政策的衔接。发挥财税资金"四两拨千斤"的作用，建立健全产权、排污权、培育碳排放权、水权和节能交易市场；探索绿色发展的补偿机制、退出机制、污染防治的联动协调机制。稳步改善环境基础设施建设经营市场环境，提升污染治理设施提供部门的专业化、社会化运营服务能力。

（五）充分挖掘湖北省人口"二次红利"，力争迅速提升湖北省劳动生产率水平

当前在发达地区面临"人口红利"消失背景下，湖北省人口"二次红利"还大有潜力。一是湖北省一直以来是劳动力流出大省，若劳动力回流，除了数量的提升外，更重要的将是劳动力素质的显著提升。二是大学应届毕业生外流现象仍然明显，如果大学生留在本地工作或创业，将带来巨大的人力资本存量资源。三是武汉市人口规模与其国家中心城市定位不匹配。四是武汉市等中心城市"未富先老"速度已超过广州、深圳、杭州等发达城市。基于此，建议湖北省委高度重视"人口红利"对全省未来经济发展的重要作用，采取超常规措施充分挖掘湖北省人口"二次红利"，把以引导劳动力回流、降低武汉等中心城市老龄化水平作为一项重要改革事宜列入日程，采用支持企业吸纳回流劳动力政府补贴，应届毕业生留武汉等城市工作可直接取得城市户籍、住房补贴等超常规措施，深入挖掘湖北省人口的"二次红利"。

（六）加大简政放权力度,提升政府服务和监督水平

探索一批可复制、可推广的制度和经验,对市场准入方式进行改革,对政府管理经济方式进行重大变革,发挥市场作用、刺激市场主体的活力、转变政府职能、建立高效的市场监管体系。全面推进实施负面清单制度,严格执行主体功能区定位,限制落后产能、产业扩张,促进国家级开发区提档升级及各地区符合资源环境要求的特色产业发展;建立准入"单一窗口"制度,将集中多部门受理、分散管理,综合采取一个窗口受理、集中管理方式,推行线上线下相结合的快速流程化管理;改进项目投资审批方式,对负面清单内的投资项目进行"联合审批",清单外的采用"承诺审批"方式;建立和完善监管配套制度体系,包括社会信用体系、信息共享和综合执法制度、项目全过程综合监管制度、风险评估机制、社会力量参与市场监督制度等。

17

湖南省改革开放 40 周年
地区发展报告

湖南行政学院课题组①

湖南省改革开放 40 年经济社会发展成就卓著,为建设富饶美丽幸福新湖南提供了强有力的支撑,但仍面临经济发展质量不高、经济社会结构不优、开放型发展短板突出、资源环境约束明显、脱贫攻坚任务艰巨、持续发展成本较高等突出问题,亟待采取切实有效的措施加以解决。

一、1978 年以来湖南省经济社会发展成就

改革开放 40 年以来,是湖南省综合实力提升幅度最大、城乡面貌变化最快、人民群众受惠最多、经济社会发展最好的历史时期。经济总量连续迈上新的台阶,产业结构、需求结构等不断优化。

(一)生产力水平不断提升

1. GDP 和人均 GDP 增长迅速

湖南省经济实现快速增长,1978 年湖南省地区生产总值仅为 146.99 亿元,2017 年地区生产总值达到 34590.56 亿元,是 1978 年的 235 倍,年均增长 15.0%。人均 GDP 由 1978 年的 286 元增加到 2017 年的 50563 元,增加了近 176 倍,年均增长 14.2%。从 2008 年开始,湖南省经济迈入了"万亿俱乐部"(见图 17-1、图 17-2)。

2. GDP 增长率和人均 GDP 增长率逐年上升

2017 年湖南省 GDP 增长率为 8%,高于全国平均水平 1.1 个百分点,人均 GDP 增

---

① 课题组组长:曹健华;课题组成员:肖万春、唐琼、谢庆、王韬钦、宋迪敏、禹航;项目编号:NSAZT (WT)2018017。

（单位：亿元）

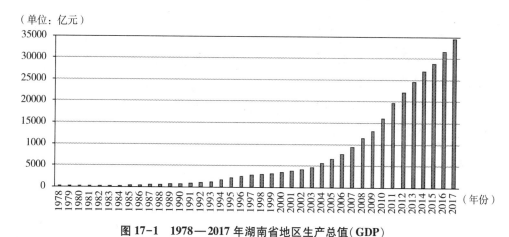

图 17-1　1978—2017 年湖南省地区生产总值（GDP）

资料来源：本部分数据来自国家统计局网站——湖南省年度数据、湖南省历年统计年鉴、湖南省统计局《2018 湖南省国民经济和社会发展》统计手册、Wind 数据库。

（单位：元）

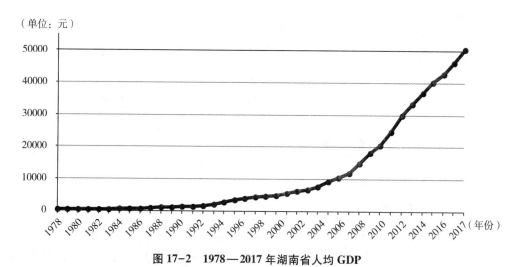

图 17-2　1978—2017 年湖南省人均 GDP

资料来源：本部分数据来自国家统计局网站——湖南省年度数据、湖南省历年统计年鉴、湖南省统计局《2018 湖南省国民经济和社会发展》统计手册、Wind 数据库。

长率达到 7.4%，同样高于全国人均 GDP 1.1 个百分点（见图 17-3）。改革开放 40 年来，湖南省 GDP 和人均 GDP 增长率呈现了以下特征：1978—1984 年，是改革起步阶段，经济发展波动相对较大；1984—1991 年，是改革发展时期，经济发展依然波动较大，人均 GDP 增速高于 GDP 增速；1991—2002 年，是初步建立社会主义市场经济阶段，在党的十四大提出创建社会主义市场经济体制的改革目标后，这一时期湖南以制度创新为重点，进一步扩大和发展市场经济、建立现代企业制度、构建新的宏观调控体系。数据显示，这一时期经济发展增速明显加快，波动幅度明显小于前两个阶段；2002—2011年，是全面建设小康社会快速发展时期，湖南省先后克服了"非典"、雨雪冰冻以及世界经济增速放缓、物价上涨等因素的影响,经济保持了平稳较快发展,经济运行质量提高,经济与社会发展的协调性增强,呈现出又好又快的发展趋势;2011年至今,湖南省经济从快速增长转向稳中向好、稳中趋优的增长模式,在这个时期,经济增长速度有所放缓,经济发展从高速发展转向高质量发展阶段,加大创新投入和转方式调结构的新发展理念深入贯彻,经济增长的稳定性和可持续性将进一步加强。

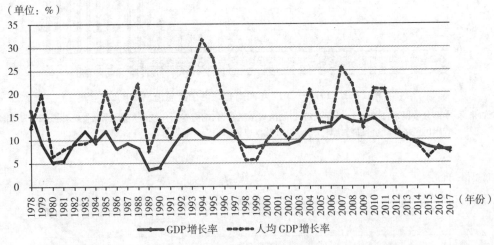

图17-3 1978—2017年湖南省GDP增长率和人均GDP增长率

(二)经济结构不断优化

1.三次产业占比逐步优化

湖南省经济发展的过程也是产业不断升级的过程,经济发展水平越高,其产业结构层次就越高。主要表现为:第一产业占GDP比重不断下降,从1978年的40.7%大幅下降到2017年的10.7%,对GDP的贡献率日益减少。第二产业占GDP比重整体变化不大,从1978年的40.7%到2017年的40.9%,随工业化的推进呈现前期比重略有波动,中期比重增加的趋势,其中2011—2013年是湖南省第二产业比重的顶峰,后期则有所回落。这是因为当工业化由初级阶段进入加速阶段,其增加值比重上升较快;当工业化进入成熟阶段,其比重则趋于缓慢上升继而停滞、缓慢下降。第三产业占GDP比重总体上呈比较明显的上升趋势,从1978年的18.6%上升到2017年的48.4%,一跃成为GDP中占比最大产业(见图17-4)。2017年第一产业增加值3689.96亿元,增长3.6%;第二产业增加值14145.49亿元,增长6.7%;第三产业增加值16755.11亿元,增长10.3%。

2.最终消费占GDP比重有所下降

钱纳里"标准结构"所揭示的世界各国消费率变化的一般趋势显示:最终消费率随人均GDP的增长反而下降,当人均GDP上升到1000美元(1964年价格美元,换算成

（单位：%）

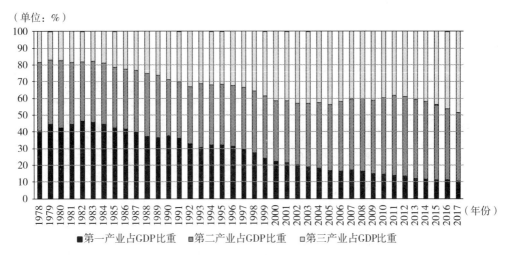

图 17-4 1978—2017 年湖南省三次产业占 GDP 比重

1996 年为 6200 美元），最终消费率趋于稳定。从历年数据看，湖南省的最终消费率也符合这一规律，1990—2013 年最终消费占 GDP 比重从 75.9% 逐步下降至 45.8%，2013 年后趋向稳定，2017 年略回升至 53.4%。尽管消费率整体呈现下降趋稳的态势，但整个消费需求一直保持稳定增长（见图 17-5）。

（单位：%）

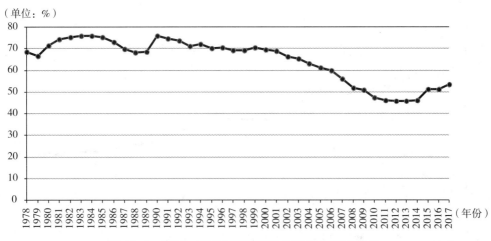

图 17-5 1978—2017 年湖南省最终消费占 GDP 比重

3. 城镇化率不断提高

湖南省城镇化率不断提高，从 2005 年的 37.0% 提高到 2017 年的 54.6%，提高了 17.6 个百分点。湖南省作为传统农业大省，城镇化发展一直落后于全国平均水平，2011 年后全省城镇建设保持高速发展态势，不断接近全国的城镇化率平均水平。2017 年年末，湖南省城镇化率与全国平均水平的差距，由 2005 年的 5.99 个百分点缩小到 3.9 个百分点（见图 17-6）。

（单位：%）

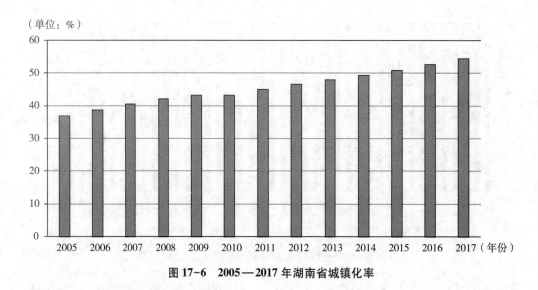

图 17-6　2005—2017 年湖南省城镇化率

4.一次产业就业人员占比逐步减少

一次产业就业人员占比从 1978 年的 78.4% 逐年下降到 2016 年的 40.5%,大量农村富余劳动力转移到其他产业,佐证了第一产业在湖南省经济中的比重是呈现不断下降的趋势,反映出湖南经济结构的不断调整和优化(见图 17-7)。

（单位：%）

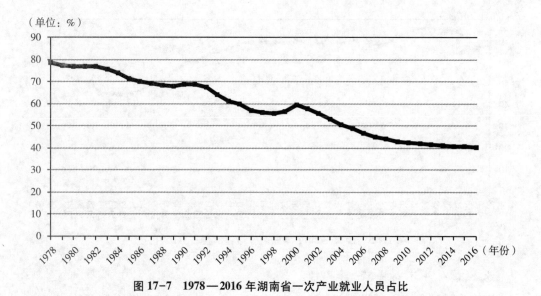

图 17-7　1978—2016 年湖南省一次产业就业人员占比

5.单位 GDP 煤炭、石油、天然气、电力消费量趋于合理

湖南省能源发展改革力度加大,在保障能源供给、深化能源改革、提高能源效率等方面取得了显著成就。通过大力开发、推广和应用节能技术,加强能源生产、运输、消费各环节的管理,单位 GDP 煤炭、石油、电力消费量均有不同程度的下降。天然气作为一

种清洁能源能减少二氧化硫和粉尘排放量,得到了大力推广,广泛代替了煤炭、石油的消费,因此单位 GDP 天然气消费量从 2005 年的 7.35 立方米/万元略微提高到 2016 年的 8.70 立方米/万元(见表 17-1)。

表 17-1 2005—2016 年湖南省单位 GDP 煤炭、石油、天然气、电力消费量

指　标	单　位	2005 年	2006 年	2007 年	2008 年	2009 年	2010 年	2011 年	2012 年	2013 年	2014 年	2015 年	2016 年
煤　炭	吨/万元	1.32	1.22	1.09	0.88	0.82	0.71	0.66	0.55	0.46	0.40	0.39	0.36
石　油	吨/万元	—	0.118	0.108	0.081	0.080	0.071	0.063	0.059	0.058	0.058	0.060	0.058
天然气	立方米/万元	7.35	6.57	6.19	—	7.83	7.01	7.45	8.09	8.00	8.70	8.88	8.70
电　力	千瓦时/万元	1193.42	1187.19	1080.16	976.67	943.51	843.84	785.47	714.24	609.41	559.84	530.33	501.72

6. 能源结构不断优化

从历年能源结构情况看,消费煤品燃料比重出现下降,从 2005 年的 68.51%降至 2016 年的 58.76%,下降近 10 个百分点;消费油品燃料和消费天然气比重有所上升,分别从 2005 年的 12.87%增至 2016 年的 16.69%,从 2005 年的 0.66%增至 2016 年的 2.38%;消费水电、核电、风电等比重和消费其他能源比重整体呈现"倒 U 型"变化,比重先增加后减少。能源结构的变化与工业结构的持续优化密不可分,2017 年,湖南省规模工业中,代表中高端水平的高技术制造业和高加工度工业分别增长 15.9%和 12.2%,同比分别加快 4.5 个和 1.6 个百分点,增加值占规模工业的比重为 49.3%,提高了 0.1 个百分点;六大高耗能行业增加值占比 30.3%,下降了 0.3 个百分点(见表 17-2)。

表 17-2 2005—2016 年湖南省能源结构情况　　　　　　(单位:%)

指标名称	2005 年	2006 年	2007 年	2008 年	2009 年	2010 年	2011 年	2012 年	2013 年	2014 年	2015 年	2016 年
消费煤品燃料比重	68.51	66.37	67.59	66.04	65.82	62.88	65.19	60.81	60.71	58.08	59.92	58.76
消费油品燃料比重	12.87	12.45	12.64	10.91	11.23	11.11	11.01	11.22	14.44	14.56	16.07	16.69
消费天然气比重	0.66	0.63	0.87	0.89	1.02	1.06	1.26	1.49	1.77	2.12	2.28	2.38
消费水电、核电、风电等比重	14.87	15.86	14.84	17.76	16.42	15.18	14.47	17.88	13.66	15.44	12.53	13.19
消费其他能源比重	3.09	4.69	4.06	4.4	5.51	9.77	8.07	8.6	9.42	9.8	5	5.04

7. 非公有制经济成为所有制结构中重要组成部分

"三大改造"至改革开放前,公有制经济在全工业总产值所占的比重几乎达到100%,作为公有制经济主体形式的国有经济比重一直保持在80%左右,集体经济比重在1978年达到22.4%。1997年,党的十五大将"坚持公有制为主体、多种所有制经济共同发展"确立为我国社会主义初级阶段的基本经济制度,此后,我国所有制结构开始朝"多元化"方向变革。

湖南省作为中部省份,改革开放40年来经济的高增长,既是所有制结构变革的结果,也是所有制结构变革的原因。经济增长所创造的经济剩余缓解了调整过程中各经济形式之间的利益矛盾,非公有制经济的壮大成为所有制结构中极具活力的增长点,快速有力地拉动了湖南省经济的快速发展。1997年基本经济制度确立以后,非公有制经济迅速增长。湖南省私营工业企业资产总计从2000年的72.14亿元快速发展到2017年的10465.46亿元,增长了144倍,在此期间,私营工业企业资产总计占比从2.9%跃升至45.8%,而湖南省国有控股企业资产总计占比从92.3%逐步降至43.4%。2017年,湖南省私营工业企业资产第一次超过国有工业企业资产,占比高出2.4个百分点(见图17-8)。

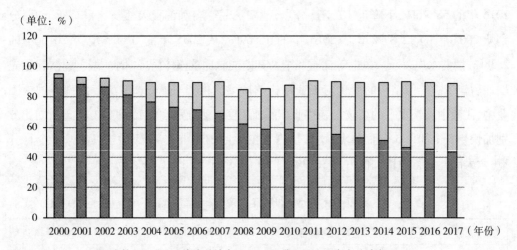

（单位：%）

图17-8 2000—2017年湖南省国有、私营工业企业资产总计占比

注:2017年数据为快报数据。

(三)宏观经济稳定性增强

1. 通货膨胀风险显著降低

湖南省经济从改革开放后经历了较快速的发展,其间宏观经济整体来说是比较稳定的。从物价水平来看,湖南省居民消费价格指数(CPI)的变化趋势同全国一致,2005

年后二者数值差距减小,曲线近乎重合。改革初期曲线出现了一些波动,如 1988 年、1994 年湖南省 CPI 涨幅超过了 20%,但在 1997 年后,湖南省社会物价水平一直处于小幅度稳步上扬的状态,物价运行态势表现得温和平稳,2017 年湖南省 CPI 为 101.4%,低于全国 CPI 近 0.2 个百分点,有力支撑了湖南省经济平稳向好发展(见图 17-9)。

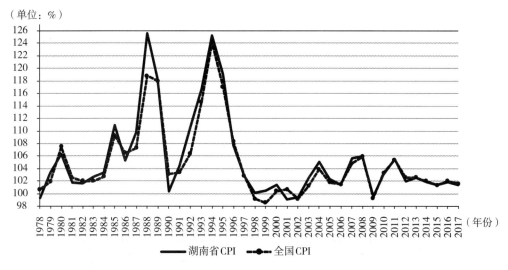

图 17-9　1978—2017 年全国及湖南省 CPI 变动趋势图

2. 财政赤字速度放缓

1978 年湖南省财政盈余占 GDP 比重为 3.08%,此后呈波动性下降趋势,1985 年湖南省第一次出现财政赤字,但仅占 GDP 的 0.26%。1985 年后湖南省财政赤字逐步加大,1993 年前仍然保持在低于 1% 的超低水平,个别年份略有增高,但未超过 1.67%。1992 年党的十四大提出了建立社会主义市场经济体制的改革目标,1993 年党的十四届三中全会把这一改革的目标和基本原则加以系统化、具体化。为适应市场经济的内涵要求,1994 年我国启动了新中国成立以来规模最大、范围最广、内容最深刻、力度最强的工商税制改革,改革之后我国税种设置由原来的 37 个减少为 23 个,同时各项改革措施开始大力推进,财政支出明显扩大,1994 年财政赤字占 GDP 比重首次达到 3.98% 以上,一般公共预算收入占 GDP 比重也从 10.25% 跌落至 5.21%。

1994 年后湖南省财政赤字比重逐渐提高且增速加快,2007 年财政赤字占 GDP 比重同比增长 4%,2008 年同比增长达到 13.5%,此后的 2009 年该指标比重突破 10%,这可能与 2008 年为应对国际金融危机、促进经济增长,加大了政府投资有关。2015 年财政赤字占 GDP 比重较 2014 年提高近 1 个百分点,可能与"供给侧结构性改革"的推动有密切关联。2015 年 11 月,习近平总书记在中央财经领导小组第十一次会议上明确提出,要"着力加强供给侧结构性改革",为经济持续增长增强动力。湖南省贯彻落实中央政策,坚定不移推进改革,"减税"和"加大财政支出"作为"供给侧结构性改革"的两个重要举措给湖南省财政收支情况带来了直接变化。2015年后,财政赤字速度明显放缓,2016年同比增长3.8%,2017年财政赤字占GDP比重增长速率降为2.8%。尽管近年来湖南省财政赤字占GDP比重有所扩大,但GDP增长基本能够覆盖赤字,保证了经济的平稳快速运行(见图17-10)。

（单位：%）

（年份）

图17-10 1985—2017年湖南省财政赤字占GDP比重

一般公共预算收入占GDP比重从2016年的8.55%回落到2017年的7.97%,可能与湖南省落实财政部关于提高收入质量、降低非税收入占比的要求,以及取消部分行政事业性收费等政策性调整等因素有重要关联,同时也受到2016年5月1日全面推开"营改增",实现增值税全覆盖的因素影响。截至2017年4月,湖南省共有40.11万户试点纳税人,累计减税达到了246.76亿元,湖南省的大力减税降费对减轻企业负担,增强企业活力产生了极大的正面效应。一般公共预算收入出现下滑只是暂时结构性调整,湖南省GDP的增速一直保持在8%以上,2018年第一季度湖南省累计完成一般公共预算收入1318.54亿元,同比增长8.08%,也佐证了湖南省经济增长趋势未发生实质性变化。

3.政府债务风险可控

2010年湖南省政府负有偿还责任的债务总额为2042.34亿元,政府负债率为12.73%,此后政府债务总额逐步增加。截至2016年年末,湖南省政府直接债务余额为6753亿元,2010—2016年政府负债率平均增长率为9%。2014年,政府负债率由2013年的14.13%猛增至23.18%,一年时间陡然上涨10个百分点以上,这可能一方面与湖南省当年大力加强各条公路、地铁等基础设施投资建设有关,另一方面也可能与2013年下半年开始湖南省落实中央文件指示,全面开展政府性债务审计有关。本次审计涉及4369个政府部门和机构、7622个经费补助事业单位、155个公用事业单位、1526个融资平台和其他单位,涉及43281个项目以及142444笔债务,对每笔债务均进行了核实和取证,经过全面审计后的债务数量和规模有所增加。

湖南省的政府性债务主要用于经济社会发展和人民生活条件改善相关的项目建设,大多有相应的资产和收入作为偿债保障。同时,2018年湖南省委、省政府高度重视政府性债务问题,政府性债务制度逐步完善,加强了对债务举措和资金使用的监督管理,化解存量债务,进行债务置换,清理规范融资平台及公司及其债务,取得了一定成效,债务负债率增速明显放缓。2014年后,政府债务负债率增速开始显著下降,2015年政府债务负债率回落至21.29%,较2014年下降1.89个百分比,2016年负债率下降到21.4%。同时,截至2016年年末,我国政府债务负债率为36.7%,湖南省远低于全国15.3个百分点。

(四)基础建设发展迅速

1.人均年用电量稳步增加

统计数据显示,从1995年的586.3千瓦时逐年增加到2017年的2305.36千瓦时,增长了近3倍,保障了湖南省工业用电、农业用电、商业用电、居民用电、公共设施用电等(见图17-11)。

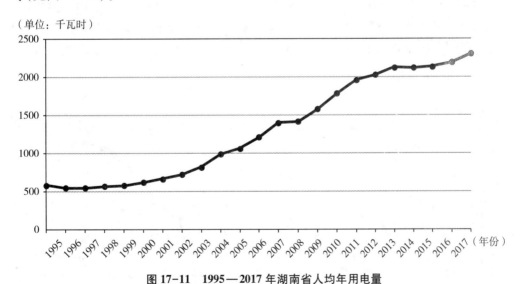

(单位:千瓦时)

图17-11　1995—2017年湖南省人均年用电量

2.公路、铁路、航空等建设成果喜人

公路、铁路、航空等建设取得了较大的发展。2006年是实施"十一五"规划的第一年,也是在2006年湖南省公路网密度出现了成倍增长;2008年湖南省铁路建设开始进入黄金期,9条铁路纳入国家规划,铁路网密度呈现了快速增长态势。1980年人均年飞

行次数仅为 0.0004 次,此后逐年增加但增长速度较慢,2000 年后人均年飞行次数从 0.02 攀升至 0.18。公路、铁路、航空等基础设施的建设极大地方便了群众生产生活,助推了经济快速发展(见图 17-12)。

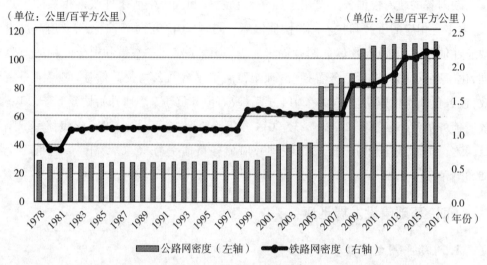

图 17-12 1978—2017 年湖南省公路、铁路网密度

3.互联网、电话普及率快速提高

得益于科技的快速发展和人民生活水平的日益提高,湖南省通信网络发展迅速。电话普及率从 1983 年的 0.386 部/百人提高到 2016 年的 83.8 部/百人,特别是 2003 年至 2013 年,是电话的高速增长期,电话普及率从 12.89 部/百人快速增长至 82.1 部/百人,十一年间增长了近 5.4 倍(见图 17-13)。

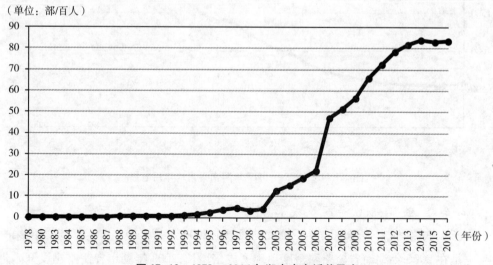

图 17-13 1978—2016 年湖南省电话普及率

互联网普及率从2010年的27.3%快速提高到2016年的44.4%,短短7年时间提升了17.1个百分点(见表17-3)。

表17-3　2010—2016年湖南省互联网普及率情况　　　　　(单位:%)

指标名称	2010年	2011年	2012年	2013年	2014年	2015年	2016年
互联网普及率	27.3	29.5	33.3	36.6	38.6	39.9	44.4

(五)基础自然资源得到保护

1.人均水资源量、人均铁矿石储量、人均煤炭储量有所提高

水资源包括降水、地表水资源以及地下水资源等,湖南省水资源丰富,省内有湘、资、沅、澧四水及汨罗江、新墙河等分别从东、南、西三面汇入洞庭湖,降水、地下水资源也较为充沛。每年人均水资源量由于降水量不同有所不同,基本在2500立方米/人上下波动。湖南省90%的市县有煤系地层分布,点多面广,2016年湖南省人均煤炭储量为9.7吨。人均铁矿石储量逐年有所增加,从2003年的1.14吨/人增加到2016年的2.93吨/人(见图17-14)。

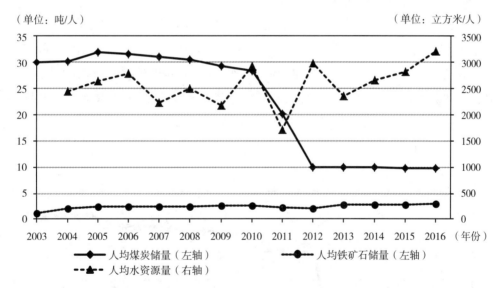

图17-14　2003—2016年湖南省人均水资源量、人均铁矿石储量、人均煤炭储量

2.人均耕地面积逐步回升

耕地是农业最基础的生产资料,但由于经济建设,新增建设用地逐年增加,同时因生态退耕、灾毁等因素导致耕地总量连年下降,湖南省人均耕地面积在1999年前一直处于下降状态。中央高度重视农业问题,特别是土地这一基础性生产资料,在1998年第九届全国人民代表大会常务委员会上对《中华人民共和国土地管理法》进行了全面

修订,明确规定:国家依法实行国有土地有偿使用制度。此后湖南省加大了耕地面积的保护力度,人均耕地面积也开始逐步回升,从 1999 年的最低人均 0.7379 亩,逐步回升至 2016 年的人均 0.9122 亩(见图 17-15)。

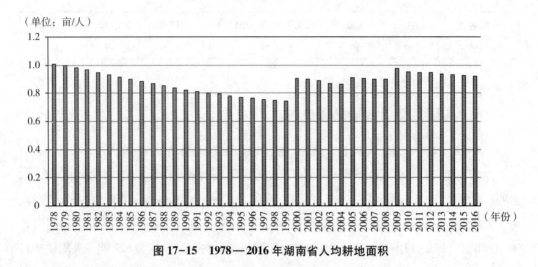

图 17-15 1978—2016 年湖南省人均耕地面积

3. 森林覆盖率大幅提高

森林是生态系统中最重要的组成部分,森林在涵养水源、调节气候、保持水土、保护生物多样性等方面都具有极其重要的作用。湖南省地处长江之南,气候适宜,同时政府非常注重生态文明建设,早在 2012 年,湖南省委、省政府就出台《绿色湖南建设纲要》,明确提出"既要绿水青山,也要金山银山"。湖南省的森林覆盖率保持稳定增长,从 1988 年的 34.3%增长到了 2017 年的 59.68%,共增长 25.38 个百分点,近年来在全国各省市排名前十(见图 17-16)。

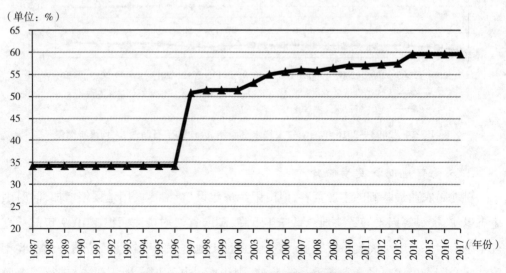

图 17-16 1987—2017 年湖南省森林覆盖率

（六）健康与基础教育水平不断提高

1.人口增长率趋于稳定

湖南省人口增长率呈现前期波动上涨、后期下跌再回稳的态势。1978—1990年处于波动性增长阶段，增长率从10.39%增长至16.7%，其中由于1982年党的十二大把计划生育定为基本国策，同年写入《宪法》，1983年、1984年两年增长率出现明显下降，后又继续回升。随后，1991—1999年是持续下跌期，由于严格控制人口增长、计划生育政策不断深入等原因，人口增长率开始逐年下跌，从1991年的13.2%跌至2008年的5.4%，下降了7.8个百分点，其中1999年为最低点仅4.6%。2000年后低生育水平已经比较稳定，政策上开始考虑统筹解决人口问题、促进人的全面发展等，人口政策也随之有所变化，人口增长率出现缓慢回升并趋于稳定，2017年人口增长率为6.19%（见图17-17）。

（单位：%）

图17-17 1978—2017年湖南省人口增长率

2.预期寿命显著提高

近年来，湖南省社会经济条件、卫生医疗水平不断提高，人们生活质量不断改善，对居民寿命的提高有着显著的作用。统计数据显示，湖南省居民预期寿命有了明显的提高，从1990年的66.93岁提高到2010年的74.7岁，21年时间提高了7.77岁（见图17-18）。

3.万人医师数、病床数快速增长

湖南省医疗卫生发展比较迅速，万人医师数从1978年的10.41人增加到2017年的25.29人；万人病床数从1978年的21.56张增加到2017年的61.23张，均有了较大增长，特别是2007年后，湖南省加大医疗卫生建设，万人医师数和万人病床数都有了较

（单位：岁）

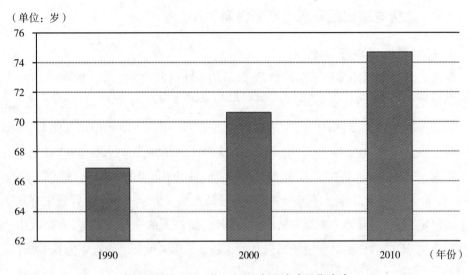

图 17-18　1990、2000、2010 年湖南省预期寿命

大幅度的增长,从 2011 年开始,湖南省的万人病床数逐步超过了全国平均水平(见图 17-19)。

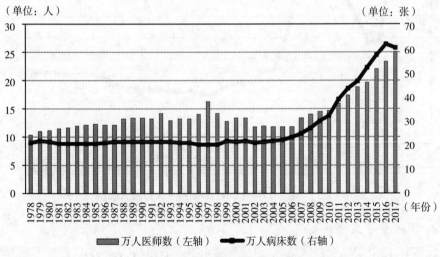

图 17-19　1978—2017 年湖南省万人医师数、病床数

4. 万人专任教师数不断增加

1978—2016 年万人专任教师数有所波动,从 1978 年的 89.8 人到 2016 年的 86.4 人,其间最低为 1994 年的 78.6 人,2007 年达到最高值 92.3 人。从万人专任教师数的数值上看,2016 年较 1978 年虽有所下降,但人口增长相比专任教师数的增长数量更大,专任教师总数是不断增加的。1978 年专任教师数为 46.38 万人,2016 年增加到 58.96 万人,增加了 27%(见图 17-20)。

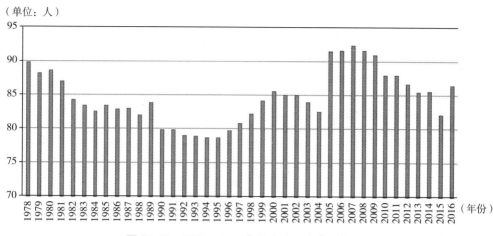

图17-20 1978—2016年湖南省万人专任教师数

5. 小学入学率超近100%

基础教育是民生重点领域,得益于1986年《中华人民共和国义务教育法》的颁布实施和改革开放40年来的贯彻落实,湖南省教育已基本解决了"有学上"的问题,步入了"上好学"新的历史阶段。1978年小学入学率为97.5%,到了2006年后小学入学率均超过了99.50%,近年来已经稳定在99.90%,2017年小学入学率达到99.98%(见图17-21)。

图17-21 1978—2017年湖南省小学入学率

(七)高等教育发展迅速

改革开放40年来湖南省高等教育实现了由精英型高等教育向大众化高等教育发展的历史性跨越,高中及以上学历人口比重从1982年的7.00%上升至2010年的

23.02%;大专及以上学历人口比重从 1982 年的 0.45% 上升至 2010 年的 7.60%(见表 17-4)。

表 17-4　1982—2010 年湖南省高等教育发展情况　　　　　　(单位:%)

分项指标名称	1982 年	1990 年	2000 年	2010 年
高中及以上学历人口比重(%)	7.00	9.16	14.10	23.02
大专及以上学历人口比重(%)	0.45	1.14	2.93	7.60

湖南省历年万人在校研究生数增长很快,从 1978 年的 0.03 人大幅上涨到 2017 年的 11.43 人,是 1978 年的 381 倍。湖南省高等教育的迅速发展彰显湖南省"教育强省"建设、"人才强省"战略取得了重大进展(见图 17-22)。

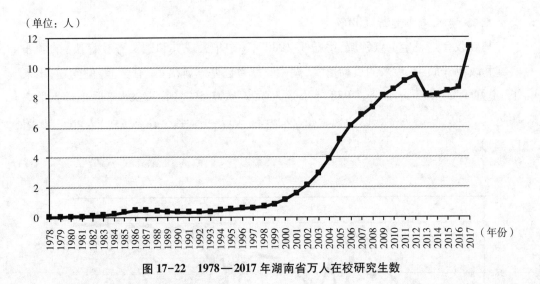

图 17-22　1978—2017 年湖南省万人在校研究生数

(八)财政收入不断增加

改革开放以来,在经济高速增长的支撑下,湖南省财政收入保持了 40 年的高速增长。从 1978 年到 2017 年,湖南省人均税收收入从 33.24 元/人增长到 2563.82 元/人,增长 76 倍之多(见图 17-23)。

总体来看,财政收入和税收收入占 GDP 的比重均呈现前期下降后回升态势:1978—1997 年财政收入占 GDP 比重大幅下降,之后开始缓慢回升;1978—1993 年,税收收入占 GDP 比重逐年缓慢下降,但 1993—1994 年的该比重从 9.34% 陡然下降到 3.94%,此后缓慢回升。两项指标现阶段比重较 40 年前均有明显下降,财政收入占 GDP 的比重从 19.04% 降至 13.2%,下降 5.84 个百分点;税收收入占 GDP 的比重从

图 17-23 1978—2017 年湖南省人均税收收入

11.68%降至 5.08%,下降了 6.6 个百分点(见图 17-24)。

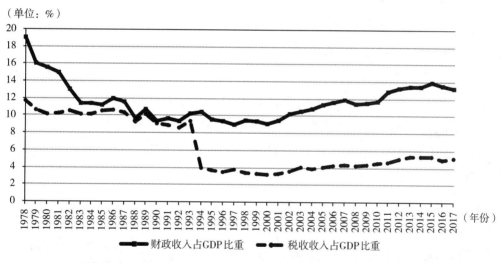

图 17-24 1978—2017 年湖南省财政收入和税收收入占 GDP 比重

(九)金融市场快速发展

1. 金融行业增加值占 GDP 比重

改革开放之初,湖南省的经济发展一直处在"贫血"状态,资金底子十分薄弱,金融相对落后,企业融资困难。随着改革开放的深入,湖南省经济实力的逐步增强,金融机构资金积累水平迅速提高,证券市场逐步发展。湖南省金融和证券业的发展,有效地缓解了经济发展中的资金瓶颈问题。虽然湖南省金融行业增加值占 GDP 比重在 40 年里出现波动,但整体趋势是增长的,从 1978 年的 1.73%至 2017 年的 4.50%,增加了 2.77

个百分点;同时金融行业增加值一直保持稳步增加的态势(见图17-25)。

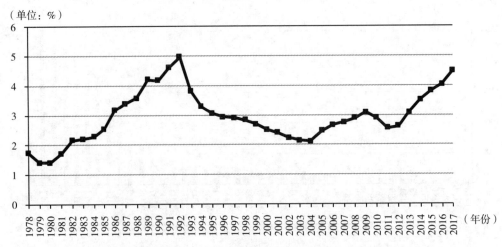

图17-25 1978—2017年湖南省金融行业增加值占GDP比重

2. 信贷余额占GDP比重

信贷一直是支持经济建设有力的金融手段,根据国际和国内市场情况,在保障金融体系安全稳健运行的前提下,适当调整贷款发放速度,为支持经济发展发挥了重要作用。从历年情况看,信贷余额占GDP比重呈现了先降后升,再降再升的波动趋势。2003—2008年湖南省信贷余额占GDP比重从83.64%下降到61.58%,此后受到2008年全球金融危机影响,实行宽松的货币政策,2009年信贷余额占GDP比重达到73.02%,2010年仍保持在70%以上,2011年略降至68.44%后开始逐年增加,2017年信贷余额占GDP比重达到92.08%(见图17-26)。

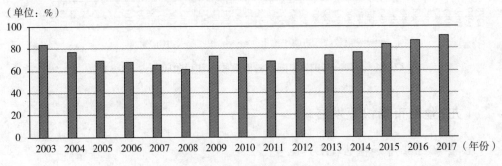

图17-26 2003—2017年湖南省信贷余额占GDP比重

3. 保费收入占GDP比重快速增加

保险从无到有,取得了快速发展,整体上呈现上升的态势。1990年保费收入仅占GDP的0.42%,此后至2000年比重逐年稳步增加,2001年出现短暂回落后,于2003年达到历史新高2.23%。此后,2003—2008年、2008—2010年,2010—2017年先后三次呈现了先下降后上升的 U 形发展态势,2017 年保费收入占 GDP 比重达到 3.21%,较 1990 年增加 2.79 个百分点(见图 17-27)。

（单位:%)

图 17-27　1990—2017 年湖南省保费收入占 GDP 比重

（十）生态环境明显改善

1. 空气质量有所改善

改革开放初期,湖南省经济发展方式较为粗放,牺牲生态环境换取经济增长的情况普遍存在。随着湖南省改革实践的不断深入,对生态环境的认识也逐步加深,特别是在 2007 年党的十七大后,长株潭城市群被确定为国家"两型社会"试验区后,湖南省下定决心处理好保护生态环境和经济发展之间的关系,把建设生态强省纳入"五个强省"战略目标,不断加大环境保护力度,生态环境得到了明显改善。湖南省对省会城市长沙大气环境整治初见成效,2015—2017 年连续三年实现年均 PM_{10} 下降,优于国家二级标准(见表 17-5)。

表 17-5　2015—2017 年长沙市可吸入颗粒物浓度(年均 PM_{10} 浓度)

（单位:毫克/立方米）

指 标	2015 年	2016 年	2017 年
年均 PM_{10}	75.83	70.82	69.92

2. 减排降耗取得成效

统计数据显示,2004 年湖南省单位 GDP 废水排放量为 44.31 吨/万元,2016 年单位 GDP 废水排放量下降到 9.47 吨/万元,降幅高达 78.6%(见图 17-28)。

（单位：吨/万元）

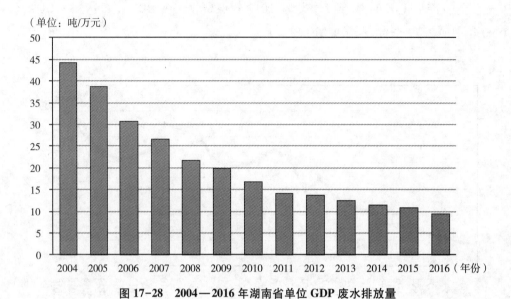

图 17-28　2004—2016 年湖南省单位 GDP 废水排放量

单位 GDP 一般工业固体废物产生量呈波动性下降趋势,从 2000 年的 0.66 吨/万元降低到 2016 年的 0.17 吨/万元,总体降幅达到 74.2%。2005 年单位 GDP 能耗为 1.4 吨标准煤/万元,到 2012 年单位 GDP 能耗下降到 0.83 吨标准煤/万元,单位 GDP 能耗逐年下降。这一系列数据表明湖南省"两型社会"建设取得了可喜成绩,"绿色发展"动力强劲(见图 17-29)。

（单位：吨/万元；吨标准煤/万元）

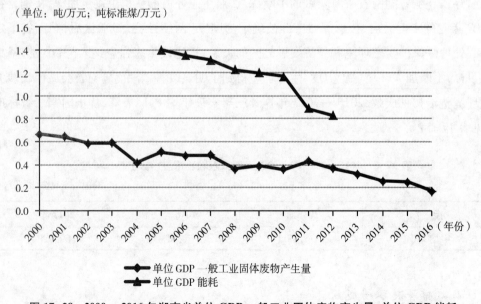

图 17-29　2000—2016 年湖南省单位 GDP 一般工业固体废物产生量、单位 GDP 能耗

（十一）就业与劳动力市场

1.失业率长期保持较低水平

改革开放 40 年来,随着经济体制改革的深入,就业制度从传统劳动力计划性配置向市场化就业体制转变。湖南省作为人口大省,劳动力总量大,城乡二元经济的分割背景使得就业任务繁重,但湖南省委、省政府始终高度重视就业工作。城乡就业市场充分,1979 年改革开放之初,城镇登记失业率达到最高值 6.8%,此后逐年降低,到 1985 年达到历史最低值 1.3%。1985 年后失业率再次逐步上升,2004 年达到 4.4%。2005—2017 年失业率维持在 4.1%—4.3%。40 年来城镇登记失业率长期控制在 5%以内。国际方面,全球金融危机以后,世界经济陷入低迷状态,各国的就业都受到较大冲击,失业率高涨。目前,尽管美国率先复苏,失业率依然在 5%以上,欧盟国家除德国外失业率则仍然在 10%左右的高水平,湖南省失业率远低于美欧等发达国家。同时,适龄劳动人口(15—64 岁)比重长期稳定在 70%左右,为解决城乡就业问题提供保障(见图 17-30)。

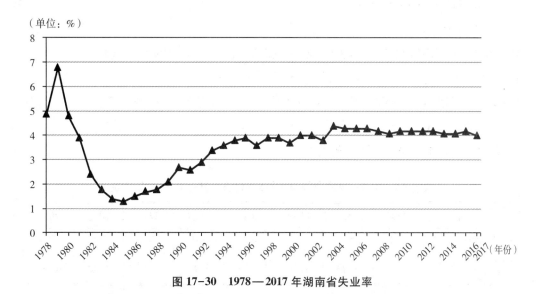

（单位：%）

图 17-30 1978—2017 年湖南省失业率

2.工资水平不断攀升

湖南省在岗人员平均工资由 1978 年的 563 元增长到 2016 年的 60160 元,40 年增长近 106 倍。进入 21 世纪后,最低工资水平由 2005 年的 350 元增长到 2017 年的 1130 元,增长了 223%(见图 17-31)。

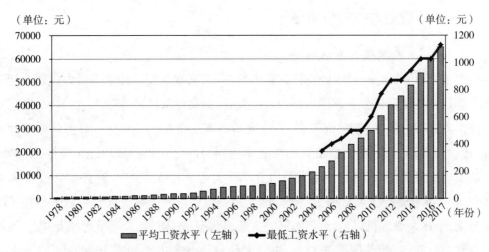

图 17-31　1978—2017 年湖南省平均工资水平、最低工资水平情况

(十二)知识经济与创新能力增强

1. R&D 经费投入大量增加

改革开放特别是党的十八大以来,湖南省科技战线主动适应新常态,创新驱动战略效果显著,为湖南省经济社会持续平稳健康发展,提供了重要的动力引擎和支撑,湖南省创新综合实力由 2012 年的全国第 15 位上升到第 11 位。R&D 经费支出从 2009 年的 161 亿元增加到 2016 年的 490 亿元,投入增加了 2 倍有余,年均增长 29.47%,远远快于 GDP 的增长速度。R&D 经费支出占 GDP 比重呈现增长趋势,从 2009 年的 1.23% 逐步提高到了 2016 年的 1.55%(见表 17-6)。

表 17-6　2009—2017 年湖南省 R&D 经费及其占 GDP 比重情况

年　份	2009	2011	2012	2013	2014	2015	2016	2017
R&D 经费(亿元)	161	242	301	341	381	426	490	553
R&D 经费占 GDP 比重(%)	1.23	1.23	1.36	1.39	1.41	1.47	1.55	1.60

2. 万人专利申请授权量飞速增长

湖南省万人专利申请授权量从 1985 年的 0.002 项/万人飞速增长到了 2017 年的 5.53 项/万人。其中,2014 年的 3.95 项/万人增长到 2015 年的 5.02 项/万人,增速明显加快。主要可能是由于 2014 年 9 月夏季达沃斯论坛上李克强总理在公开场合发出"大众创业、万众创新"的号召,并且 2015 年政府工作报告再次提出要推动大众创业、万众创新。同时,国家近年来对知识产权的重视和保护以及媒体的宣传发动,大众知识

产权保护意识的觉醒,使得专利申请授权量明显提高(见图17-32)。

（单位：项/万人）

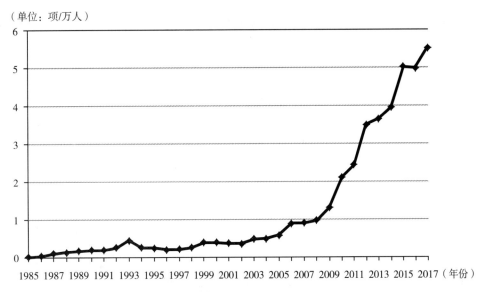

图 17-32 1985—2017 年湖南省万人专利申请授权量

3.高新技术企业迅猛发展

政府科技投入和企业科技投入提升的双重激励使得高新技术产业提升迅猛。一方面,高新技术企业年末从业人员从 2007 年的 26 万余人增加到 2016 年的 75 万余人,9 年增加 188%。另一方面,高新技术企业工业总产值占 GDP 比重持续增长,从 2007 年的 16.42% 增长到 2016 年的 30.82%。

二、湖南省经济社会发展目前存在的问题

（一）经济发展质量不高

1.高质量项目偏少

湖南省面临项目规模不大、项目质量不高、重大项目完成投资占比偏低的困境。如科技创新研发经费投入长期偏低,汽车制造、电子信息等高新产业发展还不充分等。2017 年,湖南省 5000 万元及以上重大投资项目完成投资占全部项目投资的比重仅为 49.1%,远低于全国平均 80% 以上的水平。在建项目个数达 58178 个,居中部六省第一位,而完成投资总量仅居中部第 3 位;项目个数比投资总量居中部第一位的河南省多 16853 个,比湖北省多 23732 个。在建项目完成投资平均规模为 5385 万元,居中部六省第 5 位,仅占河南省的 50.7%、湖北省的 58.2%。

2. 现代企业和产业集群仍需扩大

湖南省人民政府 2017 年发布《关于加快质量发展建设质量强省的实施意见》，提出到 2020 年形成一批品牌形象突出、质量水平一流、具有湖南省特色的现代企业和产业集群。目前，省内制造业 12 大重点领域和 20 个新兴优势产业链，急需加快建立企业质量安全首负责任、缺陷产品强制召回、工程质量终身负责和服务质量保障制度。

3. 财政收入占 GDP 比重没有呈直线上升趋势

改革开放 40 年以来，除了 1978—1982 年，从 1982 年以来，湖南省财政收入占 GDP 比重在 11%—13% 的低水平区间内徘徊（见图 17-33）。

图 17-33　1978—2017 年湖南省财政收入占 GDP 比重

4. 新业态发展后劲不强

近年来，汽车制造和电子信息是拉动湖南省规模工业发展的主要引擎，但均短期面临天花板效应，而互联网、大数据、人工智能和实体经济深度融合的新业态发展较为落后。

（二）经济社会结构不优

1. 产业结构矛盾突出

当前，湖南省传统产业持续下行与高新技术产业、"三新"经济占比较低的矛盾并存；2017 年，石油、化工、水泥、钢铁、有色、电力六大高耗能产业占规模工业比重仍高达 30.3%，仅增长 1.8%；新兴产业和传统产业之间"小不足以补大、新不足以补旧、增不足以补减"的矛盾突出，战略新兴产业增加值占 GDP 的比重偏低，且增速较慢。

2. 消费回升尚需发力

2008—2017 年消费占 GDP 总量在 50% 左右徘徊，2016 年湖南省消费占 GDP 总量

51.1%,低于全国平均水平15.4%(见图17-34)。

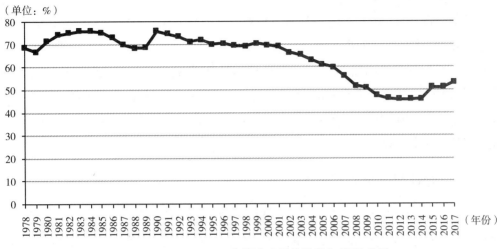

图17-34　1978—2017年湖南省最终消费占GDP比重

究其原因,消费回升缺乏动力,网购分流了大量消费力。2015年湖南省购买力外流金额775亿元,2016年达到1080亿元,2017年超过1200亿元。消费热点缺乏。通信器材类、汽车类商品零售额消费总量有所回落,商品房销售整体低迷,对下游相关行业的消费也产生了一定抑制,建筑及装潢材料类、家具类、五金电料类零售额有所下降。

3. 投资结构有待优化

2017年,湖南省完成固定资产投资增速持续快于全国平均水平,但投资内部结构不优问题凸显。基础设施投资增速放缓、产业投资增长仍然不足、高新技术产业投资占工业投资的比重仍然偏低,第三产业部分重点行业增长出现乏力,特别是重点生产性服务业中,交通运输、仓储、邮政业投资、金融业投资对经济支撑不足。

4. 城乡和地区收入相差大

湖南省城乡居民收入还比较低,低于全国平均水平。2016年湖南省城镇居民人均可支配收入为31284元,低于全国平均水平2332元;农村居民人均可支配收入为11930元,低于全国平均水平433元。从市州来看,湘西州城乡居民收入最低,城镇居民人均可支配收入和农村居民人均可支配收入分别为20813元和7413元,分别低于全省平均水平10471元和4517元。地区之间发展不平衡。从四大区域情况看,2016年全面小康总体实现程度最高的长株潭地区达到97.7%,大湘西地区仅为87.9%,两者相差9.8个百分点,其中经济发展实现程度相差17.2个百分点。从各市州情况看,2016年长沙、株洲和湘潭三市全面小康实现程度均超过96%,而湘西州实现程度还在85%以下。实现程度最高的长沙市(97.2%)与最低的湘西州

（83.2%）相差 14 个百分点。

5. 创新产出绩效较低

从创新投入看,2017 年湖南省 R&D 经费支出占 GDP 比重为 1.6%,比全国低 0.52 个百分点,也低于湖北省、安徽省。从创新产出看,万人专利申请授权量只相当于全国平均水平的 56.4%,技术市场合同成交额占 GDP 比重落后湖北 2.6 个百分点,也低于全国平均水平。从创新绩效看,产业关键核心技术突破程度较低,单位高新技术企业产品出口额较低,2017 年湖南省高技术制造业增加值占规模以上工业的比重仅 11.3%,比全国低 1.4 个百分点。

（三）开放型发展短板突出

虽然近年来湖南省开放发展取得显著成效,但开放发展与现有的经济地位不相称,进出口规模偏小,平台统筹不力、功能不足、效益不高,开放产业体系建设滞后,投资环境不优,这些都是亟待解决的问题。

1. 进出口规模偏小

2016 年湖南省进出口总额仅居全国第 19 位,外贸依存度仅为全国平均水平的 1/6,居全国倒数第 3 位,仅高于西藏和青海。虽然 2017 年湖南省实现进出口同比增长 39.8%,增速居全国第 4 位,但这是在 2015 年、2016 年连续两年较大幅度负增长的情况下实现的,外贸依存度只有 7.03%,比 2017 年全国平均水平（33.6%）低 26.57 个百分点（见表 17-7、表 17-8）。

表 17-7　2016 年全国及中部六省外贸进出口情况

指　标	进　口				出　口			
	绝对额（亿元）	排　位	增长（%）	排　位	绝对额（亿元）	排　位	增长（%）	排　位
全　国	243386.0		-0.9		138455.0		-1.9	
山　西	1099.0	6	20.5	1	655.3	6	25.2	1
安　徽	2973.5	2	-7.2	5	1908.2	3	-11.7	6
江　西	2643.9	3	0.6	3	1966.9	2	-4.1	4
河　南	4714.7	1	2.6	2	2835.3	1	5.7	2
湖　北	2600.1	4	-8.3	6	1720.1	4	-5.3	5
湖　南	1782.2	5	-2.1	4	1205.3	5	1.5	3

表17-8　2017年全国及中部六省开放发展情况

指　标	外　贸				外　资			
	进出口绝对额（亿元）	排　位	外贸依存度（%）	排　位	实际利用外资总额（亿元）	排　位	外资依存度（%）	排　位
全　国	277923.0		33.60		8776.0		1.06	
山　西	1161.9	6	7.76	5	108.2	6	0.72	6
安　徽	3432.9	2	12.48	2	1017.6	2	3.70	1
江　西	3020.0	4	14.51	1	733.70	4	3.52	2
河　南	5232.8	1	11.63	3	1102.08	1	2.45	4
湖　北	3134.3	3	8.58	4	703.62	5	1.93	5
湖　南	2434.3	5	7.03	6	926.08	3	2.68	3

2. 平台统筹不力、功能不足、效益不高

一是国家级区域战略平台政策效应还没有形成合力。国家区域战略在湖南省的试验彰显，长株潭、湘南、洞庭湖、大湘西都是国家级区域战略平台覆盖区域，共同构成了覆盖湖南省的开放政策支撑体系，但战略平台的政策整合效应不够，从提升湖南省开放型经济发展高度看，缺乏一个整合湖南省国家区域战略政策效应的龙头平台和相关的整合协调机制。

二是口岸平台建设有待优化。湖南省近年来口岸平台建设成效明显，但口岸建设还不适应对接"一带一路"发展要求，布局还需要进一步优化，铁路口岸、公路口岸、水运口岸、航空口岸在四大区域都应该有布局，缺乏大湘西对接新亚欧大陆桥的国际开放通道，客货运功能齐备的口岸监管场地建设相对滞后，尤其是缺乏国际全货机航线，物流特别是园区物流严重滞后，河南省有24条国际全货机航线，重庆早在2010年就有10条国际全货机航线，而湖南省尚无一条，一体化通关体制还需要进一步完善。第一，口岸通关能力和效率有待提高。①口岸协调机构职能弱化。目前湖南省出入境总人数年平均增长28.17%、贸易稳定增长，协调任务与日俱增，而各级口岸办机构职能反而在机构改革中弱化，制约了在湖南省开放型经济平台建设中的主动作为，外向型经济潜能没有充分发掘出来。以张家界口岸为例，该口岸与桂林、三亚两地出入境人数、游客人数接近，而贸易总额却仅为桂林的14%、三亚的9%。湖南省政府口岸办作为省商务厅一个内设处，在经费计划、日常管理、工作安排、文件传送等方面均按厅级机关内设机构运作，湖南省口岸办面临着人员力量少、机构权威低、协调难度大等难题。张家界市口岸办由市商务局党组成员担任市口岸办主任，人员编制仅3人（含1个工勤编）；而桂林市口岸办与市商务局实行"一套人马，两块牌子"，商务局局长兼任口岸办主任，人员编制为 9 人,一正两副,下设事业单位"口岸服务中心";三亚市则独立设置市海防与口岸局,作为市政府组成部门,编制 10 人。②口岸一体化建设滞后。口岸三关(海关、边检、检验检疫)联检单位之间,以及与机场之间,除了航班信息互通以外,其余信息均未互通,影响通关效率。③口岸联检单位人手不足。黄花机场提出 24 小时开放国际航班,但由于口岸联检单位人手不足,许多国际航班夜间零点后就无法进港。张家界机场同样存在这一问题。④口岸联检单位工作激励机制不完善。口岸联检单位作为中央驻湘单位,无法享受省、市单位年终绩效考评和文明单位奖励。由于缺乏激励机制,口岸联检单位工作人员夜间工作积极性不高。第二,进口指定口岸建设滞后。湖南省两个国家一类航空口岸功能性平台很少,长沙黄花机场航空口岸目前仅获批食用水生动物、冰鲜水产品两个进口指定口岸,许多境外货物只能从外省口岸入境而不能从长沙航空口岸入境。而同处于中部地区的郑州新郑国际机场在 2008 年就已经获批进口水果指定口岸,2013 年获批冰鲜水产品进口指定口岸,2015 年获批澳大利亚屠宰用牛指定口岸。张家界机场航空口岸尚无进口指定口岸,而同类广西桂林两江机场航空口岸在 2010 年就已经获批进口水果指定口岸资质。湖南省一年消费进口药品达到 30 亿美元,而湖南省航空口岸却没有进口药品指定口岸资质。第三,口岸相关设施和服务有待完善。①物流仓储设施不足。突出表现在冷链物流发展不足。②口岸作业场地不足。如张家界航空口岸基础设施建设落后,导致大型飞机飞不进来,无法满足多种类型国际航班运作的需求。③口岸信息化建设滞后。④外汇兑换服务有待完善。如目前张家界航空口岸尚无外汇兑换点。

三是园区质量不高效益差异大。近年来,通过搭建省级外贸综合服务平台和建设园区外贸综合服务中心,实施"破零倍增"工程,园区开放平台作用突出,但园区产业集聚质量不高,特别缺乏"大而优"的项目支撑,效益差异大。第一,产业集聚质量不高。表现在大项目、好项目不多;产业链不完整,集聚度不高;"三外"关联度不强。还缺乏如郑州富士康、重庆的笔记本电脑产业链这样的大企业、大集群。举例来说,郑州富士康 2016 年进出口超过 400 亿美元,一家企业超过了湖南省全省进出口总和。重庆笔记本产业集群,五年时间形成了"5+6+800"的集群集聚发展模式,成为重庆最大的产业,即由华硕、宏基、惠普、英特尔、东芝五大品牌商,加上富士康六大整机商,再加上 800 家配套生产企业,形成了完整的电脑产业生产链。本地配套率达到 83%,2016 年生产电脑 6000 万台,占全球总量的三分之一,产值超过 5000 亿元人民币,是 5 年前的 10 倍。而湖南省在产业集聚上还有较大差距,如汽车的零部件本地配套率仅为 30%。第二,结构不优。突出表现在"三个三分之二",即港资占全省外资总额三分之二、港资中房地产占三分之二、增资扩股占总额的三分之二。对引技引智还重视不够,没有形成机制,缺乏系统政策。第三,园区效益差异大。2016 年湖南省 84 个省级以上开发区(不含工业集中区),有 20 个实际利用外资为零、7 个利用内资为零、3 个外贸进出口为零。

在全国排位也靠后。2017年开始,国务院要求实行动态管理,居于后面的园区第一年亮黄牌,连续两年居后的要淘汰,湖南省必须要有危机感,全国219个国家级园区除西部48个外,中东部有171个,湖南省有的园区垫底。2016年,省级开发区(不含工业集中区)的情况还要差一些,平均每个实际到位外资0.6亿美元,进出口为0.84亿美元。

四是平台功能不足,同质竞争激烈。第一,平台功能不足。湖南省大多数平台功能"缺胳膊少腿",在开展具体业务过程中仍要不断申报各种资质,制约了产业项目引进和业务拓展。例如,湖南省综合保税区、综合保税物流中心分别有5个和2个,应该是发展电商的最优平台,但湖南省最大的湘潭综合保税区,就不具备保税备货功能,只能直购,即只能直接从海外发货,无法为消费者提供统一的购买平台,消费者下单后等待时间长,因此难以形成大规模跨境电商经济。要具有保税备货资质,湘潭就必须申请成为跨境贸易电子商务服务试点城市。长沙已获批成为跨境贸易电子商务服务出口试点城市,但进口不具备保税备货资质,而郑州、广州、上海等城市都已获批成为试点城市,具备保税备货功能,跨境电商经济就发展很快。第二,平台之间联动协同作用弱导致物流成本高、同质竞争激烈。目前,湖南省公路口岸、湘欧快线、港湘直通车、跨境贸易电子商务监管中心、保税商品中心等平台相继建成开通,赢得了发展先机,但各平台之间的相互联动协同作用较弱,还没有形成"区港联动"。而在郑州,新郑综保区与航空港、公路港、铁路港、海港形成了"区港联动",为富士康等区内外企业大幅度降低了物流成本。同时,湖南省由于平台定位不清,协调性差,各平台同质竞争日趋激烈,缺乏错位竞争,相互争抢资源,造成项目落地难度加大。

3. 开放产业体系建设相对滞后

一是地区产业同构比较严重。产业差异化水平低,各地市州产业同构性平均达80%,人为片面导致的资源要素错误配置情况突出。部分市州县仍然追求资源低端利用、劳动密集供给,片面追求供给产业"小而全"。

二是符合省情的出口产业培育不够。湖南省农业资源非常丰富,但有优势的诸如茶叶、稻谷、生猪等农产品国际竞争力不强。湖南省加工贸易规模不大,跨境电子商务、市场采购、内外贸融合等新型贸易方式也刚刚起步。

三是技术领先的细分领域缺规模。主要是优势产品诸如3D打印、北斗导航、动漫等领域市场开拓步伐不快,上下游供应链跟进较慢,产业链、价值链延伸与扩大高新技术产品进出口良性互动不够。

4. 开放环境不优

一是硬环境还不适应全方位大开放的要求。目前,湖南省很多地区的生产技术水平、企业布局、交通条件、协作条件、燃料供给条件等基础性生产设施和服务设施,不能适应大开放的要求,物流成本高,有优势的产品运不出去。

二是软环境问题比较突出。法制环境、政府诚信还有缺失,主要体现在融资和管理水平不高,政务效率较低,行政审批时间依然存在项目多、环节多、时间长和收费不规范等问题,不少项目特别是一些投资额大、影响大的优质项目,受用地指标少、征地难、拆迁慢等因素制约。

三是开放型人才缺乏。缺乏具有开放意识的企业家和专业化人才。有些企业家观念传统保守,不愿意走出去,开放意识欠缺;有些企业家缺乏创新意识,企业本身规模不大,在引进优秀人才方面举步维艰,好不容易引进的人才又留不住;有些企业家专业素质不高,一旦涉及具体的产品规划和项目方案,由于缺乏专业知识,开发意识不足。

四是对接"一带一路"配套服务没有跟上去。当前,湖南省对接"一带一路",各级政府很热,但企业的积极性没有调动起来。第一,企业"走出去"顾虑大。推动湖南省优势产业参与全球产业分工,促进先进产能、技术和产品向外拓展,是提升湖南省开放经济水平的重要举措。目前,湖南省相当一部分企业由于核心竞争能力较低,缺乏相应政策扶植,风险大,顾虑重重,不敢"走出去",也不愿"走出去"。第二,"引进来"与本地配套对接不够。特别在基础支撑、品牌培育、环境保障等方面,没有把自身优势与市场需求有效对接起来,实现更高层次"引进来",增强核心竞争力。

(四)资源环境约束明显

1. 人均耕地面积少

湖南省的耕地保护形势仍十分严峻,人均耕地少,相当部分耕地质量不高,耕地后备资源不足。改革开放40年来,湖南省人均耕地面积0.7—0.9亩,为全国人均耕地的50%—60%,并逼近了联合国确定的人均0.8亩耕地的警戒线(见图17-35)。

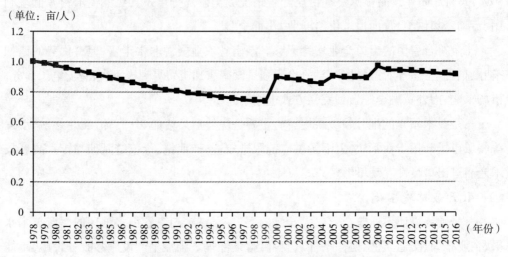

图 17-35　1978—2016 年湖南省人均耕地面积

2. 资源利用仍需提高

2017年12月26日,国家发展改革委、国家统计局、环保部和中央组织部联合发布2016年各省、自治区、直辖市生态文明建设年度评价结果,绿色发展指数中,湖南省资源利用分类指标在全国排第16位,居中游水平。湖南省只有4个市州资源利用分类指标高于80,其余市州均为70—80。市州资源利用分类指数最高的常德市为85.35,最低的益阳市为73.04,市州高低极差为12.31,是6个分类指数中极差值最小的,说明市州之间资源利用水平都不太高。同时碳排放和资源回收利用方面还存在不足,各市州资源利用仍需努力提高。

3. 绿色生活任重道远

绿色发展指数中,湖南省绿色生活分类指标在全国排第25位,居后进水平。湖南省仅有3个市州的绿色生活分类指数高于80,还有2个市州低于70。市州绿色生活分类指数最高的长沙市为87.55,最低的湘西州为64.75,市州高低极差为22.80,说明市州之间绿色生活水平差距较大,绿色生活水平不高,与发达省份还有较大的差距,需要迎头赶上任重道远。

4. 高耗能行业能耗占比较高

2017年,六大高耗能行业综合能源消费量为4800.81万吨标煤,同比增长1.9%;占规模工业综合能耗比重79.5%,比重较同期提高0.2个百分点。其中,火力发电企业综合能耗1104.52万吨标煤,占规模工业综合能耗比重18.3%,比重较同期提高1.6个百分点。

(五)脱贫攻坚任务艰巨

1. 完成脱贫攻坚任务时间紧任务重

湖南省有武陵山、罗霄山两大集中连片特困地区,有51个扶贫工作开发重点县,8000多个贫困村,445万贫困人口,贫困人口总数排在全国第五位,贫困发生率7.80%。离2020年全面建成小康社会只有2年时间,平均每个月要减少6万多名贫困人口,每天要有2000余人脱贫。同时,还要防止已脱贫人口返贫。

2. 脱贫攻坚地区发展不平衡

2016年年底湖南省有331万建档立卡贫困人口,贫困人口在30万以上的市州有邵阳市、怀化市、湘西州、永州市4个地区;贫困发生率超过8%的有湘西州、怀化市、张家界市、邵阳市和娄底市5个地区,贫困县(市、区)农村居民可支配收入仅为全省平均数的70%,全省减贫任务重,压力大,脱贫攻坚地区发展不平衡,主要脱贫攻坚集中在贫困山区,发展基础薄弱,人均收入低。

3. 贫困人员本身能力较弱致富较慢

湖南省扶贫办按照《市州、县市区党委和政府脱贫攻坚工作考核办法》,将全省14个市州和123个有扶贫开发任务的县(市)区(含管理区)分类进行考核,湖南省每位党员干部心中都肩负脱贫担子。但总体来说,湖南省贫困人口多、就业难、增收难,特别是一些农民工因丧失工作重新陷入贫困,返贫压力加大。还有一些贫困地区长年习惯处于贫困状态,依靠政府、依靠别人扶持。"等靠要"思想存在,墨守以前的生活习惯,不思进取,对脱贫工作带来挑战。

(六)持续发展成本较高

1. 成本费用较快增长挤占企业赢利空间

由于劳动力和原材料价格的上涨、企业管理成本提高等因素影响,成本费用增长较快,挤占了企业的赢利空间。如销售费用、管理费用、财务费用等成本费用合计占比,比每年均有所提高。

2. 要素成本偏高

湖南省企业发展过度依赖少数行业,不少企业反映湖南省的电价、水价、气价、五险一金等要素成本偏高。物流成本占生产成本的比例高。湖南省物流成本占生产成本占比约30%,而在西方发达国家的占比只有10%—15%,意味着物流成本是发达国家的2至4倍。物流成本的增加使企业利润降低,直接影响到湖南省企业制造的竞争力。人才支撑不够,对人才的政策扶持和资金补助力度还不大,创新型人才、技能型人才短缺。

3. 政务成本高

湖南省行政效能不高,政府补偿机制不完善,政府违约失信问题依然存在;法治保障不全,对企业监管不严,案件处理超时、超范围,消极执行、选择性执行、乱执行、执行不廉等问题依然存在。

三、湖南省进一步深化改革开放的政策建议

(一)以提高资本产出效率为关键提升创新经济引领力

1. 着力提高三次产业整体产出效率

出台政策减少湖南省一次产业对社会资源的过度占用,提高社会资产总额的运转效率。对于进城务工超过一年不愿流转经营的农民可由村统一代为行使其农地承包经营权,提高耕地使用及产出效率。对农村宅基地在确权登记基础上,征收资源占用使用税,鼓励农民在城市购房置业,对于自愿放弃农村宅基地的农民给予城市购房安置补贴。

2.全面提升制造业技术智能化水平

整合湖南省现有科研院所、企业资源,提升基础材料、基础零部件、基础工艺、基础制造装备的研发、设计和制造能力。全面推进制造业与互联网深度融合,大力实施"智能制造工程"专项行动,以制造业、"互联网+"和"双创"紧密结合为重点,广泛开展工业云平台、工业大数据、工业电子商务等制造业与互联网试点示范,全面推进"两化"深度融合管理体系贯标,不断提高智能产品、智能生产、智能服务水平,实现由"制造大省"向"智造强省"转型。

3.大力提升科技创新转化率

湖南省科技转化率低的一个重要原因是高校科研机构智力成果转化率低,一直以来湖南省对于企业创业补贴多,对于高校科研机构创业补贴较少,不利于高科技创新转化率的整体提升。建议为高校科研机构事业单位人员创新创业设立专门的产业园区,以便智力资源与产业资源实现高效、充分、无缝对接,促进人才智力成果尽早落地。

(二)以提高开放平台质量为重点提升外贸依存度

1.加快申报"国家内陆开放型经济试验区"

加快申报论证工作,积极对接国家发改委等有关部委,尽早获得"国家内陆开放型经济试验区"的金字招牌,提升湖南省战略平台的统筹整合能力。

2.突出发展航空口岸经济

继续发挥长沙黄花机场在临空经济发展中的关键作用,加大对湖南省内企业航空指向型产品的补贴力度。增开重点贸易伙伴国家和地区的全货机航线,引入更多航空公司和国际物流公司总部基地入驻。配合推进机场基础设施提档升级,提高飞机降落等级,为开通中远程国际航线提供条件。进一步提升张家界航空口岸平台开放层次,以张家界航空口岸经济区为载体,将张家界纳入湖南省国家级内陆开放试验区和中国湖南省自由贸易区申报范围。

3.抓好"湘欧快线"平台建设

加大资金投入和政策支撑,在软件方面加强同沿线国家海关和检验检疫的合作。建立电子管理平台和网上客户服务中心,为外贸企业提供政策咨询和手续办理服务。主动对接国际高速铁路网建设,努力实现国际轨道设备标准统一。增设"湘欧快线"境外物流枢纽网点,提升"湘欧快线"的品牌影响力。

(三)以改善民生为目的,坚决打好"三大攻坚战"

1.通过转型升级有效控制风险隐患

积极推动产业转型升级与民生改善相结合,大力发展新兴民用领域科技,打造高质量的产品体系;培育新经济、新模式、新业态,努力创造发展新动能,实现经济中高速增长、产业迈上中高端水平,不断提高有效供给、化解冗余和无效供给。

2. 实行主动脱贫和借势脱贫相结合

充分发挥国家脱贫攻坚的政策优势,协同推进开放发展与脱贫攻坚,强化扶贫攻坚国际合作。深化与联合国开发计划署、联合国儿童基金会、世界银行、亚洲开发银行等国际组织在扶贫领域的合作。设立湖南省开放扶贫专项资金,用于撬动国际资金参与精准扶贫。与国际金融机构开展精准对接,创新金融扶贫产品。

3. 建设山清水秀的美丽湖南

要继续实施湘江保护和治理"一号重点工程",统筹洞庭湖环境综合治理专项行动,抓好大气、水、土壤污染防治。同时要以乡村振兴战略思想为指引,重点抓好美丽乡村建设,坚持人与自然和谐共生,走乡村绿色发展之路,持续搞好农村生活垃圾处理、土壤污染治理等环境治理工作。

(四)以激发社会活力为目的优化发展环境

1. 加快改善政务环境

继续深化"放管服"改革,促进政府管理由事前审批更多地转为事中事后监管,提高行政效能;稳步推进商事登记制度改革,积极推进"先照后证""三证合一";进一步下放企业投资项目备案权限,提升县(市、区)投资主管部门的备案权限;在全省分级、分期实现数据库、培育库、项目库、融资库"四库合一",对全省民营企业运行情况、"小巨人"培育对象成长情况进行有效监测;探索建立与周边省份定期会商制度,加强省际数据交流。

2. 实施支持性开放型经济发展政策

建议在加强湘资沅澧四水航道疏浚和港口建设的基础上,加大内河航运燃油税、到港集装箱汽车高速公路通行费减免等政策优惠力度,对公路超长超重货物运输实行严格控制,引导特大、特重、危险品和远程运输分流到水运上来,促进航运物流业发展,降低物流成本;省、市两级财政安排专项资金,对跨境电商企业和物流快递行业实行财政补贴,可比照临空经济发达地区优惠政策执行;以国际产能合作为契机,推动湖南省在沿线国家建设经贸合作区、工业园区、自由港区等产能输出项目,优化货源支撑,增加回程货物;加大人才引进力度,鼓励引导企业、高校、科研院所形成人才联合培养机制,为开放型经济发展提供智力支持。

18

广东省改革开放 40 周年
地区发展报告

广东行政学院课题组①

一、1978 年以来广东省经济社会发展成就

改革开放 40 年来,在党中央和国务院正确领导下,广东省作为我国改革开放的排头兵、先行地、试验区,解放思想,开拓进取,取得了国民经济和社会发展的巨大成就,在我国改革开放和社会主义现代化建设大局中具有十分重要的地位和作用。

(一)国民经济发展迅速,经济总量连续多年位居全国第一

1978—2017 年,我国 GDP 年均增速 9.6%,广东省则高达 12.3%。持续的、较快的经济增速使得广东省经济总量不断踏上新台阶(见图 18-1)。1989 年广东省经济总量超越江苏,成为中国第一经济大省,1998 年广东省地区生产总值超越新加坡,2003 年超越中国香港,2007 年超越中国台湾,2016 年超越澳大利亚,目前已直逼韩国。2017 年广东省地区生产总值达 89879.23 亿元(初算数据),连续 29 年在全国居首,是 1978 年(185.85 亿元)的 483.6 倍,占全国的比重也从 1978 年的 5.1%上升到 2017 年的 10.5%(见图 18-2)。

在广东省经济总量快速增长的同时,广东省人均地区生产总值也不断提高。2017 年,广东省人均 GDP 为 81089 元,按年平均汇率折算为 12009 美元,是全国平均水平的 1.36 倍,40 年间年均增速 10.4%。目前,广东省的人均 GDP 已达到世界中等偏上收入国家水平。与此同时,广东省财政收入也实现了快速增长(见图 18-3),2017 年广东省地方一般公共预算收入达 11315.21 亿元,在全国排名第一,是 1978 年的 270.5 倍,年均增长 15.0%。

---

① 课题组组长:蔡兵;课题组成员:张海梅、陈朴、赵超;项目编号:NSAZT(WT)2018018。

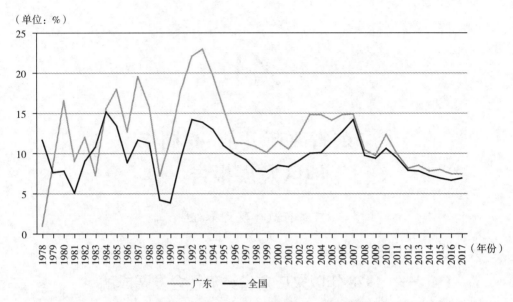

图 18-1　1978—2017 年广东省、全国 GDP 增速变化对比情况

资料来源:广东省统计局、国家统计局广东调查总队:《广东统计年鉴 2017》,中国统计出版社 2017 年版,第 56 页;
广东省统计局、国家统计局广东调查总队:《2017 年国民经济和社会发展统计公报》;中华人民共和国国
家统计局:《中国统计年鉴 2017》,中国统计出版社 2017 年版,第 64 页;中华人民共和国国家统计局:《中
华人民共和国 2017 年国民经济和社会发展统计公报》。

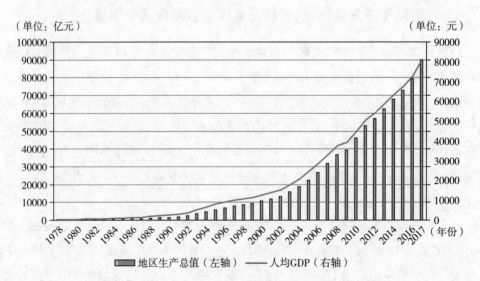

图 18-2　1978—2017 年广东省地区生产总值及人均 GDP

资料来源:广东省统计局、国家统计局广东调查总队:《广东统计年鉴 2017》,中国统计出版社 2017 年版,第 55、
67 页。

（单位：亿元）

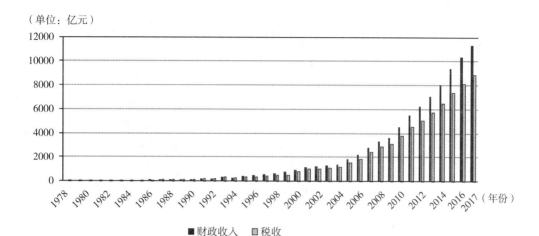

图18-3　1978—2017年广东省财政及税收情况

资料来源：广东省统计局、国家统计局广东调查总队：《广东统计年鉴2017》，中国统计出版社2017年版，第233—234页。

（二）发展质量不断提升，经济结构不断优化

改革开放40年，也是广东省经济结构不断优化调整的40年（见表18-1）。这期间，广东省三次产业在调整中取得长足发展，农业基础稳固，工业核心竞争力增强，现代服务业蓬勃发展。1978年，广东省第一、二、三产业比重为29.8∶46.6∶23.6，2017年三产比例调整为4.2∶43.0∶52.8（见表18-1）。40年间广东省农林牧渔业增加值有所增加，产品产量有所增加，比重却下降了25.6个百分点；第二产业比重虽然略降了3.6个百分点，但数量、质量却是大大增加，新型工业化进程的加快、先进制造业和高技术产业的快速发展，使得广东省工业经济的整体竞争力大大增强。2017年，广东省高技术制造业增加值9516.92亿元，先进制造业增加值17597.00亿元，分别占到第二产业比重的24.7%和45.6%；其间广东省第三产业比重大幅提高29.2个百分点，年均增速达13.1%，比地区生产总值增速高出0.8个百分点。尤其值得一提的是第三产业内部高级化明显，2017年，广东省现代服务业增加值29709.97亿元，占第三产业比重为62.6%，生产性服务业增加值24344.75亿元，占第三产业比重为51.3%。

表18-1　1978—2017年广东省及全国三次产业比重对比

年　　份	广　　东	全　　国
1978	29.8∶46.6∶23.6	27.7∶47.7∶24.6
1980	33.2∶41.1∶25.7	29.6∶48.1∶22.3
1985	29.8∶39.8∶30.4	27.9∶42.7∶29.4
1990	24.7∶39.5∶35.8	26.6∶41.0∶32.4
1995	14.6∶48.9∶36.5	19.6∶46.8∶33.7

续表

年　份	广　东	全　国
2000	9.2∶46.5∶44.3	14.7∶45.5∶39.8
2005	6.3∶50.3∶43.3	11.6∶47.0∶41.3
2010	5.0∶49.6∶45.5	9.5∶46.4∶44.1
2015	4.6∶44.8∶50.6	8.8∶40.9∶50.2
2017	4.2∶43.0∶52.8	7.9∶40.5∶51.6

资料来源:广东省统计局、国家统计局广东调查总队:《广东统计年鉴2017》,中国统计出版社2017年版,第58页;广东省统计局、国家统计局广东调查总队:《2017广东国民经济和社会发展统计公报》;中华人民共和国国家统计局:《中国统计年鉴2017》,中国统计出版社2017年版,第60页;中华人民共和国国家统计局:《中华人民共和国2017年国民经济和社会发展统计公报》。

（三）基础设施显著改善,经济发展后劲增强

改革开放的40年也是广东省基础设施建设显著改善的40年,40年间广东省共完成固定资产投资292760亿元,交通运输方面形成了以铁路、公路、水运、民用航空和管道组成的综合运输网。2017年各种运输方式完成货物周转量28199.90亿吨公里,比1978年增长26.4倍;完成旅客周转量4143.84亿人公里,比1978年增长53.6倍。

（四）民营经济发展从小到大,成为广东省经济重要力量

改革开放40年来,广东省民营经济经历了从无到有、从小到大、从弱到强的发展历程,取得了巨大成就。2017年广东省民营经济实现增加值48339.14亿元,占广东省GDP的53.8%,成为经济的重要组成部分。民营经济不仅总量发展快,质量也有很大提高。2017年广东省民营企业工业增加值占规模以上工业增加值的51.2%,民间投资占固定资产投资额的比重为61.8%。民营经济的发展,大大带动了广东省的就业,2016年民营经济就业人员达3364.50万人,占全部就业人口总量的53.58%。

（五）进出口贸易增长迅速,开放型经济向纵深推进

改革开放40年来,广东省对外开放长期走在全国的前列。近年来,更是紧紧抓住国家"一带一路"倡议的实施、自贸试验区、粤港澳大湾区建设等重大机遇,深入实施开放发展战略,努力提升开放经济水平,开放型经济发展实现了"螺旋式"上升,在全国对外开放格局中地位进一步增强。2017年,广东省货物进出口总额68155.9亿元,合10094.5亿美元,是1978年16亿美元的631倍,年均增速23.2%,连续32年位居全国货物进出口总量首位,占全国贸易总额比重达24.5%。不仅总量快速发展,对外贸易结构也发生了根本性的改变。1978年,广东省出口产品中农副产品等初级产品占比高达50%,2016年农产品出口比重下降到只有1.5%,出口产品中绝大部分为机电产品、高

新技术产品等高附加值的工业制成品。改革开放之初,广东省以"三来一补"的加工贸易为主,2016年广东省一般贸易开始超过加工贸易占比(38.8%),达到广东省贸易总额的43.4%,2017年这一比重更是提升至46.1%,比加工贸易比重高出了9.0个百分点。

目前,广东省对外经济中对外服务贸易正在加快发展,2012—2016年,广东省服务进出口总额年均增长20.8%,大大高于制造业的对外贸易增长,计算机、保险、金融、咨询等高附加值服务出口增长势头强劲,服务贸易占对外贸易比重从2012年的6.8%大幅提高到2016年的13.4%,显示出广东省出口结构实现了很好的优化升级。

此外,广东省出口主体结构变化显著,非国有企业出口所占比重逐年攀升。2017年,广东省民营企业进出口占比达46.1%,已是广东省出口第一大主体,成为支撑广东省外贸发展的重要力量。

(六)居民收入实现稳步增长,社会保障水平不断提高

改革开放40年以来,广东省城乡居民收入稳步增长。2017年广东省居民人均可支配收入达33003.3元,其中城镇常住居民人均收入40975.1元,是1978年(412.13元)的99.4倍,年均名义增幅12.5%,实际增长7.1%;农村常住居民人均可支配收入15779.7元,是1978年(193.25元)的81.7倍,年均名义增长12.0%,实际增长7.2%。

随着人们收入提高,广东省居民生活水平不断提高、消费支出不断增加,消费结构也发生了巨大变化。2017年广东省社会消费品零售总额38200.07亿元,连续35年居全国首位,是1978年的478.3倍,年均增长16.7%,同年广东省居民人均消费支出达到了24819.6元。

广东省城镇居民人均消费支出由1978年的400.0元上升到2017年的30197.9元,增长了74.5倍。农村居民消费支出由1978年的184.9元上升到2017年的13199.6元,增长了70.4倍。恩格尔系数大幅下降:1978年广东省城镇居民恩格尔系数为66.6%,2017年下降为33.5%,40年间下降了33.1个百分点。

广东省居民消费结构不断升级。彩电、空调、电话等耐用消费品逐步普及,2016年广东省常住居民每百户彩电拥有量105台、空调拥有量136台、移动电话242部,即广东省城乡平均下来,每户拥有1台以上的彩电、空调,2部以上的手机。汽车、电脑等耐用消费品拥有量也实现了大幅增长,2016年年末,广东省常住居民家庭平均每百户家用汽车和计算机拥有量分别达29.36辆和73.94台。2017年,广东省居民消费结构中,除食品烟酒外,占比最大的为居住(23.3%),排在其后的为交通通信(13.6%)和教育文化娱乐(10.6%),2017年,广东省城镇居民人均住房建筑面积达33.1平方米,比1978年的人均5.5平方米增加了27.6平方米,农村居民人均住房面积45.27平方米,与1978年的人均45.7平方米基本持平,显示出广东省居民生活水平的提高。

在人们生活水平不断得到改善的同时,人们最为关心的社会保障事业也得到了长

足发展。改革开放以来,广东省社会保险经历了逐步推进、从小到大、由慢到快的发展历程,广东省城乡居民社会保障有了很大改善,城镇职工社会保险实现了制度上全覆盖,农村居民基础养老金制度和医疗合作制度极大地提升了农民的保障水平,社会整体的保障水平有了很大的提高。2017年年末,广东省参加城镇职工基本养老保险(含离退休)5847.27万人、城乡居民基本养老保险2586.76万人、职工基本医疗保险3962.64万人、城乡居民基本医疗保险6402.43万人、工伤保险3402.03万人、失业保险3163.67万人、生育保险3300.89万人,养老、医疗、工伤、失业、生育五大险种参保规模共达28665.69万人次,比2005年的867.45万人次多了27798.24万人次。

(七)教育科技等社会事业蓬勃发展,经济社会呈现同步发展态势

改革开放40年来,广东省教育事业改革发展取得了丰硕成果,教育普及程度达到新的高度。2016年,广东省学龄儿童入学率达100%,小学毕业生升学率达95.9%,高中毛入学率达96%,高等教育入学率达35.1%,比改革开放初期有了较大的发展。

2017年年末,广东省拥有县及县级以上国有研究与开发机构、科技情报和文献机构314个,规模以上工业企业研发机构13000个,从事科学研究与试验发展(R&D)人员52万人年(折合全时当量),取得科技成果2509项,专利申请授权总量33.26万件(其中,发明专利申请授权量4.57万件),居全国首位,全年《专利合作条约》(PCT)国际专利申请授权量2.68万件,居全国首位。截至2017年年底,广东省有效发明专利量及高新技术企业总产值等指标均位居全国首位(见图18-4)。

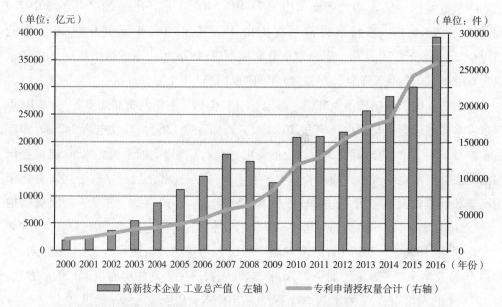

图18-4　2000—2016年广东省专利申请授权量及高新技术企业工业总产值

资料来源:广东科技统计网站,http://www.sts.gd.en。

二、广东省经济社会发展目前存在的问题

广东省40年改革开放虽然取得了举世瞩目的巨大成就,但也还存在着一系列的问题,比较突出的有以下几个方面。

(一)创新能力依然相对不足

从总体来看,相对于广东省转型升级的需要,广东省在创新能力上依然存在不足。主要表现在以下几个方面。

1. 缺乏核心技术,产品附加值低

广东省创新能力相对不足首先表现在其工业产业技术含量低,缺乏核心技术,产品附加值低等方面。以计算机、通信等电子设备制造业为例,这些产业作为广东省高技术产业的主体,长期以来存在增加值率和经济效益不高的问题,与我们通常认为的高技术行业具有的高附加值和高效益特征相去甚远。之所以出现"高技术"却"低附加值、低效益",原因在于其虽属高技术行业,但主要从事着低技术生产,生产环节以加工装配为多,许多核心制造技术没能掌握,重要零部件如核心芯片、重要芯片,甚至高精度的电阻电容都要进口,自行生产的普通元器件核心材料也需要进口,产品价值链中的高附加值部分被外国企业获得。

2. 创新投入整体强度相对不高,企业对创新投入积极性不高

广东省创新能力不足还表现在投入强度相对不足上。广东省是我国经济大省,科技投入总量无论是经费还是人员投入总量在全国均位居前列,但与经济和产业发展水平相比,广东省科技投入的强度仍显不足。2017年广东省的研发投入强度为GDP的2.65%,在全国算是相对较高水平,但与发达国家研发投入强度一般为GDP的3%—5%相比,差距还较大(也远低于我国北京、上海等地的投入强度)。

3. 创新人才总体不足,企业创新队伍薄弱

广东省创新能力相对不足还有一个重要的表现就是创新人才总体还较欠缺。首先是高素质创新人才供给的不足。目前,广东省高中级技术人才占专业人才的比重还较低,与经济大省地位不相符。其中,广东省从事基础研究人员占R&D活动人员比重,还低于全国平均水平。此外,广东省创新人才分布也不合理,尤其是高层次人才主要集中在高校、科研院所和国有大中型企业,这种不合理的分布进一步加剧了企业创新人才队伍薄弱现象,不少企业因缺乏高水平创新型人才,特别是技术带头人难以开展创新。

(二)底线民生问题还较为突出

广东省现阶段底线民生保障范围包括:城乡低保人口、"五保户""三无人员"(无劳

动能力、无经济来源、无法定赡养人和抚养人)、孤儿、残疾人等特殊困难人口。在底线民生保障方面,与江浙等发达省份相比,还有很大差距。

1. 底线民生保障水平偏低

尽管广东省在底线民生举措上不断改进,但是作为全国第一经济大省,其目前的保障水平明显偏低,不能适应广东省经济和社会发展要求。目前,广东省、浙江省、江苏省三个经济发达省份中,广东省的城市和农村低保标准最低。其中,在农村"五保户"供养上,无论是集中供养还是分散供养,广东省均是发达省份中的最低水平,并且距离水平较高的浙江省有相当大的差距。由此可见,广东省的底线民生保障水平总体偏低。

2. 底线民生保障资金来源单一

目前,广东省的底线民生保障主要依靠有限的地方预算,而未充分发挥政府基金和社会资源的作用。这种资金来源格局限制了底线民生保障水平的提升幅度。底线民生资金的支出还存在结构性矛盾,一方面因各级财力有限使得很多民生项目保障不力;另一方面,在某些领域的保障资金又存在闲置浪费的情况。此外,广东省丰富的社会资本在这方面没有得到有效的释放和利用,社会组织、社会捐助未得到合理开发和引导。

3. 作为底线民生保障主体的基层政府财力不足

广东省的底线民生支出由省级以下政府负担为主,省级政府对经济落后地区进行一定比例的补偿,而大部分的底线民生支出由县级基层政府负担;在经济发达地区则完全由基层政府负担。由于目前广东省粤东西北的一些经济欠发达地区普遍财力较紧,对底线民生没有足够财力投入,因此这方面长年积累下来的欠账也较多。

4. 底线民生保障机制不够完善

受制于人员编制、业务素质、经费限制等因素,基层政府的底线民生工作质量往往不高,一些地方仍然存在救助对象认定不够准确、审批流程不够规范、工作责任不够落实、监管机制不够健全、基层能力建设明显不足等问题,影响到社会救助制度的公平公正实施。

(三)区域协调发展相对滞后

1. 粤东西北与珠三角经济发展差距大

以2017年全国人均GDP为标准,广东省21个地级及以上市中,人均GDP最高的深圳市相当于全国水平的307.8%,最低的梅州市仅相当于全国水平的43.3%,深圳市相当于梅州市的7.11倍。粤东西北地区12个市全部低于全国平均水平(珠三角地区的江门和肇庆也低于全国平均水平)。

2. 近年差距又出现扩大势头

粤东西北与珠三角发展差距大,是广东省经济长期存在的一个突出问题。广东省委省政府高度重视这一问题,长期以来都在想方设法解决粤东西北发展相对滞后问题,从财政转移支付、扶贫脱贫、产业发展以及各类民生建设方面都采取了有力措施,也取得了粤东西北相对加快发展的成效,但从2015年开始,又出现粤东西北发展相对速度落后于珠三角的情况(见表18-2)。这说明,粤东西北发展相对滞后问题还需要引起高度重视。

表18-2　2012—2017年广东省珠三角与粤东西北地区生产总值增速　(单位:%)

GDP增速	2012年	2013年	2014年	2015年	2016年	2017年
珠三角	8.1	9.4	7.8	8.6	8.3	7.9
东　翼	10.2	10.5	9.2	8.2	7.4	7.2
西　翼	10.1	12.0	10.1	8.3	7.3	7.0
山　区	8.7	8.4	8.9	7.9	7.5	5.6

资料来源:广东统计信息网,http://www.gdstats.gov.cn/tjsj/gdtjnj/。

3.产业转移园没能很好承担起增长极功能

广东省产业转移园数量虽然已经较多,但总体发展情况还不能令人满意,大多数产业转移园,还存在小散乱的情况。一些产业转移园自身生存困难,更不要说对当地经济发展产生较强的带动作用。目前,虽然广东省在大力推动珠三角与粤东西北开展产业合作共建工作,少数产业转移园如深汕合作产业转移园等,也取得了显著的成绩,成为了样板,但从整体上看,有较高发展质量,对当地经济发展有一定带动作用的产业转移园数量还不多。

(四)县域经济发展差距较大

1.广东省县域经济发展与江苏、浙江和山东等省相比差距明显

广东省总体经济实力虽在全国名列前茅,但县域经济却落后于江浙等发达省份。与江浙及山东等发达省份的县域相比,广东省县域经济在全省经济总量中的比重严重偏低,落后面较大,对广东省经济的贡献还亟待提升。与周边省份相比,广东省县域发展水平也并不高。比较广东省与周边省区的一些相邻县市在GDP、人均GDP、地方财政一般预算收入、人均地方财政一般预算收入和农村人均纯收入情况,可以发现,广东省相当多的县域经济同邻省县域相比已经存在明显差距,比如广东省潮州饶平县与相邻的福建漳州诏安县相比,许多指标差距都在一倍左右。

2.广东省县域经济发展不平衡格局没有改善

近年来,广东省县域经济发展不平衡格局没有得到有效的改善,甚至还有所恶化。从GDP和人均GDP增速来看,广东省珠三角县域总体快于东翼、西翼及北部山区县域,说明珠三角县域发展的机会依然较多,发展的速度较快。从财政收入、投资增长、工业增加值等指标看,也依然是珠三角县域发展的后劲较足,粤东西北县域发展的困难较多。

3. 广东省县域要素资源短缺与发展环境相对落后

财源拓展困难,财政入不敷出是广东省县域经济的突出问题。近年来,相当一部分县(市),特别是粤东西北县域都反映财政依然是"吃饭财政",根本没有财力搞经济建设。同时,区位弱势是长期困扰广东省县域经济发展的难题,所以搞好以交通为中心的基础设施建设是发展县域经济的紧迫课题。但广东省大多县域属"吃饭"财政,没有多少财力安排社会事业和基础建设支出,同时,征拆费用、材料价格、人工工资不断上涨,基础设施建设成本增加,导致广东省县域基础设施与发展环境相对落后。另外,广东省大部分县域经济由于实力较薄弱,不能为科技人员及各类人才提供相对好的工作和生活条件,一定程度上阻碍了对人才的吸引。人才缺乏又导致这些县域科技力量的薄弱,科技创新难,科技基础差,吸引投资的软硬环境不佳,实现转型发展任务更加艰巨。

4. 广东省县域城镇化和工业化发展有所滞后

纵观江苏省、浙江省等先进地区,县域经济发展已进入以城市化提升工业化的发展新阶段,城市化已成为县域经济崛起的新平台。而广东省部分县域现代工业发展相对滞后,县域经济缺乏有力支撑,现代工业带动经济发展的作用不明显,特别是欠发达县域经济,缺乏产业支撑或产业结构不合理情况更加突出。

三、广东省进一步深化改革开放的政策建议

改革开放40年来,广东省作为我国改革开放排头兵,在自身取得了巨大发展成就的同时,对全国也发挥出了一定的引领示范作用。今后,广东省要针对自身发展存在的突出问题,进一步深化改革开放,争取继续保持领先发展的优势,为全国的发展提供更多的新鲜经验。

(一)继续大力提升广东省创新能力

要实现转型升级发展、扭转工业竞争力下滑趋势,增强创新能力是根本出路,而要提高创新能力,建议主要采取以下几条对策。

1. 改善创新环境,推动企业开展创新活动

广东省经过多年发展,创新环境有了很大改善,但仍有很大提升空间。如区域创新体系建设还不够完善,科技服务体系仍薄弱,全社会创新意识和文化建设仍需要大力加强,政府还需要进一步营造有利于创新的政策环境,如制定对开展创新活动有吸引力的

财税扶持政策、收入分配政策等。要特别注重将企业打造成真正的技术创新主体,特别要注重解决中小科技型企业融资难问题。还应进一步加快科技和教育互动的改革机制,改善目前创新人才培养与激励机制,努力建立新的、有效的"产学研"结合的模式,实现各创新主体的紧密结合。

2. 努力加大创新投入,重视关键技术的研发

支柱行业技术开发力量的薄弱,是广东省工业发展的隐患,必须加以解决。而解决的一个重要手段就是加大对创新的投入,支持关键技术的研发。首先,政府应确保财政对科技投入的稳定增长,并以此为引导带动更多的社会资本投入,特别是企业资本的投入。政府应制定专门的针对关键技术研发的税收优惠政策,鼓励企业设立重大技术研究开发专项资金,使企业有能力长期在重大技术领域开展有深度的研发工作。其次,政府还应建立健全创新资金的管理制度,改变原有不合理的资金投入方式,特别是应对科技经费投入方式进行进一步改革,使有限的科技经费发挥更大功效。

3. 重视创新人才,加大培养引进的力度

建设一支高效有力的创新人才队伍,同时营造一个有利于创新人才成长、发挥作用的环境,是广东省实现创新驱动,提高产业竞争力的重要保障。针对创新人才不足的问题,广东省应采取培养与引进相结合的方式,扩大创新人才队伍。应制定政策打破人才单位所有制和学科壁垒,结合深化事业单位用人制度改革,推动各类科技人才由"单位所有"向"社会所有"转变,促进创新人才在区域内合理流动,以达到人尽其用、提高创新人才的使用效率。人才使用部门应建立和完善创新人才评价、激励、合作竞争的有效机制,使创新人员的积极性充分调动起来。

(二)加大改善底线民生力度

民生底线工作开展得好坏,反映了一个地方的社会文明发展程度与和谐发展的水平,作为第一经济大省的广东省,应高度重视底线民生工作,要下大力气改善这方面工作存在的问题。

1. 调整财政支出结构,用好财政存量

将有限的财力合理分配。一是建立节约型政府,进一步降低行政性经费,进一步压缩财政用于行政管理经费规模。二是按照政府与市场的合理分工,坚持有进有退的原则,将生产性投入所占用的财政资金合理转向社会公共需要领域,努力使财政在社会保障等方面的投入增长快于财政收入的增长速度,提高财政支出的公共性。三是增加民生支出,提高底线民生保障支出比重和用于公益性、公共性项目的资金投入份额。

2. 加大省级政府统筹力度,合理分担支出成本

针对广东省地区发展不平衡的特征,省级政府应通过转移支付的方式负担欠发达

粤东西北地区底线民生保障支出中的较大比例,取消或者减少对这些地区的资金配套要求。优化转移支付流程,省政府直接向底线民生实施终端的县区一级政府进行转移支付,进一步缩短转移支付环节,提高转移支付效率。同时,积极探索横向转移支付作为辅助转移支付的模式。

3. 加快预算管理制度改革,提高财政资金使用绩效

一方面,各部门、各单位既要强化预算约束、厉行节约,及时纠正各类违法违规行为,要针对一些地方存在的预算执行不到位、资金层层积淀等情况,以整改为契机,把"跑冒滴漏"的钱堵住,要进一步盘活存量,把闲置、沉淀的财政资金用好;另一方面,要实施绩效预算,根据项目的预期绩效来分配预算资金,增强部门使用财政资金的责任性,强调预算资金的使用"绩效"和"责任性",并将底线民生相关的财政收支纳入预算。

4. 建立刚性的制度约束,完善科学考核激励机制

一是采取法制化手段,将底线民生的实施责任和办法规定下来,将地方政府的底线民生保障的权责纳入法制体系,使各级政府按照法定的权力履行法定的责任并实现相互监督。二是将底线民生的保障情况纳入对政府的考核范畴,通过问责机制的建立,对未实现"应保尽保"、未达到规定保障标准的地方,以财政和行政等方式予以惩处。

5. 建立底线民生支出长效增长机制,引导保障主体多元化

在当前底线民生保障体系不够完善的情况下,倡导、推动非政府主体(包括非政府组织、非营利组织、私人组织和社会个人)参与社会救助,实现社会救助主体多元化,是底线民生发展的方向和必然选择。建立随国民经济和政府财力增长而增长的底线民生财政投入机制,确保底线民生资金预算增长率高于财政支出的增长率,通过财政补贴和向社会力量购买服务,支持非政府主体参与社会救助。

(三)大力促进区域经济协调发展

区域发展不协调问题长期困扰广东省,对广东省率先全面建成小康社会和率先实现社会主义现代化是一个很大障碍,必须认真对待并解决这一问题。

1. 建立更为完善的政府区域协调发展管理机制

要完善广东省区域协调发展机制的顶层设计。应设立省级区域协调发展常设机构,把区域协调真正作为经济社会发展重要目标。在广东省的发展规划中,要把区域协调作为重要的规划内容,把各区域协调发展目标细化到相应的总体目标之中,作为广东省经济社会发展的指南。要关注基本公共服务均等化,努力为欠发达地区提供较高水平的发展基础条件。可把粤东西北振兴发展股权基金上升为全省性区域发展股权基金,使之成为全省性基础设施统筹建设的重要力量,并以广东省区域协调发展为目标使用好资金。

2. 按照主体功能区规划实行差异化发展

广东省的区域协调发展必须严格按照主体功能区划来执行,这是科学实现协调发展的一个关键。要以"珠三角+粤东西"的沿海经济带和粤北地区"生态休闲旅游"的模式,推进广东省经济社会的全面发展。在加强沿海经济带建设的同时,完善对粤北地区生态保护区的财政转移支付配套,坚决实现差异化发展,实现广东省共享发展成果。

3. 实行以项目制为主的区域合作方式

可借鉴欧盟经验,以推动项目发展促进区域协调发展。当然,地方实施的区域发展项目必须符合全省发展规划,必须纳入地方整体发展规划中,要形成详细的项目实施方案。要鼓励跨地方行政区域的项目,通过跨行政区合作推动区域协调发展。要鼓励省级相关地方政府开展项目合作协议,对符合省级规划发展目标的项目给予优先立项,使省区域协调发展目标与地方发展积极性更好地结合。要鼓励珠三角地区不仅把末端的生产加工装配类产业环节转移到粤东西北地区,更要利用粤东西北地区相对有利的环境条件,建立大型物流配送基地、研发基地、中试基地等,使粤东西北成为珠三角富有竞争力产业链中的重要一环,增强自我发展能力。

4. 大力完善粤东西北地区的基础设施

要认真贯彻落实《中共广东省委广东省人民政府关于进一步促进粤东西北地区振兴发展的决定》,广东省政府要统筹好对粤东西北地区的交通等公共基础设施投资工作,争取能够切实实现广东省基本公共服务均等化,增强粤东西北地区对企业投资的吸引力。

5. 粤东西北地区要注重本土经济的发展

粤东西北许多地区民营企业已相对较为发达,在当地已经形成较好的产业链,粤东西北地区要进一步注重发展好已有的民营经济,在接受外来产业转移的同时,也要注重外来产业与原有产业的融合,利用新技术、新工艺、新管理等提升原有产业的竞争力。

(四)加快县域经济发展速度

广东省县域经济发展需要进一步转变发展思路,只有摆脱传统的重数量发展、重要素投资驱动的粗放发展路径,转向注重提升质量、加快转型升级,才能促进广东省县域经济的全面振兴发展。

1. 强化体制机制创新,大力培育一批经济强县

一是要赋予经济强县更大的发展自主权。可确定数个基础条件好、经济实力强、带动作用大的县为广东省经济强县,开展县域经济发展内生动力提升试点,打造县域经济升级版。同时,在安排建设用地使用指标分配上向经济强县倾斜,鼓励经济强县进一步加大利用外资力度,大力发展外向型经济。对实际利用外资和出口总额达到一定规模的,按不同档次由省、市给予奖励。二是要大力推进经济强县先行先试,增强县域经济发展的内生动力。可在推动粤东西北振兴发展的基础上,开展增强广东省县域经济内生动力试点工作。鼓励部分经济强县先行先试,加快探索增强县域经济发展的内生动力,为破解各地普遍面临的转型困难积累经验。可以通过制定"负面清单""权力清单",进一步巩固政府职能转变的制度基础。通过确认市场、社会主体"法无禁止即可为"的开放空间,政府可以最大限度地调动公民、企业家和社会组织的积极性,为经济社会发展注入动力。三是实行经济强县与欠发达县对口帮扶,开展县域横向经济协作。可选择数个经济基础相对薄弱、发展潜力大的欠发达县给予重点帮扶。进一步通过赋予欠发达县在产业转型升级、城乡统筹发展、对外开放合作、民生保障等领域的体制机制改革和创新权限,鼓励县域深化改革。四是优化对地方政府及其党政领导干部的考核评价指标体系。可研究制定反映高质量发展要求的县域经济社会发展综合评价指标体系,定期发布县域经济社会发展统计数据,逐步推进县域经济社会发展转入高质量发展轨道。

2. 构建增强县域内生动力的三大服务平台,推进"产、城、人"融合

一是加强园区扩能增效,打造产业服务平台。支持县域产业集群建立和完善一批中小企业公共服务平台和生产力促进中心,提升产业集聚水平。鼓励省级产业转移园设立工业设计中心、两化融合创新服务中心、两化融合评估认证中心。二是强化金融生态环境营造,打造县域金融服务平台。在保证资金充足、严格金融监管和建立合理有效的退出机制的前提下,鼓励在县域内设立多种所有制的社区金融机构,引导符合条件的境外金融资本、产业资本、民间资本在县域投资设立村镇银行、贷款公司和农村资金互助社。三是加快推进县域城镇化,打造基础服务平台。要在振兴粤东西北计划的指导下,把做大做强县城作为推进新型城镇化的重要支撑,争取用3—5年时间,把一批基础较好的县城发展为中等城市。县域城镇化能够为工业化集聚要素、营造环境、提供平台,而园区产业发展可以吸引农村人口向城镇转移,促进农业规模经营,实现农业现代化,要坚持县域园区开发建设与当地新型城镇化建设相衔接,促进产业向园区集中、园区向城镇集中,实现"产、城、人"融合。

3. 大力强化中央苏区县域的政策叠加效应,增强县域经济发展的内生动力

一是加强区域联动发展。加快赣粤、闽粤产业合作区建设步伐,促进定南—和平、诏安—饶平等跨省县域开展经济合作。在区域专项规划编制、政策协调、生态环境联防联治、联合执法等领域探索建立合作新机制。二是加大政策支持力度,推动组建股权基金,重点支持产业园区、中心城区及新区的基础设施建设。实行土地差别化政策,对新建高速公路、国省道干线公路升级改造给予用地指标支持。三是要抢抓国家加强农业现代化和省委、省政府扶持粤东西北发展战略机遇,特别是,沿海相关县域,要利用好建设21世纪海上丝绸之路的机遇,运用国际惯例和市场法则,梳理、组织一批原中央苏区县域振兴发展规划的建设项目。

4. 强化相邻县域合作互利,切实促进县域间经济协同联动

一是推动从"区域内聚"向"区域联动"转变,激发县域经济发展活力。在当前阶段,要充分利用中心城市的产业转移和产业链的延伸,对县域进行系统的产业规划和进一步细化的产业发展定位,合理制定各县间产业空间布局与功能定位,可以考虑建设跨县域的产业发展大型平台和县域中心城区产业核心区等,实现区域产业特色化,优势互补、共同发展的目标。二是完善区域交通网络建设,引导县域经济合作网络的形成。建议抓住各地级市已全部通高速公路的契机,加大与之配套的路网建设,积极推进与县域经济发展相适应的各类便捷交通网络体系建设。三是通过构建县域行业协作与商会机制,促成县域企业实现跨区域的有序合作与竞争,形成复杂多样的协作分工体系,提升县域经济的规模优势与竞争优势。

19

广西壮族自治区改革开放 40 周年 地区发展报告

广西行政学院课题组①

改革开放 40 年来,广西壮族自治区各族人民在自治区党委、自治区人民政府的领导下,立足广西实际,众志成城、埋头苦干,攻坚克难、砥砺奋进,坚持改革开放,围绕以人民为中心的发展思想,坚持问题导向部署经济发展新战略,经济社会发展取得辉煌成就。尤其是党的十八大以来,主动适应把握引领经济发展新常态,集中力量办大事、和衷共济解难事、提高效率干实事,广西壮族自治区经济社会发展取得历史性成就、发生历史性变革。

一、1978 年以来广西壮族自治区经济社会发展成就

(一)生产力水平明显提高,综合实力提档升级

1. GDP

综合实力显著增强。2017 年,广西 GDP 为 20396.25 亿元,首次突破 2 万亿元大关,按照可比价格②计算是 1978 年的 36.45 倍;GDP 占全国的比重由 1978 年的 2.06%提高到 2017 年的 2.47%。GDP 在全国的位次由第 20 位上升到 2017 年的第 17 位,在西部省区中排名靠前。党的十八大以来,全省上下主动适应经济发展新常态,坚持市场在资源配置中起决定性作用,更好发挥政府作用,坚持稳中求进、稳中有为的总基调,GDP 按照可比价格较 2012 年增长 40.99%(见图 19-1)。

2. 人均 GDP

人均 GDP 水平实现新跨越。2017 年,广西壮族自治区人均 GDP 达到 41955 元,按

---

① 课题组组长:邬思怡;课题组成员:孟祥宁、王彩棉;项目编号:NSAZT(WT)2018042。
② 此处通过历年 CPI 指数进行平减;下同。

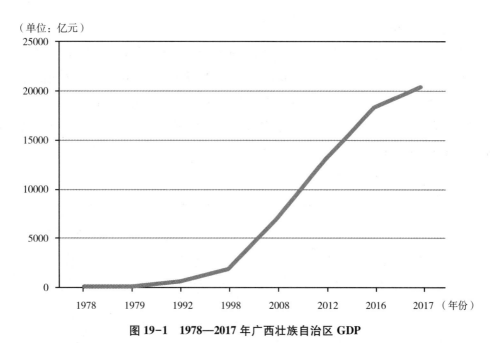

图 19-1 1978—2017 年广西壮族自治区 GDP

资料来源:根据《广西统计年鉴》历年数据绘制。

照可比价格计算是 1978 年的 25.28 倍。人均生产总值在全国的位次由 1978 年的第 29 位上升为 2017 年的第 26 位。尤其是进入 2006 年以来,人均生产总值实现每 3.5 年增加 10000 元,2010 年首次突破 20000 元,2013 年首次突破 30000 元,2017 年首次突破 40000 元;人均 GDP 按照可比价格较 2012 年增长 35.25%(见图 19-2)。

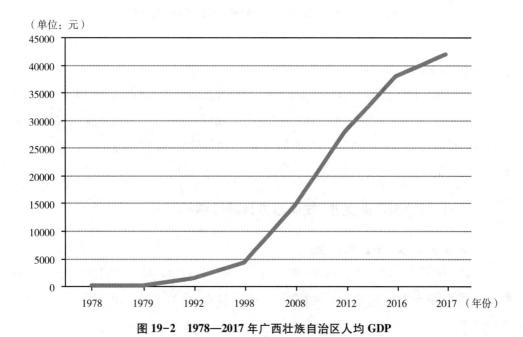

图 19-2 1978—2017 年广西壮族自治区人均 GDP

资料来源:根据《广西统计年鉴》历年数据绘制。

3. GDP 增长率

经济持续稳固增长。1978—2017 年,广西壮族自治区实际地区生产总值(GDP)年均增长 9.66%,略高于同期全国平均增速。进入 21 世纪,广西壮族自治区经济发展活力显著提升,2002—2011 年,实际 GDP① 增长率连续保持 10% 以上的增长速度。党的十八大以来,经济发展进入高质量发展阶段,由前期的高速增长过渡为连续 6% 以上的中高速增长(见图 19-3)。

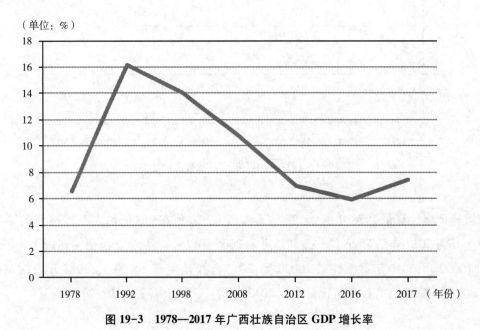

(单位:%)

图 19-3　1978—2017 年广西壮族自治区 GDP 增长率

资料来源:根据《广西统计年鉴》历年数据绘制。

4. 人均 GDP 增长率

生产力水平稳步提高。1978—2017 年,广西壮族自治区实际人均 GDP 年均增长 8.12%,高于同期全国平均增速。2004—2011 年,实际人均 GDP 增长率连续保持 10% 以上的增长速度。进入新常态以来,人均 GDP 增速虽然放缓,但仍保持环比 25% 左右的增长(见图 19-4)。

(二)经济结构不断优化,发展动力持续增强

1. 三次产业占 GDP 的比重

产业结构调整成效显著。1978—2017 年,广西壮族自治区第一产业增加值比重由 40.9% 显著下降至 14.2%;第二产业增加值比重由 34% 上升为 45.6%,占据国民经济的主

---

① 此处通过历年 CPI 指数进行平减;下同。

（单位：%）

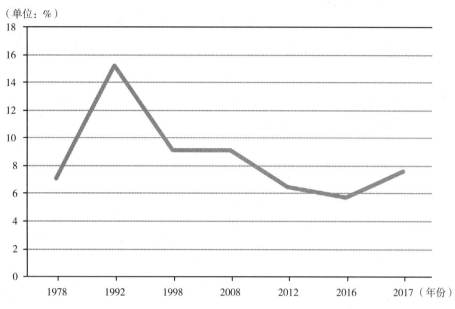

图 19-4　1978—2017 年广西壮族自治区人均 GDP 增长率

资料来源：根据《广西统计年鉴》历年数据绘制。

导地位；第三产业增加值的比重由 25.1% 上升为 40.2%，发展迅速。改革开放 40 年来，广西壮族自治区产业结构逐步趋于合理，已由"一二三"型产业结构调整为"二三一"型产业结构，实现了产业结构从农业主导型向工业主导型的重大转变（见图 19-5）。

（单位：%）

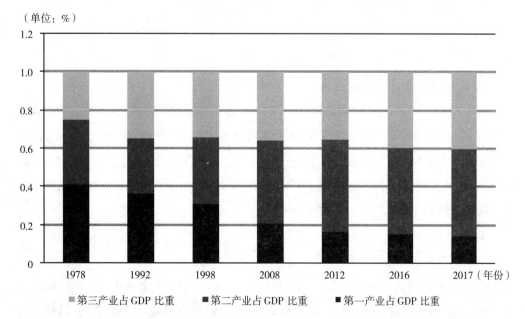

■第三产业占 GDP 比重　　■第二产业占 GDP 比重　　■第一产业占 GDP 比重

图 19-5　1978—2017 年广西壮族自治区三次产业占 GDP 比重

资料来源：根据《广西统计年鉴》历年数据绘制。

2. 工业增加值占 GDP 的比重

工业主导地位突出。2017 年广西壮族自治区全部工业增加值突破 7000 亿元,达到 7663.71 亿元,占当年广西壮族自治区生产总值的 37.57%,按照可比价格计算,比 1978 年增长 44.6 倍,年均增长 10.23%。2017 年广西壮族自治区工业增加值占 GDP 比重较 1978 年提高近 7 个百分点,工业对经济增长的贡献率达 35.6%,工业已经成为全区经济发展的主导力量(见图 19-6)。

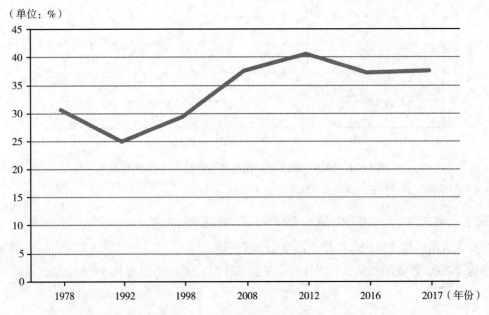

（单位：%）

图 19-6　1978—2017 年广西壮族自治区工业增加值占 GDP 比重

资料来源:根据《广西统计年鉴》历年数据绘制。

3. 最终消费占 GDP 的比重

需求结构继续改善。2016 年,广西壮族自治区最终消费占 GDP 的比重为 53.069%,自 2013 年以来,连续 5 年最终消费占 GDP 的比重超过 50%,且年均增长 1.27%。最终消费占 GDP 的比重的提升表明,在近几年各级政府严控支出"零增长"的背景下,居民消费贡献了全年最终消费增量的主要部分,广西壮族自治区区域结构和收入结构都持续趋于改善与优化(见图 19-7)。

4. 城镇化率

城镇化进程快速推进。通过撤地建市、撤县建市、撤乡建镇推动,广西壮族自治区城镇化水平不断提升。1978—2017 年,广西壮族自治区城镇化率由 10.63% 提高到 49.21%,实现年均 4.01% 的增长,尤其是 2004 年城镇化率突破 30% 以来,城镇化步伐明显加快(见图 19-8)。

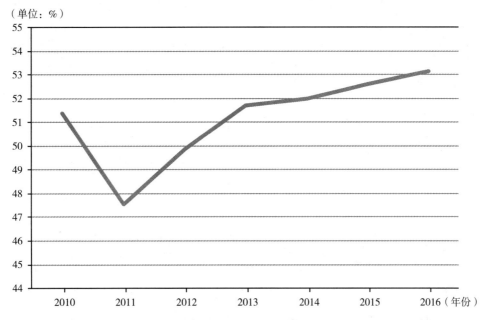

图 19-7 2010—2016 年广西壮族自治区最终消费占 GDP 比重

资料来源:根据《广西统计年鉴》历年数据绘制。

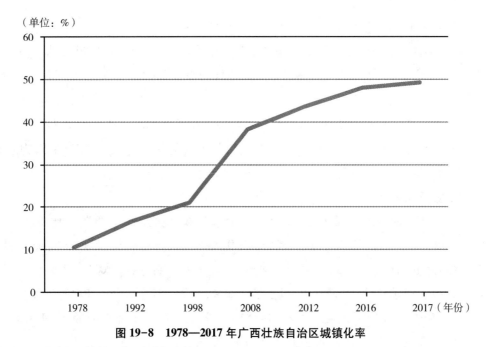

图 19-8 1978—2017 年广西壮族自治区城镇化率

资料来源:根据《广西统计年鉴》历年数据绘制。

5. 三次产业就业人员占比

就业结构发生重大变化。伴随着产业结构的变化,从业人员构成也发生了重大变化。1978—2016 年农业从业人员占全部就业人口比重由 80.46% 下降为 50.09%,第一产业从业人员占比降低 30.37 个百分点。劳动力从第一产业向第二产业和第三产业加速转移,第二产业和第三产业从业人员占比分别上升了 7.12 个百分点和 23.25 个百分点,当前,第三产业已经成为扩大就业的主要领域(见图 19-9)。

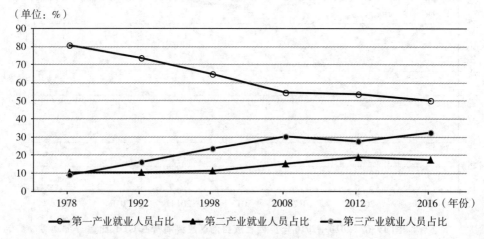

（单位：%）

图 19-9　1978—2016 年广西壮族自治区三次产业就业人员占比

资料来源:根据《广西统计年鉴》历年数据绘制。

6. 单位 GDP 煤炭、石油、天然气、电力消费量

单位能耗显著下降。1978—2016 年,广西壮族自治区单位 GDP 煤炭消费量由每万元 GDP 消耗 6.32 吨标准煤下降为 0.26 吨标准煤,下降 95.89%;单位 GDP 石油消费量由每万元消耗 2.31 吨标准煤下降为 0.1 吨标准煤,单位 GDP 石油消费量下降 95.67%。2004—2016 年,单位 GDP 天然气消费量由每万元消耗 0.0001 吨标准煤上升为 0.0085 吨标准煤;单位 GDP 电力消费量由每万元消耗 0.16 吨标准煤下降为 0.09 吨标准煤,下降 43.75%(见图 19-10、图 19-11)。

7. 能源结构

能源结构不断优化。煤炭和石油的占比逐步减少,电力和天然气的占比不断提升。1978—2016 年,广西壮族自治区煤炭消费占比由 61.4% 下降为 46.95%,下降 14.45 个百分点;石油消费量占比由 22.43% 下降为 18.44%,下降 3.99 个百分点。2004—2016 年,广西壮族自治区天然气消费量占比由 0.01% 上升为 1.55%,上升 1.54 个百分点;1990—2016 年广西壮族自治区电力消费量占比由 11.8% 上升为 16.56%,上升 4.76 个百分点(见图 19-12)。

8. 国有控股和私营工业企业资产总计占比

多种所有制共同发展,非公有制经济发展迅速。2000—2016 年,广西壮族自治区国有控股工业企业资产占比由 84.27% 下降为 51.17%,下降 33.1 个百分点;私营工业企业资产总计占比由 2.14% 上升为 27.09%,上升 24.95 个百分点(见图 19-13)。

（单位：吨标准煤/万元）

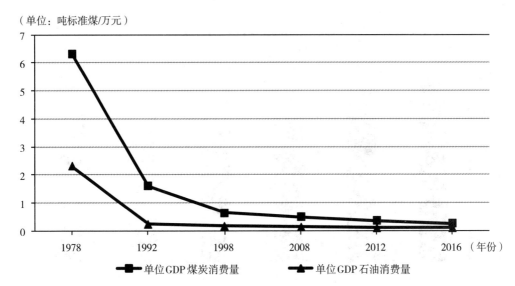

图19-10　1978—2016年广西壮族自治区单位GDP煤炭、石油消费量

资料来源：根据《广西统计年鉴》历年数据绘制。

（单位：吨标准煤/万元）

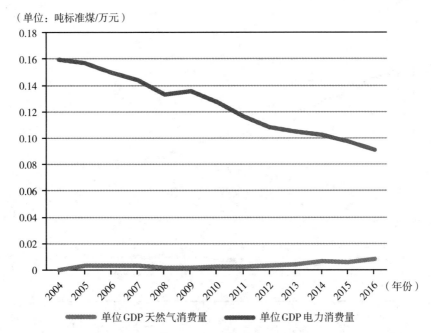

图19-11　2004—2016年广西壮族自治区单位GDP天然气、电力消费量

资料来源：根据《广西统计年鉴》历年数据绘制。

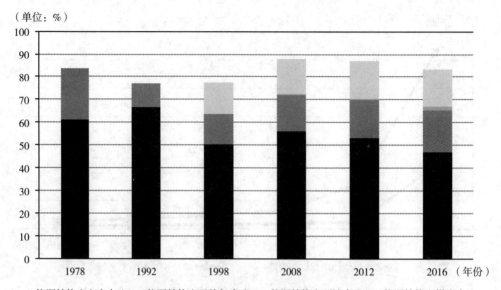

图 19-12　1978—2016 年广西壮族自治区能源结构占比

资料来源：根据《广西统计年鉴》历年数据绘制。

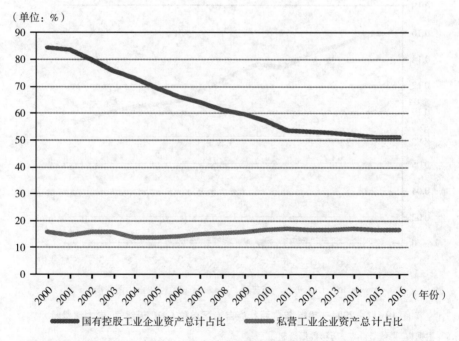

图 19-13　2000—2016 年广西壮族自治区国有控股和私营工业企业资产总计占比

资料来源：根据 Wind 数据库。

（三）宏观经济运行较为平稳，经济形势稳中向好

1. 居民价格消费指数（CPI）

宏观经济运行平稳。1978—2017 年，广西壮族自治区物价运行较为平稳，尤其是 2012 年以来，居民价格消费指数稳定在 102 左右，波动较小，2017 年广西壮族自治区居民价格消费指数为 102.7，同比增长 1.6%（见图 19-14）。

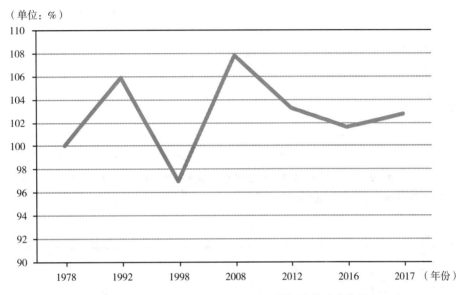

图 19-14　1978—2017 年广西壮族自治区居民价格消费指数（CPI）

资料来源：根据《广西统计年鉴》历年数据绘制。

2. 财政赤字占 GDP 的比重

财政投放节奏加快。1978—2017 年广西壮族自治区实施积极的财政政策，财政投放的节奏和力度逐年加大。2017 年广西壮族自治区一般公共财政预算支出 4912.89 亿元，与 1978 年相比年均增长 15.04%。1978—2017 年，广西壮族自治区财政赤字占 GDP 的比重由 7.75% 上升为 16.17%，财政赤字增长 8.42 个百分点（见图 19-15）。

3. 地方政府债务占 GDP 的比重

地方政府债务风险可控且不断缩小。2014—2017 年，自实行《预算法》规定以来，广西壮族自治区地方政府债务余额由 4286.78 亿元上升为 4836.72 亿元，其占 GDP 的比重由 27.23% 下降为 23.71%，下降 3.52 个百分比。广西壮族自治区地方债务风险占 GDP 的比重均低于 30%，属于可控风险范围（见图 19-16）。

4. 一般预算收入占 GDP 的比重

财政收入规模不断扩大。自实行分税制以来，广西壮族自治区一般预算收入由 62.26

（单位：%）

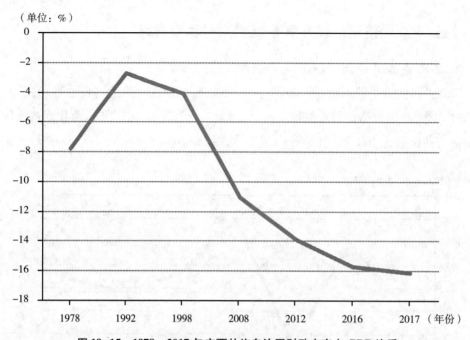

图19-15　1978—2017年广西壮族自治区财政赤字占GDP比重

资料来源：根据《广西统计年鉴》历年数据绘制。

（单位：%）

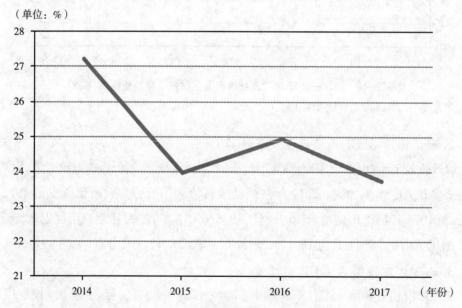

图19-16　2014—2017年广西壮族自治区地方政府债务占GDP比重

资料来源：根据广西财政厅提供的数据绘制。

亿元上升为1615.03亿元,年均增长15.21%,其占GDP的比重由1994年的5.2%上升为
7.92%,上升2.72个百分点。2004—2014年期间,广西壮族自治区一般预算收入占GDP的
比重增长较快,2014年以来广西一般预算收入占GDP的比重在8%左右浮动(见图19-17)。

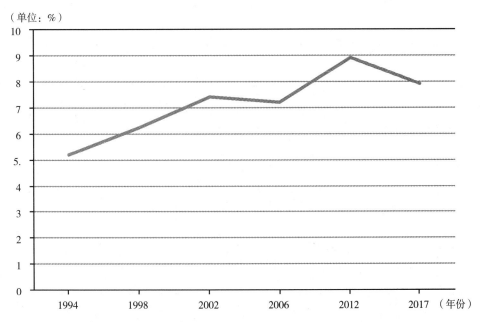

（单位：%）

图 19-17   1994—2017 年广西壮族自治区一般预算收入占 GDP 比重

资料来源：根据《广西统计年鉴》历年数据绘制。

（四）基础设施建设突飞猛进，发展后劲硬底气足

1. 人均年用电量

电气化水平步入新征程。1992—2016 年，广西壮族自治区人均用电量由 275 千瓦时上升为 2823 千瓦时，增长 9.27 倍，特别是 2005 年以来，人均用电量突飞猛进增长，2005 年人均用电量突破 1000 千瓦时，2010 年人均用电量突破 2000 千瓦时（见图 19-18）。

2. 公路网密度、铁路网密度和（人均）民用航空客运量

交通供给能力大幅度提高。1978—2017 年，广西壮族自治区公路网密度由每万平方公里 72.58 公里增长到 216.33 公里，增长 1.98 倍，年均增长 2.84%；广西壮族自治区铁路网密度由每万平方公里 1259.97 公里增长到 5189.39 公里，增长 3.12 倍，年均增长 3.7%。民用航空方面，1992—2016 年，广西壮族自治区（人均）民用航空客运量由 0.0163 次上升为 0.3703 次，增长 21.72 倍，年均增长 12.76%（见图 19-19、图 19-20、图 19-21）。

3. 互联网普及率和电话普及率

通信供给能力整体提升。1998—2016 年，广西壮族自治区互联网普及率由 0.03% 上升至 46.1%，提高 46.07 个百分点，年均增长 50.33%。1992—2017 年，广西壮族自治区电话普及率由 0.29% 上升到 97%，提高 96.71 个百分点，年均增长 24.02%（见图 19-22、图 19-23）。

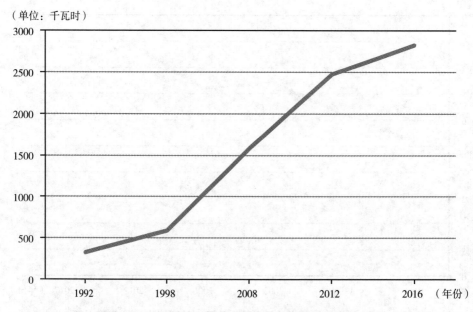

图 19-18　1992—2016 年广西壮族自治区人均年用电量

资料来源:根据广西统计公报历年数据绘制。

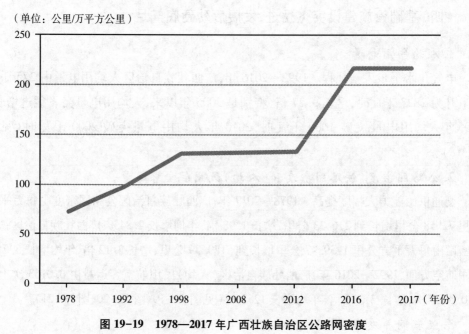

图 19-19　1978—2017 年广西壮族自治区公路网密度

资料来源:根据《广西统计年鉴》历年数据绘制。

（单位：公里/万平方公里）

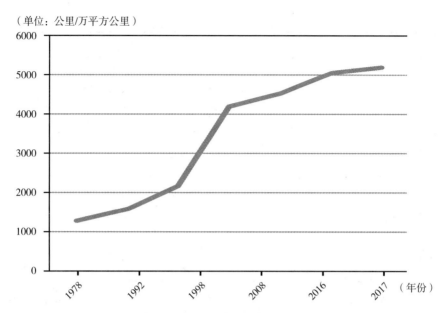

图 19-20　1978—2017 年广西壮族自治区铁路网密度

资料来源：根据《广西统计年鉴》历年数据绘制。

（单位：次/人）

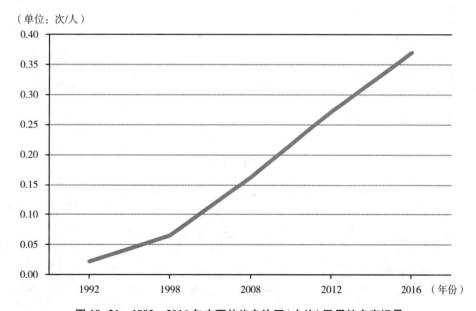

图 19-21　1992—2016 年广西壮族自治区（人均）民用航空客运量

资料来源：根据《广西统计年鉴》历年数据绘制。

（单位：%）

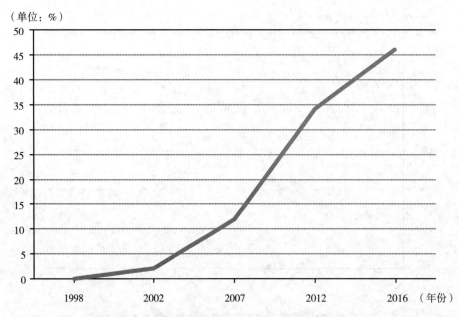

图19-22　1998—2016年广西壮族自治区互联网普及率

资料来源：根据广西通信管理局数据绘制。

（单位：%）

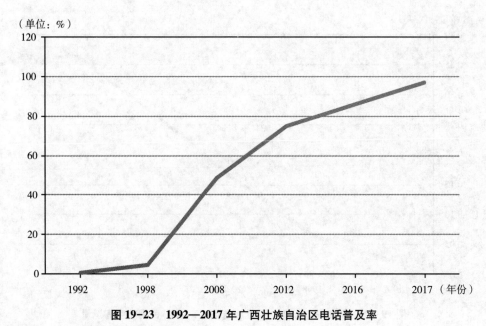

图19-23　1992—2017年广西壮族自治区电话普及率

资料来源：根据广西通信管理局数据绘制。

（五）基础自然资源利用效率提升，服务战略能力显著增强

1. 人均水资源量

人均水资源充沛。2016 年广西壮族自治区人均水资源量为 4503 立方米，远高于全国平均水平，属于水资源最充沛的地区之一，是 2000 年 3375 立方米的人均水资源量的 1.33 倍，年均增长 1.82%（见图 19-24）。

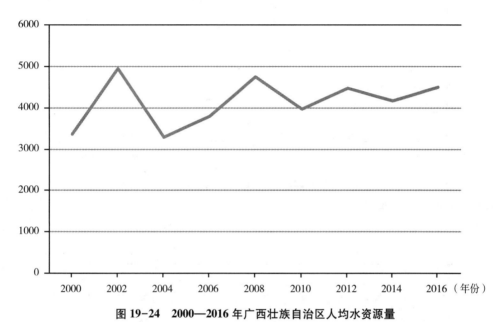

图 19-24　2000—2016 年广西壮族自治区人均水资源量

资料来源：根据《广西统计年鉴》历年数据处理后绘制。

2. 人均耕地面积

耕地保护循序渐进。严守耕地红线，落实耕地保护，重视土地复垦，1996—2016 年广西壮族自治区耕地面积维持在 440 万公顷左右，波动不大，人均耕地面积保持在 0.08 公顷以上（见图 19-25）。

3. 森林覆盖率

地方生态环境持续改善。1990 年以来，广西壮族自治区森林覆盖率持续上升，1996 年突破 30%，2000 年突破 40%，2005 年突破 50%，2011 年突破 60%，2017 年为 62.31%，相比 1990 年提高 36.97 个百分点（见图 19-26）。

4. 人均煤炭储量和人均铁矿石储量

能源资源保有量进一步充实。1978—2017 年，广西壮族自治区资源储量不断攀升，煤炭储量由 18.38 亿吨增加到 20.73 亿吨，铁矿石储量由 2.4 亿吨增加到 5.47 亿吨。2017 年，广西人均煤炭储量为 37.01 吨，人均铁矿石储量为 9.76 吨（见图 19-27）。

（单位：公顷）

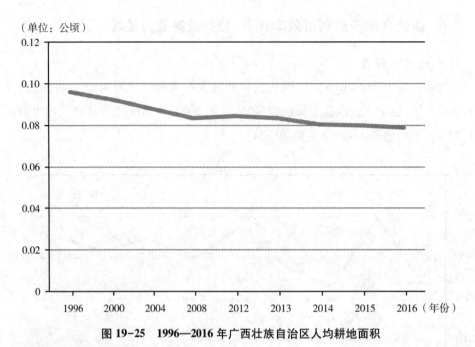

图 19-25　1996—2016 年广西壮族自治区人均耕地面积

资料来源：根据广西国土厅数据绘制。

（单位：%）

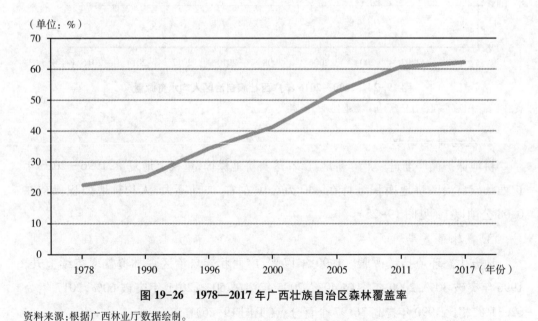

图 19-26　1978—2017 年广西壮族自治区森林覆盖率

资料来源：根据广西林业厅数据绘制。

（六）健康与基础教育事业积极推进，人民享有更多发展成果

1. 人口自然增长率

人口增长保持在适度水平。自实施计划生育政策以来，人口自然增长得到有效控

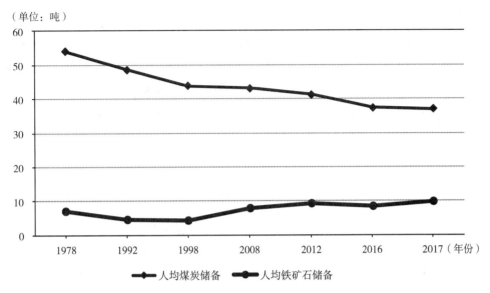

图 19-27　1978—2017 年广西壮族自治区人均能源储量

资料来源:根据广西国土厅数据绘制。

制,到 2000 年前后,广西壮族自治区人口自然增长率已由 1978 年的 18.9‰下降至 7.9‰。进入 21 世纪,广西壮族自治区人口自然增长率控制在 8‰左右。全面放开二孩政策以来,广西壮族自治区人口自然增长率稍有提升,2017 年人口自然增长率为 8.92‰,同比增长 13.34‰(见图 19-28)。

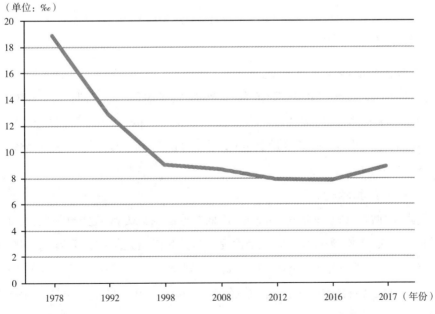

图 19-28　1978—2017 年广西壮族自治区人口自然增长率

资料来源:根据《广西统计年鉴》历年数据绘制。

2. 人口平均预期寿命

生命质量显著提高。1999年以来,广西壮族自治区人口平均预期寿命不断提升,根据普查资料推算,到2010年广西壮族自治区人口预期寿命为75.11岁,相比1990年提高6.39岁,同比增长9.3%。其中,广西壮族自治区男性人口平均预期寿命为71.77岁,相比1990年提高3.94岁;女性人口预期寿命为79.05岁,相比1990年提高8.71岁(见图19-30)。

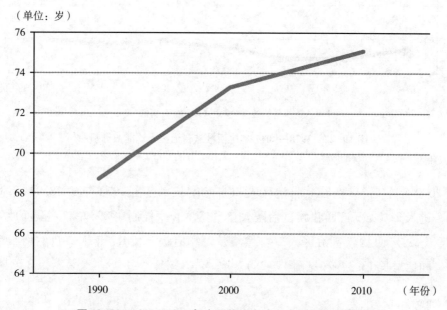

(单位:岁)

图19-29 1990—2010年广西壮族自治区人口平均预期寿命

资料来源:根据广西统计局数据绘制。

3. 万人医生数和万人病床数

卫生事业不断加强。2000—2016年,广西壮族自治区每万人拥有医生数由9.09人增加到17.33人,增长0.91倍,年均增长3.12%。1978—2016年,广西壮族自治区每万人拥有病床数由12.8张增加到43.2张,增长2.38倍,年均增长3.58%(见图19-30、图19-31)。

4. 万人专任教师数

基础教育加快发展。2000—2016年,广西壮族自治区万人专任教师数由71.41人上升至97.16人,年均增长1.19%。全面完成"基本普及九年义务教育",2000—2016年,广西壮族自治区小学入学率由98.7%上升到99.6%,自2005年小学入学率突破99%以后,广西壮族自治区小学入学率连续12年保持在99%以上(见图19-32、图19-33)。

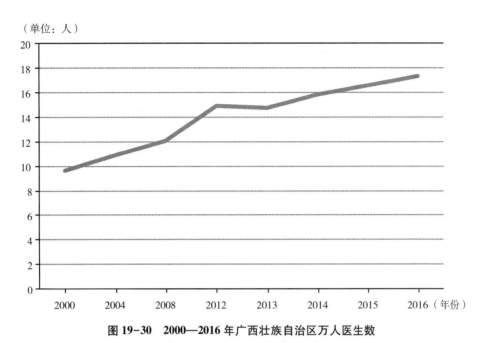

图 19-30　2000—2016 年广西壮族自治区万人医生数

资料来源：根据《广西统计年鉴》历年数据处理后绘制。

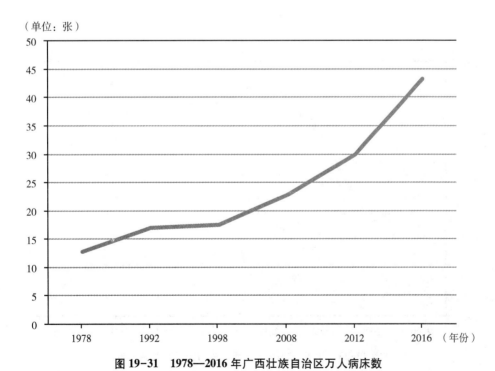

图 19-31　1978—2016 年广西壮族自治区万人病床数

资料来源：根据《广西统计年鉴》历年数据处理后绘制。

（单位：人）

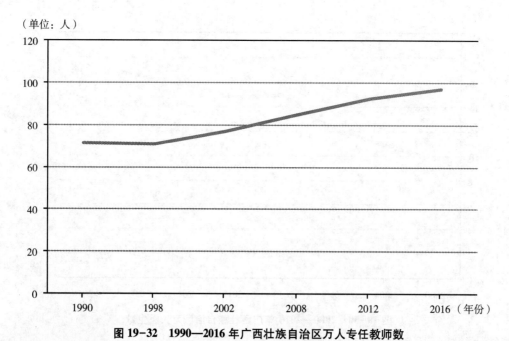

图 19-32 1990—2016 年广西壮族自治区万人专任教师数

资料来源：根据广西统计局数据和《广西统计年鉴》历年数据处理后绘制。

（单位：%）

图 19-33 2000—2016 年广西壮族自治区小学入学率

资料来源：根据广西统计公报历年数据绘制。

（七）高等教育步伐加快,教育大众化和精英化逐步显现

1. 高中及以上学历人口比重

高级中等教育以上比重增大。2000—2016年,广西壮族自治区高中及以上学历人口比重由10.4%提高到13.98%,增长近3.58个百分点,年均增长1.87%(见图19-34)。

（单位：%）

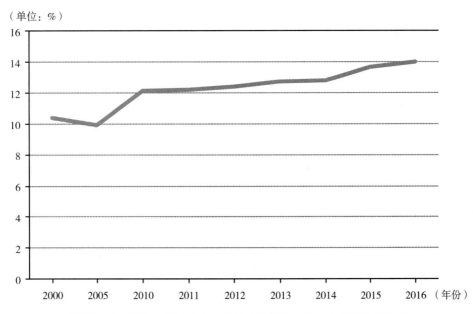

图19-34　2000—2016年广西壮族自治区高中及以上学历人口比重

资料来源:根据广西统计局数据绘制。

2. 大专及以上学历人口比重

高等教育优先发展。2000—2016年,广西壮族自治区大专及以上学历人口比重由2.6%提高到9.21%,增长6.61个百分比,是2000年的3.54倍,年均增长8.23%。尤其是2013年以来,广西壮族自治区大专及以上学历人口比重增长迅速,同比增长33.9%(见图19-35)。

3. 万人在校研究生数

精英教育加快发展。1995—2016年,广西壮族自治区在校研究生数由747人上升到18748人,增长24.1倍,每万人在校研究生数由0.15人上升到5.25人,增长34倍(见图19-36)。

（八）财政运行总体良好,经济发展健康平稳

1. 财政收入占GDP比重

财政依存度保持合理水平。1978—2017年,广西壮族自治区财政总收入由14.32

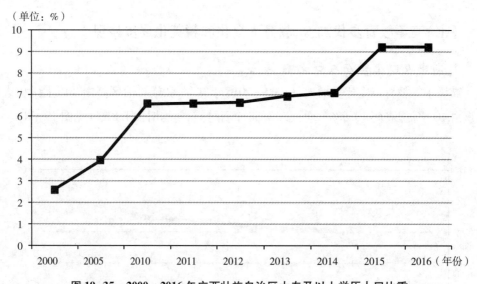

（单位：%）

图 19-35　2000—2016 年广西壮族自治区大专及以上学历人口比重

资料来源：根据《广西统计年鉴》历年数据处理后绘制。

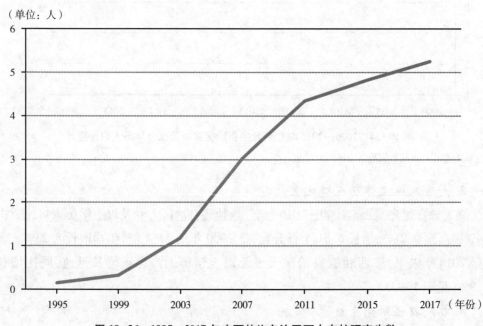

（单位：人）

图 19-36　1995—2017 年广西壮族自治区万人在校研究生数

资料来源：根据广西统计局数据绘制。

亿元增加到 2604.21 亿元,增长 180.86 倍,年均增长 14.27%。自 2000 年以来,广西壮族自治区财政收入占 GDP 的比重稳步增长。2017 年,广西壮族自治区财政收入占 GDP 的比重为 12.77%,同比增长 20.71%(见图 19-37)。

2. 人均税收收入

人均税负合理增长。1992—2017 年,广西壮族自治区人均税收收入由 210.64 元

（单位：%）

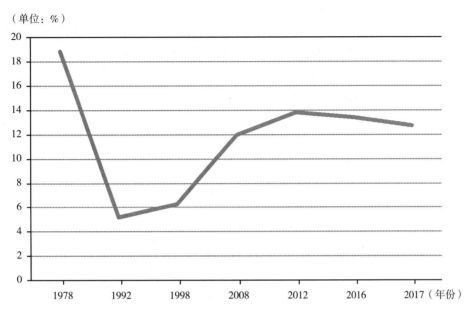

图 19-37   1978—2017 年广西壮族自治区财政收入占 GDP 比重

资料来源：根据《广西统计年鉴》历年数据处理后绘制。

上升为 1888.55 元，增长 7.96 倍，在 2000 年广西壮族自治区人均税收收入突破 1000
元。从经济运行的整体来看，广西壮族自治区人均税收收入的增速要小于地方实际
GDP 的增速，且小于广西壮族自治区平均工资水平的增速（见图 19-38）。

（单位：元）

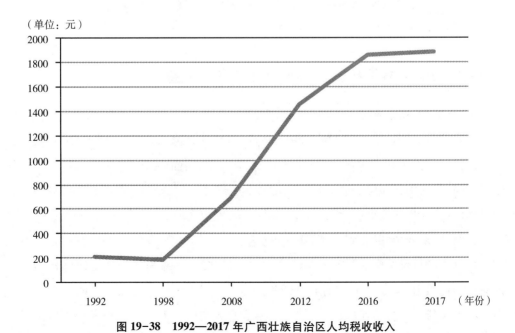

图 19-38   1992—2017 年广西壮族自治区人均税收收入

资料来源：根据《广西统计年鉴》历年数据处理后绘制。

3. 税收收入占 GDP 比重

宏观税负整体下降。1992—2017 年,广西壮族自治区税收收入由 94.64 亿元增加到 1057.59 亿元,增长 10.17 倍,年均增长 11.06%。自 1994 年以来,广西壮族自治区税收收入占 GDP 的比重缓慢下降,2017 年,广西壮族自治区税收收入占 GDP 的比重为 5.19%,同比下降 34.35%(见图 19-39)。

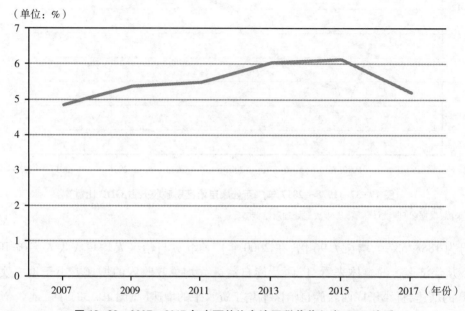

（单位：%）

图 19-39　2007—2017 年广西壮族自治区税收收入占 GDP 比重

资料来源:根据《广西统计年鉴》历年数据处理后绘制。

(九)金融市场不断繁荣,加速助力实体经济

1. 金融行业增加值占 GDP 的比重

金融服务业快速成长。2004—2017 年,广西壮族自治区金融行业增加值占地方生产总值的比重由 1.93% 提高到 6.24%,增长 2.23 倍,年均增长 5.23%。自 2011 年以来,广西壮族自治区金融服务业发展迅速,尤其是 2015 年以来,广西壮族自治区金融行业增加值占 GDP 的比重连续三年在 6% 以上(见图 19-40)。

2. 金融机构信贷余额占 GDP 的比重

地方市场投资活跃。2008—2017 年,广西壮族自治区金融机构信贷余额占地方生产总值的比重由 74.22% 上升到 113.87%,上升了 39.65 个百分点,这一时期广西壮族自治区市场贷款业务增速(18.79%)大于存款业务增速(17.65%),市场资本融通较为活跃(见图 19-41)。

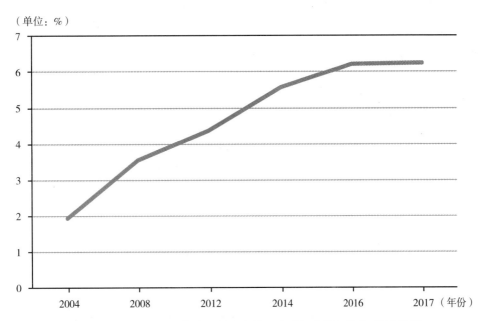

（单位：%）

图 19-40　2004—2017 年广西壮族自治区金融行业增加值占 GDP 比重

资料来源：根据广西统计公报数据绘制。

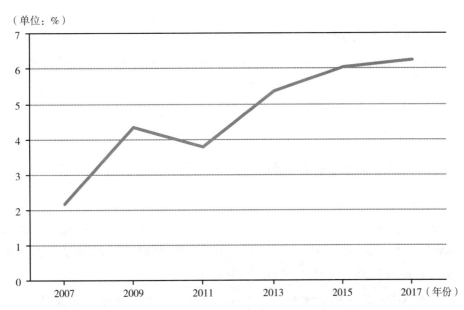

（单位：%）

图 19-41　2007—2017 年广西壮族自治区金融机构信贷余额占 GDP 比重

资料来源：根据《广西统计年鉴》历年数据处理后绘制。

3. 上市公司数量

资本竞争力逐步提升。1993 年，广西壮族自治区第一家上市公司挂牌，此后其上市公司数量逐年提高，到 2017 年，广西壮族自治区共有上市公司 36 家，主要集中在南宁、柳州和桂林三市。从数据显示,到 1998 年,广西壮族自治区上市公司突破 10 家,2003 年突破 20 家,2012 年突破 30 家(见图 19-42)。

(单位:家)

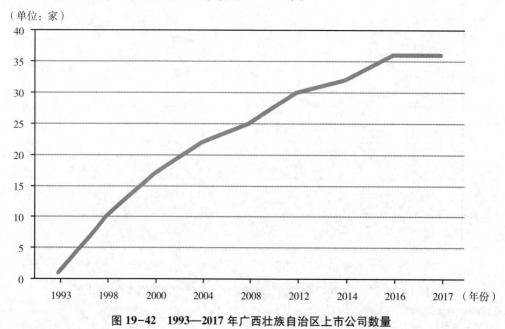

图 19-42　1993—2017 年广西壮族自治区上市公司数量

资料来源:Wind 数据库。

4. 保费收入占 GDP 的比重

保险深度不断增加。1998—2017 年,广西壮族自治区保费收入占地方生产总值的比重由 1.08% 提高到 2.77%,同比增长 1.69 个百分点,广西壮族自治区保险深度不断增加。自 2013 年以来,广西壮族自治区保费收入增长较快,年均增长 9.91%(见图 19-43)。

(十)环境和可持续发展得到加强,环境友好型社会更上台阶

1. 南宁可吸入颗粒物浓度(PM_{10})

蓝天保卫战成效凸显。2001—2016 年,南宁可吸入颗粒物浓度由每立方米 64 微克下降到每立方米 56 微克,下降 12.5%。尤其是 2013 年以来,PM_{10} 浓度改善显著,每立方米下降 34 微克,年均降低 12.59%(见图 19-44)。

2. 单位 GDP 废水排放量和单位 GDP 一般工业固体废物产生量

节能减排初见成效。2003—2016 年,广西壮族自治区单位 GDP 废水排放量由 0.0042 吨下降到 0.0002 吨,年均下降 26.61%;广西壮族自治区单位 GDP 一般工业固体废物产生量由 0.00011 吨下降到 0.00003 吨,年均下降 8.87%(见图 19-45)。

3. 单位 GDP 能耗

能源利用不断提升。1978—2016 年,广西壮族自治区每万元 GDP 能耗从 10.3 吨

（单位：%）

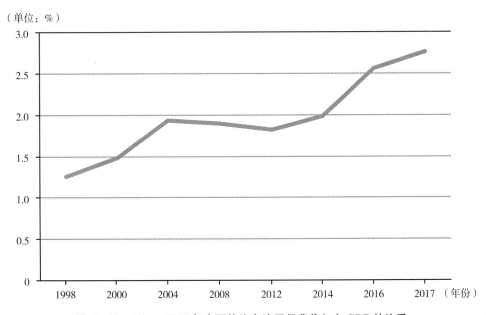

图 19-43　1998—2017 年广西壮族自治区保费收入占 GDP 的比重

资料来源:根据广西统计公报数据绘制。

（单位：微克/立方米）

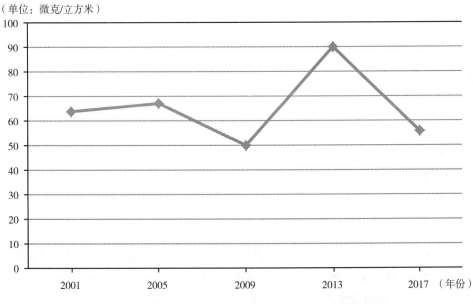

图 19-44　2001—2017 年广西壮族自治区可吸入颗粒物浓度

资料来源:根据南宁市环保局数据绘制。

标准煤下降到每万元 GDP 消耗 0.55 吨标准煤,年均下降 8.01%。1978—2006 年广西壮族自治区能源利用效率提升显著,2007 年后单位 GDP 能耗下降至 1 吨标准煤以下（见图 19-47）。

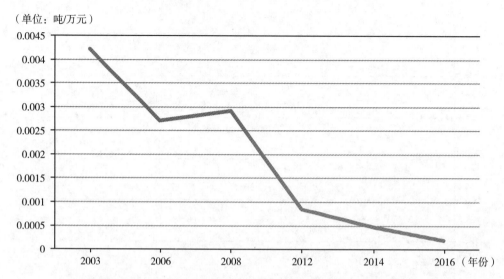

（单位：吨/万元）

图 19-45　2003—2016 年广西壮族自治区单位 GDP 废水排放量

资料来源：根据广西环保厅数据绘制。

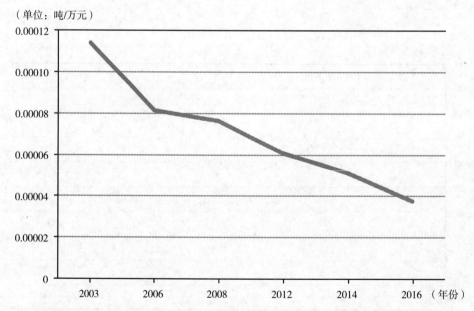

（单位：吨/万元）

图 19-46　2003—2016 年广西壮族自治区单位 GDP 一般工业固体废物产生量

资料来源：根据广西环保厅数据绘制。

（十一）就业与劳动力市场趋于稳定，人民生活显著改善

1. 城镇登记失业率

就业市场波动较小。1978—2017 年，广西壮族自治区城镇登记失业率由 4.1% 下

（单位：吨标准煤/万元）

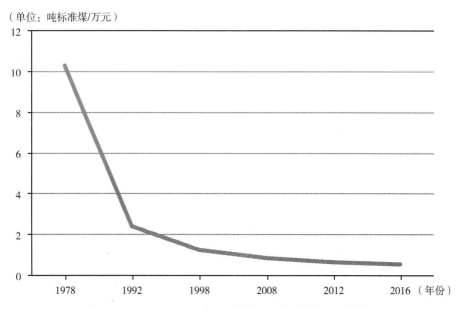

图 19-47 1978—2016 年广西壮族自治区单位 GDP 能耗

资料来源：根据《广西统计年鉴》历年数据处理后绘制。

降至 3.3%，下降 0.8 个百分点。从整体来看，广西壮族自治区城镇登记失业率波动较小，40 年来，基本在 3% 至 4% 之间波动（见图 19-48）。

（单位：%）

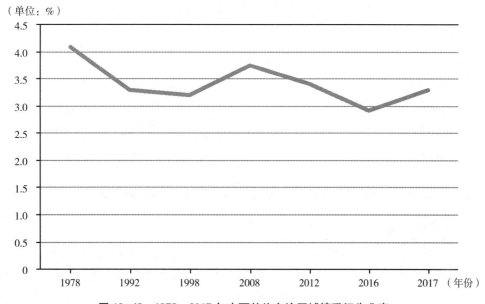

图 19-48 1978—2017 年广西壮族自治区城镇登记失业率

资料来源：根据《广西统计年鉴》历年数据绘制。

2.适龄劳动人口比重

劳动力市场相对稳定。1990—2017年,广西壮族自治区适龄劳动人口比重由66%上升为68%,提高2个百分点。从整体来看,广西壮族自治区适龄劳动人口比重波动较小,基本维持在68%至70%(见图19-49)。

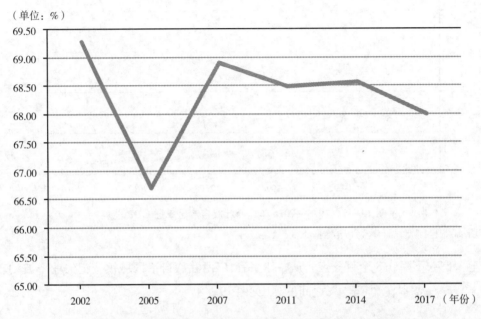

图19-49　2002—2017年广西壮族自治区适龄劳动人口比重

资料来源:根据《广西统计年鉴》历年数据处理后绘制。

3.平均工资水平和最低工资水平

居民收入持续改善。1978—2016年,广西壮族自治区人均年工资水平由559元提高到60239元,增长106.76倍,年均增长13.11%。2004—2016年,广西壮族自治区最低工资水平由每月325元提高到每月1000元,增长2.08倍,年均增长9.82%(见图19-50、图19-51)。

(十二)知识经济与创新能力不断改善,科技事业加快发展

1. R&D 经费支出占 GDP 的比重

研发经费持续加强。2007—2016年,广西壮族自治区 R&D 经费投入持续增加,R&D 经费支出占 GDP 的比重由0.06%提到0.64%,提高9.67倍。从整体来看,2009年以后,广西壮族自治区 R&D 经费支出占 GDP 的比重提高至6%以上,且维持在0.6%至0.8%(见图19-52)。

2.高新技术企业年末从业人员数

技术人才不断涌入。2007—2016年,广西壮族自治区高新技术企业年末从业人员

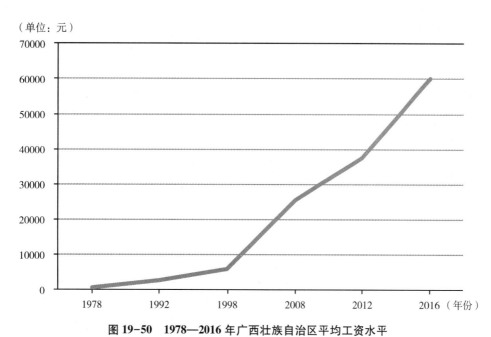

图 19-50　1978—2016 年广西壮族自治区平均工资水平

资料来源:根据广西统计局数据绘制。

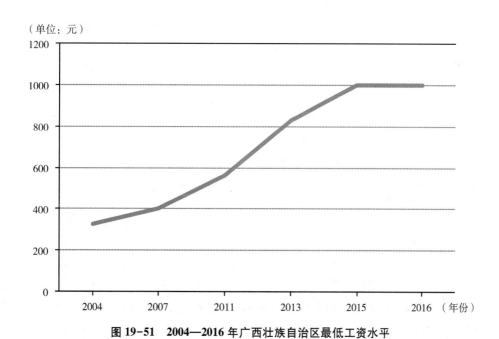

图 19-51　2004—2016 年广西壮族自治区最低工资水平

资料来源:Wind 数据库。

由 81195 人提高到 260822 人,增长 2.21 倍,年均增长 13.84%。2013 年以来,广西壮族自治区高新技术企业年末从业人员增长迅速,2016 年广西壮族自治区高新技术企业年末从业人员数同 2013 年相比增长 25.38%(见图 19-53)。

（单位：%）

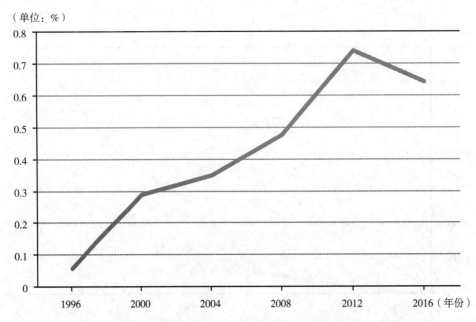

图 19-52　1996—2016 年广西壮族自治区 R&D 经费支出占 GDP 的比重

资料来源：根据《广西统计年鉴》历年数据处理后绘制。

（单位：人）

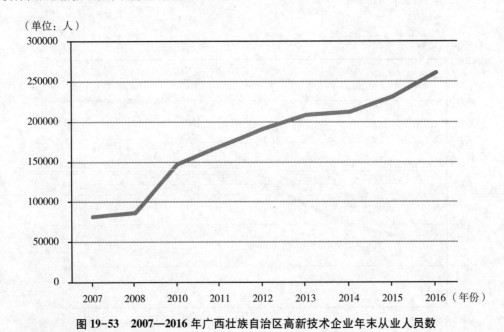

图 19-53　2007—2016 年广西壮族自治区高新技术企业年末从业人员数

资料来源：Wind 数据库。

3. 万人专利申请授权量

创新体系逐步建立。1986—2016 年，广西壮族自治区每万人专利申请授权量由 0.01 件提高到 2.66 件，提高 265 倍，年均增长 18.99%。从整体来看，到 2012 年，广西壮族自治区每万人专利申请授权量超过 1 件，到 2015 年，广西壮族自治区每万人专利申请授权量超过 2 件（见图 19-54）。

（单位：件）

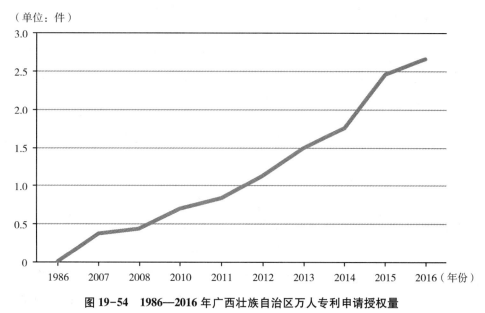

图 19-54　1986—2016 年广西壮族自治区万人专利申请授权量

资料来源：根据《中国科技统计年鉴》历年数据绘制。

4. 高技术产业主营业务收入占 GDP 的比重

高技术企业规模保持增长。2007—2016 年，广西壮族自治区高技术产业主营业务收入占 GDP 的比重由 0.91% 上升到 11.34%，提高 10.43 个百分点，增长 11.46 倍，年均增长 28.74%，广西壮族自治区高技术企业对地方生产总值的贡献率不断提升（见图 19-55）。

（单位：%）

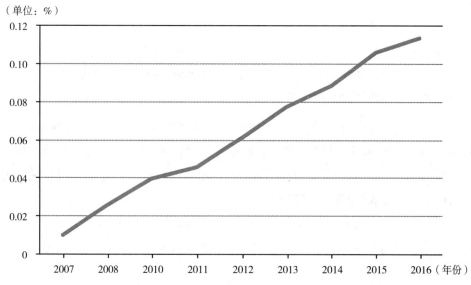

图 19-55　2007—2016 年广西壮族自治区高技术产业主营业务收入占 GDP 比重

资料来源：根据《中国高技术产业统计年鉴》历年数据绘制。

二、广西壮族自治区经济社会发展目前存在的问题

习近平总书记强调,"现代化经济体系,是由社会经济活动各个环节、各个层面、各个领域的相互关系和内在联系构成的一个有机整体"①。本书主要从系统论出发,分析广西在要素联系、结构优化、功能完善与环境交互方面存在的主要问题。

(一)广西壮族自治区经济社会发展的系统功能不强

1. 广西壮族自治区经济社会发展的创新功能薄弱

区域经济社会发展的系统创新功能主要表现在自主创新能力的强弱。本书以专利申请授权量、高技术产业主营业务收入的规模、速度和效率来衡量。

(1)专利申请授权量规模小,对全国贡献度少,增长速度略高于全国水平

从专利申请授权量的规模来看,广西壮族自治区专利申请授权量占全国比例小,从2000—2012年这个占比一直在减小,虽然2014年以来,规模有较快提升,但对全国的贡献度不足1%(见图19-56)。

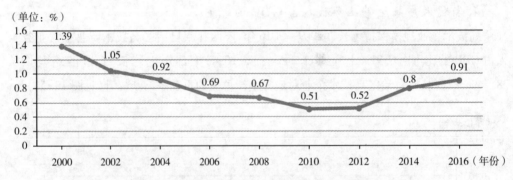

(单位:%)

图19-56　2000—2016年广西壮族自治区专利申请授权量占全国的比例

资料来源:根据《广西统计年鉴》历年数据绘制。

2002—2016年,广西壮族自治区专利申请授权量在西部地区所占比例不足10%,2016年占比仅为6.87%。与西部其他省市相比,广西壮族自治区的专利申请授权规模小于四川省、重庆市和陕西省,但高于其他西部地区,与西部专利申请授权规模最大的四川省差距逐步拉大(见图19-57)。

从增长速度来看,2000—2010年广西壮族自治区专利申请授权量的增速均低于西部地区和全国平均水平,但从2010年开始,广西壮族自治区增速明显提升,逐步与西部

---

① 《习近平在中共中央政治局第三次集体学习时的讲话》,见 http://h.shlxhd.gov.cn/Front/BranchSite/article_detail.htm? articleId=1470498。

（单位：%）

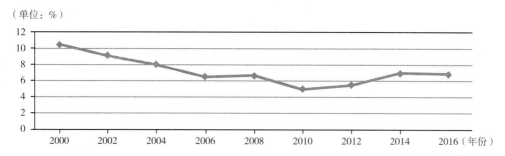

图 19-57　2000—2016 年广西壮族自治区专利申请授权量占西部地区的比例

资料来源：根据《广西统计年鉴》历年数据绘制。

（单位：件）

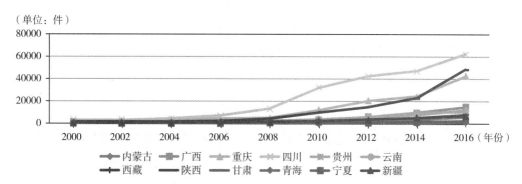

图 19-58　2000—2016 年西部地区各省（自治区、直辖市）的专利申请授权量比较

资料来源：根据《中国科技统计年鉴》历年数据绘制。

地区水平持平。从上述分析可知，虽然与全国相比，广西壮族自治区专利申请授权量的规模较小，但是增长速度快，未来还需进一步调整专利结构，继续保持较快增速，扩大专利申请授权量规模（见图 19-58、图 19-59）。

（单位：%）

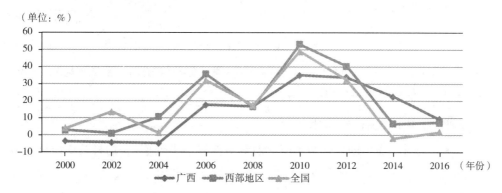

图 19-59　2000—2016 年广西壮族自治区专利申请授权量增速与西部地区、全国的比较

资料来源：根据《中国科技统计年鉴》历年数据绘制。

（2）高技术产业主营业务收入小，增长速度低

从规模变化来看，2006—2016年，广西壮族自治区的高技术产业主营业务收入规模占全国的比例稳步上升，但不超过2%，说明与全国水平相比，广西壮族自治区的高技术产业主营业务收入规模较小。自2009年以来，广西壮族自治区占西部地区高技术产业主营业务收入的比例上升速度较快，2016年占比为11.65%。从增长速度来看，多年来广西壮族自治区的高技术产业主营业务收入增速均高于全国水平和西部地区水平，但是2016年增速降低，与西部地区增速基本持平（见图19-60、图19-61）。

（单位：%）

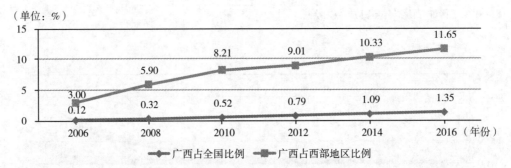

图19-60 2006—2016年广西壮族自治区高技术产业主营业务收入在全国、西部地区的占比
资料来源：根据《中国科技统计年鉴》历年数据绘制。

（单位：%）

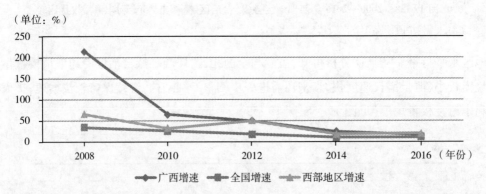

图19-61 2008—2016年广西壮族自治区高技术产业主营业务收入增速与全国、西部地区的比较
资料来源：根据《中国科技统计年鉴》历年数据绘制。

（3）创新效率下降，且增速缓慢

本书用人均科技支出创新效率来衡量创新功能的产出效率，人均科技支出创新效率=创新产出数/人均R&D经费支出。创新产出数用专利申请授权数量、高技术产业主营业务收入来表示。

从专利申请授权数量衡量的创新效率来看，2000年以来，广西壮族自治区的创新效率提升速度缓慢。2016年广西壮族自治区的人均科技支出专利申请授权数为61

件,西部地区为 415 件,全国为 1436 件。分析可知,广西壮族自治区的创新效率与西部地区、全国水平仍有较大差距,且差距在不断扩大。对比广西壮族自治区与其他西部地区的单位人均科技支出专利申请授权数,单位人均科技支出专利申请授权数最高的是四川。广西壮族自治区的单位人均科技支出专利申请授权数于 2000 年达到峰值,但 2002 年开始下滑,2012 年跌至谷底,仅为 25 件。2012 年开始稳步上升,但上升速度慢,前景不容乐观(见图 19-62、图 19-63)。

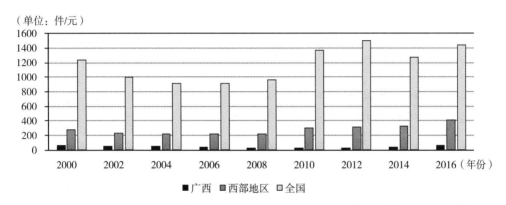

图 19-62 2000—2016 年广西壮族自治区、西部地区和全国人均科技支出专利申请授权数变化图
资料来源:根据《中国科技统计年鉴》历年数据绘制。

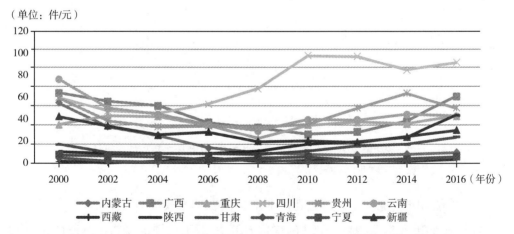

图 19-63 2000—2016 年广西壮族自治区与西部省市单位人均科技支出专利申请授权数对比
资料来源:根据《中国科技统计年鉴》历年数据绘制。

从高技术产业主营业务收入衡量的创新效率来看,虽然近年来,广西壮族自治区的单位人均科技支出高技术产业主营业务收入在稳步提升,但是与全国水平相比仍然差距很大(见图 19-64)。

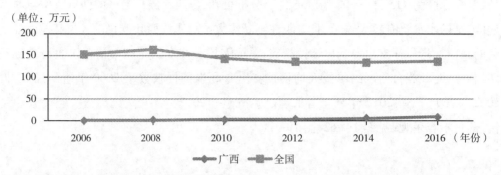

图 19-64　2006—2016 年广西壮族自治区与全国单位人均科技支出高技术产业主营业务收入对比

资料来源：根据《中国科技统计年鉴》历年数据绘制。

2. 广西经济社会发展的生态保护功能有待增强

（1）单位 GDP 废水排放量上升速度快

广西壮族自治区的单位 GDP 废水排放量规模逐年扩大，速度提升快，2016 年甚至超过了 110%（见图 19-65）。

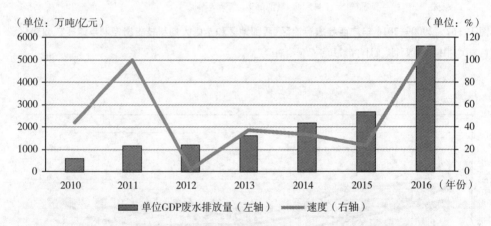

图 19-65　2010—2016 年广西壮族自治区单位 GDP 废水排放量规模与速度

资料来源：根据《广西统计年鉴》历年数据绘制。

（2）单位 GDP 一般工业固体废物产生速度下降，但规模仍不断扩大

2010—2016 年广西壮族自治区的单位 GDP 一般工业固体废物产生速度在 2014 年跌至谷底，但在 2015 年很快回升，超过了 20%，2016 年增速有所下降，但值得注意的是单位 GDP 一般工业固体废物产生规模仍在扩大（见图 19-66）。

（3）单位 GDP 能耗不断下降，但近年来增速有上升势头

2010—2016 年广西壮族自治区的单位 GDP 能耗在不断下降，说明广西壮族自治区在能源消耗与利用方面采取了不少有效措施，不断提高能源利用效率。但是单位 GDP 能耗增速有上升势头，特别是 2011 年以来，能源消耗规模不容小觑（见图 19-67）。

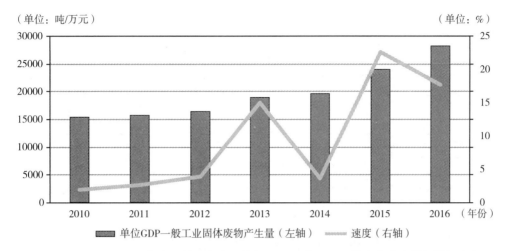

图 19-66 2010—2016 年广西壮族自治区单位 GDP 一般工业固体废物产生量规模与速度

资料来源:根据《广西统计年鉴》历年数据绘制。

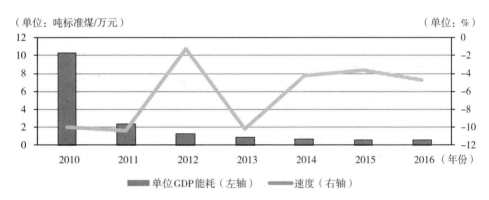

图 19-67 2010—2016 年广西壮族自治区单位 GDP 能耗的规模与速度

资料来源:根据《广西统计年鉴》历年数据绘制。

(二)广西壮族自治区经济社会发展的创新要素投入不足

1. 大专及以上学历人口比重稳步上升,但与全国、西部地区相比差距大

2009—2011 年广西壮族自治区大专及以上学历人口占六岁以上人口的比重大幅提升,但 2012 年出现下滑,2013 年以来虽逐步提升,但与全国、西部地区相比仍差距较大,2016 年这一比重出现下降(见图 19-68)。

2. 高技术产业从业人数规模小,增速下滑形势严峻

从规模变化看,2009—2011 年广西壮族自治区高技术产业从业人数占全国比重没有明显变化,均小于 2%,整体规模小。广西壮族自治区从业人数占西部地区的比重在 2011 年有所下降,但基本还保持在 11% 左右的水平。从增长速度看,2011 年广西壮族

（单位：%）

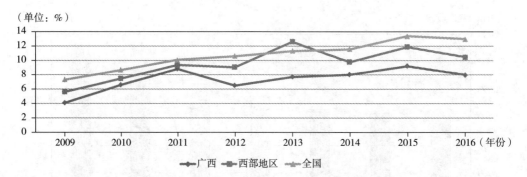

图 19-68　2009—2016 年广西壮族自治区大专及以上学历人口比重与西部地区、全国的对比图
资料来源：根据《中国统计年鉴》历年数据绘制。

自治区的高技术产业年平均从业人数增速下降幅度大，从 36% 下跌至-5%，与西部地区和全国增速相比，其跌幅均超过两者。说明随着经济转型不断深化，广西壮族自治区的高技术产业人员并没有实现较快增长，不利于广西壮族自治区经济社会发展提质增效（见图 19-69、图 19-70）。

（单位：%）

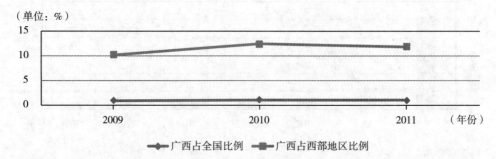

图 19-69　2009—2011 年广西壮族自治区高技术产业年平均从业人数在全国、西部地区的占比
资料来源：根据《中国科技统计年鉴》历年数据绘制。

（单位：%）

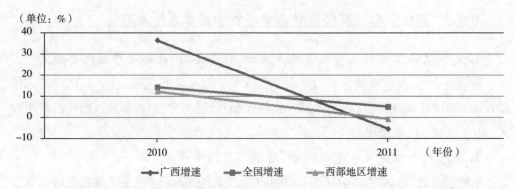

图 19-70　2010—2011 年广西壮族自治区高技术产业年平均从业人员增速与全国、西部地区的比较
资料来源：根据《中国科技统计年鉴》历年数据绘制。

3. R&D 经费支出规模逐年缩小,在西部地区排名滞后

2014年广西壮族自治区的R&D经费支出规模下滑严重,支出规模逐年缩小,在西部地区排名靠后。与四川省、陕西省、重庆市的差距越来越大(见图19-71)。

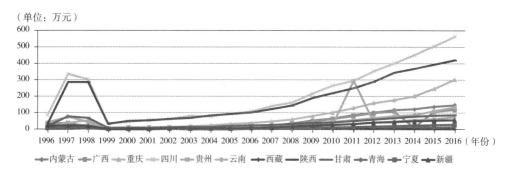

图 19-71 1996—2016 年广西壮族自治区 R&D 经费支出规模与西部地区其他省份的对比

资料来源:根据《中国科技统计年鉴》历年数据绘制。

(三)广西壮族自治区经济社会发展的结构亟待优化

1. 人力投入结构有待优化

广西壮族自治区高新技术企业从业人数占从业总人数的比重逐年上升,从2007年的0.29%增至2016年的0.92%,虽然如此,但比值仍较小,不足1%。从增速来看,广西壮族自治区高新技术企业从业人数占比增速在2010年达到峰值,但2011年以后大幅下滑,虽然在2014年有所回升,但增速仍较慢,不足10%。说明广西壮族自治区创新人才的投入结构还有待优化,高新技术企业从业人数占比小,未来需要进一步大力引进创新人才,特别是技术密集型产业的技术工人,发挥其所长(见图19-72)。

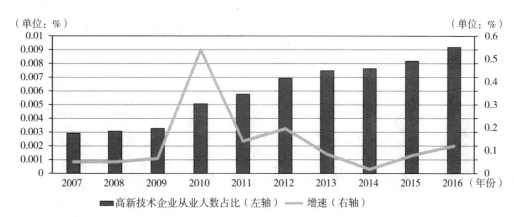

图 19-72 2007—2016 年广西壮族自治区高新技术企业从业人数占比及增速

资料来源:根据《广西统计年鉴》历年数据绘制。

2. 资本投入结构不合理

整体来看,广西壮族自治区 R&D 经费支出占 GDP 比重变化不大,增长缓慢,与全国和西部地区平均水平相差甚远。2016 年广西壮族自治区 R&D 经费支出占 GDP 比重还不足全国水平的 1/3,说明广西壮族自治区对科技研发的投入远远不够,提升自主创新能力仍任重而道远(见图 19-73)。

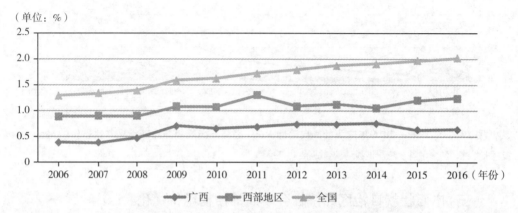

（单位：%）

图 19-73 2006—2016 年广西壮族自治区 R&D 经费支出占 GDP 比重与西部地区、全国对比
资料来源:根据《中国科技统计年鉴》历年数据绘制。

3. 产业结构水平低

1978 年是改革开放之年,广西壮族自治区的三次产业中第一产业占比最大,其次是第二产业,第三产业占比最小。1992 年国家开始运行市场经济,广西壮族自治区的第三产业超过了第二产业,直逼第一产业。2012 年是党的十八大开局之年,广西壮族自治区的第二产业遥遥领先,远超第三产业和第一产业,第一产业比重下降幅度大,且党的十八大以后,第一产业占比一直保持在 15%。从党的十八大以来的六年看,第二产业仍然是广西壮族自治区的支柱产业,但其占 GDP 比重有所下降,第三产业占比不断上升(见图 19-74)。

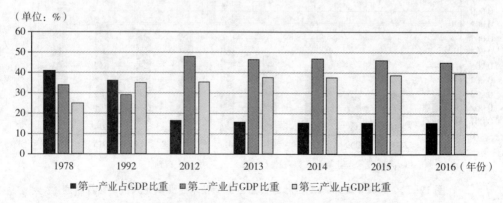

（单位：%）

图 19-74 1978—2016 年广西壮族自治区三次产业占 GDP 比重
资料来源:根据《广西统计年鉴》历年数据绘制。

从第二产业中的工业增加值占比来看,1992年广西壮族自治区工业萎缩,占比减小;但党的十八大以来,工业增加值占GDP比重基本保持在40%左右。从增速看,2013—2016年,比值连续出现了负增长,前景不容乐观(见图19-75)。

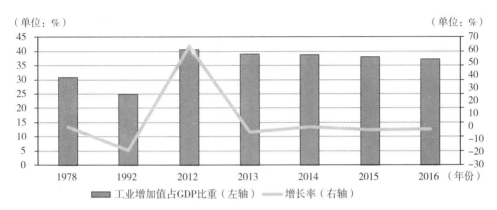

图19-75　1978—2016年广西壮族自治区工业增加值占GDP比重

资料来源:根据《广西统计年鉴》历年数据绘制。

4. 市场主体结构亟待优化

2000—2016年,广西壮族自治区国有控股工业企业占比逐步下降,私营工业企业资产占比稳步上升,两者差距在逐步缩小。2016年,国有控股工业企业比重为51.17%,私营工业企业资产比重为27.09%(见图19-76)。

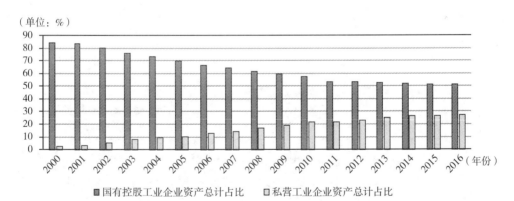

图19-76　2000—2016年广西壮族自治区国有控股工业企业、私营工业企业资产总计占比

资料来源:根据《广西统计年鉴》历年数据绘制。

1995—1996年广西壮族自治区的上市公司数量激增,党的十八大以来,这一数字也在稳步上升,但是增速小,仅有10%。市场创新主体仍需增强竞争实力(见图19-77)。

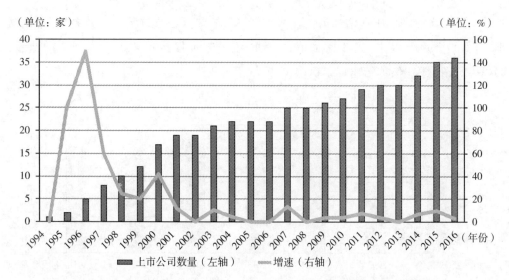

图 19-77 1994—2016 年广西壮族自治区的上市公司数量变化及其增速

资料来源：Wind 数据库。

5.能源结构

广西壮族自治区的单位 GDP 石油、电力消费量在经历过 2000—2004 年的增长后，2005 年大幅下滑。2016 年单位 GDP 石油消费量为 0.1 吨标准煤/万元，单位 GDP 电力消费量为 0.09 吨标准煤/万元。能耗降低说明广西壮族自治区注重在经济社会发展中保护生态环境，但下降速度缓慢，未来仍需进一步优化能源结构，提高能源使用效率（见图 19-78）。

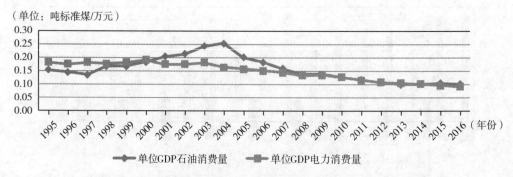

图 19-78 1995—2016 年广西壮族自治区单位 GDP 石油、电力消耗量

资料来源：根据《广西统计年鉴》历年数据绘制。

（四）广西壮族自治区经济社会的环境质量亟待提升

1.需求环境

1978—2016 年广西壮族自治区的平均工资稳步上升。2016 年广西壮族自治区的平均工资为 60239 元。1998 年广西壮族自治区的平均工资跌至谷底，2000 年开始反

弹,2010 年又大幅下跌,之后虽有上升,但平均增速保持在 10% 左右,2016 年下跌至
9.56%。平均工资增速缓慢,消费者需求缩小,不利于广西壮族自治区扩大市场需求,
刺激产出增加(见图 19-79)。

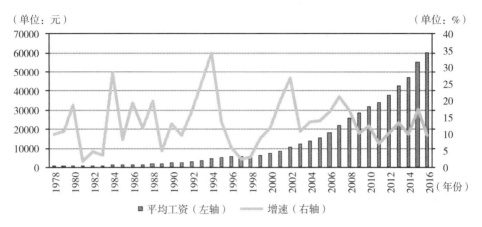

图 19-79　1978—2016 年广西壮族自治区的平均工资及其增速

资料来源:根据广西统计局数据绘制。

2. 政府支持环境

2007—2016 年广西壮族自治区的财政收入占 GDP 比重没有太大变化,2012 年增
速开始下降,2013—2016 年为负增长,说明经济环境不佳,财政收入少。财政收入的规
模应随国民经济的增长而上升,应尽快提高地区财政收入占 GDP 的比重。广西壮族
自治区的税收收入占 GDP 比重也没有明显变化,基本保持在 5% 左右。2015—2016 年增
速下滑严重,为负增长。说明广西壮族自治区在减税方面做了不少工作,取得了不错的
成效,但是总体比值仍较大,未来还需继续减轻企业税负(见图 19-80)。

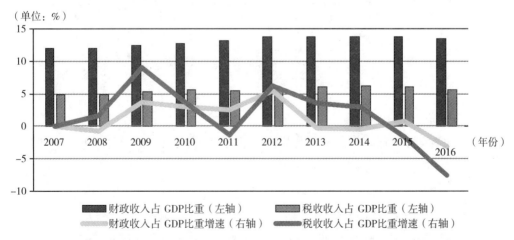

图 19-80　2007—2016 年广西壮族自治区的财政收入、税收收入占 GDP 比重与增速

资料来源:根据《广西统计年鉴》历年数据处理后绘制。

3. 交通基础设施环境

1978年以来，广西壮族自治区的公路网密度和铁路网密度不断增加，为广西壮族自治区的经济社会发展提供了很好的物流支撑平台，但近年来增速有所下降，需警惕（见图19-81、图19-82）。

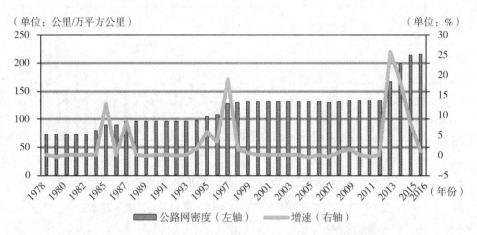

图 19-81 1978—2016 年广西壮族自治区公路网密度及其增速

资料来源：根据《广西统计年鉴》历年数据处理后绘制。

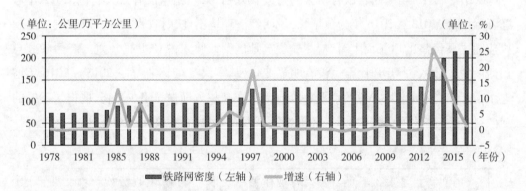

图 19-82 1978—2015 年广西壮族自治区铁路网密度及其增速

资料来源：根据《广西统计年鉴》历年数据处理后绘制。

4. 生态自然环境

广西壮族自治区拥有得天独厚的生态自然环境，森林覆盖率高达60%，但是人均能源储备量不断减少，2016年仅为37.44%（见图19-83）。

综上所述，广西壮族自治区经济社会发展的主要问题可归结为以下几点。

一是内生动力不足，创新能力薄弱。主要表现在：(1)专利申请授权量规模小，对全国贡献度逐年减少；(2)高技术产业的主营业务收入规模小，增长速度低；(3)知识创新效率下降，增速缓慢，发展后劲不足。创新能力是区域经济社会稳定健康、持续发展

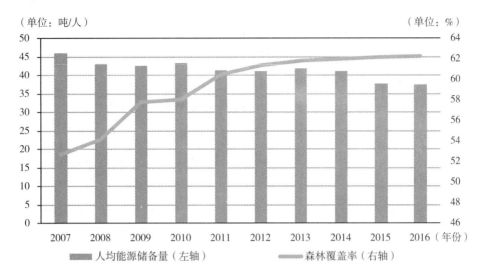

图 19-83   2007—2016 年广西壮族自治区的森林覆盖率、人均能源储备量

资料来源：根据《广西统计年鉴》历年数据处理后绘制。

的内生动力，也是区域竞争力的核心体现。未来广西应加大引进创新人才，加快积累、消化和吸收创新知识和技能，提高自主创新能力。

二是经济社会发展与生态保护协同度继续增强。广西壮族自治区的单位 GDP 废水排放量上升速度较快。单位 GDP 一般工业固体废物产生速度虽然存在下降趋势，但规模仍不断扩大。单位 GDP 能耗不断下降，但近年来增速有上升势头。总的来看，广西壮族自治区在生态保护环境和整治"三高"企业方面花费了不少力气，取得了较好成绩，但是仍需注意的是，单位 GDP 的废水排放量、能源消耗量的增长速度仍在加快，未来要继续秉承"绿水青山就是金山银山"的环保理念，在发展好社会经济的同时，还要保护好生态环境，坚持在发展中保护，在保护中发展。

三是创新要素投入不足。主要表现在大专及以上学历人口比重与全国、西部地区相比差距大；高技术产业从业人数规模小，增速下滑形势严峻；R&D 经费支出规模逐年缩小，在西部地区排名滞后。

四是经济社会发展的结构亟待优化。主要表现在：（1）人力投入结构不合理，高新技术企业从业人数占从业总人数的比重小；（2）资本投入结构亟待优化，广西 R&D 经费支出占 GDP 比重与全国水平相比差距甚远，说明广西对科技研发的投入远远不够，提升自主创新能力仍任重而道远；（3）产业结构水平低，工业增加值占 GDP 比重增速连续四年出现负增长，工业新增长动力尚未充分发挥；（4）市场主体结构有待完善。仍需进一步提高私营工业企业资产比重，充分发挥中小型企业在产业发展中的主体地位，大力培育与壮大中小型工业企业，特别是为核心产业提供原材料和中间产品的工业企业。上市公司总量规模小,产业核心竞争力尚未形成;(5)能源结构日趋合理,单位 GDP 石油、电力消费量稳步降低,但下降速度缓慢。

五是广西壮族自治区经济社会发展的环境质量亟待提升。(1)需求环境需进一步完善。广西壮族自治区的平均工资增速慢,消费者需求缩小,不利于广西壮族自治区扩大市场需求,刺激产出增加。(2)政府支持环境亟待优化。广西壮族自治区的财政收入占 GDP 比重增速下滑,说明经济环境不佳,财政收入少。另外,广西壮族自治区的税收收入占 GDP 比重也出现下滑趋势,但是总体比值仍较大,未来还需继续减轻企业税负。(3)技术基础设施环境质量需提高。广西壮族自治区的公路网密度和铁路网密度增速有所下降,需警惕。(4)生态自然环境需坚持保护与发展并重的行为指南。人均能源储备量在不断减少,说明需进一步提升能源利用效率,提高生态自然环境质量。

三、广西壮族自治区进一步深化改革开放的政策建议

广西壮族自治区在改革开放 40 年间,硕果累累,成就辉煌,根本原因在于立足广西壮族自治区实际,毫不动摇地坚持中央关于对内改革、对外开放的基本国策。尤其是党的十八大以来,广西壮族自治区经济发展突飞猛进,更上台阶,关键是深入贯彻落实习近平新时代中国特色社会主义经济思想,坚持和加强党对经济工作的集中统一领导;坚持以人民为中心的发展思想;坚持适应把握引领经济发展新常态;坚持使市场在资源配置中起决定性作用;坚持适应我国经济发展主要矛盾变化,完善宏观调控;坚持问题导向,部署经济发展新战略;坚持正确的工作策略和方法。

2018 年是改革开放 40 周年,恰逢广西壮族自治区成立 60 周年,要坚持以习近平新时代中国特色社会主义思想为统领,坚持贯彻习近平总书记对广西工作的重要指示精神,按照"构建面向东盟的国际大通道,打造西南中南地区开放发展新的战略支点,形成'一带一路'有机衔接的重要门户"的新使命,加速广西壮族自治区开放发展,落实"扎实推动经济持续健康发展、扎实推进现代特色农业建设、扎实推进民生建设和脱贫攻坚、扎实推进生态环境保护建设、扎实建设坚强有力的领导班子"[①]的新要求增强广西壮族自治区发展的内生动力。广西壮族自治区深化改革开放,其根本就是要贯彻落实"三大定位"和"五个扎实"的要求,统筹"改革"和"开放"两个大局,强化内外联动的辩证统一。

具体而言就是要发挥广西沿海、沿江、沿边少数民族自治区的区位优势,释放"海"

---

① 彭清华主持学习习近平总书记视察广西重要讲话精神,http://cpc.people.com.cn/n1/2017/0425/c117005-29235605.html。

的潜力、激发"江"的活力、做足"边"的文章，拓展对内对外开放新空间，形成陆海内外联动、东西双向互济的开放格局，盘活开放发展一盘棋；补足基础设施建设、产业发展和脱贫攻坚三块短板，全面增强经济发展动力。

（一）加强制度创新，优化制度供给质量

优化营商环境，提升外贸和招商引资水平。营商环境建设是广西高质量发展的突破口。需扑下身子、沉到一线，加强调查研究企业经营遇到的突出问题，在认真分析全区营商环境现状的基础上，以问题为导向，加大"放管服"的改革力度、促进通关便利化、提升项目审批效率、优化纳税服务、全面清理规范行政事业性收费、完善融资服务、保障要素供给、深化"互联网+政务服务"，推进边民互市贸易发展升级，积极培育服务贸易。认定一批外贸综合服务试点企业，提升"一达通"等外贸综合平台服务能力。推进跨境劳务合作、市场采购贸易等试点。举办"跨国公司和世界 500 强八桂行"等活动，大力提升利用外资规模和水平。支持承接东部产业转移。参考借鉴先进省区市的做法，改进政策措施，建立健全考评机制。强化招商引资，强化项目落地，强化项目服务，减轻企业税负，为企业发展提供保姆式服务，不断优化营商环境。

聚焦关键领域改革，提高效率激发活力。大力支持民营企业发展，充分发挥其市场主体地位。通过发布推介自治区第八批引入民间资本项目，筛选推介和加快建设一批允许民企控股的 PPP 项目。清理、修改和废止不利于产权保护的政府规章和规范性文件等措施，培育和壮大本土民营企业，坚决制止侵害企业自主权和合法财产所有权的行为，营造尊重、激励和保护企业家干事创业的良好环境。深化金融领域改革。深入推进沿边金融改革试验区建设，打造面向东盟的金融开放门户。加大"引金入桂"力度，积极引进战略投资者，利用 CEPA 先行先试政策，引进中国香港和中国澳门若干家区域性银行、股份制银行和保险、证券等非银行业金融机构。推动设立民营银行、桂港合资证券公司等。积极探索发展地方政策性金融。尽快制定贫困地区 IPO 绿色通道配套优惠政策，保险机构适当降低对深度贫困地区保费收取标准。深化农村金融改革，打造"农金村办"升级版，加快推进农信社系统改革，打好脱贫攻坚战。[①]

（二）深度融入"一带一路"建设，提升开放型经济水平

推进中新互联互通南向通道建设。加快钦州港东站集装箱中心站、中新南宁国际物流园等 41 个项目建设，贯通南北铁海联运国际贸易物流主干线，巩固提升联通中南

---

① 《2018 年广西壮族自治区人民政府工作报告》，广西政府网，http://www.gxzf.gov.cn/html/41010/20180202-679005.shtml。

半岛跨境公路运输线。开行北部湾港至重庆班列和北部湾港至新加坡、北部湾港至中国香港班轮"天天班",争取加密北部湾港远洋航线,努力实现北部湾港至欧洲中欧班列常态化,在西部地区建设一批内陆无水港,促进中国—中南半岛经济走廊公路、铁路便利化运输。打造中国桂林—越南下龙湾旅游黄金线路。推进通关便利化改革,完善口岸基础设施,重点提升国家一类口岸客货服务功能,推行海关、检验检疫、边检、海事等部门"一站式"作业,实行"联合查验、一次放行",完成国际贸易"单一窗口"全覆盖,建成多式联运综合信息平台,进一步压缩货物转运、通关等环节时间。推动与越南、新加坡、马来西亚等国"两国一检"试点。

加快中国—东盟信息港。通过建设中国—东盟信息港大数据中心,引入有实力的战略合作者,共同发展和运营面向东盟的特色大数据产业。全面启动信息港小镇建设,加快建设地理信息小镇,广西移动、电信大数据中心等信息基础设施,以及中国—东盟大数据综合服务平台、中国—东盟新型智慧城市协同创新中心、中国—东盟网络视听产业基地。

(三)聚焦新旧动能转换,提高质量效益

培育壮大新动能。传统优势产业要继续以技术改造为重点,推动糖、铝、机械、冶金等产业"二次创业"向纵深发展,加快核心制糖企业优化重组,推进铝业全产业链建设,抓好南宁、柳州、玉林等智能制造城建设和重点企业发展,推动沿海冶金工业布局取得突破性进展,推进汽车产业发展新跨越。加快大数据与实体经济、信息化与工业化深度融合,提升传统优势产业竞争力。新兴产业和先进制造业要统筹科技研发及产业化,在数字经济、智能制造、电子信息、生物制药、新材料、新能源汽车、节能环保、现代海洋产业等领域加快培育出一批产业集群和龙头企业。服务业要以集聚区建设为主要抓手,大力推动传统服务业转型升级,积极培育以"互联网+"和大数据为载体的信息软件、技术服务、物流、金融、旅游休闲和健康养老等现代服务业。

持续增强科技创新能力。深入实施创新驱动发展战略,多渠道增加科技研发投入,不断提高研究与试验发展经费支出占地区生产总值的比重。组织一批科技成果转化应用,认定一批技术中心、高新技术企业和技术创新示范企业,推动国家第四海洋研究所、智能装备联合工程研究中心等国家级研发平台建设。实施好各类引才引智计划,出台引智政策,建立"人才跟着项目走"的跨区域科技研发与应用协作机制。提升公民科学素质,激发和保护企业家精神,加强知识产权保护,弘扬工匠精神和劳模精神,营造科技创新氛围。

(四)建设结构合理、素质优良的人才队伍,提高劳动力质量

创新高等教育的国际合作载体。以大规模组建国外大学广西分校为契机,拓宽高

端人才培养的新路径。比如在南宁成立中国—东盟联合大学、华盛顿大学南宁分校、曼彻斯顿商学院南宁分校等一批国外大学的分校;围绕东兴重点开放开发试验区,有针对性地组建一批新型大学。依托上汽通用五菱、柳汽东风等海外工业园区,积极推动广西高校"走出去",在境外组建分校或合作组建新的大学。聚焦北部湾经济区发展战略,组建北部湾大学城与研发谷地,形成新的科技支撑平台。组建北部湾跨国公司高级经理研修学院,着力培养国际化经营骨干人才。

完善职业教育体系。逐步建立完善的广西制造业企业职工与发达国家和地区(例如德国、美国、新加坡)的职业教育机构合作培训制度,建设公共教育质量网络平台,形成制造业终身职业教育体系。通过服务行业专业考试"相互程序认可"等方式,扩大广西与海外专业人才资格互认的范围。通过企业间交流,加强广西各地一线工人到发达国家和地区企业进行制造工艺规程和操作技术的实地培训,促进制造业从业人员对质量文化的认同,培育和弘扬企业员工在技术创新、质量改进和工艺创新中精益求精的"工匠精神"。

重视人才引进,营造舒适生活环境。通过引进先进地区的医疗、教育、建筑与设计等现代服务业,加快建设优质生活圈,向在广西工作的优秀人才提供绿色宜居环境,增强广西对专业人才的吸引力,为留住人才打造生活质量高、生态环境好的宜居环境。引进高层次人才要与广西壮族自治区经济社会发展、与产业集群发展相匹配,构建科学的人才队伍结构,最大限度地发挥高层次人才的创造性。

20

海南省改革开放 30 周年
地区发展报告

海南行政学院课题组①

  2018 年是海南建省办特区 30 周年。30 年来,海南省在中央的支持下,承载着建设全国最大经济特区的使命,从一个基础薄弱的国防前哨发展成为举世瞩目的国际旅游岛。经济建设尽管几经波折但成绩斐然。在 40 年改革开放大潮中,海南省发展呈现出明显的区域特征。无论是经济实力提升,还是产业结构变迁,或是体制机制改革均可圈可点。中国改革开放 40 年的发展史,从某种意义上讲,可以说是从传统经济特区向现代自由贸易区演进的制度变迁史。② 中国 40 年改革开放历程、海南省 30 年经济特区发展成就,成为各界关注的热点话题。尤其是在当前"两个一百年"的战略布局中,经济特区如何肩负更为艰巨的历史使命,如何承担更为深远的改革开放,如何推进现代化经济体系建设,对助推现代化强国建设进程意义重大。而总结发展成就,分析发展特征,研判发展任务,思考发展方向是经济特区在新的形势下面临的重要课题。

一、海南省经济特区 30 年经济社会发展成就

(一)生产力水平

1. GDP 及 GDP 增长率

  自 1988 年建省办特区以来,海南省 GDP 总量由 1988 年的 77 亿元增长至 2017 年的 4462.54 亿元(按可比价格计算),年均增长 11.2%,高于全国年均 9.4% 的增长水平。尤其是自国际旅游岛建设以来,2010 年、2013 年、2016 年 GDP 总量分别跃过 2000

---

  ① 课题组组长:毕普云;课题组成员:林芳兰、钱耀军;项目编号:NSAZT(WT)2018019。
  ② 罗清和、朱诗怡:《从经济特区到自由贸易区:中国改革开放路径与目标的演绎逻辑》,《深圳大学学报》(人文社会科学版)2018 年第 1 期。

亿元、3000 亿元、4000 亿元台阶,用 6 年时间实现 GDP 翻番(见图 20-1)。

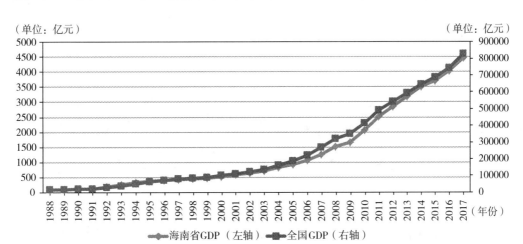

图 20-1　1988—2017 年海南省和全国 GDP 总量统计示意图

资料来源:《2017 年海南省统计年鉴》,中国统计出版社 2018 年版。

根据海南省特区 30 年 GDP 增长率的统计数据,并与全国平均水平进行对比,可以把海南省经济增长大致划分为三个阶段:第一阶段为 1988 —1993 年,此阶段发展特征为 GDP 快速增长,年均增长 18.66%,高于全国同期 9.10% 的平均增长率。第二阶段为 1994—1997 年,此阶段海南省 GDP 增长出现硬着陆,年均增长仅为 6.65%,低于全国同期 10.78% 的平均增长率,尤其是在 1995 年海南省经济增长率仅为 3.8%,而全国同期为 11.0%,1996 年海南经济增长率为 4.7%,全国同期为 9.9%。第三阶段为 1998 年至今,此阶段海南省 GDP 增速缓慢回升,年均增长 10.44%,高于全国同期 9.24% 的平均增长率。同时,可将 1998 年至今海南省 GDP 增长分为三个小阶段:第一阶段为 1998—2008 年,在此阶段海南省 GDP 年均增速高于全国 0.58%;第二阶段为 2009—2014 年,海南省国际旅游岛建设加速,GDP 年均增速高于全国 2.63%;第三阶段为 2015—2017 年,海南省 GDP 年均增速高于全国 0.96%(见图 20-2)。

2. 人均 GDP 及人均 GDP 增长率

在经济总量稳步增长的同时,海南省人均国内生产总值也快速增加。从人均 GDP 来看,1988—2017 年,海南省人均 GDP 由 1988 年的 1220 元增长至 2017 年的 48825 元,年均增长 14.6%,高于全国 14.5% 的增长水平。值得注意的是:除 1992 年、1994 年外,海南省人均 GDP 均低于全国平均水平,尤其是 2005—2011 年,海南省人均 GDP 占全国人均 GDP 的比例小于 80%,2012—2017 年为全国人均 GDP 的 81.5%。尤其是 2007 年海南省人均 GDP 为 14923 元,而全国人均 GDP 为 20505 元,仅为全国的 72.8%。2017 年,海南省人均 GDP 为 48825 元,而全国为 59994 元,相差 11169 元。同时,随着各方面因素变化,海南省人均 GDP 与全国人均 GDP 绝对值差距日益增大,

（单位：%）

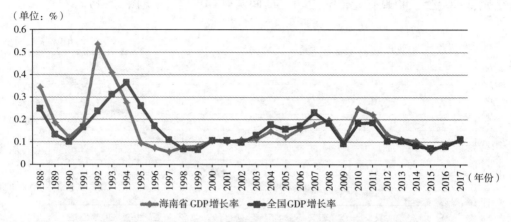

图 20-2　1988—2017 年海南省及全国 GDP 增长对比示意图

资料来源：《2017 年海南省统计年鉴》，中国统计出版社 2018 年版；《2017 年中国统计年鉴》，中国统计出版社 2018 年版。

2010 年达到 7000 元，2013 年达到 8000 元，2017 年超过 10000 元（见图 20-3）。

（单位：元）

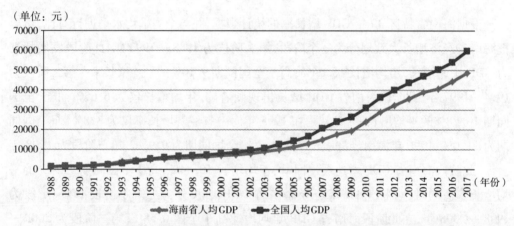

图 20-3　1988—2017 年海南省人均 GDP 与全国人均 GDP 水平对比示意图

资料来源：《2017 年海南省统计年鉴》，中国统计出版社 2018 年版；《2017 年中国统计年鉴》，中国统计出版社 2018 年版。

　　尽管 GDP 增长不能反映区域经济社会发展的全部，但表明了地区物质财富的积累程度。总体来看，30 年来海南省经济增长趋势明显。"全国最大的经济特区"是海南省最闪亮的金字招牌，使海南省成为全国改革开放的排头兵，成为各类人才创业创新的向往之地。[①] 但与全国平均水平及其他经济特区相比依然有不小的差距。同时，根据数据可知，海南省与全国开始拉开距离的年份为 1995 年，而重新集聚发展动能则始于 2009 年的国际旅游岛的建设。

---

① 王和平：《充分发挥好"全国最大的经济特区"优势》，《今日海南》2017 年第 5 期。

（二）经济结构

1. 三次产业占 GDP 比重

（1）第一产业

自 1988 年建省办特区以来，海南省第一产业占 GDP 比重由 50%降低至 2015 年的 23.1%，年均降低 0.93 个百分点，但 2016 年第一产业占 GDP 比重有所上升，为 23.5%。与全国相比，海南省第一产业占 GDP 比重自 1988 年以来一直高于全国同期水平（见图 20-4）。

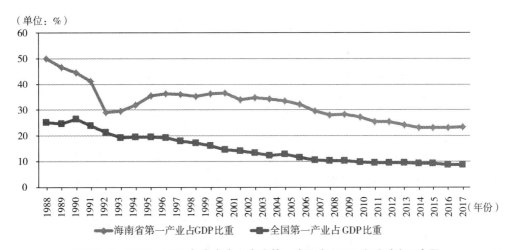

（单位：%）

图 20-4 1988—2017 年海南省和全国第一产业占 GDP 比重对比示意图

资料来源：《2017 年海南省统计年鉴》，中国统计出版社 2018 年版；《2017 年中国统计年鉴》，中国统计出版社 2018 年版。

从海南省第一产业占 GDP 比重与全国水平对比来看，海南省公路网密度变化可分为两个阶段。第一阶段为 1988—1992 年，此阶段发展特征为海南省第一产业占 GDP 比重明显下降，高于全国同期水平；第二阶段为 1992 年至今，此阶段海南省第一产业占 GDP 比重呈缓慢下降趋势，仍高于全国同期水平。

（2）第二产业

自 1988 年建省办特区以来，海南省第二产业占 GDP 比重呈波动式变化，具体可分为四个阶段。第一阶段为 1988—1993 年，海南省第二产业占 GDP 比重由 18.4%缓慢上升为 25.4%；第二阶段为 1994—2000 年，海南省第二产业占 GDP 比重由 25.1%下降为 19.8%；第三阶段为 2001—2006 年，海南省第二产业占 GDP 比重由 23.1%缓慢上升为 29%；第四阶段为 2007—2016 年，海南省第二产业占 GDP 比重由 29%下降为 22.3%。与全国相比，海南省第二产业占 GDP 比重自 1988 年以来一直低于全国同期水平（见图 20-5）。

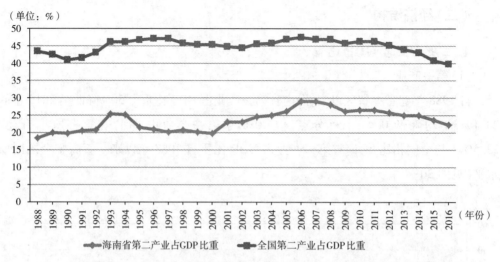

（单位：%）

图 20-5　1988—2016 年海南省和全国第二产业占 GDP 比重对比示意图

资料来源：《2017 年海南省统计年鉴》，中国统计出版社 2018 年版；《2017 年中国统计年鉴》，中国统计出版社 2018 年版。

（3）第三产业

自 1988 年建省办特区以来，海南省第三产业占 GDP 比重呈波动式变化，具体可分为三个阶段。第一阶段为 1988—1992 年，海南省第三产业占 GDP 比重由 31.6%上升为 50.3%；第二阶段为 1993—2003 年，海南省第三产业占 GDP 比重由 45.1%缓慢下降为 41.2%；第三阶段为 2004—2016 年，海南省第三产业占 GDP 比重由 41.4%上升为54.2%。与全国相比，海南省第三产业占 GDP 比重除了 1988 年、1989 年、2001 年、2002年、2005 年、2006 年、2007 年、2008 年、2016 年之外，其余年份均高于全国同期水平（见图 20-6）。

2. 最终消费占 GDP 比重

自 1988 年建省办特区以来，海南省最终消费由 1998 年的 50.2 亿元增长至 2016年的 2492.72 亿元，年均增长 15.21%，高于全国 14.52%的平均增长水平。2009 年以来海南省最终消费增长较快，2011 年突破 1100 亿元，8 年内翻了三番。

从 1988—2016 年的统计数据来看，海南省最终消费占 GDP 比重除 1998 年、2006年、2007 年、2015 年、2016 年高于全国最终消费占 GDP 比重之外，其余年份均低于全国同期占比（见图 20-7）。

3. 城镇化率

自 1988 年建省办特区以来，海南省城镇化率由 1990 年的 23.95%增长至 2016 年的 56.78%，年均增长 1.26%，略高于全国 1.19%的平均增长水平。从 2005—2016 年的统计数据看，2005—2009 年海南省城镇化率高于全国同期水平，2010—2016 年海南省城镇化率低于全国同期水平（见图 20-8）。

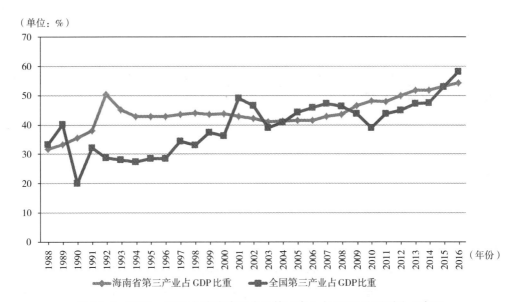

图 20-6　1988—2016 年海南省和全国第三产业占 GDP 比重对比示意图

资料来源：《2017 年海南省统计年鉴》，中国统计出版社 2018 年版；《2017 年中国统计年鉴》，中国统计出版社 2018 年版。

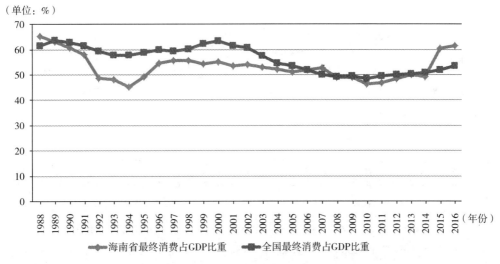

图 20-7　1988—2016 年海南省与全国最终消费占 GDP 比重对比示意图

资料来源：《2017 年海南省统计年鉴》，中国统计出版社 2018 年版；《2017 年中国统计年鉴》，中国统计出版社 2018 年版。

4. 第一产业从业人员占比

自 1988 年建省办特区以来，海南省第一产业就业人员由 1978 年的 207.01 万人增长至 2016 年的 229.46 万人；而全国第一产业就业人员由 32249 万人下降至 2016 年的 21496 万人。从 1988—2016 年的统计数据来看，海南省第一产业就业人员占比持续下降，但始终高于全国同期占比（见图 20-9）。

（单位：%）

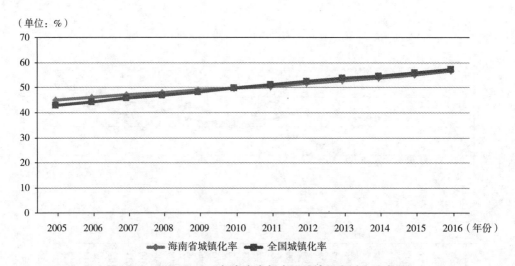

图 20-8　2005—2016 年海南省与全国城镇化率对比示意图

资料来源：《2017 年海南省统计年鉴》，中国统计出版社 2018 年版；《2017 年中国统计年鉴》，中国统计出版社 2018 年版。

（单位：%）

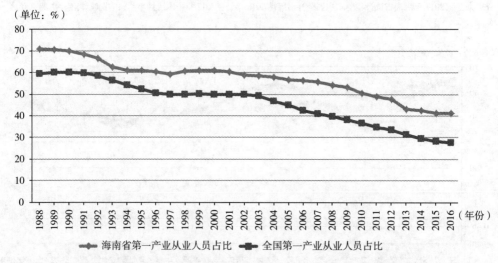

图 20-9　1988—2016 年海南省与全国第一产业从业人员占比对比示意图

资料来源：《2017 年海南省统计年鉴》，中国统计出版社 2018 年版；《2017 年中国统计年鉴》，中国统计出版社 2018 年版。

5. 单位 GDP 煤炭消费量

自 1991 年以来，海南省煤炭消费量由 64.75 万吨标准煤增长至 2016 年的 705.92 万吨标准煤，增长了近 11 倍。

从 2000—2016 年的统计数据来看，海南省单位 GDP 煤炭消费量由 2000 年的 0.26 吨标准煤/万元下降至 2016 年的 0.17 吨标准煤/万元，年均下降 0.53%，远低于全国 3.76%的平均下降水平。从海南省单位 GDP 煤炭消费量与全国水平对比来看，海南省单位 GDP 煤炭消费量一直低于全国同期水平（见图 20-10）。

（单位：吨标准煤/万元）

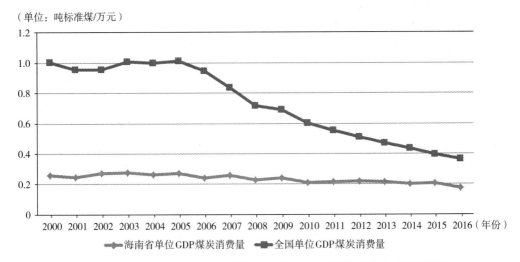

图 20-10 2000—2016 年海南省与全国单位 GDP 煤炭消费量对比示意图

资料来源：《2017 年海南省统计年鉴》，中国统计出版社 2018 年版；《2017 年中国统计年鉴》，中国统计出版社 2018 年版。

6. 单位 GDP 石油消费量

自 1991 年以来，海南省石油消费量由 1991 年的 52.59 万吨标准煤增长至 2016 年的 676.52 万吨标准煤，增长了近 12 倍。

从 2000—2016 年的统计数据来看，海南省单位 GDP 石油消费量由 0.43 吨/万元下降至 2016 年的 0.17 吨/万元。从海南省单位 GDP 石油消费量与全国水平对比来看，除 2005 年海南省单位 GDP 石油消费量接近全国水平之外，其余年份均高于全国同期水平（见图 20-11）。

（单位：吨/万元）

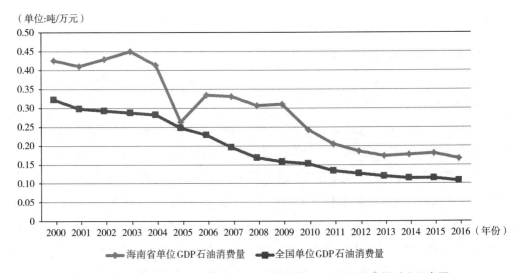

图 20-11 2000—2016 年海南省与全国单位 GDP 石油消费量对比示意图

资料来源：《2017 年海南省统计年鉴》，中国统计出版社 2018 年版；《2017 年中国统计年鉴》，中国统计出版社 2018 年版。

7. 单位 GDP 天然气消费量

自 1996 年以来,海南省天然气消费量由 28.87 万吨标准煤增长至 2016 年的 325.36 万吨标准煤,增长了 10.27 倍。

从 2000—2016 年的统计数据来看,海南省单位 GDP 天然气消费量的变化情况可分为两个阶段:第一阶段为 2000—2005 年,此阶段海南省单位 GDP 天然气消费量由 0.12 吨/万元上升至 0.30 吨/万元;第二阶段为 2006—2016 年,此阶段海南省单位 GDP 天然气消费量由 0.30 吨/万元下降至 0.08 吨/万元。从海南省单位 GDP 天然气消费量与全国水平对比来看,海南省单位 GDP 天然气消费量均高于全国同期水平(见图 20-12)。

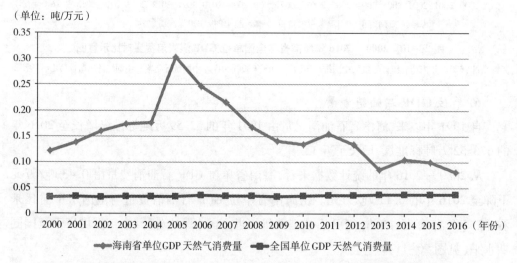

图 20-12 2000—2016 年海南省与全国单位 GDP 天然气消费量对比示意图

资料来源:《2017 年海南省统计年鉴》,中国统计出版社 2018 年版;《2017 年中国统计年鉴》,中国统计出版社 2018 年版。

8. 单位 GDP 电力消费量

自 1991 年以来,海南省电力消费量由 0.23 吨/万元下降至 2015 年的 0.02 吨/万元,2016 年有所上升,为 0.07 吨/万元。

从 2000—2016 年的统计数据来看,海南省单位 GDP 电力消费量的变化情况可分为四个阶段:第一阶段为 2000—2006 年,此阶段海南省单位 GDP 电力消费量由 0.10 吨/万元下降至 0.028 吨/万元;第二阶段为 2007—2008 年,此阶段海南省单位 GDP 天然气消费量由 0.03 吨/万元上升至 0.044 吨/万元;第三阶段为 2009—2014 年,此阶段海南省单位 GDP 天然气消费量由 0.042 吨/万元下降至 0.027 吨/万元;第四阶段为 2015—2016 年,此阶段海南省单位 GDP 天然气消费量由 0.022 吨/万元上升至 0.67 吨/万元。但从海南省单位 GDP 电力消费量与全国水平对比来看,海南省单位 GDP 电力消费量均低于全国同期水平(见图 20-13)。

（单位：吨/万元）

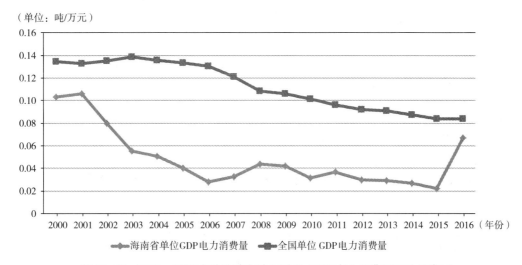

图20-13　2000—2016年海南省与全国单位GDP电力消费量对比示意图

资料来源：《2017年海南省统计年鉴》，中国统计出版社2018年版；《2017年中国统计年鉴》，中国统计出版社2018年版。

9. 煤炭占比

自2000年以来，海南省煤炭占比由28.5%上升至2016年的35.19%，海南省煤炭占比大致呈缓慢上升趋势。但从海南省煤炭占比与全国水平对比来看，始终低于全国同期煤炭占比（见图20-14）。

（单位：%）

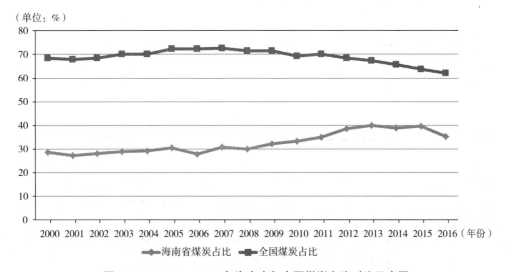

图20-14　2000—2016年海南省与全国煤炭占比对比示意图

资料来源：《2017年海南省统计年鉴》，中国统计出版社2018年版；《2017年中国统计年鉴》，中国统计出版社2018年版。

10. 石油占比

自2000年以来，海南省石油占比由2000年的46.8%下降至2016年的33.72%，海南省石油占比呈下降趋势。但从海南省石油占比与全国水平对比来看，始终高于全国同期占比（见图 20-15）。

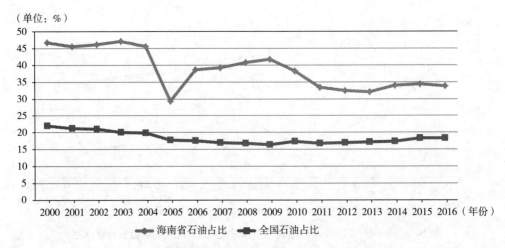

图 20-15　2000—2016 年海南省与全国石油占比对比示意图

资料来源：《2017 年海南省统计年鉴》，中国统计出版社 2018 年版；《2017 年中国统计年鉴》，中国统计出版社 2018 年版。

11. 天然气占比

自 2000 年以来，海南省天然气占比由 2000 年的 13.4% 上升至 2016 年的 16.22%，海南省天然气占比呈波动式变化趋势，2005 年达到最大值 33.92%。但从海南省天然气占比与全国对比来看，始终高于全国同期水平（见图 20-16）。

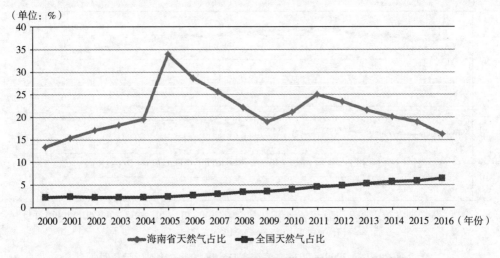

图 20-16　2000—2016 年海南省与全国天然气占比对比示意图

资料来源：《2017 年海南省统计年鉴》，中国统计出版社 2018 年版；《2017 年中国统计年鉴》，中国统计出版社 2018 年版。

12. 国有控股工业企业资产总计占比

自 2000 年以来，海南省国有控股工业企业资产总计由 338.52 亿元增长至 2016 年的 1121.66 亿元，年均增长 8.88%，高于全国同期 3.07% 的平均水平。

从2000—2016年的统计数据来看,海南省国有控股工业企业资产总计占比的变化情况大致可分为三个阶段:第一阶段为2000—2005年,此阶段发展特征为海南省国有控股工业企业资产总计占比高于全国同期水平;第二阶段为2006—2013年,此阶段海南省国有控股工业企业资产总计占比低于全国同期水平;第三阶段为2014—2016年,此阶段海南省国有控股工业企业资产总计占比高于全国同期水平(见图20-17)。

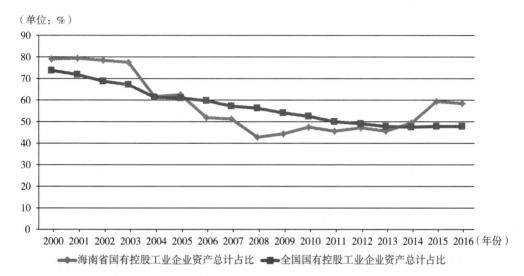

（单位：%）

海南省国有控股工业企业资产总计占比　　全国国有控股工业企业资产总计占比

图 20-17　2000—2016 年海南省与全国国有控股工业企业资产总计占比对比示意图

资料来源:《2017 年海南省统计年鉴》,中国统计出版社 2018 年版;《2017 年中国统计年鉴》,中国统计出版社 2018 年版。

13. 私营工业企业资产总计占比

自 2000 年以来,海南省私营工业企业资产总计由 8.66 亿元增长至 2016 年的 72.1亿元,年平均增长 17.67%,远低于全国同期 30.69%的平均水平。

从2000—2016年的统计数据来看,海南省私营工业企业资产总计占比波动不大,最大值为 2008 年的 7.89%,2009 年以来有持续下降的趋势。但从海南省私营工业企业资产总计占比与全国对比来看,始终低于全国同期占比(见图20-18)。

（三）宏观经济稳定

1. 物价指数

自 1988 年以来,30 年间海南省居民消费价格指数(CPI)仅有 10 年时间低于全国物价水平,其余年份均高出全国同期水平1—2 个百分点。将 30 年来物价数据转换成以 1978 年为基年的定基价格指数,可以得到,2016 年全国居民消费价格指数是 1978年的 6.27 倍,而 2016 年海南省居民消费价格指数是 1978 年的 8.04 倍。海南省物价水平明显高于全国(见图20-19)。

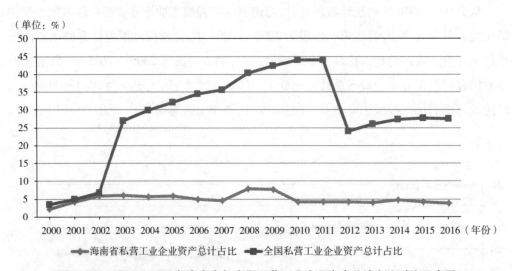

图 20-18　2000—2016 年海南省与全国私营工业企业资产总计占比对比示意图

资料来源:《2017 年海南省统计年鉴》,中国统计出版社 2018 年版;《2017 年中国统计年鉴》,中国统计出版社 2018 年版。

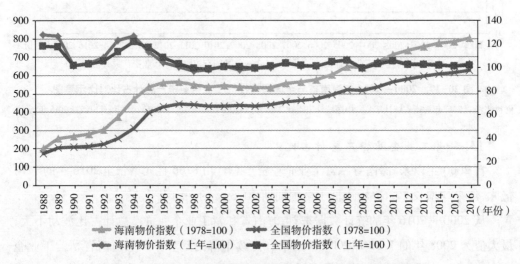

图 20-19　1988—2016 年海南省物价指数与全国水平对比示意图

资料来源:《2017 年海南省统计年鉴》,中国统计出版社 2018 年版;《2017 年中国统计年鉴》,中国统计出版社 2018 年版。

　　综合各个年份的 CPI 变动趋势和变动程度,可以看出,30 年来海南省出现几次明显的通货膨胀和通货紧缩历程。通货膨胀第一个阶段是 1992—1995 年,物价指数高达8.7%、26.7%、23.3%、13%,尽管全国宏观背景有通货膨胀迹象,但海南省通货膨胀表现得更为显著。第二个阶段是 2007—2011 年,物价指数分别为 5.1%、6.9%、4.8%、6.1%(2009 年除外),属于温和的通货膨胀。通货紧缩主要发生在 1997—2003 年,物价指数均未超过 1%。将海南省 GDP 增长周期与物价指数表现周期对比,二者具有明显的相关性:GDP 快速增长,次年物价指数攀升;GDP 增速回落,次年物价指数回落。

2. 财政赤字

自1988年以来,海南省财政赤字由1988年的4.4239亿元增长至2016年的739亿元,年均增长21.55%,低于全国27.44%的平均水平(见图20-20)。

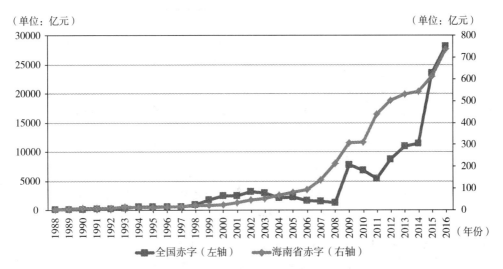

图20-20　1988—2016年海南省与全国财政赤字变化对比示意图

资料来源:《2017年海南省统计年鉴》,中国统计出版社2018年版;《2017年中国统计年鉴》,中国统计出版社2018年版。

从海南省财政赤字与全国水平对比来看,海南省财政赤字一直呈上升趋势。大致可分为两个阶段:第一阶段为1988—2006年,此阶段发展特征为海南省财政赤字呈缓慢上升趋势,年平均速率为19.95%,低于全国同期增长率27.44%;第二阶段为2007—2016年,此阶段海南省财政赤字呈快速上升趋势,年平均速率为23.73%,低于全国同期增长率32.64%。

3. 赤字占GDP比重

自1988年以来,海南省赤字占GDP比重由1998年的5.75%波动式增长为2016年的18.27%,其中1996年达最低值3.71%,2009年达最高值18.61%。一直以来都高于全国同期赤字占GDP的比重(见图20-21)。

4. 地方政府债务占GDP比重

自1988年以来,海南省地方政府债务占GDP比重由1998年的12.01%波动式增长为2016年的34.03%,其中1996年达最低值11.59%。一直以来高于全国同期地方政府债务占GDP的比重。

5. 一般预算收入占GDP比重

自1988年以来,海南省一般预算收入总量由4.82亿元增长至2017年的674.1亿元,年均增长21.42%,高于全国16.09%的平均水平,若按分税前收入计算,则增长水平更高。其中,2010年、2012年、2015年一般预算收入总量分别过200亿元、400亿元、

图 20-21　1988—2016 年海南省与全国赤字占 GDP 比重对比示意图

资料来源：《2017 海南省统计年鉴》,中国统计出版社 2018 年版;《2017 年中国统计年鉴》,中国统计出版社 2018 年版。

600 亿元,在 6 年时间内实现一般预算收入翻两倍(见图 20-22)。

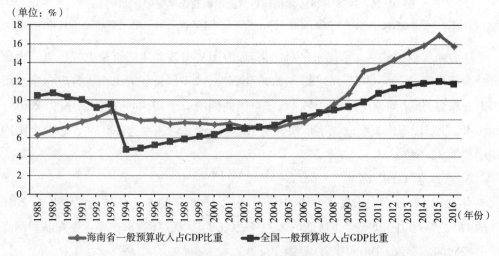

图 20-22　1988—2016 年海南省和全国一般预算收入占 GDP 比重示意图

资料来源：《2017 海南省统计年鉴》,中国统计出版社 2018 年版;《2017 年中国统计年鉴》,中国统计出版社 2018 年版。

　　分阶段看,同样可以把海南省财政收入增长分为三个阶段:第一阶段为 1988—1994 年,一般预算收入年均增长 38.71%,高于全国同期 13.3% 的增长率;第二阶段为 1995—2007 年,一般预算收入增长速度下降,年均增长仅为 11.38%,低于全国同期 19.31% 的增长率;第三阶段为 2008 年至今,一般预算收入增速较快回升,年均增长 22.47%,高于全国同期 13.61% 的增长率。与 GDP 增长阶段不同的是,海南省财政收入回升速度明显低于 GDP 回升速度,也即 1995—2007 年海南省财政收入增速长期低于全国平均水平,直至 2008 年,财政收入增速才超过全国,而 GDP 于 1998 年就已超过全国平均水平。需要注意的是,自 1988 年以来海南省一般预算收入占 GDP 比重稳步上升,2009 年以来,一般预算收入占 GDP 比重超过 10%,2017 年达到 15.11%,反映出海南省 GDP 增长带来的税收逐步拓展,单位 GDP 财税贡献度逐年提高,产业转型升级效果明显。而与房地产相关的税收收入占税收比例逐年下降。

(四)基础设施

1.公路网密度

自 1988 年建省办特区以来,海南省公路网密度由 1988 年的 0.61 公里/百平方公里增长至 2016 年的 3.32 公里/百平方公里,年均增长 11.21%,高于全国 2.81% 的平均水平。从公路网密度增长率与全国水平对比来看,海南省公路网密度变化可分为三个阶段:第一阶段为 1988—2003 年,此阶段发展特征为公路网密度无变化,增长率为 0,而全国同期增长率为 1.68%;第二阶段为 2004—2010 年,此阶段海南省公路网密度为快速增长阶段,年均增长 40.62%,远高于全国同期 3.26% 的增长率,但在 2005 年和 2008 年出现了负增长;第三阶段为 2011—2016 年,此阶段海南省公路网密度迅速回落,年均增长 6.81%,高于全国同期 5.28% 的增长率,这主要得益于 2015 年增长的 40.87%,其余年份无变化(见图 20-23)。

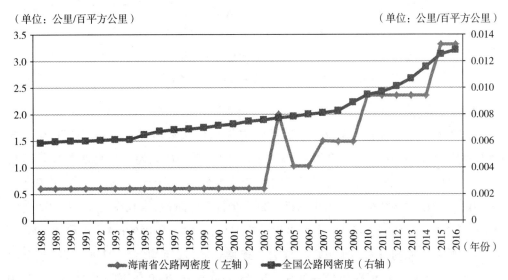

（单位：公里/百平方公里）　　　　　　　　　　　　　　　　　　（单位：公里/百平方公里）

图 20-23　1988—2016 年海南省和全国公路网密度对比示意图

资料来源:《2017 年海南省统计年鉴》,中国统计出版社 2018 年版;《2017 年中国统计年鉴》,中国统计出版社 2018 年版。

2.铁路网密度

自 1988 年建省办特区以来,海南省铁路网密度由 36.22 公里/百平方公里增长至

2016 年的 79.81 公里/百平方公里,年均增长 2.95%,低于全国 6.22% 的平均水平。从铁路网密度增长率与全国水平对比来看,海南省铁路网密度变化可分为三个阶段:第一阶段为 1988 — 2001 年,此阶段发展特征为铁路网密度缓慢增长,年均增长率为 3.68%,低于全国同期 4.09% 的增长率;第二阶段为 2002—2006 年,此阶段海南省铁路网密度为下降阶段,年均增长为-2.91%,远低于全国同期 18.40% 的增长率,其中 2004 年和 2006 年均出现负增长;第三阶段为 2007—2016 年,此阶段海南省铁路网密度增长率呈较快增长趋势,年均增长 4.87%,高于全国同期 3.67% 的增长率(见图 20-24)。

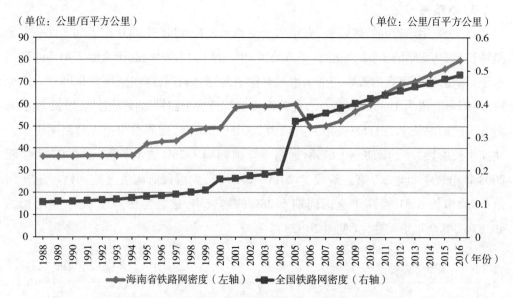

（单位：公里/百平方公里）　　　　　　　　　　　　　　　　　（单位：公里/百平方公里）

——海南省铁路网密度（左轴）　—■—全国铁路网密度（右轴）

图 20-24　1988—2016 年海南省和全国铁路网密度对比示意图

资料来源:《2017 年海南省统计年鉴》,中国统计出版社 2018 年版;《2017 年中国统计年鉴》,中国统计出版社 2018 年版。

3.（人均）民航航空客运量

自 1988 年建省办特区以来,海南省人均年飞行次数由 0.04 增长至 2016 年的 3.49,年均增长 18.31%,高于全国 12.99% 的平均水平。从人均年飞行次数增长率与全国水平对比来看,海南省人均年飞行次数变化可分为两个阶段:第一阶段为 1988 — 2004 年,此阶段发展特征为人均年飞行次数呈缓慢上升阶段,增长率为 22.4%,而全国同期增长率为 13.88%,但在 2003 年出现了负增长,速率为 9.85%;第二阶段为 2005— 2016 年,此阶段海南省人均年飞行次数为快速增长阶段,年均增长 12.85%,高于全国同期 11.8% 的增长率,但在 2008—2010 年出现了负增长,2009 年下降了 20.45%,2010 年下降了 0.02%(见图 20-25)。

4.互联网普及率

自 2010 年以来,海南省互联网普及率由 35.1% 增长至 2016 年的 111.02%,年均互联网普及率为 45%,略高于全国 44.56% 的平均水平(见图 20-26)。

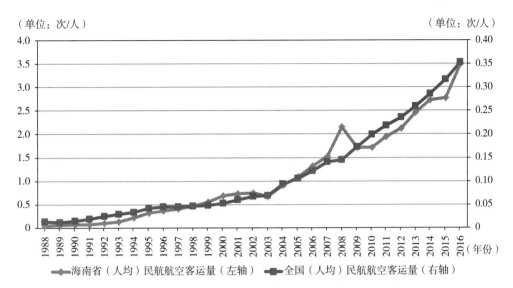

图 20-25　1988—2016 年海南省和全国(人均)民航航空客运量对比示意图

资料来源:《2017 年海南省统计年鉴》,中国统计出版社 2018 年版;《2017 年中国统计年鉴》,中国统计出版社 2018 年版。

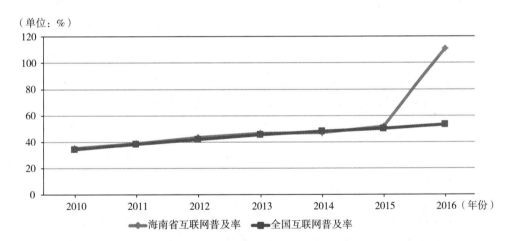

图 20-26　2010—2016 年海南省和全国互联网普及率对比示意图

资料来源:《2017 年海南省统计年鉴》,中国统计出版社 2018 年版;《2017 年中国统计年鉴》,中国统计出版社 2018 年版。

(五)基础自然资源

1. 电话普及率

自 1994 年以来,海南省电话普及率由 4.5% 增长至 2016 年的 122.1%,年均电话普及率为 56.85%,高于全国 55.98% 的平均水平(见图 20-27)。

2. 人均水资源量

自 1989 年以来,海南省人均水资源量由 1166.23 立方米/人下降至 2016 年的

（单位：%）

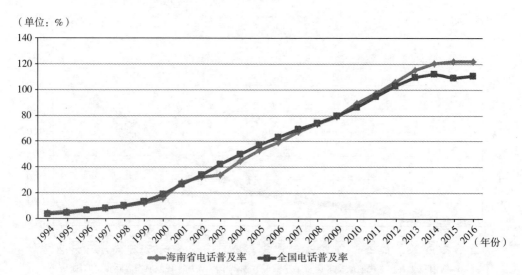

图 20-27　1994—2016 年海南省和全国电话普及率对比示意图

资料来源：《2017 年海南省统计年鉴》，中国统计出版社 2018 年版；《2017 年中国统计年鉴》，中国统计出版社 2018 年版。

820.59 立方米/人，人均水资源量年均增长率为 11.82%。从海南省人均水资源量与全国水平对比来看，海南省人均水资源量变化可分为三个阶段：第一阶段为 2003—2006 年，此阶段发展特征为人均水资源量呈快速上升的趋势，年均增长率为 53.83%，高于全国同期的负增长率 1.62%；第二阶段为 2007—2015 年，此阶段海南省人均水资源量增长为不稳定阶段，年均上升速率为 2.22%，高于全国同期的增长率 1.85%，其中 2012 年均出现明显的负增长率 25.51%；第三阶段为 2016—2017 年，此阶段海南省人均水资源量增长率呈快速增长趋势，年均增长 145.32%，远超于全国同期 15.48% 的增长率（见图 20-28）。

（单位：立方米/人）

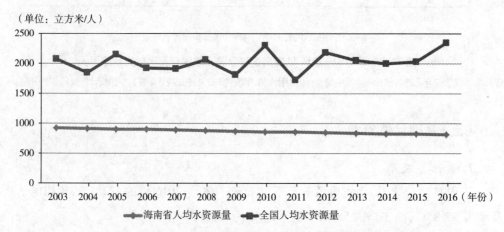

图 20-28　2003—2016 年海南省和全国人均水资源量对比示意图

资料来源：《2017 年海南省统计年鉴》，中国统计出版社 2018 年版；《2017 年中国统计年鉴》，中国统计出版社 2018 年版。

3. 人均耕地面积

自 1988 年以来,海南省人均耕地面积由 13.26 公顷/人减少至 2016 年的 9.16 公顷/人,人均耕地面积年均负增长率为 1.31%。从海南省人均耕地面积与全国水平对比来看,海南省人均耕地面积呈缓慢下降趋势(见图 20-29)。

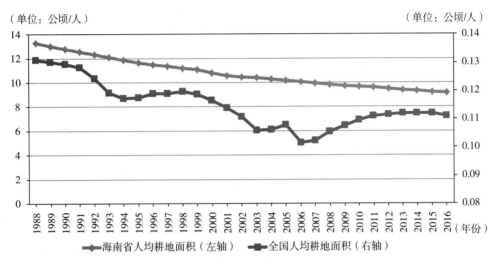

图 20-29　1988—2016 年海南省和全国人均耕地面积对比示意图

资料来源:《2017 年海南省统计年鉴》,中国统计出版社 2018 年版;《2017 年中国统计年鉴》,中国统计出版社 2018 年版。

4. 森林覆盖率

自 2004 年以来,海南省森林覆盖率由 55.1% 增加至 2016 年的 62.1%。除了 2012 年和 2013 年有所下降之外,其余年份均有所增长。一直以来海南省森林覆盖率远高于全国水平(见图 20-30)。

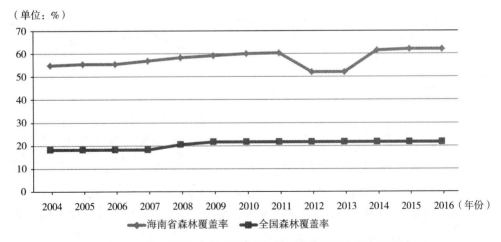

图 20-30　2004—2016 年海南省和全国森林覆盖率对比示意图

资料来源:《2017 年海南省统计年鉴》,中国统计出版社 2018 年版;《2017 年中国统计年鉴》,中国统计出版社 2018 年版。

5. 人均能源储备

自 2005 年以来,海南省人均能源生产量由 0.39 吨/人增长至 2016 年的 3.2 吨/人,年平均增长率为 30.47%,远高于全国同期 4.78% 的增长率(见图 20-31)。

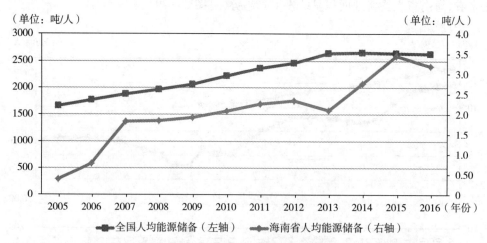

图 20-31 2005—2016 年海南省和全国人均能源储备对比示意图

资料来源:《2017 年海南省统计年鉴》,中国统计出版社 2018 年版;《2017 年中国统计年鉴》,中国统计出版社 2018 年版。

6. 人均铁矿石储备

自 2003 年以来,海南省人均铁矿石储备由 5.55 吨/人增长至 2016 年的 9.16 吨/人,年平均增长率为 14%,远高于同期全国平均增长水平(见图 20-32)。

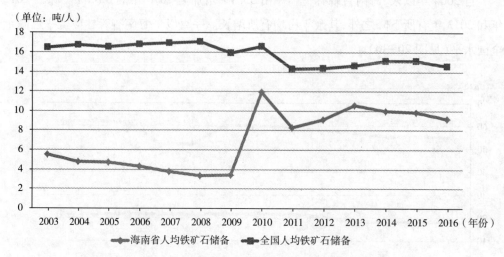

图 20-32 2003—2016 年海南省和全国人均铁矿石储备对比示意图

资料来源:《2017 年海南省统计年鉴》,中国统计出版社 2018 年版;《2017 年中国统计年鉴》,中国统计出版社 2018 年版。

（六）健康与基础教育

1. 人口增长率

从人口数量变化来看，2002—2017 年海南省户籍人口数由 789 万人增加到 902 万人，常住人口由 805 万人增加到 917 万人。而从 2002—2016 年海南省人口流动情况来看，2006 年以前为人口净流入，2007—2015 年为人口净流出，其中 2011 年海南省人口净流出近 30 万人，2016 年实现常住人口数大于户籍人口数（见图 20-33）。

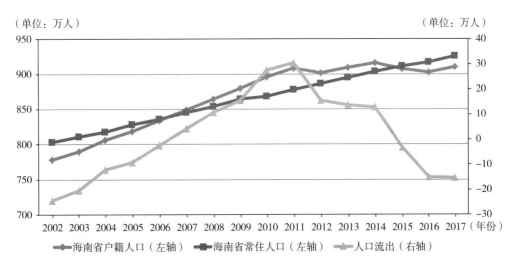

图 20-33　2002—2017 年海南省户籍人口、常住人口、人口流出统计示意图

资料来源：《2017 年海南省统计年鉴》，中国统计出版社 2018 年版；《2017 年中国统计年鉴》，中国统计出版社 2018 年版。

从 1988—2016 年的统计数据来看，海南省人口增长率由 2.39% 下降至 2016 年的 -0.6%。2000 年以来海南省人口增长率持续高于全国同期增长水平（见图 20-34）。

2. 预期寿命

从现有的数据来看，海南省 1990 年、2000 年、2010 年的预期寿命分别为 70.1 岁、72.92 岁和 76.3 岁，而全国 1990 年、2000 年、2010 年的预期寿命分别为 68.55 岁、71.4 岁和 74.83 岁。可见，海南省的预期寿命高于全国同期水平。

3. 万人医师数

自 1988 年建省办特区以来，海南省万人医师数由 16 人/万人增长至 2016 年的 22 人/万人，年均增长 1.97%，高于全国同期 1.80% 的平均水平。从万人医师数增长率与全国水平对比来看，海南省万人医师数增长呈波动式变动，其中 1992 年、2000 年、2002 年和 2005 年出现负增长（见图 20-35）。

4. 万人病床数

自 1988 年建省办特区以来，海南省万人病床数由 33 张/万人增长至 2016 年的 44

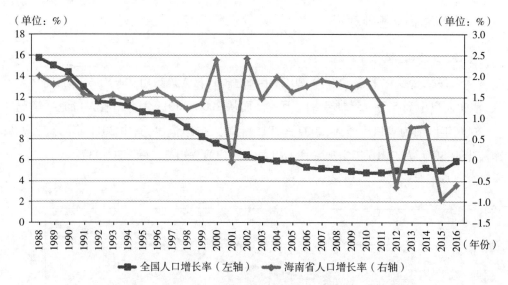

图20-34　1988—2016年海南省和全国人口增长率对比示意图

资料来源:《2017年海南省统计年鉴》,中国统计出版社2018年版;《2017年中国统计年鉴》,中国统计出版社2018年版。

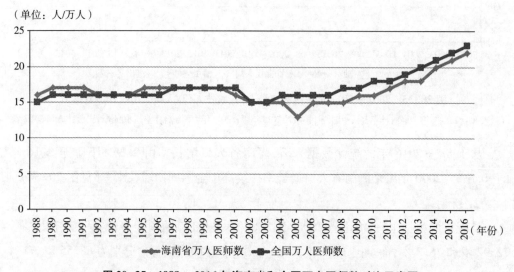

图20-35　1988—2016年海南省和全国万人医师数对比示意图

资料来源:《2017年海南省统计年鉴》,中国统计出版社2018年版;《2017年中国统计年鉴》,中国统计出版社2018年版。

张/万人,年均增长1.28%,低于同期全国的增长率3.18%。从1988—2016年的统计数据来看,海南省万人病床数变化可分为两个阶段:第一阶段为1988—2004年,此阶段发展特征为万人病床数呈缓慢下降趋势,年均增长-2.24%,低于全国同期0.41%的增长水平;第二阶段为2005—2016年,此阶段海南省万人病床数呈缓慢增长趋势,年均增长6.27%,低于全国同期7.06%的平均水平(见图20-36)。

（单位：张/万人）

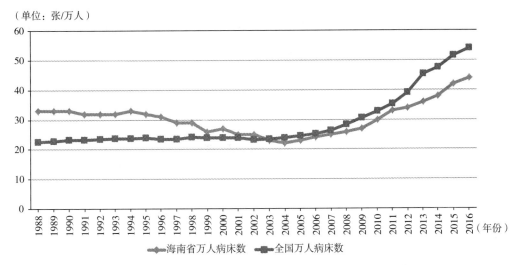

图 20-36   1988—2016 年海南省和全国万人病床数对比示意图

资料来源：《2017 年海南省统计年鉴》，中国统计出版社 2018 年版；《2017 年中国统计年鉴》，中国统计出版社 2018 年版。

5.万人专任教师数

自 1988 年建省办特区以来，海南省万人专任教师数由 59 人/万人减少至 2016 年的 54 人/万人。从 1998—2016 年的统计数据来看，海南省万人专任教师数的变化情况可分为两个阶段：第一阶段为 1988—1997 年，此阶段发展特征为万人专任教师数呈缓慢上升的趋势，年均增长 1.48%；第二阶段为 1998—2016 年，此阶段海南省万人专任教师数呈缓慢下降趋势，年均增长 -1.15%。从海南省万人专任教师数与全国水平对比来看，海南省万人专任教师数均低于全国同期水平（见图 20-37）。

（单位：人/万人）

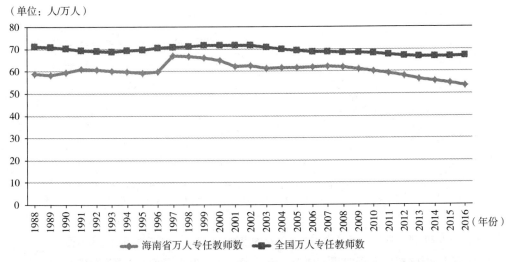

图 20-37   1988—2016 年海南省和全国万人专人教师数对比示意图

资料来源：《2017 年海南省统计年鉴》，中国统计出版社 2018 年版；《2017 年中国统计年鉴》，中国统计出版社 2018 年版。

6. 小学入学率

自 2004 年以来, 海南省小学入学率由 94.64% 上升至 2016 年的 97.37%, 年均入学率为 97.15%, 但低于全国同期 98.75% 的平均水平(见图 20-38)。

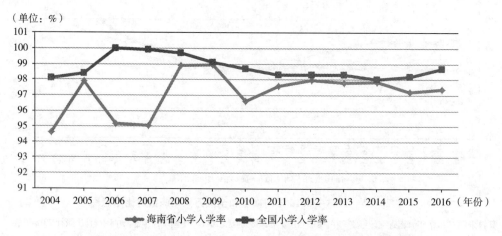

图 20-38　2004—2016 年海南省和全国小学入学率对比示意图

资料来源:《2017 年海南省统计年鉴》,中国统计出版社 2018 年版;《2017 年中国统计年鉴》,中国统计出版社 2018 年版。

(七)高等教育

1. 高中及以上学历人口比重

自 1998 年以来, 海南省高中及以上学历人口比重由 0.18% 增长至 2016 年的 0.64%, 年均增长 0.43%, 略低于全国 0.47% 的平均增长水平(见图 20-39)。

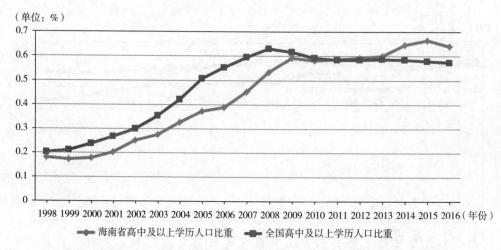

图 20-39　1998—2016 年海南省和全国高中及以上学历人口比重对比示意图

资料来源:《2017 年海南省统计年鉴》,中国统计出版社 2018 年版;《2017 年中国统计年鉴》,中国统计出版社 2018 年版。

2.大专及以上学历人口比重

自 2005 年以来,海南省大专及以上学历人口比重由 0.22% 增长至 2016 年的 0.57%,年均增长 0.44%,略高于全国 0.41% 的平均增长水平(见图 20-40)。

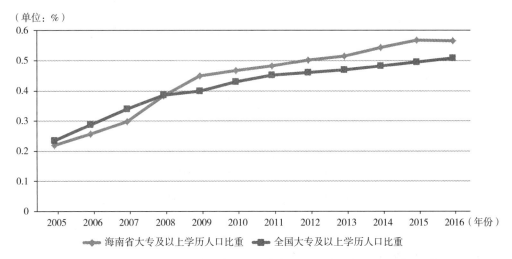

（单位：%）

图 20-40　2005—2016 年海南省和全国大专及以上学历人口比重对比示意图

资料来源:《2017 年海南省统计年鉴》,中国统计出版社 2018 年版;《2017 年中国统计年鉴》,中国统计出版社 2018 年版。

3.万人在校研究生数

自 2012 年以来,海南省万人在校研究生数由 4 人/万人增长至 2016 年的 5 人/万人,而全国万人在校研究生数由 12.7 人/万人增长至 2016 年的 14.33 人/万人。可见,海南省万人在校研究生数远远低于全国同期水平。

(八)财政

1.人均税收收入

自 1988 年建省办特区以来,海南省人均税收收入由 80.90 元/人上升至 2016 年的 5524.89 元/人,年均增长率为 17.26%,高于全国同期 14.66% 的增长水平。从海南省人均税收收入与全国水平对比来看,海南省人均税收收入变化可分为两个阶段:第一阶段为 1988—2009 年,此阶段发展特征为人均税收收入呈缓慢上升的趋势,年均增长率为 16.72%,高于全国同期 15.71% 的平均增长水平;第二阶段为 2010—2016 年,此阶段发展特征为人均税收收入呈上升的趋势,年均增长率为 18.86%,高于全国同期 11.51% 的平均增长水平(见图 20-41)。

2.人均税收收入占 GDP 的比重

自 1988 年以来,海南省人均税收收入占 GDP 的比重由 6.26% 波动式增长为 2016 年的 12.49%,平均值为 8.07%,远低于全国平均值 14.73%。

（单位：元/人）

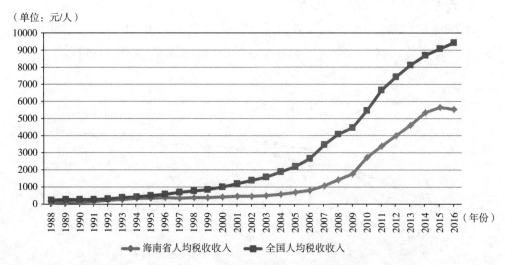

图 20-41　1988—2016 年海南省和全国人均税收收入对比示意图

资料来源：《2017 年海南省统计年鉴》，中国统计出版社 2018 年版；《2017 年中国统计年鉴》，中国统计出版社 2018 年版。

3. 人均可支配收入

自 1988 年以来，海南省城镇居民人均可支配收入由 1196 元增长至 2016 年的 30817 元，年均增长 12.4%，低于全国 12.74% 的平均水平。农村居民人均可支配收入由 1988 年的 609 元增长至 2016 年的 12902 元，年均增长 11.39%，低于全国 11.9% 的增长水平。而同期 GDP 年均增长 11.2%，人均 GDP 年均增长 14.6%，城乡居民收入增长快于 GDP 增长 1.2 个百分点，滞后人均 GDP 增长 2.2 个百分点（见图 20-42、图 20-43）。

（单位：元/人）

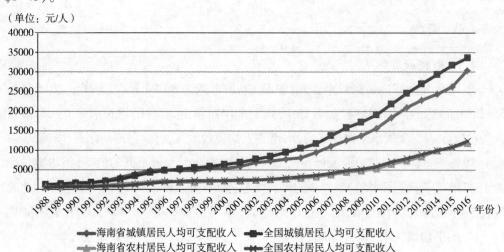

图 20-42　1988—2016 年海南省城乡居民人均可支配收入同全国水平对比示意图

资料来源：《2017 年海南省统计年鉴》，中国统计出版社 2018 年版；《2017 年中国统计年鉴》，中国统计出版社 2018 年版。

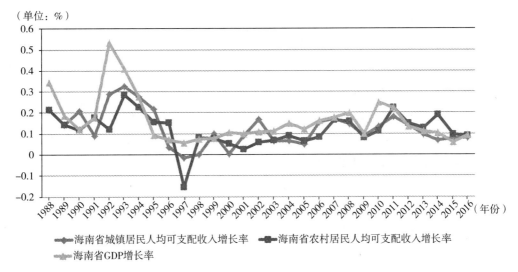

（单位：%）

图 20-43　1988—2016 年海南省城乡居民人均可支配收入增长率与 GDP 增长率对比示意图

资料来源：《2017 年海南省统计年鉴》，中国统计出版社 2018 年版；《2017 年中国统计年鉴》，中国统计出版社 2018 年版。

分阶段看，1988—1995 年，海南省城镇居民人均可支配收入年均增长 21.79%，高于全国同期的 15.77%；1996—2005 年，城镇居民人均可支配收入增长缓慢，年均增长 5.6%，低于全国同期 9.4% 的增长水平，其中 1997 年出现负增长；2005—2016 年，城镇居民人均可支配收入年均增长 14.50%，高于全国同期 12.95% 的增长水平；农民人均可支配收入变动趋势也大抵如此。城乡居民收入差距逐渐缩小，1988—2010 年基本呈递增趋势，收入比由 1.96∶1 增长为 2.95∶1，2011 年以来持续回落，2017 年为 2.39∶1。和全国相比，海南省城乡居民收入差距除 1997 年高于全国水平外，其他年份均低于全国同期水平。

（九）金融市场

1. 金融行业增加值及其占 GDP 比重

自 1993 年以来，海南省金融行业增加值由 7.58 亿元上升至 2016 年的 281.9 亿元，金融行业增加值增长率为 18.83%，高于同期全国金融行业增加值增长率 16.86%。从金融行业增加值占 GDP 比重来看，由 1993 年的 2.91% 增长至 2016 年的 6.97%。和全国相比，海南省金融行业增加值占 GDP 比重低于全国同期水平。

2. 贷款余额占 GDP 比重

自 1992 年以来，海南省贷款余额占 GDP 比重由 146% 波动变化至 2016 年的 162%，海南省贷款余额占 GDP 比重的平均值为 128%，高于全国贷款余额占 GDP 比重的平均值 110%。

3. 上市公司数量

自2007年以来,海南省上市公司数量由20家增加至2016年的28家,上市公司数增长率为4.1%,低于同期全国上市公司数7.85%的平均增长水平(见图20-45)。海南省上市公司数量变化可分为四个阶段:第一阶段为2007—2009年,此阶段发展特征为上市公司数量呈缓慢上升的趋势,年均增长率为2.5%,低于全国同期5.28%的增长水平;第二阶段为2010—2011年,此阶段海南省上市公司数量呈快速上升趋势,年均增长率为23.81%,高于全国同期20.08%的增长水平;第三阶段为2012—2013年,此阶段海南省上市公司数量呈缓慢下降趋势,年均增长率为0.18%,远低于全国同期6.6%的增长水平;第四阶段为2014年至今,此阶段海南省上市公司数量呈缓慢增长趋势,年均增长2.25%,低于全国同期6.73%的增长水平(见图20-44)。

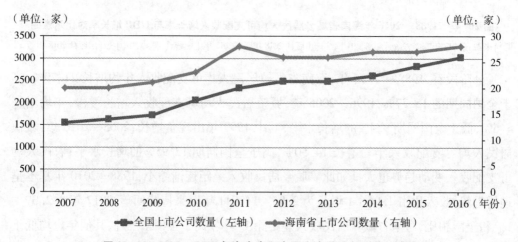

图 20-44　2007—2016 年海南省和全国上市公司数对比示意图

资料来源:《2017 年海南省统计年鉴》,中国统计出版社 2018 年版;《2017 年中国统计年鉴》,中国统计出版社 2018 年版。

4. 保费收入及其占 GDP 比重

自1998年以来,海南省保费收入由6.01亿元增加至2016年的133.21亿元,保费收入增长率为19.38%,略低于全国同期20.05%的平均增长水平。从保费收入占GDP比重来看,由1998年的1.36%上升为2016年的3.29%,海南省保费收入占GDP比重的平均值为2.0%,低于全国同期保费收入占GDP比重的平均值2.44%。

(十)环境与可持续发展

1. 年均 PM_{10} 浓度

自2012年以来,海南省年均 PM_{10} 浓度呈先上升后下降的趋势,2012—2013年,由34微克/立方米上升至39微克/立方米,2016年下降至31微克/立方米。

2. 单位 GDP 废水排放量

自 2004 年以来,海南省单位 GDP 废水排放量由 40.33 吨/万元下降至 2016 年的 10.9 吨/万元,降低了 72.97%(见图 20-45)。

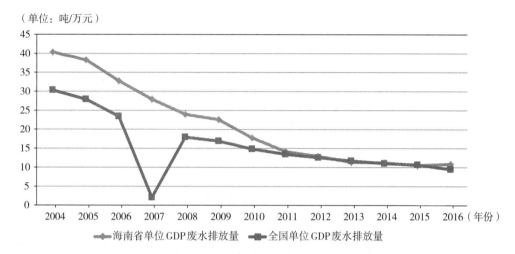

（单位：吨/万元）

图 20-45　2004—2016 年海南省和全国单位 GDP 废水排放量对比示意图

资料来源:《2017 年海南省统计年鉴》,中国统计出版社 2018 年版;《2017 年中国统计年鉴》,中国统计出版社 2018 年版。

3. 单位 GDP 一般工业固体废物产生量

自 2005 年以来,海南省单位 GDP 一般工业固体废物产生量由 0.14 吨/万元降至 2014 年的 0.12 吨/万元。

4. 单位 GDP 能耗

自 2005 年以来,海南省单位 GDP 能耗由 0.916 吨标准煤/万元降至 2016 年的 0.514 吨标准煤/万元,年均减少率为 5.13%,低于全国平均减少率 7.54%。

(十一)就业与劳动力市场

1. 失业率

自 1988 年以来,海南省失业率由 3%降至 2016 年的 2.4%,呈先上升后下降再上升的趋势,其中 1996 年达到最高值 4.3%,2011 年达到最小值 1.73%,近年来呈上升趋势,但低于全国同期水平。

2. 适龄劳动人口比重

自 2005 年以来,海南省适龄劳动人口比重从 67.77%增长为 2012 年的 72.43%,2013 年开始呈缓慢递减态势,2016 年为 72.36%,平均值为 71.04%,低于全国 73.91%的平均水平(见图 20-46)。

3. 平均工资水平

自 1988 年以来,海南省平均工资水平由 1416 元上升至 2016 年的 61663 元,年均

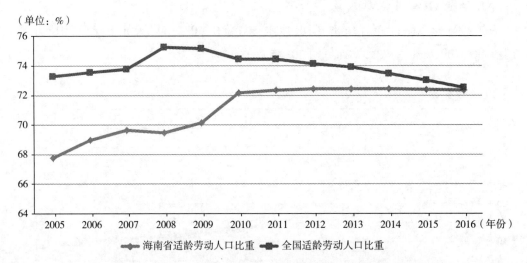

（单位：%）

图20-46　2005—2016年海南省和全国适龄劳动人口比重对比示意图

资料来源：《2017年海南省统计年鉴》，中国统计出版社2018年版；《2017年中国统计年鉴》，中国统计出版社2018年版。

平均工资水平增长率为14.58%，高于全国14.17%的平均增长水平。海南省平均工资水平变化可分为两个阶段：第一阶段为1989—2003年，此阶段发展特征为平均工资水平呈缓慢上升趋势，年均增长率为14.4%，低于全国同期15.33%的平均增长水平；第二阶段为2004—2016年，此阶段海南省平均工资水平为快速上升阶段，年均增长率为14.78%，高于全国同期12.93%的平均增长水平（见图20-47）。

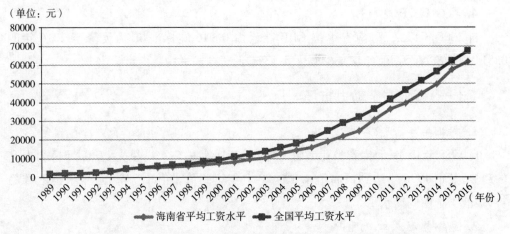

（单位：元）

图20-47　1989—2016年海南省和全国平均工资水平对比示意图

资料来源：《2017年海南省统计年鉴》，中国统计出版社2018年版；《2017年中国统计年鉴》，中国统计出版社2018年版。

4.最低工资水平

自2004年以来，海南省最低工资由500元持续上调至2014年的1120元；2015年海南省一类地区最低工资为1270元，二类地区最低工资为1170元，三类地区最低工资为 1120 元;2016 年、2017 年海南省一类地区最低工资为 1430 元,二类地区最低工资为 1330 元,三类地区最低工资为 1280 元,和全国各省相比,略高于倒数第一、第二的西藏和广西。

(十二)知识经济与创新

1. R&D 经费支出占 GDP 的比重

从科技投入尤其是 R&D 经费投入来看,自 2009 年以来,海南省 R&D 经费支出由 5.8 亿元增长至 2016 年的 21.71 亿元,年均增长 26.08%,高于全国 16.67% 的平均水平。R&D 经费投入后五名的省市分别是新疆、青海、宁夏、海南和西藏。海南省与云南省同属于欠发达地区和热带地区,经济发展水平和消费水平也相当,但 R&D 经费投入比云南少。海南省 R&D 经费投入远低于国内发达地区的平均水平,也低于全国平均水平。表明海南省总体科技投入明显不足。从海南省 R&D 经费支出占 GDP 比重与全国水平对比来看,自 2009 年以来,海南省 R&D 经费支出占 GDP 比重远远低于全国同期水平。海南省 R&D 经费投入强度(R&D/GDP)在 2016 年为 0.54%,而全国为 2.1%,与全国历年排前三名的广东省(2.56%)相差更远,与同是边疆地区的云南(2.11%)也存在一定差距,表明海南省科研综合实力、科技创新能力远低于全国平均水平,与国内先进地区相比差距更加明显(见图 20-48)。

（单位：%）

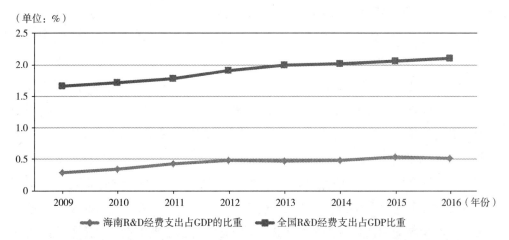

图 20-48　2009—2016 年海南省和全国 R&D 经费支出占 GDP 比重对比示意图

资料来源:《2017 年海南省统计年鉴》,中国统计出版社 2018 年版;《2017 年中国统计年鉴》,中国统计出版社 2018 年版。

2. 万人专利申请授权量

自 1997 年以来,海南省万人专利申请授权量由 0.45 项/万人增长至 2015 年的 2.26 项/万人,增长了 4 倍多,2016 年有所下降。与全国相比,海南省万人专利申请授权量远远低于全国同期水平。

二、海南省经济社会发展目前存在的问题

（一）发展基础薄弱

建省前，海南省长期作为国防前哨，国家除对橡胶、铁矿、制糖、盐业等少数产业有限投资外，其他产业投入甚少。建省办特区后，随着大量资金进入，1988 年 GDP 增长 34.43%，1992 年达到 53.44%。但 1993 年房地产泡沫破灭，海南省发展进入低迷调整期。1994—1997 年，GDP 年均增长仅为 6.65%，低于全国同期 10.78% 的平均增长率。尽管 1998 年至今，GDP 年均增长 10.44%，高于全国同期 9.24% 的增长率。但在 1998—2008 年仅高出全国平均水平 0.58%。同时，30 年来，除 1992 年、1994 年外，海南省人均 GDP 长期低于全国平均水平，尤其是 2005—2011 年，人均 GDP 不足全国水平的 80%，至 2017 年，人均 GDP 为 48825 元，而全国为 59994 元，相差 11169 元。从基础设施、人口供给、科技创新、金融资源利用等经济发展的基础要素来看，海南省发展基础依然薄弱。

（二）产业培育落后

建省以来，海南省逐步形成以第三产业为主导的产业结构。三次产业增加值占地区生产总值的比重分别为 22.0∶22.3∶55.7，整体呈现出"三二一"结构。但不能就此断定海南省产业结构已经切实得到转型升级。海南省服务业总量小、层次低、结构不优的特点也比较明显。2017 年，海南省服务业增加值占全国比重不足 6%，人均服务业增加值仅相当于全国的 80%；旅游业增加值占 GDP 比重仅 7.8%；新兴服务业所占比重较小、生产性服务业发展水平较低。尤其是近年来，海南省规模以上工业企业数量逐年递减，增加值增长缓慢，下行压力较大，主要制造业产品数量下降趋势明显。工业平均产能利用率低于全国平均水平。同时，制约农业发展的几个关键问题如整合产品品牌、延伸产业链条、提升加工水平、培育龙头企业等依然需要突破。海南省企业数量不多，结构也不优；龙头企业少，企业平均规模小，缺乏在国内外具有较大影响力的大企业、大公司、大集团。2017 年海南省百强企业入围门槛不到 5 亿元，营业收入超百亿元的企业只有 9 家。规模以上工业企业有 337 家，不到全国的千分之一。民营经济总量不足，蛋糕太小，海南省企业 63702 家，仅占千分之四，私营企业 27690 家，占全国比例不足千分之三。每万人拥有企业数和私营企业数仅相当于全国平均水平的 60% 和 35%。

（三）宏观调控能力不足

建省初期，海南省立足"相当落后"的省情，大胆进行改革，放胆发展生产。但在发

展中,逐步偏离了发展初心,特区建设演变成为"房地产泡沫"。1996年,海南省提出"一省两地"的发展战略,以2010年基本实现"新型工业省"为目标,同时发展"农业+旅游"。但以工业为主导的发展战略并没有实现预期结果。归根结底在于没有找到适合自身特点的产业结构。同时,作为全国唯一的热带岛屿省份,海南省自然条件、地理位置均有不可替代的独特性,每次战略部署均会吸引全国甚至是世界的关注。在此背景下,高水平的发展规划和强有力的宏观调控能力尤为重要。建省初期,面对相当于建省前30年总和两倍的投资额,宏观调控能力受到严峻考验,造成"过山车"式的发展。国际旅游岛建设初期至今,海南省同样涌入过2万亿元的投资,结果造成"规划随着房地产走""政府随着企业走"的不良现象。一方面,造成过度依赖房地产的畸形产业结构,2010年至今,房地产投资额占固定资产投资额比例年均46.15%;另一方面造成物价过高,老百姓负担加重,不利于经济社会可持续发展。

(四)民生短板问题依然突出

民生问题是特区事业发展的出发点和立足点。30年来,海南省在以教育、医疗为主的基本公共服务供给方面短板明显。从基本公共教育领域看,以2017年为例,海南省普通初中生专任教师数小于全国平均水平,小学与全国平均水平基本持平,高中略高于全国平均水平,近1/3的市县相关指标低于全国平均水平。学龄儿童净入学率和各级普通学校毕业生升学率均低于全国水平。从医疗卫生事业看,医疗卫生水平与全国相比相对落后。千人执业医师数和注册护士数均小于全国平均水平(全国为2.31,海南省为2.17)。千人医疗卫生机构床位数同样低于全国平均水平(全国为5.7,海南省为4.4)。更为突出的是基层医疗机构数远低于全国平均水平。从文化服务供给看,海南省公共图书馆、博物馆、体育馆等的达标比例在全国处于末位水平。

(五)发展动力依然不协调

30年来,海南省经济增长对投资的依赖程度大于全国,货物和服务净流出对经济增长为负拉动,拉动经济增长的"三驾马车"严重扭曲,动力失调。尤其是1990—1995年、2012—2015年,海南省经济增长的投资率高出全国20—30个百分点。以2014年为例,全国投资率(固定资本形成总额与存货增加占GDP的比重)为46.8%、消费率(最终消费支出占GDP的比重)为50.7%、净出口率(货物和服务净流出占GDP的比重)为2.5%,投资、消费和净出口"三驾马车"对经济的拉动较为协调、出力较为均衡。而同期海南省投资率为74.2%、消费率为49.2%、净出口率为-23.4%,发展动力不协调的问题突出。

（六）领导干部素质与发展形势不适应现象突出

领导干部素质是特区事业发展坚强有力的保证和支撑。无论是建省办特区初期改革开放事业推进的要求，还是国际旅游岛建设的要求，造就适应形势发展的高素质干部队伍，是特区事业成败的关键。而当前海南省领导干部素质一定程度上不能适应特区事业发展的需求。一些领导干部视野狭隘、故步自封、不思进取，对取得的成绩沾沾自喜，躺在生态环境优势中做梦。一些领导专业水平不足，对改革开放过程中出现的新事物新现象缺乏了解和学习。一些领导干部改革创新意识淡化，在部署落实中央政策时，保守思想比较严重，在中央政策范围内打转，不谋出路，不图进取。一些领导干部甚至贪图享受，生活腐化，把敢闯、敢试、敢于探索的特区精神忘得干干净净。当下经济特区再谋发展最为迫切的是解决干部队伍的精神状态和思想作风问题。

三、海南省经济特区未来发展重点方向

（一）坚持把发展放在首位，改变发展基础薄弱现状

加快完善基础设施建设，形成一批带动能力大、辐射范围广、服务能力强的基建项目。加快推进中线高速相关段位建设进度。推进通达 4A 级、5A 级景区旅游公路建设。建设乡村慢行公路。加快形成以高速和国省道为骨架、县乡道为连线、乡村道为辐射的公路交通网络。针对海南省环岛高铁站绝大部分远离城市中心的现状，要有意识地完善高铁片区交通设施建设，升级改造或新建交通道路，加强高铁站与主城区、重点景区之间快速通道建设。打造环岛高速经济带。加快连接动车站如陵水动车站、九所动车站、尖峰动车站、海棠湾等铁路站点的机场快线（专用线）建设，建设异地城市候机楼，实现航空与公路、地铁、铁路等交通运输方式在机场内"零换乘"。构建沿海旅游观光廊道，开设连接近岸海上旅游航线，并作为未来环海南岛海上旅游航线的重要组成部分。

大力推进城市群建设。以城镇化、信息化为重点，着力推进海南省城市群建设。着力构建以海口、三亚、儋州、琼海为中心的四大城市群。支持四大中心城市完善城市功能，积极推进中心城市重大项目及其综合交通配套体系建设，支持中心城市完善城市基础设施建设，各市县要根据自身资源禀赋、发展基础和环境容量等特点，明确未来在省内乃至国内的定位。在此基础上，以区域中心城市建设为目标，以辐射半径为依据，建设以教育、文化、医疗卫生为核心的基本公共服务设施，以流通网络、承载力为支撑的商贸物流设施。以云港数据中心为基础，建立区域中心城市大数据中心，提升区域综合信

息服务能力。在省级层面成立"大三亚旅游经济圈""海澄文一体化综合经济圈""儋州西部中心城市建设""琼海东部中心城市建设"等城市群，并建成完善的执行、反馈、督查、通报、考核等常态工作机制。重点解决各市县投资规划各自为政、重复建设、结构趋同、互相效仿、无序竞争问题。解决涉及跨市县和省直部门协作事项沟通不畅的问题。

（二）做大做强做优十二个重点产业，建立现代化经济体系

发展十二大产业首先要促进服务业提质增效。当前海南省的主体旅游项目依然是传统的滨海观光旅游、文化观赏旅游，旅游产品开发主要集中在阳光、沙滩、海岸的开发，尚未形成陆海统筹、山海互动、蓝绿辉映的旅游格局。各市县依然热衷于开发"酒店+沙滩"式的旅游项目，沿海一线开发势头迅猛。在未来一方面要注重传统旅游业态的产品更新和创新，另一方面要更加注重新的旅游业态如游轮游艇、低空飞行、房车旅游、海上运动等的培育，并形成规模化效应。同时要积极推进旅游国际化标准建设。在旅游服务、酒店建设等方面率先建立与国际接轨、在全国叫得响、在海南省推得开的具体标准。

加快发展热带特色高效农业。着眼于当前海南省特色高效农业体量不大、品牌不优、流通不畅等问题，以深化农村土地经营制度改革为重点，以培养龙头企业、重点合作社、家庭农场等新兴经营体系为抓手，推动热带特色高效农业高质量发展。在省级层面建立热带高效农业公用品牌，避免省内品牌小而杂且恶性竞争的现象。切实发挥各地农技中心的业务职能，进一步加大对农村散户品种更新、农作物疾病防治等方面的技术指导。建立专业合作社、龙头企业带动农村散户种植的评价体系，鼓励和引导农村散户跟种、跟销、跟技术。探索建立农村散户与各类规模经营主体利益连接体。探索组建省内国有流通集团建设，着力解决农产品出岛瓶颈问题。鼓励各类经营主体积极开发农村撂荒地、盐碱地等。

着重做好六类产业园区。加快建设旅游园区、高新技术及信息产业园区、物流园区、临空产业园区、工业园区、健康教育园区六类产业园区。鼓励引导新兴产业集聚区建设，在生产要素使用方面提供最优化便利。建立以亩产效益、生态效益、社会效益为重点的产业园区发展评价机制，并纳入市县政府绩效考核。高度重视传统产业重点集聚区中产值下行、发展趋缓、转型困难等现实问题，降低企业用工、用能、用地、融资、税费等成本，加大传统产业科技创新投入，推动传统产业尤其是工业的转型升级。同时，瞄准科技创新体制改革的新动向、新趋势，以更活的体制、更广的视野，吸引各类科技要素进入海南省，围绕"海陆空"，着力推进国家级科创中心建设。

（三）在更深层次推进改革开放，激发老特区新的发展优势

推出重要改革举措，迈出重大开放步伐，不仅是建设本身的需要，更是彰显特区新

优势、体现特区新气象的需要。海南省历届省委省政府从针对经济落后局面提出的"放胆发展生产力""加速发展社会主义市场经济",到寻求实体经济支撑的"一省两地"发展战略,从"大企业进入、大项目带动"到"科学发展、绿色崛起",再到以人民为中心的"加快建设美好新海南",均体现的是特区"冒尖"精神。当前老特区焕发新优势同样要"冒尖"。具体而言,首先要担起旅游改革创新的国家担当,积极探索,先行试验。要积极贯彻落实《国务院关于推进海南国际旅游岛建设发展的若干意见》,仔细梳理哪些改革创新落实了但要做得更好、哪些政策创新尚未探索需要及时跟上、哪些方面需要向中央继续争取,进而持续树立创新优势;坚持"旅游+产业"的目标,以服务贸易创新试点为抓手,深入推进产业升级转型;积极响应"一带一路"倡议,以更大勇气和魄力,打开开放发展新局面;认真落实省委关于提升国际化程度的要求,在旅游要素改造、产品设计、市场开放等方面,扛起应有的担当。推出一批影响力大的改革举措。要尽快在投融资体制机制尤其是 PPP 改革、企业监管体制、垄断行业准入、财政资金使用监管等事关经济工作大局方面,推出一批中央重视、市场急需的改革措施。以问题为导向,以国内外重点关注的热点问题,如私有产权保护问题、知识产权保护问题等,围绕市场决定资源配置,使用特区立法权,推出数项符合中央精神、具有海南省特色、显现特区优势的法规。

着力提升对外开放水平。争取更加开放的出入境政策。学习国际著名岛屿旅游胜地均对绝大部分国家和地区实行个人免签的政策优势,争取进一步扩大免签国家的范围,逐步扩大与中国签署旅游协定的国家和地区,尤其俄罗斯、韩国、新加坡、美国等 10个主要客源国,要尽量放宽政策,逐步对这些国家和地区的居民实行个人到海南省免签政策。相关部门要在国内外重点媒体、重要场合、重点人群中加大免签政策宣传力度。争取更加便利的免税购物政策。巩固和加密已经开辟的国际航线,加快开辟新的国际航线,力争开辟洲际直飞航线,重点构建与"一带一路"沿线国家通达通畅的航线网络。积极推动与东南亚、中亚、非洲、南太平洋岛屿等国在航权开放、时刻分配、特殊航线补贴等方面的合作,加密至周边区域的中短程国际航空快线。更为重要的是,根据中央改革部署,参考先进地区做法,修订修正修改外商投资准入政策,在旅游产业、健康养老产业引入国外资本尤其是欧美资本或企业进入,并逐步扩展到其他服务类领域,切实提升开放水平和国际化水平。

(四)加快推进城乡基本发展服务均等化,补齐短板惠民生

在基本公共教育方面,一是要建立城乡统一的义务教育体制,进一步明确各级政府在农村义务教育方面的支出责任,各级政府应不断追加经费,逐步缩小城乡义务教育办学条件和教育质量的差距;二是要大力引进中小学专任教师,优化教育资源配置,加强

师资队伍建设,不断提升教师的教学业务能力,进而提高各级普通学校毕业生的升学率。在基本医疗卫生方面,一是要协调城乡公共医疗卫生事业的发展,逐步建立农村公共卫生经费保障机制,加快建立和推广新型农村合作医疗制度,保障农民享有卫生保健和基本医疗服务;二是要加大对医疗卫生事业的投入,不断加强基础设施建设、配备完善医疗设备、改善就医环境、加强医疗人才队伍建设,推进基层医疗卫生机构标准化建设,提升公共卫生服务水平,重点解决"重病不出岛"和"小病不进城"的问题。在基本公共文化领域,要推进公共文化服务体系建设,有效整合和统筹利用公共文化资源,提升基层公共文化设施建设、管理和服务水平,特别是在公共图书馆、博物馆、体育馆等的建设方面应实现全覆盖,努力实现城乡基层公共文化服务标准化、均等化,更好地满足广大人民群众日益增长的精神文化需求。

(五)适应经济发展新常态,加快发展动力转换

习近平总书记在讲话中反复强调发展是第一要务,发展要尊重规律,要以经济建设为中心,要适应新常态,寻求合理的经济增长平衡点。当前海南省拉动经济增长的"三驾马车"严重扭曲,发展动力不协调的问题凸显,海南省应通过全面深化改革的新成效来适应新常态,向改革要动力,不断调整优化产业结构。具体而言,首先要从海南省实际情况出发,保持合理的经济增长的投资速度,在增长速度和增长质量之间找到平衡点。其次要紧紧抓住扩投资、上项目这个关键不放松,通过大力推进重点项目建设来培育新的经济形态、打造新的经济增长点、调整和优化产业结构。再次要通过合理调控菜价、降低住房支出、减轻教育支出、建设医疗支出、加快城镇化进程等方式拉动消费需求。最后要借海南省全岛建立自由贸易港之东风,充分发挥海南省地处南海和东盟最前沿的区位优势,以服务贸易创新发展为重大突破口,加快旅游、医疗、健康、教育、文化等生活性服务业开放和金融、保险、物流等生产性服务业开放,积极引进国外的大项目、大企业进驻海南省,不断加强各个领域的实务合作,实现互利共赢。

(六)适应发展新形势,不断提高领导干部队伍素质

各级干部是党的理论和路线方针政策的具体执行者,办好海南省的事关键在干部,特别是领导干部。在习近平新时代中国特色社会主义思想的引领下,海南省应打造一支对党绝对忠诚,坚持党和人民利益至上,牢固树立"四个意识"和"四个自信",忠诚履职尽责,更好地用党的十九大精神武装头脑、指导实践、推动工作的领导干部队伍,以加快建设经济繁荣、社会文明、生态宜居、人民幸福的美好新海南省。具体来讲,一是要让各级领导牢固树立"四个意识"、坚定"四个自信",严格遵守党章党纪党规,发挥各级党委"牵头""抓总"的作用。二是要打造勇立潮头、勇于担当的领导干部队伍,不断增强

敢为人先的意识和敢于担当的品格，能靠前指挥、身先士卒，能在转型升级的主战场攻城拔寨、闯关夺隘。三是领导干部要深刻认识现代领导活动与读书学习的密切关系，把读书学习当成一种生活态度、一种工作责任、一种精神追求，自觉做到爱读书、读好书、善读书，积极推动学习型政党、学习型社会建设。

21

重庆市改革开放 40 周年
地区发展报告

重庆行政学院课题组①

始于 1978 年的改革开放为中国打开了巨变的大门,也为深处内陆的重庆市迎来新的发展机遇。40 年来,开放的中国迎来了全球化的机遇,又倒逼了各区域转型发展、深化改革。这 40 年间,面对宏观环境复杂多变、改革发展任务艰巨繁重的现实条件,重庆市全力"赶考",交出了一份发展势头好、城乡面貌变化大、人民群众实惠多的"成绩单"。

一、1978 年以来重庆市经济社会发展成就

(一)生产力水平大幅提升,经济发展质量效益明显提高

反映生产力水平的主要指标包括 GDP 及其增速、人均 GDP 及其增速等。

1.40 年间 GDP 增长近 300 倍

改革开放以来,重庆市先后经历了 1978—1996 年"老工业基地"向"现代工业经济体"转变的第一次突破,以及 1997—2017 年"计划单列市"向"统筹城乡发展的直辖市"转变的第二次突破。在 40 年间,重庆市 GDP 从 1978 年的 67.32 亿元,增长为 2017 年的 19500.27 亿元,年均增长 15.23%。

需要说明的是,上述 GDP 的计算口径存在作为计划单列市的重庆市(1978—1996年)和作为直辖市的重庆市(1997—2018 年)两个阶段。自 1997 年以来,重庆市 GDP 年均增长率为 13.64%,显著高于全国同期增速水平。

---

① 课题组组长:伏虎;课题组成员:阳盼盼、袁国栋、万倩倩;项目编号:NSAZT(WT)2018020。

2.人均GDP即将冲破1万美元关口

改革开放以来,重庆市人均GDP由1978年的257元增长为2017年的63689元,年均增长率为14.78%。根据统计数据,1978年我国人均GDP为385元,2017年我国人均GDP为59502元,年均增长率为13.43%。可见,重庆市人均GDP年均增长速度显著高于全国平均水平。自1997年以来,重庆市人均GDP年均增长率为12.90%,显著高于我国同期增速水平。

按照2017年12月31日银行间外汇市场人民币汇率中间价1美元对人民币6.5063元计算,重庆市2017年人均GDP约合9788.82美元,2018年将冲破一万美元关口。

(二)全力推动区域均衡发展,城乡发展协调性显著增强

重庆市致力于化解不平衡不充分发展的矛盾,通过区域平衡、城乡平衡、产业平衡的抓手,改革开放以来不断打造一体化发展格局。

1.产业结构不断优化,现代服务业、先进制造业取得进展

重庆市三次产业占GDP的比重由1978年的34.6∶48.1∶17.3变为2017年的6.9∶44.1∶49.0,由"一二三产大体均衡"转变为"二三产并驾齐驱"的结构,并逐步向高端服务业、先进制造业转型。这意味着40年来,重庆市产业结构调整符合"库兹涅茨"产业结构演进规律,产业结构不断优化,第一产业劳动生产率不断提高,资源配置效率得到有效改善。

2.工业化和城镇化有序推进,逐步实现"人的城镇化"

根据可查数据,重庆市常住人口城镇化率从设为直辖市前1996年的29.5%提高到2017年的64.08%。第一产业从业人员占比从1985年的72.8%降低到2015年的30.8%,第一产业从业人员比重不断下降,产业偏离度由1985年的40.1降为2015年的23.5。与经济结构调整同步,第一产业劳动力不断流向第二产业和第三产业,同时实现了"人的城镇化"。

(三)美丽山水城市建设成效明显,绿色发展新路不断探索

1.单位GDP能耗不断下降,绿色发展初见雏形

单位GDP能耗不断下降,清洁能源消费比重增加。平均每万元GDP能源消费量由2001年的1.69吨标准煤下降到2015年的0.618吨标准煤。从能源消费结构来看,"重煤"的情况有所减轻,清洁能源消费比重上升。从能源消费比重来看,1978年煤炭、天然气、油料、一次电力及其他能源消费比例为0.79∶0.12∶0.04∶0.06,2016年为0.54∶0.14∶0.15∶0.16;从能源消费总量来看,2001年平均每万元国内生产总值煤炭、天然气、油料、一次电力及其他能源消费量分别为1.20吨、0.18吨、0.12吨、0.20

吨,2015 年分别为 0.322 吨、0.081 吨、0.081 吨、0.134 吨。

得益于电力工业的快速发展,重庆市人均电力消费量在过去 20 年间迅速增长,由 1997 年的 582.5 千瓦时增加到 2016 年的 2726.59 千瓦时。但值得一提的是,重庆市人民生活水平快速提高的同时,电力使用也在逐步高效化、节约化,2015 年重庆市为 2596.12 千瓦时,远低于全国平均水平 4231 千瓦时,而与此同时,重庆市的经济增长率则领跑全国。

2. 主要污染物排放量稳步减少,废弃资源实现循环化利用

直辖以来,重庆市主要污染物排放量稳步减少,废弃资源循环再利用情况向好。1995—2016 年,工业废水排放量由 95590 万吨下降到 25874 万吨,每万元 GDP 工业废水排放量由 85.12 吨下降到 1.47 吨,废水排放量下降了 98.27%。每万元工业固废产生量由 0.97 吨下降到 0.14 吨,下降了 85.57%,工业固废综合利用率已达 76.43%,达到国内先进水平。

(四)财政金融发展稳中向好,经济发展支撑效果明显

1. 金融行业增加值占 GDP 比重呈 U 形走势,短期信贷余额稳中有升

1997—2017 年,重庆市金融行业增加值占 GDP 比重基本呈 U 形走势。1997 —2008 年,金融增加值占 GDP 比重整体呈下降趋势,由 1997 年的 7.72% 下降到 2008 年的 5.23%。2008 年全球金融危机爆发后,重庆市金融行业增加值占 GDP 比重又呈逐年上升趋势,2016 年为 9.35%,为 20 年来最高值(见图 21-1)。

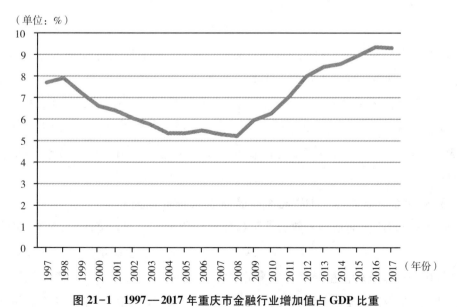

（单位：%）

图 21-1　1997—2017 年重庆市金融行业增加值占 GDP 比重

资料来源:根据《中国统计年鉴》绘制。

1980—2016 年,重庆市信贷余额占 GDP 比重总体上呈逐年上升态势,由 1980 年的 46.53%增长到 2016 年的 141.15%,增幅达 203.35%(见图 21-2)。

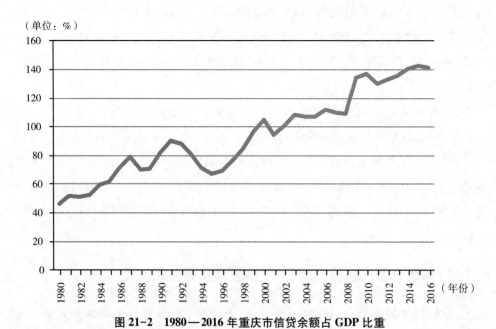

（单位：%）

图 21-2　1980—2016 年重庆市信贷余额占 GDP 比重

资料来源:根据《中国统计年鉴》绘制。

上述发展过程意味着重庆市的"金融深化"程度与经济发展不同阶段存在内生趋同,随着重工业向智能工业转型,对金融服务的需求还将不断扩张。

2. 保费收入占 GDP 比重呈 N 形波动

重庆市保费收入占 GDP 比重呈 N 形波动特点,发展中存在缓慢下滑阶段。第一个上涨的顶点出现在 2010 年,2006—2010 年重庆市保费收入占 GDP 比重呈快速上升趋势,由 2.39%上升到 4.05%,2011 年迅速下降到 3.11%,此后呈缓慢下降趋势,2013 年下降到 2.81%后又呈平缓上升趋势,2014 年上升到 2.86%,2016 年为 3.43%。总体而言,保费收入占 GDP 的比重由 2006 年的 2.39%上升到 2016 年的 3.43%,增长 43.51%,保险深度得到增强,保险业在国民经济中的地位不断凸显(见图 21-3)。

3. 公共预算收入占 GDP 比重快速增长后保持稳定

1994—1997 年,重庆市一般公共预算收入占 GDP 比重呈下降趋势,由 4.39%下降至 3.93%。重庆市直辖后,一般公共预算收入占 GDP 比重呈缓步上升趋势,2009 年后快速上升,并在 2011 年达到近 20 年来的最大比例 14.875%,此后又呈整体下降趋势,2016 年为 12.69%。上述走势反映了财政汲取能力及经济发展内在质量的变动,财政总收入口径占 GDP 比重稳定在 12%左右,成为基础设施建设、发展和改善民生的有力

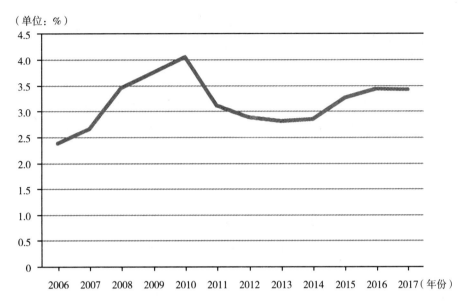

（单位：%）

图 21-3　2006—2017 年重庆市保费收入占 GDP 比重

资料来源：根据《重庆统计年鉴 2017》绘制。

后盾（见图 21-4）。

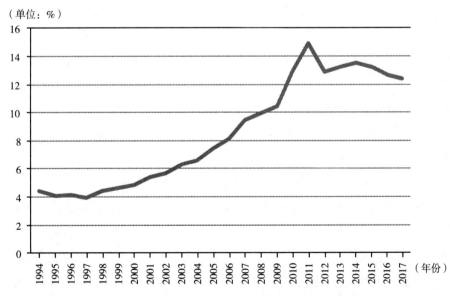

（单位：%）

图 21-4　1994—2017 年重庆市一般公共预算占 GDP 比重

资料来源：根据《中国统计年鉴》绘制。

4. 财税收入稳步上升，政府财政负担较轻

1994—2013 年，重庆市财政收入占 GDP 比重由 8.59% 提高到 2013 年的 32.44%，增长了 277.65%。税收收入占 GDP 比重由 1996 年的 3.55% 提高到 2016 年的 8.12%，增长

了128.73%。人均税收收入由1996年的154.5元提高到2016年的4718.5元,增长了29.54倍。其中,得益于重庆市经济的快速发展,人均税收收入在2005年后快速提升,2005年人均税收收入达558.5元,2008年为1106.2元,2010年为1881.5元,2011—2016年人均税收收入分别为2646元、2901.7元、3312.9元、3797.8元、4302.9元、4718.5元。

比较重庆市1994年以来的财政收支情况,可以将其分成4个阶段进行描述。1994—1997年,重庆市直辖之前,尽管财政盈余占GDP的比重逐年下滑,尚保持在1%以上的水平。1998—2003年,重庆市直辖之初,经济发展相对缓慢,从1998年的财政盈余状态(0.51%)迅速转为1999年的财政赤字状态,2003年财政收支基本保持平衡状态(赤字占比0.01%)。2004—2011年,重庆市经济活力逐步增强,并得到迅猛发展,财政赤字逐步转为财政盈余,财政盈余占GDP比重分别为2.22%、2.71%、3.79%、6.18%、4.73%、3.33%、15.22%、9.52%。2012年开始,由于统计口径调整、加大基础设施建设与科教文卫发展等原因,重庆市由财政盈余转为财政赤字,2012—2016年财政赤字占GDP比重分别为12.03%、10.81%、11.48%、11.03%、10.10%,社会公共事业得到了快速发展。

(五)切实保障改善民生,着力解决群众最直接最现实利益问题

1. 多措并举保障就业,就业形势总体稳定

就业是最大的民生,就业是最大的稳定。1985—1997年,重庆市失业率均保持在3.5%以下。直辖之初,由于地处内陆,且面临"大库区、大山区、大农村"的现状,经济发展缓慢,经济活力尚未激发,失业率曾一度上升,2002—2005年失业率大于4%,分别为4.1%、4.1%、4.12%、4.12%。2006年后,得益于经济的快速发展,重庆市出台各种政策鼓励、保障就业,失业率逐步下降,控制在4%以内。2017年,重庆市失业率为3.4%(全国失业率为3.9%),是重庆市直辖后除2012年以外失业率最低的年份,目前全市就业形势总体保持稳定(见图21-5)。

2. 义务教育普及率有效巩固,居民文化水平不断提高

近年来,重庆市不断推进义务教育,2014年后,小学生入学率保持在99.99%。2016年,重庆市小学生数量达到209.82万人,成为全国小学生数量最多的地区之一。随着义务教育的普及、人们对教育的重视,以及政府不断加大民生投入对读取大学的学生进行奖励和学费减免等,重庆市普通高等学校在校人数占总人口的比重逐步提升,由1978年的0.06%提高到2.31%。在校研究生人数由1996年的2953人上升到2016年的52156人,提高了近17倍。普通高等学校专任教师人数由1997年的0.94万人增加到2016年的4.06万人,增幅达331.91%,生师比17.16。中等职业学校专任教师人数稳步增长,由2008年的1.40万人增加到2016年的1.48万人,生师比43.32。普通高中专任教师人数由2004年的2.41万人增长到2016年的3.99万人,增幅达65.56%,

（单位：%）

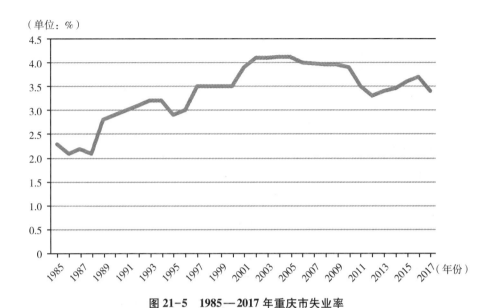

图 21-5　1985—2017 年重庆市失业率

资料来源：根据《重庆统计年鉴 2017》绘制，2017 年重庆失业率数据来源于《重庆市 2017 年国民经济和社会发展统计公报》。

生师比 15.21。初中专任教师人数基本稳定在 7.6 万人，生师比 12.82。小学专任教师人数由 1997 年的 11.99 万人增加到 12.31 万人，生师比 17.05。特殊教育专人教师人数由 1997 年的 0.04 万人增加到 2016 年的 0.09 万人，增幅达 125%。

3. 生育目标从追求人口数量到追求人口质量

1978—1997 年，重庆市人口增长率波动较大，出现过 1981—1982 年和 1986—1987 年两个生育高峰，人口自然增长率基本在 10‰—13‰ 之间，而 1984 年是 2000 年前重庆市人口增长率最低的年份，为 3.23‰。受计划生育政策影响，1987 年后人口自然增长率逐步下降，并于 2003 年达到改革开放以来最低值 2.69‰。2004 年后，重庆市人口自然增长率基本稳定在 3‰ 以上（2010 年为 2.77‰）。近年来，受全面二孩政策影响，重庆市人口自然增长率逐年上升，2017 年为 3.91‰（见图 21-6）。

根据第六次人口普查数据，全市常住人口中，具有大学（指大专以上）文化程度的有 249.30 万人，占总人口比重的 7.55%；具有高中（含中专）文化程度的有 381.14 万人，占总人口的 11.54%。每 10 万人中具有大学文化程度的为 8643 人；具有高中文化程度的为 13213 人。重庆市人口质量得到极大提升。

4. 医疗投入力度提速，医生和病床数量显著增加

为了提高医疗服务质量，重庆市大力进行医疗投入，在全国率先启动"新医改"，在医疗卫生保障和公共卫生服务方面成效明显。

在医生人数方面，万人医师数由 2014 年的 5.8 人增加到 2017 年的 6.85 人，增幅

（单位：‰）

图21-6　1978—2017年重庆市人口自然增长率变化情况

资料来源：根据《中国统计年鉴》绘制，2017年数据来源于《2017年重庆市国民经济和社会发展统计公报》。

达18.10%；执业医师数由2008年的2.95万人增加到2016年的5.15万人，增幅达74.58%；每万人拥有的卫生技术人员数由2004年的25人上升到2016年的59人，增幅达136%（其中，城镇地区从2010年的39人上升到71人，农村地区从29人上升到36人）；每万人拥有执业（助理）医师数由1997年的14人上升到2016年的21人，增幅达50.5%（其中，城镇地区由2010年的16人上升到25人，农村地区则呈现波动性特点）。

在病床数方面，万人病床数由2014年的10.93张增加到2016年的20.63张，增幅达88.75%，略高于全国平均水平；卫生机构床位数由1997年的6.96万张增加到2016年的19.09万张，增幅达174.28%，每万人病床数由1997年的25.16张上升到2016年的62.61张，增幅达148.85%（城镇地区由2011年的37.81张上升为68.70张，农村地区由31.95张上升为44.92张）。上述发展有效保障了"病有所医"，增速略高于全国平均水平。

（六）基础设施发展突飞猛进，互联互通的新重庆市加速打造

1. 互联网普及率逐步提高，电话普及率高于全国水平

随着网民规模的逐步扩大、互联网费率的降低，近年来，重庆市互联网普及率逐步提高，由2009年的26%提高到2016年的50.3%。尽管这一数据略低于全国平均水平，但全市互联网普及率呈稳步上升态势，互联网的使用程度也在逐步加深。

同时，重庆市电话普及率由2003年的19.73部/百人提高到2017年的107.4部/百人，高于全国平均水平。

2.“公铁水空”立体交通格局成型

长期以来,为了提高交通基础设施建设质量和效率,重庆市大力投入公路、铁路建设。公路网密度(公里/百平方公里)由1978年的0.187提高到2015年的1.706。其中,1997年公路网密度为0.328,较1978年提高了75.40%。1997年后,公路建设迅速发展,2015年在1997年的水平上又提高了420.12%。该指标显著高于我国东部地区水平,也高于美国整体路网密度水平。目前东部公路网密度已达1.18公里/百平方公里,美国为0.71公里/百平方公里。

铁路网密度(公里/百平方公里)由1996年的0.007提高到2016年的0.026,增长了271.43%。其中,铁路建设有两个转折点,2005年前,重庆市铁路密度由0.008增长到0.016,2013年重庆市铁路密度突破0.02。航空建设成就斐然,2017年,民航客运量达到2147万人。

截至2017年,重庆市高铁形成了“一枢纽十干线”铁路体系,高速公路通车里程突破3000公里,江北国际机场旅客年吞吐量达到3872万人次,港口货运年吞吐量达到1.97亿吨,建成国家级互联网骨干直联点。

3.轨道交通从无到有,里程长度中西部居首

截至2017年,重庆市轨道交通运营线路共有6条,线网覆盖重庆市主城区全域,运营里程264.3千米,总里程位居中国第6位、中西部第1位。

截至2017年12月,重庆市轨道交通在建线路共有8条(段),在建里程201.9公里;到2020年,预计运营里程近500公里。2016年,重庆市轨道交通日均客运量189.97万乘次,最高日客运量达261.82万乘次。

(七)人均资源拥有量整体偏低,资源节约利用率不断提高

1.人均水资源量低于全国水平

全国2016年人均水资源量为2354.92立方米,重庆市历年人均水资源量平均低于全国水平,面临着一定程度的淡水保有瓶颈。由于统计口径、统计方式等的差异,重庆市水资源量在年度之间变动较大,但整体处于1500—2000立方米/人的保有水平(见图21-7)。

2.人均耕地面积略有减少,耕地保护形势依然严峻

根据重庆市第二次土地调查报告(2014年公布),截至2009年年底,重庆市人均耕地面积为1.12亩/人,1996年第一次调查为1.26亩/人。从绝对数量看,重庆市人均耕地面积在历次普查期间不降反增,增加了301.2万亩。这是由于重庆市推行“地票”制度带来的积极效果。

地票制包括农村宅基地及其附属设施用地、乡镇企业用地、农村公共设施和农村公益事业用地等在内的农村集体建设用地,经过复垦并经土地管理部门严格验收后产生

（单位：立方米/人）

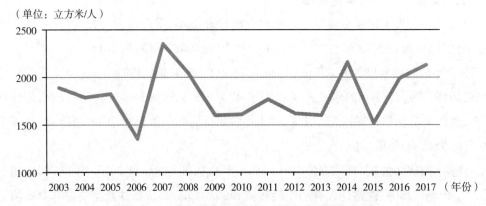

图 21-7　2003—2017 年重庆市人均水资源量变化情况

资料来源：根据《中国统计年鉴》绘制。

的指标,该指标可进行市场化流转。在复垦环节中,有闲置土地复垦为耕地,诸如农村宅基地、乡镇企业用地、农村公共设施和公益事业用地等农村集体建设用地,以做到"先造地后用地"。

重庆市建设用地增加与经济社会发展要求相适应,但综合考虑现有耕地数量、质量、人口增长和发展用地需求等因素,重庆市仍面临着人均耕地少、耕地质量总体不高、耕地后备资源不足的情况,耕地保护形势较为严峻。

3. 森林覆盖率明显改善,山清水秀美丽之地建设加速

重庆市森林资源大规模调查包括两次主要摸底工作:第一次摸底是 2010 年 10 月至 2012 年 12 月,截至 2012 年 12 月,测算出的森林覆盖率为 42.1%;第二次是从 2013 年 6 月到 2014 年 12 月,截至 2014 年年底,森林覆盖率为 43.1%。[1]

随后,重庆市的森林覆盖率仍在稳步攀升。2017 年 3 月 9 日,重庆市林业局发布《重庆市森林资源公报》显示,截至 2015 年年底,重庆市林地面积为 446 万公顷,森林面积 374 万公顷,重庆市森林覆盖率上升到 45.4%,位列西部地区第三。同期全国森林覆盖率为:2007 年 18.2%、2008 年 20.4%、2017 年 21.6%,重庆市历次数据约为全国平均森林覆盖率的两倍。

二、重庆市经济社会发展目前存在的问题

（一）科研投入强度偏低,与工业大市地位不相称

从 R&D 经费支出占 GDP 比重来看,重庆市历来科研投入强度较低且增速偏慢,如

---

① 根据重庆市林业局官方网站公开的信息整理形成。

1995 年该比重仅为 0.355%,随后缓慢增长为 2017 年的 1.79%,大幅低于 2.12% 的全国水平。而重庆市提出的 2020 年科研投入强度为 2.5%,这意味着未来三年重庆市需要高强度的投入资金支持科研力量的进步。从高校数量看,重庆市有 65 所普通高校,该数量在一线城市中并不算低,仅少于拥有 82 所高校的武汉市。但是,从强势优质高校的数量来看,仅重庆大学和西南大学为"211"高校,并入选"双一流"学校。而从国家级科研院所的数据来看,重庆市的国家级科研院所共有 16 所,在国内主要城市中排名第 11 位。截至 2017 年年底,重庆市的国家重点实验室为 8 家,而武汉市、南京市、天津市、沈阳市的国家重点实验室数量分别为 21 家、31 家、12 家和 16 家。此外,从万人专利申请授权量(发明)来看,截至 2017 年该数值为 7.25 件,仍低于全国 8.9 件的平均水平,与北京市 94.6 件相比差距较大。

直辖以来,重庆市工业经济的平均增长速度保持在 15.28% 左右,高于全国 0.36 个百分点,其中技术进步对工业经济增长的贡献度达到 55.51%,要推动工业经济持续增长由要素驱动转向创新驱动,但工业经济增长过程中技术创新的问题同样突出。

一是技术开发机构数比例小难以支撑整体经济发展。2017 年,重庆市从事 R&D 活动的企业有 712 家,其中设有科技机构的企业有 668 家,占全国从事 R&D 活动企业总数的 19.50%,但科技机构占全部高新技术企业的比例低于上海的 10.13%,重庆市高新技术产业的 R&D 投入逐渐增加,但与京津沪的比例大致是 1:2:3:4,相对于高新技术产值增长速度,重庆市 R&D 经费投入强度不大,总体表现为经费投入不足。

二是技术创新人数少、技术创新市场意识和决策能力差使创新成果的市场化能力薄弱。重庆市工业企业从事科技和研发活动的人员数量虽然逐年增加,但其占高新技术企业从业人员的比例依然偏低,并且与京津沪的比例大致为 18:29:34:41。1998—2017 年,重庆市科技从业人员占高新技术企业从业人员的比例逐年上升,2013 年达到 4.7%,为历年来的最高值,但是这一比例仍然偏小;直辖以来,重庆市技术市场交易的技术合同和技术金额均呈现上升趋势,但其增速不明显,表现为技术创新成果的市场化能力差。

三是技术创新经费来源单一、支出结构不合理。2017 年,重庆市工业企业共筹集科技活动经费 174.69 亿元。从科技活动经费来源渠道看,企业自筹占经费总额的 81.90%,来源于金融机构贷款和政府部分的投入分别占总额的 3% 和 2%,其他来源占总额的 1%;从科技经费支出结构看,重庆市科技经费支出比较重应用、轻基础。2017 年,重庆市工业企业对基础设施和应用研究支出的比例分别为 3.94% 和 9.08%,而试验发展支出占 R&D 经费支出的 86.98%。

科研投入强度偏低导致相对较低的科研成果产出,直接影响了科研成果转化、应用和自主创新战略的实施,导致重庆市作为传统老工业基地的产能基础无法释放为与新时代发展要求相适应的生产力。

（二）人口老龄化现象突出，消费对经济增长的拉动作用有待增强

2017 年重庆全市常住人口 3048.43 万人，其中城镇人口 1908.45 万人。全年外出市外人口 500.78 万人，市外来人口 157.10 万人，即存在约 300 万人口流出。

按年龄段划分，重庆市 0—15 岁（含不满 16 周岁）达 551.54 万人，占比 17.9%；16—59 岁（含不满 60 周岁）达 1901.86 万人，占比 61.9%；60 岁及以上达 621.76 万人，占比 20.2%。而按照联合国的传统标准，一个地区 60 岁及以上老人达到总人口的 10% 就是老龄化社会，重庆市已接近于标准的 2 倍。可对比的是，目前最年轻的城市深圳，60 岁以上老人占比仅为 6% 左右。尤其是，近年来重庆市 16—59 岁、60 岁及以上的人口比重还在逐年上升。

根据《2017 年重庆国民经济和社会发展公报》，2017 年重庆市 60 岁及以上人口占总人口的 20.2%，65 岁及以上的人口占总人口的 13.2%，远高于全国平均水平（分别为 17.3%、11.4%），重庆市已成为全国老龄化最严重的地区之一。

因此，在我国绝大多数城市都已进入老龄化状态的同时，重庆市的老龄化压力尤其突出。一方面，重庆市现在还是一个人口净流出地区，呈现出典型的"未富先老"特点；另一方面，不同于一些省会城市，重庆市无省内人口可吸纳以起到稀释和缓冲作用。该人口结构可能导致社会保障压力加大、社会创新活力较低等后果。同时，万人在校研究生数从 1997 年的 0.3 人提升到 2017 年的 5.22 人，在取得长足进步的同时也低于国内主要城市比重。人口结构和人才比例（人才外流）问题相交织，导致面向创新经济时代的发展后劲不足。

与人口老龄化现象相伴随的是，重庆市近年来最终消费支出对 GDP 贡献率逐步下降。1998—2007 年，重庆市最终消费占 GDP 的比重基本维持在 52% 以上。随着 2008 年全球金融危机的爆发以及人口老龄化现象的出现，重庆市 2009 年最终消费占 GDP 比重为 49.1%，同比下降 6.65%，此后呈逐年下降趋势，2017 年为 41.37%，远低于全国平均水平（58.8%），消费对经济增长的拉动作用明显不足。

（三）产业结构偏重，现代服务业有待发展

2017 年，重庆市三产的比例为 7.4∶44.2∶48.4，是唯一一个第三产业比例未达到 50% 的直辖市。同时，也低于成都、南京、杭州、武汉、郑州等省会城市。不同于其他直辖市和省会城市，重庆市由于人口结构的特点，特别是农村户籍人口偏多，在产业布局上，需平衡好一二三产业的比重，充分照顾到不同人群的就业需求。目前重庆市已经形成了汽车、电子、装备、化工医药、消费品、材料和能源等支柱产业，但工业结构偏重、需

要向更高端方向再进一步,在柔性化、智能化、精密化等先进制造业中取得突破。

在现代服务业方面,重庆市商贸经济增速换档、结构调整、动能转换困难相互交织。大型商业综合体、大型商品交易市场、大型商务写字楼存在区域性、结构性、功能性过剩问题,部分商贸企业经营困难,商贸服务业领域去产能、调结构任务还比较艰巨。传统的经营方式和商业模式比较粗放,个性化、多样化服务供给不足,培育发展新消费、新供给、新动力的任务十分紧迫。消费环境欠佳,存在假冒伪劣商品、商业欺诈等问题,零售、餐饮住宿、生活服务等窗口行业服务质量不高,推进建设法治化营商环境,引导促进精准化、精细化优质服务的任务十分紧迫。商贸物流成本高,信息化、组织化、标准化水平较低,推进商贸物流现代化、降低流通成本仍是短板。在"互联网+"背景下,传统商业面临变革,居民消费及各类服务电商化,跨界融合、供应链重组、电子商务升级等对实体商业的转型发展提出了更高要求。区域竞争激烈、资源优化配置难度加大,立足国家"一带一路"倡议和城市群发展战略,在国际国内范围优化商贸服务业资源配置面临新挑战。

(四)脱贫扶贫任务艰巨,深度贫困人口依然存在

2017年重庆市农民人均纯收入9383元,比京津沪低一半左右;城乡居民收入比为3.11,比京津沪高出近1个百分点。就市内而言,农民人均纯收入最高的南岸区达到13437元,而最低的酉阳县只有6152元,两者相差7285元;尤其是18个重点贫困区县202万贫困农民人均纯收入6183元,低于全市平均水平1200元。

重庆市农民人均纯收入中,工资性收入3401元,占农民人均纯收入比重为46%;家庭经营收入2975元,占41%;财产性收入176元,占2%;转移性收入832元,占11%。虽然工资性收入高于全国平均水平,但与北京市和上海市农民工资性收入占农民人均纯收入66%相比,相差20个百分点,工资性收入比重偏低,尚未成为农民增收的主渠道;同时,家庭经营收入易受气候自然因素和市场因素影响,难以确保持续较快增长。此外,转移性收入仅占11%,与北京市转移性收入占农民人均纯收入16%比相差5个百分点,与上海市转移性收入占农民人均纯收入21%比相差10个百分点,在总收入中比重偏低。

目前,重庆市仍有9个国家级贫困县、18个深度贫困乡镇、226个建档立卡贫困村、22.5万贫困人口。经过持续多年的脱贫攻坚,目前重庆市贫困发生率由2014年的7.1%降至2017年的1.1%,在取得长足进步的同时要意识到该总量依然庞大,是全面建成小康社会征程上亟须化解的重点任务之一。

(五)长江黄金水道的航运功能发挥尚不充分

重庆市航运货运周转量占全国内河25%左右,货运平均运距居全国内河第一,货

运船舶平均吨位居全国内河第一,但航运服务整体规模小,大贸易商自货自运,市场需求没有得到充分释放。重庆市岸线资源采取行政方式配置,而船队资源采取市场配置岸线资源的垄断性和航运产业的市场化,市场竞争加剧,使航运企业运行成本较高,最终导致交易成本提高而航运企业实际利润低下的现状。

重庆市当前航运服务基础设施投入较大,港口功能单一,以装卸、转运和存储为主,缺乏金融、加工、商贸、配送等高附加值服务功能,专业化、机械化和信息化程度仍然较低,港口同物流、产业"三结合"的发展模式尚未形成。重庆市航运体系建设中,船代、货代、报关行、检疫、箱管、仓储、集卡、法律、金融、信息、人才、交易等服务体系处于低层次发展水平,产业集群的现代服务体系尚未形成。信息服务体系也尚未形成,航运人才流失、培养不足、交流困难。基础的船员人力资源中,高级船员每年流失上千人,新进人员90%是农民工。航运金融、航运中介、航运交易、航运信息等高端人才匮乏。

(六)创新创业热情偏弱,市场主体内生活力有待激发

重庆市作为内陆地区和老工业基地,固有的文化观念、发展路径制约了对创新创业政策的认同,也与创新创业行为偏少、市场主体活力偏低等互为因果。

一是干部群众趋于保守、追求安逸的心态,使其面对创新创业"心向往之、身不能至"。受传统文化观念和重庆市区域氛围影响,社会大众往往满足于现状,更愿意从事安稳体面的普通工作,社会内生活力不足。尽管在营造创业创新氛围方面已开展了理念宣讲、典型示范评选等活动,但对于大多数人而言心态仍未彻底扭转,对创新创业政策的认同有限。据对重庆市科技工作者、大学生群体的抽样调查,最近一年有创业规划、开始创业的占11.5%,55.5%的群体仍停留在"有创业意愿、还没有着手准备"的观望阶段(见表21-1)。

表 21-1　重庆市最近一年的创业意愿

	最近一年,您是否有过创业的想法?				
	不想创业	有创业意愿,还没有着手准备	有初步的创业规划	已经开始创业	调查样本数
重 庆	33.0%	55.5%	8.2%	3.3%	1188

资料来源:根据课题组与中国科协、重庆市科协在渝进行的科技工作者调研问卷形成。

二是市场主体往往抱有"创新创业不容失败"的心理,在实践中"不敢冒险,不愿担责"。重庆市各市场主体尚未建立起"鼓励成功、包容失败、立足长远"的企业文化氛围,限制了创新创业相关政策的催化作用。在调研中发现,不少员工在工作中有技术创新的点子,但企业过于担心失败后的负面影响,往往停留在论证阶段。此外,企业也很

少采用"项目孵化"等方式鼓励内部创业。从汇总调查结果来看,所在单位科研人员中具备强烈成果转化意愿的比例仅略高于10%,其中愿意以创业形式转化成果的比例则更低(见表21-2)。

表21-2 重庆市所在单位科研人员成果转化的意愿

	从您所在单位看,科研人员开展成果转化的意愿如何?					
	意愿很强	意愿较强	意愿一般	没有意愿	样本总数	
重 庆	13.4%	35.7%	45.7%	5.2%	100%	5864

注:仅统计科研院所、高校等公有单位。

资料来源:根据课题组与重庆市科协在渝进行的科研人员调研问卷形成。

三是高校和科研院所出于单位利益考虑,并不鼓励离岗创业,使相关政策在末梢环节难以落地。在重庆市高校调研时发现,高校认为教师的主职工作在于教书育人,担心教师一旦创业可能面临精力分散问题,迟迟不出台本单位离岗创业实施细则。科研院所将"研究骨干流失率"作为内部管理指标,也担心科研人员创业后与原单位形成竞争关系。在调研走访的多家高校和科研院所中,尽管有意愿创业的科研人员不少,但多年来真正实际投身创业仅一人,多数科研人员都是被单位"劝""哄""拖"而不了了之。

四是部分创新创业政策在部门间联动性较差,互相牵扯。以新兴业态统计办法为例,创新创业活动的"跨界融合"带来全新业务类型,可能兼具制造业、服务业、高新技术等多重特点,但国家层面尚未出台实施细则,导致重庆市在现有统计体系中难以清晰划分,影响了相应税收优惠和监测指标的有效落地。再以大中小微型企业划分办法为例,现行国家标准针对不同行业,分别采用员工数量、营业收入、销售额等事后指标进行划分,但由于上述指标需要在企业开展经营活动一年后才能观测,导致工商、税务等部门在创业企业发展初期难以认定其类型,导致优惠政策"延误"。此外,课题组也发现创业贷款政策在执行中偏离初衷。为高校毕业生、社会人员设定不同的创业担保贷款政策,本意是倾斜照顾高校毕业生创业者群体,但与社会人群创业担保贷款政策相比,高校毕业生不仅在贷款额度、贷款利息上没有任何优势,而且对高校毕业生创业担保贷款的资格审查、担保抵押、连带保证人等内容要求更严苛。由于毕业生也能以社会人员身份申请创业贷款,导致高校毕业生创业贷款政策价值有限。

五是部分创新创业政策缺少配套服务,知晓度低。由于存在着重政策制定、轻配套服务的倾向,当前创业扶持政策知晓率、到位率不高,扶持力度打了折扣。约50%被调查者对相关政策停留在"听过,不了解"的层面,政策知晓率、到位率有待提高。尤其是与创新创业者群体的服务需求相比还有很大距离(见表21-3),对于提供创业投资资金、提供市场对接(项目推介)等创业者群体最为急迫的要求,现有政策难以给出有效回应。

表 21-3　重庆市创业者对创业服务的需求

	提供办公空间	提供信息资源服务	提供科技中介服务	提供技术交流平台	提供创业导师	提供创业投资资金	提供市场对接(项目推介)	样本总数
重　庆	18.2%	52.1%	21.6%	45.8%	28.0%	60.3%	40.0%	7443

资料来源:根据课题组与重庆市开展的创业者服务需求专项调研形成。

(七)涉农组织能力基础偏弱,乡村振兴基础不牢

农民合作社是提高农业组织化程度、构建新型农业经营体系、推进农业现代化的中坚,是乡村振兴战略的重要力量。重庆市面临的主要矛盾在于:涉农组织化程度不高,难以形成与现代农业经营体系相适应的运行机制。

经营方式中形成的利益联结不够紧密,体现为涉农组织与产业链上下游、社员、自身发展方面存在"三个不紧密"。首先,合作社与产供销商衔接不够紧密。合作社与上游的涉农企业等新型农业经营主体、与其下游经销商之间较少建立产供销一体化机制。以开县的柑橘专业合作社为例,虽然是统一培管,统一销售,资金由合作社与营销商赊销运作,但在产业发展的链条上没有向深加工服务,导致经营绩效较差。其次,合作社与成员的利益联系不够紧密。大部分合作社的"二次返利"比例较小,经营成果未能与社员分享,主要仍是采取劳动力、土地等要素进行分配。最后,合作社与"品牌"结合不紧密。在长寿区涉及的179家农业合作社中,只有11家申请了注册商标,绝大多数合作社带头人、社员对于绿色品牌、原产地认证、无公害认证等现代农产品品牌概念仅有模糊的认识,对打造农产品品牌的意识淡薄,适应和开拓市场竞争能力不强,现代经营意识尚未植入合作社的细胞。

三、重庆市进一步深化改革开放的政策建议

深化改革开放需要在对内改革方面进一步优化体制机制、以自我革命的勇气不断扬弃,需要在对外开放方面进一步全面彻底。站在改革开放40周年的历史节点上,对重庆市而言,其改革是对内部治理、经济结构、产业导向、城乡发展、生态保护、社会治理等进行全方位重塑,其开放是对内陆开放高地、自贸区建设、"一带一路"倡议的积极响应和密切融入。为此,本书将以大处着眼、小处着手的思路,提出进一步深化改革开放的具体建议,以期对国家政策设计、中西部及内陆地区改革发展有所裨益。

（一）努力推动高质量发展，致力创造高品质生活

高质量发展、高品质生活既是改革开放40年来的经济社会成就，也是未来深化改革开放的目标；既是我国新时代的发展思路和导向，也是习近平总书记对重庆市的殷殷期盼和嘱托。为此，本书在此对重庆市深化改革开放提纲挈领进行整体论述，在后续各节中给出并形成具体化建议。

加速传统产业智能化改造。一要重点加大对汽车、手机、电脑等支柱产业的电子化、数字化和智能化改造，延伸产业链，从低端"制造"向高端"服务"转型。二要围绕集成电路这一核心技术布局智能产业，加快芯片技术研发，打造国家级存储器基地，开发基于5G技术的物联网应用，力争成为集成电路布局的西部制高点。三要探索基于"互联网+大数据+人工智能"的多维商业模式和应用场景，促进基础研究、产品研发和市场推广全生命周期活动智慧化，建立适应高品质生活消费升级需求的复合创新体系。四要用活政策、人才和资金资源，将"培才"与"引智"相结合，实现"工业智造"与"文化创意"两极结合，将重庆市打造为全国领先的创意文化软件研发和生产基地。

提高新型城镇化建设水平。一要深植多规合一理念，以自然山水和特色人文脉络为底图，按照"宜产、宜居、宜业"原则，统一规划城乡空间布局和生态布局。二要科学制定高品质城市发展规划，探索精明增长路径，发行市政债券，将土地储备"后门"融资规范为"前门"融资。三要建立进城农民资产权益与城市福利对价和转换通道，按照自愿原则，探索进城落户农民以部分土地权益折现支付个人承担的社会保障缺口部分。四要积极发展一批区位、产业优势较突出的中等规模城市和特色小城镇，形成大城市和乡村的"中间地带"，形成产业、人口二次集聚，为乡村振兴提供充足支持。

壮大集体经济带动乡村振兴。一要深入推进农村集体产权制度改革，以"三权"促"三变"，对承包经营权、宅基地使用权、林地使用权等精准确权，明晰集体股和个人股并量化到户，作为农户参与集体收益分配的依据。二要发挥集体经济组织作为"土地经营权"流转的核心平台作用，在农户和其他经营主体自愿基础上，由集体经济组织建设统一的土地经营权储备银行，通过抵押、信托、债券等方式吸收外部资金，实现土地适度规模经营，形成农户、集体经济组织、新型经营主体与市场投资主体利益联结机制。三要建立集体经济运行的资金积累机制，整合现代农业经营部分收益划归集体提留资金、地票资金反哺集体部分、农业产业化项目补贴部分资金、扶贫资金等，统筹解决内生问题。四要发挥基层党组织在壮大集体经济中的核心作用，将农村基层政权组织建设与农村产业融合发展有机结合。

推动内陆开放高地建设迈上新台阶。一要提升开放平台，立足"一带一路"建设背景，站在全球层面构建开放新格局，以口岸经济为抓手，尤其要在空中门户建设、向东向

南高铁建设、三峡船闸通行能力、铁路货运比率、内地港口建设等方面取得实质性突破。二要提升利用外资水平,依托两江新区、中新项目、自贸区,在跨境电子商务、互联网云计算大数据产业、跨境结算和投融资便利化等服务贸易领域深化改革,形成吸引外资的虹吸效应。三要建设离岸数据交易中心,重点在智能汽车、智能终端、生命健康、航空产业、智慧城市等领域推动大数据资源开放共享。四要加快"多证合一、一照一码"改革,推进"证照分离",实施外商投资准入前国民待遇和负面清单管理制度,建立综合、专业相结合的监管体系。

构建推动高质量发展的体制机制。一要进一步理顺政府与市场关系,加大"三去一降一补"力度,政府兴办的企业或具有政府背景的企业逐步退出一般性竞争性市场领域,让资金、劳动力、土地、信息、技术等要素更多流向更具活力的市场主体。二要以政策创新激发社会创新活力,深化财政科研项目资金管理、高校科研体制、科技成果转移转化改革,提高科研人员创新积极性。三要优化政府服务供给,深化"放管服"改革,完善有利于公平竞争的规则体系,形成全方位开放新格局,营造良好政商环境。

(二)积极发展现代农业,切实增加重庆市农民家庭经营收入

一是大力发展特色效益农业。加快推进重庆市渝东北片区、渝东南片区山地特色农业基地、"渝西"现代农业示范带和主城郊区都市现代农业示范区建设。着力培育和壮大优质粮油、蔬菜、畜牧、柑橘、生态渔业、林果、中药材、花卉、茶叶、蚕桑和烟叶 11 个重点特色产业,加快构建现代农业产业体系。

二是加强新型职业农民培育。加快发展农业职业教育,办好一批农业高职、中职院校和农民"田间学校",帮助和引导农民转变思想观念,增强适应形势变化带来的就业竞争压力;积极探索新型职业农民培养模式,推进阳光工程、绿色证书培训,努力培育一大批有文化、懂技术、善经营、会合作的新型职业农民。

三是发展多元旅游业态。借鉴国外和东部沿海地区的先进经验,除了发展简单、粗放的自助式"农家乐"外,还应因地制宜地发展主题农业园型、乡村俱乐部型等经营模式,增强多样性、吸引力和竞争力,提升经济效益。同时,拓展生态农业旅游产业增值链。一方面,全面推动生态农业产品的改造与升级,延伸产业链条,开发优质的农特产品和旅游商品,扩大地方品牌的知名度。另一方面,挖掘生态农业旅游的内涵,将传统的观光游、度假游与历史文化旅游、民俗文化旅游和乡村体验旅游等有机结合,充分利用渝东南地区少数民族民俗文化优势,挖掘传统商业、传统舞蹈、传统音乐等文化资源,加大整合开发力度,推动生态农业旅游收入从以餐饮住宿收入为主向以旅游综合收入为主转变,实现生态农业旅游转型升级,促进渝东南地区经济的发展。

四是加快推进农业科技创新。围绕发展特色效益农业开展科技攻关,着力培育一

批优质高产新品种,积极开发高效栽培和养殖新技术;加强农业科技引进,推进良种繁育和新技术普及;加强农业科技服务体系建设,促进农技服务社会化和市场化,切实增强农业科技支撑。

(三)加速生产性服务业与制造业的深度融合

一是借力"互联网+",实现两业"跨界融合"。重庆市要顺应"互联网+制造业"的大趋势,通过价值链重构,以轻资产、扁平化、快速响应市场树立新的竞争优势。以"制造业装备智能化提升行动"初步实现信息化和工业化融合,不断提高重庆市重点行业装备智能化率,围绕M2M(机器对机器)业务,推进物联网大数据挖掘服务;借助重庆市云计算大数据产业链,稳步推进制造业服务化经营水平,以2017年建成投用的十万台服务器为计算能力基础,面向中小企业发展基础设施即服务(IaaS)、平台即服务(PaaS)、软件即服务(SaaS);借助"国家级互联网骨干直联点"优势,以数据中心、数据处理深化生产性服务业领域。

二是优化空间布局,实现两业"互动融合"。重庆市要以"两业"空间集聚带动互动互联,提升融合效果。对各类制造业与相关生产性服务业毗邻布局,使其软硬件共享、服务相互提供;逐步探索以生产性服务业为中心,以制造业为外围的新协同集聚模式,使得制造业集聚对生产性服务业的需求得以及时释放;在都市区范围内打造现代服务业集聚区,提高生产性服务业密度、强度,以快速集聚发挥高端辐射能力。

三是强化供应链协同,实现两业"集成融合"。提高行业物流信息化和供应链协同水平是促进重庆市两业融合的重要抓手,有助于将各类生产性服务业"嵌入"制造业布局中。为此需要打造生产性服务业供应链协同管理系统,发展行业电子商务和智慧物流服务,推动营销模式创新及供应链协同;拓展重庆市汽车、笔记本电脑等行业的电子商务服务,建立第三方电子商务平台及大宗生产资料电子交易中心;壮大第三方物流服务业,探索发展第四方物流服务,提升面向制造业供应链协同需求的物流响应能力。

(四)多措并举,激发创新创业活力

一是探索灵活创业形式,实现与原单位利益有效兼容。高校和科研院所往往担心创新创业对本单位带来不利影响,并不认同和鼓励在岗人员离职创业投身市场主体。建议不断探索孵化制、合伙制、导师制、项目制等灵活创业形式,形成与原单位利益共享、风险共担的新格局。可通过选取与原单位发展方向相吻合的领域,采取"离岗不离职"的形式兼顾单位利益。由原单位提供部分平台、政策、资金、服务等资源,创业者在职期间约定创业期限、分成比例、双方权责利等事宜,降低单位顾虑、释放创业活力。

二是梳理现有关联性政策,制定完善可操作的实施细则。首先,完善新兴业态的评

价、统计体系。传统的三大产业划分办法,可能都会对创新创业带来壁垒,建议系统梳理新兴业态的各种活动类型和统计的缺口,尤其是在行业分类、制度设置、增加值核算方面做实做细,重庆市统计部门在前期可按照新型消费业、新型金融业、新型制造业等粗口径搭建框架,未来进一步细化和充实。其次,探索利用不同数据源开展创新创业企业初期的类型划分。如注册资本金等初期指标,以及电商交易额、技术要素含量等新口径指标。最后,建议高校毕业生群体纳入社会人员的创业贷款政策框架中,使二者在申请流程、标准等方面保持一致,为高校毕业生群体两年后适用社会人员创业贷款政策打下基础。考虑高校毕业生群体初始资本低的现状,可适度放宽其贷款额度。

三是分区域、分行业细化创新创业相关政策执行标准。建议主管部门在准确评价风险的基础上,按照行业、区域差异拉开创业贷款额度的档次。除了实施传统的"小额"贷款外,还应尝试对那些有一定发展基础、个人信用状况较好、项目前景广阔的创业者,提供额度较大的"中额"贷款。此外,调高小企业小额担保贷款财政贴息标准。建议由目前的按人民银行基准利率50%贴息,提高到按人民银行基准利率贴息。并降低小额担保贷款在区(县)贴息分担比例,由省级财政全额贴息,避免区(县)层面由于财力有限、对该政策执行不积极等问题。

(五)依托长江黄金水道,充分释放上游航运优势

一是依托重庆市航运交易所,打造长江上游航运交易总部。通过构建长江上游航运要素交易市场,创新交易方式,先行先试,出台航运要素现货、期货、虚拟服务交易政策,实行航运交易经纪人制度、准入制度、信用评级制度和淘汰制度,制定挂牌交易、竞价交易、招投标、撮合交易的规则,对入驻要素市场开展交易、支付、交割、结算等交易服务的企业予以交易补贴、费用减免、资金人才支持等优惠,引导重庆市和长江上游其他省区物流要素向航运要素交易市场聚集,培育良性、有序、高效的市场环境,吸引航运物流企业、设备生产企业、服务企业入驻,打造长江上游航运交易总部。条件成熟时,在相关省市合作建立交易分中心或交易本地代理机构,在物流园区建立交易终端,开展船舶、资金、人才、航运企业产权、运力、订单等要素的现货和期货交易。

二是以技术创新促进行业转型升级。航运行业引入信息化要素,是提升现有航运产能、优化产业结构、提高产业发展水平的重要内容。在国家对重庆市水运发展资金、科技、信息产业和物流等专项资金中,要建立航运信息化建设子项,培育专业的航运信息化服务机构,建立行业信息技术标准、规范和建设指南,引导航运行业应用物联网、云计算技术、通信技术等先进适用技术,以此为基础,加强码头、港口、航运企业运输设施、航运相关企业经营管理、航运市场和航运资源、信息交换基础设施(EDI)等方面的信息化建设,促进航运智能化、自动化、数字化、网络化发展,实现航运信息的互联互通,打造

智慧航运。

三是整合重庆市航运资源,建立长江上游航运聚集区。打造航运物流政务、商务、金融和信息服务四大平台。提供口岸、海关、国检、交通、外贸、海事、安监等政务一站式航运物流政务服务;形成报关、货代、车代、船代、理货等服务机构组成的航运商务服务联盟;搭建专业航运担保、融资平台和保险服务平台;开展货物质押、航运结算、航运保险评估、联合采购等服务;以交通电子口岸(EDI)为支撑,建设海事、航道、船检、气象等航运信息综合服务平台(RIS),提供航运物流信息服务。

四是建立航运物流支撑体系。整合重庆市航运和物流机构资源,建设航运经济研究中心、航运人才实训中心,发布重庆市航运系列研究报告,出版重庆市航运交易专业服务刊物,开展航运政策、航运产业、航运管理、航运服务等研究,培养航运专业人才,为重庆市航运发展提供咨询。举办中国(重庆)内河航运博览会和中国(重庆)中小航运企业论坛,营造良好发展氛围。

(六)以农民合作社规范创新发展,回应乡村振兴战略

一是放宽合作社涉农配套用地,破除土地要素瓶颈。对规模以上流转土地的专业合作社适度放宽生产性配套用地,根据国土资源部、农业部联合下发的《关于进一步支持设施农业健康发展的通知》中,对于南方从事规模化粮食生产种植面积 500 亩以上的,规定配套设施用地控制在 3 亩以内。该标准对于苗木、鲜果为主的合作社而言较为局限,建议通过向工业园区的闲置用地挖潜、鼓励集中兴建公共设施等方式保障合作社涉农用地。

二是探索"三方协议+统一账户+贴息保险"的外部融资方式,破除资金要素瓶颈。由合作社、农户、金融机构签署三方协议,金融机构对社员按生产发展需要在授信额度内发放信用贷款,社员获得的贷款存入合作社在金融机构开立的统一账户,金融机构对社员存入合作社账户资金的使用进行全程监控,并预留一定比例(30%)的资金作为担保基金。合作社销售回笼货款全额存入金融机构开立的资金专户,由金融机构代付农户收购款,同时通知农户归还贷款,农户贷款产生的利息由财政和合作社按比例分摊。

三是打造职业农民队伍破除劳动力瓶颈。吸引农村外出务工人员回流,尤其是青壮年劳动力加入合作社,进一步支持合作社的有效劳动力供给。此外,充分发挥农民专业合作社的示范引领作用,引导和鼓励广大农民尤其是合作社骨干积极参加教育培训,邀请农业院校、科研单位、农技推广机构的专家、技术人员深入田间地头,开展技能培训。

四是以"二次返利"实现合作社与社员的利益融合。探索合作社集中流转土地、培

训农户,再反租倒包给农户开展分户种植的新机制。合作社统一提供垫付生产资料费用、统一收购销售,农户分户种养出售后,扣除合作社垫付的生产资料费用,获得第一次收益,每个生产周期结束,合作社将经营利润的一部分(不低于50%)再分配给农户,获得第二次收益,从而强化合作社与农户的利益联系,调动农户积极性。

(七)回应农民群众对美好生态的期盼,做实农村生态环境治理

在当前推进以适度规模经营为核心的农业现代化进程中,由于观念、体制、资金、基础设施等因素的制约,并未建立起与农业现代化相适应的农村生态环境污染治理体系,未能形成与乡村振兴战略相匹配的生态环境治理策略。为此,在涉农经济社会发展方面,需形成匹配做法。

一是以土地规划和涉农服务业引导农业产业化集约布局。将村集体用地纳入整体规划,合理连片分布生活区、种植区、养殖区、工业区,将农技中心、兽医站、饲料加工厂、保险理赔点等涉农生产性服务业向特定区域集中,带动农村产业向既定的功能分区集聚,提高农村污染治理的针对性和效率。

二是延伸城市环卫服务构建城乡环卫一体化服务。以农村环境卫生综合整治为突破口,把城市成熟的环卫管理方法延伸到乡镇,不断提高农村生活垃圾收集率、清运率和处理率。逐步建立和完善农村垃圾收集、中转、运输、处理体系,因地制宜开展农村生活垃圾收集处理。在县城周边大力推广"户分类、村收集、镇转运、县处理"的生活垃圾处理模式,距离较远的镇村推广"户分类、组收集、村转运、镇处理"的模式,远离城镇、村庄分散的地区,可以选择"户分类、村收集、连片村处理"或"户分类、村收集、村处理"等模式。

三是开展农村跨区域生态联合治理。有条件的乡镇建设场镇污水处理厂,综合处理生活污水并配套供给周边乡镇,实现环境基础设施多方共享;定点建设场镇畜禽排放物无害化处理站,按照覆盖半径和周边畜禽养殖量进行设置,由区县政府直接负责维护。

(八)规范 PPP 投融资模式,释放其对基础设施建设的牵引作用

PPP 投融资模式在重庆市乃至全国其他地区经济发展、基础设施投融资方面发挥了巨大价值,但也存在债务风险可能失控、认识运作存在偏差、现有潜力尚未释放等问题,为此,在重庆市既有项目基础上,结合当前及未来基础设施投融资需求,提出如下建议。

一是将 PPP 模式与资产证券化相结合,让风险收益相匹配的资金在资本市场上完成对接。资产证券化是将 PPP 中的现金流作为抵押发行债券,适合采用可用性偿付模

式的 PPP 项目,并通过提供担保等手段为债券增信。对于重庆市及其他省市已签约的 PPP 项目,可以其长期性收益权和预期收益开展抵押融资,从而盘活 PPP 项目的存量资金,以市场化机制撬动更大的资金杠杆。

二是对存量的市政项目引入 PPP 要素,更好地发挥 PPP 投融资机制的社会效益。通过引入社会资本并组建 PPP 项目公司的形式,采取租赁、重组、转让等方式对既有的市政项目进行升级改造或合作运营,重庆市在 2016 年首批签约的项目中部分采取了该思路,通过 PPP 方式盘活存量资源,变现资金用于重点领域建设。

三是将 PPP 投融资模式与土地开发相结合,释放出成倍增量。随着风险规避、监督监管等 PPP 配套机制的不断完善,PPP 将成为未来土地开发融资的重要渠道,与银行贷款、债券市场共同构成土地一级开发融资的新格局。

四是在区县层面按照城市(镇)规模分区域推进。考虑到 PPP 模式的调研、可行性研究及项目谈判时限,从签订项目意向书到签约再到开展施工至少需要半年以上的时间,因此小城镇可考虑对时效性强的项目直接开展政府投资而非照搬 PPP 模式,也可将相关 PPP 项目以打包的形式纳入区县范围统筹,实现统一谈判、打包运营、整体接管,变各小城镇分散的项目为集约化、规模化的运营模式,避免小城镇缺少专业人才、单个项目体量小、缺少规模经济而难于实施等问题。

五是按照经营性质进行分行业管理。按照能否在项目运营期间产生经济效益,可分为非经营性、准经营性和经营性行业。非经营性行业无法取得直接经济效益,可直接采取 BT(建设—移交)等形式;准经营性行业具有一定公益性,在政府给予约定补贴、优惠的前提下采取 PPP 等方式吸引民间资本,如轨道交通、市郊铁路、体育场馆、市政供水等;经营性行业能够通过使用者付费的方式赢利,可综合采用 PPP、BOT(建设—经营—转让)等方式,如高速公路、市政供水、垃圾处理、港口等。

22

四川省改革开放 40 周年
地区发展报告

四川行政学院课题组[①]

一、1978 年以来四川省经济社会发展成就

(一)生产力水平

1. GDP

从 1978 年改革开放开始,四川省 GDP 一路攀升。进入 21 世纪之后,四川省的经济发展进入到一个全新的阶段。从 2000 年的 3928.2 亿元上涨到 2017 年的 36980.2 亿元,四川省的经济建设成绩斐然(见图 22-1)。

(单位:亿元)

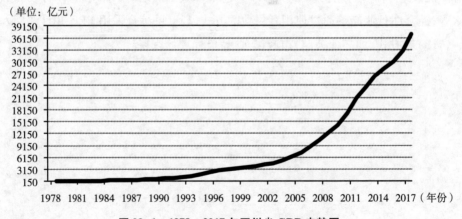

图 22-1　1978—2017 年四川省 GDP 走势图

资料来源:Wind 数据库。

---

① 课题组组长:袁威;课题组成员:车华武、贾舒、陈昌荣、奉兴、张国毅;项目编号:NSAZT(WT)2018021。

2. 人均 GDP

人均 GDP 比较客观地反映了一个地区社会的发展水平和发展程度。四川省人均 GDP 也反映了四川省人民的经济建设成果,从侧面反映了四川省人民的生活水平的变化。经过改革开放初期,人均 GDP 一路走高,从 2002 年的 5890 元攀升至 2016 年的 40003 元,反映出四川省的发展也从 2002 年进入快车道(见图 22-2)。

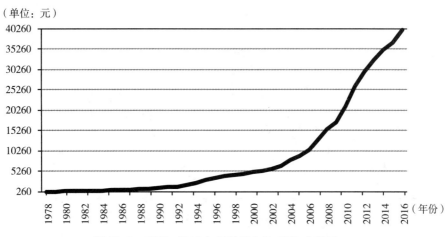

图 22-2　1978—2016 年四川省人均 GDP 走势图

资料来源:Wind 数据库。

3. GDP 增长率

改革开放以来,四川省 GDP 增长率维持在 3%—18%,最高为 17.45%,均值为 10.56%。即四川省经济发展受全国经济环境的影响,但同时自身也保持着年均两位数的增长。这为四川省经济总量的不断递增奠定了坚实基础(见图 22-3)。

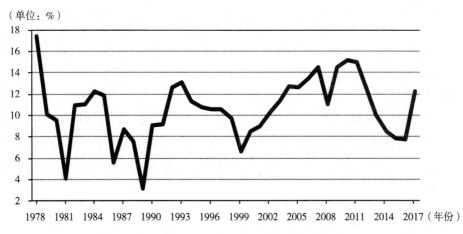

图 22-3　1978—2017 年四川省 GDP 增长率走势图

资料来源:Wind 数据库。

4. 人均 GDP 增长率

四川省人均 GDP 增长率集中反映了四川省人均 GDP 的变动情况。四川省人均 GDP 增长率在4%—32%浮动变化,均值为14.41%。这表明四川省人均 GDP 不断攀升,经济发展势头良好。同时,浮动的增长率也显示出四川省经济运行较为平稳(见图22-4)。

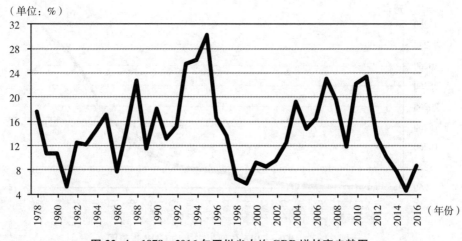

（单位：%）

图 22-4　1978—2016 年四川省人均 GDP 增长率走势图

资料来源：Wind 数据库。

（二）经济结构

1. 三次产业占 GDP 比重

自改革开放以来,四川省产业结构发生了巨大的变化。第一产业占 GDP 比重不断下降,由1978年的44.5%下降到2017年的11.6%;第二产业占 GDP 比重呈缓慢上升态势,即由1978年的35.5%上升到2017年的38.7%;第三产业占 GDP 比重则不断上涨,从1978年的20%一直上涨到2017年的近50%。三次产业占比的变化也显示着四川省经济结构的基础正在不断优化。事实上,四川省处于工业化中期向后期演进的阶段,产业重心持续后移,经济结构不断优化,服务业和消费占比得到根本性提升,2016年第三产业占比首次超过第二产业,2017年延续了上述趋势。伴随供给侧结构性改革的深入推进,四川省经济从快变量主导的增长向慢变量驱动的增长转向,经济韧性有所增强(见图22-5)。

2. 制造业占 GDP 比重

近年来,四川省制造业的发展逐步从重视数量向重视质量转变,2017年四川省制造业占 GDP 比重从2014年的41.53%降至31.14%。

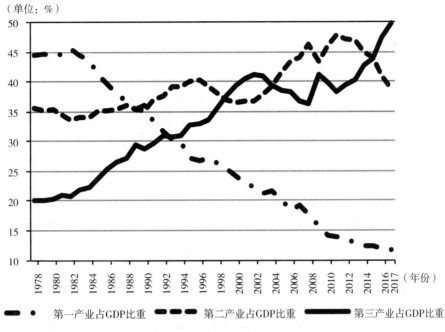

（单位：%）

图 22-5　1978—2017 年四川省三次产业占 GDP 比重走势图

资料来源：Wind 数据库。

图例：第一产业占GDP比重　第二产业占GDP比重　第三产业占GDP比重

3. 最终消费占 GDP 比重

四川省正处在新旧动能转换"胶着期"。经济动能逐渐从投资向消费、科技转移，从传统动能驱动向"传统动能+新动能"的双引擎驱动转移。2012—2016 年四川省实现了最终消费对经济增长的贡献率达到 52%。消费对经济增长"压舱石"的作用有所增强，最终消费占 GDP 的比重从 2012 年的 50%提高到 2016 年的 52.5%，2016 年最终消费对经济增长的贡献率超过固定资产投资 6.5 个百分点，2017 年消费贡献率继续提高。从最终消费占 GDP 比重来看，自改革开放开始，呈现不断下降趋势。相应的储蓄率不断上升。但这一指标需要结合 GDP 的绝对量来加以分析，由于四川省 GDP 的巨幅增长，四川省最终消费的绝对量仍呈不断上升态势（见图 22-6）。

4. 城镇化率

2017 年，四川省常住人口和户籍人口城镇化率分别达 50.8%和 34.2%，共吸纳农村转移人口 301 万人。四川省城镇化率呈 45°斜线平稳上升，即四川省城镇人口规模在不断扩大，城镇化建设取得优异成绩。同时城镇化率的不断提高也为四川省第二、三产业的发展提供了人口基础（见图 22-7）。

5. 第一产业就业人员占比

第一产业就业人员占比走势图集中反映了第一产业释放劳动力的情况。四川省第一产业就业人员占比呈现不断下降趋势，释放出来的劳动力充实到第二、三产业中，以

（单位：%）

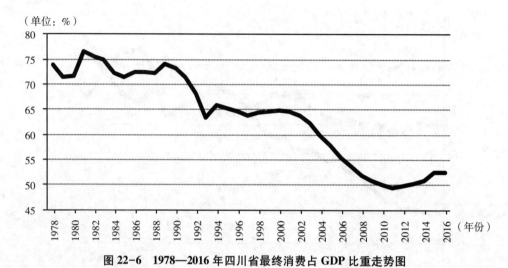

图 22-6　1978—2016 年四川省最终消费占 GDP 比重走势图

资料来源：Wind 数据库。

（单位：%）

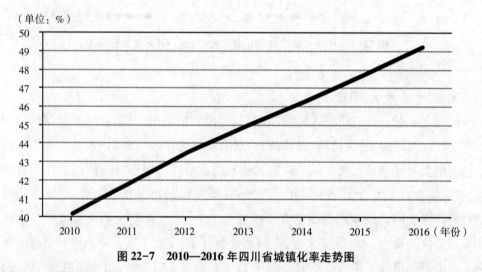

图 22-7　2010—2016 年四川省城镇化率走势图

资料来源：Wind 数据库。

支持其发展，繁荣社会经济。就第一产业就业人员占比本身来说，与四川省不断推进的城镇化建设工作有莫大关系，从侧面表现出四川省城市建设在不断推进的过程中，也取得了优异的成绩（见图 22-8）。

6. 单位 GDP 煤炭、石油、天然气、电力消费量

单位 GDP 各种资源的消耗量在一定程度上描述的是经济发展的自然资源代价。近年来，尽管四川省单位 GDP 石油和天然气消耗量下降趋势不明显，但是单位 GDP 煤炭和电力消耗量却呈不断下降趋势。这一现象说明四川省正由粗放型经济发展方式向集约型经济发展方式转变，且成效显著（见图 22-9）。

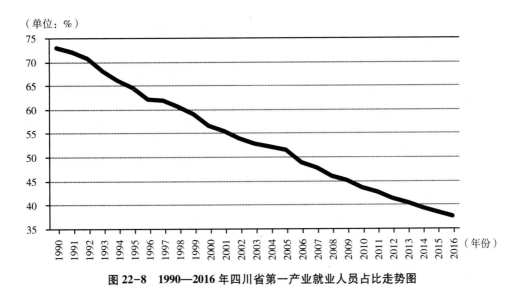

图 22-8　1990—2016 年四川省第一产业就业人员占比走势图

资料来源：Wind 数据库。

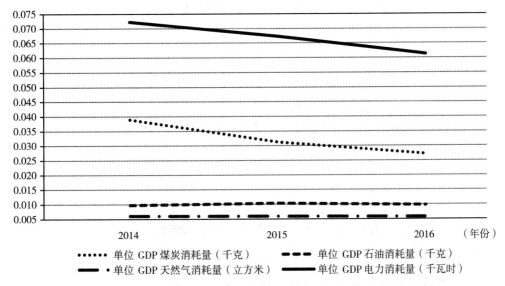

图 22-9　2014—2016 年四川省单位 GDP 煤炭、石油、天然气、电力消耗量

资料来源：Wind 数据库。

7. 能源结构

四川省是长江上游重要的生态屏障和水源涵养地,肩负着维护国家生态安全的重要使命。党的十八大以来,省委、省政府始终把生态文明建设放在事关全局的重要位置,推动生态文明各项决策部署落地落实。2013 年,四川省委把工作指导思想由"加快发展、科学发展"调整为"科学发展、加快发展",更加强调发展质量。四川省第十一次党代会进一步明确提出"建设美丽繁荣和谐四川"的美好愿景。围绕切实筑牢长江上游生态屏障,四川省生态环境质量实现总体稳定、稳中向好的态势。四川省累计出台生态文明改革措施58个大项。大气、水、土壤污染防治"三大战役"全面打响,绿化全川行动扎实开展,森林面积2.69亿亩,覆盖率达到36.88%,提高1.62个百分点,生活垃圾无害化处理实现县级以上城市全覆盖,长江干流四川省段和金沙江流域优良水质率达100%。水电装机容量7296万千瓦,居全国第一,非化石能源占一次能源消费比重提高到34%,在全国率先实现以清洁能源消费为主的能源消费结构。

从数值上看,四川省煤炭消耗占比从2009年的65.1%降至2015年的45.2%,石油消耗占比从2009年的14.3%提高到2015年的26.1%,天然气消耗占比从2009年的12.7%提高到2015年的13.6%,电力消耗占比从2009年的9%提高到2015年的20.5%(见图22-10)。

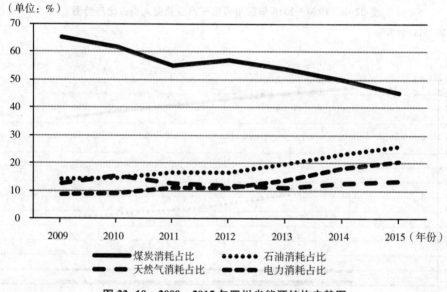

图22-10 2009—2015年四川省能源结构走势图

资料来源:Wind 数据库。

8. 国有控股工业企业资产总计占比

国有控股工业企业资产总计占比这一数据反映了政府从市场退出的程度。四川省国有控股工业企业资产总计占比呈现不断下降趋势,四川省政府正逐步从市场中退出来,让市场真正起决定性作用(见图22-11)。

9. 私营工业企业资产总计占比

私营工业企业资产总计占比反映了工业企业的市场活跃度。四川省私营工业企业资产总计占比在2%—4.5%之间浮动,2005—2015年,四川省私营工业企业资产总计占比有涨有跌,表明四川省工业市场正在不断完善运行机制,市场随之浮动(见图22-12)。

（单位：%）

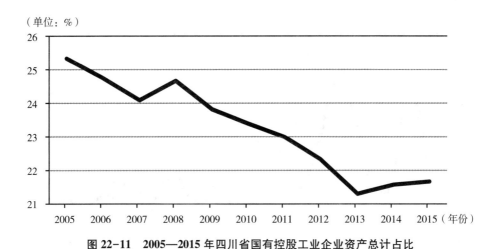

图 22-11　2005—2015 年四川省国有控股工业企业资产总计占比

资料来源：Wind 数据库。

（单位：%）

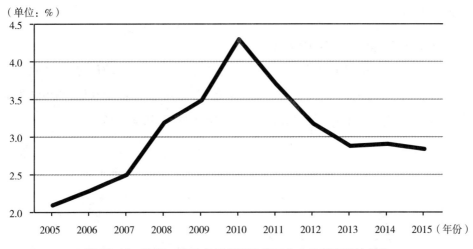

图 22-12　2005—2015 年四川省私营工业企业资产总计占比

资料来源：Wind 数据库。

（三）宏观经济稳定

1. 通货膨胀率

通货膨胀率集中反映了居民系统性的生活成本变动情况。四川省通货膨胀也受全国社会经济环境的影响，但四川省地方政府积极控制通货膨胀率，由 1994 年的 24.6% 降到 1997 年的 5.1%，显示出地方政府在调控当地物价方面的积极性作为。而后，四川省通货膨胀率处于正常区间运行，这也为四川省社会经济生活的正常运转提供了有力保障（见图 22-13）。

（单位：%）

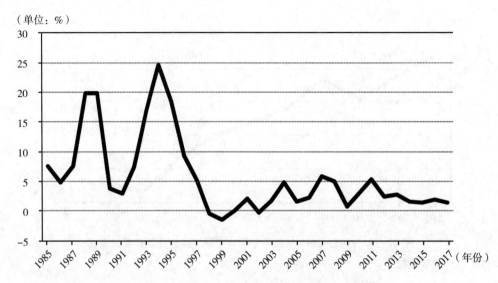

图22-13　1985—2017年四川省通货膨胀率走势图

资料来源：Wind数据库。

2. 财政赤字/盈余占GDP比重

财政赤字/盈余占GDP比重在一定程度上描述了一个地区政府支持当地政府发展的力度。四川省财政在20世纪末就一直持续赤字,尤其是2008年开始,四川省为支持灾后重建,扩大财政支出,以支持社会经济的正常运行(见图22-14)。

（单位：%）

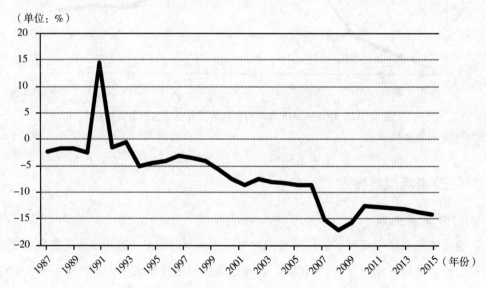

图22-14　1987—2015年四川省财政赤字/盈余占GDP比重

资料来源：Wind数据库。

3. 地方债务占 GDP 比重

地方债务占 GDP 比重集中描述了地方政府的负债程度。据数据显示,四川省地方债务占 GDP 比重在 23%—27% 之间浮动。近年来,四川省地方政府依法举债以改善社会基础设施建设,支持经济发展。同时将地方债务管控在合理规模上(见图 22-15)。

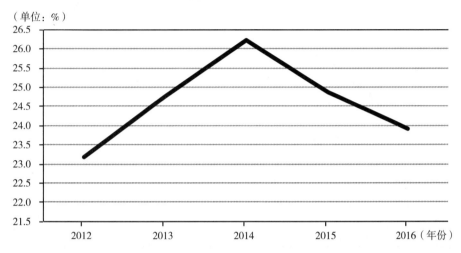

（单位：%）

图 22-15 2012—2016 年四川省地方债务占 GDP 比重走势图

资料来源:Wind 数据库。

4. 一般公共预算收入占 GDP 比重

一般公共预算收入占 GDP 比重反映了政府控制国民经济的能力,但这一指标需要控制在合理范围内。过高将会挤占纳税人的利益,削弱国民经济的发展基础;过低则会降低政府对社会经济的宏观调控能力。从收集到的数据来看,四川省一般公共预算收入占 GDP 比重从 20 世纪末持续走低,直到进入 21 世纪才开始缓慢上升。这与四川省的发展历程基本一致。20 世纪末,四川省开始转变发展思想,扩大社会开支,开始降低收入规模以强化社会发展的基础。随着经济总量的不断攀升,四川省一般公共预算收入也开始缓慢增加,其占 GDP 比重也开始不断增加,这表明四川省的经济发展态势正处于持续稳定的上升之中(见图 22-16)。

(四)基础设施

1. 人均年用电量

人均年用电量从侧面描述了人民生活水平的变化。四川省人均用电量呈现不断攀升的趋势,2007—2016 年四川省人均年用电量翻了近一倍。伴随着人民生活水平的提高,大量家用电器的使用导致用电量的提升,也从侧面描述了人民生活水平的提高轨迹(见图 22-17)。

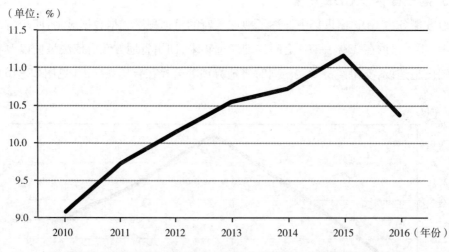

（单位：%）

图 22-16　2010—2016 年四川省一般公共预算收入占 GDP 比重走势图

资料来源：Wind 数据库。

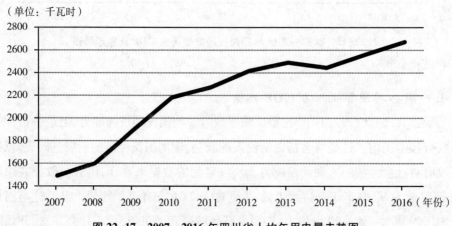

（单位：千瓦时）

图 22-17　2007—2016 年四川省人均年用电量走势图

资料来源：Wind 数据库。

2. 公路网密度

2013—2017 年,四川省交通领域投资连续 5 年居全国前列,枢纽优势再造为开放夯实了基础。截至目前,公路和等级公路里程分别近 33 万公里和 28 万公里,高速公路里程 6820 公里,居全国第 2 位;进出川大通道达 30 条。全方位、宽领域、多层次的开放合作体系正在形成。

公路网密度集中反映了一个地区交通的便利程度。四川省公路网密度呈不断上升趋势。数据显示在十多年时间里,四川省公路网密度翻了三倍多。不断攀升的公路网密度为四川省社会经济的发展打下了坚实的基础(见图 22-18)。

（单位：公里/百平方公里）

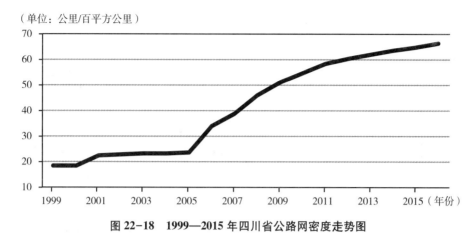

图 22-18　1999—2015 年四川省公路网密度走势图

资料来源：Wind 数据库。

3. 铁路网密度

铁路网密度是反映一个地区物资运输和旅客往来的物质基础，是衡量长距离交通运输能力的综合指标。四川省铁路网密度逐年上升。不断扩张的铁路规模为四川省的发展打下牢固基础（见图 22-19）。

（单位：公里/百平方公里）

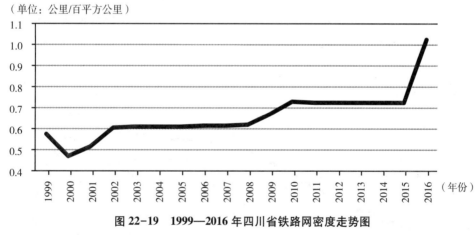

图 22-19　1999—2016 年四川省铁路网密度走势图

资料来源：Wind 数据库。

4. 人均民用航空客运量

四川省共有 13 座民航机场，数量排名全国第 3 位。成都双流机场吞吐量稳居全国第四。从四川省人均民用航空客运量来看，该数值近年来稳步增长，从 2014 年的 0.497 次/年增长到 2017 年的 0.649 次/年。

5. 移动互联网用户数

移动互联网用户数反映了当地即时通信交流的便利程度。2013—2017 年，四川省移动互联网用户数呈井喷状增长。这一方面反映了四川省人民生活水平的提高；另一方面也体现出四川省即时通信交流的基础也在不断夯实（见图 22-20）。

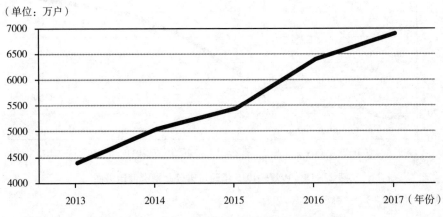

（单位：万户）

图 22-20　2013—2017 年四川省移动互联网户数

资料来源：Wind 数据库。

6.电话普及率

电话普及率是衡量一个地区电信通信水平的重要尺度，是反映这个地区科技文化水准及文明程度的重要标志。四川省电话普及率呈不断上升趋势。从 2010 年的 68 部/百人上升到 2016 年的 106 部/百人。电话普及率的增长也从侧面反映了四川省社会经济发展的速度（见图 22-21）。

（单位：部/百人）

图 22-21　2010—2016 年四川省电话普及率

资料来源：Wind 数据库。

（五）基础自然资源

1.人均水资源量

人均水资源量反映了一个地区供水的难易程度。四川省人均水资源量逐年上涨，维持在 2700—3100 立方米/人的水平,非常有利于保障居民生活用水与经济社会发展的稳定供水。作为基础自然资源中的重要一环,较为充分的人均水资源量奠定了社会经济稳步发展的基础。

2. 人均耕地面积

人均耕地面积集中描述了人类对土地的依赖程度。四川省人均耕地面积在 0.12 公顷左右浮动。近年来,四川省人均耕地面积在逐年下降,这也是农业现代化发展和城镇化发展的综合结果。随着社会经济的发展,四川省人均耕地面积会进一步走低(见图 22-22)。

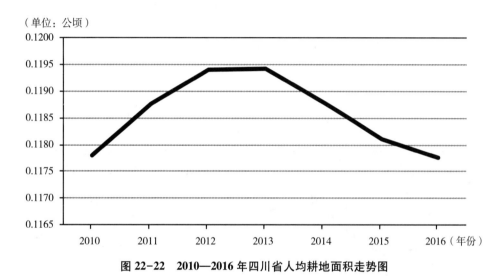

（单位：公顷）

图 22-22　2010—2016 年四川省人均耕地面积走势图

资料来源:Wind 数据库。

3. 森林覆盖率

森林覆盖率是反映一个地区森林面积占有情况或森林资源丰富程度及实现绿化程度的指标,又是确定森林经营和开发利用方针的重要依据之一。由收集到的数据可知,四川省森林覆盖率不断上涨,这既是四川省一直推行退耕还林的结果,也是四川省政府开始转变发展理念,将保护环境纳入发展思路的成果。持续上涨的森林覆盖率是四川省森林资源不断增多的具体表现,也是绿水青山的重要保证(见图 22-23)。

4. 人均能源储备

伴随着经济的快速发展和人民生活水平的不断提高,能源消费总量也在迅速增加,主要表现在人均能源消费量逐年增加,导致一次能源消费总量的快速增加;另外,石油、天然气等在所有一次能源消费中所占比重越来越大,这要求人均能源储备必须要适应未来人均能源消耗的需要。从四川省的情况来看,能源储备主要是煤炭、石油、天然气、铁矿石等,近年来人均能源储备保持在 110 吨左右,对未来能源消耗的支撑较为坚实

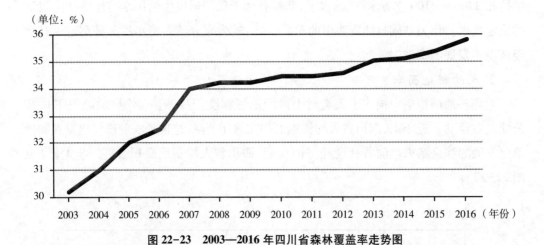

图 22-23　2003—2016 年四川省森林覆盖率走势图

资料来源：Wind 数据库。

（见图 22-24）。

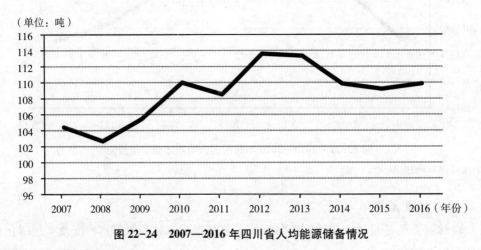

图 22-24　2007—2016 年四川省人均能源储备情况

资料来源：Wind 数据库。

5. 人均铁矿石储备

根据国家统计局数据，2015 年，四川省拥有铁矿石储量 25.6 亿吨，占比达全国的 12.33%。但是，四川省铁矿石分布较广，集中开采难度大。从人均铁矿石储备情况来看，四川省人均铁矿石储备保持在 30 吨—38 吨之间，但近年来有所下降，已从 2007 年的 37.89 吨降至 2016 年的 32.7 吨。

（六）健康与基础教育

1. 人口增长率

人口增长率集中描述了一个地区人口结构的变化。四川省人口增长率从 20 世纪末开始不断走低,近几年国家开始全面放开二孩政策,增长率逐步回升。这与国家的人口宏观形势相一致。即四川省将国家的人口政策认真贯彻落实,改善人口结构(见图22-25)。

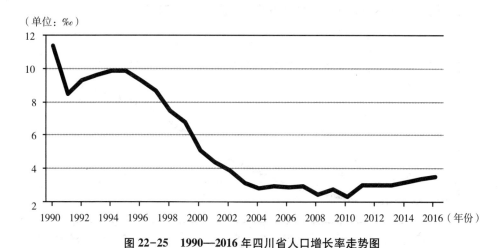

图22-25 1990—2016年四川省人口增长率走势图

资料来源:Wind数据库。

2. 预期寿命

人均寿命反映了一个地区居民生活水平以及医疗条件状况。四川省预期寿命不断走高,从2012年的人均73.96岁提高到2017年的人均76.9岁,这一方面反映了四川省人居环境的不断优化,另一方面也体现出四川省医疗卫生条件也在不断改善(见图22-26)。

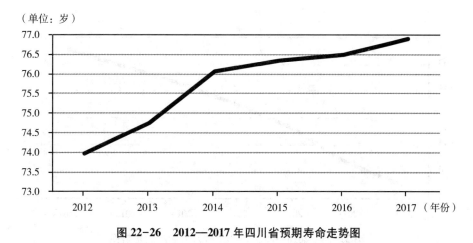

图22-26 2012—2017年四川省预期寿命走势图

资料来源:Wind数据库。

3. 万人医师数

万人医师数表示总人口中从事主体医疗工作的人口。从收集到的数据来看,四川省万人医师数不断走高。从 2002 年到 2016 年,四川省万人医师数上涨一倍有余。数据表明,四川省正在不断充实社会的医疗资源(见图 22-27)。

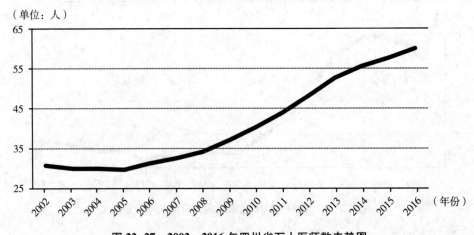

（单位：人）

图 22-27　2002—2016 年四川省万人医师数走势图

资料来源:Wind 数据库。

4. 万人病床数

万人病床数在一定程度上表示为社会提供医疗服务的能力。四川省万人病床数不断攀升。从 2010 年的近 40 张增加到 2016 年的 60 余张,四川省为整个社会提供医疗服务的能力在不断增强(见图 22-28)。

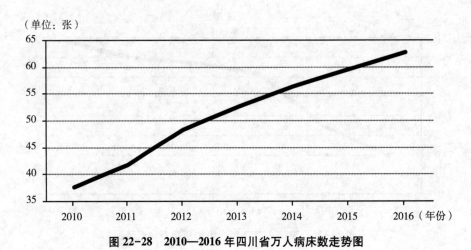

（单位：张）

图 22-28　2010—2016 年四川省万人病床数走势图

资料来源:Wind 数据库。

5. 万人专任教师数

万人专任教师数表明社会总人口中从事主体教学工作的总人口。四川省万人专任教师数从2000年的76.05人增加到2016年的102.84人,四川省的社会教育资源正在不断丰富(见图22-29)。

（单位：人）

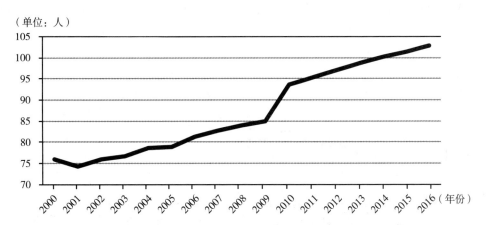

图22-29　2000—2016年四川省万人专任教师数走势图

资料来源:Wind数据库。

6. 每十万人在校小学生数

每十万人在校小学生数是衡量一个地区普及小学教育程度的指标之一。四川省每十万人在校小学生数不断走低,这与整个社会的人口增长率走低有很大关系,与人口增长率的轨迹基本一致(见图22-30)。

（单位：人）

图22-30　2004—2016年四川省每十万人在校小学生数

资料来源:Wind数据库。

（七）健康与基础教育

1. 高中及以上学历人口比重

高中及以上学历人口比重反映了社会人口的学历结构。四川省高中及以上学历人口比重走势有起有伏,表明四川省社会人口的教育结构依然在不断改善(见图22-31)。

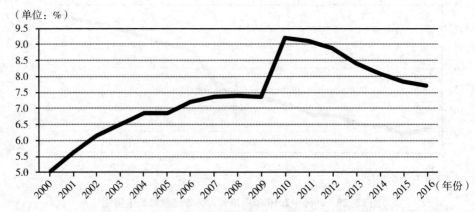

图 22-31　2000—2016 年四川省高中及以上学历人口比重

资料来源:Wind 数据库。

2. 大专及以上学历人口比重

大专及以上学历人口比重集中刻画了当地社会的接受高等教育的情况。从数据上来看,四川省大专及以上学历人数从 20 世纪末开始缓慢上升,进入 21 世纪之后,随着高校扩大招生规模,社会总人口中接受高等教育的人口比例不断攀升,增幅远超 20 世纪。这是四川省落实高等教育不再是精英教育理念的直接结果。从具体的数据来看,从 1990 年不到 92000 人到 2016 年接近 250000 人,四川省社会人口中接受高等教育的人口不断增多,年均增长率超过 90%,社会人口素质也不断改善。随着高等教育的不断普及,四川省地区社会人口中人力资源结构也在发生变化,正逐步由人力资源大省向人力资源强省过渡。大专及以上学历人口比重也相应从 2007 年的 1.11% 提高到 2016 年的 3.03%。

3. 万人在校研究生数

万人在校研究生数集中表现了当地社会的科研人力资源。从收集到的数据来看,四川省万人在校研究生数,从 2002 年的人均 2.37 人逐步上升到 2017 年的人均 10.2 人,增长了近 4 倍。四川省万人在校研究生数不断升高,为四川省社会的发展注入了新鲜的血液,是四川省不可多得的财富(见图22-32)。

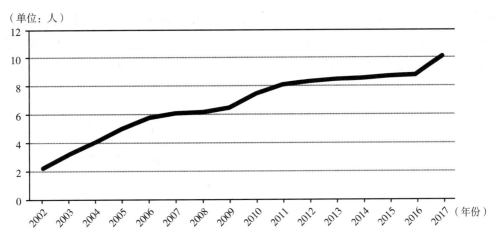

（单位：人）

图 22-32 2002—2017 年四川省万人在校研究生数

资料来源：Wind 数据库。

（八）财政

1. 财政收入占 GDP 比重

财政收入占 GDP 比重一方面刻画了地方政府的财力充足程度,另一方面也反映了当地的宏观税负。四川省财政收入占 GDP 比重随着时间在波动。这一现象表明四川省政府在根据四川省社会经济运行的情况因势利导。根据市场运行状况降低宏观税负或者市场好转时充实财政以便调控市场(见图 22-33)。

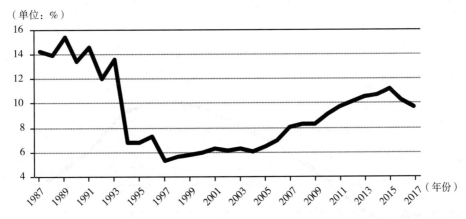

（单位：%）

图 22-33 1987—2017 年四川省财政收入占 GDP 比重走势图

资料来源：Wind 数据库。

2. 人均税收收入

人均税收收入主要反映一个地区的税收总量的变化。四川省人均税收收入不断上升,其表达的信息是四川省税收总量的不断上涨。从税收能够反映的经济状况来看,税收总量的不断上涨也即经济总量的不断上涨。人均税收收入的变化也就描述了社会经济状况的变化。从 2007 年的不到 1000 元增长到 2016 年的接近 3000 元,两倍左右的涨幅也是经济总量增长的反映。四川省地区的人均税收收入攀升的同时,经济规模也在不断扩大(见图 22-34)。

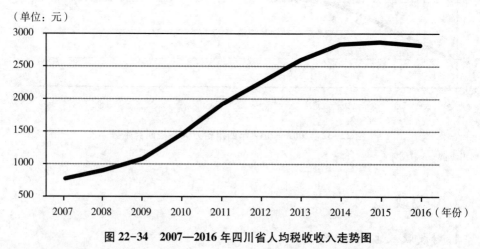

（单位：元）

图 22-34 2007—2016 年四川省人均税收收入走势图

资料来源：Wind 数据库。

3. 税收收入占 GDP 比重

税收收入占 GDP 比重描述了宏观税负状况。四川省税收收入占 GDP 比重反映了四川省宏观经济市场的变化。即 2007—2014 年,四川省税收收入随着经济总量的扩大而扩大;2014 年至今,随着一系列的减税政策落地,四川省税收收入逐步下降,经济结构不断改善(见图 22-35)。

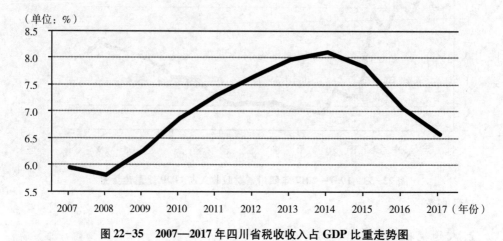

（单位：%）

图 22-35 2007—2017 年四川省税收收入占 GDP 比重走势图

资料来源：Wind 数据库。

(九)金融市场

1. 金融行业(含保险业)增加值占 GDP 比重

金融行业(含保险业)增加值占 GDP 比重反映了当地金融行业的发展状态。四川省金融行业(含保险业)增加值占 GDP 比重在起伏中呈现略微上升趋势,表明四川省金融行业(含保险业)发展态势与四川省的经济总量之间存在正相关关系。金融行业(含保险业)正发挥着推动经济发展的积极作用(见图22-36)。

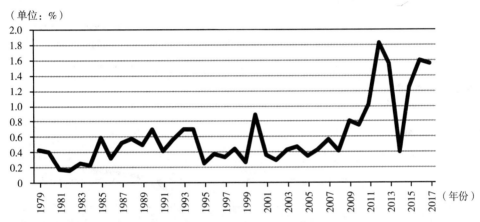

(单位:%)

图 22-36　1979—2017 年四川省金融行业(含保险业)增加值占 GDP 比重

资料来源:Wind 数据库。

2. 非银行机构贷款占 GDP 比重

非银行机构贷款占 GDP 比重反映了民间资本的往来规模,其中涉及灰色的资金往来。四川省非银行机构贷款占 GDP 比重不断下降,这与四川省近年来出台的各种监管政策密切相关。将游离于央行监管的影子银行纳入"一行三会"的监管范围,切实防范四川省地区的系统性金融风险。从收集到的数据来看,从 2015 年的 1.2 个百分点下降到 2017 年的不到 0.2 个百分点,四川省地区在防范系统性金融风险方面卓有成效(见图 22-37)。

3. 上市公司数量

上市公司数量是当地经济发展潜力与金融市场活力的体现。近年来,四川省上市公司数量总体呈上升态势。这一方面是四川省社会经济发展成果的一种表现方式;另一方面,也反映出四川省金融市场的活力也在不断增强(见图 22-38)。

4. 保费收入占 GDP 比重

保费收入占 GDP 比重一方面反映了人民收入水平的变化,另一方面也表现了人民对未来生活的投资状况。四川省保费收入占 GDP 比重近年来不断上升。从 2015 年的

（单位：%）

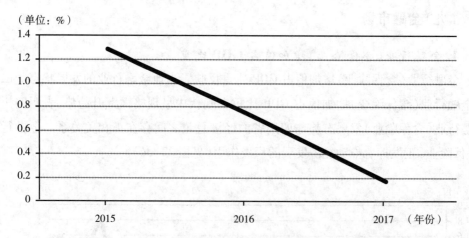

图 22-37　2015—2017 年四川省非银行机构贷款占 GDP 比重

资料来源：Wind 数据库。

（单位：家）

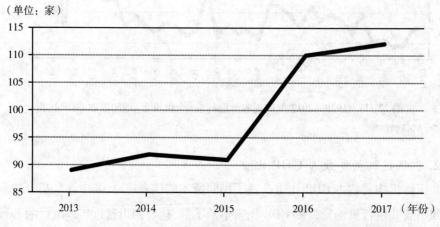

图 22-38　2013—2017 年四川省上市公司数量走势图

资料来源：Wind 数据库。

4.2%上升到 2016 年的 5.2%，年均增速为 1 个百分点。收集到的数据表明，四川省人民的生活水平不断提高的同时，生活质量也在逐渐提高（见图 22-39）。

（十）环境与可持续发展

1. 省会城市可吸入颗粒物浓度

成都市作为四川省省会城市，PM$_{2.5}$浓度从 2013 年起呈逐年下降态势。可吸入颗粒物浓度（PM$_{10}$）总体上也在逐年下降，2014—2017 年分别为 98.78 微克/立方米、98.23 微克/立方米、98.50 微克/立方米、97.18 微克/立方米，2017 年较 2014 年下降 18.0%，2015 年较 2014 年下降 1.6%。

（单位：%）

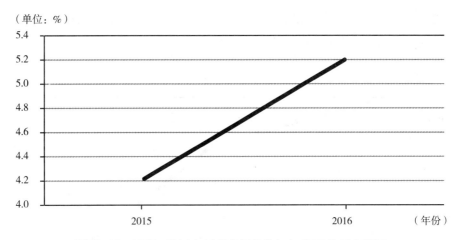

图 22-39　2015—2016 年四川省保费收入占 GDP 比重走势图

资料来源：Wind 数据库。

2. 单位 GDP 废水排放量

单位 GDP 废水排放量集中反映了当地经济发展对水资源的依赖程度。近年来四川省经济总量不断攀升，但是其单位 GDP 废水排放量却在不断下降，这一现象表明四川省地区正致力于经济结构的转型，由牺牲环境以发展经济逐步转向保护环境以发展经济，将经济发展从大量资源消耗中解脱出来（见图 22-40）。

（单位：吨）

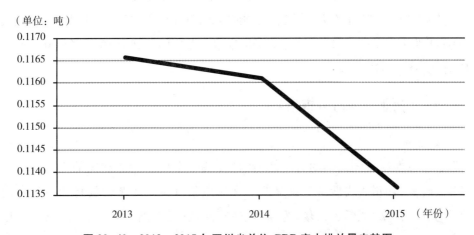

图 22-40　2013—2015 年四川省单位 GDP 废水排放量走势图

资料来源：Wind 数据库。

3. 单位 GDP 一般工业固体废物产生量

随着工业生产的发展，工业废物数量日益增加。尤其是冶金、火力发电等工业排放量最大。工业废物数量庞大，种类繁多，成分复杂，处理相当困难。由于"三线建设"，四川省拥有许多工业企业。四川省单位 GDP 一般工业固体废物产生量呈现不断下降的趋势。这一现象也表明四川省正着力实现工业企业的转型，不再忽视环境的影响，而是将环境的可承受能力纳入监测范围内,并与四川省工业企业的发展相结合。环境的承受能力成为工业发展的硬约束(见图22-41)。

（单位：吨）

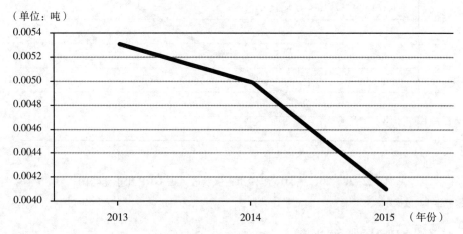

图 22-41　2013—2015 年四川省单位 GDP 一般工业固体废物产生量

资料来源:Wind 数据库。

4. 单位 GDP 能耗

经国家统计局核定,党的十八大以来,四川省单位 GDP 能耗累计下降 20.1%。2013 年、2014 年、2015 年、2016 年四川省单位 GDP 能耗分别下降 4.92%、4.64%、7.25% 和 4.98%,均超额完成了各年度节能降耗的目标任务,成效十分显著。从数值来看,2009 年四川省单位 GDP 能耗为 1.338 吨标准煤/万元,到 2016 年降至 0.738 吨标准煤/万元,降幅高达 44.8%。

(十一)就业与劳动力市场

1. 失业率

失业率旨在衡量闲置中的劳动产能,是反映一个地区失业状况的主要指标。从改革开放开始,四川省失业率持续降低。这一现象也说明改革开放将四川省剩余农村劳动力释放出来,激活了市场,为四川省经济的发展提供了丰富的人力资源(见图22-42)。

2. 适龄劳动人口

适龄劳动人口显示的是本地区可支持经济发展劳动力资源总量。四川省适龄劳动人口呈不断上涨的趋势,也即四川省在不断扩大适龄劳动人口,积极为四川省经济发展提供丰富的人力资源,同时打下坚实的劳动力基础(见图22-43)。

3. 平均工资水平

平均工资水平,是一项反映工资总体水平的指标,指社会在职员工在一定时期内平

（单位：%）

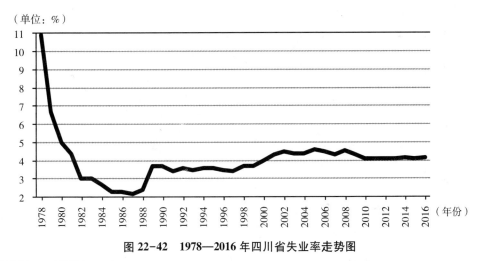

图 22-42　1978—2016 年四川省失业率走势图

资料来源：Wind 数据库。

（单位：万人）

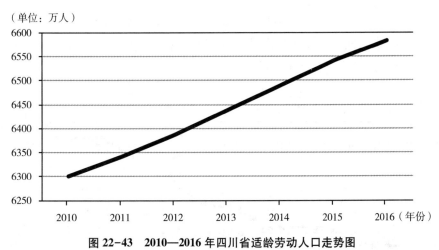

图 22-43　2010—2016 年四川省适龄劳动人口走势图

资料来源：Wind 数据库。

均每人所得的货币工资额。它表明一定时期职工工资收入的高低程度,也是反映职工工资水平的主要指标。四川省平均工资水平不断上涨。一方面,四川省平均工资走势图刻画了社会在职员工工资收入水平的变化;另一方面,也从侧面反映出四川省社会生活水平的变化。四川省平均工资水平的变动也可以反映出四川省人均生活富裕程度的变化情况。改革开放的巨大成果在平均工资水平上得到了一定程度的反映。此外,平均工资的变化也反映了社会企业以及税收的变化,即平均工资的上涨预示着社会企业赢利水平的走高以及国家税收规模的不断扩大(见图 22-44)。

4. 最低工资水平

最低工资水平是指劳动者在法定工作时间或依法签订的劳动合同约定的工作时间

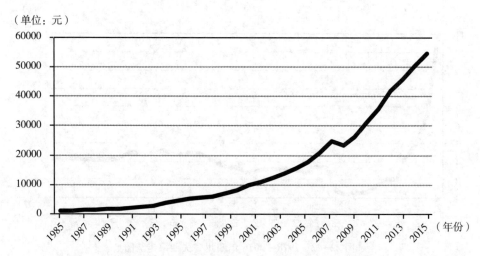

（单位：元）

图 22-44　1985—2015 年四川省平均工资水平走势图

资料来源：Wind 数据库。

内提供了正常劳动的前提下，用人单位依法应支付的最低劳动报酬。四川省最低工资
水平不断上涨，这是四川省在薪资待遇方面不断完善的表现，也是保证四川省人民最低
生活水平不受影响的结果（见图 22-45）。

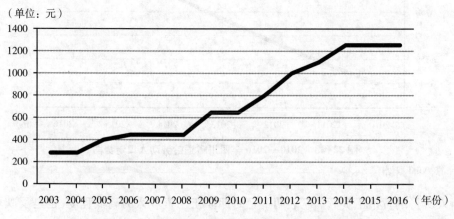

（单位：元）

图 22-45　2003—2016 年四川省最低工资水平走势图

资料来源：Wind 数据库。

（十二）就业与劳动力市场

1. R&D 经费支出占 GDP 比重

R&D 经费指全社会实际用于基础研究、应用研究和试验发展的经费支出。四川省
R&D 经费支出占 GDP 比重逐年攀升，即四川省全社会用于基础研究、应用研究和试验
发展的经费连年上涨。从收集到的数据来分析，四川省的研发投入十分巨大。R&D 是

支撑社会经济发展的基础性力量。扩大 R&D 经费支出有利于社会创新,增大社会创新创造的概率(见图 22-46)。

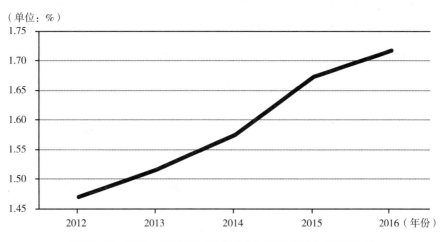

（单位：%）

图 22-46　2012—2016 年四川省 R&D 经费支出占 GDP 比重

资料来源:Wind 数据库。

2. 高新技术企业年末从业人员数

高新技术企业年末从业人员数一方面描述了高新技术企业的就业吸纳率,另一方面刻画了高新技术企业的发展规模。四川省高新技术企业年末从业人员数在浮动中逐年上升,尤其是 2012—2013 年,四川省高新技术企业年末从业人员数陡增。从这一数据反馈的信息来看,四川省的高新技术企业已经进入到一个全新的发展阶段(见图 22-47)。

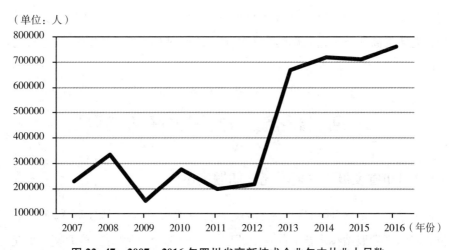

（单位：人）

图 22-47　2007—2016 年四川省高新技术企业年末从业人员数

资料来源:Wind 数据库。

3. 万人专利申请授权量

万人专利申请授权量,是指每万人拥有经国内外知识产权行政部门授权且在有效期内的发明专利件数,是衡量一个地区科研产出质量和市场应用水平的综合指标。四川省万人专利申请授权量连年递增,即四川省地区科研产出质量和市场应用水平不断提高,为四川省市场经济的发展注入了新的活力(见图22-48)。

图 22-48　2012—2016 年四川省万人专利申请授权量

资料来源:Wind 数据库。

4. 高新技术企业主营业务收入占 GDP 比重

高新技术企业主营业务收入占 GDP 比重集中体现了高新技术企业的规模以及经济结构的转变情况。四川省高新技术企业主营业务收入占 GDP 比重呈现上升趋势。即四川省地区的高新技术企业规模在不断扩大的同时社会经济结构也在不断优化(见图22-49)。

二、四川省经济社会发展目前存在的问题

(一)四川省发展不平衡不充分问题突出

习近平总书记指出,四川省作为西部地区的重要大省,在全国发展大局中具有重要的地位。四川省发展站在了新的起点上,处于一个大有可为的历史机遇期。但是,人口多、底子薄、不平衡、欠发达仍然是四川省最大的省情,发展不平衡不充分仍然是四川省发展面临的最突出问题。

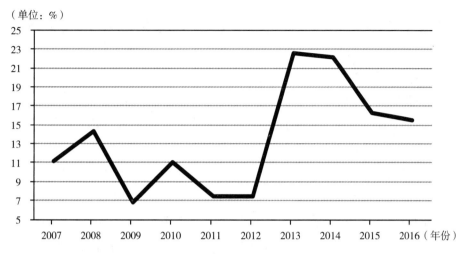

（单位：%）

图 22-49 2007—2016 年四川省高新技术企业主营业务收入占 GDP 比重

资料来源：Wind 数据库。

1. 四川省发展与全国水平还有差距

四川省经济发展存在"两个三分之一"现象，即经济总量排全国前三分之一、人均水平排全国后三分之一。四川省经济总量居全国第 6 位，但四川省人均地区生产总值只相当于全国的 74.8%，排在全国第 22 位，城乡居民收入居全国第 20 位和第 21 位。四川省常住人口城镇化率为 50.8%，比全国低 7.7 个百分点；户籍人口城镇化率为 34.2%，比全国低 8.1 个百分点。

2. 农村发展与城市发展还有差距

四川省各地的发展条件和发展基础不同，尽管各区域发展都有长足进步，但区域间经济发展差距拉大的趋势没有发生根本改变，成都平原经济区与周边地区尤其是四川省西北地区发展差距进一步拉大。四川省城乡居民收入倍差从 2012 年的 2.72 缩小到 2017 年的 2.51，但绝对数差距扩大了 5742 元。2017 年城镇居民人均消费性支出 21991 元，而农村居民人均生活消费支出 11397 元，仅为城镇居民的 51.8%。

3. 民生改善与人民期盼还有差距

四川省人民对美好生活的向往，已经超越了吃饱穿暖等基本的生存需求，对教育、住房、医疗、就业等有了更高要求。但是，四川省在就业、教育、医疗、养老等民生领域仍有不少薄弱环节，看病难、房价高、择校热等问题比较突出，群众还有许多"急难愁盼"的事需要解决，尤其是四川省农村，产业发展、基础设施、公共服务等远远滞后于城市。

（二）四川省经济高质量发展动力不足

在 2017 年中央经济工作会议上习近平总书记强调，"推动高质量发展，是我们当前和今后一个时期确定发展思路、制定经济政策、实施宏观调控的根本要求"。我国经济已经由高速增长阶段转向高质量发展阶段,四川省在转型发展、创新发展、跨域发展等方面做了大量的探索,并取得了较好的成绩,但仍然存在一些问题。

1. 产业体系层次结构不优

第一产业方面:四川省是传统的农业大省,但不是农业强省,一直面临"多而不优"的突出问题。四川省粮油、生猪等产量居全国前列,但仍需从外省调入优质稻谷等,与农业大省的地位不匹配。第二产业方面:工业体系"大而不强"的特征明显,规模和数量庞大,但市场竞争力和优质品牌不足。新动能对经济发展的引领支撑作用尚未充分发挥,制造业核心竞争力和创新能力不足。第三产业方面:2017年四川省服务业占地区生产总值的49.7%,已经成为第一大产业,但与发达省份相比仍有较大差距,比全国低1.9个百分点、比广东省低9.5个百分点,服务业质量水平不高,服务业企业平均规模较小。

2. 高新技术产业产值不高

四川省科教资源丰富,全省有高等学校109所、科技人员300万人,但自主创新能力不强,研发投入力度不够,研发和应用"两张皮"现象严重。四川省高新技术产业增速低,科技成果转化率不高,科研单位专利申请量和授权量分别仅占四川省的2.4%、3%,2017年科技进步对经济增长的贡献率为54%,比全国低3.5个百分点。四川省的战略性新兴产业、现代服务业等高端产业发展不足,生产多集中在产业链中间,远离技术、品牌和服务等"微笑曲线"两端。

3. 传统产业转型升级不够

四川省传统产业的市场竞争能力较弱,普遍存在技术落后、创新不足、产能过剩等问题。全省民营经济活力不强,大多处于一般性竞争行业及同类行业的中低端,传统产业占比大、新兴产业还不多。四川省缺少"拳头产品"和知名品牌,叫得响的"川字号"产品还不多,如四川省茶叶产量高、品质好,但还没有打出特别响亮的川茶品牌,四川省白酒产业占全国产量三分之一,但来自"兄弟"省市白酒品牌的竞争压力越来越大。

(三)成都西部中心城市地位受到挑战

成都市是四川省发展的"稳定器"和"发动机",对治蜀兴川全局具有标志性意义,成都的发展质量和水平在一定程度上决定了全省的发展质量和水平。近年来,成都的省内首位城市地位不断强化,但西部中心城市地位面临弱化风险。

1. 首位城市"虹吸效应"减弱

过去几年,成都市在四川省内的首位城市地位不断强化,对区域发展的带动作用不断提升。但从发展趋势来看,成都市的人口、经济集聚趋势有所波动,正处于虹吸溢出交互的关键阶段。成都市的综合竞争力、枢纽辐射力和开放带动力依然不足,对地市州的"虹吸效应"在减弱。2012—2017 年,成都市人口集聚出现下降趋势,从省内市州转移的常住人口增量逐年减少,从 57.6 万人减少到不足 20 万人。

2. 经济发展质量不高

2013—2015 年,成都市经济年均增长 8.6%。2017 年地区生产总值 1.39 万亿元,居副省级城市第 3 位、全国城市第 8 位。但从人均 GDP 来看,成都市与先进"兄弟"城市仍然存在较大差距,2017 年成都人均 GDP 为 8.7 万元,仅为深圳市的 47.3%、杭州市的 64.6%。成都市经济总量仅仅为重庆市的 71%,同时面临西安市、昆明市、贵阳市等城市在"海陆空"等枢纽功能方面的挑战。

3. 成渝"双核"失衡加剧

在国家成渝城市群战略引领下,成都市与重庆市"双核"经济的关联度、辐射力和带动力日益增强。但在成渝互动格局中,"双核"失衡趋势明显,重庆市年均增速比成都市高 1.7 个百分点,重庆市对四川省东北地区的辐射力远远强于成都市。

(四)四川省经济社会对外开放程度不深

四川省经济社会对外开放程度不深,四川省委书记彭清华因此提出,"要进一步解放思想,破除盆地意识,以全局思维和全局视野,研究谋划新形势下四川省全面开发开放问题,走出一条内陆地区扩大开放的路子"。

1. 四川省"盆地意识"有待突破

长期以来,"蜀道难"制约了四川省对外交流,至今尚未形成全方位的对外开放格局。加之天府之国的优越条件,让四川省形成了一种安于现状、休闲自在的"盆地意识"。一些地方和部门对开放重视不够,讲得多、抓得少,开放合作的能力和知识储备不够,促进开放发展的人才、要素支撑不足。

2. 交通基础设施建设有待加强

交通基础设施是扩大开放、互联互通的前提和基础,四川省航空运输和高速公路发展情况较好,但是铁路、水路发展之后,尤其是铁路网路覆盖不足,人均密度只有东部地区的三分之一,高铁和动车营业里程只有 750 公里,与四川省在全国的经济地位不相适应,"蜀道难"的问题仍未彻底解决。

3. 招商引资体制机制有待完善

招商引资项目落实落地机制不健全,发展规划和支持政策与招商引资工作存在脱节,招商引资缺乏大项目、好项目。2017 年实际到位外资不到 100 亿元,比湖北省低 6.2 个百分点,开放型经济水平与经济总量全国第六的地位不相称。四川省对外投资额居全国第 15 位,"走出去"的步伐滞后。四川省商品市场占有率不高,省外卖到四川省的商品数量大于四川省卖到省外的量,很多商品只能自产自销。

(五)四川省贫困地区文化扶贫问题凸显

近年来,四川省贫困地区各级党委政府把基层公共文化服务体系建设融入精准扶贫整体战略全局,覆盖城乡、惠及贫困群众的公共文化服务体系整体成型。但是,在基础设施大发展的同时,贫困地区在文化扶贫的道路上还存在一些问题。

1. 文化扶贫拉力与动力失衡

四川省贫困地区"看得见的贫困"——物质与经济贫困正在加速改观,但在"扶志"与"扶智"上尚未达到预期效果。在四川省提出的"四好"目标中,"住上好房子、过上好日子"已经基本实现,但"养成好习惯、形成好风气"还有较大差距。精准扶贫战略对四川省贫困地区产生了显著影响,但由于区域社会的文化内核尚未发生根本改变,与民风、民俗有关的问题,已经成为贫困地区"扶志"与"扶智"的"硬骨头"。

2. 文化扶贫供给与需求错位

四川省贫困地区文化扶贫存在"四重四轻"现象:重建设,轻管理;重硬件,轻软件;重供给,轻需求;重专项,轻统筹。因为无专人管理,贫困地区文化扶贫普遍存在乡镇文化站、农民夜校、农家书屋等使用率不高等问题。由于忽略了文化领域的特殊性,导致贫困地区文化扶贫有失"精准",如农家书屋中不乏文学、历史等"消遣"性书籍,但缺少村民欢迎的农牧业科技、生活常识等实用性书籍,在民族地区更缺少母语或双语书籍。

3. 文化扶贫方式与目的矛盾

不少贫困地区在文化扶贫上优先选择从文化产业、文化旅游等方面"开发"文化。但在扶贫实践中,部分基层工作者没有辩证把握区域文化与现代文化的关系,导致区域文化中某些不利于现代文化的因素被放大。贫困地区文化扶贫还存在全面与重点之间的矛盾,如在精准扶贫的政策安排下,贫困村全部建成了"高大上"的农家书屋、文化院坝等,而非贫困村却原地踏步,新的不公平、不均衡正在出现。

三、四川省进一步深化改革开放的政策建议

(一)推动四川省建设多点多极的区域发展体系,解决四川省发展不平衡不充分的问题

1. 突破性发展川南城市群,加快形成第二经济增长极

对接国家战略融入亚太,构建综合立体交通枢纽。融入泛亚交通网特别是对接泛亚高铁网,建设成渝经济区产业基地通向东南亚和印度洋的陆上快速通道,构建南向交

通枢纽。强化长江经济带合作,主动开展与重庆市果园港和寸滩港、云南水富港的错位竞争,强化与武汉、南京、上海市等港口的协同合作,推进流域经济发展。对接"一带一路"倡议,将自贡建设为川南城际铁路网与天府机场的连接枢纽,将内江建设为川南经济区对接蓉欧班列的集货枢纽,构建更加紧密的交通经济圈。

对接多点多极支撑发展战略,构建特色省域中心城市。推进泸州"两江新城"建设,有效放大老工业基地调整改造、养老服务业综合改革、资源枯竭型城市转型发展等10余项示范试点的政策叠加红利,加速形成川滇黔渝结合部区域中心城市。构建宜宾"一主四副多中心"城市空间,加快旧城改造,做优中心城区,整合发展县域经济,确保次级突破率先崛起。建设内江自贡联合都市区,推进内自同城化发展。

对接区域协同发展要求,形成强大的川南增长极。厘清禀赋比较优势,推动泸州港、宜宾港甚至乐山港建立利益共享机制,促进泸宜合理分工。融入成渝经济走廊,重点深化川滇川黔交通物流、旅游开发、产业贸易等合作,加快融合发展步伐。实施产业升级计划,吸引更多高端成长型产业,做强川南产业集群。增强融合互动内力,建立川南经济联盟,探索设立川南银行、川南投资集团、川南振兴发展基金,共建川南机场,推动川南一体化发展。

推动川南经济区突破性发展可考虑三种方式:一是激进式道路——将同质化最为突出的泸州、宜宾合并,变"内耗"为合力。也可考虑历史渊源和现实联系,将自贡与内江合并。二是稳妥式道路——通过政策支持,引导优质资源、高端要素向最有条件、最可能成长为全省第二增长极的市如宜宾市或者泸州市集聚,快速做强做大。三是中间式道路——以4个市的国家级经济开发区和高新技术开发区为载体,建立川南城市群联动发展试验区。四川省成立试验区领导机构,建立川南城市群联动发展机制,快速形成发展合力。

2. 做强做大绵阳科技城,尽快实现"次级突破"

种好国家级和四川省省级"试验田",推动军民融合发展。进一步突破军民融合体制障碍,促进重要实验室、重大仪器设备、成果交易中心、产业园区军地军民共建共享。进一步给予绵阳政策倾斜支持,可考虑在绵阳市与国务院直属的驻绵军工单位和央企母公司交流和合作中,赋予绵阳市"行政级别高靠"等一系列特殊政策。

深度挖掘科技富矿,加快转换发展动能。进一步强化企业创新主体地位,支持建设一批国家创新平台。充分挖掘绵阳科研单位创新潜能,联合开展应用研究和关键共性技术攻关。推动政产学研用协同创新,建设产业创新体系联盟。

明确经济发展重点,建设现代化经济体系。超常发展电子信息产业,突破性壮大汽车产业,前瞻性培育新材料产业,创新性培育节能环保、生物医药等新兴产业。加快发展电子商务、科技服务等先导型服务业。大力发展特色农产品基地,培育新型农业经营主体,完善农业社会化服务机制。

3. 积极探索撤乡并镇,加快培育和做强县域经济

对于空间、人口、经济规模低于全国平均水平甚至低于四川省平均水平的乡镇可考虑大胆撤并,通过优化资源配置,全面提高基础设施和公共服务水平,显著增强优质资源聚集力等,加快培育壮大主导产业,形成实力较强的县域经济增长点,进一步夯实县域经济底部基础。

4. 完善五大经济区、四大城市群协调发展机制

以全省"一盘棋""一体化"的大战略、大思路,按照国家主体功能区的划分,建立和完善政府推动与市场主导有机结合的区域协调发展体制机制,统筹协调五大经济区、四大城市群、市(州)以及县(市、区)的发展。重点统筹协调发展规划、产业体系、城市功能、公共服务、政策支持,努力实现各经济区,各城市群、市(州)内部及之间全方位、多领域、高效率的深度分工协作、融合互动。根据五大经济区、四大城市群各自不同的发展定位和阶段性特点及其一体化建设、同城化发展的需要,制定更加有针对性的支持政策。

(二)实现由"高速度"向"高质量"发展,解决四川省经济高质量发展动力不足的问题

1. 大力发展新经济

立足国际国内产业和科技发展趋势,在继续发展"七大优势"产业,加快发展"七大战略性新兴"产业,重点发展"五大高端成长型"产业的基础上,高起点谋划,进一步抢占先进制造业制高点,努力在智能制造、绿色制造、高端装备等领域赢得一席之地。特别要抓住新经济发展的战略机遇,着重对大数据、云计算、电子商务、机器人等规划建设,加大发展力度。

2. 优化产业空间布局

成都作为四川省首位城市,要大力发展总部经济,重点发展金融业、物流业、文化及相关产业,将劳动密集型、资源型产业向省内其他"点极"转移,提升产业结构层次,与省内外其他区域城市实现联动发展,为构建双核驱动格局、建设"经济第二极"创造条件。

3. 加快城市群和经济区发展,做大区域经济板块

形成"成都+天府新区+周边6市"的强有力经济增长极;加快沿长江、成绵乐、成内渝、成南(遂)渝、渝广达发展带建设,推进川渝合作示范区(广安片区)建设,形成成渝经济区"双核五带"空间格局。坚持因地制宜、分类指导,分类确定一批县域经济发展示范县,提升平原地区县现代化水平,推动丘陵地区县实现突破发展,壮大山区县特色

经济,扶持特殊贫困县跨越发展,加快建设一批产业特色鲜明的工业经济强县、现代农业强县、生态旅游强县。

(三)强化成都市作为四川省首位城市的区域带动作用,牢固成都"新一线"城市地位

1.抓紧建设成都国家中心城市,带动成都城市群进而成都经济区整体跃升

成都市作为全国第六个获批的国家中心城市,要进一步增强各类高端优质资源的聚集功能,加快经济转型升级、高端化发展进程,显著提高综合实力和竞争力。进一步增强作为四川省首位城市的辐射带动作用,与成都城市群、成都经济区的其他区域和城市在产业发展、城市功能、公共服务等方面加强分工协作,构建联动机制,发挥引资引智的"平台性功能",畅通资源和项目的扩散网络,完善扩散机制,着力实现联动发展、协调发展、同城化发展、一体化发展,使之成为深化拓展多点多极支撑发展的强大"引擎极"。

2.推动天府新区跨越发展,打造新兴高端增长极

落实先进规划理念,加快建设现代新都市。尽快形成"多规合一"的"一张蓝图",目标上以发展规划为导向,规模上以土地规划为依据,空间上以城市规划为主导。完善提升产城单元的综合服务功能,加快建设秦皇寺中央商务区、创新科技城等25个产城一体单元。切实推动重大设施建设和产业项目落地,推进地下综合管廊和海绵城市建设,建设引领性重大产业项目。

构建经济新引擎,推进产业动能转换提升。大力发展先进制造业,加快汽车制造、电子信息等优势产业转型升级,发展壮大新能源、新材料等产业,推进轨道交通装备、机器人等高端成长型产业发展。加快发展现代服务业,重点发展现代金融、现代物流、创新研发、技术服务等生产性服务业。积极发展休闲度假旅游和现代都市农业,深度挖掘"两湖一山"旅游资源潜力,发展设施农业,建设"旅游+农业"的示范基地。

深化自贸试验区建设,探索建设自由贸易港。加快建立以贸易便利化为重点的市场制度。深化自贸区投资领域改革创新,与西部金融中心建设联动发展。深入推进重点领域综合配套改革,不断深化市场监管、项目服务等改革。

创新建设管理模式,健全完善运行体制机制。进一步理顺管理体制,将非成都直管区的眉山片区交由成都代管,加快建设为"极中极"。

实施全球人才战略,强化现代高层次人才支撑。发挥引资引智的"平台性功能",大力引进高端产业发展人才,重点引入杰出科学家和研究团队。积极优化人才发展服务环境,全面营造爱才、重才的良好氛围。

3.建设大成都都市圈,建设成德绵创新特区

支持成都市加快建设国家中心城市,按照"优势功能互补、特色错位发展、圈内协同创新、效益共振放大"的思路,全面推进大成都都市圈建设。规划建设成德绵协同创新特区和创新走廊,将该创新特区建设成为大成都都市圈的核心区域和创新经济带。大力发展对外贸易,将成都市建设成为国家"一带一路""长江经济带"等重大建设的关键战略支点。

(四)努力消除四川省"盆地意识",深化四川省经济社会对外开放程度

1.加强和扩大产业投资特别是工业投资

四川省工业投资占固定资产投资的比重为 28.7%,低于全国平均水平。要把握重点投向,加大产业投资特别是传统企业转型升级投资力度。发挥产业投资基金的引导撬动作用,四川省建立了涉及各领域的多个产业引导投资基金,但融资渠道窄、融资难以及市场化不足等问题仍很突出,要提升产业基金使用效益,提高民间资金参与度。

2.更加注重激发市场主体的活力

企业是市场运转的"细胞",要从微观着手,全方位激发活力。推动国企完善现代企业制度,健全法人结构。实施市场准入负面清单制度,降低企业融资、用能和物流成本,降低制度性交易成本。稳妥处置"僵尸企业",实现市场出清。

3.高标准严认证打造"四川造"品牌

从东部发达地区经验来看,地区品牌打造对产业发展十分重要。浙江省着力打造"浙江制造"品牌,近 3 年累计安排 5300 万元用于品牌培育,精心挑选 422 家重点企业作为打造"浙江制造"品牌的先遣队,开展"浙江制造"品牌训练营等活动,把"浙江制造"品牌做到极致。目前,浙江已累计发布"浙江制造"产品标准 265 项,全部达到世界先进水平。因此,四川省要围绕质量强省建设,打造一套着力标准创新、认证提升、品牌保护、宣传推广等,形成标准提档、质量升级和品牌增效组合拳。

4.联动考虑劳动力供给、房价控制和城市扩张

大量事实表明,高房价阻碍劳动力流动。要采取更精准的住房政策,降低农民转移成本;统筹做好产业协同发展与人口协调发展,建立产业发展与劳动力资源配置相衔接的区域协作机制。

5.创建具有比较优势的体制机制来加强人才引进培养

发展现代产业体系,要更加注重高素质人才和高技能人才的引入,才能厚集人力资源优势。立足本地企业"育才",实施中青年科研人才培养计划,每年从企业选派专业技术人员参加脱产培训;优化创新环境"用才",推进人才管理体制机制改革;深化产学研合作"引才",推动重点骨干企业与科研院所开展产学研合作洽谈对接。

6. 抓好区域产业的资源配置与包容监管

科学规划和有序推进是区域产业布局优化的重要手段，要更加注重强化引导、综合施策。要强化财税、金融等政策的区域指向，为落后地区加快创新发展提供有力支持；推动重大科技创新平台和重大研发项目布局建设，整体提升落后地区科技支撑能力；通过对口协作等方式，推动先进地区对落后地区创新资源的对接应用与新型经济的联动发展。同时，本着鼓励创新、包容审慎的原则，制定新经济产业监管规则，加快构建多元共治的监管体系，如电商领域这种跨区域的产业，要探索监管机构与平台企业、社会力量相互协作的监管办法。

（五）以破除贫困地区文化贫困为抓手，重塑四川省"文化"高地形象

1. 加快建设文化强省，顺应人民美好生活需要

进入新时代，我国社会的主要矛盾已经转化为人民日益增长的美好生活需要和不平衡不充分的发展之间的矛盾，这是加快四川省文化强省建设的出发点和落脚点。提升四川省文化软实力的基本思路和目标是：开展四川省文化振兴发展行动，实施中华美学精神和巴蜀美学精神弘扬计划，支持建设各具特色的文化发展区，扎实打造中国丝绸之路西部文化枢纽、最具原创力的文艺川军、中国网络文艺先锋。建设中国出版强省、中国文化装备制造重镇、中国重要艺术品交易中心、中国特色博物馆聚落，形成中国长江上游文化产业发展龙头；将成都建设为全国重要文创中心、中国音乐之都、创意设计之都、会展之都、非遗之都、美食之都、中国手游领军地，构筑天府新区文化创意产业集群；建设世界藏羌彝民族文化传承发展走廊、世界灾后重建文化振兴区等。

2. 推进文化治理能力现代化，提升公共文化服务效能

文化治理能力现代化是打造文化增长极的内生动力和制度保障。一是健全完善投入机制，研究制定落实支持文化发展一系列政策制度，比如学习上海制定"四川文创 50 条"。二是创新扶持机制，出台文化产业发展绩效奖励办法，探索采取项目补贴、政府购买、以奖代补、贷款贴息、基金投入等方式，引导政府、市场、社会等各方面力量广泛参与公共文化服务和产业发展。三是健全完善管理机制，统筹安排宣传文化、公共文化服务建设等相关专项资金，加大对基层，尤其是贫困地区、革命老区、民族地区等的定向转移支付力度，集中财力解决一些突出问题。四是加强基层文化服务，按照人民生活需求和人口密度优化设施布局范围，推动乡村文化基础设施换代升级。五是充分发挥社会作用，变政府的"独唱"为政府和社会的"合唱"，推动各类文化协会、新文艺组织、社区、学校、机关、企业等积极参与文化服务供给。六是加强队伍建设，培养造就一支懂文化、爱文化、会管理的文化治理工作队伍。

3. 传承弘扬巴蜀文化,凝练彰显四大城市群文化主题

世界城市发展一大趋势就是推进文化主题城市建设。提炼城市文化主题应选择融入当代、走进生活、内涵丰富、激活历史、空间广阔的文化资源,打造区别于其他城市的显著标识和主题。一是加强凝练,组织开展对四川省四大城市群文化主题的凝练和提升,实施"四川流域城市文化主题彰显工程",依托四川省"千河之省"的文化底蕴,打造涪江、嘉陵江、渠江、雅砻江、青衣江、金沙江、安宁河、沱江、岷江等流域的城市文化主题。二是统筹推进,在传承弘扬巴蜀文化过程中,加强城市文化主题与城市公共空间、城市功能、独特生活方式和人居质量的规划设计,把城市主题构建与城市精神、城市风貌、城市符号、城市旅游、城市品牌营销结合起来,克服"千城一面"等城市病。

4. 擦亮农业大省"金字招牌",走乡村文化兴盛之路

2017年3月8日,习近平总书记在参加十二届全国人大五次会议四川代表团审议时强调,"四川农业大省这块金字招牌不能丢"。建议实施"十大乡村振兴文化行动":一是乡村文明塑造行动,打造一批环境优美、人口集聚、功能完善、特色鲜明、管理有序、文明和谐的特色小镇、特色村庄。二是乡村文化创意行动,提炼农副产品所承载的文化内涵,建立以文化体验感知为导向的农副产品品牌,走文化品牌化的农业发展道路。三是乡村遗产保护行动,加强历史文化名城(街区、村镇)和优秀乡土建筑等文化遗产保护,建设一批乡村文化记忆的生产性保护示范基地和保护项目。四是乡村品牌打造行动,以建设"四好"乡村为核心,丰富和完善乡村文化内容,打造"四好"乡村文化品牌。五是乡村技艺传承行动,建立一批乡村技艺工作站,为乡村技艺人、企业、项目提供技术指导、信息咨询、对外推介等服务。六是乡村民生保障行动,建设一批示范乡村文化站(活动室),组建农村文化志愿者队伍,深入推进"千村文化结对"活动,形成文化服务下基层常态化。七是乡村文化融合行动,试点建设和发展一批新型复合型"文化+"乡村示范园区,启动"文创+农创+旅创"的三创融合工程,大力推进"文化创意、旅游创新、农民创收"相互渗透、促进和融合。八是乡村文化智库行动,成立乡村文化发展专家咨询委员会,开展乡村文化建设政策研究、决策评估、政策解读等工作。九是乡村人才培育行动,依托乡(镇)文化站、村文化活动室及农家书屋等,建设一批乡村文化人才的实训基地。十是乡村形象传播行动,打造一批乡村文化旅游示范村、农村电商明星村、精品农家乐专业村,形成促进乡村形象传播的产品流通体系。

23

贵州省改革开放 40 周年
地区发展报告

贵州行政学院课题组[①]

一、1978 年以来贵州省经济社会发展成就

(一)生产力水平

1. 地区生产总值(GDP)

改革开放 40 年来,贵州省经济取得了很大的发展。从地区生产总值来看,1978 年为 46.62 亿元;1984 年突破百亿,达到 108.27 亿元;2000 年突破千亿,达到 1029.92 亿元,2015 年突破万亿,达到 10539.62 亿元(见表 23-1)。从百亿到千亿,用了 17 年时间,而从千亿到万亿用了 16 年时间,增长呈加快趋势(见图 23-1)。到 2017 年地区生产总值已经达到了 13540.83 亿元,从绝对数值来看,2017 年的地区生产总值是 1978 年的 290.45 倍。

表 23-1　1978—2017 年贵州省地区生产总值　　　　(单位:亿元)

年　份	GDP	年　份	GDP	年　份	GDP	年　份	GDP
1978	46.62	1988	211.79	1998	858.39	2008	3561.56
1979	55.28	1989	235.84	1999	937.50	2009	3912.68
1980	60.26	1990	260.14	2000	1029.92	2010	4602.16
1981	67.89	1991	295.90	2001	1133.27	2011	5725.27
1982	79.39	1992	339.91	2002	1243.43	2012	6878.78
1983	87.38	1993	417.69	2003	1426.34	2013	8115.47

---

① 课题组组长:刘旭友;课题组成员:刘涛、苟凤丽、安治民 薛婧、李红松;项目编号:NSAZT(WT)2018022。

续表

年　份	GDP	年　份	GDP	年　份	GDP	年　份	GDP
1984	108.27	1994	524.46	2004	1677.80	2014	9299.45
1985	123.92	1995	636.21	2005	2005.42	2015	10539.62
1986	139.57	1996	723.18	2006	2338.98	2016	11776.73
1987	165.50	1997	805.79	2007	2884.11	2017	13540.83

（单位：亿元）

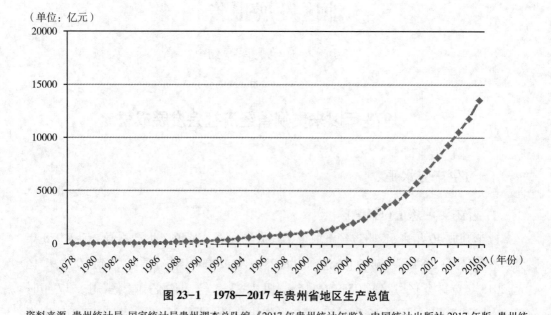

图 23-1　1978—2017 年贵州省地区生产总值

资料来源：贵州统计局、国家统计局贵州调查总队编：《2017 年贵州统计年鉴》，中国统计出版社 2017 年版；贵州统计局网站：《2017 年贵州统计公报》。如未作特殊说明，以下图表来源相同。

2. 人均地区生产总值（人均 GDP）

改革开放 40 年来，贵州省人均地区生产总值上升很快，1978 年仅为 175 元；1992 年才突破千元，达到 1034 元；到 2009 年已经突破万元，达 10971 元；到 2013 年仅用了 5 年时间就突破了 2 万元，达 23233 元；到 2016 年又仅用 4 年时间就突破了 3 万元，达 33246 元；到 2017 年达到了 37956 元（见表 23-2、图 23-2）。

表 23-2　1978—2017 年贵州省人均地区生产总值

（单位：元）

年　份	人均 GDP	年　份	人均 GDP	年　份	人均 GDP	年　份	人均 GDP
1978	175	1988	683	1998	2364	2008	9855
1979	204	1989	750	1999	2545	2009	10971
1980	219	1990	810	2000	2759	2010	13119
1981	242	1991	896	2001	3000	2011	16480

续表

年　份	人均GDP	年　份	人均GDP	年　份	人均GDP	年　份	人均GDP
1982	278	1992	1034	2002	3257	2012	19786
1983	302	1993	1234	2003	3701	2013	23233
1984	371	1994	1527	2004	4317	2014	26531
1985	420	1995	1826	2005	5394	2015	29953
1986	467	1996	2048	2006	6305	2016	33246
1987	546	1997	2250	2007	7878	2017	37956

（单位：元）

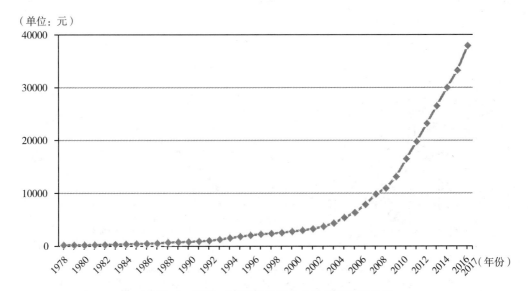

图 23-2　1978—2017 年贵州省人均地区生产总值

资料来源：2017 年贵州统计年鉴；2017 年贵州统计公报。

3. 地区生产总值增长率

改革开放以来，贵州省经济增长较快，40 年平均增长率达 9.59%。从 1991 年开始，贵州省地区生产总值进入快车道，特别是 2003 年以来，地区生产总值的增速一直保持在 10% 以上，位于全国前列，明显超过全国平均增长率（见表 23-3、图 23-3）。

表 23-3　1978—2017 年贵州省地区生产总值增长率　　　　（单位：%）

年　份	GDP增长率	年　份	GDP增长率	年　份	GDP增长率	年　份	GDP增长率
1978	23.7	1988	8.6	1998	8.5	2008	11.3
1979	11.0	1989	4.5	1999	8.8	2009	11.4
1980	4.4	1990	4.3	2000	8.4	2010	12.8

续表

年 份	GDP增长率	年 份	GDP增长率	年 份	GDP增长率	年 份	GDP增长率
1981	6.5	1991	9.2	2001	8.8	2011	15.4
1982	15.8	1992	8.1	2002	9.1	2012	13.6
1983	12.6	1993	10.4	2003	10.1	2013	12.5
1984	19.8	1994	8.4	2004	11.4	2014	10.8
1985	7.9	1995	7.5	2005	12.7	2015	10.7
1986	5.6	1996	8.9	2006	12.8	2016	10.5
1987	10.8	1997	9.0	2007	14.8	2017	10.2

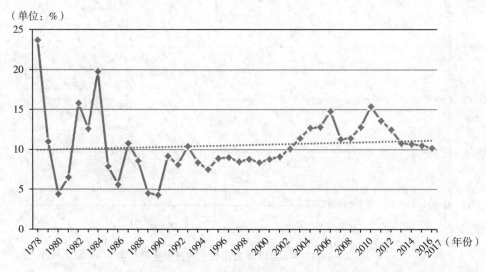

图 23-3　1978—2017 年贵州省地区生产总值增长率

4. 人均地区生产总值增长率

改革开放以来,贵州省人均地区生产总值增长较快,40 年平均增长率达 9.76%。从 2004 年到 2016 年,人均地区生产总值的增速保持在 10% 以上,2016 年略降(见表 23-4、图 23-4)。

表 23-4　1978—2017 年贵州省人均地区生产总值增长率　　　　　　　　(单位:%)

年 份	增长率	年 份	增长率	年 份	增长率	年 份	增长率
1978	21.4	1988	6.2	1998	6.9	2008	12.8
1979	9.1	1989	3.1	1999	7.3	2009	12.9
1980	2.7	1990	2.1	2000	7.0	2010	14.7
1981	4.7	1991	6.2	2001	7.5	2011	16.5

续表

年　份	增长率	年　份	增长率	年　份	增长率	年　份	增长率
1982	13.8	1992	8.6	2002	7.9	2012	13.5
1983	11.2	1993	8.8	2003	9.1	2013	11.9
1984	18.6	1994	6.9	2004	10.4	2014	10.4
1985	6.7	1995	5.9	2005	17.9	2015	10.3
1986	4.3	1996	7.4	2006	13.1	2016	9.8
1987	9.3	1997	7.5	2007	16.4	2017	—

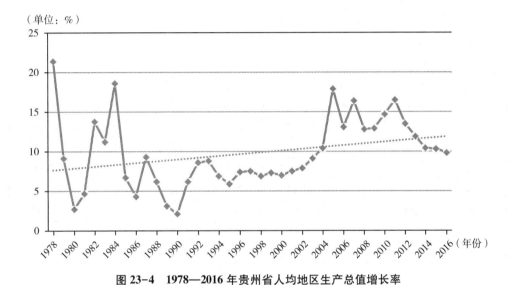

（单位：%）

图 23-4　1978—2016 年贵州省人均地区生产总值增长率

（二）经济结构

1. 三次产业占地区生产总值比重

改革开放以来,贵州省的三次产业结构发生了明显的变化。1978 年一二三产业占 GDP 的比重分别是 41.66%、40.18% 和 18.17%,呈"一二三"结构。随后第一产业所占比重明显呈下降趋势,第二产业保持平稳,第三产业明显上升。在 1992 年,第二产业所占比重首次超过第一产业,三次产业结构呈"二一三"结构。到 1998 年,第三产业所占比重超过第一产业,三次产业结构转变为"二三一"结构。也是从这一年开始,第一产业下降速度明显加快。在 2006 年,第三产业所占比重开始超过第二产业,三次产业结构呈"三二一"结构。到 2017 年,一二三产业占 GDP 比重分别为 14.92%、40.17% 和 44.90%,"三二一"结构更加明显(见表 23-5、图 23-5)。

表 23-5 1978—2017 年贵州省三次产业占地区生产总值比重 （单位:%）

年　份	第一产业	第二产业	第三产业	年　份	第一产业	第二产业	第三产业
1978	41.66	40.18	18.17	1998	30.88	37.21	31.91
1979	42.13	40.54	17.33	1999	28.56	37.38	34.06
1980	41.25	39.83	18.92	2000	26.33	37.98	35.68
1981	44.04	36.75	19.21	2001	24.21	38.25	37.53
1982	47.07	34.56	18.37	2002	22.61	38.76	38.63
1983	43.21	37.93	18.86	2003	20.94	39.92	39.14
1984	42.24	40.19	17.58	2004	19.94	40.62	39.44
1985	40.71	40.25	19.04	2005	18.40	40.95	40.66
1986	40.45	36.51	23.04	2006	16.33	41.37	42.30
1987	40.16	36.32	23.52	2007	15.48	39.00	45.52
1988	40.23	37.13	22.65	2008	15.14	38.47	46.39
1989	39.38	36.78	23.84	2009	14.06	37.74	48.20
1990	38.48	35.68	25.84	2010	13.58	39.11	47.31
1991	39.10	34.32	26.58	2011	12.68	38.65	48.67
1992	35.65	35.92	28.43	2012	12.97	39.22	47.81
1993	31.94	37.12	30.94	2013	12.30	40.63	47.07
1994	35.00	37.14	27.86	2014	13.77	41.75	44.48
1995	35.70	36.55	27.75	2015	15.57	39.61	44.82
1996	35.20	35.27	29.53	2016	15.68	39.65	44.67
1997	33.75	35.86	30.39	2017	14.92	40.17	44.90

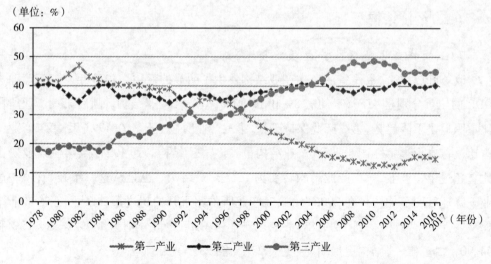

图 23-5 1978—2017 年贵州省三次产业占地区生产总值比重

2. 与全国最终消费占 GDP 比重

传统上贵州省的消费一直占有重要地位,远高于同期全国水平。近年来,贵州省最终消费占比有所下降,和全国水平的差距逐渐缩小,但仍然高于全国水平(见表 23-6、图 23-6)。

表 23-6　1993—2016 年贵州省与全国最终消费占 GDP 比重　　　(单位:%)

年　份	贵州省占比	全国占比	年　份	贵州省占比	全国占比
1993	72.33	57.93	2005	81.80	53.62
1994	74.15	57.91	2006	79.28	51.86
1995	80.71	58.82	2007	72.38	50.14
1996	82.36	59.76	2008	66.10	49.22
1997	80.99	59.37	2009	66.54	49.37
1998	79.81	60.20	2010	63.69	48.45
1999	77.42	62.34	2011	60.06	49.59
2000	89.37	63.30	2012	57.43	50.11
2001	88.27	61.61	2013	55.89	50.31
2002	87.32	60.57	2014	56.87	50.73
2003	82.00	57.49	2015	56.53	51.82
2004	81.53	54.74	2016	57.28	53.63

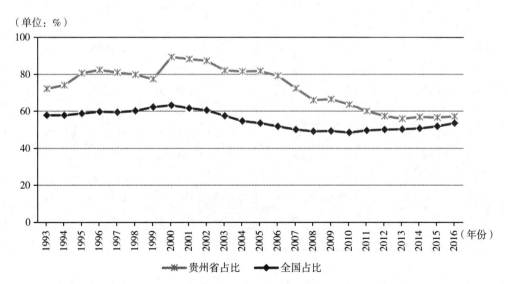

图 23-6　1993—2016 年贵州省与全国最终消费占 GDP 比重

资料来源:2017 年贵州统计年鉴;国家统计局网站。

3. 城镇化率

从城镇化率来看,改革开放初期贵州省城镇化率较低,仅有 12.06%,是典型的农业省,到 1983 年达 18.99%。在 1984 年到 2000 年期间,贵州省城镇化常住人口的数据突然增长,这可能与这一时期大量农村人口进城务工有关,致使城镇化率突然提高,这与后文中第一产业就业人数占比的变动趋势较为相似。2000 年以后,城镇常住人口大幅下降,当年和之后的城镇化率变化较为平滑,且城镇化率稳步增长,在 2000 年时,贵州省城镇化率约为 23.87%,到 2017 年年末已经达到 46.02%,年平均增速为 1.30%(见表 23-7、图 23-7)。

表 23-7　1978—2017 年贵州省城镇化率指标

年　份	常住人口 (万人)	城镇常住 人口(万人)	城镇化率 (%)	年　份	常住人口 (万人)	城镇常住 人口(万人)	城镇化率 (%)
1978	2686.40	323.97	12.06	1998	3657.60	2539.76	69.44
1979	2730.99	520.82	19.07	1999	3710.06	2539.80	68.46
1980	2776.67	543.18	19.56	2000	3755.72	896.49	23.87
1981	2826.78	528.41	18.69	2001	3798.51	910.12	23.96
1982	2875.21	542.13	18.86	2002	3837.28	932.11	24.29
1983	2901.46	550.96	18.99	2003	3869.66	958.52	24.77
1984	2931.85	854.14	29.13	2004	3903.70	1025.89	26.28
1985	2972.18	883.18	29.71	2005	3730.00	1002.25	26.87
1986	3025.86	909.55	30.06	2006	3690.00	1013.27	27.46
1987	3072.58	1002.93	32.64	2007	3632.00	1025.68	28.24
1988	3127.27	951.23	30.42	2008	3596.00	1046.79	29.11
1989	3171.00	1000.26	31.54	2009	3537.00	1057.21	29.89
1990	3267.53	1083.67	33.16	2010	3479.00	1176.25	33.81
1991	3314.63	1238.48	37.36	2011	3469.00	1212.76	34.96
1992	3360.96	2256.05	67.13	2012	3484.07	1268.54	36.41
1993	3408.69	2324.92	68.21	2013	3502.22	1324.69	37.83
1994	3458.41	2371.06	68.56	2014	3508.04	1403.57	40.01
1995	3508.08	2408.78	68.66	2015	3529.50	1482.74	42.01
1996	3555.41	2457.33	69.12	2016	3555.00	1569.53	44.15
1997	3605.81	2503.75	69.44	2017	3580.00	1647.52	46.02

4. 第一产业就业人员占比

在改革开放之初,贵州省是十分典型的农业省,第一产业就业人数占比为 82.84%,随后逐年平稳下降。在 1985 年年末有较明显的下降,占比为 76.27%,比上一

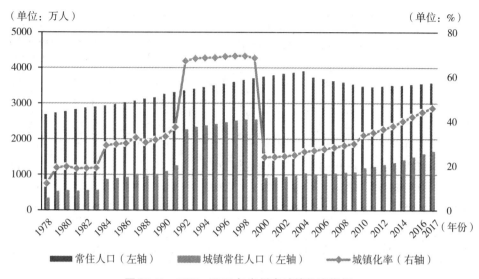

图 23-7　1978—2017 年贵州省城镇化率指标

资料来源:2017 年贵州统计年鉴;2017 年贵州统计公报。

年下降 4.47%,随后数据下降较为平稳,到 2001 年突然有了较大提升,达到 81.83%,比上一年增加 11.89%。从 1985 年到 2001 年这一时期数据的起伏可能与这段时间大量人口进城务工有关,在 2001 年很多外出务工人员重新回到农村从事农业生产。2001 年以后第一产业就业占比开始平滑下降,2006 年以后下降速度有所增快,到 2016 年年末,贵州省第一产业就业人数占比为 57.31%,比 1978 年下降了 25.53%(见表 23-8、图 23-8)。

表 23-8　1978—2016 年贵州省第一产业就业人员占比

年　份	总就业人数 （万人）	第一产业 就业人数 （万人）	第一产业 就业人员 占比（%）	年　份	总就业人数 （万人）	第一产业 就业人数 （万人）	第一产业 就业人员 占比（%）
1978	1053.67	872.89	82.84	1998	1844.43	1284.72	69.65
1979	1060.62	873.88	82.39	1999	1832.50	1299.90	70.94
1980	1109.63	919.69	82.88	2000	1866.28	1305.28	69.94
1981	1152.95	954.55	82.79	2001	2068.01	1692.33	81.83
1982	1207.06	989.78	82.00	2002	2106.14	1698.39	80.64
1983	1234.18	1014.15	82.17	2003	2145.00	1671.20	77.91
1984	1285.32	1037.71	80.74	2004	2186.00	1672.29	76.50
1985	1335.17	1018.38	76.27	2005	1944.29	1497.26	77.01
1986	1383.17	1053.26	76.15	2006	1953.24	1487.40	76.15
1987	1435.85	1115.35	77.68	2007	1872.64	1388.02	74.12

年　份	总就业人数（万人）	第一产业就业人数（万人）	第一产业就业人员占比（%）	年　份	总就业人数（万人）	第一产业就业人数（万人）	第一产业就业人员占比（%）
1988	1501.32	1172.51	78.10	2008	1867.20	1350.32	72.32
1989	1570.84	1228.64	78.22	2009	1841.92	1299.29	70.54
1990	1651.75	1292.30	78.24	2010	1770.90	1209.55	68.30
1991	1701.47	1329.56	78.14	2011	1792.80	1194.39	66.62
1992	1739.03	1359.00	78.15	2012	1825.82	1189.04	65.12
1993	1779.01	1374.00	77.23	2013	1864.21	1179.76	63.28
1994	1828.30	1365.00	74.66	2014	1909.69	1171.02	61.32
1995	1812.20	1312.80	72.44	2015	1946.65	1161.54	59.67
1996	1783.20	1235.60	69.29	2016	1983.72	1136.87	57.31
1997	1796.70	1251.10	69.63				

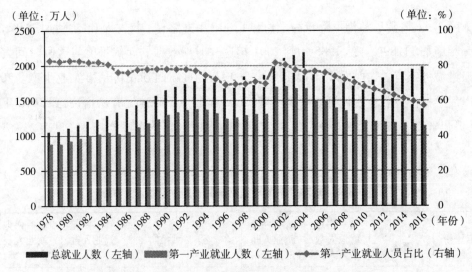

图 23-8　1978—2016 年贵州省第一产业就业人员占比

资料来源：2017 年贵州统计年鉴。

5. 单位 GDP 煤炭、天然气、电力消费量

从能源消费来看，煤炭曾经是贵州省最主要的消费能源，这是因为贵州省是我国长江以南原煤主产区。2008 年原煤与 GDP 比达到 0.0000828 吨/元，从 2009 年以后逐年开始下降，到 2016 年为 0.0000319 吨/元。天然气一直在贵州省消费较少，这与贵州省工业不发达有一定关系。电力从 2008 年开始也逐渐下降，到 2016 年为 0.0000298 吨/元（见表 23-9、图 23-9）。事实上，一次能源和 GDP 的比值的持续下降，表明贵州省的发展对一次能源的依赖逐渐减少。贵州省近年来积极开展生态文明建设，倡导绿

色发展和走新型工业化道路,取得了较大成效,环境明显改善,发展质量明显提高。

表 23-9　2008—2016 年贵州省单位 GDP 煤炭、石油、天然气、电力消费量

（单位：吨/元）

年　份	2008	2009	2010	2011	2012	2013	2014	2015	2016
煤　炭	0.0000828	0.0000842	0.0000769	0.0000713	0.0000439	0.0000411	0.0000367	0.0000376	0.0000319
天然气	0.0000018	0.0000014	0.0000012	0.0000009	0.0000009	0.0000014	0.0000013	0.0000014	0.0000013
电　力	0.0000583	0.0000573	0.0000534	0.0000485	0.0000441	0.0000401	0.0000360	0.0000313	0.0000298

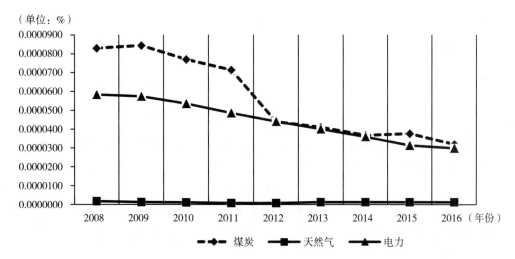

图 23-9　2008—2016 年单位 GDP 煤炭、天然气、电力消费占 GDP 比重

资料来源：贵州统计年鉴。

6. 能源结构

贵州省是长江以南最大的产煤区,能源消费中,煤炭是最主要的能源。2008 年以来,2011 年最高达到 48.8%,最低的 2014 年也占到 37.9%,2016 年煤炭占 39.8%。除煤炭外,电力占比也较高,并且呈上升趋势,2008 年占 32%,2016 年占到了 37.2%。天然气在贵州省能源消费中占比较少,即使最高的 2016 年也仅占到 1.7%（见表 23-10、图 23-10）。

表 23-10　2008—2016 年贵州省煤炭、天然气、电力消费占比　　　（单位：%）

年　份	2008	2009	2010	2011	2012	2013	2014	2015	2016
能源终端消费总量	100.0	100.0	100.0	100.0	100.0	100.0	100.0	100.0	100.0
煤　炭	45.4	47.6	48.0	48.8	48.0	38.2	37.9	42.6	39.8

续表

年　份	2008	2009	2010	2011	2012	2013	2014	2015	2016
天然气	1.0	0.8	0.8	0.6	0.7	1.3	1.3	1.6	1.7
电　力	32.0	32.4	33.3	33.2	33.1	37.4	37.1	35.4	37.2

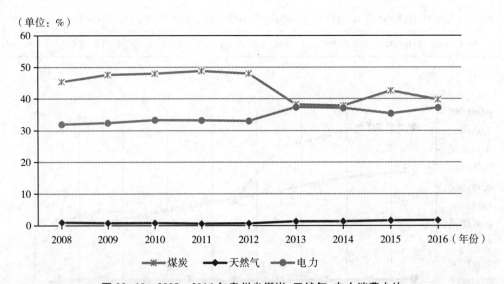

图 23-10　2008—2016 年贵州省煤炭、天然气、电力消费占比

资料来源:2014 年、2017 年贵州统计年鉴。

7. 国有控股工业企业资产总计占比

　　贵州省国有控股工业企业资产在 1999—2003 年时占有 90% 以上的份额,2000 年达到峰值95.49%,随后一直下降,2004—2011 年位于 80%—90% 区间,2012 年以后开始低于 80%,2016 年为 74.37%(见表 23-11、图 23-11)。

表 23-11　1999—2016 年贵州省国有控股工业企业资产总计占比　　　(单位:%)

年　份	占　比	年　份	占　比	年　份	占　比
1999	90.45	2005	89.63	2011	81.94
2000	95.49	2006	89.61	2012	79.74
2001	93.45	2007	88.72	2013	76.68
2002	92.85	2008	85.84	2014	76.94
2003	90.95	2009	84.43	2015	75.44
2004	89.94	2010	81.71	2016	74.37

（单位：%）

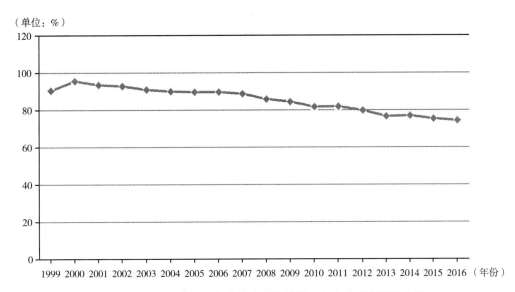

图 23-11　1999—2016 年贵州省国有控股工业企业资产总计占比

资料来源：国家统计局网站、贵州统计局网站。

8.私营工业企业资产总计占比

私营工业企业资产增加很快，在 2000 年时仅占 1.85%，到 2016 年已经增长到 21.79%，年增速达到 15.61%，显示私营企业具有十分强的活力（见表 23-12、图 23-12）。

表 23-12　2000—2016 年贵州省私营工业企业资产总计占比　　　　　　（单位:%）

年　份	占　比	年　份	占　比	年　份	占　比
2000	1.85	2006	7.14	2012	16.23
2001	3.28	2007	8.01	2013	19.18
2002	4.42	2008	10.40	2014	19.26
2003	5.73	2009	10.65	2015	21.00
2004	5.64	2010	13.49	2016	21.79
2005	6.77	2011	13.53		

（三）宏观经济结构

1.通货膨胀率（以下简称 CPI）

贵州省 CPI 总体保持稳定，历史上在 1988 年到 1989 年、1993 年到 1996 年曾两度出现超过 8 的上涨，其他时间都增长较为平缓，特别是 2009 年到 2017 年这 9 年间，一直处于较低水平，实现了良好的市场供需状况（见表 23-13、图 23-13）。

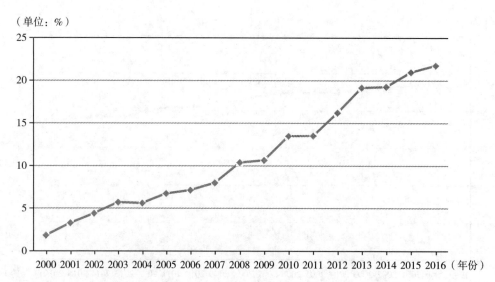

（单位：%）

图 23-12　2000—2016 年贵州省私营工业企业资产总计占比

资料来源：国家统计局网站、贵州统计局网站。

表 23-13　1978—2017 年贵州省 CPI　　　　（上年＝100，单位：%）

年　份	CPI	年　份	CPI	年　份	CPI	年　份	CPI
1978	101.4	1988	119.8	1998	100.1	2008	107.6
1979	102.6	1989	118.3	1999	99.2	2009	98.7
1980	109.9	1990	101.8	2000	99.5	2010	102.9
1981	103.1	1991	104.4	2001	101.8	2011	105.1
1982	103.6	1992	107.8	2002	99.0	2012	102.7
1983	101.6	1993	116.0	2003	101.2	2013	102.5
1984	102.8	1994	122.8	2004	104.0	2014	101.3
1985	107.7	1995	121.4	2005	101.0	2015	101.8
1986	105.4	1996	109.1	2006	101.7	2016	101.4
1987	107.1	1997	103.4	2007	106.4	2017	100.9

2. 财政盈余/赤字占 GDP 比重

本研究的财政盈余/赤字等于当年的财政总收入减去当年的一般性公共预算支出。贵州省的财政盈余/赤字占 GDP 的比重逐年下降，1978 年到 1998 年间多为正数，偶尔有年份为负数。从 1999 年以后全部为负数，从 1999 年到 2009 年期间下降速度较快，2009 年以后逐渐稳定，起伏较小（见表 23-14、图 23-14）。这表明了贵州省目前财政赤字的状况。造成赤字的原因主要是由于贵州省财政支出中用于基础设施建设上的越来越多。从历史上来看，贵州省在基础设施上的欠账较多，基础设施建设水平低，这也

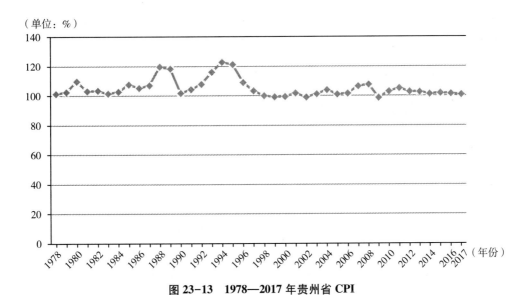

图 23-13　1978—2017 年贵州省 CPI

资料来源:国家统计局网站、贵州统计局网站。

是造成贵州省长期经济发展缓慢、贫困程度深的主要原因之一。进入 21 世纪以来,中央对贵州省的支持力度加大,贵州省在基础设施建设上的力度不断加大,逐渐弥补了过去发展的短板,使贵州省进入了发展的快车道。与此同时,贵州省在财政支出上也越来越多,这也是目前阶段的正常现象。

表 23-14　1978—2017 年贵州省财政盈余/赤字占 GDP 比重　　　　（单位:%）

年　份	比　重	年　份	比　重	年　份	比　重	年　份	比　重
1978	4.08	1988	3.24	1998	0.38	2008	-10.69
1979	1.74	1989	1.61	1999	-3.94	2009	-15.15
1980	0.95	1990	-0.22	2000	-4.71	2010	-14.38
1981	0.68	1991	0.57	2001	-8.66	2011	-16.06
1982	1.12	1992	0.77	2002	-9.14	2012	-16.15
1983	2.15	1993	0.10	2003	-6.71	2013	-14.35
1984	-0.43	1994	0.25	2004	-7.27	2014	-15.18
1985	1.74	1995	0.59	2005	-7.71	2015	-15.63
1986	0.68	1996	0.33	2006	-6.92	2016	-15.73
1987	4.08	1997	0.60	2007	-8.27	2017	-14.43

3. 地方政府债务占 GDP 比重

2016 年贵州省地方债务余额为 5206.35 亿元人民币,专项债务余额为 3503.44 亿元,占当年 GDP11776.73 亿元的 44.21%。这一数值较高,主要原因是贵州省目前处于

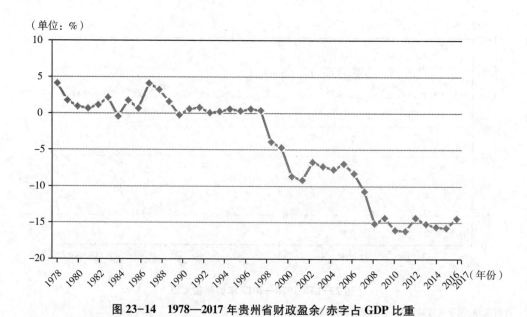

（单位：%）

图 23-14　1978—2017 年贵州省财政盈余/赤字占 GDP 比重

资料来源：2017 年贵州统计年鉴,2017 年贵州统计公报。

基础设施建设的高峰期,导致地方债务偏高。随着基础设施建设的逐渐完成,这一指标今后将逐渐下降。

4. 一般公共预算收入占 GDP 比重

贵州省一般公共预算收入占 GDP 的比重从 1978—1981 年有一段下降,这可能与改革开放初期 GDP 迅速增长,但是财政收入上没有来得及反映有关。从 1982 年比值进入了快速上涨期,到 1994 年比值大幅下降,这可能与中央对国有企业改革的政策变化有关。1994—2013 年,这一比值稳步上涨,实现了贵州省一般公共预算收入的好转。2014—2017 年又开始下降,主要是因为同期贵州省 GDP 增速大幅增加,而一般公共预算收入增幅落后(见表 23-15、图 23-15)。但是,总体来说,贵州省一般公共预算收入占 GDP 的比重较低,而贵州省主要财政收入来自中央转移支付。

表 23-15　1978—2017 年贵州省一般公共预算收入占 GDP 比重　（单位:%）

年　份	比　重	年　份	比　重	年　份	比　重	年　份	比　重
1978	13.43	1988	12.26	1998	7.61	2008	9.81
1979	11.83	1989	13.63	1999	7.92	2009	10.64
1980	11.10	1990	13.60	2000	8.28	2010	11.60
1981	9.31	1991	14.46	2001	8.80	2011	13.50
1982	9.70	1992	13.91	2002	8.71	2012	14.74
1983	10.94	1993	13.53	2003	8.73	2013	14.87

续表

年　份	比　重	年　份	比　重	年　份	比　重	年　份	比　重
1984	10.91	1994	5.96	2004	8.90	2014	14.70
1985	12.24	1995	6.10	2005	9.10	2015	14.26
1986	12.19	1996	6.84	2006	9.70	2016	13.26
1987	12.91	1997	7.19	2007	9.89	2017	11.92

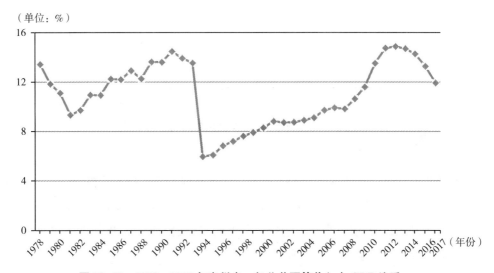

图 23-15　1978—2017 年贵州省一般公共预算收入占 GDP 比重

资料来源:2017 年贵州统计年鉴,2017 年贵州统计公报。

(四)基础设施

1.人均年用电量

随着经济社会的不断发展,贵州省人均年用电量逐年增加且增加幅度较大(见表23-16、图23-16),其中 2009 年和 2010 年连续两年增幅达 19%。用电量的增加一方面说明经济社会发展速度加快,另一方面也表明经济发展方式和生活方式出现显著转变。

表 23-16　2008—2016 年贵州省人均年用电量　　　(单位:千瓦时)

年　份	2008	2009	2010	2011	2012	2013	2014	2015	2016
消耗量	235.04	279.67	352.48	417.56	488.94	500.18	546.00	559.68	612.97

2.公路网密度

贵州省地处云贵高原破碎地带,公路网密度相对较低。改革开放以来,贵州省公路

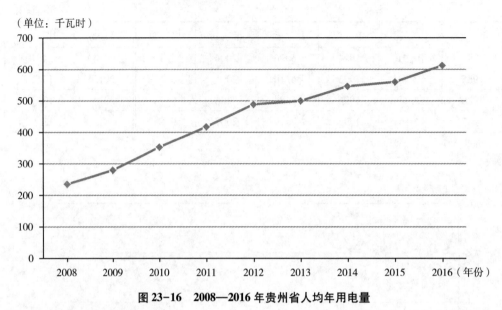

图 23-16　2008—2016 年贵州省人均年用电量

资料来源:2014 年、2017 年贵州统计年鉴。

网密度呈增长态势。在 2002 年、2006 年、2009 年出现了三次增长高峰,尤其是 2006 年相对于上一年,增幅达 142%(见表 23-17、图 23-17)。三次增长高峰与改革开放以来经济的飞速发展有关,但更为重要的影响因素则是:国家西部大开发战略的加快推进,促进了贵州省基础建设投资的飞速。

表 23-17　1978—2016 年贵州省公路网密度　(单位:公里/百平方公里)

年　份	密　度	年　份	密　度	年　份	密　度	年　份	密　度	年　份	密　度
1978	14.73	1986	16.11	1994	18.39	2002	25.10	2010	86.06
1979	14.85	1987	16.93	1995	18.44	2003	25.71	2011	89.57
1980	15.53	1988	17.28	1996	18.56	2004	26.18	2012	93.38
1981	15.56	1989	17.43	1997	18.85	2005	26.61	2013	97.94
1982	15.61	1990	17.68	1998	19.07	2006	64.29	2014	101.63
1983	15.71	1991	17.93	1999	19.28	2007	69.95	2015	105.79
1984	15.82	1992	18.10	2000	19.66	2008	71.23	2016	108.68
1985	15.89	1993	18.21	2001	19.65	2009	80.91		

3. 铁路网密度

贵州省地处云贵高原破碎地带,铁路网密度同样相对较低。改革开放以来,贵州省铁路网密度整体呈增长态势。但由于铁路建设投资较大,因此铁路网密度没有公路增长幅度大,在 1996 年以前贵州省铁路基础设施建设几乎处于停滞不前的状态。1997

（单位：公里/百平方公里）

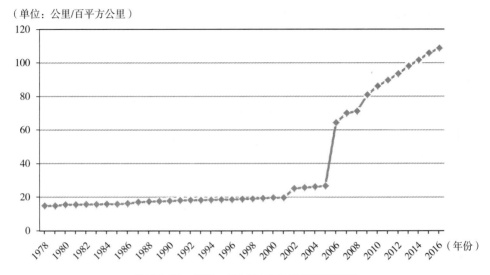

图23-17　1978—2016年贵州省公路网密度

资料来源：根据2016年、2017年贵州统计年鉴数据整理。

年出现了第一次大增长，相对上一年增幅为14.6%，2002年出现第二次增长，增幅则高达上年的16.1%。从2014年之后连续几年，每年增幅都在10%以上，铁路发展进入快车道（见表23-18、图23-18）。

表23-18　1978—2016年贵州省铁路网密度　（单位：公里/百平方公里）

年 份	密 度	年 份	密 度	年 份	密 度	年 份	密 度	年 份	密 度
1978	0.78	1986	0.81	1994	0.81	2002	1.08	2010	1.14
1979	0.78	1987	0.81	1995	0.81	2003	1.08	2011	1.18
1980	0.78	1988	0.81	1996	0.81	2004	1.07	2012	1.17
1981	0.78	1989	0.81	1997	0.93	2005	1.13	2013	1.19
1982	0.79	1990	0.81	1998	0.94	2006	1.14	2014	1.35
1983	0.79	1991	0.81	1999	0.94	2007	1.14	2015	1.60
1984	0.80	1992	0.81	2000	0.93	2008	1.11	2016	1.86
1985	0.81	1993	0.81	2001	0.93	2009	1.13		

4.（人均）民用航空客运量

自2008年起，贵州省民用航空业发展迅速，（人均）民用航空客运量增速均在10%以上，2014年（人均）民用航空客运量较前一年的增速更是高达30%，2016年较前一年的增速则接近21%（见表23-19、图23-19）。这充分说明了贵州省对内、对外的经济和社会交往较之以前有了大幅度的提升，社会发展活力增强。

（单位：公里/百平方公里）

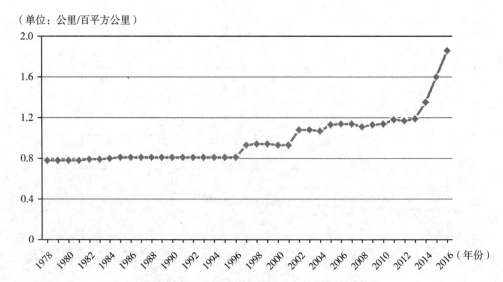

图23-18　1978—2016年贵州省铁路网密度

资料来源：2016年、2017年贵州统计年鉴。

表23-19　2008—2016年贵州省（人均）民用航空客运量　　　（单位：人/次）

年份	2008	2009	2010	2011	2012	2013	2014	2015	2016
次数	0.0014	0.0017	0.0019	0.0021	0.0024	0.0031	0.0040	0.0044	0.0053

（单位：人/次）

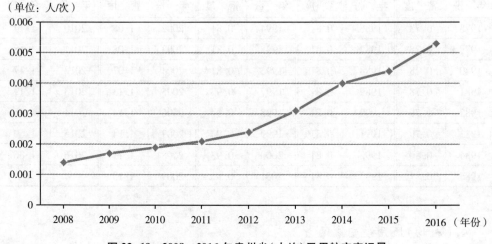

图23-19　2008—2016年贵州省（人均）民用航空客运量

资料来源：根据2014年、2017年贵州统计年鉴整理。

5. 互联网普及率

　　较之中东部尤其是东部省份而言，由于经济社会发展比较滞后，贵州省的互联网普及率并不高。但随着贵州省经济社会的快速发展,互联网的应用越加广泛,互联网普及率也以每年近 4 个百分点的速度在增长,2016 年则增加了 4.8 个百分点(见表 23-20、图 23-20),增速明显加快。

表 23-20　2010—2016 年贵州省互联网普及率　（单位:%）

年份	普及率	年份	普及率	年份	普及率	年份	普及率	年份	普及率	年份	普及率	年份	普及率
2010	19.8	2011	24.2	2012	28.6	2013	32.9	2014	34.9	2015	38.4	2016	43.2

（单位：%）

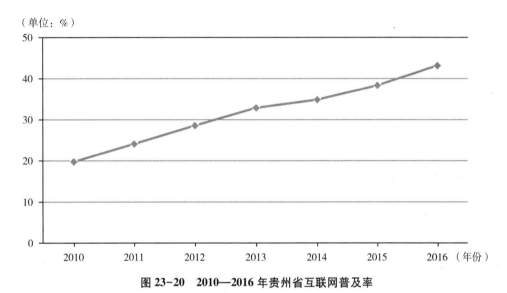

图 23-20　2010—2016 年贵州省互联网普及率

资料来源:根据 2010—2017 年中国统计年鉴数据整理。

6. 电话普及率（包括移动电话）

2008 年贵州省的电话普及率还不足 50%,2009 年和 2010 年这两年电话使用量快速增长,每年都增加了 11 个百分点左右,自 2011 年起电话普及率稳步提升,截至 2015 年电话普及率已达到 100.50%(见表 23-21、图 23-21),人们因缺乏通信工具而造成的沟通障碍已经被克服。

表 23-21　2008—2016 年贵州省电话普及率(包括移动电话)　（单位:部/百人）

年　份	2008	2009	2010	2011	2012	2013	2014	2015	2016
普及率	46.87	57.52	68.90	74.35	83.27	93.25	97.98	100.50	99.76

（单位：部/百人）

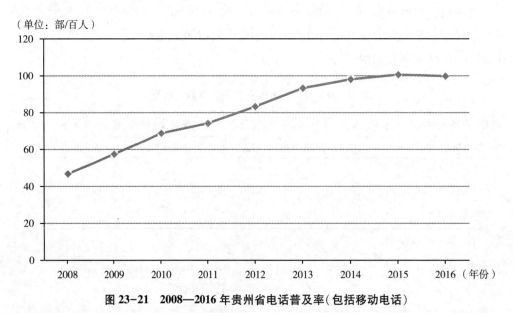

图 23-21　2008—2016 年贵州省电话普及率（包括移动电话）

资料来源：根据 2014 年、2017 年贵州统计年鉴数据整理。

（五）基础自然资源

1. 人均水资源量

与周边省份相比，贵州省人均水资源量偏低，造成这种状况的原因除自然因素外，还有人为因素，比如污染和土地石漠化等生态破坏。但近年来随着污染治理和生态修复的有力推进，以及气候变化的影响，人均水资源量总体呈增加趋势，特别是在 2012 年和 2014 年，较上一年增幅都超过了 55%（见表 23-22、图 23-22）。

表 23-22　2005—2016 年贵州省人均水资源量　　　（单位：立方米/人）

年　份	人均量	年　份	人均量	年　份	人均量	年　份	人均量
2005	2244.40	2008	3019.72	2011	1802.11	2014	3461.12
2006	2176.13	2009	2397.65	2012	2801.82	2015	3278.70
2007	2805.22	2010	2726.80	2013	2174.15	2016	3009.46

2. 人均耕地面积

贵州省人均土地偏低，改革开放以来人均土地面积呈下降趋势，直到 2005 年降至最低点。近年来随着耕地保护红线的有力维护和土地产出的增加，人们种地热情增强，人均土地有了较大幅度的提升，2012 年人均土地面积比上年增长了近 7.3%（见表 23-23、图 23-23）。

（单位：立方米/人）

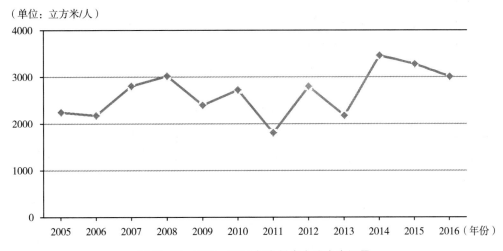

图 23-22　2005—2016 年贵州省人均水资源量

资料来源：国家统计局编：《中国统计年鉴》(2006—2016 年)，中国统计出版社。

表 23-23　1988—2012 年贵州省人均耕地面积　　　（单位：亩/人）

年　份	面　积	年　份	面　积	年　份	面　积	年　份	面　积	年　份	面　积
1988	1.20	1993	1.29	1998	1.09	2003	1.06	2008	1.09
1989	1.20	1994	1.18	1999	1.08	2004	1.09	2009	1.11
1990	1.21	1995	1.18	2000	1.06	2005	1.02	2010	1.10
1991	1.17	1996	1.18	2001	1.08	2006	1.03	2011	1.10
1992	1.16	1997	1.10	2002	1.07	2007	1.07	2012	1.18

（单位：亩/人）

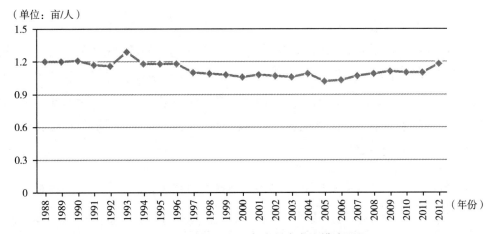

图 23-23　1988—2012 年贵州省人均耕地面积

资料来源：国家统计局编：《中国统计年鉴》(1998—2016 年)，中国统计出版社。

3. 森林覆盖率

贵州省森林覆盖率从 2007 年到 2008 年增幅较大,由于退耕还林和退耕还草等措施有力落实以及生态文明建设的大力推进,2012 年森林覆盖率又大幅提高了超过 5 个百分点,截至 2016 年贵州省的森林覆盖率已经达到 52%(见表 23-24、图 23-24)。

表 23-24 2005—2016 年贵州省森林覆盖率　　　　　　　(单位:%)

年　份	覆盖率	年　份	覆盖率	年　份	覆盖率	年　份	覆盖率
2005	23.8	2008	39.93	2011	41.53	2014	49.00
2006	23.8	2009	39.93	2012	47.00	2015	50.00
2007	23.8	2010	40.52	2013	48.00	2016	52.00

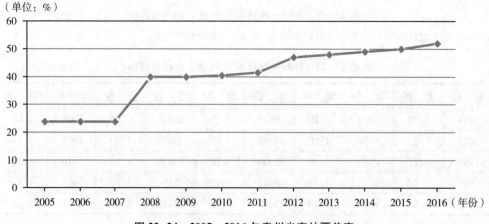

图 23-24 2005—2016 年贵州省森林覆盖率

资料来源:2014 年、2017 年贵州统计年鉴;2017 年国家统计年鉴。

4. 人均煤炭储备

改革开放以来,贵州省煤炭储备总体稳定。由于人口增减幅度相对稳定,人均煤炭储备主要受两个因素的影响:一是煤炭消耗量,二是新探明煤炭储量。从 2010 年到 2011 年之所以出现较大的波动,主要原因是随着经济的快速发展,煤炭消耗量大增。2011 年之后,随着发展方式的转化和新探明储量的增加,人均煤炭储备也随之逐年上升(见表 23-25、图 23-25)。

表 23-25 2003—2016 年贵州省人均煤炭储备　　　　　　　(单位:吨)

年　份	储　备	年　份	储　备	年　份	储　备	年　份	储　备	年　份	储　备
2003	385.56	2006	401.79	2009	362.17	2012	199.17	2015	288.10
2004	381.79	2007	404.07	2010	340.50	2013	237.84	2016	312.04
2005	399.25	2008	417.30	2011	169.33	2014	267.90		

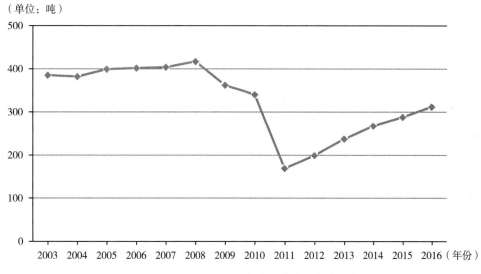

（单位：吨）

图23-25 2003—2016年贵州省人均煤炭储备

资料来源：根据《中国统计年鉴》（2003—2017年）数据整理。

5. 人均铁矿石储备

改革开放以来，贵州省的人均铁矿石储备总体比较稳定。人均铁矿石储备同样主要受两个因素的影响：一是铁矿石消耗量，二是新探明铁矿石储量。从2010年到2011年之所以出现较大的波动，主要原因也是随着经济的飞速发展，铁矿石消耗量激增。从2011年到2014年，铁矿石储量虽基本未变，但由于人口的小幅度增长，人均铁矿石储备也小幅度递减。2015年由于新探明储量的增加，人均铁矿石储备也就随之上升（见表23-26、图23-26）。

表23-26 2003—2016年贵州省人均铁矿石储备 （单位：吨）

年 份	储 备	年 份	储 备	年 份	储 备	年 份	储 备	年 份	储 备
2003	13953.49	2006	14363.14	2009	14136.27	2012	3731.34	2015	5665.72
2004	13575.82	2007	14317.18	2010	14659.38	2013	3712.16	2016	4782.00
2005	14477.21	2008	14182.42	2011	4035.75	2014	3705.82		

（六）健康与基础教育

1. 人口增长率

改革开放以来，贵州省人口增长率总体呈逐步平稳态势，从1978年的最高21.24%，下降到2014年和2015年的5.80%，人口增速下降的原因是多方面的，如抚养

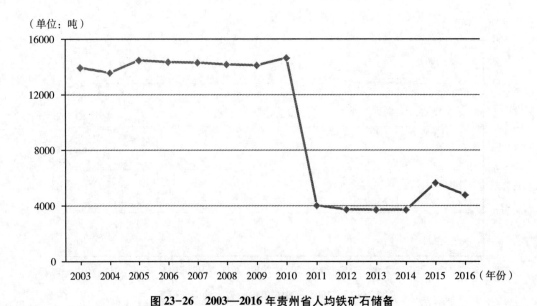

图 23-26 2003—2016 年贵州省人均铁矿石储备

资料来源：根据《中国统计年鉴》(2003—2017 年)数据整理。

费用的升高、计划生育政策等。国家放开二孩政策实施后，2016 年人口增长率又有了明显提升(见表 23-27、图 23-27)。

表 23-27 1978—2016 年贵州省人口增长率 (单位:%)

年　份	增长率	年　份	增长率	年　份	增长率	年　份	增长率	年　份	增长率
1978	21.24	1986	18.06	1994	14.78	2002	10.75	2010	7.41
1979	19.79	1987	15.15	1995	14.26	2003	9.04	2011	6.38
1980	17.66	1988	17.80	1996	14.36	2004	8.73	2012	6.31
1981	16.20	1989	14.40	1997	14.48	2005	7.38	2013	5.90
1982	17.21	1990	15.19	1998	14.26	2006	7.26	2014	5.80
1983	11.65	1991	14.31	1999	14.24	2007	6.68	2015	5.80
1984	11.55	1992	13.88	2000	13.06	2008	6.72	2016	6.50
1985	14.42	1993	14.10	2001	11.33	2009	6.96		

2. 人口平均预期寿命

贵州省人口平均预期寿命不断提高，从 1990 年的 64.29 岁提高到 2000 年的 65.96 岁，2010 年则大幅提高到 71.10 岁(见表 23-28、图 23-28)，这充分说明了经济社会较快发展对人的生活产生巨大作用。但应该看到，贵州省人口平均预期寿命与发达省份仍有较大差距。

（单位：%）

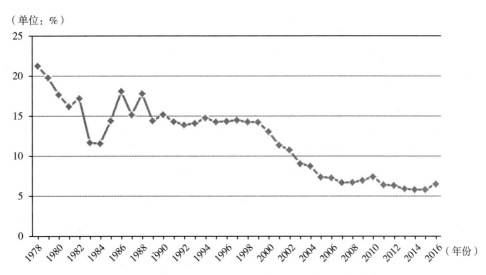

图 23-27 1978—2016 年贵州省人口增长率

资料来源：2017 年贵州统计年鉴。

表 23-28 1990—2010 年贵州省人口平均预期寿命 （单位：岁）

年　份	预期寿命	年　份	预期寿命	年　份	预期寿命
1990	64.29	2000	65.96	2010	71.10

（单位：岁）

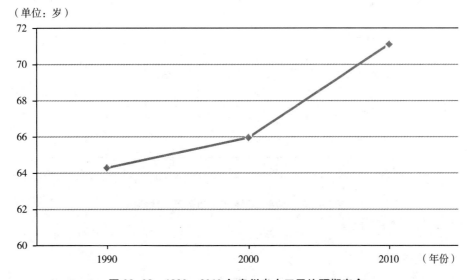

图 23-28 1990—2010 年贵州省人口平均预期寿命

资料来源：2017 年国家统计年鉴。

3. 万人医师数

贵州省万人医师数从 1978 年的 6 人到 2016 年的 22 人,增长了 2.7 倍。2009 年之前呈稳步增长态势,2009 年比上年增长了 27%,2012 年增长了近 29%(见表 23-29、图 23-29),医疗卫生事业发展提速。

表 23-29　1978—2016 年贵州省万人医师数　　　(单位:人)

年　份	医师数	年　份	医师数	年　份	医师数	年　份	医师数	年　份	医师数
1978	6	1986	11	1994	12	2002	11	2010	14
1979	7	1987	10	1995	12	2003	11	2011	14
1980	7	1988	11	1996	12	2004	11	2012	18
1981	9	1989	11	1997	12	2005	11	2013	16
1982	10	1990	11	1998	11	2006	11	2014	20
1983	10	1991	11	1999	12	2007	11	2015	21
1984	10	1992	11	2000	12	2008	11	2016	22
1985	11	1993	11	2001	12	2009	14		

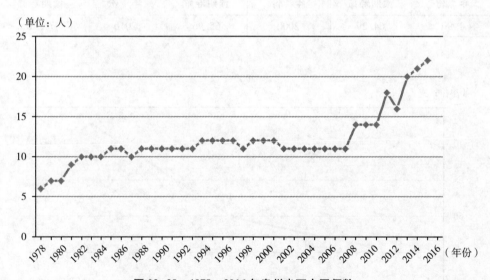

图 23-29　1978—2016 年贵州省万人医师数

资料来源:2017 年国家统计年鉴。

4. 万人病床数

贵州省万人病床数从 1978 年到 2004 年几乎都在 14 — 16 张之间浮动,2009 年起增速加快,2012 年后增速则更快,尤其在 2015 年,由 2014 年的 42.0 张增加到了 2015 年的 55.7 张,增幅高达 33%(见表 23-30、图 23-30),这充分说明了国家对西部的投入加大,以及贵州省自身对医疗卫生事业的高度重视和努力。

表 23-30　1978—2016 年贵州省万人病床数　　　　　（单位：张）

年　份	病床数	年　份	病床数	年　份	病床数	年　份	病床数	年　份	病床数
1978	14.0	1986	15.3	1994	15.5	2002	15.1	2010	30.0
1979	14.6	1987	15.6	1995	15.5	2003	14.9	2011	27.7
1980	14.7	1988	15.8	1996	15.2	2004	14.9	2012	32.1
1981	14.6	1989	16.4	1997	14.9	2005	16.6	2013	38.1
1982	14.7	1990	16.2	1998	14.9	2006	17.9	2014	42.0
1983	14.9	1991	16.3	1999	14.9	2007	20.7	2015	55.7
1984	15.0	1992	15.6	2000	14.8	2008	23.0	2016	59.1
1985	15.2	1993	15.2	2001	14.8	2009	27.3		

（单位：张）

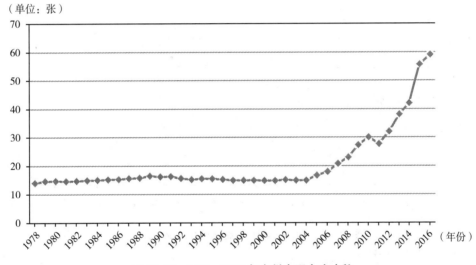

图 23-30　1978—2016 年贵州省万人病床数

资料来源：2017 年贵州统计年鉴。

5.万人专任教师数

贵州省万人专任教师数从 1978 年到 1999 年增长缓慢,从 2000 年开始增长速度加快。2009 年之后的三年增速放缓,2012 年起增速又开始加快。2016 年万人专任教师数几乎达到了 1978 年的两倍,贵州省教育事业整体加快推进(见表 23-31、图 23-31)。

表 23-31　1978—2016 年贵州省万人专任教师数　　　　　（单位：人）

年　份	人　数	年　份	人　数	年　份	人　数	年　份	人　数	年　份	人　数
1978	60	1986	60	1994	67	2002	81	2010	102

年 份	人 数	年 份	人 数	年 份	人 数	年 份	人 数	年 份	人 数
1979	59	1987	61	1995	67	2003	84	2011	103
1980	59	1988	62	1996	67	2004	87	2012	106
1981	59	1989	63	1997	69	2005	90	2013	107
1982	56	1990	64	1998	70	2006	94	2014	111
1983	56	1991	65	1999	71	2007	96	2015	114
1984	57	1992	65	2000	74	2008	99	2016	118
1985	58	1993	65	2001	76	2009	101		

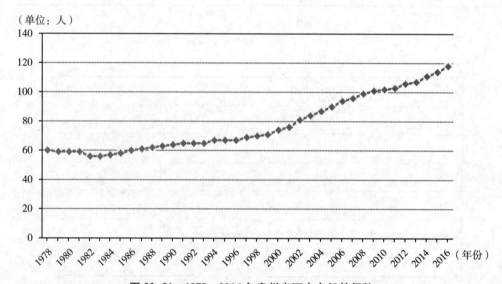

（单位：人）

图 23-31 1978—2016 年贵州省万人专任教师数

资料来源：2017 年贵州统计年鉴。

6. 小学入学率

贵州省小学入学率在 20 世纪 90 年代前均不足九成，其中，1982 年只有 78.3%。进入 20 世纪 90 年代，贵州省小学入学率一直在 90% 以上，2016 年达到最高值 99.6%，适龄儿童的入学问题得到了较好解决（见表 23-32、图 23-32）。

表 23-32 1978—2016 年贵州省小学入学率　　　　　　　　　（单位：%）

年 份	入学率	年 份	入学率	年 份	入学率	年 份	入学率	年 份	入学率
1978	89.5	1986	86.9	1994	95.1	2002	98.2	2010	97.9
1979	86.1	1987	89.2	1995	96.0	2003	98.2	2011	98.6
1980	80.8	1988	89.9	1996	96.7	2004	97.8	2012	99.3

续表

年 份	入学率	年 份	入学率	年 份	入学率	年 份	入学率	年 份	入学率
1981	78.5	1989	88.8	1997	97.4	2005	98.3	2013	99.3
1982	78.3	1990	91.3	1998	97.7	2006	98.6	2014	99.1
1983	81.2	1991	90.3	1999	98.2	2007	98.6	2015	99.5
1984	83.6	1992	92.4	2000	98.5	2008	97.2	2016	99.6
1985	84.9	1993	93.8	2001	98.2	2009	98.4		

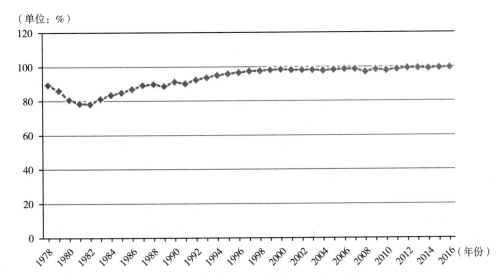

图 23-32　1978—2016 年贵州省小学入学率

资料来源:2017 年贵州统计年鉴。

(七)高等教育

1. 高中及以上学历人口比重

表 23-33　贵州省高中及以上学历人口比重　　　　　　　(单位:%)

第二次人口普查	第三次人口普查	第四次人口普查	第五次人口普查	第六次人口普查
1.01	3.36	4.71	7.58	12.58

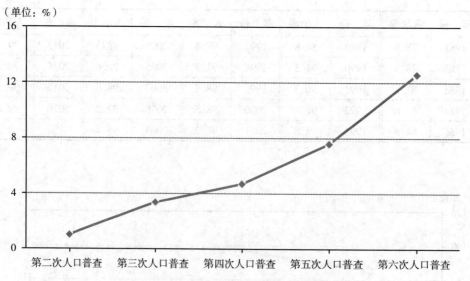

图 23-33　贵州省高中及以上学历人口比重

资料来源：2017 年贵州统计年鉴。

2. 大专及以上学历人口比重

表 23-34　贵州省大专及以上学历人口比重　　　　　　　（单位：%）

第二次人口普查	第三次人口普查	第四次人口普查	第五次人口普查	第六次人口普查
0.23	0.39	0.77	1.90	5.30

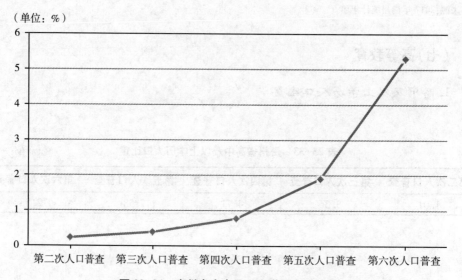

图 23-34　贵州省大专及以上学历人口比重

资料来源：2017 年贵州统计年鉴。

3. 万人在校研究生数

表 23-35　2008—2016 年贵州省万人在校研究生数　　　　（单位：人）

年　份	2008	2009	2010	2011	2012	2013	2014	2015	2016
人　数	2	2	3	3	3	3	3	4	4

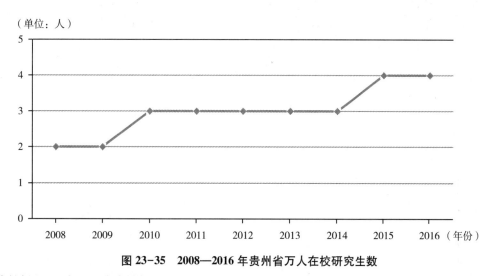

图 23-35　2008—2016 年贵州省万人在校研究生数

资料来源：2014 年、2017 年贵州统计年鉴。

从表 23-33、表 23-34、表 23-35 可以看出，贵州省的高等教育发展较为滞后，但无论是高中还是大专及以上学历人口比重增速都比较快，尤其是从第四次人口普查（1990 年）起，增速明显加快，高中及以上学历人口比重每 10 年增速在 50% 以上，大专及以上学历人口比重增速则在一倍以上。2008 年虽然万人在校研究生数只有 2 人，但到 2015 和 2016 年则达到了 4 人，也翻了一倍。

（八）财政

1. 财政收入占 GDP 比重

贵州省财政收入占 GDP 比重 1978 年最高，占 30.46%。从 1978 年至 1995 年总体呈下降趋势，直至降至 1995 年 13.74% 的最低点。从 1996 年至 2012 年则总体呈上升趋势，直至达到 2012 年的 23.90%。从 2012 年起则又逐年下降，2016 年降至 20.46%（见表 23-36、图 23-36）。

表 23-36　1978—2016 年贵州省财政收入占 GDP 比重　（单位:%）

年　份	比　重	年　份	比　重	年　份	比　重	年　份	比　重	年　份	比　重
1978	30.46	1986	22.48	1994	14.74	2002	16.33	2010	21.07
1979	25.80	1987	22.23	1995	13.74	2003	16.59	2011	23.23
1980	21.95	1988	18.67	1996	14.37	2004	17.67	2012	23.90
1981	20.24	1989	19.24	1997	14.42	2005	18.26	2013	23.64
1982	20.15	1990	18.97	1998	15.88	2006	19.19	2014	22.91
1983	20.90	1991	18.83	1999	14.27	2007	19.31	2015	21.74
1984	20.14	1992	17.94	2000	14.86	2008	18.94	2016	20.46
1985	21.55	1993	16.38	2001	15.62	2009	19.92		

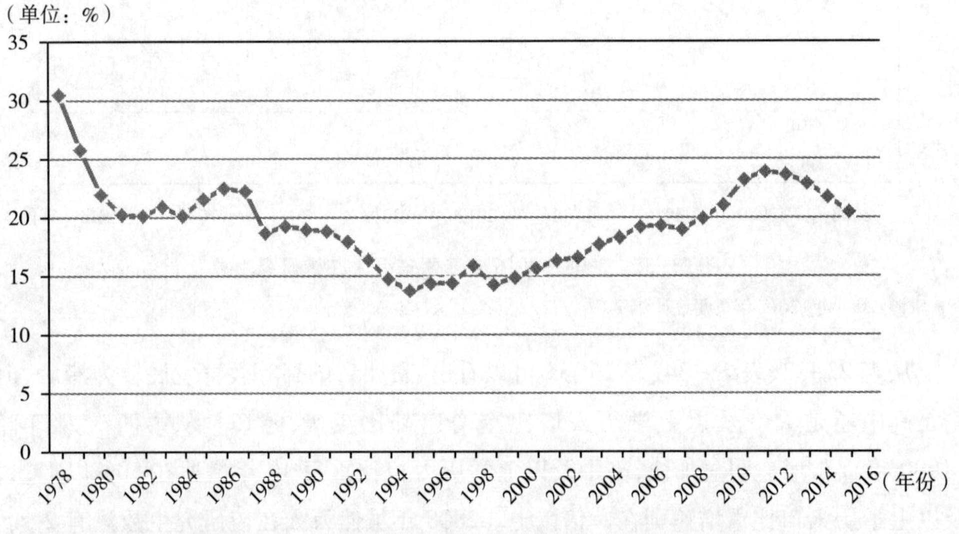

（单位：%）

图 23-36　1978—2016 年贵州省财政收入占 GDP 比重

资料来源:2017 年贵州统计年鉴。

2. 人均税收收入

贵州省人均税收收入逐年递增,从 2008 年的 1606.3 元增加到 2016 年的 5525.1 元,增长了两倍多。增幅最大的两年是 2011 年和 2012 年,分别达到了 29.32% 和 21.47%,2015 年增幅最小,仅为 1.02%(见表 23-37、图 23-37)。

表 23-37　2008—2016 年贵州省人均税收收入　（单位:元）

年　份	2008	2009	2010	2011	2012	2013	2014	2015	2016
收　入	1606.3	1905.1	2391.4	3092.7	3756.1	4416.0	5094.3	5146.0	5525.1

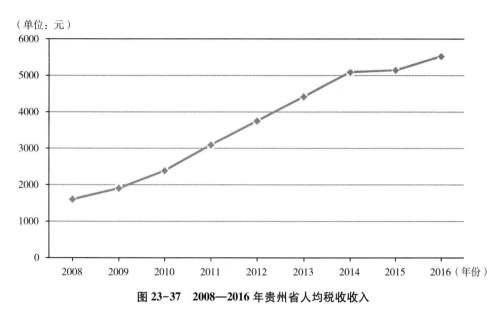

（单位：元）

图 23-37　2008—2016 年贵州省人均税收收入

资料来源：2014 年、2017 年贵州统计年鉴。

3.税收收入占 GDP 比重。

贵州省税收收入占 GDP 比重从 2008 年至 2014 年逐年增加，2009 年增加比重较大，达到 6.17%，2013 年增幅最低，所占比重仅比 2012 年高出 0.04 个百分点。2015 年之后则呈下降趋势，且降幅较大，2016 年降幅达 8.05%（见表 23-38、图 23-38）。

表 23-38　2008—2016 年贵州省税收收入占 GDP 比重　　　　（单位:%）

年　份	2008	2009	2010	2011	2012	2013	2014	2015	2016
比　重	16.22	17.22	18.08	18.74	19.02	19.06	19.22	18.14	16.68

（九）金融市场

1.金融行业增加值占 GDP 比重

1993 年至今，贵州省金融行业增加值占 GDP 比重一直保持在 3%—6% 之间。1993 年为 5.14%，1994 年比重有所下降后，连续三年提高，1997 年达到 5.49%。1998—2001 年，比重连续下降，2001 年达到最低点 3.29%。2002 年以来，立足实体经济，贵州省金融行业实现平稳健康发展，对国民经济的贡献率不断提高，2007 年突破 4%，2010 年突破 5%，2016 年达到最高值 5.85%，2017 年略有下降（见表 23-39、图 23-39）。

（单位：%）

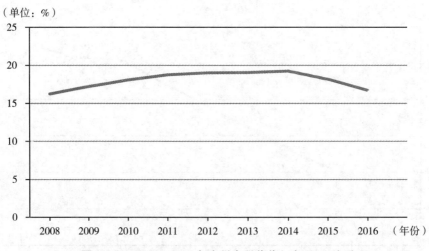

图 23-38　2008—2016 年贵州省税收收入占 GDP 比重

资料来源：2014 年、2017 年贵州统计年鉴。

表 23-39　1993—2017 年贵州省金融行业增加值占 GDP 比重

年　份	GDP（亿元）	金融行业增加值（亿元）	金融行业增加值占 GDP 比重（%）
1993	417.69	21.45	5.14
1994	524.46	24.58	4.69
1995	636.21	29.91	4.70
1996	723.18	36.51	5.05
1997	805.79	44.22	5.49
1998	858.39	40.08	4.67
1999	937.50	33.3	3.55
2000	1029.92	36.07	3.50
2001	1133.27	37.24	3.29
2002	1243.43	41.45	3.33
2003	1426.34	48.01	3.37
2004	1677.80	60.3	3.59
2005	2005.42	73.67	3.67
2006	2338.98	89.43	3.82
2007	2884.11	122.25	4.24
2008	3561.56	151.55	4.26
2009	3912.68	194.44	4.97
2010	4602.16	231.51	5.03

续表

年　份	GDP（亿元）	金融行业增加值（亿元）	金融行业增加值占 GDP 比重（%）
2011	5725.27	297.27	5.19
2012	6878.78	365.87	5.32
2013	8115.47	444.53	5.48
2014	9299.45	491.65	5.29
2015	10539.62	607.11	5.76
2016	11776.73	689.40	5.85
2017	13540.83	781.78	5.77

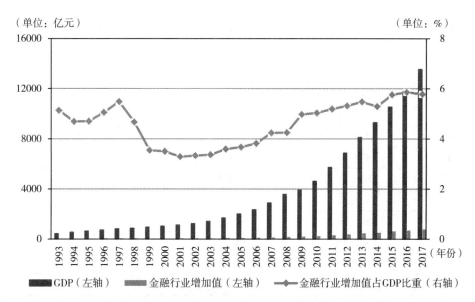

图 23-39　1993—2017 年贵州省金融行业增加值占 GDP 比重

资料来源：根据中国统计年鉴 1993—2017 年数据计算。

2. 信贷余额占 GDP 比重

改革开放以来，贵州省信贷余额占 GDP 比重不断提高，2000 年突破 100%，2016 年突破 150%（见表 23-40、图 23-40）。改革开放之初，信贷余额占 GDP 比重一直围绕42% 上下小幅波动。1995 年，伴着金融改革带来的银行业发展机遇，信贷余额占 GDP比重在历经三次因国际金融危机或国内金融改革造成的调整式下降中不断提高。总体上看，贵州省信贷余额占 GDP 比重保持在合理范围内，既能推动经济发展，金融风险又可控。

表 23-40　1978—2017 年贵州省信贷余额占 GDP 比重

年　份	GDP（亿元）	各项贷款余额（信贷余额）（亿元）	信贷余额占 GDP 比重（%）
1978	46.62	21.62	46.37
1979	55.28	23.31	42.17
1980	60.26	24.94	41.39
1981	67.89	30.10	44.34
1982	79.39	33.99	42.81
1983	87.38	36.07	41.28
1984	108.27	46.22	42.69
1985	123.92	63.41	51.17
1986	139.57	89.67	64.25
1987	165.50	107.76	65.11
1988	211.79	125.17	59.10
1989	235.84	142.73	60.52
1990	260.14	183.91	70.70
1991	295.90	234.56	79.27
1992	339.91	290.01	85.32
1993	417.69	357.00	85.47
1994	524.46	421.07	80.29
1995	636.21	513.41	80.70
1996	723.18	610.51	84.42
1997	805.79	761.88	94.55
1998	858.39	840.63	97.93
1999	937.50	899.83	95.98
2000	1029.92	1064.82	103.39
2001	1133.27	1212.23	106.97
2002	1243.43	1403.92	112.91
2003	1426.34	1714.04	120.17
2004	1677.80	2020.04	120.40
2005	2005.42	2303.93	114.89
2006	2338.98	2696.11	115.27
2007	2884.11	3128.63	108.48
2008	3561.56	3569.27	100.22
2009	3912.68	4656.50	119.01
2010	4602.16	5747.53	124.89
2011	5725.27	6841.92	119.50

续表

年　份	GDP(亿元)	各项贷款余额(信贷余额)(亿元)	信贷余额占GDP比重(%)
2012	6878.78	8274.78	120.29
2013	8115.47	10104.30	124.51
2014	9299.45	12368.30	133.00
2015	10539.62	15051.94	142.81
2016	11776.73	17857.80	151.64
2017	13540.83	20860.34	154.06

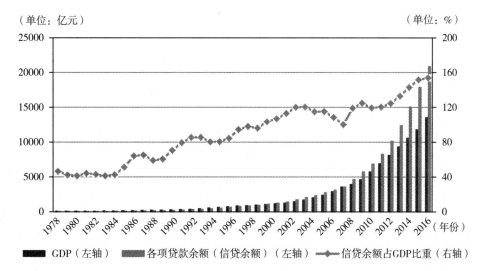

图23-40　1978—2016年贵州省信贷余额占GDP比重

资料来源:2017年贵州统计年鉴。

3. 保费收入占GDP比重

自1996年以来,保险业在贵州省国民经济中的地位不断提高。1996年保险深度仅为1%,2002年突破2%,2017年则为2.86%(见表23-41、图23-41)。

表23-41　1996—2017年贵州省保费收入占GDP比重

年　份	GDP(亿元)	保费收入(亿元)	保费收入占GDP比重(%)
1996	723.18	7.24	1.00
1997	805.79	11.00	1.37
1998	858.39	14.05	1.64
1999	937.50	16.21	1.73
2000	1029.92	17.05	1.66

续表

年　份	GDP（亿元）	保费收入（亿元）	保费收入占 GDP 比重（%）
2001	1133.27	20.16	1.78
2002	1243.43	24.91	2.00
2003	1426.34	29.81	2.09
2004	1677.80	33.70	2.01
2005	2005.42	40.45	2.02
2006	2338.98	49.19	2.10
2007	2884.11	59.03	2.05
2008	3561.56	79.95	2.24
2009	3912.68	95.23	2.43
2010	4602.16	122.63	2.66
2011	5725.27	131.81	2.30
2012	6878.78	150.22	2.18
2013	8115.47	181.63	2.24
2014	9299.45	213.06	2.29
2015	10539.62	257.80	2.45
2016	11776.73	321.28	2.73
2017	13540.83	387.73	2.86

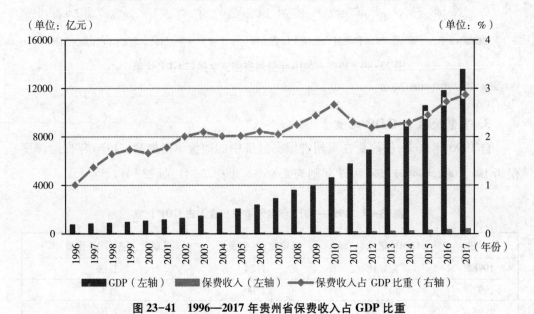

图 23-41　1996—2017 年贵州省保费收入占 GDP 比重

资料来源：2017 年贵州统计年鉴及历年统计公报。

（十）环境与可持续发展

1. 省会城市可吸入颗粒物浓度（年均PM₁₀浓度）

从贵阳市年均可吸入颗粒物浓度方面看，近年来有所降低。从 2014 年的 73 微克/立方米，降至 2017 年的 53 微克/立方米（见表 23-42、图 23-42），一直低于国家空气质量二级标准 100 微克/立方米的限值，空气质量较好。

表 23-42 2014—2017 年贵州省省会城市可吸入颗粒物浓度

（单位：微克/立方米）

年　　份	贵阳市（省会城市）年均可吸入颗粒物浓度
2014	73
2015	61
2016	64
2017	53

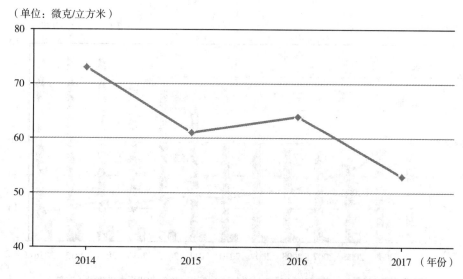

（单位：微克/立方米）

图 23-42 2014—2017 年贵州省省会城市可吸入颗粒物浓度

资料来源：《贵州省环境状况公报》《贵州省环境质量月报》（无其他年度数据）。

2. 单位 GDP 废水排放量

为落实减排任务，贵州省采取有力措施。自 2004 年以来，单位 GDP 废水排放量不断降低。2004 年为 54.07 万吨/亿元，2007 年降至 20 万吨/亿元以下，2016 年继续降至 10 万吨/亿元以下，达到 8.55，低于全国平均值（见表 23-43、图 23-43）。

表 23-43 2004—2016 年贵州省单位 GDP 废水排放量

年 份	GDP（亿元）	废水排放量（万吨）	单位 GDP 废水排放量（万吨/亿元）
2004	1029.92	55687	54.07
2005	2005.42	55668	27.758774
2006	2338.98	51460	22.00
2007	2884.11	55112.42	19.11
2008	3561.56	55866	15.685823
2009	3912.68	59159.17	15.12
2010	4602.16	60823	13.216185
2011	5725.27	77927.2	13.61
2012	6878.78	91455.12	13.30
2013	8115.47	93084.53	11.470011
2014	9299.45	110912.12	11.93
2015	10539.62	112803.12	10.702769
2016	11776.73	100720.11	8.55

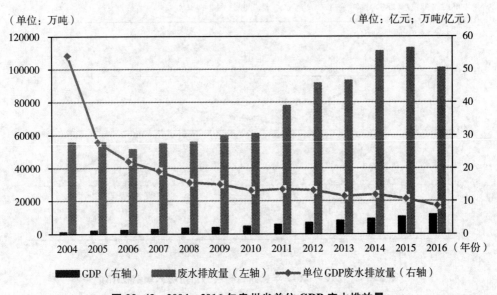

图 23-43 2004—2016 年贵州省单位 GDP 废水排放量

资料来源：根据《贵州统计年鉴》（2004—2017）整理；下同。

3. 单位 GDP 一般工业固体废物产生量

在单位 GDP 一般工业固体废物产生量方面，2009 年略微提高后，实现了连续 8 年降低。自 2009 年的 1.87 万吨/亿元，降低至 2014 年的 1 万吨/亿元以下，最终降至 2016 年的 0.66 万吨/亿元（见表 23-44、图 23-44）。

表 23-44 2008—2016 年贵州省单位 GDP 一般工业固体废物产生量

年　份	GDP（亿元）	一般工业固体废物产生量（万吨）	单位 GDP 一般工业固体废物产生量（万吨/亿元）
2008	3561.56	5843.56	1.64
2009	3912.68	7317.37	1.87
2010	4602.16	8187.68	1.78
2011	5725.27	7660.7	1.34
2012	6878.78	7835.25	1.14
2013	8115.47	8194.05	1.01
2014	9299.45	7394.22	0.80
2015	10539.62	7054.93	0.67
2016	11776.73	7753.01	0.66

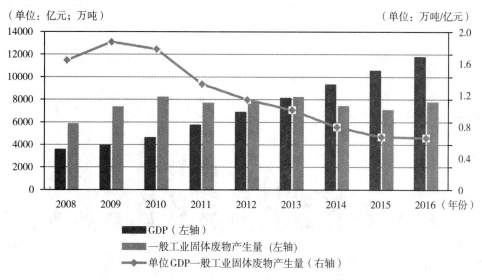

图 23-44 2008—2016 年贵州省单位 GDP 一般工业固体废物产生量

资料来源：根据 2017 年贵州统计年鉴数据计算（无其他年度数据）。

4. 单位 GDP 能耗

贵州省采取有力措施节能,单位 GDP 能耗不断降低。2005 年为 3.25 吨标准煤/万元,2008 年降至 2 吨标准煤/万元以下,2015 年将至 1 吨标准煤/万元以下,2017 年降为 0.81 吨标准煤/万元。尽管贵州省单位 GDP 能耗不断降低,但如今仍高于全国水平,节能任务依然任重道远(见表 23-45、图 23-45)。

表 23-45　2005—2017 年贵州省单位 GDP 能耗

年　份	GDP（亿元）	能源消费总量（万吨标准煤）	单位 GDP 能耗（吨标准煤/万元）
2005	2005.42	—	3.25
2006	2338.98	—	3.19
2007	2884.11	—	3.06
2008	3561.56	7083.99	1.99
2009	3912.68	7566.33	1.93
2010	4602.16	8175.43	1.78
2011	5725.27	9067.85	1.58
2012	6878.78	8604.19	1.25
2013	8115.47	9298.54	1.15
2014	9299.45	9708.78	1.04
2015	10539.62	9948.48	0.94
2016	11776.73	10226.90	0.87
2017	13540.83	10968.07	0.81

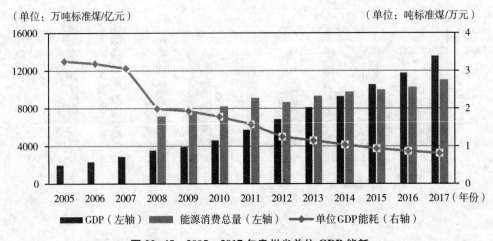

图 23-45　2005—2017 年贵州省单位 GDP 能耗

资料来源：根据中国统计年鉴（2005—2017 年）和贵州省国民经济和社会发展统计公报（2005—2017 年）整理。

（十一）就业与劳动力市场

1. 城镇登记失业率

贵州省狠抓就业问题，把失业率控制在合理范围内。1998 年年末城镇登记失业率从 1997 年的 7% 大幅降至 4%。1998—2011 年，失业率一直保持在 4.0% 左右。2011 年以来，失业率持续不断降低。2012 年以来一直保持在 3%（见表 23-46、图 23-46）。

表 23-46　1997—2017 年贵州省城镇登记失业率　　　　（单位:%）

年　份	年末城镇登记失业率
1997	7
1998	4
1999	4
2000	4
2001	4
2002	4
2003	4
2004	4
2005	4
2006	4
2007	4
2008	4
2009	4
2010	4
2011	4
2012	3
2013	3
2014	3
2015	3
2016	3
2017	3

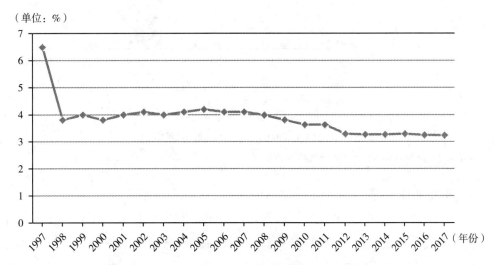

图 23-46　1997—2017 年贵州省城镇登记失业率

资料来源:国家统计年鉴数据,贵州省国民经济和社会发展统计公报(其他年度无数据)。

2. 适龄劳动人口比重

从适龄劳动人口比重方面看,贵州省在2011年66.73%的基础上,连续三年上涨并提升至2014年的68.68%。2015年略有下降后,至今保持在68.10%左右(见表23-47、图23-47)。

表23-47 2011—2016年贵州省适龄劳动人口比重

年 份	15—64岁人口数 (人口抽样调查)(人)	人口数(人口抽样调查) (人)	适龄劳动人口比重 (%)
2011	19776.00	29636.00	66.73
2012	19731.00	29071.00	67.87
2013	19838.00	28905.00	68.63
2014	19883.00	28950.00	68.68
2015	374559.00	550172.00	68.08
2016	20373.00	29915.00	68.10

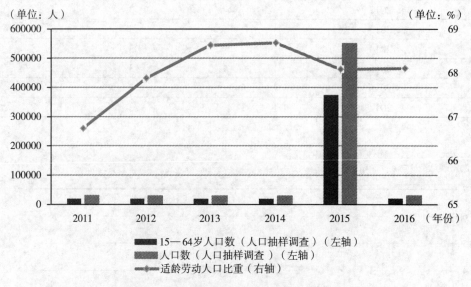

图23-47 2011—2016年贵州省适龄劳动人口比重

资料来源:根据国家统计年鉴数据计算(无其他年度数据)。

3. 平均工资水平

伴随着改革开放带来的经济发展,贵州省城镇在岗职工平均工资水平不断提高。在1986年1297元的基础上,1997年突破5000元,2003年突破10000元,2010年突破30000元,2014年突破50000元,2016年达到69678元,是1986年的54倍(见表23-48、图23-48)。贵州省实现平均工资水平翻番用了8年(1986—1993年)时间,实现平均工资水平翻两番用了12年(1986—1997年)时间,实现平均工资水平翻三番用了18年(1986—2003年)时间,实现平均工资水平翻四番用了22年(1986—2007年)时间,实现平均工资水平翻五番用了27年(1986—2012年)时间。

表23-48 1986—2016年贵州省城镇单位在岗职工平均工资水平 (单位:元/年)

年 份	城镇单位在岗职工平均工资水平
1986	1297
1987	1395
1988	1627
1989	1777
1990	2070
1991	2090
1992	2406
1993	2823
1994	3870
1995	4475
1996	4917
1997	5206
1998	5775
1999	6595
2000	7468
2001	8991
2002	9810
2003	11037
2004	12431
2005	14344
2006	16815
2007	20668
2008	24602
2009	28245
2010	31458
2011	37331
2012	42733
2013	49087
2014	54685
2015	62591
2016	69678

（单位：元/年）

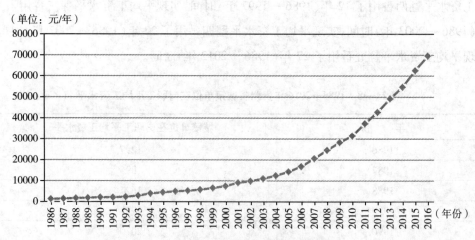

图 23-48　1986—2016 年贵州省城镇单位在岗职工平均工资水平

资料来源：国家统计年鉴数据（无其他年度数据）。

4. 最低工资水平

随着经济发展和居民消费价格指数温和上涨，为了保障劳动者权益，贵州省不断提高最低工资标准。贵州省实现最低工资标准翻番用了 8 年（1995—2002 年）时间，实现最低工资标准翻两番用了 13 年（1995—2007 年）时间，实现最低工资标准翻三番用了 21 年（1995—2015 年）（见表 23-49、图 23-49）。

表 23-49　贵州省最低工资标准

序　号	执行时间	月最低工资标准 （元/月）	非全日制时最低工资标准 （元/小时）
1	1995/1—1996/12	130	—
2	1997/1—1997/6	140	—
3	1999/7—2002/8	182	—
4	2002/9—2003/9	260	2.6
5	2004/9—2004/10	320	3.6
6	2006/10—2007/10	450	5.1
7	2007/11—2010/9	550	5.9
8	2010/10—2011/8	650	6
9	2011/9—2012/12	740	8
10	2013/1—2013/6	850	9
11	2014/7—2015/9	1000	11
12	2015/10—2017/6	1400	15
13	2017/7 至今	1470	16

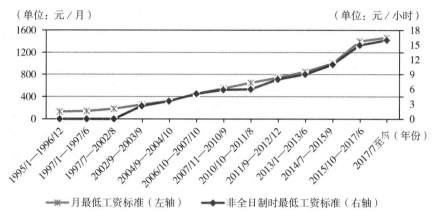

（单位：元／月）　　　　　　　　　　　　　　　　　　　（单位：元／小时）

图 23-49　贵州省最低工资标准

资料来源：国家统计年鉴数据（说明 1.无其他年度数据；2.数据均为最低一档工资标准；3."—"表示此项无数据）。

（十二）知识经济与创新

1. R&D 经费支出占 GDP 比重

整体上看，随着贵州省经济的快速发展，GDP 的不断提高，R&D 经费支出也不断提高，从 1999 年的 2.90 亿元增至 2016 年的 73.40 亿元。R&D 经费支出占 GDP 比重也从 1999 年的 0.31% 提高到 2010 年的 0.65%。2010 年后，R&D 经费支出占 GDP 比重略有下降，围绕 0.6% 上下小幅波动（见表 23-50、图 23-50）。尽管，政府和企业不断提高 R&D 经费投入，然而，贵州省的 R&D 经费投入强度与全国平均水平和川渝两省（直辖市）的水平仍有不小差距。

表 23-50　1999—2016 年贵州省 R&D 经费支出占 GDP 比重

年　份	GDP（亿元）	R&D 经费（亿元）	R&D 经费支出占 GDP 比重（%）
1999	937.50	2.90	0.31
2000	1029.92	4.20	0.41
2001	1133.27	5.30	0.47
2002	1243.43	6.10	0.49
2003	1426.34	7.90	0.55
2004	1677.80	8.70	0.52
2005	2005.42	11.00	0.55
2006	2338.98	14.50	0.62
2007	2884.11	13.70	0.48
2008	3561.56	18.90	0.53
2009	3912.68	23.41	0.60
2010	4602.16	30.02	0.65

续表

年　份	GDP（亿元）	R&D经费（亿元）	R&D经费支出占GDP比重（%）
2011	5725.27	36.37	0.64
2012	6878.78	41.73	0.61
2013	8115.47	47.18	0.58
2014	9299.45	55.48	0.60
2015	10539.62	62.32	0.59
2016	11776.73	73.40	0.62

（单位：%）

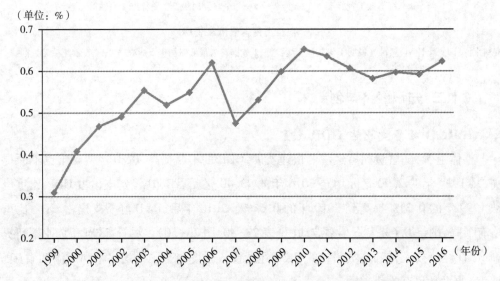

图23-50　1999—2016年贵州省R&D经费支出占GDP比重

资料来源：根据全国科技经费投入统计公报、国家统计年鉴数据计算（无其他年度数据）。

2. 高新技术企业年末从业人员

随着高新技术的发展，高新技术企业的数量不断增加，企业的规模不断扩大，贵州省高新技术企业年末从业人员不断增多。2012年突破10万人（见表23-51、图23-51）。尽管政府和企业不断采取措施引进高新技术人才，然而，贵州省高新技术企业年末从业人员与全国平均水平和川渝两省（直辖市）的水平仍有一定差距。

表23-51　2011—2016年贵州省高新技术企业年末从业人员　　　（单位：人）

年　份	高新技术企业年末从业人员
2011	91294
2012	110031
2013	130285

续表

年　份	高新技术企业年末从业人员
2014	145762
2015	—
2016	146598

（单位：人）

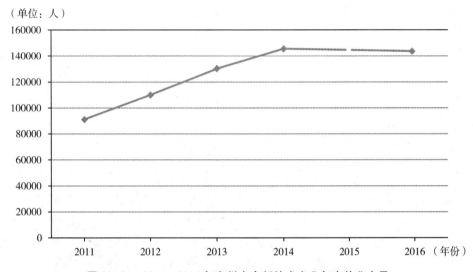

图 23-51　2011—2016 年贵州省高新技术企业年末从业人员

注：2015 年无对应数据。

资料来源：贵州省高新技术企业年度发展报告（无其他年度数据）。

3.万人专利申请授权量

随着自主创新能力的提升,贵州省国内专利申请授权量逐年增加。1987 年为 63
件,2006 年突破千件,2014 年突破万件。万人专利申请授权量也伴随着专利申请授权
量的增加而逐年增加。1987—2004 年间曲线平缓,增长缓慢;2005—2011 年间曲线倾
斜,增长较快;2012—2015 年间曲线陡峭,增长快速;2016 年略有下降(见表 23-52、图
23-52)。

表 23-52　1987—2016 年贵州省万人专利申请授权量

年　份	国内专利申请授权量 （件）	历年年末常住人口（万人）	万人国内专利申请授权量 （件）
1987	63. 00	3072. 58	0. 02
1988	108. 00	3127. 27	0. 03
1989	161. 00	3171. 00	0. 05
1990	136. 00	3267. 53	0. 04
1991	130. 00	3314. 63	0. 04

续表

年　份	国内专利申请授权量 （件）	历年年末常住人口（万人）	万人国内专利申请授权量 （件）
1992	184.00	3360.96	0.05
1993	315.00	3408.69	0.09
1994	248.00	3458.41	0.07
1995	274.00	3508.08	0.08
1996	259.00	3555.41	0.07
1997	337.00	3605.81	0.09
1998	418.00	3657.60	0.11
1999	620.00	3710.06	0.17
2000	710.00	3755.72	0.19
2001	642.00	3798.51	0.17
2002	615.00	3837.28	0.16
2003	723.00	3869.66	0.19
2004	737.00	3903.70	0.19
2005	925.00	3730.00	0.25
2006	1337.00	3690.00	0.36
2007	1727.00	3632.00	0.48
2008	1728.00	3596.00	0.48
2009	2084.00	3537.00	0.59
2010	3086.00	3479.00	0.89
2011	3386.00	3469.00	0.98
2012	6054.00	3484.07	1.74
2013	7915.00	3502.22	2.26
2014	10107.00	3508.04	2.88
2015	14115.00	3529.50	4.00
2016	10425.00	3555.00	2.93

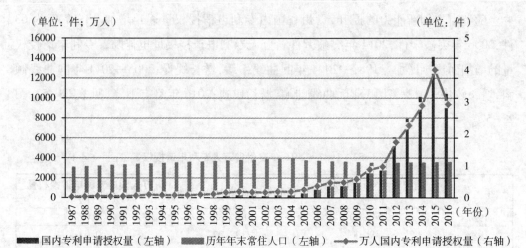

图 23-52　1987—2016 年贵州省万人专利申请授权量

资料来源：根据国家统计年鉴数据计算（无其他年度数据）。

4.高新技术企业工业总产值占GDP比重

随着高新技术企业数量不断增多,企业规模不断扩大,贵州省高新技术企业工业总产值也不断增长,2015年突破千亿元。高新技术企业工业总产值占GDP比重伴随着企业工业总产值的增加而不断提高,高新技术企业对国民经济的贡献率也随之逐年增加。2008—2012年间曲线较陡,增长较快;2012年至今则曲线平缓,围绕10%上下小幅波动(见表23-53、图23-53)。

表23-53　2008—2016年贵州省高新技术企业工业总产值占GDP比重

年　份	GDP(亿元)	高新技术企业工业总产值 (亿元)	高新技术企业工业 总产值占GDP比重(%)
2008	3561.56	116.45	3.27
2009	3912.68	253.9	6.49
2010	4602.16	369.32	8.02
2011	5725.27	492.89	8.61
2012	6878.78	685.79	9.97
2013	8115.47	810.24	9.98
2014	9299.45	991.90	10.67
2015	10539.62	1070.12	10.15
2016	11776.73	1238.24	10.51

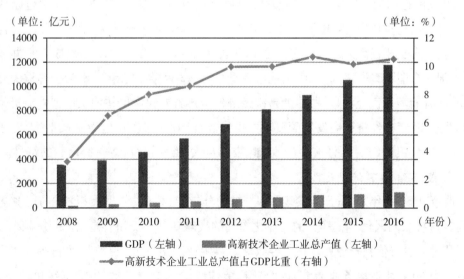

图23-53　2008—2016年贵州省高新技术企业工业总产值占GDP比重

资料来源:根据国家统计年鉴数据计算(无其他年度数据)。

二、贵州省经济社会发展的特点与目前存在的问题

（一）1978年以来贵州省经济社会发展的主要特点

习近平总书记指出："改革开放是当代中国发展进步的活力之源，是我们党和人民大踏步赶上时代前进步伐的重要法宝，是坚持和发展中国特色社会主义的必由之路。"[①]自1978年党的十一届三中全会到2018年，改革开放已经走过40年的发展历程，伴随着中国改革开放的持续深入，贵州省的改革开放和全国一样虽然改革开放的航程历经千难万险，但改革的开拓却从未停歇，在改革开放中砥砺前行。回顾和梳理改革开放40年，贵州省经济社会发展有以下主要特点。

1. 市场作为资源配置手段的地位不断提升

坚持以市场化为主的改革方向不仅调动了人民群众的劳动积极性，而且也调动了人民群众创造财富的积极性。改革开放40年来，贵州省实现了赶超进位的历史性跨越，获批建设国家大数据综合试验区、生态文明试验区、内陆开放型经济试验区，在全国率先开展30多个方面的系统性试验；实施1400多项改革，形成1800多项改革成果，供给侧结构性改革和农村"三变改革"、行政审批、能源、司法等改革走在全国前列；122家500强企业入驻贵州省；绿色经济占地区生产总值比重提高到37%。不仅如此，贵州省64个开发区也已纳入国家新一轮开发区审核公告目录。瑞士（贵州）产业示范园落户贵阳综保区，与重庆市、四川省、云南省建立长江上游四省（自治区、直辖市）互动合作机制，贵州省正积极融入"一带一路"倡议和长江经济带。不仅先后多次成功举办数博会、中国—东盟教育交流周、国际山地旅游暨户外运动大会、酒博会、贵洽会等重大开放活动，同时湘黔高铁经济带、粤桂黔高铁经济带贵州省园建设也在加快推进中。贵州省改革开放40年的经济社会发展颠覆了贵州省数百年来形成的"地无三尺平、天无三日晴、人无三分银"及"穷山恶水、穷乡僻壤、夜郎自大、黔驴技穷"等贫穷落后的符号。

2. 经济结构不断优化

改革开放40年来，贵州省实现了从"布局分散、结构低端、发展粗放"的工业化布局到"特色化、园区化、生态化"的工业化布局的战略转型。贵州省走出"资源陷阱"，结束了从过去过分依赖资源禀赋优势导致原材料生产部门"一枝独秀"，而制造业和生活资料生产部门、生产服务业萎缩，进而导致结构性供给矛盾突出，生活资料供给不足，CPI偏高的不利局面，进而实现了产业结构优化，稳定了市场供需平衡，改变了贵州省

---

① 新华社中央新闻采访中心：《深入学习习近平总书记重要讲话读本》，人民出版社2013年版，第8页。

物价上涨幅度高于全国和周边省的状况。贵州省既要赶又要转,扎实推进全面深化改革,不断完善促进发展的体制机制,坚持以供给侧结构性改革为主线,推进新型工业化、城镇化、信息化和农业现代化同步发展,城乡统筹协调发展。贵州省在全国率先出台《关于推进供给侧结构性改革提高经济发展质量和效益的意见》,制定了一系列配套政策文件,132 项重点改革事项加快落地落实,减量置换、改造升级、淘汰落后,有效化解了过剩产能。贵州省供给侧结构性改革红利持续释放,有力促进了经济平稳较快发展和产业转型升级,经济发展的支撑性、匹配性、协调性不断增强,发展质量效益明显提升,"三去一降一补"成效显著。

3. 产业结构已经完成了从"一二三"型向"三二一"型的调整

近年来,贵州省经济呈现出"传统产业转型增长、新兴产业快速增长、新旧动能加快转换"的良好态势。贵州省商务厅数据显示,截至 2017 年,在贵州省落地的 200 多个大数据项目投资额超过 2400 亿元,落户贵州省的世界 500 强企业和中国 500 强企业已超过 150 家。随着贵州省的大数据产业深入发展,随着国家电子政务云数据中心体系南方节点落户贵州省,"云上贵州"数据共享交换体系整体接入国家平台,省市两级政府部门非涉密应用系统 100%接入"云上贵州","中国数谷"建设加快推进。大数据与实体经济融合取得实质进展,大数据电子信息制造业已成为贵州省工业经济的第三大增长点。同时,大旅游产业也成为贵州省经济发展的重要增长极。随着贵州省交通的快速发展,曾经"八山一水一分田、一山之隔两重天"的贵州省今天处处是景区,"开门见山"的贵州省人吃上了"乡愁饭",贵州省 70 余个景区已可以实现 30 分钟进入高速公路系统。2017 年贵州省旅游总收入达 7116.81 亿元人民币。旅游接待人数和旅游总收入分别增长 40%和 41.6%。近年来,贵州省全力打造世界知名旅游目的地、全国知名健康养生基地,成功举办外交部贵州省全球推介活动、"山地公园省·多彩贵州风"系列推介活动,以及国际山地旅游暨户外运动大会,整合资源全力推进全域旅游发展。

4. 农村改革创新不断深化

早在改革开放之初,贵州省安顺市关岭布依族苗族自治县的顶云公社 16 个生产队冲破思想束缚,大胆实行"定产到组,超产奖励"的家庭联产承包责任制,成为"中国农村改革第一乡",与安徽凤阳县小岗村一道率先闯开"包产到户"的禁地,深刻推进了农村土地产权改革,丰富了农村土地产权制度内涵,激发了农村土地活力,解放了生产力,奏响了我国农村经济体制改革的先声。在改革开放 40 年中,贵州省一直没有停下农村改革创新的步伐。从 2014 年开始,贵州省六盘水市在扶贫攻坚中推行"三变改革",即"资源变资产、资金变股金、农民变股东","三变改革"发展模式开始在全国声名鹊起。并写入 2017 年的中央一号文件中,明确提出鼓励开展"三变改革"。2017 年六盘水市被批准作为为全国农村改革试验区。全面推广农村"三变改革"经验,夯实"三农"基础。2014年,贵州省安顺市平坝区塘约村率先成立村级土地流转中心,建立农村产权确权信息管理平台,对农村土地经营承包权、林权、集体土地所有权、集体建设用地使用权、房屋所有权、小型水利工程产权、农地集体财产权"七权"叠加一并进行确权登记,形成了土地"所有权""承包权""经营权"三权分置,在土地产权改革,三权分置的基础上,塘约村顺利推进了"合股联营、村社一体"的发展道路,采取"党总支+合作社+公司+农户"的经济发展模式,为农村脱贫打造出了"塘约样板",被学者誉为"塘约道路"。

新时代下,贵州省既面临"一带一路"建设等历史性机遇,又面临中央深入推进脱贫攻坚等政策性机遇,所有这些将更好汇聚起贵州省在未来征程中后发赶超的强大势能。

(二)贵州省经济社会发展存在的主要问题

在40年的改革开放进程中,贵州省在取得一定成就的同时也遭遇了重大的发展瓶颈和问题,这些问题的解决与否关乎着贵州省未来发展的前景,是贵州省在可持续发展道路上的机遇和挑战。

1.贵州省经济总量偏小、人均水平偏低

发展速度相对缓慢,投资严重不足。就生产总值而言,贵州省近年来虽获得较大增速,但仍低于全国平均水平,位列全国第25位。贵州省人均GDP长期居全国后列,除了偶尔能排到甘肃省、青海省等省份之前以外,基本都是全国倒数第一。贵州省人均GDP占全国平均值的百分比,1978年为47%,1985年为51%,1991年为51%,1995年为38%,2017年为64%,虽然近年来贵州省经济发展的速度连年高于全国平均水平,但是和其他地区相比经济总量的绝对差距却仍然较大。即使贵州省能够保持较好的发展速度,人均GDP也需要较长的时间才能赶上全国平均水平。

2.贫困人口多、贫困面大

2017年年末全省仍有农村贫困人口280.32万人,占同期全国农村贫困人口的9.2%,全年农村贫困人口脱贫123.69万人,贫困发生率下降至7.75%,比全国同期贫困发生率高4.65个百分点。贵州省仍然是全国贫困程度最深、贫困面最广的省份之一,扶贫难度大。

3.城镇化发展滞后

改革开放以来,贵州省城镇数量迅速增加,但是始终与全国平均水平存在较大的差距。2013年年末,我国城镇化率为53.73%,而贵州省城镇化率只有38.2%,低于全国平均水平15.53个百分点。2017年贵州省常住人口城镇化率为46.02%,虽增幅居全国前列,但2017年全国城镇化率达到常住人口城镇化率为58.52%,仍低于全国平均水平。贵州省城镇规模和人口规模普遍较小,农村绝对人口数量大。从历次人口普查的情况来看,贵州省的城镇人口虽有了一定的提高,但从分布上看,贵州省的3个中等城市分别位于中部、西部和北部,这样的城镇分布极大地制约了贵州省城镇化的发展。

4. 经济结构不够优

贵州省工业规模小、水平低,反哺一产带动三产能力弱。地区生产总值中,工业仅占31.8%,对经济增长的贡献率由2012年的38.7%下降到2017年的27.8%。表面上看,贵州省的经济结构已经从"二三一"结构转向"三二一"结构,实质上,这是一种低水平的"三二一"结构,是工业发展严重不足的表现。低水平的"三二一"结构导致了低水平的产品结构,和周边省份相比,贵州省的驰名品牌只相当于重庆市、云南省的1/2,四川省的1/4。而且贵州省市场主体少、规模小,全省企业主体60.2万户,只占全国的2%;规模以上工业5637户,户均营业收入只有2亿元。

5. 社会事业发展不平衡

教育和医疗服务不足。由于多方面的原因,贵州省教育规模远低于全国平均水平,教育资源严重匮乏,贵州省具有博士学位的人才数量还不及四川省大学一所大学的数量。

2017年全年研究生教育招生0.71万人,占全国的0.88%;在校生1.86万人,占全国的0.71%;普通本专科招生20.95万人,占全国的2.75%;在校生62.77万人,占全国的2.28%。高等教育发展远低于全国平均水平。

6. 资源开发中存在利益分配失衡现象

贵州省是一个能源大省,水电、矿产资源非常丰富,具有较高的经济开发价值。但是,长期以来对贵州省重大资源的开发存在着利益分配失衡的问题。这些原可以作为加快发展的优势条件,由于资源开发中利益分配不合理,使得资源开发并没有成为少数民族和少数民族地区加速发展的优势。尤其是在"西电东送"实施过程中,电价虽经过三次调整,但是贵州省出口电价为0.333元/千瓦时却低于省内0.613元/千瓦时的平均售电价,也低于广东省电厂0.731元/千瓦时的平均上网电价。这种区域间利益分配的巨大差距以及"内外有别"的利益分配格局必然会影响经济社会的健康发展。

7. 生态环境脆弱的情况没有发生根本变化

由于对自然资源不适当的开发利用使得民族地区生态环境恶化、资源遭到破坏,民族的生存和发展空间受限。贵州省是喀斯特地貌发育十分典型的地区,曾经粗放型农业的过度开发,造成了严重的石漠化问题。贵州省居全国各个省(自治区、直辖市)石漠化之首,占全国石漠化总面积的25.6%,占全省面积的60%以上。石漠化发展的主要原因是长期过度垦殖,即便是停止过度人为破坏后,环境也很难在短时期内得到恢复。尽管已经在大石山区封山育林长达二十多年,2017年贵州省森林覆盖率已经达到

55.3%,但这些地方的林木依然幼小、稀疏。生态环境脆弱的情况没有发生根本变化。

三、贵州省进一步深化改革开放的政策建议

贵州省经济发展滞后根本原因在于改革开放的滞后,贵州省发展上与全国的差距,说到根子上在于改革开放与全国的差距。贵州省必须正视差距,差距在哪里就改哪里,短板在哪里就补哪里,以改革开放永远在路上的执着、放胆勇试奋起直追的豪情进一步深化改革开放。

(一)以内陆开放型经济试验区为抓手推动改革前沿阵地建设

以开放促改革,内陆开放型经济试验区将贵州省推向改革的前沿阵地,开放拓展了贵州省改革的新视野新疆域。顺应国际经济发展大趋势,紧紧围绕"一带一路"倡议,积极融入"一带一路"建设,畅通开放通道,提升开放平台,用活综合保税区政策,全面植入自贸区元素,坚持"引进来"与"走出去"并举,努力提升利用"两个市场、两种资源"的能力,整合政策、人才、资本、技术等关键创新要素,培育参与国际合作与竞争的新优势,建设重点面向"一带一路"沿线国家和地区的服务贸易试验区、内陆投资贸易便利化试验区、现代产业发展试验区。

(二)以国家生态文明试验区为抓手推进生态文明建设体制改革

围绕建设国家生态文明试验区,完善绿色制度体系建设,全面推进贵州省开展生态文明体制改革,把贵州省建设成为"两江生态屏障"建设示范区、生态文明法治建设示范区、生态文明国际交流合作示范区。

1.建立绿色发展引导机制,引领绿色发展

加快建立绿色生产和消费的法律制度和政策导向,以供给侧结构性改革为突破口,坚持产业生态化、生态产业化的发展方向,通过供给侧结构性改革优化产业和产品结构,推进产业生态化改造,开辟生态产业的新路径,将绿色生态科技成果转化作为生态经济发展的重要支撑,建立健全绿色低碳循环发展的经济体系,推进贵州省绿色发展。

2.加快生态环境法治体系建设,实现生态文明建设法治化

生态环境监管是生态文明建设的"保护神",将生态文明建设纳入法治化的治理轨道。加强生态环境保护地方性立法,构建省级绿色法规体系;实现贵州省各级法院环境资源审判机构全覆盖,深入推进检察机关提起公益诉讼工作;建立生态恢复性司法机制,运用司法手段减轻或消除破坏资源、污染环境状况;建立机制完善、公开透明的生态环境损害赔偿制度。建立权威统一的环境执法体制,实行环境保护工作由一个部门统

一监管和行政执法;探索开展实施跨区域、跨流域环境联合执法、交叉执法。

3. 推进生态文明智库建设,引领生态文明理论高地建设

以生态文明贵阳国际论坛为载体,广聚国内外环保组织、高校、研究机构人才资源,建设生态文明建设高端智库,充分发挥论坛智库作用,建立论坛成果转化机制,加快论坛理论成果向实践成果转化,建立生态文明国际合作机制,开展广泛的生态文明智库国际合作。

4. 加大生态系统保护力度,实施重大生态修复

坚持以保护优先和自然恢复为主,实施重要生态系统保护和修复重大工程,优化生态安全屏障体系,构建生态廊道和生物多样性保护网络,提升生态系统的质量和稳定性,努力构建健康安全友好的自然生态格局。通过荒漠化、石漠化、水土流失综合治理,着力于天然林保护、城市绿化建设农村村寨绿化、退耕还林还草、生态屏障保护等重大领域,健全耕地草原森林河流湖泊休养生息制度,建立市场化、多元化生态补偿机制。

(三)以国家大数据综合试验区为抓手强力推进全面深化改革

大数据已经成为驱动全面深化改革的强大动力。以国家大数据综合试验区为抓手,是推进贵州省全面深化改革的关键一招。

1. 推进大数据政用,提升政府治理能力

打通"信息孤岛",开展大数据应用,推行"大数据+政务"服务。在宏观调控、市场监管、社会治理、信用建设、商事管理、生态环境等领域开展政府治理大数据应用,实现部门间数据共享。将大数据运用到政府决策中,提高决策科学化水平,实施"数据铁笼"、大数据治税等重点工程,提升政府治理能力。

2. 推进大数据商用,提升企业活力

围绕大数据中心整合、大数据应用、大数据要素流通、大数据产业集聚、大数据制度创新,打破数据资源壁垒、强化基础设施统筹,推进大数据商用,鼓励企业、社会组织和个人进行商业模式创新,发展智能制造、农业大数据、电子商务等新兴产业和新兴业态。打造大数据先进产品,培育大数据骨干企业,建设大数据众创空间,培养大数据产业人才,有效推动相关制度创新和技术创新,推动传统产业与大数据融合发展,提升企业活力,推动经济转型升级,全面推进贵州省高质量发展。

3. 推进大数据民用,提升人民群众获得感

推进健康医疗、交通旅游、文化教育等重点民生领域大数据应用,实施大数据惠民工程,全力保障和改善民生,让数据多跑路、群众少跑腿。提高公共服务水平,提升人民群众获得感。

（四）以加强政府自身改革和建设全面提升营商环境

推动政府加强自身改革与建设,对标国际惯例,打造国际化的营商环境,以良好的政府治理营造优良的营商环境。纵深推进"放管服"改革,为企业"松绑"、为群众"解绊"、为市场"腾位"。进一步提升政府服务水平,开展企业项目"一门式、一网式"政府服务模式改革。形成简化行政审批程序、提高行政服务效能、优化资源要素配置、提升融资服务能力、加强财政资金引导、引领科技创新、促进人才优先发展、推进政府社会资本合作等全方位促进社会投资持续健康发展的系统级别的政策法规体系,推动营商环境全面提升。把贵州省建设成"门槛低于周边、服务高于周边"的营商环境新高地。激发市场主体活力,形成政府引导、企业决策、政策配套、公平公开、健康活跃的新型国际营商环境体系。

云南省改革开放 40 周年
地区发展报告

云南行政学院课题组[①]

我国改革开放 40 年来,云岭大地日新月异,云南省人民勇立时代潮头,云南省经济发展成就辉煌。本报告着重总结改革开放以来云南省经济社会发展取得的成就,分析云南省推动高质量跨越式发展存在的问题短板,最后提出下一步的政策建议。

一、1978 年以来云南省经济社会发展成就

改革开放 40 年,是党和国家发展进程中极不平凡的 40 年,云南省经济发展成果非凡、对内改革成效显著、对外开放步伐加快、基础设施不断完善、社会民生全面发展、生态文明日益进步,云南省经济社会发展取得辉煌成就。

(一)经济发展成果非凡

经济实力稳步增强。改革开放前,云南省经济总量较小,1949 年云南省地区生产总值(GDP)仅为 8.93 亿元。改革开放以来,云南省经济发展取得了前所未有的巨大成就,纵向比较来看,云南省 GDP 快速增长,1978 年为 69.05 亿元,1982 年突破 100 亿元,1995 年突破 1000 亿元,2012 年突破 10000 亿元,2017 年达到 16531.34 亿元(见图 24-1)。党的十八大以来,云南省经济总量实现了跨越式发展,2012 年云南省 GDP 排名全国第 23 位,到 2017 年年底,云南省 GDP 排名全国第 20 位。2012 年、2013 年、2014 年、2015 年、2016 年、2017 年云南省 GDP 增速分别达到 13%、12.1%、8.1%、8.7%、8.7%、9.5%(见图 24-2),高于同期全国平均水平,2017 年云南省 GDP 增速居

---

① 课题组组长:欧黎明;课题组成员:刘小龙(副组长)、郭旭初(副组长)、霍强、赵思旭、郭添;项目编号:NSAZT(WT)2018023。

全国第3位。近年来,云南省卓有成效地推进供给侧结构性改革,着力抓实去产能、积极稳妥去库存、创新举措去杠杆、抓住关键降成本、千方百计补短板,经济发展的新动能得到充分培育。

（单位：亿元）

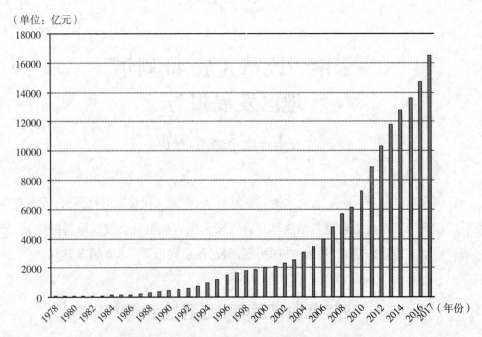

图 24-1　1978—2017 年云南省地区生产总值

资料来源:根据国家统计局网站数据库整理绘制。

　　产业结构不断优化。改革开放以来,云南省产业结构调整取得显著成效。三次产业比重从 1978 年的 42.7∶39.9∶17.4 调整为 2017 年的 13.98∶38.64∶47.38(见图24-3)。改革开放 40 年来,云南省第一产业比重下降了 28.72 个百分点,第二产业比重总体基本稳定,第三产业比重上升了 29.98 个百分点。党的十八大以来,云南省产业结构进入优化升级的新阶段,2013 年云南省第三产业比重首次超过第二产业,第三产业得到快速发展。近年来,云南省高原特色农业快速发展,着力打造了一批"云系列"农产品,农产品出口额稳居西部省区第 ·位;烟草、矿业、电力等传统支柱产业持续巩固;生物医药和大健康产业、旅游文化产业、信息产业、物流产业、高原特色现代农业产业、新材料产业、先进装备制造业、食品与消费品制造业八大重点产业发展势头良好。

（二）体制改革成效显著

　　行政管理体制改革不断推进。改革开放以来,云南省协同推进简政放权、放管结合、优化服务,不断提高政府效能,大大激发了市场活力和社会创造力。深化了行政审批制度改革,清理和取消了一大批非行政许可审批项目,行政审批项目的"放管服"有

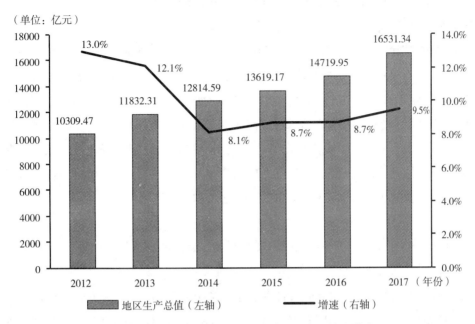

图 24-2　2012—2017 年云南省地区生产总值及增速

资料来源：根据国家统计局网站数据库整理绘制。

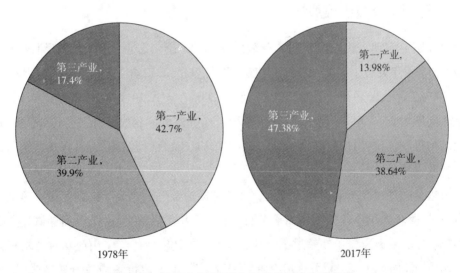

图 24-3　1978 年和 2017 年云南省三次产业比重

资料来源：根据云南省统计局网站数据库整理绘制。

序推进。推进了政府机构改革，统筹机构设置，理顺部门职责，机构编制和财政供养人员总量管控严格，事业单位分类改革稳步推进，政府购买服务力度不断加大。以行政权力规范化和标准化为切入点，基本建立了政府权责清单制度，法治、责任、阳光、效能、服务政府基本形成。

市场化取向改革取得积极进展。社会主义市场经济体制不断完善,改革开放之初,云南省非公有制经济占 GDP 的比重极低,非公有制经济加快发展,到 2017 年占比已接近一半,基本撑起了区域经济的半壁江山。国有企业改革稳步推进,市场导向更为明显,国有企业现代企业制度基本建立,按照商业类和公益类分类实施国有企业改革,以管企业为主向管资本为主的国有资产管理体制有效转变。2017 年省属企业利润实现年均增长 44%。现代市场体系不断完善,建立了公平竞争保障机制,切实打破地域分割和行业垄断,有效促进了要素自由有序流动、平等交换,要素市场化配置效率不断提高,混合所有制经济有序规范发展,电力体制改革加快推进,率先出台电力体制改革试点方案,为企业减少电费支出超过 200 亿元,居民和企业用电价格成为全国最低的省份之一。

财政、金融、投资、价格等各项改革顺利开展。财税体制改革加快进行,现代预算制度不断健全,事权与支出责任逐步相适应,营改增顺利实施。投融资体制改革加快推进,政府投资行为得到规范和约束,社会资本投资受到高度重视,地方金融改革和金融监管得到加强。省域宏观调控能力和市场机制的作用明显增强,改革成效显著。农业农村、审计、教育、医疗卫生、社保、统计等改革深入推进。

(三)对外开放步伐加快

对外贸易实现平稳发展。改革开放之初的 1978 年,云南省进出口总额仅有 1.04 亿美元,1994 年突破十亿美元,2010 年突破百亿美元,2012 年超过 200 亿美元,2014 年接近 300 亿美元,此后开始下滑,2016 年低于 200 亿美元,2017 年达到 233.94 亿美元,比上年同期增长 17.6%。近年来,云南省积极推进外贸体制改革,沿边开放不断加快,外贸结构得到优化,出口商品结构、外贸主体结构、出口市场结构、贸易方式结构的多元化格局取得积极进展。

沿边金融综合改革取得积极成效。云南省沿边金融综合改革试验区建设启动以来亮点纷呈,跨境人民币业务创新成果丰硕,到 2017 年年底,跨境人民币结算累计金额突破 4000 亿元,业务覆盖境外超过 80 个国家和地区,德宏、红河、文山成功对外发布人民币兑缅币"瑞丽指数"、人民币兑越南盾"YD 指数",汇率定价话语权有所增强;银行柜台挂牌币种已涵盖周边国家货币。吸引外资从无到有,从小到大,日益朝着集团化、国际化的方向发展。1985 年云南省实际利用外商直接投资仅为 156 万美元,1994 达到 2.03 亿美元,2013—2017 年实际利用外资突破 100 亿美元。

开放平台建设取得积极进展。坚持主动服务和融入"一带一路"建设,面向南亚、东南亚辐射中心建设取得积极进展。积极参与了孟中印缅经济走廊、中国—中南半岛经济走廊和澜沧江—湄公河合作,强化国内区域合作,推动形成内外联动、互为支撑的高水平双向开放新格局。成功举办 4 届中国—南亚博览会、3 届国际旅游交易会。泛亚铁路东线境内段建成通车。推进了滇中新区、瑞丽和勐腊(磨憨)国家重点开发开放试验区、红河和昆明综合保税区等开放平台建设,建成 7 大类、17 个开发开放合作功能区,拥有 18 个国家一类口岸。贸易便利化和通关一体化水平持续提升,"单一窗口"建设取得明显成效,贸易伙伴覆盖南亚、东南亚和全球 230 多个国家和地区。

(四)基础设施不断完善

水陆交通网通江达海。1978 年,云南省铁路营运里程仅为 1705 公里、公路里程仅为 4.18 万公里。截至 2017 年年底,云南省高速公路"七出省五出境"基本实现,铁路骨干网"八出省五出境"快速推进,水运航道"两出省三出境"建设提速,交通基础设施建设日益完善。截至 2016 年年底,云南省公路总里程达到 23.8 万公里(见图 24-4),公路密度 60.51 公里/百平方公里,高于全国平均公路密度,其中高速公路和高等级公路大幅增加,分别达到 4135 公里和 17000 公里,南北高速大通道全线贯通,123 个县实现通高等级公路;铁路运营里程达到 3650 公里,云南省进入高铁时代和地铁时代;水运航道约 4000 公里。

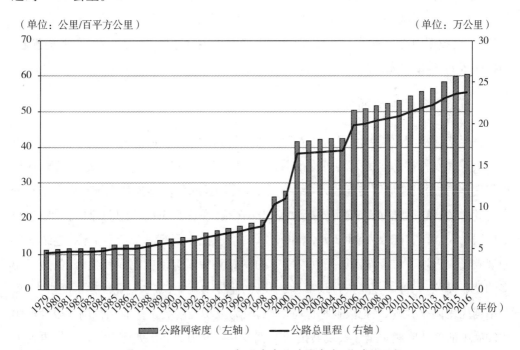

图 24-4　1979—2016 年云南省公路网密度、公路总里程

资料来源:云南省统计局网站数据。

航空网覆盖广泛。云南省具有面向南亚、东南亚开放的区位优势,近年来云南省航空网络更趋完善。截至 2016 年年底,运营民用机场达到 15 个,开通始发航线 413 条,

其中国内 343 条、国际 66 条、港澳台地区 4 条,国内外通航城市达 159 个,旅客吞吐量近 6000 万人次、货邮吞吐量 42 万吨。

能源保障网安全可靠。改革开放以来云南省水电资源得到了快速开发,国际能源枢纽建设取得积极成效,形成了以电力为优势,煤、油、气品种齐全的能源保障体系,建成了支撑自身发展、内联广东省等东部省区、外通周边国家的电力和油气相通的能源保障网络。截至 2016 年年底,云南省电力装机突破 8550 万千瓦,其中水电达到 5998 万千瓦,清洁能源装机占比超过 80%,西电东送能力达到 2840 万千瓦,送电量 1382 亿千瓦时。清洁能源交易居全国第一。油气管网建设取得突破,中缅原油管道于 2017 年 4 月建成投产,设计运输量达到 2300 万吨/年。

水网保障有力。云南省水资源丰富,近年来加快推进"兴水强滇"战略,建设以滇中饮水工程为骨干、大中型水电站水资源综合利用工程为依托、大中型水资源工程为支撑、农田灌溉渠系工程为基础的水源工程网,形成了干支流水资源开发利用并重,大水电、大型水库与中型水库联合调度的供水保障新模式。2013—2017 年,牛栏江—滇池补水工程通水,云南省新增蓄水库容 12.2 亿立方米。

互联网智慧共享。国际通信枢纽和信息汇集中心建设不断提速,实施"宽带云南"行动,推进全光纤网络建设,基本形成了连接国内、辐射南亚和东南亚的光纤骨干网。云计算、大数据中心、"宽带乡村"建设迅速推进,全省乡镇以上实现了 4G 网络全覆盖。2013—2017 年新增光缆线路 75.9 万公里。

(五)社会民生全面发展

民生状况极大改善。城乡居民人均纯收入快速增长,1978 年城镇常住居民人均可支配收入和农村常住居民人均可支配收入分别仅为 327.7 元和 130.6 元。截至 2017 年年底,全省居民人均可支配收入 18348 元,同比增长 9.7%,增速比全国高 0.7 个百分点。其中:城镇常住居民人均可支配收入 30996 元,增长 8.3%,增速与全国持平;农村常住居民人均可支配收入 9862 元,增长 9.3%,增速比全国高 0.7 个百分点,连续 8 年呈现农民收入增速快于城镇居民收入增速的良好势头。劳动就业成就显著,创造了更多的就业岗位,完善了创业扶持政策,鼓励以创业带动就业,城乡就业规模不断扩大,就业结构优化调整,城镇登记失业率保持平稳,较为成功地解决了产业结构调整以及城镇化发展中的就业问题。全年实现城镇新增就业 44.79 万人,帮助城镇失业人员再就业 13.41 万人、就业困难人员就业 11.01 万人,城镇登记失业率控制在 3.6%以内,就业创业形势呈现稳中向好态势。人民生活水平显著改善,衣、食、住、行、用的消费结构经历了从贫困型向温饱型再向小康型消费的转变,2017 年全省社会消费品零售总额 6423.06 亿元。

社会事业进步明显。社会民生领域投入稳步加大,坚持将财政支出 70%以上用于保障和改善民生,每年集中力量办一批民生实事。2017 年民生支出比重继续提升,全省教育支出 1001.65 亿元,社会保障和就业支出 753.99 亿元,医疗卫生与计划生育支出 548.19 亿元,住房保障支出 193.18 亿元,四大民生类支出合计占地方一般公共预算支出的比重为 43.71%。社会保障体系逐步健全,不断提高社会保障统筹层次和水平,基本建立了更加公平、更可持续、覆盖城乡居民的社会保障体系。教育事业全面发展,基本公共教育均衡发展,现代职业教育体系加快建立,高等教育质量和开放合作水平明显提高,97 个县通过国家义务教育均衡发展评估认定。健康云南省建设取得明显成效,公共卫生服务体系不断完善,人民健康和医疗卫生水平大幅提高,重大疾病防控取得积极成效。民族团结进步示范区建设深入推进,民族团结、宗教和顺的良好局面更加巩固。平安云南省、法治云南省加快建设,严打各类违法犯罪,禁毒防艾成效明显,社会保持总体稳定。城乡社会救助体系基本完善。鲁甸、景谷等地震灾区恢复重建取得全面胜利。各族人民获得感、幸福感、安全感明显增强。

(六)生态文明日益进步

绿色发展理念更加巩固。改革开放以来,云南省出台了一系列加强环境保护、促进人与自然和谐发展的法律法规和政策措施,将生态文明和环境保护列入国民经济和社会发展规划,把构建可持续生态支撑体系作为生态文明建设排头兵的支撑体系之一,经济发展与人口、资源、环境的协调性明显增强,"绿水青山就是金山银山"的理念更加巩固,绿色发展方式和生活方式初步形成,生产发展、生活富裕、生态良好的文明发展道路更加明确,建设美丽云南省成为共识。生态文明制度体系基本形成,主体功能区、低碳试点省和普洱市国家绿色经济试验示范区建设扎实推进。全面完成永久基本农田划定工作,开展耕地轮作休耕试点,土地矿产资源节约集约利用水平不断提升。

生态文明建设成效显著。守住发展和生态两条底线,基本形成节约资源和保护环境的空间格局、产业结构和生产生活方式,生态文明建设排头兵步伐加快。截至 2017 年年底,"森林云南"建设深入推进,森林覆盖率提高到 59.7%,全省 90%以上的典型生态系统和 85%以上的重要物种得到有效保护。昆明市、普洱市、临沧市获得"国家森林城市"称号。实行最严格的环境保护制度,大气、水、土壤污染防治行动计划深入实施,单位 GDP 能耗稳步下降,圆满完成国家下达目标任务。云南省万元 GDP 能耗由 1978 年的 15.4 吨标准煤下降到 2016 年的 0.72 吨标准煤(见图 24-5)。九大高原湖泊水质稳定趋好,六大水系主要出境、跨界河流断面水质达标率 100%。截至 2016 年年底,全省单位 GDP 废水排放量下降到 12.3 吨每万元。全面推进地质灾害综合防治体系建设。持续开展城乡环境综合整治,人居环境持续改善。

（单位：吨标准煤/万元）

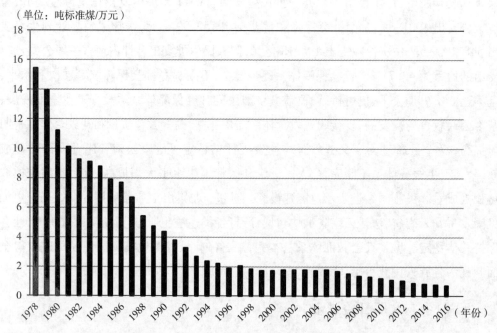

图 24-5　1978—2016 年云南省单位 GDP 能耗

资料来源：根据云南省统计局网站数据库整理绘制。

二、云南省经济社会发展目前存在的问题

改革开放 40 年云南省经济社会发展成就固然辉煌,但未来的任务仍然艰巨。党的十九大报告指出,我国社会主要矛盾已经转化为人民日益增长的美好生活需要和不平衡不充分的发展之间的矛盾。对照查找,云南省发展不平衡不充分、发展质量不高的问题较为突出。

（一）发展不平衡

区域发展有待进一步协调。区域经济发展极化现象明显,地区发展的协调性不高。2017 年,昆明市 GDP 达到 4857.64 亿元,占云南省的 29.38%,是云南省的核心;排名第二、三、四位的曲靖市、红河市、玉溪市 GDP 分别达到 1941.12 亿元、1478.57 亿元、1415.14 亿元,分别占云南省的 11.74%、8.94%、8.56%,3 个州市占比合计 29.24%,基本接近昆明市的经济总量;其余 12 个州市 GDP 总量仅占全省的 41.38%,特别是迪庆市和怒江市 GDP 仅分别为 198.65 亿元、141.5 亿元,占比仅分别为 1.2%、0.86%。

脱贫攻坚有待进一步发力。云南省作为一个经济社会欠发达省份的基本省情并没

有改变,县域经济薄弱,贫困县脱贫摘帽面临较大压力。截至2015年年底,云南省共有471万建档立卡贫困人口、88个贫困县,是全国贫困人口第二多、贫困县第一多的省份,贫困人口多、贫困面广、贫困程度深、扶贫开发难度大。尽管近年来脱贫攻坚的力度空前加大,但截至2016年年底,云南省贫困人口仍然有363万人,面临着极大的脱贫攻坚压力。

城乡发展有待进一步融合。城乡居民收入差距较大,从城镇常住居民人均可支配收入与农村常住居民人均可支配收入之比来看,截至2017年年底,全国平均水平为2.71倍,而云南省则高达3.14倍。城镇化水平差距较大,从常住人口城镇化率指标来看,截至2016年年底,全国为57.35%,而云南省仅为44.33%,低于全国13.02个百分点。另外,城乡基础设施、基本公共服务和消费结构的差距也较大。

(二)发展不充分

经济总量有待进一步做大。由于经济总量有限,云南省人均指标距离全国平均水平仍有较大差距。从人均GDP指标看,截至2016年年底,云南省人均GDP仅为31358元,仅相当于全国的60%左右,排名全国第30位。从人均收入指标看,截至2017年年底,云南省居民人均可支配收入为18348元,仅相当于全国的70.64%。其中,城镇常住居民人均可支配收入30996元,仅相当于全国的85.16%;农村常住居民人均可支配收入9862元,仅相当于全国的73.42%。

发展支撑有待进一步巩固。基础设施有待进一步完善,基础设施滞后,尚有多个县未通高等级公路,铁路网建设仍然滞后。营商环境有待进一步优化,民营经济活力不足,截至2017年年底,云南省非公有制经济占GDP比重尚未过半,非公有制经济对经济发展贡献远落后于全国,固定资产投资过度依赖政府投资,营商环境不够理想。生态文明建设有待进一步提速,生态环境敏感脆弱,九大高原湖泊保护治理形势依然严峻,重大污染防治难度和压力不小。

民生短板有待进一步补齐。当前至2020年是全面脱贫、全面小康的决胜期,云南省贫困地区经济发展滞后、基础设施薄弱、贫困发生率高的困境亟待摆脱。教育工作有待进一步加强,截至2016年年底,云南省高中阶段教育毛入学率达82.6%,低于全国平均水平4.9个百分点;学前教育在园幼儿比例、九年义务教育巩固率等指标也落后于全国。卫生工作有待进一步加强,截至2016年年底,云南省每万人拥有床位数、每万人拥有卫生技术人员等指标落后于全国。养老工作有待进一步加强,截至2016年年底,云南省每万人养老服务床位和社会服务床位数等指标落后于全国。

(三)发展质量不高

产业结构有待进一步优化。云南省产业发展的竞争力不足,一产大而不强,二产发展滞后，三产引领不足。截至 2017 年年底，云南省三次产业比重为 14.0∶38.6∶47.4，全国三次产业比重为 7.9∶40.5∶51.6。可见，云南省一产高于全国 6.1 个百分点，二产低于全国 1.9 个百分点，三产低于全国 4.2 个百分点。高端制造业、战略性新兴产业、现代服务业发展滞后，现代农业、实体经济、科技创新、现代金融和现代物流、人力资源协同发展的产业体系尚未建立。

动能转换有待进一步加快。消费总体水平不高，消费对经济拉动不足。从社会消费品零售总额的人均指标来看，云南省低于全国平均水平；从社会消费品零售总额占 GDP 比重指标来看，截至 2017 年年底，云南省为 38.85%，全国为 44.28%，低于全国 5.43 个百分点。投资依赖较为明显，长期可持续性不强。从固定资产投资占 GDP 比重来看，截至 2017 年年底，云南省固定资产投资超过 GDP，比重达到 111.76%；全国平均水平则仅为 76.37%。对外贸易总量不大，经济外向度不高。从外贸依存度指标看，截至 2017 年年底，云南省外贸进出口额达 1578.7 亿元，相当于 GDP 的 9.55%，而全国平均水平为 33.6%，不足全国的三分之一。

创新能力有待进一步提升。经济发展在要素端过度依赖资源，全要素生产力有待进一步提高，自主创新能力不足，每万人获专利申请授权数、R&D 投入占 GDP 比重等创新指标远低于全国平均水平，也低于四川省、重庆市、贵州省、广西壮族自治区等周边省（自治区、直辖市）。

三、云南省进一步深化改革开放的政策建议

云南省必须在习近平新时代中国特色社会主义思想和党的十九大精神指引下，坚定信心，抓住机遇，乘势而上，奋力开创新时代云南省跨越式发展新局面，开启全面建设社会主义现代化新征程。从云南省改革开放发展的目标来看，就是全面对标党的十九大确定的战略目标，到 2020 年，云南省农村贫困人口如期脱贫，全面建成群众认可、经得起历史检验的小康社会，打下跨越式发展的扎实基础。到 2035 年，与全国同步基本实现社会主义现代化，全面实现跨越式发展。到 21 世纪中叶，建成与富强民主文明和谐美丽的社会主义现代化强国相适应的现代化强省，谱写好中国梦的云南篇章。

（一）决胜全面脱贫和全面小康，确保实现第一个百年奋斗目标

坚持以脱贫攻坚统揽经济社会发展全局，坚持精准扶贫、精准脱贫基本方略，紧扣"两不愁、三保障"，完善脱贫攻坚体制机制和大扶贫格局，集中力量攻克深度贫困堡垒，激发贫困地区干部群众内生动力，打好深度贫困地区脱贫"十大攻坚战"，确保新时代第一场硬仗取得完胜。到 2020 年，农村贫困人口如期脱贫，贫困县全部摘帽，区域性

整体贫困得到解决,全面建成群众认可、经得起历史检验的小康社会,实现第一个百年奋斗目标,乘势而上向第二个百年奋斗目标阔步前进。

(二)推动高质量跨越式发展,加快建设现代化经济体系

深入推进供给侧结构性改革。坚持质量第一、效益优先,以供给侧结构性改革为主线,推动经济发展质量变革、效率变革、动力变革。以实体经济为着力点,提高供给体系质量。精准扩大有效投资,强化产业项目和重大基础设施建设,推进"三去一降一补",创新金融服务,推动资金"脱虚向实"。推动科教兴国战略、创新驱动发展战略、可持续发展战略等云南省实践。加快科技成果转移转化,鼓励企业参与科技成果转移转化,提升产品科技含量。加快推进消费升级。

建设具有云南省特色的现代化经济体系。牢牢把握新一轮科技革命和产业变革带来的重大机遇,改造提升传统产业,培育壮大重点支柱产业,加快发展战略性新兴产业和现代服务业,加快建设实体经济、科技创新、现代金融、人力资源协同发展的产业体系。把创新作为引领跨越式发展的第一动力,加快创新型云南省建设。优化提升传统产业,推动"互联网+"、大数据与制造业深度融合。加快发展新经济,实施大数据发展战略和"互联网+""云上云"行动计划,加快服务业提质升级,加快发展八大重点产业。增强金融服务实体经济能力,完善金融监管体系,守住不发生区域性系统性金融风险的底线。

(三)推进互联互通共享,大力构建现代基础设施网络

继续抓好以交通、水利、能源、信息、物流为主要内容的"五网"基础设施建设,加快形成有效支撑云南省跨越式发展、更好服务国家战略的综合基础设施体系。全面推进交通基础设施建设,确保高速公路"能通全通"、铁路州市基本全覆盖、机场建设全面提速,加强"四好农村路"建设,加速推进通用机场建设。加快滇中引水等重大项目和民生水利建设,着力构建区域互济、均衡优质、安全可靠的水安全保障体系。加快骨干电源、城乡电网和油气管网建设,形成保障有力、绿色安全的现代能源体系。加快新一代信息基础设施建设,基本建成面向南亚、东南亚的国际信息通信枢纽和区域信息汇集中心。坚持物流枢纽、物流园区与综合交通体系同步规划、同步建设,努力成为区域性国际现代物流中心。加快建设地下综合管廊、轨道交通等重大城市基础设施,全面提升城市综合承载力。

(四)加快改革,大力释放发展动力活力

加快推进行政管理体制改革。统筹推进各领域各方面改革,构建系统完备、科学规

范、运行有效的制度体系。要围绕提升政府效能、促进政府治理体系和治理能力现代化,着力推动政府职能向推进基础设施建设、创造良好发展环境、提供优质公共服务、维护社会公平正义转变。要加快深化"放管服"改革,加快推进简政放权措施、加快推进商事制度改革、加快完善权责清单制度、全面加强事中事后监管、加快改进优化政府服务,学习借鉴先进经验,探索部分州市、部分事项试点"最多跑一次",加快在全省推广覆盖。要加快深化"互联网+政务服务",优化服务流程,创新服务方式,推进数据共享,打通信息孤岛,推行公开透明服务,降低制度性交易成本,持续改善营商环境,全面提高政府服务效率和透明度,推进政府治理体系和治理能力现代化。

加快推进经济体制改革。要围绕使市场在资源配置中起决定性作用和更好发挥政府作用,推动价格机制、资源要素配置、财税、投融资等重点领域和关键环节改革,激发市场活力和创造力。完善国有资产管理体制,推动国有资本做强做优做大,以管资本为主改革国有资本授权经营体制,分类推进国有企业改革,推动部分省属企业重组,总结云南省白药经验推动部分省属企业混合所有制改革,总结云南锡业和中国建设银行债转股经验推动部分省属企业降杠杆。坚决废除对非公有制经济的不合理规定,破除制约非公有制经济发展的体制机制,促进非公有制经济加快发展。构建"亲""清"新型政商关系,完善省、州、县三级领导班子成员挂钩联系民营企业制度,切实营造有利于公平竞争的政策和制度环境,培育和扶持中小微企业发展。

(五)扩大开放,搭建外向型发展平台

扩大对外开放合作。主动服务和融入"一带一路"和长江经济带建设,加快完善开放型经济体制,用好两个市场、两种资源,当好我国与周边国家发展战略对接的桥梁纽带,打造对外开放新高地。注重增强与南亚、东南亚国家"五通"的同时,更加注重增强云南省与欧洲、北美、日韩和非洲市场的合作。要用好现有对外开放合作平台,加快推进重点开发开放试验区、边境经济合作区、跨境经济合作区、境外经贸合作区、综合保税区建设取得新成效;高位统筹沿边金融综合改革试验区建设取得新进展,不断扩大人民币跨境业务试点,推进人民币周边化步伐。要协调推进对外开放布局,大力支持昆明建设区域性国际中心城市,重点推进沿边地区开发开放。发展更高层次的开放型经济,探索建立沿边自由贸易港,深度推进国际产能合作。

深化对内全面合作。应深度推进内向开放全面合作,主动对接和融入长江经济带、泛珠三角区域经济合作区、粤港澳大湾区发展,加强与全国重点区域及周边省份合作,进一步增强统筹整合国内区域的能力,为建设面向南亚、东南亚辐射中心提供支撑。要加强生物医药与大健康、新材料、文化旅游、能源、高原特色现代农业、现代服务业、科技教育等领域的合作,扩大合作发展空间,推动云南省与东中部区域产业优势互补、分工

协作,提升产品国际市场竞争力;要打造国际化的营商环境,实现以云南省为中心的人流、物流、资金流、信息流的汇聚和辐射,逐步将云南省打造成为我国企业"走出去"的理想之地。

(六)统筹城乡融合发展,加快推进农业农村现代化和新型城镇化

大力实施乡村振兴战略。建立健全城乡融合发展体制机制和政策体系,促进城乡区域协调发展。实施乡村振兴战略,坚持农业农村优先发展,按照产业兴旺、生态宜居、乡风文明、治理有效、生活富裕的总要求,推动农业全面升级、农村全面进步、农民全面发展。深化农业供给侧结构性改革,加快发展高原特色现代农业,促进农村一二三产业融合发展。

深入实施新型城镇化战略。以人的城镇化为核心,优化城镇化布局与形态,提高城市群质量,推进特色小镇建设,加快形成以滇中城市群为核心,以中心城市、次中心城市、县城和特色小镇为依托,大中小城市和小城镇协调发展的城镇格局。推动形成以昆明中心城区和滇中新区为核心,以滇中城市经济圈、沿边开放经济带以及参与国家"孟中印缅"和"中国—中南半岛"经济走廊建设为重点,以澜沧江开发开放和金沙江对内开放合作经济带为重要组成部分,以六个城镇群为主体形态,加快构建"一核一圈两廊三带六群"的经济社会发展空间格局。

(七)以人民为中心,努力提高基本公共服务水平

突出问题导向,既尽力而为,又量力而行,努力让各族群众幼有所育、学有所教、劳有所得、病有所医、老有所养、住有所居、弱有所扶,使全省各族人民有更多获得感、幸福感、安全感。优先发展教育事业,办好人民满意的教育。坚持就业优先战略和积极就业政策,实现更高质量和更充分就业。深入推进健康云南省建设,为人民群众提供全方位全周期健康服务。加强食品、药品等领域安全工作。全面建成覆盖全民、城乡统筹、权责清晰、保障适度、可持续的多层次社会保障体系。坚持房子是用来住的、不是用来炒的定位,探索住房制度改革和长效机制,不断满足人民群众住房需求。推进文化事业和文化产业双轮驱动,建设民族文化强省。深化平安云南省建设,打造共建共治共享的社会治理格局。推动民族团结进步示范创建工作不断深化,促进各民族和睦共处、和衷共济、和谐发展。

(八)促进人与自然和谐共生,加快建设美丽云南

加快形成绿色发展方式。坚持以节约优先、保护优先、自然恢复为主的方针,创新绿色发展路径,推动形成人与自然和谐发展的现代化建设新格局。坚持绿色富省、生态

惠民,努力成为我国生态文明排头兵,全力构筑跨越式发展的绿色、可持续基础,让云南省天更蓝、地更净、水更清、空气更清新、城乡更美丽。

强化生态文明制度保障。坚定不移实施主体功能区制度,实行分类绩效考核评价体系。实行最严格的生态环境保护制度,完善省级环保督察体系,坚决制止和惩处破坏生态环境行为,把七彩云南省建设成为我国西南生态安全屏障。让绿色成为跨越式发展的基本底色,使绿色真正成为云南省跨越式发展最靓丽的名片。

加大生态环境治理力度。深入推进森林云南省建设,加强生物多样性保护,统筹山水林田湖草系统治理,加大生态系统保护和修复力度,全面实施清水、净土、蓝天、国土绿化和城乡人居环境提升行动,加快构建以大数据技术为支撑的生态监管体系,全面开展省级环保督察,以零容忍态度严厉打击生态环境违法行为,全面推行"河长制",确保主要污染物排放总量大幅减少,生态环境质量走在全国前列。

(九)坚持党的全面领导,努力提高政府治理能力

坚决贯彻落实习近平新时代中国特色社会主义思想和党的十九大精神,牢固树立"四个意识",坚决维护以习近平同志为核心的党中央权威和集中统一领导,确保中央大政方针和省委决策部署落地生根、开花结果。深化机构和行政体制改革,转变政府职能,深化简政放权,创新监管方式,增强政府公信力和执行力,建设人民满意的服务型政府。建设法治政府,推进依法行政,严格规范公正文明执法。大力弘扬"跨越发展、争创一流;比学赶超、奋勇争先"精神,锲而不舍抓好政府系统作风建设。

$\mathcal{25}$

西藏自治区改革开放 40 周年
地区发展报告

西藏自治区行政学院课题组①

　　改革开放 40 年来,在党中央亲切关怀和全国大力支援下,西藏自治区不断深化改革,经济社会发展取得历史性成就,全区面貌发生翻天覆地的历史性变革。特别是党的十八大以来,在以习近平同志为核心的党中央的坚强领导下,自治区党委政府带领全区各族人民,按照党中央、国务院决策部署,全面贯彻落实中央第六次西藏自治区工作座谈会精神,认真践行习近平总书记"治国必治边、治边先稳藏"重要战略思想和"加强民族团结、建设美丽西藏"重要指示精神,统筹推进"五位一体"总体布局,协调推进"四个全面"战略布局,坚持以人民为中心的发展思想,牢固树立新发展理念,坚持稳定是第一责任、发展是第一要务、民生是第一导向、生态是第一红线,正确处理"十三对关系",经济持续稳定高速增长,政治、文化、社会、生态等方面建设长足发展,促进西藏自治区进入了稳定发展的历史最好时期,为西藏自治区和全国一道全面建成小康社会,实现长足发展和长治久安的战略目标奠定了坚实的基础。

一、1978 年以来西藏自治区经济社会发展成就

　　经过对改革开放以来西藏自治区经济社会发展数据的收集和分析,我们得出,西藏自治区在经济社会发展起点低、先天制约因素多、刚性强的条件下,40 年来经济社会发展取得的成就是全方位、跨越式的。

(一)生产力水平跨越式发展

　　经济总量连续迈上新台阶。改革开放初期,西藏自治区的经济发展水平还非常低,

---

　　① 　课题组组长:孙向军;课题组成员:苏山、曾健、李宏、洛桑达杰、王娜、刘文珍、银兴、徐志茹、向龙飞;项目编号:NSAZT(WT)2018024。

1978 年的地区生产总值只有 6.65 亿元。40 年里,西藏自治区经济总量实现了从十亿到百亿到千亿的"三级跳":一级跳是从 1978 年到 1981 年,用了 3 年时间全区生产总值突破两位数,达到 10.4 亿元,迈上十亿元台阶;二级跳是从 1982 年到 1999 年,用了 18 年时间冲破三位数关口,达到 105.61 亿元,迈上百亿元台阶;三级跳是从 2000 年到 2015 年,用了 16 年时间,地区生产总值突破四位数,达到 1026.39 亿元,迈上千亿元台阶。从 2009 年突破 400 亿元开始,西藏自治区地区生产总值每年跨越一个百亿元台阶,2017 年达到 1310.6 亿元。

经济增长步入快车道。改革开放以来,西藏自治区的经济增长实现了从较大波动到渐趋平稳的发展趋势。从 1978 年到 1993 年的 15 年里,经济增速波动较大;1993 年到 2017 年,经济增速连续 24 年保持两位数增长,呈现出稳健快速的增长态势,经济增长步入快车道,经济发展呈现出健康有序的状态。2012 年以来,地区生产总值增速连续 5 年居全国前三,年均增长 10.8%,高出全国平均水平近 4 个百分点。5 年累计完成全社会固定资产投资 7039 亿元。全区经济总量迈上新台阶,发展新动能加速孕育。

人均 GDP 持续快速增长。改革开放以来,西藏自治区在经济总量不断增长的同时,人均生产力水平也不断提升。改革开放初期的 1978 年,西藏自治区人均 GDP 仅为 375 元,1989 年突破 1000 元,达到 1021 元;2001 年,跨上 5000 元台阶,达到 5318 元;2006 年,突破万元大关,达到 10396 元;之后 2011 年突破 2 万元大关,2015 年突破 3 万元大关,达到 31999 元。

(二)经济结构持续优化

产业结构趋于合理。改革开放以来,西藏自治区产业结构经历了三次大的调整。改革开放初期的 1978 年到 1980 年,产业比重顺序是"一二三",1978 年第一产业占比为 50.7%,处于主导地位。1981 年开始,第三产业快速发展,占 GDP 比重超过了第二产业,形成了"一三二"的产业格局。到 1997 年,历经多年的调整发展,西藏自治区第三产业占比历史性的超过了第一产业,形成了"三一二"的产业格局。中央第三次西藏自治区工作座谈会以后,西藏自治区的第二产业也加快了发展速度,占比持续回升,2003 年一举超越了第一产业,从而形成了"三二一"的产业格局。2016 年,三次产业占比为 10.1 : 37.3 : 52.7。

近 5 年来,第一产业占比始终维持在 10% 上下,形成了以三产为主导,二产为支撑,一产为基础的产业格局,特色产业优势逐步显现。农牧业生产基础不断夯实,全青稞良种累计推广面积达到 185 万亩,粮食产量首次突破 100 万吨,建设牦牛短期育肥示范县 7 个,农畜产品加工企业总产值达到 36 亿元。设立 110 亿元政府投资基金,加快推进旅游文化、清洁能源、净土健康、天然饮水、绿色建材等特色产业发展。"西藏好水"

年销售突破 80 万吨。围绕全域旅游,打造"人间圣地·天上西藏"品牌,5 年累计旅游收入超过 1300 亿元。第二、三产业从业人员占全区从业人员的比重超过 62%。

社会总需求和能源消费结构稳定调整。从拉动经济增长的需求结构来看,消费对经济增长作用增强。改革开放以来,西藏自治区的最终消费率高于全国平均水平,尤其是 2010 年以后,高出全国十几个百分点,从 2009 年到 2016 年稳定在 70% 左右。2010 年西藏自治区能源消费总量中煤炭占 17.2%,液化石油气占 2.7%,油料占 38.5%,电力占 30.1%;能源品种分布相对均匀,清洁能源消费占比较高。2017 年全区商品能源生产总量 190 万吨标准煤,人均 0.56 吨,占全国平均水平的 21.8%;商品能源消费总量 440 万吨标准煤,人均 1.31 吨,占全国平均水平的 40.4%。

(三)宏观经济运行总体平稳

地区物价水平步入合理区间。改革开放以来,西藏自治区和全国同样经历了由计划经济到市场经济的转型过程,在这一过程初期,地区物价运行波动明显。在有统计数据开始的 1991 年到 1995 年,西藏自治区 CPI 指数高位运行。1996 年之后,物价水平持续保持在合理区间。西藏自治区物价水平连续平稳运行,显示了西藏自治区的市场经济发展逐渐完善,保证了西藏自治区经济稳定增长。

地方财政收入快速增长。1978 年西藏自治区的地方财政收入为 - 1558 万元。1989 年,地方财政收入一举扭转了从 1968 年开始长达 21 年的赤字局面,实现财政收入 1380 万元。之后,地方财政收入快速增长,到 2016 年达到 206.75 亿元。在财政收入总量增长的同时,地方财政收入强度也明显提高,一般公共预算收入占地区生产总值的比重从 1996 年的 3.73%,提高到 2016 年的 13.55%,显著提高了自身积累和自身发展的能力,为地区经济建设和社会事业的发展提供了有力支持。

财政收支实现动态平衡。改革开放以来,为了加快西藏自治区的经济和社会发展,增加西藏自治区的地方财力,中央财政持续加大对西藏自治区的转移支付力度。1978年,中央对西藏自治区的转移财政补助为 4.86 亿元,2016 年为 1371.94 亿元。地方财政支出从 1987 年的 4.57 亿元,增加到 2016 年的 1644.52 亿元。财政支出的大幅增长,为基础设施建设、经济发展和基本公共服务水平的提高,改善人民群众生活水平发挥了重大作用。西藏自治区党委政府合理安排财政收支,使财政盈余和赤字保持在合理区间,从 1985 年至今,财政盈余(赤字)始终在 10% 以内浮动。

(四)社会建设全面进步

2015 年中央第六次西藏自治区工作座谈会以来,中央财政对西藏自治区财政的转移支付力度不断加大,自治区坚持把改善民生、凝聚民心作为经济发展的出发点和落脚点,坚持本级财政收入70%以上用于保障和改善民生,举全区之力推进精准脱贫攻坚,全面发展教育、文化、卫生、就业、社会保障等社会事业,基本公共服务能力不断提升,使发展成果惠及各族人民。

人民生活水平持续改善。2014年,西藏自治区城镇居民人均可支配收入22016元,同比增长7.9%,是1978年的39倍;农村居民人均可支配收入7359元,同比增长12.3%,是1978年的42倍。2016年西藏自治区居民人均可支配收入为13639元。在28个省(自治区、直辖市)中,西藏自治区人均可支配收入增速最快,城镇居民可支配收入增长10%,达到27875元,乡村居民可支配收入增长13%,达到9316元。

城镇化率快速提升。改革开放初期的1978—1986年,城镇化水平有反复,显示了西藏自治区社会发展和经济发展不协调的特点。1987—1989年,城镇化水平快速提升,从10.17%增长到16.72%。1990—2012年处于稳步提升阶段,从16.4%增长到22.75%。2013—2017年处于快速提升阶段,截至2016年年底,城镇化率为29.56%。在城镇化发展的同时,西藏自治区的第一产业就业人员稳步下降。分阶段来看,1990年以前占比较稳定,1990年开始经历了明显的下降过程,到2016年已低于40%。

基础设施长足发展。立体交通网基本形成。1978年,西藏自治区公路通车里程为15852公里,1980年增加到21511公里。1981—2000年,西藏自治区公路建设较为缓慢,2000年年底公路通车里程为22503公里。2001年至今,是西藏自治区公路的大发展时期,2001年突破3万公里;2003年突破4万公里,建设速度明显加快;到2016年达到82097公里。公路网密度从1978年的每百平方公里1.29公里,增加到2016年的每百平方公里6.68公里,增长5.1倍,拉林高等级公路基本建成通车。2017年,99%的建制村通了公路。2006年青藏铁路格尔木—拉萨段建成通车;2014年拉日铁路建成运营;2014年拉林铁路开工建设。航空方面,在拉萨贡嘎和昌都邦达机场的基础上,又陆续建成林芝米林机场、阿里昆莎机场和日喀则和平机场。(人均)民用航空客运量从1985年的0.04人次,增长到2016年的1.28人次。国内外航线由37条增加到79条。

通信覆盖率显著提升。1978年,西藏自治区城市电话用户数3189户,农村电话用户数530户。1991年城市电话用户数突破1万户,2000年突破10万户,最高峰为2008年,达到695000户,之后有所下降,到2016年年底为389000户。1993年移动电话用户数为374户,1998年突破1万户,2001年突破10万户,2009年突破百万户,到2016年年底,移动电话用户数为2844000户,电话普及率达到100%。截至2013年年底,西藏自治区互联网用户数达到202.7万户,普及率为67.5%;2017年,乡镇邮政网点实现全覆盖,建制村移动信号全覆盖,宽带通达率85%。

电力事业迅速发展。根据国网西藏自治区电力有限公司统计数据显示,到2016年年底,西藏自治区主电网已覆盖全区59个县,供电人口达到220万,占全区总人口的

65%。2010 年,西藏自治区全区用电量为 20.41 亿千瓦时,2015 年翻一番达到 40.53 亿千瓦时,2016 年达到 49.22 亿千瓦时。2007 年以来的 10 年,西藏自治区电力供需矛盾和缺电问题得到极大缓解,到 2017 年电力总装机容量达到 309 万千瓦,主电网覆盖 62 个县(区),解决和改善 199 万人用电问题。自 2015 年,西藏自治区实现电力外送,2015—2017 年,清洁电力外送 21.8 亿千瓦时。

市政基础设施综合承载能力提升。大力开展城镇垃圾、污水处理、给排水、改厕工程、城市道路和园林绿化等市政公共设施建设与整治,城市人居环境显著改善,城市综合承载力不断增强。市政基础设施持续改善,重要城镇和高海拔县供暖工程取得阶段性成效。"十二五"时期,落实国家投资 91.21 亿元,完成市政道路桥梁、供排水、污水处理、垃圾处理、供暖等 139 个市政基础设施项目建设,城镇整体功能进一步提升,城乡建设迈上新台阶。2015 年年底设市城市和地区行署所在地城镇供水普及率达到 85%,污水处理率达到 50%;设市城市、地区行署所在地城镇和县城的排水管网覆盖率分别达到 80% 和 60%;全区城镇垃圾处理率达到 62%。2004 年拉萨市开始进行公厕的改建,2017 年开始大力推进"厕所革命",规划通过两年时间,投资 12 亿元在全区完成 2000 座厕所的建设整治,改善城乡群众生产生活条件及旅游环境。

水利建设成就显著。坚持多渠道落实水利投资,西藏自治区重大水利工程建设全面加强。2017 年,累计落实水利投资 299.8 亿元,完成水利投资 348.07 亿元,较 2008 年、2012 年分别增长了 155.1% 和 202.6%,水利投资在全区固定资产总投资中的比重超过 10%。建成旁多水利枢纽工程、拉洛水利枢纽工程、雅砻水库等工程,实施江北灌区、澎波灌区、"一江两河"流域综合开发、尼洋河综合治理与保护、中小河流治理和山洪灾害防治等项目,逐渐形成西藏自治区水利骨干体系。先后建成农村饮水工程 3846 处,解决了农村群众、在校师生等 48.66 万城乡人口饮水安全问题,农牧区饮水安全覆盖率达 96%。大力开展农田水利基本建设,小型农田水利重点县和专项县实现全覆盖,新增和改善灌溉面积 184.5 万亩,全区农田有效灌溉面积达到 390 万亩,为全区粮食产量持续增长提供了有力保障。

健康与教育事业快速发展。西藏自治区医疗卫生事业蓬勃发展,覆盖城乡的医疗卫生服务体系逐步完善,建成了以拉萨为中心,遍布城乡的卫生网,卫生计生事业从弱到强,从落后到现代,发生了翻天覆地的变化,率先在全国实现了城乡社会全覆盖。据统计数据显示,目前全区医疗卫生机构达 1476 个,比 1978 年的 855 个增长 1.73 倍;床位数达 14882 张,比 1978 年的 4421 张增长 3.37 倍;卫生技术人员达 15310 人,比 1978 年的 5780 人增长 2.65 倍;基本实现了县级有卫生服务中心、疾控中心,乡乡有卫生院、村村有卫生室的目标。从 2012 年以来,西藏自治区基本医疗公共服务不断提升,实施了 1000 余个基层医疗卫生机构基本建设和能力建设项目,全区各级各类医疗卫生机构达到 1476 个,每千人拥有床位 4.5 张、卫生技术人员 4.6 人。各项社会保险参保人数达 343.2 万人次。企业退休人员基本养老金实现 13 年连调。首批社会保障卡发放,10 家医院正式接入跨省异地就医网上结算平台。西藏医药事业取得新发展。食品药品安全监管责任全面落实。地震、气象等方面的综合防灾减灾救灾能力不断提升。

教育改革和发展不断推进。据统计数据显示,截至 2017 年全区各级各类学校 2200 所,教学点 191 个;区内各级各类在校学生 662421 人,区外各级各类西藏籍在校生 71099 人;全区教育系统教职工 59916 人,在职专任教师 44130 人;小学净入学率 99.5%,初中毛入学率 99.3%,高中毛入学率 80.3%,高等教育毛入学率 34.4%,学前三年毛入园率 72.5%。在全国率先实行 15 年免费义务教育。党的十八大以来,累计新增城镇就业 21.9 万人次,转移农牧区富余劳动力 518.5 万人次,高校毕业生累计实现就业 7.7 万人次,城镇零就业家庭全部动态消零。基础教育普及水平不断提高,以公办为主的普惠性学前双语教育网络基本建成,全区 51 个县通过义务教育均衡发展国家评估认定。

科教和人才支撑作用进一步强化。2017 年年底各类专业技术人员达 8.3 万人、技能型人才达 9.3 万人,分别比 2012 年增加 2.1 万人、3.4 万人。深入推进医疗、教育人才组团式援藏。学前双语教育快速普及,基础教育均衡发展,构建以中职为重点、高职为龙头,学历教育和职业技能培训相结合的现代职业教育体系。西藏自治区大学生态学纳入国家一流学科建设,博士学位授权单位实现零突破。启动第二次青藏高原综合科学考察研究。实施八大重大科技专项,青稞和牦牛种质资源与遗传改良国家重点实验室和农口院士专家工作站正式成立。建成拉萨、日喀则、那曲 3 个国家级农业科技园区。农田机械化综合作业率达到 60.2%。"十二五"科技进步贡献率达到 40%。

脱贫攻坚取得重大进展。党的十八届三中全会以来,西藏自治区加快推进精准扶贫、精准脱贫工作,先后出台了"精准扶贫、精准脱贫"各项规划和工作意见,大力实施"十个提升"工程,多渠道多手段打赢脱贫攻坚战。覆盖城乡的社会保障体系基本建成,全面落实 10 个方面 33 项民生政策,城乡居民基础养老金标准和企业退休人员基本养老金水平大幅提高,农牧区医疗制度覆盖全体农牧民,率先实现有意愿的五保对象集中供养、实现孤儿集中收养。实施各类城镇保障性安居工程 21.8 万套(户)、农牧区危房改造 14.7 万户。到 2017 年,建设易地扶贫搬迁安置点 433 个,实施产业扶贫项目 1720 个;30 个贫困县区达到脱贫摘帽条件;开工建设 122 个边境小康村;实施 2 个高海拔搬迁试点。西藏自治区被中央确定为 2016 年扶贫开发成效综合评价好的全国 8 个省区之一,受到中央的表彰和奖励。

社会走向持续稳定。西藏自治区党委、政府贯彻落实习近平总书记关于"治国必治边、治边先稳藏"重要战略思想,大力实施"十项维稳措施",创新社会治理,在经济社会快速发展的同时,实现了社会局势的持续和谐稳定。2016年,西藏自治区综治考评首次进入全国优秀行列,各族群众的安全感位居全国前列。安全生产事故起数、死亡人数连续5年"双下降"。各族群众安全感连年达到99%以上,满意率持续保持高位。

(五)生态建设显著进步

2009年,国务院第50次常委会通过《西藏生态安全屏障保护与建设规划(2008—2030年)》,这是继青海三江源自然保护区生态保护和建设工程之后,党中央、国务院决定在青藏高原实施的又一重点生态工程。2013年遵照习近平总书记关于"建设美丽西藏"的重要指示,西藏自治区党委政府制定了关于建设美丽西藏自治区的意见,明确了推进西藏自治区生态建设的基本原则和目标任务。2016年,西藏自治区党委政府出台了《关于着力国家重要生态安全屏障　加快推进生态文明建设的实施意见》,对加快生态文明建设、加强美丽西藏自治区建设、努力构筑国家安全生态屏障进行了再部署再安排。在合理安排、优化生态空间布局的基础上,建立了4个国家级风景名胜区、22个生态保护功能区、47处自然保护区、3个地质公园、9个森林公园、18个湿地公园、7个生态县、128个生态乡镇、1296个生态村。落实各类生态补偿资金196.27亿元。2016年为建档立卡贫困人口提供50万个生态保护政策性岗位,2017年又增加到70万个,年人均补助3000元。自治区先后出台实施大气污染防治行动计划和水资源管理、县域环境保护考核等制度。淘汰燃煤锅炉267台,关停水泥行业落后生产线12条,淘汰落后产能153万吨。投资5.95亿元实施102个城镇集中式和3300个农村饮用水水源地环境保护工程,落实选矿废水禁排制度,加强选矿尾水回收利用。实施化肥农药零增长行动和重金属污染防治工程,积极开展土壤污染状况详查工作。全区重点项目环评执行率达到100%。通过不懈的努力,全区森林、草原、湿地生态系统和生物多样性得到有效保护,绝大部分区域处于原生态。江河、湖泊水质全部达到或优于三类标准。城镇环境空气质量优良率总体保持在95%以上。

(六)西藏自治区人口走向繁荣兴旺

和平解放时西藏地方政府上报人数近100万人,后经1952年核实,总人口约115万人。全区人口由1952年年底的115万人增加到2000年的261.63万人,48年间共增加146.63万人,增长了127.50%,年均增加3.05万人,年均增长率达1.73%。2000—2010年的10年间,西藏自治区人口共增加38.59万人,增长了14.75%,年均增加3.86

万人,年均增长率达 1.39%(见表 25-1),这一时期比全国 0.57% 的平均水平高出 0.82
个百分点,与全国相比,属于"高出生、高增长"地区,人口再生产模式也由"高出生、高
死亡、低自然增长"向"高出生、低死亡、高自然增长"转变。改革开放以来,西藏自治区
地区人口出生率与自然增长率更是高于全国平均水平,结束了历史上人口增长长期停
滞甚至下降的局面,实现了人口增长模式的历史性跨越。

表 25-1 西藏自治区历次普查总人口及增长率情况 （单位:万人,%)

年 份	总人口	总人口年均增长率
1982	189.24	—
1990	219.60	1.88
2000	261.63	3.30
2010	300.22	1.39
1982—2010	—	1.66

资料来源:西藏自治区历次人口普查资料。

(七)全面改革持续深化

党的十一届三中全会以来,西藏自治区与全国一致开始了经济体制改革:1984 年,
在双包到户责任制基础上,实行"两个长期不变"政策,推行农牧区双层经营管理体制;
1985 年,西藏自治区本地产品完全实行市场调节;1990 年,全区乡镇企业总收入达
17500 万元,比 1986 年增长 60%;1993 年,全区乡镇企业已发展到 4000 多家,从业人员
近 6 万人,乡镇企业的总产值达到 1 亿多元。1985 年围绕城市经济体制改革,西藏自
治区先后出台了一系列改革措施,推动由计划经济体制向社会主义市场经济体制的转
变,使西藏自治区经济发展进入到一个新阶段。2003 年,全区地区生产总值 184.59 亿
元,是 1978 年的 27.8 倍,工业产值比 1980 年增长 11 倍。全区粮食总产量达到 193200
万斤,比 1979 年增长 4 倍,农牧民人均纯收入达 1691 元。全区个体工商户 5.2 万户,
从业人员 8.6 万人。党的十八大以来,自治区党委政府大力推进"放管服"改革,区、
市、县三级权责清单及动态调整和长效管理机制全面建立。西藏自治区级行政审批事
项精简 58.7%。大力实施商事制度改革,涉企证照实现"十八证合一",各类市场主体
由 12.4 万户增加到 22.7 万户。积极实施预算编制改革、国库集中支付改革,稳步推进
"营改增"、资源税等改革,政府购买服务项目扩大到 324 项。持续推进金融撬动,2017
年金融机构本外币各项贷款余额 4043.6 亿元。稳步推进农村土地三项制度改革试点,
全面实施农村土地承包经营权确权登记颁证,启动林权抵押贷款和农村耕地承包经营
权抵押贷款试点。新建藏青工业园区、拉萨高新区和昌都经开区等。累计实施援藏项

目 1463 个,落实援藏资金 154.8 亿元。着力推进"大众创业,万众创新",各地众创空间、大学生创业孵化基地等平台成为创新创业的引擎,全力落实促进高校毕业生就业创业政策措施,就业率达到 90%,市场主导就业取得突破性进展。

二、西藏自治区经济社会发展的特点与不足

(一)经济社会发展的主要特点

深入分析改革开放 40 年西藏自治区地区经济社会发展,我们发现,由于特殊的历史条件和区位特点,西藏自治区经济社会发展有以下几个方面特点。

1. 经济发展依赖性强

由于西藏自治区经济社会发展基础薄弱,每年中央和各兄弟省份都会对西藏自治区投入大量资金,以拉动经济发展。西藏自治区经济增长的主要动力仍然是依靠外力援助的固定资产投资。从财政收入结构来看,西藏自治区财政总收入长期主要依赖国家财政补助,中央输血特征明显,自身造血能力不足。2016 年国家财政补助收入占地方财政总收入的 86.9%(见表 25-2)。

表 25-2 2011—2016 年西藏自治区财政收入构成 (单位:万元)

年 份	财政总收入	地方财政收入	一般公共预算收入	国家财政补助收入
2011	7787811	645270	547647	7142541
2012	8999260	956285	865827	8042975
2013	10129122	1104234	950237	9024888
2014	11996218	1647536	1242708	10348682
2015	15070047	1758307	1371293	13311740
2016	15786960	2067485	1559861	13719475

资料来源:《西藏统计年鉴》。

从固定资产投资资金来源看,西藏自治区固定资产投资对国家依赖程度不断提高。2015 年西藏自治区全社会固定资产投资资金的主要来源为国家预算内资金和自筹资金,两者占全社会固定资产投资资金总额的 92.6%。2015 年西藏自治区固定资产投资国家预算内资金为 1173.04 亿元,同比增长 38.1%,占到位资金总额的 68.6%,比 2010年提高了 6.5 个百分点;自筹固定资产投资资金为 465.31 亿元,占到位资金总额的 27.2%,比 2010 年下降了 3.4 个百分点(见表 25-3)。

表 25-3　2010—2015 年西藏自治区按资金来源固定资产投资　　（单位：亿元）

年份\指标	2010	2011	2012	2013	2014	2015
到位资金总额	518.35	642.06	738.11	1060.87	1301.31	1709.25
国家预算内资金	322.04	405.98	421.73	611.23	849.31	1173.04
国内贷款	9.88	16.24	25.49	16.12	5.80	10.79
利用外资	1.44	4.94	6.59	1.85	1.40	1.10
自筹资金	158.81	168.65	202.93	365.54	381.20	465.31
其他资金	26.18	46.25	81.37	66.14	63.60	59.01

资料来源：《西藏统计年鉴》。

2. 经济发展活动成本相对较高

由于特殊的地理环境和生态环境的制约，导致了西藏自治区经济单位在经济活动中需要承担较高的生产成本。

一是地广人稀，经济密度过于稀疏。西藏地域辽阔，区域面积大，全区国土面积为120多万平方公里，占全国土地面积的八分之一。西藏自治区人口总量小，2017 年为337.15 万人，人口密度 2.74 人/平方公里。具有明显的区域面积大、人口密度小、居住分散的特点。这种特点，增加了社会管理、公共产品和公共服务的供给成本，增加了实现基本公共服务均等化的难度，削弱了各种经济社会活动的收益；增加了进行经济社会活动的成本，使经济活动的交易成本变大，收益变小，阻碍了经济活动的开展；缺乏基本的人口聚集效应，使经济活动不经济，城镇化难度大，进程放缓。

二是生态环境保护对经济发展约束性增强。西藏自治区高原的生态效益大于经济效益。西藏自治区所处"江河源""生态源"地位决定了该区域，生存的效益在空间范围上的反映，必然扩散到其他区域。从空间范围看，西藏自治区高原的生态效益既反映在本地区，也反映到相关的其他地区；从时间上看，生态系统的结构功能的运行发挥，对人类生存的价值，并不仅仅表现在其现状对人类生存眼前利益的影响上，更突出的是表现在人类生存长远利益的影响上。西藏自治区生态抗干扰的能力小，一旦遭到破坏，恢复与重建的难度大。2017 年，西藏自治区制定了《"十三五"时期生态环境保护规划》，对开发作了限制性要求，生态环境保护增加了经济发展的成本。西藏自治区为保护和建设生态环境必须投入大量的财力、物力，而这对全国来说具有极大的外部性，全国各地共同分享了青藏高原生态环境保护和建设外部性的好处，西藏自治区的生态环境保护和建设获得的收益小于对保护和建设生态环境的投入，面临较大的成本。因此，在推进普遍公共服务、产业壮大和特色优势产业培育等进程中，西藏自治区对经济主体实施一系列特殊优惠政策。

3. 经济社会发展与社会稳定之间相关性大

从改革开放 40 年的发展数据统计来看,西藏自治区经济社会发展与社会稳定之间呈极强的正相关性。社会和谐稳定,西藏自治区经济社会发展就快;社会发生动乱波动,经济社会发展就变迟滞。由此更加证明"团结稳定是福,分裂动乱是祸"。

(二)西藏自治区经济社会发展不平衡不充分的表现

党的十九大指出,我国社会主要矛盾已经转化为人民日益增长的美好生活需要和不平衡不充分的发展之间的矛盾。西藏自治区由于历史基础极其薄弱,经济社会发展制约因素多、刚性强,发展不平衡不充分的矛盾表现更加突出,尤其是和全国相比,发展得不充分最为突出。西藏自治区仍然是全国最落后的地区之一,属于全国 14 个集中连片特困地区之一,也是唯一一个省级贫困地区,脱贫攻坚的任务还相当艰巨。

1. 经济发展水平仍然相对落后

横向与其他省(自治区、直辖市)相比,西藏自治区还存在巨大的差距,生产力水平在总体上依然处于偏下水平。西藏自治区 2017 年地区生产总值为 1310.6 亿元,排在内地 31 个省(自治区、直辖市)末位。倒数第二的青海省 2017 年 GDP 为 2642.8 亿元,是西藏自治区的 2 倍;排名第一的广东省 2017 年 GDP 为 89879.23 亿元,是西藏自治区的 68.6 倍。西藏自治区 2017 年人均 GDP 为 38873 元,全国人均 GDP 为 59660 元,是全国平均水平的 65.2%(见表 25-4)。从城镇化水平来看,西藏自治区的城镇化率相比全国其他省份和全国平均水平也偏低,比全国平均水平低 30 个百分点(见表 25-5)。

表 25-4　2013—2017 年西藏自治区和全国人均 GDP　　(单位:元,%)

年　份	西藏自治区人均 GDP	全国人均 GDP	比　例
2013	26326	43852	60.0
2014	29252	47203	62.0
2015	31999	50251	63.7
2016	35143	53980	65.1
2017	38873	59660	65.2

资料来源:《西藏统计年鉴》《中国统计年鉴》。

表 25-5　2013—2016 年西藏自治区和全国城镇化水平　　(单位:%)

年　份	西　藏	陕　西	云　南	河　南	全　国
2013	23.71	51.31	40.48	43.80	53.73
2014	25.75	52.57	41.73	45.20	54.77

续表

年　份	西　藏	陕　西	云　南	河　南	全　国
2015	27.74	53.92	43.33	46.85	56.10
2016	29.56	55.34	45.03	48.50	57.35

资料来源:《中国统计年鉴》。

2. 自我发展能力弱

受人口规模、经济密度的影响,西藏自治区经济规模尚未达到质的突破,发展水平低下。在经济增长方式上,主要依靠增加资金、资源等要素的投入,来增加产品的数量,推动经济增长。"高投入、高消耗、不协调、难循环、低效益"的粗放经济增长方式对西藏自治区的经济持续健康发展形成了很大压力。产业链条不长,产业结构不够合理,特别是特色产业和优势产业,没有能够充分地把资源优势转化为经济优势,没有很好地发挥对经济增长的主导作用。各种要素流动受到限制,与城乡一体化的需求差距较大,制约了西藏自治区经济社会的发展。

(1)投资有效性不高,消费对经济贡献不足。从拉动经济增长的"三驾马车"看,西藏自治区的经济增长主要靠投资和消费拉动(见表25-6),由于西藏自治区受地域因素的影响,加之在国外市场上具有竞争力的产品极为有限,净出口长期为负,贸易赤字,导致了西藏自治区的净出口对经济推动作用十分微弱。近年来,西藏自治区固定资产投资规模逐年扩大,增速保持在20%左右,但是经济增长却保持在10%左右,表明投资对西藏自治区经济的拉动效应不明显(见表25-7)。

表25-6　2012—2016年西藏自治区和全国的投资率和消费率　　(单位:%)

年　份	西藏自治区投资率	西藏自治区消费率	全国投资率	全国消费率
2012	101.1	64.6	47.2	50.1
2013	111.3	64.2	47.3	50.3
2014	114.3	64.6	46.8	50.7
2015	100.5	79.9	44.7	51.8
2016	101.0	78.2	44.2	53.6

资料来源:《中国统计年鉴》。

表25-7　2011—2016年西藏自治区固定资产投资与GDP增长　　(单位:亿元)

年　份	固定资产投资		地区生产总值	
	绝对数	增长率(%)	绝对数	增长率(%)
2011	549.27	18.6	605.83	12.7

续表

年　份	固定资产投资		地区生产总值	
	绝对数	增长率(%)	绝对数	增长率(%)
2012	709.98	29.3	701.03	11.8
2013	918.48	29.4	815.67	12.1
2014	1119.73	21.9	920.83	10.8
2015	1342.16	19.9	1026.39	11.0
2016	1655.50	23.3	1151.41	10.1

资料来源:《西藏统计年鉴》。

投资的质量需要通过对投资主体的结构和资金来源结构进行分析。改革开放以来,全国经济发展较快的省份,都是民营经济相对活跃的省份,民营资本投资水平是衡量一个地区经济活力的重要指标,但是西藏自治区目前的投资,国有经济还占绝对主导地位(见表25-8)。

表25-8　2011—2016年西藏自治区固定资产投资构成　　(单位:万元,%)

年　份	投资总额	国有经济	集体经济	个体经济	其他经济	国有占比
2011	5492690	4093907	47256	215678	1135849	74.5
2012	7099822	4730059	147424	320375	1901964	66.6
2013	9184830	6708235	81891	320228	2074476	73.0
2014	11197345	7704548	44826	383793	3064178	68.8
2015	13421621	9753817	15879	198008	3453917	72.6
2016	16555043	12949563	23096	203910	3378474	78.2

资料来源:《西藏统计年鉴》。

作为"三驾马车"之一的消费,政府消费占据了比较大的份额,而普通居民消费,由于消费群体的规模较小、消费能力较低等多方面的制约没有成为西藏自治区经济增长的主导因素。从消费与GDP的关系来看,存在的问题主要是两个方面。一是居民消费率偏低。20世纪90年代后期西藏自治区居民消费率,也就是居民消费支出占GDP的比重不断下降,由1996年的48.0%下降到2011年的23.6%。近年有所回升,2016年为28%。2016年全国居民消费率为39.3%,西藏自治区不仅低于中等偏上收入省份水平,也低于全国平均水平(见表25-9)。二是消费对GDP增长的贡献率下降。1997—2011年的15年间,西藏自治区最终消费支出对经济增长的贡献率有8个年份低于50%,最终消费支出对GDP的贡献率由1997年的79.3%,下降到2011年的47.6%。

表 25-9　2011—2016 年西藏自治区和全国居民消费率　　（单位:亿元,%）

年　份	西藏自治区居民消费	西藏自治区GDP	西藏自治区居民消费率	全国居民消费支出	全国GDP	全国居民消费率
2011	142.7	605.83	23.6	176532	489300	36.1
2012	163.1	701.03	23.3	198537	540367	36.7
2013	195.8	815.67	24.0	219763	595244	36.9
2014	228.8	920.83	24.8	242540	643974	37.7
2015	283.7	1026.39	27.6	264758	689052	38.4
2016	322.0	1151.41	28.0	292661	744127	39.3

资料来源:《西藏统计年鉴》《中国统计年鉴》。

（2）各个产业发展水平较低,产业支撑能力弱。目前西藏自治区的产业支撑能力还较弱,"一产弱、二产散、三产层次低",产业结构不合理、关联性差、组织化程度低、规模小、竞争能力弱,导致西藏自治区经济受到缺乏内生经济增长机制和自我发展能力的困扰。

第一产业生产率低。目前西藏自治区农牧业经营仍然比较粗放,产业化水平低,未形成完善的产业链,农牧民市场意识缺乏,组织化水平低,导致农牧业发展仍比较落后。2016 年,第一产业占 GDP 比重为 9.2%,但是第一产业从业人员占总从业人员的比重达 37.7%(见表 25-10),表明农牧业生产率偏低,劳动力人口高比例滞留于农牧业中。

第二产业增长缓慢。工业占 GDP 比重长期在 8% 以下,增长主要靠建筑业拉动。制造业体系不完善,不能为投资和消费提供更多的产品,导致不得不从区外输入以满足投资和消费的需求。

第三产业内部结构不合理。传统服务业比重过大,现代服务业所占比重较小,从产值上看,批发零售和住宿餐饮业占主要地位。近年来西藏自治区旅游业得到快速发展,但是旅游综合服务能力水平还有待提高。物流业是国民经济中的基础性产业,物流业的发展对于加快西藏自治区经济整体发展具有重大意义。但是目前西藏自治区物流业的发展也面临基础平台建设不足、物流企业管理水平低、专业化物流方式有限等问题。

表 25-10　2011—2016 年西藏自治区三次产业构成　　（单位:%）

年份	第一产业	第二产业			第三产业
		总计	工业	建筑业	
2011	12.3	34.5	8.0	26.5	53.2
2012	11.5	34.6	7.9	26.7	53.9
2013	10.4	35.9	7.5	28.4	53.7

年份	第一产业	第二产业			第三产业
		总计	工业	建筑业	
2014	9.9	36.6	7.2	29.4	53.5
2015	9.4	36.7	6.8	29.9	53.9
2016	9.2	37.5	7.7	29.8	53.3

资料来源:《西藏统计年鉴》。

(3)人力资源、资本和科技等生产要素对经济发展约束性强。人力资源整体素质偏低。由于自然条件、历史发展和用人机制等原因,西藏自治区的人力资源呈现的特点是人口年龄结构年轻,人才分布不均衡,地区差异大;人才的总量不足,人力资本积累薄弱,人才队伍不够稳定,流动性大;人才队伍的整体素质不高,结构不合理,优化难度大,引进人才难度大。人力资本呈现的这种特点,产业发展的就业带动能力不强,产业结构与就业结构不协调。农牧业生产效率低,农村剩余劳动力转移任务重,40%左右的劳动力长期从事第一产业;第二产业吸纳就业人数明显偏低,第二产业产值占比在35%左右,而二产从业人员占比长期不足20%(见表25-11)。

表25-11　2011—2016年西藏自治区的产业结构与就业结构　　　　（单位:%）

年　份	第一产业占比	第二产业占比	第三产业占比	第一产业从业人员占比	第二产业从业人员占比	第三产业从业人员占比
2011	12.3	34.5	53.2	50.3	12.2	37.5
2012	11.5	34.6	53.9	46.3	13.4	40.3
2013	10.4	35.9	53.7	45.1	14.1	40.8
2014	9.9	36.6	53.5	43.7	14.7	41.6
2015	9.4	36.7	53.9	41.2	13.3	45.5
2016	9.2	37.5	53.3	37.7	16.4	45.9

资料来源:《西藏统计年鉴》。

投资结构不合理。2015年西藏自治区除国家预算和自筹资金外,其他途径固定资产投资资金严重不足,特别是国内贷款资金,仅占资金总额的0.6%,说明西藏自治区固定资产投资资金结构不够科学合理,来源渠道相对单一,开展投融资体制改革,拓展投资资金来源渠道已迫在眉睫。当今的时代是经济社会多元化发展的时代,在全面实施市场经济的今天,必须注重民营经济的快速发展,而民营经济快速发展的前提条件是民间投资规模的快速增长,从民间投资的主要领域,工业、贸易、餐饮等产业来看,比重严重偏低,"十二五"期间的工业投资仅占全社会固定资产投资的10.7%,住宿及餐饮业仅占3.9%。因此,在未来的经济中,要出台相关的配套政策,挖掘民间投资,促使民间资本向实体经济领域流动,壮大民营经济,不断增强产业经济的造血能力,实现多种所有制经济的协调发展。

科技对经济发展贡献率较低。当前,经济发展已进入以结构调整为主线的发展阶段,市场竞争增大,资源环境压力增大,产业发展对技术需求的迫切性也日益增加,技术供给不足的矛盾日益增大。深加工产品和高附加值、高技术含量产品主要依赖从区外引入。长期以来,西藏自治区产业竞争力主要建立在自然资源和简单劳动的比较优势上,这种局面正抑制着经济快速增长和经济结构战略性调整。国内沿海发达省份与内地省份在科技创新、产业化发展上的不均衡性也大于东部先进省(自治区、直辖市)与内地的欠发达地区在经济增长速度、质量上的不均衡性。这意味着若不采取有力措施建设创新体系,提高自主创新能力,科技创新上的一步落后将导致科技与经济永远落后,差距将拉得更大。从科技进步对经济增长的贡献率来看,"十二五"期间,西藏自治区科技进步对经济增长的贡献率为40%,农牧业科技进步对经济增长的贡献率为45%,比"十一五"期间的32%、38.5%均高出近8个百分点,可谓进步巨大。但是,就科技进步对经济增长的贡献率来说,同期与全国平均水平(55%)及北京(60%)等东部发达地区相比差距非常显著,甚至与内蒙古(55%)、青海(50%)等西部地区相比差距也很明显。从综合科技进步水平指数来看,《2015全国及各地区科技进步统计监测结果》显示,2015年西藏自治区综合科技进步水平指数在全国31个省(自治区、直辖市)中排名末位,属于唯一一个五类地区,还未达到全国平均水平的一半。2016年西藏自治区R&D经费为2.2亿元,在全国31个省级地区(港、澳、台地区除外)中排名末位;R&D经费投入强度为0.19%,只相当于全国平均水平(2.11%)的十分之一,也在全国省级地区排名最后一位。截至2015年年底,西藏自治区从事科学技术研究与开发(R&D)人员不足4000人(包括高等学校、医院、企业兼职人员)。高层次科技创新领军人才严重不足,两院院士仅1名。2015年,西藏自治区劳动年龄人口平均受教育年限为8.9年,与10.2年的全国平均水平差距明显。

3. 要素市场发展滞后,资源配置效率偏低

(1)适龄劳动人口比重大,就业渠道单一。据2010年第六次全国人口普查数据,从人口年龄结构数据看,西藏自治区全区常住人口中,0—14岁的人口为731684人,占24.37%;15—64岁的人口为2117573人,占70.53%;65岁及以上的人口为152908人,占5.09%(见表25-12)。与2000年第五次全国人口普查相比,0—14岁人口所占比重下降了6.82个百分点,15—64岁人口所占比重上升了6.47个百分点,65岁及以上人口所占比重上升了0.34个百分点。15—64岁的适龄劳动人口比重大,说明西藏自治区劳动力资源丰富,为经济发展提供了强大的动力,但同时就业市场发展不充分,就业压力也相对较大。

表 25-12 西藏自治区人口年龄构成 （单位：人，%）

	总人口数			占总人口的比重			抚养比重		
	合计	0—14 岁	15—64 岁	65 岁及以上	0—14 岁	15—64 岁	65 岁及以上	老年	少儿	总比重
五普	2616329	815972	1676075	124282	31.19	64.06	4.75	7.42	48.7	56.1
六普	3002165	731684	2117573	152908	24.37	70.53	5.09	7.22	34.6	41.8

资料来源：《西藏自治区 2000 年人口普查资料》《西藏自治区 2010 年人口普查资料》。

（2）金融市场发育滞后，实体经济融资渠道窄。一是金融市场建设滞后。西藏自治区金融业仍是以传统银行业为主体，证券市场和保险市场相对滞后，通过股票市场进行直接融资的企业仅有 11 家，债券市场完全处于待开发状态。目前西藏自治区证券类金融机构稀少，资本市场发展滞后。证券公司赢利模式单一、经营粗放，主要业务仍是股票代理交易业务，赢利方式仍然是以手续费收入为主。二是上市公司规模质量及规范运作水平有待进一步提高。目前，上市公司与内地省市相比，由于地域偏远、地方经济落后等诸多因素，导致存在上市公司规模小、持续发展能力弱、经营不够独立、竞争能力弱、再融资能力不强、上市后备资源储备不足等问题。三是企业直接融资能力有待进一步提升。西藏自治区企业外源性融资仍主要依赖商业银行的贷款，融资机构明显失衡。四是保险市场有待培育。辖区保险业整体发展水平落后、规模总体偏少、业务发展不平衡、竞争不充分等问题。

（3）科技人才存在结构性矛盾。西藏自治区科技型人才数量不断增长，主要分布在高校、科研机构、企业等。2012 年西藏自治区、科研机构、企业、高校中的科技人才占总的科技人才的 98%，其中，高校占 73%，科研机构占 13%，企业占 12%。同期，全国科技活动人员中，分布在企业的占 48.4%，分布在高校的占 11.9%，分布在科研单位的占 10.5%。可见，西藏自治区科技型人才主要集中分布在高校，科研机构和企业分布较少，与经济发达的地区相比，科技型人才的结构性矛盾突出。科技活动集中在高校和科研单位，不利于科技成果产业化，最终影响科技创新和科技成果的产出，制约科技转化为现实生产力的效率。而且，当前西藏自治区产学研各主要创新环节正在出现行政化日益加剧的趋势，知识经济与创新脱离市场。这是阻碍欠发达地区区域创新能力提高的根本性问题所在。

4. 区域内部发展不平衡

拉萨、日喀则发展较快，那曲、阿里发展较慢（见表 25-13）。由于长期分割的城乡二元结构，城市经济社会建设迅速现代化，农牧区与城市间的差距拉大。

表 25-13　2015—2016 年西藏自治区各地区地区生产总值及增长率（单位:元,%）

地　区	2015 年		2016 年	
	地区生产总值	增长率	地区生产总值	增长率
拉　萨	376.73	11.2	424.95	10.0
昌　都	132.02	11.2	147.86	10.0
山　南	113.62	11.0	126.53	9.9
日喀则	166.85	11.0	187.75	10.1
那　曲	94.94	10.8	106.24	9.7
阿　里	37.12	10.8	41.43	9.8
林　芝	104.33	11.2	115.77	10.1

资料来源:《西藏统计年鉴》。

　　城乡居民消费差距较大。1991 年到 2011 年,西藏自治区城乡居民消费水平差距处于 3.9—7.2:1,超过收入差距。2016 年城镇居民消费水平为 18775 元,农村居民消费水平为 5952 元,城镇居民是农村居民的 3.15 倍(见表 25-14、表 25-15)。

表 25-14　2011—2016 年西藏自治区城乡居民消费水平　　　　　　（单位:元）

年　份	全区居民	农村居民	城镇居民
2011	4730	2755	11393
2012	5340	3098	12958
2013	6275	3874	14001
2014	7205	4498	15009
2015	8756	5412	17466
2016	9743	5952	18775

资料来源:《西藏统计年鉴》。

表 25-15　2011—2016 年西藏自治区城乡居民家庭人均可支配收入及增长率

（单位:元,%）

年　份	全体居民	农村居民		城镇居民	
		绝对数	增长率	绝对数	增长率
2011	7522	4885	18.5	19496	8.1
2012	8578	5697	16.6	19362	11.3
2013	9740	6553	15.0	20394	11.1
2014	10703	7359	12.3	22016	7.9
2015	12254	8244	12.0	25457	15.6
2016	13639	9094	10.3	27802	9.2

资料来源:《西藏统计年鉴》。

5. 基础设施建设仍然是突出短板

由于过去基础薄弱和历史欠账多,西藏自治区基础设施的某些瓶颈制约因素仍未消除。在新的起点上推进新跨越,加强基础设施建设显得更加紧迫。从交通方面来看,西藏自治区的公路网密度和铁路网密度低于全国平均水平,全国公路网密度是西藏自治区公路网密度的近8倍,全国铁路网密度是西藏自治区铁路网密度的近20倍(见表25-16)。从电力方面来看,西藏自治区人均年用电量也低于全国平均水平,2016年全国平均年用电量为西藏自治区的3倍(见表25-17)。

表25-16 2006年和2015年西藏自治区铁路和公路网密度

(单位:公里,公里/万平方公里)

年 份	西藏自治区铁路网里程	西藏自治区铁路网密度	全国铁路网密度	西藏自治区公路网密度	全国公路网密度
2006	550	4.48	—	3.65	36
2015	786.3	6.4	126	6.35	47.68

资料来源:2007年、2016年交通运输行业发展统计公报。

表25-17 2011—2016年西藏自治区和全国人均年用电量 (单位:千瓦时)

年 份	西藏自治区人均年用电量	全国人均年用电量
2011	783.71	3502.1
2012	902.41	3673.4
2013	982.25	3913.4
2014	1070.07	4061.2
2015	1251.04	4051.1
2016	1489.08	4287.7

资料来源:《中国统计年鉴》。

6. 基本公共服务能力不足

2016年西藏自治区劳动力人口平均教育年限不到9年,比全国平均水平低2年,15岁及以上人口文盲率高达37%、高出全国平均水平32个百分点;每千人卫生技术人员、医疗卫生机构床位分别比全国平均水平少1.4人、0.78张。农牧区基本公共服务不足更加突出。

(1)农牧区医疗服务薄弱。从全区每千人医师数而言,西藏自治区接近全国平均水平,但是西藏自治区广大农牧区享有的医疗服务水平亟待提高。一是农牧区卫生人员匮乏。全区近一半的医师分布在地(市)级以上医疗卫生机构,乡(镇)卫生院缺员率近达50%。二是基层卫生人员待遇偏低。工作生活条件艰苦,交通不便,气候恶劣,乡

（镇）卫生院卫生人员中，聘用人员占比较高，工资待遇低，现有人员流动性大，导致基层卫生队伍极不稳定。三是基层卫生人员学历偏低，大多数卫生人员学历为中专或无学历。四是基层卫生医疗设备陈旧落后。乡镇卫生院、村卫生所医疗设备短缺。"十二五"规划末期，每 1 万个常住人口中，城市有 109 张床位，农村仅有 33 张；卫生技术人员方面，城市 116 名，农村 33 名；执业（助理）医师城市 51 名，农村 14 名；注册护士城市 37 名，农村 5 名，可以看出西藏自治区城市与农村之间仍旧存在较大差距。

（2）农牧区教育质量有待进一步提升。学前教育发展滞后，学前儿童入园率远远低于全国幼儿入园水平，农牧区学前汉藏双语教育刚刚起步。农牧区缺乏标准规范的学前教育场所，缺校舍、缺教师、缺教材、缺设备。县以下幼儿园教师大部分是从小学调整或是聘用的临时工，岗前未接受系统学前教育相关知识和技能培训，部分教师的汉语水平偏低，教学水平不高，教学经验不足。

义务教育普及水平和教育质量不高。西藏自治区义务教育巩固任务艰巨，15 周岁以上人口人均受教育年限远低于全国平均水平。农牧区学校办学条件依然较差，校舍改造任务艰巨。农牧区寄宿制学校建设严重滞后，基础设施不配套、功能不完善，图书资料、教学仪器设备、体育设施等与国家标准相差甚远。

高中阶段教育资源短缺，结构不合理。全区仅有高中 29 所，中等职业学校 9 所，现有高中阶段教育资源仅能覆盖学龄人口的 50%，尤其是中等职业学校资源不足，办学条件差，基础设施不配套，实验实训能力弱，普高比仅为 6.43∶3.57，排在全国后位。

三、西藏自治区进一步深化改革开放的政策建议

针对西藏地区经济社会发展的条件、特点以及不平衡不充分的主要表现，我们提出，解决西藏自治区发展不平衡不充分的主要建议如下。

（一）继续加大投入，同时提高投资效益

西藏自治区目前仍属投资拉动型经济，稳增长首先要稳投资。既要用好中央政策、发挥国家投资的引领作用，又要充分发挥市场机制的作用，激发民间投资活力，吸引和撬动更多社会投资。政府要在培育市场和促进发展方面发挥重要作用，切实增强自我发展的能力。通过继续加大对西藏自治区的投入，突破基础设施和社会事业瓶颈。在强化国家宏观调控的同时赋予西藏自治区较大的自主发展权，特别是财政税收政策要保持较宽的调控空间。

1. 加大对西藏自治区基础设施建设力度，引导资金投向三个方面

一是集中财力建设关系西藏自治区发展全局、带动作用较大的重大项目，比如干线

公路、铁路(含支线)、电网、重大水利设施等基础设施以及重点区域的生态环境保护等工程,着力增强西藏自治区的可持续发展能力;二是与西藏自治区城乡群众生产生活以及与和谐社会建设密切相关的领域,如社会事业、通信、广播电视、安全饮水等,着力提高西藏自治区城乡居民的公共服务水平,使西藏自治区群众在公共服务上与西部地区基本保持同一保障水平;三是物流体系基础设施建设领域,国家统筹在市(县)投资建设仓储、冷链和电子商务等高标准硬件设施,自治区成立公司管理物流固定资产,可采取与中国邮政西藏自治区分公司合作的方式,共同运营,构建全覆盖的物流体系,促进消费商品和生产要素流动。

2. 进一步拓展西藏自治区开发的财政性资金融资渠道

确保充足的西藏自治区开发资金来源,一是发行"西藏开发长期建设国债";二是建立财政性的"西藏开发专项建设基金"。

3. 财政投入要向农业科技倾斜

加快中低产田改造,提高青稞、蔬菜等综合生产能力,建设一批特色畜牧产品生产基地和产业带;加大高原特色农牧业科技研发和成果推广力度,加强对农牧民技术培训,积极培育新型农牧业经营主体,健全社会化服务体系,发展多种形式适度规模经营;深化农业供给侧结构性改革,积极发展绿色特色品牌农业,把更多优质特色农畜产品卖到内地,促进农牧民增收。

4. 提高对口援藏的经济社会效益

考虑对口援藏项目时,一是要把政策引向西藏自治区的公共事业投资,如学校、医院、公共图书馆、博物馆、科技馆等,用以提高西藏自治区人口素质,提高藏族群众进入产业的实际竞争能力;二是积极探索"政府援藏"和"市场援藏"相融合的路子,提高援藏项目投资的精准性、监管的有效性。

(二)突出产业重点,增强自我发展能力

从资源条件、产业基础和国家战略需要出发,统筹规划、科学布局,大力培育具有地方比较优势和市场竞争力的产业集群,增强自我发展能力。

1. 高原生物产业

以绿色健康品牌化为导向,加大高原农牧业作物深加工,做大做优高原药品,做精林下资源深加工,提高质量、扩大规模,抢占市场、形成品牌。

2. 高原特色旅游文化全域发展

围绕"地球第三极"打好品牌,开发精品观光线路和多层次旅游产品,加强旅游文化产业、基础设施、进出通道、市场规范建设,提升旅游档次,塑造世界知名旅游品牌,探索开展"跨境旅游"办法和措施,延长产业链,带动关联产业发展。

3. 绿色工业规模发展

绿色工业要强环保、重科技。重点推动天然饮用水产业发展，布局好绿色矿产业，加快锂矿开发，抓好绿色相关制造业。

4. 壮大清洁能源产业

加快新能源建设，加快推进前期工作，打造国家清洁能源基地、"西电东送"接续基地和辐射南亚的能源基地建设。

5. 积极发展现代服务业

在发展好传统服务业基础上，适应新时代经济社会发展要求，着力推动金融服务业、农业服务业、工业服务业等新产业、新业态、新产品发展。创新金融产品和服务，推动互联网新业态，发展电子商务。

6. 推动高新数字产业创新发展

要抓住数字机遇，缩短与内地的"滞后效应"。通过"互联网+"，积极推动互联网信息技术、国内成熟新技术提升改造西藏自治区传统产业，推动大数据、云计算、物联网等高新技术与一二三产业融合发展，逐步消除数字鸿沟。

7. 推动边贸物流产业跨越式发展

持续深化对内对外开放，抓住南亚大通道建设有利机遇，积极参与和主动融入"一带一路"建设，加快边境口岸建设，推进边境贸易和边贸互市。

（三）坚持绿色发展，走可持续发展道路

西藏自治区是国家重要生态安全屏障，要坚决贯彻落实"绿水青山就是金山银山"的理念，处理好人与自然的和谐发展。政府制定循环经济发展规划，把发展循环经济列为经济社会发展的重要指标。完善财政税收机制，鼓励循环经济发展，构建西藏自治区资源和生态环保税收体系。鼓励企业节约资源、降低能耗，发展循环经济，健全环境保护税，限制高耗材、高耗能、高污染行业的发展，对投资环保项目、资源综合利用产业实行税收等优惠政策。扩大资源税征税范围和改革计征方法，如将矿产资源税计征方法改为按矿产储量或回采率征收，将地下水、原木、草原、土地等不可再生资源尽早纳入资源征收范围。进一步加大保护生态环境的执法力度，防止某些地方为一时的经济利益和政绩而滥耕、滥伐、滥采、滥挖。

（四）培育现代金融市场，完善投资环境

总体而言，西藏自治区"十三五"期间甚至较长时期，固定资产投资存在较大缺口，西藏自治区经济社会发展需要大量稳定的资金来源，必须加快市场化改革的步伐、努力实现投资多元化，通过法律和政策营造良好的投资发展环境，保证投资者的合法利益，

才能实现西藏自治区的可持续发展。

1. 国家在扩大财政性资金融资渠道的同时,加大金融领域对西藏自治区开发全方位的支持

稳步扩大政策性银行对西藏自治区的贷款融资规模,鼓励商业银行向西藏自治区符合国家产业政策、带动作用明显的建设项目贷款融资并加大财政贴息力度,加大资本市场直接融资的力度。

2. 拓宽西藏自治区地区基础设施建设的投融资渠道

依法合规、适当放宽政府和社会资本合作(PPP)条件吸引社会资本投入,统筹建立按商业化运作的、定向用于西藏自治区基础设施和优势产业的产业投资基金,开辟产业投资基金融资的新渠道。鼓励国内其他省份在基础设施建设中与西藏自治区展开联合投资和横向协作,在藏电东输、能源入藏、生态环境保护建设等双方或多方共同受益的项目建设方面展开合资、合作,扩展区域外的资金。

3. 推动开发式金融,对西藏自治区进行有目的的扶持

西藏自治区的市场体系建设和金融体系建设必须把市场经济与市场经济体制建设结合、将信用建设与金融体系环境建设结合、将制度建设和投融资体制建设结合,通过管理资产运作,引导资金投向,维护金融安全和金融市场稳定。

4. 完善西藏自治区金融市场经济法律体系并推进法律的执行

培育增强资金吸引能力的制度基础,强化信用制度建设,努力推动金融安全区创建活动,引导企业规范改制,落实金融债权,切实打击恶意逃避金融债务和变更资金用途的行为。

(五)实施创新驱动发展战略,强化人才支撑

1. 转化机制支持重点领域的创新,提升创新对经济社会发展的拉动作用

加快推进产学研结合的区域创新体系建设,围绕后发优势,做好模仿创新,突出高原特色技术创新。政府营造良好的创新条件,拓宽财政支持,发挥政府科技投入的杠杆作用,撬动企业研发投资,促进以市场为导向、以企业为主体的现代科研创新体系的形成。改革创新管理体制,改变以往以行政权力分配科研资金的做法,建立以业绩和能力为导向,价值为首要标准的科技评价新机制,淡化身份等非业绩性指标在科技评价中的作用。

2. 培育人才、引进人才、用好人才、留住人才,为经济社会发展提供智力支撑

一是加大本土人才的培养力度。以特色产业为重点,明确育才方向,试点示范,推行科技、产业人才定制,为创新驱动发展、产业发展提供相匹配的智力支撑。坚持需求

导向,推广校企合作,加强技术技能人才培养,推动教育与产业对接、专业和职业对接。二是加大人才引进力度。以西藏自治区知名企业、高校、科研院所等单位为引才先头部队,建立动态引才目录,尤其是高层次和急需紧缺人才引才目录,开展靶向引才、精准引才。三是用好人才。要把合适的人才,放到合适的岗位,避免"大材小用",真正做到人尽其才,物尽其用。同时也要为各类人才提供良好的干事创业的平台,使各类人才在西藏自治区能实现自身价值。四是留住人才。强化对各类人才的服务工作,完善人才激励机制,让人才群体有盼头,真正做到"放水养鱼"。

(六)协调经济发展与民生改善,补齐民生短板

1. 推动城乡义务教育一体化发展

提高基础教育质量,抓住整班移交是关键,采取超常规的举措,提高校长、教师履职尽责的能力,加大教育援藏力度,加强师资建设,提高教师待遇,使基础教育有一个大的突破。完善职业教育和培训体系。职业教育对接岗位,要统筹考虑教育和就业,培养更多实用人才、工农医急需专业人才,促进农牧民转移就业。

2. 着力稳定和扩大就业

就业是最大的民生,西藏自治区各级政府要着力创造良好的就业条件,强化技能培训、就业服务、就业援助等支持,积极落实就业各项扶持政策,完善就业政策体系,着力稳定和扩大就业。以市场需求为导向,进一步整合区内培训资源,加强培训资金统筹,贯彻把做好高校毕业生、农牧民工、就业困难人员就业作为就业工作的重点,加快建立区、地、县三级人力资源市场,发挥市场机制在人力资源配置中的基础性作用。不断加大就业政策宣传工作力度,引导大学生树立正确的就业择业观,增强市场竞争就业意识,进一步拓宽就业渠道,鼓励高校毕业生到基层、到区外、到企业特别是非公有制企业就业和自主创业。对就业困难家庭高校毕业生实施一对一就业援助,开发一批基层社会管理和公共服务岗位帮助就业等。大力开展适合西藏自治区特色优势产业发展需要的职业技能培训,让劳动者掌握一技之长,提高职业技能,增强就业竞争力,促进和稳定就业。继续加大劳务输出力度,充分发挥劳务输出这个农牧区富余劳动力转移就业主渠道的作用,大力促进农牧民转移就业。发展壮大企业规模,拓宽就业空间,拓展就业道路,提高企业吸纳劳动者就业的能力。实施创业引领计划,引导扶持大众创业,推动创业带动就业。

3. 健全和发展社会基本保障制度

统筹推进城乡社会保障体系建设,实施以养老保险、医疗保险为重点的全民参保登记计划,逐步实现基本社会保险制度对适用人群的全覆盖,建立统一的社会保险征缴激励和约束机制,强化经办责任,确保参保人员缴费。积极推进和完善城镇基本医疗保险

大病保险政策,加强与承保商业保险公司协作,优化审核赔付流程,做到快报快核快赔快付,切实减轻大病患者医疗费用负担。不断完善基本养老保险制度,启动机关单位养老保险制度改革,加强基本养老保险统筹基金和个人账户管理,健全多缴多得激励机制。积极推进预防、补偿、康复相结合的工伤保险体系建设,加大社会保险基金征缴和稽核力度,建立统一的社会保险征缴激励和约束机制,并规范西藏自治区各项社会保险基金统筹管理和发展模式。

4. 推进实施健康西藏自治区战略

首先,加快改善医疗基础设施,重点加强基层尤其是农村医疗卫生条件。其次,提高公共医疗卫生服务水平。加强农村医疗卫生队伍、服务网络和城市社区卫生服务体系建设,完善覆盖城乡居民的基本医疗保障和大病保险制度体系。通过外部援助(医疗人才组团式援藏)和内部培养相结合,全面提高医疗卫生服务水平。再次,深化医药卫生体制改革,建立分级诊疗制度,形成"大病不出自治区、中病不出地市、小病不出县区",提高基层医疗卫生服务能力,缓解医疗资源分布不均衡、医疗资源紧张、大医院看病难、看病贵问题,在补短板上用全劲,使全力。

5. 坚决打赢脱贫攻坚战

一是大力实施产业扶贫。通过构建贫困群众长效增收脱贫机制,大力发展特色种养业、文化旅游业、商贸流通业等特色优势产业,以能人带动、"公司+农户+基地""合作组织+景区+农家乐"、以奖代补、电商扶贫创新产业扶贫模式等方式,加快同质产业的合并重组,壮大产业规模,提高效益,增加贫困群众收入。二是大力实施易地扶贫搬迁。引导贫困人口向中心乡村、小城镇、产业园区、旅游景区、交通沿线等集聚;统筹搬迁与住房、安居与乐业同步推进,科学合理配套建设基础设施、公共服务等相关产业,确保搬迁群众搬得出、稳得住、有就业、能增收;通过启动同步搬迁和边境小康示范村建设,改善边民生产生活条件,确保边民安心守边固边。三是大力实施生态补偿。继续落实好草原生态保护、天然林管护等生态补偿政策,健全完善生态补偿岗位管理和资金使用制度,优先吸纳有劳动能力的贫困人口从事生态保护,最大限度增加贫困群众收入,切实让贫困群众吃上"生态饭";统筹主体功能区、民族地区和边境地区转移支付政策,安排生态补偿岗位,发挥好政策的边际效益。四是大力实施转移培训。突出职业技能和学历培训,提高从业能力和水平。按照"扶贫必扶智"的要求,将贫困村"两委"成员、致富带头人、复转军人和扶贫系统干部以及有劳动能力的贫困人口,全部纳入职业技能培训和实用技术培训,提高带领群众脱贫致富的能力。利用"百企帮百村"、政府购买就业岗位与企业签订就业协议、鼓励自主创业等方式,拓宽贫困人口劳务输出和就业渠道,实现稳定就业增收。

26

甘肃省改革开放 40 周年
地区发展报告

甘肃行政学院课题组①

一、1978 年以来甘肃省经济社会发展成就

改革开放 40 年来,甘肃省从实际情况出发,不断完善发展思路,大力推进结构调整,大胆探索,勇于创新,走出了独具特色的发展之路。40 年来,甘肃省经济实力显著增强,工农业迅速发展,投资建设硕果累累,对外开放不断扩大,城乡居民生活质量逐步提高,生活水平显著改善,甘肃省的经济社会发生了翻天覆地的变化。

(一)生产力水平不断提升

1. 甘肃省地区生产总值逐年上升

改革开放促进了国民经济的巨大发展。40 年来,甘肃省地区生产总值由 1978 年的 64.73 亿元增加到 2017 年的 7677 亿元,增长了 7612.27 亿元,是 1978 年的 118.6 倍,年均增长率为 13.3%,比新中国成立的前 30 年平均增速 5.8%高出了 7.5 个百分点。甘肃省地区生产总值在 2000 年跨过千亿元大关后,经济总量呈现稳步增长态势,尤其在"十二五"以来,甘肃省地区生产总值年均增速保持在 6.2%左右(见表 26-1、图 26-1)。

表 26-1　1978—2017 年甘肃省生产总值(GDP)　　　　　(单位:亿元)

年　份	生产总值	年　份	生产总值	年　份	生产总值	年　份	生产总值
1978	64.73	1988	191.84	1998	887.67	2008	3176.11

---

① 课题组组长:刘进军;课题组成员:何元锋、王伟、周静茹、马蕾、马桔红、丁志鲲、王璠、赵慧、陈娟、朱柏萍、邱之伟、海平、邱红梅、吕文广;项目编号:NSAZT(WT)2018025。

续表

年　份	生产总值	年　份	生产总值	年　份	生产总值	年　份	生产总值
1979	67.51	1989	216.84	1999	956.32	2009	3478.07
1980	73.90	1990	242.80	2000	1052.88	2010	4135.86
1981	70.89	1991	271.39	2001	1125.37	2011	5002.41
1982	76.88	1992	317.79	2002	1232.03	2012	5675.18
1983	91.50	1993	372.24	2003	1399.83	2013	6330.69
1984	103.17	1994	453.61	2004	1688.49	2014	6836.82
1985	123.39	1995	557.76	2005	1933.98	2015	6790.32
1986	140.74	1996	722.52	2006	2277.35	2016	7200.37
1987	159.52	1997	793.57	2007	2703.98	2017	7677.00

资料来源:中华人民共和国国家统计局,见 http://data.stats.gov.cn/。

（单位：亿元）

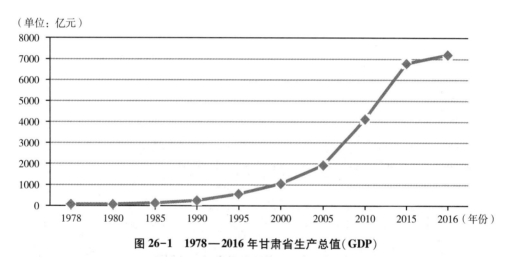

图 26-1　1978—2016 年甘肃省生产总值（GDP）

资料来源:中华人民共和国国家统计局,见 http://data.stats.gov.cn/。

2. 人均 GDP 稳步增加

从表 26-2 和图 26-2 可以看出,甘肃省人均 GDP 由 1978 年的 346.14 元增加到 2016 年的 27588.15 元,增长了 27242.01 元,比改革开放初期的 346.14 元增长了近 79 倍,年均增长率为 12.3%。2006 年,甘肃省人均生产总值超过 1000 美元,标志着甘肃省从低收入行列进入到了中等收入行列,人民生活基本上解决了温饱问题。

表 26-2　1978—2017 年甘肃省人均 GDP　　　　　（单位:元）

年　份	人均 GDP	年　份	人均 GDP	年　份	人均 GDP	年　份	人均 GDP
1978	346.14	1988	893.05	1998	3523.40	2008	12451.04

年　份	人均GDP	年　份	人均GDP	年　份	人均GDP	年　份	人均GDP
1979	356.48	1989	992.47	1999	3761.23	2009	13613.28
1980	385.21	1990	1076.88	2000	4185.89	2010	16155.83
1981	365.15	1991	1187.74	2001	4459.84	2011	19508.73
1982	389.29	1992	1373.22	2002	4868.22	2012	22017.73
1983	457.54	1993	1587.22	2003	5517.26	2013	24516.84
1984	509.26	1994	1900.13	2004	6643.73	2014	26389.04
1985	601.06	1995	2287.84	2005	7598.84	2015	26121.14
1986	674.89	1996	2928.91	2006	8942.04	2016	27588.15
1987	753.97	1997	3181.66	2007	10611.38	2017	29237.91

资料来源：中华人民共和国国家统计局，见 http://data.stats.gov.cn/。

图 26-2　1978—2016 年甘肃省人均 GDP

资料来源：中华人民共和国国家统计局，见 http://data.stats.gov.cn/。

3. GDP 增长率及人均 GDP 增长率

如表 26-3 所示，1978 年至 2017 年以来，甘肃省地区生产总值增长率波动较大，正区间内在 4.29%（1979 年）与 29.54%（1996 年）之间波动，期间出现两次负增长（1981年 -4.07% 与 2015 年 -0.68%）。2017 年甘肃省地区生产总值增长率为 6.62%，基本与全国国内生产总值增速（6.9%）同步。甘肃省人均 GDP 增长率变化波动情况与甘肃省GDP 增长率变化波动一致（见图 26-3）。

表 26-3　1978—2017 年甘肃省 GDP 增长率及人均 GDP 增长率　　（单位:%）

年　份	增长率	人均增长率	年　份	增长率	人均增长率	年　份	增长率	人均增长率	年　份	增长率	人均增长率
1978	10.24	8.92	1988	20.26	18.45	1998	11.86	10.74	2008	17.46	17.34
1979	4.29	2.99	1989	13.03	11.13	1999	7.73	6.75	2009	9.51	9.33
1980	9.47	8.06	1990	11.97	8.51	2000	10.10	11.29	2010	18.91	18.68
1981	-4.07	-5.21	1991	11.78	10.30	2001	6.88	6.54	2011	20.95	20.75
1982	8.45	6.61	1992	17.10	15.62	2002	9.48	9.16	2012	13.45	12.86
1983	19.02	17.53	1993	17.13	15.58	2003	13.62	13.33	2013	11.55	11.35
1984	12.75	11.30	1994	21.86	19.71	2004	20.62	20.42	2014	7.99	7.64
1985	19.60	18.03	1995	22.96	20.40	2005	14.54	14.38	2015	-0.68	-1.02
1986	14.06	12.28	1996	29.54	28.02	2006	17.75	17.68	2016	6.04	5.62
1987	13.34	11.72	1997	9.83	8.63	2007	18.73	18.67	2017	6.62	5.98

资料来源:中华人民共和国国家统计局,见 http://data.stats.gov.cn/。

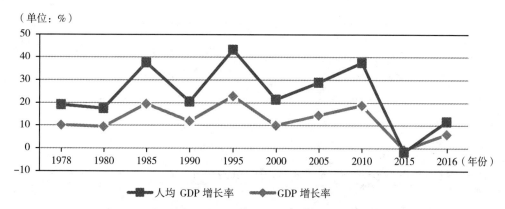

图 26-3　1978—2016 年甘肃省 GDP 增长率及人均 GDP 增长率

资料来源:中华人民共和国国家统计局,见 http://data.stats.gov.cn/。

（二）经济结构不断优化

1. 第三产业占 GDP 比重逐步优化

以第三产业为例,甘肃省的第三产业占 GDP 的比重从 1978 年的 19.28%增长到 2016 年的 51.41%,所占比重提升了约 32 个百分点,对稳定和促进甘肃省的经济发展作出了重要贡献,对甘肃省经济增长的拉动作用也进一步增强(见表 26-4 和图 26-4)。

表 26-4　1978—2016 年甘肃省第三产业占 GDP 比重　　（单位：%）

年　份	第三产业占比	年　份	第三产业占比	年　份	第三产业占比	年　份	第三产业占比
1978	19.28	1988	30.10	1998	35.09	2008	39.12
1979	20.20	1989	30.46	1999	37.06	2009	39.20
1980	23.80	1990	33.12	2000	41.52	2010	37.15
1981	25.34	1991	34.24	2001	40.82	2011	39.26
1982	24.27	1992	36.17	2002	41.79	2012	39.99
1983	22.87	1993	33.54	2003	42.14	2013	41.36
1984	24.58	1994	33.31	2004	40.77	2014	44.02
1985	25.53	1995	34.12	2005	40.71	2015	49.21
1986	26.61	1996	30.78	2006	39.53	2016	51.41
1987	28.74	1997	33.47	2007	38.35		

资料来源：中华人民共和国国家统计局，见 http://data.stats.gov.cn/。

（单位：%）

图 26-4　1978—2016 年甘肃省第三产业占 GDP 比重趋势图

资料来源：中华人民共和国国家统计局，见 http://data.stats.gov.cn/。

2. 制造业占 GDP 比重缓慢下降

制造业是我国的根基所在，也是推动经济发展提质增效升级的主战场。"十二五"以来，面对国内外复杂多变的经济形势，我国制造业始终坚持稳步发展，已成为世界制造业第一大国。从表 26-5 和图 26-5 可以看出，甘肃省制造业发展历程艰辛，发展呈稳中略有下降趋势。

表26-5　1978—2016年甘肃省制造业占GDP比重　　（单位:%）

年　份	制造业占GDP比重	年　份	制造业占GDP比重	年　份	制造业占GDP比重	年　份	制造业占GDP比重
1978	60.31	1988	42.39	1998	42.07	2008	46.43
1979	60.70	1989	42.33	1999	42.88	2009	45.59
1980	53.92	1990	40.50	2000	40.05	2010	46.84
1981	49.80	1991	41.24	2001	40.70	2011	46.07
1982	50.13	1992	40.49	2002	40.72	2012	44.91
1983	46.91	1993	42.97	2003	40.86	2013	43.37
1984	48.44	1994	43.80	2004	42.24	2014	42.80
1985	47.66	1995	46.05	2005	43.36	2015	36.74
1986	46.38	1996	43.18	2006	45.81	2016	34.94
1987	42.88	1997	42.57	2007	47.31		

资料来源:中华人民共和国国家统计局,见 http://data.stats.gov.cn/。

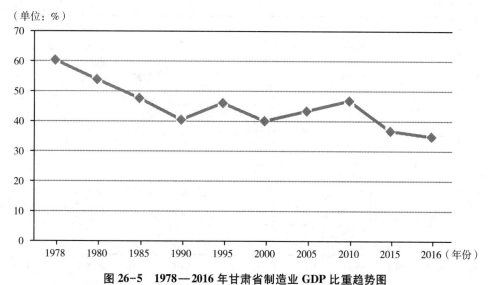

（单位：%）

图26-5　1978—2016年甘肃省制造业GDP比重趋势图

资料来源:中华人民共和国国家统计局,见 http://data.stats.gov.cn/。

3. 最终消费占GDP比重较为平稳

改革开放40年来,甘肃省最终消费占GDP比重在60%—80%之间波动,1978年至1981年之间呈现上升趋势,最终消费占GDP比重由66.62%上升至80.74%;1981年至1985年呈现下降趋势,最终消费占GDP比重由80.74%下降至69.88%;1986年至2014年在58.58%—74.95%之间波动,自2015年开始,最终消费占GDP比重再次呈现出上升趋势(见表26-6、图26-6)。

表 26-6　1978—2016 年甘肃省最终消费占 GDP 比重　　　　（单位:%)

年　份	最终消费占比	年　份	最终消费占比	年　份	最终消费占比	年　份	最终消费占比
1978	66.62	1988	72.77	1998	63.43	2008	61.39
1979	68.98	1989	72.86	1999	61.97	2009	60.70
1980	72.76	1990	70.10	2000	60.38	2010	59.53
1981	80.74	1991	72.12	2001	62.41	2011	59.31
1982	79.76	1992	71.73	2002	62.54	2012	58.64
1983	74.43	1993	70.65	2003	61.68	2013	58.58
1984	71.17	1994	71.12	2004	62.05	2014	59.03
1985	69.88	1995	69.09	2005	62.96	2015	64.42
1986	74.07	1996	69.64	2006	60.94	2016	65.99
1987	74.95	1997	68.54	2007	59.74		

资料来源:中华人民共和国国家统计局,见 http://data.stats.gov.cn/。

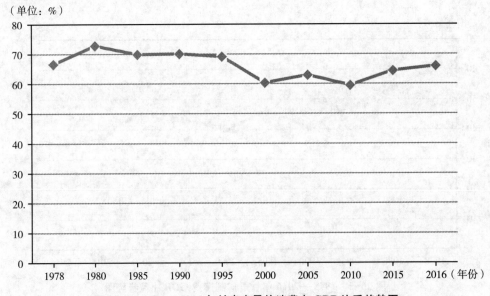

图 26-6　1978—2016 年甘肃省最终消费占 GDP 比重趋势图

资料来源:中华人民共和国国家统计局,见 http://data.stats.gov.cn/。

4.城镇化率快速提高

甘肃省城镇化水平提高迅速。近 40 年来,城镇化率提高了 31 个百分点,由 1978 年的 14.41% 提高至 2016 年的 44.69%,虽然距离 2016 年全国平均水平 57% 还有很大差距,但也意味着巨大的城镇化潜力在为甘肃省经济发展持续释放动能(见表 26-7、图 26-7)。

表 26-7　1978—2016 年甘肃省城镇化率　　　　　　（单位：%）

年　份	城镇化率	年　份	城镇化率	年　份	城镇化率	年　份	城镇化率
1978	14.41	1988	20.47	1998	23.52	2008	32.15
1979	14.78	1989	21.38	1999	23.72	2009	32.65
1980	15.15	1990	22.01	2000	24.01	2010	36.12
1981	15.70	1991	22.27	2001	24.51	2011	37.15
1982	15.49	1992	22.54	2002	25.96	2012	38.75
1983	16.25	1993	22.80	2003	27.38	2013	40.13
1984	17.04	1994	22.96	2004	28.61	2014	41.68
1985	17.86	1995	23.05	2005	30.02	2015	43.19
1986	18.68	1996	23.19	2006	31.09	2016	44.69
1987	19.56	1997	23.34	2007	31.59		

资料来源：中华人民共和国国家统计局，见 http://data.stats.gov.cn/。

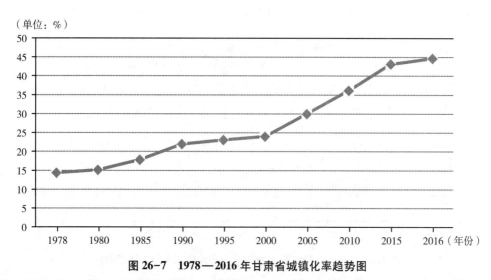

图 26-7　1978—2016 年甘肃省城镇化率趋势图

资料来源：中华人民共和国国家统计局，见 http://data.stats.gov.cn/。

5. 第一产业就业人员占比持续下降

第一产业就业人员占比由 1983 年的 80.21% 下降为 2016 年的 55.96%，下降了 24.25 个百分点，但依旧占据总就业人口的一半以上，比全国平均水平的 27.69% 高出近 30 个百分点。近 56% 的劳动力提供了 14% 的 GDP，说明甘肃省农业劳动生产率过低（见表 26-8、图 26-8）。

表 26-8　1983—2016 年甘肃省第一产业就业人员占比　　　　（单位:%）

年　份	第一产业就业人员占比	年　份	第一产业就业人员占比	年　份	第一产业就业人员占比	年　份	第一产业就业人员占比
1983	80.21	1992	68.80	2001	59.55	2010	61.61
1984	76.72	1993	68.69	2002	59.23	2011	61.26
1985	72.67	1994	65.08	2003	58.91	2012	60.45
1986	71.84	1995	63.53	2004	58.58	2013	59.26
1987	66.13	1996	63.18	2005	63.67	2014	58.02
1988	67.72	1997	61.79	2006	63.23	2015	57.06
1989	67.89	1998	59.90	2007	62.66	2016	55.96
1990	69.59	1999	59.00	2008	62.35		
1991	69.10	2000	59.64	2009	61.17		

资料来源:中华人民共和国国家统计局,见 http://data.stats.gov.cn/。

（单位：%）

图 26-8　1983—2016 年甘肃省第一产业就业人员占比趋势图

资料来源:中华人民共和国国家统计局,见 http://data.stats.gov.cn/。

6. 单位 GDP 煤炭、石油、天然气、电力消费量逐年减少

甘肃省单位 GDP 煤炭消费量由 1978 年的 10.80 吨/元下降为 2016 年的 0.41 吨/元;单位 GDP 石油消费量由 1.81 吨/元下降为 2016 年的 0.16 吨/元;单位 GDP 天然气消费量由 1978 年的 0.03 吨/元下降为 2016 年的 0.002 吨/元;单位 GDP 电力消费量由 1978 年的 1.46 吨/元下降为 2016 年的 0.22 吨/元(见表 26-9、图 26-9)。

表26-9 1978—2016年甘肃省单位GDP煤炭、石油、天然气、电力消费量

(单位:吨/元)

年份	煤炭	石油	天然气	电力	年份	煤炭	石油	天然气	电力	年份	煤炭	石油	天然气	电力
1978	10.80	1.81	0.03	1.46	1991	4.06	0.85	0.03	0.42	2004	1.49	0.24	0.01	0.25
1979	9.26	2.33	0.03	1.51	1992	3.47	0.89	0.02	0.34	2005	1.34	0.22	0.01	0.29
1980	7.41	2.62	0.03	1.35	1993	3.46	0.57	0.00	0.34	2006	1.20	0.21	0.01	0.25
1981	7.94	2.77	0.02	1.49	1994	3.25	0.76	0.02	0.30	2007	1.04	0.19	0.01	0.24
1982	8.16	2.56	0.02	1.57	1995	3.16	0.69	0.02	0.21	2008	0.89	0.17	0.01	0.23
1983	7.19	2.22	0.02	1.34	1996	2.20	0.64	0.02	0.14	2009	0.82	0.15	0.01	0.25
1984	7.20	2.03	0.02	1.22	1997	2.06	0.67	0.03	0.13	2010	0.77	0.13	0.003	0.22
1985	6.86	1.82	0.02	0.99	1998	1.86	0.71	0.06	0.12	2011	0.63	0.14	0.002	0.20
1986	6.34	1.59	0.03	0.81	1999	1.69	0.65	0.05	0.15	2012	0.57	0.16	0.003	0.21
1987	5.75	1.37	0.01	0.58	2000	1.19	0.45	0.04	0.13	2013	0.49	0.16	0.002	0.23
1988	5.06	1.10	0.02	0.49	2001	1.21	0.39	0.03	0.15	2014	0.47	0.16	0.002	0.23
1989	4.66	0.97	0.02	0.60	2002	1.37	0.29	0.01	0.31	2015	0.45	0.17	0.002	0.24
1990	4.60	0.86	0.02	0.54	2003	1.49	0.26	0.005	0.28	2016	0.41	0.16	0.002	0.22

资料来源:中华人民共和国国家统计局,见 http://data.stats.gov.cn/。

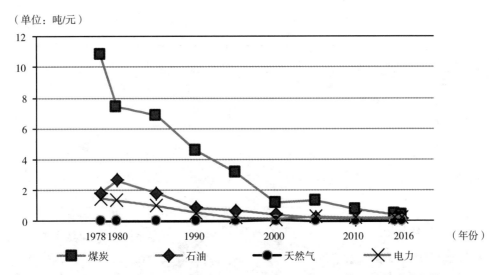

图26-9 1978—2016年甘肃省单位GDP煤炭、石油、天然气、电力消费量趋势图

资料来源:中华人民共和国国家统计局,见 http://data.stats.gov.cn/。

7. 能源结构趋于合理

煤炭占比由1978年的76.58%下降为2016年的51.75%;石油占比由1978年的12.83%上升为2016年的20.24%;天然气由1978年的0.21%上升为2016年的0.28%;电力占比由1978年的10.38%上升为2016年的27.73%(见表26-10、图26-10)。

表 26-10 1978—2016 年甘肃省能源结构   （单位:%）

年份	煤炭	石油	天然气	电力	年份	煤炭	石油	天然气	电力	年份	煤炭	石油	天然气	电力
1978	76.58	12.83	0.21	10.38	1991	75.66	15.87	0.57	7.90	2004	75.04	12.03	0.36	12.57
1979	70.54	17.78	0.21	11.47	1992	73.60	18.90	0.35	7.15	2005	71.72	12.07	0.57	15.64
1980	64.99	22.99	0.22	11.81	1993	79.20	13.00	0.10	7.71	2006	71.88	12.50	0.52	15.10
1981	64.96	22.64	0.20	12.20	1994	75.02	17.59	0.56	6.83	2007	70.78	12.61	0.49	16.13
1982	66.29	20.78	0.17	12.76	1995	77.37	16.80	0.60	5.23	2008	68.71	12.82	0.42	18.06
1983	66.79	20.60	0.16	12.44	1996	73.32	21.25	0.64	4.79	2009	67.10	12.15	0.46	20.29
1984	68.74	19.39	0.19	11.68	1997	71.39	23.26	0.94	4.42	2010	68.37	11.79	0.28	19.56
1985	70.86	18.76	0.20	10.19	1998	67.45	25.78	2.34	4.39	2011	64.64	14.70	0.22	20.45
1986	72.34	18.11	0.34	9.22	1999	66.50	25.50	2.10	5.90	2012	60.29	16.77	0.31	22.63
1987	74.61	17.75	0.17	7.47	2000	65.70	24.90	2.00	7.40	2013	55.48	18.32	0.25	25.95
1988	75.84	16.56	0.26	7.34	2001	67.80	21.80	1.80	8.60	2014	54.64	18.61	0.27	26.48
1989	74.69	15.51	0.25	9.55	2002	69.16	14.83	0.43	15.58	2015	52.02	20.14	0.27	27.57
1990	76.48	14.29	0.27	8.96	2003	73.13	12.81	0.24	13.82	2016	51.75	20.24	0.28	27.73

资料来源:中华人民共和国国家统计局,见 http://data.stats.gov.cn/。

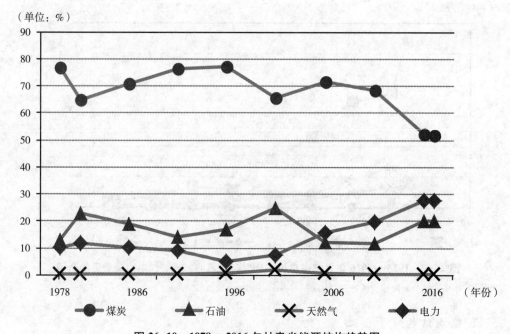

图 26-10 1978—2016 年甘肃省能源结构趋势图

资料来源:中华人民共和国国家统计局,见 http://data.stats.gov.cn/。

8. 国有控股工业企业资产总计占比逐年下降

如表 26-11、图 26-11 所示,国有控股工业企业资产总计占比由 2000 年的 96.76%

下降为 2016 年的 91.92%。如表 26-12、图 26-12 所示,私营工业企业资产总计占比由 2000 年的 0.37%上升为 2016 年的 4.96%。

表 26-11　2000—2016 年甘肃省国有控股工业企业资产总计占比　　　（单位:%）

年　份	占　比	年　份	占　比
2000	96.76	2009	92.62
2001	95.67	2010	92.38
2002	96.21	2011	93.75
2003	95.90	2012	94.00
2004	93.94	2013	92.45
2005	94.11	2014	92.32
2006	94.82	2015	92.30
2007	92.68	2016	91.92
2008	91.75		

资料来源:中华人民共和国国家统计局,见 http://data.stats.gov.cn/。

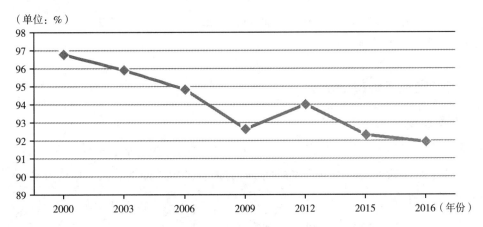

（单位：%）

图 26-11　2000—2016 年甘肃省国有控股工业企业资产总计占比趋势图

资料来源:中华人民共和国国家统计局,见 http://data.stats.gov.cn/。

表 26-12　2000—2016 年甘肃省私营工业企业资产总计占比　　　（单位:%）

年　份	占　比	年　份	占　比
2000	0.37	2009	3.72
2001	0.95	2010	3.73
2002	0.68	2011	2.80
2003	1.18	2012	3.14
2004	2.25	2013	4.50
2005	2.45	2014	4.67
2006	2.29	2015	4.98

年　份	占　比	年　份	占　比
2007	3.32	2016	4.96
2008	3.88		

资料来源：中华人民共和国国家统计局，见 http://data.stats.gov.cn/。

（单位：%）

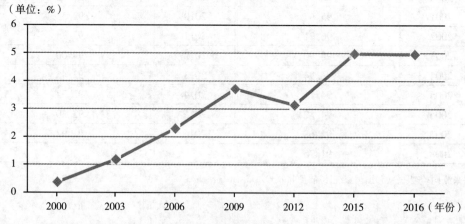

图 26-12　2000—2016 年甘肃省私营工业企业资产总计占比趋势图

资料来源：中华人民共和国国家统计局，见 http://data.stats.gov.cn/。

（三）宏观经济趋于稳定

1. 通货膨胀率

随着中国市场体系的日趋完善及经济的快速发展，人民生活水平日益提高，物价水平也呈现了波动式变动。改革开放 40 年来，甘肃省经历了四次较大的价格波动（见表 26-13、图 26-13）。

表 26-13　1979—2016 年甘肃省通货膨胀率　　　　　　　　　（单位：%）

年　份	通货膨胀率	年　份	通货膨胀率	年　份	通货膨胀率	年　份	通货膨胀率
1979	0.50	1989	-1.01	1999	-1.41	2009	-6.38
1980	3.07	1990	-12.47	2000	1.95	2010	2.76
1981	-2.40	1991	1.65	2001	4.52	2011	1.73
1982	-0.59	1992	2.19	2002	-3.85	2012	-3.02
1983	-0.69	1993	7.65	2003	1.10	2013	0.49
1984	2.09	1994	7.19	2004	1.19	2014	-1.07
1985	6.54	1995	-3.15	2005	-0.59	2015	-0.49
1986	-2.38	1996	-8.01	2006	-0.39	2016	-0.30
1987	0.94	1997	-6.62	2007	4.15		
1988	10.69	1998	-3.79	2008	2.56		

资料来源：根据中华人民共和国国家统计局，见 http://data.stats.gov.cn/。

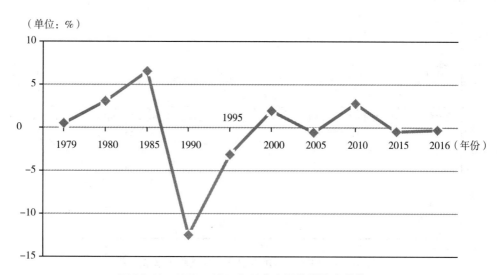

（单位：%）

图 26-13 1979—2016 年甘肃省通货膨胀率趋势图

资料来源：根据中华人民共和国国家统计局，见 http://data.stats.gov.cn/。

2. 财政盈余占比逐年缩减，财政赤字占比逐年上升

如表 26-14 和图 26-14 所示，1978 年，财政盈余占 GDP 比重为 9.56%，1982 年开始转入财政赤字，至 2016 年财政赤字占 GDP 比重达到 23.74%。

表 26-14 1978—2016 年甘肃省财政盈余/赤字占 GDP 比重 （单位：%）

年　份	占　比	年　份	占　比	年　份	占　比	年　份	占　比
1978	9.56	1988	-5.95	1998	-3.14	2008	-15.66
1979	6.34	1989	-4.49	1999	-4.68	2009	-18.47
1980	3.56	1990	-4.83	2000	-7.58	2010	-17.49
1981	2.53	1991	-4.18	2001	-9.89	2011	-17.14
1982	-0.41	1992	-4.25	2002	-10.04	2012	-17.26
1983	-5.05	1993	-2.97	2003	-8.77	2013	-18.40
1984	-7.67	1994	-2.15	2004	-8.36	2014	-19.12
1985	-6.17	1995	-2.33	2005	-9.04	2015	-23.15
1986	-7.28	1996	-1.20	2006	-10.26	2016	-23.74
1987	-5.76	1997	-1.86	2007	-10.48		

资料来源：根据中华人民共和国国家统计局、《甘肃年鉴》(1979—2017) 相关数据计算得出。

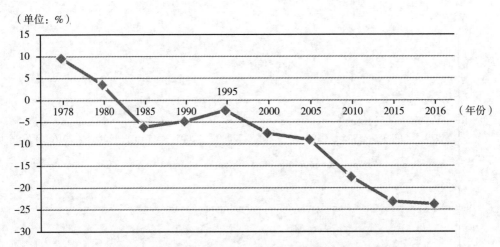

（单位：%）

图 26-14　1978—2016 年甘肃省通货膨胀率趋势图

资料来源：根据中华人民共和国国家统计局、《甘肃年鉴》(1979—2017)相关数据计算得出。

3. 地方政府债务占 GDP 比重逐年上升

表 26-15、图 26-15 显示，地方政府债务占 GDP 比重由 2012 年的 0.0017%上升为 2016 年的 0.0025%。

表 26-15　2012—2016 年甘肃省地方政府债务占 GDP 比重　（单位：%）

年　份	地方政府债务占 GDP 比重
2012	0.001661445
2013	0.001928889
2014	0.002267867
2015	0.002338623
2016	0.002469318

资料来源：中华人民共和国国家统计局、《甘肃年鉴》(2000—2017)。

4. 一般公共预算收入占 GDP 比重逐年上升

1994 年至 2006 年十余年间，甘肃省一般公共预算收入占 GDP 比重维持在 6%左右，说明政府对公共事业的投入较为有限，2007 年以后，一般公共预算收入开始有所增加，但增速缓慢（见表 26-16、图 26-16）。

（单位：%）

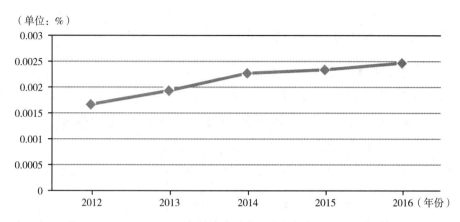

图 26-15　2012—2016 年甘肃省地方政府债务占 GDP 比重趋势图

资料来源：中华人民共和国国家统计局，见 http://data.stats.gov.cn/。

表 26-16　1994—2016 年甘肃省一般公共预算收入占 GDP 比重　　（单位:%）

年　份	占　比	年　份	占　比	年　份	占　比
1994	6.41	2002	6.19	2010	8.55
1995	6.08	2003	6.26	2011	9.00
1996	6.00	2004	6.17	2012	9.17
1997	6.23	2005	6.39	2013	9.59
1998	6.09	2006	6.20	2014	9.84
1999	6.10	2007	7.06	2015	10.95
2000	5.82	2008	8.34	2016	10.93
2001	6.22	2009	8.24		

资料来源：中华人民共和国国家统计局，见 http://data.stats.gov.cn/。

（单位：%）

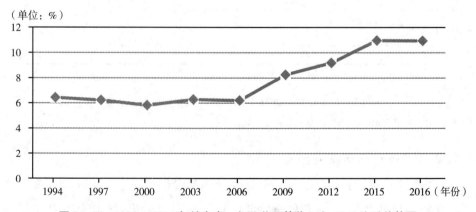

图 26-16　1994—2016 年甘肃省一般公共预算收入占 GDP 比重趋势图

资料来源：中华人民共和国国家统计局，见 http://data.stats.gov.cn/。

（四）基础设施不断完善，发展根基不断夯实

1. 人均年用电量逐年上升

如表26-17所示，人均年用电量由1997年的1045.31千瓦时/人上升为2016年的4081.11千瓦时/人。以2003年与2013年为例比较发现：2003年，甘肃省人均年用电量为1569.97千瓦时/人，略高于1474千瓦时/人的全国平均水平；2013年，甘肃省人均年用电量为4156.18千瓦时/人，亦略高于3911千瓦时/人的全国平均水平。

表26-17　1997—2016年甘肃省人均年用电量　　（单位：千瓦时/人）

年　份	人均 年用电量	年　份	人均 年用电量	年　份	人均 年用电量	年　份	人均 年用电量
1997	1045.31	2002	1342.13	2007	2412.46	2012	3858.70
1998	1030.38	2003	1569.97	2008	2656.97	2013	4156.18
1999	1146.79	2004	1778.49	2009	2761.39	2014	4228.38
2000	1174.13	2005	1923.23	2010	3142.33	2015	4226.58
2001	1213.03	2006	2105.91	2011	3601.33	2016	4081.11

资料来源：中华人民共和国国家统计局，见 http://data.stats.gov.cn/。

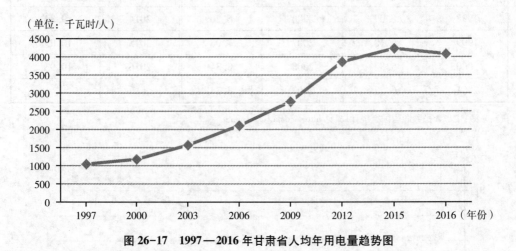

（单位：千瓦时/人）

图26-17　1997—2016年甘肃省人均年用电量趋势图

资料来源：中华人民共和国国家统计局，见 http://data.stats.gov.cn/。

2. 公路及铁路网络逐渐完善

从运输基础设施来看，改革开放40年来，甘肃省基础设施不断完善，发展根基不断夯实。截至2016年年末，甘肃省公路总里程达到14.3万公里，比1978年年末增加了11.2万公里，2016年公路网密度为3127.57公里/百平方公里，约为1978年的4倍；甘肃省铁路总里程达到0.41万公里，比1978年年末增加了0.19万公里；2016年铁路网

密度为 77.6 公里/百平方公里,约为 1978 年的 2 倍,如图 26-18 所示。

表 26-18　1978—2016 年甘肃省公路及铁路网密度

（单位:公里/百平方公里）

年份	公路网密度	铁路网密度	年份	公路网密度	铁路网密度	年份	公路网密度	铁路网密度	年份	公路网密度	铁路网密度
1978	759.65	41.96	1988	755.98	41.46	1998	789.23	43.26	2008	2324.63	47.29
1979	735.21	42.01	1989	761.68	41.46	1999	796.87	43.27	2009	2508.64	47.29
1980	740.09	42.01	1990	763.77	41.46	2000	865.79	43.17	2010	2616.00	47.28
1981	704.24	49.39	1991	765.27	41.46	2001	876.79	43.17	2011	2722.00	47.29
1982	705.61	49.39	1992	766.28	41.46	2002	885.13	43.16	2012	2887.16	47.29
1983	712.21	48.89	1993	767.44	41.46	2003	886.67	43.16	2013	2939.88	50.30
1984	715.86	48.88	1994	769.84	41.45	2004	896.75	42.64	2014	3038.62	65.27
1985	723.32	48.87	1995	774.46	41.45	2005	909.49	44.30	2015	3081.92	72.00
1986	738.82	41.48	1996	777.63	43.26	2006	2104.66	43.72	2016	3127.57	77.60
1987	752.31	41.46	1997	783.27	43.26	2007	2214.03	47.27			

资料来源:中华人民共和国国家统计局,见 http://data.stats.gov.cn/。

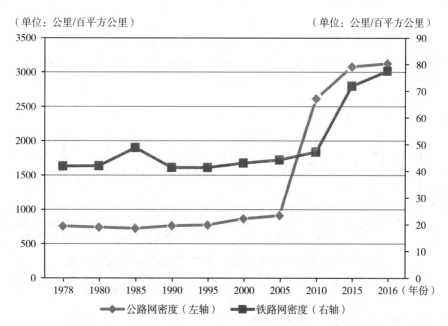

图 26-18　1978—2016 年甘肃省公路及铁路网密度趋势图

资料来源:中华人民共和国国家统计局,见 http://data.stats.gov.cn/。

3.（人均）民用航空客运量增长缓慢

根据表 26-19 数据显示,改革开放 40 年来,甘肃省的民用航空客运量增长缓慢,部分年份呈现负增长,2000年后逐年有所增长。

表 26-19 1978—2016 年甘肃省(人均)民用航空客运量　　(单位:次/人)

年　份	(人均)民用航空客运量	年　份	(人均)民用航空客运量	年　份	(人均)民用航空客运量	年　份	(人均)民用航空客运量
1978	0.01497	1988	0.00931	1998	0.01230	2008	0.04038
1979	0.01795	1989	0.00778	1999	0.01377	2009	0.04305
1980	0.01981	1990	0.00887	2000	0.03021	2010	0.03906
1981	0.00412	1991	0.01094	2001	0.02774	2011	0.03978
1982	0.00506	1992	0.01124	2002	0.02845	2012	0.04539
1983	0.00200	1993	0.01237	2003	0.03311	2013	0.04531
1984	0.00197	1994	0.01508	2004	0.04289	2014	0.33426
1985	0.00244	1995	0.01723	2005	0.03340	2015	0.40815
1986	0.00575	1996	0.01419	2006	0.03927	2016	0.05709
1987	0.00851	1997	0.01243	2007	0.04435		

资料来源:中华人民共和国国家统计局,见 http://data.stats.gov.cn/。

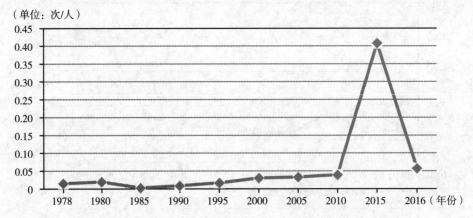

(单位: 次/人)

图 26-19 1978—2016 年甘肃省(人均)民用航空客运量趋势图

资料来源:中华人民共和国国家统计局,见 http://data.stats.gov.cn/。

4. 互联网/电话普及率逐年增加

随着移动多媒体广播电视、手机电视、数字电视宽带上网等新型信息网络服务水平逐步提升,甘肃省城市公共场所、重点区域的 WLAN 基本实现全覆盖。如表 26-20 所示,如图 26-20 所示,电话普及率从 1995 年的 1.9% 提升至 2016 年的 96.4%,如图 26-21 所示,截至 2016 年年末,互联网普及率达到 42.4%,接近全国 53.2% 的平均水平。

表26-20　1995—2016年甘肃省电话普及率　　　（单位:%）

年　份	电话普及率	年　份	电话普及率	年　份	电话普及率	年　份	电话普及率
1995	1.9	2001	15.33	2007	48.6	2013	90.64317
1996	2.5	2002	20.41	2008	54.01	2014	92.63
1997	3.3	2003	26.22	2009	61.74	2015	93.53
1998	4.4	2004	31.89	2010	68.38	2016	96.4
1999	5.27	2005	36.86	2011	78.56		
2000	9.57	2006	44.23	2012	83.5		

资料来源:中华人民共和国国家统计局,见 http://data.stats.gov.cn/。

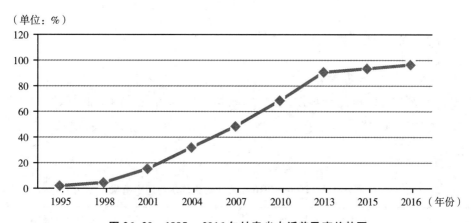

图26-20　1995—2016年甘肃省电话普及率趋势图

资料来源:中华人民共和国国家统计局,见 http://data.stats.gov.cn/。

表26-21　2010—2016年甘肃省互联网普及率　　　（单位:%）

年　份	互联网普及率
2010	24.8
2011	27.4
2012	31.0
2013	34.7
2014	36.8
2015	38.8
2016	42.4

资料来源:中华人民共和国国家统计局,见 http://data.stats.gov.cn/。

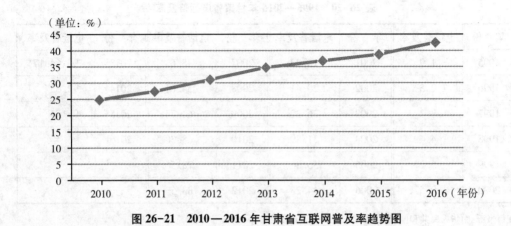

（单位：%）

图 26-21　2010—2016 年甘肃省互联网普及率趋势图

资料来源：中华人民共和国国家统计局，见 http://data.stats.gov.cn/。

（五）基础自然资源人均占有量

1. 人均水资源占有紧张

甘肃省部分地区地处干旱缺水地区，人均水资源占有量的最低值是 2002 年的 734.21 立方米/人，峰值出现在 2013 年，达到 1174.20 立方米/人（见表 26-22、图 26-22）。

表 26-22　2000—2016 年甘肃省人均水资源占有量　（单位：立方米/人）

年　份	人均水资源占有量	年　份	人均水资源占有量
2000	855.52	2009	926.35
2001	861.08	2010	987.79
2002	734.21	2011	1061.30
2003	1073.77	2012	1166.60
2004	762.43	2013	1174.20
2005	1173.46	2014	890.99
2006	846.79	2015	765.00
2007	1027.41	2016	803.00
2008	828.39		

资料来源：中华人民共和国国家统计局，见 http://data.stats.gov.cn/。

2. 人均耕地面积较为稳定

甘肃省可耕农田中旱地多、山地多，人地关系较为紧张。如表 26-23、图 26-23 所

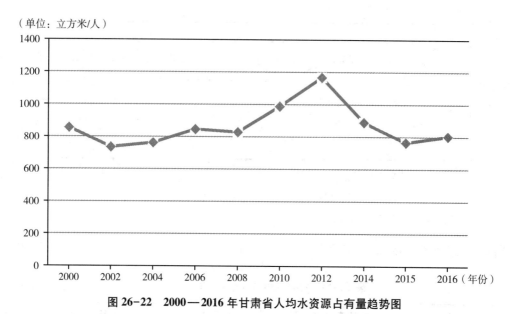

（单位：立方米/人）

图 26-22　2000—2016 年甘肃省人均水资源占有量趋势图

资料来源：中华人民共和国国家统计局，见 http://data.stats.gov.cn/。

示，随着人口不断增长，甘肃省人均耕地面积呈逐年下降趋势，从 1978 年的 2.86 亩/人下降到 2015 年的 2.05 亩/人，年均增长率为负增长率。

表 26-23　1978—2015 年甘肃省人均耕地面积 （单位：亩/人）

年　份	人均耕地面积	年　份	人均耕地面积	年　份	人均耕地面积	年　份	人均耕地面积
1978	2.86	1988	2.43	1998	2.08	2008	2.04
1979	2.82	1989	2.39	1999	2.06	2009	2.05
1980	2.78	1990	2.31	2000	2.05	2010	2.05
1981	2.74	1991	2.28	2001	2.03	2011	2.05
1982	2.71	1992	2.26	2002	2.02	2012	2.05
1983	2.67	1993	2.23	2003	2.01	2013	2.06
1984	2.61	1994	2.19	2004	2.01	2014	2.05
1985	2.55	1995	2.14	2005	2.02	2015	2.05
1986	2.50	1996	2.12	2006	2.03		
1987	2.47	1997	2.10	2007	2.03		

资料来源：中华人民共和国国家统计局，见 http://data.stats.gov.cn/。

3. 森林覆盖率

如表 26-24、图 26-24 所示，随着"绿水青山就是金山银山"的发展理念不断深入人心，甘肃省的森林覆盖率从 2004 年的 6.7% 增长到 2015 年的 11.3%，增幅为 207.82

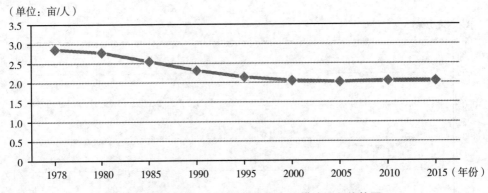

图 26-23 1978—2015 年甘肃省人均耕地面积趋势图

资料来源:中华人民共和国国家统计局,见 http://data.stats.gov.cn/。

万公顷,增长率为69%。

表 26-24 2004—2015 年甘肃省森林覆盖率 　　　　　　　　　　(单位:%)

年　份	森林覆盖率	年　份	森林覆盖率
2004	6.7	2010	11.3
2005	6.7	2011	11.3
2006	6.7	2012	11.3
2007	6.7	2013	11.3
2008	6.7	2014	11.3
2009	11.3	2015	11.3

资料来源:中华人民共和国国家统计局,见 http://data.stats.gov.cn/。

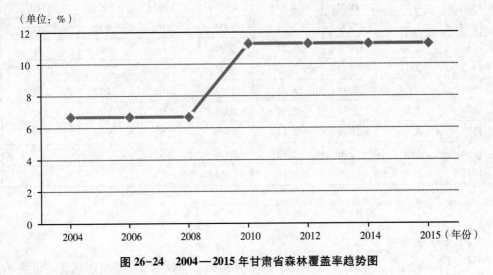

图 26-24 2004—2015 年甘肃省森林覆盖率趋势图

资料来源:中华人民共和国国家统计局,见 http://data.stats.gov.cn/。

4. 人均能源储备

如表 26-25 所示,煤炭呈下降趋势,人均煤炭占有量从 2003 年的 192.85 吨/人,到 2006 年的 242.27 吨/人,2011 年为 91.69 吨/人降到最低,2014 年开始逐年下降,年均增长率-1.4%(见图 26-25);石油与天然气占有量呈逐年增长趋势,石油年均增长率为 12%,天然气年均增长率为 13.2%(见图 26-26、图 26-27)。

表 26-25　2003—2016 年甘肃省人均能源储备(单位:吨/人;立方米/人)

年　份	煤　炭	石　油	天然气	年　份	煤　炭	石　油	天然气
2003	192.85	2.65	265.06	2010	226.76	6.28	749.22
2004	191.90	3.28	329.77	2011	91.69	6.06	747.33
2005	193.98	3.72	383.01	2012	132.22	7.44	871.29
2006	242.27	3.43	388.37	2013	126.60	8.19	934.40
2007	229.26	3.69	417.98	2014	126.83	8.44	988.47
2008	237.09	3.57	416.05	2015	125.02	9.27	1046.33
2009	228.58	5.40	640.34	2016	104.68	10.83	1218.53

资料来源:中华人民共和国国家统计局,见 http://data.stats.gov.cn/。

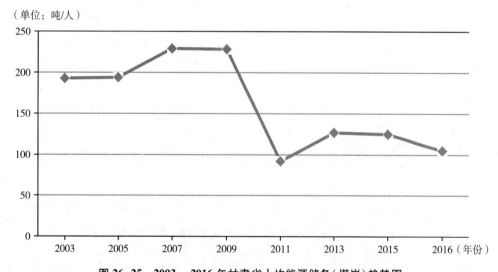

图 26-25　2003—2016 年甘肃省人均能源储备(煤炭)趋势图

资料来源:中华人民共和国国家统计局,见 http://data.stats.gov.cn/。

5. 人均铁矿石储备

人均铁矿石 2003 年为 16.32 吨/人,2008 年达到峰值 29.24 吨/人,至 2016 年下降为 12.41 吨/人(见表 26-26、图 26-28)。

（单位：吨/人）

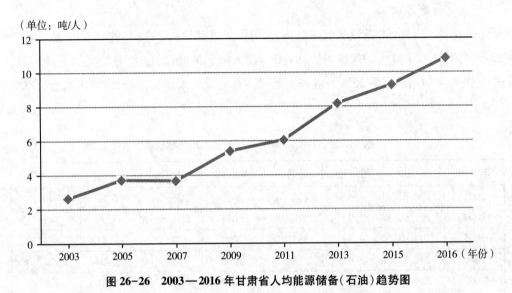

图 26-26　2003—2016 年甘肃省人均能源储备（石油）趋势图

资料来源：中华人民共和国国家统计局，见 http://data.stats.gov.cn/。

（单位：立方米/人）

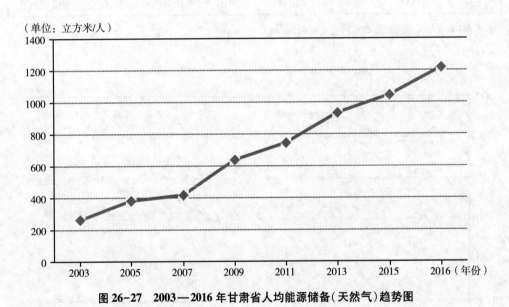

图 26-27　2003—2016 年甘肃省人均能源储备（天然气）趋势图

资料来源：中华人民共和国国家统计局，见 http://data.stats.gov.cn/。

表 26-26　2003—2016 年甘肃省人均铁矿石储备　　　　（单位：吨/人）

年　份	人均铁矿石储备	年　份	人均铁矿石储备
2003	16. 32	2010	15. 27
2004	16. 17	2011	21. 33
2005	15. 83	2012	14. 90
2006	15. 59	2013	14. 37

续表

年　份	人均铁矿石储备	年　份	人均铁矿石储备
2007	28.92	2014	13.08
2008	29.24	2015	12.69
2009	15.26	2016	12.41

资料来源：中华人民共和国国家统计局，见 http://data.stats.gov.cn/。

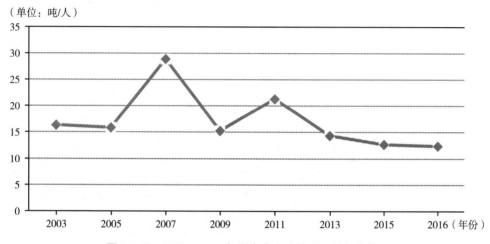

（单位：吨/人）

图 26-28　2003—2016 年甘肃省人均铁矿石储备趋势图

资料来源：中华人民共和国国家统计局，见 http://data.stats.gov.cn/。

（六）卫生事业和基础教育事业不断加强

1. 人口增长率/预期寿命

截至 2016 年年末，甘肃省总人口为 2609.95 万人，比 1978 年的 1870.05 万人增长了 739.9 万人，连续 17 年人口增长率控制在 10‰以内，达到了人口自然增长率等主要指标与全国平均水平持衡状态。目前，二孩政策影响力尚不明显（见表 26-27、图 26-29）。

表 26-27　1978—2016 年甘肃省人口增长率　　　　（单位：‰）

年　份	人口增长率	年　份	人口增长率	年　份	人口增长率	年　份	人口增长率
1978	11.9	1988	15.35	1998	10.04	2008	6.54
1979	10.82	1989	16.97	1999	9.17	2009	6.61
1980	11.38	1990	14.6	2000	7.97	2010	6.03
1981	14.4	1991	13.33	2001	7.15	2011	6.05

续表

年　份	人口增长率	年　份	人口增长率	年　份	人口增长率	年　份	人口增长率
1982	13.7	1992	12.73	2002	6.71	2012	6.06
1983	13.03	1993	13.32	2003	6.12	2013	6.08
1984	13.77	1994	13.98	2004	5.91	2014	6.1
1985	12.85	1995	14.16	2005	6.02	2015	6.21
1986	15.23	1996	11.79	2006	6.24	2016	6.0
1987	14.84	1997	11.02	2007	6.49		

资料来源:中华人民共和国国家统计局,见 http://data.stats.gov.cn/。

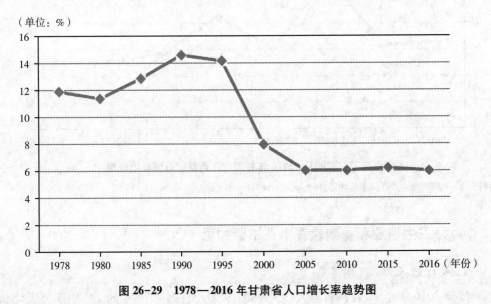

（单位：%）

图 26-29　1978—2016 年甘肃省人口增长率趋势图

资料来源:中华人民共和国国家统计局,见 http://data.stats.gov.cn/。

2. 万人医师数/万人病床数

经济社会发展是推动医疗卫生事业和基础教育事业发展的重要力量。改革开放
40 年来,甘肃省医疗卫生事业获得长足发展,医疗服务硬件设施得以改善,医疗服务技
术水平得到有效提升,人民健康水平得到显著提高,卫生事业整体发展水平接近西部平
均水平。甘肃省万人医师数从 1978 年的 12 人/万人增加至 2016 年的 20.4 人/万人
(见表 26-28),增加了 8 人/万人,年均增速为 7%,如图 26-30 所示;万人病床数从
1978 年的 18.12 张/万人增加至 2016 年的 48.08 张/万人(见表 26-29),年均增速为
3%,如图 26-31 所示。

表 26-28　1978—2016 年甘肃省万人医师数　　　　（单位：人/万人）

年　份	万人医师数	年　份	万人医师数	年　份	万人医师数	年　份	万人医师数
1978	12.00	1988	14.59	1998	15.20	2008	13.76
1979	11.86	1989	14.87	1999	15.30	2009	13.90
1980	12.64	1990	14.92	2000	14.70	2010	14.95
1981	12.82	1991	14.89	2001	14.50	2011	16.08
1982	12.56	1992	15.22	2002	13.40	2012	16.80
1983	12.72	1993	15.35	2003	13.50	2013	17.40
1984	12.61	1994	16.13	2004	13.20	2014	18.50
1985	13.75	1995	15.90	2005	13.60	2015	19.10
1986	13.58	1996	15.20	2006	11.60	2016	20.40
1987	13.91	1997	15.30	2007	13.40		

资料来源：中华人民共和国国家统计局，见 http://data.stats.gov.cn/。

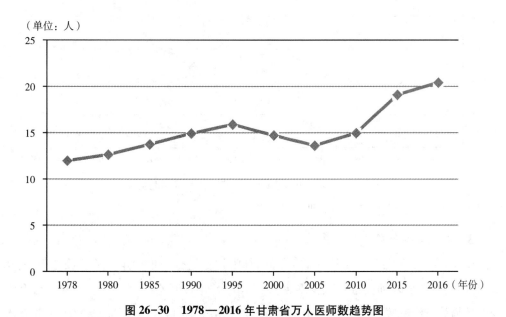

图 26-30　1978—2016 年甘肃省万人医师数趋势图

资料来源：中华人民共和国国家统计局，见 http://data.stats.gov.cn/。

表 26-29　1978—2016 年甘肃省万人病床数　　　　（单位：张）

年　份	万人病床数	年　份	万人病床数	年　份	万人病床数	年　份	万人病床数
1978	18.12	1988	21.38	1998	23.25	2008	29.17
1979	18.90	1989	21.99	1999	23.31	2009	29.23
1980	18.92	1990	22.14	2000	23.20	2010	32.20
1981	18.91	1991	22.55	2001	23.40	2011	35.09

续表

年　份	万人病床数	年　份	万人病床数	年　份	万人病床数	年　份	万人病床数
1982	18.94	1992	22.79	2002	23.50	2012	38.40
1983	19.21	1993	23.54	2003	23.50	2013	46.30
1984	19.71	1994	23.55	2004	23.60	2014	44.10
1985	20.18	1995	23.37	2005	24.50	2015	45.63
1986	20.54	1996	22.98	2006	25.40	2016	48.08
1987	20.89	1997	23.00	2007	26.90		

资料来源：中华人民共和国国家统计局，见 http://data.stats.gov.cn/。

（单位：张）

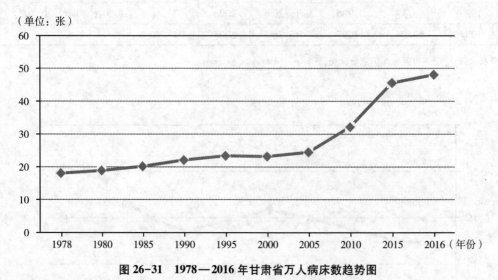

图 26-31　1978—2016 年甘肃省万人病床数趋势图

资料来源：中华人民共和国国家统计局，见 http://data.stats.gov.cn/。

3. 万人专任教师数

如表 26-30 和图 26-32 所示，40 年间，甘肃省专任教师数总体上呈增长趋势，但从个别区间看，专任教师数量有减少现象，如 1982 年至 1984 年、1991 年至 1999 年，万人专任教师数持续减少，2001 年后，该项数据才开始逐年缓慢增长，到了 2003 年的万人专任教师人数仅相当于 1978 年的水平。

表 26-30　1978—2016 年甘肃省万人专任教师数　　　　　　（单位：人）

年　份	万人专任教师数	年　份	万人专任教师数	年　份	万人专任教师数	年　份	万人专任教师数
1978	89.61	1988	88.66	1998	81.67	2008	107.77
1979	91.50	1989	88.71	1999	81.20	2009	108.21
1980	95.59	1990	86.66	2000	82.08	2010	110.09

续表

年　份	万人专任教师数	年　份	万人专任教师数	年　份	万人专任教师数	年　份	万人专任教师数
1981	94.05	1991	87.29	2001	82.95	2011	111.71
1982	87.77	1992	86.51	2002	85.65	2012	111.85
1983	85.28	1993	85.96	2003	89.38	2013	112.93
1984	84.11	1994	85.07	2004	92.65	2014	113.62
1985	86.19	1995	81.62	2005	96.19	2015	113.51
1986	87.63	1996	81.08	2006	101.19	2016	113.15
1987	87.99	1997	81.45	2007	103.91		

资料来源：中华人民共和国国家统计局，见 http://data.stats.gov.cn/。

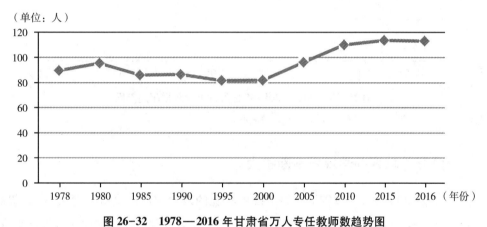

（单位：人）

图 26-32　1978—2016 年甘肃省万人专任教师数趋势图

资料来源：中华人民共和国国家统计局，见 http://data.stats.gov.cn/。

4.小学入学率

基础教育是立德树人的事业，是提高民族素质的奠基工程。改革开放 40 年来，甘肃省不断加强对基础教育的支持力度，优化教育资源配置，基础教育事业得到了有力推进。小学入学状况于 1986 年达到 91.4%，自 2008 年始，小学入学率开始达到 99% 以上（见表 26-31、图 26-33）。

表 26-31　1985—2016 年甘肃省小学入学率　　　　　　　（单位:%）

年　份	小学入学率	年　份	小学入学率	年　份	小学入学率	年　份	小学入学率
1985	89.20	1993	95.76	2001	98.02	2009	99.45
1986	91.40	1994	96.35	2002	98.55	2010	99.46
1987	92.30	1995	96.92	2003	97.99	2011	99.56
1988	93.20	1996	97.20	2004	98.27	2012	99.68

年　份	小学入学率	年　份	小学入学率	年　份	小学入学率	年　份	小学入学率
1989	93.90	1997	97.68	2005	98.87	2013	99.78
1990	94.40	1998	98.20	2006	98.89	2014	99.80
1991	94.50	1999	98.62	2007	98.94	2015	99.83
1992	95.30	2000	98.83	2008	99.14	2016	99.89

资料来源:中华人民共和国国家统计局,见 http://data.stats.gov.cn/。

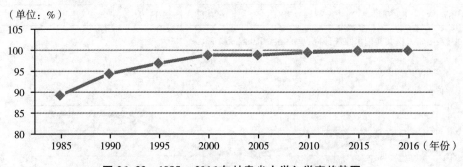

图 26-33　1985—2016 年甘肃省小学入学率趋势图

资料来源:中华人民共和国国家统计局,见 http://data.stats.gov.cn/。

(七)高等教育办学规模不断扩大

改革开放 40 年来,甘肃省地区经济发展状况的改善拉动了高等教育发展,高等教育的大众化、多样化发展又为地区经济发展提供了人力资源和科技支撑。从数据来看,甘肃省在校生规模增长速度与经济发展水平增长速度较为协调。如表 26-32 和图 26-34 所示,高中及以上学历人口比重由 1992 年的 0.33%增长为 2016 年的 1.30%,增长了 0.97 个百分点;如表 26-33 和图 26-35 所示,大专及以上学历人口比重由 1978 年的 0.02%增长为 2016 年的 0.46%,是 1978 年的 23 倍。人员素质的提高,专业技术人员的增加,为甘肃省经济建设奠定了良好的基础。

表 26-32　1978—2016 年甘肃省高中及以上学历人口比重 （单位:%）

年　份	高中及以上学历人口比重	年　份	高中及以上学历人口比重	年　份	高中及以上学历人口比重	年　份	高中及以上学历人口比重
1978	2.14	1988	1.51	1998	0.27	2008	1.06
1979	2.20	1989	1.49	1999	0.27	2009	1.08
1980	0.79	1990	1.38	2000	0.28	2010	1.12
1981	1.66	1991	1.30	2001	0.32	2011	1.17

续表

年　份	高中及以上 学历人口比重	年　份	高中及以上 学历人口比重	年　份	高中及以上 学历人口比重	年　份	高中及以上 学历人口比重
1982	1.11	1992	0.33	2002	0.37	2012	1.23
1983	1.06	1993	0.32	2003	0.47	2013	1.26
1984	1.09	1994	0.25	2004	0.58	2014	1.32
1985	1.21	1995	0.25	2005	0.74	2015	1.34
1986	1.32	1996	0.25	2006	0.87	2016	1.30
1987	1.43	1997	0.26	2007	0.95		

资料来源:中华人民共和国国家统计局,见 http://data.stats.gov.cn/。

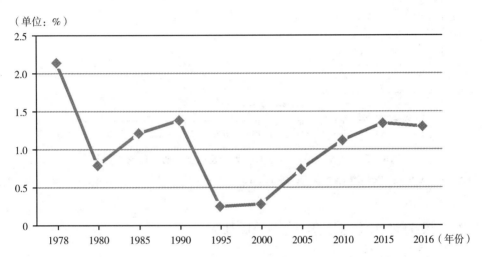

（单位：%）

图 26-34　1978—2016 年甘肃省高中及以上学历人口比重趋势图

资料来源:中华人民共和国国家统计局,见 http://data.stats.gov.cn/。

表 26-33　1978—2016 年甘肃省大专及以上学历人口比重　　　（单位:%）

年　份	大专及以上 学历人口比重	年　份	大专及以上 学历人口比重	年　份	大专及以上 学历人口比重	年　份	大专及以上 学历人口比重
1978	0.02	1988	0.04	1998	0.05	2008	0.29
1979	0.01	1989	0.04	1999	0.06	2009	0.33
1980	0.01	1990	0.05	2000	0.06	2010	0.36
1981	0.01	1991	0.04	2001	0.07	2011	0.39
1982	0.04	1992	0.04	2002	0.09	2012	0.40
1983	0.03	1993	0.04	2003	0.12	2013	0.42
1984	0.02	1994	0.04	2004	0.15	2014	0.46
1985	0.02	1995	0.06	2005	0.20	2015	0.48

续表

年　份	大专及以上学历人口比重	年　份	大专及以上学历人口比重	年　份	大专及以上学历人口比重	年　份	大专及以上学历人口比重
1986	0.03	1996	0.05	2006	0.23	2016	0.46
1987	0.04	1997	0.05	2007	0.25		

资料来源：中华人民共和国国家统计局，见 http://data.stats.gov.cn/。

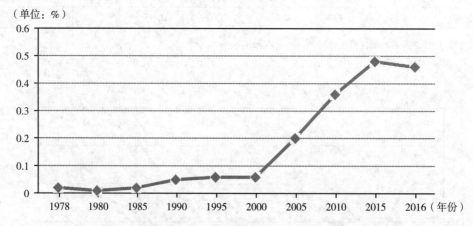

（单位：%）

图 26-35　1978—2016 年甘肃省大专及以上学历人口比重趋势图

资料来源：中华人民共和国国家统计局，见 http://data.stats.gov.cn/。

（八）财政收入增速回落、收支矛盾加大

1. 财政收入占 GDP 比重偏低

财政收入对宏观经济调控、公共政策和政府职能的实现具有重要意义。财政收入占 GDP 比重应该保持在相对稳定的状态，财政收入增长过快，将有可能造成财政浪费，影响拉动内需，甚至造成"国富民穷"的后果。随着甘肃省经济的发展及政府公共财政收入的迅速增加，财政收入占 GDP 比重也呈逐步上升的态势。从表 26-34 和图 26-36 我们可以看出，2016 年甘肃省财政收入总额占 GDP 的比重达到了 20.01%，与 1983 年的 11.91% 相比，增加了将近一倍，但相比全国的 30% 和发达国家的 40% 还有一定差距。

表 26-34　1978—2016 年甘肃省财政收入占 GDP 比重　　（单位:%）

年　份	财政收入占GDP 比重	年　份	财政收入占GDP 比重	年　份	财政收入占GDP 比重	年　份	财政收入占GDP 比重
1978	31.71	1988	13.02	1998	10.98	2008	14.83

续表

年 份	财政收入占GDP 比重	年 份	财政收入占GDP 比重	年 份	财政收入占GDP 比重	年 份	财政收入占GDP 比重
1979	27.34	1989	14.54	1999	10.77	2009	17.37
1980	20.21	1990	14.09	2000	10.29	2010	18.02
1981	18.32	1991	14.73	2001	11.03	2011	18.66
1982	16.22	1992	12.58	2002	12.20	2012	19.03
1983	11.91	1993	14.00	2003	12.66	2013	18.08
1984	12.83	1994	13.80	2004	12.78	2014	18.05
1985	13.28	1995	12.27	2005	13.16	2015	20.42
1986	14.04	1996	11.39	2006	12.95	2016	20.01
1987	14.16	1997	11.58	2007	14.49		

资料来源:中华人民共和国国家统计局,见 http://data.stats.gov.cn/。

（单位：%）

图 26-36 1978—2016 年甘肃省财政收入占 GDP 比重趋势图

资料来源:中华人民共和国国家统计局,见 http://data.stats.gov.cn/。

2. 人均税收收入总量呈现逐年增加趋势

如表 26-35 和图 26-37 所示,自 1985 年以来,甘肃省人均税收收入一直保持了稳定较快增长的态势,特别是"十二五"以来,甘肃省人均税收收入出现了每年一个台阶、规模迅速扩大、收入高位增长的好势头。2011 年,甘肃省人均税收收入为1107.73 元;2012 年突破 1300 元,达到 1349.26 元;2013 年突破 1600 元,为 1617.73元;2014 年突破 1800 元,达到 1892.32 元;2015 年突破 2000 元,达到 2037.99 元。甘肃省人均税收收入保持稳定较快增长,是甘肃省地区经济快速增长和企业效益大幅提高的反映。

表 26-35　1978—2016 年甘肃省人均税收收入总量　　　　　　（单位：元）

年　份	人均税收收入	年　份	人均税收收入	年　份	人均税收收入	年　份	人均税收收入
1978	42.33	1988	124.65	1998	184.80	2008	638.23
1979	41.93	1989	145.44	1999	192.73	2009	689.03
1980	23.25	1990	151.48	2000	205.39	2010	860.51
1981	22.22	1991	157.22	2001	232.97	2011	1107.73
1982	41.96	1992	169.91	2002	258.53	2012	1349.26
1983	46.01	1993	221.89	2003	284.74	2013	1617.73
1984	56.43	1994	113.14	2004	323.98	2014	1892.32
1985	92.10	1995	124.12	2005	361.33	2015	2037.99
1986	101.10	1996	149.04	2006	435.20	2016	2015.36
1987	111.20	1997	167.02	2007	557.47		

资料来源：中华人民共和国国家统计局，见 http://data.stats.gov.cn/。

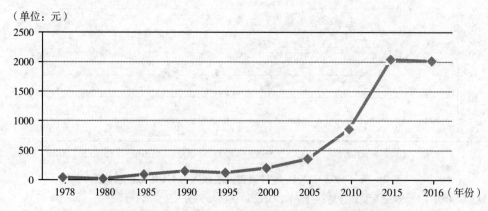

（单位：元）

图 26-37　1978—2016 年甘肃省人均税收收入总量趋势图

资料来源：中华人民共和国国家统计局，见 http://data.stats.gov.cn/。

3. 税收收入占 GDP 比重呈现下降趋势

税收的增长来源于 GDP 的增长，税收收入的变化与经济运行的质量有着重要的关系，二者在理论上的关系应该呈现正相关态势。甘肃省近些年来人均税收收入每年均以增收 200 元的速度增长，但是税收收入占 GDP 的比重却呈逐年下降态势。从表 26-36 和图 26-38 可以看出，甘肃省税收收入从 1978 年的 12.23% 降到了 2016 年的 7.31%。

表 26-36　1978—2016 年甘肃省税收收入占 GDP 比重　　　（单位:%）

年　份	税收收入占GDP 比重	年　份	税收收入占GDP 比重	年　份	税收收入占GDP 比重	年　份	税收收入占GDP 比重
1978	12.23	1988	13.96	1998	5.24	2008	5.13
1979	11.76	1989	14.65	1999	5.12	2009	5.06
1980	6.04	1990	14.07	2000	4.91	2010	5.33
1981	6.09	1991	13.24	2001	5.22	2011	5.68
1982	10.78	1992	12.37	2002	5.31	2012	6.13
1983	10.06	1993	13.98	2003	5.16	2013	6.60
1984	11.08	1994	5.95	2004	4.88	2014	7.17
1985	15.32	1995	5.43	2005	4.76	2015	7.80
1986	14.98	1996	5.09	2006	4.87	2016	7.31
1987	14.75	1997	5.25	2007	5.25		

资料来源:中华人民共和国国家统计局,见 http://data.stats.gov.cn/。

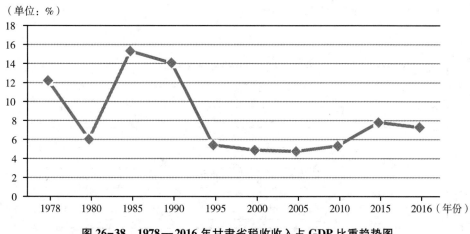

（单位：%）

图 26-38　1978—2016 年甘肃省税收收入占 GDP 比重趋势图

资料来源:中华人民共和国国家统计局,见 http://data.stats.gov.cn/。

（九）金融市场总体运行平稳

1. 金融行业增加值占 GDP 比重稳步上升

金融行业增加值是金融从业人员报酬、固定资产折旧、生产税净额以及金融机构营业盈余等项目的总和,金融行业增加值比重则是金融业的相对规模,反映了金融行业在国民经济中的地位和金融行业发育程度。2015 年,美英等发达国家金融行业增加值占 GDP 的比重为 7.2%,而中国金融行业增加值占 GDP 的比重达到了 6.53%,高于美英等发达国家水平。从表 26-37 和图 26-39 可以看出,甘肃省金融行业增加值占 GDP 比重从 1997 年的 4.50% 增加到了 2015 年的 6.53%,低于当年全国金融行业增加值 1.87 个百分点。

表 26-37　1997—2016 年甘肃省金融行业增加值占 GDP 比重　　(单位:%)

年　份	金融行业增加值占 GDP 比重	年　份	金融行业增加值占 GDP 比重
1997	4.50	2007	2.28
1998	4.71	2008	2.28
1999	4.50	2009	2.54
2000	4.07	2010	2.43
2001	3.77	2011	2.90
2002	3.42	2012	3.25
2003	3.02	2013	4.65
2004	2.55	2014	5.34
2005	2.31	2015	6.53
2006	2.22	2016	7.04

资料来源:中华人民共和国国家统计局,见 http://data.stats.gov.cn/。

图 26-39　1997—2016 年甘肃省金融行业增加值占 GDP 比重

资料来源:中华人民共和国国家统计局,见 http://data.stats.gov.cn/。

2. 信贷余额占 GDP 比重增速较快

在促进中国经济增长的各要素中,作为"三驾马车"之一的消费贡献率相对偏低,而发展消费信贷可直接提升消费、刺激内需,实现经济增长。2008 年全球金融危机后,由于中国出口导向的经济增长模式受到一定冲击,因此,对消费的关注越来越多。特别是 2013 年党的十八届三中全会的召开,将坚持把经济结构战略性调整作为加快转变经济发展方式的主攻方向,构建扩大内需长效机制,将促进经济增长向依靠消费、投资和出口协调拉动转变提到了重要位置。从表 26-38 和图 26-40 我们可以看出,甘肃省信贷余额占 GDP 比重从 1978 年的 47.94% 增长到 2016 年的 221.19%,增长了 3.6 倍,有力地推动了消费支出对甘肃省地区经济增长的贡献。

表 26-38　1978—2016 年甘肃省信贷余额占 GDP 比重　　　（单位:%）

年　份	信贷余额占GDP 比重	年　份	信贷余额占GDP 比重	年　份	信贷余额占GDP 比重	年　份	信贷余额占GDP 比重
1978	47.94	1988	82.94	1998	128.99	2008	86.01
1979	48.31	1989	84.56	1999	126.65	2009	104.93
1980	45.97	1990	93.56	2000	111.23	2010	107.19
1981	53.77	1991	104.58	2001	112.71	2011	109.32
1982	53.44	1992	107.35	2002	119.30	2012	120.34
1983	49.24	1993	112.87	2003	123.42	2013	133.16
1984	62.53	1994	115.94	2004	112.96	2014	156.24
1985	64.58	1995	122.11	2005	99.46	2015	202.18
1986	76.92	1996	115.93	2006	92.74	2016	221.19
1987	82.70	1997	126.08	2007	88.89		

资料来源:中华人民共和国国家统计局,见 http://data.stats.gov.cn/。

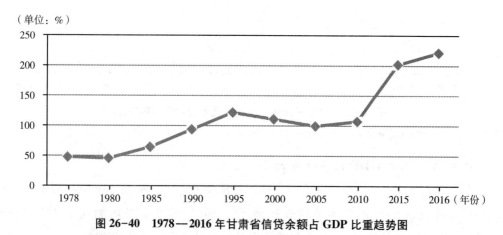

图 26-40　1978—2016 年甘肃省信贷余额占 GDP 比重趋势图

资料来源:中华人民共和国国家统计局,见 http://data.stats.gov.cn/。

3. 上市公司数量呈现逐年增加态势

表 26-39 和图 26-41 显示,上市公司数量的多少对一个地区的经济发展起着非常重要的作用。按照规律,上市公司多的地区,经济发展必然不会太差。国家统计局数据显示,截至 2017 年 8 月,全国共有 3328 家上市公司,甘肃省上市公司数量为 31 家,占全国上市公司数量的 0.93%,目前排名第 25 位。

表26-39　1993—2016年甘肃省上市公司数量　　　（单位：家）

年　份	上市公司数量	年　份	上市公司数量	年　份	上市公司数量
1993	1	2001	17	2009	22
1994	2	2002	18	2010	22
1995	2	2003	18	2011	24
1996	7	2004	19	2012	24
1997	10	2005	19	2013	25
1998	11	2006	19	2014	26
1999	12	2007	20	2015	27
2000	16	2008	21	2016	30

资料来源：中华人民共和国国家统计局，见 http://data.stats.gov.cn/。

（单位：家）

图 26-41　1993—2016 年甘肃省上市公司数量趋势图

资料来源：中华人民共和国国家统计局，见 http://data.stats.gov.cn/。

4. 保费收入占 GDP 比重逐年增加

保费收入反映了该地保险业在整个国民经济中的地位。从表 26-40 可以看出，甘肃省保费收入占 GDP 的比重呈增长趋势，从 1980 年的 0.07% 增加到了 2016 年的 4.27%，增加了 4.2 个百分点，说明保险业在甘肃省经济中的地位增高。

表26-40　1980—2016年甘肃省保费收入占GDP比重　　（单位：%）

年　份	保费收入占GDP比重	年　份	保费收入占GDP比重	年　份	保费收入占GDP比重	年　份	保费收入占GDP比重
1980	0.07	1990	0.65	2000	1.81	2010	3.54
1981	0.07	1991	0.83	2001	2.04	2011	2.82
1982	0.06	1992	0.96	2002	2.72	2012	2.80
1983	0.08	1993	1.14	2003	2.91	2013	2.85

续表

年　份	保费收入占GDP比重	年　份	保费收入占GDP比重	年　份	保费收入占GDP比重	年　份	保费收入占GDP比重
1984	0.09	1994	1.18	2004	2.63	2014	3.05
1985	0.20	1995	1.15	2005	2.49	2015	3.78
1986	0.28	1996	1.22	2006	2.50	2016	4.27
1987	0.38	1997	1.50	2007	2.60		
1988	0.43	1998	1.68	2008	3.07		
1989	0.59	1999	1.81	2009	3.29		

资料来源:中华人民共和国国家统计局,见 http://data.stats.gov.cn/。

图 26-42　1980—2016 年甘肃省保费收入占 GDP 比重趋势图

资料来源:中华人民共和国国家统计局,见 http://data.stats.gov.cn/。

(十)环境更加清洁、绿色,朝着可持续方向发展

1. 省会城市可吸入颗粒物(PM$_{10}$)浓度下降,环境空气质量明显改善

从表 26-41 和图 26-43 可以明显看出,2013 年至 2017 年 5 年间,兰州市的可吸入颗粒物浓度从 2013 年的 154 微克/立方米下降到了 2017 年的 111 微克/立方米,下降了 43 微克/立方米,降幅为 39%,兰州市可吸入颗粒物浓度逐年下降,环境空气质量明显改善。

表 26-41　2013—2017 年甘肃省兰州市可吸入颗粒物(PM$_{10}$)浓度

(单位:微克/立方米)

年　份	省会城市可吸入颗粒物浓度
2013	154
2014	126

年　份	省会城市可吸入颗粒物浓度
2015	120
2016	114
2017	111

资料来源:中华人民共和国国家统计局,见 http://data.stats.gov.cn/。

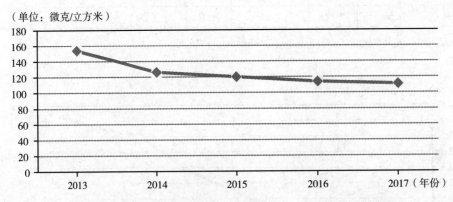

（单位：微克/立方米）

图 26-43　2013—2017 年甘肃省兰州市可吸入颗粒物浓度趋势图

资料来源:中华人民共和国国家统计局,见 http://data.stats.gov.cn/。

2. 单位 GDP 废水排放量逐年下降

从表 26-42 和图 26-44 可以明显看出,2011 年至 2016 年 6 年间,甘肃省单位 GDP 废水排放量从 2011 年的 11.84 吨/万元下降到 2016 年的 9.21 吨/万元,下降了 2.63 吨/万元,降幅为 29%。单位 GDP 废水排水量逐年下降,说明能源利用可持续性效果日益彰显。

表 26-42　2011—2016 年甘肃省单位 GDP 废水排放量　（单位:吨/万元）

年　份	单位 GDP 废水排放量
2011	11.84
2012	11.07
2013	10.26
2014	9.65
2015	9.88
2016	9.21

资料来源:中华人民共和国国家统计局,见 http://data.stats.gov.cn/。

3. 单位 GDP 一般工业固体废物产生量逐年下降

从表 26-43 和图 26-45 可以明显看出,1999 年至 2016 年的 18 年间,甘肃省单位

（单位：吨/万元）

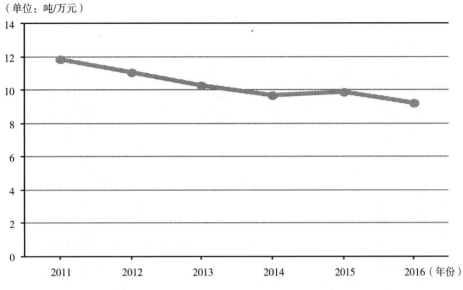

图26-44 2011—2016年甘肃省单位GDP废水排放量趋势图

资料来源：中华人民共和国国家统计局，见 http://data.stats.gov.cn/。

GDP一般工业固体废物产生量从1999年的1.78万吨下降到了2016年的0.71万吨，下降了1.07万吨，降幅为151%，单位GDP一般工业固体废物产生量逐年下降，能源利用可持续性效果日益彰显。

表26-43 1999—2016年甘肃省单位GDP一般工业固体废物产生量（单位:万吨）

年　份	单位GDP 一般工业固体废物产生量	年　份	单位GDP 一般工业固体废物产生量
1999	1.78	2008	1.01
2000	1.62	2009	0.91
2001	1.14	2010	0.91
2002	1.41	2011	1.30
2003	1.48	2012	1.18
2004	1.27	2013	0.93
2005	1.16	2014	0.90
2006	1.14	2015	0.86
2007	1.11	2016	0.71

资料来源：中华人民共和国国家统计局，见 http://data.stats.gov.cn/。

4. 单位GDP能耗逐年下降

单位GDP能耗是反映能源消费水平和节能降耗状况的主要指标，一次能源供应总量与GDP的比率，是一个能源利用效率指标，该指标说明一个国家经济活动中对能源

（单位：万吨）

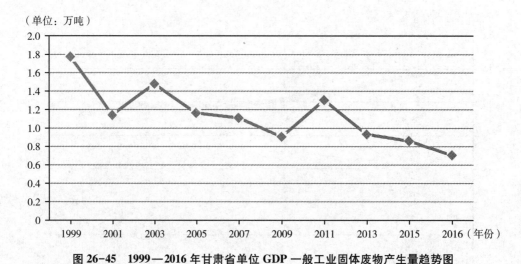

图 26-45　1999—2016 年甘肃省单位 GDP 一般工业固体废物产生量趋势图

资料来源：中华人民共和国国家统计局，见 http://data.stats.gov.cn/。

的利用程度，反映经济结构和能源利用效率的变化。从表 26-44 和图 26-46 可以明显看出，2005 年至 2016 年的 12 年间，单位 GDP 能耗从 2005 年的 2.22 吨标准煤/万元下降到了 2016 年的 1.02 吨标准煤/万元，下降了 1.2 吨，降幅为 118%，单位 GDP 能耗逐年下降，节能效果日益彰显。

表 26-44　2005—2016 年甘肃省单位 GDP 能耗　（单位：吨标准煤/万元）

年　份	单位 GDP 能耗
2005	2.22
2006	2.05
2007	1.86
2008	1.66
2009	1.55
2010	1.41
2011	1.28
2012	1.21
2013	1.15
2014	1.10
2015	1.11
2016	1.02

资料来源：中华人民共和国国家统计局，见 http://data.stats.gov.cn/。

（单位：吨标准煤/万元）

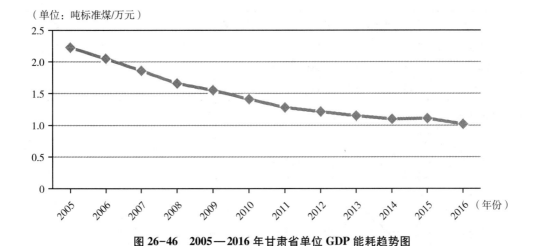

图26-46　2005—2016年甘肃省单位GDP能耗趋势图

资料来源：中华人民共和国国家统计局，见 http://data.stats.gov.cn/。

（十一）劳动力市场总体态势向好发展，就业总量持续增加

1.失业率呈现下降趋势，就业总量持续增加

近年来，伴随着经济发展，甘肃省劳动力市场的总体态势向好，不仅顺利地消化了高校毕业生带来的就业和再就业压力，而且实现了就业总量的持续增加，使失业率维持在一个比较低的水平。同时，部门之间、城乡之间和区域之间的劳动力市场一体化程度在逐渐提高，市场机制在劳动力资源配置过程中发挥的作用越来越明显。从表26-45和图26-47可以明显看出，1980年至2016年37年间，失业率从1980年的4.8%下降到了2016年的2.2%，降幅超过一倍。

表26-45　1980—2016年甘肃省失业率　　　　　　　　　　（单位:%）

年　份	失业率	年　份	失业率	年　份	失业率
1980	4.8	1993	3.59	2006	3.63
1981	5.6	1994	3.57	2007	3.34
1982	4.6	1995	3.11	2008	3.23
1983	2.6	1996	3.3	2009	3.25
1984	2.1	1997	3.2	2010	3.21
1985	3.3	1998	3.32	2011	3.11
1986	3.1	1999	2.7	2012	2.68
1987	4.5	2000	2.7	2013	2.3
1988	4.8	2001	2.8	2014	2.19
1989	5.5	2002	3.2	2015	2.14

续表

年　份	失业率	年　份	失业率	年　份	失业率
1990	4.9	2003	3.4	2016	2.2
1991	4.2	2004	3.4		
1992	3.5	2005	3.26		

资料来源：中华人民共和国国家统计局，见 http://data.stats.gov.cn/。

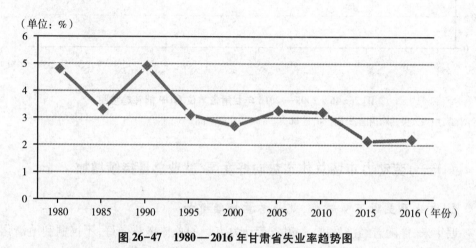

图 26-47　1980—2016 年甘肃省失业率趋势图

资料来源：中华人民共和国国家统计局，见 http://data.stats.gov.cn/。

2. 适龄劳动人口比重呈现下降态势

在国民变得更为富裕之后，生育率会出现下降、人口增速会变低，这是各国普遍存在的趋势，当然在中国还要考虑到计划生育政策的影响。但人口结构变化又对未来的增长潜力与社会政策构成了风险。所以，对于老龄化的风险，保持多一份警惕是必需的，因为一旦陷入"未富先老"的困境，就势必难以摆脱。从表 26-46 和图 26-48 可以明显看出，2003 年至 2016 年的 14 年间，适龄劳动人口比重从 2003 年的 29.47% 下降到了 2016 年的 23.21%，下降了 6.26 个百分点，降幅为 27%。

表 26-46　2003—2016 年甘肃省适龄劳动人口比重　　　　　　　　　　　（单位:%）

年　份	适龄劳动人口比重	年　份	适龄劳动人口比重	年　份	适龄劳动人口比重
2003	29.47	2008	24.63	2013	25.67
2004	27.94	2009	24.37	2014	25.42
2005	26.64	2010	22.17	2015	24.16
2006	25.79	2011	22.05	2016	23.21
2007	25.40	2012	22.14		

资料来源：中华人民共和国国家统计局，见 http://data.stats.gov.cn/。

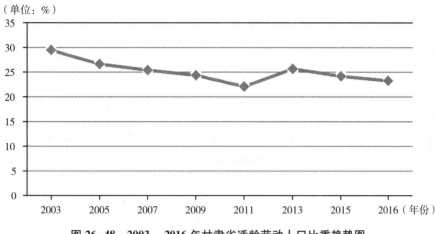

图 26-48　2003—2016 年甘肃省适龄劳动人口比重趋势图

资料来源:中华人民共和国国家统计局,见 http://data.stats.gov.cn/。

3. 平均/最低工资水平逐年提升

最低工资标准调整与失业人员、带薪休假劳动者、医疗期员工等人员的收入紧密相连,据不完全统计,截至 2017 年 4 月,已有辽宁、新疆、江西、西藏、广西、上海、云南和山东 8 省(自治区、直辖市)上调了 2018 年最低工资标准。其中,上海月最低工资已达 2420 元,在各省(自治区、直辖市)中最高。从表 26-48 和图 26-50 可以明显看出,2004 年至 2017 年 14 年间,甘肃省最低工资水平从 2004 年的 303 元增长到了 2017 年的 1470 元,增长了近四倍,但与中东部地区相比仍还有较大提升空间。

表 26-47　1979—2016 年甘肃省平均工资水平　　　　　　　(单位:元)

年　份	平均工资水平	年　份	平均工资水平	年　份	平均工资水平	年　份	平均工资水平
1979	110.70	1989	95.80	1999	112.20	2009	2228.58
1980	105.00	1990	107.10	2000	116.20	2010	2424.67
1981	98.10	1991	100.90	2001	112.80	2011	2674.33
1982	102.20	1992	105.40	2002	112.80	2012	3139.92
1983	103.70	1993	102.30	2003	109.40	2013	3569.42
1984	123.00	1994	112.50	2004	109.30	2014	3913.33
1985	102.70	1995	96.30	2005	108.40	2015	4411.83
1986	106.60	1996	97.10	2006	1415.92	2016	4797.92
1987	99.60	1997	102.20	2007	1721.42		
1988	96.20	1998	106.40	2008	1969.33		

资料来源:中华人民共和国国家统计局,见 http://data.stats.gov.cn/。

（单位：元）

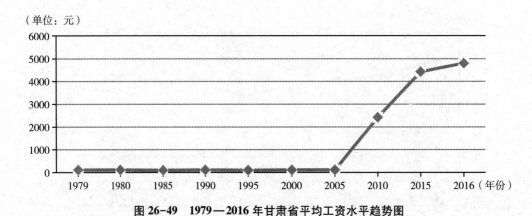

图26-49　1979—2016年甘肃省平均工资水平趋势图

资料来源：中华人民共和国国家统计局，见 http://data.stats.gov.cn/。

表26-48　2004—2017年甘肃省最低工资水平　　　　（单位：元）

年　份	最低工资水平
2004	303
2005	301
2006	320
2007	320
2008	500
2009	500
2010	630
2011	630
2012	860
2013	1020
2014	1200
2015	1320
2016	1320
2017	1470

资料来源：中华人民共和国国家统计局，见 http://data.stats.gov.cn/。

（十二）知识经济与创新

　　科技兴则民族兴，科技强则民族强。科技创新的重大突破和加快应用能够不断优化产业结构，推动经济增长方式转变，提高经济发展的速度和质量。从知识经济与创新

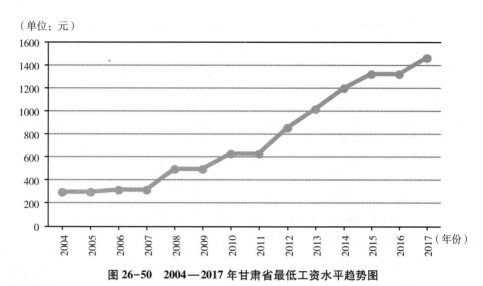

（单位：元）

图 26-50　2004—2017 年甘肃省最低工资水平趋势图

资料来源：中华人民共和国国家统计局，见 http://data.stats.gov.cn/。

来看，改革开放 40 年来，甘肃省科技事业取得了辉煌成就，成为经济社会发展的强大动力。R&D 经费支出占 GDP 比重由 2011 年的 0.52%增长为 2016 年的 0.71%，增长了 0.19 个百分点（见表 24-49、图 26-51）；高新技术企业年末从业人员数从 2007 年的 41561 人增加到 2016 年的 112106 人，增加了 70545 人，增幅近两倍（见表 26-50、图 26-52）；万人专利申请授权量由 1999 年的 0.19 件增加到 2016 年的 3.06 件，增加了 2.87 件，增加了约 15 倍（见表 26-51、图 26-53）；高新技术产业主营业务收入占 GDP 比重从 2010 年的 4.52%增长到 2016 年的 9.24%，增长超过了一倍（见表 26-52、图 26-54）。

表 26-49　2011—2016 年甘肃省 R&D 经费支出占 GDP 比重　（单位：%）

年　份	R&D 经费支出占 GDP 比重
2011	0.52
2012	0.60
2013	0.63
2014	0.78
2015	0.72
2016	0.71

资料来源：中华人民共和国国家统计局，见 http://data.stats.gov.cn/。

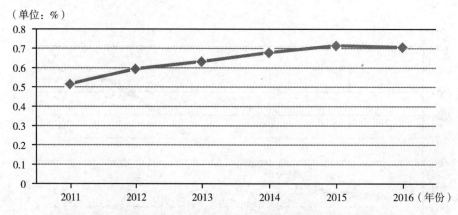

（单位：%）

图 26-51　2011—2016 年甘肃省 R&D 经费支出占 GDP 比重趋势图

资料来源：中华人民共和国国家统计局，见 http://data.stats.gov.cn/。

表 26-50　2007—2016 年甘肃省高新技术企业年末从业人员数　　　（单位：人）

年　　份	高新技术企业年末从业人员数
2007	41561
2008	27646
2009	26433
2010	35757
2011	74628
2012	80611
2013	88943
2014	94273
2015	100202
2016	112106

资料来源：中华人民共和国国家统计局，见 http://data.stats.gov.cn/。

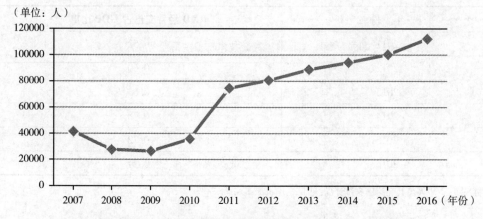

（单位：人）

图 26-52　2007—2016 年甘肃省高新技术企业年末从业人员数趋势图

资料来源：中华人民共和国国家统计局，见 http://data.stats.gov.cn/。

表 26-51　1999—2016 年甘肃省万人专利申请授权量　　　（单位：件）

年　份	万人专利申请授权量	年　份	万人专利申请授权量
1999	0.19	2008	0.41
2000	0.20	2009	0.50
2001	0.20	2010	0.73
2002	0.16	2011	0.93
2003	0.19	2012	1.42
2004	0.20	2013	1.83
2005	0.21	2014	1.97
2006	0.33	2015	2.66
2007	0.40	2016	3.06

资料来源：中华人民共和国国家统计局，见 http://data.stats.gov.cn/。

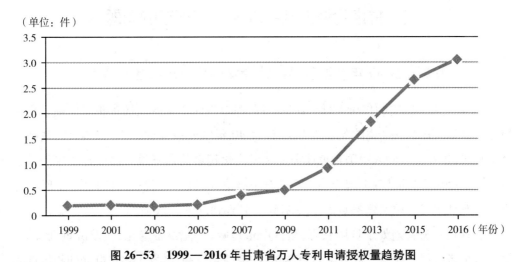

（单位：件）

图 26-53　1999—2016 年甘肃省万人专利申请授权量趋势图

资料来源：中华人民共和国国家统计局，见 http://data.stats.gov.cn/。

表 26-52　2009—2016 年甘肃省高新技术产业主营业务收入占 GDP 比重（单位：%）

年　份	占　比	年　份	占　比
2009	7.17	2013	8.35
2010	4.52	2014	8.4
2011	6.64	2015	9.15
2012	7.16	2016	9.24

资料来源：中华人民共和国国家统计局，见 http://data.stats.gov.cn/。

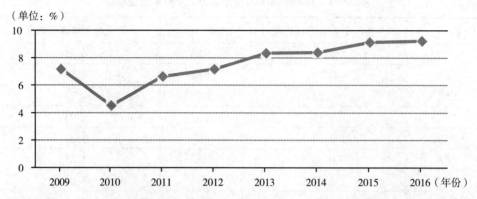

（单位：%）

图 26-54　2009—2016 年甘肃省高新技术产业主营业务收入占 GDP 比重趋势图

资料来源：中华人民共和国国家统计局，见 http://data.stats.gov.cn/。

二、甘肃省经济社会发展目前存在的问题

（一）改革开放 40 年甘肃省经济社会发展呈现出的基本特点

40 年在人类历史的长河中只是弹指一挥，但对当代中国的发展进步来说则是沧桑巨变。甘肃省作为一个内陆欠发达省份，经过 40 年的改革开放，从贫穷落后的状态下奋力崛起，正在逐步驶入中国特色社会主义现代化建设的快车道。甘肃省的现代化建设，是在一穷二白的基础上起步的。经过新中国成立后的艰苦奋斗，依托资源开发，建立了具有甘肃省资源禀赋特点的工业基础。但直到改革开放前，由于受到"文化大革命"的影响，农村普遍处于贫困状态，粮食严重短缺，工业设备老化、包袱沉重，国民经济发展步履维艰。改革开放解除思想禁锢，冲破僵化体制，激发了人民群众的积极性和创造性，极大地解放和发展了生产力，使甘肃省的面貌发生了翻天覆地的变化。改革开放 40 年来，甘肃省全力推进改革开放，不断理清发展思路，大力推进经济结构调整，加快发展社会事业，着力改善民生，经济社会发生了翻天覆地的变化，经济社会呈现出以下特征。

1. 甘肃省经济面貌发生了历史性变化

改革开放 40 年，经济总量大幅跃升。甘肃省生产总值由 1978 年的 64.73 亿元增加到 2017 年的 7677 亿元，增长了 7612.27 亿元，是 1978 年的约 119 倍，增速惊人，年均增长率为 13.3%，比新中国成立三十年的平均增速 5.8% 高出 7.5 个百分点。甘肃省人均生产总值由 1978 年的 346 元增加到 2016 年的 27588 元，增长了 27242 元，比改革开放初的 346 元增长了 79 倍，年均增长率为 12.3%。甘肃省地区生产总值在 2000 年

跨过千亿大关后,经济总量呈现稳步增长态势,综合实力显著增强,财政收入由20.53亿元增长到2016年的786.81亿元,增长了38倍。

改革开放40年,农业发展实现了历史性突破。2016年全年粮食总产量为1140.59万吨,粮食由严重短缺变为省内自求平衡,稳定地解决了甘肃省人民的吃饭问题,结束了"一方水土养活不了一方人"的历史,农村经济全面发展,现代农业开始起步。

改革开放40年,工业实力不断增强。工业化进程迅速推进,特色优势产业迅速壮大,骨干企业迅速发展,技术装备水平全面提升,工业增加值由1978年的34.66亿元增加到2016年的1729亿元,增长了近50倍。

改革开放40年,甘肃省的产业结构不断优化。1978年第一、第二、第三产业比是20.4∶60.3∶19.3,到2016年演变为13.61∶34.84∶51.55。第一产业下降了6.79个百分点,第二产业下降了25.46个百分点,第三产业增加了32.25个百分点。产业结构趋于合理。

改革开放40年,甘肃省的城乡结构不断优化。1978年城镇化率是14.41%,到2016年城镇化率是44.69%,同期城镇人口比率增加了30.28个百分点。

经过40年经济的发展,人民生活水平显著提高。城镇居民可支配收入从1978年的407.57元,增加到2016年的25693.5元,与1978年相比增长了62倍。农村居民可支配收入从1978年的100.93元,增加到2016年的7456.9元,与1978年相比增长了73.88倍。农村恩格尔系数由1978年的74.82降低到2016年的31.29。人民生活水平大幅度提高,农村贫困发生率由75.13%下降到9.3%。

2. 甘肃省社会面貌发生了历史性变化

改革开放彻底打破了封闭僵化的状态,社会经济成分、组织形式、就业方式、分配方式日益多样化,人们的工作、生活和利益实现方式有了更多的选择,整个社会涌动着空前的创造活力。同时,教育、卫生、文化等社会事业迅速发展,成为社会进步的显著标志。

经过40年改革开放的发展,教育水平显著提高。大专以上学历人口比重由1978年的0.02%,增加到2016年的0.46%。小学毛入学率由1978年的91%,增加到2016年的99.89%。每万人口在校研究生由1978年的0.09人增加到2016年的11.96人。普通中学招生数大幅度增加,义务教育普及。

经过40年经济的发展,卫生医疗水平显著提高。万人医师数从1978年的12人/万人增加至2016年的20人/万人,增加了8人/万人,年均增速为7%。万人病床数从1978年的18.94张/万人增加至2016年的48.08张/万人,年均增速为3%,社会保障体系逐步健全,城乡新型合作医疗制度基本普及,建立了城镇居民和农村贫困人口最低生活保障制度。

经过改革开放 40 年,基础设施建设实现历史性跨越,建成一大批交通、通信、电力、水利、生态等骨干工程,甘肃省生存发展的基础条件有了很大改善。公路网密度 1978 年为 759.65 公里/百平方公里,2016 年增加到 3127.57 公里/百平方公里;铁路网密度 1978 年为 41.96 公里/百平方公里,2016 年增加到 77.6 公里/百平方公里。信息传播方式发生深刻变革,电视基本普及,固定电话和移动电话进入千家万户,互联网从无到有,基本覆盖全省,社会各方面的联系和交流越来越便捷。

3. 甘肃省人民的精神面貌发生了历史性变化

甘肃省历史悠久,文化底蕴深厚,虽然自然条件差、经济发展滞后于沿海,但甘肃省人民不等、不靠、不怨天尤人,表现出对命运不屈不挠的抗争,创造出了今天甘肃省的巨大成就,彰显了甘肃省人民艰苦奋斗的精神。具体有"领导苦抓、部门苦帮、群众苦干"的"三苦"精神;"人一之,我十之;人十之,我百之"的苦干实干精神;铸就革命丰碑的南梁精神;人才辈出的"三苦两乐"精神;无私奉献的酒泉载人航天精神;勇于拼搏的庄浪"梯田精神",在这些具体精神阳光的沐浴下,以"诚实守信、包容创新、执着坚韧、团结奋进"为主要特征的陇人品格,激荡着每一个甘肃人的创造活力,点燃了每一个甘肃人为加快甘肃省发展奉献进取的巨大热情,使得甘肃省广大的干部群众的思想观念、精神状态和视野也发生了深刻变化,市场意识、竞争意识、效率意识不断增强,积极变革、勇于进取、讲求实效,开始成为人们精神状态的主流。特别是随着全国统一市场的形成和城乡壁垒的打破,几百万城乡劳动力在全国范围内转移就业,空前激发了全民的创业热情,有力推动着甘肃省经济社会的全面发展。

4. 甘肃省与全国发展的差距不断扩大

纵向比改革开放 40 年,甘肃省经济社会发生了巨大的变化,但横向比甘肃省与全国和经济发达地区的发展水平差距不断扩大。甘肃省经济总量在全国总量中所占的比重在下降。经过 40 年经济的发展,经济总量明显增长,但在国家经济总量中占的比重在下降。1978 年甘肃省占全国 GDP 份额是 1.14%,到 2016 年甘肃省占全国 GDP 份额是 0.97%,下降了 0.17 个百分点。甘肃省财政收入在国家财政收入中所占的比重在下降。1978 年甘肃省财政收入占全国财政收入的份额是 1.14%,到 2016 年甘肃省财政收入占全国财政收入的份额是 0.4%。从以上数据可以明显看出,改革开放 40 年甘肃省与全国发展水平的差距不断扩大。

(二)改革开放 40 年来甘肃省经济社会发展中存在的问题

由于历史、地理、自然、社会和国家宏观政策导向等多方面的原因,甘肃省经济社会发展水平差距越来越大。经济结构不合理、内生增长动力不足,基础设施薄弱、生态环境脆弱的瓶颈制约突出,促进城乡区域协调发展的任务十分艰巨。甘肃省经济运行稳中有忧、稳中有险,既有产业结构不合理、消费需求增长动力偏弱、创新能力不强、新的经济增长点不多等固有的矛盾,也有部分行业产业经营困难、出口竞争力不强等即期运行中存在的问题。

1. 甘肃省发展不平衡

从经济总量来看,经过40年的发展,甘肃省地区经济总量明显增长,但在国家经济总量中占的比重呈下降趋势。1978年甘肃省占全国GDP份额是1.14%,到2016年甘肃省占全国GDP份额是0.97%,下降了0.17个百分点。2016年,全国GDP是744127.20亿元,甘肃GDP是7200.37亿元,西南、西北10省(自治区、直辖市)GDP是12.04万亿元,占全国的11.09%。西南五省(自治区、直辖市)GDP(7.84万亿)少于广东省(8.09万亿),与江苏省(7.74万亿)持平;西北五省(自治区)GDP(4.2万亿)远低于江苏省(7.74万亿),几乎只有广东省(8.09万亿)的一半,而东部六省(直辖市)(北京、上海、江苏、浙江、山东、广东)经济总量为25.93万亿元,占全国34.85%,超过全国GDP总量的三分之一(见表26-53、图26-55)。

表26-53　2005—2016年甘肃省与其他西部12省(自治区、直辖市)地区生产总值

(单位:亿元)

年份	国内生产总值	西部12省(自治区、直辖市)地区生产总值											
		内蒙古	重庆	宁夏	陕西	青海	新疆	四川	广西	云南	贵州	西藏	甘肃
2005	187318.90	3905.03	3467.72	612.61	3933.72	543.32	2604.19	7385.10	3984.10	3462.73	2005.42	248.80	1933.98
2006	219438.50	4944.25	3907.23	725.90	4743.61	648.50	3045.26	8690.24	4746.16	3988.14	2338.98	290.76	2277.35
2007	270232.30	6423.18	4676.13	919.11	5757.29	797.35	3523.16	10562.39	5823.41	4772.52	2884.11	341.43	2703.98
2008	319515.50	8496.20	5793.66	1203.92	7314.58	1018.62	4183.21	12601.23	7021.00	5692.12	3561.56	394.85	3166.82
2009	349081.40	9740.25	6530.01	1353.31	8169.80	1081.27	4277.05	14151.28	7759.16	6169.75	3912.68	441.36	3387.56
2010	413030.30	11672.00	7925.58	1689.65	10123.48	1350.43	5437.47	17185.48	9569.85	7224.18	4602.16	507.46	4120.75
2011	489300.60	14359.88	10011.37	2102.21	12512.30	1670.44	6610.05	21026.68	11720.87	8893.12	5701.84	605.83	5020.37
2012	540367.40	15880.58	11409.60	2341.29	14453.68	1893.54	7505.31	23872.80	13035.10	10309.47	6852.20	701.03	5650.20
2013	595244.40	16916.50	12783.26	2577.57	16205.45	2122.06	8443.84	26392.07	14449.90	11832.31	8086.86	815.67	6330.69
2014	643974.00	17770.19	14262.60	2752.10	17689.94	2303.32	9273.46	28536.66	15672.89	12814.59	9266.39	920.83	6836.82
2015	689052.10	17831.51	15717.27	2911.77	18021.86	2417.05	9324.80	30053.10	16803.12	13619.17	10502.56	1026.39	6790.32
2016	744127.20	18128.10	17740.59	3168.59	19399.59	2572.49	9649.70	32934.54	18317.64	14788.42	11776.73	1151.41	7200.37

资料来源:中华人民共和国国家统计局,见http://data.stats.gov.cn/。

甘肃省发展的不平衡主要体现在以下几个方面:一是经济总量与发展的质量效益不平衡,经济增长质量效益有待提高,特别是产业竞争力不强;二是增长动力的要素驱动与创新驱动不平衡,传统要素和传统产业发展较好,但创新因素相对稀缺,创新能力

有待增强;三是实体经济发展面临诸多困难,发展环境有待改善;四是城乡发展不平衡,主要表现为城乡之间的基础设施发展不平衡,医疗卫生、教育服务等社会服务和福利的不平衡,城乡之间政府公共投入不平衡、基础设施建设不平衡、生产生活条件不平衡与居民收入不平衡;五是区域发展不平衡,不同区域不同的区位条件、资源禀赋、经济基础、人力资本、政策导向、发展环境特色产业等因素造成区域内部发展不平衡;六是经济发展与社会建设不平衡,经济发展速度较快,社会建设相对滞后,教育、卫生健康、社会保障等相关领域供需矛盾较为突出,群众生存和发展所必须领域的服务可及性还远远不够;七是发展所付出的资源环境代价沉重,长期处在价值链低端使得生态资源环境破坏较为严重,生态环境保护意识淡薄、法制不健全、生态投资不足,使得人民群众对新鲜空气、清洁水、良好环境质量的需要难以得到完全满足;八是物质文明与精神文明不平衡,物质条件有了很大改善,但社会文明水平尚需提高,文化产品无论是数量还是质量,都还不能很好地满足人民群众多方面、多层次、多样化的精神文化需求。

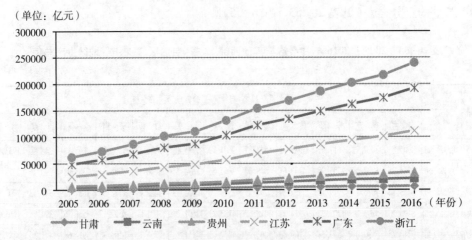

图 26-55　2005—2016 年甘肃、云南、贵州及江苏等东部发达省份地区生产总值趋势图

资料来源:中华人民共和国国家统计局,见 http://data.stats.gov.cn/。

2. 甘肃省发展不充分

(1)经济总量小

2017 年我国 GDP 总量为 827122 亿元,2017 年甘肃省的 GDP 总量为 7677 亿元。GDP 增速仅为 3.6%,没有完成预期 7.5% 的目标。其中,第一产业增加值 1739.45 亿元,增长 4.6%,占生产总值的比重为 7.9%;第二产业 10895.38 亿元,增长 7.9%,占比 49.8%;第三产业达到 9263.98 亿元,增长 8.7%,占比 42.3%。非公有制经济占生产总值的比重为 54.1%;战略性新兴产业占 10.8%。而邻省陕西省 2017 年实现生产总值 21898.81 亿元,比上年增长 8.0%,高于全国 1.1 个百分点,其中,第一产业增加值 1739.45 亿元,增长 4.6%,占生产总值的比重为 7.9%;第二产业 10895.38 亿元,增长

7.9%,占比 49.8%;第三产业 9263.98 亿元,增长 8.7%,占比 42.3%。非公有制经济占生产总值的比重为 54.1%;战略性新兴产业占比 10.8%。贵州省 2017 年地区生产总值 13540.83 亿元,比上年增长 10.2%,增速高于全国水平 3.3 个百分点,其中,第一产业增加值 2020.78 亿元,增长 6.7%;第二产业增加值 5439.63 亿元,增长 10.1%;第三产业增加值 6080.42 亿元,增长 11.5%。说明甘肃省社会生产力发展尚不充分,仍不能满足人民对不同产品结构和质量的需求,不能满足人民对各种服务的需求。

截止到 2016 年的省级地区生产总值榜上,广东省、江苏省、浙江省持续占据前六名的位置,广东省和江苏省都处于 7 万亿—8 万亿元之间,2016 年广东 GDP 达到 7.95 万亿元,增长 7.5%,GDP 总量连续第 28 年占据榜首;江苏省统计局公布的数据显示,江苏省 GDP 在 2015 年迈上 7 万亿元台阶后继续增长 7.8%,达到 7.61 万亿元。从经济增长的速度来看,2016 年 GDP 增速甘肃省降幅最大,达到 1.2 个百分点,降为 7.6%(见图 26-55)。

(2)人均产出低

2016 年全国人均生产总值是 5.40 万元,其中,西北五省(自治区)人均生产总值是 4.20 万元,西南五省(自治区、直辖市)人均生产总值仅为 3.96 万元。在全国范围内,省(自治区、直辖市)最高的是北京市,为 11.820 万元,省(自治区、直辖市)最高的是江苏省为 9.689 万元,浙江省以 83923 元位居第五,最低的省(自治区、直辖市)甘肃省是 2.764 万元,江苏省是甘肃省的 3.51 倍。贵州省多年来处于人均 GDP 倒数第一,不过近年来贵州省的经济高速增长,并在 2015 年摆脱了人均 GDP 垫底的

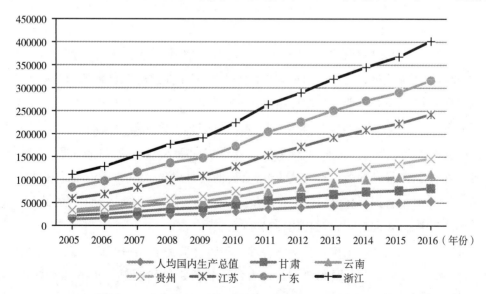

图 26-56　2005—2016 年甘肃、云南、贵州及江苏等东部省份人均地区生产总值趋势图

资料来源:中华人民共和国国家统计局,见 http://data.stats.gov.cn/。

位置(见表 26-54、图 26-56)。

表 26-54　2005—2016 年甘肃省与其他西部 12 省(自治区)地区生产总值(单位:元)

年份	人均国内生产总值	西部 12 省(自治区)地区生产总值											
		内蒙古	重庆	宁夏	陕西	青海	新疆	四川	广西	云南	贵州	西藏	甘肃
2005	14368	16331	10982	10239	9899	10045	13108	9060	8788	7835	5052	9114	7477
2006	16738	20047	12437	11784	11762	11753	14871	10546	10240	8961	5750	10396	8749
2007	20505	26521	16629	15142	15546	14507	16999	12963	12277	10609	7878	12083	10614
2008	24121	34869	20490	19609	19700	18421	19797	15495	14652	12570	9855	13588	12421
2009	26222	39735	22920	21777	21947	19454	19942	17339	16045	13539	10971	15008	13269
2010	30876	47347	27596	26860	27133	24115	25034	21182	20219	15752	13119	17027	16113
2011	36403	57974	34500	33043	33464	29522	30087	26133	25326	19265	16413	20077	19595
2012	40007	63886	38914	36394	38564	33181	33796	29608	27952	22195	19710	22936	21978
2013	43852	67836	43223	39613	43117	36875	37553	32617	30741	25322	23151	26326	24539
2014	47203	71046	47850	41834	46929	39671	40648	35128	33090	27264	26437	29252	26433
2015	50251	71101	52321	43805	47626	41252	40036	36775	35190	28806	29847	31999	26165
2016	53980	72064	58502	47194	51015	43531	40564	40003	38027	31093	33246	35184	27643

资料来源:中华人民共和国国家统计局,见 http://data.stats.gov.cn/。

(3)发展质量低

甘肃省发展质量低,经济增长方式粗放,科技投入严重不足,科技贡献率低,初级产品多,产业链条短,发展的质量和效益相对低下,经济增长还处在"量"的积累阶段。

(4)结构不合理

甘肃省大部分区域存在产业结构不尽合理,第二产业比重过大,第三产业发展不充分,农业科技附加值低,在工业内部,"重工业过重、轻工业过轻"、能源原材料等资源型工业比重过大,高科技产业与战略性新兴产业对经济发展的带动作用不强;收入分配结构不平衡,地区之间、行业之间、群体之间、城乡之间收入分配差距大。2016 年,全国居民人均收入 2.382 万元。其中,城镇居民人均可支配收入最高的省(自治区、直辖市)上海 5.769 万元,最高的浙江省 3.724 万元,最低的甘肃省 2.569 万元,浙江是甘肃省的 1.45 倍。甘肃省深度贫困地区生存环境恶劣、生产生活条件艰苦、生产方式落后低下,与东部、中部、东北广大农村相比,差异巨大。

从经济结构看,经济结构仍然不够合理。2016 年甘肃省第一、第二、第三产业比为 13.61:34.84:51.4,与全国和西部其他省份比较差距仍然明显。2016 年全国第一、第二、第三产业比是 8.6:39.8:51.6,甘肃省第一产业占比高于全国 5 个百分点;第二产业低于全国 5 个百分点,第三产业低于全国 0.2 个百分点,甘肃省第三产业发展水平不高、内部结构不优、消费需求不足(见表26-55)。截止到2016年,各省(自治区、直辖市)统计局数据显示全国第三产业GDP占比最高省份已达20个,江苏省、浙江省、广东省等发达地区,正在摆脱投资驱动的传统增长模式,第三产业占比快速增长。贵州省第三产业增长11.5%,甘肃省第三产业达到9263.98亿元,增长8.7%(见图26-57)。

(5)实体经济发展不充分

主要体现在实体经济发展的质量、层次和效率还不高,发展的内生动力不足。实体经济结构性供需失衡,供给体系产能庞大,但大多数只能满足中低端、低质量、低价格的需求,不能满足市场对高技术、高质量的"高精尖"产品需求。在制造业中,传统制造业和先进制造业的比重失衡,且仍在向前者倾斜;在服务业中,传统服务业与生产性服务失衡,且仍在向前者倾斜。

表 26-55　2005—2016 年甘肃省及其他西部 12 省(自治区、直辖市)
第三产业产值占地区生产总值比重　(单位:%,亿元)

| 年份 | 全国第三产业产值占国内生产总值比重 | 西部12省(自治区、直辖市)第三产业产值占地区生产总值 | | | | | | | | | | | |
		内蒙古	重庆	宁夏	陕西	青海	新疆	四川	广西	云南	贵州	西藏	甘肃
2005	41.3	39.5	41.5	42.4	39.3	39.3	35.7	38.4	39.2	39.7	40.7	55.2	40.7
2006	41.8	39.1	42.2	40.6	38.1	38.4	34.7	38.2	38.7	39.1	42.3	54.9	39.5
2007	42.9	38.4	39.0	39.8	37.8	37.0	35.4	36.7	37.0	39.7	45.5	55.1	38.4
2008	42.8	37.8	37.3	39.5	36.9	34.9	34.0	36.2	36.0	39.0	46.4	55.4	39.0
2009	44.3	38.0	37.9	41.7	38.5	36.9	37.1	36.7	37.6	40.8	48.2	54.6	40.2
2010	44.1	36.1	36.4	41.6	36.4	34.9	32.5	35.1	35.4	40.0	47.3	54.2	37.3
2011	44.2	34.9	36.2	41.0	34.8	32.3	34.0	33.4	34.1	41.6	48.8	53.2	39.1
2012	45.3	35.5	39.4	42.0	34.7	33.0	36.0	34.5	35.4	41.1	47.9	53.9	40.2
2013	46.7	36.9	46.7	43.0	36.0	36.1	40.7	36.2	37.6	42.5	47.1	53.9	43.3
2014	47.8	39.5	46.8	43.4	37.0	37.0	40.8	38.7	37.9	43.3	44.6	53.5	44.0
2015	50.2	40.5	47.7	44.5	40.7	41.4	44.7	43.7	38.8	45.1	44.9	53.8	49.2
2016	51.6	43.8	48.1	45.4	42.3	42.8	45.1	47.2	39.6	46.7	44.7	52.7	51.4

资料来源:中华人民共和国国家统计局,见 http://data.stats.gov.cn/。

(6)创新能力发展不充分

科技部发布《中国区域创新能力监测报告2016—2017》和《中国区域科技创新评价报告2016—2017》,报告显示,2016—2017年度全国综合科技创新水平指数得分为

（单位：%）

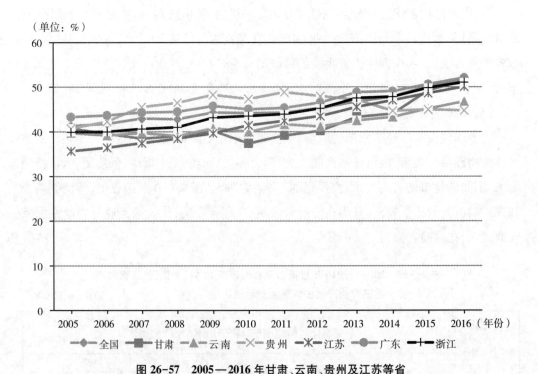

图 26-57　2005—2016 年甘肃、云南、贵州及江苏等省
第三产业产值占地区生产总值的比重

资料来源：中华人民共和国国家统计局，见 http://data.stats.gov.cn/。

67.57，从综合科技创新水平指数看，北京市、上海市、天津市、广东省、江苏省和浙江省的综合指数得分高于全国平均水平，处于第一梯队。甘肃省综合科技创新水平指数在全国平均水平和 50 分之间，处于第二梯队，创新能力低于全国平均水平，原始创新和系统集成创新能力不够强，核心关键技术自主知识产权占有率偏低，拥有自主知识产权核心技术的企业少。

（7）民生领域发展不充分

民生领域与东部沿海省份差距日趋拉大，民生领域还有不少短板，社会保障制度不完善，住房贵、就医难、食品不安全、环境污染等问题突出，结构性失业压力大，教育不公平问题没有得到根本解决，脱贫任务艰巨。

（8）市场化改革不充分

在许多领域，特别是垄断领域的市场化程度还很低，各项改革还不充分，制度建设还不到位，油气、电力等领域行业垄断还很严重，电信、铁路、医疗服务等领域改革还不能满足发展的需要，供水供暖等公共领域的市场监管还不完善。

表 26-56　2005—2015 年甘肃省地区生产总值　　　　（单位：亿元）

年份 地区	2005	2006	2007	2008	2009	2010	2011	2012	2013	2014	2015
兰州市	567.04	638.47	732.76	846.28	925.98	1100.39	1360.03	1564.41	1776.28	1913.50	2095.99
嘉峪关市	81.31	98.66	120.18	144.10	160.05	184.32	235.54	269.10	226.30	243.10	190.00
金昌市	115.87	152.61	213.22	194.43	194.75	210.51	232.75	243.39	252.04	245.64	224.52
白银市	146.54	175.72	207.52	244.28	265.33	311.18	375.79	433.77	463.30	447.64	434.27
天水市	146.17	166.39	196.21	226.57	260.00	300.23	357.60	412.90	454.30	496.89	553.80
武威市	141.81	161.62	187.65	210.11	192.79	228.77	272.85	341.55	381.18	405.97	416.19
张掖市	110.79	126.70	146.64	169.86	192.08	212.70	256.60	291.92	335.97	353.43	373.53
平凉市	110.17	125.59	147.82	175.06	195.66	231.89	276.19	325.36	341.92	350.53	347.70
酒泉市	146.03	173.25	203.25	248.02	321.05	405.03	481.50	574.60	642.70	620.20	544.80
庆阳市	143.82	171.55	200.82	248.50	302.22	357.61	454.34	529.36	606.07	668.93	609.43
定西市	71.30	80.88	100.10	105.64	131.94	156.02	186.94	223.27	252.22	292.82	304.92
陇南市	74.15	93.49	111.81	121.60	142.34	169.43	197.68	226.00	249.50	262.53	315.14
临夏州	56.23	62.51	72.92	78.59	93.17	106.38	128.78	189.00	167.32	202.97	211.41
甘南州	26.10	29.95	35.37	43.37	57.65	67.69	81.33	96.74	108.90	114.92	126.54

资料来源：中华人民共和国国家统计局，见 http://data.stats.gov.cn/。

甘肃省不平衡不充分集中体现在基础设施薄弱等方面；贫困面大，贫困程度深，城乡居民收入水平低的问题；产业规模小，优势企业少，竞争力低下的问题；城市化水平低的问题；文化教育发展滞后的问题，生态环境脆弱的问题。

三、甘肃省进一步深化改革开放的政策建议

（一）创新甘肃省的发展理念与发展思路

以习近平新时代中国特色社会主义思想为指导，创新发展理念，调整发展思路，破解甘肃省发展不平衡不充分的各种问题。一要坚持以人民为中心，把人民对美好生活的向往作为解决甘肃省不平衡不充分发展问题的核心目标，以促进人的全面发展，解决个人发展的不平衡不充分问题，以促进社会全面进步解决社会发展的不平衡不充分问题；二要坚定不移地贯彻"创新、协调、绿色、开放、共享"的新发展理念，把发展作为解决甘肃省一切问题的基础和关键，统筹协调经济增速、经济质量和运行风险这三者的关系，在发展过程中着力解决不平衡不充分的问题；三要坚持以供给侧结构性改革为主线，适应和引领经济新常态，推动甘肃省地区结构、行业结构、企业结构、城乡结构的不

断优化,减少无效供给,扩大有效供给,提高供给侧结构对需求结构的适应性;四要坚持创新驱动发展战略,推动甘肃省科技创新、制度创新、管理创新、商业模式创新、业态创新和文化创新,拓展创新领域,培育壮大创新主体,搭建创新平台体系,构建创新体制机制,要用创新的手段解决发展过程中出现的各种不平衡不充分问题;五要推动体制机制改革,减少要素配置扭曲,解决要素市场和产品市场的不平衡不充分问题,激发全社会创造力和发展活力,努力实现甘肃省更高质量、更有效率、更加公平、可持续的发展。

(二)加大对甘肃省发展的政策支持

甘肃省具有特殊重要战略地位,国家要以更大的决心、更强的力度、更有效的举措,进一步加大支持力度,研究制定解决甘肃省发展不平衡不充分的具体政策举措,构建齐抓共管的工作格局,形成支持甘肃省创新发展的合力。要进一步加大对甘肃省的资金投入力度,中央预算内投资、中央财政均衡性转移支付和专项转移支付继续向甘肃省倾斜,支持在甘肃省优先布局建设具有比较优势的项目,鼓励社会资本以市场化方式设立西部开发产业发展引导基金。实施差别化用地政策,保障甘肃省重大项目建设用地。加强甘肃省各类人才培养培训,积极发挥国家基础科学人才培养基金等作用,统筹推进甘肃省各类人才队伍建设,国家"千人计划""万人计划"等重大人才工程适度向甘肃省倾斜,支持甘肃省大力引进海外高端紧缺人才。研究开展州辖区改革,支持四川省凉山、云南省怒江、甘肃省临夏等民族自治州加快建设全面小康进程。

(三)创新和完善支持甘肃省发展的投融资机制

建立支持甘肃省协调健康发展的多元化、可持续投融资体制。统筹发挥商业性金融、开发性金融、政策性金融与合作性金融协同作用,形成分工合理、相互补充的金融机构体系,加大对甘肃省重大基础设施建设、现代农业、民生领域的支持力度,推动提升小微企业金融服务。鼓励银行业金融机构在风险可控、商业可持续的基础上加大对西部产能过剩行业兼并重组、转型转产、技术改造等环节的信贷支持,促进化解过剩产能和传统产业转型升级。抓紧剥离融资平台公司政府融资职能,推进融资平台公司市场化转型和融资,规范地方政府债务管理,合理安排甘肃省政府债务限额,做好地方政府债券发行工作,支持甘肃省公益性事业发展。

(四)深化甘肃省收入分配制度及相关领域改革

一要以初次分配制度改革为重点,加大收入分配制度改革力度,通过价格体制改革和垄断行业改革,缩小行业间收入差距;通过教育服务均等化,缩小不同阶层和城乡收入的差距;深化税收制度改革,降低流转税,增加财产税,使税收制度有利于低收入阶层,逐步实现收入分配均衡化,缩小不同阶层、不同行业、不同地区的收入差距。二要持续深化简政放权、放管结合、优化服务等重点领域改革,加快转变政府职能,健全科学决策机制,提高行政效能。三要深化垄断行业和国有企业改革,支持和引导非公有制经济发展,加快形成多种所有制经济平等竞争、共同发展新格局。四要推进电力体制改革,继续深化电价、水价等价格改革,理顺煤电价格关系,开展水权交易,深化小型水利工程产权制度改革。五要有序推进土地管理制度改革,完善甘肃省土地征收制度,探索建立农村集体经营性建设用地入市制度。六要继续落实好减税降费各项政策措施,降低制度性交易成本,促进形成营商环境好、要素成本低、市场潜力大的叠加优势,迸发全社会创业创新热情,吸引各类资本特别是民间资本踊跃参与甘肃省建设。

(五)培育支持甘肃省发展的多层次开放合作新机制

充分发挥西部欠发达各地区的比较优势,加快推进国际经济走廊境内段建设,积极参与和融入"一带一路"建设。大力发展内陆开放型经济,全面提升经济欠发达地区内陆开放水平。充分发挥沿边省(自治区)和沿边各类开发开放功能作用,加快沿边地区开发开放,将沿边地区建设成为沟通我国内陆地区与周边国家的合作交往平台,打造海内外联动、东西双向开放的全面开放新格局。建议国家出台关于加强东中部与甘肃省之间的区域合作的政策,提升对口支援、对口帮扶水平,支持中东部企业、人才到甘肃省投资、创业。加大东西部扶贫协作和对口支援工作力度,建立精准对接机制,实现对口帮扶资金规模的稳定增长。充分发挥市场机制作用,创造条件,吸引帮扶地区人才、资金、技术向甘肃省流动。鼓励经济发达地区利用帮扶资金设立贷款担保基金、风险保障基金、贷款贴息资金和中小企业发展基金等,支持发展甘肃省特色产业,引进优势企业到西部创业兴业。鼓励企业通过量化股份、提供就业等形式,带动甘肃省居民就业增收。建立和完善省市协调、县乡组织、职校培训、定向安排、跟踪服务等劳务协作对接机制,提高劳务输出脱贫的组织化程度。以县级为重点,加强东西部省份党政干部挂职交流。采取双向挂职、两地培训等方式,加大对西部基层干部、贫困村创业致富带头人的培训力度。

(六)着力解决甘肃省发展不平衡不充分的突出问题

一要完善甘肃省基础设施网络,逐步实现基础设施地区均等化、城乡均等化。继续加强交通、水利、能源、通信等基础设施建设,加快建设西部适度超前、结构优化、功能配套、安全高效的现代化基础设施体系,强化设施管护,提升基础保障能力和服务水平。二要下决心解决甘肃省教育资源严重不均衡问题,加大对甘肃省教育的投入,提升教育质量,推动甘肃省聚人才、育人才、出人才,基本实现教育服务均等化。三要加大力度解决甘肃省医疗资源不均衡问题,加强公共卫生服务能力建设,加强甘肃省县级医院、妇幼保健院和中心乡镇卫生院医疗设备配置,强化一般乡镇卫生院(社区卫生服务中心)基本医疗服务功能,加强县级公立医院和中心乡镇卫生院能力建设和学科建设。四要创新社会治理机制,加强和创新甘肃省城乡社会治理机制建设,完善乡镇(街道)社会治理结构,健全党组织领导的社区自治机制;完善社会服务体系,加快推广政府购买社会服务等市场化办法,满足城乡群众差异化服务需求;推进甘肃省社区服务体系和设施建设,稳步扩大覆盖面;完善立体化社会治安防控体系,加强公安基层基础建设。落实消防等安全保障措施,加强城镇公共消防设施建设。五要加大力度解决甘肃省生态建设与经济发展不均衡问题,加大自然生态系统和环境保护力度,全面促进资源节约利用,健全完善生态补偿机制,大力推进绿色发展、循环发展、低碳发展、永续发展。六要支持甘肃省打赢脱贫攻坚战。针对不同贫困类型分类施策,实施产业扶持脱贫、转移就业脱贫、易地搬迁脱贫、教育支持脱贫、社保兜底脱贫、生态保护脱贫系列工程,提高脱贫攻坚成效。坚持专项扶贫、行业扶贫、社会扶贫"三位一体"大扶贫格局,以解决突出制约问题为重点,以重大扶贫工程和到村到户帮扶措施为抓手,以补短板为突破口,加大政策倾斜力度,集中力量攻关,万众一心克难,全面完成深度贫困地区脱贫攻坚任务。七要积极培育甘肃省现代产业体系。降低市场准入门槛,引导社会资本向甘肃省优势产业聚集。强化能源资源保障能力,完善工业用地配置,推动传统产业转型升级,促进战略性新兴产业突破发展,引导现代服务业有序发展,提升特色优势产业发展水平,塑造甘肃省产业核心竞争力,构建资源优势突出、创新能力较强、产业链条齐备、生态承载合理的现代产业发展体系。八要积极扶持甘肃省实施乡村振兴战略。要持续深化农业供给侧结构性改革,加快构建现代农业产业体系、生产体系、经营体系,促进农业产业链条延伸和农村一二三产业深度融合。整合各方面科技创新资源,完善农业科技创新体系、现代农业产业技术体系和农业农村科技推广服务体系,依靠科技创新激发农业农村发展新活力。要全面深化农村改革,在保持土地承包关系稳定并长久不变的前提下,深入推进农村"三变"(资源变资产、资金变股金、农民变股东)改革,促进农业的规模化经营和可持续发展。

27

青海省改革开放 40 周年
地区发展报告

*青海省行政学院课题组*①

改革开放以来,青海省各项事业取得了显著成就,站在了新的历史起点上。在为"两个一百年"奋斗目标实现的新时代,总结过去的成绩,分析发展的不足,找出相应的对策,是我们踏上新征程不断前进的必要条件。

一、1978 年以来青海省经济社会发展成就

改革开放 40 年,青海省与全国一样快速发展,取得了一系列的成就。发展的方向更加明确、层次不断提升、优势逐渐显现、动力持续增强、成果更多惠民、环境愈发向好、合力广泛凝聚、引领更为有效、保证更加坚强。

(一)经济总量大跨越,经济实力大提升

1. 地区生产总值快速增长

在改革开放 40 年的历程中,青海经济总量逐步扩大,经济活力不断增强,发展速度不断提高,经济实力跃上新台阶。全省生产总值由 1978 年的 16 亿元,增长到 2017 年的 2642.80 亿元,增长了 164.18 倍,按可比价格计算年均增长 13.99%(见图 27-1)。特别是自 1998 年,全省地区生产总值增速超过全国平均水平,进入持续、快速、稳定、健康的发展时期。②

人均地区生产总值由 1978 年的 428 元增长到 2017 年的 44348 元,增长了 102.62

---

① 课题组组长:王兰英;课题组成员:刘雅君、张卫东、靳婉燕;项目编号:NSAZT(WT)2018026。
② 地区生产总值、各产业增加值及人均地区生产总值参考青海省统计局编:各年《青海省社会经济统计年鉴》,中国统计出版社;2017 年的地区生产总值、各产业增加值及人均地区生产总值参考青海省统计局、国家统计局青海调查总队:《青海省 2017 年国民经济和社会发展统计公报》。

（单位：亿元）

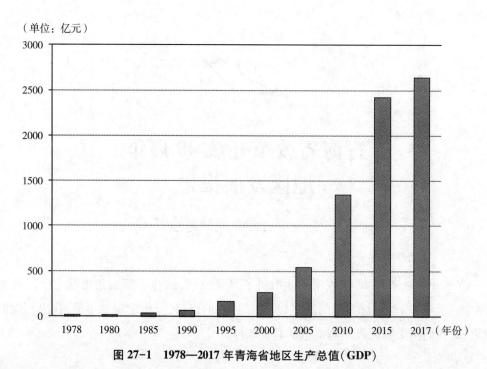

图 27-1　1978—2017 年青海省地区生产总值（GDP）

资料来源：青海省统计局编：各年《青海省社会经济统计年鉴》，中国统计出版社；青海省统计局、国家统计局青海调查总队：《青海省 2017 年国民经济和社会发展统计公报》。

倍，按可比价格计算年均增长 12.64%（见图 27-2）。按当年汇率折算，2017 年人均地区生产总值约达 6649 美元。[①] 按照国际经验，已接近中上等收入国家平均水平线，意味着青海经济站在了一个新的起点上，即从中上等收入平均水平向高收入门槛水平迈进阶段。

2. 总财力

改革开放 40 年历程中，全省财政实力不断增强，政府对经济社会发展的调控能力增强。全省公共财政预算收入由 1978 年的 2.9 亿元增加到 2017 年的 408.7 亿元，增长了 139.93 倍，年均增长 13.53%。公共财政预算支出由 1978 年的 6.8 亿元增加到 2017 年的 1530.3 亿元，增长了 224.04 倍，年均增长 14.90%，其中 2001—2017 年年均增速达到 17.31%。[②]

---

① 地区生产总值、各产业增加值及人均地区生产总值参考青海省统计局编：各年《青海省社会经济统计年鉴》，中国统计出版社；2017 年的地区生产总值、各产业增加值及人均地区生产总值参考青海省统计局、国家统计局青海调查总队：《青海省 2017 年国民经济和社会发展统计公报》。

② 财政收入、公共财政预算收入及公共财政预算支出参考国家统计局：各年《分省年度数据》，中国统计出版社；2017 年的财政收入、公共财政预算收入及公共财政预算支出参考青海省统计局、国家统计局青海调查总队：《青海省 2017 年国民经济和社会发展统计公报》。

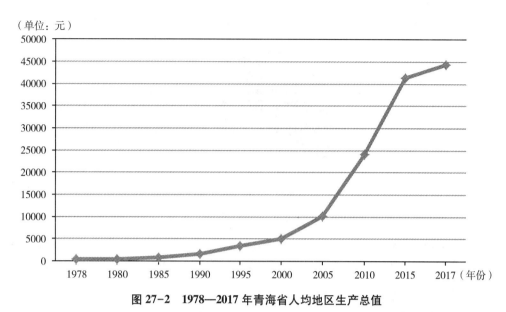

（单位：元）

图 27-2　1978—2017 年青海省人均地区生产总值

资料来源：青海省统计局编：各年《青海省社会经济统计年鉴》，中国统计出版社；青海省统计局、国家统计局青海调查总队：《青海省 2017 年国民经济和社会发展统计公报》。

（二）经济结构大调整，转型发展大突破

1. 产业结构不断调整

从 1978 年到 2017 年，三次产业结构占比由 23.6∶49.6∶26.8 调整为 9∶44.7∶46.3。在加强农牧业基础地位，保持工业为拉动全省经济增长主要动力的同时，第三产业得到加强，第三产业比重上升 19.5 个百分点（见图 27-3、图 27-4）。

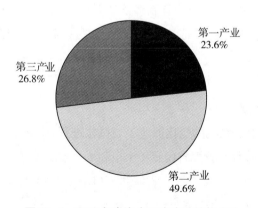

第一产业 23.6%

第三产业 26.8%

第二产业 49.6%

图 27-3　1978 年青海省三次产业结构占比

资料来源：青海省统计局编：1978 年《青海省社会经济统计年鉴》，中国统计出版社；青海省统计局、国家统计局青海调查总队：《青海省 2017 年国民经济和社会发展统计公报》。

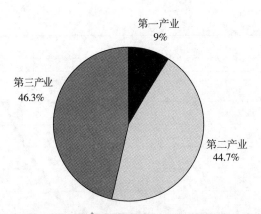

图 27-4　2017 年青海省三次产业结构占比

资料来源:青海省统计局编:1978 年《青海省社会经济统计年鉴》,中国统计出版社;青海省统计局、国家统计局青海调查总队:《青海省 2017 年国民经济和社会发展统计公报》。

2. 第三产业就业人员成为就业主力

非农就业人员增加。改革开放以来,全省就业结构随着经济的发展而变化,就业人员在三次产业结构中的分配逐步优化,农业劳动力转移加快,不仅提高了全省农业综合生产能力,还将劳动力从农业生产中解放出来从事第二、第三产业。三次产业就业结构由 1978 年的 71.3∶18.3∶10.4 转变为 35.4∶22.0∶42.6。农业(第一产业)就业人员比重下降 35.9 个百分点,第二、第三产业就业人员比重分别提高 3.7 个和 32.2 个百分点,第三产业就业人员比重大幅度提高。[①]

3. 所有制结构趋于多元化

改革开放之后,全省所有制结构朝着多元化方向发展,个体经济、私营经济、外商投资、股份制经济得到较快发展。非公有制经济总量迅速增加,形成了以公有制为主体,多种所有制经济共同发展的良好局面。2017 年,私有制企业资产占总资产的 15.88%,比 2000 年提高了 15 个百分点,非公有制经济增加值占全省经济总量的比重达到 37.8%。

4. 城镇化进程明显加快

城镇化加速推进,经济结构的变化加速了城镇化进程,原有城镇规模不断扩大,城镇人口快速增长。1978 年以前,青海省仅有 1 个市和 8 个建制镇,到 2017 年年底,建制镇达到 140 个、省辖市 2 个、州辖市 2 个。全省城镇人口由 1978 年的 67.84 万人增加到 2017 年的 317.54 万人,增长了 3.7 倍;城镇化率由 18.6% 提高到 53.07%(见图 27-5)。

---

① 三次产业就业结构参考青海省统计局编:各年《青海省社会经济统计年鉴》,中国统计出版社;2017 年三次产业就业结构参考青海省统计局、国家统计局青海调查总队:《青海省 2017 年国民经济和社会发展统计公报》。

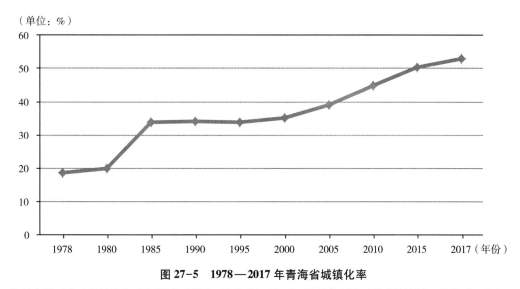

（单位：%）

图 27-5　1978—2017 年青海省城镇化率

资料来源：青海省统计局编：各年《青海省社会经济统计年鉴》，中国统计出版社；青海省统计局、国家统计局青海调查总队：《青海省 2017 年国民经济和社会发展统计公报》。

（三）三次产业大发展，内外贸易大繁荣

1. 农牧业稳步发展

青海省委省政府高度重视"三农"工作，结合青海实际，在农业区积极推行并完善以家庭经营为主的联产承包责任制，在牧业区实行"牲畜作价归户，私有私养"以及"以草定畜"的草原承包生产责任制，极大地调动农牧民的生产积极性，农业基础地位得到加强。进入 21 世纪，全省加快农业结构向效益农业方向调整，坚持高原现代生态农牧业发展方向，一批农业科技园区兴起，设施农业取得跨越式发展。[1] 2017 年，全省第一产业增加值达到 221.19 亿元，比 1978 年的 3.67 亿元，增长 59.27 倍（见图 27-6）。[2]

2. 工业成为经济发展的主导力量

改革开放以来，在工业总量和效益双增长的同时，历届省委省政府依据国家产业政策要求，结合青海省资源优势，从加快资源开发到重点扶持优势产业，提高产品精深加工能力，再到目前发展循环经济和绿色产业，工业逐步做大做强，成为青海省经济的主

---

[1]　此处参考青海省统计局综合处：《凝心聚力　劈波斩浪　共创辉煌——建国 65 年来青海省经济社会发展成就综述》，载《青海统计》2014 年第 10 期。

[2]　数据参考国家统计局：各年《分省年度数据》，中国统计出版社；按当年价格计算。三次产业划分根据《三次产业划分规定》（2003）。2013 年开始，行业分类执行《国民经济行业分类》（GB/T 4754—2011），三次产业划分根据《三次产业划分规定》（2012）。

要支撑力量。① 2017 年,全省全部工业增加值 790.63 亿元,相比于 1978 年的 5.57 亿元,增长了 140.94 倍(见图 27-7)。②

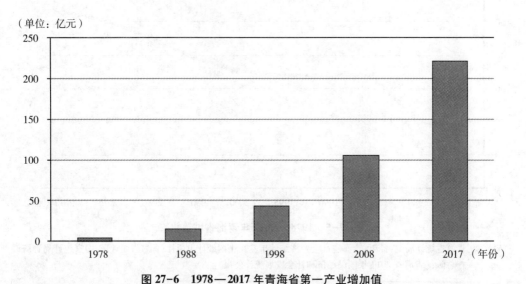

（单位：亿元）

图 27-6　1978—2017 年青海省第一产业增加值

资料来源:青海省统计局编:各年《青海省社会经济统计年鉴》,中国统计出版社;青海省统计局、国家统计局青海调查总队:《青海省 2017 年国民经济和社会发展统计公报》。

3. 服务业发展方兴未艾

改革开放以来,青海省第三产业增加值由 1978 年的 4.16 亿元增加到 2017 年的 624.29 亿元(见图 27-8),第三产业占全省经济的比重由 1978 年的 26.8% 提高到 2017 年的 46.3%,第三产业就业人员比重由 10.4% 提高到 42.6%。③ 从第三产业各行业看,一些传统服务行业比重下降,新兴服务行业比重提高,交通运输、仓储及邮政业,批发、零售贸易业,住宿和餐饮业等占比都有所下降;信息传输、计算机服务和软件业,房地产业,租赁和商务服务业,卫生、社会保障和社会福利业等占比都有所提高。积极培育现代服务业新业态,促进服务业优质高效发展,使服务业成为经济转型升级的战略支点。

4. 商品市场繁荣活跃

积极改革流通体制,在发展国有商业企业的同时,大力发展集体、私营、个体商业和

---

① 此处参考青海省统计局综合处:《改革开放扬风帆　经济发展破浪行——改革开放 35 年来青海经济发展的主要成就》,载《青海统计》2014 年第 1 期。

② 数据参考国家统计局:各年《分省年度数据》,中国统计出版社;按当年价格计算。三次产业划分根据《三次产业划分规定》(2003)。2013 年开始,行业分类执行《国民经济行业分类》(GB/T 4754—2011),三次产业划分根据《三次产业划分规定》(2012)。

③ 数据参考国家统计局:各年《分省年度数据》,中国统计出版社;按当年价格计算。三次产业划分根据《三次产业划分规定》(2003)。2013 年开始,行业分类执行《国民经济行业分类》(GB/T 4754—2011),三次产业划分根据《三次产业划分规定》(2012)。

（单位：亿元）

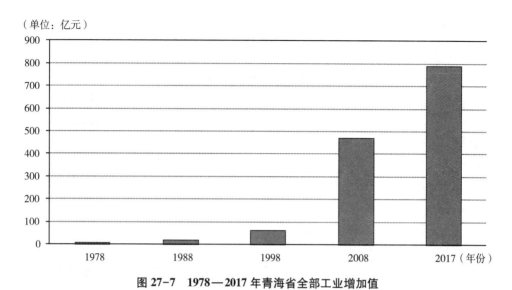

图 27-7　1978—2017 年青海省全部工业增加值

资料来源：青海省统计局编：各年《青海省社会经济统计年鉴》，中国统计出版社；青海省统计局、国家统计局青海调查总队：《青海省 2017 年国民经济和社会发展统计公报》。

（单位：亿元）

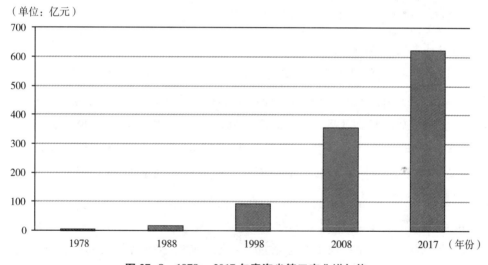

图 27-8　1978—2017 年青海省第三产业增加值

资料来源：青海省统计局编：各年《青海省社会经济统计年鉴》，中国统计出版社；青海省统计局、国家统计局青海调查总队：《青海省 2017 年国民经济和社会发展统计公报》。

城乡集市贸易，商业网点大量增加，形成了国有、集体、个体、私营、联营等多种经济形式并存，多种流通渠道、多种经营方式相互竞争的商品流通体系。经济的快速发展，消费品市场货源充足，满足了城乡居民不断增长的不同层次的消费需求。① 1978 年全省消费品零售总额为 7.6 亿元，1998 年突破 80 亿元，2017 年达到 839.03 亿元，约是 1978

---

① 此处参考青海省统计局综合处：《凝心聚力　劈波斩浪　共创辉煌——建国 65 年来青海省经济社会发展成就综述》，载《青海统计》2014 年第 10 期。

年的 110 倍(见图 27-9)。①

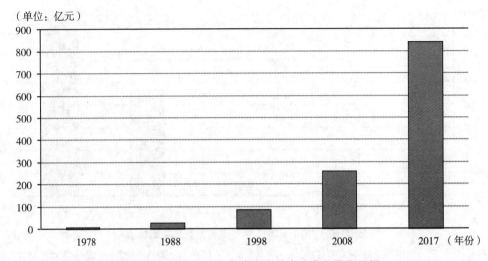

（单位：亿元）

图 27-9 1978—2017 年青海省社会消费品零售总额
资料来源:青海省统计局编:各年《青海省社会经济统计年鉴》,中国统计出版社;青海省统计局、国家统计局青海调
查总队:《青海省 2017 年国民经济和社会发展统计公报》。

5. 对外贸易不断增长

自 1980 年起,青海开始自营出口对外贸易。40 年来,积极实施"引进来"和"走出去"相结合的对外开放战略,充分利用两个市场、两种资源,拓宽发展空间,不断加大开放力度,提高开放水平。②1980 年至 2017 年间,青海省进出口总额由 887 万美元增至 70146 万美元,增长了 78 倍。其中,在"十二五"末年,达到峰值 152920 万美元。外商投资企业投资由几乎空白,发展到 1998 年的 4 亿美元,增加到 2016 年的 75 亿美元(见图 27-10)。③

6. 金融、保险、证券业快速发展

改革开放以来,金融业发展快速,稳健运行,为青海省经济建设提供了有力支撑。1978—2016 年,青海省金融机构从不足 300 个增加到 1141 个;从业人员从 3500 余人增加到 19620 人;2017 年年末全省金融机构人民币各项存款余额 5826.63 亿元,相比 1980 年的 1.60 亿元,增加了约 3600 多倍;2017 年年末,金融机构人民币各项贷款余额

---

① 社会消费品零售总额数据参考国家统计局:各年《分省年度数据》,中国统计出版社;2017 年的社会消费品零售总额参考青海省统计局、国家统计局青海调查总队:《青海省 2017 年国民经济和社会发展统计公报》。社会消费品零售总额 1992 年以前为社会商品零售总额。

② 此处参考青海省统计局综合处:《凝心聚力 劈波斩浪 共创辉煌——建国 65 年来青海省经济社会发展成就综述》,载《青海统计》2014 年第 10 期。

③ 进出口数据参考青海省统计局:各年《青海省社会经济统计年鉴》,中国统计出版社。1978 年为外贸业务统计数,1980 年起为海关进出口统计数。

（单位：万美元）

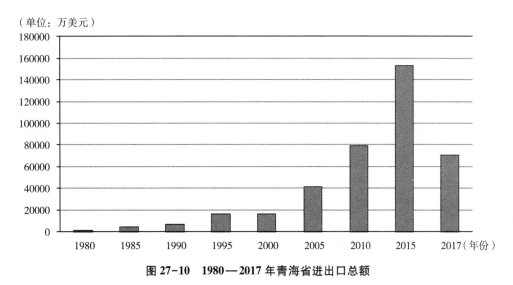

图 27-10　1980—2017 年青海省进出口总额

资料来源：青海省统计局编：各年《青海省社会经济统计年鉴》，中国统计出版社；青海省统计局、国家统计局青海调查总队：《青海省 2017 年国民经济和社会发展统计公报》。

6222.49 亿元,是 1980 年 0.44 亿元的 14142.02 倍。保险证券业原保险保费收入由 1980 年的 128 万元增加到 2017 年的 80.18 亿元,占地区 GDP 比重约为 3%。[①]

7. 旅游业蓬勃兴起

随着改革开放的逐步深入,经济发展提速,交通状况极大改善,全省上下把发展旅游业作为发展第三产业的重要突破口,加大旅游资源开发。截至 2017 年年底,全年接待国内外游客 3484.10 万人次,是全省常住人口的 5.82 倍。其中,国内游客 3477.08 万人次,入境游客 7.02 万人次,实现旅游总收入 381.53 亿元,占地区 GDP 比重约为 14.43%。旅游业逐步成长为全省经济新的增长点,在促进产业结构调整、推动区域经济发展、增加就业、带动脱贫致富等方面取得了明显成效,发挥了积极作用。[②]

8. 房地产业实现跨越发展

改革开放以后,特别是 20 世纪 90 年代以来,随着城镇住房制度的改革,青海房地产业兴起,投资规模不断扩大,商品房销售速度增长。对于改善城市居民住房条件和城市开发建设发挥了重要作用。2017 年,房地产开发投资额达 408.59 亿元,是 1990 年 0.32 亿元的 1276.84 倍。房屋施工面积达 2936.71 万平方米,商品房销售面积达 494.04 万平方米,商品房销售额为 236.44 亿元(见表 27-1)。

---

① 原保险保费收入是指保险企业确认的原保险合同保费收入。
② 2017 年接待国内外游客、旅游总收入数据参考《青海省 2017 年国民经济和社会发展统计公报》。

表 27-1　2017 年青海省房地产开发和销售

指标名称	计量单位	绝对数	比上年增长额
房地产开发投资额	亿元	408.59	2.9
住宅	亿元	213.66	-6.2
房屋施工面积	万平方米	2936.71	3.1
住宅	万平方米	1735.76	-1.0
竣工房屋面积	万平方米	440.90	14.0
住宅	万平方米	229.45	-0.8
商品房销售面积	万平方米	494.04	12.8
住宅	万平方米	399.57	7.1

资料来源:青海省统计局、国家统计局青海调查总队:《青海省 2017 年国民经济和社会发展统计公报》。

(四)投资建设大拓展,基础设施大变化

1. 能源、水利建设成就巨大

改革开放 40 年来,青海能源建设取得了巨大成就,煤炭、电力、石油、天然气、新能源等建设发展迅速。在自给自足的前提下,实现了对外省供给。在 40 年的历程中,先后开工建设了公伯峡、尼那、拉西瓦、积石峡、班多、羊曲、玛尔挡等水电站和华电大通等火电厂。新能源从无到有,实现了零的突破。西部大开发以来,青海太阳能光伏发电系统应用加速,同时,还加快风能等可再生能源的开发和利用。全年发电量由 1991 年的 59.81 亿千瓦时增加到 2015 年的 566 亿千瓦时。[①] 2017 年,青海省太阳能发电量 96 亿千瓦时,位居全国第一。农村牧区电网建设和改造工程、全省电力生产规模不断扩大,电网能源保障能力大大提升,抵御事故能力显著增强,基本实现大电网覆盖下的户户通电。[②]

2. 交通运输条件发生根本性改变

在改革开放 40 年的发展历程中,青海加大了交通运输基础设施建设力度,建成了以公路为骨干,铁路、民用航空和管道组成的综合交通运输网。到 2017 年年末,全省公路通车里程[③]约达 8.1 万公里,是 1977 年的 80 多倍。高等级公路从无到有,至 2017 年年末全省高速公路达 322 公里。建成兰新铁路复线、青藏铁路等线路,已迈入了高铁时代。相比 1979 年,铁路客运量仅有 193 万人次,而今已突破 1000 万人次。2017 年年末,全省铁路运营里程达 2299 公里,其中高速铁路 218 公里。青海民航事业从无到有,基本形成"一主八辅"的民用机场运营格局。2017 年年末,民航通航里程约 124969 公里。

---

① 年发电量数据参考国家统计局:《分省年度数据》,中国统计出版社。

② 此处参考青海省统计局综合处:《凝心聚力 劈波斩浪 共创辉煌——建国 65 年来青海省经济社会发展成就综述》,载《青海统计》2014 年第 10 期。

③ 参考国家统计局:各年《分省年度数据》,中国统计出版社;青海省统计局:各年《青海省社会经济统计年鉴》,中国统计出版社。

通航城市覆盖了国内绝大多数省会城市和经济发达城市,还开通了少数国际航线。随着交通运输状况的极大改善,各种运输方式完成的客货运输量成倍增长。到2016年,全省客运量、客运周转量、货物运输量、货运周转量分别是1979年的13.25倍、27.86倍、15.03倍和41.55倍。民用汽车保有量从1979年的2.18万辆增加到2017年的100.10万辆。2017年年末,私人汽车保有量约为82.90万辆,是1987年的267.42倍。①

3. 邮电通信事业日新月异

邮电通信业蓬勃发展。工业化、城市化、市场化以及信息化的发展不断催生对通信基础网络的需求,邮电通信业成为改革开放以来发展最快的基础产业之一。相比1978年邮电业务总量764.40万元②,2017年全省邮政业务量已达到6.01亿元,电信业务量161.59亿元③,是1978年邮电业务总量的近220倍。2017年移动电话用户数已达到610.88万户,是1995年0.3万户的2000多倍;固定电话用户106.69万户,是1985年2.2万户的近50倍(见图27-11)。自2005年起,移动电话用户大幅增加,而固定电话用户有所减少。互联网上网人数从2002年的6万人增加到了2017年的320万人。

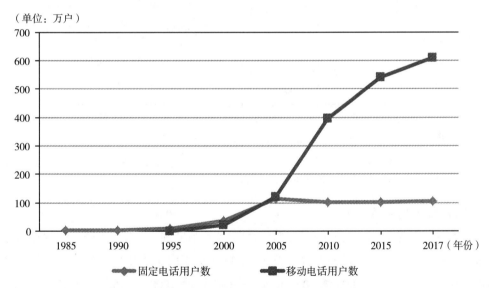

图 27-11　1985—2017 年青海省电话用户数

资料来源:青海省统计局编:各年《青海省社会经济统计年鉴》,中国统计出版社;青海省统计局、国家统计局青海调查总队:《青海省2017年国民经济和社会发展统计公报》。

---

① 客运量、客运周转量、货物运输量、货运周转量数据参考国家统计局:《分省年度数据》;青海省统计局:各年《青海省社会经济统计年鉴》,中国统计出版社。

② 邮政业务总量数据参考国家统计局:各年《分省年度数据》,中国统计出版社;按2010年不变价格计算。

③ 电信业务总量数据参考国家统计局:各年《分省年度数据》,中国统计出版社;按2015年不变价格计算。

（五）投资建设大拓展，基础设施大变化

1. 就业规模不断扩大

改革开放以来，省委省政府改革旧的就业管理体制，统筹城乡就业，积极实施就业再就业工程，多渠道创造就业岗位，就业总量不断扩大。政府引导大学生、家长、社会转变就业观念，促进各类人群充分就业。培育壮大"拉面经济"等青海特色劳务品牌，引导各族群众就地就近就业、有序进城就业。实施收入提升行动。青海省城镇登记失业率由1978年的9.5%降低到2017年的3.1%，其间，在2000年到达最低点为2.4%（见图27-12）。

（单位：%）

图27-12　1978—2017年青海省城镇登记失业率

资料来源：青海省统计局编：各年《青海省社会经济统计年鉴》，中国统计出版社；青海省统计局、国家统计局青海调查总队：《青海省2017年国民经济和社会发展统计公报》。

2. 居民收入大幅增长

改革开放以来，全省经济飞速发展，经济效益大幅度提高，城乡居民享受改革开放的成果，收入大幅增加，生活水平极大改善，由总体小康向全面小康迈进。全省居民人均可支配收入由1978年的332.80元增加到2017年的19001元，增长56倍。全年全省城镇常住居民人均可支配收入由1984年的不足700元（684.8元）增加到2017年的29169元。全省农牧民人均可支配收入由1980年的204.31元增加到9462元，增长了45.31倍。①

———————

① 全省居民人均收入、城镇居民人均可支配收入、农牧民人均可支配收入、全省居民人均消费支出、城镇居民人均消费支出及农牧民人均消费支出等数据参考国家统计局：《分省年度数据》；青海省统计局编：各年《青海省社会经济统计年鉴》，中国统计出版社；2017年数据参考青海省统计局、国家统计局青海调查总队：《青海省2017年国民经济和社会发展统计公报》。

2017 年青海省居民人均生活消费支出 15503 元,相比 1987 年的 1173.29 元,全省居民人均消费水平提高了 12.21 倍。2017 年城镇常住居民人均生活消费支出 21473 元,相比 1987 年的 828.36 元,全省城镇常住居民人均消费水平提升了 24.92 倍。2017 年全省农村常住居民人均生活消费支出 9903 元,相比 1987 年的 344.93 元,农村常住居民人均消费水平提高了 27.71 倍。随着青海深化收入分配制度改革,完善机关企事业单位工资正常增长、农牧民收入稳定增长机制,构建城乡居民多渠道增收新格局,确保居民收入增速高于经济增速、农牧民收入增速高于城镇居民收入增速。[①]

3. 社会保障体系不断完善

到改革开放后,政府保障逐渐开始向社会保障过渡。2017 年年末全省养老保险参保人数 377.45 万人,占全省常住人口的 63%。全省医疗保险参保人数 548.99 万人,占全省常住人口的 91.75%。全省失业保险参保人数 41.47 万人,其中农民工参保人数 0.26 万人。全省工伤保险参保人数 66.15 万人,其中农民工参保人数 10.96 万人。2017 年年末全省享受城镇最低生活保障人数约 13.2 万人,占城镇常住人口的 4.2%,享受农村最低生活保障人数 42.1 万人,占乡村常住人口的 14.99%。[②]

(六)人口素质大提高,社会事业大进步

1. 人口数量显著提高

改革开放 40 年来,人口数量得到极大的提升。到 2017 年年末全省常住人口 598.38 万人,是 1978 年的 1.79 倍。其中,城镇常住人口 317.54 万人,占总人口的比重(常住人口城镇化率)为 53.07%;乡村常住人口 280.84 万人,占 46.93%。少数民族人口 285.49 万人,占 47.71%。2017 年人口出生率 14.42‰,相比 1978 年的 26.15‰降低了近一半;人口死亡率 6.17‰,相比 1978 年的 6.66‰,变化不大。人口自然增长率由 1978 年的 19.49‰,降低到了 2017 年的 8.25‰。[③]

2. 各项社会事业全面推进

改革开放以来,党和政府十分重视社会公益事业发展。全省大力推进经济社会全面协调可持续发展,努力构建和谐社会,社会事业发展欣欣向荣。

---

① 全省居民人均收入、城镇居民人均可支配收入、农牧民人均可支配收入、全省居民人均消费支出、城镇居民人均消费支出及农牧民人均消费支出等数据参考国家统计局:《分省年度数据》;青海省统计局编:各年《青海省社会经济统计年鉴》,中国统计出版社;2017 年数据参考青海省统计局、国家统计局青海调查总队:《青海省 2017 年国民经济和社会发展统计公报》。

② 2017 年数据参考青海省统计局、国家统计局青海调查总队:《青海省 2017 年国民经济和社会发展统计公报》。

③ 全省常住人口、城镇常住人口、乡村常住人口、人口出生率、死亡率及自然增长率等数据参考国家统计局:各年《分省年度数据》;青海省统计局编:1987 年《青海省社会经济统计年鉴》,中国统计出版社。2017 年数据参考青海省统计局、国家统计局青海调查总队:《青海省 2017 年国民经济和社会发展统计公报》。

（1）教育。改革开放以来，不断加大教育投入，逐步完善办学体制、管理体制、投入机制，加大"普九"和扫盲工作力度，基础教育、中等职业教育、成人教育、高等教育、特殊教育等各项教育事业全面推进，走上了规范化、科学化轨道。全省学龄儿童入学率由1978年的85.5%，增长到了2017年的99.8%；普通初中毛入学率由1978年的92.1%提高到了2017年的109.3%；高中阶段毛入学率由1978年的58.5%增加到了2017年的84.0%（见图27-13）。

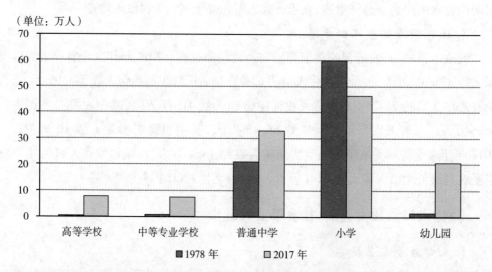

图 27-13　1978 年和 2017 年青海省在校生人数

资料来源：青海省统计局编：各年《青海省社会经济统计年鉴》，中国统计出版社；青海省统计局、国家统计局青海调查总队：《青海省2017年国民经济和社会发展统计公报》。

（2）科技。改革开放后，青海科技事业逐步壮大。到2017年，全省取得省部级以上科技成果510项，是1987年174项的2.93倍。专利申请授权1580项，是1987年12项的近132倍。签订技术合同项数由1987年的9项到2017年增长112倍，达到1016项，成交金额约为67.7亿元。① 全省大力开展科技创新，突出解决制约优势资源开发、支柱产业壮大、特色农业发展、生态环境保护与建设的技术瓶颈，扩大科技合作，加快技术攻关，加速科技成果转化，推动产业化进程，为经济社会发展提供有力科技支撑。到2016年，规模以上工业企业R&D经费达77940万元，规模以上工业企业R&D人员全时当量为1750人，规模以上工业企业R&D项目数为296项。②

---

① 科技成果数、专利申请授权项数及技术合同项数等数据参考国家统计局，分省年度数据，及青海统计局编：1987年《青海省社会经济统计年鉴》，中国统计出版社。2017年数据参考青海省统计局、国家统计局青海调查总队：《青海省2017年国民经济和社会发展统计公报》。

② 规模以上工业企业R&D经费人员及项目数等数据参考国家统计局，分省年度数据，及青海统计局：2016年《青海省社会经济统计年鉴》，中国统计出版社。规模以上工业企业统计口径为年主营业务收入2000万元及以上的工业企业。

（3）文化。改革开放以来,青海的文化事业在党的方针政策指引下,日益繁荣,恢复、合并和重建了文艺表演团体和演出场所。建成了藏医药博物馆、青海高原自然博物馆、河湟乡村农耕文化博物馆等文化机构。到 2017 年年末全省有艺术表演团体 12 个,相比 1978 年减少了 9 个;文化馆 46 座,相比 1978 年增加了 3 座;公共图书馆由 1978 年的 13 座增加到了 49 座;博物馆从无到有,目前共有 23 座。从 1978 年 1 座广播电台到 2017 年的 46 座,青海广播综合人口覆盖率逐年增加至 98.4%;电视综合人口覆盖率逐年增加至 98.4%。出版杂志数从 1978 年的 6 万册到 2017 年增加了 47 倍,约出版杂志 287 万册;报纸 9196 万份相比 1978 年增加了 3 倍;图书 1215 万册(张),其中少数民族文字图书 290 万册(张)是 1978 年 121.3 万册(张)的 2.39 倍。①

（4）卫生。改革开放 40 年来,青海医疗卫生事业得到了迅速发展,医疗卫生机构网点已遍及全省城乡各地。实施了州级中心医院、藏医院、县中藏医院等项目,全面完成了村卫生室建设,改善农牧区卫生服务条件,建立起突发公共卫生事件应急机制、疾病预防控制体系和公共医疗救治体系。相比 1978 年,2017 年年末全省卫生机构 6370 家,增加了 6.17 倍;床位 3.75 万张,增加了 3.42 倍,其中,乡镇卫生院由 1987 年的 287 家增加到了 2017 年的 405 家。从 1978 年至 2017 年,卫生人员由 1.3 万人增加到了 4.78 万人,其中,执业(助理)医师由 0.6 万人增加到了 1.54 万人,注册护士由 0.7 万人增加到了 1.65 万人。②

（5）体育。改革开放后,青海体育事业逐步走上了综合性、专业性和群众性相结合的发展道路。相继建设了新宁体育馆、多巴国家高原体育训练基地、尖扎国家高原水上训练基地等一大批体育活动场馆和设施。③ 随着青海的改革和开放,借助环青海湖国际公路自行车赛、抢渡黄河极限挑战赛、世界杯攀岩赛、河湟国际民间射箭邀请赛、高原游泳精英挑战赛等赛事活动,发挥高原体育训练优势,着力打造青海的体育产业链条,打造出多巴国家高原体育训练基地成为国家级训练基地。除此之外,群众体育活动设施也得到了极大改善,青海全民健身和竞技体育在改革开放的进程中不断取得新突破。

（七）节能减排大进展,生态建设大成效

改革开放以来,全省经济发展提速。西部大开发后,紧紧围绕生态立身发展战略,

---

① 此处参考青海省统计局综合处:《改革开放扬风帆　经济发展破浪行——改革开放 35 年来青海经济发展的主要成就》,载《青海统计》2014 年第 1 期。

② 此处参考青海省统计局综合处:《凝心聚力　劈波斩浪　共创辉煌——建国 65 年来青海省经济社会发展成就综述》,载《青海统计》2014 年第 10 期。

③ 此处参考青海省统计局综合处:《改革开放扬风帆　经济发展破浪行——改革开放 35 年来青海经济发展的主要成就》,载《青海统计》2014 年第 1 期。

全面加强生态环境保护建设,增强可持续发展能力。[1] 从 2004 年到 2016 年,青海对工业污染治理的投资逐年增加,全省工业污染治理完成投资从 2612 万元增加到了 96249 万元,其中,治理废水项目完成投资从 513 万元增加了 10 倍达到 5830 万元,治理废气项目完成投资从 2093 万元逐年增加到 85164 万元,治理固体废弃物项目完成投资从 6 万元增加了 55.33 倍,达到 338 万元,治理其他项目完成投资从 18 万元增加到 4917 万元。全面落实工业污染防治目标,工业污染物排放达标率提高,青海省上下把节能降耗作为主要任务,调整经济结构,转变发展方式,下大力气淘汰落后产能,实施了一批节能减排项目,同时大力推进建筑节能和公共机构节能,节能降耗成效显著。2017 年,单位地区生产总值能耗(等价值)同比降低 4.3%,单位工业增加值能耗(规模以上当量值)同比降低 5.5%,单位地区生产总值电耗(等价值)同比降低 15.9%。

二、青海省经济社会发展目前存在的问题

改革开放以来,青海省经济社会发展取得了显著成就。今天,在看到成绩的同时,必须清醒认识到存在的问题,只有这样才能有的放矢,在进一步加快改革开放步伐的中国特色社会主义新时代,在实现"两个一百年"奋斗目标的征程上,赶上全国的步伐。

2016 年 8 月,习近平总书记来青海视察期间指出:"青海地处西部高原,发展底子薄,任务重,发展不足仍然是主要矛盾。"[2]发展不足是主要矛盾,这是习近平总书记站在国家战略的高度、统揽青海工作全局作出的准确判断,具有极强的针对性、指导性。把握和解决这个主要矛盾,是青海省工作的着力点和发力处。下面对发展不足这个主要矛盾,从经济发展、民生保障、生态文明建设三个方面来分析。

(一)发展滞后,不平衡不充分问题突出

从经济发展的角度看,改革开放以来,青海省纵向比较成绩显著。但横向比较却相对落后,不平衡、不充分问题相当突出。

1. GDP 增长较快,但是经济总量小

改革开放以来,青海省地区生产总值增长了 164.18 倍,平均增长速度自 1998 年以来高于全国平均水平。但是,经济总量却非常小,一直是经济小省。

从 GDP 总量看,青海省只占全国的 0.3%多一点,在全国 31 个省(自治区、直辖

---

[1] 此处参考青海省统计局综合处:《凝心聚力 劈波斩浪 共创辉煌——建国 65 年来青海省经济社会发展成就综述》,载《青海统计》2014 年第 10 期。

[2] 青海省委:《中共青海省委关于深入学习贯彻习近平总书记在青海视察工作时的重要讲话精神的通知》(青发〔2016〕26 号),2016 年 8 月 28 日。

市)中排第30位。曾有新闻评论,以2006年"3000亿俱乐部"最后一名的青岛计,一个青岛市的经济总量相当于5个青海省,排在第1名的广州市几乎相当于10个青海省。[①] 目前,我国已有十多个城市进入到"万亿俱乐部",青海省的GDP总量虽然也上了1000亿、2000亿台阶,但仍未能突破3000亿大关。

从人均GDP来看,青海省只有全国平均水平的80%左右。2017年年末全省常住人口598.38万人[②],和经济总量一样,也排名全国第30位。但人均GDP只有全国平均水平的80%。从省内看,经济发展极不平衡。地处柴达木盆地的海西蒙古族藏族自治州工业化走在全省的前列,2016年全州地区生产总值达486.96亿元,人均生产总值达95314元(2017年数据未公布)[③],超过全国平均水平,不仅排在全省前列,也排在全国自治州前列。而地处三江源地区的玉树藏族自治州经济以畜牧业为主,2017年全州实现地区生产总值64.38亿元,人均生产总值只有15798.13元[④],不到全国平均水平的1/3。

2. 经济社会发育提速,但仍相对滞后

在中国共产党的领导下,新中国成立以来,特别是改革开放以来,青海省经济社会飞速发展,从一个完全的农牧业社会进入了工业化、城市化发展阶段。但横向比却落后于全国平均水平,同时,区域内发展极不平衡。

从生产力发展水平的差异看,相对于全国的城市、农村二元结构,青海省则是城市、农村、牧区三元结构。在海东市、西宁市、德令哈市、格尔木市,集中着以电力为动力的现代工业;在东部集中着以人力、畜力和小型机械为动力的农业生产,人力、畜力动力是中世纪生产力的代表;青南地区则是自然力为主的畜牧业,是原始生产力的代表。同时,城市、农村、牧区不能良性互动,三元结构制约着经济社会的协调发展。

从产业结构看,虽然是2:3:1,但第二产业多为重化工、能源、原材料等产业,处在价值链底端,增产不增收。也正因为如此,西部大开发以来青海省与东部地区的差距不但没有缩小,反而拉大。农产品不能满足青海省的需要,粮食自给率不到一半,虽为五大牧区之一,但肉、奶等畜产品均不能满足青海省的需求。第三产业内部服务明显,为第一、第二产业服务功能不强。由于终端产品极少,生活用品都需从省外调入,所以物价涨幅一直在全国遥遥领先。

可见,青海省是名副其实的经济小省。由于环境和历史的原因,青海省经济社会发

---

① 李攻:《富可敌省　一个广州市GDP相当于10个青海省》,《第一财经日报》2007年12月31日。
② 青海省统计局、国家统计局青海调查总队:《青海省2017年国民经济和社会发展统计公报》2018年2月27日。
③ 海西州统计局:《海西州2016年国民经济和社会发展统计公报》2017年3月30日。
④ 玉树州统计局:《玉树州2017年国民经济和社会发展统计公报》2018年3月29日。

育缓慢,成为今天相对滞后的主要原因。所以,青海省迫切需要处理好速度和效益的关系。在经济发展继续保持较快速度的同时,更需要提高发展的质量、注重发展的效益。

(二)收入水平低,难以满足发展的需要

从民生保障的角度看,改革开放以来,纵向比较青海省财政收入和城乡居民收入水平都有了很大的提高。但横向比较却相对较低,难以满足地方发展和各族百姓对美好生活的需求。

1. 财政收入不断上新台阶,但自给率却在下降

改革开放以来,青海省地方财政收入跨上了几个大台阶,从不足 3 个亿上升到 400多亿元,增长了 139.93 倍,支出更是增长了 224.04 倍。但是,财政自给率却不断下降,从 1978 年的 42.7%下降到 2017 年的 16.1%。[①] 也就是说青海省所花的钱中,自己挣到的部分越来越少。

财政自给率的下降,一方面表明青海省经济体量小、财力弱,难以满足经济社会发展公共支出的需要。另一方面说明中央对青藏高原、西部地区、少数民族地区支持的力度不断加大,而且青海省的发展越来越离不开中央的支持。

2. 人民生活总体小康,但收入水平相对较低

改革开放以来,青海省经济快速发展,实现了人民生活由温饱到小康的历史性跨越。截至 2017 年,城乡居民人均可支配收入为 19001 元,恩格尔系数也降到了 30%以内。[②]

但由于自然环境和历史的原因,青海省经济社会发展还相对滞后,居民收入水平相对较低,收入差距较大。近几年的统计数据表明,青海省城镇居民人均可支配收入仅相当于全国平均水平的 80%,农村居民人均纯收入仅相当于全国平均水平的 70%,同时省内城乡居民收入差距高于全国平均水平。2017 年年末全省户籍人口 598.38 万人,其中乡村户籍人口 344.03 万人,占总人口的 57.49%。第一产业增加值 238.41 亿元,仅占全省生产总值的 9%。[③] 也就是说,超过半数的农牧业人口生产的产值不到总量的10%。由于农牧业发展滞后,导致城乡居民可支配收入之比为 3∶1。这一数据不仅高于全国平均水平,而且离我国设定的小康社会标准 2.8 倍有很大差距。

3. 贫困发生率较高,改善民生需求迫切

党的十八大以来,青海省和全国一样,以习近平新时代中国特色社会主义思想为指

---

① 根据青海省 1978 年、2017 年国民经济和社会发展统计公报计算。

② 青海省统计局、国家统计局青海调查总队:《青海省 2017 年国民经济和社会发展统计公报》2018 年2 月 27 日。

③ 青海省统计局、国家统计局青海调查总队:《青海省 2017 年国民经济和社会发展统计公报》2018 年2 月 27 日。

导,坚持精准扶贫、精准脱贫的基本方略,多措并举狠抓落实,脱贫攻坚成绩显著,累计减贫 90.7 万人,贫困发生率从 2012 年年底的 24.6%下降到 2017 年年底的 8.1%。

但是,由于青海省属高原地区、西部地区、多民族地区、落后地区,贫困问题特别突出,贫困发生率高于全国平均水平 1 倍多。不仅贫困面大,而且贫困程度深,特别是返贫率高。目前全省还有深度贫困县 15 个、深度贫困乡镇 129 个、深度贫困群众 24.1 万,而且绝大多数集中在三江源和祁连山国家级自然保护区,深度贫困与生态脆弱相互交错。随着脱贫攻坚不断深入,一些深层次的矛盾和困难逐步显露,改善民生任务异常艰巨。

通过二次分配、三次分配,让落后地区、贫穷百姓提高收入、加强保障,不仅是区域协调发展的需要,而且是改革开放成果让各族人民共享的需要,更是进一步改革开放获取新动能的关键所在。

(三)生态保护任务艰巨,补偿不到位

从生态文明建设的角度看,改革开放以来青海省作为生态大省,生态文明建设取得了前所未有的成就,但发展与保护的矛盾也日益突出。

1. 生态地位重要,生态环境脆弱

青海省地处"世界屋脊"青藏高原,是我国乃至亚洲的重要的水源地和生态屏障,是全球高原生物多样性基因库和重要气候调节器,其生态环境对人类健康发展乃至全球生态安全有着深远的影响。青海省南部三江源地区是长江、黄河和澜沧江源头汇水区"中华水塔",北部祁连山是黑河的发源地,黄河、长江、澜沧江、黑河流量的 49%、2%、17%、41%从青海省流出。这些大江大河是中国和亚洲几十亿人民的生命源泉,曾孕育了人类光辉灿烂的古代文明,也是中华民族得以为继和可持续发展的根本保障。

但由于地处青藏高原、黄土高原,全省生态系统较为脆弱,水土流失、荒漠化、沙化面积扩大,湿地萎缩、草场退化等问题突出。自然灾害频率高,危害程度大。北部和西部以干旱、风沙和沙尘暴为主,南部以雪灾、大风为主。虽然青海省较早地提出了生态立省战略,但由于生态环境脆弱,一般意义的生态经济难以发展,同样一般意义的生态保护措施也难以奏效。

2. 随着保护面积的扩展,保护质量要求不断提高

在我国主体功能区"两屏三带"生态安全战略格局中,综合评价各单元资源环境承载能力、现有开发强度、发展潜力和人居适宜性,青海省南部被定为青藏高原生态屏障区,北部祁连山区域被定为北方防沙带。中央和省级两层编制的主体功能区规划中,青海省主体功能区划分为重点开发、限制开发区和禁止开发区三类,没有优化开发区,全省 90%的面积是限制开发区和禁止开发区,在全国排第一。截至 2017 年年末,全省

有自然保护区 11 个,面积 2177 万公顷,其中国家级自然保护区 7 个,面积 2074 万公顷。森林面积 452 万公顷,森林覆盖率 6.3%。湿地面积 814.36 万公顷,其中自然湿地面积 800.1 万公顷。[①]

2016 年年底,中共中央办公厅、国务院办公厅印发了《生态文明建设目标评价考核办法》,生态文明建设目标年度评价按《绿色发展指标体系》实施,绿色发展指数采用综合指数法进行测算。《绿色发展指标体系》包括资源利用、环境治理、环境质量、生态保护、增长质量、绿色生活、公众满意程度等 7 个方面,共 56 项评价指标。其中,前 6 个方面的 55 项评价指标纳入绿色发展指数的计算;公众满意程度调查结果进行单独评价与分析。2017 年 12 月 26 日,国家统计局、国家发展和改革委员会、环境保护部、中央组织部联合发布了《2016 年生态文明建设年度评价结果公报》,公报显示:青海省绿色发展指数居全国第 25 位。其中生态质量指数居全国第 6 位,公众满意度居全国第 6 位。但是生态保护指数居第 21 位,资源利用指数居第 24 位,环境治理指数、增长质量指数、绿色生活指数均居全国倒数第二位。[②]

3. 生态补偿不到位,保护的整体性长期性面临挑战

为了确保生态功能的发挥,青海省不断加大保护力度。在占全省总面积 57.71% 的限制开发区,限制进行大规模高强度工业化城镇化开发,以生产农畜产品为主。在占全省总面积 32.11% 的禁止开发,依据法律法规和相关规划实施强制性保护,严格控制人为因素对自然生态和自然文化遗产的原真性和完整性的干扰,引导区内人口有序转移,实现污染物排放零增长,提高环境质量。作为我国的五大牧区之一,传统畜牧业生产空间不断被压缩。作为"聚宝盆"的柴达木盆地所在地,矿产资源的开发也被限制。特别是三江源地区,由于牧业生产的草场和草原、草地、湿地重合,生产与保护的矛盾突出。

中国环境科学院研究员舒俭民和他的项目组通过核算包括玉树、果洛、黄南、海南 4 个藏族自治州的 21 个县和格尔木市的唐古拉山乡在内的三江源国家生态保护综合试验区,得出了这样的结论:2010 年三江源地区生态资源存量价值总估值约为 14 万亿元,可核算的主导生态服务和主要生态产品价值近 5000 亿元/年。[③]

2005 年,国务院批准《青海三江源自然保护区生态保护和建设总体规划》。这一规划包括生态保护与建设、农牧民生产生活基础设施建设和生态保护支撑三大类、22 项

① 青海省统计局、国家统计局青海调查总队:《青海省 2017 年国民经济和社会发展统计公报》2018 年 2 月 27 日。

② 国家统计局、国家发展和改革委员会、环境保护部、中央组织部:《2016 年生态文明建设年度评价结果公报》,国家统计局网站 2017 年 12 月 26 日。

③ 《生态资源到底值多少钱? 科学家给三江源算了一笔账》,《第一财经日报》2016 年 7 月 10 日。

工程,规划总投资 75.07 亿元,涉及玉树、果洛、黄南、海南藏族自治州和格尔木市共 4
州 16 县 1 市的 70 个乡镇,面积 15.23 万平方公里。正在实施的三江源二期工程主要
包括草原生态系统保护和建设、森林生态系统保护和建设、荒漠生态系统保护和建设、
生物多样性保护等 6 方面工作,总投资 160.6 亿元。二期工程区面积扩展到 39.5 万平
方公里,划分为重点保护区、一般保护区和承接转移发展区等 3 个功能区。三江源国家
公园体制试点正式启动以来,三江源二期工程等重点生态工程全面实施,增草增绿增水
成效显著,青海湖水域面积为 15 年来最大,湿地面积跃居全国首位,生态文明制度改革
整体推进,生态环境保护、生态资产价值核算等取得显著进展。①

但是,生态保护的外部性没有被承认。根据中国环境科学院研究员舒俭民和他的
项目组核算,青海省的生态价值是 GDP 的 3.6 倍。三江源生态保护工程是青海省投资
最多的生态保护项目,从 2005—2020 年 15 年间,计划总投资 240 多亿元。正在实施的
二期工程估算总投资近 160.6 亿元,其中中央预算内投资 80.83 亿元,地方财政资金
79.74 亿元。相对于三江源生态服务和主要生态产品价值近 5000 亿元/年,确实可谓
是九牛一毛。

由于生态保护的外部性价值不被承认,生态补偿难以到位。生态保护的成本、机会
成本得不到补偿,生态保护的效益不能在保护地发展、保护者收入上体现,生态保护的
整体性、长效性受到挑战。

经济总量小,导致的直接结果是经济的容量、人才的容量、技术的容量都相对狭小,
技术、资金、人才不断外流,进一步制约了经济的发展。这种发展的不平衡、不协调的积
累,使青海省的发展不充分、不平衡问题显得尤为突出。

三、青海省进一步深化改革开放的政策建议

习近平总书记指出:"今天的青海,在党和国家工作全局中占有重要地位。做好青
海的工作,事关国家安全和发展战略全局,事关全面建成小康社会奋斗目标、实现中华
民族伟大复兴的中国梦。"②

在中国特色社会主义新时代,青海省要担当起自己的责任,必须站在新的起点上,
针对存在的问题,进一步加快改革开放步伐,完善生态保护机制、提高经济发展质量、提
升人民生活保障水平,努力实现与全国同步全面建成小康社会,努力建设更加富裕、更
加文明、更加和谐、更加美丽的新青海。

---

① 《以生态补偿唤醒绿色动能 青海聚力托举三江源》,《中国环保在线》2016 年 8 月 23 日。
② 青海省委:《中共青海省委关于深入学习贯彻习近平总书记在青海视察工作时的重要讲话精神的
通知》(青发〔2016〕26 号),2016 年 8 月 28 日。

(一)努力加强生态环境保护,确保一江清水向东流

"青海最大的价值在生态、最大的责任在生态、最大的潜力也在生态"。[①]这是习近平总书记对青海人民的嘱托,也是对我国生态文明建设具体化的新要求。我们要"尊重自然、顺应自然、保护自然,筑牢国家生态安全屏障,实现经济效益、社会效益、生态效益相统一"[②]。

1. 筑牢一个屏障——青藏高原生态屏障

构建"一屏两带"为主体的生态安全战略格局:三江源草原草甸湿地生态功能屏障区、祁连山冰川与水源涵养生态带、青海湖草原湿地生态带,确保一江清水向东流。

2. 建好两个公园——三江源国家公园和祁连山国家公园

探索建立国家公园体制,逐步完善法规和政策体系,逐步形成标准体系。全面保护山水林田湖草生态系统、恢复生物多样性、持续稳定江河径流量、生态系统步入良性循环,确保长江、黄河、澜沧江、黑河水质优良,确保清水源源不断流向下游。

3. 争取一个补偿——国家生态补偿

生态补偿机制的构建和运行是一个系统工程,既有长期性,又有紧迫性;既有顶层设计,又有基层实践,需要方方面面的政策保障。要以生态文明建设为前提,依据尊重自然、顺应自然、保护自然的原则,从理论、实践、对策三个方面,探索构建市场化、多元化生态补偿机制。明确中央政府是生态补偿的责任主体,受益者是生态补偿的付费主体。

(二)努力提高发展的质量,推进经济持续健康发展

青海省要解决发展不足这个主要矛盾,必须不断提高发展的质量和效益。这就要遵循经济社会发展规律、遵循市场经济发展规律,从实际出发,发挥比较优势,做到第一产业增量、第二产业提质、第三产业创新。

1. 打牢一个基础——加快发展高原特色现代农牧业

第一产业增量,就是要积极推进高原特色现代农业、生态畜牧业发展。农牧业是青海省的传统产业,有许多特有的农畜产品,很受市场的欢迎。加之,地处世界四大超净区之一,无公害、绿色、有机农牧业占尽天时地利人和。但由于产量太小,一方面不能满足市场的需要,另一方面规模效益也无法体现。简单地说,就是在良好的生态条件下,

---

① 青海省委:《中共青海省委关于深入学习贯彻习近平总书记在青海视察工作时的重要讲话精神的通知》(青发〔2016〕26 号),2016 年 8 月 28 日。

② 青海省委:《中共青海省委关于深入学习贯彻习近平总书记在青海视察工作时的重要讲话精神的通知》(青发〔2016〕26 号),2016 年 8 月 28 日。

按照现代产业发展的规律,发展高产量、高质量、高效益的现代农业、生态畜牧业,通过"三高农牧业",使生产、生活、生态良性循环,打牢经济社会发展的基础。

一要创新体系建设,促进农牧区经济社会发展。农牧业现代化建设,不仅仅是生产的现代化,更重要的是产业体系现代化、生产体系现代化和经营体系现代化,是从生产力到生产关系的现代化。青海省位于青藏高原,农牧业生产条件极其艰苦,千百年来这里的农牧民探索出了许多与自然和谐共生的生产、生活方式。在今天现代化的进程中,不是要完全抛弃这些生产、生活方式,而是要按照科学适用的原则,创新形成高原特色现代农业、高原生态畜牧业的产业体系、生产体系、经营体系,促使农牧区经济社会现代化。

二要夯实农牧业基础,改善农牧业生产条件。基础不牢,现代农牧业则无从发展。打好高原特色现代农业、高原生态畜牧业发展的基础,就要从最基础的耕地、草场、保种、育种、机械化、人力等生产要素的现代化做起,扎扎实实地把适宜于本地农牧业发展的科学理念和现代科学技术与生产要素结合,全面提高农牧区抵御自然灾害的能力,全面提高农牧业生产的创新力、竞争力和全要素生产率,全面提高农牧民再生产、内涵扩大再生产的能力。积极改善农牧业生产基础条件,推动小农经济向大生产转变。

三要抓住质量兴农兴牧,提高农畜产品的竞争力。近些年,青海农牧业生产水平实现了跨越式的发展。但相对于人民日益增长的美好生活需要和不平衡不充分发展之间的矛盾,农畜产品供给不平衡不充分问题极为突出。要以供给侧结构性改革为主线,推动农牧业导向由增产转向提质,在"百亿元"产业建设和"三区一带"布局的基础上,着力培育青藏高原绿色、有机农畜产品品牌,保护具有高原特色的地理标志农畜产品,加强农牧业投入品和农畜产品质量安全追溯体系建设,促进农牧户与大市场有机衔接。

四要促使农牧业接二连三,提高农牧民收入水平。接二连三是现代农牧业的特征,也是提高农牧民收入水平的根本路径。要实现农牧民从单一的种植、养殖、生态看护向生态生产生活良性循环转变,需要农牧业发展接二连三,延长产业链、提升价值链、完善利益链。以三江源国家公园、祁连山国家公园、农家乐、牧家乐为基地,实施休闲农牧业和乡村旅游精品工程,实现农牧业提质增效、农牧区绿色发展、农牧民乐业增收,促进小农户小牧户和现代农牧业发展有机衔接。

总之,要抓住国家乡村振兴重大战略机遇,结合省情积极探索高原特色现代农业、生态畜牧业振兴之路,切实解决好"三农三牧"问题,从而推进经济社会快速发展。

2. 拉大一个圆——切实推进现代循环经济发展

第二产业提质,就是要积极推进工业走现代循环经济发展之路,延伸产业链增加附加值,提高发展质量。现代循环经济是当代经济发展新方向,它按照自然生态系统物质循环和能量流动规律重构经济系统,使经济系统和谐地纳入自然生态系统物质循环的过程中,建立起一种新的经济形态。青海省境内的柴达木盆地,是我国盐湖资源、矿产资源的"聚宝盆",也是我国最大的高寒沙漠地区。在资源富集但又生态脆弱的地区,选择科学发展的路径是非常重要的。在保护好生态环境的前提下搞好开发利用,循环经济是一种必然的选择。

一要坚持走科学的循环经济之路。在学习国内外先进的循环经济理论、实践的同时,要继承发扬我国传统的循环经济思想。我国循环经济思想源远流长,"天人合一"融汇于儒、道、佛,是中国古代自然循环经济的思想基础。世居青藏高原的各民族,在这片神奇的土地上形成了物质循环再生、社会协调共生和个体修身养性自我调整的较为完整的生态观,把握天时、地利、人和之间的关系,维持着相当稳定的社会和生态系统。所以,在今天循环经济发展过程中,既要学习国外先进的循环经济理论,还要传承我国传统的循环经济思想,积极推动区内相关产业流程、技术、工艺创新,努力做到低消耗、低排放、高效益,让宝贵的资源永续造福人民,让纯净的环境世代相传。

二要积极努力抓好重点补齐短板。建立和完善循环经济科技政策体系,根据产业结构发展方向和循环经济发展的要求,集中力量研究和开发循环经济重点技术,建立循环经济孵化机构,促进科技成果转化。引导企业与高等院校、科研单位密切联系,或将研发项目对外招标,结合生产需要或市场需求进行科技开发。在积极引进国内外成熟技术的基础上,加快对先进技术的集成再创新,使企业成为技术开发的主体。建成全国最大的盐湖化工循环产业基地,加快推进柴达木循环经济试验区、西宁经济技术开发区等园区建设。推进循环经济发展,促进资源集约化程度,优化资源配置,促进资源高效利用、循环利用,最大限度地减少和降低因矿产资源开发造成的环境污染、生态破坏,实现区域经济健康、可持续发展。

三要积极打造国家重要的新型能源基地。坚持多元发展、多能互补方针,优先发展水电,大力开发太阳能、风能等新能源,配套发展火电,增强水电、火电及太阳能、风能调峰互补能力。积极开发油气、煤炭资源,构建安全、稳定、经济、清洁的现代能源体系。

四要积极打造循环经济先行区。从企业、园区、全社会三个层面坚持减量化、再利用、资源化原则,从每一个微观主体自身做起,建设循环经济示范区。要在资源开发中,注重物质资本、技术进步、公共秩序与法律乃至信念和价值观的积累、提升,避免"资源诅咒"发生。

3. 做宽一条路——抓住机遇打造"丝绸之路"交通经济带

第三产业创新,就是要抓住机遇打造"丝绸之路"交通经济带。党的十八届三中全会把"丝绸之路经济带"建设上升到新的高度,这是实现中国梦的重要选择,是造福沿线的重大举措。位于"丝绸之路经济带"上的青海省,积极打造交通经济带,是努力驶入"丝绸之路"快车道的重要途径,是抓住"丝绸之路经济带"建设新机遇、走出青海改革开放科学发展新路子的主要途径。交通经济带不仅要把打造综合运输通道作为发展主轴,而且要以带内的大中城市为依托,发展二三产业的带状经济区域。

一要加快城市化进程。在完善城镇基础设施建设专项规划的前提下,统筹推进海东市、西宁市、德令哈市、格尔木市及玉树市等大中小城市和主要城镇的道路、地下管网、园林绿化、救灾避险等市政设施建设。

二要加快发展现代物流业。围绕"丝绸之路经济带"建设,以构建大流通体系为目标,完善促进现代物流业发展的政策措施。培育一批具有竞争优势的物流企业,进一步完善物流网络,提高过境运输服务的竞争能力。争取把我国最西的通往中西亚、南亚的"大十字"——格尔木建成自由贸易区。

三要加快信息化建设。构建宽带、融合、安全的下一代信息基础设施,推动信息化与工业化深度融合,推进经济社会各领域信息化,加快建设青藏高原通信枢纽和区域信息汇集中心。

四要健康发展旅游业。紧紧把握特色旅游、生态旅游、健康旅游和文化旅游四大重点,借助民族文化提升旅游文化软实力,打造一批名牌路线,使大美青海品牌成为展现青海形象的"金名片"。

五要完善金融市场。架构多层次的金融支持体系,建立一个良性的、面向市场的投融资环境和金融支持体系,满足金融需求。

(三)切实保障和改善民生,让老百姓过上富裕生活

保障和改善民生,让人民过上富裕、美满的生活,是改革开放的出发点和最终目的。要把扶贫、就业、保障工作做好,让老百姓的日子一天比一天好。

1. 打赢一场硬仗——脱贫攻坚战

综合施策、打好组合拳,做到多政策、多途径、多方式综合发力。要通过提高生产能力、发展经济实现脱贫,要深化改革,增加农牧民财产性收入,要努力解决返贫率高的特殊情况。要把易地搬迁牧民的生产、生活等后续工作,作为生态文明建设的重要内容之一切实抓好。倡导积极向上的乡规民约,切实减轻各种经济负担。

2. 抓住一个根本——民生之本

把扩大就业放在首位,就业是关系改革、发展、稳定全局的头等大事。要选择就业增长优先的经济增长模式,注重发展第三产业,注重发展劳动密集型产业,注重扶持中小企业,注重发展非公有制经济,注重采用灵活多样的就业形式。

3. 织牢一个大网——社会保障体系

完善的社会保障制度还是社会主义制度的本质要求和社会主义制度优越性的体

现。要加快建立健全与社会经济发展水平相适应的社会保障体系,提升区域内老年人"老有所依""生活无忧"的质量,要按平均预期寿命适当降低领取年龄,要进一步做好基本医疗保险异地就医医疗费用结算等工作。

28

宁夏回族自治区改革开放 40 周年
地区发展报告

*宁夏行政学院课题组*①

一、1978 年以来宁夏回族自治区经济社会发展成就

（一）生产力水平

从生产力发展水平看,改革开放 40 年来,宁夏回族自治区经济快速发展,1985—2017 年平均 GDP 增速 9.9%,高于全国同期水平。GDP 总量从 1978 年的 13 亿元增长到 2017 年的 3453.93 亿元,增长了 264.7 倍,全国同期数据为 225.9 倍(见图 28-1)。按可比价格计算,2017 年宁夏回族自治区 GDP 同比增长 7.8%,增速比全国高 0.9 个

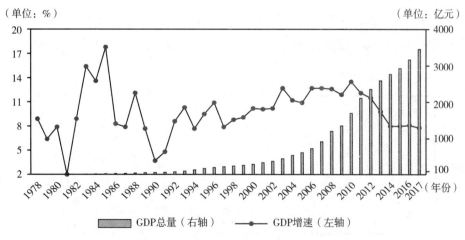

图 28-1　1978—2017 年宁夏回族自治区 GDP 总量及增速

---

① 课题组组长:霍岩松;课题组成员:黎东炜、杨丽燕、李园、张国清;项目编号:NSAZT(WT)2018027。

百分点。人均 GDP 从 1978 年的 370 元增长到 2016 年的 47194 元(见图 28-2),增长了 126.6 倍,全国同期数据为 155.6 倍。由此说明宁夏回族自治区经济发展总量要好于人均量。

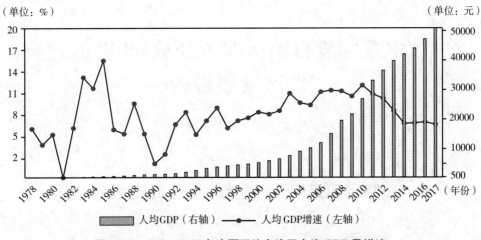

图 28-2　1978—2017 年宁夏回族自治区人均 GDP 及增速

(二)经济结构

从经济结构看,宁夏回族自治区三次产业比重由 1978 年的 23.6∶50.8∶25.5 转变为 2017 年的 7.6∶45.8∶46.6,其中第一、第二产业的比重在持续下降,第三产业的比重在逐步提高。自 1993 年以来三次产业增加值中第一产业变化很小,第二产业和第三产业几乎同步增加,2017 年第三产业增加值首次超过第二产业(见图 28-3)。制造业占 GDP 的比重大幅度提高,1993—2016 年,宁夏回族自治区 GDP 总量与最终消费额

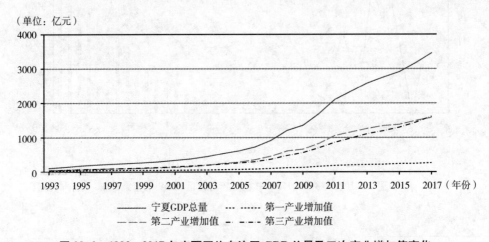

图 28-3　1993—2017 年宁夏回族自治区 GDP 总量及三次产业增加值变化

都在快速增长,尤其是2007之后,但最终消费额占GDP的比重经历了先降后升的过程,最终消费额占GDP的比重在2009年和2011年降到最低的48.5%之后,开始回升,但是直到2016年再也没达到前期的最高点,这充分说明宁夏回族自治区的消费还有较大的提升空间(见图28-4、图28-5)。城镇化率逐年提高由2000年的32.5%提高到

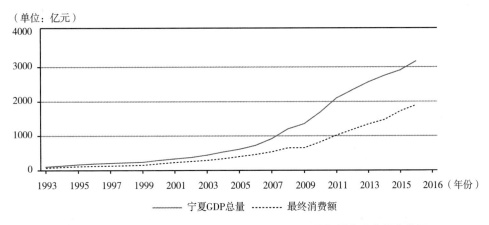

（单位：亿元）

—— 宁夏GDP总量　……… 最终消费额

图 28-4　1993—2016年宁夏回族自治区GDP总量与最终消费额变化图

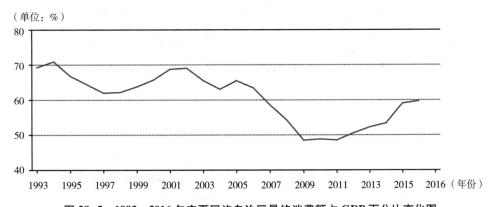

（单位：%）

图 28-5　1993—2016年宁夏回族自治区最终消费额占GDP百分比变化图

资料来源:宁夏统计局网站。

2017年的57.98%,每年提高1个百分点以上(见图28-6);第一产业就业人员占比不断下降,由1978年的69.5%降低到2016年的43.2%(见图28-7)。能源消费量逐年增加,由1980年的320万吨标准煤增加到2016年的5789万吨标准煤;2016年宁夏回族自治区煤炭、原油、水电风电及光伏发电能源生产占宁夏回族自治区能源生产总量的比重分别为95%、0.2%、4.8%,天然气产量为零;煤炭、石油、天然气、水电风电及光伏发电消费占宁夏回族自治区能源消费总量的比重分别为86.3%、4.8%、4.8%和4.1%。自2000年以来国有控股工业企业资产总计占比持续下降,其

中 2015 年最低为 55.7%,私营工业企业资产总计占比持续上升,2015 年、2016 年达到 37.2% 的最高值(见图 28-8)。①

（单位：%）

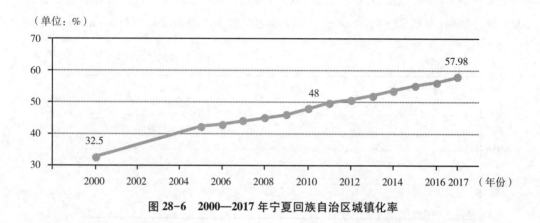

图 28-6　2000—2017 年宁夏回族自治区城镇化率

（单位：%）

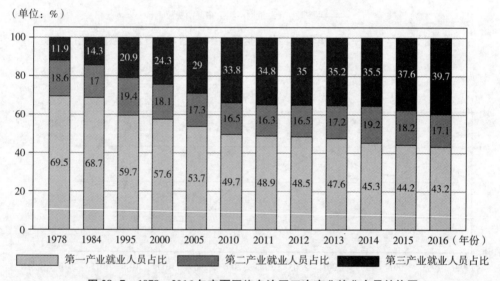

图 28-7　1978—2016 年宁夏回族自治区三次产业就业人员结构图

（三）宏观经济稳定

宁夏回族自治区宏观经济稳定,各项指标处于可控范围内,为宁夏回族自治区经济社会发展打下了较好的基础。1978—2017 年宁夏回族自治区通货膨胀率整体趋向收敛,1999 年前波动幅度较大,1999 年后波动幅度大大降低,近几年都稳定在 2% 以下

---

①　占比根据国家统计局三类工业企业资产总计计算,三类工业企业分别为:国有控股工业企业、私营工业企业和外商及港澳台商投资工业企业。

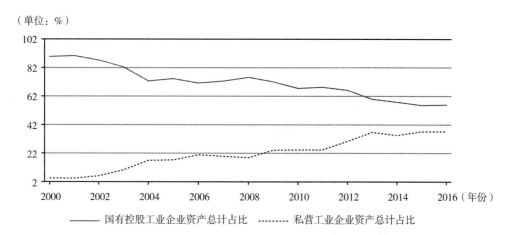

（单位：%）

图 28-8 2000—2016 年宁夏回族自治区国有控股工业企业及私营工业企业资产总计占比变化图

（见图 28-9）。① 2017 年全区居民消费价格总水平比上年上涨 1.6%，涨幅比上年扩大

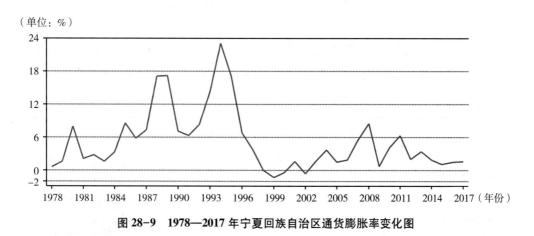

（单位：%）

图 28-9 1978—2017 年宁夏回族自治区通货膨胀率变化图

0.1 个百分点，与全国持平。其中城市上涨 1.7%，农村上涨 1.3%。工业生产者出厂价格同比上涨 12.1%，涨幅比全国高 5.8 个百分点，结束了自 2012 年以来连续 5 年下降的态势；工业生产者购进价格同比上涨 12.9%，涨幅比全国高 4.8 个百分点。宁夏回族自治区地方财政一般预算收入自 1985 年以来逐年增加，于 2017 年达到最大值 417.46 亿元；地方财政一般预算收入占当年 GDP 的比重有升有降，但总体来看在上升，2015 年达到最高占比 12.8%，此后两年均保持在 12% 以上（见图 28-10）。

（四）基础设施

基础设施建设是一个地方发展经济的先决条件，改革开放以来，宁夏回族自治区的

---

① 通货膨胀率根据历年居民消费价格指数计算得出。

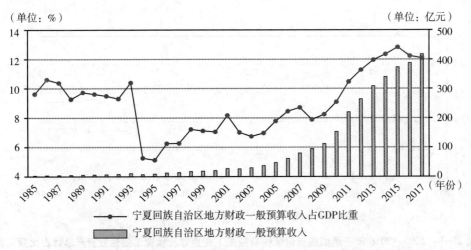

图 28-10　1985—2017 年宁夏回族自治区地方财政一般预算收入变化图

基础设施建设快速发展,各项指标大幅度改善,为宁夏回族自治区经济发展作出了巨大的贡献。

　　宁夏回族自治区人均年用电量大幅度增加,由 1985 年的 11.2 千瓦时增加到 2017 年的 425.28 千瓦时,增加了 36.97 倍(见图 28-11)。公路网密度逐年增加,由 1978 年

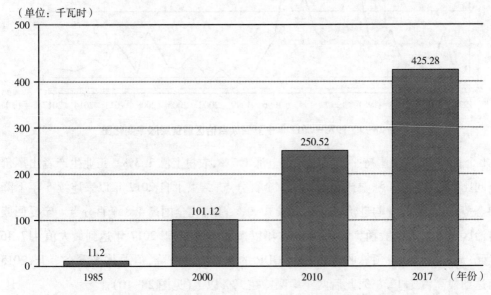

图 28-11　1985—2017 年宁夏回族自治区人均年用电量

的 7.87 公里/百平方公里增加到 2016 年的 51.11 公里/百平方公里(见图 28-12);铁路网密度相对于公路网密度增加速度较慢,尤其是 2010 年至今变化不大,2016 年为 1.6 公里/百平方公里(见图 28-13);宁夏回族自治区民用航空相比全国发达地区发展较为缓慢,从年人均飞行次数看,2011—2015 年只有 0.81 人次。2016 年,宁夏回族自

（单位：公里/百平方公里）

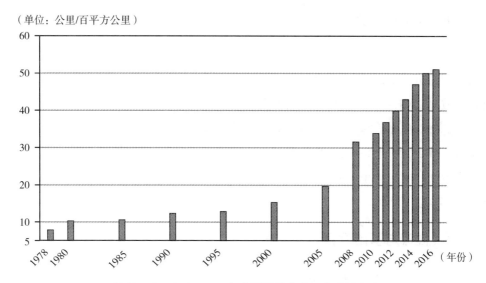

图 28-12　1978—2016 年宁夏回族自治区公路网密度

注：个别年份数据缺失。

治区民用航空客运量 313.4 万人次。2016 年银川河东国际机场旅客吞吐量突破 600
万人次。

（单位：公里/百平方公里）

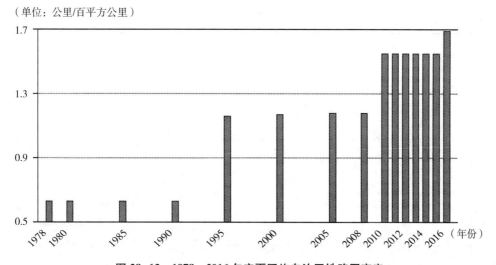

图 28-13　1978—2016 年宁夏回族自治区铁路网密度

注：个别年份数据缺失。

互联网普及率由 2005 年的 5.2% 提高到 2016 年的 50.7%，电话普及率由 2005 年
的 54.44 部/百人提高到 2016 年的 117.2 部/百人。

（五）基础自然资源

宁夏回族自治区是我国水资源严重匮乏的地区之一,经济社会发展用水主要依赖限量分配的黄河水资源,2017年人均水资源量为158.15立方米;40年来人均耕地面积有增有减,总体来看有所减少但变化不大,由1978年的人均3.8亩减少到2016年的人均2.89亩;森林覆盖率大幅度提高,由1978年的2.4%提高到2016年的12.63%,2017年又有所减少,为11.89%;人均能源储备比较稳定,其中煤炭储备于2013—2016年均保持在5000吨以上,2016年为5061吨;人均铁矿石储备于2013—2016年均大于0.55吨,2016年为0.56吨。

（六）健康与基础教育

宁夏回族自治区人口自然增长率持续下降,由1978年的23.02‰下降到2017年的8.69‰(见图28-14);万人病床数逐年增加,由1978年的19.8张,增加到2016年的46.3张(见图28-15)。截至2017年,宁夏回族自治区万人医师数为26.7人(见图28-16);学龄儿童入学率由1978年的91.19%提高到2016年的99.98%(见图28-17)。

图28-14　1978—2017年宁夏回族自治区人口自然增长率

资料来源:宁夏统计局网站。

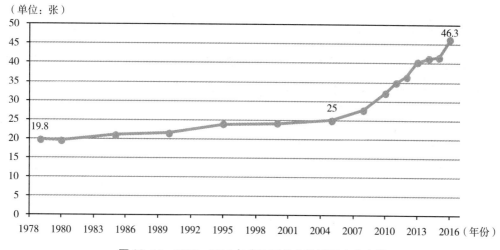

图 28-15 1978—2016 年宁夏回族自治区万人病床数

资料来源:宁夏统计局网站。

图 28-16 1978—2017 年宁夏回族自治区万人医师数

资料来源:宁夏统计局网站。

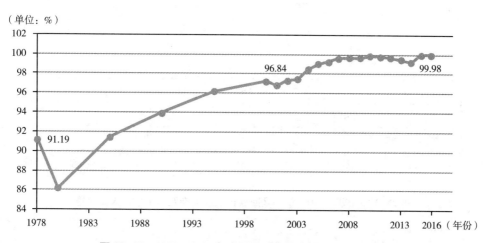

图 28-17 1978—2016 年宁夏回族自治区学龄儿童入学率

资料来源:宁夏统计局网站。

(七)高等教育

高中及以上学历人口比重逐年上升(见图28-18),大专及以上学历人口比重逐年上升(见图28-19),万人在校研究生数逐年增加(见图28-20)。

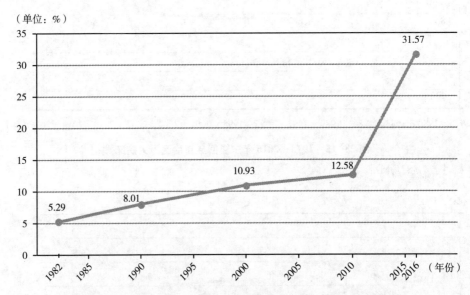

图28-18　1982—2016年宁夏回族自治区高中及以上学历人口比重

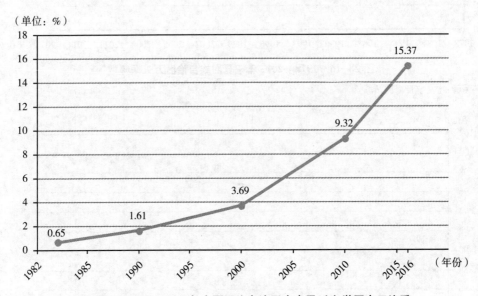

图28-19　1982—2016年宁夏回族自治区大专及以上学历人口比重

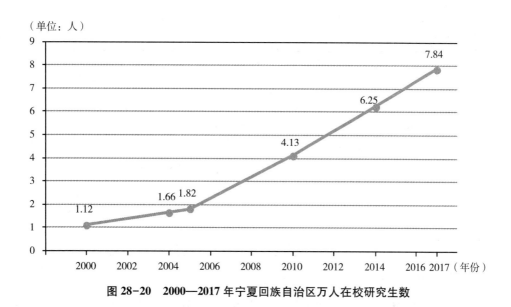

（单位：人）

图 28-20　2000—2017 年宁夏回族自治区万人在校研究生数

（八）财政

2016 年,宁夏回族自治区财政收入占 GDP 的比重为 12.1%（见图 28-21）,2016 年税收收入占 GDP 比重为 7.8%（见图 28-22）,人均税收收入 3653.2 元（见图 28-23）。①

（单位：%）

图 28-21　1978—2017 年宁夏回族自治区财政收入占 GDP 比重

---

① 根据《宁夏统计年鉴 2017》数据计算所得。

（单位：%）

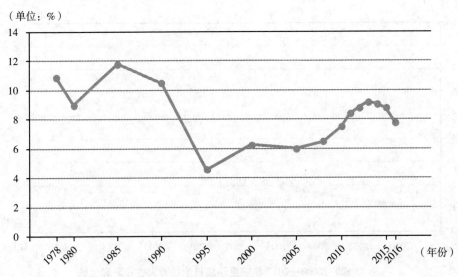

图 28-22　1978—2016 年宁夏回族自治区税收收入占 GDP 比重

（单位：元）

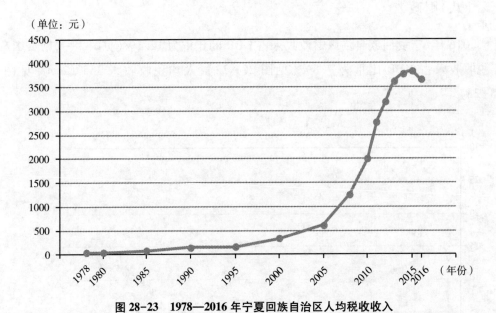

图 28-23　1978—2016 年宁夏回族自治区人均税收收入

（九）金融市场

2016 年,宁夏回族自治区保险行业保费收入占 GDP 的比重为 4.2%（见图 28-24）,信贷余额占 GDP 比重为 180%。

（单位：%）

图 28-24　1985—2017 年宁夏回族自治区保险行业保费收入占 GDP 比重

（十）环境与可持续发展

环境持续改善,相关指标总体来看逐年向好。

（十一）就业与劳动力市场

1980 年,宁夏回族自治区劳动力资源占总人口数比重为 51.2%,2016 年为 75.48%;1979 年城镇登记失业人数为 2.38 万人,城镇登记失业率为 4.94%,2016 年城镇登记失业人数为 5.1 万人,城镇登记失业率为 3.92%。2004 年宁夏回族自治区月最低工资 320 元,2017 年月最低工资 1480 元(见图 28-25)[1]。

（单位：元）

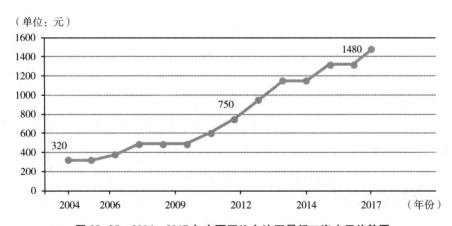

图 28-25　2004—2017 年宁夏回族自治区最低工资水平趋势图

[1]　Wind 数据库。

(十二)知识经济与创新

R&D 经费支出占 GDP 比重由 2010 年的 0.68%上升到 2016 年的 0.95%(见图 28-26),高新技术企业年末从业人员数由 2007 年的 23511 人增加到 2016 年的 33262 人[①]。

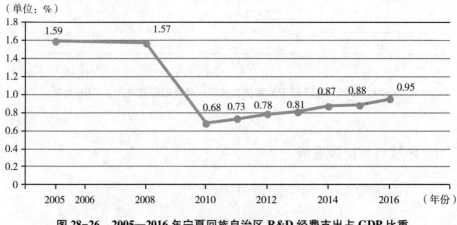

图 28-26　2005—2016 年宁夏回族自治区 R&D 经费支出占 GDP 比重

二、宁夏回族自治区经济社会发展目前存在的问题

(一)经济社会发展总体水平偏低,发展质量不高

2017 年,宁夏回族自治区经济总量 3453.93 亿元,排在全国倒数第三位,是全国 5 个 GDP 未过万亿元的省(自治区)之一。从表 28-1 可以看出 2016 年宁夏回族自治区 GDP 总量占全国比例仅为 0.43%,仅高于青海省和西藏自治区。从发展的驱动力来看,主要是靠投资拉动,创新不足。2013 年以来,宁夏回族自治区的固定资产投资总额一直高于地区生产总值,2016 年固定资产投资总额为 3835 亿元,地区生产总值为 3150 亿元,投资效果系数为 0.82,明显低于全国 1.22 的平均水平。而与此同时,宁夏回族自治区全社会 R&D 投入经费强度只有 0.95%,明显低于全国 2.11%的平均水平,尤其是工业 R&D 投入强度仅为 0.6%。

---

① Wind 数据库。

表 28-1 东西部地区 2016 年各省(自治区、直辖市)经济总量表

东部地区	GDP(亿元)	占全国比重(%)	西部地区	GDP(亿元)	占全国比重(%)
北京市	25669.13	3.45	内蒙古自治区	18128.10	2.44
天津市	17885.39	2.41	广西壮族自治区	18317.64	2.46
河北省	32070.45	4.31	重庆市	17740.59	2.39
辽宁省	22246.90	2.99	四川省	32934.54	4.43
上海市	28178.65	3.79	贵州省	11776.73	1.58
江苏省	77388.28	10.41	云南省	14788.42	1.99
浙江省	47251.36	6.35	西藏自治区	1151.41	0.15
福建省	28810.58	3.87	陕西省	19399.59	2.61
山东省	68024.49	9.15	甘肃省	7200.37	0.97
广东省	80854.91	10.87	青海省	2572.49	0.35
海南省	4053.20	0.55	宁夏回族自治区	3168.59	0.43
—	—	—	新疆维吾尔自治区	9649.70	1.30
东部地区总和	432433.34	58.15	西部地区总和	156828.17	21.09

(二)经济社会发展不平衡、不充分问题突出

当前我国区域、城乡发展差距依然较大,不平衡、不充分问题突出,宁夏回族自治区相比全国形势更加严峻。从财富分配看,区域、城乡的收入仍然存在较大差距。2016年,宁夏回族自治区居民人均可支配收入为 18832 元,较全国平均水平低 4989 元。城镇居民人均可支配收入为 27153 元,农村居民人均可支配收入为 9852 元,相差 17301元。特别是落后地区农民收入水平低,成为影响全区整体平均收入水平的重要因素。2016 年宁夏回族自治区城乡居民人均可支配收入银川市最高,固原市最低。2016 年银川市城乡居民人均可支配收入分别为 30478 元和 12037 元;固原市城乡居民人均可支配收入分别为 22717 元和 7714 元,分别相差 7761 元和 4323 元。同期二者城乡居民之间人均可支配收入相差分别为 18441 元和 15003 元。目前宁夏回族自治区还有 41.8万贫困人口,贫困发生率为 14.2%,远高于全国 4.5% 的平均水平,且高于陕西的8.4%、甘肃的 9.3%、青海的 8.1% 水平,尤其是 9 个贫困县中有 5 个贫困发生率还在18% 以上。

与全国相比宁夏回族自治区全面建成小康进程明显低于全国平均水平;5 个地级市全面建成小康社会实现程度差距较大;经济发展、民主法治、文化建设、人民生活、资

源环境五大指标发展不协调;三次产业结构有待进一步优化,2016 年宁夏回族自治区三次产业比重为 7.6∶46.8∶45.6,全国为 8.6∶39.8∶51.6。宁夏回族自治区第二产业比重偏高,第三产业发展滞后,工业依赖重工业和能源行业,重工业偏重轻工业偏轻,高新技术产业比重低等特征十分明显。

(三)经济社会发展受资源环境约束问题日益显著

宁夏回族自治区地处西北内陆,是我国北方防沙带、"丝绸之路"生态防护带和黄土高原—川滇生态修复带"三带"交汇点,在全国生态安全战略格局中占有特殊地位。但全区东、西、北三面分别被毛乌素、腾格里、乌兰布和三大沙漠包围,常年干旱少雨、缺林少绿,是典型的生态脆弱区。近年来,随着宁夏回族自治区经济的快速发展,宁夏回族自治区资源约束趋紧,生态环境压力加大,部分地区生态系统出现退化,构筑西北生态安全屏障的重要性和紧迫性十分突出。

2017 年根据中央环境保护督察组对宁夏回族自治区开展的环境保护督察情况来看,全区 9 个县(市、区)在招商引资过程中引进医药、农药、染料中间体等项目近 60 个,成为污染治理难点和群众投诉热点。自治区分配各地市及宁东地区黄河水量总计约 140 亿立方米,其中生态用水仅占 2.75%,且呈逐年下降趋势。在腾格里沙漠、贺兰山国家级自然保护区存在生态破坏等重大环境问题。

(四)经济社会发展的基础条件还十分薄弱

宁夏回族自治区地处内陆,既不沿边也不靠海,总体来看,在国家向西开放的通道建设中,处于被边缘化的状态,交通、水利、信息等经济社会发展的关键基础设施比较落后。2020 年实现与全国一道全面建成小康社会,宁夏回族自治区离不开基础设施建设,全面提升宁夏回族自治区交通、水利、信息等基础设施质量已迫在眉睫,这基本上是宁夏回族自治区各级党政机关的共识,也是六百多万宁夏回族自治区人民的心愿。

从交通基础设施建设看,宁夏回族自治区从公路、铁路再到航空都存在不少短板亟须中央政府及各部委加大支持力度。尤其是不通高铁,已经成为制约宁夏回族自治区经济发展的主要因素。从水利基础设施看,宁夏回族自治区是我国水资源严重匮乏的地区之一,经济社会发展用水主要依赖限量分配的黄河水资源。当前和今后一个时期,水仍然是宁夏回族自治区发展最大的制约因素。水资源供需矛盾日趋加剧、水利基础设施仍显薄弱、水生态环境形势严峻、水治理体系还不完善等问题亟待解决。从信息基础设施看,近年来宁夏回族自治区信息化建设取得了快速发展,但与全国相比城乡信息基础设施仍存在较大差距,农村家庭宽带接入率和城市宽带接入率还普遍较低。

三、宁夏回族自治区进一步深化改革开放的政策建议

对于宁夏回族自治区来说,伴随着人民日益增长的美好生活需要,发展的不平衡不充分的问题表现得尤为突出,具体表现在产业发展层次不高,转型发展困难重重,融入"一带一路"、扩大内陆开放步伐还不快;脱贫攻坚任务十分艰巨,城乡居民增收压力较大;资源环境约束趋紧;基础设施建设滞后,基本公共服务均等化水平较低,群众在教育、医疗、社保、养老等方面依然还存在不少难题等。为此,围绕这些重点和难点问题,建议国家在以下几个方面给予宁夏回族自治区大力支持。

(一)支持宁夏回族自治区构建创新引领的现代化经济体系,推动经济高质量发展

习近平总书记来宁夏回族自治区视察时指出:"越是欠发达地区,越需要实施创新驱动。"宁夏回族自治区的发展不足,从深层次来看主要是创新不足。为此,宁夏回族自治区党委政府提出要大力实施创新驱动战略,加快经济转型发展。

1. 加大对宁夏回族自治区的科技创新投入力度

宁夏回族自治区的科技创新水平比较低,还处在起步阶段。因此,国家要加快落实"科技支宁"计划,加大力度支持宁夏回族自治区沿黄科技创新改革试验区建设。国家应在宁夏回族自治区具有比较优势的领域,如特色农业、现代煤化工、高端铸造、仪器仪表、全域旅游等领域加大科技投入支持力度,重点支持宁夏回族自治区培育一批领军企业,带动现代农业、现代煤化工、智能制造、节能环保等新兴产业做强做大。

2. 支持宁夏回族自治区走开放创新之路

由于宁夏回族自治区的创新型人才严重不足,要坚持不求所有、但求所用的人才激励机制,国家重点要在产学研合作和协同创新方面给予宁夏回族自治区大力支持,支持宁夏回族自治区与科技强省建立创新合作和创新联动,支持宁夏回族自治区与国内科研院所开展产学研协同创新,如依托宁夏回族自治区大学的"煤炭高效利用和绿色化工"国家重点实验室和神华宁煤集团400万吨煤制油项目,支持国家相关科研院所和企业与宁夏回族自治区开展相关领域的科技研发合作,带动提升宁夏回族自治区的科技创新能力。

3. 支持宁夏回族自治区加快构建对内对外开放新格局

要支持宁夏回族自治区加快落实内陆开放型经济试验区实施意见,支持宁夏回族自治区实施以"准入前国民待遇+负面清单"为重点的投资管理制度,加强外商投资备案管理,在银川综合保税区全面推行"先进区、后报关"等监管制度创新,全面推进贸易

投资便利化。尤其是在对外开放的通道建设方面要加大支持力度。要支持宁夏回族自治区加快完善航空港口岸功能,加快肉类、水果、种苗、整车进口指定口岸建设,推动国内航空公司在宁设立运营基地和分公司,争取在银川河东国际机场设立免税店。启动国际班列始发(到达)站场建设,常态化运行银川至德黑兰国际货运班列,争取开通直达沿海港口的特需班列。提升中卫西部云基地和银川大数据中心国际通信网络性能,进一步搭建便捷畅通的网上通道。

4.支持宁夏回族自治区进一步深化简政放权改革

目前,简政放权等改革的"银川模式"得到了国家及各地的认可,也应该让这种模式在全区乃至全国得到广泛推广和运用。这就要求未来的简政放权改革的重点是要强化部门之间、上下级之间的联动和协同,增强改革的整体性、关联性和配套性,要不断创新政务服务模式,最大限度方便群众办事,实施更加彻底的放权、更加高效的审批、更加严格的监管、更加精准的服务,加快实现"网上办、集中批、联合审、区域评、代办制、不见面",做到"让信息多跑路,让群众少跑腿",着力降低制度性交易成本,持续激发市场活力和社会创造力,打造"放管服"改革的"宁夏模式"。

(二)支持宁夏回族自治区打好精准脱贫攻坚战,与全国同步建成全面小康社会

宁夏回族自治区深度贫困地区是全面建成小康社会的明显短板。按照国家有关规定每人每年2300元(2010年不变价)的农村贫困标准计算,截至2017年年末,宁夏回族自治区还有农村贫困人口23.9万人,贫困发生率为6.0%,高于全国3.1%的平均水平。为此,宁夏回族自治区提出大力实施脱贫富民战略,瞄准"两不愁、三保障"的精准脱贫标准,聚焦"五县一片"深度贫困地区(即原州、西吉、海原、同心、红寺堡五个深度贫困县和中部干旱带西部贫困地区),打好脱贫攻坚战。对于宁夏回族自治区深度贫困地区来说,要针对目前存在的短期目标与长远目标处理难、贫困户脱贫返贫概率高、贫困恶性循环破解难、央地协同关系难等难题支持宁夏回族自治区深化以下几方面的改革。

1.支持宁夏回族自治区贫困地区建立收入稳定增长的长效机制

从目前来看,宁夏回族自治区深度贫困地区采取的脱贫方式主要是易地搬迁、兜底保障、生态补偿、就业扶持等以行政转移支付为主、市场化手段为辅的脱贫机制,这样虽然在较短时期内可以快速提升贫困群体的收入水平。但是从长远来看,需要重点突破制约贫困群体家庭经营性收入、工资性收入、财产性收入、转移性收入增长的因素,国家要支持宁夏回族自治区深度贫困地区加快建立集体经营组织机制、贫困群体资产收益机制、贫困群体金融扶持机制、贫困群体社会保障机制等,逐步构建起以市场化手段为

主、行政手段为辅的贫困群体收入增长的长效机制。

2. 支持宁夏回族自治区贫困地区建立现代化乡村贫困治理体系

要支持宁夏回族自治区贫困地区构建思想先行、多元共治、完备有效的现代化乡村贫困治理机制。首先是要解决思想扶贫的问题。要引导贫困群众树立勤劳致富改善生活的观念，激发贫困群众脱贫致富的主观能动性，不断提高发家致富的本领和能力，将脱贫由外在推动转变为内生发展。其次是要支持贫困地区建立"五位一体"的贫困治理体系。即要从经济、政治、文化、社会、生态五个方面，谋划建立健全贫困治理制度体系，构建产业扶贫、基层党建扶贫、文化精神扶贫、社会保障扶贫和生态扶贫的系统运行机制。最后是要支持贫困地区建立多元共治的治理体系。党委政府通过农村金融改革、集体产权制度改革等改革措施，以市场带动产业发展，助力扶贫开发。积极动员各类社会组织和社会企业开展社会帮扶、公益募捐、公益宣传、贫困地区人才培训、定向提供就业岗位等扶贫活动。开发设计参与式扶贫项目，逐步让贫困户成为贫困治理的核心主体，最终形成党委政府、市场、社会和贫困户多元共治的贫困治理体系。

3. 支持贫困地区提高自我发展能力

以提高贫困地区的自我发展能力为着眼点，坚持软硬并补，以补短板为抓手促进贫困地区自我发展能力的全面提升。一是要加快补齐贫困地区在水利、交通设施、医疗设施方面的硬短板。加快完善居民饮用水设施、农田水利设施、重大区位性交通设施等建设，重点提升优质教育医疗设施的配置能力，全面提升贫困地区发展的基础条件。二是要加快补齐贫困地区发展的软短板。积极实施医疗扶贫，对6个月到6岁的儿童进行营养干预；实施教育扶贫，率先在贫困地区全面普及小学到高中的12年义务教育，全力阻断贫困的代际传递。三是全面提高贫困地区公务员、乡村教师、医生的收入待遇水平，提高贫困地区对人才的吸引力。

4. 提高脱贫攻坚工作的央地协作效率

(1)建议中央加大对深度贫困地区的一般性转移支付力度，逐步扩大地方政府对专项资金的整合使用权力，引导地方政府按照"区域集中、项目集中、投入集中、效益集中"的原则，集中财力解决脱贫攻坚中的重大难题，从程序上和制度上推动由资金使用去向监管转向资金使用效率监管，提高扶贫资金使用效率。

(2)加快建立全国脱贫攻坚智能数据库，利用大数据精准识别贫困户和动态识别脱贫户，减少人工识别和人工考核程序。加大中央对宁夏回族自治区深度贫困地区的倾斜式的产业布局，结合深度贫困地区的资源禀赋和产业基础优势，优先布局带动能力强、增收效应明显的产业，提高贫困地区的产业基础支撑。

（三）支持宁夏回族自治区打好污染防治攻坚战，加快构建祖国西部生态屏障

宁夏回族自治区位于黄土高原、蒙古高原和青藏高原交汇地带，地处西北内陆、黄河上中游地区，属干旱半干旱地带，具有山地、黄土丘陵、灌溉平原、沙漠（地）等多种地貌类型，是我国生态安全战略格局"两屏三带一区多点"中"黄土高原—川滇生态屏障""北方防沙带"和"其他点块状分布重点生态区域"的重要组成部分。就目前而言，宁夏回族自治区的生态环境依然脆弱，全区三面环沙，自然条件严酷，全区水土流失面积占全区国土面积的37.8%，森林覆盖率只有12.63%，比全国平均水平低9个百分点；能源资源短缺的问题开始显现，煤制油项目建成后，宁夏回族自治区由煤炭输出省区变为输入省区；近两年有些城市相继出现雾霾和重污染天气，空气质量明显下降；黄河宁夏段、沙湖、葫芦河污染问题严重；腾格里沙漠污染、贺兰山自然保护区生态破坏等一些生态环保问题引发了社会关注。为此，自治区提出了大力实施生态立区战略，出台了"生态立区28条"，强化绿色发展指数导向，走生产发展、生活富裕、生态良好的文明发展之路。

1. 支持宁夏回族自治区深化空间规划（多规合一）改革，科学布局生态、生产和生活空间

宁夏回族自治区作为国家空间规划（多规合一）改革试点地区，在全国率先出台了《宁夏回族自治区空间规划》。宁夏回族自治区的空间规划（多规合一）改革体现了新发展理念要求，紧密对接国家发展重大战略，突出创新驱动和转型发展，突出生态特色和安全建设，更加注重地区发展的内涵提升和质量提高，探索了一批可复制可推广的经验做法，得到了国家的认可。在此基础上，要严格执行空间规划的有关要求，制定实施监督考核办法，完成生态环境保护红线勘界立标，出台"三区三线"管控实施细则，优化开发格局，控制开发强度，科学布局生态、生产和生活空间。

2. 支持宁夏回族自治区大力实施蓝天、碧水、净土行动

（1）支持宁夏回族自治区实施"四尘共治"行动（四尘是煤尘、废尘、扬尘和汽尘）。支持宁夏回族自治区全部淘汰城市建成区20吨以下燃煤锅炉步伐，尤其是要加大对重点行业脱硫脱硝、除尘提标改造的支持力度，加强工地、矿区等扬尘治理，推进秸秆综合利用，提高空气质量优良天数。

（2）支持宁夏回族自治区加快落实河（湖）长制，开展河湖岸线划界确权，加强饮用水源地和湿地管护，抓好黄河宁夏段、艾依河、沙湖、星海湖和固原"五河"治理。支持宁夏回族自治区大力提升城镇和工业园区污水处理能力，强化设施运行监管，稳定实现一级A排放。有效整治城市黑臭水体，彻底消除黄河流域劣五类水质。

（3）支持宁夏回族自治区实施污染土地治理和修复工程及推行城乡生活垃圾分类处理，推进残膜、粪污资源化利用，切实减少面源污染。

3. 支持宁夏回族自治区加强生态系统保护与建设

要大力支持宁夏回族自治区开展大规模国土绿化行动，巩固天然林保护、禁牧封育、防沙治沙等成果，通过支持宁夏回族自治区实施"三北"防护林、平原绿网提升、400毫米降雨量以上区域造林绿化等生态工程建设。对六盘山、贺兰山、罗山自然保护区进行规范化建设、监管和生态修复。支持宁夏回族自治区统筹山水林田湖草系统治理，针对全区水土涵养、水土保持、防风防沙、生物多样性保护等生态类型分区、项目化推进治理，优化生态安全屏障功能，提升生态系统质量和稳定性，推动形成人与自然和谐发展的生态文明建设新格局。

（四）支持宁夏回族自治区加快基础设施建设步伐，尽快补齐发展的短板

1. 支持宁夏回族自治区尽快打通对外开放交通通道

宁夏回族自治区地处西北内陆，位于国家综合交通网"五纵五横"临河至防城港运输大通道和青岛至拉萨运输大通道上，处在华北、东北连接青藏高原以及新疆和中亚、西亚的"丝绸之路"主要通道上，但至今为止宁夏回族自治区还没有通高铁。因此，建议国家以打通宁夏回族自治区对外开放通道为重点，全面提升宁夏回族自治区在全国综合交通网络布局中的战略地位。

（1）在铁路方面。建议国家重点支持宁夏回族自治区加快连通银川与呼和浩特（北京）、兰州、郑州、乌鲁木齐、西安、青岛这六个方向的高速铁路通道建设。尽快建成银西铁路，打通银川至西安的高铁通道；建成中卫至兰州铁路，打通银川至兰州、乌鲁木齐的高铁通道；争取建成银川至呼和浩特铁路，打通银川至北京的高铁通道；尽快开工建设宝中铁路平凉至中卫段、太中银铁路扩能、海原至环县、定西经固原至庆阳、银川至巴彦浩特等铁路工程；积极争取银川至郑州铁路纳入国家规划，实现银川至北京、西安、兰州等方向3小时至6小时到达。

（2）在航空方面。支持宁夏回族自治区以提升机场基础设施服务能力、加密和新开航线、优化拓宽空域为重点，逐步完善空中通道。支持银川河东国际机场启动四期工作，建设银川河东国际机场货运物流中心，推动中阿国际航空邮包和快件分拨转运中心建设，培育银川河东国际机场区域枢纽功能。改造建设固原、中卫支线机场，推进通用机场建设，加大民航空域资源协调力度。

（3）在公路建设方面。建议国家以支持提升宁夏回族自治区公路等级、加密路网为重点，加快实施内联外通的大通道建设。尽快建成京藏、青银高速宁夏回族自治区境

内重点路段改扩建工程和固原至西吉、同心至海原、石嘴山至平罗等高速公路;尽快开工建设银川至百色、乌海至玛沁、银川至昆明高速宁夏回族自治区境内路段,早日打通省际"断头路"。

2. 支持宁夏回族自治区大力推进水利工程建设

建议国家以支持宁夏回族自治区扬黄灌区续建配套和泵站更新改造为重点,配套灌区调蓄工程,完善骨干灌排体系。加快实施北部贺兰山东麓葡萄长廊供水、设施农业灌溉、中部扬黄灌区节水改造、集雨补灌,南部库井灌区节水增效等高效节水灌溉工程、坡耕地整治,建设现代化节水灌区。实施六盘山连片特困地区扶贫开发水资源高效利用工程,加快推进中部干旱带贫困片区西线供水工程建设,实施水库建设及库坝连通工程,努力解决中南部地区发展用水问题。加快宁东、太阳山等能源化工基地供水续建工程和清水河城镇产业带供水工程建设,推进水务一体化进程。尽快开始黄河黑山峡河段开发综合治理工程。

3. 支持宁夏回族自治区加快构建区域城乡均衡的信息基础设施网络

建议国家在信息基础设施建设方面要重点向宁夏回族自治区的中南部地区和农村倾斜,通过加快推进新一代信息基础设施建设,强化信息资源综合开发利用,支持宁夏回族自治区实施乡村工程、县级以下城市基础网络完善工程,实现县乡村网络全覆盖,全面提升宁夏回族自治区经济社会信息化水平。

策划编辑:郑海燕

责任编辑:郑海燕　张　燕　孟　雪　李甜甜

封面设计:吴燕妮

责任校对:夏玉婵

图书在版编目(CIP)数据

改革开放40周年地区发展报告:全二册/中共中央党校(国家行政学院)
　课题组　著. —北京:人民出版社,2018.12
ISBN 978－7－01－020153－5

Ⅰ.①改…　Ⅱ.①中…　Ⅲ.①区域经济发展-研究报告-中国-1978—2018②社会
发展-研究报告-中国-1978—2018　Ⅳ.①F127

中国版本图书馆 CIP 数据核字(2018)第 271806 号

改革开放40周年地区发展报告

GAIGE KAIFANG 40 ZHOUNIAN DIQU FAZHAN BAOGAO

中共中央党校(国家行政学院)课题组　著

人民出版社 出版发行

(100706　北京市东城区隆福寺街99号)

中煤(北京)印务有限公司印刷　新华书店经销

2018 年 12 月第 1 版　2018 年 12 月北京第 1 次印刷
开本:787 毫米×1092 毫米 1/16　印张:60.25
字数:1209 千字

ISBN 978－7－01－020153－5　定价:240.00 元(全二册)

邮购地址 100706　北京市东城区隆福寺街99号
人民东方图书销售中心　电话 (010)65250042　65289539